The Yearbook of China's Poverty Alleviation and Development

中国扶贫开发

年鉴 2010

国务院扶贫开发领导小组办公室 主管
《中国扶贫开发年鉴》编委会 编

中国财政经济出版社

图书在版编目（CIP）数据

中国扶贫开发年鉴．2010/国务院扶贫办主管中国扶贫开发年鉴编辑部编．—北京：中国财政经济出版社，2010．11

ISBN 978－7－5095－2206－6

Ⅰ．①中…　Ⅱ．①国…　Ⅲ．①不发达地区－农村经济－经济发展－中国－2010－年鉴　Ⅳ．①F323．8－54

中国版本图书馆 CIP 数据核字（2010）第 214228 号

责任编辑：杨钧珺　　责任校对：张　凡

封面设计：汪俊宇　　版式设计：汪俊宇

中国财政经济出版社出版

URL：http：//www.cfeph.cn

E－mail：cfeph@cfeph.cn

社址：北京市海淀区阜成路甲 28 号　邮政编码：100142

发行处电话：88190406　财经书店电话：64033436

北京富生印刷厂印刷　各地新华书店经销

787×1092 毫米　16 开　68.25 印张　1 481 000 字

2010 年 12 月第 1 版　2010 年 12 月北京第 1 次印刷

定价：360.00 元

ISBN 978－7－5095－2206－6/F·1752

（图书出现印装问题，本社负责调换）

本社质量投诉电话：010－88190744

《中国扶贫开发年鉴》
编辑委员会

亲切关怀

2009年10月17日至18日，中共中央政治局常委、国务院总理温家宝来到甘肃定西、兰州等地，走访农户，考察市场、企业、研究所，就扶贫开发、生态建设、改善民生情况进行调查研究。图为温家宝来到定西市巉口镇赵家铺村，登上金盆山考察退耕还林情况。

新华社记者 李学仁 摄

2009年9月，中共中央政治局常委、国务院总理温家宝再次来到四川地震灾区，就灾后恢复重建的一系列重大问题进行研究部署。图为温家宝在青川县踏着独木桥过河看望对岸的村民。

新华社记者 黄敬文 摄

2008年10月5日，中共中央政治局常委、国务院总理温家宝在广西壮族自治区考察。图为温家宝在钦州市钦南区康熙岭镇高沙村看望群众。

新华社记者 李学仁 摄

亲切关怀

2005年中共中央政治局委员、国务院副总理回良玉视察云南省时看望贫困群众。

2009年中共中央政治局委员、国务院副总理回良玉接见扶贫先进人物。

2009年中共中央政治局委员、国务院副总理回良玉参加国际减贫与发展论坛开幕式。

贫困地区基础设施建设

甘肃省华池县上里塬乡柳河村乡村道路。

贵州省毕节地区在贫困农村实施的山、水、田、林、路综合治理产生综合效益。

贫困地区基础设施建设

湖北省丹江口市老区农村电力设施。

甘肃省庄浪县人饮工程。

新疆维吾尔自治区农田灌溉新技术应用。

贵州省贵定县音寨村新貌。

安徽省金寨县船丰村整村推进村公告牌。

江苏省东海县草危房改造集中连片实施。

山西省晋中饮水解困工程让贫困农民吃上了干净卫生的自来水。

云南省大理农村实施整村推进政策后的村庄新貌。

陕西省安塞县侯沟门村在整村推进扶贫中利用小额扶贫贷款帮助贫困户发展棚栽产业。

2007年7月，国务院扶贫开发领导小组办公室主任范小建（右二）在贵州省晴隆县生态草场考察。

西藏自治区昌都地区温室大棚建设。

国务院扶贫开发领导小组办公室主任范小建在云南省调研莽人生活情况。

国务院扶贫开发领导小组办公室副主任王国良在新疆阿合奇县进行边境扶贫试点调研中看望贫困农户。

四川省阿坝红原县扶贫开发和防治大骨节病试点实施的易地搬迁新村。

浙江省台州市黄岩村屿头乡上凤村通过高山移民小区建设，使山区移民的生活变得和城里人一模一样。

陕西省淳化县上孟扶贫移民新村一角。

青海省异地移民项目中修建的灌渠。

国务院扶贫开发领导小组办公室主任范小建视察河北雨露计划基地。

青海省贫困地区“雨露计划”保安员培训项目。

重庆市巴山县职业技术学校学生在实习。

世行官员与贫困农户座谈。

2009年5月，英国国际发展署官员实地考察云南省沧源县贫困社区发展项目。

序　言

扶贫开发事业是一项崇高而伟大的事业。经过多年有计划、有组织、大规模的减贫努力，中国农村扶贫开发取得了举世瞩目的成就，率先实现了联合国《千年发展目标》中贫困人口减半的指标，贫困地区经济实力增强，基础设施明显改善，生态恶化趋势初步得到遏制，扶贫开发工作水平明显提高。扶贫开发增强了贫困地区群众自强自立精神和自我发展能力，为促进国民经济持续健康发展与社会和谐、民族团结发挥了重要作用。

中国减贫的巨大成就引起了社会各界的普遍关注。为满足国内外从事、参与和研究减贫与发展的政府组织、国际组织、社会团体、企事业单位、公益与慈善机构、大学、科研院所以及个人等对中国扶贫开发相关信息的需求，为国内外扶贫机构提供信息交流和决策参考，为有关组织与机构开展中国扶贫开发问题研究提供参阅资料，更为了作为扶贫开发进入新阶段的宣传工具，以引起全社会对扶贫开发更大的关注和重视，我们于2009年开始筹划编撰一部反映中国扶贫开发信息的大型综合工具书——《中国扶贫开发年鉴》。

该年鉴以系统反映中国年度扶贫开发的总体概况以及主要政策措施与成效，展示各部门、各行业、各地区、各社会团体开展扶贫工作的内容与成就。全书由十三篇组成：扶贫历程篇、专项扶贫篇、地方扶贫篇、行业扶贫篇、定点扶贫篇、东西扶贫协作篇、社会组织扶贫篇、国际合作篇、城市扶贫篇、企业扶贫篇、扶贫人物篇、年度专题篇、统计数据篇。

《中国扶贫开发年鉴2010》是第一本综合反映中国扶贫开发的年鉴，将每年编撰一本，具有系统性、信息性、权威性、科学性和连续性等特点。

本年鉴的编撰在国务院扶贫开发领导小组成员单位、各省（自治区、直辖市）扶贫办、相关省（直辖市、计划单列市）协作办、部分国有大中型企业、社会力量、扶贫研究者等的大力支持下，历时一年，得以付梓。在此，向所有关心和支持中国扶贫开发年鉴编辑和出版的单位和个人表示衷心感谢！条件所限，年鉴在编印过程中难免出现纰漏，希望参阅使用者谅解。

范小建

二〇一〇年四月于北京

目　　录

党中央、国务院领导同志重要指示

胡锦涛在中共中央政治局第十一次集体学习中的讲话（节选）

（中共中央政治局1月23日下午进行第十一次集体学习，中共中央总书记胡锦涛主持。他强调，必须从全面建设小康社会、发展中国特色社会主义的战略高度，全面贯彻党的十七届三中全会精神，坚持把解决好农业、农村、农民问题作为全党工作重中之重，坚定不移走中国特色农业现代化道路，加快推进社会主义新农村建设，更加扎实地做好农业、农村、农民工作。）

在当前形势下，保持农业农村经济持续稳定发展，对于党和国家工作全局具有更为重大的意义。保增长的基础支撑在农业，扩内需的最大潜力在农村，保民生的重点难点在农民。尤其要抓好以下3项工作。一是要大力保障国家粮食安全和主要农产品供给。落实最严格的耕地保护制度和最严格的节约用地制度，稳定粮食种植面积，继续提高单产，保护和提高粮食生产能力。较大幅度增加对农业的补贴，继续提高粮食最低收购价格，加快落实国家扶持油料、生猪、奶业生产的各项政策措施。严格农产品质量安全全程监控，确保食品质量安全。二是要大力加强农村基础设施建设和社会事业发展，改善农民生活。抓住国家实施积极财政政策的时机，大幅度增加对农村基础设施建设和社会事业发展的投入，大力推进农村文化惠民工程，巩固农村义务教育普及成果，巩固和发展新型农村合作医疗，加强县乡村医疗卫生公共服务体系建设。农村最低生活保障要做到应保尽保，并逐步提高低保标准和补助水平。对农村尚未解决温饱的贫困人口、低收入人口全面实施扶贫政策，帮助他们尽快稳定解决温饱并实现脱贫致富。三是要大力促进农民增收，开拓农村市场。积极谋划促进农民增收的新思路，最大限度拓展农村内部增收空间。加快完善农村消费品流通网络，改善农村消费环境，大力推进家用电器和汽车、摩托车下乡工作。发展先进适用、安全可靠、节能环保的各类农业机械，加强农机技术培训和售后服务。严厉查处坑农害农行为，严禁假冒伪劣商品流向农村市场。

要采取有力措施，统筹城乡劳动就业，努力扩大农民就业空间。引导企业履行社会责任，支持企业多留用农民工。配合中央扩大内需项目的实施，尽量多安排农民工参与城乡基础设施建设和新农村建设项目。大规模开展针对性、实用性强的农民工技能培训，增强农民创业就业技能。落实农民工返乡创业扶持政策，支持农民工返乡创业。胡锦涛指出，各级党委和政府要按照中央统一部署，立足当前、着眼长远，统筹兼顾、综合规划，认真抓好党在农村各项政策的落实。要结合深入学习实践科学发展观活动，全面分析农业农村经济发展的阶段性特征和面临的新形势新问题，充分估计农业农村经济发展面临的严峻挑战和复杂局面，深入实际，把握动态，摸清实情，找准对策，切实解决影响农业农村经济发展的突出矛盾和问题，积极主动做好农村改革发展稳定各项工作。

（资料来源：新华网2009年1月）

温家宝总理2009年政府工作报告（摘要）

（2009年3月5日）

加大扶贫开发力度。今年将实行新的扶贫标准，对农村低收入人口全面实施扶贫政策。新标准提高到人均1196元，扶贫对象覆盖4007万人，这标志着我国扶贫开发进入一个新阶段。要完善国家扶贫战略和政策，加大扶贫资金投入，坚持开发式扶贫，重点抓好整村推进、劳动力转移培训、产业化扶贫和移民扶贫，稳定解决扶贫对象温饱问题并努力实现脱贫致富。

（资料来源：新华网2009年3月14日）

回良玉副总理在国务院扶贫开发领导小组第一次全体会议上的讲话

（2008 年 11 月 25 日）

在党的十七届三中全会对农村改革发展做出重大战略部署、对推进新阶段农村扶贫开发做出重要决策安排的新形势下，召开国务院扶贫开发领导小组第一次全体会议，主要任务是贯彻落实党的十七大和十七届三中全会精神，回顾总结党的十六大以来扶贫开发工作的成就和经验，分析研究目前扶贫的形势和任务，安排部署今后一个时期的扶贫开发工作。

刚才，扶贫办主任范小建做了很好的汇报，对党的十六大以来的工作总结，有情况，有数据，有经验；对目前形势和问题的分析，全面客观，符合实际；对未来工作的设想，思路清晰，重点突出，操作性强。这个汇报，很好地体现了科学发展观的战略思想，很好地贯彻了党的十七届三中全会关于扶贫开发的决策和部署，很好地把握了新时期扶贫开发工作的规律和特点，希望认真抓好落实。扶贫办按照中央的要求和国务院扶贫开发领导小组的安排，积极主动，大胆探索，在把握扶贫工作形势、创新扶贫工作机制、提高扶贫工作水平方面做了许多卓有成效的工作，取得了可喜的成绩，应予以充分肯定。与会的领导小组成员进行了认真的讨论，提出了很好的意见。下面，我讲几点意见。

一、准确把握扶贫开发面临的形势和任务

党中央、国务院历来高度重视扶贫开发工作。党的十六大以来，在中央强农惠农新政策的带动下，在加强扶贫工作新举措的推动下，扶贫开发工作取得了显著成效，贫困地区发展取得了长足进步。突出表现在，农村贫困人口大幅度减少，贫困地区农民收入较快增长，基础设施建设和社会事业发展加快推进。可以说，扶贫开发的成就是全国经济社会发展大好形势的一个缩影，是党和政府执政为民理念的一个展示，也是我国人权保障事业取得重大成效的一个印证。回顾这几年的扶贫实践，我们有以下几点体会：

第一，坚持改革开放，促进经济平稳较快发展，奠定了大规模减贫的坚实基础。2002 年到 2007 年间，我国国内生产总值实现了跨越式增长，从 12 万多亿元跃升至 24 万多亿元，年均增长 10.6%，国家财政收入年均增长 22.1%，综合国力和经济实力显著增强。农业农

村发展更是呈现多年少有的好形势，粮食连续四年获得丰收，主要农产品产量全面增加，农民人均纯收入年均增长6.8%。今年粮食生产又连续第五年增产，并创历史最高水平。这些都为缓解贫困提供了有利的宏观环境和必要的物质条件。

第二，坚持政府主导，实施开发式扶贫，推动了大规模减贫事业的快速发展。《八七扶贫攻坚计划》完成后，国家又制定并实施了《中国农村扶贫开发纲要（2001—2010年）》（以下简称《纲要》）。2002年到2007年中央政府共投入财政扶贫资金753亿元，并通过财政贴息调动了900多亿元扶贫贷款。地方各级政府的扶贫投入也在不断增加。我们强化了扶贫工作责任制，实施整村推进、劳动力培训、产业化扶贫、移民扶贫，充分调动了贫困地区广大群众的积极性和创造性。通过不断加大扶贫开发力度，贫困地区和贫困群众在公平分享经济发展成果方面取得了重要进展。

第三，坚持以人为本，构建和谐社会，促进了千年发展目标的稳步实施。我们坚持走科学发展之路，努力统筹城乡发展，注重把公共资源向农村和贫困地区倾斜，注重保障和改善民生，全面实行农村免费义务教育，普遍建立新型农村合作医疗制度，加大农村基础设施建设力度，有力地促进了贫困地区基本公共服务均等化进程。我们坚持把解决好“三农”问题作为全部工作的重中之重，不断加大强农惠农政策力度，全面取消“农业四税”，实行“四项补贴”。这既加快了农村发展步伐，也成为支持贫困地区和贫困人口发展的强大力量。我们全面建立农村最低生活保障制度，不断完善以扶老、助残、救孤、济困为重点的社会救助体系，扶贫工作从此进入开发扶贫和生活救助“两轮驱动”的新阶段。经过不懈努力，我国成为全球首先实现千年发展目标中极端贫困人口减半的国家，为世界发展和减贫事业做出了积极贡献，受到了国际社会的高度赞誉。

第四，坚持社会动员，促进国际合作，凝聚了减贫与发展的强大合力。我们发挥社会主义制度的优势，弘扬中华民族扶贫济困的传统美德，引导社会各方面大力开展各具特色的扶贫行动，党政机关和企事业单位的定点扶贫、东西扶贫协作、希望工程、光彩事业、巾帼扶贫行动和幸福工程等活动不断深入。这不仅有力地推动了贫困地区发展和贫困农民增收，而且增强了全体社会成员的责任感，促进了良好社会风气的形成。我们还积极与有关国际组织、双边机构和国内外民间组织合作，联合实施了多种形式的扶贫项目或活动。扶贫开发呈现专项计划扶贫、惠农政策扶贫和社会各界扶贫等多方力量、多种举措有机结合、互为支撑的“大扶贫”新局面。

当前，我国经济社会发展正处在新的历史起点上，扶贫开发工作面临着新的形势和任务。一方面，扶贫开发任务仍然十分繁重。目前我国仍是人均收入水平较低的发展中国家，发展不平衡的问题还相当突出，贫困人口规模依然庞大，贫困程度依然很深，贫困区域依然不少，致贫因素依然很多，制约贫困地区发展的深层次矛盾依然存在。特别是在工业化、信息化、城镇化、市场化、国际化加快推进的背景下，包括贫困地区在内的广大农村要素流失速度在加剧，农民特别是贫困人口与城镇居民收入差距呈扩大趋势。国际金融危机、经济发展减缓、农村劳动力转移就业困难、自然灾害频发等对贫困地区的影响也不可低估。从根本上解决贫困问题、实现共同富裕，需要继续付出长期艰苦的努力。对这一点，我们务必要有清醒的认识，切实增强忧患意识。另一方面，扶贫开发也面临难得的历史机遇。我国总体上已进入以工促农、以城带乡的发展阶段，进入加快改造传统农业、走中国特色农业现代化道路的关键时刻，进入着力破除城乡二元结构、形成城乡经济社会发展一体化新格局的重要时期，同时以人为本、关注民生的执政理念进一步落实，都为加快农村经济社会发展、搞好扶贫开发提供了良好环境。目前，党中央、国务院为应对国际金融危机，及时做出了扩大内需、加大投资力度等一系列战略部署，其中的重点就是加快民生工程、基础设施、生态环境建设和灾后重建，提高居民特别是中低收入群体的收入，这也为扶贫工作提供了新的有利条件。对这一点，我们也要有足够的认识，以增强信心。

党的十七届三中全会强调，搞好新阶段扶贫开发，对确保全体人民共享改革发展成果具有重大意义，必须作为长期的历史任务持之以恒地抓紧抓好。当前和今后一个时期，扶贫开发承担着神圣的历史使命。

在建设社会主义新农村的进程中，扶贫开发承担着促进贫困农村经济社会全面进步的重大任务。贫困农村经济社会发展滞后，是新农村建设的难点地区、硬“骨头”地带。在市场经济条件下，资源存在着向发展水平较高地区集中的倾向，贫困地区处于相对不利的地位。促进贫困农村发展，必须加大扶贫开发力度。以专项扶贫计划为平台，调动和整合各种资源，实行整村推进、综合治理，是加快改善贫困农村生产生活条件的重要举措，是推进贫困地区新农村建设的有效方式。

在全面建设小康社会的进程中，扶贫开发承担着帮助贫困人口增加收入、脱贫致富的重大任务。农村贫困人口是收入最低的社会群体，2007 年农村绝对贫困线收入水平只有全国农民人均纯收入的 19%、城镇居民人均可支配收入的 57%。只有通过扶贫开发，加快贫困地区经济发展，拓展农民就业空间，才能促进贫困人口增加收入、脱贫致富，与全国人民一道迈入小康社会。近几年，国家扶贫工作重点县农民收入增幅实现了由过去长期低于全国平均水平到高于全国平均水平的重大转变，充分说明扶贫开发工作取得了重大成效。

在构建社会主义和谐社会的进程中，扶贫开发承担着缩小发展差距、关爱弱势群体的重大任务。收入分配差距过大是我国经济社会发展面临的突出矛盾，也是当前影响社会和谐的重要因素。搞好扶贫开发，加大国家和社会各界对贫困地区的支持与帮助，一方面可以加快贫困地区的发展，缩小贫困地区与其他地区的差距，另一方面可以增强贫困群众对党和政府的信任，加强不同阶层、不同区域之间的了解，促进社会成员之间的谅解和包容，有利于缓解社会冲突，促进社会和谐。

在建设生态文明的进程中，扶贫开发承担着保护资源环境、促进可持续发展的重大任务。贫困地区大多生态环境恶劣，自然资源贫乏，人地矛盾突出。坚持扶贫开发与资源保护、生态建设相结合，有利于实现贫困地区人口、资源、环境的良性循环；实施劳动力转移培训、产业化扶贫、移民扶贫等措施，有助于减轻贫困地区人口与资源的矛盾，提高贫困地区可持续发展能力。探索建立有利于贫困地区和贫困人口的资源和生态补偿机制，也是扶贫开发的一项重要任务。

总之，我们必须从战略和全局高度，充分认识加快推进扶贫开发的重要性和紧迫性，充分认识扶贫开发的长期性和艰巨性。在新的历史条件下，扶贫开发工作只能加强，不能放松；扶贫政策力度只能加大，不能削弱；贫困地区的发展步伐只能加快，不能停滞。我们必须把思想和行动统一到党的十七大和十七届三中全会精神上来，适应扶贫开发新形势，顺应贫困人口过上美好生活新期待，抓住难得机遇，采取有力举措，奋力开创扶贫开发工作的新局面。

二、努力做好新阶段扶贫开发工作

党的十七届三中全会通过的《中共中央关于推进农村改革发展若干重大问题的决定》（以下简称《决定》），明确提出了新形势下推进农村改革发展的指导思想、目标任务和重大原则，是当前和今后一个时期推进农村改革发展的纲领性文件，也是做好新阶段扶贫开发工作的行动指南。《决定》对新阶段扶贫开发的方针、政策、标准、重点等提出了明确要求，当前扶贫系统最重要的任务就是深入贯彻党的十七届三中全会精神，深入研究重大问题，细化实化政策措施，扎实推进各项工作。

一要把研究完善国家扶贫战略和政策体系作为当务之急。这既是党的十七届三中全会提出的一项重要任务，也是搞好新阶段扶贫开发的必然要求。与过去相比，新阶段扶贫开发的目标任务、环境条件都有很大不同。必须根据新形势、新任务的要求，立足当前、着眼长远，研究完善国家扶贫开发战略，进一步明确战略任务、战略重点、战略步骤和战略措施；研究完善国家扶贫政策体系，对行之有效的政策措施要继续坚持并不断强化，对不适应的政策要及时调整并不断完善，同时还要与时俱进地出台新的政策措施。首先要确保如期实现《纲要》提出的奋斗目标和任务，同时要及早谋划2010年以后的扶贫开发工作。

二要把坚持开发式扶贫方针作为根本保证。开发式扶贫是中国特色扶贫道路最根本的经验，是经过实践检验的正确方针，必须长期坚持下去。同时，要推进农村最低生活保障制度和扶贫开发政策的有效衔接。低保制度是社会救助，扶贫开发是提高能力；低保制度是维持生存，扶贫开发是促进发展，二者相辅相成，相互促进，不能相互替代。扶贫部门和民政部门要把“有效衔接”作为贯彻落实党的十七届三中全会精神的一项重要工作，切实抓紧抓好，既要明确分工，更要加强配合与协调。去年以来，扶贫办和民政部积极合作，多次开展联合调研，并就基层工作的衔接反复协商，这种做法很好。现在，两个部门拟联合财政部、统计局共同下发一个文件，这个想法也很好，希望认真研究，尽快出台。

三要把尽快稳定解决扶贫对象温饱并实现脱贫致富作为首要任务。截至2007年底，我国农村绝对贫困人口还有1479万，低收入人口还有2841万。根据《决定》提出的“实行新的扶贫标准，对农村低收入人口全面实施扶贫政策”要求，包括农村绝对贫困人口和低收入在内的4320万人都要纳入扶贫对象。扶贫对象扩大之后，要尽快完善扶贫对象识别和建档立卡工作，确保落实到户到人，同时要认真研究新标准下农村贫困人口的分布和特征，为有针对性地做好工作奠定基础。这项工作关系到扶贫对象的落实和整个扶贫开发的成效，影响重大，请财政部、统计局予以支持。

四要把提高农村贫困人口自我发展能力作为工作重点。提高贫困人口自我发展能力，是贫困地区脱贫致富的根本出路。必须着力加强贫困地区基础设施建设，努力改善生产生活条件；必须切实加快贫困地区经济发展，通过发展生产力，提高贫困人口自我积累、自我发展的能力；必须注重加大对贫困人口的人力资本投资，把发展教育培训和医疗卫生事业作为突出任务，不断提高贫困人口的综合素质。这是扶贫开发工作的重点和主体。同时，对那些没有劳动能力或者劳动能力丧失的贫困人口，要积极实行社会救助，全面纳入最低生活保障，努力做到应保尽保。

五要把革命老区、民族地区、边疆地区作为扶贫的优先地带。革命老区、民族地区、边疆地区，既是贫困人口比较集中的地区，又是关系全国稳定和谐大局的重点地区。党的十七大和十七届三中全会都明确要求加大对这些地区的扶持力度。因此，扶贫开发的专项计划，无论是整村推进还是产业化扶贫、劳动力培训、移民扶贫等，都应向这些地区倾斜。扶贫办提出从今年起，用3年时间确保革命老区县、边境地区重点县和人口较少民族居住区三类地区共24649个重点村优先完成整村推进扶贫规划，这件事要切实抓紧抓好。

三、切实加强和改善对扶贫开发工作的领导

做好新阶段的扶贫开发工作，任务艰巨，使命光荣。各地区、各部门要按照中央的要求，进一步增强责任感和使命感，加强和改善对扶贫开发工作的领导，努力提高新阶段的扶贫开发水平。

第一，扶贫开发领导小组要切实发挥组织协调作用。本届国务院扶贫开发领导小组承担着重要的使命。今天会议审议通过了《国务院扶贫开发领导小组工作规则（修订稿）》，进一步明确了扶贫开发领导小组的职能和工作制度。各级扶贫开发领导小组要定期召开会议，研究扶贫开发的重大举措和中长期发展规划，部署年度计划和工作重点，并根据部门职责把扶贫开发任务分解到成员单位。要建立和完善扶贫开发领导小组成员单位联络员工作制度，协调落实扶贫开发领导小组决定的重大事项，及时沟通信息，组织开展调研和推动试点等工作。各成员单位每年年终要向扶贫开发领导小组报告工作情况及安排，包括相关政策措施的落实和机关定点扶贫工作情况。

第二，地方各级政府要切实担负起扶贫开发领导责任。要继续坚持省负总责、县抓落实、工作到村、扶贫到户的工作格局，继续实行扶贫开发工作责任、任务、资金、权力“四到省”制度，切实落实好扶贫开发工作责任制。要将扶贫开发纳入各级国民经济和社会发展的总体规划，不断增加扶贫开发投入，统筹安排各类扶贫资源，促进贫困地区经济社会发展。地方各级政府要强化各级扶贫开发办公室的职能，使之与扶贫工作的长期性、艰巨性、重要性相适应。

第三，各有关部门要切实加大对扶贫开发支持力度。对贫困地区实行重点倾斜政策是中央的一贯方针。各有关部门要统筹考虑经济社会发展和扶贫开发工作，切实把加快贫困地区的发展放在全国经济社会发展的突出位置，把加强贫困地区的基础设施建设放在全国

基础设施建设的优先位置，把促进农村贫困人口增收放在全国农民增收的重要位置。目前正在研究扩大内需、促进明年经济社会发展的重大举措，各有关部门要优先安排贫困地区民生工程、基础设施、生态环境建设，进一步加大对贫困地区转移支付的力度，确保资源分配向贫困地区、贫困人口倾斜。要加大对少数民族、妇女和残疾人等特殊贫困群体的扶持力度。扶贫开发要与计划生育工作相结合，扶贫政策向计划生育的贫困家庭倾斜。

第四，各级扶贫开发工作机构要切实履行职责。面对新的形势和任务，各级扶贫开发工作机构要加强自身队伍建设，担负起组织、实施扶贫开发各项重点工作的具体任务，进一步提高工作效率和水平。要切实加强扶贫理论和战略研究，提高工作的前瞻性、科学性和有效性，同时加快推动扶贫立法，使扶贫开发走上法制化轨道。切实加强整村推进、劳动力转移培训、产业化扶贫、移民扶贫、特殊类型地区扶贫等重点工作，确保《纲要》目标实现。创新扶贫工作机制，稳步推进贫困村村级互助资金试点工作，积极开展“县为单位、整合资金、整村推进、连片开发”的试点，加大扶贫资金和项目的监督力度。坚持并不断完善党政机关、企事业单位和群团组织的定点扶贫制度，积极吸收军队、国家重点高等院校、科研院所、民营经济参与定点扶贫工作。继续开展东西扶贫协作，加强反贫困领域国际交流合作。按照《汶川地震灾后恢复重建总体规划》的要求，主动配合有关部门，承担灾区贫困村的重建任务，努力探索扶贫开发与灾后重建相结合的道路。目前，要密切关注全球金融危机、经济增速放缓对贫困地区、贫困人口的影响，及时提出对策建议。

（资料来源：中央政府门户网站 2008 年 12 月 1 日）

回良玉在全球减贫与发展论坛上的致辞（摘要）

（2009 年 10 月 17 日）

国际金融危机使全球减贫事业和千年发展目标进程遭遇巨大挑战，国际社会应共同采取有力应对措施。中国政府将继续促进经济平稳较快发展，加大对农业农村发展的投入，坚持开发式扶贫方针，着力提高贫困地区和贫困人口的发展能力，为推动全球减贫事业发展作出新的贡献。

在国际社会共同应对金融危机的关键阶段，本次论坛分析研究金融危机对全球减贫与发展的深刻影响，交流探讨各国缓解金融危机对贫困人群冲击的政策措施，这将对加强国际合作、推进实现千年发展目标进程产生积极影响。

面对严峻的国际金融经济形势，中国政府审时度势，果断决策，及时实行积极的财政政策和适度宽松的货币政策，及时推出应对国际金融危机的一揽子计划，及时部署保增长、保民生、保稳定的各项举措，目前已取得明显成效，经济发展呈现企稳回升的良好态势。在这一过程中，我们根据贫困人口绝大部分集中在农村的客观现实，坚持把扩大内需的着力点瞄准农村，把稳定农产品市场和价格作为增加农民收入的关键举措，把解决农民工就业问题作为扩大就业的重中之重，把社会事业发展的重点放在农村，把加大扶贫开发力度作为重要政策取向，提高了农村扶贫标准，加大了扶贫开发投入，有力地促进了我国减贫事业的持续稳定发展。

虽然中国在应对国际金融危机、促进减贫事业发展方面取得了显著成就，但中国目前仍是人均收入水平较低的发展中国家，地区和城乡发展不平衡的问题相当突出，国际金融危机对减贫事业的影响依然存在，扶贫开发任务相当艰巨，必须进行坚持不懈的努力。我们将进一步完善国家扶贫开发战略和政策体系，加大扶贫开发力度，促进贫困地区经济社会又好又快发展，让贫困地区和贫困人口共享发展成果。中国将以自身不断减少贫困、坚持和平发展、走向繁荣富强的行动，为推进世界减贫事业、促进共同发展贡献自己的力量。

（资料来源：新华网 2009 年 10 月 17 日）

回良玉在国务院扶贫开发领导小组全体会议上的讲话

（2009 年 12 月 11 日）

在中央经济工作会议对 2010 年经济社会发展作出全面部署，在 2009 年农业农村发展和扶贫开发工作取得显著成绩，在中央农村工作会议将要召开之际，我们召开国务院扶贫开发领导小组全体会议，主要任务是学习贯彻中央经济工作会议精神，认真总结 2009 年扶贫开发工作，科学分析扶贫开发面临的新形势新任务，研究部署 2010 年和今后一个时期的扶贫开发工作。刚才，国务院扶贫办主任范小建同志做了很好的汇报，各部门负责同志也发表了很好的意见。下面，我讲几点意见。

一、充分肯定成绩，切实增强做好扶贫开发工作的信心

2009 年是我国进入新世纪以来经济发展最为困难的一年，也是我国扶贫开发历史上极其重要、极具挑战、富有成效的一年。国家二十多年来第一次提高了扶贫标准，对农村低收入人口全面实施扶贫政策，标志着我国扶贫开发工作步入一个新的阶段。受国际金融危机冲击，我国经济遭受严重影响，企业生产经营困难，农民工返乡回流增多，作为农民增收主体的外出务工收入大幅减少，减贫事业面临严峻考验。面对困难和挑战，党中央、国务院迅速出台了扩大内需、促进经济平稳较快发展的十项措施，全面实施了应对危机的一揽子计划，并坚持财政货币政策向“三农”倾斜，向贫困地区和贫困人口倾斜，向教育、卫生、社会保障等薄弱环节倾斜。在中央一系列更有力、更有效、更有针对性的强农惠农政策推动下，在各级党委政府高度重视、扶贫系统全力以赴勤奋工作、社会各界大力支持、贫困地区干部群众共同努力下，扶贫开发工作取得了很大的成绩，迈出了新的坚实步伐。

一是扶贫开发工作进一步加强。2009 年国家把加大扶贫开发力度作为应对国际金融危机的重要措施。中央财政扶贫投入从 2008 年的 167 亿元增加到 197 亿元，增量和增幅都是近十年来的最高水平。扶贫工作抓得实，扶贫措施落实快，对促进贫困地区发展，发挥了重要作用。2009 年国务院扶贫办还会同有关部门在 11 个省（区、市）20 个县开展了农村最低生活保障制度与扶贫开发政策有效衔接试点，研究提出了对低收入人口全面实施扶贫

政策的具体意见，在扶贫系统建立了应对金融危机的动态报告制度，密切跟踪国际金融危机对贫困地区、贫困人口的影响，及时提出了促进贫困人口就业、扶持扶贫龙头企业等政策建议。

二是扶贫开发成效进一步显现。2009 年在 18800 个村实施整村推进扶贫，其中革命老区、人口较少民族聚居区和边境地区的贫困村有 9000 个。贫困地区劳动力转移培训、产业化扶贫、移民扶贫等稳步推进；特殊类型贫困地区综合治理、汶川地震贫困村灾后恢复重建取得积极进展。前三季度国家扶贫开发工作重点县（以下简称重点县）农民人均现金收入实际增长 9.6%，高于全国平均水平 0.4 个百分点。据统计局预测，全年重点县农民人均纯收入增长幅度仍有望超过全国平均水平。在国际金融危机严重冲击、全球贫困人口约增加 1 亿人的情况下，我国的减贫成果保持了基本稳定。取得这样的成绩的确难能可贵。

三是扶贫开发思路进一步理清。2009 年组织开展了完善国家扶贫战略和政策体系联合调研，29 个部门和单位的 80 多位同志，考察了 20 个省（区、市）的 72 个县 151 个贫困村，国务院扶贫办还召开了一系列研讨会、座谈会，工作做得非常扎实、深入。从范小建同志汇报的情况看，调研工作取得了积极成果。对《中国农村扶贫开发纲要（2001—2010 年)》(以下简称《纲要》的实施情况进行了客观评估，《纲要》提出的目标有望如期完成。调研工作还对各地扶贫开发的成功探索和实践进行了认真总结，对扶贫开发面临的主要困难和问题进行了分析，提出了完善国家扶贫战略和政策体系的基本思路、主要任务、政策保障等，为编制好“十二五”时期扶贫开发相关规划和未来十年的扶贫开发纲要奠定了良好基础。

二、扎实做好 2010 年扶贫开发工作，坚决打好《纲要》收官之战

2010 年是我国扶贫开发事业承上启下的关键一年。既要确保《纲要》提出的目标任务的实现，又要制定未来十年的扶贫开发纲要和“十二五”时期扶贫开发相关规划，任务艰巨，使命光荣。我们必须按照中央的决策部署，扎扎实实地做好各项扶贫工作。

从 2010 年的情况看，完成《纲要》提出的目标任务，既有难得的机遇和有利条件，也面临复杂的形势和严峻的挑战。一方面，宏观经济成势和政策环境向更加有利于缓解贫困的方向发展。中央经济工作会议明确了 2010 年经济工作的总体要求和重大举措，国家将继续实施积极的财政政策和适度宽松的货币政策，努力保持宏观经济政策的连续性、稳定性，特别强调要把发展经济与改善民生结合起来，把保障和改善民生作为扩大内需的重要增长点，作为推动供需平衡的有效结合点；特别强调要把统筹城乡区域协调发展与推进城镇化结合起来，把加快就业、教育、卫生、社会保障等社会事业发展的重点放在农村，把促进区域协调发展的重点放在中西部地区。这为我们做好 2010 年的扶贫开发工作提供了强有力的政策保障。同时，2010 年世界经济形势总体上将好于 2009 年，我国经济回升向好的势头不断巩固，这也将有利于缓解贫困。

另一方面，扶贫开发工作面临的形势更加复杂任务更加艰巨。国民经济连续多年较快

增长和坚持不懈的扶贫开发使我国农村的贫困状况得到很大改变，但是在当前发展阶段转换和结构调整加快的双重背景下，农村扶贫开发的有利条件和不利因素并存同现，新旧矛盾相互交织，不平衡、不稳定、不协调问题增多，极大地增加了扶贫开发工作的难度。第一，虽然贫困人口在持续减少，但致贫因素较多且复杂、返贫压力增大。随着工业化、信息化、城镇化、市场化、国际化的加快推进，包括贫困地区在内的广大农村资源要素也在加剧流失。自然灾害、市场风险已成为贫困农户的经常性威胁和致贫返贫的主要因素。此轮国际金融危机更加凸显了贫困人口在市场波动窗前的脆弱性。2009 年贫困地区农民外出打工收入和家庭经营收入增幅就呈双下降趋势。第二，虽然贫困地区农民收入增长较快，但收入差距仍在扩大。重点县农民人均纯收入增幅超过全国平均水平，但区域、城乡和农村内部的收入差距仍在继续扩大，相对贫困问题日益突出。第三，虽然贫困地区落后面貌总体有了改善，但发展不平衡的问题十分突出。目前贫困地区基础设施和社会事业发展步伐加快，但边远地区的交通、饮水、上学、就医、住房等问题依然困扰着群众的生活。第四，虽然部分贫困地区已经实现整体脱贫，但特殊类型地区和特殊群体的贫困问题仍积重难返。青藏高原、干旱和荒漠化地区、黄土高原、西南石山区、秦巴山区等自然条件恶劣地区，还缺乏大面积战胜贫困的成熟经验。农村残疾人贫困面比较大，实现脱贫致富受到多重制约。第五，虽然贫困地区生态环境恶化趋势总体得到初步遏制，但生态环境保护区农民的生计问题还没有得到稳定解决。总之，我们必须充分认识做好 2010 年扶贫开发工作的重要性、艰巨性和复杂性，准确把握扶贫开发面临的新情况、新形势和新任务，切实增强责任感、使命感和紧迫感，抓住难得机遇，采取有力举措，确保《纲要》提出的目标任务如期实现，向党和人民交一份满意的答卷。

一要切实加大扶贫开发投入力度。2010 年中央财政扶贫资金要继续增加，确保如期完成扶贫任务的需要。有关部门要在国家加大投入、刺激经济增长的一揽子计划中，继续把加强贫困地区的基础设施建设、促进农村贫困人口增收放在重要位置、列入行业规划。研究制定激励政策，引导信贷资金向贫困地区、贫困农户倾斜。

二要切实抓好扶贫开发重点任务。加大整村推进工作力度，确保革命老区重点县、人口较少民族和边境重点县一线三类贫困村完成接村推进任务。劳动力转移培训要逐步增加对初、高中毕业后未升学、未就业的“两后生”职业技能教育的补助。产业化扶贫要大力发展农民互助合作组织，探索贫困农户参与产业化过程的有效方式。移民扶贫要更好地与工业化、城镇化、生态建设项目、新农村建设有机结合。加快特殊类型贫困地区综合治理和汶川地震灾区贫困村恢复重建步伐，加大对农村贫困残疾人的扶持力度。

三要切实完善扶贫政策和工作机制。继续推进扶贫开发与农村低保“两项制度”有效衔接，瞄准贫困人口，逐步扩大试点范围，2010 年力争扩大到所有重点县，东部地区根据本地区实际情况自行确定，国务院扶贫办要在年底召开的扶贫工作会议上部署这项工作，有关部门要积极配合。积极稳妥地推进连片开发、贫困村村级互助资金、彩票公益金支持革命老区建设、特殊类型贫困地区综合治理等试点。完善财政扶贫资金管理体制，创新金融扶贫方式，提高扶贫资金使用效率，加强部门协调和政策整合，引导不同部门的资源向贫困地区、贫困人口倾斜。按照“总量不变、动态调整，统筹兼顾、进出平衡、分省进行、统一核定”的原则，适当调整重点县，请国务院扶贫办提出具体方案，按程序报批。加强对贫困人口的监测，研究完善扶贫标准调整机制。地方可以根据实际制定本地的扶贫标准，因此增加的投入由地方自行安排。努力扩大社会参与，推进减贫国际合作，探索完善相关机制。

四要切实履行各自工作职责。在《纲要》实施的最后一年，各地区、各部门要按照中央的要求，加强和改善对扶贫工作的领导，认真履行职责，形成扶贫工作强大合力。国务院扶贫开发领导小组及其办公室要充分发挥好组织协调作用，地方各级政府要认真担负起扶贫开发领导责任，各有关部门要进一步加大对扶贫开发支持力度，扶贫系统更要振奋精神、坚定信心、加强自身建设，提高工作水平。承担东西扶贫协作和机关定点扶贫任务的有关省（区、市）和部门，也要加大工作力度，努力探索定点扶贫的新途径、新办法。同意成立国务院扶贫开发领导小组专家委员会，作为领导小组的决策咨询机构。

三、认真研究和完善国家扶贫战略和政策体系，积极谋划未来十年扶贫开发纲要

完善国家扶贫战略和政策体系，是党的十七届三中全会提出的一项重要任务，也是搞好新阶段扶贫开发的迫切需要。当前扶贫开发的目标和任务、环境和条件，与过去相比都有很大不同。必须根据新形势、新任务的要求，立足当前、着眼长远，着手编制未来十年扶贫开发纲要，进一步明确新时期扶贫开发的战略任务、重点、步骤和措施；完善国家扶贫政策体系，继续坚持并不断强化行之有效的政策措施，及时调整并不断完善不适应的政策，特别是要根据形势的变化与时俱进地出台新的政策措施。对这个问题，国务院扶贫办和国家有关部门已进行了深入调研，取得了积极成果。最近，温家宝总理对此作出重要批示，我们要认真贯彻落实。同意成立未来十年扶贫开发纲要起草领导小组和起草小组。要进一步细化工作方案，抓紧开始工作，请财政部在工作经费上给予支持。完善国家扶贫战略和政策体系，编制未来十年扶贫开发纲要，要重视研究好以下几个方面的问题：

第一，要有更加明确的目标。党的十七大提出了到2020年实现全面建成小康社会的奋斗目标，提出要基本消除绝对贫困现象。2008年国务院扶贫开发领导小组第一次会议提出，今后12年重点县农民人均纯收入增幅要高于全国平均水平，制定未来十年扶贫开发纲要，要坚持这两点不动摇，并在此基础上提出既符合实际，又能激发扶贫热情的具体目标，着力增加扶贫开发对象收入和提高自我发展能力，促进扶贫工作再上一个新台阶。

第二，要有更加有力的投入。目前贫困人口集中的区域，基本上都在最偏远、最困难的地方，生存条件恶劣，基础设施和社会事业滞后，贫困人口自身文化水平偏低，扶贫开发成本高、难度大。做好扶贫开发工作，必须要有更多的资金投入。要健全扶贫开发投入正常增长机制，广辟资金来源，整合资金使用，加强资金管理。

第三，要有更加有效的方式。要在坚持过去的好经验、好做法的基础上，与时俱进地

探索新的扶贫开发方式，进一步提高扶贫开发工作的针对性和实效性。扶贫开发的各项工作，都要瞄准贫困人口来展开。要突出重点，对贫困程度较深的集中连片贫困地区、特殊类型贫困地区、特殊贫困群体要重点扶持，要继续加大对革命老区、民族地区、边疆地区和贫困山区发展的扶持力度。继续搞好整村推进、产业化扶贫和劳动力转移培训，完善措施、健全机制、提高水平。

第四，要有更加多元的力量。中国特色扶贫开发道路最核心的经验是政府主导。如果没有党中央、国务院和各级党委、政府的强力组织推动，不可能取得今天的扶贫成就。但是我国贫困人口多，贫困类型多，贫困分布广，搞好扶贫开发工作必须更加广泛地动员社会各方面的力量共同参与。这不仅有利于加快扶贫开发，而且也有利于贫富群体的沟通交流，增加不同地区、不同社会阶层之间的理解与信任，促进社会和谐。要深入研究社会力量参与扶贫的渠道、机制和激励措施。

第五，要有更加完善的机制。要不断健全政府主导、社会参与的扶贫开发机制，汇集各方力量，形成强大合力。一是专项扶贫与行业扶贫相结合。专项扶贫要更加突出增加收入、提高能力。行业扶贫要更加着力推进公共服务均等化、加快改变贫困地区落后面貌。二是开发扶贫与救助扶贫相结合。实现农村最低生活保障制度和扶贫开发政策有效衔接，实行“两轮”驱动，对贫困人口做到应保尽保，应扶尽扶。三是政府扶贫与社会扶贫相结合。要营造全社会关心扶贫事业的氛围，畅通社会力量参与扶贫的渠道，形成各部门、各地区和社会各方面积极参与、合力扶贫的局面。四是中央扶贫与地方扶贫相结合。中央主要是制定宏观战略和政策，协调政府各部门和社会各方面的扶贫资源，组织全国性跨区域的重大扶贫项目，加大对集中连片深度贫困地区扶持的力度；地方各级政府负责组织编制本级扶贫规划，安排扶持资金，协调属地社会资源参与扶贫开发，组织实施扶贫项目和活动。五是外部支持与自身努力相结合。国家和社会各方面要继续加大支持力度，营造良好的环境条件，但更重要的是调动贫困地区和贫困人口的积极性，自力更生，艰苦奋斗，改善生产生活条件，增强自我发展能力。

扶贫开发是一项崇高伟大的事业，是一项艰巨繁重的任务。党中央、国务院高度重视，社会各界热切关注，贫困地区干部群众寄予厚望。让我们在以胡锦涛同志为总书记的党中央领导下，全面贯彻落实科学发展观，锐意进取，扎实工作，努力开创扶贫开发工作的新局面。

（资料来源：商务部网站）

一

扶贫历程篇

（一）扶贫开发历程

改革开放以来，扶贫开发工作大致可以分为三个阶段。

1. 体制改革推动扶贫（1978—1985年）

这一阶段，改革开放废除了人民公社，建立了以家庭承包经营为基础的双层经营体制，放开农产品价格和市场，乡镇企业得到了快速发展，大大地解放和发展了生产力，使农村贫困问题大面积缓解，同时为解决农村贫困问题奠定了制度基础。农民人均纯收入增长了2.6倍，绝对贫困人口从2.5亿人减少到1.25亿人，平均每年减少1786万人。

2. 专项计划推动扶贫（1986—2007年）

这个阶段，国家实施了有组织、有计划、大规模的开发式扶贫，具体可以分为三个时期：

1986—1993年为开创时期。1986年国务院成立专门的扶贫工作机构，制定国家贫困标准，确定国家重点扶持的贫困县，安排专项资金，制定优惠政策，明确提出开发式扶贫方针。扶贫工作取得新的进展，贫困县农民人均纯收入由1986年的206元增加到1993年的483.7元，绝对贫困人口从1.25亿人减少到8000万人，平均每年减少640万人。

1994—2000年为攻坚时期。1994年，国务院制定并颁布的《国家八七扶贫攻坚计划》明确提出，力争用七年左右的时间，基本解决8000万农村贫困人口的温饱问题。国家扶贫开发投入大幅度增加，明确资金、任务、权利、责任“四个到省”的扶贫工作责任制，规范机关定点扶贫，建立东部沿海地区支持西部欠发达地区的扶贫协作机制。经过全国上下的共同努力，到2000年底，除了生活在生存条件极其恶劣地区的人口没有解决温饱外，扶贫攻坚目标基本实现。贫困县农民人均纯收入由1993年的483.7元增加到2000年的1321元，绝对贫困人口由8000万人减少到3209万人，平均每年减少613万人。

2001—2007年为深化时期。2001年，国务院颁布并实施《中国农村扶贫开发纲要（2001—2010）》。党的十六大以来，党中央提出贯彻落实科学发展观，又做出“两个趋向”的科学论断，制定了“多予、少取、放活”和“以工促农，以城带乡”的方针，连续下发了5个“1号文件”，分别就促进农民增收、提高农业综合生产能力、推进新农村建设、发展现代农业和加强农业基础建设出台了一系列重大方针政策。在过去主要依靠经济增长拉动和专项扶贫计划推动的基础上，逐步形成了一个集行业政策、区域政策和社会政策于一体的“大扶贫”格局。扶贫开发工作明确提出以整村推进、劳动力转移培训和产业化扶贫作为工作重点，改革资金管理，完善工作机制。提出了低收入贫困标准，绝对贫困人口从3209万减少到1479万，低收入人口从6213万减少到2841万，前两年低收入以下贫困人口年均减少388万，后五年低收入以下贫困人口年均减少860万。

3. 两轮驱动推动扶贫（2007—现在）

2007年在全国农村建立最低生活保障制度，对农村贫困人口的基本生存问题做了兜底性的制度安排。2008年10月，党的十七届三中全会《决定》明确提出，实行新的扶贫标准，对低收入人口全面实施扶贫政策，扶贫事业从此进入开发扶贫与社会救助两轮驱动的新阶段。

2009年3月，温家宝总理在政府工作报告中进一步明确，"今年将实行新的扶贫标准，对农村低收入人口全面实施扶贫政策。新标准提高到人均1196元，扶贫对象覆盖4007万人，这标志着扶贫开发进入一个新阶段。"

（二）扶贫开发成效

由于历史和体制等方面的原因，中国农村贫困问题比较突出。自1978年实行改革开放政策以来，依靠有利于穷人的经济增长和始于1986年的中国政府大规模扶贫开发计划，特别是2002年以来，统筹城乡推动扶贫等重要政策举措，使农村的贫困状况得到极大缓解，大量贫困人口基本解决了温饱问题，中国的减贫工作取得了举世瞩目的成就。

1. 贫困人口大幅度减少。按国家统计局确定的贫困线标准，处于贫困线以下的农村人口已从1978年的2.5亿减少到2009年年末的3597万，贫困发生率从30.7%下降到3.8%。根据中国政府的贫困标准，中国农村尚未解决温饱问题的绝对贫困人口从1978年的2.5亿下降到2007年的1479万，占农村居民总人口的比重从30.7%下降到1.6%；初步解决温饱问题但不稳定的低收入贫困人口从2000年的6213万减少到2007年的2841万，占农村居民总人口的比重从6.7%下降到3%。2008年农村贫困标准调整为1196元。并从2008年起将贫困人口和低收入人口统计合并，在此统计口径下，截至2009年年底，贫困人口减少到3597.1万，占农村人口比例的3.8%（见图1）。

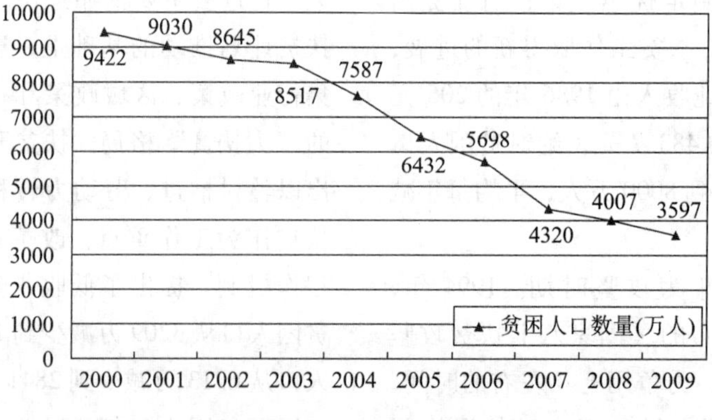

图1　贫困人口数量（万人）

资料来源：国家统计局《中国贫困监测报告》及扶贫办相关统计资料。

2. 贫困地区农民收入稳步提高。从1989年到2009年，国家扶贫开发工作重点县（以下简称重点县）农民人均纯收入从303元增加到2842元。尤其是2001年到2009年，重点县农民人均纯收入从1277元增加到2842元，年均增长连续五年高于全国平均水平7.47%的增幅（见图2）。

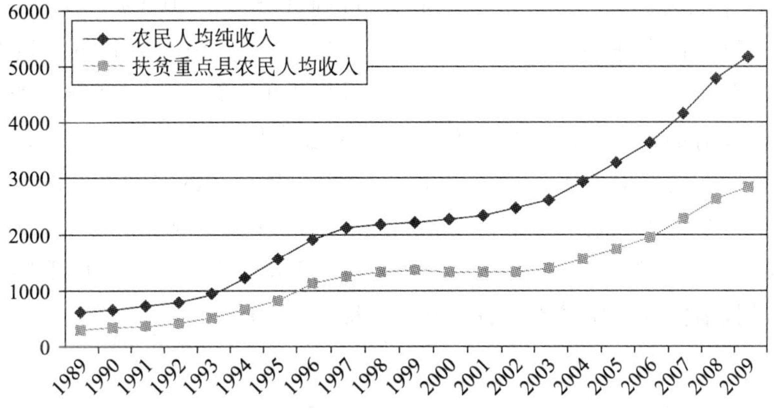

图2

资料来源：国家统计局《中国贫困监测报告》及扶贫办数据。

3. 基础设施显著改善。2009年底，重点县通公路、通电、通电话和能接收广播电视的自然村分别达到总数的99%、98.7%、98%和98%，2000年至2008年，重点县新增基本农田5940万亩；新建及改扩建公路里程78万公里；新增教育卫生用房2152万平方米；解决了4959万人、4397万头大牲畜的饮水困难，饮用自来水、深水井农户比重达到60.3%。

4. 社会事业深刻变化。2002年至2009年，重点县中的行政村有幼儿园、学前班的比重从51.3%增至55.8%；有卫生室的比重从68.6%增至79.6%；有合格乡村医生、卫生员的比重从70.8%增至79%；有合格接生员的比重从66.6%增至75%。重点县农村劳动力文盲、半文盲比重由2002年的15.3%下降到2009年的10.8%，接受过培训的劳动力从8.6%提高到15.5%。

5. 区域经济加快发展。2000—2008年，592个重点县人均地区生产总值从2500元增加到8368元，年均增长22.2%；人均地方财政一般预算收入从116.5元增加到354.3元，年均增长24.5%。这两项指标的增幅均略高于全国2072个县市的平均水平。一些重点县开发能源、旅游或调整产业结构，实现了超常规发展。贫困地区农村市场建设步伐加快，初步建立了市场流通体系，缓解了贫困群众买难卖难的实际困难，提高了农村市场的消费水平。2008年底，有37个重点县的人均国内生产总值、61个重点县的人均财政收入超过全国县市的平均水平，其中双超县有30个。

扶贫开发取得的伟大成就，不仅促进了贫困地区的经济社会发展，缓解了农村贫困状况，优化了国民经济结构，而且对于民族团结、政治稳定、边疆巩固、社会和谐发挥了重要作用。

中国扶贫开发的成就，还加速了全球

减贫的进程，为世界减贫事业作出了贡献。特别在实施千年发展目标上取得的进展显得尤为突出。根据世界银行数据统计，中国在过去的25年中的扶贫成果占世界总额的67%。没有中国的贡献，千年发展目标的第一项——到2015年前将世界上极端贫困人口减半，将无法实现。

依照中国政府的贫困标准，全国农村尚未解决温饱问题的绝对贫困人口数量从1990年的8500万（占农村人口9.6%），减少到2008年的1003万（占农村人口1%），是最早提前实现千年发展目标中减贫目标的发展中国家。即使按照联合国千年发展目标采用的每人每天消费低于1美元的国际贫困标准，中国生活在贫困线下的农村人口的比例已经由1990年的46%下降到2005年的10.4%，也已完成千年发展目标的减贫任务。从1990年到2005年，全球生活在1美元/天贫困线下的人口减少到14亿，共减少了4.18亿，降低了23%，而其中中国减少的贫困人口占世界贫困人口的70%以上（2006年）。（外交部与联合国驻华系统合著《中国实施千年发展目标情况报告》）

（三）扶贫开发基本经验

中国是人口众多的发展中国家，是全球减贫事业的重要实践者。新中国成立后特别是改革开放以来，国民经济持续快速发展，人民生活不断改善，为促进扶贫事业发展奠定了坚实的基础。在促进经济发展的同时，从20世纪80年代开始，中国政府实施了有组织、有计划、大规模的扶贫开发，走出了一条符合国情的“政府主导、社会参与、自力更生、全面发展”的开发式扶贫道路，解决了2亿多农村贫困人口的温饱问题。这不仅在中国历史上是一个伟大的壮举，也为全球减贫事业作出了重大贡献。回顾中国促进发展、减少贫困的历史进程，基本经验可以归纳为以下几点：

一是坚持统筹城乡，实施反哺政策，形成大扶贫的工作格局。党的十六大以来，国家实行了统筹城乡发展，以工促农、以城带乡的方针，对农村全面实施反哺政策，不断加大强农惠农政策力度，有力地促进了贫困地区基本公共服务均等化进程。2007年，全面建立农村最低生活保障制度，形成了开发扶贫和社会救助“两轮驱动”的新格局。2004年起，减贫速度明显加快，扭转了《纲要》实施前三年减慢和徘徊的局面。

二是坚持政府主导，采取多种形式，不断加大扶贫开发投入和工作力度。政府主导主要体现在：一是建立机构，制定规划。中国政府制定过八七扶贫攻坚计划，制定过2001到2010年的纲要；二是划定区域，从18片集中连片贫困地区到592个县，又从592个县进一步落实到15万个贫困村；三是明确标准，就是1986年第一次确定国家贫困标准为206元，2000年又提出低收入标准865元，2009年实施新的扶贫标准1196元；四是财政支持，贷款扶持。2001—2009年，中央政府共投入财政扶贫资金1117亿元（含以工代赈资金），并通过财政贴息调动了近千亿元扶贫贷款。

政府主导包括四种形式，就是专项扶贫、定点扶贫、东西扶贫协作、行业扶贫。这四种形式是随着历史发展不断变化的。专项扶贫工作是1986年开始的，同时也开展了中央国家机关定点扶贫的工作，到目前是272家国家机关、企业事业单位定点帮扶了481个重点县。1994年组织实施八七扶贫攻坚计划，开始实行东西扶贫协作，按照小平同志“两个大局”的要求，先富带后富。目前有15个沿海的发达省市对口帮扶西部的11个不发达的省区的状况。2002年中共十六大“以工促农、以城带乡”的方针提出来以后，各部门对贫困地区投入逐年增加，陆续形成了行业扶贫。

三是坚持社会参与，促进国际合作，凝聚减贫与发展的强大合力。动员军队和武警、共青团、妇联、各民主党派利用自身优势开展各具特色的扶贫活动。民营经济和民间组织的参与，不仅增加了扶贫资源，而且促进了不同地区、不同社会阶层之间的理解与信任，促进社会和谐。积极开展减贫领域的国际合作与交流，发挥扶贫外交的特殊作用。

四是坚持自力更生，提高组织程度，激发贫困地区的内在发展活力。贫困地区基层组织发挥战斗堡垒作用，带领广大干部群众，继续发扬自力更生、艰苦奋斗的精神，以主人翁的姿态积极献计献策，主动投工投劳。参与式整村推进普遍推行，农民专业合作组织逐步发展。贫困村互助资金组织从2006年的319个发展到2009年的9003个，获得信贷扶贫资金支持的农户从2001年的152万户增加到197万户。贫困农户自我发展、自我管理能力逐步提高。

五是坚持解放思想，积极探索创新，不断提高扶贫开发工作水平。2009年，国家将扶贫标准提高到农民年人均纯收入1196元，扶贫对象覆盖4007万人，对农村低收入人口全面实施了扶贫政策。不断完善扶贫资金管理体制，改革扶贫贴息贷款管理，提高贫困人口参与公共事务的能力。东部各省在继续关注少量连片贫困问题的同时，将工作重点转向提高低收入人口健康生活水平和稳定发展能力，努力缓解内部发展差距，为全国扶贫开发探索了新路子。

（四）扶贫开发面临的挑战

当前，我国仍处在社会主义初级阶段，经济社会发展的总体水平还不高，制约贫困地区和贫困人口发展的深层次矛盾依然存在。在发展阶段转换和结构调整加快的双重背景下，新旧矛盾相互交织，不平衡、不稳定、不协调的问题增多，极大地增加了扶贫开发的工作难度。

一是贫困人口规模较大，返贫压力增大。按照新的扶贫标准，全国有扶贫对象3597万人，占农村总人口的3.8%。在传统致贫因素的基础上，市场风险又成为致贫返贫的重要成因。国际金融危机更加凸显了贫困人口在市场波动面前的脆弱性。

二是收入差距仍在扩大，相对贫困现

象凸显。城乡居民收入差距仍在不断拉大，东中西部农民收入差距和各区域内部收入差距也在扩大。在贫困地区，一些县县级财政收入的高增长掩盖了农民收入低增长，城镇繁荣掩盖了农村落后，少数大户富裕掩盖了多数人收入不高。

三是发展严重不平衡，特殊贫困问题严重。西部地区的贫困问题主要集中在民族地区和边境地区，中部地区贫困问题主要集中在革命老区和山区，东部地区除存在少量集中连片贫困区域，主要表现为内部发展差距的扩大。特殊类型地区和特殊贫困人口始终是扶贫工作任务最艰巨的地方。根据统计局的贫困监测数据，2008 年5个民族自治区和云南、贵州、青海 3 省的贫困人口，占全国农村贫困人口的比重为39.6%，呈上升趋势，贫困发生率11.0%，比全国平均水平高6.8 个百分点。

四是自然灾害威胁严重，防灾抗灾能力不足。贫困地区往往是自然灾害多发地区，据统计，贫困地区遭受严重自然灾害的几率是其他地区的5倍。全球气候环境的变化导致极端天气事件增加，对地处生态脆弱区的贫困地区影响将更加明显。贫困地区防灾抗灾能力明显不足，许多生态环境脆弱区经济社会发展滞后，农牧业生产受灾害威胁十分严重，尽管采取了搬迁扶贫等一系列措施，农民生计问题仍未得到稳定解决。

二

专项扶贫篇

（一）专项扶贫——主要成效

进入21世纪以来，中国政府继续坚持开发式扶贫方针，进一步改善贫困地区基本生产生活条件，积极推进农业产业化经营，加大科技扶贫力度，努力提高贫困地区群众科技文化素质，积极稳妥扩大贫困地区劳务输出，稳步推进自愿移民搬迁。根据《纲要》基本精神，在国家和社会各界共同帮助下，贫困地区各级干部群众奋发努力，各项重点工作全面推进。

整村推进促进了贫困地区新农村建设。针对新阶段农村贫困人口分布“大分散，小集中”的特点，《纲要》实施之初，在全国确定了15万个贫困村，通过群众参与，逐村制定扶贫规划，分年度组织实施。整村推进重点抓5个方面的建设，即：基础设施，社会事业，产业发展，精神文明和以班子建设为核心的村级民主制度。这些内容，有力地促进了贫困地区新农村建设。到2009年底，已有10万个村实施了整村推进规划。预计到2010年底，将有12万个贫困村实施规划，其中“三个确保”贫困村可以基本完成。

转移培训提高了贫困地区劳动力素质。2004年以来，实施以劳动力转移为主要内容的雨露计划，先后安排资金30亿元，培训贫困家庭劳动力约400万人次，其中80%以上实现转移就业。抽样调查显示，接受培训的劳动力比没有培训的就业工资可提高300～400元。

产业化扶贫带动了贫困农户增收。将产业扶贫与整村推进、连片开发、科技扶贫相结合，通过扶持设施农业、产业化基地、农民合作经济组织和扶贫龙头企业，带动贫困农户增收。（1）重点培育符合贫困地区特点的主导产业，如马铃薯、经济林果、草地畜牧业、棉花等。（2）发展设施农业，推广防灾抗灾技术，如舍饲圈养、大棚果蔬、双垄沟播地膜全覆盖技术等。（3）扶持扶贫龙头企业625家，带动400多万贫困农户脱贫致富。（4）为贫困地区农民合作组织提供技术、市场、信贷等方面的服务。

连片开发调整了贫困地区产业结构。2007年开始，为了探索财政扶贫资金与其他涉农资金整合使用的途径，开展了“县为单位、资源整合、整村推进、连片开发”试点。每个试点县投入1000万元财政扶贫资金作为引导，通过资金和政策整合、机制创新，吸引相关部门涉农资金投入产业开发及配套项目，将整村推进与连片开发相结合、扶贫开发与区域经济发展相结合，促进了贫困地区经济发展和贫困农户稳定增收。到2009年底，已经在140个县开展试点，效果显著，受到当地干部群众欢迎，得到有关部门大力支持。

移民扶贫改变了基本生存环境。《纲要》把稳步推进自愿移民搬迁作为扶贫开发的内容和途径之一。各地对居住在生存条件恶劣、自然资源贫乏地区的特困人口，大力实行了搬迁扶贫。东部各省和中西部快速工业化地区充分利用工业化、城镇化的机会，把移民扶贫与县城、中心镇、工业园区建设结合在一起，以整体搬迁为主要形式，促进农民转移就业，实现易地脱贫奔小康。中西部大部分地区则将移民扶贫与退耕还林（还草）、撤乡并镇、防灾避灾等项目结合，不仅改善了生存条件，而且极大提高了公共服务的水平。

灾后恢复重建开创了扶贫工作新领域。2008年汶川地震以后，受灾地区贫困面急剧扩大，贫困程度进一步加深，经济社会发展水平严重下降，资源环境更加脆弱。根据“扶贫开发与灾后恢复重建相结合”的精神，为帮助受灾贫困村迅速恢复生产生活能力，扶贫部门组织编制了51个极重和重灾县、4834个贫困村的《汶川地震贫困村灾后重建总体规划》，纳入国家恢复重建总体规划和农村建设专项规划。积极争取各方支持，已进行了3批100个村的恢复重建试点，灾区70%的贫困村已经启动规划的实施，探索了将扶贫开发与防灾减灾、灾后恢复重建相结合的道路。

（二）专项扶贫——政策措施和机制创新

【完善大扶贫机制】

十六大以来，党中央提出贯彻落实科学发展观，实施统筹城乡、区域的发展战略和以工促农，以城带乡的方针，在继续加大扶贫开发工作力度的同时，投资于农村地区基础设施和社会服务事业，采取一系列农业补贴政策，建立农村最低生活保障制度，制定促进落后地区发展的战略，逐步形成了集行业政策、区域政策和社会政策于一体的“大扶贫”格局。完善大扶贫机制主要表现在以下几个方面：

中央对“三农”的投入逐年增加。2003年，中央财政用于“三农”的投入达到2144亿元，首次超过2000亿元。以后逐步增加（见图1），到2010年中央财政“三农”支出安排超过8000亿元，达到8183.4亿元。国家在加大投入过程中，不断健全农业投入保障机制，突出加强农业基础，加大基础设施建设力度，以支持改善农村生产生活条件，促进农业发展和农民增收。

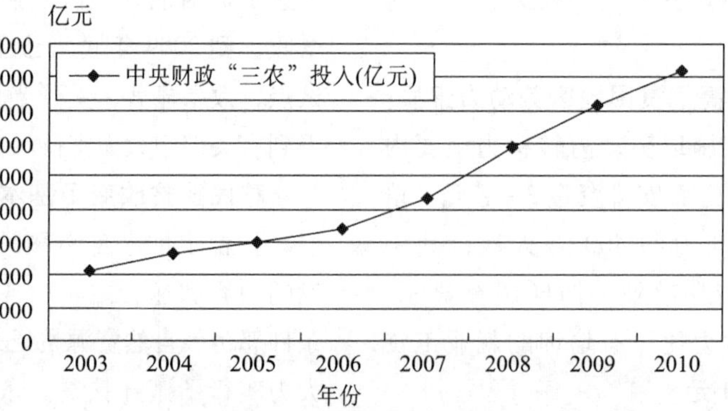

图1　中央财政“三农”投入（亿元）

资料来源：国家统计局《中国农村贫困监测报告》。

各项强农惠农政策不断出台。2001年开始实施了大规模的退耕还林计划，防止西部农村生态环境的进一步破坏。2004年开始对种粮农民实行了“三补”，确保农民粮食生产积极性和粮食生产的稳定。一是粮食直补，即对国家规定的粮食品种以计税土地面积或计税常年产量为依据核算补贴金额，并将补贴直接发到农民手中；二是良种补贴，对小麦、玉米、水稻良种进行补贴；三是安排专项资金对部门地区农民购置大型农机具给予补贴。为减少农民负担，防止农村乱收费现象的恶化，中央政府于2001年开始进行试点，2003年全面推行了农村税费改革。2004年进一步加大了农村税费改革力度，明确提出要逐步降低农业税税率直到彻底取消农业税。到2006年全国已经全部取消了农业税。

2000年中央政府开始实施西部大开发战略。国家在西部地区优先安排基础设施、生态环境和资源开发等建设项目，并不断加大对西部地区的投入和财政转移支付力度，为推动西部地区的发展和贫困人口温饱问题的解决发挥了重要作用。

为改善农村金融服务，国家继续推进农村金融改革，在保证资本金充足、严格金融监管和建立合理有效的退出机制的前提下，鼓励在县域内设立多种所有制的社区金融机构，允许私有资本、外资等参股。

教育、卫生等社会事业稳步推进。为继续支持贫困地区义务教育发展，实施了第二期（2001—2005年）“国家贫困地区义务教育工程”，同时，国家开始在贫困地区对家庭经济困难的学生实施免费提供教科书，免收杂费，对寄宿生补助生活费的“两免一补”政策试点。2005年对592个国家扶贫工作重点县的约1600万名农村义务教育阶段家庭贫困的中小学生实行了“两免一补”。计划2006年对西部地区农村义务教育阶段学生全部免除学杂费，对其中的贫困家庭学生免费提供课本和补助寄宿生生活费，2007年在全国农村普遍实行这一政策，惠及中国农村地区约一亿六千万适龄儿童，占到全国近两亿中小学生的80%。为解决农民“看病难”问题，2003年开始，在农村试点建立新型合作医疗制度：采取自愿方式，农民每人每年缴纳10元，中央和地方政府相应给予一定比例的资金补助。随后，国家积极推进新型农村合作医疗制度试点工作，中央和地方财政大幅度提高补助标准，到2009年全国开展新农合市县数2716个，人口8.33亿，年度筹资944亿元，人均133元。

农村社会保障制度进一步健全。农村社会保障制度主要包括农村最低生活保障制度、五保制度、养老保险制度、社会救助制度等。党的十六大以来，部分地区根据中央部署，积极探索建立农村最低生活保障制度，为全面解决农村贫困人口的基本生活问题打下了良好基础。2007年，国务院决定，在全国建立农村最低生活保障制度，为农村未能解决温饱问题的困难群众作了兜底性的制度安排，使中国扶贫进入“两轮驱动”的新阶段。2009年，低保对象4759万人。近年，农村养老保险制度也渐行渐近，将成为破解“三农”问题的重要政策选择。中共十七大报告中指出，探索建立农村养老保险制度。2009年已开始试点，计划到2012年参保率达到50%以上，2017年参保率达到80%以上，2020年基本实现全覆盖。这项制度将彻底改变农村现行的养老制度。同期，农村社会救助制度也在不断改进，具体包括扩大农村五保对象集中供养；完善农村低保配套救助政策；健全灾害救助机制；推进社会互助和慈善救助；落实农村优抚救助政策等。

【对贫困人口全面实施扶贫政策】

为切实落实党的十七届三中全会《决定》关于“实行新的扶贫标准，对农村低收入人口全面实施扶贫政策”的要求，2010年1月，国务院扶贫开发领导小组印发《关于对农村低收入人口全面实施扶贫政策进一步做好扶贫工作意见的通知》，要求各地根据扶贫开发新形势，对扶贫标准以下的贫困人口实行统一的扶持政策，通过扶贫开发和低保制度予以全面覆盖；优化扶贫资金使用结构，完善到户扶贫措施；要提高贫困地区和扶贫对象自我发展能力，进一步强化和完善连片开发和整村推进、贫困家庭劳动力转移培训、产业化扶贫、扶贫易地搬迁、贫困村互助资金试点等扶持措施；创新扶贫工作机制，抓好扶贫开发和农村低保制度的有效衔接、建立动态监测机制、完善绩效考评机制、构建多渠道扶贫合作机制、探索扶贫对象组织化程度的新机制、创新小额信贷扶贫机制等。

【完善贫困人口识别和监测机制】

按照党的十七届三中全会《决定》的要求，为实现农村低保和扶贫开发两项制度有效衔接，2009年，国务院扶贫办在总结以往经验的基础上，进一步完善贫困人口识别和监测机制。

一是合理确定对象规模。扶贫对象规模原则以国家统计局农村贫困监测数据为依据，县级扶贫对象规模由省扶贫办会同有关部门测算。乡（镇）、村的扶贫对象规模由试点县自行确定。

二是规范贫困对象识别程序。主要包括户主申请、民主评议、审核、审批。

三是组织力量研发软件。根据试点工作的要求，研发了两项制度有效衔接贫困农户信息管理系统。

四是认真采集贫困户信息。修改完善贫困户信息登记表，对识别出来的贫困户采集信息，录入数据，做到村有册、乡有簿、县有电子档案。

【两项制度衔接试点】

两项制度衔接，指农村低保和扶贫开发两项制度的有效衔接，是党的十七届三中全会《决定》给扶贫和相关部门提出的一项重要任务。从2007年以来，党中央、国务院在有关农村工作的重要文件中，反复强调要搞好两项制度的衔接，回良玉副总理也多次就此发表重要讲话和批示。

2009年初，国务院扶贫办和民政部下发了《关于做好农村最低生活保障制度和扶贫开发政策有效衔接试点工作的通知》。2月，在11个省区市、20个县市启动了试点。5月，国务院扶贫办又与民政部、财政部、统计局、残疾人联合会联合下发《关于做好农村最低生活保障制度和扶贫开发政策有效衔接试点工作的指导意见》。

在有关部门的大力支持和各方面的共同努力下，2009年两项制度衔接共在全国11个省、20个县所辖的340个乡（镇）、5955个行政村开展了试点。试点工作探索了一些好的做法和经验，取得明显成效，既受到了农户欢迎，也得到了有关部门的认可和肯定。通过衔接，有利于不同困难群体得到扶持，使贫困人口共享改革发展成果。

1. 试点主要成效

一是摸清了贫困状况，为瞄准困难群众奠定了基础。各地充分借鉴扶贫建档立卡和低保对象识别成果，按照民主评议程序，一次性地识别出了扶贫对象、低保对象、扶贫和低保交叉对象。按新扶贫标准1196元，共识别出农村低收入人口141.9万人，占试点县农村人口的14.7%（试点县多为贫困程度较深的县）。其中扶贫对象122.4万人，占农村人口的12.7%；低保对象46.1万人，占农村人口的4.8%（未含1196元以上的低保对象）；扶贫和低保交叉对象26.6万人，分别占扶贫对象的21.7%，低保对象的57.7%。

二是扩大了政策扶持面，使更多困难群众受益。识别出来的低保对象均落实了低保金，扶贫对象有58.9万人不同程度享受了扶持政策，占48.1%，扶持面比试点前有明显扩大。扶持措施主要包括十个方面：即产业开发、扶贫易地搬迁、雨露计划培训、危房改造、扶贫经济实体股份分红、小额信贷、互助资金、教育免费及补助、医疗救助、党员干部和社会各界帮扶措施等等。

三是建立了档案资料，为实行分类扶持和动态管理创造了条件。各地对识别出来的低收入户，分别就家庭人员情况、贫困状况、需求情况、受扶持情况等建立了详细的档案资料。同时，将低收入户分为"扶贫户、扶贫低保户、低保户、五保户、扶贫库区移民户"等五类，为分类扶持和动态管理创造了条件。

四是建立了信息系统，为各方面搭建了通用的工作平台。试点中开发的农村低收入户管理系统，为在大扶贫格局下，引导农业、水利、教育、卫生、住房建设、人口计生、林业等部门及社会各界的资源向低收入户倾斜，搭建了通用的工作平台。

五是掌握了对象需求，为制定扶贫规划提供了依据。各地在信息登记过程中，对扶贫对象需要的项目、内容、类别、规模、投资及资金来源等进行了全面摸底，为下一步制定新的扶贫规划提供了依据。

2. 试点主要做法

一是合理确定规模。主要有两种方式，一种方式是，按照国家扶贫标准，以统计部门农村贫困监测数据为依据，确定低收入人口规模，如河北、湖北、广西、甘肃、青海、新疆等。另一种方式是，省（市）政府综合考虑统计部门农村贫困监测数据、低保标准和自身财力，自定扶贫标准，确定低收入人口规模，如福建、江苏、河南、湖南、重庆等。

二是制定详细方案。11个省区市和20个县在深入调查研究、广泛征求意见的基础上，制定了具体的试点工作方案。多数地方的方案明确了试点工作的指导思想、目标要求、基本原则、实施步骤、保障措施等，是科学、周密的。湖南保靖县在实施方案中提出的"一评二审三公示、关键环节四到位"的总体要求，就很有代表性。一评是指根据农户申请，村里进行评议；二审是指乡审核、县审批；三公示是指村、乡、县三级公示；关键环节四到位是指宣传发动到位、对象识别到位、分类帮扶到位和动态管理到位。

三是先试点后铺开。为确保试点有序、稳步推进，在初步确定乡、村低收入人口规模后，试点县选取1～2个乡和村进行先期试点，在总结经验的基础上，再全面推开。湖北罗田县选择好、中、差3个等次的乡（镇），每个乡镇又分别筛选出好、中、差3个等次的9个村进行试点。由县统计局设计农户收入调查表，按照1196元扶贫标准，对低于标准以下的农户进行登记上报。为保证上报对象的真实性和准确性，由扶贫办、民政局、财政局、统计局、残联等单位抽调专门人员，到3个乡（镇）9个村逐组逐户进行核查，做到不漏户、不漏人。在核查过程中，采取“三看一核算”的方法现场进行确认，即一看粮，二看房，三看劳力强不强，核算家庭人均纯收入（核算由统计局专业人员进行）。经过近1个月核查和测算，初步确定了3个乡（镇）9个村的贫困发生率。

四是开展系统培训。根据先期试点情况，按照试点工作方案，对相关工作人员进行培训，以确保试点质量。甘肃漳县对分管扶贫工作的副乡（镇）长、扶贫专干和村干部进行了培训，共300多人参加，系统介绍了试点工作方案，详细解释了村、户的各项指标。湖北罗田、孝昌县还对信息录入人员进行了专门培训。

五是民主识别对象。各地在试点工作中，探索出了许多行之有效的贫困识别方法，并逐步得到规范。归纳起来主要有五个方面，即：申请、评议、审核、审批、逐级公示。福建武平县实行“四坚持”、“四不准”、“三不纳入”、“三调查”的方法。四坚持，即坚持本人申请、坚持村委会评议初审、坚持乡（镇）审核、坚持县领导小组审批；四不准，即不准暗箱操作、不准优亲厚友、不准平均分配、不准敷衍塞责；三不纳入，即家庭住房条件较好、具有隐性收入的不纳入，没有经过村级评议小组评议的、没有乡（镇）集体研究的、没有张榜公布的不纳入，具有自救能力但好逸恶劳的不纳入；三调查，即对扶贫对象有疑点的进行调查，对扶贫对象有分歧的进行调查，对扶贫对象有举报的进行调查。

六是认真采集信息。对象确定后，由包村干部带队，组织经过培训的专门人员，对低收入户的相关信息逐项进行登记，保证采集的信息客观、真实、无漏项。为了做好这项工作，甘肃漳县盐井乡一次就组织了乡村干部50多人，不到一个月时间，将全乡识别出来的921户低收入户登记造册。

七是落实扶持政策。两项制度有效衔接工作不能“空对空”。政策能否兑现，关系到试点的成败，也关系到这项制度能否长期坚持下去。在专项扶贫资金有限的情况下，积极整合相关惠农政策，加大扶持力度，成为落实扶持政策的重要经验。各地的主要做法有：对扶贫对象发展产业项目、实施小型基础设施项目、纳入搬迁规划和危房改造的给予补助；免费为扶贫对象提供技术服务；互助资金中扶贫对象户的入社基准互助金由到村财政扶贫资金缴纳，并保障贫困户享有收益权和优先借款权；到户小额贷款实行财政贴息；开展全免费的创业、转移就业、实用技术培训；对贫困户子女就读中等职业教育学校全免费和初中、高中、大专、本科生按年发放补助；按10元/亩标准提供农业保险补贴；免交新型农村合作医疗自筹费用，政府按10元/人提供商业医疗保险补贴，费用报销比例提高20个百分点；动员党员干部、社会力量与扶贫对象结对帮扶，形成一对一、多对一、一对多的帮扶等等。

2010年将适当扩大试点范围，中西部地区将试点范围扩大到80%以上的国家扶贫开发重点县，有条件的地区可以扩大到非国家扶贫开发工作重点县；东部地区根据实际情况自行确定视点范围。

【完善扶贫资金管理和到户机制】

1. 完善财政扶贫资金管理

财政扶贫资金大幅增长。2009年，中央、省级预算安排财政扶贫资金265亿元，比上年增加43亿元，增长19.4%，增幅和增量均为1986年以来最高水平。其中：中央安排197.3亿元，增加30亿元，增长17.9%；省级安排67.9亿元，增加13亿元，增长23.6%。

资金投向得到优化。资金主要投向重点县和贫困村。安排到省的中央财政扶贫资金188亿元中（不含新疆生产建设兵团、贫困农林场等），投入国家扶贫工作重点县139亿元，占74%；投入重点村158亿元，占83%。

加大了对支柱产业和农户的扶持力度。据不完全统计，2009年中央安排到省的136.4亿元财政发展资金中，基础设施投入62.5亿元，占45.8%，比上年下降10多个百分点；扶持产业发展和农户生产52.4亿元，占38.4%，比上年增长10个百分点以上。这说明，各地积极贯彻十七届三中全会精神，充分发挥大扶贫作用，努力调整和优化扶贫资金投入结构，认真开展“两项制度”衔接，尽力落实扶贫对象扶持措施和加大扶持力度。

省级财政扶贫资金中，用于基础设施、产业发展和农户的比重更为合理。据不完全统计，省级62.8亿元中，用于基础设施投入24.1亿元，占38.4%；产业发展和农户31.2亿元，占49.7%。

资金管理进一步规范。资金分配进一步向三个确保、劳动力转移培训和产业发展等重点工作和贫困群众倾斜。各省结合实际，不断补充、完善扶贫资金分配办法，向重点工作、特殊贫困区域和特殊困难群体倾斜。如贵州省按扶贫重点工作、贫困状况、贫困区域等原则，统筹安排财政扶贫资金。2009年，贵州省各级投入整村推进计划财政扶贫资金合计10.58亿元，其中，中央财政扶贫资金8.7亿元，占总额的79%；新疆在四项因素分配资金的基础上，将各县“财力困难状况”纳入“因素分配法”，体现了对财力困难县的扶持力度。2009年，新疆安排到27个国家扶贫开发工作重点县（市）的财政扶贫资金4.59亿元，占其资金总量的82%。直接投入到扶贫开发工作重点村的财政扶贫资金5.37亿元，占资金总量的78%。西藏竭尽财力对低收入户实施扶贫政策，将扶贫对象作为实施扶贫项目的主体，优先安排。

扶贫资金管理使用机制不断创新。各地积极创新扶贫资金管理使用机制，探索新模式。青海省围绕大扶贫格局的要求，在资金使用上努力实现六个转变：即在扶贫开发对象上由过去的国家和省定扶贫开发工作重点县向全省低收入人口全部实行扶贫开发政策转变；在扶贫开发目标上由以解决温饱为主向增加收入、脱贫致富转变；在扶贫开发力量上由单纯依靠扶贫开发部门向各部门和全社会齐抓共管转变；在扶贫开发投入上由扶贫开发专项资金向整合各类资金集中扶持贫困地区基础设施和产业发展转变；在扶贫开发方法途径上由单村独户、分散单一实施扶贫开发项目向统筹规划、连片开发、集中规模、综合治理、区域推进转变；在扶贫开发制度上由开发式扶贫向开发式扶贫与低保式扶贫并举转变。

甘肃省探索出扶贫资金滚动使用六种模式：一是资金一次性投入，分期回收，循环滚动扶持发展式；二是自由结对，两户选一，先后扶持式；三是组建养殖小区经营，再租再包不断发展式；四是有偿资金抵押，贴息扶贫贷款式；五是建立村级互助发展资金，滚动发展使用式；六是两户结盟，“放母还犊”式。通过资金滚动发展，使扶贫资金扶持效益的最大化、农户覆盖最大化的效果得以实现。

资金监管制度化、规范化。资金报账制、项目公告公示制、检查验收等制度，已成为扶贫部门管理资金的常规手段，并不断完善和强化。黑龙江省制定并出台了《扶贫资金项目公告公示制实施办法》、《扶贫开发劳动力转移培训资金管理暂行办法》；吉林省制定了《扶贫资金基础设施类项目管理实施细则》、《扶贫资金生产发展类项目管理实施细则》。河北、河南、江西、湖北、重庆、云南等省市积极推进财政扶贫资金绩效考评，甘肃省还将扶贫资金绩效考评延伸为扶贫开发工作绩效考评。不少省还将交叉检查作为一项制度，进一步规范，强化措施。上述措施，保证了财政扶贫资金的专款专用和及时到位。

2. 互助资金

截至2009年底，全国累计940个县、9003个村开展了贫困村互助资金试点，其中2009年开展3108个村，占总村数的53%。资金总规模累计17亿元（中央扶贫资金4.6亿元，省级扶贫资金7.8亿元，农户互助金3.6亿元，其他资金1亿元），其中2009年投入10亿元，占资金总额的58%。从统计数据看，2009年是互助资金试点发展速度最快、资金规模投入最多的一年。截至2009年底，累计入社农户74万人，其中：贫困户37万人，占50%；累计借款31万人次，其中：贫困户17.9万人次，占57.7%；累计发放借款11.7亿元，其中贫困户6.7亿元，占57.2%。为规范互助资金运作程序，强化监督管理和风险防范，国务院扶贫办与财政部联合印发了《关于进一步做好贫困村互助资金试点工作的指导意见》。

3. 扶贫贴息贷款管理体制改革

在2008年全面开展扶贫贴息贷款管理体制改革的基础上，积极推动各省、重点县结合本地实际，研究创新工作思路，引入市场竞争机制，扩大贷款来源，提高服务水平。据不完全统计，2009年共安排扶贫贴息资金252亿元，其中：到户贷款129亿元，项目贷款123亿元。有力地支持了贫困地区特色产业发展，促进了贫困农户增收。

（三）专项扶贫——重点工作

【完善国家扶贫开发战略与政策体系研究】

2008年10月，中国共产党第十七届中央委员会第三次全体会议通过中共中央关于推进农村改革发展若干重大问题的决定，明确提出要完善国家扶贫战略和政策体系。2009年，国务院扶贫办开展了完善国家扶贫战略和政策体系调研活动，成立了专家顾问组，研究完善国家扶贫战略和政策体系暨新十年扶贫纲要调研活动的初步方案。随后，此项研究从四个方面开展了相关活动：一是国务院扶贫开发领导小组成员单位的联合调研，二是各省区市扶贫工作总结，三是相关行业部门扶贫开发工作总结，四是委托有关专家开展系统研究。领导小组28个成员单位及住房和城乡建设部组成了5个调研组，由副组长牵头，在19个省区市实地考察了69个县（其中国家扶贫开发工作重点县50个）、144个贫困村，80多位同志参加了调研，各组都撰写了高质量的调研报告。各省区市扶贫办和相关行业部门提供了各自的工作总结和政策建议。在此基础上，国务院扶贫办起草了联合调研总报告，并广泛听取各方专家及基层扶贫办的意见和建议，最终形成完善国家扶贫战略和政策体系联合调研总报告。该报告对《中国农村扶贫开发纲要（2001—2010年）》实施以来的扶贫开发工作进行了总结和评估，分析了当前扶贫开发工作面临的形势和存在的问题，提出了完善国家扶贫战略和政策体系的基本思路和建议。

【整村推进工作】

1. 完成情况

2009年全国计划安排了1.85万个贫困村整村推进任务，其中“三个确保”贫困村9000个，即：确保重点县中革命老区县贫困村8684个、人口较少民族贫困村124个和边境贫困村192个完成整村推进任务。实际完成1.86万个贫困村，其中“三个确保”贫困村9069个。

截至2009年底，“三个确保”确定的207个人口较少民族贫困村全部完成规划的实施。云南、西藏、青海三省（区）提前完成了“三个确保”工作任务。

2. 资金投入

2009年，整村推进共投入资金214.09亿元。其中：中央资金86.8亿元，地方资金25.5亿元，整合部门资金102亿元。每村平均投入121.8万元。三个确保村投入资金81.33亿元，其中：老区村76.38亿元，人口较少民族贫困村2亿元，边境村2.95亿元。每村平投入91.47万元。

当年完成验收的106亿元整村推进财政扶贫资金中，基础设施投入55亿元，占总投资51.8%；产业发展37亿元，占34.8%；公益事业14.4亿元，占13.4%。

【劳动力转移培训——雨露计划】

为进一步提高贫困人口素质，增加贫困人口收入，加快扶贫开发和贫困地区社会主义新农村建设、构建和谐社会的步伐，国务院扶贫开发领导小组办公室决定在贫困地区实施“雨露计划”。

作为新阶段扶贫开发工作的重要内容之一，“雨露计划”以政府主导、社会参与为特色，以提高素质、增强就业和创业能力为宗旨，以职业教育、创业培训和农业实用技术培训为手段，以促成转移就业、自主创业为途径，帮助贫困地区青壮年农民解决在就业、创业中遇到的实际困难，最终达到发展生产、增加收入，最终促进贫困地区经济发展。“雨露计划”的全面实施，标志着我国的扶贫开发工作由以自然资源开发为主阶段，发展到自然资源开发与人力资源开发并举的新阶段。

1. “雨露计划”成效

2009年各级扶贫补贴投入培训资金达到了10亿元人民币，培训人数总计达到了127万，就业安置率达90%，就业稳定率80%。

2. “民营企业招聘周”

“民营企业招聘周”是由多家中央部委联合举办的长期就业招聘的年度性活动，同时在全国百个以上大中城市实现联动，对推动农民工和高校毕业生就业具有重要意义，在社会上有广泛的影响力。国务院扶贫办在2009年首次作为主办方之一参加了“民营企业招聘周”活动，并在全国同时启动了“第二届‘雨露计划’贫困劳动力供需洽谈会”。国务院扶贫开发领导小组副组长、扶贫办主任范小建出席了启动仪式并致辞。28个省（区、市）扶贫办的领导在京参加了启动仪式和主会场的相关活动。各分会场所在地扶贫部门也积极组织本地贫困学员参加招聘周活动。

3. 培训模式

“雨露计划”通过为每一个贫困劳动力投入600～1500元的培训费，支持参加职业技能、创业和农村实用技术培训，1～2年后就可以实现一人就业，全家脱贫。部分参加培训的农民回乡后，将打工学到的技术、了解的信息和获得的资金用于创办企业、发展高效特色农业和第三产业中，在增加家庭收入的同时，也有力地支持了当地经济的发展。

在多年实践中，各地创新和开发了各种有效的培训模式，包括：

（1）“中长结合、持续发展”；

（2）“校企合作、订单输出”；

（3）“企业出资、定点就业”；

（4）“工学结合、半工半读”；

（5）“校乡对接、就近培训”；

（6）“就地转移、就近安置”；

（7）“突出特色、打造品牌”；

（8）“贷款培训、就业还款”。

4. “雨露计划”网络

到2009年底，国务院扶贫办在全国范围认定了31个“雨露计划”示范基地。各省扶贫办认定了600个省级培训基地，部分扶贫开发工作重点县也认定了1700余个县级培训基地。这些培训网点构成了覆盖全国贫困地区的培训网络。

为规范“雨露计划”示范基地，国务院扶贫办于2009年上半年对认定的国家级和省级示范基地进行全面检查，以保证各地的培训基地在培训能力、师资状况、贫困劳动力培训和就业安置、扶贫培训资金使用等方面都符合要求。检查表明，培训示范基地都能很好的完成贫困劳动力转移培训任务，并为各地的培训基地起到了示范带头的作用。

【贫困地区产业化及扶贫龙头企业】

产业化扶贫就是以增加农民收入为主要目的，通过扶持和培育龙头企业，带动贫困地区农业结构的调整，形成骨干产业，促进区域经济发展的一种扶贫模式。其中，龙头企业带动是产业化扶贫的关键环节。2004年11月29日，国务院扶贫办下发了《关于申报国家扶贫龙头企业的通知》（国开办发［2004］83号），启动了国家扶贫龙头企业的申报审批工作。目前，共审批过两批，在全国认定的国家扶贫龙头企业有625家，其中，东部省123家、中部省209家、西部省区市293家。其中：第一批是2005年审批的，认定国家扶贫龙头企业261家，其中，东部省47家、中部省96家、西部省区市118家；第二批是2008年审批的，认定国家扶贫龙头企业364家，其中东部省76家、中部省113家、西部省区市175家。各省区市认定省级扶贫龙头企业有673家。2005年，国务院扶贫办、中国农业银行下发了《关于印发〈关于大力支持国家扶贫龙头企业发展的意见〉的通知》（国开办发［2005］19号），加大对国家扶贫龙头企业的扶持力度。同时，各地在农产品加工、基地建设、培训等方面给予信贷扶贫资金和财政扶贫资金支持。目前，这些扶贫龙头企业共带动800多万贫困地区农户增加收入，促进了贫困地区的产业结构调整。为了帮助扶贫龙头企业提高竞争力，国务院扶贫办与国家开发银行、国家进出口银行签订了长期金融合作协议，以优惠贷款重点支持扶贫龙头企业发展。

【促进革命老区发展】

1．“三个确保”整村推进

为贯彻和落实党的十七大“加大对革命老区、民族地区、边疆地区和贫困地区发展的扶持力度”的精神，2008年，国务院扶贫办提出了“三个确保”的工作任务，即：在2010年以前，确保完成人口较少民族贫困村、边境贫困村、革命老区县贫困村三类贫困村的整村推进任务。其中，老区村24008个，占总数的97%。截至2009年底，有15464个“三个确保”村完成了整村推进任务，其中老区村14969个。

2．革命老区连片开发试点

2009年，在中西部22个省区市的72个国家扶贫开发工作重点县开展了“县为单位、整合资金、整村推进、连片开发”试点，每县投入财政扶贫资金1000万元，共计7.2亿元。其中革命老区县31个，占试点县总数43%。此外，安排财政扶贫资金3000万元，在山西、广西、陕西三省（区）各选择一个县开展革命老区建设示范试点，统筹考虑解决革命老区基础设施、公共服务、生态建设、产业发展等方面的问题，以促进革命老区经济、社会全面发展。

3．中央专项彩票公益金支持革命老区整村推进项目

2009年安排中央专项彩票公益金1.7亿元，在河北、湖北、湖南和四川四省国家扶贫工作重点县中革命老区县实施整村推进。

4．启动革命老区扶贫开发综合治理试点

从2009年开始，中央财政连续六年，每年安排2000万元，在贵州省威宁县开展“喀斯特地区扶贫开发综合治理试点”，通过试点推动全县经济发展，帮助贫困群众切实脱贫，并为同类型贫困地区革命老区全面发展探索出一条路子。

5．鼓励动员社会力量支持革命老区发展

充分发挥制度优势，动员和组织各级党政机关和各方面社会力量参与革命老区开发建设，取得了积极而显著的成果。目前有154个中央国家机关、民主党派、社会团体、国有大型企业等单位定点帮扶232个国家扶贫开发工作重点县中的革命老区县，占老区县的76%。还有不少非公有制经济和民间力量也尽其所能，开展形式多样的扶贫济困事业，营造了一种全社会普遍参与革命老区扶贫的工作氛围。

【移民扶贫工作】

移民扶贫是扶贫开发工作的重要组成部分。从20世纪80年代初在甘肃定西、河西和宁夏西海固的“三西”地区探索发展移民扶贫试点至今，全国累计移民扶贫达到580多万人，加快了贫困群众的脱贫步伐，改善了贫困群众的生产生活条件，缓解了贫困地区的生态压力，推进了贫困地区农村城镇化进程，加快了贫困地区新农村建设步伐，提升了贫困群众抵御自然灾害的能力。

移民扶贫作为扶贫办的一项重点工作，在积极推进中把握以下原则：坚持群众自愿，充分发挥群众的主体作用；坚持分类指导，科学制定规划；坚持瞄准对象，真正让贫困户受益；坚持资源整合，着力搞

好基础设施配套建设；坚持产业开发，切实抓好后续扶持和增收工作；坚持规范管理，不断提高移民扶贫成效。

2009年，扶贫移民工作稳步推进。据统计，2009年全国共安排财政扶贫资金17.5亿元，搬迁14万户、61万人。

【县为单位、连片开发试点】

2009年，全国中西部22个省（区、市）72个国家扶贫开发工作重点县开展了“县为单位、整合资金、整村推进、连片开发”试点，覆盖377个乡镇、1749个村（其中：贫困村1360个），扶持农户54.7万户（其中：贫困户27.6万户）。截至目前，项目实施顺利，进展情况良好。

据初步统计，试点项目共投入各类资金71.7亿元。其中：中央财政扶贫资金8.3亿元，省、市、县安排专项资金6.5亿元，部门投入27.5亿元，银行贷款2.9亿元，群众自筹15.7亿元，其他资金10.8亿元。从各省上报数据看，1000万元的财政扶贫资金可整合资金5000万～8000万元；重庆市整合力度最大，5个试点县总投资达21.6亿元，远高于其他省。

目前，72个试点县共完成投资30亿元，占总投资额的41.8%。其中，51%的财政扶贫资金用于产业发展，42%用于基础设施建设，5%用于公益事业，2%用于其他。规划中的试点村村平均投入410万元。扣除重庆市的影响因素，村平均投入为328万元，远高于全国121.8万元的整村推进投入力度。

【特殊类型贫困地区扶贫】

1. 四川阿坝州扶贫开发和综合防治大骨节病试点

为帮助四川省阿坝州86万藏族和羌族群众摆脱大骨节病的困扰，从2008年开始，连续五年每年安排中央财政扶贫资金3.34亿元，开展扶贫开发和综合防治大骨节病试点。截至2010年6月底，到位资金累计15.38亿元。其中，中央财政扶贫资金10.02亿元，国家发改委预算内资金3.5亿元，省级配套资金1.86亿元。

两年来，各级工作小组统筹协调，按照政府主导、群众主体、统筹规划、农户自建的原则，精心组织，狠抓落实，充分依靠和发动群众，试点工作有序开展。

（1）项目活动推进情况。

易地育人做到了无一遗漏。病区2.64万名5周岁以上儿童全部转移到非病区学校就读。

易地搬迁深得民心。累计启动9个县、55个村、4514户、2.12万人的易地搬迁工程。目前已竣工3208户，大部分农户已入住新居。

更换粮食及时足量。为病区14.46万人（其中含病区学龄儿童2.64万名）累计供应口粮近4000万公斤。

整村推进全面铺开。在255个村实施了整村推进项目，完成住房建设3438户，实施“五改两建”户办工程2.19万户，修建村内道路1007公里、村务活动室1.48万平方米；扶持9401户农牧户发展支柱产业；改造入户电网98412户；培训村级干部1355人、农村劳动力6353人。

饮水安全基本保障。实施136个贫困村饮水工程，新增基本农田有效灌面1.49万亩，基本解决病区12.61万人的饮水安全问题。

社会保障全面覆盖。4.12万名大骨节患者全部纳入了农村医疗救助、新型农村合作医疗，实施医疗救治2.08万人次；建成20个集中供养中心，设置床位2540张，已有935名Ⅲ度大骨节患者入住；为Ⅰ、Ⅱ度患者发放农村低保金2708万元。

致富产业同步支持。在66个村实施支柱产业项目，启动8个养殖业基地建设。其中新建无公害蔬菜和马铃薯基地8万亩、特色水果基地3.68万亩、优质青稞基地4.78万亩、道地中藏药材基地4.08万亩，栽培高原中低温食用菌262万袋，培育种苗及标准化示范基地4个；购进牲畜6.15万头（只），人工种草7.51万亩，建棚圈60.15万平方米，建商品畜生产基地13个；引进良种公畜1010头，新建改良点396个；开展畜牧实用技术培训5074人次。

实施科技入户工程1585户，开展农业实用技术培训2.07万人次；整治基本农田3.78万亩，新建、改建机耕道（牧道）1563公里。

于此同时，还成功打造精品旅游村寨14个，建成“农（牧）家乐、藏（羌）家乐”454个。2009年，接待游客117.63万人次，实现收入4610.18万元。

（2）防治成效显著，经验值得推广。

综合防治项目实施以来的近3年时间内，抽样监测没有发现一例新增病例，综合防治成效十分显著。实践证明，试点项目采取的综合措施是防治大骨节病的成功模式，异地育人是防止新增病例的关键措施。异地育人投入成本低，防治效果好，不仅有效防止了新增病例发生，而且对于提高贫困地区基础教育质量，培训民族地区学生的爱国意识具有重要的促进作用。试点项目取得的综合防治成功经验，已经可以在全国大骨节病高发地区进行推广应用。

2. 云南布朗族（莽人、克木人）及瑶族山瑶支系扶贫试点

主要居住于云南省红河哈尼族彝族自治州金平苗族瑶族傣族自治县和西双版纳傣族自治州勐腊县、景洪市的23个自然村内的莽人、克木人，目前总人口3972人，属解放后直接从原始社会过渡到社会主义社会的“直过民族”。

2008年1月，胡锦涛总书记作出了“请云南省委、省政府研究提出扶助措施，帮助其尽快摆脱贫困”的重要批示，温家宝总理作出了“请扶贫办商同云南省政府和有关部门提出政策措施，下决心解决莽人、克木人的生产生活问题”的重要批示。为贯彻落实好中央领导的重要批示精神，国务院扶贫办于2008年3月牵头成立了由国务院扶贫办、国家民委、国家发改委、教育部、民政部、财政部、交通运输部、水利部、农业部、文化部、卫生部、国家广电总局、国家林业局、上海市、南方电网和云南省参加的扶持云南莽人、克木人发展工作协调小组，指导相关帮扶工作。同时为切实解决莽人、克木人生产生活困难问题，帮助少数民族地区贫困群众早日脱贫致富，2008—2009年，安排中央财政扶贫资金2000万元，开展莽人、克木人扶贫试点。试点结束时，莽人、克木人生产生活条件发生了翻天覆地变化，两年来，对23个莽人、克木人聚居自然村全面实施整村推进，完成安居工程建设324户，实现户均建筑面积达到80平方米以上。同时大力建设“五小”水利工程，提高山区水利化程度。累计建成基本农田地5100亩，修建水库2座，库容82万立方米，解决了人畜饮水问题。加快交通电力建设，修建乡村公路203.9公里，桥梁11座，实现了莽人、克木人村村寨寨通公路的目标。架设10千伏输电线路27.17公里，解决了群

众生产生活用电问题。

加大特色产业培植力度。主导产业初步建成。按照“村有骨干产业、户有增收项目”的要求，进一步加大产业建设力度，两年累计投入扶持资金 1155.5 万元，推广特色种养殖产业。截至 2009 年末，莽人、克木人人均纯收入分别达 1413 元和 1887 元，比 2007 年分别增加 924 元和 689 元，基本解决了莽人、克木人贫困群众的温饱问题。

加大科技推广和实用技术培训力度。两年来，累计举办各类农业技术培训班 187 期、培训人数 1.09 万人次，并抽调 45 名驻村工作队员，帮助群众发展生产，使贫困群众的自我积累、自我发展能力明显增强。

加大社会事业建设力度，让莽人、克木人群众共享改革开放的成果。切实加大教育投入，落实聚居区的校舍建设及学生优惠入学政策，截至 2009 年底莽人、克木人聚居区适龄儿童入学率达 99.7% 以上。加强农村卫生基础设施建设，解决了群众看病难问题。结合“边疆文化长廊”、广播电视“村村通”项目建设，23 个莽人、克木人村寨实现了广播电视全覆盖；切实加大社会保障力度，将莽人、克木人贫困群众 1806 人全部纳入农村最低生活保障，帮助他们参加新型农村合作医疗和大病救助。通过加大教育、卫生、文化等社会事业发展力度，有利促进了莽人、克木人聚居地区经济社会的全面协调发展。

3. 新疆阿合奇边境扶贫试点

位于新疆维吾尔自治区西部的阿合奇县，大部分为山地和戈壁，有土面积仅 0.3%，长冬无夏、蒸发量大、地广人稀、交通落后，还担负着 46 个通外山口、371.4 公里长边境线的守护任务。全县农牧民人均收入仅为全疆农牧民人均收入的 42%，是全区农牧民人均收入最低的特困县之一，贫困面占农村总人口的 45%。

阿合奇全县由于历史原因，边境地区投入不足，经济社会发展滞后，一线边民守边条件极其艰苦，边境县城作为支撑和服务一线边民的基地，与内地城市的发展差别越来越大，服务功能弱化。边民人口数量逐年减少、边民素质不高、县城人才流失，守边能力弱化的问题非常突出。

2007 年 3 月，国家以扶贫开发为平台开展阿合奇县边境扶贫试点工作，整合引导发改委、教育、财政、交通、卫生、水利、广电、民委等部门资金以及华能集团和无锡市援助资金，共计投入 2.8 亿元，实施了 153 个边境扶贫项目，自治区、克州和阿合奇县各级同志一心一意投入试点工作，思路清晰、稳扎稳打，推动阿合奇县扶贫事业取得了历史性突破：一线边民居住条件得到显著改善、收入水平提高，广大农牧民的吃饭、上学、看病、行路等民生问题基本得到解决；戈壁产业基本成型，其中设施农业、现代畜牧业初具规模；城镇面貌明显改观，硬件服务设施趋于完善，教育和卫生服务基本实现全县覆盖。三年来阿合奇县边境扶贫试点工作取得显著成果，为下一步工作打下了良好基础。

自治区、州、县各级同志在实践中紧紧围绕“守边成边”的根本任务，划分了边境扶贫的“三线结构”：边境一线为边境地区公安边防派出所管辖行政区域；边境二线为边境一线和县城中间地带的行政区域；边境三线为县城城市区域。区分边境一、二、三线的不同责任：以边境一线守边户为核心，实现安得下、守得住、能致富；边境二线重点发展产业，为一线守边提供人员、经济支撑与教育、卫生服务；边境三线加强城市建设，形成支持边境一、二线的一体化公共服务功能；在此基础上推动三线联动。

“三线结构”准确概括了边境县的县情，为具体扶贫项目的规划、实施、评估等各项工作赋予了全局视野，使边境扶贫试点工作上升到了一个新的高度，为将来对试点工作进行经验总结与推广提供了良好基础。

目前阿合奇地区围绕“三线结构”，层次分明地开展边境扶贫试点工作，已经取得了初步成效。

边境一线的扶贫工作任务最为重要也最为艰巨。现已投入资金占边境扶贫试点总投入的60%，实施项目占总项目的66%，已经取得了明显的效果。

边境二线以现代畜牧业、设施农业为主的戈壁产业已经奠定了良好的基础。目前，阿合奇镇已建成高起点、高标准的温室大棚，单个大棚占地面积1.5亩，自投入使用以来种植了西红柿、黄瓜等20多种反季节蔬菜，可以起到丰富本地市场蔬菜供应、改变长期依赖外调蔬菜的作用。

边境三线城镇面貌明显改观，服务体系趋于完善。阿合奇县县城在华能集团、无锡市等单位援助下新建、改建了环境优美、设施良好的医院、幼儿园和中小学等卫生教育扶贫项目。边境三线服务体系与深入边境二线的卫生院、中小学、文化站等项目有机结合互相补充，构成了守边戍边的后勤服务中心，充分发挥在产业、教育、卫生、养老等方面支撑、服务边境一线的功能。

4. 石漠化地区种草养畜产业化扶贫试点

为探索石漠化治理的新路子，从2008年开始，连续三年每年安排中央财政扶贫资金，在贵州省石漠化地区开展种草养畜试点。两年来，试点成效显著，不仅使农户在较短的时间内获得较好的经济效益，还增加了植被覆盖率，有效缓解了石漠化进程，产生了良好的生态效益。

2009年在贵州省黔西南州和毕节地区的10个县开展草地生态畜牧业产业化科技扶贫项目，截至目前，项目建设任务基本完成，取得了较好的扶贫效果。

（1）资金投入。2009年，项目共投入各类资金6.05亿元。其中：石漠化治理试点专项资金2000万元，中央财政产业化扶贫资金5500万元，省级财政产业化扶贫资金5000万元，黔西南州整合各类资金1.08亿元，毕节地区共整合“三江源”资金、石漠化治理资金约3.72亿元。

（2）项目实施情况。截至2009年12月30日，两个地州围绕种草、圈舍修建、草水、草路等建设项目开展工作，目前，人工种草完成157585亩，占计划的100.05%；圈舍建设完成235990平方米，占计划的99.89%；采购发放基础母羊149739只，占计划的95.07%；采购发放种公羊6229只，占计划的101.70%；修建水池2500口，占计划的100%。

（3）取得的初步成效。一是经济效益。通过发展种草养羊，农户能在较短的时间内产生经济效益，凡是养殖、管理好的项目农户都普遍增收。如晴隆县项目扶持的250户，每户每年平均出栏30只羊，年可出栏优质肉羊达7500只，折合羊肉300吨，现按市场价每公斤50元计算，折合人民币750万元，平均每户收入30000元，同时也大幅度增加了县财政收入。二是生态效益。

项目通过多种牧草种子混播，增加了植被覆盖率，有效缓解了石漠化进程，产生了良好的生态效益。据晴隆县监测统计，该县每年减少水土流失 20 平方公里，人工草地土壤有机值含量增加 2%，改良草地土壤有机值含量增加 1%。三是社会效益。有效减少了贫困人口；解决了部分农民就业问题；成为当地农业产业结构调，构建支柱产业，稳定增加农民收入的重要来源；带动项目区畜产品加工业、运输业、服务业等相关产业的发展。

5. 溜索改造试点

为解决偏远地区，特别是少数民族群众出行难的问题，2009 年，安排中央财政扶贫资金 3000 万元在四川、云南、西藏三省（区）开展索改人行桥试点，经过各级各部门的共同努力，试点工作取得了初步成效。

2009 年，在四川、云南、西藏三省（区）开展溜索改造试点，解决部分山高谷深地区贫困群众出行难问题。经过各级各部门的共同努力，试点工作取得了初步成效。

（1）资金投入。四川共投入资金 1118.47 万元，其中：中央财政扶贫资金 500 万元、省配套财政扶贫资金 500 万元、群众投工投劳折资 118.47 万元；云南共投入资金 975.88 万元，其中：中央财政扶贫资金 500 万元，部门配套 300 万元，群众投工投劳折资 175.88 万元；西藏共投入资金 2309 万元，其中：中央财政扶贫资金 2300 万元，其他资金 9 万元。

（2）主要工作及成效。四川已在甘孜州、凉山州的 7 个县实施首批溜索改建柔性铁索吊桥 10 座、980.17 米，直接解决了项目区 904 户、11376 人，覆射解决周边 6094 户、35130 人的“出行难、上学难、就医难、增收难”问题。云南已在保山市、怒江州及迪庆州的 5 个县实施溜索改造项目 5 个，项目覆盖 4880 户、20839 人。西藏计划在昌都地区、日喀则地区及林芝地区的 10 个县建设人畜简易桥 18 座。目前，6 座桥已完成建设任务，正在准备组织层层验收，其他 12 座桥梁正在建设中。项目建成后，将使项目区 1568 户 8886 人的群众彻底告别溜索时代。

【社会扶贫】

社会扶贫就是广泛动员和组织社会各方面的力量，参与贫困地区的开发建设，是中国特色社会主义扶贫开发道路的重要内容，也是社会主义制度优越性的充分体现，有利于统筹城乡和区域发展，确保贫困地区和贫困群众共享改革发展成果，是构建社会主义和谐社会、落实科学发展观的必然要求。同时对国家机关干部和东部地区干部进行国情教育，密切党群关系、干群关系，转变机关干部作风，弘扬良好社会风尚，巩固执政党地位也具有重要意义。

1996 年召开的中央扶贫工作会议上，江泽民同志曾经明确提出：“广泛动员全社会力量参与扶贫，是扶贫工作的一条重要方针。坚持这条方针，不仅可以加快脱贫进度，而且有利于发扬良好的社会风尚”。2008 年 10 月十七届三中全会《关于推进农村改革发展若干重大问题的决定》明确要求“继续开展党政机关定点扶贫和东西扶贫协作，充分发挥企业、学校、科研院所、军队和社会各界在扶贫开发中的积极作用”。这是中央文件第一次对社会扶贫工作提出如此明确、系统的要求，基本囊括了社会扶贫工作的主要领域。我国的社会扶贫工作经过二十多年的探索和实践，已经初步形成了具有中国特色的社会扶贫工作框架。这个框架体系大体包括六个方面：（1）各级党政机关和企事业单位开展的定点扶贫；（2）东部沿海发达省市对西部地区开展的东西扶贫协作；（3）民营经济参与扶贫；（4）社会组织参与扶贫；（5）社会公众包括志愿者参与扶贫；（6）军队参与扶贫。

目前，扶贫工作已经进入了开发扶贫和救助扶贫两轮驱动的新阶段，呈现出专项计划扶贫、惠农政策扶贫、社会各界扶贫等多方力量、多种举措有机结合、互为支撑的“大扶贫”的新局面。社会扶贫在扶贫开发工作中必将发挥着越来越重要的作用。

【贫困地区干部培训】

贫困地区干部培训是扶贫开发工作的一个重要环节，自1986年我国有组织、大规模实施扶贫开发以来，干部培训工作一直贯穿始终，为了保证中央扶贫政策的畅通，中组部、财政部和国务院扶贫办三部门长期联合对从事扶贫开发工作的贫困地区干部进行培训，并逐步走上制度化的轨道。二十多年来，紧紧围绕扶贫开发中心工作，先后培训扶贫干部3万人次；编辑出版了农村发展、开发规划、企业经营、项目管理、小额信贷和参与式扶贫等六大类教材35本10余万册，通过培训贯彻中央扶贫政策，总结各地扶贫开发经验，研究贫困地区发展的模式，探索广大干部群众在扶贫开发中的创造性实践，有力促进了扶贫干部队伍素质的提高。

2009年，扶贫干部培训工作有了新的突破，整体工作水平和工作质量都迈上了一个新台阶。结合贯彻落实党的十七届三中、四中全会精神，针对目前扶贫工作的热点问题，举办了8期各类培训班，直接组织培训800多人次，并编撰了《中国扶贫开发高层论坛专家演讲集粹》和《扶贫开发理论与实践专题研究班讲座教材》两套扶贫干部培训教材。据教学评估，98%以上的学员对研究班的课程、教材、考察等方面表示满意。

1. 中青年骨干班

组织全国扶贫系统中青年干部综合素质培训，是加强扶贫干部基本素质能力培训的需要，是推进我国扶贫工作专业化、知识化的重要步骤，是扶贫部门发展的长远大计。全国中青年扶贫骨干综合素质实验培训班以提高知识理论素养和综合素质能力为基本目标，时间4周，以政策理论课程为主，辅之以贫困地区实地教学。全国各省（区、市）扶贫办和重点地区（市）扶贫办45岁以下的60名中青年骨干参加了培训。作为培训改革实验班，就加强基本理论、基本知识和基础能力的培训方式方法进行了非常有效探索。

2. 专题研究班

2009年共举办了6期完善扶贫开发战略与政策体系专题研究班。主要采取领导专家讲课、现场考察、案例教学和讨论交流相结合的方式进行，方法有所创新，效果十分明显。来自全国28个省（区、市）的国家扶贫开发工作重点县和贫困相对集中地（市）的党政领导干部和有关省、地、县扶贫办主任参加了这些研究班。

3. 培训能力建设班

全国扶贫系统培训能力建设培训班采取师生互动教学的模式，学习现代干部培训理念、方法，就如何适应新阶段扶贫开发工作的需要，组织实施扶贫系统干部培训进行深入的学习研讨。全国各省（区、市）扶贫办负责培训工作的处长、培训中心主任，全国贫困地区干部培训中心的同志参加了此次培训。

4. 出国（境）培训班

2009年实施完成了3期出国培训项目，全国各省（区、市）市级以上党政干部和扶贫开发系统48人参加了培训。培训班分别赴澳大利亚、英国和美国开展培训。培训内容包括贫困社区社会化服务与农村合作社、农村可持续发展与农业管理体系运作和金融危机环境下社会扶贫保障等多个专题。

【汶川地震灾后贫困村恢复重建】

1. 贫困村灾后恢复重建总体规划工作

2008年5月12日，四川省汶川地区发生里氏8级强烈地震，在四川、陕西、甘肃三省部分地区造成了严重的生命财产损失。中国政府和人民万众一心、众志成城，取得了抗震救灾阶段性的胜利。2008年9月19日，中国政府印发《汶川地震灾后恢复重建总体规划》（以下简称"总体规划"），从重建基础、重建指导思想、重建基本原则、重建目标、空间布局、城乡住房、城镇建设、农村建设、公共服务、基础设施、产业重建、防灾减灾、生态环境、精神家园、政策措施、重建资金、规划实施等方面对灾后恢复重建相关政策、项目和工作进行了总体安排，标志着政府主导下的灾后恢复重建工作全面启动。

根据胡锦涛、温家宝等中央领导同志关于"要把灾后重建与扶贫开发结合起来"的指示精神，特别是回良玉副总理要求扶贫办要抓紧制定贫困灾区灾后重建规划的重要指示，国务院扶贫办立即深入四川省等重灾区调查，研讨救灾措施，指导灾后重建工作。同时，下发了灾情调查表，要求各省组织调查贫困地区受灾情况。通过调查统计和实地考察，基本摸清了受灾地区贫困县、村和贫困人口等情况。在深入调研的基础上，多次召开三省专题会议研究。在试点基础上，调集省、县两级扶贫办100多人，采取群众参与、点面结合、自下而上的方法，按时编制完成了涉及51个极重和重灾县、4834个贫困村的《汶川地震贫困村灾后重建总体规划》，并纳入了国家恢复重建总体规划和农村建设专项规划。三省在编制20个试点村规划的过程中，得到了贫困灾区广大干部群众的拥护，特别是贫困农户积极性很高，主动参与规划设计，表达建设家园的主人公意愿。经过比较充分的沟通、协调，贫困村灾后重建规划也得到了有关部门的认可。

2. 贫困村灾后恢复重建百村试点工作

为指导面上大规模贫困村灾后恢复重建工作，探索扶贫开发与灾后重建结合机制，国务院扶贫办指导三省选择开展了100个贫困村灾后恢复重建试点。2008年9月21日，"5·12"汶川地震"贫困村灾后重建项目试点村规划实施启动仪式在四川省广元市利州区三堆镇马口村举行，贫困村灾后恢复重建试点工作正式启动。第一批试点20个村，其中：四川省11个，甘肃省5个，陕西省4个；第二批试点40个村，其中：四川省20个，甘肃省12个，陕西省8个；第三批试点40个村，其中：四川省20个，甘肃省12个，陕西省8个，与整个面上的工作一并启动。在试点建设中，国务院扶贫办灾后恢复重建工作办公室整合资源、统筹安排，帮助这些贫困村开展灾后重建，使其经济社会发展恢复到灾前水平，为持续发展奠定基础，同时探索灾后重建与扶贫开发相结合的机制与模式，总结相关经验，丰富中国特色扶贫开发的理论与实践。

3. 面上贫困村灾后恢复重建工作全面展开

“汶川地震灾后贫困村恢复重建工作暨培训会议”后，国务院扶贫办制定了确保“三年任务两年基本完成”的总体计划和实施方案，三省认真抓贯彻落实，积极推进各项工作。三省扶贫部门积极争取落实各类恢复重建资金，其中四川落实226688万元，甘肃落实85437.6万元，陕西落实27853.8万元。三省在抓好100个试点村的同时，也在积极推进面上贫困村灾后恢复重建的工作，不断加大资金的协调落实力度，加大分类指导、检查督促力度，并及时按要求上报进展情况，研究解决存在问题。为配合面上工作的开展，2009年国务院扶贫办贫困村灾后恢复重建办公室共开展了6次培训活动，其中覆盖三省的4次，分别针对四川省和陕西省的各1次；开展了第一批试点村灾后恢复重建参与式监测工作，组织开发了“贫困村灾后恢复重建监测管理系统”并投入使用；与科研院校、研究机构、国际组织合作开展了系列研究工作。

4. 贫困村灾后恢复重建工作总体进度

工作全面截至2009年12月30日，四川省、陕西省、甘肃省（以下简称三省）贫困村灾后重建工作资金落实与项目进展顺利，贫困村灾后恢复重建项目总体上具有显著的减贫效应。

（1）试点村灾后重建工作进展。

四川省（截至2009年11月30日）第一批14个试点村（其中纳入国务院扶贫办试点的为10个）落实财政扶贫资金1544万元、UNDP项目资金405万元、其他资金（含重建基金、对口援助资金、部门整合资金、其他捐赠资金等，下同）986.8万元，合计2935.8万元，村均209.7万元。扶贫部门组织实施的恢复重建项目已全部完成。第二批20个试点村落实到位财政扶贫资金1000万元、香港乐施会资金451.36万元，其他资金348万元，合计1799.36万元，村均89.97万元。已有18个试点村开始实施项目建设。第三批20个试点村名单已经确定，部分村已经开始进行村级规划，计划在1月底前完成规划编制。每村预计投入财政扶贫资金50万元、乐施会项目资金100万元，其他资金尚难估计。

甘肃省（截至2009年12月31日）第一批5个试点村重建工作已基本结束，落实财政扶贫资金778万元、UNDP项目资金182.5万元、其他资金442.3万元，合计1402.8万元，村均280.6万元。农户住房、基础设施、增收项目完工率达到100%。第二批12个试点村落实到位财政扶贫资金600万元、香港乐施会资金1088万元、其他资金204.4万元，合计1892.4万元，村均157.7万元。已有9个试点村项目建议书获得审批，另有3个正加快审批。第三批12个试点村均已完成村级规划。每村预计投入财政扶贫资金50万元、乐施会项目资金100万元，其他资金尚难估计。

陕西省（截至2009年12月31日数据）第一批6个试点村（其中纳入国务院扶贫办试点的为4个）恢复重建项目，落实财政扶贫资金500万元、UNDP项目资金146万元、其他资金1514.3万元，合计2160.3万元，村均360万元。除互助资金项目正在办理有关手续外，已全部实施完成。第二批8个试点村中落实到位财政扶贫资金

400万元、香港乐施会资金800万元、其他资金711万元，合计1911万元，村均239万元。1个村已全面完成建设项目并通过验收，3个村项目建议书获得审批并完成招标工作，另有4个正在加快审批。第三批8个试点村的村级规划制定已完成，其中4个村正在开展预算复核工作。每村预计投入财政扶贫资金50万元、乐施会项目资金100万元、其他资金284万元，合计1484万元，村均185.5万元。

（2）面上村（除试点村以外的受灾贫困村）灾后重建工作进展。

四川省除三批试点村外的2462个贫困村共落实各类恢复重建资金226688万元，村均92.1万元。2462个村中，2352个已启动灾后恢复重建项目，启动率为95.5%，超额完成70%这一年度启动计划，其中587个贫困村重建项目已完工（12月底时为685个）。

甘肃省除三批试点村外的1782个贫困村（行政村有调整合并，仍按合并前数量计算平均值）共落实各类恢复重建资金85437.6万元，村均47.9万元。1782个村中，1290个已启动灾后恢复重建项目，启动率为72.4%。

陕西省除三批试点村以外的485个规划贫困村（行政村有调整合并，仍按合并前数量计算平均值）共落实各类恢复重建资金27853.8万元，村均57.4万元。485个村中，349个村已启动灾后恢复重建项目建设，启动率为72.0%。

三

地方扶贫篇

河北省扶贫开发

【概况】 河北省位于北京、天津两市的外围，自古即是京畿要地，总面积18.77万平方公里，人口7034万人，辖11个设区市，172个县（区），其中有132个革命老区县、6个少数民族自治县。

省委、省政府高度重视缓解农村贫困，坚持把扶贫开发、加快贫困地区发展作为富民强省的战略任务来抓，取得了明显成效。特别是进入新阶段以来，在党中央、国务院的正确领导和国务院扶贫办等有关部委的关心和支持下，河北省贯彻落实《中国农村扶贫开发纲要》，进一步加大了扶贫开发工作的力度，重点开展了整村推进、“扶贫开发细胞工程”、劳动力转移培训、移民搬迁等扶贫工程。河北省扶贫开发的一些成功经验，如出台的《关于加大对扶贫开发工作重点县（区）支持力度的意见》、实施两个周转、开展“四帮一”扶贫、实施“扶贫开发细胞工程”等，得到了中央领导、有关部门和新闻媒体的肯定。

河北省有40个国家扶贫开发工作重点县（区），12个省定县。按照国家确定的扶贫标准，2001年，河北省有尚未解决温饱问题的贫困人口327万，有初步解决温饱但容易返贫的低收入人口243万，两者共计570万。其中，首都接壤的张家口、承德、保定市有扶贫开发工作重点县（区）25个、贫困村2804个、贫困人口154万，分别占全省重点县、贫困村、贫困人口总数的48.1%、39.5%、41.6%。2002年以来，中央和河北省累计投入财政扶贫资金31.1亿元，对全省7102个贫困村分批进行扶持，到2009年底全省有5000多个贫困村基本完成了整村推进扶贫规划，贫困人口减少到370万左右。

【扶贫资金投入】 2009年全省共投入财政扶贫资金74280万元，其中中央投入48910万元，中央及省帮扶单位投入3.53亿元，银行贷款规模12.7亿元，全年集中扶持贫困户6万户，解决饮水困难人口41万人、饮水困难牲畜30万头（只），新建基本农田4万公顷，修建公路里程2419公里，稳定解决了20万扶贫对象的脱贫问题，贫困地区经济社会事业得到进一步发展。

【整村推进】 2009年，完善了整村推进“十二有”工作标准，逐村建立了扶贫档案，加大对“三个确保”村的投入力度。在东光、赤城两个老区重点县的30个贫困村，安排中央专项彩票公益金支持贫困革命老区整村推进项目资金4250万元，每村平均安排财政扶贫资金140多万元。通过加大扶贫投入和整合各涉农部门支农资金，有1/3的“三个确保”村达到资金安排要求。协调有关部门落实承担的水、电、路、信等基础设施建设和公益事业建设任务，任务完成量达80%以上。

【移民扶贫】 加大移民扶贫工作力度，2008年全省11个有移民搬迁任务的县，搬迁任务完成率达92%，全年兴建移民小区12个。2009年7个有移民搬迁任务的县，搬迁任务1547户、5359人，5个移民扶贫小区正在实施。

【扶贫培训】 深入开展“提技能促就业”活动，2009年投入专项培训资金3054万元，共培训贫困劳动力16184人，转移就业16091人，就业率99%。围绕脱贫增收产业，加强对农民的实用技术培训，全年培训贫困农民16.4万人次。

【产业化扶贫】 在全省贫困地区深入开展了“实施扶贫开发细胞工程，建设十有家庭”活动，全年投入资金2亿多元，扶持了6万多贫困示范户，帮助他们建设了一批家庭增收项目。产业扶贫瞄准各地特色产业，重点扶持成方连片的增收项目。依托180多家国家和省级扶贫龙头企业和400余家扶贫专业合作社（协会），发展成方连片的产业扶贫项目，初步形成了龙头企业+专业合作社+贫困户的产业扶贫格局，提高了产品质量和抵御市场风险的能力。滹沱河百里棚菜长廊、太行山区优质核桃产业带、以平泉、围场为中心的食用菌产业集群以及15个蔬菜、核桃、肉鸡、食用菌等扶贫项目片区初具规模，促进了贫困群众持续增收。国务院扶贫办对河北省实施“扶贫开发细胞工程”、扶贫到户的做法给予肯定，范小建主任指出，实施“扶贫开发细胞工程”，瞄准了贫困群体，确保了资金入户、效益到户，是很好的长效机制；明确专项扶贫资金的用途，划清了专项资金和行业扶贫的责任。河北的这一做法，对于做好下个十年的扶贫开发工作，对于全国其他贫困地区具有重要的借鉴意义。

【村级互助资金试点】 村级互助金试点不断扩大。2009年，全省新增375个贫困村开展互助资金试点，入社农户15502户，其中贫困户13379户，互助资金总额6083.227万元。目前，全省开展互助资金试点的贫困村达到727个，加入互助社的总户数达39316户，其中贫困户33776户，互助资金总额13233万元。省委常委、省纪委书记、省扶贫开发领导小组组长臧胜业作出重要批示：“试点很成功，效果亦明显。好就好在扶贫资金能发挥四两拨千斤和产生长效作用。一要逐步扩大实施面；二要加强规范管理。”

【扶贫担保试点】 在大名、武邑县进行扶贫贷款担保平台试点的基础上，在巨鹿县探索成立了“扶贫信贷担保志愿者组织”和“贫困村诚信自律者联谊会”两个组织，通过农户互保、干部担保这种“双保险”的方式，帮助农户向金融部门争取贷款，取得良好效果，为群众稳定增收，脱贫致富走出一条切实可行的路子。巨鹿县有800多名公职人员加入志愿者组织，有5000余人参加诚信自律者联谊会，初步解决了贫困群众贷款难问题。国务院扶贫办主任范小建、省长陈全国给予肯定。2009年已在全省贫困地区推广了巨鹿县的做法。

【扶贫开发政策与农村最低生活保障制度有效衔接试点】 在武强县进行了“两项制度”有效衔接试点，建立了贫困人口的识别机制和动态监测机制，按照识别方法筛选出了贫困人口，并完善了建档立卡，实施有效跟踪，动态监测，进行有针对性扶持。

【整合资金连片开发试点】 中央投入2000万元在孟村、平泉2个县，省投入1800万元在大名、广宗、赞皇、阜平、涞源、承德县等6个县进行“县为单位、整合资金、整村推进、连片开发”扶贫项目试点，促进了重点县县域经济发展和贫困群众增收。

【中国扶贫基金会小额信贷项目】 省扶贫办、扶贫开发重点县与中国扶贫基金会合作成立农户自立服务社，推进扶贫开发重点县小额信贷项目。截至2009年12月底，在5个试点县累计发放贷款6983万元，扶持贫困农户1.37万户，资金回收率达100%，实现了运作机构的可持续性发展，有效缓解了贫困户贷款难问题。

【扶贫项目建设管理】 1. 项目到户与适度规模、连片发展相结合。组织引导贫困群众依托扶贫龙头企业，建立扶贫专业合作社，发展种养业小区，提高扶贫项目的龙头企业带动率、合作组织覆盖率、专业小区产出率，探索项目到户与标准化、规模化生产相统一的发展模式。

2. 改革扶贫项目备案制度。由省扶贫办有关处人员联系分包市县，提前介入指导编制项目规划，对各市上报的备案项目及时提交项目备案评审小组进行评审，提出评审意见后及时反馈，大大提高了扶贫项目备案时效。

3. 实行扶贫项目公开直通车。对通过省备案的到村财政扶贫资金项目实施计划，由各市扶贫办将项目内容、安排资金额度、受益对象等，以适当形式通知各扶贫开发工作重点村，由各村扶贫项目监督小组据此进行监督，扩大了群众的知情权、监督权，促进了扶贫资金到村入户。

【社会扶贫】 1. “四帮一”扶贫。省委、省政府安排省直部门、大专院校、大型企业和经济强县四方面力量帮扶52个扶贫开发工作重点县，省直接安排帮扶500个贫困村，其余贫困村由市县安排帮扶，确保扶持的每个贫困村都有一个以上帮扶单位进行帮扶。各级帮扶单位派出1.2万名干部进村帮扶。2009年“四帮一”各帮扶工作队累计筹措帮扶资金2.37亿元，其中自筹5900万元，协调争取资金1.62亿元，物资折款1619万元，帮扶各类项目901个，涉及贫困户4.7万户。

2. 中直机关定点扶贫。中央帮扶单位直接投入和间接投入帮扶资金达1.16亿元，帮助贫困地区建设一批立县项目。做好协调服务工作，引导各单位下移重心，把定点扶贫的重点逐步转移到整村推进上来，全年各帮扶单位用于整村推进的帮扶资金达3000多万元，帮扶贫困村48个。

3. 社会各界扶贫。与省工商联联系沟通，提出组织民营企业自愿认领贫困村的实施意见，促成合资、合作项目238个，投入资金逾百亿元。协调大专院校、科研单位派出科技人员4590人次到科技扶贫点开展工作，推广新品种217个、实用技术332项，转化科研成果250项，举办各类科技培训班575期，培训各类人员6.6万人次。

【扶贫工作措施】 1. 党委政府重视，组织领导到位。省委、省政府主要领导和分管领导心系贫困群众，多次深入贫困地区考察调研扶贫工作，解决难点、重点、热点问题。先后召开全省扶贫开发工作会议、扶贫开发领导小组工作会议、全省扶贫开发工作座谈会等，对扶贫工作进行专题研究部署，扶贫工作组织领导保障得到进一步加强。

2. 健全制度，提高自身建设水平。省扶贫办制定了《进一步规范会议、下基层调研、检查指导和培训工作意见》，完善了机关财务、公务用车、老干部工作制度和接待制度，使机关事务管理更加规范化；深入开展了干部作风建设年活动，工作长效机制进一步完善，队伍建设进一步加强。

3. 强化调研，扶贫宣传再上台阶。开展谋划下个十年扶贫开发调研，为编制2011—2010年扶贫开发纲要和“十二五”相关规划奠定了基础。加强扶贫开发宣传工作。围绕实践科学发展观和作风建设年活动、建国六十周年扶贫成就宣传、“扶贫开发细胞工程”和产业带建设、“四帮一”以及中直单位帮扶等重点工作，在国家及省级新闻媒体推出一批有影响的报道，引起了社会各界的关注，扩大河北省扶贫开发工作的影响。

【困难与挑战】 河北省农村扶贫工作虽然取得了巨大成就，但面临的形势依然严峻，进一步消除贫困、加快发展的任务艰巨、繁重。全省有国家和省定扶贫开发重点县52个、贫困村7102个，截至2009年底全省仍有农村扶贫对象370万左右，约占全省乡村总人口的7%。贫困人口集中分布在坝上高寒地区、太行山燕山深山区和黑龙港干旱盐碱区。这些地方自然条件差、基础设施弱、社会发育程度低，脱贫难度大。特别是河北省环京津贫困带现象突出，城乡差距、地区差距大，相对贫困非常突出。贫困地区抵御自然灾害和市场风险的能力普遍较弱，一遇灾病或市场波动，不少人会重新返贫。

【2010年扶贫工作展望】 2010年的扶贫开发工作，要贯彻落实全国扶贫工作会议、省农村工作会议精神，以科学发展观为指导，以第三批贫困村和贫困人口为主要对象，以稳定解决扶贫对象温饱并实现脱贫致富、完成整村推进任务为目标，以强化产业扶贫为切入点，深入开展“实施细胞工程，建设十有家庭”活动，推进成方连片、规模发展，进一步提高“雨露计划”质量，搞好移民扶贫，深化“四帮一”扶贫工程，管好用好扶贫资金，创新完善工作机制，提高扶贫开发水平，基本完成全省农村扶贫开发规划。全年稳定解决20万农村贫困人口的脱贫问题，确保1242个老区贫困村完成整村推进任务，确保52个扶贫开发工作重点县农民人均纯收入增幅高于全省平均水平。按照党中央、国务院的战略部署和国务院扶贫办出台的相关意见，结合河北省实际编制2011—2020年扶贫开发纲要及“十二五”扶贫开发相关规划。

（河北省扶贫开发办公室）

山西省扶贫开发

【概况】 山西省因居太行山之西而得名。山西北依长城与内蒙接壤，西隔黄河与陕西相望，东屏太行与河北为邻，南部则与河南交界。地理构成大体呈平行四边形，南北长约680公里，东西宽约380公里，总面积为15.36万平方公里，辖11个地级市，119个县、市、区，总人口约3410.6万人。

山西是国家扶贫开发工作重点省份之一，同时也是全国著名的革命老区省。全省共有57个贫困县，分布在10个地级市。其中国家扶贫开发工作重点县35个，省定贫困县22个。全省农业人口为2319.6万，农村扶贫对象286.7万，占12.4%。这些贫困县和贫困人口集中分布在西部吕梁山黄土残垣沟壑区，东部太行山干石山区和北部高寒冷凉区三大区域。

2009年，山西省扶贫开发工作以开展学习实践科学发展观活动为契机，探索和创新扶贫工作方式，有效应对全球性金融危机、50年一遇的特大旱灾和初冬暴雪灾害的不利影响，完成了年度扶贫开发任务。57个贫困县农民人均纯收入达到2713元，比2008年增长6.3%。其中35个国家扶贫开发工作重点县农民人均纯收入达到2361元，比2008年增长6.9%。通过实施以“三个确保”为重点的各项扶贫措施，全省57个贫困县有41.6万人脱贫，2009年底低收入以下贫困人口为286.7万，因受国际金融危机冲击大量农民工返乡、以及特大旱灾和暴雪灾害的影响，返贫人口比2008年增加27.4万。其中，35个国家扶贫开发重点县低收入以下贫困人口为220.5万，返贫人口比2008年增加20.4万。

【扶贫资金投入】 2009年，省、市、县三级财政投入扶贫资金达52653万元，比2008年增加22389.66万元。其中：省级42408万元，比2008年增加18050万元；市级2870万元，比2008年增加152万元；县级7375万元，比2008年增加4187.66万元。

【整村推进】 2009年，在整村推进中把“三个确保”村作为扶贫开发的重点，通过增加资金投入、落实地方责任、强化部门合作，加强督促指导等措施，全年整合资金7.1亿元，扶持2386个革命老区贫困村实施了整村推进扶贫任务。

【移民扶贫】 2009年，共安排52个县、562个村、10056户、4万人的移民扶贫搬迁任务。安排资金1.73亿元，人均补助标准4200元。其中：移民户建房补助资金1.36亿元、基础设施建设补助资金3728万元。按照山西省移民扶贫工程“一年建成，两年入住，三年扫尾”的要求，全年滚动移民4万人的目标任务顺利实现。

【扶贫培训】 2009年完成转移培训6万人，实现转移就业4.8万人。继续参与了“雨露计划 腾飞工程”大型社会公益活动，从贫困地区招收488名学员，送往长沙环球职业教育集团进行免费培训并推荐就业。

【产业化扶贫】 一是通过财政贴息方式，引导信贷资金支持贫困地区的产业开发。2009年，各类金融部门共为山西省国家级扶贫龙头企业投入项目贷款4.64亿元；省级共为4.8亿元扶贫到户贷款安排贴息资金1200万元；二是继续推动“两区（请了解什么是“两区”，在这里加个解释）”产业开发项目达产达效。“两区”402个产业开发项目全部开工建设，其中339个项目投产，占项目总数的84%；221个项目达产能力80%以上，占项目总数的55%。一批贫困地区农业产业化龙头企业在带动贫困群众增收致富中发挥出重要的作用。

【教育扶贫】 安排教育扶贫专项资金500万元，通过扶贫助学方式，支持考入大中专学校、高中和职业技术学校的农村困难家庭学生完成学业，增强自我发展能力。2009年共完成对226名贫困大学生、1450名中专和技校贫困学生、1200名贫困高中生的认定资助工作。

【片区开发试点】 在国务院扶贫办的支持下，2009年，山西省新增忻州市繁峙县和大同市天镇县进行片区开发试点。全省片区开发试点县达到5个，项目总投资达到3.14亿元。其中：中央和省级财政扶贫资金投入4950万元，整合部门资金12729.2万元，招商引资9700万元，群众自筹和投工投劳折资3979.7万元。项目区覆盖10个乡镇、162个行政村（其中包括121个“三个确保”贫困村）、7.69万人。2009年增加的繁峙县和天镇县两个试点县已完成项目规划和实施方案设计，部分项目开始实施。片区开发的新扶贫模式，实现了各个渠道扶贫资源在更高平台和更大范围内的有效整合，提升了区域内产业发展、基础设施和社会事业水平，得到基层干部和贫困群众的欢迎。

【社会扶贫】 一是坚持开展机关定点扶贫。特别是要求35个国家扶贫开发重点县范围内的各级工作队，全部进驻“三个确保”贫困村开展帮扶工作。初步统计，各级机关定点扶贫工作队共为包扶乡村解决资金6.8亿元。其中85%以上的项目资金按要求投入或辐射到整村推进村；二是组织“三支一扶”活动。与省人事厅、团省委等部门合作，选派54名高校毕业生深入到临汾、吕梁2市、15个（县）区的贫困村开展工作；三是动员社会各界参与扶贫。争取中国扶贫开发协会支持，为山西省贫困地区捐赠了价值3850万元的饮水净化设备、医疗设备、校园服装和幼儿奶粉；与中国扶贫基金会合作，开展为汶川地震灾区学生捐赠爱心包裹活动，全省各级认捐总额达到2300万元；继续争取新加坡慈援组织支持，提供160万元人民币，组织实施了和顺县松烟镇敬老院改扩建工程和阳高县王官屯镇人畜饮水及节水灌溉项目；引导动员企业结对帮扶贫困村，如晋城市的晋煤集团、兰花集团为贫困村落实帮扶资金2000多万元；与农工民主党山西省委合作，组织14位医疗专家赴沁县开展扶贫义诊活动，接诊患者600余人次，受到贫困群众的好评。

【外资扶贫】 2009年，亚行贷款山西河川流域农业综合开发项目顺利通过贷款正式评估，完成对外谈判和法律文件签约，前期准备工作取得突破性进展。该项目总投资达15.6亿元，其中利用外资1亿美元。项目区涉及5市26县，受益人口184万人，其中贫困县12个，受益人口90多万人，2010年上半年正式启动实施。

【扶贫工作措施】 1. 把完成“三个确保”村的整村推进作为全年扶贫开发的重中之重。山西省是“三个确保”村整村推进任务最重的省份。省委、省政府对此高度重视，省委书记张宝顺、省长王君作出专门批示，要求加强组织领导、加大投入力度，集中力量扎实推进，确保不拖全国后腿。一是加大资金投入。省级财政新增扶贫资金1.5亿元，同时通过调整资金使用结构拿出资金8000万元，省级用于35个国家扶贫开发工作重点县整村推进扶贫的资金达到4.9亿元；二是落实地方责任。省扶贫领导组与35个重点县签订了完成“三个确保”村整村推进《责任书》。采取任务下达到县、资金切块到县、责任落实到县、考核奖惩到县的办法，要求各县加大投入力度，强化资源整合，完成好这项任务。35个国家扶贫开发工作重点县整合资金7.1亿元；三是建立激励机制。省扶贫办出台了《2009—2010年整村推进“三个确保”实施方案》。对各县的配套资金投入、资源整合和项目进展情况实行月报制度，定期检查通报，年底考核奖惩；四是强化部门合作。在副省长刘维佳的指导协调下，争取各有关部门在交通水利基础设施、新农村建设、农林牧开发、生态修复治理、金融支农等行业项目安排上向“三个确保”贫困村重点倾斜。全年有525个“三个确保”贫困村列入部门项目规划得到扶持。

2. 把教育扶贫作为提高贫困人口自我发展能力的重要措施。为帮助贫困群众提高文化素质，增强自我发展能力，奠定稳定脱贫致富基础，根据省长王君“要把教育扶贫作为扶贫开发的一项重要内容来抓”的指示精神，启动实施了教育扶贫工作。一是安排专项资金。2009年拿出财政扶贫资金500万元，为开展教育扶贫提供财力保障；二是明确扶持对象。将义务教育之外的考入大中专院校、高中和职业技术学校的农村困难家庭学生作为教育扶贫对象。三是制定资助办法。根据不同类别的资助对象，分别提出相应的资助标准、资助时限和资助方式；四是严格审查认定。省扶贫办下发《关于做好贫困大学生、高中生、中职生认定申报工作的通知》，要求各级扶贫部门及相关学校严格把好教育扶贫对象审核认定关，确保将教育扶贫措施落到实处。全省贫困地区有2876名农村困难家庭学生成为教育扶贫的受益者。

3. 把“五个全覆盖”作为促进贫困地区基础设施和社会事业发展的战略举措。省政府作出了实施“五个全覆盖”，集中力量打好农村基础设施建设和社会事业发展攻坚战的战略决策。“五个全覆盖”的工程重点在贫困地区，受益主体也是贫困群众，是山西省对行业扶贫资源进行有效整合，推动全社会力量大扶贫的重大举措，主要内容是：用两年时间实现全省具备条件的建制村通水泥（油）路全覆盖，中小学校舍安全改造全覆盖，县乡村三级卫生服务体系特别是村级卫生室全覆盖，村通广播电视全覆盖，农村饮水安全全覆盖。2009年底，全省96%的建制村实现通水泥（油）路；中小学校舍危房改造工程506万平米；解决了全部6948个“空白村”卫生室业务用房，并为 2.8 万个行政村配备了基本医疗设备；县乡卫生机构达标率 87.2%，村卫生室覆盖率99%；2586 个村通广播电视；解决了 272 万农村人口的安全饮水问题。

4. 把深入基层调研作为强化扶贫队伍能力建设，有效推进扶贫工作的重要平台。近年来，在省扶贫办带头推动下，全省各级扶贫部门大兴调查研究之风，提高扶贫工作的针对性和实效性。结合全年业务工作安排，省扶贫办班子成员和业务处室主要领导每人都确定自己的联系县，带头深入贫困地区调研督导工作，及时发现问题，研究对策，制定措施，抓落实。连续三年将5～6 月确定为调研督查月，组织机关全体干部联系各自承担的业务工作，深入基层调研，开展汇报演讲。2009 年，围绕对农村低收入人口全面扶持、实现扶贫开发和农村低保两项制度有效衔接的扶贫开发新要求，以完成“三个确保”村整村推进为重点的扶贫开发目标任务，创新完善扶贫开发机制，提高扶贫开发质量效果等内容，组织全办干部职工深入基层调查研究，分期分批进行汇报演讲，并将优秀调研报告编印成册，下发基层指导工作。既为探索新形势下的扶贫开发思路，深入推进扶贫工作提供有价值的决策建议，也达到锻炼提高扶贫队伍素质，转变扶贫队伍作风的良好效果。

5. 把扶贫宣传作为营造持之以恒抓紧抓好扶贫开发浓厚氛围的舆论阵地。近年来，从增强扶贫开发的软实力出发，将扶贫宣传做为开展扶贫工作的重要内容。2009 年，抓住贯彻党的十七届三中全会决定精神和学习实践科学发展观活动的大好机遇，宣传扶贫开发在全省经济社会发展中的重要地位，宣传扶贫开发工作的长期性、艰巨性和复杂性，营造出全省扶贫开发的良好氛围。一是抓好队伍建设。成立山西广播电视总台驻省扶贫办记者站，组建正处级建制的省扶贫宣传中心，召开全省扶贫宣传工作会议，从省到县强化队伍建设，配齐宣传设备，建立激励机制，为开展扶贫宣传工作创造必要条件；二是拓宽宣传渠道。在上下联动传递交流扶贫信息的同时，注重加强与各新闻媒体的沟通联系，利用广播、电视、网络、报刊等各自优势，扩大扶贫开发的社会影响。做到“电视有影、广播有声、报刊有文”，2009 年省扶贫办编发扶贫简报 21 期，在国家和省级媒体发稿 83 篇、市、县媒体发稿 190 篇；三是突出专题宣传。通过专题形式宣传山西省扶贫开发的辉煌成就、形势任务和政策措施。成功举办纪念改革开放 30 周年扶贫开发大型图片展；参与省委宣传部组织的庆祝新中国成立六十周年专题成就展；结合学习实践科学发展观活动的开展，与《山西日报》合作举办“和谐发展看扶贫”有奖征文活动，为扶贫开发提供了舆论支持。

【2010 年扶贫工作展望】 2010 年山西省扶贫工作的总体思路是：深入贯彻落实党的十七届三中全会精神，把扶持农村低收入人口稳定解决温饱并实现脱贫致富作为首要任务，以科学发展观为指导，继续创新扶贫开发机制，构建“大扶贫”工作格局。开展扶贫开发各项重点工作，着力改善贫困地区生产生活条件，重点提高贫困群众自我发展能力，加快贫困地区产业发展步伐。力争在实现《中国农村扶贫开发纲要》目标的同时，进一步完善扶贫战略和政策体系，研究制定新的十年扶贫开发规划，搞好扶贫开发和农村低保的有

效衔接，为深入推进扶贫开发工作做好准备。全年扶贫开发的目标任务是：扶持剩余1654个“三个确保”贫困村实施整村推进，移民搬迁4万人，培训转移贫困地区劳动力2万~6万人，新资助3000名左右的贫困生完成大中专或高中学业，继续扶持扶贫龙头企业发展壮大，促进贫困群众稳定增收，力争贫困地区农民人均纯收入增长幅度高于全省农民人均纯收入增长水平、减少农村低收入贫困人口20万以上。

1. 推进扶贫开发各项重点工作。一是全面完成“三个确保”任务。继续把“三个确保”村整村推进作为全年扶贫开发的工作重点，进一步加大资金投入，落实地方责任，强化资源整合，千方百计完成35个国家扶贫开发工作重点县中剩余1654个革命老区贫困村的整村推进任务，确保不拖全国后腿；二是深入推进移民扶贫。通过县城吸引、发展小城镇、建设中心村等形式，力争使多数移民新村达到千人左右规模，集聚发展要素，为移民群众发展后续产业创造条件；三是抓好贫困地区劳动力转移培训。加大投入力度，提高参训学员的稳定转移就业能力。选择一批初、高中毕业生，开展针对性的学历培训，帮助他们掌握农业实用技术，提高增收致富能力，为贫困地区培养拥有一技之长、立足在乡创业、带领群众脱贫致富的扶贫骨干；四是扩大教育扶贫规模。将教育扶贫专项资金由2009年的500万元提高到1000万元；五是开展产业扶贫。选择确定一批省级扶贫龙头企业。采取财政扶贫资金贴息、入股和协调落实银行贷款等方式，进一步加大对国家和省级扶贫龙头企业的支持力度。通过在贫困村建设生产基地、明确量化扶持贫困户责任，吸纳贫困劳动力就业，带动贫困群众增收致富。

2. 启动实施片区开发扶贫规划。按照国务院扶贫办关于今后十年扶贫开发要在整村推进基础上，实施“整合资源，连片开发”的工作思路，结合制定新的十年扶贫规划，根据贫困乡村和贫困人口相对集中、产业发展条件相近、区域基础特征类似等特点，将全省57个贫困县规划为12个片区。按照一次规划、分步实施的办法，整合行业部门扶贫资源，组织实施全省贫困地区片区开发扶贫规划。在任务分工上，扶贫部门重点抓好片区开发规划中的产业开发和乡村干部培训、贫困农民实用技术培训、乡村致富带头人等三大培训工程；其他相关部门的资金重点用于完善各类基础设施和社会事业发展项目。

3. 完善扶贫战略和政策体系，着手制定新的十年扶贫开发规划。一是开展全省范围内的农村低收入人口摸底调研工作。将山西省扶贫工作范围从现有57个贫困县扩大到全省115个农业县。由省统计局牵头组织力量，首先在58个非贫困县采取入户调研、收入核定、民主评议、公告公示相结合的方式，识别确认贫困群体。在此基础上建立全省农村低收入人口档案，并把所有农村低收入人口都作为扶贫对象；二是组织开展好农村低保和扶贫开发两项制度衔接试点工作。结合山西省实际，首先在现有22个省定贫困县开展两项制度衔接试点工作，完善扶贫瞄准机制，落实分类扶持措施；三是做好2011—2020年扶贫开发规划工作，为开展新十年的扶贫开发工作做好准备。

4. 进一步构建全方位、宽领域、多渠道的大扶贫工作格局。一是强化机关单位定点扶贫工作。按照“调整布局、创新机制、完善政策”的基本思路，将定点扶贫单位从现有的各级行政机关、事业单位、大专院校扩大到驻地部队、科研院所、垂直管理单位和大中型国有企业；二是建立和完善社会力量参与支持扶贫开发的长效机制。推动有关部门出台鼓励和动员社会力量支持扶贫的政策措施，结合省情特点，通过“一企（矿）帮一村、一企（矿）帮多村”的结对帮扶，组织引导煤焦、冶金等领域的民营企业家为家乡或企业所在地出钱出力，调动更多社会资源向贫困地区和贫困群众的集中投入，促进贫困地区加快发展；三是确保外资扶贫项目实施有一个良好开局。亚行贷款山西河川流域农业综合开发项目2010年将正式启动实施。

（山西省扶贫办公室）

内蒙古自治区扶贫开发

【概况】 内蒙古自治区（以下简称自治区）成立于1947年，是全国最早成立的少数民族自治区。全区土地总面积118.3万平方公里，约占全国总面积的12.3%。总人口2405.06万人，其中乡村人口1320万人，占总人口的54.9%，人口密度为20.12人/平方公里。全区现辖12个盟市和2个计划单列市、101个旗县市区。其中，以农牧业为主的旗县89个，革命老区旗县33个，半农半牧区旗县19个，牧区和半农半牧区旗县25个，边境旗县19个，其他少数民族自治旗县3个。

在全区101个旗县（市区）中，有扶贫开发重点旗县国家级的31个、自治区级的29个，共计60个。截至2009年底，全区有贫困人口91.7万人，占全区农村牧区总人口的7.2%。主要分布在蒙东丘陵沙区（占51%）、边境沿线（占7.6%）、阴山风蚀沙化区（占25%）、黄土高原沟壑区（占7.8%）、其余地区（占2.7%）。

为加强扶贫工作力度，2009年，自治区扶贫开发领导小组办公室更名为"内蒙古自治区扶贫开发办公室"，加挂"内蒙古自治区革命老区建设办公室"牌子，列入政府直属机构和政府序列；之前已批复成立的"内蒙古自治区革命老区发展中心"，机构性质由自收自支转为全额拨款事业单位。省级以下扶贫机构中，除乌海市外，其他11个盟市扶贫办和2个计划单列市全部列入当地政府直属机构。60个国家和自治区级扶贫开发重点旗县（市区）、人口较少民族旗的扶贫机构基本保留，列入政府直属机构。

自治区党委、政府连续4年把扶贫开发列入自治区十大民生工程。自治区政府常务会议每年专门听取扶贫开发工作汇报，自治区党委、政府主要领导和分管领导经常深入贫困地区调研指导工作，帮助解决重大问题。2009年，自治区坚持开发式扶贫方针，实现农村牧区低保与扶贫开发政策的有效衔接。依据国家新的扶贫标准，合理测算和确定内蒙古的扶贫标准。加强组织领导，强化责任，加大投入，继续提高贫困地区和贫困人口的自我发展能力。

【扶贫资金投入】 按照"渠道不乱、任务不变、各负其责、各计其功、整合到村"的原则，自治区各部门资金统一规划，集中投入。采取竞争立项的办法，投入财政扶贫资金1.1亿元，在8个盟市的11个国家级和自治区级扶贫开发重点旗县开展了整合资源、集中突破、连片开发试点项目，促进了贫困地区优势特色产业发展。

【整村推进】 2009年继续按照"集中力量、缩短战线、突出重点"的原则，投入财政扶贫资金3.5亿元，完成了地处优势开发区的350个重点贫困嘎查村整村推进任务。选拔录用了230名高校毕业生进驻重点嘎查村开展扶贫工作。

【移民扶贫】 按照自治区小城镇移民扶贫规划，安排5800万元财政扶贫资金用于第六期40个点的扩镇移民和4个集中移民试点扶贫项目建设任务，2009年主体工程建设基本完成。

【扶贫培训】 投入财政扶贫资金3100万元，完成了3.1万人的培训任务，其中有2.7万人实现了就业转移；认定“雨露计划”培训基地100家；2009年共完成16期、2400人的全区扶贫系统干部和贫困旗县、乡镇苏木、嘎查村党政干部的培训任务。

【产业化扶贫】 2009年投入7880万元财政扶贫资金，重点支持养牛、养羊、蔬菜、马铃薯种植业、特色种养业及林、沙等特色产业化扶贫项目的基地建设，项目信贷资金和到户信贷资金投入规模分别达到3.33亿元和2亿元；在5个旗县、40个嘎查村、3000个贫困户投入600万元的村级互助资金用于直接到户的种养业项目；审核认定了第二批自治区级扶贫龙头企业31家。

【社会扶贫】 一是国家级定点帮扶工作在自治区取得新进展。通过积极争取，国务院扶贫办2009年为自治区新增了中钢集团、清华大学、三峡工程总公司3个有实力的单位定点帮扶自治区贫困旗县；二是国务院扶贫办年内分别在自治区的兴安盟、包头市、鄂尔多斯市召开了全国定点扶贫工作经验交流会和企业参与扶贫开发工作座谈会；三是自治区直属机关对兴安盟和呼伦贝尔市的定点帮扶工作取得了明显成效。截至2009年10月底，137个厅局共深入帮扶点345人次（其中，厅局干部93人次），全年已投入帮扶资金3.1亿元（2006年至2009年，定点帮扶兴安盟资金或物资折价到位累计8亿元、18个厅局帮扶呼伦贝尔市2个较少民族资金或物资折价到位累计超过3亿元）。

【特殊贫困类型地区扶贫】 自治区按照突出重点、分类指导、区别对待的原则，突出重点地区、特殊困难群体的扶持力度。

1. 抓好革命老区扶贫开发工作。加大对革命老区调查摸底和革命老区建设的机构设置工作。2009年自治区在自治区原有25个革命老区旗县基础上，增加8个革命老区旗县。在连片开发试点项目上也重点向特殊贫困类型地区倾斜。

2. 加大对33个牧业旗市扶持力度。2009年给33个牧业旗市投入财政扶贫资金16981万元，牧区旗市人均扶贫投入明显高于全区平均水平。第二批产业化扶贫项目专项安排1650万元，全部用于33个牧业旗市和3个较少民族旗的产业化扶贫项目。

【京蒙扶贫协作】 2009年4月，京蒙两市区政府共同召开了“京蒙扶贫协作对接与合作会议”，对原18个结对区县旗中的11个进行了调整，使扶贫协作工作进一步向少数民族聚居区、革命老区、边境牧区和人口较少民族旗县倾斜。北京市共投入帮扶资金2600万元，同时开展了多层次、多领域、大范围的经济技术合作。年底，已形成由政府援助、企业合作、社会帮扶、人力资源建设构成的工作体系，建立了稳定的扶贫协作机制。

【扶贫开发工作会议】 2009年4月，自治区以政府名义召开扶贫开发工作会议。同月，自治区党委副书记、政府常务副主席、自治区扶贫开发领导小组组长任亚平亲自主持召开新一届自治区扶贫开发领导小组全体会议，研究议定了几方面重大事项。首先，关于调整自治区扶贫标准问题。议定今后要依据国家扶贫标准和全区农村牧区综合物价指数对自治区扶贫标准进行年度调整；其次，关于扶贫投入和增长机制问题。议定今后每年要逐步增加扶贫投入，本届政府任期内财政扶贫预算资金要达到配套水平，并力争走在西部省区前列。盟市旗县也要把扶贫资金列入财政预算，并逐步加大扶贫投入；在全区建立和完善扶贫资金绩效考评机制。

【扶贫资金项目监管】 2009年，自治区实行扶贫资金项目管理新办法，下放审批权、强化监督权。自治区采取总体平衡和额度控制的办法，直接将项目指标下达到盟市，具体项目实施旗县和内容由盟市自行确定，只需向自治区备案即可。这样做不仅使盟市扶贫办有了自主权，提高了工作积极性，而且使项目管理工作的重点也由过去审批项目转变为检查、监督、验收项目，从而使监管力度增强；按照规范化、制度化管理原则，从加强制度建设入手，进一步健全完善了扶贫资金项目管理办法。在落实《财政扶贫资金绩效考评试行办法》及《内蒙古自治区扶贫办督察工作暂行办法》的基础上，制定印发了《内蒙古自治区扶贫开发工作多因素量化综合考评管理试行办法》，主要用于自治区对盟市和被抽查旗（县区）以及盟市对所属旗（县区）扶贫开发工作进行考评。考评指标包括扶贫制度和机构建设、扶贫资金项目管理、扶贫业务工作、扶贫成效四大类共36项的内容。考评结果成为下年度分配扶贫资金的一项主要依据。工作做得好的地区自治区采取“以奖代投”的方式给予鼓励，对考评不合格的地区核减下年度扶贫资金量，严格奖惩制度。

2009年，自治区扶贫办单独或会同有关部门先后组织了4次大范围的调研和督查活动，由区办纪检组牵头，各党组成员及有关处室干部参与。自治区扶贫办会同财政厅对2009年度财政扶贫资金使用进行了绩效考评，计划拿出2600万元财政扶贫资金采取“以奖代投”形式对先进单位进行奖励，这是自扶贫开发以来“以奖代投”资金量最多的一次。此外，各级审计、监察等部门还不定期对扶贫资金使用情况开展了审计、督察。

【扶贫工作措施】 1. 探索建立扶贫标准调整机制。自治区作为北疆少数民族地区，扶贫开发工作具有很强的地域性和民族性，因此在综合分析经济社会发展和贫困现状的基础上，自治区依据国家扶贫标准，从地处北方高原少数民族地区农牧民消费支出高的实际情况出发，制定了自治区扶贫标准，即农区为年人均纯收入1560元，牧区为年人均纯收入1800元。

2. 探索建立扶贫投入稳定增长的长效机制。2009年，国家和自治区投入扶贫资金14.4亿元，自治区在受金融危机影响，普遍缩减财政支出的前提下，仍在2008年基数上新增扶贫配套资金3180万元，使自治区本级财政扶贫配套资金达到10180万元。2009年5月，自治区政府明确提出自治区财政扶贫预算资金要逐年增加，投入量要走在西部省区前列，盟市旗县从2010年开始要按照国家要求把扶贫资金列入年度预算，并依据各地财力逐年加大投入。2008年，自治区已将地方政府财政安排扶贫资金与自治区扶贫资金的分配使用挂钩，自治区对于配套好的盟市旗县采取以奖代投方式给予奖励，并增加下一年度资金分配额度。

3. 开展扶贫战略和政策体系工作调研。6月29日—7月5日，以国务院扶贫办范小建主任为组长的国务院扶贫开发联合调研组一行深入自治区阿拉善盟、鄂尔多斯市、包头市的10个旗（区、县、经济开发区），考察调研了移民扶贫、整村推进、产业化扶贫、劳动力转移培训、社会扶贫、军队扶贫、危房改造和农村低保等情况。为配合国家联合调研，自治区扶贫办组成4个调研组由各主任带队分赴8个盟市和部分旗县开展实地调研。全区各盟市也都自行组织有关专家和部门开展相关政策调研，并向自治区提交了评估报告和政策建议。

【困难与挑战】 进入新世纪以来，自治区扶贫开发呈现出投入力度大、成效显著、贫困群众受益多的好形势，但随着工业化、城镇化和农牧业产业化进程的不断深化，由城乡二元结构、收入差距扩大、人口资源环境约束、农牧业基础薄弱、农村牧区社会事业和公共服务水平低等因素带来的新情况、新问题增加了扶贫开发工作的难度。

1. 扶贫开发任务依然繁重。按调整后的扶贫标准测算，自治区需要继续扶贫的对象为91.7万人，占农村牧区人口的7.2%。部分地区低保还没有完全实现应保尽保，扶贫开发任务依然繁重。

2. 因灾致贫返贫现象严重。贫困地区基础设施发展滞后，公共服务明显不足，出行难、吃水难、住房难、就医难等问题依然突出。因地广人稀、居住分散、交通不便，严寒等因素造成的农牧民生产生活成本大，维持温饱费用明显偏高。而且大部分贫困人口生活在生态环境脆弱和自然条件恶劣地区，贫困程度深，发展条件差，发展能力弱，因灾致贫返贫现象比较严重。

3. 收入差距有逐渐扩大的趋势。从自治区近年来城乡居民收入水平来看，2002年城乡收入比为2.90∶1，2008年扩大为3.11∶1，并且2008年城乡之间收入差距的绝对值为9825元，按照1196元的贫困标准计算，仅差额就接近贫困人口年人均收入的9倍。除城乡收入差距外，农村牧区内部的收入差距也在扩大，部分富裕户和典型示范户掩盖了面上的贫困问题。因此现阶段扶贫开发工作必须承担起解决温饱、增加收入和缩小差距、构建和谐社会的双重任务。

4. 特殊连片地区贫困程度深、扶持难度大。自治区现有贫困人口集中分布在革命老区、边境牧区、少数民族聚居区和阴山风蚀沙化区、黄土高原沟壑区，这些地区由于自身立地条件差、基础设施建设滞后等因素，农牧民生产生活困难。同时现有贫困人口中少数民族人口占一半以上，需要移民搬迁的人口超过30万人，扶持投入多、难度大。

5. 牧区发展和牧民增收面临突出困难和问题。有资料显示，“八五”期间自治区牧民人均纯收入增长速度为15.6%；“九五”期间为12.4%；“十五”期间为5.8%，牧民增收的速度正在放缓，呈现明显回落趋势。相对于农民而言，牧民收入减去支出后的余额已经由2003年的364元减少到275元，而同期农民收入减去支出后的余额由1078元增加到1605元，同时牧民在交通、通讯、医疗保健等方面的支出是农民的2～3倍。就牧民内部而言，贫富差距也在逐步拉大，25%的牧户掌握着70%的牲畜。不同地区之间牧民的收入差距也很大，如何促进牧区发展和牧民增收成为急需破解的难题。

6. 致贫因素日益增多。除自然灾害和个人因素外，市场风险、政策环境等对贫困群众形成的冲击也很大。受金融危机影响，由企业破产倒闭造成的农民工失业问题、由物价上涨造成的贫困群众预期收入下降问题等，都会导致返贫致贫现象的出现。经济社会发展的不协调、公共服务与社会保障体系不健全、扶贫投入不足、扶贫资金使用效益低等也成为了致贫因素。

【2010年扶贫工作展望】 1. 强化扶贫措施推进扶贫重点工作。一是继续加大整村推进力度。2010年计划扶持350个重点嘎查村的整村推进巩固提高工程。自治区将对每个重点嘎查村投入财政扶贫资金70万元，盟市、旗县配套和整合各类支农资金30万元以上；二是支持贫困地区产业发展。按照“县为单位、整合资金、整村推进、连片开发”的思路，在地处优势开发区域，采取竞争立项的办法，选择条件相对较好的、集中连片的贫困区域，进行区域统一规划，连片开发。在国家安排试点的基础上，2010年自治区本级财政扶贫资金计划安排5000万元，确定5个自治区级试点旗县，每个试点投入1000万元。2010年计划安排产业化扶贫基地建设资金1亿元，重点加大对35个牧区和3个少民族旗的投入，每个项目安排财政扶贫资金50万元以上；三是组织实施好“雨露计划”工作。根据形势变化完善“雨露计划”实施方式。2010年计划安排3000万元的“雨露计划”培训资金，完成3万人的培训任务；四是继续推进移民扶贫工作。组织实施好第六期移民扶贫工作，力争到年底完成项目的搬迁、安置、入住工作。移民扶贫要解决好后续产业发展依托，严防有些地方对后续产业发展和农牧民长远生计考虑不够，造成新的贫困。

2. 进一步完善社会扶贫工作。要在推进专项扶贫基础上，继续抓好自治区直属机关定点帮扶兴安盟和呼伦贝尔市鄂伦春自治旗、莫力达瓦达斡尔自治旗工作。加强京蒙扶贫协作和国家机关定点帮扶工作，采取有效措施引导各行业、社会各界关注贫困地区、弱势群体，深入研究动员社会力量参与扶贫的政策导向机制，为社会力量、各类市场主体参与扶贫开发提供优惠政策和便利条件，构建“政府主导、社会参与”的大扶贫格局。

3. 加强特殊类型贫困地区的扶贫开发工作。按照全国扶贫工作会议和国务院扶贫办工作部署，继续加大少数民族聚居区、边境牧区、革命老区等特殊类型贫困区域的投入力度。把解决牧区贫困问题放在更加突出位置，制定促进牧民增收的扶贫措施，保证牧区新增投入占年度自治区本级新增投入的比率不低于60%。争取国家对于牧区、少数民族聚居区的特殊扶贫政策，向国家争取彩票公益金支持革命老区的建设资金，做好内蒙古自治区革命老区机构设置工作。2010年自治区本级计划安排革命老区建设资金3000万元，专项用于支持革命老区发展农牧业生产，提高当地农牧民收入水平。

4. 建立扶贫动态监测机制。根据全国扶贫工作会议的布置，在按现行贫困标准开展工作的基础上，对人均纯收入1/4以下的农村人口进行监测，逐步建立全区扶贫标准逐年递增的调整机制。各盟市要建立当地的扶贫监测系统。

5. 加大投入，对低收入人口实行全面扶持政策。要坚持农村开发式扶贫方针，对农村低收入人口全面实施扶贫政策，提高贫困地区群众自我发展能力，确保扶贫开发工作重点县农民人均纯收入增长幅度高于全区平均水平。

6. 加强党风廉政建设和业务工作。要严格执行党风廉政建设责任制，积极推进惩治和预防腐败体系建设，把反腐倡廉工作纳入扶贫整体工作格局之中，落实反腐倡廉各项工作任务，不断地把本部门的反腐倡廉工作推向深入。

（内蒙古自治区扶贫开发办公室
赵子廷）

辽宁省扶贫开发

【概况】 辽宁省位于中国东北地区的南部，地处东北亚地区的中心部位，南临渤海、黄海，西南与河北省交界，西北与内蒙古自治区毗邻，东北与吉林省接壤，东南隔鸭绿江与朝鲜半岛相望，辖区总面积14.59万平方公里，约占中国总面积的1.5%，耕地面积为4085千公顷，人口4246万人，其中农业人口2126万人。2009年，全省国内生产总值15065亿元，财政一般预算收入1591亿元，其中农林牧渔业增加值1414.9亿元，全省农民人均纯收入6000元。

辽宁省贫困人口主要集中在辽东长白山系深山区和辽西北地区，在上述区域，全省确定了15个省扶贫开发工作重点县（朝阳、建平、喀左、凌源、北票、建昌、义县、阜新、彰武、康平、岫岩、桓仁、新宾、清原、西丰）和一批省定贫困村。2008年，辽宁省将农村扶贫标准从1200元提高到1500元，新标准下全省有建档立卡贫困人口264.7万人，人均纯收入在1800元以下的贫困村1697个。其中，15个重点县贫困人口占全省贫困人口的60%，重点村占全省重点村的70%。贫困人口规模较大、较为集中的市有朝阳、阜新、铁岭、锦州、葫芦岛5市，贫困人口占全省贫困人口的70%。

2009年，辽宁省委、省政府继续把扶贫开发作为全省重点民生工程，加大力度、加大投入，实施整村推进、扶贫培训、产业化扶贫、移民扶贫、定点扶贫等措施，全省减少低收入贫困人口50万人，低收入贫困人口减少到161.7万人，完成了当年扶贫工作目标。

【扶贫工作回顾】 辽宁省扶贫开发工作，经历了有组织有计划扶贫开发（1984—1993年）、实施《国家“八七”扶贫攻坚计划》（1994—2000年）和实施《中国农村扶贫纲要（2001—2010年）》3个历史阶段。特别是实施国家扶贫纲要以来，辽宁省委、省政府把扶贫开发作为全省重点民生工程，不断强化措施、加大力度，截至2008年底，已基本解决了全省贫困人口的温饱问题。自2009年起，全省扶贫开发进入了扶持低收入贫困人口发展和巩固温饱的新阶段。

【扶贫资金投入】 2009年，全省各级财政实际安排扶贫资金32810万元，比2008年增加920万元，增长2.9%。其中，省财政投入27430万元，比2008年增加1160万元，实际增长4.4%。在扶贫资金使用上，一是向辽西北贫困地区倾斜；二是向效益好、抗灾能力强的设施农业倾斜。

【整村推进】 2009年，全省实际实施整村推进420个村，其中15个重点县（市）225个村，其他县（市、区）195个村。省财政安排整村推进扶贫资金21300万元，对贫困村每村年补助70万元，重点县贫困村每村省财政补助60万元，非重点县贫困村每村省财政补助40万元，其余由市、县财政补助。共实施扶贫项目1506个，覆盖农户94236户、31.5万人。

【移民扶贫】 2009年，全省完成移民扶贫3000户，搬迁贫困人口10065人。省财政安排移民扶贫资金3000万元，户均补助由原来的1.2万元提高到1.5万元，其中省补助10000元，市、县补助5000元。

【扶贫培训】 2009年，全省培训贫困劳动力2万人，并实行实名制和就业档案管理，转移就业率在90%以上。省财政安排1000万元贫困劳动力转移培训专项资金，并在整村推进扶贫规划中列贫困劳动力转移培训项目，按实际需要进行培训。全省有省以上贫困劳动力转移培训基地21个，市、县级培训基地50个。

【产业化扶贫】 2009年，省财政安排扶贫龙头企业贷款贴息资金1760万元，继续对重点扶贫龙头企业实施贷款贴息支持。全省省级以上扶贫龙头企业达到178家，可带动27万贫困农户、100万贫困人口发展产业项目。

【定点扶贫】 2009年，省直各帮扶单位共协调投入扶贫资金达4.6亿元，帮助项目258个；制定《辽宁省定点扶贫工作绩效考核方案》，进一步完善了定点扶贫的考核办法，有121个单位被评为当年省定点扶贫先进单位、143名挂职干部和扶贫联络员被评为当年省定点扶贫先进个人。辽宁省扶贫办被国务院授予“民族团结进步先进单位”称号。

【扶贫工作措施】 1. 坚持“一个瞄准、五项重点”。“一个瞄准”就是各项扶贫措施瞄准建档立卡贫困人口，扶贫项目安排要保证覆盖80%以上的贫困人口，确保贫困人口直接受。省财政扶贫资金70%以上用于贫困人口较为集中的辽西北地区。

“五项重点”就是整村推进、移民扶贫、贫困劳动力转移培训、产业化扶贫、定点扶贫五项扶贫措施联合推进。整村推进。全省确定一批重点贫困村，分批实施整村推进扶贫，省财政安排专项资金对整村推进项目实施补助，重点扶持发展致富产业，特别是抗灾避灾和设施农业项目。移民扶贫主要是对“五难户”实施移民搬迁。省财政安排专项资金对移民户实施建房补助。移民项目安排同整村推进等项目安排相结合，确保移民户能移得出、稳得住、能致富。扶贫培训主要是依托国家、省、市、县扶贫培训基地开展扶贫培训，推行订单培训，并实行实名制和就业档案管理。产业化扶贫。省财政安排专项资金，对产业化扶贫龙头企业扶贫贷款实施贴息支持，减轻企业负担，调动其积极性，增强带动贫困户致富能力。同时，对产业化扶贫龙头企业实施严格考核监督，能进能出。定点扶贫。组织210个省直机关、企事业单位定点帮扶215个贫困乡镇。帮扶单位派出扶贫联络员和挂职干部深入基层帮助贫困乡村研究脱贫发展思路。省委、省政府对帮扶工作进行考核，实行一票否决。

2. 探索创新扶贫方式。按照国家部署，2009年，全省新增8个试点县30个贫困村开展互助资金试点，使国家互助金试点村达到50个，国家投入资金达到800万元。同时，在建昌、宽甸等10个县（市）37个贫困村开展了省级互助资金试点工作，投入省扶贫资金1015万元。有9个重点县成功引进中国扶贫基金会的小额信贷扶贫管理模式，为解决贫困农民贷款难问题闯出了一条新路。

【困难与挑战】 一是区域发展不平衡。辽西北阜新、铁岭、朝阳3市生产总值只占全省总量的9%，地方财政收入入不敷出，自我发展能力严重不足；二是基础设施薄弱。阜新、朝阳等地区有相当一部分自然村屯存在行路难、吃水难等问题。因居住环境恶劣或险房需要移民建房的贫困户仍占一定比例。这些问题已成为制约贫困地区经济发展的主要瓶颈；三是辽西地区遭受50年来最严重的旱灾，粮食大幅度减产，临时性返贫人口增多，直接影响下一年春天农业生产和口粮问题，给2010年的扶贫工作增加了压力；四是金融危机对贫困地区劳动力转移就业影响较大，部分扶贫龙头企业融资出现了困难，生产受到一定影响。

【2010年扶贫工作展望】 2010年，按照辽宁省委、省政府扶贫工作总体部署和《关于今后一个时期全省扶贫开发工作的意见》（辽政办发［2008］97号）要求，全省将继续坚持开发式扶贫方针，加大力度，创新扶贫方式，全力推进五项重点工作，继续实施整村推进400个村，扶持50万低收入贫困人口增加收入，努力实现稳定脱贫，为全省民生工程建设、构建和谐辽宁创造有利条件。

1. 抓好扶贫开发五项重点工作。计划实施整村推进400个村，培训贫困劳动力2万人，移民扶贫3000户；继续对省重点扶贫龙头企业实施贷款贴息支持，动员社会力量，进一步推进以城带乡、以工补农、对口帮扶工作，逐步形成“大扶贫”格局。继续坚持省级领导扶贫联系点制度，抓好210个省（中）直机关、企事业单位定点帮扶215个贫困乡镇的工作，严格定点扶贫责任制，实行一票否决。

2. 探索创新扶贫开发方式。一是开展片区整体开发试点。拟在贫困人口和贫困村比较集中、县委和县政府比较重视、定点扶贫单位积极性高的10个贫困乡镇，实施整乡推进扶贫开发试点，全乡各贫困村统一发展规划、统筹致富产业、统筹使用资金，力争用3—4年时间，把整乡推进试点乡建设成为片区整体脱贫致富的榜样，以及定点扶贫、新农村建设的典型；二是开展扶贫资金周转使用试点。以财政扶贫资金为基础，以信贷资金和村民自筹资金为辅助，建立贫困村互助社，或贫困县农民自立扶贫中心，长期周转使用财政扶贫资金，放大财政扶贫资金的使用倍数，增强贫困农户的自我理财意识和自我发展能力，进一步提高扶贫开发工作水平。

3. 加强扶贫统计监测和扶贫项目资金使用监管工作。继续完善贫困人口建档立卡，加强扶贫统计监测，完善扶贫瞄准机制。开展扶贫资金管理年活动。贯彻落实扶贫开发项目资金管理的有关规定，加强扶贫资金监管，开展培训，加强宣传，提高扶贫项目资金管理水平，堵塞漏洞，提高效益。

（辽宁省扶贫办公室）

吉林省扶贫开发

【概况】 吉林省位于我国东北地区中部，东界俄罗斯，东南隔图们江、鸭绿江与与朝鲜相望，南边辽宁省、北邻黑龙江省、西接内蒙古自治区，幅员面积18.74万平方公里。总人口2734.21万人，其中农业人口1486.56万人。

吉林省贫困人口分布可划分为三大区域：东部高寒山区。在通化、白山、延边3个市（州）、17个县（市）中，有5个国家扶贫开发工作重点县（靖宇、龙井、汪清、安图、和龙），765个贫困村，贫困人口33.49万人，占当地农业人口的12.6%。中部平原地区地处松嫩平原腹地，土质肥沃，气候适宜，是全国重要的商品粮基地，也是吉林省经济较发达的地区。长春、吉林、四平、辽源4个市、15个县（市）没有国定贫困县，但存在插花贫困现象，共有贫困村644个，贫困人口20.16万人，占当地农业人口的2.53%。西部干旱风沙地区是吉林省贫困面较大，贫困人口比较集中的地区。在白城、松原2个市、8个县（市）中，有3个国家扶贫开发工作重点县（镇赉、通榆、大安），贫困村495个，贫困人口57.01万人，占当地农业人口的14.2%。

2009年，吉林省政府将实现8万农村贫困人口脱贫作为民生实事之一。吉林省扶贫工作全面落实省委、省政府的决策部署，按照国务院扶贫办2009年工作要点，制定并下发了《关于做好2009年定点扶贫工作的通知》，明确了目标任务和具体要求。坚持开发式扶贫，以解决贫困人口的温饱并提高自我发展能力为重点，深入调研，强化措施，完善机制。在各市（州）、县（市）的共同努力下，在有关部门的支持下，全面完成了年度各项目标任务，扶贫开发工作取得了新的进展。在金融危机的严峻形势下，扶贫战线人员迎难而上、积极应对、全力推进，实现了9.6万农村贫困人口脱贫，超额完成20%。

【扶贫资金投入】 2009年，中央财政扶贫资金投入40207万元，增长6.15%。其中财政发展资金26407万元，增长15.9%。省内配套资金投入2800万元，增长8%；县市配套资金投入128万元，增长26.6%。首次突破4亿元。下发了《关于下达2009年度扶贫贷款贴息资金计划的通知》（吉发改扶贫规划联［2009］745号）文件，对改革中遇到的新情况、新问题进行梳理，组织完成了扶贫贴息项目申报及储备工作，扶贫贴息贷款覆盖面进一步扩大。信贷扶贫资金投入94716万元，其中，项目信贷资金投入31109万元，到户信贷资金投入63607万元，比2008年增加51065

万元。

【扶贫资金整合】 及时将整村推进计划提供给省财政部门，确保了中央扶贫资金到位半月内下达到各地投入建设。各地发挥县级平台作用，整合农业、水利、交通、广电、民政、教育、卫生等部门、行业资金，提高扶贫效益。吉林省年内共整合部门、行业资金50940万元。

【整村推进】 按照“统一规划，分年实施，整合资源，整体推进”的指导原则，全面启动了400个贫困村整村推进建设项目，制定和完善了村级扶贫规划，协调整合各类扶贫资金投入项目建设。2009年财政专项扶贫资金用于整村推进的比例达到92%以上。加强对项目实施的监督检查，抽检了49个贫困村建设项目，组织各地对2009年实施整村推进村的建设项目逐一进行了验收，有效的提升了整村推进建设水平。2009年完成建设项目947个，整合使用各类资金50940万元。组织实施了59个“三个确保”贫困村整村推进，每个村平均整合投入资金117万元。到2009年底，全省已累计启动和完成2088个贫困村整村推进。实施“整村推进”的贫困村，2009年农民人均纯收入增长13.3%，高于全省农民人均纯收入平均增幅3.3个百分点。

【移民扶贫】 2009年吉林省靖宇县赤松乡岗顶村、濛江乡营林村丁小山屯进行了整体移民搬迁，总投资3721.5万元，搬迁87户、341人。

【扶贫培训】 把实施“雨露计划”与全省重点项目和工业园区发展需求对接，与当地优势产业发展结合，深入推进贫困农民转移就业和自主创业技能培训。根据国家部署和要求，对“雨露计划”示范基地进行了检查和调整，制定《吉林省关于贫困劳动力转移培训基地管理工作的指导意见》。组织贫困劳动力转移培训基地参加全国民营企业招聘周活动，集体订单签约数10家，订单签约1107人。以国家级和省级“雨露计划”示范基地为依托，全年培训贫困劳动力2.18万人，完成2万人的转移培训计划。实现稳定就业1.97万人，稳定就业率达到90.4%。

【扶贫干部培训】 以进一步提高贫困地区扶贫干部的综合素质和创新能力为重点，结合扶贫开发重点工作，采取理论讲授、参观学习、研讨交流等方式，举办了三期全省扶贫开发干部培训班，培训320人次。组织贫困地区干部52人次，参加了16期国务院扶贫办组织的专题培训班和研讨班。

【产业化扶贫】 组织开展省级扶贫龙头企业的认定工作，首批已认定25家。鼓励和引导扶贫到户贴息贷款重点用于扶持生产基地贫困户发展特色产业。加大扶贫贴息贷款对龙头企业的扶持力度。精心策划、积极协调，组织省内有关县市、部分龙头企业参加了全国扶贫协作优势产业推荐暨招商引资洽谈会。引导龙头企业与贫困农户建立合作机制，推动一村一品、一乡一业的区域性专业化生产。一批贫困地区扶贫龙头企业在贫困群众脱贫致富中发挥了重要的带动作用。7户国家级扶贫龙头企业一年来实现生产总产值7.2亿元，利润2718万元，带动农户29300户，其中贫困户7920户，人均增收3000元。

【扶贫战略和政策体系暨新十年纲要调研】 按照国务院扶贫办《关于开展完善国家扶贫战略和政策体系暨新十年纲要调研的通知》（国开办发［2009］56号）要求，下发了《关于开展完善国家扶贫战略和政策体系暨新十年纲要调研的通知》（吉发改扶贫法规［2009］416号），制定调研方案，成立调研组，组织开展了为期一个半月的调研工作。形成了《关于吉林省完善国家扶贫战略和政策体系暨新十年纲要调研情况的报告》（吉发改扶贫法规［2009］585号）上报国务院扶贫办。

【贫困村村级互助资金试点】 2009年，新增50个互助资金试点贫困村，投入中央财政专项扶贫资金750万元，引导资金3525.15万元，发放资金2427.86万元，覆盖贫困户2374户。

【连片开发试点】 2009年10月在汪清县召开连片开发现场会，总结推广经验，促进了连片开发试点工作深入开展。列入新一轮试点的通榆县和龙井市的连片开发工作已经启动。

【国家科技扶贫综合项目试点】 根据国务院扶贫办《关于印发〈国务院扶贫办科技扶贫综合试点项目申报指南〉的通知》（国开办［2009］30号）要求，组织全省科技扶贫试点项目论证、评选、申报等工作，向国家推荐上报5个项目。大安市吉原生态有限责任公司吉林省西部荒漠化盐碱地综合治理科技示范综合试点项目列为国家科技扶贫试点，并争取试点资金150万元。

【定点扶贫】 加强党政机关定点扶贫工作的宣传发动、调度跟踪和经验总结，推动企业和部队参与扶贫工作，构建“大扶贫”工作新格局。全省参加定点扶贫的中省直单位、企业、部队有155个，共帮扶8个贫困县的53个贫困乡。各帮扶单位全年各类投入831.5万元，其中资金777.1万元，物资折款约54.4万元；帮助引进各类资金1364.4万元，上项目22个。大部分帮扶单位按照帮扶计划，在人才、技术、资金、项目等方面对被帮扶村进行了援助和支持，促进了被帮扶地区经济社会发展和贫困农民脱贫致富。参与组织协调中国扶贫基金会“爱心包裹”捐赠活动，募集善款324万元，居全国31个省第十。

【抗灾救助扶贫】 2009年7月以来，吉林省遭遇历史上罕见的大范围持续高温少雨干旱，给人民群众的生产生活造成重大损失。面对脱贫与返贫相伴生的严峻形势，各地扶贫部门在党委和政府的领导下，一手抓脱贫成果的巩固，一手抓抗灾自救工作，把灾害造成的损失降到最低程度。一是开展救助。组织机关、企事业单位开展不同形式的募捐活动，解决灾民生产生活困难；加强同定点帮扶部门的联络，争取各级慈善组织的支持，各级单位以捐款、捐物等形式，分别到帮扶乡镇开展抗灾救助；二是组织实施以棚膜、养殖为主的产业项目，促进农民增收；三是把劳务输出作为抗灾自救的主要措施，组织受灾群众外出打工，受灾地区扶贫部门参与协调组织转移劳动力2.8万人次，使灾民及时走出去、赚到钱，受灾不减收。

【扶贫宣传】 2009年，吉林省的扶贫宣传围绕整村推进、劳动力转移培训、产业化扶贫以及定点扶贫等主要工作，有针对性、有重点地开展。主动向省委、省政府宣传渠道报送阶段性扶贫工作信息，完成国办、省办、政务信息约稿任务。发挥县（市）、部门作用，利用报纸、电视等新闻媒体报导典型事例。

【扶贫工作措施】 1. 领导重视，形成扶贫开发整体合力。扶贫开发是党和政府的一项重要工作，具有长期性、综合性和全局性，需要各领域、各部门的协调配合以及社会各界的广泛参与。吉林省对扶贫开发工作高度重视，省主要领导经常深入到贫困地区调研，并就全省扶贫开发工作作出重要批示，16位省委常委和党员副省长都确定了党建扶贫联系点。实现县（市）、乡两级政府主要领导目标责任制，把扶贫开发工作纳入省政府绩效考核。

2. 突出重点，全力推进扶贫开发工作。按照《国务院扶贫办2009年工作要点》和省政府重点工作目标责任制，制定了2009年吉林省实现8万农村贫困人口脱贫工作方案上报省政府，省政府办公厅下发了《吉林省人民政府办公厅关于印发2009年吉林省实现8万农村贫困人口脱贫工作方案的通知》（吉政明电［2009］50号）。加强与省直有关部门、国家扶贫工作重点县（市）的沟通协调，研究确定工作思路和具体推进措施，组织做好规划，加大专项扶贫工作力度，协调财政、以工代赈扶贫资金重点投入，确保了目标任务的完成。

3. 扶贫开发改革创新，探索扶贫开发新路子。一是打造贫困劳动力转移培训集团体制。大安市投入资金1900万元建成大安市职教中心，把承担“雨露计划”任务的培训基地与当地其他技工学校、职业学校、就业基地、用工企业连接起来，实行资源共享、优势互补、共同发展，探索规模化、连锁化、区域化职业培训新路子；二是创新扶贫移民模式。靖宇县以建设核电项目为平台，通过土地置换，对特殊贫困村实行“扶贫搬迁、整乡推进、综合开发”，实施了赤松乡岗顶村和濛江乡营林村丁小山屯整体移民搬迁工作；三是完善互助资金运行机制。试点县建立扶贫合作社，融合入股资金、社会资金，放大互助资金扶持效益。完善互助资金运行模式，化解金融风险，实现产业发展、农民增收、互助资金增效的三赢格局。

【困难与挑战】 在当前发展阶段转换和结构调整加快的双重背景下，新旧矛盾相互交织，不平衡、不稳定、不协调问题增多，增加了扶贫开发工作的难度。2009年吉林省因旱灾、雹灾、低温冷害等返贫人口21.25万人。全省贫困人口仍有110.6万人，占全省总人口的4.1%，占全省农村人口的7.44%。贫困地区经济社会发展与全省平均水平的差距逐渐扩大，8个国家扶贫开发工作重点县的经济总量占全省的比重由2001年的4.56%下降到2008年的3.99%，农民人均纯收入与全省平均水平的差距由2001年的1333元扩大到2009年的3570元。同时也存在着扶贫工作机制与形势发展不相适应，相关政策有效衔接不够等问题。

【2010年扶贫工作展望】 吉林省的扶贫开发工作面临机遇和有利条件。一方面，宏观经济走势和政策环境向更加有利于缓解贫困的方向发展。另一方面，国家高度重视东北老工业基地发展，出台了进一步实施振兴东北战略的意见，批准建设长吉图开发开放先导区。吉林省经济外向度低，受国际金融危机的冲击同沿海发达省份相比相对较小。近年来一批重大基础设施项目不断推进，一批产业扩能和技术改造项目相继建成，老工业基地已经走出困境，经济实现了快速发展。这些都为做好2010年的扶贫开发工作提供了良好的外部条件和政策保障。吉林省委、省政府把加强农村扶贫开发再次列入政府承诺的民生实事之一。既要确保《纲要》目标及省委省政府确定的重点任务全面实现，又要制定新十年扶贫纲要和“十二五”扶贫相关规划，

任务十分艰巨。

1. 扶贫开发总体思路。贯彻党的十七届三中、四中全会精神，以科学发展观为指导，抓住国家实施新一轮东北振兴政策和建设长吉图开发开放先导区的重大机遇，突出生产发展和改善民生主题，坚持开发式扶贫和救助式扶贫相结合，全力实施新阶段扶贫开发战略和政策体系，创新扶贫机制，推进扶贫开发各项重点工作，发挥行业扶贫作用，进一步扩大社会参与扶贫，提高贫困群众自我发展能力，促进贫困地区经济社会全面发展。

2. 目标任务：抓好400个村的整村推进工作，完成剩余63个“三个确保”村的整村推进任务，到2010年底，全省实现10万农村贫困人口脱贫。完成《纲要》确定的目标任务。

3. 2010年扶贫开发重点工作。制定《2010年吉林省实现10万农村贫困人口脱贫工作方案》，继续推行目标责任制和绩效考核机制，明确目标，分解任务。一是加大扶贫资金投入。争取国家专项扶贫资金支持，协调部门、行业、社会帮扶资金整合使用。加强资金监管，提高专项扶贫资金使用效益。完善扶贫贴息贷款体制，扩大贴息资金规模，提高直接带动贫困户功能。扩大“村级互助资金”试点；二是加快贫困村整村推进步伐；三是搞好贫困劳动力转移培训和扶贫干部培训。加大培训经费投入，组织实施好“雨露计划”；四是推进产业化扶贫；五是抓好定点扶贫。

（吉林省扶贫办公室）

黑龙江省扶贫开发

【概况】 黑龙江省地处祖国东北，是位置最北、纬度最高的边疆省份。面积45.6万平方公里，人口3800多万，辖12个市和1个行政公署。全省地貌特征大体是“五山一水一草三分田”，东为三江平原，西为松嫩平原，南为张广才岭、老爷岭山区，东为完达山脉，西和北为大、小兴安岭山地。

黑龙江省是农业大省。地理位置偏远、气候寒冷、交通发展落后，自然环境差、资源匮乏，农村基础设施薄弱、农民生产结构单一、增收渠道狭窄，农业资本投入不足，人力资本缺陷是黑龙江最大的省情；经济发展不足、农业发展水平不高仍然是最大的问题，农村贫困问题仍然突出。省委、省政府高度重视缓解农村贫困，一直坚持把扶贫开发、全面建设小康社会作为关系全局的战略任务来抓，并取得一定的成效。进入新阶段以来，在国务院扶贫办的关心和支持下，黑龙江省贯彻落实《中国农村扶贫开发纲要》，进一步加大扶贫开发工作力度，重点开展了整村推进、贫困户劳动力转移培训、产业化扶贫、贫困村土地流转规模经营等扶贫工程。

按照国家确定的贫困标准，黑龙江省有23个国家和省扶贫开发工作重点县，3134个扶贫开发工作重点贫困村。全省64个县（市）全部有扶贫任务。2009年底，全省农村有贫困户69.2万户，贫困人口213万人。截至2009年末，共完成了2384个贫困村的整村推进任务，扶持215万贫困人口实现了脱贫。实施整村推进后的贫困村农民人均收入达到了2600元以上。

【整村推进】 按照“四有三通三提高”的标准，加大资源整合力度，将财政扶贫资金及其他涉农资金向整村推进实施村倾斜，共投入中央、省级专项扶贫资金4.28亿元，社会扶贫帮扶资金2.17亿元，高标准完成了第四批750个贫困村的整村推进任务。

750个贫困村土地流转规模经营面积达到315.1万亩，参加的农户7.5万户，其中贫困户4.6万户；扶持产业化扶贫龙头企业17家，在贫困村建设的产业化基地覆盖贫困户5.78万户；在60个贫困村实施了互助资金试点项目，覆盖农户11856户。

发展产业项目覆盖贫困户7313户，共扶持贫困户购买奶牛427头、肉牛3569头、生猪3618头，羊2044只、禽32.15万只、鹿150头、狐貉獭兔960组、引进粮食作物新品种1115.4吨、建设畜牧小区5660平方米；修建道路1587.7公里、建桥涵2235座，打抗旱井645眼，修水渠2.5万延长米，建畜牧技术服务站13个，建机械化榨乳站10个，建温室大棚15.1万平方米，购置大型农机具146（台）套，建设农机库房1752平方米；打人畜饮水井44眼，安装自来水2.7万户，安装有线电视1.6万户、安装路灯108盏，建卫生室99个、村民活动室87个、休闲广场81个，修村内路边沟15.3万延长米。

【扶贫培训】 在继续做好外转就业培训的基础上，实施整村培训、系列转移计划，促进了贫困户劳动力转移就业。培训基地完成培训3万人，转移2.67万人，为年度计划的100%；整村培训完成培训25.5万人。

【产业化扶贫】 黑龙江省2009年新认定省级扶贫龙头企业7家，通过扶贫贷款贴息等方面支持，17家扶贫龙头企业共吸纳贫困户劳动力3452人；产业化基地共覆盖贫困村136个，带动贫困户5.78万户。各地积极谋划产业项目，鼓励贫困村群众发展产业，扶持规模化农业产业项目，带动了贫困户、贫困村、贫困地区脱贫致富。

【互助资金试点】 互助资金试点共安排财政扶贫资金1800万元，在39个县、60个贫困村开展互助资金试点，每村补助财政扶贫资金30万元。通过吸纳11856户农户入股，资金总规模达到了3240万元。全省互助资金试点村总数已达154个。

【扶贫贷款贴息管理体制改革试点】 扶贫贷款贴息管理体制改革共安排扶贫贷款贴息资金1200万元，覆盖全省3024个贫困村的4万个贫困户、17家扶贫龙头企业和41个扶贫项目，有效解决了贫困户和企业发展生产缺少资金的难题。

【连片开发试点】 在深入总结饶河、抚远两县连片开发试点的基础上，投入财政扶贫资金2000万元，整合资金3142.6万元，农民出工出劳折款1261.4万元，将试点扩大到延寿、同江两县市。

【贫困村土地流转规模经营】 在750个实施整村推进的贫困村开展了土地流转规模经营，通过采取转包、股份合作等多种形式，土地流转规模经营面积达到315.1万亩，参加的农户7.5万户（其中贫困户4.6万户）。贫困村通过实施土地流转规模经营，突破了贫困村土地分散经营的格局，合理配置了生产要素，提高了劳动生产率和土地产出率，参加土地流转规模经营的贫困户全部实现了脱贫。

【社会扶贫】 全省社会扶贫帮扶资金达到2.17亿元，其中无偿投入1.1亿多元，引进资金1.07亿多元。10家中央国家机关、163家省级机关、4714家市县机关赴定点县、定点乡镇、村开展扶贫帮扶的干部达2230人，落实项目2400个，定点帮扶贫困村750个，培训农民达15万人；资助贫困生近1600名；17家扶贫龙头企业到贫困村发展产业基地，带动5.78万农户参与产业发展，实现户均增收5000元。

【扶贫工作措施】 1. 创新工作机制，高标准实施整村推进。全省突出“生产发展”这一主题，以增加750个贫困村群众收入为核心，以强化贫困村基础设施和公益事业建设为重点，按照“四有、三通、三提高”的标准，实施了扶持贫困户发展生产、农业设施、基础设施、水利设施、社会事业等项目。一是建立资金整合机制。把整合资金集中投入的任务作为一项考核指标，由县一级完成。各县以财政扶贫资金为导向，将能投入到农村的资金优先投入到贫困村，全年共整合各类资金9.6亿元实施整村推进，村均投入整合资金达到128万元，保证了规划项目的顺利实施；二是建立群众参与扶贫开发的机制。在项目建设中，动员群众出工出劳，“让群众参与干”；实施的项目由群众进行监督，“让群众看着干”，实施后的项目由群众使用，“让群众自己管”。调动了贫困村群众在扶贫开发中的积极性，主动性。实施整村推进的750个贫困村，群众全年出工出劳达69.3万个；三是建立工作落实的责任机制。制定并建立“省负总责，市抓推进，县抓落实”的工作机制。各县（市）建立扶贫开发工作目标责任制，明确责任领导和责任单位，落实工作责任和任务。哈尔滨和齐齐哈尔市将扶贫开发、定点扶贫纳入对部门和县市的工作目标考核之中，推动了扶贫工作有效开展。

2. 实施“雨露计划”，拓宽贫困群众增收渠道。全省以贫困地区富余劳动力转移为重点，创新培训和转移方式，提高贫困村劳动者素质，拓宽贫困户的增收渠道。一是依托扶贫开发劳动力转移培训基地，培训务工农民。全省所有培训基地都面向各地贫困户劳动力开放，学员凭证明自主择校择业学习；采取提高培训费补助标准的办法，减轻贫困户的经济负担，扩大参训面；采取按培训转移比例兑付培训资金的方式，提高了转移就业率；二是采取延伸到村的方式进行培训。实施整村培训计划，采取办班、示范观摩、科技入户、专家指导等形式，开展农业先进技术培训，提高农民生产标准化、科学化水平，成为科学种养业和发展其他产业的明白人；三是加强对致富带头人培训。在对750个实施整村推进贫困村支部书记进行培训的基础上，把培训的范围扩大到村委会主任，并加强对创业带头人培训，全年共培训3936人。通过培训，使他们吃透了政策精神、掌握了法律法规，提高了实施整村推进和带领农民创业的能力。

3. 实施产业化扶贫，加快贫困地区产业化进程。立足于发育龙头企业、推进农企联结、强化产业基地建设，有效推进了贫困地区产业化进程。一是培育、做大做强产业化扶贫龙头企业。通过贷款贴息补助等政策，支持农产品加工业发展。使用扶贫资金600万元为17家扶贫龙头企业的贷款进行贴息补助，引导金融部门为企业提供贷款达7.6亿元，解决了企业缺少资金的困难；二是强化农企利益联结机制。通过引导企业和农民发展订单生产，强化信用教育，规范订单合同，提高履约率，维护农企双方利益。同时，引导龙头企业反哺农业，为农民提供技术指导、信息服务、赊销生产资料、贷款担保等服务；三是强化贫困地区产业基地建设。通过扶持贫困户引进和改良种养业品种，调整和优化种养业结构，提高良种普及率；通过扶持各类种养专业户、扶贫联合体和示范小区建设，加快发展适度规模的种养业，实现农业生产的规模化、专业化和产业化，提升农业综合生产能力。在政策扶持和企业带动下，全省贫困地区建立了以水稻、玉米、大豆、甜菜、亚麻种植，畜牧养殖，乳业等一大批农业产业化生产基地。

4. 典型引路，不断推进扶贫开发上水平。全省确定了典型引路，以点带面的工作方针，每一年都要抓出一批好典型，树立一批硬样板，不断推动全省扶贫开发工作质量升级。在贫困村土地流转规模经营、劳动力转移培训和发展畜牧业、特色及非农产业上实现突破后，又在依兰县培植了高标准实施整村推进的典型，通过召开现场推进会的方式，总结推广县级政府按照建设新农村的思路，集中财力高标准规划、高标准实施整村推进的经验；总结推广县级政府引导和扶持贫困户创新组织形式，发展生产、增收致富的经验，推动了全省各地工作质量和工作水平不断提升，进一步提高了整村推进建设标准。

【困难与挑战】 黑龙江省扶贫工作取得巨大成就，但面临的形势依然严峻，进一步消除贫困的难度大，扶贫任务艰巨、繁重。现有农村贫困人口的分布呈现小集中、大分散。在全省3134个扶贫开发重点村中，有的村只有几十个贫困人口，有的村则达到上千个贫困人口。贫困人口呈点、面不等的分布和区域相对集中分布。其中，齐齐哈尔市、佳木斯市和绥化市是主要分布区域，主要特征是自然环境恶劣、基础设施落后、社会服务水平差，风沙干旱、土地碱化。3个市的贫困人口占全省贫困人口总数的67.6%。同时，贫困的传递性凸显，区域性突出，隐性化较强，返贫问题较重。

【2010年扶贫工作展望】 2010年扶贫开发工作要贯彻落实全国扶贫工作会议精神，以科学发展观为指导，坚持开发式扶贫方针，整合扶贫资源，加大扶贫投入力度，突出生产发展、民生改善这一主题，创新扶贫方式，加强基础设施和公益事业建设，增加贫困群众收入，改善贫困群众生产生活条件，促进贫困地区经济社会更好更快发展，为建设社会主义新农村奠定坚实基础。一是按照“四有、三通、三提高”的建设标准，高标准启动实施第五批750个贫困村的整村推进；通过扶持贫困户发展生产，改善贫困群众生产生活条件，实现20万农村贫困人口脱贫。二是筹措资金，整合扶贫资源，加大对革命老区村建设工作力度。加大贫困户劳动力转移培训力度，促进农民转移就业，对贫困户子女接受职业技能教育，要给予再补贴。三是推进产业扶贫，在贫困地区重点开发粮食、畜牧养殖、劳务及特色富民产业，不断拓宽农民增收渠道。四是积极组织引导龙头企业到贫困村建设产业化基地和参与扶贫开发，辐射带动贫困户发展生产，提高贫困农民发展生产组织化程度。培植以贫困户为主体的各种农民专业合作组织。五是稳步开展“两项制度”有效衔接试点。在23个国家和省扶贫开发工作重点县中的第五批实施整村推进的贫困村开展扶贫开发与农村低保制度衔接试点，并逐步将试点范围扩大到全省。六是根据党中央、国务院决策部署和国务院扶贫办出台的相关意见，结合省情研究制定未来十年扶贫规划和“十二五”扶贫相关规划。

（黑龙江省扶贫办
孙　滨　梁树茂　夏宇光）

江苏省扶贫开发

【概况】 江苏位于东部沿海，面积10.26万平方公里，占全国的1.06%；耕地面积7078万亩，占全国的3.9%；2009年末常住人口7724.5万人。全省设13个省辖市，下辖106个县（市、区）、1039个乡镇、16669个行政村。2009年国内生产总值34061.2亿元，比2008年增长12.4%，财政总收入8404.9亿元，比2008年增长18.2%，地方财政一般预算收入3228.78亿元，比2008年增长18.2%，农村居民人均纯收入8004元，比2008年增长9.4%。由于自然、历史和经济等多种原因，省内区域经济梯度发展特征比较明显，苏南5市发展较快，苏中3市基本代表全省平均水平，苏北5市相对较慢，特别是废黄河沿线有一个相对贫困带，约2.7万平方公里，1500万人口。截至2007年底，全省农村2500元以下贫困人口有168.2万户、468.2万人，占全省农村总人口的9.34%，80%以上的贫困农户分布在苏北。

2009年2月，省扶贫工作领导小组组织人员对全省2008年脱贫攻坚任务完成情况，采取随机抽样、听取介绍、进村入户、电话询访等形式，进行抽查验收，结果表明：2008年全省共有116.17万贫困人口实现脱贫，93个村基本达到脱贫攻坚目标。

【扶贫工作回顾】 党的十一届三中全会以来，江苏省委、省政府从实际出发，采取措施，加大对苏北经济薄弱地区的扶持力度。

1991年2月，省委、省政府批转《关于加强“八五”期间扶贫工作的请示》，提出了扶贫工作的基本思路、目标和任务，有计划、有组织、大规模的扶贫开发由此拉开帷幕。

1992年3月，党的十一届八中全会决定在农村开展社会主义教育运动，根据这一精神，省委、省政府召开全省扶贫工作会议，提出把扶贫作为加快发展苏北，实现社会主义现代化建设第二步目标的重要措施，决定以经济建设为中心，以思想教育和组织建设为保证，以沭阳县为重点，对苏北10个县人均年纯收入在400元以下的58个贫困乡（镇），按照“稳定提高农业，突破多种经营，放手搞活流通，发展乡镇企业，搞劳务输出，强化基础设施建设”的思路，进行扶贫开发，并从省级机关抽调300多名干部组成“社教与扶贫”工作队，驻县和乡开展帮扶工作。经过三年的努力，沭阳县和58个贫困乡（镇）的面貌发生了重大变化，为全省扶贫开发探索出一条有效途径。

1995年1月，省委、省政府下发《江苏省扶贫攻坚计划》，确定扶贫开发分两步走，第一步：从1995—1997年，使全省208万贫困人口脱贫。第二步：从1998—2000年，以县为单位基本达小康。经过努力，到1997年底，10个重点扶贫县的国内生产总值达到292亿元，比1994年增长54%，年均递增率15.5%，重点帮扶的68个贫困乡（镇）农民人均纯收入达到2030元，全部达到或超过当时省定脱贫指标，《江苏省扶贫攻坚计划》第一步目标基本实现。

1998年，省委、省政府作出了巩固脱贫成果，促进小康建设，实施第二步目标的决定，强调坚持以小康建设总揽苏北农村工作全局，明确提出对苏北经济薄弱地区的帮扶保持“四个不变”，即扶持政策不变，扶持力度不变，帮扶形式不变，派驻扶贫工作队方式不变。并排出苏北达小康难度最大的510个村，1999年增加到1030个村，由省、市、县、乡定点包干帮扶，并配套扶贫小额贷款4300万元。在此基础上，省委、省政府安排各项扶贫资金13亿元，重点实施农村改水、通电、通达（乡村道路建设）、安居（草危房改造）以及中低产农田改造五大扶贫工程。2000年底，根据国家统计局1995年公布的15项指标和省小康县建设12项指标综合考核，苏北地区以县为单位基本达小康目标，人民生活实现了由温饱向基本小康的历史性跨越。

2001年初，省委、省政府制定下发《江苏省扶贫开发“十五”规划纲要》，确定“十五”期间全省扶贫开发继续实施区域共同发展战略，对少数尚未解决温饱的贫困村、贫困户继续组织实施扶贫攻坚；对已经解决温饱的着力巩固扶贫成果，加快实现小康步伐；对基本实现小康的进一步提高标准，建设宽裕小康。实行“五方挂钩”和“南北合作”，从产业培育、农村劳务输出、基础设施建设、社会事业发展、人口素质提高等方面实施扶贫攻坚。2005年底，苏北5市国内生产总值达到3617.14亿元，“十五”期间年均递增12.5%，实现财政总收入389.83亿元，年均增长24.5%，农民人均纯收入达到4297元，年均增长6.5%。集中实施农村草危房改造，共投入5.6亿元，基本完成了33万多户草危房改造。

2006年4月，省委、省政府制定下发《江苏省扶贫开发“十一五”规划纲要》，提出扶贫开发要重心下移，扶贫到村，落实到户，组织实施“千村万户帮扶”工程，对19个经济薄弱县的1011个经济薄弱村实施重点帮扶。到2007年底，全省农村年纯收入在1500元以下的低收入人口，由2005年底的310万人减少到2007年底的201万人，1011个经济薄弱村农民人均纯收入达到2984元，增长14.2%，有48.2%的贫困农户超过省原确定的贫困标准。

2008年，按照党的十七大提出的“一个加大、两个提高”的要求，省委、省政府决定在全省组织实施脱贫攻坚工程，下发了《关于组织实施脱贫攻坚工程的意见》（苏发［2008］12号），明确提出，力争经过3至5年的努力，基本消除绝对贫困现象。

【财政奖补资金安排】 为加快脱贫攻坚进程，江苏省财政安排27.6亿元奖补资金，2008年安排了5.5亿元，2009年安排了9亿元，2010年全部安排到位。省专门制定下发了《脱贫攻坚财政奖补资金管理办法》，明确资金的使用方向、拨付程序、监督检查、奖励办法等，确保资金尽快发挥效益。各市、县也加大财政投入。省委、省政府明确要求各地、各部门各项涉农资金和项目，要优先安排经济薄弱地区，优先落实到经济薄弱村和贫困农户。

【扶贫小额贷款】 自1998年开展扶贫小额贷款工作以来，全省累计发放48.07亿元。为适应实施脱贫攻坚工程的需要，江苏省委、省政府决定，从2008年起放开扶贫小额贷款规模，尽可能满足贫困农户发展生产的需要。两年全省共发放扶贫小额贷款20.2亿元，受益农户20.19万户。

【农村贫困人口建档立卡】 2008年，江苏省扶贫办、江苏调查总队和省统计局组织开展了全省农村贫困人口快速调查和实地调研工作，历时半个月，初步摸清了全省农村贫困人口的数量、分布、结构和致贫原因等情况。在此基础上，制定下发《江苏省农村贫困人口建档立卡调查办法》，对建档立卡范围、建档对象确认、脱贫措施落实等作出进一步规定，组织各地对贫困人口情况进行“拉网式”调查。截至2008年8月底，县级登记、录入、汇总等工作全部完成，省扶贫办、财政厅、民政厅、统计局、江苏调查总队联合发文，公布了江苏农村贫困人口建档立卡主要数据。至此，全省2500元以下的贫困人口基本达到户有卡、村有册、县乡有数据库的要求。

【整村推进】 从2006年起，江苏省对1011个省定经济薄弱村实施整村推进“菜单式”扶贫项目建设，每村省财政投入40万元。2008年已全部完成，累计投入资金4.04亿元，实施项目5000多个。整村推进项目重点扶持贫困农户发展设施大棚、经济林果、畜禽养殖等高效农业和相关的设施项目。

【定点扶贫】 2008年，按照江苏省委、省政府主要领导的要求，依据苏北经济薄弱县贫困人口数量等多种因素进行分析排序，确定把丰县、睢宁等11个县（区）作为省脱贫攻坚重点县，省委派驻扶贫工作队实施重点帮扶。省选调165名干部，组建11支省委驻县扶贫工作队，到苏北11个脱贫攻坚重点县开展驻县帮扶，队长由厅级负责人担任。除正副队长外，工作队员全部到村任驻村指导员，开展定点帮扶工作。苏北各市、县（市、区）组建了市、县委扶贫工作队，选派1000余名干部驻村帮扶。

【扶贫培训】 2008年、2009年，省财政各安排专项资金5000万元，每年培训苏北贫困劳动力10万人。补助资金均以“培训券”方式落实到人。两年共培训农村贫困劳动力22.4万人，转移就业率达到95%。

【产业化扶贫】 重点落实大型工商企业与经济薄弱村挂钩帮扶。其中，江苏省建设厅负责落实房地产及建筑企业，省国资委和省扶贫办负责落实央企、国企及金融企业，省发改委和农林厅落实省和国家级农业龙头企业，省经贸委负责落实其他大型工商企业的挂钩帮扶。全省有1116家工商企业与全部经济薄弱村建立了结对帮扶关系，27家省属重点国有企业、52家百强工商企业、65家百强民营企业、250家国家级、省级农业产业化及部分合资企业参与了帮扶工作。

【扶贫工作措施】 1. 强化“五方挂钩”帮扶机制。江苏省从1992年开始就实施省级机关、高等院校（科研院所）、大型国有企业、苏南县（市、区）与苏北县的“五方挂钩”帮扶模式。已连续18年从“五方挂钩”各单位抽调干部组成省委扶贫工作队，赴重点县进行帮扶。以重点县为单位，成立“五方挂钩”帮扶协调小组，由省级机关综合部门主要负责人担任组长，每年召开会议，具体落实帮扶项目和资金。仅2008年实施脱贫攻坚工程以来，已有省、市、县挂钩单位领导近2万人次到扶贫点现场办公，落实帮扶项目资金8亿多元。

2. 实行“五个一”帮扶到村机制。为了突出帮扶经济薄弱村发展，江苏采取了“一个扶贫指导员驻村、一个科技特派员挂钩、一个工商企业帮扶、一个富村结对、一个主导产业带动”的帮扶到村工作机制。2008年，省、市、县机关和单位共抽调1438名优秀年轻干部，驻村开展定点帮扶工作，任期两年。由科技部门根据各村实际，选调一批科技人员，到1011个经济薄弱村做科技特派员，指导发展特色产业。组织苏南和本地较发达的镇（村）与苏北经济薄弱村实行结对帮扶。重点落实大型工商企业与经济薄弱村挂钩帮扶，全省已有1116家工商企业与全部经济薄弱村建立了多种形式的结对帮扶关系。依托农业园区、合作经济组织、龙头企业等帮助经济薄弱村形成“一村一品”、“几村一品”的特色产业。

3. 完善开发式与救助式扶贫双轮驱动机制。根据建档立卡分类，对有劳动能力的贫困户实施开发式扶贫，对无劳动能力的贫困户实施救助式扶贫。不断提高最低生活保障水平，完善低保标准增长机制。以县（市、区）为单位，按照当地上年农民人均纯收入20%～25%的比例综合确定低保标准，并随农民人均纯收入的提高相应增长。2009年苏南、苏中、苏北农村无劳动能力的贫困人口低保标准分别为3438元、2499元、1599元。对脱贫攻坚任务比较重的地区，根据实现目标的要求，采取倒排法确定年度农村低保标准，确保苏北在2012年无劳动能力的贫困户低保标准达到2500元。

4. 建立经济薄弱村内生发展机制。一是加强“双强”班子建设。通过培养锻炼、内选外调、选派大学生村官等措施，着力提高村“两委”班子的“双带”能力，2007年率先为1011个经济薄弱村配备一个高校毕业生充实“两委”班子；二是提高贫困农户自我发展能力。一方面，引导经济薄弱村的干部群众树立自力更生、艰苦奋斗的思想，增强自我发展的决心和信心；另一方面，通过产业项目扶、能人大户带、合作组织联、培训就业促、工商企业挂、大学生村官帮等多种形式，促进贫困农户实现增收脱贫；三是壮大村级集体经济实力。通过开发本地资源、盘活存量资产、土地整理复垦、发展村级物业、提供有偿服务等多种形式，开辟新的收入来源；四是加快村级综合服务中心建设。采取多种途径筹集资金，帮助经济薄弱村建成融便民服务、科技服务、医疗服务、文体活动、党群议事于一体的综合服务中心。2009年省财政对省定经济薄弱村中没有服务中心的517个村每村补助12万元（计6204万元），确保了1011个经济薄弱村2009年底实现服务中心设置全面覆盖。

5. 构建帮扶资金使用管理机制。一是明确投向。所有脱贫资金确保用于经济薄弱村和贫困农户，确保用于直接促进村级集体经济发展和贫困农户增收上；二是严格程序。落实扶贫项目筛选、上报、确定的程序和项目资金的运行流程；三是操作公开。帮扶资金项目通过多种形式向社会公告、在村内公示，接受群众监督，实行阳光操作；四是监督到位。审计部门对扶贫资金每年进行审计，发现问题，依法依规严肃处理。

【2010年扶贫工作展望】 根据江苏省委、省政府组织实施脱贫攻坚工程的总体部署，2010年全省脱贫攻坚工作坚持以促进经济薄弱村加快发展和贫困农户增收脱贫为中心任务，以创新工作机制为根本动力，以整村推进项目扶贫、产业化带动扶贫和劳动力培训就业扶贫为重要载体，以推进经济薄弱村“八有”建设为重要抓手，力争全省2500元以下农村贫困人口再脱贫100万人，经济薄弱村脱贫目标实现村新增208个，累计达到500个，培训转移农村贫困劳动力10万人，扶贫小额贷款规模和贫困农户受益面进一步扩大。

1. 在整村推进项目扶贫上下功夫。围绕经济薄弱村“八有”目标，突出“双强”班子建设，提高村“两委”班子“双带”能力。进一步重视到村任职高校毕业生的培养工作，引导他们在整村推进中发挥作用。加强经济薄弱村干部群众思想教育和引导，激发和增强他们自我脱贫、自我发展的内生动力。采取村民自筹、挂钩单位支持、县乡和村集体配套，以及探索城乡建设用地增减挂钩、节省用地审批规费政策等办法，加大整村推进建设资金的筹措力度。统一管理和集中使用分散资金，进一步提高资金使用效率和规模效应。完善村级综合服务中心建设，提高经济薄弱村公共服务水平。

2. 在产业化带动扶贫上下功夫。对不具备转移就业条件的贫困农户，进一步加大扶持力度，支持和帮助他们发展设施大棚、经济林果、畜禽养殖等高效农业项目，挖掘农业内部增收潜力。对特别贫困的农户，由财政或村集体经济组织投资建设设施大棚和养殖大棚，以零租金或低租金提供给他们使用，帮助其增收脱贫。对初具“一村一品”、“一村多品”规模村，进一步做大做强，使其具备区域规模、拥有知名品牌、发挥特色效应。落实有关优惠政策，引导更多的企业支持和帮助发展产业。支持有一定资金、技术和经营管理经验的外出务工人员返乡创业，督促使用部分财政奖补资金兴建标准化厂房村，优惠并优先让他们“安家落户”。

3. 在增加村级集体收入上下功夫。配合有关部门坚持因村制宜、分类实施的原则，指导和帮助经济薄弱村增加集体收入。配合有关部门进一步落实好相关政策，在土地利用规划确定的城镇建设用地范围以外，经批准占用农村集体土地建设的非公益性项目，争取村级集体经济组织依法通过多种形式参与开发和经营，增加村级集体经济收入。认真研究对经济薄弱村兴建标准厂房的出租收入、新成立村级经济组织的经营性收入优惠办法，力争在一定年限内实行税收免交、缓交或先征后奖。坚持开源与节流并重，健全集体资产、资源、资金管理制度，防止平调、侵占、挪用村级资金，压降村级集体非生产性开支。

4. 在贫困劳动力培训就业上下功夫。按照“面向市场、准确定位，发挥优势、形成规模”的要求，进一步调整完善培训项目竞价、就业情况考评等机制，指导各地积极探索有特色的培训和转移就业模式，培育一批具有县域特色的劳务品牌。根据农业结构调整、发展特色农业的需要，切实增强大龄贫困农户“土里刨金”的能力。突出转移就业为培训目的，采取订单培训、定向培训、协议培训等方式，建立技能培训与转移就业的联动机制。健全培训券发放和培训工作监管机制，督促县（市、区）扶贫部门定期检查招生情况，核实培训对象，确保贫困劳动力及时参加培训。严格规范各地培训台账，做好就业跟踪管理和服务工作，构筑贫困农民稳定就业、持续增收的长效机制。

5. 在加强组织领导上下功夫。不断强化各方帮扶责任，督促有脱贫攻坚任务的县（市、区）党委、政府主要负责人承担起第一责任人重任，督促“五方挂钩”协调小组组长单位发挥好“五方挂钩”的牵头作用，督促扶贫工作队承担起脱贫攻坚帮扶的主力军作用，督促扶贫工作部门发挥好协调服务职能。加强脱贫攻坚经常性督查考核，促进各项政策措施落实到位。加强各类帮扶资金的使用和管理，确保所有帮扶资金用于经济薄弱村和贫困农户。

（江苏省扶贫办公室　季仲新）

浙江省扶贫开发

【概况】 人多地少、山多地少的省情使浙江一直面临着巨大的生存压力和艰巨的反贫困任务。1978 年，按当时国家人均收入 200 元的贫困标准，浙江省农村贫困人口有 1200 万人，农村贫困发生率 36.1%，高于全国平均水平 5.4 个百分点。改革开放以来，特别是进入新世纪以来，浙江省贯彻落实党中央的扶贫政策和《中国农村扶贫开发纲要（2001—2010 年）》，发挥政府的主导作用和市场的基础作用，与时俱进、因地制宜地采取有针对性的反贫困措施，扶贫开发取得历史性突破，提前实现了由温饱向小康的跨越。

【扶贫工作回顾】 浙江省 30 年（1978 年至 2007 年）农村扶贫开发的历程可分为五个阶段：第一阶段：农村贫困普遍减缓阶段（1978—1985 年）。这一阶段以减缓农村普遍贫困为目标，推进农村改革，发展农业多种经营和乡镇企业，拓宽了农民发展和增收领域，到 1985 年，农民人均收入从 165 元提高到 548 元，农村贫困人口从 1200 万人减少到 500 万人，农村贫困发生率从 36.1% 下降到 15.2%。

第二阶段：区域开发扶贫阶段（1986—1993 年）。这一阶段以减缓区域性绝对贫困为目标，以浙西南山区为对象，发挥政府主导作用（1986 年成立扶贫机构，制定扶贫政策），开展以促进经济发展为重点的“造血”式的扶贫开发。到 1993 年，农民人均收入增加到 1745 元，人均收入低于 500 元的农村贫困人口减少到 280 万人，农村贫困发生率下降到 7.8%。

第三阶段：贫困县扶贫攻坚阶段（1994—1999 年）。这一阶段以减缓和消除贫困县绝对贫困为目标，以文成、泰顺、永嘉、云和、景宁、青田、磐安、武义 8 个山区贫困县为对象，实施国家“八七扶贫攻坚行动计划”，到 1997 年，8 个贫困县提前三年完成脱贫目标（1996 年起实行城乡一体的“最低生活保障制度”），浙江成为全国第一个没有贫困县的省区，1999 年，全省农民人均收入达到 3944 元，人均收入低于 1000 元的农村贫困人口减少到 60 万人，农村贫困发生率下降到 1.8%。

第四阶段：贫困乡镇扶贫攻坚阶段（2000—2002 年）。这一阶段以减缓和消除贫困乡镇绝对贫困为目标，以 1999 年农民人均收入 1500 元以下的 101 个贫困乡镇为对象，实施“百乡扶贫攻坚计划”，到 2002 年，贫困乡镇农民人均收入达到 1922 元，人均收入 1000 元以下的贫困人口从 18.1 万人减少到 3.7 万人，贫困乡镇如期实现了脱贫目标，浙江成为全国第一个没有贫困乡镇的省区。

第五阶段：欠发达乡镇奔小康阶段（2003—2007 年）。这一阶段以减缓欠发达乡镇相对贫困、提高农民增收能力和收入水平为目标，以 2001 年农民人均收入低于全国平均水平（2366 元）的 361 个欠发达乡镇作为对象，实施“欠发达乡镇奔小康工程”，到 2007 年，欠发达乡镇农民人均收入达到 4500 元，完成下山搬迁 10.2 万户、36.3 万人，80% 以上的欠发达乡镇农民人均收入超过了全国平均水平，各项目标任务全面完成。同时，全省人均收入低于 1500 元的农村贫困人口减少到 31 万人。

2007 年，浙江省第十一次党代会作出从 2008 年起全省全面实施“低收入农户奔小康工程”的重大决策。2008 年初，浙江省第十一届人代会作出实施“低收入群众增收行动计划”的重大决策。继“欠发达乡镇奔小康工程”将扶贫任务从主要消除区域性绝对贫困问题转到主要消除区域性相对贫困问题后，将扶贫对象从区域性的欠发达乡镇转到阶层性的低收入农户，将扶贫地域从农村延伸到城镇地区低收入家庭。从“欠发达乡镇奔小康”到“低收入群众增收行动计划”，是浙江省在全面建设惠及全省人民小康社会的新时期，扶贫开发战略的又一次重大提升。2008 年以来，浙江省政府先后印发了《关于印发低收入群众增收行动计划的通知》（浙政发［2008］48 号），《关于切实做好“低收入农户奔小康工程”结对帮扶工作的通知》（浙委办［2008］79 号），《浙江省低收入群众增收行动计划 2009 年度实施计划的通知》（浙政办发［2009］87 号）文件，召开三次电视电话会议，对实施“低收入农户奔小康工程”进行全面部署。

【金融服务扶贫】 2009 年，为促进低收入农户创业发展，实施“金融服务支持行动”。建立健全公共财政支持下的金融服务供给机制，全面实行扶贫小额信贷制度，开展组建村级资金互助组织试点，推进农村信用担保体系建设，为欠发达地区和低收入农户发展特色农业、来料加工业、家庭工业、休闲旅游业等项目提供小额贴息贷款，确保欠发达地区农村信贷增长不低于全省平均水平。2008 年以来，扶贫小额信贷全面启动，省财政安排 29 个县每县 100 万元担保金，2009 年发放扶贫小额贷款达到 3.8 亿元，带动农户 1.46 万户；低收入农户集中村资金互助组织试点发展到 152 个，吸收农户 11000 多户（其中低收入农户 4900 多户），累计下达中央和省级财政资金 3500 万元，村级扶贫互助社股本金总量达到 4620 万元，向农户提供生产发展资金 15200 多笔 7600 多万元。首批龙泉、常山首批 10 个试点村运行正常，共吸收入会农户 1025 户，互助资金总量 370.77 万元，累计发放借款 364 户、268.05 万元，会员户均增收 4000 元。29 个县开展林权抵押贷款，农户林权抵押贷款达到 7.38 亿元。在全省农村合作金融机构启动农业贷款风险补偿试点，鼓励金融机构加大信贷支农力度，2009 年各级财政拨付农业风险补偿资金 3089 万元。政策性农业保险工作全面铺开，新增奶牛、油菜、林木综合保险等 3 个品种，全省参保农户达到 22.87 万户，保费收入 2.08 亿元；全省参保受灾农户 5.39 万户，获得赔款 1.64 亿元。全省农村住房参保农户达到 1003.12 万户，参保率达到 98.6% 以上。

【“低收入群众增收行动计划”】 包括在农村实施的“低收入农户奔小康工程”和在城镇实施的“城镇低收入家庭增收工

程”两大工程。以2007年家庭人均纯收入低于2500元的农户和2007年家庭人均可支配收入低于当地城镇最低生活保障标准2倍的城镇家庭为主要对象，以低收入农户集中村和城镇社区为主要平台，以提高低收入家庭致富能力和收入水平为中心，把统筹城乡发展与统筹区域发展有机结合起来，建立健全以工促农、以城带乡、区域联动的长效机制和县为责任主体、上下联动、分工协作的工作机制，加强组织领导和政策引导，推进区域协作和结对帮扶，发展特色产业，促进劳动就业，完善社会救助，加快低收入家庭增收致富步伐。自2008年实施“低收入农户奔小康工程”以来，在各级党委、政府的重视下，各项工作顺利展开、成效明显。全省家庭人均纯收入超过2500元的低收入农户达到60万户、148万人，其中省重点扶持的29个县达到40万户、98万人。实施“低收入群众增收行动计划”，实现了扶贫开发的四大转变：

1. 扶贫范围：从欠发达乡镇拓展到全省范围，从农村扩展到城镇。实施“低收入群众增收行动计划”的范围是全省有低收入家庭的所有县（市、区）。同时，因欠发达县和少数经济困难县低收入农户数量较多、自身实力有限，省里将26个欠发达县和婺城、兰溪、黄岩三区（市）中的16个乡镇列为省级重点扶持范围。

2. 扶贫对象：从欠发达乡镇深化到低收入农户和低收入农户集中村，从农村农户延伸到城镇低收入家庭。实施“低收入群众增收行动计划”的对象是全省111万户、271万人低收入农户和家庭人均可支配收入低于当地城镇最低生活保障标准2倍的城镇家庭。同时，因许多扶贫举措需要以户为基础、以村单位来实施，在省级扶持范围内各县筛选的基础上，省里确定低收入农户比重较高的5200个村为“低收入农户集中村”，将其作为实施的基础工作平台和省级扶持对象。这5200个“低收入农户集中村”内的低收入农户数量约占省级扶持范围内低收入农户总数的2/3和全省低收入农户总数的1/3。

3. 扶贫目标：从消除区域性相对贫困到消除阶层性相对贫困。实施“低收入群众增收行动计划”基本目标：

（1）实施“低收入农户奔小康工程”基本目标。到2012年，力争使70%以上低收入农户（“低保”农户除外）家庭人均纯收入超过4000元；有劳动力的低收入农户至少有1人实现非农就业或从事产业化经营的特色农业；符合最低生活保障条件的低收入农户全面纳入最低生活保障，所有县（市、区）农村最低生活保障标准提高到2500元以上，基本消除绝对贫困现象；教育救助全面覆盖低收入农户，医疗救助全面覆盖家庭人均收入低于当地农村“低保”标准1.5倍的低收入农户，住房救助全面覆盖低收入农户中的困难群众，低收入农户的人均教育、医疗消费支出占生活消费支出的比重基本达到当地农村居民平均水平。

（2）实施“城镇低收入家庭增收工程”基本目标。到2012年，力争使70%以上城镇低收入家庭（“低保”家庭除外）人均可支配收入超过2007年当地城镇“低保”标准的4倍；有劳动能力和就业意愿的“零就业”家庭至少有1人实现就业；教育救助全面覆盖城镇低收入家庭，医疗救助全面覆盖家庭人均可支配收入低于当地城镇“低保”标准1.5倍的城镇低收入家庭，城镇低收入家庭的人均教育、医疗消费支出占生活消费支出的比重基本达到当地城镇居民平均水平。

4. 扶贫途径：从重点推进到全面发展。实施“低收入农户奔小康工程”的主要途径是实施产业开发帮扶、培训就业帮扶、下山搬迁帮扶、基础设施建设、社会救助覆盖、区域协作促进、金融服务支持、社会援助关爱“八大行动”，全面体现推进新农村建设和新一轮农村改革发展的要求。实施“城镇低收入家庭增收工程”的主要途径是实施就业创业扶持行动、社会保障扩面行动、社会慈善关爱行动等“三大行动”，以提高就业和保障水平推进城镇低收入家庭增收。

【搬迁扶贫】 2009年，实施“下山搬迁帮扶行动”，改善低收入农户生存发展环境。以缓解区域性贫困和改善低收入农户生存发展环境为导向，以高山远山区、地质灾害危险区、重点水库库区为重点，以县城、中心镇和工业功能区（周边）为主要入迁地，完善下山搬迁五年规划，推进节地型搬迁小区建设，盘活迁出地土地资源，加强资源整合和配套服务，提高公共服务和公共设施的共享程度，促进人口布局优化和生态环境保护。2008年以来，省财政对欠发达地区下山搬迁农户补助标准提高到人均5600元，欠发达地区完成下山搬迁14.9万人。同时结合整村搬迁，推进农村宅基地整理复垦，自2007年以来，全省宅基地复垦新增耕地11.88万亩，其中相当部分来自下山搬迁后的宅基地整理复垦。

【扶贫培训】 2009年，浙江省委、省政府以实现稳定就业和发展现代农业为导向，加强对低收入农户劳动力的技能培训、就业服务和就业援助，促进低收入农户劳动力外出务工经商和外出农民返乡创业。2008年来，实施“千万农村劳动力素质培训工程”、职业教育“六项行动计划”、“扶千名人才、促千村发展”计划和“欠发达地区农民创业百村示范行动”，累计培训欠发达地区农村劳动力70.3万人次，转移25.86万人，其中培训低收入农户23.56万人，转移10.12万人。

【产业化扶贫】 拓宽低收入农户增收渠道。以“低收入农户集中村”为重点，挖掘资源和产业优势，扶持低收入农户发展特色种养业、来料加工业、家庭工业、“农家乐”休闲旅游业，着力发展村级集体经济，拓宽低收入农户的增收渠道。至2009年底，29县扶持发展龙头企业（包括合作社）7985家，成员41.3万个，核心蔬菜基地49个，面积1.4万亩，辐射面积29.4万亩，年增效益达5亿多元；2008年以来，省重点扶持29县来料加工累计发放加工费68.96亿元，从业人员发展到72.89万人，省重点扶持29县“农家乐”经营户发展到3765户，从业人员达到2.82万人，年营业收入达到7.6亿元，有效促进了增收。

【基础设施建设扶贫】 2009年，浙江省委、省政府扩大城市对农村的辐射带动作用，加快推进农村公路、千万农民饮用水工程、村庄整治和农村信息化建设，促进城乡间、区域间公共资源的均等配置，改善低收入农户生产生活条件。2008年以来，全省新改建农村通村公路路基、路面7152公里，联网公路5515.5公里，903个行政村新开通班车，通村率提高到91%；公交化改造农村客运班线210条，城乡客运一体化率达到45.7%。继续开展“百家规划建筑设计单位下农村、千名规划建筑设计人员进农户”活动，其中省里扶持欠发达地区21个乡镇300多个村庄完成规划编制。

【社会救助】 2009年，为提高低收入农户保障水平，实施“社会救助覆盖行动”。按照基本公共服务均等化的要求，完善社会救助制度，提高救助水平，扩大最低生活保障、教育救助、医疗救助的覆盖面，加大农村“五保”对象集中供养、住房救助、灾害救助的力度，提高农村医疗服务水平，探索建立农村养老保险制度，降低低收入农户因学因病因灾返贫致贫的机率。2009年末，全省城乡“低保”对象69.82万人，城镇“低保”平均标准每人每月339.74元，农村“低保”平均标准每人每月216.3元，两年累计支出保障金近21.33亿元。全省新型农村合作医疗参加人数3035万人，参合率稳定在92%以上，人均筹资水平达到179元，年收入在“低保”标准150%以内的家庭全部纳入医疗救助范围。农村“五保”对象集中供养人数达到42989人，集中供养率达到95.5%。农村住房救助力度加大，累计完成4.88万户困难家庭危旧房改造。避灾工程全面推进，累计投入资金8.16亿元建成避灾场所1万多个，安置受灾群众333万人。

【区域协作扶贫】 2009年，为拓宽低收入农户发展空间，实施“区域协作促进行动”。按照“互补互利”的原则，深入实施“山海协作工程”，进一步扩大发达地区和欠发达地区的经济联姻和技术、教育、卫生、人才、就业等多方面协作，促进资本与劳动力的对流和产业转移、劳务对接、异地开发。2008年以来，累计新签山海协作项目840个，到位资金2675.7亿元；新签浙商参与新农村建设项目108个，到位资金5733万元。两年累计组织培训劳动力10多万人，转移就业10.26万人，其中培训后转移就业2.5万人；发达地区、省级有关单位两年在欠发达地区实施山海协作社会事业项目累计48个，到位资金3983万元。

【社会扶贫】 2009年，为扩大对低收入农户的结对帮扶，实施“社会援助关爱行动”。发挥浙江省民营企业众多、民营经济发达的优势，通过宣传和党政部门的示范带动，进一步激发企业和公民的社会责任感，建立省市县单位、发达县镇以及企业结对帮扶“低收入农户集中村”和县乡干部结对帮扶低收入农户的新机制，倡导社会慈善救助，进一步形成政府主导、全社会参与的扶贫格局。2008年至2009年，省委、省政府组织295个单位组成29个帮扶团组，结对帮扶2000个“低收入农户集中村”，省级结对单位干部进村开展帮扶工作累计12415人次，累计落实帮扶资金2.2亿元，累计引进项目资金1.92亿元。启动“低收入农户青少年关爱行动”，建立“千里马”低收入农户青少年医疗救助基金。开展向农村困难群众捐赠电视机的大型募捐活动—“彩虹行动”，筹集资金8351.6万元，向15.2万户困难群众捐赠了电视机。

【扶贫工作措施】 2009年，浙江省实施“低收入群众增收行动计划”实现了扶贫战略的重大转变，与此相适应，扶贫工作机制进一步创新。

1. 完善组织领导机制。健全省政府扶贫开发领导小组，充实领导小组成员单位，明确领导小组的职能和成员单位的职责。明确省扶贫办为“低收入群众增收行动计划”综合牵头单位，负责“低收入农户奔小康工程”的具体实施和“城镇低收入家庭增收工程”情况汇总。建立以县级政府为责任主体、上下联动、分工协作的工作责任机制，以县级为实施的责任主体，省级主要抓好总体部署、组织协调、指导服务、检查督促、评估考核等工作。省里负责对29个县的5200个低收入农户集中村的重点扶持，欠发达地区负责其余低收入农户的扶持。发达地区根据“低收入群众增收行动计划”的总体要求，自行确定扶贫标准和扶持办法。

2. 创新扶贫工作机制。建立健全党委政府统一领导、扶贫开发领导小组组织实施、扶贫部门综合协调、职能部门各负其责和社会力量广泛参与的“专项扶贫、职能扶贫、社会扶贫”相结合的大扶贫机制。各级扶贫部门在抓好扶贫工作综合协调的同时，负责抓好来料加工、休闲旅游、培训就业、异地搬迁、金融扶贫等专项扶贫工作。省级党政部门按照“低收入群众增收行动计划”的职责分工和5200个低收入农户集中村的帮扶需求，制定五年规划、年度计划及配套政策，抓好职能部门扶贫工作。全面建立对5200个低收入农户集中村的结对帮扶体系，省里组织党政机关、高等院校、科研机构、城市医院、国有企业、民营企业、发达县镇等295个单位参与的29个帮扶团组，负责对29个县的2000个低收入农户集中村的结对帮扶，市县两级负责对其他3200个低收入农户集中村的结对帮扶，并建立“一户一策一干部”的帮扶机制，落实帮扶人员，做到分类指导、分户决策、帮扶到户、责任到人；团省委组织实施“低收入农户青少年关爱行动”，对低收入农户青少年开展以助学、助困、助医、助业为内容的帮扶活动；省协作办、省工商联、省妇联组织“村企结对”，组织民营企业和浙商参与扶贫开发；发挥扶贫基金会、慈善基金会、青少年发展基金会的作用，引导社会力量参与扶贫开发。

3. 健全工作落实机制。省扶贫开发领导小组会议每年4月召开会议，总结上年工作，部署当年工作，明年当年专项扶贫、职能部门扶贫和社会扶贫工作要求及其成员单位工作职责。省扶贫办根据扶贫开发领导小组会议精神，召开全省扶贫办主任、职能扶贫、结对帮扶、来料加工、异地搬迁等一系列专题会议，落实和推进工作。各级扶贫部门组织编制29个县、514个乡、5200个村三级五年扶贫规划，明确扶贫目标、任务、政策和责任，每年制定年度计划加以落实，并为省级职能扶贫提供依据。

4. 规范管理监督机制。制定《低收入农户发展资金项目管理办法》、《来料加工以奖代补项目管理办法》、《下山搬迁项目管理办法》、《扶贫小额信贷实施办法》、《扶贫贴息贷款贴息实施办法》、《建立低收入农户集中村资金互助组织的指导意见》、《乌溪江库区第二期脱贫致富工程项目管理办法》等7个配套制度，加强对扶贫项目和资金的管理，健全专户直拨制度、报账制度、公示公告制度，确保扶贫资金用到规定范围和用途上。聘请中介机构对扶贫项目实施情况进行年度检查审计。

5. 建立信息管理机制。开发扶贫信息管理系统，建立低收入农户、低收入农户集中村和低收入农户青少年3个数据库，建设“浙江省扶贫信息网”和“低收入农户集中村网页”，对专项扶贫、职能部门扶贫、结对帮扶三大方面、八大行动实施情况实行信息化管理，并逐步运用信息管理系统申报项目。完善扶贫统计监测，对低收入农户和低收入农户集中村的数据库进行年度更新，并做好分析评估工作。

6. 强化考核激励机制。把“低收入农户奔小康工程”列入对各级政府年度工作目标责任制的考核内容，省里每年对各市县的实施成效进行评估，在每届政府任期末对五年目标任务的完成情况进行考核。加强对职能部门扶贫、结对帮扶工作的考核，将其工作列入同级政府年度工作目标考核，国有企业、事业单位的帮扶工作分别由国资委和主管部门列入年度工作目标考核。市、县两级每年对“一户一策一干部”的执行情况进行评估。

【困难与挑战】 1. 农村贫困状况。经过30年的扶贫开发，区域性贫困大大减缓，而阶层性贫困日益突出，已成为新一轮扶贫开发的主要任务。以2007年的收入为依据，2007年底全省低收入农户有110.7万户、271.3万人，其中，五保户2.5万户、2.7万人，分别占总数的2.3%和1.0%；低保户26.0万户、52.6万人，分别占总数的24.4%和20.2%。26个欠发达县和婺城、黄岩、兰溪3县区共有低收入农户72.2万户、190.8万人，分别占全省低收入农户总户数和总人数的65.3%和70.3%。通过2008年和2009年两年努力，浙江省共有60万户低收入农户（148万人）家庭人均纯收入超过2500元，但是尚未超过2500元的这部分低收入农户素质更低、能力更弱、积累更少、帮扶难度更大，实现“到2012年全省低收入农户（‘低保’户除外）70%以上家庭人均纯收入超过4000元”目标的任务十分艰巨。

2. 城镇贫困状况。据2007年底统计，全省城镇就业困难人员25万人，城镇贫困问题日益凸显。

现阶段浙江农村贫困状况有三大特点：一是结构性贫困的发生根源尚未根除，农村相对贫困问题依然存在。城乡二元结构尚未完全消除，工业化、城市化使农村生产要素和优质劳动力大量流向二三产业和城市，公共服务尚未全面覆盖农村，城乡发展差距依然较大，农村相对贫困问题依然存在；二是区域性贫困的发生范围缩小，欠发达乡村相对贫困问题依然突出。欠发达乡村因地理位置更偏、生存条件更差，经济社会发展滞缓，贫困发生率相对较高，脱贫难度也越来越大，与其他区域的发展差距进一步拉大，这些地方农民相对贫困问题日趋突出；三是阶层性贫困的发生机率不断增大，低素质低积累农民相对贫困问题日益凸现。欠发达地区农民和因病因残而丧失劳动能力的农民，个体素质较低、就业缺能力，家庭积累很少、创业无资本，难以抓住发展机遇，是社会中的弱势群体，与其他阶层人员的收入差距进一步扩大，这些人员的相对贫困在激烈市场竞争中日益凸现。

【2010年扶贫工作展望】 2010年的主要工作目标是：20%的低收入农户家庭人均纯收入超过2500元，争取25%以上低收入农户家庭人均纯收入达到4000元，完成29个县高山远山区域下山搬迁、地质灾害避让搬迁、重点库区异地搬迁和海岛县区小岛搬迁6万人以上。2010年，浙江扶贫工作将沿着既定的思路和方法，加大扶持力度和工作力度，并在组织中期绩效评估，强化村级平台建设，加大职能扶贫力度，加大社会扶贫力度等四个方面取得新进展。

（浙江省扶贫办公室）

安徽省扶贫开发

【概况】 安徽省位于华东腹地，是我国东部襟江近海的内陆省份，跨长江、淮河中下游，东连江苏、浙江，西接湖北、河南，南邻江西，北靠山东。全省总面积13.96万平方公里，约占全国总面积的1.45%，居华东第3位，全国第22位。现辖17个省辖市、105个县（市、区），2009年末，全省户籍人口6794.5万人。

安徽省现有20个国家扶贫开发工作重点县（区），10个省扶贫开发工作重点县（区），65个扶贫开发工作重点乡镇。省内贫困地区主要分布在皖北地区（含沿淮行蓄洪区）、皖西大别山区、皖南深山区及江淮分水岭等地区。2009年底全省有贫困人口250.67万人，农村贫困发生率7.1%。从县域分布看，扶贫开发工作重点县（区）有贫困人口159.23万人，占全省总贫困人口的63.5%，其中国家扶贫开发工作重点县贫困人口134.52万人，占全省总贫困人口的53.66%。从地区分布看，皖北和沿淮3个市6个县有贫困人口97.37万人，占总贫困人口的38.84%；皖西大别山区有贫困人口73.6万人，占总贫困人口的29.36%。

2009年，安徽省20个国家扶贫开发工作重点县地区生产总值达到1550亿元，财政收入增长到68.6亿元。无为、颍上2个国家扶贫开发工作重点县和省扶贫开发工作重点县凤台县2009年财政收入跻身全省十强，舒城、泾县、临泉3个国家扶贫开发工作重点县和歙县、绩溪2个省扶贫开发工作重点县2009年财政收入增幅位居全省十强。

2009年，全省减少贫困人口96.55万人，返贫和新增贫困人口55.09万人，净减少贫困人口41.5万人，减幅达到14.2%。其中，扶贫开发工作重点县（区）净减少贫困人口24.6万人，减幅13.4%；非扶贫开发工作重点县（市、区）净减少贫困人口16.9万人，减幅15.6%。

据对全省20个国家扶贫开发工作重点县2000户农户抽样调查，2009年安徽省国家扶贫开发工作重点县农民人均纯收入为3768元，比2008年增收472元，增长14.3%，扣除物价影响实际增长15.0%，高于全省农民人均纯收入增幅7.2个百分点，与全省农民收入差距缩小，由2008年的906元减少到736元，减少了170元。

【扶贫资金投入】 2009年，安徽省共投入各类财政扶贫资金8.81亿元，其中，中央财政扶贫资金8.1亿元、比2008年增加1.6亿元，省财政配套扶贫资金5973万元、比2008年增加393万元，市县财政配套扶贫资金1280万元；投入扶贫贷款97317万元，比2008年增加46317万元。

【整村推进】 全省安排整村推进村608个，其中国家扶贫开发工作重点县514个（“三个确保”村305个）、省扶贫开发工作重点县94个。到2009年底，全省累计完成3428个整村推进村的规划任务，其中，“三个确保”村820个。

【移民扶贫】 2009年，投入财政扶贫资金3830.12万元，实施扶贫移民4055户，平均每户补助9445元（含基础设施建设配套）。

【扶贫培训】 全省30个扶贫开发工作重点县（区）共投入财政扶贫资金约3052.5万元，培训贫困地区剩余劳动力4.17万余人，转移3.48万人；培训农村实用技术20.06万人次，培训村级干部1.13万人次。

【产业化扶贫】 会同安徽省财政厅认定79家省级扶贫龙头企业，全省国家级、省级扶贫龙头企业达99家。加大产业扶贫力度，支持扶贫龙头企业，2009年安排贴息资金2346.5万元，投放贴息贷款78317万元（其中由农业银行实施的20000万元），涉及项目114个，其中500万元以上项目45个；安排贴息资金950万元，投放到户扶贫贴息贷款19000万元。投入财政扶贫资金1000万元，重点扶持了115家农民专业合作组织。

【扶贫互助资金】 共投入互助资金试点资金6208.3万元，其中财政扶贫资金5439.7万元、农户入社资金534万元、其他资金234.6万元；新建资金互助社332个，新入社农户14655户。截至2009年底，全省30个重点县（区）共发展资金互助组织1662个，覆盖62339户，其中贫困户24060户；互助资金总额达到15408.5万元，其中财政扶贫资金13700万元、农户入社资金1284.6万元、市县配套资金171.5万元、其他资金252.4万元，累计发放资金13768万元，扶持农户33411户。

【连片开发扶贫】 2009年，国务院扶贫办下达安徽省2个试点指标，在宿松、霍邱两个县开展试点，投入财政扶贫资金2000万元，按照“县为单位、整合资金、整村推进、连片开发”的要求，预计可整合资金5000万元以上。省级进一步扩大试点规模，安排1000万元资金分别在长丰、绩溪、临泉3个县进行了连片开发扶贫试点工作，探索新的扶贫方式。

【基础设施建设扶贫】 2009年新建和改造乡村道路3438公里，建成独立桥涵347座，新增基本农田147万亩，改善灌溉面积37万亩，实施人畜饮水工程370处，解决农村饮水困难人口40万人，解决38万头大牲畜饮水困难，易地扶贫搬迁1.6万人。

2009年，全省新建、改造中小学校舍108所、33666.4平方米；扶贫助学投入财政扶贫资金491.11万元，资助贫困家庭子女6863人继续完成学业；新建改建农村医疗卫生、村计划生育用房478处、55966平方米，添置了必要的医疗设备。

【行业扶贫】 贯彻落实2009年中央1号文件精神，发挥行业扶贫作用，积极推进行业扶贫。

1. 建立行业部门扶贫开发责任制。进一步明确省扶贫开发领导小组各成员单位的扶贫开发工作职责，要求有关部门把加快贫困地区的发展放在全省经济社会发展的优先位置，各行业各部门在安排项目、资金时要向贫困地区、扶贫对象重点倾斜，不断加大对革命老区和少数民族、妇女、残疾人等特殊贫困群体的扶持力度。各级扶贫开发领导小组成员单位每年要将扶贫开发责任落实情况报告同级扶贫开发领导小组。

2. 推进扶贫资源整合。以整村推进、产业扶贫、"雨露计划"、移民搬迁为载体，按照"扶贫搭台、部门唱戏、综合开发、共同推进"的思路，整合各类资源，支持贫困地区经济社会发展。重点以整村推进工程为平台，严格按照整村推进"8+1"标准履行职责，涉及的道路、水利等公共基础设施和教育、文化、卫生、培训等社会事业由各职能部门优先安排。

【社会扶贫】 继续坚持定点、对口、结对帮扶等制度，动员社会方方面面力量参与扶贫开发。调整、充实省直对口帮扶单位，由2008年的230家增加到2009年的245家；配合省委组织部选派第四批31名省直机关优秀处级干部到扶贫开发工作重点县挂职；实施医疗援助阳光工程项目，为30家乡镇中心卫生院配备了医疗设备，总投入1600万元，其中中华慈善总会援助500万元。据不完全统计，2009年全省各类社会帮扶资金达6.7亿元，其中直接帮扶资金1.5亿元、引进项目资金5.2亿元。

【扶贫工作措施】 根据党的十七届三中全会作出的"实行新的扶贫标准，对农村低收入人口全面实施扶贫政策"的重大战略部署，安徽省进一步完善扶贫开发战略和政策体系，出台多项政策措施。

1. 出台新阶段进一步加强扶贫开发工作意见。2009年8月11日出台《中共安徽省委、安徽省人民政府关于进一步加强扶贫开发工作的意见》（皖发［2009］21号），提出全省实行扶贫开发工作全覆盖，即实现行政区域全覆盖和扶贫对象全覆盖，对农村低收入人口全面实施扶贫政策。重点实施"552"扶贫行动计划，即主攻"五个重点区域"，把皖北地区、大别山等革命老区、沿淮行蓄洪区、皖南深山区和江淮分水岭地区作为扶贫开发的优先地带，集中力量，合力攻坚，整合各类扶贫资源，重点予以支持；突出"五项重点工作"，把整村推进、产业扶贫、"雨露计划"、社会扶贫和移民搬迁作为扶贫开发的重要平台，加大资金投入，提高扶贫开发成效；明确目标任务，把增加农民收入、减少贫困人口作为扶贫开发的重要目标，力争5年实现200万扶贫对象脱贫。为强化省有关部门的扶贫开发责任，中共安徽省委办公厅、安徽省人民政府办公厅下发了《关于印发贯彻落实〈中共安徽省委、安徽省人民政府关于进一步加强扶贫开发工作的意见〉分工方案的通知》（厅［2009］51号），把扶贫任务落到实处。

2. 推进扶贫贴息贷款改革。引入市场机制，全面放开贴息贷款的承贷金融机构，改变过去扶贫贷款只有1家金融机构承贷的局面；突出扶持重点，注重扶贫成效，重点支持重点县和产业化扶贫龙头企业，同时对非重点县贫困村给予一定的支持；改进贴息方式，规范申报程序，扶贫资金的放大效应得到进一步发挥；明确部门责任，强化资金管理，扶贫资金的效益得到提高。

3. 实施"雨露计划"两个延伸。下发《关于进一步做好"雨露计划"工作的通知》（皖扶办字［2009］35号），进一步规范和调整"雨露计划"的内容，实行"雨露计划"两个延伸，即由短期培训向职业教育延伸，由务工技能培训向农业实用技术和创业培训延伸，把资助贫困家庭子女接受职业教育（包括高等专科和本科）纳入“雨露计划”，开展“新型农民”培训和农民创业培训。为规范教育资助工作，安徽省扶贫办和安徽省财政厅联合出台《安徽省“贫困家庭子女教育资助行动”实施办法（试行）》（皖扶办字［2009］36号），对资助对象、资助标准、实施方法等方面作了规定。

4. 加强组织领导。按照“省负总责、县抓落实、工作到村、扶贫到户”的要求，实行扶贫工作党政一把手负责制。建立并落实重点县（区）扶贫开发工作党政一把手责任制考核办法，把扶贫开发成效列入考核领导干部政绩的内容并记入档案，作为干部任用的依据之一。调整充实省扶贫开发领导小组，领导小组成员单位由31家增加到45家。市、县两级全面建立扶贫开发领导及工作机构，扶贫开发工作重点县（区）加强扶贫机构建设，稳定机构，加强力量，提高工作水平；各市和非扶贫开发工作重点县（市、区）设立扶贫开发工作机构或明确一个部门兼抓扶贫开发工作，落实扶贫开发责任。发挥各级扶贫开发领导小组的组织、领导和协调作用，履行行业部门扶贫职责。落实干部待遇，对长期在扶贫开发工作重点县（区）工作的党政主要负责人，继续贯彻落实《中共安徽省委、安徽省人民政府关于贯彻〈中共中央、国务院关于进一步加强扶贫开发工作的决定〉的实施意见》（皖发［1999］17号）的有关规定。

5. 推行“U盘工作法”。发挥U盘的可靠、便携、容量大的特点和作用，提高工作效率，提升扶贫开发工作水平。

【困难与挑战】 安徽省扶贫工作取得了一定的成绩，但由于安徽地处南北气候过渡地带，地形复杂，气候多变，形成了沿淮地区和皖南皖西山库区二个特殊的生态脆弱地区，受南北气候交汇影响，自然灾害频繁，有三分之二的年份受灾，非涝即旱，脱贫人口对灾害的承受能力相对较低，极易返贫，贫困人口大进大出。

皖北地区处淮河流域，是国家重要的粮食主产区，为国家粮食安全做出重要贡献，但农田水利基础设施建设欠账严重，抗灾能力脆弱，受淮河洪涝灾害影响至深，加之农业比较效益低下，县域经济发展滞后，贫困发生率高于全省平均水平。大别山和皖南山区，地处国内两大暴雨中心之一，生态环境十分脆弱；该区是国家自然生态保护区，是华东地区的天然氧吧，具有重要生态功能，区内国家建设多个水库，淹没大量农田，一方水土难养一方人，扶贫的难度大。全省的扶贫开发工作，仍然面临着机遇和挑战。

【2010年扶贫工作展望】 全面贯彻落实党的十七大和十七届三中、四中全会精神及2010年中央1号文件精神，落实全国扶贫工作会议和皖发［2009］21号、厅［2009］51号文件精神；坚持开发式扶贫、开放式扶贫、开拓式扶贫的方针，推进“552”扶贫行动计划，对农村低收入人口全面实施扶贫开发政策，实行行政区域和扶贫对象扶贫开发政策全覆盖；把稳定解决扶贫对象温饱并实现脱贫致富作为首要任务，把提高贫困人口自我发展能力作为工作重点，把帮助扶贫对象增加收入、缩小贫困地区发展差距作为主攻方向，增加扶贫开发投入，不断创新扶贫开发工作机制，实行扶贫开发目标管理考核，构建行业扶贫、专项计划扶贫、惠农政策扶贫、社会参与扶贫有机结合、互为支撑的“大扶贫”格局，为统筹城乡发展作出积极贡

献。2010年，对500个左右重点村的实施整村推进工程，全面完成“三个确保”村的整村推进任务；力争国家扶贫开发工作重点县（区）农民人均纯收入增幅高于全省平均水平；争取全年减少贫困人口40万人；全年转移培训、教育资助人数4万人，培训农业实用技术15万人次。

（安徽省扶贫开发办公室　赵荣凯）

福建省扶贫开发

【概况】 2009年，在福建省委、省政府的直接领导下，按照国务院扶贫办的工作部署，继续推进开发式扶贫，落实扶贫到村到户的各项政策措施，改善贫困群众生产生活条件，提高贫困群众自我发展能力，促进贫困群众增加收入，做好各项工作，取得了较好的成效。

2009年福建省继续实施农村最低生活保障制度，确定的低保线为1200元，纳入农村低保的贫困人口共有77.7万人，占全省农村总人口的3.3%；全年发放农村低保金5.94亿元，人均月补助67元。农村最低生活保障制度的全面推行，发挥了兜底的作用，为实施扶贫开发工作打下较好的基础。

【扶贫资金投入】 2009年，省级财政直接用于扶贫的资金达到近3亿元，此外，市、县两级政府的财政扶贫资金投入也比2008年增长20%以上。各级各部门也加大了贫困地区的投入力度，捆绑与整合各类资金，切实改善贫困群众的生产生活条件。积极引导信贷和各类社会资金投入，2009年全省信用社投放农户扶贫小额信贷2.6亿元，扶持贫困户创业增收；各类金融机构加大对扶贫龙头企业的扶持力度，仅17家国家级扶贫龙头企业获得近4亿元的贷款。扶持中国扶贫基金会开展农户自立工程建设，增加贷款资本金2000多万元。在屏南县开展贫困户贷款担保服务体系试点，增加贷款规模1亿元。

【信贷扶贫】 一是继续开展扶贫小额贷款，组织计生、妇联等部门，依托农村信用社发放到户的小额信贷，引导邮政储蓄银行、农业银行积极参与到户贷款工作，省财政安排1000万元贴息资金，带动信用社发放贫困和计生农户贷款1.4亿元，为群众增收在1亿元以上；二是推进村级发展互助资金试点，在上杭等8个县52个村的开展试点工作，覆盖农户2610户，资金规模达到1114万元，扶持1400多户贫困户发展生产，户均增收3000以上；三是推进小额贷款担保服务试点，在屏南县开展了扶贫小额信贷促进会建设试点，探索创新农户小额信贷担保体系，2009年已发放中低收入户贷款1200多万元，贷款农户达700户，分布6个乡镇35个贫困村；四是借鉴NGO管理模式，与中国扶贫基金会合作在福安、霞浦两个县实施农户自立工程项目，2009年2个县当年累计放款12088笔5500万元，扶持农户9652户，还款率100%。

【整村推进】 对发展相对滞后的建制村，采取“倒排法”的方式，采取“部门挂钩、下派干部、捆绑资金”三位一体的办法，分期分批确定为省、市、县扶贫开发工作重点村，实施整村推进。截至2009年，全省共确定了436个省级扶贫开发重点村、558个市级扶贫开发工作重点村、2725个县级扶贫开发工作重点村予以扶持，其中老区村占70%。

2009年继续实施第二轮整村推进，重点扶持的2242个省、市、县三级扶贫开发重点村可以全面完成整村推进任务。到2009年底，为228个省级扶贫开发重点村筹措扶贫资金5.94亿元，用于贫困村水、电、路、医疗、卫生、科技等方面建设，促进了重点村经济和社会事业的全面发展。

【移民扶贫】 省委、省政府连续第16年将造福工程（以移民扶贫为内容）列为办实事项目，进一步加大扶持力度，补助标准提高到每人2500元，对老区、少数民族群众、计生户还另外增加补助资金，并由林业、建设、国土、民宗、发改委等相关部门提供搬迁的优惠政策，省财政和有关部门安排3000多万元的专项资金，专门用于扶持搬迁点基础设施建设。2009年共投入造福工程资金达25亿元以上，实现搬迁7.6万人。建设了安置点413个。

【扶贫培训】 实行“一户一培训，一户一就业”。省财政安排4000万元资金，对福建省纳入低保对象、有生产生活能力的贫困群众开展专项培训，增加就业机会，同时做好服务工作。2009年，全省培训农村贫困劳动力3.3万人，其中经培训后输出劳动力2.8万人。

【两项制度的衔接试点】 2009年，在武平县开展了扶贫开发与农村低保相衔接的试点，从扶贫标准确定、对象识别筛选、贫困户信息采集登记和建档立卡、制定并实施扶贫到户的政策措施等方面推进了试点。全县17个乡（镇）、214个行政村累计识别人均纯收入1800元以下的农村扶贫对象5726户、23550人，并全面建立了电子档案，针对致贫原因，提出了一户一策的扶贫帮扶的7条政策措施。

【扶贫标准调研】 2009年，和省统计局调查总队联合开展了福建省新阶段扶贫标准的调研工作，初步对福建省农村低收入人口的比例和数量进行测算，分析了致贫原因，参考全国和兄弟省份特别是东部经济较发达省份新的扶贫标准，提出福建省新阶段农村扶贫标准的建议。

【大学生驻村挂职】 2009年，福建省“三支一扶”中安排100名大学生参与定点扶贫工作，分布20个经济欠发达县、81个贫困乡镇。省委组织部选聘945个大学生到贫困村驻村挂职锻炼。

【闽宁对口扶贫】 在闽宁两省区党委、政府的高度重视下，召开了2省区第13次联席会议。围绕会议纪要议定的帮扶方案，落实两省区互学互助扶贫协作的各项措施。推进科技帮扶，开展菌草产业开发，重点在宁夏永宁、盐池、海原等3个县实施菌草示范工程；做好第6批18名干部赴宁夏南部山区8个国定贫困县挂职的联络交流工作，及时了解他们工作动态。

【社会扶贫】 2009年，与中国扶贫基金会、省扶贫两会、民主党派和社会团体密切配合，开展了多种形式的社会扶贫工作。支持省计生协会和妇联开展计生小额贷款和巾帼扶贫小额贷款。继续搞好“母婴平安120”项目，支持政和、屏南、长汀、连城、上杭、永定、武平县开展母婴平安120行动项目。开展多种形式的送医、送药和扶贫助学活动。

【扶贫工作措施】 1. 造福工程有新

突破。一是推动集中安置、规模安置和整村搬迁。把造福工程搬迁与小城镇建设、工业集中区建设、中心村建设、整村推进扶贫开发、灾害搬迁、灾后重建等有机结合，造福工程安置的集中度和规模化水平有新的提高，整村搬迁的步伐加快。省级6万人搬迁指标中，有43056人实行了集中安置；占搬迁人口的71.7%。建设安置点413个，其中已建成百户以上规模的集中安置点119个；整村搬迁331个自然村，其中30户以上的自然村94个；二是多渠道多元化增加造福工程投入。“以财政补助为导向、群众投入为主体、有关部门资金整合、社会力量大力支持”的异地搬迁投入机制逐步形成。据50个县的不完全统计，2009年异地搬迁累计投入达21.18亿元，其中省级财政有关部门投入1.96亿元，市、县财政投入0.59亿元，乡村和农户投入17.42亿元，造福工程成为农村扩大内需的一个重要渠道和亮点；三是加大造福工程集中安置点的基础设施建设的资金整合力度。从省农办、交通厅、发改委、国土厅、建设厅、老区办等单位筹措了3300多万元，市、县两级财政安排财政资金2000多万元，扶持造福工程基础设施建设。特别是省里抓的54个省级造福工程省级示范点，在科学规划、资金筹措、户型设计、解决群众生活出路、节约土地、项目管理、社区和谐等方面积极探索，取得一些经验，培养一批典型，发挥了良好的示范带动作用。

2. 探索扶贫到户贷款的新模式。2009年在继续坚持以往由金融部门贷款、扶贫部门予以贴息这种做法的基础上，按照国务院扶贫办、财政部、中国人民银行和银监局关于信贷扶贫试点改革要求，探索通过金融手段服务贫困群众的新模式，创新信贷扶贫机制。一是在屏南县开展了扶贫小额信贷促进会建设试点。主要是建立担保和风险资金，通过干部担保、林权抵押、果园评估、引进担保机构等多种形式，构建一套比较完善的农户贷款担保体系，消除金融部门对贫困户惜贷的“后顾之忧”。同时探索建立一套便捷、有效的信息服务平台，为贫困户提供各种贷后服务。10月，国务院扶贫战略和政策体系调研组到屏南调研后，对屏南的做法给予肯定，认为这在全国是一个创新；二是扶持NGO机构开展扶贫小额信贷。我们与中国扶贫基金会合作，在福建省福安、霞浦2个县实施农户自立工程小额贷款项目。具体办法是福建省在每个县一次性投入无偿资金500万元，滚动使用，并委托中国扶贫基金会进行管理，坚持非盈利性和扶持贫困户的原则，实施到户扶贫小额信贷。这种模式是扶贫机构与非政府组织合作开展小额信贷的有效尝试，是扶贫到户贷款一种有益的补充，具有积极意义。

3. 持续提升整村推进的水平。采取“倒排”的方法，分期分批确定为省、市、县扶贫开发工作重点村，实施整村推进，并建立部门挂钩、资金捆绑、干部驻村“三位一体”的整村推进扶贫开发机制。对每一个省定的扶贫开发重点村，一是实行挂钩帮扶。要求每个省直单位都要建立定点帮扶工作制度，省里确定一个省直单位定点帮扶；二是捆绑资金。从省直15家相关部门每年筹集4000多万元资金，专项用于开展省级重点村建设，省级重点村捆绑资金由省财政从各出资单位年初预算的总盘子中，按既定的出资额度统一划归扶贫专户集中管理，统一下达，打破“渠道不变、用途不乱”的限制；三是下派干部。由省委组织部下派一名省直机关干部驻村任支部第一书记，驻村工作任期三年。驻村干部的工作与原单位脱钩，吃住在村，办公经费由所在部门开支，不增加基层和农民负担。这三项措施的落实使福建省整村推进工作取得了显著成效，重点村面貌发生了根本变化。据不完全统计，2009年，有厅局级领导582人次、处及处以下机关干部1056人次到所挂钩的省级开发重点村开展调查研究。重点村获得各项帮扶资金1.8亿元，其中捆绑资金4000万元，挂钩单位和干部派出单位投入1.4亿元，平均每个重点村得到80万元左右的扶持。

4. 建立健全闽宁协作的长效机制。按照国务院扶贫办的部署，做好闽宁对口协作。在长期不懈推进过程中，除了完成好国务院扶贫办部署的各项任务外，坚持“优势互补、互惠互利、长期合作、共同发展”的原则，不断创新帮扶机制，提升协作规模，探索对口扶贫协作的有效形式，形成了政府、企业、社会三方相结合的帮扶机制。一是召开联席会议。每一年两省区都轮流召开一次有主要领导参加的闽宁互学互助对口帮扶联席会议，出台年度协作《会议纪要》，确定帮扶项目和措施；二是层层结对。福建省专门成立了对口宁夏支援工作领导小组，省委分管领导担任组长，下设帮扶宁夏办公室，负责日常具体工作。省直有30多个部门对口承担帮扶任务，每年明确帮扶内容。福建省沿海8个经济较发达的县区对口帮扶宁夏南部山区8个县；三是落实干部挂职制度。制定了《福建省对口支援干部管理暂行办法》，明确闽宁对口扶贫协作干部和援藏、援疆干部同等对待，规范了挂职干部的选派、管理、服务、使用工作，保证了闽宁对口协作工作的顺利进行。

【2010年扶贫工作展望】 2010年福建省扶贫开发的基本思路是：在完善农村最低生活保障制度、医疗保险、养老保险、两免一补等一系列惠民政策的基础上，继续健全开发式扶贫工作机制，围绕贫困对象，培育工作抓手和工作品牌，建立政府主导、社会参与、自力更生、科学发展的扶贫开发长效机制。主要开展以下工作：

1. 调研起草新阶段福建省农村扶贫开发意见。2010年，将进一步深入调研，开展新阶段福建省扶贫战略和政策体系研究、新时期福建省农村扶贫标准研究两个课题研究。同时，继续深化武平试点，重点是制定并实施相关的扶持政策。在此基础上，起草福建省新阶段农村扶贫开发的意见，提出新时期福建省农村扶贫的指导思想、目标任务、工作思路、实行的政策、采取的主要措施等，供省委、省政府研究。

2. 继续扎实推进造福工程。围绕全面完成6万人的搬迁任务，加大工作力度，抓好各项政策的落实。抓好规划。按照与小城镇、工业园区、中心村建设相结合的要求，引导和促进集中安置，选择好安置点，做好户型设计、基建等指导和服务，突出节约用地，突出地方特色，突出经济实用；抓好基础设施建设，确保造福工程安置点建一个、成一个，加强与发改、交通、国土、建设等部门的沟通和协调，整合相关资金扶持造福工程基础设施建设，建设精品工程；抓好项目资金管理，按照《福建省造福工程项目资金管理办法》，实行报账制管理，确保省财政补助资金全面到户到人；抓好典型示范，树立精品意识，培育和总结一批不同类型的典型，探索新的经验，典型示范，以点带面；抓好监查督促，建立造福工程进度定期报送制度，实行动态监测跟踪。

3. 继续开展整村推进。2010 年福建省第二轮整村推进工作到期，将按整村推进的三年工作要求，抓好总结和表彰。做好新一轮重点村的轮换工作，继续按照“倒排”方式，筛选确认福建省新一轮扶贫开发工作重点村；继续安排省直单位挂钩帮扶重点村工作，并以省委、省政府办公厅名义予以确认；继续以省委组织部名义下派省直机关干部驻村任第一书记，专职开展驻村工作；继续安排扶贫开发重点村捆绑资金，实行专户管理；全面加强贫困村的政治、经济、文化和社会建设，推进贫困村的新农村建设。

4. 加大信贷扶贫力度。一是扩大贫困村互助资金试点。在做好现有 52 个试点村的基础上，争取扩大试点范围。通过试点工作，探索贫困地区农村金融服务新路子，解决群众发展生产融资难的问题；二是管好用好国家信贷扶贫贴息资金。开展产业扶贫，增加贫困农户收入。加强对国家扶贫龙头企业的跟踪监测，加大对信贷扶贫资金使用的监管力度；三是总结推广屏南县扶贫小额信贷担保体系建设。组织有关市、县扶贫部门到屏南县参观学习，争取在福建省其他县市推广；四是加强计生小额信贷、巾帼扶贫小额贷款、福安、霞浦县农户自立工程小额贷款等监督和管理，为贫困农户提供更多的资金服务。

5. 做好对口帮扶宁夏工作。2010 年闽宁第 14 次互学互助对口扶贫协作会议将在福建召开，配合省委办公厅、省政府办公厅搞好各项筹备工作，加强与宁夏方面的联系，把筹备工作做细，确保会议圆满成功。推进闽宁 2 省区经济社会的各项合作，重点在在互派干部挂职、加强劳务合作、干部培训、科教医疗援助等协作领域不断完善互学互助思路，拓宽互学互助领域，提升互学互助层次，激发互学互助活力，增强互学互助实效，提高闽宁互学互助对口扶贫协作的质量和水平。

6. 营造社会扶贫良好氛围。在强化原有工作手段的同时，加强与各类扶贫和慈善机构联系，努力开辟更多渠道、探索不同扶贫方式，让更多的人了解农村，了解穷人，为那些有志于扶贫事业的人搭建及时有效的平台，为他们的善举活动提供服务。

7. 加强扶贫工作宣传。2010 年是中国扶贫开发纲要和福建省实施意见的最后一年。要总结十年成果和经验，客观分析问题与困难，超前研究对策与措施。拟与有关媒体合作，加大宣传工作，搞好造福工程宣传画册的编印。报送信息，做好国务院扶贫办要求的各项数据、材料、动态的报送，办好人大政协的提案议案。

（福建省扶贫办公室）

江西省扶贫开发

【概况】 江西省，简称赣。全省面积16.69万平方公里，总人口4400万，辖11个设区市、99个县（市、区），其中有21个国家扶贫开发工作重点县。

江西是著名的革命老区，是人民军队的摇篮、中国革命的摇篮、人民共和国的摇篮。江西75%的乡镇为老区乡镇，84%的县（市、区）有老区乡镇。江西人民为中国革命的胜利做出了重大贡献，第二次国内革命战争时期，江西有名有姓的革命烈士就有25万多人，占全国的1/6。

新中国成立后，党中央、国务院非常关心江西老区的建设和发展，给予了大力扶持，使老区群众的生产生活条件不断得到改善。特别是改革开放以来，江西的老区建设和扶贫开发取得了显著的成就，老区的贫困落后面貌得到根本改变。

2009年，全省扶贫开发成效集中体现在贫困地区和贫困群众发展呈现了五大“基本态势”。

1. 收入水平继续增长的态势基本形成。全省扶贫开发工作重点村人均收入达到2357元，比2008年增长11%；21个重点县人均收入将达到2649元，比2008年增长9%，高于全省农民人均收入增幅1个百分点。按照国家新的扶贫标准，全省农村贫困人口下降到125.9万人，占农村人口的3.8%，比2008年减少6.6万人，下降0.2个百分点。

2. 基础设施不断改善的态势基本形成。2009年扶持基础设施项目9071个，重点村和移民安置区修建道路2.3万公里，修建山塘水库2308座，修建桥梁714座，新建排灌站511座，修建沼气池10071个，解决饮水困难人口24.45万人，基本生产生活条件进一步改善。

3. 主导产业加快发展的态势基本形成。2009年扶持主导产业项目2983个，直接扶持贫困农户44万户计184万人次。在贫困农村兴建林果、油茶、蚕桑、烟叶、药材等种植面积11.32万亩，发展猪鸡鸭和草食畜牧养殖595.3万头（羽），发展养鱼、养虾以及其他特种水产养殖水面7万多亩；按照全省“一大四小”造林绿化工程的整体部署，扶持重点村植树造林2.6万多亩。

4. 公益事业逐步完善的态势基本形成。重点村和移民安置区结合开展新农村建设，实施公益事业建设项目4473个，共新建和修善学校555个，卫生所705个，文化站355个；清理垃圾20万吨、污沟2.8万处、路障1万多处，村内改路8千公里、改水1.6万处、改厕5万多个。建设库区、移民安置区示范村234个。

5. 社会扶贫深入推进的态势基本形成。

2009年筹集整合农村道路交通、安全饮水、卫生医疗、广播电视、危房改造、农村电网、学校建设、文化场所、技能培训、沼气工程、土地整治、造林绿化、生态保护、农田水利、农业综合开发、新农村建设等行业资金和各级单位定点扶贫、非公有制经济组织支持扶贫、社会各界捐助帮扶等方面支持扶贫开发的资金及物资折款达到8亿元以上，比2008年翻了一番，超过2009年全省扶贫专项资金投入的总和。

【扶贫资金投入】 1. 扶贫资金配套投入。2009年全省投入财政扶贫资金总量近7亿元，比2008年增长15.95%，其中各级财政配套资金投入21432万元，占2009年国家下达江西省中央财政扶贫计划资金的52.17%，占2009年国家下达江西省中央财政扶贫资金总量的44.69%。各级财政配套扶贫资金中，省级财政12360万元，比2008年增长9.72%；设区市财政5286万元，增长7.4%；县级财政3786万元，增长10.65%。

2. 信贷扶贫资金投入。2009年省级安排扶贫贷款贴息资金2050万元，贴息支持贷款5.43亿元，引导金融机构发放扶贫贷款总量15.3亿元，比2008年增长32.6%，其中：扶贫项目贷款11亿元，扶贫到户贷款4.3亿元。对扶贫资金全面加强绩效管理，组织各市、县进行了交叉考评，2009年江西省扶贫资金绩效被评为全国4个A级省之一。

【整村推进】 以“三个确保”为重点，全面抓好3069个“十一五”重点村整村推进，采取“调整存量、集中增量”的措施，集中资金22594万元扶持21个老区重点县的2279个“三个确保”重点村实施整村推进；将中央彩票公益金4250万元集中支持吉安、余干两县30个“三个确保”重点村实施整村推进示范试点，规划项目310个，规划和落实项目投资6746万元；加大定点扶贫、行业扶贫、企业扶贫等社会扶贫工作力度，多渠道整合资源支持“三个确保”村整村推进。

【移民搬迁扶贫】 按照2009年扶贫移民搬迁5万人的任务和人均补助3500元的标准，省级安排移民扶贫资金1.5亿元，市、县财政专项配套资金2500万元，共落实移民扶贫搬迁对象11725户共53408人，超出年计划6.8%。将发改委生态移民搬迁3373人、以工代赈异地搬迁移民7280人纳入2009年扶贫移民搬迁计划，调剂安排移民扶贫资金2000多万元用于支持安置点的基础设施建设。

【产业化扶贫】 调整完善了扶贫产业发展规划，建立了扶贫产业项目库。安排扶贫贷款贴息资金支持产业扶贫项目180个，对4万多户贫困户发展产业给予了支持。在全部重点县铺开了“互助资金”试点，累计安排资金2975万元，支持190个村建立了互助资金，覆盖贫困农户9800多户。深入推进宁都县扶贫产业连片开发试点，将试点扩大到于都、乐安两县，累计安排试点扶贫资金3950万元。充分发挥20家国家扶贫龙头企业和100家省级扶贫龙头企业的作用，辐射带动8万多户，带动户均增收180多元。

【扶贫培训】 以“雨露计划”培训为重点，安排转移培训和科技扶贫资金3300万元，提高了培训补助标准。把实施“雨露计划”与本省工业园区发展需求和当地优势产业发展结合，深入推进农民工转移就业和自主创业技能培训；扶助4061名贫困户子女接受中技职业培训，并与“两后生”助学补助制度对接；继续开展“雨露计划”走进乡村活动。2009年完成“雨露计划”培训41757人，占年计划的104.58%，其中贫困青壮年劳动力转移培训25047人，就业率96.61%。组织开展了适用技术和农函大培训122064人次，扶持实施了一批科技扶贫示范与推广项目。

【社会扶贫】 2009年召开了全省社会扶贫工作经验交流会议；与组织部门共同推进了以“党旗引领致富路，携手共建新农村”为主题的定点扶贫工作，各级共有1937个单位在贫困村定点扶贫，其中省直248个单位；组织1757个国有、民营企业到贫困地区开展“村企合作”和“光彩事业”活动；落实8.7万名党员干部结对帮扶9.57万户贫困户；选派、选聘了2749名大学毕业生到贫困农村“三支一扶”、担任“村官”和任职；多渠道争取社会捐赠项目资金500万元，资助贫困地区公共事业、贫困教师和大学生；组织“爱心包裹”捐赠活动，募集善款243.46万元，被中国扶贫基金会授予“突出贡献奖”。推进了行业扶贫、外援扶贫、社会捐助等工作，与省军区政治部协商落实了省内团级（含团级）以上驻赣部队开展定点扶贫的安排意见。

【扶贫工作措施】 1. 加强领导，争取各级党委、政府对扶贫开发给予重视和支持。积极争取省委、省政府将扶贫开发继续列入全省民生工程，并在省委、省政府表彰的35个全省“农业和农村工作先进县”指标中，首次争取安排5个“扶贫工作先进县”指标。特别是争取省委、省政府主要领导的高度重视和关心。2009年，省委苏荣书记先后两次亲临挂点扶贫联系的吉安县考察指导扶贫工作，并对扶贫工作作出“全省扶贫工作成效显著，可以说工作是特别扎实的。‘三农’工作永远是全省各项工作的重中之重，而扶贫工作是社会主义新农村建设的长期任务”的重要批示。省政府吴新雄省长根据2009年全省扶贫部门机构改革情况下的工作成效，对新组建省扶贫和移民办的工作作出了“思路清晰、工作扎实、成效显著、衷心祝贺”的重要批示。省委、省政府及主要领导的高度重视和关心，有力地促进了各级党委、政府更加重视扶贫开发，从而对全省扶贫开发工作的深入发展起到了有效的保障作用。

2. 认清形势，把握扶贫开发工作的主动权。对照新阶段扶贫开发工作的新形势新任务，按照科学发展观的要求进行对比和反思，总结以往工作的基本经验，查找分析存在的问题和差距，为与时俱进、有针对性地完善新阶段扶贫和移民工作提供了依据。

3. 理清思路，始终坚持扶贫开发工作的正确方向。在深入调查研究的基础上，确定了进一步推进全省新阶段扶贫开发工作科学发展的五个基本方向，部署2009年的四项工作重点和十项具体任务，为实现扶贫开发工作的全面、协调和可持续发展，理清工作思路，奠定了良好基础。

4. 搅动思想，推进扶贫开发工作科学发展。贯彻落实新阶段扶贫开发工作战略与政策体系，提出五个重大课题，在全省组织开展了大调研，掀起新一轮思想大解放，举全省扶贫工作系统之力，探索新阶段扶贫开发工作科学发展之路。

5. 注重落实，确保贫困地区和贫困群众得惠受益。对新阶段扶贫开发工作的扶持对象、项目规划、工作重点进行了调整和完善，结合扎实开展“机关效能建设”

活动，进一步健全了工作制度和机制，明确了工作目标和责任，强化了工作示范和指导，加强了工作督促和考评。

6. 找准定位，自觉坚定服从服务全省发展大局。积极主动融入全省大局谋划扶贫开发，重点策应省委、省政府建设鄱阳湖生态经济区重大决策部署，调研提出在鄱阳湖区特殊类型贫困地区探索生态扶贫模式的思路和措施，促进“绿色生态江西”建设。

7. 营造声势，营造扶贫开发工作氛围。紧扣扶贫开发整体部署和重点工作搞好宣传。发掘基层和实践中的典型和具有江西特色的工作经验；全面加强扶贫开发工作网站、简报、《老区建设》杂志三大宣传阵地建设；加强与国家和省级主流媒体的合作，定期组织扶贫工作专题宣传；将宣传与调研工作结合，宣传扶贫开发调研成果。

【困难和挑战】 江西省农村扶贫工作虽然取得很大成就，但面临的形势依然严峻，进一步消除贫困的难度加大，扶贫任务艰巨、繁重。从贫困问题本身看，江西省有21个国家扶贫开发工作重点县、563个省定扶贫开发工作重点乡和4269个扶贫开发工作重点村。按照国家确定的扶贫标准，到2009年底，全省贫困人口仍有125.9万人，农村贫困发生率为3.8%。现有的贫困人口特别是尚未解决温饱的绝对贫困人口，大多数分布在自然条件恶劣、社会发育程度低、基础设施落后、社会服务水平差的深山区、库区和地质灾害频发区。传统农业比重较大，农民增收渠道不宽，在当今日益激烈的市场竞争和资源配置中处于弱势地位；一些扶持对象“等、靠、要”思想依然存在，增收技能不强、抵御风险和自我发展能力脆弱问题仍然比较突出；贫困地区各方面的发展需求还很大，尤其是水、电、路等基础设施建设底子薄、基础差、欠账多的问题仍然比较严重。

【2010年扶贫工作展望】 1. 总体思路。按照科学发展观的要求，贯彻党的十七大及十七届三中、四中全会和中央经济工作会议精神，围绕服务全省经济社会发展大局，策应鄱阳湖生态经济区总体规划要求，瞄准帮助贫困群众共享改革发展成果目标，坚持开发式扶贫方针，实施新阶段扶贫开发工作战略与政策体系，探索鄱阳湖生态经济区这一特殊类型地区扶贫工作新模式。结合总结“十一五”、规划“十二五”扶贫开发，巩固发展已有成果，探索开辟新的途径，在推进新阶段扶贫开发的实践中突出重点，统筹兼顾，综合治理，整体推进，创新具有江西特色扶贫开发工作新机制、新模式，为促进江西崛起新跨越作出新贡献。

2. 重点工作。构筑载体，打造平台，实施扶贫开发重点工作“十百千万”工程，即：“十”：扎实开展21个重点县“两项制度”有效衔接试点工作；全面深化吉安、余干两县30个贫困村利用中央彩票公益金实施整村推进试点示范；推进鄱阳湖区生态扶贫模式探索创新，精心抓好10个以上生态扶贫示范项目；扩大扶贫产业连片开发试点，集中支持10个以上主导产业形成规模化发展；筹集整合各类社会扶贫投入10亿元，增幅达到10%以上；开展全省十佳扶贫状元评选活动并在省政府召开全省社会扶贫工作会议上进行表彰。“百”：按照新农村建设的标准，在重点村培育100个整村推进典型示范村；示范抓好100家龙头企业到贫困农村建基地、兴产业、带农户；将发展扶贫产业“互助资金”试点扩大到300个重点村。“千”：攻坚完成3069个重点村的整村推进，重点保证1269个新增“三个确保”老区重点村如期完成整村推进任务；在全省组织2000家国有、民营企业参与支持扶贫开发；扶助4000名贫困户子女接受中技职业技能培训。“万”：继续实施扶贫移民搬迁安置5万人；确保完成贫困农户转移就业、自主创业、农村适用技术培训5万人，其中完成“雨露计划”培训3.6万人。

（江西省扶贫和移民办公室
李林生　龚亮保）

山东省扶贫开发

【概况】 按照行政区域规划，山东省设17个市（地）、140个县（市、区）、1931个乡（镇、办事处）。从经济社会发展情况看，山东东部沿海地区因为有得天独厚的地理优势，改革开放步伐快，经济社会事业快速发展。中西部地区由于自身力量不足，起步难、速度慢，相对落后。根据《山东省农村扶贫开发规划（2001—2010年）》确定的任务目标，中、西部的农村贫困问题由省委、省政府帮助解决，东部沿海地区的农村贫困问题由地方负责解决。

山东省政府2009年6月组织的全省扶贫开发及农村贫困状况调查数据显示：截至2008年底，全省农民人均纯收入在2000元、省定贫困线1500元、国定贫困线1196元以下的农村贫困人口数量，分别有676.9万人、553万人、254万人，分别占全省乡村人口总数的9.6%、7.5%、3.6%。处在黄河滩区与故道区的菏泽市，2008年农民人均纯收入低于2000元的贫困村有388个，占全市农村总数的6.4%；处在湖区与库区的移民搬迁村35万农民，失去了全部或大部分耕地，生活处境艰难。2009年，全省农村通自来水率、行政村通油路率，分别为88%、98%，而贫困地区相应率分别为62%、83%。还有6320个贫困村没有医疗室，约占全省行政村总数的7%。

2001年以来，山东省委、省政府，先后扶持的232个贫困乡（镇）、4291个贫困村的农民人均纯收入，由2001年的2031元、1408元，2009年分别提高到4730元、3968元。9年年均递增分别为12.8%、16.1%，高于全省增长平均水平。国定贫困线1196元以下的农村贫困人口下降到254万人，占全省乡村人口总数的3.6%。2009年加强了贫困地区的农业基础设施建设，使农村绝对贫困人口人均有了1.05亩的稳产农田或果树或蔬菜，稳定了农业生产基础。

【扶贫资金项目投入】 2009年，中央安排山东财政扶贫资金4491万元、省级配套财政扶贫资金6000万元，省级以上财政扶贫资金合计10491万元。按资金用途分：整乡推进5920万元、互助资金试点2120万元、扶贫贷款贴息500万元、农村贫困劳动力转移培训资金500万元、少数民族扶贫950万元、残疾人扶贫101万元、林场困难职工400万元。在整乡推进中，围绕农村贫困群众增收和改善民生共建设扶贫开发项目119个，其中种养项目83个、其他项目36个，分别占项目总数的70%、30%。

【整乡推进】 根据国家部署，山东省农村扶贫开发工作按照“村为基础、整乡推进、产业开发”的工作思路，加大力度，强化措施，增加投入，促进农民增收，取得了显著成效。在34个扶贫工作重点县（区）的82个第三期（2008—2010年）重点扶持乡（镇），共建设项目119个，有效地改善了农村贫困群众的生产生活条件，农村贫困劳动力转移培训、产业化扶贫、互助资金试点等多种促进农民增收的措施并举，使贫困农民人均增收达到了500元。

根据全省第三期重点扶持的82个贫困乡镇、973个贫困村生产条件与生产习惯差异，按照“一村一业，一乡或一县一品”的产业发展方式，发挥传统“品牌”和地方资源优势，培植壮大特色产业，加强生产基础设施建设，夯实了农民长期、稳定增收的基础。截至2009年底，在34个扶贫开发重点县（区）范围内已建立了16个省级扶贫开发示范区，3000公顷以上面积规模的蔬菜、水果标准化生产基地发展到18个，年产1000万只以上的家禽标准化生产基地发展到4个。重点扶持乡镇的农民人均纯收入平均达到了5000元，约占全省农民人均纯收入的82%。

2009年3月中旬，国务院扶贫办主任范小建在沂蒙山革命老区视察工作，看到费县芍药山乡开发青石山，在石头缝里栽种核桃树，全乡农民人均达到200株，贫困村农民开始由穷变富并发生巨大变化时，对山东整乡推进、产业扶贫的做法给予充分肯定。

【扶贫培训】 1. 劳动力转移培训。2009年，山东省扶贫办认定聊城市机电工程技术学校、东明县技工学校、沂水师范学校、东平县职业中专、惠民县职业教育中心、东阿县职业教育中心、郓城县机电职业学校、成武县张萍技校、费县劳动职业技术学校、沂源县职业教育学校、沾化县职业教育中心为全省“雨露计划”示范基地，转移培训农村贫困劳动力1万人。当年转移就业的农村贫困户子女，外出就业月工资收入平均都在800～1200元之间，成为贫困户家庭增收的主渠道。当年的打工收入占到了家庭年总收入的40%以上。为树立典型，表彰先进，2009年12月底，山东省扶贫办通报表彰了2004年以来做出突出贡献的培训基地，授予上述基地的前5名为“全省‘雨露计划’实施先进单位”光荣称号。

在农村贫困劳动力转移培训中采取4项措施：

一是瞄准农村贫困户。采取农村贫困户子女报名→村委会推荐→乡（镇）政府审定→县扶贫办备案的程序，严把了转移培训典型“入口”关。对于参加培训人员，实行建档立卡与跟踪管理；二是选择就业稳定专业。根据劳动力市场需求，主要开展钳工、焊接工、机械维修、缝纫、电子等专业转移与就业培训；三是实行“订单”培训。各转移培训基地在确定培训对象以前，都与省内外大中型企业签订招工培训《合同》，实现了培训后，输出去；四是加强资金管理。按照转移培训1人平均补助350元的标准，各培训基地完成转移就业任务后，分别到县或市财政局扶贫资金专户报账。

2. 科技培训。2009年举办农业使用技术培训班42期，聘请农业技术人员、专家讲课，传授果树栽培、蔬菜种植、畜牧养殖等生产致富技术，培训贫困群众达1.6万人。

【干部培训】 2009年，为适应扶贫开发工作需要，加强了扶贫干部管理工作培训。组织参加全国贫困地区党政干部、扶贫中青年骨干、整村推进、产业化扶贫、企业帮扶、人武扶贫、贫困村搬迁、国家机关定点扶贫、互助资金试点、扶贫系统干部能力、省扶贫办综合处长11个专题培训班，参加培训86人次。2009年3月中旬，省扶贫办在莘县举办全省第三期重点扶持乡镇镇长培训班，6月下旬在沂水县举办全省山区扶贫开发培训班，8月上旬在莱城区举办全省库区扶贫开发培训班。2009年共举办贫困村干部培训班106期，参加培训人员1220人。

【产业化扶贫】 2009年，山东省多数扶贫工作重点县（区）都建设了一县一品的农副产品生产基地，培植扶贫龙头企业和农副产品销售或批发市场，实现农副产品生产加工一体化，提高了农副产品商品率。

2009年全省扶贫龙头企业发展到47家，其中国家级的13家、省级的34家。根据2008年国务院扶贫办、财政部、中国农业银行、中国银监会4部委改革扶贫贴息资金管理使用办法，山东省把国家下达的500万元扶贫贴息资金安排到临沂、菏泽、滨州、济宁、聊城、德州、淄博、泰安、莱芜、潍坊10个市，指导贷款计划规模为1.3亿元。其中，安排企业项目贴息资金250万元，覆盖23家扶贫龙头企业，年贴息率为3%，指导贷款计划0.8亿元；安排农户贴息资金250万元，覆盖2.5万个农户，年贴息率为5%，指导农户贷款计划0.5亿元。

截至2009年底，扶持的23家企业新增产值6.5亿元，企业增加利润4.3亿元，增加出口创汇0.3亿美元。带动农副产品生产基地建设32万亩，带动2.5万个农户户均增加收入800元。

【贫困村互助资金试点】 按照贫困村互助资金试点工作积极试验，稳步推进的要求，全省互助资金试点县区达到了20个，分别是沂水、平邑、临沭、沂南、莒县、蒙阴、费县、苍山、沂源、临朐、泗水、沾化、无棣、东平、冠县、莘县、鄄城、夏津县和山亭、雪野区。已建立省级以上互助资金合作组织251个，其中，持续运行1年以上的互助资金合作组织118个，参加农户2.5万户。互助资金试点以来，累计发放借款6800万元，受益农户达到了1.1万户，户均增加收入1685元。

为确保互助资金试点工作顺利进展和互助资金合作组织规范运行，省、市、县各级扶贫办会同财政部门，逐级建立了互助资金试点联系人制度，制定了《山东省贫困村互助资金试点绩效考评办法》（暂行）。2009年初，省扶贫办与财政厅委托会计事务所，对2008—2009年的互助资金管理运行情况进行了评估，纠正了试点工作中问题。

【扶贫工作措施】 1. 政策缓贫。党和国家的一系列支农惠农政策为贫困地区经济社会发展创造了宽松环境。不断出台与逐年加大的支农惠农措施，直接减少了农民生产支出，稳定地增加了农民收入，为农业发展创造了宽松环境。

2. 扶贫开发减贫。扶贫开发支持贫困地区经济社会发展和改善民生投入大量的资金与物资，为贫困地区发展提供了动力，快速提高了贫困群众的生产生活水平。2009年调查数据显示：山东农村贫困农民本年度内平均增收500元，其中，受惠于各项支农惠农政策补贴、得益于扶贫开发、来自与自身发展的增收，分别为 100 元、360 元、40 元，分别占增收总数的 20%、72%、8%。

3. 产业化扶贫。2009 年，山东加大产业化扶贫力度，进行产业发展基础设施建设，使贫困农民有稳定的增收渠道。扶持农产品加工企业，扩大农产品生产基地，拉动了农民增收。建立一定规模的农产品销售批发市场，解决了农产品卖难、价格不稳定等制约农民增收的问题。

4. “不等不靠艰苦奋斗”是扶贫内在动力。艰苦奋斗为主，国家扶持为辅，发扬“宁可苦干、不可苦熬”的精神，开发贫困地区人力资源，“捆帮”支农和扶贫资金，加快了扶贫开发进程。

【困难与挑战】 山东是我国比较发达的省份之一，就农村扶贫开发而言，与中、西部省市区相比，面临的问题与挑战更多，层次更深。

扶贫开发面临的最困难主要表现在：一是农村贫困人口数量仍然较多。2009 年底，全省农民人均纯收入 2000 元、省定贫困线 1500 元以下的农村人口，分别还有 677 万人、533 万人，分别占全省乡村人口总数的 9.6%、7.5%。进一步减小农村贫困群体的难度大；二是扶贫工作任务重。农村贫困人口集中分布在农业生产条件落后地区，不仅农业生产条件落后，而且交通闭塞、信息不灵、人文素质较底。改变窘迫的难度大；三是扶贫资金投入少。2009 年，山东的扶贫资金投入虽然比 2008 年有了大幅度增加，但对于解决省定低收入线以下 553 万农村贫困人口的生产发展和生活贫困问题来说是“杯水车薪”；四是扶贫机构建设滞后。经济发达省市的扶贫机构建设“值班”现象，也一定程度的影响了农村扶贫开发工作。

扶贫工作面临的挑战：第一是农村贫困问题进一步边缘化。由于市场经济发展受利益驱动影响，技术、资金、物资等生产要素大量流向经济发达地区，贫困地区发展缺乏外部条件，起步难，发展难。第二是发展差距继续拉大。首先是城乡差距拉大。全省城乡居民收入差距由 2001 年的 2.53∶1，扩大到 2009 年的 2.89∶1；二是区域差距拉大。东部青岛、烟台、威海 3 个市与西部菏泽、聊城、德州 3 个市相比，人均地方财政一般预算收入由 2001 年的 4.14∶1，拉大到 2009 年的 4.33∶1；三是农民人均纯收入差距拉大。农民人均纯收入由 2001 年的 1.63∶1，拉大到 2009 年的 1.65∶1。西部 3 个市的总人口、土地面积分别占全省总数的 20.8%、19.9%，但 2009 年 GDP 总量和地方财政一般预算收入，分别仅占全省的 11.2%、7.5%，农民人均纯收入只有全省平均水平的 89%；四是农村居民之间收入差距拉大。2001 年，山东省定农村温饱线标准是 1000 元，占当年全省农民人均纯收入的 37.6%。2009 年，山东省定农村贫困标准是 1500 元，占当年全省农民人均纯收入的 24.5%，比 2001 年下降了 13 个百分点。

【2010 年扶贫工作展望】 2010 年是《山东省农村扶贫开发规划（2002—2010 年）》的最后一年，是山东省第三期重点扶持 82 个贫困乡镇的最后一年。年度内，既要完成上个十年规划确定的目标任务，又要完成下十年的准备。主要任务是搞好“两个规划、三项试点、两个衔接”。“两个规划”即完成《山东省农村扶贫开发规划（2001—2010 年）》，制定好《山东省农村扶贫开发规划（2011—2020 年）》；“三项

试点”即稳步推进贫困村互助资金、金融合作项目、扶贫开发与农村低保两项制度衔接三项试点；“两个衔接”即军队与人武帮扶、贫困村与企业共建衔接。

（山东省扶贫开发领导小组办公室）

河南省扶贫开发

【概况】 河南省地处华夏腹地，位于华北平原南部的黄河中下游地区，因辖境大部分在黄河以南而得名。河南省是中国粮食产量第一大省，全国重要的粮食、棉花、油料、烟叶主产区，粮棉油和畜牧产品产量居全国前列；也是全国矿产资源大省之一，石油、天然气、煤、有色金属的储量丰富；还是重要的能源冶金装备制造、纺织服装加工工业基地。河南省同时具有重要的地理区位优势，省会郑州是全国重要的交通运输和通讯枢纽。

2009年，河南省有44个扶贫开发重点县，其中国家确定的扶贫开发重点县31个、省定扶贫开发重点县13个，有565个重点乡、10430个贫困村。贫困人口分布从区域上看，主要集中在革命老区、黄淮滩区及滞洪区、豫西深石山区、平原传统农区、艾滋病高发区等5大区域。2001年以来，有720多万农村贫困人口脱贫，其中2009年脱贫约110万人。按照河南省确定的新的扶贫标准（人均年收入1500元），2009年底全省农村贫困人口约500万人。无论是从贫困人口数量还是贫困人口所占的比重上看，河南在全国仍是一个扶贫开发任务较重的省份。

【扶贫工作回顾】 河南省1986年开始有计划地开展农村扶贫开发，20世纪80年代后期扶贫和90年代实施“扶贫攻坚计划”的主要任务，是基本解决农村温饱问题。新世纪以来，根据《中国农村扶贫开发纲要（2001—2010年）》，制定了《河南省农村扶贫开发规划（2003—2010年）》，确定了国家级扶贫开发工作重点县、乡和贫困村。

2003至2006年，80%以上的扶贫资金集中投入整村推进，完成了全省农村D级危房改造，探索搬迁扶贫、劳动力转移培训、科技扶贫、产业化扶贫、小额到户贷款、村级互助资金等扶贫新举措，开辟了贫困地区农民增收新途径。

2007年以来，在搞好整村推进工作的同时，开展连片开发试点，探索解决区域性贫困问题的有效途径；加大搬迁扶贫、劳动力转移培训、科技扶贫、产业化扶贫、小额到户贷款、村级互助资金工作力度，全面提高贫困地区、贫困群众的自我发展能力和收入水平。2001年至2009年，全省共有6626个贫困村实施了整村推进，有720多万农村贫困人口脱贫。仅2009年一年，全省按照新的农民人均纯收入标准，基本实现110万农村贫困人口脱贫的目标。44个扶贫工作重点县农民人均纯收入由2008年的3970元增加到4320元，增长幅度8.8%。

【扶贫资金项目投入】 2009年，河南省筹集落实各类扶贫开发资金35.97亿元，其中，中央财政扶贫资金7.41亿元，省级财政资金1.52亿元，市级财政资金1.48亿元，县级财政资金2.22亿元，信贷扶贫资金10.41亿元（项目信贷资金5.33亿元，到户信贷资金5.08亿元），部门资金9.32亿元，社会帮扶资金3.61亿元。

【整村推进】 2009年，共完成1464个贫困村整村推进建设任务，较2008年增加了46.4%。其中“三个确保”革命老区重点村828个，较2008年增加78.1%。截至2009年底，全省共有6626个贫困村实施了整村推进，还有3804个贫困村未实施整村推进。其中24个革命老区重点县未实施整村推进的806个贫困村，将全部列入2010年整村推进计划。

【扶贫培训】 2009年，河南省各级财政投入扶贫培训资金近1亿元，培训贫困地区农民20.26万人，安排就业18.76万人，分别占全年20万人培训任务的101.3%和18万转移就业目标任务的104.2%，可增加农民收入7.5亿元以上。

【产业化扶贫】 2009年，河南省投入3250万元的财政贴息资金实施产业化扶贫。其中：投入1600万元贴息资金，吸引金融部门投放贷款5.33亿元，扶持扶贫龙头项目76个，其中国家扶贫龙头企业15家，省级扶贫龙头企业52家，辐射带动贫困村1330个、贫困人口128.73万人，直接吸纳2.29万贫困农民就业，人均年收入1.1万元以上。投入1650万元财政贴息资金，吸引金融部门投放小额到户贷款5.08亿元，扶持2.86万多农户发展种植业、养殖业和农副产品加工业等，户均增收2000元以上，有效地促进了贫困农民增收。

【移民扶贫】 2009年，共投入移民扶贫资金66585万元。其中，中央和省级财政资金7200万元，市、县财政投入10647万元，整合部门资金6506万元，群众自筹资金42232万元，建设移民扶贫安置新村（小区、点）124个，安置搬迁贫困群众6232户、25765人，分别占计划的129.8%和128.8%。一般安置户平均补助财政扶贫资金3000元，对其中的低收入贫困户和特困户实行了差别化扶持政策，提高了补助标准。

【科技扶贫】 采用科技示范、科技培训和能人带动等多种形式，引进新品种，推广新技术，增强劳动者的科技意识。2008年，全省投入科技扶贫资金3300万元，安排科技项目131个（其中国家级科技扶贫项目1个），直接扶持232个贫困村3万多贫困户。组织省、市级农业科研、教学、推广单位的1000多名专家，深入贫困乡、村推广农业实用技术，对贫困群众进行农业技术培训16.5万多人次，有效提升了贫困农民的自我发展能力，带动20多万农民群众发展致富产业。

【世行贷款扶贫项目实施】 世行贷款第五期扶贫项目涉及河南省5市10县，利用世行贷款5544万美元，各项准备工作基本就绪，中央财政先导工程资金360万元、省财政配套630万元、市级财政配套381万元，已按计划拨付到县，处于组织实施阶段。

【社会扶贫】 1. 定点扶贫。2009年，共有15个中直单位在河南省开展定点扶贫工作，投入和引进资金6000多万元。省、市、县三级共组织4900个机关单位参与定点扶贫，帮扶3700个贫困村，直接投入扶持资金约2.5亿元，帮助引进资金4亿多元。

2. 企业参与扶贫。全省共有448家民营企业与476个贫困村开展了共建，共建项目429个，共投资8787.3万元。

3. 军队参与扶贫开发。河南省军区在全区部署实施了以扶贫帮困、支援社会主义新农村建设为主要内容的“五个一”工程，共建立帮扶贫困村联系点171个，资助困难学生1178名，帮带烈军属2261人，帮建农村医疗卫生室197所。

【扶贫工作措施】 1. 探索连片开发新机制。在继续实施2008年连片开发试点工作的基础上，2009年在沈丘县和淅川县安排2个国家级连片开发试点项目。各项工作扎实推进，“连片开发”模式逐步形成。

2. 探索移民扶贫差别化扶持机制。2009年下发《关于搬迁扶贫中对贫困群众实行差别化扶持政策的若干意见》，区别贫困程度，对搬迁户实行不同标准的补贴，较好解决了贫困人口“搬得了”的问题。

3. 探索农村最低生活保障制度与扶贫开发政策有效衔接。2009年在宜阳、滑县、商城、泌阳四个县开展农村最低生活保障制度与扶贫开发政策有效衔接试点，完成对扶贫对象的识别和登记造册，为实现“两项制度”有效衔接奠定了基础。

4. 探索参与式扶贫新模式。完成兰考、宁陵两县利用中央专项彩票公益金支持贫困革命老区整村推进项目试点工作，为参与式扶贫模式的拓展积累了经验。

5. 创新合作机制。利用建国60周年表彰先进之机，集中表彰一批参与扶贫开发成绩突出、影响较大的企业和企业家，和河南省工商联共同推动“村企共建”活动更加扎实有效开展，进一步营造了企业参与扶贫开发的浓厚氛围。

6. 创新帮扶机制。2009年全省共安排“三支一扶”工作队员1000人，其中，专项扶贫工作人员126人。河南省扶贫办积极与组织部门沟通衔接，实现了全省10430个贫困村每个村都有1名大学生村官。

7. 创新激励机制。对2009年扶贫开发成效突出的10个县分别奖励项目资金100万元，用于2010年整村推进，调动了市县的积极性。

【困难与挑战】 2009年，河南省扶贫开发取得了新的成效，但是由于新阶段扶贫开发工作背景和面临的形势任务发生巨大变化，既为做好扶贫开发工作提供新的机遇，也带来新的风险和挑战。主要表现在：

1. 虽然农村人均收入有较快增加、贫困人口持续减少，农村贫困问题依然突出。按照人均纯收入1196元的标准，2009年底，河南有低收入贫困人口324万；人均纯收入1500元以下的有500万人，农村贫困发生率在8%左右，高于中部其他省份。另外由于致贫因素多而复杂，脱贫的脆弱性比较明显，脱贫与因灾返贫交织，巩固脱贫成果难度较大。

2. 一些产粮大县正逐渐成为贫困人口的聚集区。统计监测表明，由于粮食生产效益比较低下，近年来，河南省农村贫困人口分布向粮食主产区转移的趋势非常明显，其中人均纯收入排全省后30位的县中，有25个是平原农区县。

3. 革命老区、深石山区、黄淮滩区和艾滋病贫困群体扶贫任务仍然繁重。截至2009年底，国定革命老区贫困村，还有806个尚未实施整村推进；经河南省政府常务会议决定划入老区范围的贫困村，有2198

个未实施整村推进。另外，深石山区、黄淮滩区和划定的一些军事禁区群众的脱贫问题难度加大；450多万农村残疾人和相当数量的艾滋病贫困群众帮扶任务也非常繁重。

4. 各级投入与发展需求的矛盾日益凸显。虽然各级都增加了扶贫投入，但专项扶贫资金投入的增长速度低于GDP和总体投资增长水平。河南省委八届五次全会要求，2010年必须完成1600个贫困村整村推进建设任务，按国务院扶贫办每个村投入不低于50万元的要求，仅此一项就需资金8亿元，供需矛盾突出。

5. 金融危机对贫困地区产生的后发影响不可忽视。据统计，2009年上半年金融危机造成河南省63.2万农民工返乡，占外出务工总数的16.7%。虽有好转，但仍有近30万农民工未能外出。即使没有返乡，农民工月均收入比2008年同期也减少200元左右。加之农产品价格下滑、乡镇企业和农产品加工业发展困难加大等多种因素，金融危机对贫困地区造成严重冲击的后发影响应予以高度关注。

【2010年扶贫工作展望】 2010年，河南省扶贫开发主要目标任务是：完成1600个扶贫开发重点村的整村推进建设任务，完成“雨露计划”劳动力培训转移20万人，完成5000户、20000人、石山区贫困农民的搬迁扶贫任务。通过各种扶贫政策与措施的落实，全省再解决100万农村贫困人口脱贫。

1. 加大整村推进力度。2010年要高标准完成1600个贫困村整村推进建设任务。统筹各方面资金、资源向整村推进村投入。科技扶贫、产业化扶贫等各项扶贫措施都集中向这1600个村倾斜，确保整村推进村投入不低于当地新农村建设示范村的标准。

2. 积极稳妥推进搬迁扶贫。要科学编制搬迁扶贫规划，尊重贫困农民意愿，统筹帮扶资源，加大搬迁力度。全面推行差别化扶持政策，把真正贫困人口作为扶持重点。与农村新型社区建设相结合，因地制宜实施搬迁。注重解决后续产业发展问题，把增收项目、劳动力就业与搬迁同步规划、同步实施。

3. 实施劳动力转移培训。重点支持“两后生”农业实用技术培训和劳动技能培训，突出抓好中长期培训，扩大“金蓝领”班招生规模。放宽“雨露计划”培训对象年龄。实行定单培训、定岗培训。推行培训券管理方式，培训经费通过“培训券”方式直补给参训农民。注重培训的针对性和实效性，打造“雨露计划”特色品牌。加强培训基地管理，建立进出机制，提高培训质量，提高稳定就业率。

4. 继续搞好科技扶贫和产业化扶贫。因地制宜在1600个整村推进村和搬迁扶贫村实施科技扶贫、产业化扶贫、小额信贷扶贫措施。产业化贷款贴息项目要提前发布贴息政策，让有扶贫带动作用的企业进入贴息项目库，支持农业产业化龙头企业、扶贫重点企业、农民专业合作组织等提前与2010年要实施整村推进的贫困村进行对接。充分发挥扶贫专家评估组的作用，严格项目评审，确保扶贫资金充分发挥扶贫效益。

5. 抓好互助资金扶贫试点、社会扶贫以及外资扶贫工作。在抓好以往试点、总结推广试点经验的同时，2010年通过省市县三级筹措资金，争取再增加一批贫困村开展互助资金试点，进一步解决贫困群众发展生产的资金需求问题，带动贫困地区群众收入较快增加。要研究落实具体措施，推动党政机关定点扶贫、“村企共建”、科研院校和军队扶贫、社会团体和民间组织扶贫，总结各类典型经验，实现社会扶贫的新突破。加快世行五期扶贫项目规划论证，完成项目谈判、转贷及年度计划实施工作。在扶贫项目中突出群众的主体地位，项目建设由群众自主决策、自主实施、自主管理。

6. 抓好基础工作和重要问题的研究落实工作。2010 年要抓好扶贫统计评价和监测体系、建档立卡、建立旬报制度、建立健全项目评审机制、完善扶贫开发绩效考评和奖惩激励机制和扶贫工作宣传等几项基础性工作。同时还要抓好新时期扶贫纲要和规划的编制工作。组织完成河南省 2011—2020 年新的扶贫开发纲要和“十二五”扶贫开发规划编制工作。抓好“两项制度”有效衔接的扩大试点工作。力争将“两项制度”有效衔接试点扩大到所有国家扶贫开发工作重点县。

（河南省扶贫办综合处　陈仁辉）

湖北省扶贫开发

【概况】　湖北省是一个集老、少、山、库、湖于一体，贫困面积大、贫困程度深的中部省份，也是全国扶贫开发和老区建设的重点省区之一。全省共有29个贫困县市，国土面积和人口分别占全省总数的57%和33%，主要分布在大别山区（8个）、武陵山区（10个）、秦巴山区（9个）、幕阜山区（2个）。四片山区中，国家重点贫困县市25个、省定贫困县市4个。鄂西和鄂西北是我省重点贫困地区，其中恩施自治州和十堰市为整体性贫困市州，所辖14个县市均为国家重点贫困县市。

在29个重点县市之外，湖北省确定100个插花贫困乡镇和1000个插花贫困村，集中分布在：以江汉平原为重点的低洼湖区、血吸虫疫区、灾害多发地区；没有被列入国家和省定重点贫困县的9个山区县市的重点贫困乡村；平原县市中的山区乡村。

湖北省革命老区在全国占有重要地位，中共中央《关于建国以来党的若干历史问题的决议》中确定的全国12大块革命根据地，涉及到湖北省的就有鄂豫皖、湘鄂西、湘鄂赣、湘鄂川黔4大块。全省现有老区乡镇864个，遍及74个县（市、区），老区人口分别占全省总人口和全省农业人口的58%、82%。为了突出重点，湖北省确定了303个重点老区乡镇，其中有27个乡镇为革命中心地带乡镇。29个重点贫困县市均为革命老区县市，其中红安、麻城、大悟、洪湖、鹤峰、阳新为重点老区贫困县市，主要分布在鄂豫皖、湘鄂西、湘鄂赣老革命根据地。

湖北省有10个少数民族贫困县市，绝大多数为土家族、苗族，全部集中在武陵山区，均为国家和省定重点贫困县。全省共有36个享受西部大开发政策的老区和贫困县市。其中，29个重点贫困县市除神农架林区外，有28个被列入，其他8县市均为山区和重点革命老区。全省共有5800多座大中小型水库，是全国2个库区移民大省和库区扶贫大省之一，绝大部分集中于38个山区县市。

2009年底，国务院扶贫办、财政部对全国财政扶贫资金使用绩效进行考核，湖北省被评为A级，并奖励财政扶贫资金1000万元。国务院扶贫办致函湖北省，评价“2009年湖北省扶贫工作走在全国前列”。在2009年12月召开的全国扶贫开发工作会议上，湖北省作典型发言。

通过一系列卓有成效的工作，湖北省农村扶贫扎实推进，在困难之年取得明显成效。一是全年共解决了40万贫困人口的温饱和脱贫问题，超计划2.8个百分点。

建档立卡的贫困人口由670.96万人减少到630.96万人；二是29个重点贫困县市农民人均纯收入2988元，比2008年增加239元，增长8.69%；三是贫困村实施整村推进启动1376个村，当年完成项目村两年规划任务的70%；四是扶贫搬迁10394户、41576人，分别超计划3.9个百分点；五是雨露计划转移培训贫困劳动力54715人，超计划9.4个百分点，转移就业率97.4%；六是重点老区建设步伐加快，2009年项目区农村人平纯收入比2008年增加757元，达到3857.6元，生产生活条件进一步改善。

【扶贫工作回顾】 湖北省的扶贫工作，是在山区开发的基础上逐步深化的。党的十一届三中会全以来，大体经历四个阶段：

第一阶段：体制改革推动大规模减贫阶段（1978—1985年）。1978年，按照国家当时确定的贫困标准统计，湖北省农村没有解决温饱的贫困人口1172万人，占全省农业人口的30%。党的十一届三中全会后，通过以家庭承包制取代人民公社体制、农产品价格改革、发展乡镇企业等，解放了生产力，农村贫困现象大幅度缓解。至1985年，湖北省农村贫困人口下降到718万人。改革开放和制度的变更为此阶段大规模、快速减贫发挥了决定性作用。

第二阶段：区域开发扶贫阶段（1986—1993年）。中国政府于1986年正式启动了直接针对贫困区域的有组织、有计划的开发式扶贫。全国确定了664个国家重点贫困县，其中分布在18个集中连片的贫困山区430个。在这一阶段，湖北省先后共确定了38个山区贫困县市，其中四片山区中的25个县市被纳入全国18片山区重点扶持范围，13个为省定贫困县市。通过扶贫开发，至1993年底，全省农村贫困人口由718万人减少到394万人。

第三阶段：“八七”扶贫攻坚阶段（1994—2000年）。为确保党中央、国务院“八七”扶贫攻坚目标如期实现，湖北省委、省政府制订了《湖北省扶贫攻坚计划》，将38个山区贫困县市全部列入“八七扶贫攻坚计划”进行帮扶。同时，为了突出重点，确定全省12个“八七扶贫攻坚计划”特困县市，以及插花贫困地区的“百乡千村”，作为贫中之贫，实行特殊攻坚扶持。经过全省上下的共同努力，至1999年底，全省已有25个贫困县市提前一年实现了“八七扶贫攻坚计划”的目标，成为整体解决温饱先进县市。全省贫困人口也由1993年底的394万人减少到2000年底的50万人，完成了“八七”扶贫攻坚的目标任务。

第四阶段：新阶段扶贫开发（2001—2010年）。2001年，国务院出台《中国农村扶贫开发纲要（2001—2010年）》，湖北省相应出台《湖北省扶贫开发十年规划》。针对贫困成因从普遍性、区域性、绝对性贫困，开始向点状分布和相对贫困转变的特点，将扶贫开发的重点从贫困县转向贫困村。湖北省列入国家扶贫开发工作重点县25个，确定8614个贫困村。2009年，湖北省按照国家新的贫困线标准，在乡村完成“两类人口”建档立卡的基础上，经县（市、区）人民政府审核，并报省人民政府确认，全省截至2008年底，共有建档立卡的“两类人口”1030.01万人，其中，年人均纯收入1196元以下的670.96万人，年人均纯收入1197—1500元的359.05万人，分别占全省乡村人口的16.69%和8.93%。

【扶贫资金投入】 省扶贫办、省财政厅组织全省精心编制财政扶贫资金计划，扎实开展财政扶贫资金绩效考评。2009年全省以优质工作争取国家扶贫资金的倾斜支持，全年国家安排给湖北省的财政扶贫资金49710万元，比2008年增加12160万元，同比递增32.38%。省级财政预算安排扶贫资金15110万元。两级合计，全年共下达财政扶贫资金64820万元，资金数量创历史新高。省发展改革委员会积极争取中央以工代赈资金1.73亿元，易地扶贫搬迁资金4000万元，以工代赈示范项目资金5500万元，全部用于贫困地区基础设施建设和产业发展，其中80%以上用于重点贫困县市整村推进。

【整村推进】 全省扶贫开发调整思路，集中资金向整村推进倾斜，整合各种资源向整村推进集合，确保项目村必要的投入。据不完全统计，2009年全省“三个确保”整村推进共投入财政扶贫资金3.9688亿元，整合资金9.6364亿元，建设项目5504个，每村平均投入98.9万元。在抓好当年项目村启动工作的同时，对上一轮实施整村推进的村进行检查验收，数据显示，实施整村推进后，减少贫困4.7万户、18.1万人，农民人均纯收入2697元，比实施前增加665元，产业发展、基础设施、人居环境等，均有较大幅度的改善和提高。

【扶贫培训】 2009年，全省雨露计划培训积极应对金融危机影响，安排雨露计划培训补助资金4000万元，人均补助标准800元，资金总量继续达到中央安排给湖北省财政扶贫资金的10%以上。全省有100个雨露培训基地承担当年培训任务，签订贫困劳动力培训转移合同，实行合同制管理。深入开展“湖北省百校联百企”活动，全省共有93个培训基地与省内516家企业开展校企合作，落实订单培训34096人，安置雨露学员25537人，占41.1%。同时，开展贫困地区干部培训、“千村书记培训工程”和“三支一扶”工作计划。全年培训基层干部2686人，其中整村推进贫困村党支部书记2121人。征集100名“三支一扶”大学毕业生从事基层扶贫工作。

【产业化扶贫】 为了化解国际金融危机对扶贫龙头企业的影响，2009年在中央安排1125万元贴息资金的基础上，湖北省再安排3000万元贴息资金，全年共安排扶贫贴息贷款13.7亿元，比2008年增加6.13亿元。扶持44家农业产业化龙头企业、特色支柱产业、贫困农户种养业、农村经济合作组织等。全省有龙头企业带动的贫困村兴建改造特色产业基地120万亩，覆盖40多万农户，带动人均增收200多元。在全省15个重点贫困县市的64个贫困村开展扶贫互助资金试点，吸收8122户村民加入“互助合作社”，累计发放扶贫互助资金1090万元，入社农户借款4283户次。扶贫到户贷款贴息1125万元，扶持1.27万农户，户均贷款1782元，当年到期贷款归还率94%，人均增收300元以上。

【扶贫移民搬迁】 省政府在完成第一轮扶贫移民搬迁5.25万户、21万人的基础上，从2009年开始，实施全省第二轮扶贫移民搬迁。补助标准由原1500元/人提高到2000元/人。当年省级财政安排扶贫搬迁资金6000万元，其中，省级财政预算资金2000万元，财政扶贫资金1500万元，以工代赈资金2000万元，民族发展资金500万元。在此基础上，采取市、县政府补一点，机关部门帮一点，企业、社会捐一点，搬迁户个人筹一点等办法，解决好搬迁建房问题。同时配套实施“一建三改”、产业扶贫、村庄整治、新农村建设等，协调有关部门解决水、电、路、文、教、卫、通讯、电视等基础设施问题，确保搬得出、稳得住、逐步能致富。

【老区建设】 一是完成2008年度303个老区重点村和27个“革命中心地带”乡镇重点村的整村推进检查验收工作，资金、项目完成率均达100%。启动2009年老区重点村整村推进项目1583个，下达老区建设资金9750万元，据调查摸底，当年已完成规划任务的90%；二是加大对老区的扶持。2009年省级财政对革命老区“中心地带”27个老区乡镇的扶持资金由每个乡镇10万元增加到30万元，当年启动建设项目37个，扶持资金810万元。省直部门筹集用于老区建设资金1061万元，加上中央对湖北省老区的拨款，2009年全省老区建设共投入1.1621亿元；三是争取4250万元，在阳新县、麻城市开展彩票公益金支持老区整村推进项目试点，为多渠道扶持老区建设探索经验；四是加大对老区的宣传力度。在庆祝新中国成立60周年之际，省委省政府组织媒体开展了“革命老区行”宣传采访活动，2009年9月30日，省委、省政府在湖北省日报发表《致全省革命老区人民的慰问信》。

【脱贫奔小康试点】 为建立贫困县脱贫奔小康长效机制，湖北省委、省政府在总结仙洪新农村建设试验区成功经验的基础上，决定从2009年起，每年安排7000万元，由7名省委常委带领33个省直部门，在保康、五峰、丹江口、大悟、英山、通山、鹤峰等7个山区贫困县市开展脱贫奔小康试点工作。力求三年取得明显变化，五年建成全省脱贫奔小康示范县、山区新农村建设先进县，为实现全面小康社会目标奠定坚实基础。一年来，通过整合力量，整合资源，整合投入，重点建设项目计划总投资118.7亿元，实际完成投资89.9亿元。整个试点工作呈现出部署周密、规划全面、合力帮扶、强力推进、效果初显的良好态势。据统计，2009年7个试点县市国内生产总值277.76亿元，比2008年增长14.5%；工业增加值77.73亿元，比2008年增长12.9%；财政总收入25.55亿元，比2008年增长21%；农民人均纯收入3462元，比2008年增长10.4%；年末贫困人口63.71万人，比2008年底减少6.04万人，下降8.7%。

【连片开发试点】 在争取2950万元投入大悟、建始、红安县开展连片开发和老区建设示范试点的基础上，2009年再投入财政扶贫资金2000万元，在竹山县、恩施市开展连片开发试点，探索整村推进与区域发展相结合的新路子。

【科技扶贫试点】 2009年首次争取到国家科技扶贫资金250万元，用于在郧县、长阳县开展科技扶贫项目试点。

【扶贫开发与低保两项制度衔接试点】 2009年在孝昌、罗田县开展全国“扶贫开发与农村最低生活保障制度相衔接”试点，并以此为契机，在全省铺开“两类贫困人口”建档立卡工作。

【互助资金试点】 2009年安排扶贫资金900万元，在湖北省60个贫困村开展全国村级互助金试点，积极探索缓解贫困村、贫困户贷款难的矛盾。

【插花扶贫】 全省29个重点贫困县市之外的水库淹没区、低洼湖区、分洪行洪区、血吸虫疫区、偏远山区为湖北省插花贫困地区。为了突出重点，省政府每年从“百乡千村”中确定300个重点贫困村，安排专项扶贫资金实施整村推进。同时，插花贫困地区市、县（市区）党委政府不断加大本级财政投入，组织动员党政机关、企事业单位、社会团体参与扶贫开发。截至2009年，共完成了1200个村的整村推进任务，先后解决了15.73万贫困人口的温饱和脱贫问题。

【行业扶贫】 2009年，省直各部门按照中央1号文件关于“充分发挥行业扶贫作用”的要求，充分发挥部门优势，普遍加大了对贫困地区行业支持的力度。

1. 支持基础设施建设。“十一五”期间，省交通运输厅在29个重点贫困县建设通村沥青（水泥）路23862公里，实现80%的行政村通沥青、水泥路。同时，按照“政策引导、多方集资”的原则，每年筹集资金扶持老区乡村公路建设。省水利厅“十一五”期间每个贫困县市均安排1～2个水利基础设施项目，水利基建投资比例较其他地区提高10%。2009年中央新增我省安全饮用水省级投资2.4亿元，其中用于贫困地区的1.97亿元。省国土资源厅从土地开发整理、低丘岗地改造、基本农田项目等方面加大对扶贫开发投入，2009年优先安排民族贫困县和7个脱贫奔小康试点县重点项目投资5.07亿元。省电力公司落实第四期扶贫项目60项，计划总投资7103万元，在扩大贫困农村用电覆盖面、改善人畜饮水条件、修建山区公路等方面提供支持。省住房和城乡建设厅积极推进脱贫奔小康试点县建设，启动459个村的村庄整治；安排25个国家重点贫困县农村特困户危房改造2.36万户，补助资金1.18亿元，户平补助5000元。

2. 支持改善基本生活条件。省卫生厅每年筹集资金用于老区医疗扶贫。提高贫困县农民参加合作医疗补助标准，力争到2011年每个贫困县和建制乡（镇）都建有一所符合国家标准的县医院和乡镇卫生院，每个行政村都有一所合格的卫生室。省人口计生委对农村计划生育实施奖励扶助政策，省级负担的比例，贫困县比一般县提高20%；计划生育事业费转移支付的比例，贫困县比一般县增加20%。省民政厅做好全省“两类贫困人口”建档立卡和农村低保与扶贫开发“两项制度”衔接工作，2009年农村低保对象由上年的140万人扩大到172.5万人。扶持老区贫困地区2500多万元，帮助3500余户优抚对象解决生活、医疗、住房等实际困难。省残联创建扶贫示范基地100个，通过康复扶贫贴息贷款扶持，安置带动13000余名残疾人脱贫。实施农村贫困残疾人危房改造项目，中央、省、市共同补贴每户5000元，改造危房8400户，有13440名贫困残疾人受益。

3. 支持贫困人口提高基本素质。省教育厅先后为四个库区县争取学校搬迁复建投资近亿元。在70多所高校开展结对资助贫困大学生活动，资助家庭困难学生17.5万人，资助金额3500余万元。省总工会“十一五”期间组织向灾区贫困地区捐款1000多万元，培训农民工5000多人次。对口扶贫宣恩县，投入365万元用于贫困农民培训和县工会基础建设。团省委实施“希望工程”，筹款4000万元，资助学生10000人次，援建希望小学37所。省体育局累计投入体育彩票公益金3250万元，用于全省贫困地区“雪炭工程”项目建设。省广播电影电视局力争到2010年，贫困地区基本实现一村一月一场电影的目标，20

户以上的自然村全部完成广播电视村村通任务。省文化厅对贫困地区重点倾斜，投入专项经费14974万元。制订对口帮扶规划，目前已落实项目经费531.78万元。省商务厅会同省教育部门，从贫困地区招收培训外派海员7000多人，普通海员最低月收入500美元，高级海员月收入超过1200美元。省妇联启动“万名巾帼家政服务员培训工程”，在全省10个老少边区县培训家政服务员9万余人，实现就业率85%以上。开展“关爱单亲特困母亲行动”，协调省扶贫办将贫困县224户单亲特困母亲家庭纳入当年全省扶贫搬迁计划。省人力资源和社会保障厅参与“全省十大扶贫突出贡献企业、十大扶贫突出贡献个人”评选表彰活动，不断加大对艰苦边远地区人才支持力度。帮助全省重点贫困县及三峡、南水北调工程所在的库、坝区，培训农村劳动力10.6万人，转移就业10.7万人。

4. 支持兴建基本产业。省农业厅支持贫困地区特色板块基地建设，2009年下达7个脱贫奔小康试点县市、10个民族贫困县市、29个重点贫困县市帮扶项目资金13.5亿元，带动和促进贫困农户增收。省林业局在天然林保护、退耕还林、长江防护林、林业血防、石漠化综合治理、集体林权改革等方面，对贫困地区实行倾斜扶持，2009年仅对7个脱贫奔小康试点县市投入资金达10852万元。省环保厅对全省老区贫困地区资金和项目安排均高于全省平均水平。2009年争取中央资金720万元，为每个脱贫奔小康试点县安排了2个以上的项目。投入1020万元，支持大别山、利川市、英山县扶贫开发。省科技厅实施大别山科技致富工程，“十一五”期间，引进40多家外资企业进入大别山，带动本地民营企业发展。通过科技扶贫开发，集结了当地60%农户，40%农村劳动力，创造了60%以上的农村收入。省民宗委每年集资少数民族发展资金500万元用于民族地区扶贫搬迁。组织实施“616”对口支援和“1+1”对口帮扶工程，2009年为恩施州、宜昌市10个民族贫困县市和全省12个民族乡镇帮扶项目100多个，落实帮扶资金2800万元。

5. 支持扶贫基础工作。省委政研室组织专班，深入山区、库区、老区进行扶贫调研，不断为扶贫开发提供决策参考和指导意见。省统计局加强贫困地区统计系统基础建设，建立农村应急调查网点，发挥信息资源优势，服务扶贫开发。国家统计局湖北省调查总队在全省建立覆盖29个贫困县（市）的2950个农户贫困监测调查网点，每年围绕扶贫热点难点问题研究部署扶贫统计监测工作，为准确测算贫困人口数量和扶贫绩效评估作出了积极贡献。省委组织部每年牵头组织扶贫领导小组成员单位，对全省贫困地区党政领导干部扶贫责任制进行考核。在贫困地区实施强村富民、强基固本的“双强”工程，组织全省100万党员结对帮扶100万贫困户，取得明显成效。省纪委监察厅带领省直单位对口支持通山县，2009年落实帮扶项目17个，资金4000多万元。为全面完成全省年度扶贫工作目标任务发挥了积极作用。省委宣传部贯彻落实《信息公开条例》，先后多次举行扶贫新闻发布会、在湖北省日报发布扶贫专版，促进扶贫政策落实。组织媒体深入采访报道“革命老区行”、“扶贫双十表彰典型”、“脱贫奔小康试点”等成果和经验，有力地促进了全省扶贫工作。

【社会扶贫】 1. 中直单位帮扶。按照中央的统一部署，2009年国家农业部、水利部、科技部、国家烟草专卖局、国家电网局、中铝公司、中国图书进出口公司、中国丝绸进出口总公司、中国恒天公司9个单位，定点帮扶湖北省16个国家扶贫开发工作重点县、区，直接投入各类帮扶资金12244万元，引进资金10774万元，引进人才42人，实施项目126项，引进技术33项。资助贫困学生744名，举办培训班88期13280人次，组织劳务输出1566人，有力地促进了贫困地区经济社会发展。

2. 省老促会帮扶。省老区建设促进会（省扶贫基金会）发挥老领导的优势，大力募集社会资金，引进老区建设项目，2009年新增扶贫基金3137.5万元。带头与市州县老促会联办9处思源回报工程，吸引投入资金1255万元。市州县老促会新增思源回报工程320处，投入资金8562万元。以上工程完工后将使重点老区8523户、42615人受益。

3. 省扶贫协会帮扶。省扶贫开发协会成立一年多来，现有107个会员企业和团体，每年拿出7000多万元扶贫帮困。2009年有20家会员企业获扶贫贷款4.377亿元、财政扶贫资金贴息1313万元，实施产业扶贫，带动20多万贫困农民解决温饱和脱贫。

4. 企业帮扶。2009年全省参与扶贫开发的企业850家，合作项目1020个，年创效益13.2亿元，带动18.5万贫困人口脱贫致富。省国资委协调重点企业开展定点帮扶，在全省选择50家国有大中型企业和18家民营企业，对口支持7个脱贫奔小康试点县市乡镇。省委统战部和省工商联组织66家民营企业与66个贫困村开展“一对一”帮扶，取得明显效果。省经信委和省商务厅举行扶贫招商引资和重大项目推介洽谈会，吸引130多家中外企业参会，7个脱贫奔小康县（市）现场签订近7亿元引资项目。2009年受到表彰的“湖北省十大扶贫突出贡献企业”、“湖北省十大扶贫突出贡献个人”率先垂范，为全省扶贫开发和老区建设作出了重大贡献。

5. 高校院所参与。省委、省政府组织武汉大学、华中科技大学、省社科院、中科院武汉分院、中国农科院油料所等14所高等院校和科研院所，对口帮扶7个脱贫奔小康试点县市。华中科技大学宋子良等六位教授，在深入调研的基础上，联名撰文建议设立“大别山革命老区经济社会发展试验区”，受到省委省政府主要领导的肯定，引起广泛关注和重视。华中农业大学先后在20多个贫困县市推广动植物新品种20个，推广面积累计1亿多亩。举办贫困县乡领导和农民实用技术培训班300多期，培训县以上领导1700多人，乡镇干部2600多人，农业技术人员6万余人次，农民100万人次以上。

6. 驻鄂部队帮扶。广州军区机关捐赠100万元，援建竹山县“八一希望学校”，解决水库淹没区2000多名适龄儿童的上学问题。省军区机关定点帮扶十堰市竹山县，连续多年派出团职干部挂职副县长扶贫。恩施军分区实施“131”扶贫工程，对恩施等重点贫困地区给予了真情帮扶。根据省政府和省军区的统一安排，2009年驻鄂部队7单位定点帮扶7个脱贫奔小康试点县市，力争通过5年努力，使试点县市的贫困人口收入大幅增长，贫困村的基础设施明显改善，社会事业全面发展。

【困难与挑战】 2009年初，湖北省重点扶贫县多年经营的种养基地产品出口纷纷受阻，扶贫龙头企业帮带脱贫的作用大幅下降，外出打工的贫困劳动力大批返乡，贫困农户增收脱贫倍加艰难，因市场风险致贫、返贫人口明显增加；二是《扶贫规划纲要》实施进入冲刺阶段，贫困群体众多，扶贫开发任务进一步加大；三是整村推进“三个确保”任务异常艰巨。湖北省是国务院确定的“三个确保”任务最重的4个省之一，仅次于山西省排全国第二，仅国家扶贫开发重点县尚有2961个村要在2010年前确保完成整村推进任务。2009年要启动实施1376个村的整村推进，比2008年增加了876个村，而资金相对不足。

【扶贫工作措施】 2009年1月6日，湖北省人民政府办公厅就以鄂政办1号文件，向全省各市州县和省直各部门印发《2009年全省扶贫开发工作要点》。

2009年2月2日春节后上班的第一天，省委书记罗清泉主持会议，专题研究部署全省7个山区贫困县市脱贫奔小康试点工作，会后，试点工作迅速启动、全力高位推进。

2009年2月，湖北省人民政府召开常务会议，4月，中共湖北省委召开常委会议，分别就加强全省扶贫工作进行研究。5月11日，出台《中共湖北省省委、湖北省人民政府关于进一步加强扶贫开发工作的决定》（鄂发［2009］8号），进一步明确新阶段扶贫工作的指导思想、目标任务、工作重点，强化了政策措施。

2009年6月，中共湖北省委、省人民政府召开全省扶贫开发工作会议，省委书记罗清泉、省长李鸿忠作重要讲话，对当前和今后一个时期扶贫开发工作进行再动员、再部署。

2009年8、9月，根据省委常委会第九届（2009）31号《决定事项通知》，为隆重庆祝新中国成立60周年，省扶贫开发领导小组组织媒体开展“革命老区行”活动。

2009年10月，围绕纪念第17个国际消除贫困日，省委书记罗清泉、省长李鸿忠在湖北省日报发表署名文章，省政府举行全省“双十”表彰大会，对全省“十大扶贫突出贡献企业、十大扶贫突出贡献个人”予以表彰，以榜样的力量激励和引导全省扶贫开发工作不断向纵深推进。

2009年11月25日，湖北省十一届人大常委会第十三次会议高票通过《湖北省农村扶贫条例》，标志省扶贫立法走上了新的台阶，进一步推动扶贫工作向法制化轨道迈进。

2009年10至11月，湖北省政协视察团就大别山区扶贫工作进行专题视察，提出设立“大别山革命老区经济社会统筹发展试验区”及一系列加快老区发展的意见和建议，探索革命老区扶贫新模式。

（湖北省扶贫办　洪绍华）

湖南省扶贫开发

【概况】 湖南省位于中国长江中游，洞庭湖以南，东邻江西，北交湖北，西连重庆、贵州，南接广东、广西，辖13个市和1个自治州，122个县市区，省会设长沙市。全省地势东南西三面环山，北部为洞庭湖平原，中部多为丘陵、盆地。湘江、资江、沅江、澧水（称“四水”）汇聚洞庭湖，流入长江。按地理位置，全省大致可分为湘北、湘中、湘南和湘西四个区域。湖南总面积为21.18万平方公里，户籍人口总数达到6805.70万人。

湖南省是扶贫任务较重的省份。2001年，经国务院批准，确定湖南省泸溪县等20个国家扶贫开发工作重点县。同年，经省政府批准，确定吉首市等18个省扶贫开发工作重点县。2006年以后，经省政府批准，确定靖州县、江永县、会同县、绥宁县、洞口县、武冈市扶贫工作比照省扶贫开发工作重点县。38个扶贫开发工作重点县主要分布在武陵山区、井冈山区、雪峰山区和南岭山脉，共有国土面积9.12万平方公里、人口1954万，分别占全省的41%和29%，有革命老根据地县19个、少数民族县17个。全省共有7000个贫困村，占全省行政村总数的14.8%，其中38个国家和省扶贫开发工作重点县有贫困村5453个。根据国家统计局统计，2008年湖南省有低收入人口171.2万，占全国4007万贫困人口的4.3%。

【扶贫资金项目投入】 2009年，在湖南省委、省政府的领导下，树立“大扶贫”理念，深入推进“一体两翼”扶贫开发战略，强化组织领导，创新工作机制，开展和推进“两项制度”有效衔接工作。全年投入扶贫资金扶贫办专项7.21亿元，其中中央资金5.81亿元，省7000万元，市州3618万元，县市区3370万元；年度总额与增幅都超历史之最，增幅超30%。20个国家扶贫开发工作重点县人均纯收入达2821元，增幅12%。

【整村推进】 2009年，湖南省委、省政府启动第三轮1269个贫困村的整村推进工作，其中重点对10个国扶老区县的760个村进行扶持。按“领导办点、部门联村、干部驻村”的方式，省市县三级共派出3777个驻村扶贫工作组，全年投入资金、物资合约7亿元，其中中央财政扶贫资金2.7亿元、地方自筹2.21亿元、部门整合2.1亿元；用于“三个确保”村整村推进就有3.8亿元。52个省直单位在驻村扶贫、整村推进中率先垂范，选派蹲点干部97名帮扶48个贫困村，全年直接投入2622万元，引进各类资金4451万元，村均投入达136万元。实施项目192个，引进人才51

名，引进技术94项，举办培训班96期、培训1860人次。1269个村2009年农民人均纯收入达到2065元，比2008年增加520元，增幅达33%。在整村推进工作实施过程中，湖南注重加大“三个力度”：加大组织领导力度，18位省委常委和副省长以身作则，带头办点；加大资金扶持力度，湖南省扶贫办从财政扶贫资金中专项安排3000万元资金用于支持省直驻村扶贫工作组整村推进工作。按照适当集中连片的要求，在龙山县、邵阳县分别选择15个整村推进村开展彩票公益金试点工作，投入资金4250万元，村均140万元；加大检查考核力度，由省市县三级组织部建整办牵头，每半年对工作进行督查，年底全面检查考核，并召开总结表彰大会。

【扶贫培训】 2009年初，全省开展了“返乡民工”的专题调研，进一步确立抓好劳动力转移培训和实用技术培训，就是扶持贫困户发展生产，增加收入的扶贫理念。全年安排财政扶贫资金4117万元用于农村劳动力专业培训，共培训2.69万人，完成年度计划的103.4%。继续坚持“省抓示范、市州抓精品、县区抓规模”的培训思路，重点针对贫困村应届“两后生”以及25岁以下贫困农民，开展职业学历教育，力争将他们培养成为较高技能专业人才。7月，新华社内参专门对湖南省的扶贫职业学历教育进行了采访报道，得到了国务院副总理回良玉的批示和肯定。

【产业化扶贫】 在产业扶持措施上，各地积极探索，进一步丰富产业扶贫形式。加大对100个国家、省级农业产业化龙头企业的扶持力度，安排贷款贴息资金3610万元，引导贷款10.5亿元，较好地解决了企业资金紧缺问题，通过“企业+基地+农户+协会”等形式，覆盖贫困人口70多万，带动当地农户人均增收800多元。湘西土家族苗族自治州完成茶叶、中药村和特色经济作物面积8633.33公顷，完成柑橘品种改良和低产田改造1.12万公顷，新开发水果面积4100公顷，建立优质椪柑基地1640公顷；怀化市扶持贫困户养殖生猪11万头、家禽36.5万羽。

【基础设施建设扶贫】 2009年湖南省继续加强以村组公路为主的交通、饮水、农田、电力、危房等设施的新建与改造，帮助贫困群众改善生产、生活条件。全年安排基础设施建设资金1.7亿元，新修村级公路5659公里，完成了近800个村公路建设，对700个村道路进行了硬化，架桥15200米，解决了260多万群众出行难问题；修建大、中型饮水工程120处，建水池6.39万立方米，铺水管5340千米，解决了43.4万人、65万余头牲畜饮水问题；新建和维修各类水利工程2660处，整修高标准山塘4300口、水库142座，增加1083.7公顷旱涝保收农田，保护农田面积14.67万公顷；架设高低压线路2160条、1400多公里，安装变压器87台，解决了4.8万人的用电困难问题；开通农村广播站点172个，新建、整修学校1.43万平方米，新建村卫生室1.15万平方米。

【生态扶贫工程】 在扶贫攻坚主战场湘西州安排财政扶贫资金1000万元，建沼汽池1.19万口，发展“猪—沼—果（蔬）”生态经济，进一步改善农民生产、生活环境，做到节能增收。

【专项扶贫工程】 开展“县为单位，整合资金、整村推进、连片开发”的试点工作。龙山县选择百合、古丈县和沅陵县选择茶叶作为连片开发试点项目，其中龙山县百合试点项目总投资为1.7亿元，项目覆盖49个村8959户贫困户。建立“有偿借贷、互助发展”的“互助金”生产发展模式，城步、桑植等8个试点县80个村共投入资金2278万元，其中财政扶贫资金1200万元，参与农户入股资金1078万元，覆盖8360户3.5万人。新宁县、永顺县信息扶贫试点工作进展顺利。

【社会扶贫】 在湖南省委、省政府主要领导直接关心下，经多方努力，成功将中国远洋运输（集团）公司和东方资产集团引入湖南定点帮扶沅陵县、安化县和邵阳县。至此，驻湘扶贫的中直单位达到13个，定点扶持湖南省17个国家扶贫开发重点县。2009年，驻湘中直单位引进扶贫项目71个，投入帮扶和引进帮扶资金1.1亿元。驻湘部队参与扶贫开发力度进一步加强，增补省军区政治部为湖南省扶贫领导小组成员单位，省军区成立“2211”办公室，明确了20个师以上单位每个单位帮扶1个贫困村，帮扶1万户贫困户；筹集资金1300万元，用于老区贫困基础设施建设；投入资金200万元，资助1000名贫困大学生，开启了军队全面参与湖南扶贫开发事业新局面。与中国邮政集团湖南分公司开展“爱心包裹”活动，通过1300多个营业网点，共募集资金3000多万元。日本协力银行贷款援建最后一批项目签订了合同，已实施的项目80%完工交付使用，有效改善了武陵山区教育、卫生、市场、饮水等公益设施，深受当地干部群众的赞誉。德国援助5000万元人民币，在平江、凤凰两县的水利设施等项目已正式启动，促使湖南国际扶贫合作迈上新的台阶。

【扶贫开发和低保两项制度有效衔接试点】 湖南省作为全国11个试点省份之一，试点工作取得显著成效，“两项制度”有效衔接工作已在全省国家和省扶贫开发工作重点县全面推开，走在全国前列，得到国务院扶贫办的肯定。工作中，湖南省坚持“四个群众原则”，即宣传发动要围绕群众来展开，调查摸底要深入群众来进行，识别对象要依靠群众来评定，帮扶项目要依照群众意愿来实施；重点抓了“六个到位”：

一是思想认识到位。3月下旬，组织全省对两项制度进行大调研，实地调查86个低保人口过万的县市区；先后5次召开相关县分管领导与扶贫办主任会议，专门研究部署有关工作，从根本上消除了扶贫系统对“两项制度”有效衔接的模糊认识；二是对象甄别到位。及时将拟登记扶贫对象150万的规模分解下达到县市，保证了扶贫对象识别认定的有序进行。各县把群众公认和社会公认贯穿识别工作的整个过程，突出抓好“三级复审、三榜公示”，尽可能让群众参与，让大家服气；三是队伍建设到位。各级成立了领导小组和办公室，由扶贫办主任亲自挂帅；四是扶持资金到位。追加安排1600万元支持保靖、邵阳两县开展试点工作，明确扶持资金投向，并安排相应培训工作经费；五是工作措施到位。做到“三到户、三到人”，即脱贫计划到户，项目规划到户，资金落实到户；帮扶责任到人，项目实施到人，工作联系到人；六是督促检查到位。项目的审批权原则下放到试点县市，省只负责批准实施方案，把精力摆在检查督促、经验总结、先进典型的推介上，先后10次总结推介了邵阳、保靖两县的试点经验。

【困难与挑战】 随着新的形势和任务的变化，制约贫困地区和贫困人口发展的深层次矛盾依然存在。一是虽然贫困人口数量不多，但贫困程度深，脱贫难度大，特别是生态保护区的农民生计问题还没有稳定解决。同时，返贫问题非常突出；二是农民收入差距在进一步扩大，相对贫困现象日益凸显；三是特殊类型地区和特殊群体的贫困问题仍积重难返；农村残疾人口面比较大，实现脱贫致富受到多重制约；四是整村推进任务非常艰巨，仍有1711个村未实施整村推进，已经实施的标准还不高；五是重点县之外的县的贫困问题越来越突出，扶贫任务十分紧迫。

【2010年扶贫工作展望】 2010年，湖南扶贫开发工作的指导思想是：按照新的扶贫标准，做好扶贫开发政策与农村最低生活保障制度的有效衔接；以湘西土家族苗族自治州为主战场，加大对革命老区、民族地区和贫困地区的扶持力度；进一步调整和完善扶贫开发的工作思路和方法；以基础设施建设、培育特色优势产业为重点，深入实施开发式扶贫，增强贫困地区自我发展能力；以发展素质教育为重点，找准贫困人口，提高贫困农民自我发展能力；把扶贫工作作为确保全体人民共享改革发展成果的民生工程抓紧抓好。

总体目标：确保《中国农村扶贫开发纲要（2001—2010年）》和《湖南省农村扶贫开发规划（2001—2010年）》目标任务如期实现。具体工作任务：一是力争全省贫困地区人均GDP、农民人均纯收入、人均财政收入三项主要经济指标年均增幅超过全省平均水平；二是完成全省200万扶贫对象的识别造册登记工作，安排4亿元以上的财政扶贫资金，按人均400元标准，确保100万以上的扶贫对象得到直接帮扶；三是全面完成“三个确保”任务；四是谋划新十年扶贫开发工作。按照中央要求，完成国家和省扶贫开发工作重点县的调整任务；会同省发改委、省财政厅等有关单位共同编制湖南省新十年扶贫开发规划和“十二五”整村推进、扶贫异地搬迁两个专项规划，组织人员对1～2片贫困程度最深的集中连片地区，制定综合治理规划；五是进一步创新扶贫机制。扶持农村各类经济合作组织，提高贫困农民参与市场的能力，新增互助金试点村扩大到400个以上。进一步抓好连片开发，促进贫困地区产业发展；探索壮大扶贫队伍建设，在贫困乡镇设立扶贫工作站，在扶贫工作重点村设立联络员，招募和组建以大学生村官、应届毕业大学生、县乡镇退居二线的有技术有经验干部为主的扶贫志愿者队伍，与扶贫对象结对帮扶。

（湖南省扶贫开发办公室
钟永红　匡光华）

广东省扶贫开发

【概况】 改革开放以来，广东经济迅猛发展，成为全国经济第一大省，但是，在广东列车步入经济快速发展轨道的同时，珠江三角洲经济发达地区与东西两翼、粤北山区的发展差距也不断拉大，区域发展不平衡、城乡差距、贫富悬殊的问题日益突出。广东省委、省政府高度重视区域发展不平衡和城乡差距拉大、相对贫困突出的问题，近年来，在国务院扶贫领导小组的指导下，广东通过“智力扶贫”、“对口扶贫”、“开发扶贫”和建立最低生活保障制度等措施，使全省贫困人口持续减少，贫困人口的生活质量不断提高，贫困地区的基本生活条件不断改善。省委书记汪洋提出了扶贫开发“规划到户责任到人”的思路，计划从2009年开始，用三年时间，对粤东西北欠发达地区的3409个贫困村，以及农村家庭人均收入1500元以下的316万贫困人口进行对口帮扶，通过实施“规划到户责任到人”，采取“一村一策”、“一户一法”等综合扶贫措施，确保被帮扶的贫困户基本实现稳定脱贫，被帮扶的贫困人口有80%以上达到农村人均纯收入2500元以上，被扶持的贫困村基本实现改变落后面貌。

2009年，广东省的扶贫开发工作以促进区域、城乡协调发展和构建和谐社会为目标，按照“政府主导、社会参与、自力更生、开发扶贫”的方针，以“规划到户责任到人”为主线，积极推进“大扶贫”，协调有关部门，推动农村“一保五难”问题的解决，促进贫困地区基本生活、生产条件的改善。广东省正逐步建立起农村最低生活保障制度，对农村人均纯收入1200元以下的贫困人口，做到应保尽保，已有160万农村贫困人口享受低保救济。

【扶贫开发电视电话会议】 2009年6月25日，省委、省政府专门召开全省扶贫开发“规划到户责任到人”电视电话会议。中共中央政治局委员、省委书记汪洋，省长黄华华作重要讲话，黄龙云常务副省长作工作部署，副省长李容根主持会议。参加这次会议的人员有省、市、县党委、人大、政府、政协、军分区主要负责人、扶贫开发领导小组成员单位、乡镇主要负责人共8000多人，是历次扶贫开发会议中规模最大、规格最高的重要会议。会议统一了思想，提高了认识，明确了任务，落实了责任，标志着广东省扶贫开发工作进入到新阶段。

【搬迁扶贫】 2009年广东省开展新一轮的扶贫搬迁工作。在前5年扶持边远分散革命老区村庄搬迁的基础上，扩大范围，扶持革命老区、石灰岩地区、少数民族地区和其他地区不具备生产生活条件的贫困村庄搬迁，省政府办公厅印发了《广东省扶持不具备生产生活条件贫困村庄搬迁安置工作实施方案》。该方案对扶持搬迁范围、搬迁安置原则、补助标准、搬迁安置的相关政策、有关部门扶持政策、搬迁农户生活出路、组织领导等内容作出明确规定，促进这项工作全面开展。省财政安排1800万元，扶持75条村、1800户、8300人搬迁。

【扶贫培训】省扶贫办牵头，会同省人力资源和社会保障厅、省教育厅做好全省智力扶贫（三年学历教育）2.24万人转移培训计划的安排，并协助落实到各技工学校、中等职业学校，增加了转移培训计划；国家和省定11个扶贫转移培训基地进行6个月短期培训课程共培训3300人。如清远市高级技工学校是国务院扶贫办“雨露计划”示范基地，学校根据企业用工情况，采取订单式培训；学校继续与有关企业协商用工，开展短期培训班，确保毕业学员结业后能100%就业。组织开展贫困农户种养实用技能培训，每年培训14万人次，有效提高贫困农户发展生产的劳动技能。

【产业化扶贫】 培育发展扶贫农业龙头企业，实施“企业+基地+贫困农户”的产业化扶贫。截至2009年，广东省共有国家级和省级扶贫农业龙头企业94家，带动贫困农户16.5万户。2008年户均增收2246多元，累计带动5.7万户22.8万人脱贫。各地通过推进产业化扶贫，在贫困地区农村形成一批畜牧、水果、茶叶、蔬菜、马铃薯、木薯等特色产业基地，促进了产业结构调整，有效增加了贫困户收入。

【互助金试点】 根据国务院扶贫办、财政部关于开展贫困村村级互助资金试点工作的有关文件精神，从2007年至2009年，广东省扶贫办在8个县（市）开展互助资金试点工作。8个县（市）参加互助资金组织的农户3768户，互助资金总规模为1856.485万元，累计发放回收1682万元。

【基础设施建设扶贫】 2008年通行政村道路基本实现硬底化，农村行路难问题基本解决，相当部分通自然村道路实现硬底化。建立新型农村合作医疗制度，粤北山区和东西两翼建立“农村合作医疗保障救助基金”，有4834万农村居民参加了农村合作医疗，新型农村合作医疗基金累计支出总额50多亿元，贫困农民“看病难”的问题有所缓解。全面实施了农村家庭子女义务教育阶段免收杂费政策。“农村饮水安全工程”建设工作进度加快。农村危房改造继续推进。

【农村危房改造和“大禹杯”项目建设】 根据广东省农村住房的现状，在全面核查农村危房、茅草房和泥砖房情况的基础上，主要抓好以下工作：一是抓好“农村低收入住房困难户”标准的制定工作。2008年省委、省政府印发《广东省市厅级党政领导班子和领导干部落实科学发展观评价指标体系及考核评价试行办法》，将“城乡住房困难户占总户数比重”列入考核重要指标之一。省扶贫开发领导小组下发《关于认真做好广东省农村低收入住房困难户核查和确认工作的通知》，拟将农村特困危房户即五保户、低收入危房户、茅草房贫困户纳入低收入住房困难户范围，要求各地做好农村低收入住房困难户核查和确认工作；二是制订《广东省农村危房改造工程示范建设实施方案》。以“政府主导、农民主体、社会参与”为原则，按照建设社会主义新农村和实施扶贫开发“规划到户责任到人”要求，调动社会帮扶力量，突出以贫困户危房改造为重点，以贫困村（自然村）为实施平台，每年建成一批整村推进安居工程示范村，以点带面，逐步推进新一轮农村安居工程建设；三是继续实施“大禹杯”项目。开展山水田林路综合治理，致力改善贫困村、贫困户的基本生产生活条件，按照“统一规划，先难后易，分批治理、逐村解决”的原则，从实际出发，因地制宜，讲求实效，立足当前，着眼未来，制定总体规划，分期分批治理。把“大禹杯”项目和农村安居危房改造工程结合起来，突出把“规划到户责任到人”3409条贫困村作为“大禹杯”项目实施重点。

【定点帮扶】 2009年底，全省3409个贫困村已开展定点帮扶对接的有3386个村，占99.3%。已有3259个帮扶单位派驻工作组到定点帮扶村开展工作，占95.6%，其中，粤东西北14个经济欠发达市负责的2002个贫困村，已落实到具体单位帮扶的有1201个村，占99.3%；已派驻扶贫工作组进驻1868个村，占93.3%，珠江三角洲7个经济发达市负责的1160个贫困村，地级市主要领导主动与被帮扶市沟通、协商，已100%开展帮扶对接，确定帮扶方案，明确帮扶资金，深圳、东莞等市制定的实施方案中明确了财政部门安排每个贫困村扶持资金50万元，已开展定点帮扶对接的有744个村，占64.1%，深圳、佛山、东莞等市已陆续派出扶贫干部进驻贫困村；负有定点帮扶任务的247个省直机关、企事业单位和中直驻粤单位，已有231个单位到定点帮扶的贫困村对接，占93.5%。

【东西扶贫协作】 广东省委、省政府高度重视东西扶贫协作工作。2009年5月19—20日，中共中央政治局委员、省委书记汪洋、省委副书记、省长黄华华率各有关市党政、省直部门主要领导组成的广东省党政代表团赴广西学习考察，以“务实推进泛珠合作，共同实现科学发展”为主题，出席了“广东产品广西行启动仪式”，为广货进桂“站台”推销，搭台开路。在桂期间，汪洋、黄华华分别考察了百色、河池市工业企业、“整村推进”扶贫开发广东示范点，对示范点给予肯定。汪洋出席广州市支持百色起义80周年纪念项目建设资金捐赠仪式，广州市捐赠500万元，黄华华出席东莞市支持河池革命传统教育基地建设资金捐赠仪式，东莞市捐赠500万元。副省长佟星等前往崇左市出席凭祥友谊关工业园（广东）加工区揭牌仪式。广东省党政代表团深入广西各地学习考察好做法好经验，推动粤桂的合作交流。广东省及广州、东莞市支持广西及百色、河池市扶持资金5000多万元，其中：“整村推进”扶贫开发专项资金2000万元，用于百色、河池市23条贫困村的建设；安排1000万元作为教育扶持资金。继续在广东举办3期广西扶贫管理干部培训班，有关市、县、乡镇领导170多人参加培训，取得良好效果，受到一致好评。深圳市帮扶贵州、珠海市帮扶重庆方面工作也在扎实推进。12月3—4日汪洋书记率广东省党政代表团赴重庆学习考察，开展粤渝经贸合作交流活动，并签订两省市战略合作协议。

【扶贫工作措施】 广东省委、省政府根据城乡差距大、区域发展不协调等问题，在全省部署开展扶贫开发“规划到户责任到人”工作。2009年进村入户工作全面开展。上半年，通过深入调研，征求意见，经省委、省政府同意，省委办公厅、省政府办公厅印发了《关于广东省扶贫开发“规划到户责任到人”工作的实施意见》（粤办发［2009］20号）；为推进这项全新的扶贫工程，8月19日，汪洋书记在佛山市调研时，专题听取扶贫开发情况汇报，并作了重要讲话，提出“创新扶贫思路、创新扶贫形式、创新扶贫范畴”；10月26日，汪洋书记专题听取广东省扶贫开发“规划到户责任到人”工作汇报，并对今后工作作了重要指示。省委常委、常务副省长黄龙云和副省长李容根高度重视扶贫开发“规划到户责任到人”工作，多次听取省扶贫办的工作汇报，针对2009年的工作进展情况，及时提出指导意见。8月27日，常务副省长黄龙云到省扶贫办调研，要求学习、领会、掌握汪洋书记在佛山市重点调研扶贫开发“规划到户责任到人”工作时的重要讲话精神，破解当前扶贫开发难题，推动全省扶贫开发“规划到户责任到人”工作深入开展。11月2日，省扶贫开发领导小组召开全体成员会议，常务副省长黄龙云、副省长李容根分别作了讲话。省政府于12月22日召开全省“规划到户责任到人”工作现场会，总结交流先进工作典型经验，进一步推动工作顺利开展，为2010年开始进入全面铺开阶段做准备。

【困难与挑战】 当前制约广东省扶贫开发工作开展的问题主要有：一是区域发展不平衡和贫富差距较大的问题突出。截至2009年底，珠江三角洲人均GDP相当于山区的4.4倍。城乡居民收入差距由2000年的2.67∶1（以农民纯收入为1）扩大为2008年的3.08∶1；二是贫困面还比较大，基础设施建设还较薄弱。全省贫困村达3409个，贫困人口多，相对贫困和没有稳定脱贫的人口还有70多万户、316.5多万人。农村生产生活条件较差，主要集中在广东省粤北和东西两翼，在这片地区，残危房、土坯房达225万户，农民文化素质偏低；三是一些地方和部门对扶贫工作的重要性、艰巨性和长期性认识不足，出现了不同程度的松懈、厌战和畏难情绪；一些地方还存在“等、靠、要”依赖思想。

【2010年扶贫工作展望】 2010年，广东省的扶贫开发工作以促进区域、城乡协调发展，实现共同富裕和构建和谐社会为目标，全面实施扶贫开发“规划到户责任到人”工作责任制。从2010年开始，用3年时间，对粤东西北欠发达地区14个地级市和恩平市等83个县（市、区）的3409个贫困村，以及农村家庭年人均纯收入1500元（含1500元）以下的农户，通过实施扶贫开发“规划到户责任到人”工作责任制，采取“一村一策、一户一法”等综合扶贫措施，确保被帮扶的贫困户基本实现稳定脱贫，80%以上被帮扶的贫困人口达到农村人均收入2500元以上，被帮扶的贫困村基本改变落后面貌。

1. 总结成功经验，推进扶贫开发“规划到户责任到人”工作的扎实开展。一是及时掌握动态，指导工作。及时掌握各地、各扶贫单位的工作动态，公布进展情况，编好工作简报；剖析存在问题，及时解疑答难；二是适时召开会议，推动开展。全省会议、分片会议、系统会议、专题会议。做好省委常委会专门听取各市就扶贫开发“规划到户责任到人”工作专题汇报的各项准备工作；三是加强督促检查，抓落实。督促各市、县、有关部门及时制定实施方案，及时落实扶贫任务的衔接工作，及时制定扶持措施。组织分片观摩，交叉检查；

四是表彰扶贫先进，树立典型。表彰扶贫开发先进单位和个人等等，营造全社会共同关心、支持扶贫开发的强大声势；五是加强宣传引导，营造氛围。加强与新闻媒体的沟通，充分发挥新闻媒体的舆论导向作用；开展多种形式的宣传活动，营造良好氛围。

2. 加强协调沟通，推进贫困村贫困户扶贫措施的有效落实。加强与各市、县、省直部门以及挂扶单位的协调、联系、沟通；整合有关资金，优先安排扶持贫困村和贫困户；农村危房改造、大禹杯、产业化扶贫、实用技术培训、革命老区建设和扶持搬迁等专项资金，必须优先安排、扶持这些贫困村。

3. 举办各类活动，推进“帮扶活动日”活动的开展。举办各类公益活动，从2010年开始，依法设立“扶贫济困日”，在全省开展“扶贫济困日”活动，集中动员全社会力量用适当形式为扶贫开发事业献爱心，动员广大干部群众捐款，动员和组织国家机关、企事业单位、民营企业的干部职工看望扶贫对象，彰显广东先富帮后富、走共同富裕道路的良好形象。

4. 实现扶贫开发与低保两项制度的有效衔接，应扶尽扶，应保尽保。按广东省现行政策，将农村人均纯收入1200元以下和1500元以下的贫困农户分别纳入低保救济对象和重点扶贫对象。对纳入低保范围的有自我发展能力的贫困农户实施“规划到户责任到人”扶贫开发，开展点帮扶，使他们摆脱低保，在整体上减少低保人数。要尽快核准帮扶对象，摸清贫困村、贫困户类型，因地制宜制定扶持措施。对有条件脱贫的人群，采取相关政策、措施帮助他们在两三年内脱贫。对孤寡老人、孤儿要落实好“五保”救济政策。

5. 实施考评制度，确保扶贫开发“规划到户责任到人”目标实现。就扶贫开发“规划到户责任到人”考评工作纳入所在地区深入贯彻落实科学发展观和党政领导干部政绩的考核内容，实施考评。

6. 深入调查研究，科学制定新时期扶贫开发纲要。开展新时期扶贫开发调查研究，在指导思想上、在内容方法上、在工作要求上、在扶贫标准上，围绕“创新思路、创新形式、创新范畴”的新思维，为动员全社会投入到扶贫开发“规划到户责任到人”新战略提供体制、机制的支撑进行深入研究，为制定新时期“十二五”或2011—2020年十年扶贫规划纲要提供理论支撑。

按照党中央、国务院的部署，进一步抓好广东与广西、深圳与贵州、珠海与重庆的东西扶贫协作工作，落实好国务院扶贫办提出的“三个确保”的要求，对口帮扶资金突出用于整村推进扶贫开发，宽领域、多形式和全方位开展进一步的全面合作，促进区域经济协调发展。

（广东省扶贫开发办公室）

广西壮族自治区扶贫开发

【概况】 广西壮族自治区（以下简称自治区）位于祖国华南、西南结合部，南临北部湾，面向太平洋，土地面积23.67万平方公里，大陆海岸线长1500多公里，陆地边境线1020公里。是中国面向东盟的重要门户和前沿地带，是西南地区最便捷的出海通道，在促进区域协调发展、深化与东盟开放合作、维护国家安全和西南边疆稳定中具有重要的战略地位。全区共设14个地级市，109个县（市、区、自治县），1324个乡镇，世居民族有壮、汉、瑶、苗、侗、仫佬、毛南、回、京、彝、水、仡佬等12个，总人口近5092万，其中少数民族人口约占38%，是总人口和少数民族人口最多的自治区。

自治区是集“老、少、边、山、穷”为一体的贫困区域，有扶贫开发工作重点县49个，其中国家扶贫开发工作重点县28个，自治区扶贫开发工作重点县21个。进入扶贫开发新阶段后，全区确认了4060个贫困村。2009年底全区贫困人口为276万人，贫困人口占全区农村人口的10%左右。贫困人口绝大部分集中在大石山区、革命老区、边境地区和库区。这些区域普遍存在住房难、行路难、饮水难、用电难、上学难、看病难、通邮难、收听收看广播电视难以及增收难等突出问题，自我积累和自我发展能力极低，抵御自然灾害能力较脆弱，脱贫致富难度较大。

2009年，自治区继续以28个国家扶贫开发工作重点县和4060个贫困村作为扶贫开发的主战场，通过基础设施建设大会战、整村推进、为民办实事等方式，扎实推进扶贫开发工作，扶贫开发取得了较大成绩，贫困地区农民收入持续增加，贫困人口逐年减少。2009年，28个国家扶贫开发工作重点县农民人均纯收入为3051元，比2008年的2810元增加了241元，扣除物价因素影响，实际增长11.4%，比全区同期平均增长水平高0.8个百分点；全区4060个贫困村农民人均纯收入由2008年的2376元增加到2596元，增加220元，扣除物价因素影响，实际增长12.1%，增幅高于全区平均增长水平1.5个百分点。全区农村贫困人口由2008年底的298万人减少到2009年底的276万人，减少22万人。

【扶贫资金投入】 2009年，自治区投入的中央财政扶贫资金和自治区级财政扶贫资金共132089.5万元，其中中央财政扶贫资金99777.5万元，自治区财政扶贫资金投入32312万元。中央扶贫资金构成为：财政扶贫资金（发展资金）55370万元，各种专项资金11957.5万元（包括“整村推进、连片开发”试点资金5000万元，革命老区连片开发试点资金1000万元，扶贫贷款贴息资金2700万元，科技扶贫项目资金200万元，贫困村村级互助资金1050万元，灾后重建资金400万元，项目管理费995万元，统计观测经费12.5万元，绩效考评奖励资金600万元），以工代赈资金24350万元，少数民族发展资金8100万元。中央财政扶贫资金用于重点县和贫困村的比例分别为70%和90%。

自治区级财政扶贫资金用于重点县和贫困村的比例分别为62%和90%。按具体投向划分，用于村屯道路、饮水工程等基础设施建设60672.4万元，占46%；直接补助贫困户产业开发9660.6万元，占7.3%；劳动力转移培训2225万元，占1.7%；科技扶贫1900万元，占1.4%；扶贫贷款贴息9015万元，占6.8%；以工代赈25148万元，占19%；少数民族发展资金9100万元，占6.9%；移民扶贫3900万元，占3%，互助资金试点1150万元，约占1%；连片开发试点6000万元，占4.5%；项目管理费1335万元，约占1%；固定点监测242.5万元，占0.1%；其他1741万元，占1.3%。

【扶贫项目贴息贷款】 2009年全区共安排贴息资金4460万元，发放扶贫到户贷款9亿元，比2008年增加3亿元，项目覆盖77个县（市、区），比2008年增加14个县（市、区）。此外，针对金融危机对扶贫龙头企业的影响，2009年全区安排贴息资金3435万元，发放扶贫项目贴息贷款10.2亿元，比2008年增加2亿元。

【整村推进】 2009年，自治区组织力量对第二批贫困村整村推进工作逐村逐项进行检查验收，全区1165个贫困村全部通过了验收，基本实现了自治区党委、自治区人民政府确定的整村推进工作目标。同时，全面启动第三批（最后一批）1164个贫困村的整村推进工作，并按规划顺利推进。初步统计，全年新修通贫困村道路252条744.74公里，贫困村通公路率由2008年的78.4%提高到83.4%，提高了5个百分点。修建通自然屯道路2152条5593.84公里，20户以上自然屯通路率由2008年的60.5%提高到79.6%，提高了19个百分点。新建沼气池30000座，沼气池入户率由2008年的29.7%提高到32.7%，提高了3个百分点。解决了41.04万人的饮水困难或安全问题。帮助8459户贫困农户实施茅草房、危房改造。扶持贫困群众发展特色优势种植业42.07万亩。修建村委会办公用房9154.35平方米、文化培训室4430.5平方米、卫生室3313平方米、计生室1692平方米，维修改造村级小学危房27596平方米。解决了11037个自然屯通广播电视问题。开展实用技术培训148601人次。整个贫困村建设项目实现了时间过半任务完成过半的目标。

【扶贫培训】 2009年全区安排培训费3800万元，完成培训24.9万人（次），完成计划107%，其中干部培训0.55万人，完成计划110%；农村实用技术培训21.55万人次，完成计划108%；劳动力转移就业培训2.8万人，完成计划100%。通过形式多样的培训，贫困村劳动力的劳动技能得到进一步提高，工资性收入和经营性收入也随之增加。

为从战略上不断减少大石山区人多地少的压力，2009年，自治区安排300万财政扶贫资金，正式启动大石山特困区域贫困家庭子女职业技术教育工程，对大石山区边远村屯人均耕地0.5亩以下，特别是

0.3亩以下家庭的2000名初中和高中毕业生，通过特殊扶持，让他们到职业学校接受2—3年职业教育，帮助他们熟练掌握就业技能和提高融入城市的基本素质，实现长久稳定转移就业。

【产业化扶贫】 2009年全区安排财政扶贫资金9205万元用于贫困村产业开发，扶持贫困农户发展水果、药材、桑树、剑麻、甘蔗、茶叶、烤烟和养牛、猪等特色优势产业，项目覆盖第三批整村推进贫困村1164个，扶持贫困农户17.37万户。截至2009年底，已完成特色优势种植业35.4万亩，低产改造6.2万亩；养牛959头，养羊7000只，养猪2万头，养家禽28.9万羽。对上规模、上档次、有市场、有竞争力、覆盖面大的扶贫龙头企业，自治区逐个进行跨县的区域性规划，加大对企业流动资金、农户种养资金、技能培训资金的扶持力度，带动贫困农户增收。

【贫困村互助资金试点】 在21个国家或自治区扶贫开发工作重点县中的105个贫困村开展贫困村互助资金试点工作(其中89个村建立了扶贫互助社)，资金总规模达1654.79万元，累计共发放借款216.8万元，有效缓解了贫困农户生产发展资金短缺的问题。

【连片开发和老区建设示范试点】 2009年，全区有连片开发和老区建设示范试点县11个，其中2007年启动的凌云县已完成了规划项目建设并通过了自治区组织的检查验收；2008年启动的天峨、龙胜、龙州、隆林4个试点县已经实现了时间过半，完成任务过半的目标；2009年开始启动的西林、那坡、东兰、马山、金秀、三江等6个县已做好项目的前期工作，部分项目已经动工。

【基础设施建设】 2009年全区共投入扶贫资金62665万元，用于贫困地区基础设施建设，其中财政扶贫资金52312万元，自治区财政补助资金10353万元（包括连片开发等项目中的基础设施项目)。截至2009年底，主要建设项目完成情况为：通贫困村四级路19条55.7公里，完成建设规模的53%；屯级道路3860条9087公里，完成建设规模的62%；独立桥梁287座，完成建设规模的51%；人畜饮水966处，完成建设规模的65%；沼气池建设30000座，完成100%；小水利119处，完成建设规模的89%；茅草房改造2000户，完成100%。

根据自治区党委、政府为民办实事工作部署，2009年扶贫部门承担的为民办实事项目有：新增1000个以上贫困村屯通路、帮助农村2000户特困农户改造茅草房、扶持贫困村农户新建3万座沼气池、解决贫困地区20万人饮水困难、实施兴边富民行动基础设施建设大会战东兴、防城区、宁明、凭祥、大新5个县（市、区）通屯道路建设、桂西五县基础设施建设大会战通贫困村屯道路建设。截至2009年底，完成村屯道路1570条，受益2050个屯，超额完成任务；建设人饮工程675处解决了251893人的饮水困难，超额完成任务；农村特困农户茅草房改造工程动工竣工2000户，完成计划100%；贫困村沼气池竣工30000座，完成计划100%；兴边富民行动基础设施建设大会战通屯道路完成349条832.4公里，独立桥梁36座桥；桂西五县基础设施建设大会战完成通屯道路569条2294.1公里，完成计划的106%和102%；独立桥梁21座，完成计划100%。配合广西大中型水库基础设施建设大会战，扶贫部门在水库移民贫困村完成屯级道路221

条552.9公里，95万人受益。

【社会扶贫】 2009年全区定点帮扶的9个中直机关单位、138个区直和中直驻桂单位及各市、县定点帮扶单位投入大批资金扶持贫困村改善生产生活条件。其中，广东省无偿提供2000万元财政资金支持百色、河池2个市的23个整村推进示范村实施道路建设、人饮工程、学校建设、产业开发等项目。

【外资扶贫】 在2009年全国扶贫协作优势产业推介暨招商引资洽谈会上，广西有40多个贫困县与区内外相关企业达成了合作意向，其中有34个县与31家企业签订了37个协议，签约资金达32亿元。同时，2009年全区引进无偿援助资金约3000万元，并完成了开发广西城乡能源建设项目、中加政策选择项目、日中经济技术合作项目等项目建议书，加拿大国际开发署援助的广西少数民族地区社区主导型发展试点项目已初步确定，计划援助资金1378万元。

【扶贫工作措施】 1. 以贫困村为重点区域，瞄准扶持对象。一是把贫困村作为资金投入的重点，保证全区财政扶贫资金的投入80%以上用于实施整村推进扶贫开发的贫困村，其中安排用于基础设施建设的资金用于贫困村达90%以上；二是所有引进的外资和两广帮扶资金全部投入国家扶贫开发工作重点县和自治区确定的贫困村；三是所有到户的项目，如沼气池建设、家庭饮水工程、农民培训、产业开发补助、到户贷款等所扶持的都必须是贫困农户。

2. 采取整村推进和连片推进相结合的扶贫方式。一是分批对贫困村进行整村推进。从2005年起到2010年，对全区4060个贫困村分三批实施整村推进扶贫开发，每批2年，到2010年全部实施完毕；二是以大会战方式对连片特殊特困区域进行整片推进。新阶段以来，全区共整合资金近100亿元，对大石山区、少数民族聚居区、革命老区和边境地区采取大会战的方式进行综合治理。先后开展了边境建设、东巴凤（革命老区）三县、大石山区五县、桂西五县（革命老区、少数民族聚居区）、距边境0～20公里兴边富民行动等连片特殊特困区域基础设施建设大会战。

3. 根据实际情况探索不同扶贫模式。针对各地区之间、村屯与村屯之间、不同贫困群体之间的条件差异和特点，分别探索不同的开发模式。一是就地开发。对资源条件较好、改善交通条件成本较低的地区和村屯采取就地开发模式，通过开展基础设施建设，扶持产业项目，改善生态环境，帮助贫困群众实现脱贫致富；二是异地安置。对自然环境恶劣，缺乏生产发展条件的地区和村屯，实行异地安置，把贫困群众搬迁到条件相对好的地方重建家园，减少人地矛盾；三是转移就业。一方面通过短期职业技能培训，培养和引导贫困村富余劳动力向城镇转移稳定就业，增加收入，另一方面，实施大石山区特困村屯贫困家庭子女职业教育工程，对大石山区特困村屯学生在完成义务教育后没有升入高中或大学的，再扶持他们到指定的职业院校进行2—3年职业学历教育，使他们掌握新的、更全面的就业技能，实现稳定转移就业，不断减少人地矛盾问题。

4. 从贫困群众最关心的切身利益入手，确定年度四个开发重点：一是突出抓贫困村基础设施建设，为贫困群众创造发展条件；二是突出抓覆盖贫困农户的优势产业，为贫困农户稳定增收夯实基础；三是突出抓生态建设，促进贫困地区可持续发展；四是突出抓提高贫困群众综合素质，增强贫困群众自我发展能力。

5. 推行政府指导下的全社会帮扶。通过多种途经和形式，营造扶贫济困氛围，动员社会力量，引导社会各界出钱出力、献计献策参与扶贫开发，加大扶贫开发投入。一是加大机关定点挂钩帮扶力度，配合国家机关、民主党派、全国工商联和国家企事业单位挂钩帮扶全区扶贫开发工作重点县；二是配合广东开展对口扶贫协作，深化两广扶贫协作新思路；三是组织好区直、驻桂中直单位开展定点帮扶贫困村；四是实施扶贫到户贷款，引导金融投入贫困村产业开发；五是开展扶贫领域的国际交流与合作，拓宽外资扶贫渠道，争取外资投入广西扶贫。

【困难与挑战】 1. 扶贫开发的艰巨性。按照新的扶贫标准，到2009年底，全区农村贫困人口数量仍有276万人，占全区乡村人口的6.6%，贫困发生率位居全国各省区前列。2005—2009年，广西28个国家扶贫开发工作重点县农民人均纯收入只相当于全国平均水平的57%，4060个贫困村农民人均纯收入只相当于全国平均水平的49%，而且，无论是28个国家重点县还是4060个贫困村的农民人均纯收入与全国农民人均纯收入的差距均以每年超100元的幅度逐步拉大。

2. 扶贫开发的复杂性。全区的贫困人口不但总量规模大，而且主要集中在大石山区，人地矛盾相当突出，2009年全区30个大石山贫困县（市、区）人均旱涝保收面积仅为0.3亩左右，其中人均耕地在0.5亩以下的贫困人口就有120万人。同时，越是条件恶劣的大石山区人口密度越大。由于全区的贫困人口主要居住在喀斯特地貌中难以治理的峰丛渣地，这些地方自然灾害频繁，加上贫困人口自我积累和自我发展能力差，抗风险能力弱，每遇自然灾害多年的建设和扶贫成果便毁于一旦。因此，居高难下的返贫率始终困扰着全区的扶贫开发工作。此外，因疾病、市场等因素造成贫困或返贫的现象也较突出。传统因素和新增致贫因素交织在一起，增加了扶贫工作的不确定性。

3. 扶贫开发的长期性。虽然全区贫困村的整村推进工作取得了较显著的成效，但扶贫开发工作仍丝毫不能松懈，首先是全区仍有不少贫困村屯的生产生活条件尚未得到根本改善。2009年底，全区未通四级及以上公路的贫困村仍有575个，占全区贫困村总数的14%，未通村级道路的贫困村20个；贫困村未解决饮水困难的贫困人口有143.7万人。其次，部分贫困村屯缺乏稳定收入来源，群众增收困难。在缺乏发展产业基本条件的大石山区、边境地区和高寒山区，扶贫产业难以形成规模，经济效益不明显，加上资金短缺，贫困农户和扶贫龙头企业难以获得足够的资金支持，发展受阻，后劲不足，产业项目失败较多，贫困群众难以获得稳定的增收来源。第三，部分非贫困村的生产生活条件也较落后。全区有3000多个村的生产生活条件与目前所扶持的4060个贫困村相差无几，当地干部群众要求给予扶持以改善生产生活条件的呼声很高。

【2010年扶贫工作展望】 1. 基本思路。2010年广西扶贫开发工作的基本思路是：认真贯彻党的十七届四中全会会议精神，坚持以贫困村为主战场，以贫困人口

为主要对象，扎实推进整村推进扶贫开发和特困区域基础设施建设大会战，突出产业化扶贫、生产生活条件改善和扶贫培训，稳步扩大到户贴息贷款覆盖面，动员社会各界积极参与扶贫开发，多渠道增加扶贫投入，全面推行参与式扶贫，扎实有效推进新阶段扶贫开发，基本实现《中国农村扶贫开发纲要（2001—2010年）》确定的目标任务。

2. 目标任务。2010年全区扶贫开发工作的目标任务是：全年减少绝对贫困人口11万以上；全区28个国家扶贫开发工作重点县和4060个贫困村农民人均纯收入的增长幅度略高于全区平均水平。

3. 工作重点及措施。一是继续推进第三批贫困村的整村推进工作。在目前已经取得阶段性成绩的基础上，2010年将继续紧紧围绕整村推进的验收标准，按照缺什么补什么的原则，继续推进第三批贫困村整村推进工作，确保2010年完成第三批贫困村整村推进目标任务。二是继续推进3～20公里兴边富民行动基础设施建设大会战。2010年在完善桂西五县基础设施建设大会战的同时，继续扎实推进3～20公里的兴边富民行动基础设施建设大会战，努力改善边境地区群众住房、饮水、用电、交通等生产生活条件。三是继续加大贫困村劳动力转移培训力度，重点突出大石山特困区域贫困家庭子女学历职业教育。在推进贫困村劳动力转移培训工作的同时，加大对入读技工学校和职业技术学院接受学历职业教育的大石山特困区域贫困家庭子女的资助力度，使大石山区特困家庭子女读得起书，读得成书，帮助他们掌握必要的就业技能并转移到城镇稳定就业。四是继续加大信贷扶贫力度，进一步促进贫困农户增收。五是继续加大社会扶贫工作力度，动员全社会参与扶贫开发。继续坚持国家机关、企事业单位、民主党派、部队及人民团体定点扶贫和加强东西扶贫协作。贯彻落实好社会募捐和捐赠税收优惠等方面的政策，引导好、保护好社会各界参与扶贫公益事业的积极性，广泛动员民营企业、非政府组织、个人参与扶贫开发。积极推动扶贫领域的国际交流与合作。

（广西扶贫办公室政研宣传处）

海南省扶贫开发

【**概况**】　海南省位于中国最南端，北以琼州海峡与广东省划界，西在北部湾与越南相对，东面和南面在南海中与菲律宾、文莱、印度尼西亚和马来西亚为邻。陆地面积3.54万平方公里，海域面积200多万平方公里。汉族、黎族、苗族、回族是世居民族，黎族是海南岛上最早的居民。常住人口849.26万人，其中汉族702.08万人，占82.7%，少数民族147.18万人，占17.3%。在少数民族人口中，黎族133.83万人。有2个地级市，6个县级市，4个县，6个民族自治县。

全省有5个国家扶贫开发工作重点县、6个省扶贫开发工作重点县，720个扶贫开发重点村，分别占市县、行政村数的27.8%、33.3%和28.3%。扶贫标准调整后农村贫困人口495200人（省口径），其中：五指山市、保亭黎族苗族自治县、琼中黎族苗族自治县、陵水黎族自治县、白沙黎族自治县等5个国家扶贫开发工作重点县153127人，东方市、乐东黎族自治县、昌江黎族自治县、定安县、临高县、屯昌县等6个省扶贫开发工作重点县172340人，其他市县135581人，农垦退场队34200人。贫困人口主要分布在中部山区、少数民族地区和革命老区以及南部、西部干旱地区，这些地区基础设施落后、生产生活条件差、经济发展缓慢、人口素质总体不高、脱贫难度大。

2009年，全省继续以贫困村为主战场，以减少贫困人口和增加贫困农民收入为主攻方向，以整村推进、产业化扶贫和劳动力转移培训为工作重点，加大投入，创新机制，抓落实，使贫困地区经济社会有新发展，贫困落后面貌得到新改变。11个国家、省扶贫开发工作重点市县的农民人均纯收入达3941元，比2008年增加309元，增长8.5%，其中：5个国家扶贫开发重点县3215元，比2008年增加260元，增长8.8%；贫困村农民人均纯收入2359元，比2008年增加195元，增长9.0%；贫困人口减少到45.02万人，减少4.5万人。

【**扶贫工作回顾**】　2005年以来，海南省继续以整村推进、劳动力转移培训、产业化扶贫、联手扶贫等工作为重点，集中力量解决贫困人口温饱问题和巩固温饱成果。全省11个国家、省扶贫开发工作重点县农民人均纯收入从2524元增加到3977元，人均增加1453元。全省贫困人口减少到45.02万人。5年来，投入中央财政扶贫资金54150万元，扶持种植、管理橡胶、槟榔、油茶、绿橙、芒果等经济作物和热带水果660万亩；饲养家禽家畜56万头（只）、蜜蜂7050箱、淡水养鱼240万尾；

修建乡村道路1066公里、桥124座、饮水工程355宗、打井646眼、水利工程32宗、沼气池1920个；修建校舍、文化室和卫生室等58166平方米，解决50万人行路难、14万人饮卫生水难、2万人照明难问题；举办各类培训班1200期，培训18万人次，其中农民实用技术培训班570期11.2万人次，农村劳动力转移培训班388期3.98万人次、就业35236人次，贫困村干部培训班25期2375人次。中央有关部门和省直机关、企事业单位投入对口帮扶和联手扶贫资金1.7亿元，扶持贫困地区发展种养业，建设基础设施，开展教育扶贫等各项社会事业建设，使贫困地区经济社会得到新发展。

【扶贫资金、项目投入】 2009年，投入财政扶贫资金25040万元，其中：发展资金16340万元，以工代赈资金6200万元，少数民族发展资金2500万元。发展资金中贫困村互助试点资金750万元，整村推进连片开发试点资金2000万元，贷款贴息资金250万元。另外，省直机关、企事业单位投入联手扶贫资金4509万元。

发展资金主要集中用于整村推进、产业化扶贫、贫困劳动力转移培训三项重点工作，其中：基础设施建设共投入8613万元，占64.5%，主要用于修建乡村道路、饮水工程、桥梁涵洞、小型水利等，解决贫困村群众行路、饮水、灌溉的困难；生产发展共投入3063万元，占23%，主要用于扶持贫困农户发展种植业和养殖业，促进农民增加收入；培训共投入资金1664万元，占12.5%，主要用于劳动力转移培训、农村实用技术培训、职业教育和贫困村干部培训，提高贫困农民科技水平和劳动技能。

【整村推进】 选定整村推进村，瞄准贫困对象，整合涉农资金，明确责任分工，精心组织实施年度项目计划。2009年完成95个贫困村村级扶贫规划建设任务（其中“三个确保”贫困村27个，占28.4%），扶持修建乡村道路229.7公里、桥29座、涵洞136个，建饮水工程104宗、打井61眼，建水利工程1宗，解决13.7万人行路难、4.7万人饮用安全卫生水和300亩耕地灌溉问题。

【扶贫培训】 继续实施“雨露计划”。根据海南省资助贫困家庭子女就读中等职业学校的优惠政策，及时调整优化劳动力转移培训结构，扩大“两年制”或“三年制”职业教育招生规模，委托9所院校开设20个专业学历班，招收贫困家庭学员1400人。同时，利用省高级技工学校等10所培训基地，举办2—3个月短期培训班，组织贫困地区青年学习电子电工、美容美发等基础知识和专业技能，为急于外出务工人员提供条件。另外，按照“干什么、学什么”的原则，采取课堂培训和实地培训相结合的方法，组织科技人员传授农村种植和养殖技术，提高贫困农民自我发展能力。2009年全省各级扶贫部门举办各类培训班464期，培训4.28万人次，完成年度计划102.2%。其中：实用技术培训班307期，培训32418人次，劳动力转移培训班79期，培训7893人次，贫困地区干部培训班66期，培训2455人次。

【产业化扶贫】 海南省政府研究确定3年内中部地区农民增收目标与措施。省扶贫办与省财政厅、省农村信用社联合社等部门共同制定小额信贷扶贫政策，积极利用扶贫贴息资金，放开扶贫小额贷款规模，重点扶持贫困农户发展橡胶、槟榔、种桑养蚕、养猪、养蜂等传统产业。召开全省小额信贷扶贫工作现场会，推广屯昌、琼中和五指山3个市、县小额信贷扶贫工作经验。各市、县扶贫部门制定年度产业扶贫项目计划，培育良种良苗，扶持贫困农户调整产业结构，优化提升传统产业，发展农村特色产业，扶持11.8万贫困农民种植和管理橡胶、绿橙、芒果等经济作物和热带水果5866.7公顷，养猪8125头、畜禽26.4万只，淡水养鱼240万尾，养蜂4550箱等。

【老区建设】 一是做好省老区建设移交工作，确保老区建设工作不断线；二是召开全省老区建设工作座谈会，理顺市县老区建设工作职能；三是开展调查摸底，重新录制老区村庄名录，建立老区村庄数据库；四是组织市县扶贫办主任和机关部分人员赴陕西、山西、河北三省考察革命老区建设工作；五是举办培训班，学习老区建设工作有关文件和业务知识；六是组织起草《关于进一步加强老区建设工作意见》上报省政府；七是抓好老区建设专项资金项目计划实施。2009年全省老区建设投入资金4750万元，扶持老区村庄28个161356人，修建村道152公里、桥梁14座、涵洞40个、饮水工程6宗、文化室2170平方米、敬老院14823平方米、民房改造34户，参与建设文明生态村4个。

【联手扶贫】 出台《关于进一步加强联手扶贫工作的意见》，帮扶单位从134个增加到164个，被帮扶单位由45个乡镇扩大到157个行政村。召开全省联手扶贫工作会议，总结交流近3年来联手扶贫工作经验，研究部署下一阶段工作，表彰优秀单位和先进个人。举办3期联手扶贫工作培训班，培训扶贫工作队员和被帮扶村党支部书记共340人。

2009年海南省直机关各部门领导深入帮扶点调研、指导工作408人次，直接投入和引进资金4509万元，扶持种植、管理热带经济作物和水果466.7公顷，饲养家禽家畜2.1万头（只）；修建道路18.1公里、建桥（涵）6座、饮水8宗（眼），解决1.64万人行路难、2.9万人饮水难问题；维修加固渠道7公里，新增、恢复灌溉面积86.8公顷；推广农村沼气122户，协助建设文明生态村15个；资助贫困学生2406人；举办劳务输出培训班15期，培训1513人，组织干部外出学习1087人次，举办农村实用技术培训班68期，培训6500人次。企业投入资金1781.7万元，修建农村饮水工程、硬化乡村道路和参与文明生态村建设等，受益群众2.5万人次，还资助贫困学生2113人次。驻岛军警部队投入资金665.7万元，出动人力、车辆等，支持贫困地区建设文明生态村，组织医疗队深入农村开展义诊服务，免费为800多人就诊和发放价值1万多元药品。

省纪委（省监察厅）负责帮扶五指山市毛道乡。亲自实施和协调落实扶贫项目33个，投入资金1633.4万元，为当地3所中小学校修建教学楼、学生宿舍和食堂、教职工厨房和卫生间等；修建饮用水工程5宗、路5公里、村道16.52公里、文化室3间等；修建水坝、水库、水渠，改善灌溉面积405亩，整治田洋600亩。组织3批教师20多人到海口市一中等学校参观学习，协调海口市教育局选派教师到毛道中学支教11人。举办割胶、养猪、水稻种植技术等培训班12期，发放资料2500册，培训农民1800多人次。组织63名农村富余劳动力到省技校参加技能培训。协助当地党委做好村级班子换届工作，使24名青年人当上村干部。

省国资委联手帮扶屯昌县新兴镇。投入资金40多万元扶持深泥、新园、干昌等村修建宣传文化室、篮球场，安装卫星有线电视，赠送科技书籍，购置电视机、办公桌椅，给群众发放猪苗、橡胶苗，建设文明生态村、建立农民养猪合作社的同时，又给新园村提供橡胶苗、猪苗、化肥等，扶持群众发展种养业，使该村人均收入达3500元。还联系技术人员给农民上实用技术课，组织村委会干部等120多人次到海口、三亚等地参观学习，资助12名贫困家庭子女完成学业，组织慰问困难党员、贫困户和孤寡老人，为群众放映电影，给村文化室赠送图书等。

【资金项目管理】 按照《海南省财政扶贫资金项目管理规定》要求，抓好扶贫项目计划的申报和审批工作，落实扶贫项目公告公示制度，组织开展扶贫项目资金专项检查，召开“村级互助资金试点”工作现场会，促进贫困地区经济发展与贫困农户增收。截至2009年底，全省累计互助资金试点县5个，试点贫困村80个，加入互助组织农户8830户，互助资金总规模1256万元，其中中央财政资金1200万元、农户交纳56万元，累计借款3046人次，发放资金648.2万元。会同省财政厅组织4个工作组深入市县，对扶贫工作情况进行量化考核，并将考核情况上报财政部和国务院扶贫办。做好扶贫统计监测工作，建立扶贫信息化管理平台，升级扩充系统功能，提高机关工作效率。

【扶贫队伍建设】 2009年，海南省扶贫工作办公室召开“加强领导干部党性修养，树立和弘扬良好作风”为主题的党员领导干部民主生活会。制定《2009年党组中心理论组学习意见》和《2009年党建工作要点》。组织党员干部学习《中国共产党巡视工作条例（试行）》、《关于实行党政领导干部问责的暂行规定》和《关于开展工程建设领域突出问题专项治理工作的意见》等文件。开展“作风建设年”活动，召开4次廉政建设专题会及形势分析会，举办纪检工作培训班，学习贯彻十七届中纪委三次全会和五届省纪委三次全会精神，引导党员干部自查、自省、自警、自励。开展“法律进机关”活动，组织系统篮球和乒乓球比赛等。

【扶贫宣传】 继续办好《扶贫工作动态》简报。建立覆盖全省扶贫系统和45个贫困乡镇政府的扶贫信息报送网络，扩大信息来源渠道。举办扶贫宣传报道培训班，组织通讯员到省外考察学习。利用新闻媒体宣传报道全省联手扶贫、小额信贷扶贫、扶贫互助资金试点工作、贫困村变化情况、扶贫先进典型等，提升扶贫工作影响力，推动全社会参与扶贫开发积极性和主动性。

【扶贫工作措施】 1. 加强领导。海南省政府成立扶贫开发领导小组，省长任组长，省委副书记、分管副省长任副组长，发改、财政、农业、水利、扶贫等相关厅局领导为小组成员。建立省委常委扶贫工作联系市、县制度，省直各部门有专人抓扶贫工作。省政府召开三次全省性扶贫工作会议和多次常务会，总结经验，研究工作，分析问题，布置任务，指导抓落实。扶贫开发工作重点县，以扶贫工作总揽全局，结合当地实际，采取各种有力措施，确保各项扶贫开发任务顺利完成。

2. 健全机构。在机构改革中，省扶贫工作机构从议事协调机构转为政府直属机构，公务员编制从19人增加到29人。市县级扶贫工作机构也从事业单位改为实行公务员管理单位或参照公务员管理单位，扩大了工作职能，增加了人员编制。

3. 突出重点。采取集中扶贫对象、集中扶贫资金，集中解决制约贫困地区发展突出问题的“三集中”扶贫办法，以整村推进、产业扶贫、劳动力转移培训、联手扶贫等工作为重点，明确任务，整合力量，一项一项抓落实。

4. 督促检查。2009年初召开专门会议部署任务，平时协调省有关部门和市县政府促使资金尽快到位，项目按时实施，年中抽查工作进展情况，重点是项目实施进度，年底以计分量化形式对一年工作进行全面检查。会同财政、审计等相关部门对扶贫资金、项目进行跟踪审查或审计，确保效益最大化。

【困难与挑战】 1. 农村贫困人口还占有相当比重。按照省政府将农村贫困标准调整为1393元/年·人计算，截至2009年底，全省贫困人口为45.02万人，占全省农村人口总数9.3%。

2. 贫困地区农民增收任务艰巨。当年贫困地区农民收入3941元，与实现省五次党代会提出“到2012年全省农民人均纯收入达到全国中等以上水平”和省政府提出今后三年（2010—2012年）中部地区6个市县农民人均纯收入要达到5400元的目标还差很远。此外，贫困地区农民增收不稳定，收入差距不断扩大。

3. 致贫返贫因素日益复杂化。贫困人口大多集中在中部山区，自然灾害、市场风险、因病或年迈等致贫、返贫因素交织存在，加上社会性、政策性致贫因素仍在不断增加，以及国际金融危机造成农产品价格下降都可能产生新的贫困群体，增加扶贫工作的不确定性。

【2010年扶贫工作展望】 2010年，海南省坚持开发式扶贫方针，继续瞄准贫困群体和贫困对象，努力实现全省11个国家、省扶贫开发重点县（市）的农民人均纯收入4359元、比2008年增加340元、增长9.0%，全省720个重点贫困村农民人均纯收入2618元，比2008年增加259元，增长11.0%，贫困人口减少4.5万人。主要工作：一是围绕国际旅游岛建设总体要求和具体任务，组织编制海南省2011—2020年扶贫开发纲要和“十二五”整村推进、产业化扶贫、劳动力转移培训、扶贫互助资金和集中连片扶贫开发试点等相关规划，为做好新一轮扶贫开发工作，实现贫困地区经济社会持续快速发展提供科学指导；二是继续整合资源，完成84个村整村推进任务。坚持政府为主导、农民为主体的原则，调动农民群众积极性、主动性、创造性，将整村推进与新农村建设、文明生态村建设结合起来，做到推进一个、改变一个、发展一个；三是通过扶持发展龙头企业，带动贫困地区发展种植业、养殖业等特色优势产业，增加贫困农民收入，加快脱贫致富步伐；四是采取各种有力措施，确保完成贫困劳动力转移培训5400人。优先培训贫困家庭“两后生”（初中、高中毕业后未升学、未就业学生）和居住在自然环境恶劣地区又没有条件搬迁的贫困家庭劳动力，力争做到培训1个，就业1个，稳定1个；五是继续抓好省委、省政府《关于进一步加强联手扶贫的工作意见》的落实，加强帮扶单位与被帮扶村庄的沟通协调，发挥帮扶单位自身优势，开展形式多种的帮扶工作，拓展帮扶内容，创新帮扶

形式，扩大帮扶领域，建立帮扶长效机制，构建“政府主导、社会参与”的帮扶大格局；六是抓住海南国际旅游岛建设机遇，重新审视中部山区、革命老区、贫困地区和少数民族地区资源条件，利用区位优势及旅游资源，探索农家乐、乡村旅游、古村古镇旅游、生态旅游、民族风情旅游等旅游扶贫模式，提高贫困农民收入水平，促进贫困地区经济社会发展；七是在5个国家扶贫工作重点县开展“两项制度”有效衔接工作试点，使不同困难群体得到扶持，让贫困人口共享改革发展成果；八是强化扶贫资金管理与统计监测工作，提高扶贫项目资金管理水平，及时了解掌握扶贫开发动态，反映贫困人口收入水平和生活质量的变化情况，为科学决策提供依据。

（海南省扶贫工作办公室　王远玉）

重庆市扶贫开发

【概况】 重庆市位于中国西南部，长江上游，幅员面积 8.24 万平方公里，人口 3200 万，是大工业、大城市和大农村并存的复合型城市。中心区是重庆的行政、金融、商贸中心和交通枢纽，渝东北和渝东南是贫困人口集中地区。

全市有国家重点贫困区县 14 个、省重点区县 4 个，共 18 个，占全市区县总数的 45%，占全国重点县的 2.4%。有贫困村 2000 个，占全市行政村总数的 22%。2009 年底全市有农村贫困人口 142.2 万（按照国家新的扶贫标准），贫困发生率 5.9%。其中渝东北和渝东南有 15 个重点贫困区县、1621 个贫困村、111 万贫困人口，分别占全市的 83%、81% 和 78%；渝西仍有贫困人口 22.5 万，278 个贫困村，分别占全市的 15.8% 和 13.9%。

2009 年，重庆市面对国际金融危机冲击，深入贯彻科学发展观，坚决执行中央扩内需、促增长的一系列政策措施，全面落实“314”总体部署，全面推进统筹城乡和“五个重庆”建设，在逆境中化危为机、挑战中克难奋进。全市生产总值比 2008 年增长 14.9%，达到 6527 亿元，全社会固定资产投资、社会消费品零售总额分别增长 31.5% 和 18.6%，地方财政一般预算收入增长 18.1%，全市财政民生支出占一般预算支出的比重达到 51.7%，城镇居民人均可支配收入 15749 元，实际增长 11%。农村居民人均纯收入 4621 元，增长 12%。

2009 年，在市委、市政府的领导下，在市人大、市政协的指导和帮助下，全市扶贫开发坚持以科学发展观为指导，贯彻党十七届四中全会、市委三届四次全会和市委市政府扶贫济困专题座谈精神，抓住建设内陆开放高地和“五个重庆”机遇，突出贫困村千村脱贫工作中心，构建“大扶贫”工作格局，不断创新扶贫开发工作机制，全面推进扶贫开发各项工作，促进了贫困地区经济社会快速协调发展。全市可减少农村贫困人口 15 万，超过目标 25%；完成扶贫搬迁和生态移民 3 万人，超过目标 20%；财政扶贫资金达到 6.05 亿元，比 2008 年净增 1.2 亿多元，增长 22%；培训贫困农民 10 万人，超过目标 25%；扶贫开发工作重点县农民人均纯收入可增长 400 元左右。

【整村推进】 2009 年，重庆市委三届四次全体会议作出“到 2012 年实现 1000 个贫困村整村脱贫”的战略部署后，按照“激活贫困村、点活贫困户”和“一村一策、一户一法”的原则，主要抓六件事。一是制定贫困村的规划和脱贫标准。按照功能分区、分路突围的原则，督促相关区县制定1000个贫困村的整村脱贫规划。同时，参照新农村建设标准，出台“七有四通三解决”的整村脱贫标准；二是启动第一批整村脱贫项目。2009年，督促区县采取竞争入围的办法，启动第一批266个脱贫村整村脱贫工作。3月，按每村50万元的标准，新增安排整村脱贫项目1.33亿元资金全部到位；三是出台相关政策措施。协助市委办公厅、市政府办公厅联合下发《关于加快推进贫困村整村脱贫连片开发工作的意见》（渝委办［28］号），明确加快贫困村整村连片脱贫的目标任务和措施。市扶贫领导小组印发《关于市级扶贫集团参加实施“千村脱贫”计划的通知》，实现扶贫集团成员单位包脱贫村“不脱贫不脱钩”；四是召开整村脱贫现场会。6月下旬，市政府在云阳县召开了贫困村整村连片脱贫现场会，市扶贫开发领导小组与相关区县（自治县）政府签订《贫困村整村连片脱贫目标责任书》，促进了贫困村整村连片脱贫工作的深入开展；五是参加市委、市政府扶贫帮困专题座谈会。会议出台一系列加快整村脱贫步伐的政策措施，会后，按照市委、市政府统一部署，在全面调研基础上，扶贫办制定了2000个贫困村的脱贫规划，代市委市政府草拟《关于加快贫困村整村脱贫工作的决定》；六是协调加大贫困村整村脱贫工作在区县党政领导干部和领导班子的目标考核力度。扶贫工作在重点县党政领导目标考核中由原来的2分提高到4分，增加了权重；同时，非重点县和“一圈”帮扶“两翼”的区县党政领导目标考核均增加扶贫工作内容，使扶贫工作考核覆盖了40个区县。

【扶贫搬迁】 与重庆市发改委、林业局等部门配合，全年投入扶贫资金7000万元，以工代赈资金7500万元，完成搬迁3万人。巫山县庙堂乡整乡搬迁全部完成，比计划提前1年，尚属全国首例。

【扶贫培训】 全年投入5681万元，组织动员贫困家庭子女就读中职3万余人，完成劳动力转移培训8300人，实用技术培训5万余人，创业培训2800人，政策业务培训6100人，完成266个脱贫村的支书、主任和大学生村官的全员培训。

【产业化扶贫】 安排专项产业扶贫财政资金4350万元，投入信贷资金4亿多元，围绕带动贫困户发展产业，结合千村推进和片区开发，确定50个专业合作组织和33个龙头企业为第一批扶贫专业合作组织和扶贫龙头企业；重点支持贫困区县采用公司+专业合作组+贫困户的模式，对带动能力较强、效益较好的扶贫专业合作组织给予重点支持；探索创建了种植小区和养殖小区吸纳贫困户发展产业的新模式。

【基础建设扶贫】 在市级扶贫领导小组成员单位的共同努力下，2009年新修和改建村级公路5140公里，解决了20.6万贫困人口的饮水安全问题，新建了200个村级卫生室。

【开放式扶贫】 2009年社会扶贫资金总额4.9亿多元，比2008年净增8000多万元。重庆市扶贫系统招商引资26亿多元，比2008年净增约6亿元，引进企业97个，其中市外企业32家。

【扶贫试点工作】 国务院3号文件下达后，重庆市委、市政府通过组织召开各种会议、培训和宣传解读活动，在扶贫系统传达学习，下发《市扶贫办贯彻落实国务院关于推进重庆市统筹城乡改革和发展若干意见的通知》（渝扶办［2009］27号），分解目标任务，进一步加强扶贫试点工作。

一是在武隆、丰都、铜梁3个县开展农村最低生活保障制度与扶贫开发政策两项制度有效衔接试点。8月，市政府批准在这3个县试行将农村人口10%纳入扶贫对象的相对扶贫标准，探索两项制度衔接的长效机制，研究制定了扶贫到户政策，对识别出来的贫困户每户发放2000元生产发展资金，形成扶贫开发和民政救助“两轮驱动”的新格局，两次在国家召开的相关会议上介绍了经验；二是扩大贫困村村级互助资金的试点范围。全市开展试点的贫困村已达305个，其中2009年新增187个，投入财政扶贫资金2800万元，到期借款归还率达99.8%，有效缓解了农户发展资金短缺的困难；三是新增开发5个区县为片区试点。其中新增国家级片区开发试点县4个，市级1个，全市实施片区开发的试点县达到14个。全年共安排片区开发资金6900万元，整合部门资金和带动社会投入资金5亿元以上；四是抓好武隆县贫困村信息路建设试点。全县已在19个乡镇60个贫困村建成62个卫星接收站，安装WIFI无线网络转发天线30套。10月底，全国信息化扶贫工作座谈会在武隆召开，推广了武隆县的经验。

【《重庆市农村扶贫条例》起草和送审】 2009年初，重庆市扶贫办公室主要领导亲自带队，同市人大、市法制办领导及相关处室负责人赴黑龙江、湖北等省以及市内贫困地区进行深入的调研考察。4月，完成《重庆市农村扶贫条例》的拟稿工作。随后组织召开各种座谈会，征求市级相关部门、区县和专家学者的意见。8月，将《扶贫条例》交市法制办，进入立法程序。2009年底，通过在多方努力，《扶贫条例》已经政府常务会后提请市大人常务会审议。

【扶贫开发示范区建设】 2009年，运用贫困村信息路建设成果，组织贫困地区劳动力、农副产品等进城，引导城市工商资本下乡，实现城乡资源互流双赢。在涪陵区、开县和武隆县加大统筹城乡扶贫开发示范区建设力度，总结推广涪陵区江东街道办事处营盘村土地经营权入股的做法和龙谭镇贫困农民返乡创业园区的经验，引导贫困村农户用土地经营权和现金入股与龙头企业组建股份制企业。

【扶贫工作措施】 重庆市委、市政府在学习实践科学发展观活动中，明确提出，把进一步理清全市扶贫开发思路、创新扶贫开发体制机制、促进贫困地区科学发展作为衡量学习实践活动效果的尺子。2009年，通过学习实践活动，创新“四项机制”：

1. 瞄准机制。主要采取三项措施：一是实施266个贫困村整村脱贫工程，为每个贫困村安排财政扶贫资金100万元，并整合其他资金达到300万元，脱贫后，每个村再以奖代补50万元；二是在开展“两项制度”有效衔接试点的武隆、丰都、铜梁3个县，为每个贫困户家庭发放2000元生产发展资金；三是明确规定财政扶贫资金的50%要用于发展脱贫村的产业，扶贫移民、“雨露”培训、社会帮扶等均集中投向脱贫村。

2. 参与机制。一是在贫困村扶贫资金项目的使用实施，必须尊重农民的意愿，村支两委讨论后，要提交村民代表大会表决，要得到会三分之二的多数同意后方可使用实施；二是乡镇既要充分尊重村的意见，更要保障农民行使知情权、参与权、选择权和监督权，帮助贫困村农民在扶贫资金使用和项目建设中做到自我组织、自我管理、自我监督、自我发展；三是所有到村的扶贫资金、扶贫项目都要公示公告。

3. 协调机制。一是努力对上协调。近年来，重庆市争取国家财政扶贫资金和安排的国家扶贫项目逐年递增，财政扶贫资金每年递增均在20%以上，2009年截至10月底，已突破6亿元，达到22%，安排的片区开发、村级互助资金个数均在全国领先；二是与市级相关部门协调。2009年，协助市委办公发厅、市政府办公厅专门下发28号文件，明确重庆市扶贫领导小组26个成员单位的扶贫任务和责任。同时，协调市人保局，由市政府表彰社会扶贫工作先进单位和个人；三是主动与相关区县协调。无论是片区开发或是整村脱贫，资金整合力度均取得显著成效。同时，在区县机构大部制改革中，各级扶贫部门得到了加强。

4. 监管机制。一是联合审计局对重点贫困区县2006—2007年两年扶贫资金进行了交叉审计，对发现的问题及时整改；二是下发《扶贫资金监督管理意见》并对区县执行情况进行了检查；三是为配合农村“三项制度”的实施，编印《扶贫政策（合订本）》下发到村，同时着手制定扶贫项目实施和资金使用的程序规定；四是在丰都县举办一期扶贫资金监管培训班，在全市推广了丰都县扶贫资金村级义务监督员的做法。

【困难与挑战】 一是对扶贫开发重视程度有差异，一方面存在畏难情绪，另一方面对其长期性、艰巨性认识不足；二是整合资金难度大，一些部门按既定规划和项目进行基础设施建设，没有及时向整村脱贫村调整；三是扶贫产业发展周期长、支撑弱，短期减贫效果不明显；四是部分地方对到户扶贫优惠政策落实不够；五是扶贫集团包村落实有差距，少数扶贫集团包村尚未到位。

【2010年扶贫工作展望】 重庆市初步把2010年作为“整村脱贫推进年”。目标任务是：组织完成对266个脱贫村的考核验收，启动250个贫困村脱贫；推进非重点区县50%以上的贫困村实施脱贫；“雨露”培训9万人，扶贫移民3万人，实现10万低收入人口脱贫。主要措施是：

1. 整村脱贫，片区开发，惠及到户。完成“十一五”确定的2000个贫困村的规划，落实“两项制度”衔接试点的到户政策，整合资金进贫困村到贫困户。2010年力争再启动4个重点区县的片区开发，力争片区开发覆盖18个重点工作县。同时，注重功能分区，突出发展扶贫产业，全力推进扶贫移民，改善基础设施。抓住建设“五个重庆”的机遇，打造“重庆雨露技工品牌”，发展劳务经济，实现按时脱贫、持续脱贫。

2. 加强协调，整合资源，加大投入。加强与扶贫开发领导小组各成员单位和市级18个扶贫集团的联系与协调，落实每村整合资金300万元~500万元的目标任务，促进单位包村的帮扶力度，争取各方支持为贫困村供血输氧，达到限时脱贫。

3. 创新机制，完善制度，加强监管。抓住《重庆市农村扶贫条例》颁布实施时机，进一步完善扶贫政策配套，创新体制机制，稳妥解决整村脱贫中反映出的新情况新问题，加强扶贫资金监管和扶贫项目监督。

4. 加强调研，总结经验，搞好衔接。

2010年是《十年扶贫纲要》实施的最后一年，重庆市委、市政府将加大调研力度，总结过去十年扶贫开发的成绩经验，做好与国家“十二五规划”和新的扶贫纲要的衔接，利用国务院3号文件创造的条件，争取国家宏观政策支持，制定好全市《“十二五”扶贫规划》和新的《农村扶贫十年纲要》。

（重庆市扶贫办公室）

四川省扶贫开发

【概况】 四川地处中国西南和长江上游，全省幅员面积48.5万平方公里，人口8700多万，辖21个市（州），有53个少数民族定居，有全国第二大藏区、最大的彝族聚居区和唯一的羌族聚居区。

四川省是西部内陆农业省，“人口多、底子薄、不平衡、欠发达”，城乡二元结构突出、初级阶段特征更为明显，发展不足、发展水平不高，农村贫困问题仍然突出。省委、省政府高度重视缓解农村贫困，一直坚持把扶贫开发、全面建设小康社会作为关系全局的战略任务来抓，并取得一定成效。进入新阶段以来，在国务院扶贫办、财政部等国家有关部委、浙江省和各省（市、区）的关心和支持下，四川贯彻落实《中国农村扶贫开发纲要》，进一步加大扶贫开发工作的力度，重点开展了新村、移民、教育、卫生、牧区，以及产业、劳务扶贫工程。

2009年投入中央、省级专项扶贫资金20.68亿元，社会扶贫帮扶资金投入达66.4亿元。实施扶贫新村工程932个、为年度计划的100%，发展产业项目覆盖贫困户22.63万户、为年度计划的226.30%，建设村道1010.20公里、为年度计划的168.37%，新修沼气池6.09万口、为年度计划的121.80%，劳务扶贫培训6.82万人、为年度计划的113.67%。扶持农村93.54万贫困人口改善生产生活条件、增加收入，提高自我发展能力，为年度计划的116.93%。原四川省扶贫开发办公室被评为全国民族团结进步先进单位，受到国务院表彰。

【扶贫工作回顾】 新世纪以来，在党中央、国务院的正确领导下，四川各级党委、政府团结和带领全省各族人民，为缓解贫困、彻底改变一穷二白的面貌进行了努力，四川农村扶贫取得巨大成就。2001年至2008年，低收入贫困人口下降491.97万人，建设扶贫新村8145个，36个国家扶贫开发工作重点县人均国内生产总值达到8062元、增长2.36倍，人均财政预算内收入达到228元、增长1.78倍，为四川省建设发展和全国扶贫事业作出贡献。四川省在新世纪扶贫开发中创新的扶贫“阳光工程”、“大扶贫”战略、扶贫互助社、扶贫连片开发、新村“竞争入围”、扶贫“首扶制度”等经验，受国家有关部门的肯定。特别是仪陇县扶贫开发与构建和谐社会试点、阿坝州扶贫开发和综合防治大骨节病试点取得的成果与经验，分别受到党中央、国务院主要领导的肯定，在全国引起较好反响。

【扶贫开发重点工程】 1. 新村扶贫

工程。把新村扶贫作为扶贫开发的样板工程，加大资源整合力度，将扶贫工程专项资金及其他涉农资金向新村倾斜，全年实施扶贫新村932个，确保了进入规划盘子的扶贫新村当年启动、当年实施、当年见效。

2. 劳务扶贫工程。针对国际金融危机造成农民工返乡、贫困劳动力就业能力更弱的特点，加大强化培训、就地就业力度，促进了贫困劳动力转移就业。全年完成劳务扶贫培训6.82万人，为年度计划的113.67%。

3. 产业扶贫工程。各地提前谋划产业项目，提前垫支，鼓励群众发展产业，扶持规模化农业产业项目。全年投入财政扶贫资金1亿元推进产业扶贫，覆盖贫困户22.63万户、为年度计划的226.30%，有力带动了贫困户、贫困村、贫困地区脱贫致富。

4. 村道扶贫工程。各地加强资金整合，发动群众投工投劳，全年建设村道1010.20公里、为年度计划的168.37%。

5. 沼气扶贫工程。各地努力克服因新建成本增高、补助标准偏低群众建沼气池积极性不高等困难，采取有力措施，加快了工程建设进度，全年新修沼气池6.09万口，超额完成年度任务。

【扶贫开发试点】 1. 阿坝州扶贫开发和综合防治大骨节病试点。争取国家专项扶贫资金总量达6.34亿元，创试点以来历史新高。及时召开联席会和协调会，编制审批下达年度计划，及早下达资金，制发了《试点工作管理办法》，建立完善了工作报告、统计监测、年度目标管理考核制度。组织督促检查、调研指导，确保了省委、省政府确定的这项民生工程扎实推进。2009年5月中旬，国务院扶贫办范小建主任赴阿坝州调研，对试点工作给予肯定，11月在《四川省阿坝州扶贫开发和综合防治大骨节病试点工作总结》上批示："不到两年时间，能够做到防病治病能力明显增强，基础设施显著改善，农民收入有所增长，执政基础进一步巩固，很不容易。"

2. 连片扶贫开发试点。召开全省连片扶贫试点现场会议，深入总结了推广连片扶贫开发试点经验，部署了下一阶段工作。进一步扩大通江县、广安区连片扶贫开发试点成果，把连片扶贫开发从2个扩大到盐源县、高县等18个县19个片区，形成了规模优势。同时，做好"攀枝花二滩库区连片扶贫开发规划"准备工作。

3. 贫困村灾后恢复重建试点。抓贫困村灾后恢复重建试点和灾区灾后扶贫工作，探索出"一个好班子、一个好规划、一个好机制"的成功经验。5月，国务院扶贫办在广元市召开的"汶川地震灾后贫困村恢复重建工作暨培训会议"，对四川省经验予以推广。年底，全省重灾区2516个受灾贫困村恢复重建工作进展顺利，农户住房重建基本完成，村内基础设施、农户产业发展恢复重建工作有序实施。

4. 贫困村扶贫互助社试点。全省807个贫困村成立了扶贫互助社，资金总额1.44亿元，12.20万农户入社，其中贫困户3.60万户。原四川省扶贫开发办公室联合省委农办深入旺苍、安岳等县调研，撰写的《四川省发展贫困村扶贫互助社的新探索》一文"做法与经验"部分被中农办《农村要情》（第28期）摘发，省委书记刘奇葆作出了"这种扶贫方式很好，请继续总结、完善和推广"的肯定性批示。

5. 巴中革命老区试点。为加大老区的

扶贫力度，省政府选择了极具代表性的巴中市作为加快革命老区发展试点，下发了《关于加快巴中革命老区发展的意见》，提出和确定了加快巴中革命老区建设的发展目标、功能定位、工作举措。到年底，试点中的通江县沙溪—瓦室、巴州区上八庙—青木两个片区已投入各类项目资金9771.2万元，占年度计划的104.50%。

6. 广安水淹区试点。按照“聚合资源、整体联动、连片开发、梯次推进”的扶贫思路，继续推进水淹区扶贫开发工作，并顺利完成各项试点任务。

【社会扶贫】 全省社会扶贫帮扶资金达66.4亿元，其中无偿投入达9亿多元，引进资金57.4亿多元。

1. 党政机关定点扶贫。全年22家中央国家机关、182家省级机关、7800家市县机关赴定点县、定点单位开展扶贫帮扶的干部达1780人，投入和引进各类资金近40亿元，项目15305个，下派干部9451人，定点帮扶贫困村7350个，培训人数达60万人。

2. 东西对口帮扶。浙江省7市47县区和33个省级对口扶贫协作单位到位援助资金3620万元，企业协作投资11.4亿多元、吸收就业2817人、实现税收1934万元，劳务培训4479人次、输出农民工9275人次。阿坝州和杭州市结为对口扶贫协作对子。

3. 社会各界扶贫。省老区建设促进会、省扶贫基金会、省扶贫开发协会等扶贫社团，主动发挥优势，组织开展了富有特色的扶贫济困活动。全年共为贫困地区募集资金5000多万元、引进资金3亿多元。500多家民营企业开展村企共建扶贫新村800多个，各级扶贫龙头企业到贫困村发展产业基地，投入资金达14.4亿元，带动246万农户参与产业发展，实现人均增收513元。

【扶贫国际合作】 世界银行和英国国际发展部支持的第四期扶贫项目继续有序实施。截至2009年9月，累计完成投资2.99亿元，占调整后目标的81.95%。项目覆盖四川省平昌、马边、屏山、叙永、越西和美姑6个项目县86个乡（镇）519个村全部实施了项目活动，累计覆盖农户88.31万户次，工作成效受到世界银行英国国际发展部检查团的肯定。中泰华威国际投资公司支持开展的南充农村贫困社区综合扶贫试点示范项目，已到位捐赠资金500万元人民币。社区主导型发展项目（CDD）、世界银行第五期技术援助项目旺苍县互助资金试点等项目实现了阶段性目标，取得较好成效。

【扶贫工作措施】 1. 党政重视，组织领导到位。省委、省政府主要领导和分管领导心系贫困群众，多次深入巴中、古叙等革命老区，凉山、甘孜、阿坝等民族地区，以及广元等地震灾区考察调研扶贫工作，解决难点、重点、热点问题。省里先后召开了扶贫开发领导小组、阿坝州扶贫开发和综合防治大骨节病试点工作领导小组全体会议，广安水淹区、巴中革命老区专题会议，以及全省连片扶贫开发现场会等，对扶贫工作作出专题研究部署，扶贫工作组织领导保障得到进一步加强。

2. 健全制度，自身管理到位。在各级党委政府的领导下，全省扶贫系统巩固、深化“学习实践科学发展观活动”和加强机关行政效能建设活动成效，加强扶贫干部队伍建设。按照“强化责任意识、改进工作方法、优化组合力量、提高能力水平”的效能建设总体要求，抓制度建设与规范化管理，自身建设有了较大提高。原省扶贫办制定了《关于精减文件提高质量的通知》、《机关行政效能办文办事程序》等，机关办事效率有了进一步提高；启动扶贫干部培训工作，全年举办扶贫干部培训班6期，培训500余人；实施机关财务内部预算制度等，强化了机关财务管理。

3. 强化调研，舆论宣传到位。2009年为全省扶贫系统调研活动年。省扶贫开发领导小组成员单位、各级扶贫办撰写了有质量、有价值的调研报告。原省扶贫办完成了《新阶段四川农村扶贫开发对策研究（2011—2020年）》、《加快革命老区发展政策研究》等多个调研课题。恢复了《四川扶贫》，新办《下月重点工作》、《扶贫要情通报》等内刊；开通省委、省政府网络信息报送系统、机关公文网上传送系统；围绕庆祝新中国成立60周年，宣传扶贫成果，在9月“辉煌60年——四川省经济社会发展成就”第五场聚焦扶贫开发新闻发布会上，发布了《农村扶贫开发成就辉煌》。完成《四川省志·扶贫开发志》送审稿，完成《汶川特大地震四川抗震救灾志·扶贫办资料长篇》编写工作，做好全国《汶川特大地震扶贫系统抗震救灾志》准备工作。

【困难与挑战】 四川农村扶贫虽然取得巨大成就，但面临的形势依然严峻，进一步消除贫困的难度加大，扶贫任务还很艰巨、繁重。从贫困问题本身看：按照国家确定的贫困标准，四川省有36个国家扶贫开发工作重点县和1万个省定重点贫困村，占全国592个县、14.8万个村的6.08%与6.76%。全省181个市（县、区）中有160个有扶贫任务，扶贫任务相当繁重。2008年底，全省农村有绝对贫困人口178.55万，低收入人口241.03万。现有的贫困人口特别是尚未解决温饱的绝对贫困人口，大多数分布在四川盆地周边自然条件严酷、社会发育程度低、基础设施落后、社会服务水平差的高原区、深山区、石山区、边远地区，特别是西部少数民族地区，有的还处于“原始的贫困”状态。同时，贫困的传递性凸显，区域性突出，隐性化较强，返贫问题重，特别是2008年“5·12”汶川大地震，使多年的扶贫成果毁于一旦，全省又出现许多新的因灾致贫户。

【2010年工作展望】 2010年，四川省坚持开发式扶贫方针，进一步加大扶贫投入力度。推进扶贫开发与农村低保的有效衔接，创新扶贫机制，瞄准贫困人口，对低收入人口全面实施扶贫政策。继续加强贫困地区基础设施建设，把促进农村贫困人口提高自我发展能力和增收放在重要位置。

加大整村推进工作力度，确保完成整村推进的“万村扶贫”任务；加强劳动力转移培训，促进贫困农民就业；推进产业化扶贫，探索贫困农户参与产业化经营的有效方式，提升产业扶贫水平；搞好移民扶贫，加快特殊类型贫困地区综合治理和汶川地震灾区贫困村恢复重建扶贫开发步伐；动员更多社会力量参与扶贫事业，打好扶贫攻坚总体战。完成《规划》确定的目标任务，扶持80万农村贫困人口改善生产生活条件、增加收入，提高自我发展能力。

启动新村扶贫931个，开展劳务扶贫培训6万人，实施产业扶贫覆盖贫困农户20万户。继续推进阿坝州扶贫开发和综合防治大骨节病、贫困村灾后恢复重建、连片扶贫开发、贫困村扶贫互助社、中央彩票公益金等试点工作，并抓好革命老区、民族地区和水库淹没区扶贫开发，争取国家对四川省地震灾区贫困村、多民族地区国家扶贫开发工作重点县和革命老区的更多支持。检查分析《规划》执行情况，加强措施促进完成目标任务；深入调查评估工作成效，搞好扶贫成果宣传，总结分析成功经验、问题教训。根据党中央、国务院决策部署和国务院扶贫办出台的相关意见，结合省情研究制定未来十年扶贫规划和“十二五”扶贫相关规划。

（四川省扶贫和移民工作局
郭全喜　王思铁　罗　宇）

贵州省扶贫开发

【概况】 贵州省位于中国西南的东南部，面积为17.6万平方公里，占全国国土面积的1.8%，人口3900多万，辖9个市（州、地），有汉、苗、布依、侗、土家、彝等18个世居民族，少数民族人口占总人口的38.98%。

2009年，是贵州省扶贫开发工作最好的机遇期，也是对扶贫工作要求更高、任务更重的"啃硬骨头"挑战期。执行1196元扶贫新标准后，贵州省贫困人口增加到585.38万人，占全国贫困人口的14.6%；2008年农民人均纯收入为2797元，只是全国平均水平的58.8%，50个重点县农民人均纯收入虽然有明显增长，但绝对数很小；特殊类型贫困地区和特殊贫困群体的贫困问题亟待解决；全省尚有5198个贫困村未实施整村推进，占全国的1/5，已实施整村推进的贫困村投入少、效果不明显，还需要巩固和提高；保护与开发、扶贫投入与需求的矛盾突出；扶贫工作自身也还面临不少突出问题。

2009年，贵州省进一步提高农村低保的标准和覆盖面，全面启动农村危房改造，加大贫困地区基础设施和社会事业建设力度，各部门、各行业对贫困地区的投入扶持力度进一步加大。全年减少贫困人口约50万人；在全省1582个贫困村实施了整村推进扶贫开发；推进33个草地生态畜牧业示范县项目，项目区经济效益、社会效益、生态效益逐步显现；重点扶持发展油茶、蔬菜、果药竹产业，分别选择5个县发展蔬菜种植2.83万亩、7个县发展优质油茶基地3.2万亩、8个县发展干果、中药材5.5万亩；在50个县的贫困乡村连片发展特色产业，实施产业化扶贫乡（镇）示范项目；实施脱毒马铃薯原种扩繁及大田推广项目122个；在石漠化和干旱比较严重的产业化扶贫乡村实施1269个小水池建设项目；"雨露计划"共完成贫困地区农村劳动力转移培训108500人，占全年任务103%，转移就业（转产）92580人，占任务111%。

【扶贫工作回顾】 贵州省自然条件差，发展基础薄弱，作为一个"欠发达、欠开发"的省份，贫困面大、贫困程度深的问题依然突出，扶贫开发的形势仍然十分严峻。从1986年贵州省开展有组织的扶贫开发工作以来，省委、省政府始终把治穷作为治省的基本方略，将扶贫开发作为"三农"工作的重中之重，不断加大投入力度和工作力度，贫困地区产业结构得到有效调整，贫困群众基本生产生活条件逐步改善，增收门路稳步拓宽，增收脱贫致富的基本素质和能力明显提高，贵州已结束总体贫困的历史。新阶段扶贫开发以来的近10年，在国务院扶贫办等中央国家机关和大连、青岛、宁波、深圳四个对口帮扶城市的关心和支持下，贵州省贯彻落实《中国农村扶贫开发纲要》，进一步加大扶贫开发工作的力度，为贵州省经济发展和社会进步做出重大贡献。

在经历了扶贫开发（1986—1993年）、“八七”扶贫攻坚（1994—2000年）和新阶段扶贫开发（2001—2010年）三个主要阶段后，贵州省和全国其他省市一样进入到开发扶贫和社会救助“两轮驱动”的新阶段，进入“生存型扶贫”向“发展型扶贫”转变的关键时刻，进入农村改革、制度创新、现代农业建设推动的重要时期。

【扶贫资金投入】 2009年，贵州省共投入财政扶贫资金（发展资金）148385万元，社会扶贫帮扶资金14193万元。全年共下达财政扶贫资金140312.08万元，落实到村到户项目9079个，占资金计划的94.86%。地、县两级财政安排扶贫资金均比2008年有所增长。

【整村推进】 2009年在全省1582个贫困村实施整村推进扶贫开发，其中落实革命老区和人口较少民族地区“两个确保”贫困村整村推进689个，人口较少民族所在贫困村的整村推进工作全部完成，每个村投入50万元以上。全省共整合涉农资金39806万元投入整村推进。

2009年，贵州省正安、江口、长顺、织金4县被列为“县为单位、整合资金、整村推进、连片开发”试点县。4个试点县工作按照《试点规划》和《实施方案》要求顺利推进。据统计，4个县试点区域涉及53个行政村（贫困村45个）；规划总投资17955.16万元，除安排每县试点资金1000万元外，整合部门项目资金13955.16万元（不含信贷资金），整合资金比例为1∶3.49；规划资金投入产业发展4807.59万元，基础设施12174.16万元，社会事业973.41万元。

【扶贫培训】 坚持求真务实、抓质量、突出效果的原则，按照“大稳定、小调整”的思路，贵州省开展了以订单培训为主，分初级技工、普通农民工和产业化技能三种类型开展培训，逐步加大农村贫困地区“两后生”的培训力度。针对金融危机带来贵州省农民工返乡数量增多和时间提前的情况，积极开展农民工再就业、创业和转产技能培训。全省“雨露计划”共完成贫困地区农村劳动力转移培训108500人，占全年任务103%，转移就业（转产）92580人，占任务111%。

【产业化扶贫】 2009年推进33个草地生态畜牧业示范县项目，制定印发《贵州省省级草地生态畜牧业产业化科技扶贫项目资金滚动发展管理（暂行）规定》，进一步规范项目的实施行为和资金管理。截至2009年12月16日，33个草地生态畜牧业示范县项目完成人工种草396112亩，占计划的102.22%；修建圈舍584763平方米，占计划的100.60%；采购发放基础母羊325862只，占计划的91.45%，采购发放种公羊11483只，占计划的103.22%；采购发放能繁母牛3124头，占计划的69.42%，项目区经济效益、社会效益、生态效益逐步显现。重点扶持发展油茶、蔬菜、果药竹产业，分别选择了5个县发展蔬菜种植2.83万亩、7个县发展优质油茶基地3.2万亩、8个县发展干果、中药材5.5万亩，力求通过示范带动，不断总结经验，逐步扩大。

按照因地制宜、市场导向的原则，在50个县的贫困乡村连片发展特色产业，实施产业化扶贫乡（镇）示范项目。安排专项资金实施脱毒马铃薯原种扩繁及大田推广项目和脱毒甘薯高产示范及种薯扩繁，实施项目122个，完成606.20万粒脱毒马铃薯微型薯和33.68万株脱毒甘薯试管苗生产；完成原种及一级种扩繁16040亩；大田推广脱毒马铃薯692.4万亩，超任务15%；高产示范脱毒甘薯完成13169亩，超额完成全年任务。在石漠化和干旱比较严重的产业化扶贫乡村实施1269个小水池建设项目，用于整村推进及产业化项目配套。扶持发展产业化扶贫龙头企业，在国家认定贵州省36家国家级扶贫龙头企业的基础上，制定了《贵州省省级扶贫龙头企业认定暂行办法》。

【村级互助资金试点】 贵州省贫困村互助资金试点规模和范围不断扩大，使用率和扶贫效益逐步提高。2009年，贵州省在三穗、台江、丹寨、荔波、贞丰、正安、江口、织金县的60个贫困村开展试点（其中有20个村为省级安排的试点），共计投入财政扶贫资金900万元，帮助会员农户发展生产，增加收入。试点工作按照《贫困村互助资金试点工作手册》要求有序开展，深受农户欢迎。

【科技扶贫】 2001—2007年，贵州省扶贫办在组织实施科技扶贫项目中，培育和支持晴隆实施波尔山羊杂交改良科技扶贫项目，累计投入财政扶贫资金1070万元，经过几年的艰苦努力和实践，晴隆县探索出一条喀斯特岩溶地貌重度发育地区通过发展草地畜牧业带动贫困群众脱贫致富的路子，不但促进贫困群众增收，而且促进生态环境的恢复和重建，取得良好的经济效益、社会效益和生态效益。透过这一典型案例，总结出“晴隆经验”和五种运作模式及四个工作机制，为贵州省大面积推广提供了可资借鉴的宝贵经验。“晴隆经验”得到国务院扶贫办和省委、省政府的赞扬和肯定。截至2009年12月16日，33个草地生态畜牧业示范县项目完成人工种草396112亩，占计划的102.22%；修建圈舍584763平方米，占计划的100.60%；采购发放基础母羊325862只，占计划的91.45%，采购发放种公羊11483只，占计划的103.22%；采购发放能繁母牛3124头，占计划的69.42%。

【社会扶贫】 4个对口帮扶城市向贵州省捐赠资金14193万元（其中，深圳5227万元、宁波5826万元、青岛1640万元、大连1500万元）。23个中直单位继续在贵州省开展定点帮扶工作，派出31人到贵州省蹲点挂职，投入资金2948.82万元（直接投入资金2160.32万元，帮助引进资金788.5万元），实施68个扶贫项目。省委常委和副省长继续联系19个扶贫重点乡镇，省直机关组建51个工作队在51个县开展党建扶贫工作，全省有近万名机关干部驻村开展扶贫工作。

【2010年扶贫工作展望】 2010年，贵州省委、省政府把尽快稳定解决扶贫对象温饱并实现脱贫致富作为新阶段扶贫开发的首要任务，把增加贫困人口收入、提高发展能力放在更加重要的位置，搞好专项扶贫与行业扶贫、社会扶贫的有机结合。2010年减少农村贫困人口50万人；实施“雨露计划”，培训贫困地区农村劳动力10万人，训后转移就业或就地转产8万人；计划实施2000个村整村推进扶贫开发，确保全部完成剩余的663个革命老区贫困县

贫困村的整村推进；动员社会力量参与扶贫开发，筹集社会帮扶资金1亿元；在50个扶贫重点县全面实施扶贫开发与农村低保制度有效衔接试点工作；组织编制贵州省2011—2020年扶贫开发纲要。加大督查、考核和指导力度，鼓励各县、乡加快发展，勇于摘掉贫困帽子，破除“贫困陷阱”，将“脱贫”与“脱帽”结合起来，按照“激励减贫（人口）、脱帽不减政策、产业化以奖代补”的原则，努力减少贫困人口、减少贫困县。

（贵州省扶贫办公室）

云南省扶贫开发

【概况】 云南省地处祖国西南边陲，是一个集边疆、民族、山区、贫困为一体的省份，国土面积39.4万平方公里，其中山区面积占94%；国境线长4060公里，与越南、老挝、缅甸接壤；全省辖16个州市，129个县市区，2009年末总人口4571万人，有5000人以上世居少数民族25个，少数民族人口达1560万人，占全省总人口的34.1%。全省有73个国家扶贫开发工作重点县，7个省级重点县，居全国第一；贫困人口540万人，占全国贫困人口的13.9%，居全国第二位。

云南省2009年召开了全省扶贫开发工作现场会暨社会扶贫表彰会、中央国家机关企事业单位定点扶贫云南工作座谈会、沪滇对口帮扶合作第11次联席会、全省扶贫开发整乡推进试点工作汇报会、莽人克木人扶持发展现场会等5次重要会议。共投入省级以上财政扶贫资金25.37亿元，比2008年增加5亿元，整合资金近15亿元，投入扶贫信贷资金36.7亿元，同比均实现两位数增长，投入总量和增幅均创历史新高。

【扶贫资金投入】 2009年，贯彻落实中央和省领导重要批示精神，瞄准对象、突出重点、分类指导，抓好特殊困难群体和特殊困难区域扶持工作。莽人、克木人扶持取得阶段性成效，完成年度投资1.41亿元，占年度计划的107%，安居温饱、通路、通水等12项工程完成85%，完成3个莽人村的建设，168户833莽人已喜迁新居，2009年3月中央办公厅督查室进行了专项督查，胡锦涛总书记对此作出重要批示，对帮扶工作给予肯定。实施僰人帮扶工作，完成投资5356万元，其中省扶贫办投入资金1228万元，上海投入90万元，改善生产生活条件，重点扶持特色产业发展。启动对瑶族支系山瑶的扶持，计划实施安居温饱等6项工程，2009年省级已投入启动资金4475万元，实施整村推进27个、易地搬迁2000人、扶贫安居100户。启动独龙江乡整乡推进整族帮扶综合发展规划，出台《关于独龙江乡整乡推进独龙族整族帮扶三年行动计划的实施意见》，计划投入资金8亿多元，重点实施安居温饱、产业建设等6大工程，多年议而未决的独龙江贫困问题正在得到根本解决。加大边境地区扶持力度，在边境25个县投入3.29亿元，实施贫困自然村整村推进657个，每村省级投入50万元，并结合整村推进，开展创建“带领致富党支部”和培养“脱贫致富带头人”活动。

【整村推进】 2009年全省完成贫困自然村整村推进9446个村，占计划的105%，其中各州市自筹资金完成2450个村。

2009年，每个乡投入资金600万元，全省启动实施了19个乡的整乡推进试点工作，各州市均完成了年度建设任务；每个县投入专项资金1000万元，实施了10个县的“县为单位、整合资金、整村推进、连片开发”试点工作。

【移民扶贫】 移民扶贫投入专项资金3.16亿元，计划搬迁基本丧失生存条件的特困人口6.23万人，比年度计划翻了一番，安居房、人畜饮水、基本农田等主要工程建设完成75%，完成贫困人口搬迁3万人；同时，省发改委投入以工代赈资金1.27亿元，搬迁贫困人口2.54万人。

【扶贫培训】 2009年劳动力转移培训投入资金1亿元，采取定单、定向、校企联合等培训方式，完成贫困地区劳动力转移培训30万人，其中技能培训6万人。据初步估算，培训后的农民工人均月收入达到900元以上。

【产业化扶贫】 2009年用于产业化扶贫的到户贴息贷款投入首次突破30亿元，有33.5万余贫困农户受益，户均增收达1000元以上；安排项目贴息贷款6.6亿元，扶持111个养殖业和产业化项目；省级投入财政产业扶贫资金8540万元，加快了特色产业发展；安排村级互助资金3000万元在300个村开展试点工作。通过多项扶持措施，在贫困地区完成经济作物120万亩、经济林果180万亩，养殖大牲畜70万头。

【老区建设】 革命老区开发建设。安排扶贫资金7.4亿元，投入专项资金1500万元，整合资金7500万元，开展基础设施、安居房、农田水利、产业开发、科技培训、革命遗址修缮保护等项目建设。

【贫困农户危房改造】 贫困农户危房改造投入财政专项扶持资金6000万元，其中财政扶贫资金5000万元，地方债券资金1000万元，实施茅草房、危坏房改造1万户。结合整村推进，州市自筹资金共解决7万多户群众的住房问题。

【社会扶贫】 沪滇对口帮扶投入资金1.6亿元，在红河、文山、普洱、迪庆4州市26个贫困县实施帮扶项目327个。开展了科技、教育、文化、卫生、经贸等方面的合作。在沪滇对口帮扶合作领导小组第11次联席会议上，双方领导签署会议纪要，明确2010年帮扶合作重点，15个省直部门与上海方签署了工作备忘录。上海市在做好德昂族扶持工作的同时，把独龙族纳入帮扶范围，捐赠2000万元，基本形成“4+2”的工作格局。组织对口帮扶4州市及50多家企业赴沪参加迎春博览会，协议签约15个项目，涉及资金6.14亿元，协议引进上海方资金5.8亿元，促进了云南省特色商品开拓上海市场。定点挂钩扶贫有新的发展，加强与中央国家机关27家挂钩单位的沟通联系，开展了对省级挂钩单位的重督查，争取社会团体及民营企业参与扶贫开发，进一步完善部队参与扶贫制度，出台了部队参与扶贫的文件，社会扶贫再次掀起新高潮，直接投入资金物资和引进资金达15.29亿元。在国际合作方面，继续抓好世界银行贷款扶贫项目的实施，开展与互满爱人与人组织、绫致基金会、福特基金会非政府组织等合作，新增资金7341万元，主要实施了贫困地区教育、培训、卫生、社区综合服务、农村基础设施等6个项目。

【困难与挑战】 一是贫困面大和贫困程度深的状况依然没有从根本上改变。截至2009年年底，全省还有73个国家扶贫开发工作重点县，7个省级重点县，居全国第一；还有贫困人口540万人，占全国贫困人口的13.9%，居全国第二位；还有60多万特困群众基本丧失生存条件，急需进行易地搬迁；二是特殊困难群体和特殊困难区域贫困问题依然十分突出。全省有25个边境县贫困人口125.4万人，有16个沿边跨境民族贫困发生率达45.2%；有12个“直过”民族138万人还处于整体贫困状态；有7个人口较少民族贫困发生率高达74.2%，其中景颇、佤、拉祜、傈僳4个特困民族和僰人、勒墨人、昆格人、本人、俐米人、普标人、八甲人、老品人、山瑶等9种人基本处于整体贫困状态；“三江”沿岸地区有扶贫工作重点县38个，贫困人口297.47万人，占全省的44.3%；有47个革命老区县贫困人口占老区总人口数的近20%；三是城乡区域收入差距依然呈继续扩大趋势。农村居民人均纯收入与城镇居民可支配收入的比率为1:4.28，高于全国平均数；四是致贫因素依然复杂交织。条件型、素质型、机制型贫困交织，整体性贫困、群体性贫困、区域性贫困、个体性贫困并存；五是自然灾害威胁仍然存在。云南地震、洪涝、泥石流、干旱等自然灾害多发，特别是去冬今春的严重旱灾，使经济脆弱的贫困地区受到影响，农民增收更加困难，将带来低收入人口致贫、脱贫人口返贫、贫困人口贫困程度加深问题，扶贫开发任务更加艰巨。

【2010年扶贫工作展望】 2010年是实施10年纲要的收官之年，也是谋划未来10年工作的关键一年。全省扶贫工作要贯彻学习党的十七届三中四中全会、中央农村工作会议、国务院扶贫开发领导小组全体会议、全国扶贫工作会议和省委八届七次八次全委会、省委农村工作会议精神，瞄准贫困对象，以基本消除绝对贫困现象和缓解发展差距为奋斗目标，把坚持统筹城乡发展和开发式扶贫方针作为根本保证，以尽快解决扶贫对象温饱并实现脱贫致富为首要任务，以革命老区、民族地区、边疆地区为优先地带，以提高农村贫困人口自我发展能力为工作重点，把特困群体、特困区域重点帮扶放在突出重要位置，把政策支持和部门协作作为重要保障，完善思路，创新机制，硬化措施，落实责任，切实加大对边远、民族、贫困地区特困群众的扶持力度，扫除贫困死角，提高扶贫开发措施的针对性和实效性，提高扶贫资金使用效益，全面提升扶贫开发工作水平，如期完成纲要提出的目标任务，为贫困群众的可持续脱贫致富奠定坚实基础。2010年计划实施9000个贫困自然村整村推进，继续抓好20个扶贫开发整乡推进试点，贫困劳动力转移培训30万人以上，易地搬迁贫困人口3万人，在贫困地区新增经济林果120万亩、经济作物120万亩、出栏大牲畜100万头（只），解决和巩固60万贫困人口温饱，力争贫困地区农民人均纯收入增幅高于全省平均水平。同时，开展新10年扶贫开发纲要和“十二五”扶贫专项规划的制定工作，进一步加大扶贫开力度，努力做到扶贫开发对低收入人口的全覆盖。

（云南省人民政府扶贫开发办公室
崔同富　吴　坚　潘正忠）

西藏自治区扶贫开发

【概况】 西藏自治区（以下简称“西藏”）地处青藏高原的西南部，面积120多万平方公里，辖7个地市73个县（市、区）；总人口280万人，其中农牧业人口接近221万人。藏族占总人口的96.3%，其他有汉、回、门巴、珞巴、纳西等民族，以及僜人、夏尔巴人，全区共有41个少数民族定居。

西藏是一个边疆少数民族自治省区，在中国共产党的领导下，在社会主义祖国大家庭中，西藏经历了从封建农奴制社会到社会主义社会的历史巨变，经济社会取得了跨越千年的巨大发展，人民生活得到了根本性改善。但由于历史、地理等方面的原因，这里经济发展仍然滞后，社会发育程度还比较低，城乡二元结构突出、产业规模小、发展水平处于较低层次，是全国集中连片的贫困地区。自治区党委、政府高度重视扶贫开发工作，始终坚持把改善民生、提高贫困地区自我发展能力、缩小城乡差距，作为全面建设小康社会的战略任务来抓。2009年，全区实行生产总值（GDP）达到441.36亿元，按可比价计算，比2008年增长12.4%；地方财政一般性预算收入突破20亿元，较2008年增长20%。

2009年，全区农牧民人均纯收入达到3532元，连续6年保持两位数增长。按照国家确定的贫困标准，2009年西藏的贫困人口为28.6万，占全国重点扶持人口4007万的0.8%，在全国排第20位。2009年实施扶贫开发项目541个，比2008年增加了49.8%，受益群众16.3万人，比2008年增加0.67%，人均增收450元；使人均纯收入低于1700元的贫困人口由2008年的68.3万人减少到59.6万人，人均纯收入低于1300元的重点扶持贫困人口减少到20.3万人。全区农村饮用安全卫生饮水人口达78%，建制村通电率近60%，乡村两级通路率95%和76%，通邮、通电话、通广播电视率分别为75%、87%和89%。

【扶贫工作回顾】 西藏自治区扶贫开发经历了“八七”扶贫攻坚和新时期扶贫两大阶段。“八七”扶贫攻坚使40万名绝对贫困对象摆脱了贫困。新时期扶贫取得百万帮扶对象越过帮扶线的巨大成就。进入新阶段以来，在中央关心、全国人民支援下，国务院扶贫办、财政部等有关部委对西藏实行特殊的倾斜政策，西藏贯彻落实《中国农村扶贫开发纲要2001—2010》，进一步加大扶贫开发工作的力度，重点开展了贫困户安居、整乡推进扶贫、特色产业扶贫、连片开发试点、互助资金滚动使用、小少民族发展、溜索改造、培训转移就业，以及党政机关、区（中）直企事业单位定点扶贫等扶贫工程。全区基础设施条件得到改善，社会事业有了很大发展。

中央第五次西藏工作座谈会指出："继续把西藏作为集中连片的贫困区域予以扶持。加大中央扶贫资金投入力度，重点向农牧区、地方病病区、边境地区倾斜，引导社会资源投入扶贫开发事业。"根据这一要求，自治区确定"十二五"期间的扶贫标准是农牧民人均纯收入低于1700元为低收入人口。照此计算，全区低收入贫困人口有10万户、50万人，约占农牧民总人口的22%。

【扶贫资金投入】 2009年西藏自治区共投入中央、省级专项扶贫资金38534万元，较2008年增加9589万元，增加33%；落实社会帮扶资金10800万元。自治区民族宗教委员会实施的"兴边富民"行动，安排资金1.5亿元，扶持人口较少民族发展。自治区发展改革委员会实施的"以工代赈"项目，2009年投入资金8000万元，在贫困地区实施基础设施建设，贫困群众通过参与项目实现增收。

【整村推进】 在全区50个边境村和10个较少民族村落实"两个确保"项目60个，投入资金1837万元，协调民族宗教部门在20个村实施"两个确保"项目，全面完成了"两个确保"工程任务。

在全区41个乡、4个村实施了整乡、整村推进扶贫，投入资金12000多万元，使贫困乡村的产业发展取得了突破性进展。

【贫困户安居】 贫困户安居是新农村建设的切入点，2009年共投入资金21000万元安排贫困户安居12543户（其中绝对贫困户3059户，其他贫困户9484户），较2008年增加了50.8%；地方病搬迁974户；为全区百万农牧民住上安全适用房贡献了力量。

【扶贫培训】 针对农牧民群众致富缺少技能的实际，把加大培训力度作为开发方向，坚持培训跟着项目走的原则，促进了农牧区贫困劳动力就地就近转移就业。2009年，完成扶贫培训项目68个，投入资金435万元，培训转移就业1.1万人。

【特色产业扶贫】 2009年安排特色产业扶贫资金5000万元，实施了以建材开发为主的劳动力转移项目74个，组建经济合作组织74个，吸纳农村劳动力1000人，实现产值超过4000万元，受益群众达3万多人，参与特色产业开发人均增收在1300元以上。

【扶贫基础设施建设】 2009年新修村道22条、333公里；桥梁47座、1710米；水渠55条、154公里；改善农田草场灌溉面积4.4万亩，改造中低产田1.4万亩，在牧区实施"四配套"项目添置牲畜0.5万头（只），建成牲畜棚圈945套、5.2万平方米。

【溜索改造】 争取国家专项投资2320万元，在昌都、那曲、日喀则3地实施溜索改吊桥项目18处，占全区84处溜索改造总目标的21.4%。

【连片开发试点】 2009年，完成了日喀则地区南木林县"县为单位、整合资源、连片开发"的试点工作。投资3000万元在那曲地区安多县、山南地区扎朗县、阿里地区日土县三县实施多玛绵羊、氆氇编织、绒山羊养殖产业连片开发。

【互助金试点】 在2008年实施的拉萨墨竹工卡县、林芝的工布江达县10个村实施互助金试点的基础上，2009年又安排全区26个县30个村、投资450万元开展互助金试点工作。

【社会扶贫】 2009年，党政机关定点扶贫工作再掀高潮。中直部门、区直部门高度重视定点扶贫工作，在向对口扶持乡镇下派干部进驻蹲点的同时，还动员干部职工捐款捐物，举单位之力帮助定点扶贫乡镇加快发展。中直机关，自治区各厅局、部、委、办，全年向定点扶贫乡镇派出帮扶干部230名，落实各类项目400个，投入资金10000万元，捐物折款800万元。

【扶贫合作交流】 1. 减灾避灾产业发展研究。在国务院扶贫办的支持下，自治区扶贫办联合区农科院、畜科所、财政厅等部门开展减灾避灾课题研究，提出发展设施农业、建筑建材业、旅游服务业、家庭养殖业等扶持政策措施。

2. 完善建档立卡管理系统。与自治区民政厅联手，调研了合作建立建档立卡系统方案，找准了农村低保与扶贫开发两项制度的衔接口，探索了“低保”管“吃饭”，扶贫管“发展”的两轮驱动新格局。农村贫困人口和低保人口实现重合，西藏扶贫开发进入了两轮驱动的新阶段。

【扶贫开发工作措施】 1. 扶贫开发继续实行领导小组办公室工作体制。全区7地市都设立了专门的扶贫开发领导小组办公室，73个县（市区），有50个设立了独立的扶贫开发领导小组办事机构；全面推行扶贫资金监管机制。在项目审查、实施、验收三个重要环节，建立起与监察、审计、财政等部门资金监管联合检查机制，确保扶贫资金的安全；深化定点扶贫工作机制，规划处负责加强与定点扶贫单位、定点扶贫干部的沟通与联系，形成了一系列工作报告制度。

2. 创新机制，自身管理到位。在各级党委政府的支持参与下，全区扶贫系统巩固深化“学习实践科学发展观活动”成果，加强机关党风廉政建设，加强扶贫干部队伍建设。

按照区党委提出的“更加深入基层、更加贴近项目区”的要求，各级扶贫部门积极转变工作作风，践行为民宗旨，通过创新扶贫开发的瞄准机制，到户帮扶措施得到很好的落实；与此同时，通过狠抓制度建设与规范管理，扶贫干部的责任意识明显提高，管理项目的能力水平得到最大程度的发挥。

3. 强化调研，舆论宣传到位。配合国家支持西藏发展重大政策调研及扶贫开发战略和政策体系大调研，撰写一批有价值、高质量的调研报告。与国务院扶贫办联合开展了扶贫开发与青藏高原减灾避灾产业发展课题研究，“十二五”规划前期调研。2009年，扶贫宣传围绕庆祝新中国成立60周年、西藏首个百万农奴解放日，宣传扶贫开发政策，宣传扶贫开发成果，唤起贫困群众艰苦奋斗、自力更生意识，共建美好家园的热情。

【挑战与困难】 西藏地区的贫困人口大多分布在边境地区、人口较少民族聚居区、地方病高发区、高海拔地区以及深山峡谷区，扶贫开发的难度更大。由于基础设施落后，全区没有一条高速公路，公路网密度仅为全国平均的1/10，有28个县不通油路，1个县、33个乡（镇）、1252个建制村不通公路，其中76个村、组仍靠溜索出行；尚有140万人没有解决安全饮水问题，74万人没有用上电。全国农产品加工率已达到50%左右，西藏还不到10%。

西藏的贫困发生率平均是12.2%，在全国排第5位；但由于西藏地处高原，自然灾害频发，一旦遭灾，多年的扶贫成果就有可能毁于一旦，重新沦为新的贫困群体，这就是西藏扶贫开发区别于内地的最大不同。

【2010 年扶贫工作展望】 2010 年，是实施《中国农村扶贫开发纲要》的收官之年，西藏的扶贫开发工作将以科学发展观为指导，坚持开发式扶贫方针，进一步加大对扶贫开发力度，对低收入人口全面实施扶贫政策，继续加强贫困地区的基础设施建设，推进扶贫开发与低保对象的有效衔接。

2010 年，扶贫开发工作的重点是：根据中央第五次西藏工作座谈会的决策部署和国务院扶贫办出台的相关意见，结合区情研究编制西藏扶贫开发“十二五”规划；围绕改善农牧民生产生活条件，实施贫困户安居工程，投入资金 10000 万元，安排 16628 户贫困户的安居工程；加快整乡推进扶贫步伐，确保“十一五”期间完成 60 个整乡推进扶贫乡镇目标的如期实现；加大产业扶贫力度，以建基地扶龙头为抓手，通过发展产业带动贫困群众稳定增收；落实好特色产业转移劳动力项目，争取受益人口达到 2.6 万人，转移劳动力 5200 人；继续实施“县为单位、连片开发”及互助金试点，争取扩大试点范围，覆盖 5000 户 2.5 万贫困群众；全面实施溜索改造，力争改造溜索 56 处，结束“溜索时代”；动员更多的社会力量积极参与扶贫开发事业，提高贫困地区、贫困人口的自我发展能力，为确保全区农牧民 13% 的增收目标作出贡献。

（西藏自治区扶贫开发领导小组办公室）

陕西省扶贫开发

【概况】 陕西省扶贫开发任务共涉及到95个县（市、区），其中有国家扶贫开发工作重点县50个，省级扶贫开发工作重点县27个，扶贫开发工作重点村10718个。2009年底，50个国家扶贫开发工作重点县农民人均纯收入3020元。

2009年，陕西省扶贫开发工作在省委、省政府的领导下，坚持开发式扶贫方针，以增加贫困人口收入为中心，进一步加强领导，加大投入，突出重点，强化措施，完善机制，各项工作进展顺利，基本完成了各项预期目标，扶贫开发取得显著成效。

陕西省围绕整村推进、连片开发这个平台，以重点村建设为主，改善基本生产生活条件，以信贷扶贫为主推动产业发展，以"雨露计划"为主加强能力建设，积极探索建立"党委政府推动、相关部门联动、社会各方互动、群众主体行动"的工作机制，初步形成了大扶贫的工作格局。

2009年2月，召开省扶贫开发领导小组会议和全省扶贫开发工作会议，对扶贫开发工作进行了全面安排部署。8月，省政府在宝鸡市召开全省扶贫互助资金试点暨连片扶贫开发现场会，总结上半年扶贫工作，推广宝鸡经验，安排了下半年扶贫开发工作。10月，省扶贫开发领导小组下发《关于调整扶贫开发工作重点县的通知》，依据重点县动态管理办法，将进入"双超县"和"十强县"靖边、府谷、安塞、黄陵等4县调整出扶贫重点县范围，省委、省政府进行表彰。同时，还进行了三次全省扶贫专项检查工作，保证了扶贫开发工作的顺利开展。

【扶贫资金项目投入】 2009年全省共投入中央财政扶贫资金8.19万元，比2008年增加1.26万元。此外，地方扶贫投入持续增加，省级投入财政扶贫资金1.82亿元，比2008年增加0.5亿万元，县级投入财政扶贫1.1亿万元，尤其是市级投入继续加大，2009年市级共投入财政扶贫2.75亿元，其中，延安市继续投入0.8亿元用于黄河沿岸扶贫开发，榆林市投入市级扶贫配套资金0.75亿元，西安市安排2009年、2010年两年投入本级财政资金1亿元，用于完成剩余重点村的建设任务，宝鸡市投入财政资金0.3亿元用于西山扶贫开发、互助资金和世行五期项目。2009年全省投入信贷扶贫资金21.2亿元，其中到户小额贷款11.5亿元，龙头企业项目贷款9.7亿元。咸阳市还提出了要集中全市力量，用6年时间完成5.4万户，21.3万居住土窑洞贫困人口的搬迁任务。扶贫部门积极与交通、水利等部门协调，加大整村推进资金整合力度，平均每个重点村的投入达到了

100万元以上，有效缓解了扶贫开发投入不足的问题。

【信贷扶贫】 2009年全省投放到户小额贷款11.5亿元，扶持15.8万贫困户发展增收产业项目。落实龙头企业项目贷款9.7亿元，扶持项目89个。

【扶贫资金管理】 2009年，陕西省建立“财政扶贫资金监测管理信息系统”，实行财政扶贫资金项目动态监测管理，开展扶贫资金使用的绩效考核工作。全面实行扶贫项目资金管理公示、公告和报账制度，严格执行项目建设标准，加强扶贫项目的监管，对2008年以来扶贫资金的管理和使用情况进行了专门检查，保证了扶贫项目的顺利实施。

【整村推进】 结合贫困地区新农村建设任务，按照“三个确保”的要求，2009年全省共启动实施整村推进重点村1675个，其中“三个确保”重点村达1069个。全省已累计完成整村推进重点村7069个，尚未启动实施重点村1864个，其中“三个确保”重点村712个。2009年以前安排的旬邑、子长、山阳、白水等4个连片开发试点县成效显著。2009年安排的5个县的连片开发项目正在实施。彩票公益金支持革命老区延川、吴堡2个县的试点项目基本完成。宁强、略阳、勉县、陈仓等4县（区）贫困村灾后恢复重建项目有序推进。

【千村贫困人口搬迁工程】 2009年陕西省制定了《千村贫困人口搬迁工程规划》，计划用4年时间完成1000个村29万贫困人口搬迁任务。采取整村整组搬迁、相对集中安置的方式，加大扶贫移民投入力度。当年启动了206个村，共搬迁贫困户10449户，45375人。另外，完成3967户、17293人居住比较分散的贫困人口的移民扶贫搬迁任务。

【扶贫培训】 2009年，“雨露计划”通过公开竞争在全省确定75所培训学校承担培训任务，全省已完成5万名贫困户子女的入校培训和输出安置任务。围绕贫困地区产业开发和群众增收项目开展实用技术培训，培训农民100万人（次）。

【“百万贫困户增收工程”实施】 为了促进贫困群众收入持续快速增长，从2008年开始启动实施了“百万贫困户增收工程”，以贫困户为扶持对象，以发展特色产业为重点，启动实施了小额信贷、技能培训、龙头企业带动等“七大行动计划”，帮助贫困群众增收，加快脱贫致富步伐。

【千村互助资金项目】 2009年全省安排了1000个低收入村的互助资金项目。已建立互助资金协会982个，建立互助联保小组13614个，吸收会员83112户，其中贫困户35249户。互助资金总量已达到20010万元。已有394个协会开展借款业务，发放互助资金2977万元，基本实现了良性运转。国务院扶贫办安排的160个村的互助资金试点项目，已吸纳会员12392个；互助资金总额达3047万元；累计借款8682人次，借款总额2573万元；到期借款回收额801万元，回收率100%。

【扶贫国际合作】 2009年陕西省按计划完成了世界银行贷款第五期扶贫项目前期准备工作，并得到了国家发改委的批准，2010年即可实施。另外，在完成世行社区主导发展白水县试点项目的基础上，又争取到国际计划项目赠款300万元继续拓展社区主导项目成果；华一银行旬邑扶贫三期项目基本完成；韩国协力团第四期扶贫项目在耀州、长武两县（区）正在组织实施。

【社会扶贫】 2009年陕西省聘请在京70多位副部级以上老领导担任陕西扶贫顾问，争取到国家核电技术公司到商洛市柞水县开展定点扶贫，20个部委和单位在陕西省33个国家扶贫重点县开展帮扶工作，落实扶贫项目127个，投入资金2100万元。省级“两联一包”扶贫深入开展，全省参加“两联一包”扶贫的680个省级单位联系77个重点县，包扶680多个贫困村，共为帮扶村筹措各类扶贫资金1亿多元，实施扶贫开发项目1000多个，有力地促进了贫困地区经济社会发展。开展了“太阳—太阳”光伏发电捐助活动，捐助到账资金431万元，为400多户贫困群众解决了照明问题。动员民营企业参与扶贫开发，落实了首批32家民营企业包扶32个贫困村。香港嘉里集团淳化援助扶贫项目工作正式启动。中国扶贫基金会1000万元援陕扶贫资金项目全面完成。

【扶贫工作措施】 2009年陕西省围绕提高扶贫开发项目质量和建设水平，严格项目申报、审批、实施、验收的各个环节，落实项目建设责任，保证扶贫项目有序实施。在项目实施中，各地还不断强化工作措施，开拓创新工作方式，精心组织实施开发项目。安康市把新农村建设职能放在扶贫部门，实现了扶贫开发、农业综合开发和新农村建设的有效结合，切实整合各方面涉农资金，项目建设效果明显。延安市把重点村按基础条件优劣分为差、中、好三类，分类指导，因地制宜确定移民搬迁、重点村建设、产业开发等建设重点。渭南市还把扶贫移民与农民进城的远期目标结合，将合阳县王家嘴贫困群众搬迁到城关镇南庄村、将临渭区西庆屯村群众搬迁到渭南市经济开发区附近，一次性将移民新村建到了城市近郊，实现了移民扶贫的跨越式发展。合阳县在实施千村移民工程时，实行统分结合，统一规划，由移民户自行组织建设，分户监督，既降低了建设成本，又保证了建设效果。商洛市还围绕开发旅游业开展就地创业培训，在商南金丝峡、柞水溶洞和牛背梁等旅游景区专门举办烹饪培训班，对开办农家乐的贫困户现场培训620人。宝鸡市也摸索出一套“举全市之力，实施西山突破战略”的连片板块推进经验。

【2010年扶贫工作展望】 2010年，陕西省扶贫开发工作继续坚持开发式扶贫方针，以稳定解决贫困人口温饱和增加收入为目标，以实施“双千工程”为重点，进一步加强组织领导，加大投入力度，强化工作措施，全面加快贫困群众脱贫致富步伐，促进贫困地区经济社会全面进步发展。

主要任务：计划新启动建设扶贫重点村1300个，实施千村移民扶贫搬迁工程260个，再启动互助资金项目村300个，实施“雨露计划”培训5万人，扶贫开发重点县农民人均收入增幅高于全省平均水平。

重点工作：组织实施好年度建设项目，基本完成新阶段扶贫开发规划任务；加大改革创新力度，探索扶贫开发新途径和新方法；总结十年扶贫开发工作，谋划下一轮扶贫开发工作。抓好几项工作：

1. 加快扶贫项目建设进度，全面完成十年规划任务。按照“三个确保”要求，全面启动剩余重点村建设，突出抓好重点村基础设施、产业开发、村容村貌和村级班子建设。进一步加大信贷扶持力度，做好小额信贷扶贫到户工作，扶持发展一批扶贫龙头企业，加快贫困地区特色产业发展。继续搞好“雨露计划”技能培训，完成5万名贫困户子女的培训任务。在继续组织实施好项目先导工程的基础上，全面启动世行五期扶贫项目。

2. 以“双千工程”为重点，探索创新扶贫开发的有效途径。以千村贫困人口搬迁工程为重点，在继续搞好2009年启动实施的206个移民村的基础上，2010年新启动260个扶贫移民搬迁村，从根本上改善贫困户生存环境，真正使搬迁户实现搬得出、稳得住、能致富的目标。按照“百万贫困户增收行动计划”，实施千村互助资金项目，在总结规范现有1160个项目村的基础上，明年再启动300个项目村，扶持发展特色产业，促进贫困地区群众增加收入。

3. 实施区域板块扶贫战略，探索区域经济发展与扶贫开发相结合的新路子。结合省委、省政府三大区域发展的总体部署，加大板块开发、连片治理力度，探索区域经济发展与扶贫开发相结合的新路子。2010年要在搞好现有11个试点县项目建设的同时，力争再上新的连片开发项目。

4. 搞好两项制度衔接，创新和完善扶贫到户的政策体系。做好扶贫开发和农村低保两项制度的衔接，完善贫困户建档立卡，在此基础上，探索到户的扶持措施，完善扶贫到户政策体系，确保扶贫开发瞄得准，针对性强，扶持效果更直接明显，更符合扶贫开发的初衷。

5. 创新工作机制，开创社会扶贫工作新局面。在继续搞好中央部委赴陕定点扶贫和在京陕西扶贫顾问的联络服务工作，以及各级党政机关、企事业单位“两联一包”定点扶贫工作的同时，转变观念，创新机制，启动实施“千企千村扶助计划”，动员全省规模以上企业包扶全省5000个低收入村，形成政府推动、党政机关企事业单位帮扶、社会各界参与的社会扶贫新局面。

6. 总结扶贫开发经验，规划下一轮扶贫开发。2010年是扶贫开发承前启后的一年，要总结10年扶贫规划实施情况，开展调查研究，系统总结工作经验，进一步完善扶贫开发政策和战略体系，要结合陕西实际，研究新的扶贫对象、范围、标准、方式等，制定陕西省10年扶贫开发规划和“十二五”扶贫开发计划。

（陕西省扶贫办　贺宏文　周美萍）

甘肃省扶贫开发

【概况】 甘肃省地处西北内陆，位于黄土高原、内蒙古高原和青藏高原交汇处，属内陆河、黄河、长江三大流域。总面积45.4万平方公里。全省设14个市州，86个县（市、区），2628万人，其中农村人口1783.18万人，占总人口的67.8%。甘肃是一个多民族聚居的省份，54个少数民族占总人口的9.3%，其中东乡、裕固、保安族为甘肃省独有的少数民族。2008年，全省农民人均收入1196元以下贫困人口为442.4万人（国家统计局抽样监测数），贫困面为21.3%。全省有国定扶贫工作重点县43个，省定重点县3个，“三西”县6个，重点县和有扶贫工作任务的县、市、区达70个，占全省86个县市（区）的80.4%；重点乡926个，占乡镇的59.9%；重点村8825个，占行政村的49.3%。

2009年，全省扶贫开发工作在省委、省政府的正确领导和国务院扶贫办的支持下，围绕扶贫开发《纲要》目标，抓整村推进、农村劳动力转移培训、产业化扶贫、贫困村灾后恢复重建和农村低保制度与扶贫开发政策衔接试点等项工作，以促进重点县农民增收，提高自我发展能力等为目标，推进了各项工作的落实，省扶贫开发领导小组年初确定的各项任务目标全面实现，并取得了新的进展。2009年，51个重点县农民人均纯收入达2376元，增幅高于全省平均水平，全年减贫40万人。

【扶贫资金投入】 2009年财政扶贫资金总量达到14.08亿元。其中，省扶贫办为主管理的各类财政扶贫资金共计10.95亿元，较2008年增加2.26亿元，增长26%。中央下达资金10.24亿元，较上年增长28%。省级配套财政扶贫资金0.71亿元。截至2009年底，各类财政扶贫资金已全部下达。

【整村推进】 2009年实施整村推进和连片开发项目村596个（含灾后重建试点村26个）。按照国务院扶贫办实现“三个确保”的要求，加大投入力度，2009年已全面完成人口较少少数民族地区整村推进任务。150个革命老区村完成整村推进任务。革命老区“三个确保”整村推进已完成任务量的61%。

【特困移民扶贫】 少数民族地区、革命老区、中部极干旱区、南部高寒阴湿区、边（偏）远山（林）区和各类移民区是甘肃省扶贫“最难啃的硬骨头”。2009年以来，按照分类指导的总体思路，有针对性的出台了《关于实施特殊政策加大民族地区特困片带扶贫攻坚力度的意见》、《关于进一步加大河西特困移民扶持工作力度的意见》等专项措施。同时，以整村推进、连片开发为主要方式，加大了地震灾区和少数民族地区及庆阳革命老区的投入力度。

2009年河西特困移民扶贫工作得到全面落实启动。同时，领导小组协调整合省发改委、省财政厅、省水利厅、省建设厅、省教育厅、省卫生厅、省农牧厅、省交通厅、省国土资源厅等16个厅（办）相关项目资金，使特困移民扶持整合资金总量达亿元以上，酒泉市11个移民乡农民人均纯收入预计可达1522元，较上年增加138元，同比增长10%。

【扶贫培训】 兰州分院干部培训1366人，其中，培训整村推进村干部920人、贫困地区基层党员398人，参加扶贫战略与政策体系县长研修班48人。全省共完成贫困地区劳动力转移培训8.1万人，其中：贫困户“两后生”培训和普通技能培训7.8万人，完成了新增“两后生”3万人的培训任务；省扶贫办项目中心牵头，会同省妇联组织的北京富平学校甘肃“陇原妹”家政服务培训2000人；海外劳务输转技能培训960人；安排省外劳务移民1.9万人。全年完成贫困地区乡村干部科技培训近万人，安排科技示范户1.13万户，农民技术员培训40余万人次。完成了全国贫困地区培训中心委托甘肃省庄浪等四县的新型肥料推广项目。

【产业化扶贫】 新增马铃薯基地9.8万亩、中药材5.8万亩、日光温室1.2万座；新增牧草10.6万亩，引牛3.8万头，产业化扶贫项目规模有较大幅度增加。扶持100家龙头企业，带动了50多万贫困农户。

【灾后重建及基础建设】 2009年，甘肃省开展的贫困村灾后重建与扶贫开发相结合第一、二批试点村94%以上重建住房已完成规划目标，第一批试点村基础设施、增收项目等建设任务已完成。第三批12个试点村的选点和项目规划已完成。全省已完成了自愿移民1万户、4万多人口的摸底登记，并经两次以上征求意见和审核。

2009年，贫困地区全年新修梯田11.2万亩，新增灌溉面积6.9万亩，发展集雨节灌面积0.66万亩，超额完成省政府确定土地整治和中低产田改造10万亩任务。

【社会帮扶】 2009年，主动与国务院扶贫办、中央国家部委30个部门和天津市联系协调，同时，进一步加强了省级及中央在甘202个帮扶单位的协调、联络和对市州县的指导、督查工作。2009年，国务院扶贫办新增加中国银监会、中国电监会2个大型央企帮扶甘肃省，使中央国家机关帮扶部门增加到30个；甘肃省、天津市新阶段东西扶贫协作战略合作《协议》和加强东西协作《纪要》签约。甘肃省已组织有关市州60名卫生系统干部在天津参加了“2009天津．西部地区卫生系统管理干部研修班”培训。由省委宣传部牵头的为庆祝建国60周年制作的专题电视片《攻坚》制作完成并播出，社会各界反响良好。

【困难与挑战】 1. 贫困程度深，发展后劲不足。甘肃省自然条件差、经济总量小、人均水平低、贫困比重大。2008年，全省国民生产总值占全国的1.05%，财政收入（大口径）占全国的0.8%，农民人均纯收入为全国平均水平的57%，贫困发生率为21.3%，与全国收入差距呈现持续拉大的趋势。51个重点县贫困乡村集中的县中，至2009年有12.3%的行政村不通车、10.7%的行政村没有学校、40.6%的行政村没有正规卫生所，7～15岁儿童贫困失（辍）学率达7.3%，劳动力中文盲占

15.6%，比全省平均水平高2.8个百分点。

2. 农村贫困面大，收入水平低。甘肃省扶贫和统计部门建档立卡的实际在册贫困人口为680.5万人，占全省农村人口的38.2%。其中，绝对贫困（低保对象）人口174.2万人，占贫困人口的25.6%；低收入人口506.3万人，占74.4%。相当一部分困难程度接近于重点县贫困地区多年未得到扶贫资金的扶持，贫困问题越来越突出。扶贫工作对象的分布区域发生了较大变化。河西五市（祁连山浅山区、移民点）贫困人口为69.4万人，占10.2%；中部兰州、白银、定西干旱区贫困人口为155.2万人，占22.8%；南部陇南、天水贫困人口为197.4万人，占29%；东部庆阳革命老区和平凉贫困人口为128.6万人，占18.9%；临夏、甘南民族地区贫困人口为129.9万人，占19.1%。

3. 投入严重不足，矛盾突出。目前甘肃贫困人口主要集中在"六大特殊贫困类型区域"，即：少数民族地区、革命老区、中部极干旱区、南部高寒阴湿区、边（偏）远山（林）区和各类移民点，扶贫工作对象的80%以上集中在这些地区。据调查，这些地区的扶贫成本比西部其他省高出约25%～35%。国家投入的扶贫资金只能安排一些最突出的村组道路、人饮、农田整治、居住条件改善等项目，生态环境改善、连片开发等区域带动项目基本无钱安排。

4. 脱贫稳定性差，返贫率高。由于贫困量大面宽、投入有限，贫困地区兴办的特色增收产业普遍规模小、品质低、商品转化率不高、竞争力不强，极易受各类市场风险的冲击。一些扶贫龙头企业虽都以贫困地区农畜产品为基本原料来源，但绝大多数也都是粗加工水平，其产业链条短、附加值低、抗风险能力差。由于现有贫困乡、村大多都集中在民族地区、革命老区和极干旱地区、高寒阴湿地区、偏远山区等一些自然环境更恶劣、自然灾害更频繁地区，灾害对贫困户的影响是一般户的5倍，扶贫、返贫恶性循环问题非常突出。全省常年返贫人口在80万人左右，特殊年景返贫人口达200万人以上。

【2010年扶贫工作展望】 1. 以"农民增收六大行动"为目标，继续加大产业化扶贫力度，促进农民增收。按照省委省政府的总体目标，继续把马铃薯、草食畜、中药材、林果、瓜菜作为支持重点，与整村推进、连片开发等结合，落实投入，扶持贫困乡村扩大产业规模，提升品质，增强其市场竞争力。2010年要统筹财政扶贫资金、贴息资金、互助资金等，加大产业化扶贫投入力度，帮助解决扶贫龙头企业和农户产业发展中的困难，探索产业化扶贫持续发挥效益的途径。坚持扶优扶大，在每个重点县选择1～2个具有带动辐射力的龙头企业实施集中扶持战略。支持发展多种形式的农民专业合作组织，确保贫困农户在产业化过程中最大受益。

2. 加快基础条件建设和贫困村灾后重建步伐，统筹整村推进与区域连片开发。突出推进贫困地区农田水利、安全饮水、行政村道路、农户沼气、灾后恢复重建、危房改造、异地搬迁以及通电、通路等各项建设，力争完成梯田建设10万亩、省外移民2万人任务。继续坚持整村推进扶贫开发基本方式，实施520个村整村推进项目，全面完成革命老区"三个确保"任务。探索以区域规划为基础的联片开发扶贫模式，以整体最优为原则，点、面、线结合，连片推动区域扶贫开发。

3. 实施专项举措，突出推进特困片带扶贫难点攻坚。继续推进河西特困移民综合扶贫发展，强化监督、检查，确保年度各项目标任务的全面落实。以《关于实施特殊政策加大民族地区特困片带扶贫攻坚力度的意见》精神为指导，抓好各项扶持政策的全面落实，推动民族地区扶贫难点攻坚。坚持普惠与特惠结合对革命老区特困片带实行新的倾斜扶持政策，推动以绒山羊产业为重点的产业发展和老区基本条件改善。

4. 实施科技智力扶贫，提高贫困群众自我发展能力。继续组织实施好以“两后生”培训为主的劳动力转移培训，年内新招收“两后生”3 万人，着重提高稳定就业率，提高务工收入水平。依靠扶贫科技示范，发展增收产业。推广双垄沟播技术 150 万亩。着重认真研究科技示范等方面的新内容、新项目，发挥基层农技推广体系的力量，力争在科技扶贫工作方面有新部署，新进步。

5. 重视扶贫与低保两项制度试点经验的总结和应用，全面开展贫困人口识别工作。2010 年，全面开展“两项制度”衔接工作，建立贫困人口识别机制，确立贫困人口信息数据库，51 个重点县贫困人口重新建档立卡，对贫困人口、农村“低保”人口实行动态管理，为落实扶贫“应扶尽扶”、农村低保“应保尽保”政策提供依据。同时还要开展农民人均纯收入 1/4 以下农村贫困人口的监测与评估工作。

6. 动员各方力量，做好社会帮扶工作。加强沟通与协调，进一步开展党政机关、社会团体、大中型企业、大专院校、科研院所、驻军等的对口定点帮扶工作。对国家定点对口帮扶、省属对口定点帮扶等，进行总结经验，建立检查、考核、考评机制。要遵循市场经济规律，利用贫困地区资源丰富、劳动力充足等优势，借助对口帮扶，鼓励、引导省内外企业、有关经济组织到贫困乡、村投资，开发资源、兴办企业，辐射和带领动贫困地区就业和增收产业的发展。

7. 开展调查研究，面向“十二五”和下一个十年的扶贫开发工作，全面谋划扶贫规划编制工作。从扶贫工作的基本点出发，开展调查研究，征求各方面的意见、建议，科学编制“十二五”和下一个十年扶贫开发工作规划。

8. 以制度完善、配套为抓手，进一步加强扶贫资金项目管理。进一步完善各项管理制度，对新设立的各类“特扶”专项资金都要制定出相应的专项管理办法，以利于使用监督。每年要组织扶贫开发领导小组成员单位，对扶贫重点项目实施、专项资金使用管理等情况集中开展检查、监督。各级扶贫部门应主动开展内部监督、内部审计，促进各项工作管理水平的提高。加强对各级扶贫干部的廉政教育、警示教育、制度管理教育，增强自律意识。

（甘肃省扶贫开发办公室）

青海省扶贫开发

【概况】 青海省位于祖国的西部，青藏高原东北部，与甘肃、四川、西藏、新疆接壤，平均海拔在3000米以上，是青藏高原的一部分。全省总面积72.23万平方公里，约占全国面积的7.5%，仅次于新疆、西藏、内蒙古自治区，居全国第四位。境内山脉高耸，地形多样，河流纵横，湖泊棋布，因中国最大的内陆高原湖泊——青海湖而得名“青海”。

青海省现辖西宁市、海东地区，以及海南、海北、黄南、玉树、果洛5个藏族自治州和海西蒙古族藏族自治州等8个市、地、州。51个县级行政单位。省会西宁市是全省政治、经济、文化的中心。青海省是个多民族聚居的省份，有汉、藏、回、土、撒拉、蒙古等全国所有56个民族中的54个，总人口为557.3万人。除汉族外，藏、回、土、撒拉、蒙古族均超过万人。

青海省是一个自然条件严酷、生态脆弱、自然灾害频发、经济社会发展滞后、贫困问题突出的省份，具有贫困面广，贫困人口多，贫困程度深的特点。全省贫困村、贫困户和贫困人口的分布具有明显的地域分布广且相对集中的特征，贫困村在全省六州一地一市均有分布，但主要集中在海东地区、西宁市和青南地区，现有15个国家扶贫开发工作重点县，10个省定扶贫开发工作重点县。按2000年确定的扶贫标准测定，2009年全省有59.52万贫困人口，占全省农牧民总人口的16.6%。按2009年农区1300元、牧区1500元的新标准测定，全省有138.36万贫困人口，其中农民104.36万人，牧民34万人，占全省农牧民总人口的37.6%。

【扶贫资金项目投入】 2009年中央财政投入扶贫专项资金61590万元，比2008年同期增加9520万元，增幅达18.3%，是历年增幅最多的一年。省、州（地、市）、县三级共投入财政扶贫资金110400万元。其中，省级投入7700万元，各州（地、市）级投入资金362万元，各县投入资金2978.87万元。安排扶贫贷款贴息资金1200万元，引导信贷扶贫资金8.3亿元。

【整村推进】 整村推进项目共投入资金7.34亿元，其中：财政扶贫资金3.82亿元，整合各类资金3.52亿元，在全省8个州（地、市）39个县的381个贫困村实施了扶贫开发整村推进项目，扶持贫困人口7.25万户、32.61万人。投入财政扶贫资金1221万元，在循化县、化隆县6个乡（镇）23个人口较少民族（撒拉族）贫困村实施整村推进项目，使2497户、1.19万人受益。提前一年完成了68个人口较少民族（撒拉族）贫困村整村推进任务。

【搬迁试点】 利用国家异地搬迁试点工程资金 4179 万元，实施项目 20 个，搬迁安置贫困群众 1595 户 7604 人，户均补助 2.5 万元。

【扶贫培训】 2009 年，投资 200 万元，实施了“雨露计划”。培训贫困劳动力 3500 多人，其中，培训并向湖南长沙环球教育集团输送贫困生 1000 多名；投资 300 万元，培训整村推进项目村实用技术人员 3 万人；投资 130 万元，在省内外培训村以上各类扶贫开发干部 969 名。

【产业化扶贫】 通过整村推进项目在全省建成特色产业经营基地 53 个。全省 41 家国家和省级产业化扶贫龙头企业辐射带动 34 万余户农户实现增收（其中贫困户 21.13 万户），年均增收 1780.5 元。全省 15 个国家扶贫开发工作重点县共成立专业互助合作社 527 个，涉及种植业、养殖业、农副产品加工、运输业、土地流转、服务业等多个行业，拥有社员 4 万余人。

【“两项制度”有效衔接试点】 在泽库县开展了全国农村最低生活保障制度与扶贫开发政策有效衔接试点工作，为 2021 户、7300 人最低生活保障对象发放了低保金，启动了对扶贫开发对象的扶持项目。

【贫困村互助资金试点】 全省共投入扶贫资金 1795 万元，在 121 个贫困村开展村级发展互助资金试点工作，覆盖户数 1.62 万户，入会贫困户达 6642 户，农户交纳互助金 109.71 万元，已发放借款 693.51 万元。

【社会扶贫】 2009 年，落实辽宁援助项目省级项目配套资金 2708 万元；辽宁省 13 个市（企业）对口支援青海省 15 个国家扶贫开发工作重点县共投入资金 949 万元；争取中央国家机关投入帮扶项目资金 794.62 万元，引进资金 220 万元；动员省直机关投入帮扶项目资金 1174.54 万元，引进资金 6738.77 万元；驻军和武警部队投入帮扶资金 532.1 万元，实施了物资捐赠、修建校舍、资助学生、培训医务人员等项目；推进“村企共建”活动深入开展，有 217 家企业与 353 个村建立了共建关系，企业采取产业带村、项目扶村、招工帮村等形式，在贫困地区建设特色产业基地，带动辐射贫困户 5 万多户，吸纳农民工 529 人。2009 年，全省共有 3.36 万名党员干部和社会各界人士参与“户帮户、一扶一”结对帮扶活动，帮扶贫困户 2.47 万户，投入帮扶资金（含物资折价）510.99 万元，争取项目资金 46.6 万元。

【国际合作项目】 总投资 1.05 亿元（其中：德国政府无偿援助 500 万欧元，国内配套 5235 万元）的中德财政合作海东贫困地区农村可持续发展项目，人畜饮水、农民增收、能力建设、技术培训项目在民和、化隆、循化 3 个国家扶贫开发工作重点县 12 个乡镇 101 个贫困村实施后，使 6.62 万人稳定脱贫。

【扶贫宣传】 2009 年，制定下发了《青海省扶贫开发信息工作考评办法》，召开新闻单位记者座谈会，成立了青海电视台驻省扶贫开发局记者站，加大信息宣传工作网络平台建设力度，加强了对信息宣传工作人员的业务培训。全年编发《扶贫开发简报》131 期，《扶贫开发工作通报》9 期，在国家和省级各类报刊上发表扶贫开发宣传文章 165 篇，在省电视台报道扶贫开发工作 49 次，省广播电台专访 8 次，省广播电台专访 6 次。

【扶贫工作措施】 1. 加强扶贫开发机构建设。2009 年省级政府机构改革中，强化省级扶贫开发机构的设置，率先在全国成立省一级扶贫开发局，列入省政府直属机构，增加内设机构、人员编制和领导职数。

2. 提高扶贫标准。在全省农牧区开展贫困人口调查摸底建档立卡工作的基础上，报经省委、省政府研究，确定青海省新的扶贫标准农区为1300元，牧区1500元。按此标准测算，全省农村牧区扶贫开发对象为138.36万人（农民104.36万人，牧民34万人），占全省农牧民总人口的37.6%。

3. 理顺扶贫开发管理体制。把扶贫开发整村推进项目管理体制改为州、地、市扶贫开发部门负责对本地区项目进行审查论证，下达项目批复，县级扶贫开发项目负责实施，实行省级备案，青海省扶贫开发局派专家指导各州、地、市项目的审查工作，完善了“省负总责、地区统揽、县抓落实、工作到村、扶贫到户”的管理体制，极大地调动了各级扶贫部门的工作积极性。

4. 创新了连片开发扶贫模式。建立扶贫开发部门与扶贫开发领导小组成员之间分工合作、共同推进的扶贫开发机制，协调12个省直部门联合下发了《关于整合资金共同促进青海省扶贫整村推进工作的通知》，转变过去分散式、短期型、单一型的扶贫方式，向以特色产业带动发展为核心的连片开发整村推进模式转变。采取合作经营、联合经营、承包经营、股份合作、租赁经营、村企共建、公司带动等多种扶贫开发模式，着力构建政府引导、扶贫搭台、协调联动、群众主体、企业参与、资源共享、互利共赢、整体推进的大扶贫开发机制。摸索出一条符合青海实际的连片开发、产业带动、规模经营、整体推进、长期效益的扶贫开发道路。

5. 构建大扶贫新格局。实现扶贫开发力量由单纯依靠扶贫开发部门向各部门和全社会齐抓共管转变。召开省级各民主党派与扶贫开发对口联系座谈会，达成《青海省扶贫开发局与各民主党派关于进一步加强合作的意向书》，探讨了各民主党派参与扶贫开发的思路、模式和途径。积极向省人大和省政协领导汇报扶贫开发科学发展情况，邀请省人大代表和省政协委员检查指导扶贫开发工作，参观视察扶贫开发项目点，引起人大、政协对扶贫开发工作的高度关注，为进一步构建大扶贫开发格局奠定了良好基础。

【困难与挑战】 1. 贫困人口规模较大。扶贫标准调整后，全省贫困人口扩大到138.36万人，占全省农牧民总人口的37.6%。尚有680个贫困村未实施整村推进项目，还有1711个行政村没有纳入扶贫开发的扶持范围，这些村部分群众的生产生活仍处于贫困状态，扶贫开发任务依然艰巨。

2. 收入差距进一步扩大。城乡居民收入绝对差距超过万元，扶贫开发工作重点县农牧民人均纯收入与全国的差距逐年扩大，地区间贫困人口人均纯收入差距也在不断扩大，相对贫困现象日益凸显。

3. 返贫压力增大。由于青海省贫困人口主要集中在青南高寒牧区和东部干旱山区，自然条件差，基础设施落后，农牧民文化素质普遍较低，致贫因素复杂，返贫压力增大，正常年景返贫率13%，灾年达25%。实现省委、省政府提出的年均减少贫困人口18万、到2015年80%贫困人口脱贫的目标异常艰巨。

4. 扶贫开发合力仍然不强。面对当前

扶贫开发艰巨的任务和复杂的局面，个别地区仍然存在“等靠要”思想，缺乏主动性和积极开拓意识。在实施整村推进等扶贫开发项目时，缺乏统一规划，项目、资金整合力度不大。社会各方面参与扶贫开发的积极性还没有充分调动起来，社会化扶贫模式和扶贫内容相对单一，“大扶贫”格局还未形成。

【2010年扶贫工作展望】 2009年，青海省全面贯彻落实中央农村工作会议、全国扶贫开发工作会议、省委十一届七次全体会议和全省农村牧区工作会议精神，深入贯彻落实科学发展观，以基本消除绝对贫困现象为目标，以稳定解决温饱、实现脱贫致富为首要任务，以产业扶贫为切入点，坚持开发式扶贫方针，坚持政府主导、群众主体、部门联动、社会参与、综合扶贫、整体推进，创新扶贫开发工作机制，实行专项扶贫和行业扶贫、社会扶贫相结合，全方位加大扶贫开发力度，提高贫困人口素质与技能，改善贫困人口生产生活条件，提高贫困人口收入和贫困地区经济社会发展水平。力争全省贫困地区农牧民人均纯收入增长10%以上，减少贫困人口18万。

（青海省扶贫开发局　张学忠）

宁夏回族自治区扶贫开发

【概况】 宁夏回族自治区（以下简称宁夏），位于中国西北部，地处黄河中上游，是中华文明的发祥地之一，总面积为6.64万平方公里，是我国回族主要聚居的省级民族自治区。宁夏下辖银川、石嘴山、吴忠、固原、中卫5个地级市，22个县（市、区）。宁夏北为宁夏平原，南为丘陵山地。沿黄河两岸的宁夏平原，沟渠纵横，土地肥沃，林带成网，素有“塞上江南鱼米乡”之称。宁夏南部属黄土高原，宜林宜牧，是宁夏滩羊、沙毛山羊的重要产地。

南部自然环境条件较差，也称西海固地区，占自治区的“半壁河山”，包括固原市原州区、西吉、隆德、泾源、彭阳县和吴忠市盐池、同心县和中卫市海原县，8个县（区）都为国家扶贫开发工作重点县，总面积3.04万平方公里，占自治区总面积的59%；总人口238万人，其中回族118万人，分别占自治区总人口和回族人口的38%和57%。这里干旱少雨、土地贫瘠，由于自然、经济、社会、文化等诸因素的影响，是全国有名的“贫困之冠”、“苦甲天下”之地，是全国最贫困的地区之一，是宁夏扶贫开发的主战场。

2009年，宁夏扶贫开发工作按照中央和自治区党委、政府的决策部署，加大了部门行业资金的整合力度，全力推进以整村推进、产业开发、劳动力转移与培训、移民扶贫、互助资金、社会帮扶等重点工作，贫困地区农村基础设施建设进程明显加快，各项社会事业建设取得长足进展，生态环境恶化的趋势得到有效遏制，8个国家扶贫开发工作重点县农民人均纯收入达到2912元，增长13%，农村贫困群众的生活水平明显提高。

【扶贫资金投入】 2009年共整合资金8550万元（其中，国务院扶贫办安排1050万元）开展互助资金试点，按照小村20万元、大村30万元的政府投入标准，在补齐前3年启动的108个试点村资金投入额度的基础上，新启动320个项目村。全区互助资金项目村总数达到428个，占全区贫困村总数的30.5%。项目辐射到全区21个县（市、区），资金总规模达到15446万元（政府投入10594万元，群众参股4852万元），发放小额贷款12000多万元，到期回收率100%，入股农户4万余户。

【整村推进】 为确保第三批298个重点村的整村推进工作开好局，自治区人民政府于2009年3月12日组织召开了全区扶贫开发工作会议，对整村推进等工作做了全面的安排部署。全年完成投资3亿元，其中整合部门行业资金近2亿元，村均投入超过100万元，重点对228个“三个确保”村进行扶持。此外，还进一步加大对隆德、海原、同心三县“县为单位、整合资金、整村推进、连片开发”试点工作的督导检查，并对盐池、原州、彭阳、西吉四县（区）的试点工作做了批复，从督导检查的情况看，试点工作进展顺利，成效明显。

【移民扶贫】 2009 年完成了 1 万余户、5.7 万人生态扶贫移民定居安置工作。宁夏还启动了务工移民试点工作，全年共整合资金 1400 万元，建成农民工公寓 1000 套，安置农民工 1000 户，4000 余人。

【扶贫培训】 2009 年共整合“三西”（以定西市为代表的甘肃省中部干旱地区、河西走廊地区和宁夏回族自治区西海固地区，简称“三西”地区）资金和财政扶贫资金 800 万元，计划培训贫困地区“两后生”（农村应届初、高中毕业后未继续升学人员）5000 人，实际完成培训 5687 名。此外，还安排“三西”资金 25 万元，用于扶持劳务输出协会、劳务公司和劳务经纪人。全年 8 个国家扶贫开发工作重点县和红寺堡开发区共转移劳动力近 63 万人次，务工总收入近 18 亿元。

【产业化扶贫】 宁夏以国务院延长“三西”资金使用年限和增加资金规模为契机，围绕自治区“三个一百万亩”建设目标，进一步加大对设施种养业的扶持力度，2009 年共整合“三西”资金和闽宁协作资金 2377 万元，专项用于发展优势特色产业和现代设施高效农业，并对扶贫龙头企业下达了 2 亿元的贴息贷款额度。

【特殊类型贫困地区综合治理】 2009 年，宁夏发挥国务院分配的 1500 万元中部干旱带地区发展资金的杠杆作用，共吸引近 10000 万元部门行业资金参与中部干旱带地区的产业开发和农业基础设施建设，重点对硒沙瓜、枸杞等区域优势特色产业和设施种养业进行了扶持。

【贫困地区高校毕业生任职情况】 2009 年共选派 1400 多名大学生（含三支一扶、特设岗位教师、大学生村官等）到 8 个国家扶贫开发工作重点县和红寺堡开发区任职，其中扶贫工作队员 250 名，大学生“村官计划”45 名。

【社会扶贫】 1. 闽宁对口扶贫协作。先后组织召开了福建省援宁挂职干部座谈会、福建省在宁企业家代表座谈会和福建省援宁菌草生产技术人员座谈会，并组织部分农业产业化龙头企业、扶贫龙头企业家赴福建省和台湾地区进行项目对接，福建省也组织部分农业产业化龙头企业家到宁夏进行考察，其中华林蔬菜有限公司顺利落户宁夏西吉县。开通了银川——厦门和银川——福州的空中航线，成功召开了闽宁互学互助对口协作第十三次联席会议。

2. 中央国家机关（企业）定点帮扶工作。2009 年，宁夏进一步加强了与定点帮扶自治区各有关扶贫开发工作重点县的中央国家机关（企业）的联系，全年定点帮扶宁夏的中央国家机关（企业）共投入帮扶资金 755 万元。

3. 区内社会帮扶工作。在继续坚持区、市、县党政机关和国有企业定点帮扶工作的基础上，动员驻宁部队（含武警部队）参与定点帮扶工作，全年各社会帮扶单位投资投物折款 3488 万元。

【扶贫宣传】 以新中国成立 60 周年为契机，进一步加大扶贫宣传工作力度，先后在新华社、中国经济时报、中国扶贫杂志、宁夏年鉴、宁夏日报、华兴时报、宁夏画报、魅力宁夏、新知讯报等媒体制作各类宣传专版21个，在宁夏电视台、宁夏日报、新知讯报等媒体发表新闻70多条，制作电视专题片1个，并编辑印发了《宁夏扶贫信息》简报5期，制作各类展板40余块，还协助中国扶贫开发协会对扶贫开发典型人物进行了宣传。

【扶贫工作措施】 1. 完善扶贫资金管理机制。为了进一步加强对各类扶贫资金的监管，提高资金使用效益，确保中央和自治区确定的各项扶贫开发工作目标如期实现。2009年，宁夏建立以扶贫办牵头，以自治区监察厅、发改委、财政厅、审计局、民委、纠风办为成员单位的扶贫资金监管联席会议制度，并成功召开第一次联席会议，对2009年度各类扶贫资金管理使用情况和扶贫项目运行过程进行了不定期的督导检查。

2. 贯彻落实国务院扶贫办扶贫移民有关要求。2009年，自治区人民政府在抓生态扶贫移民工作的同时，结合沿黄城市带、各类工业园区和农业产业化生产基地建设，启动务工移民工作，做出5年内组织务工移民20万人的重大决策，重点帮助务工人员解决安居、子女上学和落实各类社会保障措施等问题。

3. 加大投入为搞好扶贫开发提供保障。一是开展“县为单位，整合资源，整村推进，连片开发”试点。按照“渠道不变、投向不乱、集中使用、各负其责、各记其功”的原则，在西吉、原州、彭阳、盐池4县（区）的67个村实施了连片开发，群众脱贫致富步伐明显加快；二是组织军队、武警和企业对重点村实施帮扶。拓宽社会帮扶渠道，进一步加强了社会帮扶工作。

4. 互助资金项目全面展开。自治区人民政府决定自2009年开始，3年内使互助资金项目覆盖到全区所有的1404个贫困村，并将政府投入的资金规模从每村15万～20万元，提高到每村20万～30万元。

【困难与挑战】 1. 贫困面大、贫困程度深。2008年底，宁夏农村年人均纯收入在1350元以下的贫困人口还有111.6万人，其中8个国家扶贫开发工作重点县和红寺堡开发区78.6万人，占全区农村贫困人口总数的70.4%。8个国家扶贫开发重点县农民人均纯收入只有全国平均水平的一半，与全国农民收入差距从2000年的1266元拉大到2008年的2184元；与川区农民的收入差距从2000年的1713元拉大到2008年2353元；与东部发达地区相比差距更大。贫困农民靠自身努力实现脱贫的能力还比较低。

2. 自然条件恶劣，土地人口容量严重超限，实现可持续发展压力大，成本高。西海固地区地处我国半干旱黄土高原向干旱风沙荒漠区的过渡地带，十年十旱，生态脆弱，水土流失严重，干旱是发生次数最多、影响最为严重的气象灾害。联合国沙漠化国际会议确定的干旱区土地合理人口容量为7人/平方公里，半干旱区土地合理容量为20人/平方公里。而西海固地区平均达62.5人/平方公里，其中人口密度最高的隆德县达到了160人/平方公里，超过了土地的合理承载能力的8倍，人口、资源、环境严重失衡。人口增长带来的压力很大，这不仅给当地的生态环境造成了极大压力，也给地区社会经济等各项事业的发展和新阶段的扶贫开发带来了巨大压力。

3. 农业产业发展缓慢，农副产品加工企业对农民增收的带动作用不明显。新世纪以来贫困地区农村群众的收入快速增长，主要靠的是劳务收入和国家政策拉动，农业在农民人均纯收入中所占的比例相对较小，贫困地区农业产业发展的任务异常艰巨，贫困人口的自我发展能力还很弱。加之，现有农副产品加工企业大多规模小，产品缺乏市场竞争力，对贫困农户增收的带动作用不强。

【2010年扶贫工作展望】 基本思路及目标：按照国务院扶贫办和自治区党委、政府的安排部署，继续坚持开发式扶贫方针，以增加农民收入为核心，以提高贫困地区和贫困人口自我发展能力为目标，采取自然资源开与人力资源开发并重，基础设施建设与科技扶贫、教育扶贫、文化扶贫、卫生扶贫、计生扶贫并举，产业开发与生态环境保护共同推进的方法，确保8个国家扶贫开发工作重点县农民人均纯收入继续保持2位数的增长速度。重点做好以下工作：

1. 整村推进。2010年，是第三批298个整村推进工作重点村规划项目实施的最后一年。要着力发挥“两个作用”，全力整合“三类资源”，确保实现“四个目标”。即：充分发挥扶贫开发领导小组在组织协调和资金项目整合方面的作用、发挥各类社会扶贫工作的作用，加大中央和自治区的各类强农惠农政策的整合力度、整合部门和行业资金、整合各类社会扶贫项目和资金，确保实现各重点村群众生产生活条件明显改善、人均纯收入快速增长、生态环境恶化的趋势得到有效遏制和实现“四通十有”的建设目标，力争两年内村均投入超过130万元。

2. 产业化扶贫。组织实施舍饲养殖、设施种植、菌草生产、马铃薯产业等项目，并根据贫困群众的需要，做好农业先进实用技术培训推广工作。继续对各类扶贫龙头企业提供扶贫贴息贷款支持，协助有关部门和企业做好市场开拓工作。

3. 劳动力转移与培训。继续组织实施劳动力转移中长期技能培训工作，鼓励有条件的扶贫龙头企业安排本地农村贫困家庭富余劳动力就业，确保8个国家扶贫开发工作重点县和红寺堡开发区全年输出农民工稳定在60万人左右，务工总收入稳定在18亿元左右。

4. 务工移民试点。在协助有关部门做好生态移民、教育移民工作的基础上，做好务工移民工作。要把务工移民与沿黄城市带建设、工业园区建设和小城镇建设结合起来，总结试点经验，创新工作机制，完善政策措施，整合各类资源，新建改建劳务扶贫“周转房”1600套，安置劳务移民7000人，建设农民工公寓300套。

5. 以基本农田建设为主的农村基础设施建设。2009年新增高标准旱作基本农田20万亩。继续安排一定数量的集雨场、种植温棚、养殖暖棚等基础设施建设项目。

6. 互助资金。在积极争取互助资金项目专项资金和确保已启动项目村项目正常运转的同时，进一步整合资金，力争全年新增300个项目村。

7. 社会扶贫。继续加强闽宁互学互助扶贫工作，并以闽宁扶贫协作为平台，加强与福建省和台湾地区企业家的联系，力争年内引进1～2家具有较强实力的农副产品加工企业。做好中央国家机关（企业）定点帮扶工作，争取中央国家机关和沿海经济发达地区定点帮扶、对口支援宁夏的政策措施。加强对区内社会帮扶工作的领导，强化帮扶工作绩效考评，提高帮扶工作成效。

8. 机制建设与扶贫战略研究。进一步完善扶贫资金监管联席会议制度，健全扶贫开发工作考评、考核和激励机制，加大以奖代补工作力度。组织实施对《宁夏扶贫开发规划（2001—2010年）》执行情况的评估工作，加大新一轮扶贫战略研究，为自治区党委、政府制订新的十年扶贫规划提供决策参考。

（宁夏回族自治区扶贫办公室
樊开应　庞兆辉）

新疆维吾尔自治区扶贫开发

【概况】 新疆维吾尔自治区（以下简称“新疆”）地处我国西北边陲，面积166.49万平方公里，占全国国土面积的1/6；与蒙古、俄罗斯、哈萨克斯坦、吉尔吉斯斯坦、塔吉克斯坦、阿富汗、巴基斯坦、印度8国接壤，占与我国接壤国家的半数以上；有边境县32个，边境线长达5600多公里，占我国陆地边境线总长的1/4；全区辖14个地、州、市，99个县、市、区，853个乡、镇；共有47个民族成份，其中世居民族有13个。2008年底，全区总人口2130.81万人，其中少数民族1294.48万人，占总人口的60.75%。

新疆是国家主要贫困区域之一，有扶贫开发工作重点县市30个，其中，国定扶贫开发工作重点县27个，区定扶贫开发工作重点县3个。2009年还有扶贫对象227万人。贫困人口主要分布在以南疆三地州为主的塔里木盆地干旱贫困区，以天山、阿尔泰山区为重点的北疆高寒农牧贫困区，以及边境贫困农村，呈现出点、片、线特征。

全区有3606个贫困村，占全区行政村的1/3。其中，2668个贫困村基本完成整村推进的规划，938个贫困村因自然条件恶劣、贫困程度深、扶贫难度大，还达不到自治区制定的“五通”、“五有”、“五能”验收标准，需要进一步加大实施力度。

南疆三地州和高寒山区贫困人口集中连片、贫困特征最为显著，是新疆扶贫开发重点和难点。其中：南疆三地州辖24个县市，有扶贫开发工作重点县19个，占全区的63%；贫困村2779个，占全区贫困村总数的77%；贫困人口191万人，占全区贫困人口总数的84%。高寒山区以牧业人口为主，多为边境贫困县。

新疆有边境县32个，均位于高寒山区，总人口495.5万人，占新疆总人口23.3%；乡村人口303万人，占新疆乡村人口的23.5%；边境县中有扶贫开发工作重点县17个、贫困村1298个，分别占全区的57%和36%。

【扶贫资金投入】 2009年，国家和自治区投入的三项扶贫资金达到26.1亿元，其中财政扶贫资金6.5亿元、以工代赈资金2.2亿元、信贷扶贫资金17.4亿元；地县财政投入达到1.48亿元；社会帮扶资金5.42亿元，均实现了突破性增长。扶贫开发取得明显成效。30个扶贫开发工作重点县的农牧民人均纯收入达到2978元，增幅高于全区4.7个百分点；30个扶贫开发工作重点县的生产总值继续增加，地方财政收入继续保持增长；开展“扶贫开发效益年”活动，营造了扶贫开发良好氛围。

【整村推进】 按照“五通（通水、通电、通路、通电话、通广播电视）”、“五有（有学上、有医疗保障、有科技文化室、有集体经济收入、有强有力的村级领导班子）”、“五能（能用上安全饮用水、能用上电、能有一项以上有稳定收入来源的生产项目、能有经济适用房居住、能及时得到培训和获得信息）”的整村推进建设目标，加大整合力度，引导资金项目以及社会资源向扶贫贫困村倾斜，通过整村推进，努力改善贫困乡村的生产生活条件，完成了345个贫困村整村推进任务。

有27万扶贫对象得到有效扶持，具备自我发展能力；345个贫困村完成了整村推进规划，其中“三个确保”贫困村60个，全区累计完成整村推进规划的贫困村达到2668个、占贫困村总数的74%，对“三个确保”村做得到了应扶尽扶。

【扶贫培训】 扶贫培训工作围绕“三类”培训项目展开，一是推广农牧业实用技术。通过培训，调动更多农牧民学科技、用科技的积极性和主动性，使当地每家贫困户有一人掌握一到两门农业适用技术；二是实施劳动力转移就业培训。根据市场需求，实行订单培训，组织开展多渠道、多层次、多形式、成规模的劳动力转移培训；三是扶贫管理人员培训。为提升扶贫系统整体水平，提高各级领导干部业务能力，依托自治区本级培训基地开展全区扶贫管理人员及千名村委会主任培训。全年安排财政扶贫培训资金2200万元，其中：财政扶贫培训资金1700万元；国务院扶贫办“雨露计划”示范基地和自治区扶贫办劳动力转移培训基地投入500万元（其中新增财扶资金200万元），共培训贫困地区干部群众41万人次，其中：扶贫系统干部1545人；农牧业实用技术培训11.1万人次；劳动力转移技能性培训4.5万人；劳动力转移引导性培训25万人次。

【产业化扶贫】 把产业发展作为扶贫开发的一项重要措施，优先支持优质特色林果业、优质畜牧业、设施农业、庭院经济、地方民族特色手工业、低质土地整治和节水工程七类项目，促进贫困地区特色优势产业和支柱产业的形成和发展。通过扶持扶贫龙头企业的发展，增强企业辐射带动能力，带动贫困农牧民脱贫致富，全区国家和自治区扶贫龙头企业已发展到128家，其中国家扶贫龙头企业18家，带动农户60万户（贫困户33万户），增加农牧民人均纯收入315元；重点县成立农民互助组织137个，参加互助组织的贫困户7.7万户。

【扶贫开发试点】 1. 连片开发试点。深入推进南疆三地州集中连片扶贫开发，把洛浦县试点成果扩大到10个重点县（市），集聚扶贫政策、资金、资源，一次规划、整体实施以基础设施、产业培育、社会保障、素质提升和组织保障为内容的集中连片扶贫开发，推动资金向贫困地区集中，扶贫开发带动辐射效应明显。

2. 边境扶贫试点。继续推进阿合奇县边境扶贫试点工作，提出一、二、三线联动的边境扶贫机制，初步形成了“一个中心”、“两个瞄准”、“三个变化”（即以立足民生、发展产业、安边兴县、以边带城为中心；瞄准边境一线和农村为方向；村变、户变、边境一线变为目标）的基本经验，试点工作取得明显成效，累计投入资金2.8亿元，实施边境扶贫项目153个，突出解决农牧民特别是边民最关注的吃饭、上学、看病、行路、发展产业等紧迫问题，实现边境地区与内陆地区一体化推进，县域城乡统筹发展，边民收入水平大幅度增加，边境地区守边护边人群的承载力大幅度提高。

3. 高寒山区扶贫移民搬迁试点。针对高寒山区的特殊贫困问题，在昆仑山区、天山山区和阿勒泰山区三个不同类型山区，继续开展扶贫搬迁试点。全区扶贫移民共投资2.88万元，户均投资18.2万元，实施移民扶贫1580户、7742人。

4. 互助资金试点。自治区安排财政扶贫资金2050万元，用于扩大贫困村村级互助资金试点规模。全区有19个县市、183个贫困村开展了互助资金试点，近1万户农户加入互助资金组织，缓解了农村金融网点稀少、金融供给严重不足的问题。

5. "两项制度"有效衔接试点。在墨玉县和吉木乃县开展农村最低生活保障制度与扶贫政策有效衔接试点工作，自治区扶贫办会同民政、财政、国家统计局新疆调查总队、残疾人联合会等部门，围绕试点工作总体目标，坚持"科学管理、规范操作、相互衔接、全面覆盖"的试点工作思路，对2个试点县所辖22个重点乡镇405个行政村的44.9万人农业人口进行全面入户调查，共识别农村扶持对象20.36万人，占试点县农业人口总数的45.2%，其中农村低收入对象13.85万人，扶贫和低保交叉对象6.51万人，分别占识别农村贫困扶持对象的68%和32%。对识别出的20.36万人建立了扶贫开发对象和低保救助对象电子档案，建档率达79.1%。审核确定了6322个扶持项目，将使4.12万户20万农村贫困扶持对象受益。

【社会扶贫】 中央国家机关和自治区、地州、县（市）企事业四级6520个单位，以扶贫为己任，发挥部门优势，千方百计帮助对口帮扶的贫困乡村发展经济，改善生产生活条件，作出了突出贡献，共为3606个贫困村累计投入4.19亿元；引进扶贫项目261个，引进企业5个，引进技术人才95名；共派出9292人蹲点挂职扶贫；帮助修建抗震安居房9162套、村级办公场所53所、卫生室241所、文化室212所、改扩建及维修校舍120所；资助贫困学生4770名；举办各类培训班6210期，培训贫困农牧民17.4万人次，帮助输出劳动力5.3万人次。

【扶贫工作措施】 1. 实行"一把手"负责制，推进扶贫开发工作。按照"国家扶持，区负总责，地州统揽、县抓落实，工作到村、扶贫到户"的工作方针，贫困地区以扶贫开发工作统揽全局，实行扶贫工作党政"一把手"责任制，高位推进扶贫开发。把南疆三地州、高寒山区、边境贫困农村作为扶贫工作的主战场，各类资源重点向这三类地区集中，加大扶贫资金投入，提高扶贫成效，围绕扶贫工作重点，推进行业扶贫和资源整合，深化扶贫试点工作，强化示范带动，开展"扶贫开发效益年"活动，扶贫开发有力推进。

2. 实施整村推进，改善贫困村生产生活条件。根据村级扶贫开发规划，按照"五通"、"五有"、"五能"的整村推进模式，整合资金，通过整村推进加强扶贫重点村基础设施和社会事业的建设。

3. 加强产业化扶贫，确保贫困农牧民稳定增收。根据"户有增收项目、村有主导产业、县有龙头企业"的产业化扶贫要求，围绕粮食、棉花、林果、畜牧"四大基地"建设，优先支持优质特色林果业、优质畜牧业、设施农业、庭院经济、地方民族特色手工业、低质土地整治和节水工程七类项目，支持贫困地区发展特色主导产业。着力培植和壮大扶贫龙头企业，强化对贫困地区特色主导产业的辐射和带动，通过扶持龙头企业，带动贫困地区经济发展，使贫困农牧民稳定增收。

4. 开展劳动力转移培训，增强贫困农牧民自我发展能力。按照政府引导、市场运作、部门配合、贫困户受益的原则，实施贫困地区百万人实用技术转移培训工程，组织开展多渠道、多层次、多形式的劳动力转移培训工作，完成农业实用技术培训42.8万人次，贫困劳动力自我发展能力进一步增强，实施了“千名村委会主任”培训计划。

5. 实施移民扶贫工程，稳步推进特殊区域扶贫开发工作。对生存条件特别恶劣地区的贫困人口，结合区域开发、土地整治、生态建设等项目，在群众自愿的基础上，积极稳妥地开展扶贫搬迁。对不易人类生存的高寒山区的扶贫开发，坚持自愿的原则，量力而行，采取多种形式，有组织、有计划、分阶段地进行移民扶贫，确保搬的出来、稳的下来、富的起来。对昆仑山区、天山山区和阿勒泰山区，组织实施了贫困牧民搬迁试点工作。

6、加大社会帮扶工作力度，形成“大扶贫”格局。在全区开展定点帮扶的中央、自治区、地州、县（市）四级单位和部门达6432个，各级帮扶单位和部门积极开展定点扶贫工作，帮助贫困乡村发展生产，解决贫困农牧民生产生活中的困难，定点帮扶的作用凸显，社会扶贫成为扶贫开发的中坚力量，形成了政府领导、扶贫部门主导、多行业部门联动、全社会共同参与的“大扶贫”格局；外资扶贫领域不断拓宽，国际农发基金新疆项目投入资金6823万元。

【2010年扶贫工作展望】 1. 工作思路。贯彻党的十七届四中全会和自治区党委七届八次全委（扩大）会议精神，把尽快稳定解决扶贫对象温饱并实现脱贫致富作为扶贫开发首要任务，坚持“划分区域、分类扶持、整村推进、连片开发、完善机制”的工作方针，突出“三个重点区域”，优先支持“七类项目”，创新扶贫方式，加强资源整合，加大资金投入，强化支撑基础，扶持优势产业，提高增收能力，改善民生、促进发展、缩小差距，推动贫困地区改革发展和团结进步。

2. 目标任务。全区贫困人口计划减少26.3万，完成整村推进规划村316个，劳动力转移培训达到15万人，贫困地区农牧民人均纯收入增幅超过全区平均水平，农业基本生产条件、社区基本公共服务条件有较大改善，经济社会有较快发展。

3. 重点工作。一是继续推进整村推进、劳动力转移培训、产业化扶贫三大计划。按照“三个确保”要求，把边境一线和人口较少民族贫困村作为重中之重，保持投入强度，加大工作力度，落实年度整村推进计划；增加扶贫培训资金，加强劳动力转移培训工作，继续实施千名村委会主任培训计划；以加强信贷扶贫资金支持、完善利益联结机制为主要措施，提高扶贫龙头企业自我发展能力和辐射带动能力；二是扩大各项扶贫试点成果。继续推进阿合奇县边境扶贫试点，并向17个边境重点县扩延；继续做好昆仑山山区、天山山区、阿尔泰山山区的扶贫搬迁试点工作，总结和推广高寒山区扶贫移民搬迁经验；扩大集中连片开发试点范围，扎实推进整村推进工作；继续扩大贫困村村级互助资金试点，总结推广试点经验；在30个扶贫重点县，全面推进农村最低生活保障制度和扶贫开发政策有效衔接工作；三是进一步完善扶贫开发机制。在全区扶贫开发工作重点县全面开展农村低保与扶贫政策衔接工作，完善扶贫对象识别机制，瞄准扶贫对象，全面落实扶持政策；按照“总量不变、动态调整、统筹兼顾、进出平衡、分地进行、统一核定”的原则，建立扶贫开发工作重点县进出机制；加强财政扶贫资金管理，进一步完善资金分配、监督考核与评价激励机制；加强制度建设，健全社会资源参与扶贫机制，推动社会扶贫工作；四是深入推进社会扶贫和国际交流合作。继续开展部门包村定点帮扶，加强部队帮扶工作，推动民营企业、社会团体、民间组织参与扶贫，动员更多的社会资源参与和支持扶贫开发；总结第三轮定点帮扶工作，对新阶段的社会扶贫进行安排部署；继续执行外资扶贫项目，完成国际农发基金项目中期评估，延续UNDP绿色扶贫项目，启动新疆扶贫与环境建设“碳减排”合作工作，开展国际扶贫交流合作；五是谋划未来十年扶贫开发工作。全面总结实施《中国农村扶贫开发纲要（2001—2010年）》的成就、经验，根据新形势和新任务的要求，组织起草自治区未来十年扶贫开发纲要，编制“十二五”扶贫总体规划及整村推进、扶贫易地搬迁、边境扶贫开发、集中连片贫困地区综合治理等专项规划；六是做好“扶贫成效展现年”的宣传工作。确定2010年为“扶贫成效展现年”，加大扶贫宣传力度，营造扶贫开发浓厚氛围。

（新疆维吾尔自治区扶贫开发办）

新疆生产建设兵团扶贫开发

【概况】 新疆生产建设兵团58个边境团场和19个南疆困难团场（以下简称贫困团场）的建立和发展是治国安邦的一项战略性决策，战略地位极为重要。在新时期新阶段发挥着推动改革发展、促进社会进步的建设大军作用，发挥着增进民族团结、确保社会稳定作用，发挥着巩固西北边防、维护祖国统一的作用。兵团自成立以来，履行着中央赋予的历史使命，在新疆2大沙漠边缘和千里边境沿线艰苦创业、屯垦成边、保卫边疆、建设边疆，为加快新疆经济社会发展、促进民族团结、巩固祖国边防、维护祖国统一作出了历史贡献。经过多年的屯垦成边和开发建设，兵团贫困团场广大干部职工自力更生、艰苦奋斗，克服困难，做到生产自给，为国家提供了大量的农副产品，已成为兵团商品粮、棉、油、糖和畜产品的重要基地。

兵团贫困团场分布在新疆10个地（州）的37个县（市）内。总人口63.5万人，其中职工15.5万人，土地面积3438315公顷，其中耕地面积408680公顷，草原面积1612941公顷；2009年实现生产总值90.1亿元，一、二、三产增加值分别为55.4亿元、15.5亿元和19.2亿元，人均生产总值14189元。

2009年，贫困团场总播种面积（含复播）483251公顷，其中粮食、棉花、油料、糖料播种面积分别为152778公顷、107137公顷、45229公顷、9422公顷，总产分别达到109.8万吨、23.4万吨、11.9万吨、65.6万吨；肉类、牛奶、禽蛋产量分别为8.8万吨、7.7万吨、1万吨；果园面积41467公顷，果品总产量33.1万吨。

贫困团场现有中、小学193所，中小学生11万人，团场全部通过国家“两基”验收；

贫困团场现有按县级标准建设的医院26个，按乡镇标准建设的卫生院46个，连队卫生室747个，疾控预防机构72个，实现团场“人人享有初级卫生保健”目标；贫困团场共建有团场文化中心34个，连队综合活动室158个；边境团场有线电视入户率为38%，南疆困难团场广播电视综合覆盖率为78%，节目单一，民族语言节目少。

2009年在实施《兵团党委、兵团关于深化团场改革的意见》的基础上，建立以“土地承包经营、产权明晰到户、农资集中采供、产品订单收购”为主要内容的团场基本经营制度，明确职工负担“只降不升”，调动了广大职工群众的积极性，促进了职工收入增长。通过团场行政机构改革、纳编分流、精简机构、加强团场预算，减少开支和降低管理成本，探索团场增效长效机制。

【农业结构调整】 2009年，贫困团场利用扶贫资金完成渠道防渗14.64千米，新挖排渠407.66千米，新建喷滴灌面积1773公顷，林果面积320公顷，农机标准化库区2.2万平方米，建设生猪养殖基地2个。围绕兵团“减棉、增粮、增畜、增果”总体方针，南疆困难团场发展无公害农产品、特色农产品，北疆边境团场发展农区畜牧业，使团场的农业结构更趋优化，增加了职工的收入，实现年初预计8%增长目标。

【扶贫培训】 2009年，兵团扶贫开发工作把科技、教育放在重要的位置，通过引进一批优良品种，推广运用一系列先进适用技术，起到科技示范的辐射作用。在实施科技扶贫的同时，贫困团场还把提高职工教育文化水平作为扶贫开发工作的重要内容，2009年培训各类职工1万人次。

【生态环境保护和建设】 兵团贫困团场处在绿洲的最外围、风口的最前哨和沙漠的最前沿，是抵御风沙侵袭、保护新疆绿洲的第一道屏障。团场不断加大生态环境保护和建设力度，有序推进退耕还林、退牧还草、“三北”防护林体系建设和天然林保护工程，现有林地资源面积达到861733公顷，森林覆盖率达到4.1%。

【社会扶贫】 兵团机关、直属事业单位、企业、大专院校和科研院所与贫困团场挂钩扶贫工作制度化建设取得进展。通过交流经验，进一步明确方向和任务，增强做好挂钩扶贫工作的责任心。一些部门、单位主要领导亲自抓，把帮扶工作作为本部门的一项长期政治任务来抓，落实帮扶工作责任，建立帮扶长效机制。挂钩帮扶的方式更加灵活多样，不仅停留在给项目、给资金，还采取了科技扶贫、蹲点扶贫、捐助扶贫等多种形式。

【扶贫专项资金项目检查】 根据2009年兵团纠风工作任务，重点对2008年财政专项扶贫资金项目在开工、实施、验收、运行、管护等环节检查。从检查结果看，贫困团场在扶贫项目建设中没有挤占、挪用、截留和套取扶贫资金等现象，对个别项目竣工验收不及时、项目资料不齐全等问题进行限期整改，通过检查提升了扶贫项目及资金管理水平。

【2010年扶贫工作展望】 1. 指导思想：坚持以邓小平理论和“三个代表”重要思想为指导，全面贯彻党的十七届三中、四中全会和中国农村扶贫开发纲要精神，立足当前，着眼长远，落实科学发展观，围绕“发展壮大团场，致富职工群众”的工作目标，加大改革力度，坚持开发式扶贫方针，加强农业基础设施和生态环境建设，加快农业结构和发展方式转变，加速促进种植业、畜牧业和果蔬园艺业协调发展大格局形成，增强团场自我发展能力，实现职工收入稳定增长，为实现贫困团场经济社会又好又快、可持续发展作出贡献。

2. 发展目标。2010年，兵团贫困团场在国家的扶持下，广大干部、职工共同努力目标：一是综合经济实力增强，继续改善生产设施条件，增强贫困团场“造血”功能，提高农业综合效益，实现生产总值增长10%以上；贫困团场各项社会事业得到一定发展；二是突出重点，分类扶持。按照兵团结构调整总体方针，做优做强林果业，重点发展苹果、红枣、哈密瓜示范基地；三是增加职工收入，生活质量有所提高，职工自营经济稳定发展，力争农牧工家庭人均收入增长8%。

3. 2010年扶贫开发工作重点及具体措施。

（1）优化产业结构。贫困团场必须坚持以市场需求为导向，以质量效益为中心，按照高产、优质、高效原则，加快发展优势产业。积极鼓励和吸引社会民间投资，引导职工投资入股，建立现代企业制度，实现投资主体多元化，积极培育和依靠具有较高科技含量的骨干行业和农业产业化龙头企业，努力实现贫困团场的产业升级和企业产品的更新换代。

（2）实施重点分类扶持。针对贫困团场实际，结合其特点和优势，将贫困团场进行分类扶持，按照不同类型的团场，根据其优势进行积极引导，在资金与政策上给予重点扶持，使其形成规模，具有市场竞争力，真正成为贫困团场的经济支柱，实现经济的良性发展。

（3）依托资源优势，实现跨越式发展。贫困团场要实现跨越式的发展，必须要把发展二产做为突破口。一是重点抓好现有经济效益较好工业企业的技术改造和产品创新；二是新建一批以农产品和畜产品加工为主的农副产品加工企业；三是鼓励兵团骨干企业、民营企业和吸引外来投资发展二、三产业；四是引导贫困团场通过收购、兼并、参股、控股等形式提升工业等级，提高工业科技含量。

（4）调整农业结构。农业在今后较长的时期内仍将是贫困团场经济发展的主要支柱，因此必须优化农业结构，加快特色种植和畜牧业的发展，建立示范基地和龙头企业的依托关系，调整种、养业结构。一是稳定粮、油、糖等传统作物的种植，扩大优良品种的种植面积；扩大以葡萄、大枣、哈密瓜、蕃茄、枸杞和中草药等为主的特色作物的生产；二是发展农区畜牧业，加快饲草饲料基地建设，引进优良品种，建立健全疫病防治体系，扶持和培育养殖大户，发展规模化养殖小区，形成优质肉产品基地；三是推动设施农业发展。对于毗邻城镇的贫困团场，应开拓城郊经济和服务业这一新的领域，发展以蔬菜、瓜果、蛋、奶为主的副食品的生产，迅速扩大规模，占领城市市场，尤其是发展反季节果品和蔬菜，增加产品附加值。

（5）实施科技扶贫，增强团场发展后劲。贫困团场的各项事业的发展都依赖于科技进步和人才作用的发挥，必须创造尊重知识、尊重人才，有利于创新的良好环境，实行“走出去”与“引进来”相结合，以提高贫困团场经济增长中的科技含量和劳动者素质为中心，积极发挥科技示范的先导和带动作用。一是提供能让科技人员发挥专长、勇于创新的环境，以优惠的政策吸引各种人才到贫困团场谋发展，以事业留人，用感情留人，有条件的辅助以高薪留人；二是贫困团场主动与兵团科研院所、大专院校的专家和科技工作者联手，通过实施智力扶贫、科技扶贫，加快科技成果的应用推广；三是继续向职工开展“科技之冬”等技术培训，不断提高职工的科学文化素质。

（新疆生产建设兵团扶贫办公室）

四

行业扶贫篇

国家发展和改革委员会扶贫

【概况】 根据党中央、国务院的决策部署和国务院扶贫开发领导小组的工作安排，2009年，国家发展改革委员会（以下简称“国家发改委”）坚持把保持经济平稳较快发展、促进贫困地区加快发展作为扶贫开发的首要任务，创造性地履行工作职责，解决影响贫困地区发展的突出矛盾和问题，为保增长、促发展作出积极贡献。

【扶贫政策研究制定】 2009年，为配合做好中央第五次西藏工作座谈会的筹备工作，国家发改委会同有关部门深入西藏和四川、云南、甘肃、青海4省藏区开展实地调研，研究提出支持这些地方实现跨越式发展的调研报告，以及重大项目与支持政策的建议。其间，共组织40多个中央和国务院有关部门、单位及中央大型企业的200多人先后赴西藏和4省藏区开展实地调研。在各个专题调研报告的基础上，分别形成了西藏和4省藏区经济社会发展调研报告，供中央决策参考。报告分别提出今后一个时期西藏和4省藏区经济社会发展的基本思路、奋斗目标、发展原则、战略重点和支持政策等。与此同时，研究提出支持西藏和4省藏区实现跨越式发展的重大项目和支持政策的建议。

按照中央要求，会同有关部门深入新疆开展实地调研工作，为研究提出支持新疆实现跨越式发展的总体思路、建设任务、重大项目和支持政策打好基础，并研究提出对口支援新疆工作的建议。在制定出台《广西北部湾经济区规划》的基础上，立足推动广西经济社会全面发展，制定了促进广西经济社会发展的若干意见，并以国务院名义颁发实施。

【扶贫政策贯彻落实】 2009年，贯彻落实国务院关于进一步促进新疆、宁夏、青海等省藏区经济社会发展的相关文件，进一步研究制定部门分工方案，把各项工作任务逐一落实到具体工作部门，并定期开展督促检查，建立贯彻实施情况的动态评估与跟踪推进机制，分别向国务院写出有关落实情况的报告，并协调解决落实中的重要问题。根据国务院要求，为掌握国务院关于支持青海等省藏区发展的政策文件的贯彻落实情况，对中央、国务院有关部门、单位和相关省人民政府落实情况进行跟踪。总体上看，各方面认真学习贯彻文件精神，积极落实相关政策，大部分都已采取相应措施，并取得一定效果。国务院关于支持青海等省藏区发展的政策文件明确建立青海三江源国家生态保护综合试验区，这是推动青海三江源地区实现可持续发展的重要举措，有利于探索这类地区可持续发展的新路子，为其他地区提供经验。按照国务院要求，组织开展《青海三江源国家生态保护综合试验区总体方案》编制和修改工作。

【“扶贫战略和政策体系”调研】 2009年，国务院扶贫开发领导小组组织开展了“完善国家扶贫开发战略和政策体系”的调研工作，目的是全面、客观、系统地评价《中国农村扶贫开发纲要（2001—2010）年》的实施情况，研究提出新形势下完善国家扶贫开发战略和政策体系的建议，以及2010年以后扶贫开发工作的基本框架。国家发改委副主任、国务院扶贫开发领导小组副组长杜鹰任一个调研组组长，联合国家民委、水利部、交通部、共青团中央、国务院扶贫办深入到福建、河南、甘肃、西藏4省区的农村贫困地区开展实地调研。截至11月，全面完成了实地调研和报告起草工作。在调研报告中，系统提出了完善国家扶贫战略和政策体系的意见建议，经回良玉副总理批示后，已转请有关方面参考。与此同时，国家发改委参加完善国家扶贫标准、将低收入人口纳入扶贫政策范围、调整国家扶贫工作重点县、进一步做好定点扶贫工作等重要扶贫政策文件的研究讨论和修改完善工作。为贯彻落实区域协调发展总体战略，缩小发展差距，探索适应新形势的扶贫开发方式，提高扶贫资金综合使用效益，会同有关部门开展了典型集中连片贫困地区发展问题研究，探索促进集中连片贫困地区加快发展、扶持贫困人口脱贫致富的有效途径。

【以工代赈资金投入】 按照中央关于应对国际金融危机的决策部署，国家发改委进一步加大了对农村贫困地区的投入力度。2009年国家发改委累计安排中央以工代赈资金50亿元，其中财政预算内以工代赈40亿元、第四批扩大内需中央预算内投资10亿元。连同地方配套措施，总投资65.1亿元。计划在农村贫困地区建设基本农田79万亩，改善农田灌溉面积391万亩，建设乡村公路2万公里，解决152万人、97万头牲畜饮水困难，初步治理水土流失面积2090平方公里，建设草场248万亩。在国家投资计划中，安排以工代赈劳务报酬资金6.55亿元，直接发放给参加工程建设的农村贫困群众，增加贫困农民的务工收入。

【易地扶贫搬迁试点投资】 2009年，国家发改委安排第四批扩大内需中央预算内易地扶贫搬迁试点投资18亿元，连同地方投资，总投资21.76亿元。计划搬迁农村贫困人口38.98万人，其中国家扶贫开发工作重点县32.54万人，主要是生活在缺乏基本生存条件地区的农村贫困人口，统筹考虑受地质灾害严重威胁的农村贫困人口，及生态工程建设需要搬迁的贫困农牧民。与此同时，包括扩大内需中央预算内投资在内的农林水利、交通能源、社会事业、生态保护与资源综合利用、产业发展与科技创新等多个行业的建设投资，加大了对农村贫困地区的倾斜力度，支持经济社会全面协调可持续发展。

【扶贫开发】 1. 组织开展相关扶贫工作总结。为进一步完善以工代赈、易地扶贫搬迁的工作思路，并为制定“十二五”专项建设规划奠定基础，启动以工代赈示范项目、易地扶贫搬迁试点工程总结工作。分别组织有关省区发改委，对2003年以来组织实施的以工代赈示范项目，以及2001年以来组织实施的易地扶贫搬迁试点工程进行总结，研究提出完善工作的有关意见建议。

2. 管好用好相关扶贫资金和项目。要求各地严格按照《国家扶贫资金管理办法》、《财政扶贫资金管理办法》、《国家以工代赈管理办法》和《易地扶贫搬迁试点工程实施意见》做好计划分解下达、项目组织实施、资金使用管理等相关工作。为了动态掌握建设项目的进展情况和中央投资取得的效果，根据全委统一部署，建立了中央预算内投资计划执行情况月报制。在地方上报计划实施进度情况的基础上，对扶贫开发投资计划的执行情况进行分析，发现问题及时解决。

3. 指导地方做好项目期工作。每次布置地方编报各批次的建议计划时，都对本批次的建设原则、计划管理、投资重点、项目性质、资金使用等提出明确规定，要求地方严格按章操作。

根据扶贫开发工作的需要，2009 年把国家易地扶贫搬迁试点范围扩大到中部的部分省区。为确保地方推进这项工作，国家发改委分别赴海南、山西省贫困地区对部分拟建项目进行实地调研，并针对存在的共性问题在北京组织召开座谈会，邀请西部地区四川、陕西省介绍工作经验，进一步明确工作要求。在工作中，也注意加强与地方的沟通，及时指导解决出现的问题。此外，做好定点扶贫工作。按照国务院扶贫开发领导小组的部署，2009 年国家发改委继续帮扶河北省灵寿县、丰宁县和吉林省汪清县、广西自治区田东县 4 个定点扶贫县。各有关司局多次赴 4 个县开展实地调研，选派干部赴定点扶贫县挂职锻炼，帮助 4 个县谋划发展思路，提出意见建议，帮助解决实际困难和问题，扶持 4 个县经济社会全面协调可持续发展。

（国家发展和改革委员会地区经济司）

农业部扶贫

【概况】 2009年，农业部按照党中央、国务院扶贫开发工作方针，围绕当前农业和农村经济中心任务，针对贫困地区经济社会发展特点，发挥部门与行业优势，进行倾斜性帮扶，促进了贫困地区农业农村经济又好又快发展。

2009年，针对贫困地区农业农村经济发展中出现的新情况、新问题，农业部不断加大调查研究和工作指导力度，帮助梳理发展思路。由多位部领导亲自带队，先后赴西藏、新疆、青海及贵州毕节试验区开展多次专题调研活动；参与有关部门组织的广西、甘肃、四川省藏区等调研，对贫困地区农业农村经济发展现状有了更加准确地把握，提出今后一段时期的扶持重点及政策措施。召开农业部扶持贵州威宁县农业发展和农民增收工作座谈会，研究进一步贯彻落实中央领导批示精神，加大对威宁县农业发展的扶持问题。参加中央及相关部门研究支持民族地区、贫困地区发展的一系列工作会、座谈会，提出有重要参考价值的意见和建议。此外，还组织开展《老少边穷地区农牧业发展重点与战略研究》、《西部地区特色主导农业产业选择与模式研究》、《西藏农业功能区划研究》、《甘肃省特色优势农产品产业发展战略研究》、《四川藏区农业发展重点及政策支持研究》及《云南省边境地区农业发展研究》等多项专题研究，力求摸清情况，指导发展。

【政策扶贫】 2009年，农业部结合贫困地区实际需求，争取国家强农惠农政策进一步向贫困地区倾斜。一是农机购置补贴方面，农业部在592个贫困县共安排农机购置补贴资金21.33亿元，比2009年增长213.68%，实现对贫困县的全覆盖，支持了贫困地区农业机械化发展；二是良种补贴方面，在全国水稻和长江流域油菜良种补贴全覆盖基础上，首次实现全国小麦、玉米、棉花和东北地区（含内蒙古）大豆良种补贴全覆盖，国家扶贫开发工作重点县享受到中晚稻和棉花15元/亩、其他作物10元/亩的补贴政策；三是测土配方施肥项目方面，首次实现农业县全覆盖，每县补贴30万~70万元，有效提升了农民的科学施肥水平；四是生态保护与建设方面，在农业部呼吁和推动下，2009年西藏率先启动草原生态保护奖励机制试点工作，为在全国范围内推广和普及探索了道路。根据西藏、新疆等地反映农村户用沼气项目农牧民自筹困难问题，农业部协调国家发改委，将西藏项目中央补助标准由原来的2500元/户提高到3000元/户，将新疆南疆地区中央补助标准由1500元/户提高到

2500元/户。此外，农业部还对贫困地区实施“三品”（无公害农产品、绿色食品、有机食品）认证和标志使用收费优惠政策，开展“全国扶贫县免费广告”、“全国农产品应急销售免费广告”等多种形式的信息扶贫。2009年在国家级重点贫困县认证“三品”产品1657个，累计减免各类费用80多万元；在CCTV－7农业节目中播出2000多分钟信息扶贫广告，帮助全国97个县市发布免费广告，推销156亿公斤农产品。

【扶贫发展项目】 2009年，农业部累计安排国家扶贫开发工作重点县沼气工程、种养业良种工程、县级防疫体系、质检体系建设、退牧还草等各类农业基本建设投资47.13亿元，推动了贫困地区农业和农村经济发展。其中，农村沼气项目共安排中央投资24.04亿元，比2009年增长26.33%，户用沼气、养殖小区与联户沼气项目在481个国家扶贫开发工作重点县中实施，占592个贫困县的81.25%。针对贫困地区特色农业资源丰富、对农民增收带动作用大的实际，结合实施《优势农产品区域布局规划》和《特色农产品区域布局规划》，农业部特别重视加大对贫困地区特色农产品项目的扶持。先后安排7003万元资金建设优势特色种养业示范、脱毒马铃薯良种繁育等农业综合开发农业部专项项目50个；安排380万元资金建设特色农产品标准化示范县项目19个，培育绿色食品、有机食品等品牌产品，增强农产品市场竞争力；安排364万元资金建设畜禽种质资源保护项目13个，对保护地方优良畜禽品种资源，提高保种水平和供种能力发挥了作用；在全国范围评选出10个贫困行政村，实施“手挽手扶农工程”，安排200万元资金扶持当地优势项目，并安排专家进行技术指导。

【培训扶贫】 2009年，农业部不断加强贫困地区各类农业人才队伍建设，培养有文化、懂技术、会经营的新型农民以及适应农业发展新形势的农技人员和农业干部，促进了贫困地区农业人才队伍素质的提高。一是在514个国家扶贫开发工作重点县投入资金2.86亿元开展“阳光工程”，促进农村劳动力转移就业；二是结合农业部扶贫联络工作实际，组织湖北、湖南、贵州等省贫困地区的100多名农村实用人才，到农业部多个农村实用人才培训基地进行培训，开阔视野，增长见识，提高了带头脱贫致富的能力和水平；三是加大对基层农牧业干部和农技专业人员培训的力度，举办“三品”专业技术和管理人员培训班27期，累计培训3260人次；举办基层水产技术推广人员师资培训班，培训贫困地区水产技术推广人员20余名；组织西藏部分地市农业管理干部赴内地开展现代农业建设参观、考察；举办新疆农民专业合作社辅导员培训班，参训学员140多名，促进了管理水平的提高。举办武陵山区和三峡库区农业干部培训班，培训地县级畜牧局长20余名。

同时，农业部积极开展与民族地区互派干部挂职、双向交流工作，2009年农业部共选派9位干部在少数民族地区挂职锻炼，同时接收17位来自少数民族地区的干部、21名“西部之光”访问学者。

【“援疆”扶贫】 2009年，农业部进一步增强扶贫措施的针对性。新疆“7·5事件”发生后，针对新疆部分地区出现农产品特别是应季鲜活农产品销售不畅的问题，农业部立即采取紧急措施：一是启动对新疆重点农产品批发市场运行情况的每日监测，随时掌握当地农产品市场运行动态；二是在中国农业信息网专门开通新疆农产品应急网络促销平台，帮助进行网上产销对接和交易，有关司局协调各方力量，利用各种可能的机会拓展新疆鲜活农产品销售渠道，帮助解决农产品销售和卖难问题。针对新疆棉花收获季节拾花工严重短缺的问题，农业部协调重庆等9个拾花工输出大省，强化供需信息沟通、技能培训、法律法规指导、交通保障等工作，促进拾花工赴疆工作顺利开展。

【"援藏"扶贫】 2009年4月下旬，西藏自治区植保部门反映当地主要粮食作物青稞病害问题后，农业部立即组织有关单位成立应急小组，协同自治区农业部门采集样本，组织专家进行有效防治。针对西藏开展测土配方施肥技术力量不足问题，农业部启动了测土配方施肥技术援藏工作，组织四川、湖南、湖北、江苏、山东、重庆、广东7省市农业部门与西藏有关单位进行工作对接，赴藏实地开展技术指导，受到西藏农牧民群众的欢迎与好评。

【2010年扶贫工作展望】 1. 加强工作指导与政策研究。2010年，农业部将继续加大对中西部地区、革命老区、民族地区、边疆地区、贫困地区、三峡水库移民地区等贫困地区农牧业发展的指导，拟于上半年召开部定点扶贫及援疆、援藏工作领导小组会议，对全年工作进行部署。同时，按照中央关于支援新疆、西藏经济社会发展的一系列部署，适时召开全国农业援藏、农业援疆工作座谈会，全面谋划新时期农业援藏和援疆工作。组织开展好特殊类型地区农业和农村发展战略研究、西部边疆地区农业发展战略研究、青藏高原减灾避灾产业发展课题研究、新农村建设背景下欠发达地区的农村空洞化问题等多个研究。同时，按照国务院扶贫办、国家民委等部门的部署和要求，加强对相关领域涉及农业方面内容的研究，为编制"十二五"规划打下良好的基础。

2. 扶持优势特色产业发展。结合贫困地区农业发展实际，继续在良种补贴、农业机械购置补贴等政策上向贫困地区倾斜，并争取扩大补贴规模、增加补贴种类。帮助贫困地区发展农业产业化经营，推进农民专业合作组织发展，加快形成规模大、效益高、品牌响的特色产业带或产业群，不断增强农业整体竞争力。

3. 健全农业服务支撑保障体系。围绕贫困地区农业产业发展，加大对先进、适用技术和新品种的引进、示范推广，尽快建立完善农产品质量安全检测和动植物防疫体系。整体提升贫困地区农业产业素质和水平。进一步理顺农技推广体制，稳定机构，优化队伍，改善条件，完善手段。加强贫困地区农业综合信息服务平台建设，利用现代传媒手段，为农民提供及时有效的信息服务。

4. 推进人才资源开发。进一步加强针对基层农业干部和农技推广人员的培训，提高培训效果，增强指导当地农业发展的能力。实施好农村劳动力转移就业培训，增加投入规模，充实培训内容，扩大培训数量，让外出就业劳动力掌握至少一两项实用技能，提高外出就业的竞争能力。进一步实施好"西部之光"访问学者计划，举办农业领域高级专家理论研修班。坚持与贫困地区及民族地区互派干部挂职，培养锻炼贫困地区及民族地区干部。

5. 加快推进生态保护与建设。争取全

面启动草原生态保护奖励机制试点工作，推动建立草原生态补偿机制。推进农业农村节能减排工作，指导农民合理使用农药、化肥、地膜等生产资料，减少面源污染，搞好农作物秸秆资源化利用，发展农村沼气，鼓励开发利用太阳能、风能等可再生能源。

6. 继续做好帮扶威宁的相关工作。指导威宁编制完成脱毒马铃薯种薯、草食畜牧业、反季节蔬菜、特色苹果、农民培训和转移就业等5个规划；加大对四大优势产业的扶持力度，加强市场体系建设，推进农业产业化经营；加快农技推广体系改革建设，开展农村实用人才带头人培训，强化农业支撑保障能力建设；继续选派干部挂职扶贫，建立产业技术体系与威宁县紧密联接机制，利用产业技术体系对威宁提供全方位技术服务；继续加强农村沼气和农村清洁工程等建设，进一步改善农民生活条件。

（农业部　罗　旭）

中国人民银行扶贫

【概况】 1986年，配合中共中央、国务院下发的《关于帮助贫困地区尽快改变面貌的通知》，中国人民银行（以下简称人民银行）连续5年安排10亿元专项贴息贷款资金，由中国农业银行设立专项扶贫贴息贷款，用于支持贫困地区发展农牧业生产和脱贫致富，由此拉开了中国金融系统有组织、大规模的信贷扶贫工作序幕。2001年《中国农村扶贫开发纲要（2001—2010）》实施后，人民进一步加大对扶贫开发工作的重视和支持，履行国务院扶贫开发领导小组副组长单位职责，以扶贫贴息贷款体制改革和完善为着力点，以少数民族地区为重点，以完善农村金融生态环境为保障，以残疾人、农民工、城镇失业贫困人群为突破口，以定点帮扶为纽带，发挥金融在扶贫开发中的重要作用，初步形成了贴息贷款推动扶贫，促经济发展带动扶贫、构建良好金融生态环境辐射扶贫和定点帮扶支撑扶贫等金融全方位支持扶贫模式。

人民银行党委高度重视扶贫开发工作，周小川、刘士余、郭庆平等多位行领导都亲赴贫困山区调研和慰问。

【扶贫调研】 2009年，按照国务院扶贫开发领导小组的统一部署，副行长刘士余、行长助理郭庆平带队，会同国务院扶贫办、科技部、商务部等7个部门对江苏、安徽、云南、青海4省扶贫开发工作进行深入调研，系统总结四省扶贫开发工作经验，深入剖析存在问题，并从工作原则、制度保障、目标和对象等方面提出关于完善下一个十年国家扶贫战略和政策体系的建议和意见。

履行国务院扶贫开发领导小组副组长单位职责，配合国务院扶贫开发领导小组办公室制定实行新扶贫标准后有关政策、定点扶贫工作制度、调整重点县及完善管理办法等方面的文件，完善扶贫开发工作管理体制。

【扶贫贴息贷款投放】 1. 加大对扶贫贴息贷款制度的调查研究。在全国范围开展扶贫贴息贷款调研，深入分析扶贫贴息贷款问题，起草《中国人民银行办公厅报送信贷扶贫政策落实情况的函》（银办函［2009］493号）报送国务院扶贫领导小组办公室，研提扶贫贴息贷款体制改进意见。对新疆等少数民族地区扶贫贴息贷款工作进行专题调研，起草《中国人民银行关于新疆扶贫贴息贷款政策执行中存在问题的报告》（银发［2009］327号）上报国务院，提出加大贴息力度、扩大新疆地区贫困县范围、改善金融生态环境等实施建议。

2. 指导各分支机构贯彻落实《关于全

面改革扶贫贴息贷款管理体制的通知》（国开办发［2008］29号）文件精神。不断创新“农户信用贷款”、“农户联保贷款”等信贷产品，探索“特色经济＋小额信贷＋政府引导”三位一体的小额信贷创新模式，继续推动“奖补资金”试点和农村信用村镇建设工作，调动金融机构积极性，推动扶贫贴息贷款规模不断扩大。

2009年12月末，扶贫贴息贷款余额183亿元。从区域上看，扶贫贴息贷款投向重点用于较为贫困的中部（2009年累计投放扶贫贴息贷款额占全国比重26.87%，下同）和西部地区（60.57%）。各金融机构通过发挥各自经营特点和业务优势，公开公平开展竞争，共同参与扶贫开发格局初步形成。2009年，在项目贷款发放中，农业银行、农村信用社、农业发展银行所占比重分别为30%、28%和27%；在到户贷款发放中，农村信用社（其到户贷款累计发放额占所有到户贷款累计发放额79%）发挥支农主力军作用和网点多的优势，成为到户贷款发放的重要主体。

【金融政策倾斜】 多年来，少数民族地区由于语言、自然条件等各方面因素限制，一直是贫困高发区，人民银行通过综合运用再贷款、利率和信贷政策指引等多种手段，围绕民族地区基础设施建设、特色产业发展和生态环境保护等，加强对民族地区经济发展的信贷支持。

1. 对民族贸易和民族用品生产贷款执行优惠利率政策。1997年起，对民族贸易和民族特需商品定点生产企业的正常流动资金贷款利率实行比正常的一年期流动资金贷款基准利率低2.88个百分点的优惠利率政策。根据《中国人民银行关于民族贸易和民族特需商品生产贷款利率事宜的通知》（银发［2009］68号），增加农业发展银行、城市商业银行、农村信用社为执行优惠利率政策的承贷银行，为民族地区享受优惠利率贷款提供便利条件。

2. 对西藏执行优惠的金融政策。“十五”以来，因执行优惠贷款利率政策，累计向社会让利25.39亿元，促进了地方经济的发展。一是对西藏实行特殊的货币信贷指导性政策。人民银行拉萨中心支行根据西藏经济发展和产业政策要求，统一编制西藏货币、信贷计划草案，报人民银行总行批准后执行；二是实行有区别的优惠贷款利率。对西藏自治区人民币利率统一执行比全国各档次贷款基准利率水平低2个百分点的优惠。允许西藏扶贫贴息贷款执行1.08%的固定利率，大幅低于全国扶贫贴息贷款平均利率水平；三是实行优惠的再贷款利率政策。西藏再贷款利率由人民银行拉萨中心支行以不低于法定存款准备金利率为原则确定，报人民银行总行批准后执行；四是对农业银行西藏分行发放的各项贷款，中央财政按其当年平均余额给予4个百分点的特殊费用补贴。

3. 加大对新疆地区的资金支持力度。一是加大支农再贷款发放。2003年以来，按照向中西部地区和粮食主产区倾斜的原则，人民银行加强了对支农再贷款额度在地区间的调剂力度，截至2009年末，累计对新疆调增支农再贷款限额30亿元；二是进一步加大对新疆农村信用社改革的资金支持力度。截至2009年末，对新疆农村信用社共计安排资金支持额度18.6亿元，资金支持比例位居全国第一。

【重点人群扶贫】 灵活运用各项政策，为贫困残疾人、农民工、城镇失业人员等重点人群创造增收条件。

1. 引导金融机构为有劳动能力残疾人发放康复扶贫贷款，解决农村贫困残疾人温饱。指导各分支机构贯彻落实《关于康复扶贫贷款管理体制改革的通知》（残联发［2008］13 号），配合残联等部门做好康复扶贫贷款和贴息资金管理工作，不断提高康复扶贫贷款落实率。2009 年，落实康复扶贫贷款 7.9 亿元，扶持贫困残疾人 6.8 万元，分别比 2008 年增长 18% 和 48%。

2. 改进和加强对农民工金融服务工作，为贫困人口务工提供良好环境。推广“农民工小额担保贷款”、“农民工返乡创业贷款”等贷款品种，为农民工贷款提供便利服务。加强账户管理，探索建立和完善农民工工资支付保障制度，截至 2009 年底，人民银行分支行共收集 2720 个企业的拖欠工资信息，涉及金额约 15.8 亿元，涉及人数约 35.4 万人。完善支付结算服务，加大农民工银行卡特色服务推广力度，2009 年，农民工银行卡特色服务实现交易 1782.35 万笔，金额 221.02 亿元，较 2008 年分别增长 40.4% 和 176.9%。

3. 推动小额担保贷款，促贫困人口创业带动就业。指导各地建立和完善“小额担保贷款、创业培训和信用社区建设”有机联动的就业再就业长效机制。在认真贯彻落实已经出台的小额担保贷款政策的基础上，2009 年配合财政部等部门出台《关于完善小额担保贷款财政贴息政策　推动妇女创业就业工作的通知》（财金发［2009］72 号），将符合条件的妇女个人小额担保贷款最高额度由 5 万元提高到 8 万元；对符合条件的妇女合伙经营和组织起来就业的，人均最高贷款额度提高至 10 万元。指导金融部门利用妇联组织的组织、宣传和载体优势，落实好小额担保贷款政策，做好妇女创业就业工作。截至 2009 年 12 月底，小额担保贷款余额达 188.69 亿元，同比增长 69.88%，有效帮助失业人口脱贫致富。

【金融生态环境建设】　1. 支持发展新型农村金融机构。推动各地按照《关于村镇银行、贷款公司、农村资金互助社、小额贷款公司有关政策的通知》（银发［2008］137 号）和《关于小额贷款公司试点的指导意见》（银发［2008］23 号）精神，严格执行新型农村金融机构在存款准备金管理、存贷款利率管理、支付清算管理等政策，规范小额贷款公司性质、设立、资金来源、资源运用，稳步有序推进新型农村金融机构发展，增加贫困农户得到金融服务机会。

2. 完善农村地区支付体系建设。近年来，人民银行一直致力于支持农村地区金融基础设施工作，指导并支持农村金融机构加入大、小额支付系统和全国支票影像交换系统，使农村金融机构同样享受到快捷、高效的中央银行支付清算服务。2009 年，印发《关于完善农村地区支付服务环境的指导意见》（银发［2009］224 号），明确改善农村支付服务环境的指导思想、总体目标和具体要求。截至 2009 年底，全国共有 20587 家农村信用社、1035 家农村合作银行、1664 家农村商业银行、88 家村镇银行接入人民银行支付系统，进一步畅通了农村地区异地汇划渠道。2009 年全年农村信用社通过人民银行大额支付系统发起业务 2294.56 万笔，金额 39.76 万亿元。指导各地依托人民银行小额支付系统开展农村地区的集中代收付业务，一些地区通过积极与财政、商务部门配合，结合“家电下乡”惠农政策，将补贴款直接抵扣货款，由财政部门定期将补贴款通过小额支付系统划给经销商，从而减化了补贴发放流程。

3. 推动农村信用体系建设，营造良好的金融生态环境。为有效解决"农户贷款难、银行难贷款"的问题，为积极稳妥地发放并收回扶贫贷款创造良好信用环境，实现政府支农政策与银行信贷政策的有机结合，人民银行印发了《关于推进农村信用体系建设工作的指导意见》（银发［2009］129号）等文件，推动农村征信体系的建设工作，营造良好的金融生态环境。各省加快农村信用体系建设步伐，取得较好成效。如青海省2009年已有37个县的253个农村金融网点开展了农户信用档案建设工作，分别占县域总数及农村金融网点总数的88%和95.8%；28个县的232个农村金融网点建立了农户信用评价体系，分别占县域总数和农村金融网点总数的66.7%和87.8%。

【定点扶贫项目投资】 2009年，人民银行扶贫工作在总行党委的领导下，在地方党政部门的配合下，贯彻落实党中央、国务院制定的各项扶贫政策，创新扶贫思路，拓展扶贫途径，坚持以智力扶贫为先导，以帮助改善当地生产生活条件，增加贫困群众收入为着力点，开展定点扶贫工作。截至2009年12月，共完成各类投资162万元，其中工程项目类投资94.5万元，主要用于桥梁生产、人蓄饮水、道路修建、排水溢洪工程；扶贫无息、低息、贴息类贷款投资30万元；资助贫困大学生和开展技术培训投资7万元，捐赠物品折合5.5万元，慰问县区困难群众25万元。

【2010年扶贫工作展望】 1. 探索金融和财政长效结合机制，发挥金融机构参与扶贫积极性。完善地方担保基金制度、完善农业保险体系，逐步建立起扶贫贴息贷款的风险补偿长效机制。推动农村金融产品创新机制建设，完善财产抵押制度和贷款抵押物认定方法，丰富贷款抵押品，降低贷款门槛，采取更加灵活方便的担保方式，进一步提高贫困农户获得资金的能力。进一步建立扶贫贴息贷款的激励机制，加大对扶贫贴息贷款发放规模及贷款回收达到一定规模的金融机构的支持，不断提高金融机构发放扶贫贴息贷款积极性。

2. 按照"分类指导、区别对待"的精神，完善对民族地区的信贷政策。对民族地区有效益、有市场、符合信贷条件的项目，将积极支持和引导各金融机构按商业经营原则，继续加大支持力度。对有市场前景、风险较大的项目，将加强与财政部门的协调，发挥财政资金"四两拨千金"的作用，通过建立担保基金、贴息等方式，引导金融机构信贷资金的投入。对社会效益较为明显、带有扶贫性质又需要信贷支持的项目，一方面将继续保留对民族贸易和民族用品生产以及西藏自治区的优惠利率政策，另一方面将配合农业、财政等部门，进一步完善扶贫贷款奖惩机制，发挥扶贫贷款的作用。

3. 推动农村地区信用体系建设，营造良好金融生态环境。在社会主义市场经济环境下，资金的流动主要是由各地的信用环境和投资回报来决定的，区域之间的资金流动取决于地方的社会投资环境，社会信用条件好，资金就会流入。推动农村贫困地区经济发展的关键在于营造一个有利于吸引资金的社会信用环境。人民银行将积极推进农村贫困地区个人和企业征信体系建设，抓好信用社区建设试点工作，完善贷款担保体系，营造有利于农村贫困地区经济社会和谐发展的金融生态环境。

4. 完善农村金融服务体系，突出加大金融机构对农村贫困地区“三农”经济的支持力度。一方面要进一步加大政策性金融的支农力度，在完善运行机制的基础上强化农业发展银行对贫困地区的支农作用。另一方面要积极稳妥地推进贫困地区农村信用社改革工作，引导贫困地区各类农村金融机构之间展开适度的、有益的竞争，通过产品创新和工具创新，提供符合“三农”需求的金融服务。另外，人民银行正会同相关部门认真研究微型金融组织试点问题，将考虑农村贫困地区的实际情况，逐步推进农村竞争性金融市场的建设工作。

贫困地区发展是关系民族团结、社会稳定和国家安全的大事，金融扶贫发展对建设社会主义和谐社会有着重大的意义，人民银行将按照党中央、国务院的要求和整体部署，进一步做好金融支持贫困地区发展工作。

（中国人民银行）

教育部扶贫

【概况】 2009年，教育部积极扶持贫困地区教育事业，在义务教育、职业教育等方面，对贫困地区实行倾斜政策，加大投入力度，保障了贫困地区九年义务教育攻坚、农村初中校舍改造、农村贫困家庭学生接受中等职业教育等项工作的顺利开展。

【教育扶贫】 1. 完善各级各类教育资助政策。累计投入784亿元，惠及1.82亿学生。其中义务教育阶段资助资金累计280亿元，全国城乡义务教育阶段1.6亿多名学生全部免除学杂费；中等职业教育国家助学金约180亿元，资助约1200万学生，中央财政安排中等职业教育免学费资金24亿元，惠及400万学生；高等教育阶段各项奖助金300亿元，惠及592万高校学生。

2. 支持中西部地区中小学校基础设施建设。累计投入189亿元。其中西部五省42个未"普九"县寄宿制学校建设工程资金13.40亿元；中央专项投入50亿元实施中西部农村初中校舍改造工程，主要覆盖国家扶贫工作重点县、少数民族自治县、革命老区县和边境县；全国中小学校舍安全工程80亿元，重点支持中西部七度及以上地震高烈度人口稠密地区；2009年中央财政下达中西部农村义务教育校舍维修改造资金51亿元；中等职业教育基础能力建设工程30亿元，也有部分投向了中西部地区；中西部地区特殊教育学校建设工程4亿元；新疆学前"双语"幼儿园5亿元、民汉合校0.5亿元。

3. 举办内地西藏班和新疆班，提高办学质量。在校生达到3.9万人。2009年，全国共有内地西藏班在校生1.9万人，内地新疆班在校生约2万人，为西藏和新疆培养了大批各类人才。

【培训扶贫】 2009年，全国累计开展农村劳动力转移技能培训1500万人次、农村实用技术培训4200万人次，提高了贫困地区农村富余劳动力转产转业能力、增强了在乡农民脱贫致富能力，为贫困地区改善民生作出了贡献。

【定点扶贫】 根据国务院扶贫开发领导小组的安排，教育部对口定点帮助河北省青龙县、涞源县和武邑县等3个县扶贫开发工作。2009年，教育部完成了定点扶贫工作。

一是继续支持河北省青龙县、涞源县、武邑县发展农村教育。为3个县安排中小学建设项目，每个县补助经费60万元，加强了3个县农村中小学校的办学能力；二是组织慰问贫困户和困难教师。在2009年春节前夕，教育部部机关党委和机关工会积极组织"春节送温暖"活动，共筹集人民币15万元，由教育部部3位司长分别带队，赴武邑、青龙、涞源3个县，慰问了贫困户和困难教师。另外，把慰问与扶贫工作结合起来，每县选择60个贫困家庭劳动力接受职业技能培训，帮助其转移就业并实现家庭脱贫，每人补贴培训经费500元；三是整村推进工作。教育部3个定点扶贫县已分别确定了3年的计划扶贫项目(2008—2010年)，3个县共有149个村在这3年中开展整村推进工作。目前整村推进工作正在按计划积极推进；四是筹集社会资金。协调筹集中国滋根基金会资助青龙县100万元，用于对贫困家庭农民开展劳动力转移培训和实用技术培训，资助农村开展文体、卫生等活动。

（教育部　陈建华　张昭文）

科学技术部扶贫

【概况】 2009年，科技部按照十七大精神和《中国农村扶贫开发纲要（2001—2010年）》的要求，以“扩内需，保增长，调结构，上水平”为目标，确定了以贫困人口为基本对象，以加速贫困地区支柱产业科技创新和技术推广、提高贫困地区农村信息化程度、提升贫困人口科技文化素质和贫困地区返乡农民工创业能力为主要目标，依靠科技进步努力解决贫困人口的温饱问题，促进贫困地区农民增收、农业增效、农村发展。

自2006年，科技部与联合国开发计划署在15个省的30个国家级扶贫开发工作重点县试行科技特派员制度，2009年已有3000多名科技人员深入贫困一线，与贫困农户结成利益共同体，创建农村经济实体，为当地脱贫致富作出贡献。同时，也为贫困地区推行科技创业探索了方向，积累了经验。2009年6月5日，科技部、人力资源社会保障部、农业部、教育部、中宣部、国家林业局、共青团中央、中国银监会等8个部委在北京启动了科技特派员农村创业行动，鼓励更多的科技人员带着技术、带着市场、带着先进的管理到贫困地区进行科技创业扶贫。另外，为应对金融危机科技部组织实施科技人员服务企业专项，贫困地区的很多企业都通过企业专项吸引到企业需要的技术人员和科技成果。

【科技项目实施】 2009年，科技部通过星火计划、科技富民强县专项、农业科技成果转化资金、科技人员服务企业专项等面向基层的科技计划和科技专项，在贫困地区实施一批科技项目。2009年科技富民强县专项行动支持20个省（自治区、直辖市）的44个国家级扶贫开发工作重点县，国家直接投入7080万元，带动省级配套支持6000多万元。在2009年开展的“星火科技30分”地方电视台联播活动中，科技部共免费向包括61个国家级扶贫开发工作重点县（市）在内的600多个县级电视台提供科技节目52期。在2009年组织的2007—2008年度全国县（市）科技进步考核工作中，共有20个省（自治区、直辖市）的284个国家级扶贫开发工作重点县顺利通过了考核，促进了贫困地区科技进步。另外，科技部在6个定点帮扶县已经立项7个，总投入480万元。

【培训扶贫】 按照“实际、实用、实效”的原则整合培训资源，以“方便、快捷、灵活”的原则创新培训形式，开展对贫困地区科普宣传和科技培训。一方面，扩大科技扶贫远程培训平台，开展定期远程培训。2009年，科技部利用2007年开通的“科技扶贫远程课堂”，每月一期，每期两天，重点围绕基层科技创业、现代农业新技术和新成果、日常健康保健、医务人员知识更新等开展远程培训。培训范围覆盖科技部6个定点帮扶县和贵州毕节地区、黔西南州、四川巴中市，以及中国老区建设促进会所联系的10个县市，每期都有3000多人直接通过远程培训平台参与培训。2009年科技部还将科学防治艾滋病的科普内容加载到“科技扶贫远程课堂，在国定贫困县河南上蔡、郸城等艾滋病高发区建立远程培训接收站点，使更多因病致贫的农民能得到更好的专家指导和咨询。“科技扶贫远程课堂”对边远地区的科技人员和农民朋友了解种养领域和卫生医疗保健领域的新进展，开阔视野，掌握科技知识，促进当地群众脱贫致富起重要作用。另一方面，引进企业资源，专项开展科学养猪技术培训。2009年，科技部有关单位引进美国辉瑞动保公司的资源和技术力量，与其在上海的代表处合作，先后在10个国定贫困县开展12期科学养猪技术培训。包括光山、英山、井冈山、永新、安塞、浏阳、东阳、浦江、佳县、红安等县，累计培训1200人次，有效帮助养猪户提高养殖水平，增加养殖效益。科学养猪技术培训受到各县（市）养猪户的热烈欢迎和积极参与，取得超出预期的良好效果。

【科技资源交流】 推进贫困地区与发达地区的交流，促进优势科技资源向贫困地区流动。

通过科技部扶贫办公室及有关部门的牵线搭桥，组织科研单位、大专院校、企业和发达地区科技部门同贫困地区对接，促进科技资源向贫困地区流动。如根据国务院总体省县对口帮扶的框架，在对口帮扶四川灾区工作中，引进11个中央级科研院所、大专院校对口重灾县，选派科技人员7500多人，并支持科技项目20个，总金额1160万元。如在科技部第23届科技扶贫团的积极联系下，引进上海市科技局、寿光市科技局、武汉市科技局、河北农业大学、华南农业大学、西北农林科技大学、山东大学、吉安市林科所等多家科研单位，与科技定点县签订了科技合作协议。

【社会科技扶贫】 2009年，科技部通过科技活动周和科技下乡的渠道，向长白山区、百色地区以及肥西县、黔西县等，捐赠了科技培训和科普宣传车、青少年科技创新操作室、农村信息中心和电脑教室等，总价值500万元。向科技部定点帮扶县捐赠了太阳能LED照明灯、网络教室、污水处理设备、医疗器械、农村信息化建设设备、科技图书，以及学校改造等，总价值近300万元。

【2010年扶贫工作展望】 按照国务院扶贫开发领导小组对《中国农村扶贫开发纲要（2001—2010年）实施情况进行调研评估的总结要求，结合对“十二五”科技扶贫工作进行战略研究，科技部自2009年5月开始，安排专项进行调查研究工作。在调研过程中发现，虽然各级党委、政府高度重视科技扶贫，但新形势对科技扶贫工作提出更高要求，科技扶贫工作需进一步加强。

在新的形势下，科技部将围绕十七大提出的“到2020年基本消除绝对贫困问题”的奋斗目标，针对当前科技扶贫存在的问题和挑战，创新工作思路，强化工作措施，发挥科技优势，整合各方力量，以科技创业扶贫为核心，全面推进科技扶贫工作深入开展。

1. 围绕培育科技创业链抓扶贫。引导

科技人员深入贫困地区创业，发展科技创业链，延长现代农业产业链。围绕贫困地区的区域支柱产业，开展农村实用技术的示范与推广，加快贫困地区产业结构调整的速度。扶持农产品加工企业的技术改造，提升龙头企业带动千家万户脱贫致富的能力。发挥农村科技服务组织的作用，健全贫困地区市场经济体制下企业与农户的联系机制。通过科技支撑，做大做强贫困地区特色产业，增加贫困地区农民收入，加快县域经济社会发展步伐。

2. 围绕信息化抓扶贫。农村信息化建设是科技扶贫的新型服务平台。以此为突破口，建立多途径、多元化的科技信息服务体系，为贫困县提供技术、产品、劳动力、资金、市场等方面的信息服务；通过网络对农村干部、农民企业家、基层技术人员和贫困农户进行知识培训和技术推广，让贫困地区群众能够享用现代信息资源。

3. 围绕服务体系抓扶贫。创新和完善信息化、社会化、多元化农村科技服务体系，加快科技向“三农”转移的步伐。将科技人员深入基层创业、农村专业技术合作组织、农业专家大院建设与科技扶贫工作有机结合起来，加大对农村科技服务体系的建设力度，推进科技工作重心下移，提升基层科技工作能力和活力。鼓励各地因地制宜、大胆创新，建立符合贫困地区农民心愿、能解决实际问题的农村科技服务体系。

4. 围绕科技创业能力建设抓扶贫。围绕加快科技创业，开展贫困地区科技人才创业能力培养。针对农村和农民的实际需求，开展不同层次和不同对象的科技培训。既组织专家到农村去咨询讲座，又开展农村实用技术培训，同时还开展农民进城务工的非农产业就业技能培训；既注重提高基层领导干部的科技素质，也坚持不懈地培养一批乡土科技人才。特别是利用现代信息技术和“科技扶贫远程课堂”的培训平台，发挥北京等大城市的专家优势，利用网络和卫星电视直接在贫困地区开展科技培训。

（科学技术部扶贫办公室）

国家民族事务委员会扶贫

【概况】 国家民族事务委员会（以下简称“国家民委”）高度重视少数民族地区扶贫开发工作，按照国务院扶贫开发领导小组的统一部署，围绕“共同团结奋斗、共同繁荣发展”的民族工作主题，扎实工作，开拓创新，讲求实效，认真研究和落实少数民族地区的扶贫开发政策，集中力量抓好扶持人口较少民族发展和兴边富民行动，加强定点扶贫工作，继续推动智力支边联系扶贫及民族地区电脑农业推广应用，促进了少数民族贫困地区的脱贫致富。

国家民委作为由国家统计局牵头的农村贫困监测部际联席会议组成单位，针对少数民族贫困问题的特殊性，开展有关数据资料分析研究，为各级党政部门提供决策依据，为社会公众提供有关统计信息服务。

【扶贫调研】 2009年，国家民委领导带队深入少数民族贫困地区开展调查研究，参加了国务院扶贫开发领导小组部署的国家扶贫战略和政策体系领导小组联合调研，参与了分组调研报告的起草，并对国务院扶贫办“关于明确实行新扶贫标准后有关政策的通知（征求意见稿）”提出了修改意见。与国家发展改革委共同开展武陵山区特困调研，研究提出了特困民族地区发展规划思路，并会同国家发展改革委共同推进建立“武陵山经济协作区”，探索跨省区贫困地区发展新路。在参与研究制定有关政策和措施中，积极反映少数民族贫困地区存在的困难和问题，及时提出了促进少数民族贫困地区扶贫开发的政策、措施和建议。

【少数民族地区农村贫困监测】 国家民委作为由国家统计局牵头的农村贫困监测部际联席会议组成单位，针对少数民族贫困问题的特殊性，开展有关数据资料分析研究，为各级党政部门提供决策依据，为社会公众提供有关统计信息服务。

【扶贫开发国际合作】 2009年，继续实施国家民委与联合国开发计划署合作开展的“中国少数民族和民族地区综合扶贫示范项目”；启动国家民委牵头实施的联合国/西班牙千年发展目标基金文化与发展项目，落实外资600多万美元，将贵州、云南、青海、西藏等少数民族地区作为示范点，重点开展少数民族社会文化事业发展试点示范。

【人口较少民族扶持】 自2005年国务院批准实施《扶持人口较少民族发展规划（2005—2010年）》以来，在党中央、国务院的亲切关怀重视下，在国务院有关部委的支持和有关省区的推动下，扶持人口较少民族发展工作进展顺利，发展健康，成效明显。据不完全统计，截至2009年底，各地各部门已经投入扶持资金29亿多元，安排各类扶持项目8000多个。截至2009年底，640个人口较少民族聚居村中，已经有近570个村达到考核验收标准，提前实现了规划确定的“四通五有三达到”目标，占90%。人口较少民族聚居地区呈现出生产发展、生活改善、民族团结、社会稳定的良好局面。

2009年，国家民委坚持把扶持人口较少民族发展工作作为新时期民族工作的一项重要任务，开展了一系列工作。一是总结4年来实施《扶持人口较少民族发展规划（2005—2010年）》进展情况，并报国务院；二是于2009年7月，经国务院批准，会同国家发展改革委、财政部、中国人民银行和国务院扶贫办联合召开“全国扶持人口较少民族发展工作经验交流会”，传达贯彻胡锦涛总书记、贾庆林主席的重要批示精神，总结扶持人口较少民族发展工作成绩和经验，研究部署下一步工作任务；三是协调国家发展改革委、财政部安排专项资金5.07亿元，比2008年增加7500万元。国务院其他部门也发挥职能，加大对人口较少民族的扶持力度，采取制定规划、纳入计划、优先安排、优惠贷款、出台特殊政策措施等方式，办实事、办好事，对人口较少民族的发展给予支持；四是举办扶持人口较少民族发展动态监测培训班，共培训100多人；五是上海对口帮扶云南德昂族，2009年安排920万元，其中上海帮扶资金600万元，云南省配套资金320万元，在德昂族聚居的18个自然村实施整村推进项目，并把独龙族纳入上海对口帮扶范围。

【兴边富民行动】 2009年，国家民委继续大力推进兴边富民行动，促进边境地区加快发展，协调有关部门，研究边境地区出现的新情况、新问题，加强对边疆省区的指导，不断加大对边境县的扶持力度。主要开展了以下工作：一是进一步加大对边境县资金扶持力度。2009年，将136个边境县和新疆生产建设兵团58个边境团场全部纳入兴边富民补助资金扶持范围，资金总额达4.84亿元，比2008年增长34%；二是继续加强对边境地区特殊困难和问题的研究。2008年12月中旬，组织了有中央20个部门参加的联合调研组，就边境地区茅草房（危旧房）、民族教育、民族文化卫生、守土固边贫困边民生活保障、人口较少民族发展、边境口岸基础设施等问题赴云南、广西边境地区调研，提出政策建议报国务院；三是继续加强对地方兴边富民行动的指导。举办兴边富民行动培训班，结合边境地区维稳工作、对外开放、项目建设等方面的工作，对9个边境省区和兵团民委具体负责兴边富民行动人员、136个边境县民委主任进行有针对性的培训；四是参与国家农村危房改造试点工作。经与有关部门协调，将所有西部民族自治地方县、所有边境县和新疆生产建设兵团边境团场纳入国家扩大农村危房改造试点范围，并配合有关部门指导民族自治地方和陆地边境县（团场）农村危房改造对象认定工作；五是系统总结“十一五”兴边富民行动工作。分别召开边境省区、有关部委兴边富民行动座谈会，以及兴边富民行动理论研讨会，总结“十一五”期间工作，谋划“十二五”兴边富民行动工作。积极协调有关部门加大对边境地区的支持力度。

【智力支边扶贫】 2008年国家民委选派了3名优秀中青年干部分别到内蒙古巴

林右旗和广西德保县挂职，促进定点扶贫县的扶贫开发工作。由中央统战部和国家民委牵头的各民主党派中央、全国工商联开展的智力支边扶贫工作，为少数民族贫困地区的发展献计献策、办实事，帮助少数民族贫困地区培训人才、制定脱贫计划、进行项目论证和咨询等。继续开展电脑农业推广应用工作。

【定点扶贫措施】 2009年，国家民委以科学发展观为指导，结合社会主义新农村建设，按照“突出重点、整合资源、注重实效”的原则，以贫困村为主战场，以农村贫困人口为重点扶持对象，以扶贫开发规划为工作基础，以群众增收、加强基础设施、提高劳动者素质、保护和发展少数民族传统文化为主要工作内容，开展定点扶贫工作，取得成效。

进一步完善四级民委负责制，协调整合各级民委和地方政府的资源，加大对扶贫点的投入。2009年，国家民委向德保县投入扶贫资金255万元，用于改善贫困乡村基础设施及大朔屯社会主义新农村建设。此外，国家民委协调内蒙古自治区民委、自治区宗教局，为巴林右旗基层民族工作部门和宗教活动场所建设补助25万元。

在定点扶贫工作中，国家民委坚持以人为本的原则，根据少数民族文化特点，从教育、基础设施、培训、宣传等方面入手开展扶贫工作。

【教育扶贫】 为巴林右旗西拉沐沦苏木胡日哈中心小学投资40万元，配备实施“三语教育”设备，购进电脑40台、多媒体教学设备7台（套）、学生桌椅40套；协调教育部，补助大板蒙古族中学民族教育经费10万元，帮助巴林右旗发展民族教育事业。

【培训扶贫】 帮助巴林右旗举办非农职业技术培训2期，培训农牧民540人。帮助德保县利用清华大学“教育扶贫现代远程德保教学站”举办领导干部能力提升培训班和后备干部培训班4期、培训369人。

【基础设施建设扶贫】 国家民委投入200多万元并协调资金100多万元，帮助德保县扶贫点建设了公路、饮水、灌溉、文化广场等一批基础设施，解决了5个村屯1500多人饮水难问题和边远山区3个自然屯700多亩农田灌溉问题；投入资金100万元，帮助内蒙古扶贫点建设棚圈、住房改造，打机电井，新建小草库仑，解决了贫困群众生产生活困难。

【文化宣传扶贫】 2009年1月10—12日，国家民委组织70名中央民族歌舞团各族演员组成“祖国情·民族团结进步宣传活动”慰问团到德保县开展慰问演出。

扶持德保县民族文化艺术事业发展。帮助德保县举行2009年“民族团结杯”山歌比赛，报名参赛歌队有38个，共有25场次，观众达4万多人次；举办德保县首届南路壮剧文艺汇演活动，参加汇演艺术团队达25个，观众达2万多人次。通过汇演，民间艺术得到有效的保护和推广，南路壮剧等民族文化资源得到进一步开发，为德保县打造民族文化品牌奠定了基础。

同时，与有关部门联系，捐赠给德保县各乡镇、县直有关单位《中国民族》杂志100份，《中国民族报》100份，《民族画报》100份。

【医疗卫生扶贫】 为当地干部群众学习党和国家的民族政策提供方便。国家民委组织6名医疗专家到德保县开展义诊活动。先后在德保县人民医院、中医院、妇幼保健院和城关镇卫生院开展为期7天的义诊和专业技术培训等活动，共免费为953名病人进行内科、儿科、妇科和中医科的诊治，同时为德保县765名医务人员及县直机关干部举办4个医疗专业课题和健康知识讲座，并资助6万元为德保县人民医院购买妇产科医疗器械，为当地群众解决看病难的问题。

【2010年扶贫工作展望】 2010年，国家民委将积极协调配合有关部门深入推进少数民族地区的扶贫开发。

1. 加强少数民族地区扶贫开发工作。参与2010—2020年国家扶贫开发纲要的制定，提出有关少数民族和民族地区扶贫开发的意见和建议；继续开展对少数民族贫困地区情况的监测，建立民族地区贫困监测体系；开展对特困少数民族贫困问题的调查研究，探索集中连片贫困地区的解困路子，提出有关政策建议，推动实施特困少数民族群众解困工程；继续做好定点扶贫和各民主党派、工商联智力支边联合扶贫工作。开展牧区工作调研，为适时召开全国牧区工作会议做准备；继续执行国家民委与联合国开发计划署合作开展的“中国少数民族和民族地区综合扶贫示范项目”及联合国/西班牙千年发展目标基金文化与发展项目。

2. 做好扶持人口较少民族发展工作。一是做好扶持人口较少民族发展“十一五”最后一年的规划实施工作。协调配合国家发展改革委、财政部、中国人民银行、国务院扶贫办等有关部门，进一步加大对人口较少民族的扶持力度，落实好扶持人口较少民族发展的各项资金、项目和政策，加强对项目和资金的管理；加强综合协调和督促检查；进一步加大对口支援的力度，再组织若干经济发达省市对口支援人口较少民族；继续办好人口较少民族工作人员和基层干部培训班；开展2009年扶持人口较少民族发展动态监测工作；二是联合国家发展改革委、财政部、人民银行和国务院扶贫办编制扶持人口较少民族发展“十二五”规划。

3. 深入开展兴边富民行动。一是继续发挥综合协调作用，督促各部门和地方加大实施《兴边富民行动“十一五”规划》力度，力争实现规划提出的目标任务；二是联合有关部门，做好《兴边富民行动“十二五”规划》编制工作；三是在适当时候，召开全国兴边富民行动工作会议，总结经验，研究、部署工作；四是继续加大兴边富民行动的舆论宣传力度，积极引导社会力量支持边境地区的发展。

（国家民委扶贫办公室）

人力资源和社会保障部扶贫

【概况】 2009年，在部党组的领导下，在国务院扶贫办的支持和指导下，人力资源和社会保障部的定点扶贫工作不断加大力度，各项工作取得较好的成绩。

人力资源和社会保障部2008年由原人事部和原劳动保障部合并组建后，定点扶贫县共有3个县，分别是山西省天镇县、安徽省霍山县和金寨县。新部组建后，部党组始终把扶贫工作作为一项重要的政治任务来抓。一是加强领导，及时成立了部扶贫工作领导小组，由部党组成员、副部长、机关党委书记何宪任组长，机关党委、办公厅、人事司主要负责同志任副组长，规划财务司、就业促进司等9个单位主要负责人为成员；二是选派优秀干部到扶贫县挂职。2009年，在山西省天镇县派驻3名干部，安徽省霍山县和金寨县各派驻2名干部，其中，带队干部挂职县委常委、副县长；三是发挥人力资源和社会保障部职能优势，有针对性地做好扶贫工作。2009年，人力资源社会保障部的职能主要涉及两大领域8个方面，主要包括促进就业、社会保障、劳动关系、收入分配、人才工作、军转安置、公务员管理、引进智力等工作。人力资源和社会保障部发挥自身的职能优势，在人才扶贫、智力扶贫、科技扶贫、项目扶贫等方面加大力度，推动扶贫工作不断向前发展。

【人才和科技扶贫】 建设一支素质较高的人才队伍，是扶贫县经济社会发展的基础。2009年，人力资源和社会保障部发挥职能优势，找准最迫切需要解决的问题，增强人才培养的实效性。

1.“走出去”加强培训。选派扶贫县党政干部、专业技术人员等各类人员分期分批赴外学习培训。如在山西省天镇县，先后两批组织60名农业技术人员赴山东寿光考察培训，学习蔬菜种植技术和农业产业化管理方面的知识和经验，为加快推进农业产业化提供了支撑。在安徽省金寨县，继续推进家庭贫困学生就业技能培训项目，2009年选派66名贫困生免费或半免费进入部里定点的高级技工学校（技师学院）学习。2009年部内举办的青年干部培训班、处级干部培训班和司局级干部研讨班和东西部公务员对口培训班，分别吸收扶贫县机关青年干部、乡镇干部和县级领导干部80余人参加，参训干部普遍反映，有机会参加部里的培训，开阔了视野，增长了知识，提高了水平。此外，还安排扶贫县的教师、医生到北京的重点中学和三级甲等医院进修，不断提高他们的专业技术能力和素质。

2.“请进来”，技术指导。通过邀请专

家讲学、机构调研、项目配套等方式，把县外优良智力资源引进到县里。2009年，邀请专家学者到3个扶贫县讲座和咨询达到20余次，对于促进县里干部群众转变观念，开阔视野起到很大作用。如针对安徽省霍山县人才技术缺口的情况，组织对口留学回国专家服务团开展技术指导，帮助解决了事关主导产业发展的多项难题和关键技术，协助县里编制产业发展规划，把工业科技作为重点，邀请专家亲临指导，采取诸多有利措施予以推进，打造省级高新技术产业基地，2009年全县新增高新技术企业3家，高新技术产品11个，再次获全国科技进步先进县称号。

【劳动力转移就业培训】 2009年，人力资源和社会保障部开展对农村劳动力的培训，提高农民综合素质，开展劳务输出，促进农村富余劳动力转移就业，增加农民收入。

受金融危机影响，定点扶贫县有大量农民工返乡待业，针对这种情况，人力资源和社会保障部派驻的挂职扶贫干部发挥职能优势，开展调研，抓好就业再就业各项政策的落实。如，安徽省霍山县2009年新建3个返乡农民工创业园，争取扶持资金450万元，为帮助返乡农民工就业创业起到了非常重要的作用。2009年全县新增就业岗位3509个，安置下岗失业人员1023人，农村劳动力向非农业转移4233人，发放小额贷款240万元，城镇登记失业率控制4.2%以内，全部超额完成年度各项工作任务。金寨县坚持以提高就业技能为抓手，整合培训资源，创建培训基地，增加就业岗位，加大就业扶持，提升就业能力和水平。2009年全县新增就业岗位3812个，下岗失业人员再就业1591人，城镇登记失业率控制4.0%以内。针对农民工大量返乡的情况，全年共培训农民工5649人，转移农村劳动力8215人，分别为创业实体发放小额担保贷款150万元，为个人发放贷款654万元，扶持了创业带动就业工作。

【新型农村养老保险政策实施】 2009年是国家实施新型农村社会养老保险试点的第一年，全国选择10%的县进入试点，这是继取消农业税、种粮直补之后国家实行的又一项重大的惠农政策，受到定点扶贫县农民群众的普遍欢迎。在部党组的关心支持下，人力资源和社会保障部3个定点扶贫县全部进入试点，覆盖127万农村人口。2010年春节前，3个县符合条件的60岁农村老人每月都能领到不低于55元的养老金，帮助县里的贫困老年人口解决一些实际困难。如金寨县由于新农保试点工作方案科学合理，项目推进扎实有效，全县参保的农民群众达36万人，参保率达到80%，筹集保费6485万元，截至2009年底，已累计发放基础养老金1500万元。霍山县、天镇县的新农保试点进展顺利，被当地干部群众誉为历年来最大的扶贫项目，深受欢迎，对农民群众来说，“老有所养”的问题从此有了解决之道。随着征缴工作的逐步开展和国家财政不断加大投入，农民养老金的待遇水平会逐步提高，对于改善农民的生活状况具有深远的意义。

【“五险合一”扩面征缴工作】 开展“五险合一”扩面征缴工作，形成覆盖城乡的社会保险制度。如安徽省霍山县，2009年度基本养老保险、工伤保险、生育保险、医疗保险和失业保险参保人数达13.3万人次，全年累计征收各类社会保险费首次突破1亿元大关。金寨县有68万人口，在推进新型农村社会养老保险试点同时，还推进城镇居民医疗保险、失地农民养老保险，“五险合一”扩面征缴工作进展扎实推进，2009年全县共征收各类社会保险金1.797亿元。

【扶贫项目开发】 2009年，随着国家投资政策的重大调整，为加快扶贫开发提供了机遇。人力资源和社会保障部支持县里抓住机遇，深入调研，结合县里经济社会发展的实际，拿出急需解决而又切实可行的项目方案。联系中央各有关部门和有关单位，做好项目和方案的沟通协调。如安徽省霍山县，在事关当地长远发展的佛子岭抽水蓄能电站项目申报过程中，协助走访了国家发改委和国家能源局有关部门，就项目进展情况进行了仔细沟通，2009年已通过国家核准，预计首批投资规模达10亿元，为保证县域经济快速发展增强了后劲。在山西天镇县，与山西省交通厅、河北省交通厅有关部门沟通协调，帮助争取到天镇—大同高速公路天镇段二期与一期同步实施，总投资达25亿元，为改善天镇县交通基础设施、推动县域经济发展起到了促进作用。由于财政困难，金寨县就业和社会保障服务场所非常简陋，4处办公场所有3处是租用外单位的房产，其中一处是20世纪60年代的危房。经过争取，在国家和省发改委的支持下，县城和4个镇的就业和社会保障服务设施建设项目已获国家发改委立项，争取到项目建设资金600万元，即将对社会招标开工建设。在招商引资方面，先后引进了LED光伏产业园、星鸿机械、赛宏玻璃等一批重大项目，协议引资达3.5亿元。

【扶贫济困送温暖活动】 2009年，人力资源和社会保障部在3个定点扶贫县共建设希望小学6所，每年组织部内有关单位和干部职工到希望小学开展扶贫济困送温暖活动。2009年以来，部机关工会先后组织40多名干部职工到扶贫县考察慰问，给学校送去辅导书籍、学习用品和文体用品。2010年春节前，人力资源和社会保障部党组成员、副部长杨志明亲自带队到山西天镇考察调研，深入到农村、企业、学校，了解情况，研究对策，给天镇县希望小学的贫困学生送去350件棉衣。在霍山县，为帮助贫困家庭孩子上学，人力资源和社会保障部派驻的挂职扶贫干部自己带头，组织相关人员捐款，为救助一个家里无钱看病的脊椎摔伤的初中学生，及时伸出援助之手，帮助解决医疗费用近4万元，使其成功完成手术。

【2010年扶贫工作展望】 从1995年开始，人力资源社会保障部（原人事部和劳动保障部）在这3个县开展扶贫工作已经十几年时间，先后派出十几批挂职扶贫干部，共有40多人。几年来在人才扶贫、智力扶贫、科技扶贫和项目扶贫各项工作都取得新的进展，为促进贫困县的经济社会发展做出积极贡献。但由于受地理、历史等多方面的因素影响，扶贫县还有相当一部分农民群众仍然没有摆脱贫困，要实现稳步脱贫，定点扶贫县脱贫致富的工作依然任重道远，还要付出艰苦努力，坚持把扶贫工作抓紧抓好。下一步扶贫工作，要继续发挥人力资源和社会保障部的职能优势，找准迫切需要解决的问题，增强扶贫工作的实效性。

1. 强化政治意识，不断增强对扶贫工作的责任感和使命感。人力资源和社会保障部作为国务院重要职能部门，做好扶贫工作责无旁贷。要在思想和行动上，站在战略和全局的高度，深刻认识扶贫工作的重要性和艰巨性。

2. 发挥人力资源和社会保障部职能优势，有针对性地做好扶贫工作。人力资源和社会保障部的职能主要涉及两大领域八个方面的工作，主要包括就业、社会保障、劳动关系、收入分配、人才工作、军转安置、公务员管理、引进智力等。部里的扶贫工作要发挥自身的职能优势，在人才扶贫、智力扶贫、科技扶贫、项目扶贫等方面多做文章，特别是在前些年扶贫工作的基础上，多总结，多思考，多研究，推动工作不断向前发展。

3. 坚持选派扶贫干部，不断加强扶贫工作领导。选派事业心和责任感强的干部参与挂职扶贫，政治上多指导，工作上多支持，生活上多关心，使参加扶贫干部带着感情全身心地投入扶贫工作，深入农村基层一线，多做调查研究，在艰苦的环境中砥砺品格，磨炼意志，经受考验。通过工作和学习，不断提高自身的能力和素质，为当地经济社会发展和贫困群众做一些有益的事情，把人力资源和社会保障部的扶贫工作向前推进。

（人力资源和社会保障部
机关党委　扶贫办）

国土资源部扶贫

【概况】 2009年，在国务院扶贫办的指导下，国土资源部行业扶贫工作按照国务院扶贫开发领导小组会议的工作部署，在开展定点扶贫工作的同时，发挥部门优势，将行业扶贫工作与国土资源部中心工作结合，加大行业扶贫工作力度，进一步完善“大扶贫”工作机制。

国土资源部按照国务院扶贫办在2009年工作要点中提出的大扶贫工作思路，进一步整合扶贫资源，发挥行业综合优势，将定点扶贫向建立大扶贫机制和行业扶贫拓展。

1. 以规划为先导，推进项目实施。在《国土资源部关于全国扶贫开发工作会议精神贯彻意见》中提出明确要求：“今后几年，争取每年为每个国家扶贫重点县安排一个土地开发整理项目，做好土地整理规划、项目立项等相关工作”。同时，要求各扶贫点要成为破解保障发展和保护耕地两难命题、推进农村土地综合整治的示范，社会主义新农村建设的示范。在制定国土资源管理新一轮规划中，将行业扶贫作为一项重要内容列入其中，将扶贫规划与总体规划有机衔接。

2. 立足职能，整合扶贫资源。整合农村经济社会发展和脱贫解困的项目资金，通过土地开发整治参与全国扶贫开发工作。坚持在政策上和土地整治、矿产资源勘查开发、矿山地质环境恢复治理等项目安排上向国家扶贫重点县倾斜。根据调查统计，2009年在114个国家帮扶重点县中安排扶贫项目581个，在17个重点县安排危机矿山资源接替项目，投入资金10595万元，矿山资源地质环境治理项目资金20300万元。在26个国家扶贫重点县安排地质灾害防治项目，包括部分土地整治项目投入资金30895万元。在推进行业扶贫工作中，调查190个国家扶贫工作重点县，特别是在“三个确保”贫困村中，总计投入行业项目经费252922.3万元，在扶贫工作重点县，共投入各类项目资金达296270.75万元。

【“三类地区”贫困村整村推进】 根据部长徐绍史“扶贫开发是大事，要积极主动做好相关工作”的重要批示，国土资源部扶贫开发领导小组组织研究贯彻意见，并向相关省（区）国土资源厅发出《国土资源部办公厅关于支持“三个确保”贫困村扶贫工作的通知》（国土资厅发［2008］103号）。通过国土资源系统的共同努力，2009年在11个省（区）国土资源厅负责帮扶的贫困县中认领了51个“三个确保”贫困村，实施整村推进工作。在定点扶贫的9个贫困县贫困村整村推进工作中，通过土地整理等项目支持贫困地区群众改善基本生产生活条件，加快脱贫步伐。全年共下达各类专项项目184个，项目资金12453.45万元。

【专项扶贫】 2009年，国土资源系统在14个国家扶贫工作重点县中，投入资金1.25亿元，共安排危机矿山资源接替找矿项目17项，投资总额1.06亿元。部分项目已经取得找矿成果，累计获得金资源量52吨，钨锑金属量8万吨，煤资源量1286万吨，铁锰矿石量64万吨，稳定就业职工1.5万人。在内蒙古、吉林等11个省（区）46个贫困县实施矿山地质环境治理项目34个、地质灾害治理项目8个，投入资金2.03亿元。对改善矿区环境，提高周围群众生产和生活条件起到积极作用。体现出国土资源系统实施大扶贫机制，开展行业扶贫取得的丰硕成果。

表1　　2009年国土资源部行业扶贫工作统计表

	支持贫困地区 项目名称	投资总额 （万元）	项目覆盖国家扶贫开发工作重点县（个）	项目覆盖贫困村（个）	项目覆盖贫困户（户）
1	土地整治项目	4603.85	9		
2	矿产资源勘查项目	2105	12		
3	地质灾害防治项目	80	26		
4	矿山地质环境治理项目	5100	9		
5	新农村及产业化建设	245	3		
6	基础设施建设	190.1	9		
7	助学项目	129.5	9		
8	危机矿山资源接替项目	10595	17		
9	矿山地质环境治理项目	20300	34		
10	“三个确保”地区2009年项目	252922.3	17		
11	其他县		45	1675	251900
合计		296270.75	190	1675	251900

注：在定点扶贫地区9个县总计投入资金为12453.45万元；在专项扶贫方面，危机矿山资源接替项目10595万元、矿山地质环境治理项目20300万元，总计30895万元；“三个确保”地区项目资金投入252922.3万元，涉及到190个国家扶贫工作重点县，1675个贫困村，251900个贫困户，总计投资为296270.75万元。

【定点扶贫】 2009年，国土资源部按照国务院扶贫领导小组的部署，以构建保障和促进科学发展新机制为主线，立足行业职能，发挥部门优势，坚持抓围绕国土资源中心工作带扶贫，坚持抓以项目促扶贫，坚持抓以大扶贫机制保扶贫的思路，探索定点扶贫的新途径，在定点扶贫的江西省赣州市建立大扶贫机制，在定点扶贫的湖南省新田县实现以勘查地下水为突破，取得明显成效。

2009年，国土资源部投入资金11949.35万元，引进资金87万元，安排项目23项，赴定点扶贫县考察人数234人；其中部级3人次，局级65人次，举办各类培训班10期，共培训300人，组织劳务输出300人，资助贫困学生228人。

【大扶贫机制建立】 国土资源部在定点扶贫的江西省赣州建立大扶贫机制。通过整合江西省国土资源系统的扶贫优势，集中区片、集中项目和资金，开展扶贫开发整村推进工作。

2009 年 3 月 12 日，国土资源部党组成员、副部长，国务院扶贫领导小组成员王世元在江西赣县主持召开关于探索建立大扶贫机制座谈会，对建立大扶贫机制的意义目的、总体思路、协调机制、工作方式等作出部署。明确大扶贫机制是以规划为先导，定点扶贫与行业扶贫并重，建立大扶贫联席会议制度，统一工作目标和方法步骤，各负其责地开展工作。形成国土资源系统与当地政府的合力，使定点扶贫工作向纵深发展。9 月 23 日，召开国土资源部扶贫开发领导小组第十八次会议，通过了《国土资源部关于建立大扶贫机制的意见》，与江西省国土资源厅、江西省地质矿产勘查开发局、赣州市扶贫办、赣州市国土资源部门等进行深入的探讨，在大扶贫工作组织、运作机制、政策措施等方面达成共识。大扶贫机制开始启动。

【“三个确保”贫困村认领工作】 2009 年，按照国务院扶贫办《关于共同促进整村推进扶贫开发工作的意见》、《关于动员对口扶贫系统支持“三个确保”工作的通知》要求，结合国土资源部定点扶贫 9 个重点县的具体情况，向相关省国土资源厅下发了《国土资源部办公厅关于支持“三个确保”贫困村扶贫工作的通知》（国土资厅发［2008］103 号），要求各有关国土资源厅在项目、资金上向“三个确保”村倾斜，支持贫困群众脱贫解困。2009 年 2 月 27 日，向国务院扶贫办报告了国土资源部在“三个确保”村范围内实施认领 42 个贫困村情况。

【连片开发扶贫】 2009 年，在江西省赣县旱塘村、上犹县乌溪村、会昌县火星村和湖南省新田县油草堂等村开展新农村建设。国土资源部投入扶贫工作经费 310 万元，通过整合国土资源系统力量拉动各方配套资金达 2000 多万元。带动了新农村建设和地方经济社会的发展，使上万群众受益，突出显现“田、水、路、林、村”综合整治与社会主义新农村建设相结合的成效，起到示范作用。截至 2009 年底，江西省赣县的新农村建设几个村的连片开发，显现整体效应，促进生产发展，改善了群众生活，村容村貌整洁。湖南省新田县油草塘新农村建设，改善了村容村貌，带动了生产发展和社会的和谐。国土资源部扶贫开发领导小组第十八次会议决定，将湖南省新田县谈文溪村作为 2009 年新农村建设扶贫村。按照以规划为先导的要求，先期投入 50 万元，已经编制完成新田县谈文溪村土地整治、新农村建设规划和实施方案，各项工作稳步推进，计划两年内完成建设任务。

【扶贫八项措施落实】 国土资源部党组书记、部长，国家土地总督察徐绍史作为中央深入学习实践科学发展观指导小组成员，把赣县作为挂点县，确定了国土资源部支持赣县经济社会发展的八项措施，包括：赣县韩坊和阳埠稀土矿区矿山地质环境恢复治理项目、赣县浸染型成矿地质特征研究和验证项目、稀土资源专项勘查评价、赣县江口镇旱塘等 6 个村土地整理项目、赣县 1650 亩城乡建设用地增减挂钩项目、赣县江口镇旱塘村新农村建设整村推进项目、赣县江口镇樟木移民新村国土资源希望小学项目、干部交流，共安排项目资金总计1.53亿元。为落实八项措施，3月29日，副部长王世元主持召开国土资源部扶贫开发领导小组第十七次会议，研究具体落实措施，并率扶贫小组成员赴赣县现场组织落实工作。11月，国土资源部又组成工作组检查落实情况。在国土资源部门与地方政府的共同努力下，大扶贫机制率先在赣县实施。为进一步抓好落实工作，成立了相关组织协调机构，确定项目负责人和项目联系人，建立项目半月督办报告制度。截至2009年底，八项措施实施进展顺利，部分项目已经取得成效。

【2010年扶贫工作展望】 1. 基本思路。根据中央扶贫工作会议精神，按照全国扶贫工作会议的部署，突出重点、立足职能，发挥部门优势，继续坚持以抓国土资源中心工作带扶贫、以抓项目促扶贫、以抓大扶贫机制保扶贫，加大行业扶贫工作力度，促进扶贫地区经济社会平稳较快发展，促进贫困群众脱贫解困。

2. 重点工作。完善国家扶贫战略研究工作，按照国家新时期的扶贫规划及政策，制定出国土资源部扶贫规划，落实大扶贫机制，为贫困地区的经济发展做出贡献。

（1）总结过去十年来的扶贫工作经验，制定“十二五”扶贫规划。学习贯彻中央扶贫工作会议和全国扶贫工作会议精神，总结2001年至2010年扶贫工作，明确行业扶贫的总体目标、基本原则、工作重点和措施。谋划2011年至2020年行业扶贫战略，制定国土资源部“十二五”扶贫规划。

（2）开展行业扶贫调研，加大行业扶贫工作力度。对各类国家扶贫重点县进行调研，全面了解掌握扶贫地区经济、社会发展贫困群众生活状况。加强对扶贫工作理论和实践的研究，制定加大行业扶贫力度的实施意见，为开展行业扶贫工作提供支持，推动国家扶贫工作重点县的经济社会平稳较快发展，改善当地人民群众生活。

（3）以项目促扶贫，推动各项措施的落实。发挥部门优势，坚持以项目为载体，加大对国家扶贫重点县土地整治、矿产资源勘查开发、地质灾害防治、农业地质、水资源开发的工作力度。加强基础设施建设，改善农业生产和农民生活条件，推进新农村建设。

（4）支持“三个确保”整村推进。支持“三个确保”贫困村的帮扶工作，提高国土资源系统对“三个确保”贫困村整村推进工作的认识，加大项目和资金的投入力度，深入实际做好工作，加快贫困地区群众脱贫解困的进程。

（国土资源部扶贫办公室）

环境保护部扶贫

【概况】 1992年，国务院确定环境保护部定点扶贫河北省围场县，2002年增加河北省隆化县。长期以来，环境保护部领导高度重视定点扶贫工作，在实际工作中形成“三个一”制度，即分管部领导每年带队调研一次、每年听取两县汇报一次和每年就扶贫工作召开专题会研究一次。

2009年，在国家扶贫办的支持和环境保护部党组的领导下，按照国务院扶贫开发领导小组的工作要求，结合环境保护部定点扶贫河北省围场县、隆化县两县的特点，进一步增强环境保护、市场经济和自我发展三个意识，立足于富民、富县，加大扶贫力度，以项目带动办实事，解决实际问题，促进两县经济社会可持续发展的工作思路，履行自身职能，突出重点，统筹兼顾，定点扶贫工作取得进展。

2009年6月，印发《环境保护部2009年定点扶贫工作要点》和《〈环境保护部2009年定点扶贫工作要点〉任务分解》，明确了2009年定点扶贫工作思路，提出协助落实工业污染防治项目资金、指导两县编制《农村环境保护综合规划》、开展生态建设、落实两县农村环境保护项目资金、落实两县国家级自然保护区建设资金；加大对两县监测执法业务用房的支持力度、对领导的培训力度、对基础能力建设的支持力度；继续为两县三级组织订阅报刊杂志，以两县为试点开展扶贫开发与生态环境保护政策调研等10项具体工作，并要求相关业务司局按照任务分工，加强沟通与合作，采取有效措施，把扶贫工作各项任务落到实处。

【农村环保及自然保护区建设】 2009年，协调财政部等有关部门共支持两县中央财政资金621万元。其中，安排主要污染物减排资金210万元，用于支持两县开展环境监测站标准化建设，包括购置大气自动监测系统、冷原子吸收测汞仪等仪器设备，项目的实施提高了两县环境监测装备水平，提升了环境质量监测能力；安排91万元减排资金用于两县环境监察执法标准化建设，包括购置取证、通讯等仪器设备及执法车辆，提升了两县的环境监察执法能力；安排中央农村环保专项资金200万元，支持承德市隆化县下洼子村和围场县扣花营村用于开展农村环境综合整治；安排国家级自然保护区专项资金120万元，支持围场红松洼国家级自然保护区建设。

【生态环境保护指导】 根据两县的社会、经济发展状况和生态环境现状，组织专家，分别提出指导性意见。

围场在发展经济中，要注重生态环境保护，要打生态牌，生态立县，生态兴县；

要科学制定相关规划，在科学发展观指导下按规划建设和发展；要对大量分散的小淀粉厂实行关停整合；要发展生态农业和有机农业，注意种植业和养殖业的结合，合理布局，比例适当。围场靠近北京，坝上丰富的旅游资源是不可多得的宝贵财富。制定规划时要统筹考虑吃、住、游、行等各环节；加强对旅游业的管理、景区软硬件建设和环境的保护，基础设施建设要注意数量与质量的结合；发展农家游是一个方向，加大宣传力度。

隆化发展经济中，要发挥矿产品开发、农副产品加工利用、旅游业开发3个方面的优势。在矿产开发上，要严格规范，提高开发企业准入门槛，尤其是环保准入门槛，走可持续发展之路。在农产品加工上，要有市场意识，注重开发有机、天然食品，引进高水平的龙头企业。隆化有旅游资源，要统筹规划，保护优先，并加强宣传。

同时，组织对两县“十一五”扶贫开发总体框架和重点项目进行研究，形成重点建设项目清单，并按项目特点分类，进一步协调有关部门推动实施。

【环保培训】 环境保护部高度重视两县领导干部环保培训工作，将两县领导、环保局长的培训列入地市级党政领导干部环保知识培训班和地市级环保局长岗位培训班的培训计划中，并给予各种优惠政策，鼓励两县派员参加。通过培训，统一思想，提高认识，明确工作思路，进一步提高了干部加强环境保护、推动科学发展、促进社会和谐的本领和能力。

【环保能力建设】 2009年，协助两县完成基层环保监测和执法基础能力建设项目的相关工作，并已与全国其他省市项目一并上报国家发展改革委审批。

考虑到两县环保部门办公条件较差的现状，利用部机关更新设备机会，无偿赠送办公设备，改善了办公条件。

【2010年扶贫工作展望】 根据多年来扶贫工作经验，建议在2010年工作中，一要探索建立扶贫投入的稳定增长长效机制，地方各级政府在现有工作基础上，继续增加扶贫投入，并建立长效工作机制；二要根据不同贫困地区所处区域不同，当地各级政府可依照国家扶贫标准制定符合本地实际的扶贫标准，并根据社会经济发展、居民收入水平做定期浮动；三是要及早谋划今后5年或者更长时期扶贫工作计划或规划，明确思路，确定工作目标、工作重点和任务，为全国扶贫工作提供支持和参考。

（环境保护部扶贫办公室）

交通运输部扶贫

【概况】 近年来，交通运输部贯彻落实党中央、国务院关于解决“三农”问题的一系列重大举措，主动调整工作思路，把加快农村公路建设作为交通工作的重中之重。为贯彻落实2006年中央1号文件确定的“十一五”农村公路发展目标，根据建设社会主义新农村的总体部署和国家“十一五”规划的要求，“十一五”期间交通运输部不断加大对农村公路建设的投资支持力度，重点实施农村公路“通达工程”、“通畅工程”、乡镇客运站和农村公路渡口改造工程，对“少边穷”地区建设项目中央资金安排上予以倾斜，加快解决贫困地区百姓出行难问题，为扶贫开发创造有利条件。

2009年全社会完成农村公路建设投资2132.9亿元，比2008年增长4.0%，其中交通运输部安排车购税资金472亿元，国家发改委安排中央预算内资金120亿元。全国农村公路里程持续增长，通达水平进一步提高。2009年底全国农村公路（含县道、乡道、村道）里程达到336.9万公里，比2008年末增加12.5万公里。全国通公路的乡（镇）占全国乡（镇）总数的99.60%，通公路的建制村占全国建制村总数的95.77%，分别比2008年末提高0.36个和2.94个百分点。

【农村公路建设示范工程】 为贯彻中央关于推进农村扶贫开发的要求，统筹区域交通发展，交通运输部从2009年开始加大对中西部“少边穷”地区农村公路建设的支持力度，将西部“少边穷”地区建制村通公路补助标准由原每公里10万元提高至20万元，中部“少边穷”地区建设村通沥青（水泥）路补助标准由原每公里10万元提高至15万元，以缓解这些地区农村公路建设资金配套压力。

为总结经验，推动“少边穷”地区农村公路建设，交通运输部从中西部“少边穷”地区选择14个地（市、州），启动了第三批农村公路建设示范工程，并由部领导分别定点联系。2009年交通运输部领导高度重视示范工程建设情况，多次到各联系示范地市指导工作。示范单位结合各自实际，加大工作力度，按照“方案可行，目标明确，标准合理，措施到位”的原则，制定具体实施方案，抓好组织实施工作。建设内容与“十一五”规划相衔接，在保证完成2006年中央1号文件确定的农村公路建设目标的基础上，开拓思路，创新管理，及时总结经验，为其他“少边穷”地区农村公路建设起到示范作用。

【交通基础设施建设扶贫】 根据国务院领导批示和国务院扶贫办的安排，交通运输部于2009年起对四川省阿坝藏族羌族自治州进行定点扶贫，重点支持黑水、小金、壤塘3个国家扶贫工作重点县的农村公路等交通基础设施建设。

阿坝州是"5·12"汶川特大地震重灾区，交通运输部党组对对口扶贫阿坝州的工作高度重视，根据实际需要有针对性地从部综合规划司、部规划研究院选派3名长期从事交通战略和规划工作的干部组成交通运输部第一批驻阿坝州扶贫联络组到阿坝工作，其中副司级干部1名、处级干部2名。

交通运输部扶贫联络组到阿坝州工作后，在初步了解和熟悉阿坝州州情的基础上，对3个国定贫困重点县开展专项调研，初步明确交通扶贫工作思路，并编写完成《关于阿坝州黑水、小金、壤塘3县交通扶贫的调研报告》。该报告基本反映了3县的交通发展现状、存在的问题和今后发展的方向，为交通扶贫工作全面开展奠定了基础。

为支持阿坝州扶贫工作，交通运输部党组研究决定，在支持阿坝交通灾后重建的基础上，大幅度提高交通扶贫资金安排规模，每年安排1亿元专项资金用于阿坝交通扶贫工作，并要求四川省交通运输厅予以资金配套支持。2009年交通运输部共批准3县实施交通扶贫建设项目11个，包括县道项目1个，长41公里，乡道断头路项目1个，长48公里，通村道路4条，总长37公里，桥梁5座，长226延米，县级汽车站1座。这些项目的建设，将全面提高3县出口通道的服务能力和旅游及矿产资源的开发能力，解决高半山8个村庄近万人的公路交通出行难问题，对完善县乡公路网络发挥重要作用，为当地农牧民脱贫致富奠定坚实的交通基础。

【交通扶贫规划与项目管理规定保障措施】 在全面推进2009年交通扶贫项目建设的同时，着眼交通扶贫的长远发展需要，交通运输部编制完成了《四川省阿坝藏族羌族自治州交通扶贫规划纲要（2009—2020）》（以下简称《扶贫规划纲要》），并于2009年12月30日正式印发。

《扶贫规划纲要》确定交通扶贫的基本原则，明确2010年、2015年和2020年三个阶段性扶贫目标。提出近期行动计划，包括区域公路联网工程、农村公路康庄工程、县乡客运枢纽工程、安保及农村公路养护试点工程、交通科技星火工程和交通智力点金工程，并提出交通扶贫工作的相关政策保障措施。

为加强交通运输部对口援助阿坝州交通扶贫建设项目的管理，扶贫联络组依据有关法律法规，并结合阿坝州实际，组织编制《阿坝州藏族羌族自治州交通扶贫建设项目管理暂行规定》，对交通扶贫建设项目的相关主体、规划计划管理、建设管理、资金使用、质量监督和实施保障等各方面都进行明确规定，为交通扶贫建设项目实施建设优良工程建立了制度保障。

【科技扶贫】 2008年"5·12"汶川特大地震严重损害了阿坝州的交通基础设施，交通灾后重建任务繁重，交通专业技术人才奇缺。交通运输部党组高度重视并专门部署，在全国交通行业通过分层选拔、组织考核分别从16个省、市有关部门和单位挑选出26名专业技术干部到阿坝州进行交通灾后重建和交通扶贫援助工作，具体由交通运输部扶贫联络组代表交通运输部协助当地组织部门对挂职干部进行管理。26名技术援助干部全部是本科以上学历，平均年龄35岁，普遍具有丰富的工程一线工作经验，专业技术过硬，政治素质优秀，都是所在单位的技术骨干。在州委州政府和交通运输部相关司局支持领导下，技术援助干部全部进入地震重灾县、国贫县交通局和乡镇，担任分管具体工作的副局长或副镇长。通过扶贫联络组的精心组织和管理，深入到工程建设和管理的第一线，克服高原反应、艰苦的生活条件、恶劣的气候和路况等困难，在工作中发扬抗震救灾精神，推进交通灾后重建工作和交通扶贫项目建设，为阿坝州早日完成灾后交通重建任务提供了技术保障。技术援助干部已成为灾区交通“阳光重建”、“科学扶贫”的执行者和监督员，得到全州干部群众的肯定。

【2010年扶贫工作展望】 2010年是“十一五”的最后一年，也是实现中央1号文件目标的关键一年。交通运输部将继续支持农村公路建设，继续向中西部“少边穷”地区倾斜，确保中央1号文件目标的实现。

2010年交通运输部将精心组织实施《四川省阿坝藏族羌族自治州交通扶贫规划纲要》所涉及的各项扶贫工作，抓好交通扶贫项目建设，确保完成2009年开工的交通扶贫项目，使贫困地区群众早受益、早致富，并编制完成《四川省阿坝藏族羌族自治州干线公路网布局规划（2009—2020）》，研究制定《阿坝州农村公路养护管理条例》等管理规定。

（交通运输部　综合规划司投资计划处）

水利部扶贫

【概况】 水利部党组高度重视扶贫工作，始终把水利扶贫当作一项政治任务来抓。长期以来，水利部在水利扶贫工作中坚持发挥行业优势，不断摸索，总结经验，形成了两个“三位一体”的水利扶贫工作格局，即坚持水利定点扶贫、水利扶贫试点和全国面上水利行业扶贫同时推进，以及在工作中坚持以项目扶持、对口帮扶和干部挂职为主要手段和渠道，加强贫困地区民生水利建设，以“五水加科教”（农村饮水、农田水利、农村水电、水土保持、水文和科技教育）为重点，加大对贫困地区水利工作支持力度，为贫困地区群众脱贫致富和区域经济社会发展提供水利支撑和保障。

2001 年进入扶贫开发新阶段以来，按照国务院的分工，水利部承担了重庆丰都、武隆、云阳、巫溪、开县、城口和湖北房县等 7 个国家扶贫开发工作重点县的水利定点扶贫任务；按照中央关于社会主义新农村建设的战略部署，水利部把社会主义新农村建设与水利扶贫相结合，分别于 2006 年和 2008 年在贵州省铜仁、毕节 2 个地区开展水利扶贫试点工作；为了配合国家扶贫开发“大扶贫”格局，开展以 592 个国家扶贫开发工作重点县的全国面上水利行业扶贫。

2009 年，水利部按照可持续治水思路，以民生水利建设为重点，进一步加大对贫困地区水利项目资金的支持和倾斜力度，在水利定点扶贫、水利扶贫试点和全国面上行业扶贫三个方面开展水利扶贫工作。

【水利扶贫制度建设】 为贯彻落实中央关于扶贫开发的一系列指示精神，推动全国水利扶贫工作的深入开展，水利部于 2009 年 5 月 14 日印发《关于加强水利扶贫工作的指导意见》（水利［2009］270 号），进一步明确水利扶贫的指导思想、基本原则、重点范围、主要任务和保障措施，对建立并完善各项工作制度提出具体要求。

“意见”第一次以文件形式确立了 2 个“三位一体”的水利扶贫格局；建立部内水利扶贫年度投资计划会商机制，引导水利投资向水利扶贫重点地区倾斜；建立年度工作统计总结机制，对水利扶贫项目资金的投入、使用、效益等情况开展统计，对取得的经验、成绩进行总结；建立全国水利扶贫工作联络体系；号召有关省级水利部门开展认领和帮扶“三个确保”贫困村工作，截至 2009 年底，已认领 39 个贫困村。

【水利扶贫工作会议】 2009 年 4 月 13 日，水利部在重庆丰都召开水利定点扶贫工作座谈会，专门研究水利定点扶贫工作。部长陈雷出席会议并作重要讲话。水利部扶贫领导小组组长、副部长矫勇主持会议。会议对当前和今后一个时期水利定点扶贫工作进行了全面动员和部署，明确提出水利定点扶贫工作的总体要求和目标任务，以及相应的保障措施。

2009年12月4日，水利部副部长、部扶贫领导小组组长矫勇主持召开部扶贫领导小组会议，总结2009年水利扶贫工作，分析水利扶贫工作形势，安排部署2010年水利扶贫工作。

【水利扶贫项目实施】 2009年，定点扶贫7县共落实中央水利投资42996万元，用于农村饮水安全、乡镇堤防工程、病险水库的除险加固、重点中型水源工程、中型灌区续建配套与节水改造项目水土保持、农村水电等民生水利工程建设。全年7县共解决32.32万人的饮水安全问题，新增、恢复和改善灌溉面积23.08万亩，治理水土流失面积190平方公里，增加小水电装机19.6万千瓦，提高了当地的水利基础保障能力。

2009年，落实铜仁地区中央水利建设资金15991万元，主要投向农村饮水安全、病险水库改造、灌区建设等民生水利项目。解决22万人的饮水安全问题，新增、恢复和改善灌溉面积9.84万亩，整治病险水库45座，保护耕地2.81万亩，治理水土流失面积28.7平方公里，增加小水电装机1.5万千瓦。落实毕节地区中央水利建设资金22495万元，主要投向农村饮水安全、病险水库改造、骨干水源工程建设等民生水利项目。解决60万人农村饮水不安全问题，新增、恢复、改善灌面13.9万亩，整治病险水库24座，治理水土流失面积178平方公里，农村小水电装机容量增加0.27万千瓦。

2009年，中央水利基建投资继续向贫困地区倾斜，累计安排592个国家扶贫开发工作重点县中央水利投资近140亿元。加大贫困地区大型灌区续建配套及节水灌溉、农村饮水安全、病险水库除险加固、防汛抗旱应急设施建设、水土保持生态建设、农村水电及电气化等能够增加农民收入、提高农民生活水平的工程的投入力度，促进贫困地区水利建设，促进农民生产、生活水平的提高，带动了区域经济社会的发展。

按照国务院扶贫办要求，水利部于2008年在定点扶贫的重庆城口和湖北房县2个革命老区县认领6个贫困村。两年来，水利部组织开展调研，指导编制水利帮扶项目实施方案，以农村饮水和农田水利等民生水利基础设施建设为重点，协调各方力量，推动6个村的帮扶工作。2009年，6个村安全饮水工程全面完成，共完成投资592万元，建成集中供水点10处，分散供水点35处，铺设主、支、入户各类管道合计21.78万米。6村10725人已全部按安全饮水标准解决饮水问题，实现了饮水安全上的整村推进。

【对口帮扶】 2004年由部长陈雷倡导建立的定点扶贫对口联系制度不断完善。2009年水利部定点扶贫对口帮扶单位增加到37家，分成7个对口帮扶小组，每个组都由行政司局、事业单位、流域机构组成，分别对口帮扶7个县。7个帮扶小组分别与7县签署了对口帮扶协议（备忘录），并积极行动开展对口援建、捐资助学、智力支持等帮扶工作。

1. 深入开展调研摸底。通过大规模的调研，进一步理清对口帮扶工作的思路，明确目标任务和工作重点，落实各项措施，与贫困地区干部群众的感情也得到进一步加深。2009 年到定点扶贫地区考察的水利部干部 68 人次，其中部级干部 4 人次，司局级干部 24 人次、处级干部 30 人次。

2. 开展对口援建工作。2009 年向开县捐助 100 万元援建防汛指挥系统，向云阳县捐助 20 万元援建防汛指挥支持系统，提高了 2 县的防汛抢险调度能力，向丰都县水务局捐赠 54 台计算机和 34 台打印机，改善了水务局的办公条件。

3. 开展捐资助学送温暖献爱心活动。2009 年捐款 29 万元，共资助 180 名贫困学生，援助 40 户困难群众，改善 4 所中小学校教学条件。

4. 组织培训活动开展科教帮扶。对口帮扶组根据扶贫县的需求，聘请专家，组织开展工程建设管理、水利前期工作和计算机应用等业务培训，提高了基层工程技术人员和管理干部的业务水平和管理能力。

【干部挂职扶贫】 自 20 世纪 90 年代以来，水利部向定点扶贫地区累计派出 97 名政治素养高、工作能力强的干部在定点扶贫县挂职，到水利扶贫的第一线开展工作。2009 年，水利部继续选派挂职干部，由 5 人组成新阶段以来的第五期定点扶贫工作组，赶赴扶贫第一线开展工作。

选派 10 名优秀年轻干部，分别组建水利部支援贵州省铜仁地区和毕节地区水利建设工作组，由司级领导带队，深入一线开展人才帮扶，支持和帮助两地开展水利建设工作。

3 个工作组的 15 人深入基层，调查研究，虚心学习，努力工作，贯彻水利扶贫工作方针，以高度负责的水利奉献精神，以推进扶贫地区水利基础设施建设为重点，发挥桥梁纽带作用，为水利扶贫做出了重要贡献，得到地方干部群众的好评。同时，挂职干部自身也得到了锻炼提高。

【2010 年扶贫工作展望】 2010 年，水利扶贫工作将以科学发展观为指导，全面贯彻落实《关于加强水利扶贫工作的指导意见》，坚持两个“三位一体”水利扶贫工作思路，努力改善贫困地区生产生活条件，提高贫困群众生活水平，促进区域经济社会可持续发展。一是加强前期工作指导。加快扶贫地区水利规划编制和项目前期工作，帮助和指导地方开展前期工作，提高项目前期工作质量，督促地方安排专项资金用于前期工作，做好项目储备；二是做好投资计划安排。发挥水利扶贫投资计划安排会商机制作用，落实好扶贫地区中央水利投资，进一步加大投入力度；三是统筹做好扶贫各项工作。发挥对口联系机制作用，继续开展对口帮扶，及时对水利扶贫工作进行全面总结、评估，积累经验，按照国家有关要求，谋划好今后一个时期水利扶贫工作。

（水利部扶贫办公室）

商务部扶贫

【概况】 自1988年以来，按照党中央、国务院的部署，商务部承担了四川省广安市广安区和南充市仪陇县的定点帮扶工作。根据《国家八七扶贫攻坚计划》和《中国农村扶贫开发纲要（2001—2010）》，结合定点扶贫地区的实际情况，商务部先后在广安区、仪陇县实施工业、农业、商贸、教育、卫生、人畜饮水、劳务输出等10余类共377个帮扶项目，筹集扶贫资金和物资3.1亿元。通过20余年的努力，2个区县的基本生产生活条件得到改善，经济社会有了明显的进步，人民群众齐心协力奔小康的决心更加坚定。

20余年来，历届部领导郑拓彬、李岚清、吴仪、石广生、吕福源、薄熙来、陈德铭关心扶贫工作。李岚清、吴仪、薄熙来、石广生、马秀红、姜增伟、傅自应、刘山在、陈新华、刘向东、安民、魏建国等部领导及110余位司局级干部，先后赴广安区和仪陇县开展帮扶工作。

与此同时，商务部积极发挥部门优势，开展政策扶贫试点，扩宽农产品流通渠道，取得了良好效果。

【扶贫工作回顾】 商务部的扶贫工作大体上经历三个阶段。1988年到1998年为第一阶段。商务部（原外经贸部）按照突出“外”字和“实”字的扶贫方针，重点解决贫困地区农村人口的温饱问题。经过10余年的努力，1998年4月广安区、仪陇县分别成功通过了四川省政府组织的越温达标验收。1998年到2002年为第二阶段。商务部坚持“越线不断线，脱贫不脱钩”，一如既往地做好扶贫工作，提出“三结合、两转向”的扶贫方针，即扶贫工作要与西部大开发结合起来、与发挥当地经济优势结合起来、与发展外向型经济结合起来，从面上扶贫转向到村到户扶贫，从帮助扶贫转向防止返贫。商务部组建以后为第三阶段。商务部以满腔热情的工作态度，让贫困人口直接受益的工作思路，确定了“三个着眼于”的扶贫方针，即“着眼于长远发展、着眼于公共服务、着眼于商务特点”的方针。

【整村推进项目实施】 商务部党组高度重视扶贫工作，部长陈德铭心系贫困地区，提出要从惠民生高度认识定点扶贫工作，并指示从部长预备费中安排100万元资金，分别在胡锦涛总书记曾亲临视察的仪陇县日兴镇白塔村和温家宝总理关心的广安水淹区浓溪镇红色村实施整村推进项目。

2009年10月，商务部组织中国交通建设股份有限公司、中国建筑工程总公司、中国水电建设集团国际工程有限公司三家捐款单位成立工作组，对2008年实施的整村推进项目进行了实地验收。

【扶贫调研】 2009年5月，副部长钟山布置有关司局成立专题调研组，按照副总理回良玉对“国家贫困县农民人均纯收入增长率低于全国平均水平的情况”批示精神，研究提出具体解决办法。

2009年8月，组织开展“加强贫困地区农产品批发市场建设”和“加强扶贫开发领域的国际交流与合作”的专题调研，撰写了商务领域完善国家扶贫战略和政策体系调研报告。

2009年7月，参加由人民银行组织的联合调研活动，提供了商务领域扶贫战略思路。

【政策扶贫试点】 “家电下乡”政策从试点地区推广到全国，补贴品种扩大到9大类12个品种，6700个规格型号，实现销售网点近19万个，基本覆盖了所有县乡。中标生产企业累计出货7637万台，实现销售额1300亿元。同时，还严厉打击借“家电下乡”等名义制售假劣产品行为。分别安排定点扶贫地区四川省广安区、仪陇县家电产品下乡销售补贴资金2290.5万元。

“万村千乡市场工程”新建和改造15.6万家农家店和1100个配送中心，新建196个农资配送中心，带动承办企业投资350亿元，安排就业岗位63万人，全国农家店实现销售额2084亿元。安排定点扶贫地区广安、仪陇万村千乡市场工程资金220万元。

“双百市场工程”全面展开，新建和改造200家农产品批发市场和400家县乡农贸市场，形成了以农产品冷链、质量安全可追溯为重点，以检验检测、结算、信息、监控、废弃物处理五大中心为支持的农产品批发市场体系，承办市场交易额突破5000亿元大关。安排定点扶贫地区广安、仪陇农贸市场建设资金100万元。

“农超对接”有效实施，2009年商务部会同财政部、农业部在17个省区市开展了205个“农超对接”试点项目，引导大型连锁超市和农产品流通企业，直接到产地建立农产品采购基地，减少农产品流通环节，农民销售农产品价格平均提高约15%。商务部对1000家菜市场实施标准化改造，新建95个家政服务网络中心。

【农产品市场管理】 1. 强化管理保运行。建立生猪、粮油等重要商品预测预警系统，发布食用农产品、生产资料价格等11个市场监测数据。采用电子竞价交易的方法，创新农村市场调控方式，实现农产品收购和储备竞价的电子化。重点实施中央储备冻猪肉、食糖、临时存储乳粉等收储工作。

2. 促销活动见成效。组织开展“扩大消费、创新生活”系列活动，运用对接会、洽谈会、展销会、采购会等会展形式，为农产品提供便利顺畅的销售通道。还依托新农村商网和各类信息服务站促销农产品400多万吨，成交金额150多亿元。为解决新疆瓜果、广西香蕉等“卖难”问题，发布“商务预报”，召开对接洽谈会，组织北京、上海、广东等地大型企业采购，解决“卖难”农产品92.5万吨。

3. 缓解买难卖难困难。进一步完善信息服务、现代流通、产品加工、出口促进和临时收储等方面的政策，促进农村消费，解决农产品“买难”、“卖难”问题。安排定点扶贫地区广安、仪陇农村市场管理体系建设资金525万元。

【对外开放扶贫】 1. 支持农产品出

口。为应对际金融危机的冲击和“食品安全危机”的影响，会同财政部安排1亿元资金，用于支持农产品质量可追溯体系和公共技术平台建设。建立标准化农产品出口基地和贫困地区建立农产品出口生产基地，采用“出口企业联合体+农户联体作业组+标准化生产基地”的运作模式，提高了农产品质量及安全水平，通过转移出口加工贸易区等方式，引导贫困地区发展出口导向型的“订单农业”和“创汇农业”。商务部向定点扶贫地区广安、仪陇拨付中小企业国际开拓市场资金76.5万元。投入启动资金50万元，帮助广安区建立农产品（蔬菜）出口基地。

2. 利用外资。2009年，商务部修订中西部地区外商投资优势产业目录，编制中部地区投资促进规划，推动外资向中西部地区转移，研究沿边开放和边境经济合作区的支持政策。2009年7月，副部长钟山率西门子、通用电气、日立等10多家跨国公司和苏州、杭州、北京、上海等国家级经济开发区赴贵州毕节开展投资洽谈活动，并向毕节地区捐建两所希望小学。商务部会同地方举办了“陕西能源资源重大开发转化项目推介会”、“第三届青海吸引外资洽谈会”、“第十五届中国兰州投资贸易洽谈会”等大型招商活动。商务部发动跨国公司捐款438.2万元人民币及12台专业设备，支持中华健康快车基金会开展“跨国公司携手健康快车为贫困白内障患者送光明”活动。马秀红副部长亲自参加向捐款外资企业赠送扶贫捐款证书和奖牌活动，鼓励外资企业捐资助残的行动。

商务部帮助定点扶贫地区开展了在川外商投资企业小平故里行活动，邀请28家外商投资企业，与广安区38家企业进行项目对接，签定两个合作协议，达成14项合作意向。组织开展新加坡、韩国招商活动，组织参加西博会、西交会和南充商交会，赴各地开展形式多样的专题宣介活动，落实了昌兴矿业（中国）有限公司投资的水泥项目、南京雨润集团、河南三全食品公司、大连仲夏花园酒店、大商集团、闽东投资有限公司、海昌集团、家乐福等企业也达成合作意向。

3. 开展对外劳务合作。继续加大对农村外出劳务岗位技能培训，利用各种机会协助中西部及少数民族地区输出劳务，推动中央大型企业与贫困地区企业联合，提高贫困地区企业承揽项目的能力，工程项下的劳务尽量从贫困地区招聘。专项资金向中西部及少数民族地区企业倾斜，继续支持河南、四川省开展对台渔工合作试点。商务部帮助定点扶贫地区广安、仪陇输往韩国、新加坡、阿联酋、阿尔及利亚等国劳务1190人，实现劳务收入超过3.1亿元，同比增长30%以上。

【公共服务扶贫】 1. 提高培训投入。商务部通过“人才强商”工程为贫困地区培养商业人员和返乡农民工。为广安、仪陇安排培训资金18万元，分别在广安、仪陇举办商贸从业人员服务技能、应变能力培训和返乡农民工培训。拨付补助资金55万元，帮助广安区培训家政从业人员500余名。通过清华大学帮助广安区建立现代远程教育扶贫教学站，无偿提供卫星接受设备，免费对师生、干部、农民工进行培训。

2. 加强国际合作。2009年，引进联合国儿童基金等各类扶贫资金折合5853万元人民币，援助项目覆盖全国131个县，3420个村，使90万贫困户受益。根据中央领导指示精神，商务部还加强与联合国开发计划署的磋商，争取援助项目，支持中国国际扶贫中心项目建设。

3. 开展小额信贷。商务部为全国48个贫困县提供小额信贷循环资金5000万元人民币，研究开发中国小额信贷发展促进网，拓宽小额信贷扶贫业务。

4. 拓宽扶贫渠道。直属单位在展会安排、解决产品销路、赠送报刊、促进招商、援外项目安排等方面降低贫困地区参加的门槛，减免相关费用；商务部干部职工积极参加为贫困地区和“贫困母亲”捐款等活动，部分单位捐赠办公设备等物资支持贫困地区发展。

【干部挂职扶贫】 2009年，商务部选派商贸服务管理司行业管理二处处长刘德成和反垄断局综合处副处长崔志成到广安区和仪陇县挂职工作，在挂职期间分别撰写了《关于广安区农业产业化发展的思考》、《以科学发展观统筹城乡经济社会发展》、《仪陇县打造全省食品工业基地的实践与探索》等调研文章，开展招商活动，为2个区县签订合作项目意向书20多个，项目投资60亿元。

【2010年扶贫工作展望】 商务部扶贫工作将根据十七大和十七届三中、四中全会精神，贯彻中央经济工作会议和中央一号文件精神，把深化搞活农村流通扩大农村消费作为首要任务，继续加大行业扶贫的政策力度，坚持开发式扶贫，落实好《中国农村扶贫开发纲要》的目标任务。

商务部扶贫工作将按照“着眼于长远发展、着眼于公共服务、着眼于商务特点”的方针，以“扩消费、重落实、惠民生”的主线，重点支持3个体系建成、有效推进2个模式。即支持建设农村和农产品流通体系，支持建设城镇居民生活服务体系，支持建设市场监测和应急调控体系。推进绿色循环消费模式和新型流通模式发展。为应对严峻复杂的国际经济形势，做好应对各种困难和挑战的准备，平稳推进农产品出口、利用外资和努力开拓国际劳务合作。

在保力度的同时，更加注重保成效。不断改进管理措施，完善扶贫项目考核检查机制，强化援助资金管理，提高使用效益，加大审计监督力度。

（商务部　袁　群　潘牧旭）

文化部扶贫

【概况】 多年来，文化部党组高度重视扶贫工作，坚持“文化扶贫”的工作思路，立足文化资源优势，依托重大文化项目，在支持和推动定点扶贫地区乃至全国贫困地区的扶贫开发工作方面取得一定成效。2009 年，在继续做好定点扶贫工作的同时，文化部继续坚持“文化扶贫”的工作思路，将乡镇综合文化站、县级两馆、文化信息资源共享工程等重大文化工程向贫困地区倾斜，积极推动贫困地区文化建设。

【乡镇综合文化站建设】 为加强基层文化阵地建设，2007 年，文化部与发展改革委共同制定实施了《全国“十一五”乡镇综合文化站建设规划》。根据规划，“十一五”期间，中央将投入 39.48 亿元补助全国 2.67 万个乡镇综合文化站建设项目，到“十一五”末，基本实现“乡乡有综合文化站”的建设目标。其中，共为 592 个国家级贫困县建设乡镇综合文化站项目 8334 个，占全部项目数的 31.17%。中央补助每个国家级贫困县乡镇综合文化站建设项目 20 万元，共补助建设资金 166680 万元。截至 2009 年 9 月 30 日，国家级贫困县 8334 个乡镇综合文化站项目竣工 2127 个，在建 1257 个。

【县级图书馆、文化馆建设】 “十五”期间，中央财政通过转移支付，对全国 1086 个县级图书馆、文化馆建设项目共补助 4.8 亿元。截至 2009 年 9 月 30 日，592 个国家级贫困县共有图书馆 563 个，文化馆 579 个，覆盖率分别为 94.94% 和 97.64%。

【文化信息资源共享工程建设】 作为国家“十一五”文化建设规划中的重点项目，全国文化信息资源共享工程（以下简称“文化共享工程”）发挥贴近基层、贴近农民群众的优势，在文化扶贫方面发挥了作用。2009 年文化共享工程继续支持中西部地区开展文化共享工程的硬件设施建设。中央财政补助中部地区 50% 的建设经费，地方配套 50%；中央财政补助西部地区 80% 的建设经费，地方配套 20%。2009 年文化共享工程共在贫困地区建设 2.9 万个县支中心和基层服务点，中央财政补助投资 2.5 亿元。

在推进硬件设施建设的同时，文化共享工程各级中心、基层服务点结合实际，开展种养殖、科普教育、农民工职业技能培训等活动，为提高广大农民群众的科学素质、就业及致富能力发挥了重要作用。

【定点扶贫】 2009 年文化部围绕《2008—2010 年文化部定点扶贫工作计划》，以加强扶贫干部队伍建设和落实重点文化项目为抓手，稳步推进定点扶贫工作。

1. 组织召开扶贫领导小组会议，部署扶贫工作。6 月 25 日部长助理丁伟主持召开文化部扶贫工作会议。会议听取了部扶贫办关于 2008 年以来扶贫工作进展情况的汇报和 2009 年下半年扶贫工作设想，第 13 批赴山西省娄烦、静乐县扶贫挂职干部王大鹏和罗先良的工作总结以及第 14 批扶贫挂职干部赵炜和韩东升的赴任发言，并具体部署了扶贫工作。

2. 协调有关部门，加强扶贫干部队伍建设。6 月 28—30 日赴山西娄烦、静乐，送第 14 批扶贫挂职干部赵炜和韩东升赴任，迎第 13 批赴山西省娄烦、静乐县扶贫挂职干部王大鹏和罗先良返京。同时，落实扶贫工作会议的精神，尝试建立扶贫干部队伍奖励机制。根据 2 县对扶贫干部的评价，8 月人事司正式发文表彰第 13 批赴山西省娄烦、静乐县扶贫挂职干部王大鹏和罗先良，记二等功。部扶贫办从扶贫款中为 2 人发了奖金，同时，主动协调国家扶贫办，在《扶贫开发》刊物上及时刊发了信息。

3. 继续推动“整村推进”项目。由挂职干部负责，督办 2008 年度文化部在两县已认领的 4 个“整村推进”帮扶项目。其中，静乐县王村乡前长安村援建的“绒山羊养殖基地”已初步产生经济效益，鹅城镇白家沟村援建的“连心桥”改善了当地居民的交通条件；娄烦县小泉沟村“小站羊”配套实施、乡村卫生室、农家书屋等 9 个专项建设已基本完成，大圣堂村温室大棚建设已完工。同时，按计划落实 2009 年度“整村推进”项目，部机关 2009 年认领静乐神峪沟乡东大树村，已拨付扶贫款 20 万元援建护坝植树项目；认领娄烦县三元村，已帮扶配套资金 20 万元，解决村民吃水工程改造。中国艺术研究院在娄烦县认领茅院平村，已拨付 20 万元援建种猪养殖基地，部分种猪已购置。中国对外文化集团有限公司认领静乐县贫困村项目，也进入考察选报阶段，争取尽快完成立项。

4. 组织赴两县扶贫慰问演出。5 月 12—15 日，会同艺术司、中国儿童艺术剧院，赴山西省娄烦县、静乐县、五台县、朔州市进行文化部扶贫慰问演出，受到当地少年儿童和老百姓的欢迎。部长助理丁伟同志率队前往。同时，与全国工商联合作，为娄烦县、静乐县、五台县、朔州市图书馆各捐赠了价值 50 万元的图书。

5. 扶持两县文化信息资源共享工程建设。协调文化部全国文化信息资源建设管理中心，为静乐县支中心刻录光盘 129 张，解决因带宽限制部分资源无法下载的问题。在管理中心的协助下，加强人员培训，娄烦县文化信息资源共享工程已联网 80 个乡村。

6. 画家捐献的书画作品。将国家画院、中国艺术研究院组织画家捐献的书画作品，装裱后做好资产登记移交 2 县文化部门，在 2 县文化馆建设美术展览室，长期陈列展览书画作品。

【2010 年扶贫工作展望】 一是文化扶贫工作应该加强统筹兼顾，进一步完善工作机制。文化扶贫工作虽充分发挥文化资源优势，但统筹兼顾还应加强，文化领域各部门应当加强协作，调动社会力量；二是加强文化扶贫项目后续管理。部分地区存在“重硬件、轻软件”问题，一些馆站建好后，管理不到位，无法发挥推动当地文化建设、满足当地人民群众精神文化生活的作用。要切实加强项目管理，进一步

加强组织领导，强化后续管理和跟踪问效工作，加大对资金使用管理的监督力度，着力解决管理不到位的问题，提高工作实效性，切实巩固扶贫开发成果；三是推动贫困地区文化事业的科学发展，一方面“送文化”很重要，需要持续不断的项目和资金投入，另一方面“种文化”更重要，通过加大对贫困农牧民的技能培训力度等形式，让文化在当地生根发芽开花，建立起良性循环体系；四是针对文化扶贫工作目前存在的困难和问题，坚持以科学发展观指导行业扶贫工作，坚持以推动当地干部群众解放思想、更新观念为重点，建立健全“文化扶贫为主，多种扶贫方式并存”的立体扶贫工作思路，继续实施重点文化项目向贫困地区的优先倾斜，开拓创新，着重实效，构建造血型扶贫机制，把扶贫工作提高到一个新水平。

（文化部扶贫办公室）

卫生部扶贫

【概况】 1994年11月，国务院扶贫开发领导小组下发《关于中央党政机关及有关单位和人民团体定点帮扶贫困县的通知》（国开发［1994］13号），指定卫生部定点帮扶四川省阿坝州黑水、壤塘2县。十几年来，卫生部严格按照党中央、国务院的总体部署和国家扶贫开发领导小组的统一要求，贯彻实施《国家八七扶贫攻坚计划》和《中国农村扶贫开发纲要（2001—2010年）》，将卫生工作重点与国家扶贫开发的各项要求结合，在政策、规划、项目等方面重点向中西部地区、农村地区、贫困地区和老少边穷地区倾斜，加快扶贫攻坚进程。

2009年，卫生部积极协调有关部门，加大对中西部地区特别是国家扶贫开发工作重点县的农村卫生、公共卫生、重点疾病预防控制工作的倾斜力度。一是协调财政部，在中央财政安排补助地方公共卫生专项资金512.8亿元中，40%以上用于支持中西部贫困地区卫生事业发展；二是协调国家发展改革委，在健全基层医疗卫生服务体系建设工作中，优先安排贫困地区建设项目，共安排51.7亿元支持了306个贫困县人民医院（或中医院、藏医院）建设；三是为体现对贫困地区的倾斜照顾，西部地区项目投资的80%由中央补助，并且明确要求中西部地方配套投资以省级为主落实，取消县以下配套，西藏、青海等省藏区和新疆南疆3地州取消州及以下配套。

卫生部党组高度重视扶贫工作，并专门成立卫生部定点扶贫领导小组负责定点扶贫工作。先后由副部长殷大奎、曹荣桂、王陇德、陈啸宏任组长，有关司局的司局长为领导小组成员，定点扶贫领导小组办公室设在规划财务司。部党组确定卫生部扶贫工作思路是：发挥行业优势，以卫生扶贫为主，加强定点扶贫县医疗卫生机构的硬件建设及卫生人力培训。

【扶贫调研】 一是根据国务院扶贫办《关于开展完善国家扶贫战略和政策体系暨新十年纲要调研的函》（国开办组函［2009］37号）要求，参加财政部牵头的赴浙江、湖北、重庆和四川调研活动；二是结合卫生专项资金执行情况的监督检查活动，开展卫生行业扶贫调研活动；三是按照中央的总体部署和统一要求，组织有关人员赴西藏、四川、云南、甘肃、青海等藏区开展实地考察；四是按照中央的总体部署和统一要求，为支持新疆文教卫生事业跨越式发展，由卫生部牵头，发展改革委、财政部、教育部等11个部门有关人员组成的文教卫生调研组赴新疆调研；五是参与“青海省贵德县异地育人预防大骨节病试点”工作；六是支持贵州毕节试验区发展，研究卫生部支持毕节试验区建设的具体工作思路和支持措施，参加中央统战部及农工党中央分别组织召开的专题会议；七是赴贵州省威宁县调研，研究部分农民靠卖血浆维持生计的相关问题。

【新型农村合作医疗制度建设】 截至2009年底，中西部地区有2716个县（市、区）开展新型农村合作医疗（以下简称新农合），全国参合人数达到8.33亿人，贫困人口参合率为94.08%。

【国家基本公共卫生服务项目】 2009年，中央财政下达国家基本公共卫生服务项目资金104亿元，人均基本公共卫生服务经费标准不低于15元，对贫困地区和青海、云南、贵州3个少数民族较多的省份给予倾斜，补助比例为80%，远高于其他地区。

【妇幼卫生项目】 2009年，中央投入2.5亿元用于开展降低孕产妇死亡率和消除新生儿破伤风项目，中西部所有农村贫困地区均已经纳入到降消项目，项目地区妇幼卫生相关指标逐年改善，出现了“一提高三下降”的良好局面。

【重大疾病预防控制项目】 2009年，进一步实施扩大免疫规划工作，在做好常规免疫的同时，利用中央财政资金对15岁以下的儿童实施乙肝疫苗补种，首先保证贫困地区；2009年，中央转移支付项目支持所有的国家级贫困县结核病专项经费约9972万元，主要支持抗结核药品、患者管理费、督导、转诊追踪、专报、乡镇查痰点等领域经费；世行贷款/英国政府赠款中国结核病控制项目覆盖16个项目省460个国家扶贫工作重点县，共投入经费约2562万元，主要提供设备土建、药品、技术援助、实施性研究、健康教育、培训等领域经费；第一轮中国全球基金结核病项目覆盖24个项目省592个国家扶贫工作重点县，共投入经费约1948万元，主要用于加强基本DOTS的工作，包括患者发现以及为贫困地区提供基础的结核病诊断设备和办公设备等。第四轮中国全球基金结核项目覆盖24个项目省592个国家扶贫工作重点县，共投入经费约1311万元，主要用于人力资源、健康促进、医防合作等领域。

【农村爱国卫生工作】 2009年，中央财政共投入7.84亿元，支持西部贫困地区开展农村无害化卫生厕所建设。在全国已命名95个国家卫生县城中，国家扶贫工作重点县21个，占22%，促进了贫困地区农村环境卫生改善。

【万名医师支援农村卫生工程】 2009年，万名医师支援农村卫生工程项目涵盖592个国家扶贫工作重点县，投入经费6512万元，占总投入的89%，加强了贫困地区卫生人才队伍建设。

【贫困地区国际合作项目】 2009年，卫生部开展多边、双边合作交往，包括：微笑列车唇腭裂修复慈善项目、中盖艾滋病项目、中盖结核病项目、中克艾滋病项目、中国—默沙东艾滋病合作项目、中缅边境疟疾项目、中缅边境艾滋病项目等，共覆盖321个贫困县，有效促进贫困地区卫生事业的发展。

【干部挂职扶贫】 2009年，卫生部分别选派中国疾病预防控制中心寄生虫病预防控制所副所长曹建平和中国疾病预防控制中心科技开发办公室主任王茂武赴四川阿坝州挂职工作，协助副州长协调处理卫生、人口和计划生育等方面的工作。

【2010年扶贫工作展望】 1. 按照国

家扶贫总体部署，对扶贫工作进行调查研究，继续发挥行业优势。卫生部定点帮扶四川省阿坝州黑水、壤塘2县，尚未彻底摆脱贫困，将继续按照党中央、国务院确定的不脱贫、不脱钩，勤政务实、同心同德、全力以赴的指示精神，支持2县的脱贫工作，并在人、财、物上继续给予支持，为2县早日摆脱贫困作出积极贡献。

2. 探索新的扶贫模式，协调安排扶贫项目，加大对贫困地区卫生基础设施建设和转移支付力度。在安排项目资金，制定规划时继续向贫困地区倾斜，提高中央对贫困地区的补助比例，减少地方配套资金压力，确保卫生等民生工程顺利实施，发挥效益。

3. 加快贫困地区农村三级医疗卫生服务网络和城市社区卫生服务机构建设，发挥县级医院龙头作用。建成比较完善的基层医疗卫生服务体系。加强基层医疗卫生人才队伍建设，特别是全科医生的培养、培训，提高基层医疗卫生机构服务水平和质量。转变基层医疗卫生机构运行机制和服务模式，完善补偿机制。逐步建立分级诊疗和双向转诊制度，为群众提供便捷、低成本的基本医疗卫生服务。

4. 制定和实施人才队伍建设规划，加强公共卫生、农村卫生、城市社区卫生专业技术人员和护理人员培养培训。制定优惠政策，鼓励优秀卫生人才到贫困地区服务。对长期在城乡基层工作的卫生技术人员在职称晋升、业务培训、待遇政策等方面给予适当倾斜。完善全科医师任职资格制度，健全农村卫生人员在岗培训制度，鼓励参加学历教育，促进乡村医师执业规范化，尽快实现基层医疗卫生机构都有合格的全科医生。

（卫生部扶贫办公室）

国家人口和计划生育委员会扶贫

【概况】 2009年，“少生快富”工程在继续奖励“可以生育三个孩子而自愿少生一个孩子的家庭”（简称“三到二”）基础上，把“可以生育三个孩子的独生子女家庭”（简称“三到一”）也纳入奖励范围。2009年全国“少生快富”工程项目户共有112344户，中央财政列支26962.56万元。

为了体现对西部贫困地区的支持，国家人口计生委在分配中央补助地方计划生育事业费时，采取因素分配法，把西部地区自然条件差、人口密度小、财政收入水平低、少数民族多、贫困人口多等因素考虑到资金分配中。2009年分配给西部地区的计划生育事业费4.7亿元，占全的国54.6%，远远高于东部和中部地区。

【“少生快富扶贫工程”】 为深入推进贵州毕节试验区人口与资源环境的协调可持续发展，国家人口计生委、贵州省人口计生委大力支持毕节试验区2009年至2012年在农村计划生育家庭中开展少生快富万户财政贴息贷款帮扶（简称“万户帮扶”）试点工作，并在部分县（市）选择一些农村独生子女户和双女户，一次性提供6000元发展项目启动资金，培育致富典型（简称“千户示范”）。同时，进一步加大“幸福工程”的实施力度，试点期间，国家人口计生委、贵州省人口计生委、毕节地委行署共同设立专项资金，每年预计投入1800万元，帮助计划生育家庭发展生产，脱贫致富，真正实现人口和经济社会的统筹发展。

【贵州中日国际合作扶贫项目】 国家人口计生委与日本国际协力机构合作，自2005年10月至2009年3月，在贵州省道真、雷山2个国家级少数民族贫困县实施了技术合作参与式综合扶贫试点项目。4年间，项目累计投入约1300万元，每年组织家庭保健、农畜产业技术、生活能力改善培训10多期，培训数百人次、组织出国考察约10人。经过项目实施，项目地区群众逐渐形成健康行为，收入较非项目地区居民有明显提高，村民发展能力得到增强，村民组织规模初显，社区凝聚力和公共服务可及性得到改善，初步建立起以突出健康促进为特点的综合扶贫模式。

【“幸福工程—救助贫困母亲行动”】 截至2009年10月底，幸福工程新增项目点61个，全国29个省、自治区、直辖市在建幸福工程项目点446个，累计投入资金6.59亿元，救助贫困母亲22.1万人，惠及家庭人口101万人。在为贫困母亲“治穷”的同时开展“治愚、治病”活动：为她们做健康检查104万人次，治疗妇科病38万余人次；举办以提高受助者劳动技能、文化知识为目的的各类培训班16604多期；免费下发药品、医疗器材等物资价值1773万元。

【2010年扶贫工作展望】 1. 继续做好“少生快富”工程以及“幸福工程”的组织实施工作。继续组织实施西部地区计划生育“少生快富”工程，同时，动员社会各界力量，进一步宣传推广“幸福工程”项目，促进善款筹资，扶持农村计划生育贫困家庭率先脱贫致富，引导群众自觉实行计划生育，减少贫困人口的出生，促进贫困地区人口资源环境的协调、可持续发展。同时，继续加大对西部贫困地区中央补助地区计划生育事业费的投入力度。

2. 总结推广国际合作扶贫试点项目经验，推动贵州毕节试验区“少生快富扶贫工程”开展。总结中日技术合作全民参与式综合扶贫试点项目成果，推广和促进有关成功经验在更大范围得以应用。以开展毕节试验区“少生快富扶贫工程”为契机，探索在西部人口资源环境矛盾极其尖锐的贫困地区，推动人口和计划生育工作实现跨越式发展的新模式。

3. 继续协调有关部门将计划生育与扶贫开发、农业开发结合起来。继续协调有关部门在项目、资金等方面对农村计划生育贫困家庭给予优先优待，协调建立贫困地区长效节育措施奖励制度，进一步促进贫困地区低生育水平的稳定。

（国家人口和计划生育委员会　李　瑞）

广电总局扶贫

【概况】 2009年，广电总局按照2009年中央1号文件要求，落实国家扶贫开发工作部署，采取措施，始终把解决贫困地区农村群众收听收看广播电视难问题作为出发点和落脚点，安排广播影视专项扶贫资金，继续以实施广播电视村村通工程、西新工程和农村电影放映工程等重点公共文化工程为载体，加大对贫困地区广播影视基础设施建设的投入，加强贫困农村地区广播影视覆盖工作，积极推进贫困地区农村公共文化建设，充分发挥广播影视在国家扶贫开发工作中的重要作用，取得了明显进展。

为保证覆盖效果，确保贫困地区广播影视重点工程真正发挥实效，国家一直坚持“建养并重”原则，在安排工程建设资金的同时，还安排专项资金对工程运行维护给予补助。

【西新工程】 2009年国家安排建设资金22亿元，用于西新工程第四期建设。第四期工程建设分两阶段进行，其中第一阶段实施年限为2007—2009年，实施范围主要是西藏、新疆、内蒙古、宁夏及青海、四川、云南、甘肃藏区和广西边境民族地区、云南边境民族地区、吉林延边地区；建设内容是进一步加强边境民族地区广播覆盖、完善国内外广播电视监测网建设，加强边境和民族地区广播电视基础设施建设，增强民族语广播电视的译制制作能力，新增7个州的柯语、蒙语、彝语、壮语、苗语、哈尼语、西傣语、景颇语、傈僳语等民族语广播电视节目译制制作设备。第二阶段工程实施年限为2008—2010年，建设任务是进一步增强监测能力，加强少数民族语言广播电视节目建设，努力实现少数民族群众不仅听到看到，而且听懂看懂广播电视节目的目标，在逐步实现每天播出时间在现有基础上翻一番的同时，还要不断提高节目水平，更好地满足少数民族群众的精神文化需求。

2009年底，西藏、新疆、内蒙古、甘肃、宁夏、吉林、广西、四川等8省（区）及新疆生产建设兵团按时完成了第四期第一阶段建设任务。

【西新工程运行维护专项资金投入】 2009年，中央财政安排西藏、新疆、内蒙古、四川等省（区）及广电总局无线局、监测中心等直属单位西新工程运行维护专项资金12.83亿元。其中通过广电总局部门预算安排发射机运行维护经费和少数民族语言广播译制经费11.53亿元，通过财政转移支付方式安排少数民族语言电视电影节目译制经费、村村通维护经费等1.3亿元。中央财政资金的投入，确保了发射台的正常运行和安全播出，广播电视覆盖效果、广播电视节目译制制作能力明显提高。

【广播电视村村通工程】 根据《国务院办公厅关于进一步做好新时期广播电视村村通工作的通知》（国办发［2006］79号），“十一五”期间，重点实施20户以上已通电自然村“盲村”“村村通”和农村广播电视节目无线覆盖2项工程建设。2009年，广电总局继续以国家扶贫开发工作重点县为投入重点，积极推进工程建设，加强和改善贫困地区广播电视覆盖。

1. 20户以上已通电自然村“盲村”“村村通”工程。针对20户以上已通电自然村“盲村”地处偏远、农户居住分散等特点，中央决定“十一五”期间主要采用广播电视直播卫星方式进行“村村通”建设。工程实施中，广电总局一直注重贯彻落实国家扶贫开发工作部署，将贫困地区作为建设和投入的重点，不断加大对贫困地区投入力度和政策支持力度。“十一五”期间共安排中央财政补助资金16.12亿元（占全国总投资额50.4%）用于国家扶贫开发工作重点县29.43万个（占全国总建设任务村数41.1%）20户以上已通电自然村“盲村”建设。首批“村村通”直播卫星接收设备在2008年12月完成集中公开招标后，经过各级广电部门共同努力，到2009年6月底，20.6万套直播卫星地面接收设备全部安装调试完毕，有效解决了397个国家扶贫开发工作重点县9.22万个“盲村”群众收听收看广播电视问题，使贫困地区农村群众收听收看到了40多套清晰的数字广播电视节目。2009年，“十一五”规划剩余的505个国家扶贫开发工作重点县18.79万个“盲村”建设任务及9.7亿元中央财政专项补助资金已全部安排下达各有关省（区、市），所需541万套直播卫星地面接收设备也已完成公开招标，力争2010年10月底前提前完成工程建设任务。同时，经过积极争取，2009年国家进一步加大了对贫困地区支持力度，将青海、四川、云南、甘肃4省藏区及新疆自治区国家扶贫开发工作重点县工程建设资金补助标准从每村5000元提高到每村1万元。

2. 农村中央广播电视节目无线覆盖工程。国家扶贫开发工作重点县“十一五”中央广播电视节目无线覆盖规划目标已于2008年北京奥运会前提前实现。为完善覆盖效果，中央财政又安排1.66亿元专项资金用于542个国家扶贫开发重点县工程补点建设并对设备加强运行维护。截至2009年底，工程建设已基本完成，新增、更新发射机已基本开播。

广播电视村村通工程的实施，使广播电视这种最为普及、最受人民群众欢迎的现代化传媒直接进入农村千家万户，使党的各项方针政策能够在最短时间内被广大农民群众所知晓、所掌握，也让广大农村群众通过广播电视学习科技知识掌握各种致富本领，发挥了广播电视在国家扶贫开发工作中的重要作用。工程的实施，得到广大贫困地区农牧民群众的拥护和支持，是一项惠及千农万户的“民心工程”、“德政工程”。

【农村中央广播电视节目无线覆盖工程】 为进一步推进广播电视“村村通”工程，加强农村中央广播电视节目无线覆盖，确保设备安全运行，2009年财政部安排无线覆盖更新改造和运行维护资金5.4亿元。专项资金的投入，对加强广播电视系统基础设施建设，提高中央广播电视节目无线覆盖水平发挥了积极作用。此外，为完善财政保障机制，财政部会同广电总局下发《财政部、广电总局关于印发中央广播电视节目无覆盖专项资金管理办法的通知》财教（2009）36号。该文件对建立中央广播电视节目无线覆盖的财政保障机制，加强和规范无线覆盖专项资金的使用和管理具有重要的意义。

【农村电影放映工程】 “十一五”期间，国家实施了农村电影放映工程，根据《全国“十一五”农村电影放映工程建设规划》，要在“十一五”末期，实现一村一月放映一场电影的公益服务目标。在国家发改委、财政部的支持下，“十一五”期间，国家发改委安排专项资金6亿元，为中西部地区农村（含贫困地区）配备电影流动放映车和数字放映设备，2007—2009年，共资助中西部省区农村电影放映设备1.77万套，其中，2009年采购8620套。

截至2009年11月底，全国已组建农村电影院线公司211条，共有数字放映设备2.79万套（含地方自购），数字放映队2.73万支，农村数字电影院线覆盖全国43.65万个行政村。

为做好2009年农村电影放映工作，实现2010年全国农村一村一月放映一场电影的目标，根据《国务院办公厅转发广电总局等部门关于做好农村电影工作意见的通知》（国办发［2007］38号）精神，财政部安排资金，建立公益放映补贴机制，对西部地区的行政村，每村每月放映一场电影，中央财政每场补贴80元，地方最低补贴20元；对中部地区行政村，每村每月放映一场电影，中央财政每场补贴50元，地方财政最低补贴50元。2009年共安排农村电影放映场次补贴3.3亿元，提高了全国农村电影放映能力和水平。

【广播电视扶贫专项资金安排】 根据财政部、广电总局《关于印发〈广播电视扶贫救灾专项资金管理办法〉的通知》（财教［2006］139号），2009年，财政部安排广播电视扶贫救灾专项资金7000万元。

专项资金重点用于以下方面。一是对在2009年7月5日新疆打砸抢烧严重暴力犯罪事件中受到严重损毁的新疆广电局和电视台的新闻采访车及设备、互联网视听节目服务业务监控系统项目补充进行补助；二是向四川甘孜州雅江、新龙、石渠、色达、理塘等5个广电总局定点扶贫县提供资金600万元，比2008年增加100万元；三是对2009年遭受暴风雨较严重的安徽、福建、浙江、江苏、河南、湖南、湖北等省区，予以适当补助；四是对西部地区较贫困的西藏、甘肃、青海、宁夏等省区予以适当补助。

【2010年扶贫工作展望】 2010年是“十一五”规划最后一年，也是编制“十二五”规划的重要一年，是国家扶贫开发工作承前启后，继往开来的关键一年，广电总局将按照国家扶贫开发领导小组全体会议要求，发挥行业优势，继续以实施广播影视重点工程为载体，进一步加大对贫困地区的支持和扶持力度，推进贫困地区农村文化建设，探索建立健全贫困地区农村公共文化服务体系，发挥广播影视在国家扶贫开发工作中的积极作用。

1. 广播电视村村通工程。2010年广电总局将继续以直播卫星应用为重点，加快国家扶贫工作重点县20户以上已通电自然村“盲村”广播电视村村通工程建设，全面完成“十一五”规划任务。同时研究编制“十二五”期间20户以下已通电自然村

“盲村”广播电视村村通工程建设方案。探索建立健全贫困地区广播电视村村通长效运行维护机制，加强县、乡镇广播电视机构的公共服务职能，建立健全以县为中心，以乡镇为基础，面向广大农户的广播电视公共服务体系。

2. 西新工程。2010 年在完成西新工程第四期第二阶段建设的基础上，将研究编制第五期建设方案。一是进一步加强民族语言节目建设，按照“广播和电视相结合，节目译制制作和传输覆盖相结合，中央和地方相结合”的原则，统筹规划，实现“听得懂、看得懂”的目标；二是进一步加强新疆、西藏等省区州、县广播电视基础设施建设，逐步建立广播电视公共服务体系，实现广播电视基本公共服务均等化。

3. 农村电影放映工程。2010 年将继续实施农村电影放映工程，普及数字化流动放映。按照规划安排，要为中西部地区尚未配发车辆的县发放电影流动放映车，共计 919 辆，1 亿元。继续对农村电影放映实行场次补贴政策。研究编制加强县以上城市数字影院建设规划。

（广电总局规划财务司、电影局）

国家统计局农村贫困监测

【概况】 伴随着改革开放和社会经济的快速发展，在中国政府和社会各界的共同努力下，中国的反贫困事业取得了成绩。1978—2009年，全国农村贫困人口从2.5亿减少到3597万人，贫困发生率从30.7%下降到3.8%。作为反贫困战略的重要组成部分，农村贫困监测一直受到国家统计局的高度重视。自20世纪80年代中期以来，中央及各级政府进行了有组织、有计划、大规模的开发式扶贫，农村贫困监测系统也经历了从无到有、从不健全到逐步完善的过程，为全面反映中国的反贫困进程，反映贫困人口的分布、特征、变化趋势，评估扶贫成效提供了及时准确的数据支持，同时也为制定科学合理的扶贫规划和政策措施提供了客观真实的决策依据。

进入新世纪，农村贫困问题已经从普遍贫困转变为区域性贫困，绝对贫困为主转变为相对贫困为主，长期性贫困为主转变为暂时性贫困为主，致贫原因从区域经济发展不足、地理位置僻远、自然条件恶劣、人力资源不足等结构性因素为主转变为贫困人口生计不稳定、脆弱性强等个体性因素，因病致贫和因灾返贫人口成为新时期我国贫困人口的重要构成部分，贫困人口的生计特征从缺穿少吃转变为高度脆弱，贫困人口内部的结构化和多元化特点也日趋明显。新时期中国农村贫困的新特点决定了扶贫开发工作的复杂性和任务的艰巨性，同时也对当前的农村贫困监测提出了更高要求。为实现2020年我国基本消除绝对贫困人口的目标，国务院扶贫办正在着手制定新十年的扶贫规划。如何有效改进农村贫困监测，使之更好的服务于中国的反贫困事业，是一个现实而紧迫的问题。

【农村贫困监测回顾】 农村贫困监测是指国家统计局借助资金，技术及相关设备，通过严密而规范的组织运行方式，运用科学的方法对农村贫困客体的状况及其变化进行测度、衡量、分析和评价的动态行为过程。农村贫困监测的基本任务包括测定农村贫困标准、描述农村贫困基本状况、监测并评价扶贫政策及项目效果。围绕不同时期的扶贫战略，农村贫困监测工作经历了以下几个阶段：

1. 大规模扶贫开发阶段（1986—1993年）。上世纪80年代中期，农村家庭联产承包责任制的落实解放了生产力，中国政府正式承担起帮助贫困人口摆脱贫困的历史责任，专门成立了国务院扶贫开发领导小组，并在省、地、县三级设立相应的政府机构。为掌握当时的贫困状况特别是贫困规模和贫困分布，国家统计局首次利用农村住户抽样调查资料测算农村贫困标准，并测定按收入和粮食产量计算的贫困发生率，标志农村贫困监测工作的开始。

2. 扶贫攻坚阶段（1994—2000 年）。1994 年，中央政府制定了《国家八七扶贫攻坚计划》，要集中人力、物力、财力，争取在本世纪末的 7 年时间里，基本解决剩余 8000 万农村贫困人口的温饱问题。为了确保“八七”计划目标的顺利实现，中央政府确定了 592 个国家重点扶持贫困县（简称国定贫困县）作为扶贫攻坚的主战场。也是从这一年起，国家统计局与国务院扶贫办合作，着手改进贫困监测工作，并在世界银行在华贷款项目中，把贫困监测作为扶贫项目的有机组成部分加以考虑，引入了客观的贫困标准测定方法，建立了外部独立的贫困监测系统，目的是以统一口径、统一方法来科学、全面反映扶贫项目区农户的贫困缓解情况与扶贫项目成效。这一开创性的工作为建立国家级贫困监测系统积累了丰富经验。1997 年在国家计委、国务院扶贫办、财政部、国家民委、农业部、中国农业银行等有关部委的支持下，国家统计局建立了覆盖 592 个国定贫困县的贫困监测专项调查，并建立了较为系统的贫困统计指标体系，标志着全国农村贫困监测系统的正式建立。

3. 新时期扶贫开发阶段（2001—2006 年）。2001 年国务院扶贫办出台了中国农村扶贫开发纲要，提出我国在 2001—2010 年要尽快解决少数贫困人口温饱问题，进一步改善贫困地区的基本生产生活条件，巩固温饱成果，提高贫困人口的生活质量和综合素质，加强贫困乡村的基础设施建设，改善生态环境，逐步改变贫困地区经济、社会、文化的落后状况，为达到小康水平创造条件。围绕规划中明确细分的扶贫目标，改进贫困监测内容成为完善贫困监测系统的核心内容，即由过去注重对农户收支的经济贫困测度，转为同时对社区环境、农户生产生活条件、劳动力、教育、卫生等状况的多维贫困测度，这一时期的农村贫困监测系统逐渐完善。

4. “开发与救助”两轮驱动的扶贫新阶段（2007—2009）。2007 年国务院决定在全国建立农村最低生活保障制度，为做到“应保尽保、应扶尽扶，不重不漏”，2009 年国务院扶贫办开展扶贫和低保“两项制度有效衔接”试点工作，标志着中国的扶贫工作进入“开发与救助”两轮驱动的新阶段。由于贫困监测一直未涵盖低保监测，使得大扶贫格局下的贫困监测面临着机遇和挑战。

【贫困监测数据来源】 1. 全国农村住户抽样调查。用于确定特定时期的农村贫困标准，每年推算全国和分省农村贫困人口数量，描述贫困人口特征。具体调查对象是分布于在全国 31 个省（直辖市、自治区）857 个国家调查县的 7000 个左后的抽中村及 68000 个农户。

2. 国家贫困监测专项调查。主要是对 592 个扶贫重点县的贫困状况、扶贫成效进行监测、评估。具体调查对象是分布于全国 21 个省（自治区）的 592 个扶贫重点县的 5000 多抽中村及 53000 个农户，这其中有 1/3 的样本户与全国农村住户抽样调查重合。

3. 世行在华扶贫贷款项目监测调查。自 1995 年以来，国家统计局先后 4 次承担了世界银行在华贷款扶贫项目的外部独立监测与评估工作，它们分别是西南一期（覆盖云南、贵州、广西的 35 个县）、秦巴项目（覆盖四川、陕西、宁夏的 26 个县）、西部项目（覆盖内蒙古、甘肃 27 个县）和贫困农村社区发展项目（覆盖广西、四川、云南的 18 个县）。各个项目一般为期 5 年，在项目县内抽取一定数量的调查村和调查户，目的是反映在项目实施期内农户生活状况的变化和贫困缓解程度，并评估项目影响效果。世行在华贷款项目贫困监测调查对于完善贫困监测指标体系、探索扶贫效果评估方法均进行了有益尝试和探索。

4. 全国县、乡、村统计。主要收集县、乡、村三级行政单位区域发展的背景资料，既有抽样调查结果也有行政上报结果。另外，还在 592 个扶贫重点县中收集县级扶贫情况。

【贫困监测指标体系】 1. 农户经济状况。以日记账的形式收集农户收入、支出、生产、销售、购买、借贷等信息，然后计算得到农民人均纯收入和农民生活消费支出等直接用于衡量农户经济状况的指标。

2. 农户生活设施和人口学特征。采用年底一次性访问的形式收集农户特征、家庭结构、住房情况、家庭耐用消费品拥有情况、饮用水水源等指标。另外还调查家庭成员的人口统计特征、就业及外出务工、儿童入学、妇女健康等指标。

3. 调查村基本情况。主要调查村位置、基础设施、资源、人口、科技应用及其他主要社会经济指标。

4. 县、乡、村基本情况。县、乡、村三级行政单位统计主要包括以下信息：包含下级行政单位情况、人口与就业、综合经济、农工贸情况、投资、文教卫生、社会保障、环保等情况。县级扶贫情况统计主要涉及县级扶贫资金来源、扶贫资金投向以及扶贫项目的农户参与情况等。

【农村贫困标准确定】 从技术层面看，贫困标准通常是指与某一种特定生活水平相对应的收入或消费支出，是界定贫困人口规模、比较不同阶段的贫困人口变化的客观依据。国家统计局根据全国农村住户调查分户资料于 1985 年、1990 年、1994 年、1998 年分别测定了不同时期的农村贫困标准，其他年份则使用农村居民消费价格指数进行更新。其中，1994 年、1998 年的测算方法采用了国际通用测量贫困标准的方法，即“马丁法”，具体步骤如下：

1. 计算食物贫困线。采用每人每天摄入 2100 大卡热量作为最低营养需求，根据 30% 最低收入组的农户消费模式建立了包括 15 类地区和 27 个品种的食品消费清单。利用食物消费清单和各类食品的价格计算食物贫困线。

2. 计算非食物贫困线。利用计量方法找到“低”非食物贫困线和“高”非食物贫困线。“低”非食物贫困线是指愿意牺牲最低食物需求来换取的如基本衣着、取暖等需求支出。“高”非食品贫困线是指与食品需求同等重要的其他支出，如教育、卫生、交通通讯支出等。

3. 计算贫困线。食物贫困线 +“低”非食物贫困线 = 低贫困线，食物贫困线 +“高”非食物贫困线 = 高贫困线。考虑到 20 世纪中国贫困面较大、国家扶贫资源有限以及贫困标准的年度衔接问题，中央政府采用低贫困线（历年来的贫困标准及贫困人口规模见附件）来测度农村贫困。应该看到，在低贫困线上，农户食物消费支出高达 85%。低贫困线只是一个基本温饱线，高贫困线才是国际公认的稳定脱贫线。

2000年以后，出于扶贫开发的需要且与国际贫困线逐渐接轨的考虑，在继续采用农村贫困标准的同时，中央政府同时使用低收入标准进行贫困测量。低收入标准也是一条贫困标准，具体是采用1998年的食品贫困线，再利用贫困状况下恩格尔系数为60%的假设，计算低收入标准为880元，其他年份则使用农村居民消费价格指数进行更新。按照1993年的购买平价计算，世界银行使用的1天1美元的国际贫困标准为885元，与当时的低收入标准非常接近。从2008年开始，按照十七届三中全会决定，“逐步提高扶贫标准，将农村低收入人口全部纳入扶贫政策范围”，在贫困标准和扶贫标准尚未分开的情况下，低收入标准正式成为农村贫困标准，2009年农村贫困标准为1196元。

【贫困标准使用存在问题】 1. 农村贫困标准过低。世界银行是国际上研究贫困问题的最重要机构，在它的近期的一项研究中曾对中国官方贫困标准做过这样评价，“无论与国际标准相比，还是与国内的平均收入和人们的期望相比，中国官方贫困标准看起来都是比较低的。而且，一些新的研究也显示，即使按照贫困线应该达到的客观标准（最低生存所需支出以及满足一时等基本生存需要）来衡量，中国官方的贫困标准可能也太低”。近几年，国内从事贫困研究的专家学者也都纷纷撰文呼吁提高农村贫困标准。2009年1196元的贫困标准约等于国际贫困标准（每天1.25美元）的77%，此标准仅高于坦桑尼亚、印度和贝宁，位列全球倒数第四。最近，印度已经重新测定农村贫困标准，在新标准中包含了除衣食等必要性支出外，还包括教育、卫生等一些基本支出，按照2005年国际比较项目购买力评价换算，印度这一新的农村贫困标准约为每天1.21美元。较低的贫困标准不仅会低估实际贫困人口规模，也导致农民可行能力和社会经济权利的缺失，更有可能成为一些国际组织和社会学者质疑我国反贫困成果的重要论据。

2. 各类扶贫相关标准的定义混淆不清。2010年，农村扶贫工作已经进入大扶贫格局，但实际工作中社会各界对于一些涉及扶贫相关标准的定义还存在混淆不清的情况，如对贫困标准和扶贫标准、低保标准和扶贫标准等仍不能做到正确了解与区分，这就给贫困测量和对贫困状况的理解造成了不小障碍。当贫困标准作为测度贫困人口规模的尺度时，它是一个经济学或统计学的概念，取决于农户的收支状况。为了保证贫困人口或贫困规模年度间的可衔接性，国际上的做法是客观标准一旦确立就会几年甚至十几年不变；当贫困标准作为分配扶贫资源的依据时，它其实是特指扶贫标准，是一个政策概念且取决于投入，可以根据国家财力的增长逐年提高。但在实际工作中，人们往往混淆使用贫困标准和扶贫标准。虽然十七大明确提出“逐步提高扶贫标准”，首次正式区别对待贫困标准和扶贫标准，但还未实现两标准在操作层面的分离。

在“两项制度有效衔接”的扶贫框架下，对低保标准和扶贫标准的认识同样存在混淆的现象。如目前认为“农村低保标准高于扶贫标准”或“低保人口多于贫困人口”的看法就是未能正确理解两标准定义的表现。所谓的“全国农村低保标准”是地方农村低保的简单平均数，我国还没有明确的全国农村低保标准。因农村低保先行在发达地区试点，这些地区的低保标准一般会高于或等于农村扶贫标准，因此地方低保标准的简单平均数会高于全国农村扶贫标准。另外，贫困标准对应收入在贫困线以下但有自我发展能力的人口，低保人口对应领取了低保补贴但没有自我发展能力或因生存条件恶劣必须救济兜底的人口。农村低保与农村扶贫，功能不同、标准不同，但可以有效衔接。只有搞清楚两个标准概念的内涵，才能做到“应保尽保、应扶尽扶、不重不漏”。

3. 一条贫困标准难以满足多方需求。现有农村贫困标准全国一条线，一是无法同时为扶贫和低保等救济工作识别不同的扶持对象；二是无法同时为发达地区和不发达地区的反贫困工作提供指导；三是无法同时为中央和地方扶贫工作提供参考；四是无法明确的为不同历史阶段确定反贫困目标。

4. 缺乏可比的城市贫困标准。只有农村贫困标准，没有可比的城市贫困标准，在农村地域发生变化、城市化进程加快、农民工大量进城的情况下，测算的农村贫困人口将会有很大的变化，难以确切掌握整个国家的贫困状况，不利于城乡统筹加快消除贫困。

【小区域贫困信息供需矛盾】 2009年，许多扶贫政策和措施以县、乡、村甚至农户为对象，各级决策部门都迫切需要详细可靠的县及县以下相关贫困信息。另外，出于对扶贫效率的考虑，财政部、发改委等部门一直都很关注分布在23个省（市）自治区的18个贫困片区如武陵山区、九万大山区的贫困状况。但是，我国一直缺乏这些分县或由几个县组合的小区域的贫困信息，现在的全国农村贫困监测系统，以抽样调查为基础，限于样本规模和调查经费的限制，只能提供全国和分省的贫困监测信息。虽然，这为制定宏观政策提供了有效的参考依据，但难以帮助决策部门确定具体政策措施的实施对象。

【扶贫效果影响定量评估】 扶贫效果影响评估对于改进扶贫政策体系，克服扶贫工作中的弊端和障碍，增强扶贫政策的活力和效益，提高扶贫政策水平具有重要意义。随着扶贫工作的不断深入，对扶贫效果的外部独立影响评估越来越引起各级扶贫政策制定部门和执行部门的重视。但出自统计部门的效果影响评价大部分主要还是对扶贫政策执行期间社会经济变化的定性分析，除了世行在华贷款项目监测外很少有对扶贫效果进行定量评价和实证分析。另外，一些从事贫困研究的专家学者也主要通过构建回归模型从扶贫资金对收入增长和减贫的影响进行一些量化评估，鲜有评估方法上的创新。

【改进农村贫困监测建议】 贫困问题在中国既是一个经济问题也是一个政治问题，但外部独立的贫困监测是个技术问题。贫困监测技术的高低决定了其为扶贫工作服务效率高低，为此我们提出改进农村贫困监测几点建议：

1. 尝试测算多条贫困标准进行贫困测量。一直以来，国家统计局只负责贫困标准的测算，但采用什么贫困标准进行贫困测量以及采用什么贫困标准作为扶贫标准，是由政策制定和实施单位如扶贫办、财政部、发改委、国家统计局等相关部门共同研究后报经国务院批准实施的。本着客观性原则、可衔接性原则和可比性原则，并借鉴世行经验，建议我国也可尝试采用多条贫困标准进行贫困测量，这样就可以满足历史可比、地区可比、城乡可比以及与低保等救济制度相衔接等大扶贫格局下多层次的需求。具体为：一是依据当前消费模式测算反映稳定脱贫的新贫困标准（即马丁法中的高贫困线）并将其作为新扶贫规划下反映全国反贫困成效的客观依据以及中央和不发达地区的扶贫标准或低保标准；二是测算地区可比、城乡可比的贫困标准，消除由于区域价格水平对贫困标准所代表生活水平的影响，使贫困标准更公平、更有实际意义。这里需要指出的一点是目前国家统计局正在推进城乡住户调查一体化，随着城乡收支类指标在定义、口径上的统一，测算出城乡可比的贫困标准已经指日可待。另外，在我国城市化进程不断加快的大背景下，城乡可比的贫困标准将为准确衡量全国贫困人口规模，为城乡统筹消除全国贫困、自主客观评估千年目标的实现程度提供参考依据。

2. 通过采用国际统计先进技术从有效整合统计资源的角度实现小区域贫困信息供给。2010 年，弥补小区域贫困信息缺口的做法有三种，一是扩大住户抽样调查样本，得到对县、乡甚至村的贫困调查结果（俗称乡乡抽样或村村抽样）；二是采用由下往上层层上报的方法，收集贫困人口或需要扶持对象的数量；三是采用“贫困地图”研究技术，即利用住户调查和普查共有指标，利用住户调查数据建立消费模型，再将模型带入农业普查数据进而得到统计上可靠的分县甚至分乡的贫困发生率和贫困人口规模。

前两类方法有两个缺陷：一是会大量增加调查成本；二是数据的准确性较差。采用第三种方法实现小区域贫困信息的供给需要有具备三个条件：一是要有最新的普查数据；二是有详细的住户抽样调查数据；三是普查和抽样调查要有尽可能多的、相同的、关于贫困的特征指标。2009 年红十字会利用第二次农业普查数据和农村住户调查数据开展了贫困地图研究。另外，2010 年的第六次人口普查马上开始，小区域贫困信息有望实现持续供应。

3. 多维度提高贫困统计能力以适应不断推进的扶贫开发。首先要提高与国务院扶贫办、财政部发改委等数据用户的沟通能力，及时了解扶贫政策走向，明确数据缺口，以便有针对性的改进贫困监测内容，提供优质数据服务。在经费保障的前提下，在大扶贫格局下如何有机涵盖低保监测以及有关参与式监测将是当前改进贫困监测内容的重点。其次，要提高对扶贫政策评价水平，通过开展国际合作等方式不断借鉴和掌握各种政策评价方法，还要开发一套符合中国国情的扶贫政策评价体系，使对扶贫政策的评价常态化。

（国家统计局）

国家林业局扶贫

【概况】 2009年是深入贯彻党的十七届三中、四中全会精神和学习实践科学发展观活动之年，是国家应对国际金融危机扩大内需之年，是全面启动实施集体林权制度改革之年，机遇和挑战并存。2009年，国家林业局立足九万山地区林业资源优势，进一步加大对定点扶贫地区的工作力度，贫困人群生活条件得到持续改善，林业对口扶贫工作取得新的进展。

2009年，国家林业局继续加大林业定点扶贫工作力度，发挥行业优势，继续坚持既定的“不脱贫不脱钩、脱了贫也不脱钩”的扶贫方针，始终做到以经济开发为主，为贫困地区多办实事，实施了“规划先行、项目扶贫、投资倾斜、开发智力”四项主要扶贫措施，同时，调动各方面的积极性，为黔桂九万大山少数民族地区经济发展和农民脱贫致富作出了新的贡献。

【扶贫调研】 为完善国家扶贫战略和政策体系，国务院扶贫办牵头组织5个调研组开展扶贫综合性调研，国家林业局参加了赴江西、广东、广西、贵州4省的调研，并结合林业行业特点，提出在扶贫开发工作中加强生态建设等方面的建设性意见和建议。根据国家扶贫战略和政策体系暨新十年纲要调研工作安排，国家林业局于2009年6月17—23日赴广西自治区融水、融安、三江3个县以及贵州省从江、榕江、三都3个县进行黔桂九万大山林业扶贫工作专题调研，对《中国农村扶贫开发纲要（2001—2010年）》实施以来林业扶贫工作进行了总结。

【林业项目资金投入】 2009年，继续加大对九万大山地区的林业投入力度。通过林业重点工程建设、林业贴息贷款、农业综合开发、世界银行造林项目贷款等项目资金向九万大山地区倾斜，全年安排各类林业建设资金33423.75万元，比2008年增加5647.05万元，其中：天然林资源保护工程3286.1万元，退耕还林工程17546.58万元，重点公益林生态效益补偿资金4267.8万元，九万大山扶贫资金1500万元，防护林工程投资557.96万元，石漠化治理工程投资400万元，其他基础设施投资5865.31万元。这些资金的投入，促进了九万大山地区经济社会协调发展。

【培训扶贫】 针对贵州、广西两省区森林资源特别是竹、油茶资源丰富的实际，按照局党组为贫困地区办实事和送科技下乡活动的总体部署，加强九万大山贫困地区林业科技成果转化与实用技术推广，加快贫困地区林业产业发展步伐，于2009年10、11月，分别为贵州、广西2省区举办了“林业扶贫培训班”，两期共培训学员

200多名。培训班聘请了国内的知名竹类专家、油茶专家，为九万大山地区基层技术人员讲授了有关竹、油茶良种繁育、栽培及产业等方面的内容。

【干部挂职扶贫】 自1987年以来，国家林业局连续19年派出素质高、能力强、作风硬的机关和事业单位的人员到九万大山地区挂职帮扶。2009年，国家林业局在九万大山地区挂职锻炼的干部5人，这些人员深入对口帮扶贫困县，一方面宣传并配合地方贯彻执行党中央、国务院的扶贫方针和林业政策，为九万大山地区群众搞好林业建设和开展林业扶贫开发工作作出贡献，另一方面也在帮扶过程中了解了实情，增长了才干。此外，2009年国家林业局还接受贵州黔东南州林业局一位副局长到计财司上挂锻炼，为基层林业部门培养林业管理人才。

【送报下乡活动】 根据林业定点扶贫工作计划，2009年，国家林业局继续开展了送报下乡活动。委托中国绿色时报社向贵州、广西九万大山19个贫困县380个乡镇林业站发送《中国绿色时报》400份。使基层群众及时了解国家林业的方针政策，了解林业脱贫致富的各类信息。

【2010年扶贫工作展望】 2010年是我国实施《中国农村扶贫开发纲要（2001—2010年）》的最后一年，国家林业局将深入贯彻党的十七届四中全会精神，以全力推进《纲要》总体目标的实现为全年工作的重点，坚持科学发展观，结合林业重点工程，依靠科技进步，改善贫困地区生态状况，通过项目带动，增加贫困人口收入，提高贫困地区和贫困人口自我发展的能力，进一步做好扶贫开发工作。

1. 加强领导，做好组织协调工作。加强领导，做好组织协调工作，是保证新时期林业扶贫开发工作顺利开展的重要基础。要将林业扶贫开发工作纳入国家林业发展的总体工作部署当中，按照林业发展的总体要求和国务院扶贫办对林业对口扶贫开发工作的阶段性要求，结合九万大山地区林业发展特点，围绕生态保护和建设、绿色产业发展以及林业基础设施建设，抓好林业扶贫工作的指导和协调，确保林业扶贫开发各项工作的顺利实施。同时，将林业扶贫开发工作纳入扶贫地区经济社会发展规划，形成合力，统筹开展工作。

2. 统筹规划，做好新时期林业扶贫工作。为做好“十二五”期间林业对口扶贫工作，国家林业局将按照国务院扶贫办关于“十二五”以今后一个时期国家扶贫工作的总体部署和有关要求，立足九万大山地区林业发展实际，组织有关力量研究编制《林业对口扶贫“十二五”规划》。该规划将在在全面总结“十一五”工作的基础上，分析查找林业扶贫工作面临的形势和有关问题，提出“十二五”期间林业扶贫工作的总体思路、基本原则、工作目标以及重点任务，为“十二五”期间林业扶贫工作的有序开展提供理论指导。

3. 典型示范，做好引导工作。针对剩余贫困户大多位于高山、深山区，居住偏远、分散的特点，适当调整对口扶贫方式，把扶贫工作的重点放在贫困村、贫困户。在九万大山19个扶贫县各选择1～2个村作为重点，实施“整村推进”扶贫计划，集中力量打“歼灭战”，使贫困户直接受益。通过整村推进，改善贫困地区生产生活条件；通过劳动力的培训和转移就业，提高贫困人口素质；通过产业化扶贫，提高农民的收入水平。同时，指导、引导和扶持一批懂技术、会经营、具有市场开拓能力并在当地具有一定影响的示范户，率先脱贫，从而辐射和带动其他农户脱贫。发展“公司加农户”、“龙头企业带动基地建设”的扶贫开发模式，鼓励和支持多种所有制经济组织参与林业扶贫开发，在体制和机制创新上下功夫，激发潜在的脱贫动力，加快贫困地区脱贫致富的步伐。继续为19个县免费赠送《中国绿色时报》，让农民及时了解相关农林科学技术和市场信息，加快脱贫步伐。

4. 智力扶贫，积极培育新型农民。提高贫困地区群众的综合素质，特别是提高林业管理干部和技术人员的水平，是搞好林业扶贫工作的基础保证。国家林业局将把人才培训、智力引进、技术推广等智力扶贫工作作为一项重要的扶贫任务纳入规划中，结合林业扶贫项目的实施，有针对性地组织多层次、多形式的各类技术培训和讲座；组织专家技术咨询，引进推广覆盖面广、效益显著、地方急需的先进实用科技成果，争取创造条件，促成一些专家到贫困地区搞技术承包；为贫困地区与经济发达地区牵线搭桥，寻求林业合作伙伴，提供有用信息。采取多种有效措施，尽快提高贫困地区人员的素质和管理水平。

5. 加强管理，做好基础性工作。按照强化管理、抓落实的总体工作要求，完善各项管理制度。从项目审批立项、资金安全使用、技术指导和培训、建设过程监督、项目验收、成效监测等方面，全面加强对口扶贫开发工作的规范化、制度化建设。落实相关配套政策，进一步加大对扶贫开发工作的管理和投入力度。2个省、6个州（市）和19个县也要采取措施，加强管理，落实配套资金和政策，通过共同努力，把林业扶贫开发工作抓好，抓出成效，向党中央、国务院和九万大山地区贫困群众交一份满意的答卷。

6. 继续选派优秀干部到扶贫县挂职锻炼。发挥挂职干部的专业优势，鼓励他们进一步深入基层，联系群众，把党和国家的政策及时传达贯彻到基层，在调查研究的基础上解决当地的实际问题。同时鼓励他们利用扶贫挂职的机会，丰富基层工作经验，锻炼自身才干，磨炼意志，培养能力。

（国家林业局扶贫办公室　韩　非）

中国农业银行扶贫

【概况】 2007年，党中央、国务院确定农业银行“面向三农、整体改制、商业运作、择机上市”的改革方针后，农业银行坚持社会责任与自身改革发展相结合，为贫困地区提供资金支持和金融服务，不断为扶贫开发注入新活力。

2008年，国务院扶贫办、财政部、人民银行和银监会联合下发《关于全面改革扶贫贴息贷款管理体制的通知》，农业银行适应这一变化，出台了《中国农业银行贫困县“三农”金融服务方案》。《方案》明确了服务重点领域，包括支持贫困地区种养业、农业产业化、特色优势产业发展，支持贫困地区改善基本生产生活条件，支持贫困地区劳务输出，为贫困地区招商引资提供金融服务支撑，满足贫困地区不同类型个人客户群体的金融需求。该方案的出台确立了农业银行今后一段时间扶贫工作的方向，推动了贫困县支行信贷扶贫工作的开展。

农业银行适应改革带来新形势、新变化、新要求，在继续加大对贫困地区信贷投放的同时，逐步探索信贷扶贫的新模式。据统计，2009年，农业银行在国家级和省级扶贫开发工作重点县共投放贷款2425.05亿元，同比增加669.12亿元，增幅38.11%；在贫困地区发放扶贫贴息贷款18.15亿元，同比增长4.8亿元，增幅35.96%。截至2009年底，农业银行在两类贫困县各项贷款余额达2973.33亿元，较年初增加1175.62亿元，增幅65.4%，共带动农户1353.7万户，户均增收3964元。

【龙头企业扶持】 产业化扶贫是我国新时期扶贫工作的关键环节，农业银行通过支持扶贫龙头企业，以“公司+农户”带动农民增收。2009年，为全面掌握国家级扶贫龙头企业的情况，农业银行对国家级扶贫龙头企业进行一次摸底调查。据统计，在全国625家国家级扶贫龙头企业中与农业银行有信贷关系的龙头企业约205家，信贷业务覆盖率35%。截至2009年底，农业银行对国家级扶贫龙头企业授信总额超过150亿元，户均授信6000万元，贷款余额120亿元。国家级扶贫龙头企业在带动贫困地区经济发展和劳动力就业上成效明显，支持扶贫龙头企业发展是农业银行新时期信贷扶贫工作的着力点。

2009年，国务院扶贫办与农业银行联合下发《关于积极应对金融危机加大对扶贫龙头企业扶持力度的意见》（国开办发［2009］77号）。《意见》要求各级扶贫办和农业银行要认识加大对扶贫龙头企业扶持力度的重要意义，探索扶持扶贫龙头企业的新机制，加强协作，加大对扶贫龙头企业扶持力度，促进其健康发展，带动贫困地区主导产业发展和贫困农户稳定增收。

【信贷扶贫模式创新】 2009年，农业银行向中国扶贫基金会授信2亿元，委托中国扶贫基金会下属的专业小额信贷机构向贫困地区的贫困农户提供小额信贷。中国扶贫基金会作为统借统还平台全面负责贷款“借、用、管、还”，并将通过在各地的分支机构将贷款发放给贫困农户，用于发展生产。农业银行通过这种模式与社科院农村发展研究所和商务部国际经济交流中心合作，直接支持了4家扶贫小额信贷组织，分别位于青海省同仁县、贵州省兴仁县、河北省易县和河南省南召县。农业银行还探索支持资金互助社等农村经济合作组织，以加大信贷扶贫支持力度。

10月17日，农业银行与中国扶贫基金会在钓鱼台国宾馆举行了授信签字仪式。国务院副总理回良玉、国务院副秘书长张勇、国务院扶贫办主任范小建、人民银行金融市场司司长穆怀朋和银监会监管一部副主任张焕南等领导出席了签字仪式。董事长项俊波在签字仪式上的致辞中强调将“探索符合我国国情、切合农行实际、适应贫困农户需要的信贷扶贫新模式”。会后，国内多家媒体都对此事进行报道，起到良好的社会影响。

在各地探索实践中，农业银行四川分行通过向小额信贷组织发放贷款，扩大其融资规模，提升“三农”金融服务覆盖面。2009年四川分行在总行指导下积极有序地开展向小额信贷组织的融资试点。已对全国首家全额外资小额贷款公司南充美信服务有限责任公司授信2000万元，发放贷款1050万元。同时，四川分行结合四川省扩大贫困村村级互助资金试点，完成了对仪陇县乡村发展协会和张爷庙村扶贫资金互助社的前期调查，初步确定320万元的试点金额，拟定了试点工作方案，拟适时启动融资服务。

【信贷扶贫产品和渠道创新】 农业银行通过创新产品，致力于为最广大客户群体特别是贫困县客户提供优质金融服务。针对农村地区特别是贫困地区基础设施建设面临的资金瓶颈，农业银行开发了“农村基础设施建设贷款”和“绿色家园贷款”，这2项创新型产品将会促进贫困地区基础设施和硬件环境的改善。“县域中小企业动产质押融资贷款”和“中小企业应收账款质押贷款”2项产品的出台，缓解了扶贫龙头企业抵质押和担保来源不足的问题。为有效扶持偏远民族地区发展特色经济，农业银行专门制定了“支持新疆林果业服务方案”，这一方案的出台将会推动新疆自治区特色产业升级，促进民族地区经济社会的和谐发展。

在不断加快对公业务产品创新的同时，农业银行以金穗惠农卡为载体、小额贷款为抓手，直接帮助贫困农户脱贫致富。截至2009年11月底，农业银行惠农卡发卡量已达3176万张，贷款户数246万户，发放农户贷款余额635亿元。在此基础上，农业银行力争3年内发卡达到1亿张，覆盖全国50%的农户。从长远发展来看，以金穗惠农卡为平台，农业银行的金融服务将惠及全国2.2亿农户，以实际行动践行党中央、国务院的要求。

通过渠道创新，依托惠农卡，农业银行正逐步填补贫困地区金融服务的“空白点”。贵州省遵义市下辖凤岗、道真、务川、习水、正安等5个国家级贫困县，86个乡镇，而这一地区农业银行的乡镇网点只有2个。为满足贫困地区农户的金融需求，逐步消除遵义金融服务的“空白点”，农业银行遵义分行组建了便民流动工作组开展流动式服务，在此基础上又推出了以惠农卡对接“新农合”、代收水电费、有线电视费等贴合农村实际的金融服务。截至2009年底，遵义分行在全市“零金融机构”的乡镇设立便民流动工作服务点29个，辐射30多个村镇；为近3万户农户开通电话银行、手机银行等业务，让原来金融机构空白乡镇的4万多农户享受到了方便、快捷、灵活的现代金融服务。

【社会信贷扶贫】 作为国务院扶贫开发领导小组成员单位，农业银行联系中国残联、全国妇联等有关部门，参与各领域的扶贫开发工作。2007年，农业银行与中国残联联合下发《关于进一步做好康复扶贫贷款工作的意见》（农银发［2007］24号），要求各级农业银行和残联提高认识，增强责任感，精诚合作，进一步做好康复扶贫贷款工作。2007年，全国妇联与农业银行联合下发《关于进一步做好农村妇女小额信贷工作的意见》（妇字［2007］45号），开展面向广大农村妇女的小额信贷服务。农业银行一直与国家统计局合作，为国家统计局农村社会经济调查司编写的《中国农村贫困监测报告》提供信贷扶贫和金融参与扶贫方面的数据和材料。2009年，起草了《农业银行60年扶贫工作大事记》提供给国家统计局。

每年，农业银行都会根据光彩事业促进会的要求，向有关分行推荐光彩事业扶贫贷款项目，发挥扶贫贴息贷款作用，扶持了一批经济效益良好、社会效益显著的项目。江西吉安贸易广场三期工程是全国光彩事业重点项目。在三期项目扩建期间，公司建设资金严重不足。农业银行江西分行或者这一消息后，提供5000万元扶贫贴息贷款解决了企业的燃眉之急，使得项目如期完工营业，2007年8月底，企业已按期偿还全部贷款，项目建成解决了近万人的就业问题，并为吉安农产品走向全国提供了平台，实现了经济效益和社会效益的统一。

【扶贫调研】 2009年6月，国务院扶贫开发领导小组第一次全体会议决定，由国务院扶贫办牵头开展完善国家扶贫战略和政策体系联合调研。作为国务院扶贫开发领导小组成员单位之一，农业银行专门派出农村产业金融部副总经理王礼平、副总经理褚继田参加调研。调研组到江苏、安徽、云南和青海4个省的9个县进行调研考察。通过调研，了解各地扶贫开发工作取得的成绩和贫困地区迫切的金融需求，在总结农业银行信贷扶贫工作成效、存在困难和问题的基础上完成了《关于完善国家扶贫战略和政策体系联合调研的报告》（下称《报告》）上报行领导。

农业银行领导对调研情况给予高度关注，农业银行党委副书记、副董事长、行长张云在《报告》上作出重要批示：“责任在肩，积极而为；风控先行，商业运作”。为落实行领导批示精神和农业银行全面推进服务“三农”改革发展工作会议精神，11月相关部门又赴四川、云南、青海等地开展大规模的业务调研，全面了解扶贫贴息贷款管理体制改革后信贷扶贫工作开展情况，听取基层的呼声，了解基层的需要，为下一步农业银行的信贷扶贫工作提出工作思路和具体措施。

【2010年扶贫工作展望】 农业银行将会加紧完善三农金融事业部的经营机制，

为信贷扶贫工作提供有力保障。要按照中国银监会下发的《中国农业银行三农金融事业部制改革与监管指引》的要求，建立相对独立的信贷审批机制，制定符合三农金融需要的信贷准入政策和标准。根据各地经济金融发展状况、风险管理和可持续发展的要求，下放审批权限，简化业务流程，提高服务效率和质量。要稳定和发展营业网点，拓展服务渠道，完善服务方式，开发和引入多元化、有特色的金融产品。使农业银行的信贷扶贫工作做到服务到位、风险可控、发展可持续。

（中国农业银行）

中华全国供销合作总社扶贫

【概况】 2009年，中华全国供销合作总社（以下简称总社）根据党中央、国务院的扶贫开发战略部署，发挥供销合作社系统贴近“三农”的优势，把扶贫开发与业务经营结合起来，积极推进全系统的扶贫开发工作。

为推进社会主义新农村建设，活跃农村商品流通，完善农村市场体系，总社从2006年开始实施新农村现代流通服务网络工程建设（简称新网工程），通过运用现代流通方式，整合、改造、提升、优化供销合作社传统经营网络，2009年初步形成了以农业生产资料、日用消费品、农副产品、再生资源等为主的现代经营网络。结合“新网工程”建设，各地供销合作社把扶贫开发的重点转向市场前景好、有资源优势、能带动地方经济发展的产业和项目，通过打造物流配送、连锁经营龙头企业，加大农产品市场建设，把超市办到村，把现代流通服务延伸到户，一方面，把质优价实的日用消费品、农业生产资料送下乡，降低了农民的消费成本，改善了农村消费环境，便利了农民消费；另一方面，发挥“一网多用，双向流通”的功能，把流通网络与农民专业合作社、农产品成本基地、种养人户对接，推动农产品进超市、进社区菜市场和批发交易市场，有效地缓解农副产品“卖难”问题，带动了贫困地区经济发展，促进了农民增收。

【“新网工程”】 2009年，总社通过政策性资金、项目扶持等措施，并投入“新网工程”建设资金7750万元，对155个网络薄弱与空白县供销合作社给予重点扶持，其中大部分是经济欠发达县和不同层次的贫困县，包括国家重点贫困县47个，支持网络薄弱与空白县的网络建设。对农业生产资料和日用消费品经营服务网络，重点支持发展现代连锁经营；对农副产品购销网络，重点支持农产品批发市场建设、改造及基地建设；对再生资源回收利用网络，重点支持建立再生资源回收网点和市场；对网络终端、网点建设，重点支持开展综合经营服务及经营服务设施、环境的改造。这些项目的实施，增强了贫困地区供销合作社带动农民发展的能力，为贫困地区的经济发展和社会进步发挥了积极作用。

【供销合作帮扶】 各地供销合作社把推动农业增效农民增收作为重要切入点，把领办各类专业合作组织和专业协会，兴建农村农贸市场等经济活动与扶贫工作结合起来，引导和组织贫困户发展各类合作经济组织，提高贫困户进入市场的组织化程度，破解农产品供求关系发生深刻变化、农产品市场激烈竞争情况下农户增收难的问题。通过领办和发展农民专业合作社，产前为社员提供种子、种苗，产中提供技术指导和生产所需的化肥、农药，产后提供产品销售等服务，使社员得到更多的经营收益。一是根据各地的资源条件、产业优势和农民意愿，参与“千社千品”富农工程，培育优势特色产业，最大限度地挖掘农民增收潜力；二是参与农产品加工、营销等经营活动，延长了农业产业链，使社员分享到更多的农产品加工增值利润；三是规模购买农业生产资料，统一销售农产品，降低了生产成本，减少了交易费用，增加了社员收入。通过领办专业合作社、专业协会，组织贫困农户发展种植业、养殖业和小型加工业项目，提高了贫困人口自我发展、自我积累的能力，逐步形成长期、稳定的扶贫开发机制，解决了贫困的问题。

【产业化扶贫】 各地供销合作社以市场为导向，以增加贫困群众收入为中心，扶持贫困户开发多渠道增收产业，把发展养殖业、种植业、中草药、蔬菜反季节栽培、木耳等食用菌及绿色山野菜等具有地方特色的优势产业、产品作为扶贫开发的重点，以“龙头企业 + 专业合作社或基地 + 贫困户”的产业化方式，引导和带动贫困户通过应用农业新技术和农用新物资，引进名优新特品种，开展标准化、规模化生产，发展自然生态、安全健康和品牌农产品，提高农产品市场竞争力，找准致富门路。

【科技扶贫】 各级供销合作社充分发挥自身科技优势，按照扶贫先扶智的思路，把技术培训作为增强贫困人口“造血”功能的有效手段，发挥系统科研院所、庄稼医院和农技人员优势，加强贫困劳动力转移就业技能培训，推动受帮扶村贫困家庭未升学的初中、高中毕业生接受中等职业教育和短期技能培训，加强对贫困农民的实用技术培训，积极开拓贫困劳动力转移就业渠道，借助产业转移和劳动力转移等平台，帮助贫困劳动力转移就业或在当地发展种养业。还与有关部门配合，聘请专家，开展测土配方施肥，供应种子、种苗，引入农业新技术、新方法，帮助农民学好用好农业科学技术，提高致富本领。截至2009 年底，建立科学示范田 32.72 万公顷，测土配方施肥 247.71 万公顷，提供种子、种苗 23.91 亿元。

【定点扶贫】 2009 年总社对安徽省潜山县继续实施定点帮扶。一是调整扶贫挂职干部，选派年富力强、熟悉业务、责任心强、有开拓精神的人为新一任扶贫挂职干部，赴潜山挂职副县长；二是及时拨付扶贫专项补助经费 20 万元，扶持潜山县食用菌产业发展，其中10 万元由县扶贫办通过以奖代补的形式奖励食用菌种植大户，通过示范带动，促进潜山食用菌产业持续健康发展；三是 10 万元扶持县供销合作社在食用菌公司生产基地内建设一个年烘干鲜香菇近万吨的香菇烘干厂，基本解决了潜山香菇烘干和加工的问题；四是总社通过国家农业综合开发供销社部门项目支持潜山供销合作社 80 万元财政资金，在王河镇开发万亩优质棉生产基地，基地建成后可年产优质籽棉2600 吨，带动2000 多户农民，亩均增收 195 元。

（经济发展与改革部产业发展处 王 湛）

中华全国总工会扶贫

【概况】 2009年，中华全国总工会（以下简称“全总”）贯彻党中央、国务院关于加快扶贫开发进程的重大战略决策，以科学发展观为指导，深入推进对山西省和顺县的定点扶贫工作，和顺县的贫困面貌得到一定改善，贫困群体的增收能力有了一定提高。

全总高度重视定点扶贫工作，选派优秀中青年干部到和顺县开展扶贫工作，把定点扶贫工作列入重要议事日程，定期听取工作汇报，深入开展调研，及时了解情况，加强工作指导。2009年，赴定点县调研51人次。扶贫工作中，注意突出重点，把握好与地方扶贫工作的不同特点，发挥全总扶贫资金的杠杆作用和帮扶项目的示范带动作用。2009年，全总向和顺县投入扶贫资金350万元（其中：资金150万元，物资折款200万元），派出扶贫挂职干部3人，开展扶贫项目10个，引进先进技术4项，举办培训班6期，培训干部群众8000人次。

在全总与地方扶贫部门等多方共同努力下，和顺县发生可喜变化。按1067元/人年的贫困标准测算，和顺县农村贫困对象已从2002年（869元/人年）的64280人减少到2009年的51270人（其中绝对贫困人口7870人、低收入人口43400人），7年来减贫13010人。

【培训扶贫】 依靠和整合和顺县扶贫局、农业局、科技局、林业局、农经办等农业相关部门的培训资源，对农民群众开展实用技术培训；聘请山西农业大学8位专家教授，就养牛技术、经济林种植管理、玉米新品种推广、家禽常见病预防等内容，组织巡回讲座；针对全球金融危机造成的农民工返乡问题，协助当地扶贫、劳动部门开展劳动力转移培训，提高返乡农民工等贫困群体再就业和创业能力。2009年，通过开展城镇就业困难人员再就业和农村劳动力转移培训工作，帮助城镇就业困难人员实现再就业209人，转移农村劳动力6333人。

【产业帮扶】 引进推广农业新技术，开展特色农业帮扶，推动地方农业产业结构调整。主要帮扶的项目有：种植业新技术试验引进（高产土豆种植技术）、干果经济林新品种的示范推广（2000亩核桃林示范田）、养殖业技术的引进推广（猪的人工授精技术）、产业基础建设（禽蛋孵化场、花卉培育大棚）、新兴养殖业项目（七彩山鸡、笨鸡散养养殖、种兔养殖项目）。

【惠农信息平台建设】 2009年实施了科普110服务站项目扶持，通过惠及“三农”的信息化平台建设，为贫困群体搭建致富桥梁。农科110服务站是科协、移动、网通集聚农牧专家，用电话、信息网络接受农民对“三农”问题咨询，解决农民远距离难题的最快捷方式，科普惠农热线24小时提供服务。组织农牧技术人员深入田间地头开展技术指导，并开展集中培训，为培养新型农民进行综合服务，还建立绿色通道工程，为农民提供产前、产中、产后的系列服务。

【教育扶贫】 2009年注重地方教育事业健康发展。帮助邀请北京中学特级教师到贫困县开展教学培训，提高地方师资水平；为全县中小学生征订课外读物，帮助全县青少年参加晋中市书信比赛活动；对和顺县教育扶贫远程网站进行了设备升级改造；另外，还通过资（捐）助农民书屋、职工书屋、大学生村官流动书屋建设，推动全民读书活动。

【贫困群体帮扶】 在关注增强贫困群体致富能力的同时，重视解决贫困群体的生产生活困难。2009年主要开展了对部分水源匮乏乡镇人畜饮水设施设备的升级改造、生物质固化设备的引进推广、集中供气“沼气池”项目建设、“老年节”高龄特困群体的慰问等活动。

贫困群体的思想观念正在发生转变，技能、素质和创业能力有了提高。贫困落后地区普遍存在的“等靠要”思想在和顺县曾经非常突出，随着近几年来国家惠农富农政策的落实，唤醒了贫困群体脱贫致富的意识，加之各级扶贫部门的宣传引导，广大群众的思想观念发生了明显变化，贫困群体的致富愿望不断加强。通过开展培训，贫困群众技能、素质和创业能力有了提高，并出现一批响应号召带头创业的典型。

【项目资金帮扶】 2009年，全总在和顺县的帮扶资金投入150万元，其中约70%的资金用于扶持地方特色产业的发展，通过项目资金帮扶（直补和贴息贷款）直接带动社会各方的资金投入达2000多万元，有效发挥了扶贫资金的杠杆作用。

【新技术、新品种试验推广】 和顺县国土面积2250万亩，地貌特征为“八山一水一分田”，耕地面积只有30余万亩。针对实际情况，全总扶贫工作把引进新技术、新品种作为主要抓手和突破口，推动高效农业和干果经济林的稳步发展。

1. 引进土豆高产种植技术。土豆是和顺当地种植的主要农作物之一，但产量一直不稳定。针对这一情况，全总把“土豆高产种植技术”作为重点帮扶推广项目，2009年实施的一期试验结果产量提高了10%～40%。由于和顺县及山西大部气候特殊，该技术的高产优势没有得到体现。但试验结果获得当地农业部门、农技专家和地方百姓的一致认可，全总将在一期试验的基础上，总结经验、完善方案，为二期试验做好准备。

2. 支持核桃经济林示范项目。这是全总帮扶和顺山区发展地方优势产业的一项重点工程。松烟镇多年来就有种植核桃树的传统，拥有一定的种植面积和规模，但是品种落后、产量低。对此，全总协助松烟镇在10多个贫困村实施了“万亩核桃经济林项目”，并对其中2000亩的核桃树苗给与部分树苗补贴，此举支持和鼓励了当地政府和百姓的种植信心和热情，松烟镇2009年的核桃树新栽种面积已完成7000多亩。

（中华全国总工会）

共青团中央委员会扶贫

【概况】 共青团中央委员会（以下简称“共青团中央”）始终坚持将开发式扶贫和救助扶贫结合，一方面实施农村青年素质培训项目、创业小额贷款及创业示范等项目，助推农村青年就业创业进而脱贫致富。同时在资金、项目安排中对中西部贫困地区重点倾斜，切实做好扶贫工作。

2009年，共青团中央深入学习贯彻党的十七届四中全会精神，在国务院扶贫开发领导小组办公室统一领导下，进一步深化农村青年就业创业工作，加大贫困地区资金项目扶持力度，努力开创了扶贫工作新局面。

【农村青年素质培训】 共青团中央2009年下发《关于大力开展共青团农村青年春季培训行动的通知》，实行“团组织、劳动部门、培训机构”3家协议合作方式对农村青年进行培训。各级团组织负责宣传发动、组织学员、提供小额贷款等就业帮扶；培训机构负责全程培训、确保培训质量；劳动部门负责提供课程、选择培训机构、考核等。将培训与就业挂钩，实施订单培训、定向培训模式，通过团组织对接、东西互助、区域合作、中介组织服务等方式，为农村青年转移就业开发岗位、提供信息。为确保培训质量，共青团中央还先后派出21支调研组，采取实地调研督查、网上核查、电话核查和重点督促相结合的方式，对培训情况进行认真核查；实行月报制度和通报制度，规范统计，督促各地工作推进。春季培训行动共培训农村青年120万人。其中新疆、湖南、四川、河南、广西等15个省级团委培训人数均超过5万人。四川团组织打造的“川妹子”、“川建工”和“川厨师”等地域性劳务品牌入围全省品牌项目。抓住中高考结束契机，专门下发《关于集中抓好农村“两后生”劳动预备制培训的通知》，抓好农村“两后生”的劳动预备制培训。陕西团安康市委针对8个国家级扶贫开发重点县培训“两后生”3987名，并向广东、上海等地企业输送学员1230人。团甘肃省委主动与外省6家招生学校联系，向文县、康县、武都区、舟曲县等4灾区“两后生”提供零费用、零学费、免除部分学费、勤工俭学偿还学费等四种不同类型的优惠政策，812名“两后生”经培训后实现了就业。共青团中央还争取科技部“青年星火带头人培训项目”，重点支持贫困地区积极开展农村青年科技致富带头人培训。2009年全团累计培训农村青年217.3万人。

【农村青年创业小额贷款实施】 2009年，共青团中央联合中国银监会出台《关于实施农村青年创业小额贷款的指导意见》，对金融担保方式进行制度创新，如自然人担保、联保、互保、经济组织的担保等，为青年创业贷款提供担保支持；联合人力资源和社会保障部下发《关于共同做好青年就业创业工作的通知》，为农村青年创业提供贴息等优惠政策。与中国农业银行签署合作协议，共同实施农村青年创业小额贷款项目，并在全国 10 个省份、55 个县开展试点。30 个省级团委与银行部门签署小额贷款合作协议，合作主体包括农业发展银行、农业银行、邮政储蓄银行、农村信用社、农村商业银行、农村合作银行、村镇银行等。坚持集中培训和分散培训相结合，以编印教材、举办培训班、通过远程教育网络以及互联网培训等方式，对基层团干部和农村青年开展金融知识培训。2009 年共举办金融知识培训 5539 期，培训 55.07 万人。共发放农村青年创业小额贷款 118.28 亿元，获得贷款的农村青年和返乡农民工总数为 28.28 万人。

【农村青年就业创业示范项目】 共青团中央与联想集团、上海种都种业、四季沐歌等企业签订创业就业合作协议，通过基层团组织层层推选农村青年参加企业的业务培训，之后在企业的产业链上创业就业。截至 2009 年底，联想示范项目培训 25537 人，种都示范项目培训 1152 人，四季沐歌示范项目培训 5672 人。河南、湖北、山东等地也与企业合作，启动了“圣工生态漆”、“千里马挖掘机”等多个促进农村青年创业就业示范项目。

【农村青年就业创业见习基地建设】 2009 年，共青团中央农村部联合中国农产品流通经纪人协会在农村经纪人创建的企业、合作社、协会中征集 156 家“见习基地”，联合中国青少年乡镇企业家协会中国农学会农业产业化分会和农业科技园区分会积极在农业产业化龙头企业、农村经济合作组织、民营企业中创建“见习基地”，共建立农村青年就业创业见习基地 1288 个，提供见习岗位上万个。其中辽宁、山东、湖北等地首批见习基地均超过 100 家。

【贫困地区基层团组织扶持】 通过组织内调动资源和向社会募集资金的方式，为 2209 个中西部较贫困或贫困地区县级团委各提供 3 万元资金；27 个省级团委以工作项目带动、工作经费扶持等方式对贫困区县团委给予支持，经费和物资价值达 1.6 亿多元；共青团中央所属的中国光华科技基金会支持贫困地区团组织图书等价值超过 8000 万元，中青国际公司向中西部贫困地区基层团组织捐赠电脑 2950 台。在选派处级以上干部到基层驻点同时，选派 2068 名青年志愿者到中西部贫困地区县级团委工作 1—3 年。加强贫困地区基层团干培训，通过分批集中培训和电视电话会议的方式，共青团中央书记处各有关人员直接对 2000 余名贫困地区进行了培训。将对外交流机会向贫困地区倾斜，2009 年有 400 余名贫困地区基层优秀团干参与出访交流活动。

【2010 年扶贫工作展望】 1. 扩大农村青年培训工作成效。以市场需求为导向，兼顾当地农村青年特点，分类实施好农村实用技术培训、就业技能培训和创业培训。坚持培训与就业相结合，进一步拓宽就业服务渠道，通过跨地区团组织对口协作，使农村青年流出地和流入地团组织建立稳定联系，帮助农村青年实现转移就业，促进团组织有效覆盖和工作影响；通过实施对口支援等方式，推动城镇用工单位与农村青年的劳务供需对接，实现城乡互动型

转移。联合科技部启动实施农村青年科技致富项目，加强与国务院扶贫办、农业部的合作，争取协调相关政策，推出合作培训项目。

2. 强化小额贷款工作。指导各地落实现有优惠政策，重点抓好人力资源和社会保障部门贷款贴息政策的落实工作。全面推进农村青年创业小额贷款农行项目，创新担保方式，及时总结各地小额贷款农行试点工作的经验和做法。积极创新农村青年创业小额贷款风险分担机制，与保险业金融机构开展合作，探索开发“信贷＋保险”金融服务新产品，指导、推动各地团组织整合资源，成立农村青年创业扶持基金和担保基金，为农村青年创业提供担保、贴息和奖励。探索农村青年创业小额贷款信用评价体系建设，与人民银行征信管理局合作，加强农村青年诚信意识和金融风险意识教育，推动农村青年信用共同体、信用村镇、信用户建设，建立和完善农村青年资信评价体系。

3. 推进就业创业示范性项目。加强与上海种都种业有限公司的沟通衔接，在按期完成2010年1000人培训任务基础上，抓好对学员在技术指导、就业帮扶、小额贷款等方面的后续跟踪服务。针对联想项目进展不平衡的实际，加强与联想集团的合作，探索工作机制，指导各级团组织与相应联想集团项目责任人的工作对接，实施好月报统计，总结典型，及时解决基层团组织在项目实施中出现的问题。分区域、分步骤实施好16个省份的四季沐歌项目，并通过下拨工作经费、奖励等方式，给基层团委实实在在的支持，确保完成218个县2万人的培训任务。指导各地积极借鉴模式，与其他企业进行类似合作，进一步扩大示范项目规模。启动实施美涂士创业致富项目。

4. 建立农村青年就业创业培训基地。抓好见习基地的衔接工作，重点解决见习岗位的对接问题，调动见习企业和见习青年两方面的积极性，确保见习基地建好、用好，发挥应有作用。坚持“不求所有、但求所用”的原则，通过有效的激励措施，依托农业产业化龙头企业、团属各类培训机构、青年中心、条件成熟的青年就业创业见习基地，建立一批“青字号”就业创业培训基地，探索解决共青团缺乏培训依托的难题。

5. 以农村青年科技特派员创业行动为载体，推动贫困地区科技支农工作。争取科技部门支持，发挥农村致富带头人、大学生村官等作用，在返乡青年中开展农业实用技术和创业培训。加强信息技术、资金等要素向贫困地区集聚，帮助贫困地区青年创业致富。

（共青团中央委员会）

中华全国妇女联合会扶贫

【概况】 2009年，全国妇联落实国务院扶贫办关于扶贫开发工作的部署，发挥妇联组织的优势，通过政策推动、项目帮扶、资金帮扶、劳动力转移、健康检查、定点帮扶等工作继续加大对革命老区、民族地区、边疆地区、贫困地区妇女发展扶持力度，为推动贫困地区经济社会的发展和妇女儿童事业的进步作出了贡献。

【妇女小额担保贷款财政贴息政策】 为解决贫困妇女在发展生产中遇到的资金瓶颈问题，2009年8月，全国妇联与财政部、人力资源和社会保障部及中国人民银行共同制定和出台了《关于完善小额担保贷款财政贴息政策 推动妇女创业就业工作的通知》（财金［2009］72号）。在贷款覆盖、额度等方面为妇女，尤其是贫困妇女以特殊支持，并由国家财政提供全额贴息。政策出台之后，各地高度重视，积极推进。10月，江西省在全国率先启动，召开工作推进会议，首批发放贷款158万元；江苏省作为地方财政贴息的省份，协调争取了首批1000万元贷款资金；甘肃、宁夏等省区也纷纷行动，确定试点、发放贷款。小额担保贷款政策的出台为贫困妇女发展生产，增收致富提供了资金支持。

【妇女“两癌”（宫颈癌和乳腺癌）检查项目】 2009年，在全国妇联的推动下，“两癌”检查项目纳入了医改方案六项重大公共卫生服务项目。6月，全国妇联和卫生部下发了《关于印发〈农村妇女“两癌”检查项目管理方案〉的通知》（卫妇社［2009］61号），8月，全国妇联下发了《关于妇联组织实施〈农村妇女“两癌”检查项目管理方案〉的通知》（妇字［2009］23号）。计划通过3年试点，采取宣传、健康教育和检查等方式，实施农村妇女“两癌”检查项目，对31个省区市221个县的1000万农村妇女进行宫颈癌检查，对200个县的120万农村妇女进行乳腺癌检查，提高“两癌”早诊早治率，降低死亡率。

【灾后重建对口支援工作会议】 2009年4月，全国妇联在四川省成都市召开了灾后重建对口支援工作会议。全国19个对口支援省市妇联的主要领导以及四川、甘肃、陕西省妇联和四川21个市（州）、19个受援县妇联主席等参加了会议。会上，全国妇联、对口援建省区市妇联和爱心企业、爱心人士向地震灾区捐赠资金3.366亿元，用于灾区重建和妇女技能培训、心理援助、儿童助学、劳动就业和妇女健康普查等。会议还出台了《关于妇联系统参与地震灾后重建对口支援的实施意见》（妇厅字［2009］8号）。强调在继续实施“千村妇女重建家园计划”的基础上，重点推进六大帮扶举措。重点通过开展资金帮扶、加大培训力度、实施项目援助、扶持创业就业、关爱妇女儿童健康、维护妇女儿童权益6个方面帮助灾区贫困妇女树立信心，发展生产，重建家园。

【“三八绿色工程”项目实施】 2009年，全国妇联在西部10个省区投入“双学双比”专项经费116万人，“三八绿色工程”项目经费165万元，扶持贫困地区妇女发展生产、就业创业、增收致富。

1. 实施“母亲健康快车”项目。向四川、新疆、西藏等中西部13个省区市发车近400辆，项目规模覆盖中西部地区近400个贫困县。

2. 实施母亲小额循环扶贫项目。2009年下拨专项扶贫资金2345万元。以贫困妇女为主要帮扶对象，通过培训和技术指导，扶助贫困户发展种植、养殖和加工业。

3. 实施“灾区母亲安居工程”。针对灾区妇女灾后重建的实际需要，投入资金近2000万元，为灾区妇女解决迫切需要的居住问题。

4. 实施“春蕾计划”。在社会各界的支持下，2009年新建春蕾学校61所，资助春蕾学生22000多人。

【“三下乡”活动】 2009年，全国妇联把地震灾区、革命老区农村妇女儿童作为开展“三下乡”活动的重点人群。在活动中，共向四川、陕西的地震灾区、福建、河北、北京的革命老区、贫困山区送资金、项目及物资总计达1.5亿元，其中包括捐建收养地震灾区孤儿的“安康家园”学校以及建设33所永久式春蕾小学；继续实施“母亲水窖”和小额贷款扶贫项目；农村妇女实用技术及农林科技培训项目；农村妇女、儿童常用药品以及健康知识培训项目；中国儿童少年基金会、中国妇女发展基金会和中国教育发展基金会还分别向灾区、老区农村的孤残儿童、贫困妇女以及灾区特困女教师捐赠了生活补助金。

【2010年扶贫工作展望】 2010年，全国妇联将根据党中央、国务院构建社会主义和谐社会和扶贫开发的总体战略部署，配合国务院扶贫办做好新时期的扶贫开发工作，以关注民生为切入点，以帮助贫困地区农村妇女增收致富为着力点，凝聚社会各界力量，切实为贫困地区妇女儿童办实事、办好事，进一步加大对贫困地区的支持力度，推动贫困地区经济和社会的可持续发展。

1. 推进小额信贷扶贫工作。2010年，全国妇联将全力推进小额担保贷款财政贴息政策的落实，力争在贷款覆盖面、贷款额度、贷款组织、奖补机制等方面实现新的突破，帮助妇女创业就业、脱贫致富。年初将举办妇女小额担保贷款各省妇联骨干培训班，将贫困地区妇联干部列为重点培训对象，帮助她们有效地掌握、运用和执行政策，熟悉项目运作流程，提高实施项目的能力和水平。下半年，将召开全国妇女小额担保贷款项目工作经验交流会议，推广各地的做法及经验，推进妇联小额信贷扶贫工作。

2. 做好妇女“两癌”检查项目。继续实施妇女“两癌”普查项目，重点向贫困地区贫困妇女倾斜。通过抓培训、宣传、检查、召开项目推进会等，确保贫困妇女得实惠、普受惠、长受惠，提高贫困地区妇女的健康水平。

3. 继续开展妇女教育培训。实施“5123”培训计划，（即在“十一五”期间对5万名妇女开展SYB创业培训；对1万名女农民经纪人进行技能培训；对2万名转移就业妇女骨干进行培训；对全国3000多个地（市）县的妇联干部、妇女儿童工作骨干进行业务培训。）重点加强对老、少、边、穷地区妇联干部、女科技致富带头人、女经纪人、女创业带头人的培训，拟与国务院扶贫办联合举办专题培训班；继续开展学历教育和创业培训，抓好一批农村妇女学校和示范培训基地。

4. 加大项目扶持，改善贫困地区妇女儿童生产生活条件。利用全国妇联的“双学双比”、“三八”绿色工程专项经费支持贫困妇女参与新农村建设，发展生产，增收致富；积极拓展募捐渠道，在西部继续实施“大地之爱·母亲水窖”、“母亲健康快车”、“春蕾计划”、“安康计划”等项目，扩大项目在贫困地区的覆盖面和受益面。

（中华全国妇女联合会扶贫办公室）

中国残疾人联合会扶贫

【概况】 按照党中央、国务院的部署，中国残疾人联合会（以下简称“中国残联”）配合国务院扶贫办承担残疾人专项扶贫工作和河北省南皮县的定点帮扶工作。

根据《国家八七扶贫攻坚计划》和《中国农村扶贫开发纲要（2001—2010）》，2001年，国务院扶贫开发领导小组、财政部、中国人民银行、中国农业银行和中国残联共同制定《农村残疾人扶贫开发计划（2001—2010年）》，“把残疾人扶贫纳入扶持范围，统一组织，同步实施”。各地制定的扶贫开发规划中，要把适合参加生产劳动的残疾人列为扶持对象，把残疾人扶贫开发活动作为一项重要内容纳入规划范围。国家扶贫开发工作重点县，要把残疾人扶贫工作纳入县级规划，统筹安排，同步实施，并对残疾人予以特殊扶持；其他地区要结合当地情况，制定残疾人扶贫开发工作计划，把稳定解决贫困残疾人温饱，提高收入，作为残疾人扶贫开发的重点，抓落实。

2009年，国务院扶贫办、财政部、中国人民银行、中国残疾人联合会下发《关于开展〈农村残疾人扶贫开发计划（2001—2010年）〉检查验收评估工作的通知》，验收评估的内容主要包括三个方面：一是全面检查《计划》任务目标的完成情况、实施成效和各项政策措施发挥作用的程度；二是对残疾人扶贫开发现状作出总结和判断；三是为残疾人扶贫开发政策措施的制定调整提供可靠依据。

【农村残疾人危房改造工程】 为了缓解农村贫困残疾人住房困难，中央安排彩票公益金专项用于农村贫困残疾人危房改造项目，由中国残联负责实施与管理。2009年度农村贫困残疾人危房改造项目任务总体计划6.9万户，其中中央资助中西部省1.02亿元，经济条件较好的省市如北京、天津、上海、浙江、福建、江苏、广东、山东、辽宁争取自筹资金，中央不再给予危房改造资金补助。

中央对危房改造户每户补贴资金2500元，省、市、县三级财政均按1:1的比例匹配中央资金。各地根据实际需要和财力可以增加本地区的任务量和资金补助数额。在危房改造具体实施中要求各地强化三项措施：一是强化组织领导，特别是危改项目实施县，领导小组发挥作用，为项目实施提供了组织保证；二是强化目标考核，很多省将危改项目纳入政府为民办实事工程，纳入对各级政府和有关部门工作目标考核范围，完善激励机制；三是强化督促指导，各级残联在项目实施中，加大对工程质量、进度、资金投入的监督和指导，进行跟踪问效和检查验收。据统计2009年残疾人危房改造完成 101959 户，超额完成年度任务目标。使无房危房的贫困残疾人住有所居、居有所安、安有所稳，解决这部分贫困残疾人的基本生活需求，增强残疾人生活的信心，对创建和谐社会起到了推动作用。

【康复扶贫贷款】 康复扶贫贷款是国家为解决贫困残疾人温饱而安排的专项信贷资金，用于扶持农村残疾人贫困户从事有助于直接解决温饱的种植业、养殖业、手工业和家庭副业，主要以“小额信贷”的方式直接扶持到残疾人贫困户。

2009 年康复扶贫贷款中央财政贴息资金 3000 万元，引导康复扶贫贷款计划 8 亿元。康复扶贫贷款和贴息资金直接管理权限由中央下放到省，其中发放到残疾人贫困户贷款（以下简称“到户贷款”）和贴息资金管理权限下放到县，由省（县）残联具体组织实施。在安排到省的中央财政贴息资金中，用于发放到残疾人贫困户的贷款贴息资金比例不得低于 50%；到县的具体贴息资金和贴息贷款指导性计划，由各省自行确定并安排到县。中央财政在贴息期内，对到户贷款按年利率 5%、项目贷款按年利率 3% 的标准，给予贴息。中央财政贴息一年。具体贴息期限由各省根据情况自主确定。贴息资金可采取直接或通过金融机构间接补贴给贫困户或者项目实施单位两种方式。有条件的地方逐步实行贴息资金直补到户和项目实施单位。中央安排到省的贴息资金额度，将视各省上年度康复扶贫贷款发放及贴息工作绩效和当年工作计划完成情况进行调整。项目贷款要重点投向促进农村贫困残疾人（户）快速增收，辐射带动贫困残疾人覆盖面大的种植业、养殖业、加工业中小型扶贫企业项目。中央不再指定专门金融机构承担康复扶贫贷款任务，任何愿意参与康复扶贫贷款工作的银行业金融机构，均可发放康复扶贫贴息贷款。贷款所需本金由承贷金融机构自行筹集，贷款利率由金融机构根据中国人民银行的利率管理规定和贷款利率定价机制自主决定。贷款期限由金融机构视实际生产周期灵活确定。承贷金融机构在残联确定的残疾人贫困户名册和康复扶贫项目库中自主选择、独立审贷。2009 年实际落实贷款规模 79185 万元，扶持贫困残疾人 68893 人。

根据《国务院扶贫办、中国残联关于进一步做好残疾人扶贫工作的会谈纪要》，国务院扶贫办将确保每年 8 亿元康复扶贫贴息贷款规模。在国家相应的扶贫政策出台前，按照责任到省、任务到省、资金到省、权力到省的原则，将财政扶贫资金向贫困残疾人适当倾斜。

【农村残疾人实用技术培训】 开展残疾人实用技术、素质培训是提高残疾人思想素质和就业能力、实现脱贫致富的有效手段。残联围绕新时期残疾人扶贫开发工作目标任务，多渠道、多层次、多形式开展培训。选择适合残疾人特点的方式和内容，将农业实用技术培训、劳动力转移就业培训有机结合起来，确保每个贫困残疾人家庭至少有 1 名劳动力掌握 1～2 门实用增收技术。各级残联安排就业培训项目时，向农村残疾人予以倾斜。

2009 年中央下拨实用技术培训经费 600 万元，对中西部贫困地区给予了一定倾斜和照顾。年度任务目标是扶持中西部 20 万农村贫困残疾人开展实用技术培训，据统计扶持贫困残疾人参加培训 84 万人次。

【扶贫基地建设】 扶贫基地以直接安

置残疾人就业、辐射带动、帮扶残疾人脱贫致富为目的，使更多的残疾人能直接得到安置、扶持和带动。依托社会资源，通过康复扶贫贷款扶持投入、财政扶贫资金的注入、残疾人就业保障金的有效扶持，加大对农村残疾人扶贫就业培训基地的整体建设。

2009年，中国残联对于地方建设残疾人扶贫基地的数量和标准做了明确具体的要求。初步统计，地方共建立残疾人扶贫基地4021个，扶持残疾人30万人。

【"两项制度"衔接工作】 2009年，针对残疾人扶贫工作面临的新形势、新任务，中国残联督促贫困地区残联参与两项制度衔接工作。在国家新的扶贫标准下对建档立卡的贫困人口进行残疾分类统计，核定农村绝对贫困残疾人口和低收入人口数量，做好农村低保、救助消除绝对贫困，扶贫开发提高收入摆脱贫困的政策衔接。研究制定和完善新阶段扩大扶贫开发工作范围，针对农村残疾人扶贫开发的有效政策措施；坚持落实农村贫困残疾人多项优惠政策和探索制定特惠政策，确保国家各项优惠政策落实到户到人。

【2010年扶贫工作展望】 我国贫困残疾人口数量大，一些地方的贫困残疾人口占到当地贫困人口的三分之一以上；残疾人贫困程度深，贫困残疾人往往是贫困人口中的最贫困者；自我发展能力弱，返贫比例高，是贫困人口中最难以脱贫的人群。目前，贫困残疾人是扶贫工作中的"难中之难、困中之困"，已成为整个扶贫工作的突出问题和难点问题，同时也是农村残疾人工作的"重中之重"，只有切实解决好贫困残疾人的脱贫问题，才能真正确保我国扶贫工作的整体健康发展。

1. 与国务院扶贫办等部门进一步沟通合作，确保残疾人完全融入"大扶贫"战略。在低保与扶贫开发政策衔接工作中协调各部门，直接参与协商到衔接工作的各个环节，在组织和制度上为保障残疾人权益不被损害而打下基础，要多方努力多渠道将有一定劳动能力的残疾人纳入扶贫开发的范围。中国残联、国务院扶贫办将会同有关部委，进行专题调研，共同研究出台对贫困残疾人的具体扶贫措施，推进和拓展残疾人扶贫工作新领域。根据《国务院扶贫办、中国残联关于进一步做好残疾人扶贫工作的会谈纪要》，残疾人扶贫开发工作继续纳入国家"大扶贫"格局，把农村贫困残疾人列为重点扶贫对象之一，研究制定针对性、可操作性强的特殊扶贫政策和扶助措施；在扶贫系统扶贫对象监测体系中，对残疾人进行分类登记统计。

选择一部分管理能力强、残疾人迫切需要发展而缺少资金的贫困村，开展村级互助资金试点，支持残疾人扶贫基地，带动有劳动愿望和能力的贫困残疾人脱贫致富。试点工作在现有的管理机制和运作模式框架内运行。中国残联指导各省残联协调当地扶贫办落实试点工作。

把残疾人扶贫工作作为重要内容，并在新的十年扶贫开发纲要中有重要体现。与此同时，要着手研究制定新阶段推进残疾人扶贫工作的文件。

2. 强化残疾人专项扶贫措施，提高扶贫实效。（1）在农村各类建设项目，优先保障贫困残疾人生产生活。争取政府支持，协调扶贫、财政、建设、交通、广电等有关部门，在安排基本农田、基础设施、环境改造和公共服务等农村建设项目时，优先将贫困残疾人家庭纳入项目实施范围，制定优惠政策和措施，确保同步或优先解决好贫困残疾人家庭的人畜饮水、通电、通路、通邮、通电话、通广播电视等现实困难。

（2）依托农村产业化发展，创新扶贫模式，帮助贫困残疾人家庭因地制宜发展特色种养业和其他增收项目。帮助农村残疾人发展符合当地实际、兼顾残疾人特点且有特色、有市场的种养加及服务业项目，吸引科研机构、各类农村专业合作机构和行业协会组织参与残疾人扶贫开发，积极发展残疾人“公司加农户”和订单农业，为贫困残疾人家庭提供信息、技术、销售等全程服务，提高残疾人家庭扶贫项目的质量和效益；依托产业发展，探索开展资助残疾人入股农业专业合作社扶贫模式，通过务工、分红或土地流转收益来稳定增加贫困残疾人家庭的经济收入。

（3）加大扶贫培训力度，提高农村贫困残疾人的科技文化素质。做到培训1名就业1名扶持1名；残疾人培训中把推广应用先进实用的科学技术作为重要内容，选择适合残疾人特点的方式和内容，将农业实用技术培训、劳动力转移就业培训有机结合起来，确保每个参加培训的残疾人真正掌握实用增收技术。

（4）激活残疾人服务社的功能，为残疾人扶贫开发提供全方位保障服务。按照扶贫工作总体要求，积极搭建服务平台，激活原有县、乡残疾人服务社功能，完善功能定位，健全服务制度，增强服务意识，提高服务水平。要依托残疾人服务社，及时掌握农村贫困残疾人家庭的劳动就业和生活状况，加强与农村其他专业化、社会化组织的合作，为残疾人生活保障和扶贫开发提供全方位协调服务。

（5）发挥好康复扶贫贷款作用，扶持贫困残疾人家庭发展生产。摸索到户贷款和项目贷款的有效运作模式，为贫困残疾人家庭获得贷款创造条件；加强与各类农村金融机构沟通和协调，重点研究探索残疾人到户贷款扶持种养加项目与政府目标责任制、与社会化帮扶机制的有效结合，探索推广用财政资金和残疾人就业保障金作为风险金，解决到户贷款的担保难题，扩大到户贷款扶持面；在全国稳定扶持一批产业化带动能力强，扶持残疾人数量多、效果好的“种养加”龙头项目企业，加大康复扶贫贷款作用于产业化扶贫项目的认定管理，要督促贷款项目单位，切实履行扶助残疾人的措施。

（6）加快推进农村残疾人危房改造和移民搬迁，改善贫困残疾人家庭的居住条件。借助国家保障性安居工程和实施农村危房改造的有利时机，争取将农村贫困残疾人纳入国家实施的各类农村建房项目范围，将中央补贴资金、社会捐助资金和其他各类建房项目整合，加快解决农村贫困残疾人家庭的住房困难；要争取和配合扶贫部门，关注少数民族地区贫困残疾人居住状况，对一些居住在高寒偏远地区、生存条件恶劣、自然资源贫乏、难以进行扶贫开发的贫困残疾人家庭，有计划、有组织、分阶段地实施移民搬迁，危房改造和移民搬迁都要做到与扶贫开发有机结合，要尊重残疾人意愿，注重房屋质量和无障碍功能，做好后续服务和保障工作；在完成建房任务同时，要继续关注危改户生产生活问题，避免发生残疾人家庭因建房而返贫的现象。

（中国残疾人联合会）

国家旅游局扶贫

【概况】 国家旅游局一直以来非常重视旅游扶贫工作，通过发展乡村旅游、生态旅游和民俗旅游等形式，积极推进旅游扶贫工作，并将旅游扶贫明确为全局工作重点之一。2009年，从政策、项目和资金等方面继续对贫困地区发展旅游业给予政策导向，给予产品引路，给予资金支持，并取得明显成效。

为进一步发挥旅游业在旅游扶贫工作中的重要作用，按照国务院扶贫办的要求，增加国家旅游局党组副书记、副局长王志发为国务院扶贫开发领导小组成员。为推进旅游扶贫工作，局内建立专门工作机构，在研究2009年工作时，把旅游扶贫作为2009年重点工作之一加以部署。2009年3月，国家旅游局王志发副局长与国务院扶贫办有关负责人就落实十七届三中全会《决定》精神，进一步做好新阶段旅游扶贫工作等问题进行了座谈，双方就旅游扶贫的重要作用达成一致意见，并商定两部门今后开展旅游扶贫工作的相关事宜。

2009年7月，国家旅游局在黄山召开全国乡村旅游发展工作会议，会议介绍了我国乡村旅游发展的典型经验，并对乡村旅游发展促进农村贫困地区发展模式进行积极探索，总结出乡村旅游促进农民致富的新模式。

【旅游扶贫试验区建设】 旅游业在促进区域间收入分配、促进贫困地区经济发展的作用日益显现。为此，国家旅游局一直把扶贫工作作为旅游业发展的重要方面。通过国家旅游扶贫试验区建设，选择试点省份，在总结经验的基础上，全面推广。通过把旅游业培育成相关区域的重要产业或支柱产业、并探索使当地居民受益的可持续发展方式。

2009年4月7日，国家旅游局和世界旅游组织联合召开旅游扶贫开发座谈会，会议围绕“旅游扶贫的合作推进、工作机制、落实具体方案”等问题达成共识，并明确广西、云南、贵州和安徽4个省区作为中国旅游扶贫先行试点省份。在总结试点省份工作经验的基础上，旅游扶贫工作将在全国更大范围内得到推广。

【旅游发展基金投入】 项目支持和资金投入是国家旅游局实施旅游扶贫的重要方式。通过加大对贫困地区旅游项目建设的支持，贫困地区旅游业发展在促进就业、增加收入、改善风貌等方面显现出明显成效。实践证明，增加资金投入，进行项目支撑是旅游扶贫比较直接和有效的方式。

2009年，国家旅游局继续为贵州省江口县安排旅游发展基金10万元，用于旅游基础设施建设。同时，共向28个国家扶贫工作重点县的旅游项目支持旅游发展基金1165万元，用于旅游景区基础设施和公共服务设施建设。

【部门联动旅游扶贫】 为进一步做好旅游扶贫工作，国家旅游局继续加强与国务院扶贫办和农业部等部门的合作。2009年，国家旅游局领导与国务院扶贫办领导举行多次座谈，对旅游扶贫工作达成了共识，形成了思路。同时，国家旅游局继续加强与农业部的合作，联合农业部相关司局共同推动乡村旅游（休闲农业）的发展，深化旅游扶贫工作。乡村旅游的发展，包括乡村旅游产品标准体系构建、乡村项目开发模式和经营模式、典型村镇的经验推广等多个方面，使原来的“旅游扶贫试验区”实现了产业支撑。

【2010年扶贫工作展望】 1. 加快推进旅游扶贫试验区工作。开展旅游扶贫既要坚持十七届三中全会《决定》提出的“推进农村扶贫开发”的精神，让贫困地区老百姓真正得实惠，又要考虑到旅游业发展的客观规律，规划建设一批旅游功能齐备的“旅游扶贫试验区”。在全国扶贫重点区域，以发展红色旅游、乡村旅游、生态旅游为重点，以培育旅游产业、打造旅游品牌为主要内容，结合扶贫办开展的整村推进、劳动力转移培训等，开展“旅游扶贫试验区”工作，在选择重点地区建立一批“国家旅游扶贫试验区”，取得经验的基础上，逐步推广。

2. 制定“旅游扶贫试验区”国家标准。乡村旅游不但是在建设社会主义新农村主题下的重要工作，也和国家扶贫“整村推进”的思路相吻合，更主要的，乡村旅游是国家旅游扶贫试验区的主要产品形式。今后将结合正在制定的《乡村旅游标准》，加快制定《旅游扶贫试验区标准》，以标准引导和促进旅游扶贫试验区的开发和建设工作。

3. 继续开展好定点扶贫相关工作。继续加强国家旅游局定点扶贫地区的旅游扶贫工作，加大旅游公共服务，引导和推进贫困地区旅游业发展，推进地区经济发展。

（国家旅游局扶贫办公室）

住房和城乡建设部扶贫

【概况】 住房和城乡建设部（以下简称“城建部”）以让贫困人口直接受益为工作目标，着眼于改善贫困人口居住环境，提高生活质量和长远发展，推动建设行业扶贫工作的健康发展。

历届城建部领导关心定点扶贫工作。李振东、宋春华、汪光焘、傅文娟、陈大卫、姜伟新等部领导及众多司局级干部，带着对贫困地区人民群众的深情厚谊，先后赴青海省果洛藏族自治州的达日县、班玛县和黄南藏族自治州的同仁县、泽库县的开展定点帮扶工作。2009 年 4 月，姜伟新部长亲自带队到黄南州调研了解学习实践情况和定点扶贫工作，听取了州、县政府的情况介绍，到 2 个村镇进行实地调研，协商确定相关扶贫事项。

【扶贫工作回顾】 城建部的扶贫工作大体上经历了三个阶段。第一阶段，通过 5 年的努力，部党组与青海省委、省政府携手并进，青海 4 县的藏族同胞基本摆脱贫困，实现了党中央提出的到 20 世纪末基本解决贫困人口温饱问题；第二阶段，城建部坚持一如既往地做好扶贫工作，提出严格的扶贫方针，即扶贫工作要与西部大开发、发挥当地经济优势、发展外向型经济结合起来，从大规模扶贫转向到村到户，从帮助扶贫转向防止返贫；第三阶段，从重点区域转向进行全方位定点扶贫。在扶贫观念上，由救助型向扶助型转变。通过各种扶贫政策措施，使扶贫对象即贫困地区的贫困人口达到脱贫致富的目标；在扶贫方式方法上，由重传统向重创新、重外部注入向重内部培育转变，从产业扶贫到教育扶贫等多类型综合扶贫转变。城建部以满腔热情的工作态度。

【扶贫工作机制建立健全】 根据城建部职能制定的扶贫工作方案，部领导召开专门扶贫工作会议，分解工作任务。要求部内各司局和事业单位进一步提高认识，把扶贫工作列入本单位的工作日程，建立健全领导责任制和分工负责制，细化措施，抓落实。将国家强农惠农政策进一步向贫困地区倾斜。对贫困地区农村危房情况，农村人居环境等问题进行深入调研，开展调查研究和工作指导力度，加大改革倾斜力度。坚持“省负总责，县抓落实，规划到村，扶贫到户”的工作机制，增强领导扶贫考核内容，各级扶贫机构切实履行职责，健全规划体系，加强扶贫信息系统建设，健全了机构。

【农村危房改造试点】 2009 年，农村危房改造工作已基本形成城建部牵头、部门协作的工作机制。与有关部委共同制定了包括农危房改造的试点范围、补助标准和补助对象等基本政策文件，为今后农村危房改造及解决农村困难群众住房安全问题奠定了基础。

1. 会同相关部委制定重要文件，加大农村危房改造力度和资金补助计划。2009年，为落实党中央、国务院政策，城建部会同国家发改革委、财政部出台《关于2009年扩大农村危房改造试点的指导意见》（建村［2009］84号），全面部署扩大农村危房改造试点工作。配合财政部、国家发改委出台《财政部 国家发展改革委 住房城乡建设部关于下达2009年扩大农村危房改造试点补助资金的通知》（财社［2009］41、42号）。在试点范围确定上，覆盖了国家扶贫开发工作重点县、陆地边境县、西部地区民族自治地方的县；在资金和任务分配上，向贫困地区、边境地区、民族地区倾斜；在补助对象选择上，以居住在危房中的分散供养五保户、低保户和其他农村贫困农户为重点。

2. 将贫困地区作为农村危房改造试点工作的重点区域。2009年中央共投入资金40亿元，支持79.4万农村危房户完成改造任务。在2009年全国纳入试点范围的996个县中，有国家扶贫开发工作重点县558个、陆地边境县126个、民族自治地方的县630个（三种类型有交叉重叠），分别占相应总数的94.3%、92.6%、90.3%。中央补助资金和试点任务的98.2%投向了上述地区。

3. 高度重视边境地区扶贫试点农村危房改造。按照守边先安民，安民先安居的原则，以住房改造为解决守边户民生问题的切入点。重要的“民心工程”之一，支持新疆的“抗震安居”工程。截至2009年底，新疆已累计新建、改造抗震安居房227万余户，共有900万人搬入新居，其中2009年完成35万余户，在边境一线新建抗震安居房450套，2.34万平方米。其中223户定居守边户，227户为季节性守边牧民。2009年新疆抗震安居工程开工率明显高于往年，阿克苏、吐鲁番、和田、巴音郭楞蒙古自治州、阿勒泰、乌鲁木齐、克拉玛依等地开工率已达100%。除资金到位率高、技术人员队伍成熟之外，牧民定居、扶贫安居、残疾人危房改造等项目的实施，也加速了抗震安居工程的进展。

【灾区恢复重建工作】 根据中央提出的“把抗震救灾同扶贫开发结合起来，增强灾区自我发展能力”和“三年任务两年完成”的要求，全面展开四川、甘肃、陕西3省的灾后恢复重建工作。

1. 开展灾后恢复重建工作。组织专家组对灾区的地质、环境、发展方向进行实地调研，开展规划设计工作。指导灾区恢复重建。截至2009年年底基本完成农房恢复重建任务。组织专家组对四川灾区8县（市）19个居民点村镇规划和农房建设情况进行检查，检查报告报国务院汶川地震灾后恢复重建工作协调小组。组织专家开展村镇建设检查评估。从检查结果看，灾区恢复重建村镇建设工作成效显著，灾区农民住房条件有了根本性的改善，农房质量安全性能有了很大提高。

2. 灾区恢复重建工作经验总结。委托绵阳市总结恢复重建农村建筑工匠培训的经验，编写农村建筑工匠培训教材。利用台湾善款，援建甘陕灾区薄壁轻钢结构农民自建房近900户。不仅为地震灾区农户重建家园提供了支持，而且为新型建材、新型结构类型房屋在农村的应用推广积累了经验。

【定点扶贫】 1994年以来，城建部承担了青海省果洛藏族自治州的达日县、班玛县和黄南藏族自治州的同仁县、泽库县的定点帮扶工作。结合定点扶贫地区的实际情况，城建部确定了群众的住房，县城供电、通讯、交通、供水、道路等基础设施，教育、体育、广播电视等文化事业等帮扶项目。2009年，城建部帮助青海沿黄3镇（康杨镇、马克塘镇、坎布拉镇）编制控制性详细规划。捐助资金100万元，专项用于尖扎、泽库两县建设10个村级活动场所。协调北京市环卫集团、上海市环卫集团，为尖扎、泽库两县捐赠1辆垃圾清扫车和垃圾箱，约合45万元。

【国内和国际交流合作】 发挥扶贫外交的独特作用，继续“请进来，走出去”采取培训交流等形式，促进与国际社会减贫与发展经验的分享。

1. 引进农房建设项目。引进台湾对甘肃省贫困地区薄壁轻钢结构农房建设项目，积极对援建工作做好沟通和保障工作。

2. 与法国开发署合作共同出版《农村抗震节能住宅建设实用指南》。指导灾区农房恢复重建。并商定今后继续进行农村污染整治、农房建筑节能合作，支持“电影放映工程”等项目。

3. 与香港无止桥慈善基金会合作。在凉山州会理县新安傣族自治乡马鞍桥村开展村庄和农房灾后恢复重建示范项目。在无止桥基金会资助下，已完成一座农村地区的人行便桥建设。

【培训扶贫】 城建部积极开展贫困地区技术支持和基层干部培养工作。着重发展贫困地区技术人才的培训工作，完善培训制度，提高培训的实效，为贫困地区培训青年技术人才。2009年6月和10月，分别在北京、江苏省为青海尖扎和泽库两县干部职工举办两期培训班，通过集中授课和参观考察等方式，90名来自基层的干部参加培训。

【乡村农房建设技术服务】 1. 编制农村住宅通用示范设计图。2009年，城建部历时两年编制完成“系列小城镇住宅国标图集”，包括16个地域的农村住宅通用示范设计图以及建筑构造图、结构构造图、给排水构造图等内容，对乡村农房建设、改善村容村貌等发挥了指导作用。

2. 开展送技术下乡活动。2009年，城建部在北京、西藏、海南、山东、安徽等地，围绕村镇规划、基础设施建设、农房建设等方面，开展了“送图下乡”活动及其他各类技术服务。

【2010年扶贫工作展望】 1. 扩大农村危房改造扶贫力度。依据国家对扩大农村危房改造试点的财政支持，结合城建部实地调研掌握的贫困地区状况，城建部将会同有关部门，按照中央关于加大农村危房改造力度的要求，继续支持贫困地区、西部地区、边境地区、民族地区等重点地区的贫困农户危房改造。制定相关政策加大对贫困地区农村危房资金的投入力度，保障贫困地区农民的住房安全。

2. 加大抗震安居房建设工程。以抗震安居房为重点，着力改善民居质量和环境，边民抗震安居房建设率和入住率达到100%，户均基本住房面积达到50平方米以上，生活配套设施基本完备。

3. 做好“三下乡，五服务”行业扶贫任务。按照中央1号文件的分解任务的要求，制定“建材下乡”调研任务，完成试点选取和方案拟定，探索对贫困地区农房建设进行补贴政策。在“送图下乡”取得良好社会反响的基础上，进一步将加强调研，根据需要，进一步完善贫困地区相关标准图集。帮助贫困地区开展工程质量安全培训。

4. 做好贫困地区人才培养工作。为贫困地区培训青年技术人才，贯彻中央扶贫"雨露计划"，制定相关的培训计划，完善培训体制，逐步加大培训的范围。从实际出发。在工作中突出抓科技扶贫，引导、指导农牧民改变经营管理理念，推广适用科学技术。加强了对农牧民的专项技能培训，以科技和知识提高贫困农牧民的脱贫致富的能力。巩固和发展城建部培训技术人才的扶贫工作特色，为贫困地区输送技术、输送人才。

5. 继续加强定点扶贫工作力度。按照党中央、国务院对定点扶贫工作的部署，结合青海尖扎、库泽两县的实际情况，协调财政部将尖扎县列为国家级可再生能源建筑应用示范县。协调发改委，支持泽库县麦秀镇生活垃圾处理厂建设项目。利用系统内部各种资源，为黄南州及两县培训住房和城乡建设系统党政领导干部和专业技术人员。

（住房和城乡建设部扶贫办公室）

五

定点扶贫篇

中央纪委监察部机关扶贫办定点扶贫

【概况】 按照党中央、国务院的统一部署，中央纪委监察部机关的定点扶贫工作于2004年4月从河南转到四川，定点帮扶乐山市马边彝族自治县和凉山彝族自治州甘洛县两个国家扶贫开发工作重点县；2006年下半年，宜宾市的国家扶贫开发工作重点县——屏山县被列入委部扶贫联系点。5年来，在国务院扶贫办的指导帮助下，在中央国家机关和四川省委、省政府及有关单位支持下，中央纪委监察部贯彻党中央、国务院关于扶贫开发工作的方针政策，协调扶贫资源，围绕贫困人口脱贫这个中心，努力工作，定点扶贫工作取得显著成绩，共为3县在国家部委和省内争取项目47个，涉及资金2亿多元；招商引资项目7个，资金近10多亿元；从社会各界筹措扶贫资金2.83亿元。经过共同努力，3县贫困人口的生产生活状况得到了明显改善，贫困人口已从2004年的20.81万人减少到2008年的13.7万人。特别是贫困户搬迁、引进扶贫龙头企业、动员和吸收社会力量参与扶贫等方面有新的突破，扶贫成效明显，社会效益良好，受到当地党委政府和干部群众的称赞。

【定点扶贫工作措施】 中央纪委监察部作为全国纪检监察系统的领导机关，地位特殊、作用特殊，委部领导把定点扶贫工作作为反腐倡廉工作有益补充来抓紧抓好，以真正体现纪检监察机关既坚决惩治腐败，查处贪官污吏，又率先垂范做群众贴心人，关心帮助贫困群体，全面树立可亲可敬的形象。

1. 定期检查指导扶贫工作。机关定点扶贫工作一直得到委部领导的关心、重视和支持。党的十七大闭幕后，新一届中央政治局常委、中央纪委书记贺国强到机关工作的第二天，在中央书记处书记、中央纪委副书记何勇的陪同下就到机关扶贫办看望扶贫干部，听取工作汇报并作重要指示。中央纪委上一届领导班子非常关心重视机关扶贫工作。吴官正、何勇经常关心过问扶贫工作并作出指示要求，对扶贫办干部的工作予以肯定和表扬。

2007年初，吴官正在北京接见机关定点扶贫的四川省及乐山市、凉山州的干部。何勇多次听取扶贫工作汇报并提出要求。前任机关扶贫工作领导小组组长、副书记干以胜坚持亲自组织指挥协调扶贫工作。新任机关扶贫工作领导小组组长，中央纪委常委，秘书长吴玉良听取机关扶贫工作汇报，召开领导小组会议，审定2008年扶贫工作意见，专程到定点贫困县调研，为做好机关扶贫工作指明方向。委部其他领导如到扶贫点地区出差时就代表委部领导和机关看望扶贫挂职干部，听取扶贫工作汇报。

2. 设立专门的领导机构和工作班子。委部机关在中心工作任务重，机关人员紧张的情况下，成立了机关扶贫工作领导小组，设立了机关扶贫办公室，并规定每年要开好“三个会”，即：机关扶贫工作领导小组会议、机关定点扶贫工作座谈会、机关扶贫工作总结会。干部部门每年从机关选拔优秀干部下派到扶贫点挂职扶贫，为机关扶贫工作提供了良好的组织保证和队伍保证。

3. 解放思想敢于创新是扩大定点扶贫成效的关键。扶贫工作是一项系统工程，既要因地制宜，符合实际，又要发挥主观能动性和创造性。解放思想，敢于创新，开拓新思路，寻找新渠道，就能取得事半功倍的成效，提高扶贫工作的质量和效益。发挥纪检监察机关的组织协调作用，作了探索和努力，拓宽帮扶渠道和手段，取得良好的扶贫效益和社会效果。

【对口帮扶】 协调百强县对口帮扶，助推扶贫点经济社会发展。东部发达地区尤其是百强县（市）无论是在经济发展模式、经营管理方法，还是投资发展的软环境，都值得欠发达地区特别是贫困地区学习和借鉴，从中受到启发，得到帮助。经我们联系协调，江苏昆山市、张家港市结对帮扶马边县，广东顺德区、浙江绍兴县结对帮扶甘洛县。结对帮扶 3 年来，百强县不仅为两县带来一批项目，先进的理念和管理模式，更为县带来了收益。据统计，4 个百强县共为两县无偿提供帮扶资金 3000 多万元，有 16 所学校、医院相继建成；两县与百强县先后有 200 余名干部、教师互派挂职锻炼；两县输出劳务人员上千人；百强县干部、教师还结对资助两县贫困学生 300 余人。两县干部群众感谢百强县“伸出友谊手，小康路上共同走”！盛赞这是一种“先富帮后富，和谐共致富”的扶贫新模式。

【医疗卫生扶贫】 定点扶贫县是贫困的民族地区，由于地理条件限制和历史原因，造成了当地群众就医条件与其他地区差别极大。为做好医疗卫生扶贫这项专业性较强的工作，3 年来，先后协调南京市卫生局，北京复兴医院等 30 多家卫生部门和医疗机构为两县培训医务骨干 300 多名；共为两县筹措 1000 多万元的医疗资金、设备和药品；组织开展专家义诊、百名白内障复明手术、万例妇女病普查等多项活动。在卫生部、四川省卫生厅支持下，两县推动实施了新型农村合作医疗工作，基本上改变了贫困群众看病难、看病贵的状况。

【企业扶贫】 改革开放以来，随着我国经济社会的蓬勃发展，出现一批经济实力强、社会形象好、诚信度高、愿意参与扶贫及公益事业的企业。近年来，为拓宽帮扶渠道，探索帮扶形式，中央纪委监察部协调社会力量参与扶贫工作，取得良好效果。

1. 协调广东碧桂园集团结对帮扶 3 县。广东碧桂园集团是年交税达 20 亿元的大型民营企业，实力雄厚、效益良好、诚信度高，多年来无偿捐资 4 亿多元用以扶贫、助教、助残、慈善等公益事业。经多次沟通协商，广东碧桂园集团与 3 个县签定了结对帮扶协议，将在今后 4 年里无偿捐资 2.4 亿元用于 3 县的扶贫开发工作。截至 2008 年，已到位 1.2 亿元，用这批资金建设的两所职业技术学校正在建设；1200 户高山贫困人口开始实施搬迁；6 所小学已经竣工；30 公里通村公路已经通车。

2. 组织协调南京 10 家优秀企业进行扶贫考察。2007 年 8 月中旬，南京市 10 家优秀企业赴甘洛、马边两县进行扶贫考察，并为两县捐赠 300 万元教育扶贫资金用于修建 10 所希望小学，并承诺与捐建学校结对，继续予以支持。2008 年南京又有 4 家企业，为两县捐增 400 万元，用于学校和医院。

3. 协调一批企业捐资助学。4 年来，先后协调香港慈善基金会、河南中油气、广东中发、河南铃锐、山西金峰冶铁、河南蓝天、福建金帝等 10 多家企业为 3 县教育捐资 1500 多万元，捐建中小学 42 所，捐献衣物书包 6 万多件，电教设备 100 套。

【易地搬迁帮扶】 贫困人口搬迁工作是根据马边、甘洛两县贫困人口特别是彝族贫困群众多生活在 2000 米以上条件恶劣的高寒山区和地质灾害严重地区的实际，所做出的帮扶两县贫困人口脱贫的重要举措，也是机关扶贫工作领导小组确定的重要任务。两县共有 10000 余户贫困群众急需实施易地搬迁。扎实做好贫困人口搬迁工作，是以贫困群众切身利益为出发点做好扶贫工作的务实之举；是改善贫困群众基本生产、生活条件和生存环境，真正摆脱贫困的治本之策；是建设社会主义新农村、构建和谐社会的具体体现。从 2007 年开始，纪委监察部在试点的基础上，2009 年全面铺开贫困人口搬迁工作。组织协调两县成立机构、完善机制、制定规章、注重配套，协调各类搬迁帮扶资金 5000 多万元，按照“搬得下，稳得住，能致富”的原则，两年共搬迁 2500 多户贫困人口。

【产业化扶贫】 两县属于大小凉山地区，被称作四川盆地的“盆边儿”，境内属高山峡谷地貌，悬崖峭壁、沟壑纵横，生态资源脆弱，林、茶、畜、荞、药等关系贫困农村人口收入的龙头产业正在培育和发展当中，尚未形成较大规模，贫困农户增收难问题仍然比较突出。针对这一现实，近年来重点引进并支持扶贫龙头企业，以有效解决这一问题。引进安徽亚普集团深度开发马边、屏山两县的林竹资源，2008 年 9 月 1 日，该公司投产的年产 3 万立方米 OSB 密度板项目在屏山正式开工，将惠及 2.4 万贫困人口增收；引进北京金冠鸿远公司投资开发马边、甘洛两县的茶叶、黑苦荞等农产品；为甘洛争取到了“中国黑苦荞之乡”的地域保护专誉和设立国家农产品加工研发分中心，2008 年 11 月 18 日，该项目新厂址正式开工，通过公司加农户方式将逐步解决 3 万多贫困彝族群众增收问题。

【培训扶贫】 实践证明，劳务输出是一条贫困人口投入少、见效快的脱贫致富捷径。3 县总人口 60 多万，劳动资源较为贫乏，加之观念落后，劳务输出没有形成规模。针对这一情况，近年来，督促两县加大宣传和组织力度，改变贫困群众对劳务输出的认识，树立“输出一名劳务人员，带动一家脱贫致富”和“走出去、干起来、富得快”的观念，并依托粤、浙、苏 3 省 4 个百强县庞大的劳务需求市场和优势，输出劳务人员上千人，取得一定成效。

【清廉扶贫】 开展扶贫工作，一方面接受的是贫困人口缺吃少穿、生活窘迫的冲击和教育，另一方面面临着又是与企业老板打交道、过手一笔笔扶贫资金物资的诱惑与考验，做到超脱寡欲、克己奉公，时时心系贫困群众，才能做好这项工作。

1. 加强监管扶贫资金和物资。机关扶

贫领导小组坚持把扶贫资金和物资的监管作为重要工作来抓。3县分别成立了扶贫资金物资使用监察审计组，由纪检、监察、审计、财政、工程质检、县扶贫办等部门负责人组成，直接向对口帮扶领导小组负责，全程跟踪监管资金使用情况；同时制定了《扶贫资金监督管理办法》和《社会捐赠物资监督管理办法》，建立健全扶贫资金物资使用程序和档案管理制度，在3县设立了专门的中纪委扶贫资金账户，机关扶贫办经常过问查检扶贫资金使用和监管情况；下派挂职干部经常开会、或查阅有关材料，随时掌握扶贫资金使用情况，确保扶贫资金物资使用既发挥效益，又不出问题。

2. 严格要求机关参与扶贫工作干部。“无私奉献，清廉扶贫”既是委部领导对机关扶贫干部的希望和嘱托，也是开展扶贫工作的纪律和要求。无论是扶贫办干部还是挂职干部在下基层、跑项目的过程中，都能时时绷紧这根纪律之弦，保持清醒头脑，不谋私利，廉洁自律，求真务实，扎实工作，保持和树立了中央纪委监察部机关干部的良好作风和形象，既赢得机关单位和企业的敬佩，也博得当地党委政府和干部群众的赞誉。2008年10月下旬，四川省召开“中央和国家机关在川定点扶贫工作座谈会”，委部机关定点扶贫工作的经验做法受到与会者一致好评。11月中旬，《四川日报》、《华西都市报》等四川省内多家媒体对机关定点扶贫工作作了专题报道，社会效果良好。

（中央纪委监察部机关扶贫办公室）

国务院台湾工作办公室定点扶贫

【概况】 2002年以来，国务院台湾工作办公室（以下简称“中央台办”）扶贫工作在国务院扶贫开发领导小组的统一指导下，在办领导的高度重视下，在全办人员的关心支持下，按照国务院扶贫开发领导小组的工作部署和要求，根据定点扶贫对象的实际，发挥优势、突出重点，采取思想上帮、工作上带、技术上教、资金上扶等措施，不断推动扶贫开发工作的深入开展，取得了明显成效。

【定点扶贫工作措施】 1. 领导重视，落实责任制。中央台办领导对扶贫工作高度重视，在对台工作任务异常繁重的情况下，把扶贫工作摆在重要位置，列入议事日程，与对台中心工作同部署、同安排。成立了以主任陈云林为组长、常务副主任郑立中为副组长，各局、事业单位负责人为成员的领导小组。陈云林主任要求“一定要按照中央的精神把扶贫工作抓紧抓好”。在每年年初的工作计划中统筹安排部署，在主任办公会上专题研究扶贫工作，根据工作开展情况随时进行研究检查，解决了一系列重大问题。年终把扶贫工作作为重要内容进行考核，确保了扶贫工作和扶贫项目的落实。每逢甘肃省广河县有关干部来京汇报扶贫工作情况，中央台办领导都拨冗听取汇报，并就工作计划进行详细研究，给予具体指导。几年来，无论办领导班子成员如何变动，但对扶贫工作的重视丝毫没有变，无论工作多么繁忙，所有办领导都挤出时间亲赴广河县实地考察扶贫工作，慰问干部群众，并针对广河县的具体困难和问题及时给予帮助和解决。此外，选派优秀干部到广河县挂职锻炼，随时随地开展帮扶工作，架起了“台办与广河、台商与广河”两道沟通联系的桥梁，发挥了联络员、宣传员、技术员的作用。

2. 抓住根本，开阔工作思路。近年来，中央台办对广河扶贫工作的一大特点是指导县委、县政府从发展思路上下功夫，从发展规划上使实劲，把宏观发展战略与具体建设项目结合起来，把解决劳动力出路和人才培训结合起来，打好脱贫致富的基础。结合广河县情，进一步明确县域经济发展的定位，走循环经济发展之路，发展生态型农业，壮大贸易加工产业，建设民族特色生态型的城镇。明确推动经济社会发展的指导原则，即“规划指导，基础先行，产业推进，城乡统筹，联动发展”。确立“小县大城关，乡村块状发展，整合优势资源，推动城乡建设”的基本工作原则；确立经营土地，经营城市的思想，以北区带动城关，发展民族文化，发挥市场优势，创建民族品牌，建设富有民族风情特色的西北名城。进一步优化农业种植结构，以龙头企业带动农牧业的结构调整，切实使农牧民增产、增收。

【引资扶贫】 中央台办贯彻“扶真贫、真扶贫、办实事、办好事”的指导原则，在直接投资开展扶贫工作的同时，发挥工作优势，宣传西部大开发和扶贫开发政策，向有实力、有意愿的台商推介广河县，洽谈扶贫引资，并派专人陪同赴广河县实地考察。截至2008年，共组织10批台商100多人赴广河县考察，组织广河县机关人员赴福建、浙江考察。几年来，共筹措资金3000多万元，实施的大小项目近100个。通过开展基础设施工程、未来工程、饮水工程，帮助广河县解决基础薄弱、上学难、吃水难等问题，真正达到了“富裕一方土地、造福一方百姓”的目的。

【“基础设施工程”实施】 坚持把加快基础设施建设作为拉动经济增长、推动小康进程的基础性工作。在水利建设中，坚持全面规划，统筹兼顾，标本兼治，综合治理的原则，在防洪保安工程、农业灌溉工程等方面都取得了很好的效果。先后筹措资金300多万元，新建各类电灌站7座，新增有效灌溉面积10.7万亩。开展三甲集镇5户险段治理工程，切实提高该地区抵御洪水的能力，有效促进民族团结、社会稳定、工农业发展。协调水利部，争取立项和资金，协助开展漳河治理工程。通过不懈努力，从根本上改善广河县农业基本生产条件，提高了农业综合生产和抵御自然灾害的能力，促进农业和农村经济的发展。

广河县城北改造工程是广河县扶贫开发工作的龙头项目，对推动广河县全面建设、早日脱贫致富有推进作用。中央台办在实地了解工程情况的基础上，协助广河县与相关部门进行协调，推动城北改造工程建设项目上马、展开。协调福州市台资企业协会、漳州市台资企业协会等11名台商与广河县签订了《广河县三甲集临园房地产开发协议书》、《滨河北路住宅小区开发协议书》，加大广河县城区建设的步伐，尽快改变落后、破旧的面貌。

【“未来工程”实施】 由于受经济和自然条件的影响，广河历史上是一个教育比较落后的县份，1995年，全县考入普通高校的学生仅有19人，校舍危房比例高达61%，适龄儿童入学率只有66%，特别是女童入学率仅有48%。中央台办坚持“扶贫先扶志，扶志兴教育”的工作思路，优先帮助解决教育方面的难题，自行出资，协调台商王永庆、长荣集团等多家台资企业解决资金1450多万元，修建初中1所，小学34所，幼儿园1所，职业培训中心1所，解决了近2万名学生的上学难问题。同时，中央台办投资70万元为两所中学、两所小学购置了电脑；协调华亭电力有限公司投资10万元为贫困山区小学购置桌凳1000套；协调旺旺集团为县第一幼儿园、六乡镇3000多名学生发放保健食品，改善了教育条件，激发了受益学生刻苦学习摆脱贫困的决心，促进了广河县“普九”工作的开展，加快了群众脱贫致富的步伐。

【“饮水”工程实施】 广河县干旱缺水，“吃水、灌水、治水”问题亟待解决。为帮助广河县解决人畜饮水问题，中央台办长期对其进行资金支持。2002年以来，共投资、引资200多万元，兴建饮水工程5处，解决10469人、6760头大小牲畜的饮水困难问题。此外，为解决广河县北部山区居民饮水困难问题，中央台办与台湾慈济基金会积极协调，为广河县修建“慈济水窖”提供建设资金。2008年已完成水窖2013眼，总计花费241.56万元。此项目解决了广河县水泉村、南山村、黑山村、小洼沟村2000多户、1万多群众的饮水困难问题，改善了当地生产、生活条件，提高了当地群众的生活水平和质量，受到群众的普遍欢迎。

【产业化扶贫】 广河县气候、土壤十分适合马铃薯生长。我办有关人员赴广河县进行实地考察时，发现当地马铃薯种植品种单一，技术落后，产量较低，广河县马铃薯的种植仍有很大的潜力。针对这一情况，中央台办与中国农业科学院进行联系，帮助广河县引进了脱毒马铃薯栽培技术、小麦套种马铃薯技术和10个最新的马铃薯改良品种，并在试验田培育检验的基础上，在全县范围进行推广。这些先进技术，改进马铃薯的品质，提高了马铃薯产量，平均亩产达到2500公斤，脱毒马铃薯产量高达3500公斤。产量的提高促进了当地农户种植销售马铃薯的积极性，全县逐渐形成以马铃薯种植业为主的农业经济模式。同时，在我办的积极奔走下，台湾顶新集团的顶峰公司与广河县雪峰公司合作，在广河县投资建设年产3万吨淀粉的雪峰淀粉厂，确保马铃薯的销售和加工，增加了农民的收入，改变了当地的产业发展模式，促进了农业结构的调整。广河县从以马铃薯种植业为主的纯农业经济逐步向以马铃薯种植和加工并重的方向过渡。这不仅使广河县摆脱了单一发展低效益农业的旧有经济模式，为广河县尝试发展新型农业、最终建立以加工企业为龙头的规模农业种植体系奠定了基础。

【劳务输出扶贫】 广河县农村剩余劳动力较多，劳动力浪费情况严重。当地人口又以回族、东乡族等少数民族为主，守土恋家情结根深蒂固，大量剩余劳动力不愿外出打工，很大程度上制约了当地经济的发展。针对这一现象，中央台办本着“物质扶持和精神扶持两手抓，两手都要硬”的理念，多次在广河县进行劳务输出观念教育，促使当地群众转变观念，树立劳务经济就是项目经济的思想，为脱贫致富开辟了新的途径。联系福建省劳动力短缺地区的台资企业，为广河县进行大规模劳务输出寻找出路，搭建劳务输出的平台。福建省青禄鞋业有限公司、福建省国宏电子有限公司等企业招收广河县1500名农村剩余劳动力进厂务工，不仅增加这些务工人员的收入，还开拓了他们的眼界，在为打工所在的企业创造价值的同时，也为家乡经济建设注入了新的活力。

（国务院台湾工作办公室）

中央政策研究室定点扶贫

【概况】 2002年4月，中央六部委发文确定中央政策研究室（以下简称“政研室”）定点扶贫吉林省安图县以来，政研室按照党中央和国务院的要求，贯彻落实中央关于扶贫开发的一系列指示精神，把做好对安图县的扶贫工作作为践行“三个代表”重要思想和深入学习实践科学发展观的具体活动。室主任王沪宁对扶贫工作高度重视，指示在2002年成立室扶贫工作领导小组，由副主任郑新立任组长；在农村研究局设立扶贫工作领导小组办公室，负责有关日常事务。按照国务院扶贫办的要求，扶贫工作领导小组每年对政研室扶贫工作进行总结，准确分析当年扶贫工作取得的成效和存在的问题，明确定点扶贫工作的思路和措施，推动了安图县扶贫工作的进展。

通过政研室帮扶，在安图县各方面努力下，扶贫开发工作取得了明显成效，全县经济和社会各项事业得到持续、快速、健康发展。2007年，全县地区生产总值达到23.3亿元，比2002年增长78.9%；全口径财政收入达到1.77亿元，比2002年增长1.86倍；固定资产投资完成32亿元，比2002年增长5.25倍；农民人均纯收入4558元，比2002年增长86.4%。

【扶贫调研】 6年多来，政研室副主任郑新立、方立，原副主任王天增先后带领扶贫工作领导小组办公室人员去安图县展开有关调研，深入贫困村屯、工厂车间，对帮扶项目逐个进行实地考察，把握扶贫项目落实、进展以及发挥效益的情况；与当地干部群众共同探讨安图脱贫致富的思路和措施，征求他们对做好扶贫工作的意见和建议。室扶贫工作领导小组通过仔细研究，结合政研室工作的实际，确定并坚持以开发式扶贫为主线、以项目帮扶为抓手、切实为安图人民办实事的扶贫工作思路，保证扶贫工作始终按照最有成效的方式进行。

【干部挂职扶贫】 按照国务院扶贫办要求，政研室每年均派出干部专门从事对安图的帮扶工作，并形成了一套行之有效的工作机制。6年来派出6批干部，第一批是周宁，任延边州委常委、安图县委副书记；第二批是李修吉和鲍世斌2人，分别任安图县委副书记和县委办副主任；在后面几批中，李修吉一直留任，保证了工作的连续性，再先后派出曹利群、江林、刘新民、丁晓丽等4人去挂职锻炼。扶贫干部和下派挂职干部认真贯彻室领导对扶贫工作的指示精神，深入了解安图经济社会发展情况和安图人民对扶贫项目的需求，并及时向室扶贫工作领导小组反馈有关信息。在项目到位后，扶贫干部跟踪了解项目的运行情况，负责监督项目的落实，保证实现扶贫资金使用效益最大化。

【扶贫项目实施】 每次上报扶贫项目可行性研究报告后，王沪宁和其他室领导亲自审阅并选择最能推动安图发展、最能让安图人民受益的项目，亲自协调有关部委，推动项目落实。6年来，政研室共帮助安图县新上扶贫项目11个，引进资金超过3500万元。这些项目都是关系安图发展的重大项目，解决了制约安图各个时期发展的一些关键性问题。其中既有基础设施建设项目，如安图火车站站舍建设、明长公路绕越线建设等；也有生态建设项目，如农村小型公益薪炭林建设、北方“四位一体”沼气建设、明月松茸自然保护区建设项目；还有产业化项目，如长白山珍稀药用植物良种繁育基地建设、林木采种基地建设、穿龙薯蓣基地建设、福满越橘生态园建设等。

【献爱心活动】 从2005年开始，每到春节临近，政研室筹措专款并组建访贫问苦小组，深入到安图县最困难的群众家中，实地了解贫困群众的生活情况，带去室领导和全室干部职工对安图人民群众的深情厚谊，并送去一定数量的慰问金，帮助困难群众过一个祥和幸福的春节。王沪宁和其他室领导还直接捐款帮助多名当地贫困学生解决上大学的费用。在室领导的带领和号召，政研室机关工作人员时刻关心安图贫困人口的生活，全室人员捐款捐物，捐献书刊、二手计算机、生活用品等，部分干部职工们还直接和当地的贫困学生结对子，策划和发起爱心助学活动，2008年已帮扶贫困学生70多名。

（中央政策研究室）

中央机构编制委员会办公室定点扶贫

【概况】 按照中央要求，从2002年3月起，中央机构编制委员会办公室（以下简称“中央编办”）定点帮扶化德县。化德县地处内蒙古自治区中部，乌兰察布市东北部，北靠锡盟，南临河北张家口地区，总面积2568平方公里。2006年乡镇机构改革后，辖3镇2乡，93个村委会，355个村民小组，7个社区，在册人口16万。域内平均海拔1500米，属浅山、丘陵荒漠地貌，年均气温2.1℃，年降雨量260毫米左右，无霜期100天以内，年平均5级以上大风日数70多天，农牧业生产极不稳定，且地域内资源稀缺、工商业基础较为薄弱，本级财政收入状况差，贫困人口比例高。1994年被列为国家“八七”扶贫攻坚县，2002年又被国务院列为新一轮扶贫开发重点扶持县。

针对化德县的实际情况，6年多来，中央编办以科学发展观为指导，贯彻落实党中央国务院关于做好扶贫开发工作的战略部署，在国务院扶贫办的领导下，围绕县委、政府确定的发展规划，理清帮扶思路，创新扶贫机制，协助解决化德县发展过程中的许多问题，推进帮扶工作。促进了地方经济社会的发展。中央编办的帮扶工作不仅得到国务院扶贫办及内蒙古自治区、乌兰察布市领导的肯定，还赢得化德县干部群众的一致好评。

【扶贫调研】 中央编办领导高度重视扶贫工作，始终将扶贫工作摆在重要议事日程，明确把化德县作为中央编办的定点扶贫点、工作联系点和干部培养点，每年至少有1名办领导亲自带队去化德实地调研，与地方党政领导会商发展大计，及时研究新情况、解决新问题、做出新部署。各司局级单位也都情系化德，积极参与到扶贫工作中，捐款、捐物、资助贫困学生，帮助协调引入项目资金。截至2008年，深入到化德县基层进行过调研、慰问的司局级以上领导共80余人次。

【干部挂职扶贫】 为了加强组织领导，便于统筹协调，中央编办专门成立由办领导牵头、各司局级单位负责人为成员的扶贫领导小组，下设办公室（挂在机关党委人事司）。同时，还以在化德县工作和挂过职的干部为主，组建了扶贫研究咨询小组，在机关扶贫办的领导下，跟踪扶贫进展和项目执行情况，研究扶贫策略，提出合理化建议。

为了确保扶贫取得实效，同时也为了培养锻炼干部，从2002年开始，先后选派机关服务中心安中宝、登记局薛志强、研究中心陈峰、三司翟安鱼、综合司田中、二司杨巍、一司王瑞军等7名优秀年轻干部到县里挂职工作（2007年增加1人在乡镇挂职）。这7名挂职干部作为中央编办与化德县联系的枢纽，在县委、政府领导下，本着对扶贫工作的热爱和对当地贫苦百姓的挚情，不辞辛劳、不顾“面子”，一心一意忙扶贫，尽心尽力办实事，得到了当地干部群众的认可，也与地方结下深厚的友谊。

【扶贫项目资金投入】 6年多来，中央编办发挥自身联系面广、信息便捷、人才集中的综合型中央部门的特点，围绕既定的扶贫目标和县里委办的重点项目，协调交通部、中国红十字总会等中央单位以及内蒙古民政厅等区直部门，深入动员广东、北京等发达省市，搭建外部对口援助共建平台，为化德县争取项目资金投入。据不完全统计，经中央编办协调、帮助，已争取到位的项目资金累计超过1.57亿元。同时，专门建立了中央编办扶贫基金，通过内部挖潜、外部募集的资金，全部进入基金专户，直接用于扶助弱势群体和贫困户。2008年，中央编办已累计为化德县直接投入了150余万元。

【弱势群体和困难家庭救助】 一是每年办里拿出10万元，在春节前夕开展“访贫问苦送温暖”活动；二是联系香港、珠海等社会人士资助贫困学生600多名，捐赠残疾人轮椅250辆，服装6000件；三是联系民政部、中国红十字会总会等部门，下拨2007年度救灾资金360万元、衣物500套；四是联系民政部并向区、市民政部门积极争取，新下达农村低保指标1.1万名（总人数达到2.8万名，占农村实际人口的1/3），并在本地区率先实现了应保尽保、分类施保；五是联系广东江门市，免费为当地86位白内障患者成功实施了复明手术，援赠现金21万元、医疗设备5万元；六是中央编办和各级民政部门累计下达资金240万元，用于福利院、敬老院建设；七是联系中国红十字会总会，将化德县列入总会的“新型农村合作医疗试点县”，每年援助3万~5万元，援建乡村红十字卫生院2所。

【基础设施建设扶贫】 一是联系国家发改委、水利部等部门，核拨资金3300多万元，用于解决农村人畜饮水安全和城镇供水管网改造；二是联系交通部等部门，争取到县乡公路及农村道路建设项目资金2650万元、新汽车站建设项目资金200万元；三是中央编办离休干部吴佩纶夫妇及其原中大校友，捐建爱心小学、实验室及赠书等共计43.6万元；四是联系文化部、中国青少年基金会等，下达图书馆、希望小学等建设资金350万元；五是联系公安部消防局、内蒙古消防总队，下拨价值35万元的消防车1台和45万元的消防大楼建设资金。

【产业化扶贫】 一是中央编办先后拨付资金50万元，用于七号镇西瓜市场、朝阳镇蔬菜市场建设及2个村的水电配套等；二是联系科技部，下拨支持服装产业发展的“科技富民试点县”项目资金300万元；三是联系农业部、财政部，分年下拨总投资1800万元的农业综合开发项目；四是联系农业部，下拨国家投入150万元的秸秆养羊项目资金和200万元的肉羊养殖场建设项目资金；五是重点帮扶5个自然村，协调资金投入近100万元。

【智力扶贫与教育培训】 一是参与化德县发展规划制订。历任挂职扶贫干部，深入基层调研，剖析贫困根源，探寻发展思路，承担实际工作；二是注重扶思想、扶观念、扶班子，先后组织5批党政干部、企事业人员，分别前往广西、四川、福建、广东、上海等地考察学习，更新观念，寻求合作。此外，还有计划地安排县里主要领导出国出境培训；三是争取到教育部直接投入的专项教师培训资金50万元，联系北京师范大学、顺义区教委，实施教师培训工程，分3年对化德县所有中小学骨干教师集中轮训一遍。2008年已举办了寒、暑假培训班各一期。

【基层办公设施改善】 一是中央编办捐助小轿车1辆、二手计算机65台、打印机30台、音响设备1套、桌凳屏风100余件；二是为20个村党支部各配备了1台电视机和1台光盘播放机；三是联系国家统计局、广东省及广东珠海公安局，捐赠新计算机、打印机各50台、面包车1辆、摩托车350辆；四是联系原国家环保总局、林业局、中国红十字会总会等部门，分别下拨了新型的环保监测设备、森林防火设备、医疗智能软件等。

【定点扶贫工作措施】 近几年，在国家陆续出台好的惠民政策和资金向贫困地区大幅倾斜后，经过全县人民的努力和我办的倾力支持，化德县经济社会面貌有了较大的改观，人民生活水平有了一定程度的提高。但必须承认，化德县仍然相对贫穷、落后，影响经济快速发展的制约因素短期内难有大的改变，短期内要使化德县彻底摘掉“国贫县”的帽子难以实现。

基于这一现状，中央编办主任王东明明确指示，“化德县贫困状况不改变，中央编办与化德县绝不脱钩”，要在总结过去扶贫工作经验的基础上，做好长期帮扶的准备，抓紧研究制定第二轮扶贫期的帮扶策略和工作重点。

根据中央编办领导的要求，下一阶段将继续坚持过去好的扶贫做法，长期把化德县作为中央编办的定点扶贫点、工作联系点和干部培养点，将扶贫工作融入到地方发展战略中，采取重点突出、逐一攻克的方式，每年确立1个重点工程，如希望工程、中小学教师培训、人畜饮水工程、医疗卫生工程、福利保障工程、劳动力转移培训工程等，选择5～6个重点村，争取各方资源，集中精力抓出成效，使化德县的贫困问题和落后村户逐年减少，直至基本消除。

（中央机构编制委员会办公室）

新华通讯社定点扶贫

【概况】 2002年，贵州省思南县被列为国家扶贫开发工作重点县，根据国家的安排，由新华通讯社（以下简称“新华社”）对思南进行定点帮扶。新华社对此项工作给予高度重视，迅速建立起了定点扶贫工作领导机制，由一位社领导分管，社办公厅有专人负责组织协调，社人事局干部处具体负责挂职干部的选派和管理。党组专门召开会议，制定了新华社的扶贫原则，即：发挥新华社优势，以现代远程教育为载体，突出智力扶贫，注重实效。几年来，新华社坚持选派优秀的中青年干部到思南县驻点挂职扶贫。

历届扶贫工作队立足实际，着眼长远，以智力扶贫为重点，以农村现代远程教育为载体，帮扶思南县实施农村现代远程教育工程，提高贫困人口的综合素质，全面推进党的基层组织建设，推动思南经济社会又好又快发展。经过几年的努力，思南县农村现代远程教育工程已初显成效，为全区、全省乃至全国创造和积累了一些成功的经验，得到省、地及中央领导好评，引起了社会的关注。2002年以来，新华社社长、副社长、秘书长等领导先后到思南进行调研考察，指导扶贫工作。2002年11月，时任国务院副总理的温家宝到思南调研时，对新华社帮扶思南实施农村现代远程教育的工作予以高度评价。

【远程教育】 2002年以来，新华社扶贫工作队结合思南县情，在调研的基础上，通过人、财、物三方面的投入，运用农村现代远程教育开展党建扶贫、学校教育和农技知识培训，使思南农村现代远程教育成功起步，并取得突破性进展。从2002年9月到2008年8月，新华社扶贫工作队在思南县共投入各类设备折合人民币400多万元。为了解决好技术人才严重短缺的问题，自2003年以来，新华社从技术局选派工程师到思南，先后举办9期远程教育站点操作人员培训班，共计培训1600多人次。

2002年9月，新华社投入2套卫星数据接收设备，分别在邵家桥中学和孙家坝中学建成思南县第一批现代远程教育终端站点。2003年2月，在邵家桥和孙家坝中学建起了电脑网络教室。2004年9月，为思南县农村党员干部现代远程教育工程建设投入县级匹配资金9万元。2004年10月，为凉水井中学、双龙中学、鹦鹉溪小学建起了电脑培训室，为思南第三中学、思南民族中学补充了部分电脑，开设了信息技术教育课程。

2005年，扶贫工作队为县远教办添置新电脑、光盘复制机等办公设备，在县委党校开通了清华大学教育扶贫站。在全县推行了“一校帮一村”、“一师帮一户”和“小手牵大手，老幼同进步”活动，同时要求各站点学校做到“一机三用”，即远程教育电脑上课学生用，课余老师用，节假日农村干部群众用，取得较明显的成效，受到省、地两级远教办的肯定。

2006年，为鹦鹉溪小学、双龙中学、思南民族中学更换了已不能使用的电脑，为东华民族中学、许家坝镇三溪中学建起了电脑培训室，为部分县直机关配备了办公电脑；投入25台彩色电视机到许家坝，帮助建立镇村之间的视频会议系统；为塘头镇文化服务中心投入字幕机、编辑机、自动播出系统等，完善该镇远程教育专用电视频道的编辑和播出设备。

2007年，为县远程教育中心配备了电视采录、编辑和播出设备，提升县远程教育电视节目的质量；配置了课件制作和播放系统，帮助思南制作地方性教学课件，增强了教育资源的实用性；为塘头镇和许家坝镇文化服务中心配备了多通道字幕机、非编系统等设备，为思南县自主开发和制作远程教育乡土教学课件创造了良好条件，极大地提升了全县远程教育有线电视节目的质量；同时帮助胡家湾、张家寨、瓮溪镇3所小学建起了电脑培训室。

2008年，第五批扶贫工作队在调研的基础上，调整思路，根据信息化高速路的发展趋势，建立了思南县远程教育网站，并建立了远程教育资源库。为了进一步拓展现代远程教育的服务功能，实现“让农民群众长期得实惠”的宗旨，扶贫工作队与第三军医大学合作，投入近20万元的设备，帮助县人民医院开通了现代远程医疗系统，并和中国电信贵州公司初步达成合作协议，在思南县乡镇医院和县医院之间建立二级远程医疗系统。这一举措为提高思南县的整体医疗水平，解决农民群众看病难、看病贵以及医务人员再教育、再培训问题提供了新的平台。

2003年5月，党中央和国务院先后启动农村党员干部现代远程教育工程和农村中小学现代远程教育工程试点工作，在新华社的帮扶下，思南县现代远程教育各站点的建设水准有很大提高。截至2008年，思南县共建成党校系统远程教育C级站1个、清华大学教育扶贫现代远程教育站点1个、乡镇站点27个、村级站点550个，覆盖100%的乡镇和行政村，基本完成了站点建设任务。

【扶贫宣传】 6年来，历届新华社扶贫工作队结合县情，发挥自身的业务优势和职能优势，多形式、多途径加强思南对外宣传力度，提高思南的知名度，为思南经济社会发展出谋划策，为思南打造文化旅游大县作出积极贡献。

2002年，第一批扶贫工作队针对思南县文化底蕴深厚、旅游资源丰富的特点，提出了“创建文化强县、打造乌江品牌”的建议，受到县委县政府的高度重视，写入了思南县党代会报告和政府工作报告。扶贫工作队在调研基础上撰写了3篇调研稿，在新华社内参刊物上刊登后，引起国务院扶贫办、贵州省主要领导的高度重视。

2003年，第二批扶贫工作队联系并协助贵州分社采写了反映思南模范村干部王维余事迹的内参报道。文章发表后，时任贵州省长石秀诗和3位副省长先后批示，对王维余给予高度评价，并号召全省党员干部向王维余学习。在同年召开的中央国家机关定点扶贫工作经验交流会上，新华社介绍了智力扶贫的情况，受到回良玉的高度肯定，认为新华社扶贫工作严谨、扎实，体现了对贫困地区、贫困群众的深厚感情。华建敏也在大会上称赞新华社的扶贫经验值得其他部委借鉴。根据县委的统一部署，扶贫工作队参与组织筹备了首届《中国思南土家花灯艺术节》活动，邀请到了中国艺术研究院、中国民俗学会、中国民族民间文化保护中心的领导、专家光临艺术节，使该项活动取得成功。

2005 年 9 月和 11 月，第三届扶贫工作队协调新华社贵州分社两次到思南进行采访，编写的关于思南远教工作和思南扶贫情况的 2 篇文章在内参清样刊登后，受到刘云山的重视并作批示，不久，《贵州日报》和《光明日报》均派记者前来采访报道，扩大了思南的影响。

2007 年 8 月，第四届扶贫工作队邀请中国著名作家采风团到思南县集体采风，对思南县文化旅游资源进行集中推介，《人民文学》还将思南县确定为《人民文学》的三大创作基地之一。9 月，邀请国家行政学院博士生导师张孝德教授专程到思南举办县域经济发展系列专题讲座，对全县科级以上干部进行集中培训，获得大家的好评。

【清廉扶贫】 新华社历届扶贫工作队在思南工作期间，服从领导，服务大局，廉洁奉公，谦虚谨慎，严于律己，艰苦朴素，克服工作和生活上的困难，兢兢业业，恪尽职守，展现了良好的政治素质和新华人的精神风貌，在当地干部群众中树立了立党为公、执政为民的良好形象，得到当地干部群众一致好评。

2002 年，扶贫工作队得知思南遭遇特大洪灾，立即回京募集资金 20 多万元帮助困难群众渡过难关和生产自救。2007 年，扶贫工作队在得知许家坝镇 13 岁少年冉伟身患白血病无力医治后，自我解囊资助 1 万元，并多方呼吁为其募捐 10 多万元，挽救患者生命。为改变思南体育设施极为落后的现状，扶贫工作队与北京李宁公司联系，促成该公司对思南进行帮扶，李宁公司先后捐助思南体育服装及器材近 20 万元，并筹资在塘头镇援建一所希望小学。2008 年，汶川地震发生后，扶贫工作队的干部率先向灾区人民捐款和交纳特殊党费，并在思南成功举办“2008 中国抗震救灾大型新闻图片展”，取得良好的社会效益。

【干部挂职扶贫】 建立干部挂职扶贫制度以来，新华社各个部门积极参与选派干部工作，并对扶贫挂职干部给予工作、生活上的支持和关心。每年，新华社办公厅、人事局和扶贫干部派出部门都会到思南县了解扶贫情况，慰问扶贫干部。每逢春节、中秋节等重大节日，不仅会向不能归家的干部表示慰问，还会向挂职干部家属致以节日的问候。每一批扶贫工作队归社，都会组织由社领导主持的新老挂职干部座谈会，及时进行经验的总结和交流，并制作专题宣传橱窗积极宣传他们的先进事迹。

截至 2008 年，新华社共向思南派出五批扶贫工作队，已有 8 人克服困难，发挥新华社记者的优势，发扬无私奉献精神，创造性地开展工作，为当地的经济发展和社会进步做了大量实在、卓有成效的工作和努力，完成扶贫工作。通过挂职锻炼，中青年干部也加深了对国情的了解，磨炼了意志，升华了思想，增长了才干。这一制度也已成为新华社培养锻炼中青年干部的重要举措之一。2008 年，第五批 2 位扶贫干部仍然战斗在扶贫挂职工作岗位上。

（新华通讯社）

中国国民党革命委员会中央委员会社会服务部定点扶贫

【概况】 从1991年开始，按照中共中央、国务院的统一部署，贵州省毕节地区的纳雍县成为民革中央定点扶贫联系县。中国国民党革命委员会中央委员会社会服务部（以下简称“民革社服部”）一直承担着定点帮扶纳雍县的工作职责。进入21世纪以来，社服部根据党中央、国务院的统一部署和地方规划要求，坚持以人为本，贯彻落实科学发展观，按照“发挥优势、突出重点、注重实效、量力而行”的原则，积极争取中央有关部门的支持，发挥自身优势，帮助纳雍县发展经济，培育支柱产业，促进教育、科技、卫生等各项社会事业发展，为推动地方经济发展和社会进步做了卓有成效的工作，取得了显著成绩。

在民革社服部的帮扶下，经过纳雍县各级领导和人民群众的艰苦奋斗和不断努力，纳雍经济和社会发展取得巨大进步，人民生活水平和社会状况发生了根本性变化。截至2007年，纳雍工农业总产值从2002年的13.87亿元增加到45.65亿元，财政收入从1.45万元增加到5.87亿元，农民人均纯收入由1391元达到2387元，农民人均粮食360多公斤。

【教育扶贫】 民革社服部始终高度关注并动员民革全党和社会各界力量，关心、支持纳雍县的教育事业的发展。在基础教育方面，2003年投入5万元新建博爱小校新教学楼，投入3.4万元新建核桃寨小学，2004年投入20万元新建丫口田希望小学。促成民革地方组织和党员个人与家庭困难学生结对，资助他们完成学业。近期，民革社服部还分别在定点帮扶的学校和村寨建立了助学基金，每年拿出固定资金奖励和支持优秀学生。2006年，社服部通过开展职业教育对接合作，将发达地区职业教育的优质资源引入纳雍，提高当地的职业教育水平，帮助当地培训和转移劳动力。2008年，已有49名学生在民革党员所办职业技术学校（学院）、中学免费接受教育，有52名高中生每年享受800元/年的学费资助。据统计，2002年以来，民革通过各种方式捐助教育事业120多万元，有618人次的贫困学生受到资助。

【科技扶贫】 科技培训是提高农民生产技能，促进农民增加收入的重要手段。近几年来，民革发挥知识密集的优势，组织土地、畜牧、蔬菜、果树、农产品加工等方面专家，深入纳雍农村培训指导农民和推广实用技术，组织农民外出学习，以开拓视野、学习经验，转变观念。2004年社服部还促成清华大学现代远程教育扶贫中心在纳雍县建立远程教育教学点，开辟了一条人才培养的新途径。2006年，民革党员捐资15万元帮助纳雍县建立“农民技能培训多媒体教室”，为农民培训创造了长效机制。

【农业产业结构调整】 纳雍县是一个典型的传统农业大县，农业人口占全县总人口的90%以上。农业经济的发展对于纳雍县实现可持续发展和农民增收致富具有重大意义。2000年以来，社服部通过专家帮助培育和发展商品蔬菜和茶叶产业，使之不断发展壮大，对推动纳雍县农业产业结构调整和促进农民增收产生了重要影响。

民革社服部委派民革党员、蔬菜专家长期在纳雍县蹲点指导商品蔬菜示范种植项目。通过示范推广，蔬菜产业由小到大，从弱变强，成为当地农民增收致富的重要手段，并培养出一批蔬菜种植乡土人才。到2006年底，纳雍县建立了各类蔬菜生产基地20多个，全县蔬菜产值达6450万元。2008年，纳雍县蔬菜生产不仅满足了本县的需要，还远销到四川、重庆等地区。以长沟村为代表的蔬菜基地平均产值2000元，最高产值达8000元，人均收入达4380元。此外民革社服部还聘请中国农业科学院茶叶研究所专家对传统茶叶产业进行整合和技术指导，帮助县里制定了《纳雍县2005—2010年茶叶产业发展规划》。纳雍县现已建立起5家茶叶生产龙头企业，新建大型茶叶加工厂5个，打造出4个有机名优茶品牌。到目前，茶园面积达到3万亩，其中有机茶颁证面积达6000亩，产值达3000多万元。

2005年社服部积极促成中国农业大学帮助纳雍县编制《“十一五”生态农业产业发展总体规划》。该规划对培育纳雍县新的经济增长点、促进纳雍县经济社会协调发展和推进社会主义新农村建设产生了影响。2006年，民革社服部促成《规划》中的3个重点项目——纳雍糯谷猪、玛瑙红樱桃和黑琥珀李子等特色农产品的有机认证工作。

经民革社服部联系与协调，帮助纳雍县落实了2007年国土资源部800万元小坝村、核桃寨村土地整理项目和科技部220万新房乡科技富民强县项目，这必将对纳雍县新农村建设起到巨大的推动作用。

【新农村建设示范工程】 2001年，按照21世纪扶贫开发纲要提出的“抓好扶贫规划的实施，坚持扶贫到村、落实到户”的精神，民革社服部选择确定年人均收入仍不足600元、少数民族人口占87%的核桃寨村作为重点扶贫联系村，在解决该村彻底脱贫问题的同时，探索建立社会主义文明富裕小山村的发展模式。

自2002年起，民革社服部引导农民用参与式扶贫的方法选择发展项目，尊重老百姓的意愿，并请专家指导制定参与式扶贫发展规划。以规划为指导，投入1.5万元启动资金修建人畜饮水窖示范项目取得阶段性成果。现在全村基本家家都用上了水窖，基本解决生活用水问题，节省了大量劳动力。到2004年，民革社服部直接投入资金达27万元，并带动政府部门相关资金60多万元，完成了核桃寨村综合服务办公楼、村小学、通村公路、电网改造、茅屋改造、水塘、沼气、改厕等多项基础设施建设。同年，社服部又动员社会力量投入5万元并配套当地资金建立10万元规模的扶贫基金，对农民发展种植、养殖和外出务工等方面给予小额信贷支持，为农民创业增收发挥了重要作用。在有关方面的关注和支持下，现在扶贫基金已发展到30多万元的规模。从2005年起，民革社服部把工作重点转移到帮助提高农户家庭收入上来。多次组织专家进村指导，带领种养骨干户外出学习培训，改变传统种植观念，提高农民的生产经营能力。2006年，核桃寨村与博爱小学启动“村校一体化”工作，即从同时提高两代人的素质出发，优化和共享学校与村寨两方面资源，促进教育和经济共同发展，推进该村的新农村建设。经过6年多的努力，核桃寨村现在各项社会事业取得较大发展，村寨面貌发生改观。截至2007年底，全村人均收入已达到2470元，是2001年的四倍多，且高出全县农民人均收入水平，为实现社会主义新农村建设提出的“生产发展、生活宽裕、乡风文明、村容整洁、管理民主”的目标迈出重要的一步。核桃寨村在全县新农村建设中发挥了示范作用。

【社会扶贫】 民革社服部发挥民主党派的政治和人才优势，邀请土地规划、医疗卫生、矿产安全、环境保护、教育科教等方面专家对纳雍县考察指导，提出发展思路及建议，为促进当地经济社会和谐发展提供智力支持。2002年，社服部邀请建设部专家为纳雍县指导小城镇发展规划。2004年邀请农业部、国家民委、国土资源部等领导专家考察指导纳雍县工作。2005年请专家指导农村土地整理规划并培训乡村干部。2006年，邀请地质矿产专家对纳雍县地质地貌、县城水库建设、地质灾害防治等进行调研，并提出建议和意见。2007年，社服部邀请卫生部和北大医院的领导和专家赴纳雍县考察农村医疗卫生建设状况，以专题报告、手术示范、诊治疑难杂症、查房等多种形式进行业务指导，帮助培训医疗技术人员，同时还联系北大医院帮助培训3名护士。社服部联系中国医学基金会向纳雍县捐赠价值5万元的医疗设备。电煤生产是纳雍县主要经济支柱产业，2008年，根据县里需要，社服部邀请中国安全生产科学研究院的专家针对煤炭安全管理和监督、煤与瓦斯突出事故防治进行专题培训指导，并正在争取引进CDM（清洁发展机制）合作项目。

据统计，从2002年至2008年，社服部共组织225人次的专家学者、企业家到纳雍县开展考察指导、科技培训和慈善捐助活动，为纳雍县经济社会各项事业直接投入242.33万元，同时帮助引进项目资金1052.4万元，开展各类培训班42期，培训农村干部、技术人员和农民骨干达3936人次。

（中国国民党革命委员会
中央委员会社会服务部）

中国民主建国会中央委员会社会服务部定点扶贫

【概况】 丰宁满族自治县位于河北省北部，属于国家扶贫开发工作重点县。1991年初，中国民主建国会中央委员会（以下简称“民建中央”）将丰宁定为扶贫重点联系县，1994年经国务院开发办批准，丰宁成为民建中央定点扶贫县。这些年来，民建中央从领导到会员为丰宁的脱贫倾注了心血，摸索出一条扶贫路子，取得显著成效。

民建中央在智力支边扶贫工作中，确立了“量力而行、尽力而为、因地制宜、讲求实效”的方针，发挥民主党派成员中专家学者和企业家2支队伍的作用，为贫困地区引进先进的技术、人才、资金和管理方法与经验，把扶贫的重点放在提高贫困地区的生产力水平和劳动者的素质上，以典型引路，扶贫先扶志。而且围绕国家贫困地区总体扶贫规划，多办力所能及的事情，同时找准位置，创造条件，做好工作，注重智力扶贫工作的经济效益和社会效益。充分认识贫困地区脱贫工作的长期性和艰巨性，常抓不懈，开拓新思路。7年来，民建中央为丰宁引进项目资金近1000万元，民建中央领导及其会员企业到丰宁开展送温暖、专题调研、项目考察、植树、捐赠等活动30余次。

7年来，累计投入项目资金250万元，协调项目资金395万元。在县委、县政府的带领下，丰宁全县人民共同努力，县域经济水平和人民生活水平都有了长足的进步。今后民建中央将一如既往地帮扶丰宁，研究脱贫致富的新思路，新办法，动员更多会员和有识之士参与这项工作。

【扶贫调研】 多年来，民建中央把对丰宁的扶贫工作作为会内的一项大事提上重要议事日程，主席办公会多次专题研究扶贫问题，安排部署具体帮扶工作，有关领导亲赴丰宁扶贫第一线。自1994年以来，民建中央一直由社会服务部负责丰宁的帮扶工作，主管社会服务的副主席亲自过问。几年来，前人大副委员长、民建中央前主席成思危，全国政协副主席、民建中央第一副主席张榕明都曾到丰宁考察，马培华常务副主席、陈明德副主席、路明副主席都多次到丰宁就县域经济发展与社会主义新农村建设问题进行专题调研。

【献爱心送温暖活动】 每年春节前，民建中央领导都带领机关干部和会员企业将捐款送到丰宁贫困乡村，购买大米、面粉救助贫困户。自2003年以来，连续6年民建中央捐款26万元，到丰宁开展扶贫助困送温暖活动，救助丰宁5个乡镇1000多户贫困户，让他们切实感受到民主党派对贫困地区的关怀与支持。

【基础设施建设扶贫】 丰宁位于北京北面，因为地处国防前线，一直没有进行应有的基础设施建设。近年来交通越来越成为阻碍丰宁发展的瓶颈。为了解决这个问题，全国政协副主席、民建第一副主席张榕明同志亲自与交通部领导联系，促成了怀丰（怀柔至丰宁）一级路的立项，2008年项目已开工，预计2009年可完工。这条路的建成将加快丰宁融入首都经济圈的步伐。

【生态环境建设扶贫】 民建中央协调国家有关部门和会员企业，为发展农业、生态和旅游三大产业引进项目资金395余万元，其中，从林业部争取生态林建设项目资金70万元，从交通部争取修路项目资金300余万元，民建中央及其会员企业无偿捐赠养羊、养鸭项目资金5万元，小杂粮加项目资金10余万元，建沼气池资金10万元。组织40名村民代表和部分养户到北京顺义学习、参观养羊、养鸭项目2次，邀请畜牧业专家，举办“科技扶贫下乡——养羊专题讲座”活动2次，对40户养殖户和准备上养羊项目的农户进行了科技培训，发放学习资料100余份，现场解答群众饲养、防疫、常见病等疑难问题20余个。七年来民建中央在丰宁援建希望小学达到了13所。

为了保护生态，民建中央在2000年在丰宁潮河源头建起民建丰宁生态保护林。2005—2006年两年投资2万元，在“民建生态保护园区”内植树60亩。2008年已经使生态保护林区内由寸草不生的荒滩变成一片绿荫。

组织民建会员赴丰开展“师源万校捐赠”活动2次，培训高中教师300余人，向全县33所初、高中学校捐赠“师源题库”软件35套和部分配套电脑，价值10余万元。

【干部挂职扶贫】 2004年10月，民建中央八届八次会议通过《关于加强扶贫工作的意见》，确立教育扶贫、科技扶贫、项目持贫和就业扶贫的思路，并决定派干部到帮扶点挂职锻炼。为落实《意见》精神，2004年11月，民建中央将第一批干部派往丰宁挂职副县长。丰宁县委、县政府高度重视、县委统战部配合，民建中央的帮扶工作取得显著实效。2007年9月，民建中央在丰宁实施“寒窗计划”，救助10名贫困大学生，40名高中生，合款12万元。协调民建中央领导带领专家学者到丰宁开展扶贫调研、考察活动3次，帮助丰宁修改制定了“十一五”发展规划，力促抽水蓄能电站等一大批重点项目开工。2006年6月30日，第二批挂职干部派往丰宁，1人任副县长（任期一年半），1人任扶贫办副主任（半年一轮换）。半年的时间，协调民建中央领导及其会员企业赴丰开展调研、考察、讲学、洽谈项目等活动10余次；帮助黄旗镇潮河源村解决修路、生态环境改善、生态家园富民工程等发展资金近400万元，上旅游开发、养殖、建沼气等项目4个，民建中央餐饮业的会员企业确定利用3至5年的时间，将潮河源村的6000余亩荒山治理完毕，各企业通过认领、挂牌、出资，当地群众投工投劳、负责管护挣工钱的方式，将荒山种上适合本地生长的松树、果树等，走生态环境治理与农民增加经济收入相结合的发展路子。引进捐赠图书3万余册共70余万元；发挥民建会员企业资源广泛的优势，帮助丰宁在北京筹备召开项目推介会；协调山东蓝祥技校免费为39名农民培训焊接、车床技术，为丰宁贫困农民节省学费17万多元。2007年民建中央中华思源工程扶贫基金会“阳光计划”在小坝子乡实施，10年累计将投资5000万元。

几年来，民建中央派往丰宁的挂职干部达到4批7人次，既锻炼了干部，又落实了扶贫工作，受到当地人民的好评。

【“整村推进”帮扶示范点】 民建中央本着“围绕县域经济发展，为建设社会主义新农村服务”的宗旨，将黄旗镇潮河源村确定为“整村推进”帮扶示范点，先后派机关干部、有关专家到潮河源村进行扶贫调研3次，走访、座谈群众200余人次，帮助确定了农业、生态、旅游三大发展产业，组织专家学者在北京召开了研讨会，帮助村委会制定了《2006—2010年社会主义新农村建设规划》。

2005年，为切实了解帮扶村的详细情况，民建中央社会服务部派2名干部到村调研10天，深入田间地头，晚上就住在村里。老百姓说，“这样的干部十多年没看见了”。

在详细了解情况后，民建中央确定以养殖北京鸭作为潮河源村的突破口。协调民建会员企业与潮河源村以公司加农户的形式合作养鸭。建成1个养鸭小区，当年建设，当年见效，到年底已养鸭近9万只，纯利润18万元，全村人均纯增收200元。2008年全村开始大规模养殖，民建中央中华思源工程扶贫基金会为潮河源村养鸭合作社提供无息贷款30万元用于资金周转，帮助村里兴建饲料厂和屠宰车间，养鸭成为潮河源村脱贫的支柱性产业。

（中国民主建国会
中央委员会社会服务部）

中国农工民主党中央委员会社会服务部定点扶贫

【概况】 中国农工民主党中央委员会社会服务部（以下简称“农工党”）从1986年就开始在毕节开展帮扶工作，是最早进入毕节的民主党派，农工党中央从第一届就派出了常近时教授担任了毕节试验区专家顾问组常务副组长至今，同时承担着专家顾问组办公室的工作，为试验区建设做出了重要贡献。

农工党在大方县建立的“大坝村新农村建设服务点”，在一类贫困村帮扶上摸索“政府主导，党派推动、市场运作、农民参与、多管齐下、整村推进”的扶贫模式，从发展生产和文化建设入手，修通了村内外十几公里的油路，2年农民收入翻了一番，群众精神面貌焕然一新（人民日报、人民政协报对大坝村作过报道）。

【医疗卫生扶贫】 农工党注重发挥医药卫生界特色优势，关注毕节人民群众健康问题。农工党是第一个发现毕节地区氟中毒病问题严重的民主党派，1990年，当时的卢嘉锡主席经过调研后给卫生部提交的《关于加速开展毕节地区氟骨症的防治工作的意见》的报告，引起卫生部高度重视。农工党在大方县开展医生培训、专家义诊、为农民体检、建立农民健康档案、送医送药、建设村卫生室、小水塘净化等健康项目，捐赠了价值达700多万元的医药、救护车等医疗物品，培训了几百名基层卫生人员，并积极探索不止以农民看病为单一目的，而是以提高农民健康水平为目标的“乡村一体、设施配套、多种功能、中医为主、价格便易、村医乐业、农民欢迎”的村卫生室模式。本届中央主席桑国卫、常务副主席陈宗兴亲自率队在毕节开展农村卫生室和农村饮水安全大考察，向中共中央、国务院呈报了《加强村卫生室建设　确保广大农民人人享有基本医疗卫生服务》和《以人为本　关注民生切实解决农村饮水安全问题》的建议报告，引起中共中央和国务院领导的高度重视。

【扶贫宣传】 农工党开展了对毕节试验区宣传工作。策划一系列的宣传活动，2005年组织拍摄的电视文献纪录片《同舟》，真实反映了民主党派帮扶试验区17年的情况，引起很大社会反响，并获得2005年度贵州省广播电视一等奖和全国文献纪录片20年（1986—2006）提名奖等重要奖项；编印大型画册《走进毕节》、主持举办大型图片展览《今日夜郎》，撰写探索新时期多党合作帮扶毕节新模式的多篇论文；2005年在全国政协新闻部门的指导下，完成了全国政协十届三次会议“毕节试验区智力支边结硕果”集体采访活动的筹备工作，为了配合这次活动，还邀请《新京报》等媒体记者先期到毕节进行采访，使活动取得了成功，试验区的知名度得到了极大的提升。

【培训扶贫】 农工党1990年就提出“扶贫先扶志，致富先育人”的战略思想，培训县乡村三级干部400多人次；创办的“前进苗族女子班”，“前进奖学金”、资助600多名贫困大学生和中小学生读书；农工党与大方县政府联合成立的“前进技术职业培训学校”，先后举办了金果林管理技术、茶叶栽培加工、耕牛改良、畜牧兽医、大棚蔬菜栽培、旱地作物栽培及农业综合实用技术培训等计49期，培训农技人员和农民5000余人次。

【产业化扶贫】 农工党促进农民增收，不完全统计，农工党通过各种渠道引进、协调各种项目资金1亿多元。先后开展了畜牧秸秆氨化养殖项目、刺梨种植项目、半夏示范推广项目、科技养牛项目、小尾寒羊试验项目、地下水开发项目、企业投资项目等等，推动了县域经济的发展。

（中国农工民主党中央委员会
社会服务部）

九三学社中央社会服务部定点扶贫

【概况】 九三学社中央社会服务部（以下简称“九三学社”）的支边扶贫工作是中国共产党与民主党派围绕经济建设通力合作的产物，是民主党派在新时期肩负的重要工作任务。自1982年起，九三学社开始积极参与中央统战部、国家民委倡导的智力支边工作；1987年，承担了对广西百色地区凌云、乐业两县的扶贫工作；1989年九三学社推动了黔西南州星火计划、科技扶贫试验区工作的开展；1994年按照中共中央、国务院的统一部署，四川省广元市旺苍县成为九三学社中央定点扶贫联系县；同年，九三学社把威宁县作为毕节试验区支边工作的重点联系县。1997年选定了旺苍县东河镇双峰村为定点扶贫联系村。20多年来，九三学社中央社会服务部（以下简称社服部）一直承担着九三学社中央支边扶贫的工作职责。

进入21世纪以来，社服部根据党中央、国务院的统一部署，争取中央有关部门的支持，结合自身实际，发挥智力密集和联系的优势，形成以“科技扶贫、教育扶贫、观念扶贫”为主的工作方式，以“出思路、做协调、搞服务、办实事”为工作重点，为推动地方经济发展和社会进步做了卓有成效的工作，取得显著成绩。

2002年来，社服部协调和帮助贵州、四川、广西的贫困地区争取到国家“生态家园富民计划”、“天然草场恢复和保护”、“草地畜牧业建设扶贫资金”等项目，并在“阳光工程”、“新型农民科技培训”、“清洁工程”等项目的引进和实施方面做了大量工作。另外，在社中央领导的直接关心下，广元亭子口水利枢纽项目立项实施，项目总投资80.04亿元。这些项目的实施，对加快贫困地区的生态环境治理与恢复，改善生产生活条件，促进农民增产增收起到了积极的推动作用。

【定点扶贫工作措施】 九三学社中央主席韩启德，副主席徐采栋、黄其兴、洪绂曾、贺铿等高度重视支边扶贫工作，先后多次到贵州、广西、四川等地深入基层考察调研。领导亲临现场指导工作，并多次走访有关政府部门，寻求支持与合作，帮助解决实际困难和问题，推动支边扶贫工作的开展，并明确“不脱贫不脱钩、脱贫不断线”的帮扶原则。九三学社中央为加大对旺苍定点扶贫工作的支持力度，每年选派社内干部到旺苍县挂职锻炼，重点抓好旺苍县的帮扶工作，深入基层，深入农户，动真情，用实劲，为旺苍、广元做了大量好事实事，得到领导和群众的赞誉。

为促使九三学社的社会服务工作步入制度化、规范化的轨道，在及时总结实践经验的基础上，2005年出台了《九三学社中央关于加强社会服务工作的意见》，对新形势下社会服务工作的定位、重要性、指导思想、原则以及开展工作的思路和领域提出了规范性和指导性的意见，对九三学社的支边扶贫工作产生重要影响。

【观念扶贫】 1. 帮助贫困地区制定发展规划，促进可持续发展。九三学社社服部组织专家对贵州威宁、黔西南州、四川广元等地区的“十一五”发展规划的编制工作开展咨询、论证等活动。同时，在科技部的支持下，还组织专家分别帮助黔西南州、威宁县制定了《十一五科技扶贫发展规划》，帮助地方明确“十一五”期间科技扶贫的基本原则、指导思想、主要目标和任务。

2. 组织专家针对区位特点，围绕主导产业发展开展科技咨询并提出对策建议，促进经济协调发展。九三学社社服部从观念扶贫入手，先后多次组织专家对贵州黔西南州、广西百色地区、贵州毕节地区、广元旺苍县就草地畜牧业发展、农村劳动技能培训与劳动力转移培训、旅游业和食品加工业发展、加强完善区域发展战略规划及生态环境建设和生态产业规划、生态产业的培育、农产品的深加工、资源开发及利用等问题开展专家咨询活动，向地方提出相关的建议和意见。这些活动深受地方党政领导的欢迎，他们认为这是解放思想、转变观念、开阔思路、增加信心的观念扶贫。

【科技扶贫】 九三学社社服部在国务院扶贫办等部委的支持下，参与了在贵州黔西南州晴隆县实施的“草地畜牧业科技扶贫项目”。先后多次组织专家到当地开展技术培训指导和咨询论证，帮助引进优质品种、建立信息平台，引导当地改变传统的养殖模式，不断提高当地草地畜牧业的科技含量和整体效益。经过多年的实践，成功探索出一条石漠化地区群众脱贫致富与改善生态环境相结合的科技扶贫新路子。国务院扶贫办肯定了晴隆县退耕还草、种草养畜的科技扶贫模式，认为它“不仅对西南地区种草养畜产业发展具有指导意义，而且对整个科技扶贫工作的健康发展都有借鉴意义”。2006年，国务院扶贫办、中央智力支边协调小组联合在晴隆县召开全国科技扶贫（南方草地畜牧业）现场经验交流会，向西南地区的11个省份推广晴隆县的经验。

此外，九三学社社服部帮助贫困地区引进作物及禽畜良种，还先后在贵州威宁县草海镇白岩村、四川旺苍县东河镇双峰村、乐业县新化镇那社村正式建立了优质杂交肉牛养殖示范小区、矮晚柚种植科技示范基地、云盘山茶叶生产改造示范基地，这些科技示范项目的实施发挥了辐射带动作用，有效推动了贫困地区农村产业结构调整，增强贫困农村自主发展的能力。

【教育扶贫】 扶贫先扶智，九三学社社服部始终高度关注并动员全社和社会各界力量，关心、支持贫困地区教育事业的发展，2002年来先后投入和引进资金50多万元帮扶旺苍县木门小学及双凤分校；投入和协调资金42.5万元帮助威宁县五里岗中学和黑石中学；协调境外慈善基金为四川省旺苍县的嘉川镇中心小学、正源乡中心小学、张华镇友坝小学、高阳镇鹿渡小学共捐款72万元。此外，社服部还积极联系香港汉荣书局，为广西凌云县、贵州威宁县、四川旺苍县捐赠图书价值50余万元。

【培训扶贫】 在新时期的智力支边扶贫工作中，九三学社社服部以增加农民收入为目的，以提高劳动者素质为切入点，以能力建设为重点，开展科技培训，积极推动贫困地区开展农民职业技术及劳动力转移培训工作。多次组织社内专家深入到贫困地区开展技术培训和科普专题讲座等活动，2002 年来，先后举办了养鱼、水稻施肥、茶叶生产技术、桑蚕生产技术、水果高产优质高效栽培技术、农业有害生物防治技术等专题讲座及各类技术培训班 58 期，切实解决贫困地区农民生产和生活中的实际问题，使农民通过掌握实用技术而脱贫致富。以近两年为例：2007 年，为了切实帮助贫困地区妇女提高参与发展的能力，培养她们成为“贫困村致富带头人”，社服部和广西区扶贫办首次联合举办广西首期贫困村妇女主任培训班，通过现场教学、参观考察等形式为来自百色市凌云、乐业 2 县贫困村的 111 名学员传授了较新且实用的农业科学技术知识；2008 年，在凌云县开展的贫困村劳动力转移就业培训项目，培训学员 125 名，开设专业为摩托车维修、酒店服务与管理、服装制作与营销。培训结束，经理论考试和技能考核合格后，由百色县金华职业学校颁发结业证书和职业资格证书。

从 2002 年至 2008 年，九三学社社服部共组织 1000 余人次的专家学者、企业家到 4 个定点扶贫县开展考察指导、科技培训和慈善捐助活动，为当地经济社会各项事业直接投入 300 余万元，开展各类培训班 58 期，培训农村干部、技术人员和农民骨干达 5000 多人次。

【医疗卫生扶贫】 作为务实扶贫的一项重要工作，“亮康行动”以“扶贫济困、讲求实效”为原则，以“关爱弱势群体、普及健康观念”为主题，为贫困地区白内障患者实施免费康复手术，并组织有关医卫专家深入贫困乡村、社区通过义务医疗咨询、健康科普、保健讲学等形式宣传预防与治疗疾病的知识，推广和普及科学的健康观念，倡导健康文明的生活方式。2007 年社服部正式启动“亮康行动”，2008 年手术累计已超过 517 例。

（九三学社中央社会服务部）

中国致公党重庆市委员会定点扶贫

【概况】 中国致公党重庆市委员会受致公党中央委托，帮扶致公党中央定点扶贫县酉阳土家族苗族自治县，坚持18年不间断，取得了显著的成绩。

7年来，致公党中央和致公党重庆市委平均每年3次前往酉阳支边扶贫，致公党中央及全国各地方组织先后有600余人次奔赴酉阳开展对口支援，为酉阳捐建了6所希望小学、3所卫生院、1所职业教育基地，捐赠3辆救护车，捐助贫困师生200多名、贫困户1200多人。

7年来，致公党重庆市委挖掘自身潜力，争取致公党中央和有关部门的支持，发挥全市致公党员的特长和优势，不断创新工作思路，支边扶贫成效显著。在脱贫致富奔小康的进程中，酉阳土家族苗族自治县于1999年整体跨越温饱。1990年全县人均收入约为250元；到2007年底，城镇居民可支配收入增加到了7000多元，农民人均纯收入达到了2000多元。

鉴于致公党重庆市委对口帮扶酉阳取得的突出成绩，2005年5月国务院第四次民族团结进步表彰大会暨中央民族工作会议，再次授予致公党重庆市委“全国民族团结进步模范集体”称号，致公党重庆市委还作为全国各民主党派的唯一代表参加了全国巡回演讲。2006年《民族画报》第6期用4个版面介绍了致公党酉阳扶贫情况，9月的《当代党员》杂志刊载了致公党重庆市委对酉阳支边扶贫的先进事迹，同年，致公党重庆市委被重庆市人民政府评为“重庆市民族团结进步模范集体”。2007年2月，致公党重庆市委被中共重庆市委、重庆市人民政府评为重庆市“十五”期间“扶贫开发工作先进集体”。

【“致酉合作”扶贫回顾】 20世纪90年代初，致公党重庆市委响应中国共产党“开发扶贫，解决全国人口温饱问题”的号召，把支边扶贫作为一项长期任务，纳入了本党市委的重要党务工作之中。从1991年开始，到2001年底，致公党重庆市委对酉阳的支边扶贫，重在科技扶贫。

1991年4月，时任重庆市政协副主席、致公党重庆市委主委的刘惠君教授，带领7人支边小组赴酉阳山区进行实地考察，连续70多天，行程2万5千里，走遍了酉阳全县90%的乡（镇），详细掌握了当地的自然资源、地理、气候状况，并深入到村、组、户体察民情；在当地党和政府的配合下，支边小组以科技为依托，制定23万字的《酉阳中药材发展规划》；1993年6月又为酉阳制定了《酉阳畜牧业发展规划》。在“两个规划”的指导下，通过当地政府和群众的共同努力，形成了以杜仲为主的三木药材的规范化种植、规模化发展；以黑山羊为代表的畜牧业初步实现了产业化经营。“两个规划”的实施，为酉阳支柱产业的培育、中药材产值的大幅增长，以及县域经济的发展、水土保持、国土开发利用和富民兴县摸索出了一条有益的可行之路。

致公党各级组织亲临酉阳支边计300余人次，为酉阳捐资达300多万元。“致酉合作”过程中，致公党与酉阳73万各族人民建立了深厚的感情。致公党支边小组7人被酉阳县人民政府授予“荣誉市民”称号。“致酉合作”也得到国家有关部门的高度评价，致公党重庆市委先后被国务院、国家民委、农业部、中央统战部、国务院扶贫办授予“全国支边扶贫先进集体”光荣称号。

【教育扶贫】 2002年3月，致公党重庆市第二次代表大会选出新一届领导班子。代表大会闭幕的当天，新当选的致公党重庆市委主委王孝询就接过了帮扶酉阳的接力棒，陪同致公党中央主席罗豪才前往酉阳考察扶贫工作，为香港星火基金会捐建的两所希望小学剪彩，重庆市致公党员捐款4.6万元资助酉阳45名贫困学生入学。新班子上任伊始的这一举措，充分体现致公党重庆市委对帮扶酉阳工作的一贯重视。

2003年以来，致公党重庆市委以振兴酉阳的教育事业为己任，组织专家赴酉阳开展支教活动，先后捐资或联系捐资100余万元，建成希望小学6所；同时，扶助贫困学生，先后为贫困学生捐资5万余元，使30多名贫困学生重返校园；此外，致公党重庆市委机关干部每人还定期捐助1名贫困学生。

2003年2月，致公党中央牵线，香港汉荣书局为酉阳自治县图书馆捐赠新书1790册，价值70万元。致公党中央还给酉阳特困学生捐赠价值6万元的教学用品。同年，重庆市园林局副局长、致公党重庆市委副主委况平争取到15万元经费，为酉阳制定《乌江画廊风景旅游规划》。

2004年7月，致公党重庆市委为沿岩乡智达希望小学的100名贫困学生发放了3万元助学金，并向双河中学捐赠20台电脑。

【中国致公党扶贫开发工作会议】 2005年3月，致公党重庆市委承办在酉阳召开。会议期间，主席罗豪才视察了酉阳艾滋病防治工作，考察了建设中的林浆纸工业原料林基地，参加向酉阳民族师范学校捐书活动和捐建丁市镇致公卫生院的奠基仪式。会议特别安排的大型捐赠活动上，致公党重庆市委为兴建重庆致公希望小学捐资15万元，致公党中央及各地方组织的代表及企业界人士捐资约111.74万元。此外，国家卫生部为酉阳乡镇卫生院捐赠B超机1台，中国致公出版社、致公党重庆市委分别为酉阳民族师范学校捐赠价值1.5万元人民币和22.3万元新台币的图书。为配合会议的召开，致公党重庆市委还专门组织一支专家医疗队，在酉阳开展义诊、学术讲座和现场手术示范。

【捐资捐赠扶贫】 2006年6月，由致公党中央牵线、加拿大洪门民治党和达权总社捐资46万元人民币兴建的酉阳丁市镇致公卫生院综合大楼，大连实德、广东好太太集团和致公党重庆市委分别捐资修建的3所希望小学校相继落成。“重庆致公希望小学”的建成，凝聚了全市致公党员的爱心和对山区少数民族教育发展的厚望。此外，经致公党中央“牵线”，致公党重庆市委“搭桥”，江苏黄埔再生资源有限公司董事长、致公党员陈光标向酉阳民族师范学校捐赠100台电脑，为酉阳中小学生捐赠了3000套校服，广东好太太集团董事长向“好太太希望小学”的孩子们捐赠了一批书包和学习用具。

2007年春节前夕，致公党中央和致公党重庆市委的领导一行8人，向丁市镇致公卫生院捐赠救护车购置款12万元、医疗设备购置款20万元；向2所致公希望小学分别捐赠建校资金15万元和奖学、奖教基金3万元，图书250册。

【“百名致公党员赴酉阳帮扶活动”】 2007年换届以来，致公党重庆市第三届委员会一如既往，在“保持住，不间断，可持续”扶贫工作方针的指导下，积极探索支边扶贫的新形式、新内容。继2006年底致公党重庆市委发起并组织“一对一”帮扶酉阳贫困学生活动后，有106名致公党员按每人每年300元、连续三年的标准，共资助困难学生122名。2007年6月—7月，致公党重庆市委分两批组织“百名致公党员赴酉阳帮扶活动”。

在赴酉阳帮扶活动中，除向资助对象发放捐款外，为修建酉酬镇金沟村致公希望小学，致公党重庆市九龙坡区工委再捐资10万元，参加活动的致公党员亦现场再捐款4170元。此外，致公党重庆市委还给6户酉阳贫困农户送去了慰问金1800元，渝中区党员苏定瑞为患尿毒症的贫困学生捐款5000元，沙坪坝区党员王素清为丁市镇致公卫生院捐赠了2万余元的医疗设备。同行的致公党医疗专家组则在麻旺镇卫生院开展了义诊，在丁市镇致公卫生院作了业务指导。

为创新和拓宽帮扶的领域，2007年，在致公党重庆市委的积极协调和主动配合下，致公党中央向酉阳3所乡镇卫生院捐赠了3辆救护车，捐资100万元的“致公酉阳职业教育基地”建设项目正式开工，并在重庆机械电子高级技工学校开办“致公酉阳班”，帮助落实实习单位。“致公酉阳班”的开办，每年可为200名酉阳贫困学生提供接受职业教育的机会，增强其就业竞争力。此外，通过致公党重庆市委的努力，重庆医科大学附二院对口支援的对象从县外调整到酉阳钟多镇卫生院。据统计，仅2007年，致公党中央和致公党重庆市委共向酉阳捐资219万元。

2008年1月，重庆市致公党员马征向重庆致公希望小学捐赠5000元建设资金。7月，致公党中央副主席李卓彬、致公党重庆市委主委王孝询一行，出席致公党中央联系香港比富达环球资产有限公司总裁李沃麟先生捐款50万元修建的酉阳县李溪镇致公卫生院住院大楼的剪彩仪式，同时考察了由重庆市致公党员提供技术指导的致酉富民生猪养殖专业合作社的发展情况，并为其揭牌。该合作社是致公党重庆市委帮扶的一家优质生猪标准化规模养殖企业，主要从事养殖、种植、加工一体化生产。

此外，从2002年起，每逢春节来临之际，致公党中央副主席吴明熹、李卓彬和致公党重庆市委主委王孝询，副主委谭净、黄云等都要亲赴酉阳访贫问苦，慰问贫困农户、贫困师生，为他们送去6万元慰问金和御寒的冬装、棉被等物品。此项工作现已成为致公党的优良传统。

（中国致公党重庆市委员会）

中华全国工商业联合会社会服务部定点扶贫

【概况】 中华全国工商业联合会（以下简称“工商联”）扶贫与社会服务部认真学习贯彻党中央、国务院关于扶贫开发工作的重要指示，结合工商联统战性、经济性、民间性三性统一的特点，坚持以扶贫开发为主要内容，以自觉自愿为根本原则，以非公有制经济人士为参与主体，以老少边穷地区为工作重点，参与扶贫开发工作。特别是党在十六届五中全会中提出推进社会主义新农村建设的历史任务后，扶贫与社会服务部在会领导的带领下，围绕中心，服务大局，团结引导非公有制经济人士进一步弘扬扶贫济困的精神，在构建和谐社会和新农村建设中寻求定点扶贫、智力支边与社会服务和光彩事业新的突破点和工作结合点，开展扶贫工作。

自1996年以来，全国工商联及其会员为织金县捐款和投入引进资金共2400多万元，捐物近500多万元。引进了一大批企业，为织金县“两基”达标筹措大量资金，开展种、养殖示范工作，并逐步加大“招工扶贫”、就业推介、技术培训和乡镇干部培训等工作力度，为织金县经济发展做出了积极贡献。

【定点扶贫工作措施】 1. 坚持定点扶贫工作领导负责制。1994年国务院扶贫开发领导小组将贵州毕节地区织金县定为全国工商联定点帮扶县，为了抓好以定点扶贫工作为主的一系列扶贫工作，全国工商机关成立了扶贫工作领导小组，由主要领导挂帅，宏观指导、全面协调、统筹安排会内与扶贫开发工作有关的各项工作。2003年5月，全国工商联调整了扶贫工作领导小组，黄孟复主席亲自担任组长至今。为加强对全国工商联定点扶贫工作的领导，2005年全国工商联机关在三定时，将信息咨询部更名为扶贫与社会服务部，从机构设置上彰显了扶贫工作的重要性。

2. 深入基层，坚持主要领导一线调研考察。在帮扶定点扶贫县的15年中，历届主要领导人经叔平、黄孟复、孙孚凌、胡德平、全哲洙等多次率团到定点扶贫地区考察调研推进扶贫工作。2004年3月，全国政协副主席、全国工商联主席黄孟复率团对织金县进行了扶贫工作考察。强调指出“招工扶贫是脱贫致富最快捷和有效的途径，教育扶贫和科技扶贫是从根本上解决问题的基础，合理开发利用资源加快经济发展是脱贫致富的根本，干部队伍的踏实作风和观念更新是脱贫致富的关键所在”的具有时代性强、针对性强的扶贫工作新思路，开启全国工商联在新时期新阶段帮扶织金县的新型工作模式。2007年8月，中央统战部副部长、全国工商联党组书记、第一副主席全哲洙同志深入织金县考察调研，商讨扶贫开发大计，提出“落后就是希望，差距就有潜力；抓好交通建设，打破瓶颈；提高人口素质，转变思想观念；强化业务能力，力争更多项目”等站位高、立意新、定位准的发展意见。当地干部群众倍受鼓舞。

【干部挂职扶贫】 从1996年开始，全国工商联党组始终把扶贫工作作为培养锻炼干部的有效载体，积极组织动员干部到贫困地区挂职锻炼。他们深入田间地头，调查研究，体察民情、了解民意，进一步密切了党同人民的血肉联系。为了做好科技项目，他们深入到边远山村了解情况，推荐引进的生物化肥项目，科技含量高，建厂投产后，取得了较好的经济效益。根据实际情况和市场经济法则，大力推行各种科技转化应用的机制，积极开展科技成果试点示范和转化应用，逐步走上了生态建设、开发扶贫、循环经济的发展之路。

【教育扶贫】 10年多来，共捐资1190万元，用于织金县的教育事业。建光彩学校、教学楼或图书室14所（间）。共资助贫困大学生64名，培训乡村教师262名，资助贫困中小学生3000多名，为织金县干部群众培训各类技术人员4000人（次），从2003年起培训乡镇带头人225人、优秀教师5人，农村中学校长2人。捐赠10万元用于广播信息扶贫网设备建设；联系清华大学在织金县无偿提供设备建立了远程教学点。

2005年两会期间，在黄主席倡导下，7位企业家率先发起了从现在起至2010年的5年时间里，为老少边穷地区捐建或改建1000所光彩小学的倡议。现捐建和改建小学890多所，仅通过扶贫与社会服务部就捐赠61所光彩小学。“光彩文库”项目是动员社会力量筹集资金在老少边穷地区农村中、小学建立“光彩文库图书室”。2008年已完成为扶贫地区光彩小学配套光彩文库146个。

【劳务输出扶贫】 2004年，全国工商联向织金县捐款100万元，作为此项工作的启动和工作资金。扶贫与社会服务部部长谷彦芬2005年春节期间深入一线具体指导招工扶贫工作，了解用工培训、生活待遇及维权等情况。从2004年至2008年，劳动力就业培5859人，有效输出转移就业5191人。带动其他形式输出农民工11.8万人。据不完全统计，外出务工人员每年汇回县内的劳务收入达3.2亿元。

【科技扶贫】 扶贫与社会服务部组织专家顾问帮助普翁乡建立了五倍子中药材基地；在茶店乡实施养牛项目；在官寨乡建生态养鹅基地；在普翁乡、三塘镇养黑山羊；在猫场乡种植竹荪；在桂果镇养猪；还支持县工商联办综合养殖场养猪养鸡等。扶贫与社会服务部组织华中农业大学、北京种子商会的专家去织金县考察，用良种良法在麻窝村试种优质果木蔬菜，取得成功。

【企业扶贫】 1995年河北亨豪集团投资180万元建立了“织金光彩页岩砖厂”、投资18万元试建“光彩煤厂”；2000年介绍深圳民营企业家黄海林先生，投资1000万元在织金洞兴建天谷山庄，介绍福建薛建明先生投资600万元试验养鳖项目；2005年香江集团董事长刘志强投资245万元与县里合股建立了“织金香江能源投资开发公司”；2007年众一集团又投资500余万元启动猫场向斜煤矿勘探。

【基础设施建设扶贫】 扶贫与社会服

务部先后组织民营企业家投入 250 多万元，帮助农户打小水窖 2600 个。基本上解决了 1.5 万织金县最贫困山区人民的饮水困难问题。引进资金修建 7 所乡镇卫生院、20 个村卫生室和 10 个通电、通路工程，1000 户农户防氟改灶等。

【光彩事业项目实施】 扶贫与社会服务部按照国家发展战略，先后参与了以扶贫开发为主要内容的光彩事业、西部大开发、三峡库区移民工程、振兴东北老工业基地、下岗职工再就业、社会主义新农村建设等工作。截至 2007 年，光彩事业实施项目 16244 个，累计投资 1337.76 亿元；企业向光彩事业各种捐赠总额 1179.95 亿元；安置 387.07 万人就业，帮助 787.61 万人脱贫。与劳动保障部、全国总工会等部门连续 3 年在 100 个大中城市开展“全国民营企业招聘周”活动，共计解决 202.5 万人就业。10 年来，共组织全国工商联机关干部参与扶贫、光彩事业 400 多人次；建立全国工商联机关重点帮扶地区 5 个；组织举办各类与扶贫工作有关的培训班 700 多期。培训各类专业技术人才 120000 多人次。

【公益慈善活动】 扶贫与社会服务部作为全国工商联筹募管理使用善款的工作部门，担负着组织、引导、支持民营企业家参与 1998 年抗洪救灾、2003 年抗击“非典”、2008 年抗击雨雪冰冻灾害和四川抗震救灾等各项社会公益慈善活动的工作。尤其是在“5·12”四川汶川特大地震灾害发生后，扶贫与社会服务部在第一时间筹集善款组织捐赠仪式；组织光彩数字影视抗灾爱心宣传队赶往灾区进行心理救援服务和提供心理疏导工作，宣传队获得了中共中央、国务院、中央军委授予的“全国抗震救灾英雄集体”光荣称号和全国总工会授予的“抗震救灾重建家园先进集体‘工人先锋号’”的荣誉称号；负责全系统的抗震救灾捐款捐物工作的统计，截至 2008 年 6 月 5 日，捐赠现金 51.5 亿多元，捐赠物资 10.9 亿多元，共计 62.4 亿多元。

【构建和谐社会示范点】 2004 年全国工商联与国务院扶贫办签署了在扶贫开发领域全面开展合作的协议。2005 年开始，扶贫办和工商联牵头在四川省仪陇县联合建立“构建社会主义和谐社会示范点”。3 年来，累计投入 1600 万元，在帮助整村推进、捐建农村中小学、建设朱德纪念园区、资助贫困学生、捐赠图书、推广农业科学技术、劳动力转移培训、乡镇干部和农民技术及中学校长培训、捐助特困群众顺利过冬过年方面给予全力帮扶。

【村企共建扶贫工程】 2007 年，全国工商联和国务院扶贫办又联合开展了村企共建扶贫工程。向河南、湖北等 8 省、自治区下发了《国务院扶贫办、全国工商联关于开展“村企共建扶贫工程”指导意见》这项工作主要是选择 100 个贫困村，引导民营企业结对共建。通过共建为贫困村引进一家企业，推动一个产业，创造一个品牌产品。2008 年，村企结对工作已经实施完毕。各项帮扶工作正在按计划进行。

【生产性扶贫项目资金管理】 为深入推动四川仪陇、巴中新农村建设工作，黄主席连续两次率团前往四川考察调研，组织企业家捐赠 2900 万元，扶贫与社会服务部与两地签署了“生产性扶贫项目资金管理办法”协议书，从法律上规范了从会员企业募集来的 800 万元善款的管理和使用。按照“有偿使用、按期返还、滚动发展、合理配套”的原则，经过项目论证，仪陇县先后投入有偿使用资金组建了光彩扶贫互助会，由滚动资金出资发起成立了仪陇县担保有限公司等独立法人实体。巴中市通过组建“合作社”，采取“龙头企业＋合作社＋社员农户”的模式，探索出了良种繁育、现代化养殖、肉食品加工、技术服务”整体联动的产业发展机制。

【非公有制经济人士参与扶贫开发新模式】 为发挥民营企业家参与扶贫工作的积极作用。2008 年 8 月全国工商联扶贫工作委员会正式成立。主任由全国工商联兼职副主席王健林、张近东担任。按照扶贫工作委员会计划安排，扶贫与社会服务部组织推荐重点帮扶乡镇考察评审组，考察九个乡镇 12 个项目，取得大量第一手资料，为推荐重点帮扶乡镇工作打下了基础。

【定点扶贫工作措施】 1. 围绕中心、与时俱进，是做好扶贫工作的必然要求。扶贫工作必须紧紧围绕党中央、国务院在各个时期的中心任务，坚持与时俱进，及时调整工作思路，探索新的工作领域，不断改进工作方法。从服务国家大局、服务经济建设，建设和谐社会的这个中心出发充分发挥助手作用；始终跟上时代的步伐，始终代表党和人民群众的要求，不断为促进贫困地区的经济发展和社会进步做出新贡献。

2. 领导重视、各方支持，是做好扶贫工作的重要保证。我会各级领导始终高度重视扶贫工作，切实加强对工作的领导和指导，从机构设置、人员编制到业务经费，都给予了保障。另一方面，组织引导社会各界尤其是企业家群体积极参与，在人才、智力、资金、技术和信息等方面对扶贫工作提供了支持。

3. 形成共识、上下联动，是做好扶贫工作的必要条件。在开展扶贫工作的实践中，将扶贫工作当作引导非公有制经济人士健康成长的重要抓手，已成为工商联工作的共识和重要工作内容。同时，既坚持过去的好经验，又按照求实创新的要求，采取有效措施，加强了对各地工商联的指导。与当地工商联一道，深入乡镇开展调研，召开扶贫光彩工作项目对接会、现场会、洽谈会等，以光彩项目、扶贫工程为纽带，把边远农村和贫困农民的实际需要和工商联的具体工作结合起来。

4. 突出特色，讲求实效，是做好扶贫工作的基本原则。一方面开展以提高人口素质为目标的智力扶贫活动，努力为当地培养发展经济的带头人和掌握实用型技术新能人，在科教兴农、科技示范方面为“三农”服务；另一方面积极在资金和物资上提供支持，多为群众办实事办好事，采取切实有效的措施，把帮扶工作抓紧、抓好、抓实，抓出效果。

5. 注重宣传、树立形象，是做好扶贫工作的客观需要。通过宣传，使社会各界认识到开展扶贫工作的重要性和必要性，树立了工商联的良好形象，对于推动扶贫工作有着积极的意义。由于加大宣传力度，现在不少地区和单位对本地经济社会发展的一些重大问题或经济发展项目，主动邀请工商联组织专家、企业家前往咨询调研，出谋划策。为了推动工作，扶贫与社会服务部专门编写扶贫简报百余期，并在全国工商联网站上专门开辟了光彩扶贫网页，及时传达全国工商联扶贫领导小组的有关指示精神，推广经验做法，宣传各地在扶贫工作中好的扶贫模式。

（中华全国工商业联合会社会服务部）

最高人民检察院定点扶贫

【概况】 最高人民检察院自1995年以来，积极响应党中央、国务院关于实施定点对口扶贫的号召，先后派出8批共15名优秀中青年干部到高检院定点扶贫县——云南省西畴县挂职开展扶贫工作，另选3名青年教师挂职支教。院扶贫工作领导小组和挂职扶贫干部结合西畴县的实际，围绕中央确定的扶贫工作重点，想方设法，克服困难，努力工作，在为西畴县整村推进、产业化扶贫、农村贫困劳动力培训转移和认领“三个确保”重点贫困村等方面做出了突出贡献。同时，不断拓宽扶贫领域、丰富扶贫内涵、提高扶贫层次，坚持为群众办实事、办好事，为西畴县尽快解决贫困人口温饱问题，加快社会事业发展，推进社会主义新农村建设，促进全县经济社会又好又快发展发挥了积极作用。多年我院连续被云南省评为扶贫工作先进单位，2007年被中国扶贫基金会评为“扶贫助学、爱心无限”先进单位。

【定点扶贫工作措施】 近几年来，高检院党组非常重视定点扶贫工作，坚决贯彻中央有关精神，积极把该项工作作为贯彻“三个代表”重要思想，落实科学发展观，改进工作作风，密切党群干群关系，加快农村经济和社会发展，建设和谐社会的重要举措；作为强化干部实践锻炼和领导干部深入基层、服务群众、解决实际问题的具体工作途径。

根据人员变化情况，做好工作交接，能够及时调整充实扶贫工作领导小组，现领导小组由院党组成员、政治部主任张常韧同志担任组长，办公厅、政治部、计财局、机关党委、机关服务中心、检察日报社、检察官学院等相关职能部门主要领导为小组成员，下设扶贫工作办公室，由机关工会主席兼任办公室主任，负责扶贫工作的日常事务。

领导小组坚持定期召开会议，传达上级有关扶贫工作要求，听取扶贫工作进展情况汇报，分析扶贫工作形势，研究具体扶贫措施。在院里经费紧缺的情况下，每年都拨出专项经费用于扶贫工作，并明确表示西畴县一天不脱贫，高检院扶贫工作一日不脱钩。同时，职能部门平时坚持做好年度扶贫工作计划和工作总结，表彰挂职扶贫干部等事宜，加强与国务院扶贫办、中国扶贫协会和云南省、州、县有关部门的工作联系，保证了扶贫工作领导到位、机构到位、经费到位和权责到位。

【扶贫调研】 高检院领导一直把扶贫工作当作整体工作的重要组成部分，时刻关注扶贫情况，情系西畴，心装群众，在繁忙工作的同时，总是挤出时间深入到西畴县考察调研，了解县情民意，为早日脱贫出主意，想办法。高检院副检察长领导王文元、陈明枢、张穹、胡克惠等先后到西畴县考察，提出扶贫意见，帮助解决困难；2007年初，院政治部主任、扶贫工作领导小组组长张常韧深入西畴县考察调研、指导工作，8月上旬，又带领院扶贫工作领导小组全体成员集体到西畴县实地考察，现场办公，在人力、物力、财力上给予支持；2008年6月，院里又派出1名扶贫领导小组成员去西畴县里接送挂职干部并考察调研；高检院机关工会主席、扶贫办主任先后6次去西畴县协调指导扶贫工作。2008年3月初，检察院党组邀请云南省文山州和西畴县两级党政领导来院座谈，党组副书记、常务副检察长张耕、分管后勤工作的副检察长胡克惠、政治部主任、扶贫工作领导小组组长张常韧和领导小组全体成员集体听取了情况汇报及意见、建议，想办法排忧解难。多年来，通过院各级领导的考察调研，密切了中央机关与基层政府和人民群众的血肉联系，使当地干部群众深受鼓舞，纷纷表示一定要抓住机遇，开拓进取，迎头赶上，尽早脱掉贫困的帽子，以全县经济快速发展的良好业绩回报高检院领导的关心、帮助和支持。

【干部挂职扶贫】 根据上级有关要求和扶贫工作领导小组安排，检察院每两年选派1~2名优秀中青年干部（现已派出8批共15名）到西畴县挂职扶贫。这8批扶贫干部到西畴任职后，都能够牢记职责，身入心入，他们克服工作和生活条件差、语言沟通难等困难，在其位，谋其政，努力工作，多方争取资金，取得了成绩。据统计，高检院扶贫西畴县13年来院直接投入资金和协调落实帮扶资金共计4580多万元，为西畴解决了很多实际困难，为全县的经济发展发挥了重要作用。

【基础设施建设扶贫】 为重点，帮助改善全县农村群众生产生活条件。西畴县自然条件恶劣、基础设施建设滞后是制约经济社会发展的一大“瓶颈”。从解决制约西畴经济发展的这一根本问题入手，牵线搭桥，帮助争取资金、寻找项目，加大基础设施建设投入。院里直接投入7万元建成西畴县政务网，先后向农业部和云南省农业厅争取沼气池建设资金200多万元，在该县两个乡（镇）5个村民委1980户农户实施“一池三改”。还发动全院干警捐资投入50万元，扶持董马乡建成沼气池1200口，使该乡在2006年累计建成沼气池3415口，达到全乡农户总数4544户的75.1%。针对西畴群众饮水难、出行难等问题，争取县城供水管网改造资金，扶持建成净水厂，安装完成供水管网19.5公里及相关配套设备，提高了县城供水质量。扶持全县开展小康及温饱示范村建设，投入帮扶资金6万元，建成董马乡毛地塘村小康温饱示范村。2006年以来，选择具有代表性的鸡街乡么所村、柏林乡田尾村和莲花塘乡交支坟等3个村作为高检院援助建设的社会主义新农村示范点，分别投资30万元，修建村寨道路，进行危房改造，并为3个村寨建起了文化活动室，改善了村寨基础设施条件，村容村貌有了明显改善。

【教育帮扶】 在帮扶工作中，高检院坚持把发展农村社会事业作为帮扶工作的重点，以教育帮扶为突破口，多方筹措和协调教育扶贫资金，投入全县教育基础设施建设，改善办学条件，帮助解决农村群众子女入学难、就医难等问题。自1995年在法斗乡董有村建成第一所希望小学以来，高检院直接投入和协调资金1438.8万元（主要是近几年协调的资金），先后建成希望小学12所，建成新马街小学和三板桥小学教学楼，还建成一师一校村级小学13所；为部分学校改善了校园环境，更换课桌板凳，捐赠教学用品、电教设备、书籍、衣物等，折合价值25.18万元；先后协调资金17万元救助280多名贫困学生，自筹资金3.2万元帮助中学生李万宇到北京治疗白血病；联系北京韩建集团，无偿培养8名贫困大专生。同时，先后选派3名英语水平较高的年轻干警到县一中任副校长，参与教学管理并任英语课教师。联系北京市石景山区电厂路小学与西畴县程家坡小学共建，不仅学生间采取“手拉手、一帮一”活动，也从学校建设方面给予硬件设施和软件资源上的帮助。

【产业化扶贫】 为拓宽农民增收渠道，高检院立足西畴资源特色，积极采取科技扶贫方法，从建设产业发展示范点入手，帮助引进项目资金共计289万元，扶持发展种养业。2006年投入12万元在县建立第一个无公害畜牧养殖场。2008年，已种植牧草80余亩，可养殖商品牛150余头，存栏商品牛26头，自2007年建设使用以来，已实现农民纯收入1700余元。2008年从云南省扶贫办和农业厅协调25万元资金进行稻田养鱼项目；同时，还协调资金建设种桑养蚕产业基地；围绕生物资源开发，联系科研院所和企业对阳荷、药材等特色生物资源进行研究开发做了大量前期准备工作等，这些工作，为西畴县在产业化扶贫上发挥了重要作用。

【项目建设资金投入】 院领导和扶贫干部积极争取项目建设资金，并组织实施。几年来，先后为西畴县部分单位改善了办公条件、解决项目资金争取难的问题；出资35万元为乡村卫生室添置医疗卫生器械，对乡村医生进行培训；从农业部、云南省农业厅争取农业测土配方项目资金170万元；为县农业局争取资金10万元，解决开展沼气池建设补助资金不足的困难；投入10万元解决县检察院搬迁前期工作经费；争取了13万元普法宣传工作经费，解决了开展普法工作缺口资金的问题；协调解决艾滋病专项防控经费20万元；安排2名同志到检察日报社实习，为西畴县培养外宣工作人才；加强劳务输出工作，与广东盛祥毛纺织公司达成了由西畴县向该公司定期输送劳务人员的长期用工协议，为培育壮大西畴劳务经济发挥了积极作用。

（最高人民检察院）

外交部定点扶贫

【概况】 2002年以来，我部在国务院扶贫办的指导下，认真贯彻国务院关于扶贫开发方针政策，积极开展对云南省金平、麻栗坡两县的新一轮定点扶贫工作，不断创新帮扶思路、拓宽帮扶领域，为2县经济、社会发展和新农村建设做出不懈努力，取得了实效。

外交部定点帮扶工作推动了2县教育、卫生等社会事业的快速发展。据2县统计，在外交部的帮扶下，2县教育、卫生等基础设施建设计划提前，初步建立了较完善的县、乡、村三级教育、卫生服务体系，各族群众的生产生活条件得到改善。

【扶贫资金投入】 6年来，在部党委的领导下，在部内部属各单位和驻外机构广大干部职工共同努力下，我部先后向2县投入帮扶资金（含小额信贷本金和物资折价）累计约1.2亿元人民币，为改善云南2县贫困人口生产和生活条件，促进当地经济社会发展做出积极贡献，取得了成效。

1. 投入温饱项目资金（含小额信贷本金）：约3938多万元，实施了人畜饮水、农灌沟渠、种植、养殖、沼气池、卫生路等项目，解决了约5.5万人的饮水困难和其他民生问题。

2. 投入教育项目资金：约3770万元，修建、扩建中小学危房校舍65所；设立“助奖学基金”，救助失辍学贫困生2万人（次）；捐赠电脑600台，援建20多个学校运动场、中小学电教室等，支持了2县“两基”（基本普及九年义务教育、基本扫除青壮年文盲）教育目标的实现。2县的教育水平明显提高，升学率位居所在州边境县前列，不少学生考入国内重点大学。

3. 投入医疗卫生项目资金：约2360万元，修建89所县、乡（镇）医院、防治站和村级卫生室，捐赠了多批医疗设备，并连续两年资助10万贫困农民参加新型农村合作医疗，解决了两县大多数农民看病难问题。

4. 投入人员培训资金：1050万元，开展了对种植、养殖业带头人、乡村医生、学校教师以及劳动力技能培训等，完成了2县所有村级卫生医务人员的轮训，并利用我部在外交学院的培训资源，积极开展两县外语干部的培训工作，两县5万人（次）从中受益。

【综合发展项目扶贫】 外交部先后引进孟加拉乡村银行小额贷款示范项目和“参与式”扶贫模式，培育2县贫困人口“造血”机能。随着扶贫攻坚工作的深入开展，外交部贯彻“三个确保”要求，参与2县沿边贫困村寨的“整村推进”、农村产业发展和劳动力转移培训等工作，一批乡村学校、卫生室和饮水工程的落成，支持和配合了2县“整村推进”工作的有序开展。牵线搭桥，引资援建2个茶场，开展种植、养殖技术培训，并出资帮助当地农民种植3000亩草果和瑶药。邀请印度设计专家来华开展少数民族传统刺绣和银器设计加工培训。协助2县向北京和浙江等地输出农村劳动力600名。牵线搭桥协助两县开展招商引资工作。推动国家有关部门解决2州、2县道路交通落后状况，加快当地经济、社会全面协调发展。

【定点扶贫工作措施】 1. 高度重视、机构健全、扶贫工作常抓不懈。为做好定点扶贫工作，我部设立了部扶贫工作领导小组，由部领导和办公厅主任分别担任组长和副组长，小组成员由部内、部属各单位领导组成，下设办公室，具体负责日常事务。坚持每年召开部扶贫工作领导小组全体会议制度，学习和研究贯彻落实党中央、国务院有关扶贫工作方针政策，审议和总结上一年度扶贫工作情况，研究部署下一年度扶贫工作规划。2002年和2007年是外交部扶贫工作10周年和15周年，部长杨洁篪等部领导亲自出席纪念活动，表彰扶贫工作先进集体和个人。

2. 规划明确、措施到位、扎实推进扶贫工作。为进一步推进我部扶贫工作，先后制定了外交部2002—2005年和2006—2010年两个五年扶贫工作规划，提出明确工作任务和奋斗目标。为落实“三个确保”《通知》要求，外交部制定了规划，进一步加大力度全面参与2县边境沿线整村推进工作。2002年以来，5位部领导先后赴2县进行慰问考察，与云南省各级领导交流扶贫工作，研究落实扶贫工作规划。扶贫办也坚持每年年底派出工作组赴2县检查年度扶贫项目落实情况，考察扶贫项目。为保证项目确实发挥作用、锻炼和培养干部，外交部每年向定点帮扶县各派出1名挂职扶贫代表，负责监管和落实扶贫项目。定期向2县所属红河州和文山州派出挂职干部，参与2州、2县扶贫工作。

3. 加强宣传、内外结合、筹措扶贫资金。中央国家机关开展定点扶贫，有利于带动全社会参与扶贫工作，形成“大扶贫”格局。我部积极发挥部门优势，开展扶贫宣传，在“外”字上下功夫，争取社会资金参与云南2县的扶贫工作。部领导、驻外机构负责人主动对外做工作。经过努力，已有近100个国家政府、国际组织、跨国公司、民间机构以及许多海外华侨华人社团组织与我部开展扶贫合作。近年来，外交部在立足“外”字的同时，也在“内”字上做文章，挖掘国内潜力，带动社会资金参与扶贫工作，在扶贫资金和项目来源多元化方面取得成效。这些举措支持了2县完成国家“八七”扶贫攻坚任务，也为2县推进新时期、新阶段扶贫开发工作提供了资金和项目支持。

4. 突出重点、分步推进，不断丰富帮扶内涵。6年来，外交部贯彻国家扶贫开发方针政策，协助两县实施“兴边富民”战略，始终坚持把工作重点放在解决2县群众突出的生活、生产问题上，将有限的资金投入到群众急需的教育、卫生项目上，不断总结经验，开拓创新，从深度和广度上加大对2县的帮扶力度。

外交部主要将有限的扶贫资金集中投入到教育，优先解决校舍危房改建、教学设备和贫困学生等问题。是扶贫资金投入最多的领域。随着对2县贫困状况认识的加深和筹集扶贫资金的增加，外交部将帮扶领域逐渐扩大到解决群众的温饱问题，实施了人畜饮水、沼气池、炸石造田、农田水利、种植、养殖等项目。“八七”扶贫攻坚任务结束后，又将帮扶领域扩大到医疗卫生及培训等方面，全面参与2县实施整村推进工作，形成了以教育、温饱、卫生、人员培训和综合发展等方面为重点的帮扶体系，促进了2县经济、社会事业发展，为2县群众早日脱贫致富创造了基础条件。

5. 制度健全、加强管理，发挥资金最佳效益。为保证可持续开展扶贫工作、发挥扶贫项目效益，管理工作是关键。在实地调研的基础上，外交部制定了扶贫项目和资金管理等4个规定和办法，理顺管理机制，严格财务制度，从源头上保证项目的科学组织实施和资金合理使用。为发挥资金、项目的经济、社会效益，把所募集的资金全数下拨2县，做到不截留、不挪用，并为此提供了大量工作配套经费。认真做好每一笔扶贫捐款和每一个扶贫项目的信息反馈工作，把捐资者是否满意作为管理好坏的检验标准。同时，协助国内外捐资单位和个人赴2县考察、验收援建项目。

（外交部扶贫办公室）

工业和信息化部电信研究院定点扶贫

【概况】 中央国家机关和企事业单位的定点扶贫工作是中国特色扶贫开发事业的重要组成部分。工业和信息化部电信研究院（以下简称“电信研究院”）作为信息产业部的直属单位，2004 年承担了山西省永和县的扶贫开发工作，选派干部到永和县挂职锻炼，为促进永和县的经济发展和社会进步做了大量工作，取得较大成就。

电信研究院在永和县的各项扶贫工作和活动产生良好的经济与社会效应。扶贫开发项目符合科学发展观的要求，对当地的经济社会发展和促使其改变贫困山区的面貌带来切切实实的益处。科技培训、教育扶贫为永和经济社会的和谐发展、干部群众的观念转变和当地百姓的脱贫致富起到良好的示范和促进作用。多种形式的捐助扶贫活动，向永和落后山区和给贫困群众送去了党和政府的温暖和关怀，密切了党同人民群众的联系。

【定点扶贫工作措施】 电信研究院重视扶贫工作，贯彻中央有关扶贫文件精神，从全面建设小康社会、构建和谐社会、建设社会主义新农村的战略高度，认识到搞好扶贫开发工作的重要性，在院里工作繁忙，人员紧张的情况下，仍然选派院企业管理研究所副总工程师任明到永和县挂职锻炼，担任定点扶贫副县长。

1. 深入帮扶地区进行调研。同时，院里把定点扶贫工作作为一项重要工作，纳入电信研究院的整体工作统筹考虑。为了解永和县的实际情况，院党委副书记、副院长李锡堂、副院长谢毅亲自带队，分批多次深入帮扶地区进行调研，与扶贫挂职干部、地方政府领导等共同探讨依靠科技促进贫困地区脱贫致富的措施，帮助扶贫地区解决实际问题，为永和县的社会经济发展献计献策。

2. 扶贫工作专题研究和指导。扶贫干部每次回京，院领导无论工作多么繁忙，都要抽出时间，亲自听取汇报，对下一阶段的扶贫工作给予指导。院领导多次开会专题分析研究扶贫思路和措施，组织院里的人员、技术和资金力量对扶贫工作给予支持，并协调其他单位参与扶贫工作。院领导的重视与支持，为年度扶贫工作的完成夯实了基础，保证了扶贫工作目标的顺利实现。

3. 扶贫工作突出重点，力求实效。围绕解决和巩固贫困人口温饱、提高农民科技文化素质的目标，电信研究院精心组织规划，并通过多次实地考察、调研和认真论证，确定主导产业、基础建设、科技培训和教育扶贫 4 个主要扶贫领域。

【产业化扶贫】 根据永和县委、县政府制定的长远发展规划和近期经济目标，围绕全县“枣、草、羊”主导产业，推动、督促落实阁底乡雨林村千亩红枣精品示范园项目、交口乡鹿角村圈养羊项目（圈舍）等7个种植、养殖项目。

【基础设施建设扶贫】 为配合定点扶贫重点村整村推进，搞好水、电、路、通信等基础设施建设，帮助贫困群众改善生产、生活条件，先后进行了扩建城南邮政储蓄所工程项目、打石腰乡冯家洼村委属步里自然村通村公路项目等基础设施建设项目。

【科技扶贫】 为改变农民陈旧观念，向农民传授实用技术，使他们提高科技水平，增强致富能力，先后邀请红枣专家和企业界人士，为农民讲解枣树管护和市场营销等知识，分发红枣树专用工具；邀请复旦大学专家考察甘草、黄芩等中药材的品质、种群分布及种植情况，为发展永和县中药材产业提供帮助。

【教育扶贫】 治穷先治愚，扶贫先兴教。提高贫困地区的人口素质，是改变贫困的根本出路。电信研究院和扶贫干部积极奔走，倡导，多方协调，前后组织开展捐赠活动6次，捐赠学习用品、图书、文具、学费等，折合超过6.5万元，资助贫困学生累计约350人。

【扶贫资金投入】 为帮助国家扶贫开发工作重点县尽早脱贫，我院在自有资金也比较紧张的情况下，从2005年起，每年拿出100万元作为扶贫资金，对信息产业部定点扶贫县—山西永和县、大宁县进行资助。截至2008年，已为这两个县累计投入资金400万元，为这些地区的经济发展提供了资金帮助。

【信息化和电子政务帮扶】 电信研究院利用研究院的技术和行业优势，推进永和县信息化工作和电子政务工作。电信研究院先后向永和县捐赠了数码摄像机1台、数码照相机1部、计算机设备22套（均为奔腾II以上芯片配置，其中4套为新机器，总价值约4.5万元），网站设备1套及相关软件（总价值约8万元），帮助永和县县委组织部建立起党建网站（http://www.yhxdj.gov.cn），并派出专业技术人员现场调试，对相关人员进行技术指导与培训，实现电子政务。

【干部挂职扶贫】 挂职锻炼的任明是中国人民大学商学院的企业管理博士，任明将自己的专业知识用在扶贫工作中，将先进的管理理念引入扶贫管理，为永和县的扶贫项目管理、资金管理建章立制，形成一套完备的制度，进一步巩固了扶贫工作的成效。任明还先后为干部群众做了有关国际国内形势、科学发展观探讨等报告讲座，开拓了永和县干部群众的视野。这些活动增强了贫困群众自身“造血”功能，使得贫困地区群众在得到经济利益的同时，解放思想，调整思路，对进一步发展经济起到了积极的作用。

【扶贫宣传】 电信研究院院承担定点扶贫任务后，院党委、团委积极对扶贫工作进行宣传，员工对扶贫工作的认识不断提高。在扶贫干部介绍了永和县的实际情况后，院党委和团委组织了“迎七一、系老区、结友谊、促发展”为主题的志愿扶贫活动，在副院长谢毅的带领下，23名青年员工带着电信研究院全体员工的心意，驱车15个小时来到永和县。来到永和县芝河镇榆林则中心小学，向学校捐赠了价值3000元的文具，给孩子们送去关爱和期望。走访贫困家庭，给每户送去一袋白面，一桶食用油和200元慰问金，帮助他们点燃起对美好生活的憧憬。还实地考察了电信研究院在当地实施的扶贫项目。5天的所见所闻，使他们对我国西部农村的国情有了切身的感受，与基层的干部和农民的零距离接触，增进了与基层干部和农民的感情，提高了对社会主义新农村建设的认识。从永和县回来后，院团委号召给贫困学生募捐，很快就募集了3000元钱，对口资助芝河镇榆林则中心小学10名学生。

【奉献爱心捐助活动】 2006年8月，当院团委从我院到陕西参加博士服务团工作的何建吾博士那里了解到当地有很多贫困家庭孩子上学困难后，在全院范围内组织了“情系陕西老区，救助贫困小学，慰问贫困家庭，奉献你我爱心”的捐助活动，全院员工响应。在副院长谢毅的带领下，院相关职能部门领导、院团委委员及部分优秀团员青年代表组成的慰问团一行20余人，带着募集到的17000多元的捐款，赴国家扶贫开发工作重点县陕西合阳进行慰问考察。为当地的孩子购买了课桌、文具图书等，还走访慰问了当地的贫困农户。

（工业和信息化部电信研究院）

国家民族事务委员会经济发展司扶贫办定点扶贫

【概况】 根据委党组的安排和国务院扶贫开发领导小组部署，1989年和1994年先后确定广西德保县和内蒙古巴林右旗为国家民委扶贫联系点，具体定点扶贫工作由国家民族事务委员会（以下简称“国家民委”）经济发展司扶贫开发办负责开展。德保县位于广西西南部，属石山地区，聚居有壮、汉、瑶、苗等9个民族，其中壮族人口占98%。巴林右旗位于内蒙古赤峰市北部，属草原牧区，旗内近一半人口为蒙古族。两县旗都是国家扶贫开发工作重点县。多年来，扶贫开发办公室按照“不脱贫，不脱钩”的原则，坚持以人为本、开拓创新，以整村推进为重点扶持方式、以基础设施建设和产业化扶贫为主线、以智力扶贫为根本措施，加大资金、技术投入，深入开展定点帮扶工作，在促进农牧民增收、提高人口素质、改善生态环境、新农村建设、推动经济发展、繁荣社会事业等方面做出了突出贡献，走出了一条适合民族地区特点和民委工作实际的定点扶贫工作新路子。

【定点扶贫工作措施】 建立健全定点扶贫工作机制，是做好定点扶贫工作的关键。在国家民委党组的领导下，扶贫开发办公室始终将建立健全工作机制作为定点扶贫工作的关键环节来抓，分别于1996年、1998年和2002年召开全委系统及扶贫点所在地区三级民委定点扶贫工作会议，专题研究，部署工作，并先后下发了《关于进一步做好定点扶贫工作的通知》和《国家民委定点扶贫工作座谈会纪要》以及委领导关于定点扶贫工作的讲话，确定“尽力而为、加强指导、以点带面、总结推广、不脱贫不脱钩”的原则，明确把定点扶贫工作作为国家民委扶贫工作的重要组成部分来抓，并逐步建立起一套行之有效的工作机制。

1. 建立委机关各部门和委属单位主要领导负责制。国家民委开展定点扶贫工作之初，就明确要求民委机关各部门和委属各单位主要领导负责定点扶贫工作，从实际出发，各尽所能为扶贫点办实事。十几年来，委机关各部门和委属各单位根据各自职能，发挥职能优势，协调配合，各负其责，积极参与定点扶贫工作。

2. 建立委领导扶贫点联系制。为了加强对定点扶贫工作的指导，委党组确定由两名委领导分别联系广西德保县和内蒙古巴林右旗，指导扶贫点工作，并定期从委领导工作经费中拨出专款，支持两县旗扶贫事业。

3. 建立定期慰问及调研机制。开展定点扶贫工作以来，每年春节前后均组织由委领导或司局领导带队的定点扶贫慰问考察组，到2个扶贫点慰问各族干部群众，研究部署年度定点扶贫工作。同时，为了寻找加快扶贫点发展的良策，扶贫开发办公室的工作人员每年坚持深入扶贫点基层，走村串户，访贫问苦，调查了解扶贫点农牧民生产生活情况，及时了解当地经济社会发展存在的问题，与扶贫点县（旗）乡（苏木）干部共同研究，理清扶贫工作思路，帮助谋划发展。

4. 实行国家、省（区）、地（州）、县（旗）四级民委负责制。明确分工，落实责任，调动了地方各级民委的积极性。

5. 建全选派骨干力量到扶贫点挂职制度。多年来，国家民委共选派14名优秀县处级干部到扶贫点挂职锻炼，协助地方开展扶贫工作。为切实发挥挂职干部作用和并促其得到锻炼，扶贫开发办公室配合人事部门加强对挂职干部的管理，对挂职干部进行上岗培训，将挂职干部定期汇报工作情况，挂职总结作为干部挂职考核的重要内容。

【基础设施建设扶贫】 1994年以来，扶贫开发办公室为2个扶贫点协调、筹措各类资金4248万元，扶持基础设施建设及生产项目100多个。基础设施建设项目包括基本农田改造、乡村公路建设、解决人畜饮水困难等方面。特别是2002年后，扶贫开发办公室坚持把加快基础设施建设作为拉动扶贫点经济增长，推动农村小康进程的基础性工作，逐步加大对扶贫点基础设施建设的支持力度。例如，2002年至2008年，先后为广西德保县投入修建公路资金281万元，为德保县修建通乡柏油路10条共41.2公里；投入资金52万元，修建桥梁4座。同时，针对德保县的农田灌溉用水困难的情况，扶贫开发办公室先后投入扶贫资金71万元，修建水利渠道5条8.6公里，解决了5190多亩农田用水难的问题，另外还投入资金40万元，架设高压线路8公里，使德保县最后一个没通电的荣华乡大坤村用上了电。

【产业化扶贫】 在内蒙古巴林右旗，帮助建立了26个畜牧业产业化扶贫小区，为小区打机电井54眼、铺设节水灌溉管道83400延长米、发展水浇地36530亩，为移民搬迁户建住房300处12600平方米、新建或改建棚圈27715平方米。注重对生产项目的扶持，坚持到村、到户，始终以解决贫困群众温饱为首要目标，紧扣产业结构调整这个主题，精心选择项目，精心布点，逐步帮助扶贫点培育一批地方支柱产业，培植一批龙头企业，发展建立一批农业产业基地，实现以点带面，推动全局，以市场带龙头，龙头带基地，基地连农户的产业链运转，推动了扶贫点农业产业化进程，带动了地方经济的发展，也带动大批群众脱贫致富。

【扶贫项目引进】 为推动扶贫点县域经济发展，扶贫开发办公室协调有关部门，为2县旗争取基础设施建设和经济发展急需的重大项目，取得突破性进展。2003年，在经过深入调研和与德保县委、县政府共同研究的基础上，提出“工业立县、项目兴县”的发展战略和“电矿结合，矿电联动”的发展思路。当年，在扶贫开发办公室和挂职干部参与协调下，在各级各界的努力争取下，一次性投资150亿元的广西华银铝一期工程落户德保，德保掀起“借助华银铝，发展壮大德保县域经济”建设高潮，全县逐步走上了一条外引内联、工业强县之路。此外，2002 年至 2008 年，扶贫开发办公室组织协调，为内蒙古巴林右旗引进扶贫项目 16 项、引进资金 5494 万元。

【培训扶贫】 加强科技培训，切实提高贫困地区人口素质，提高贫困群众掌握和应用科学技术的能力，提高扶贫开发中的科技含量，使我委定点扶贫工作逐步走上“以人为本，立足扶智”的扶贫开发道路，促进了扶贫点经济社会协调发展。5 年来，累计投入 48 万元，帮助巴林右旗举办各类非农职业技术培训班 18 期、培训干部群众 1.12 万人次，帮助该旗落实 120 名师资培训计划和 20 名少数民族中学校长赴上海培训计划。

扶贫开发办公室还先后组织 27 名德保县少数民族干部到中央民族干部学院等院校学习、帮助德保县开展农村实用技术培训。

【教育扶贫】 在广西德保县，专项筹集资金 238 万元，兴建了德保县民族中学学生宿舍楼、县职业中学食堂、足荣中学教学楼、燕峒中学学生宿舍楼、隆桑镇大吉小学教学楼等 9 栋教学楼、宿舍楼，极大地改善了乡村教育条件。同时，针对德保县教育现代化程度低的现状，扶贫开发办公室多方联系、协调，于 2003 年 9 月争取到清华大学在德保县设立“教育扶贫现代远程教学站”，使德保县成为清华大学在国家扶贫开发工作重点县中建立“清华大学教育扶贫远程教学站”的 16 个试点县之一，得到清华大学赠送的远程教育全套卫星设备以及提供的各类无偿培训。

【抗灾救灾扶贫】 国家民委两个扶贫点一个属石山地区，一个属干旱半干旱地区，环境恶劣，自然灾害频繁。例如，自 2002 年以来，巴林右旗先后遭遇了严重的旱灾、雪灾、雹灾和洪涝灾害，导致农牧业绝收或减产、基础设施被毁、生态环境进一步恶化，给农牧民生产生活造成了严重损失。每次扶贫点遭受自然灾害，扶贫开发办公室的人员总是及时赶赴灾区，调查了解灾情，帮助地方积极开展抗灾救灾工作。同时，在委机关，配合有关部门，组织对扶贫点的献爱心活动，与扶贫点各族干部群众共渡难关。5 年来，组织民委系统为巴林右旗募集救灾款 45 万元，为各级各类民族中小学和医院捐赠了价值 75 万元的电脑、教学设备和医疗器械。通过捐赠图书和报刊，在全旗 84 个嘎查建立“草原读书室”，为 427 名少数民族贫困中学学生提供教学补助 12.3 万元，让巴林右旗各族干部群众深切感受到了党和政府的关怀和温暖。

【电脑农业推广应用试点】 2001 年，国家民委把巴林右旗和德保县确定为电脑农牧业推广应用试点县（旗）。几年来，累计投入 2 县（旗）440 多万元用于电脑农业推广应用。巴林右旗电脑农牧业推广覆盖 8 个苏木（镇）、24 个嘎查、579 户、2201 人，重点扶持奶牛养殖、肉牛肉羊繁育育肥、高产饲草料基地开发等产业的发展，为项目户购进奶牛 156 头、优质肉牛 302 头、肉羊 3400 只，开发高产饲草料基地 5496 亩。2007 年末，电脑农牧业项目户人均纯收入达到 4749 元，与全旗农牧民人均纯收入相比高出 1049 元。德保县电脑农业推广应用覆盖优质水果、烤烟、甘蔗、八角低产林改造、山羊、牛品改良、桑蚕、剑麻等多个农业生产领域。全县已经种植优质水果 7.3 万多亩、预计年产量可达 1.7

万吨以上。2008 年，种植烤烟 2.15 万亩，收购干烟 4.8 万担，完成产值 3107 万元；种植甘蔗 6.3 万亩，年产量预计达 24 万吨。形成了水果、烤烟、甘蔗为三大主导产业的农业产业化格局，为农业增效，农民增收奠定了基础。电脑农业项目的实施，弥补了两县（旗）农业科技人才短缺的不足，提高了当地农业科技水平，推动了传统农业向现代农业、粗放经营向集约经营转化，为两县（旗）产业结构调整、农民增收致富拓展了发展空间。

【牧区小草库伦建设项目】 牧区小草库伦建设，是转变传统牧业生产方式，加强草原保护和建设，防治水土流失和土地沙漠化，保护牧区草原生态平衡的有效措施；是牧民解决温饱，摆脱贫困，实现牧区可持续发展的重要手段。针对巴林右旗自然灾害频繁，草牧场大量沙化、退化，畜牧业资源短缺矛盾日益突出的情况，自 2002 年开始，国家民委结合电脑农业推广工作，把五配套小草库伦建设项目作为定点扶持巴林右旗的重要措施来抓，对促进巴林右旗扶贫开发与生态建设，提高可持续发展的能力起到了推动作用。

【小康示范村建设试点示范】 2004 年，国家民委把巴林右旗大板镇红旗嘎查和德保县都安乡窑庄屯确定为脱贫致富奔小康示范村。4 年来，指导 2 县（旗）制定了小康示范村建设规划，投入资金 378 万元，开展小康示范村建设试点示范。巴林右旗确立“草业兴村，奶业富民”的发展思路，在红旗嘎查开展了以牲畜舍饲、牲畜改良、饲草料基地建设、水源工程、生态建设与保护为重点的小康示范村建设试点工程。2008 年，嘎查新建奶站、草站各 1 处，饲养奶牛 150 头，新建或扩建畜用棚圈 3850 平方米、青贮窖 975 平方米，新修村级公路 4000 延长米，37 户全部按装了有线电视、程控电话。2007 年，该嘎查牧民销售鲜奶 63 万公斤，实现销售收入 113.4 万元，牧民人均纯收入达 5669 元，红旗嘎查成为了巴林右旗第一个奶牛专业村，也是唯一一个人均纯收入超过 5000 元的牧业嘎查。小康示范村建设使农牧民生活有了明显提高，村容村貌得到明显改善，农牧民生产生活方式和精神面貌发生很大变化。该嘎查不仅成为全旗生态移民搬得起、稳得住、富得快的典型，也成为全旗农牧业产业化经营和小康示范村建设的典型。对德保县的小康示范村建设重点抓基础设施建设和产业结构调整。目前，全屯自来水入户率达到 100%，广播覆盖率达 100%，电视覆盖率达到 94%，绿化面积达 4500 多平方米，屯里路灯、休闲凉亭、沼气池、公共厕所、垃圾处理池等生活设施一应俱全。2004 年以前还是一个农业基础设施薄弱，农业和农村经济发展缓慢，全屯农民长期在温饱线上徘徊的村庄，经过几年的努力，窑庄屯整个村庄面貌焕然一新。此举点亮了德保县建设社会主义新农村的领航灯，先后有城关镇西读村大朔屯、巴头乡陇位村谷余屯、巴头乡多作村根别屯等村屯开展了社会主义新农村建设，全县上下掀起建设社会主义新农村的热潮。

【新农村（牧区）建设试点】 根据《中国农村扶贫开发纲要（2001—2010 年）》确定的目标任务及国务院扶贫开发领导小组对定点扶贫工作提出的具体要求，为进一步加强我委定点扶贫工作，探索定点扶贫工作新路子，扶贫开发办公室在原有电脑农业推广应用及小康示范村建设基础上，按照社会主义新农村建设要求，自

2008 年，在扶贫点选择两个村（嘎查）开展社会主义新农村（牧区）建设试点。鉴于我委与联合国开发计划署合作开展社区主导型（CDD）扶贫开发模式在项目试点地区取得良好的经济社会效益，扶贫开发办公室将 CDD 模式引进扶贫点。扶贫开发办公室筹集启动资金 10 万元，聘请有关专家，按照 CDD 模式的原则要求，深入扶贫点，帮助、指导扶贫点制定了《内蒙古巴林右旗红旗新村新牧区建设规划（2008—2010 年）》及《广西德保县大朔屯社会主义新农村建设详细规划（2008—2010 年）》。根据规划要求，两县旗在未来 3 年内将投资 1300 多万元，突出内蒙古草原文化及广西壮族文化特点，以 CDD 扶贫开发模式开展社会主义新农村建设试点。

在上级党委、政府，以及包括国家民委在内的社会各界支持下，定点扶贫县历届班子带领各族干部群众，发扬自力更生、艰苦奋斗精神，结合本地实际不断创新推进扶贫工作，贫困面貌发生了很大变化，扶贫工作取得显著成效。从 2002 年至 2007 年，巴林右旗解决温饱人口 42428 人、稳定脱贫 26924 人。2005 年、2006 年度，广西德保县连续 2 年进入了“广西经济发展十佳县”行列。2007 年，全县地区生产总值完成 17.93 亿元，同比增长 8.9%；全社会固定资产投资完成 34.49 亿元；全县财政收入完成 2.39 亿元，同比增长 36.17%，首次突破 2 亿元大关；农民人均纯收入达 2238 元，同比增长 15.24%；城镇居民人均可支配收入完成 12541 元，同比增长 16.47%。现在，该县政通人和，全县经济社会呈现出了“加快发展、赶超发展、科学发展、和谐发展”的跨越式发展势头，正逐步由传统农业县向新型工业强县转变。

（国家民族事务委员会
经济发展司扶贫开发办）

公安部扶贫办定点扶贫

【概况】 1994年11月，根据国务院扶贫开发领导小组办公室统一部署，公安部成立了扶贫开发工作领导小组，领导小组下设办公室。扶贫开发领导小组组长由部领导担任，成员由部机关有关业务局和部属有关单位的主要领导组成。

按照中央国家机关定点包扶工作的统一安排，公安部自1994年从事定点扶贫工作。截至2008年，先后定点包扶了黑龙江省杜尔伯特蒙古族自治县（以下简称杜蒙县）、克东和泰来等3个国家扶贫开发重点县。其中，1994年至1997年包扶杜蒙和克东，2002年至2008年包扶杜蒙和泰来县。10多年来，在国务院扶贫开发领导小组和公安部党委的领导下，在部属各有关单位和各地公安机关以及杜蒙、克东、泰来三县党委、政府的支持配合下，我部定点扶贫工作取得了良好的成绩，得到所扶县和有关方面的一致好评。2005年，国务院扶贫开发领导小组办公室在杜蒙县召开现场会，向参与定点扶贫工作的中央国家机关等有关单位推介我部定点扶贫工作典型经验。14年来，共向3个县投入扶贫资金2122.6万元（其中地方扶贫款1632.3万元、扶持3县公安机关490万元），招商引资1.73亿元。其中向杜蒙县投入资金1123.3万元、引进资金1.56亿元；向克东县投入资金175万元，引进资金500万元；向泰来县投入资金824.3万元、引进资金1190万元。经不懈努力，推动了3县经济和社会各项事业的发展，人民生产生活水平有了提高。其中，1997年克东县实现整体脱贫，摘掉了贫困县的帽子。截至2007年底，杜蒙县全县生产总值达到32.25亿元，税收收入4.97亿元，财政一般预算收入2.05亿元；泰来县的县级财政收入也有大幅度提高，贫困户和贫困人口分别下降了40.6%和37.4%。

【定点扶贫工作措施】 公安部党委高度重视扶贫工作，将此项工作列入党委议事日程，责成部领导亲自负责。部领导多次对扶贫工作做出重要批示。时任公安部部长周永康专门批示：“这是一项长期的任务，要持之以恒，注意实效，扶之急需。”兼任公安部扶贫开发工作领导小组组长的副部长刘德，多次听取扶贫工作汇报，亲自过问和解决扶贫工作的有关问题，并对扶贫工作提出明确要求。

1. 加强组织领导。为保证扶贫工作的顺利开展，公安部组成由部领导担任组长、有部机关主要业务局和部属有关单位一、二把手参加的公安部扶贫开发工作领导小组，领导小组下设办公室，抽调2人具体负责定点扶贫的日常工作。

2. 选派干部蹲点挂职。为做实扶贫工作，遵照部领导的指示精神，我部先后选派4名部机关干部到定点包扶的国家扶贫开发工作重点县蹲点挂职扶贫，收到了良好的工作效果。

3. 定期进行扶贫调研。为使用好扶贫经费，公安部定期组织扶贫领导小组成员单位的有关领导，深入到国家扶贫开发工作重点县实地考察扶贫项目，针对存在的问题与当地党委、政府研究解决意见。同时，围绕增加农牧民收入，提高生产自救能力，实现脱贫致富等问题，不定期组成调研组，就扶贫开发总体工作进行调研，在调查研究的基础上，提出一个时期的脱贫致富规划。

4. 积极开展扶贫工作。14年来，部机关和部属各单位的干部职工牢记服务宗旨，主动向贫困地区捐款捐物。按照部党委的统一要求，公安部第一研究所等10多个部属单位，在资金非常紧张的情况下，节衣缩良，调剂扶贫资金，共为3个县筹集扶贫资金1600多万元，完成了党中央、国务院交给的定点包扶任务，为3个国家扶贫开发工作重点县逐步走上脱贫致富道路作出了贡献。

【救济式扶贫】 在扶贫工作中，公安部始终把解决3县农村贫困人口温饱问题、农村贫困儿童就学问题、增强贫困户生产自救能力问题作为首要任务来抓，并随着贫困农牧民经济状况的逐步变化，不断调整扶贫工作思路和重点。

在开展扶贫工作初期，扶贫项目主要以捐款捐物为主要内容的救济式扶贫，通过走村串户，把捐赠的衣物、食品和现金一一送到贫困农牧民和辍学儿童的手中，解决他们过冬无棉衣、过年无口粮、上学无学费等问题，把部机关和部属单位的干部职工的关怀和慰问传达到国家扶贫开发工作重点县的每个角落。10多年来，公安部先后直接扶持贫困户1.6万多户，资助贫困学生2000多名，捐赠各种物品3万多件套，以现金形式发放的各类个人救助扶贫款项达100多万元。

【基础设施建设扶贫】 坚持把能够增强贫困农牧民的生产生活能力的扶贫项目放在重要位置。在杜蒙和泰来2县先后打抗旱井210眼，打人畜饮水井15眼，为2个贫困村安装入户自来水管道，解决了200多贫困户、近8000亩耕地的浇灌问题，使当地17个村屯、1800多户、7200多人吃上干净的饮用水；在泰来县为200个贫困户购买绒山羊500只、基础母牛100头，让这些贫困农民家庭有了较为稳定的经济收入；在杜蒙县为5个贫困村修建乡村道路5公里，解决了农牧民出行难、运输难的问题。

【产业化扶贫】 随着国家、地方和对口帮扶三位一体的整体推进，3个县的贫困农牧民基本解决了温饱问题后，根据国家经济发展模式和扶贫开发政策的调整，立足当地政府坚持退耕还草还林，发展养殖业，围绕环境发展经济的实际，在深入调查研究的基础上，把扶贫开发建设放在能够改善生态环境，促进经济发展、提高农牧民收入的项目上。十几年来，共为杜蒙和泰来2县援建标准化挤奶站25所、购置制冷灌24个、托牛所3个，解决了周边1.2万多养殖户、8万多头奶牛的挤奶、冷藏和销售问题，使奶牛养殖户的经济收入得到了平稳快速的增长。

【抗灾救灾扶贫】 1998年，我国遭遇百年不遇的洪涝灾害，杜蒙、克东2县人民生命财产遭受严重损失。为此，公安部向2县政府和灾民援助款物合计约117.8万元，其中，救灾款56万元（其中有部机关和部属各单位干部职工捐款20万元），衣物近1.2万件（套），折合人民币约61.8万元。

【招商引资】 为发挥3个县的地域和环境优势，增强国家扶贫开发工作重点县的自我造血能力，公安部根据当地经济发展的需要，协助当地政府开展招商引资工作，共为3县引进资金1.7亿多元。1999年、2004年，为杜蒙县成功引进2家乳品和羽绒加工企业，其中，大庆妙士乳业有限公司的建立，带动贫困农牧民饲养奶牛1万头，2007年实现利税700万元；黑龙江合隆羽绒有限公司于2006年开始生产，解决了500多人的就业问题，同时带动本县及周边地区6万余户农牧民养殖大鹅，2008年全县养鹅260万只，养殖户年均纯收入达3000元以上。1996年，为克东县引进资金500万元，建立黑龙江至香港直通货运车队，累计为该县缴税150万元。2004年，公安部帮助泰来县引进资金1190万元，在泰来县关停的国营羽绒厂基础上，成立龙诚羽毛有限公司，提供就业岗位30个，为本县养殖户直接带来经济收入4000多万元。10多年来，公安部还协助组织3个县的县乡级干部共计60多批、300多人次到其他各省区市学习考察，让3个县的各级干部开阔了眼界，学习了经济发达地区的先进管理方式和致富经验。

【教育扶贫】 扶贫先扶志，助农先助学。10多年来，公安部采取多种措施，坚持文化扶贫，将教育基础设施建设，资助贫困学生就学，提高当地贫困农牧民文化素质作为重要的扶贫建设项目。首先，先后为3个县建设和维修希望小学8所，为2所希望小学购置了50台电脑、课桌椅及投影仪等教学用具，为3所希望小学建立图书馆，捐赠种类图书7万多套册，建春蕾小学1所，建立远程教育教室2间，解决了附近村屯的1600多名小学生的就学难问题；其次，动员部机关和部属单位广大干部职工踊跃捐款，先后资助1000多名中小学贫困生完成学业。

公安部先后从沈阳消防科研所和沈阳警犬学校选派了4名干部到杜蒙、克东2县支教一年；由公安部科技局、物证鉴定中心、公安大学、刑警学院等单位选派的专家、教授，在大庆和齐齐哈尔两地举办三期培训班，为杜蒙、克东2县公安局培训基层民警610人次；人民公安报社出资4000元，资助杜蒙、克东2县公安局困难民警的4名子女上大学。上述举措，得到了当地群众的普遍赞誉，受到省、市、县各级党委、政府的高度评价，反响强烈。

【文化扶贫】 根据部领导的指示，连续多年坚持为杜蒙、泰来两县订阅《农民日报》1200份，分送到2县的183个行政村。为此，公安部获由中国文化扶贫委员会、中国扶贫基金会、中华全国农民报协会和农民日报社共同颁发的2007年度中国文化扶贫奖—“中国文化扶贫功勋奖”。《农民日报》社在对“文化扶贫，送报下乡”公益活动进行专题采访时，记者一路听到两县广大农牧民对公安部多年来扶贫帮困的感激之情，并请记者捎来“送报送书送平安　九亿农民好公安”的锦旗，以表达他们的心声；公安部出资选购3500册农村科技图书，在杜蒙县的2个乡镇建立农民科技图书馆，使贫困农民开扩了眼界，学到了知识，及时获得脱贫致富信息。

【基层公安扶持】 公安部定点包扶的

杜蒙、克东、泰来3个国家扶贫开发工作重点县的公安局，受当地的经济条件的制约，基础设施薄弱，警用装备落后。对此，部领导高度重视，要求每年为国家扶贫开发工作重点县公安局各安排20万元专项资金，重点用于改善基层公安机关装备落后的状况。十几年来，公安部累计向杜蒙、泰来两县公安局投入资金490多万元，其中，向杜蒙县投入300万元，建立350兆无线通讯基站，完成计算机三、四级网络建设，并配备了办公、通信以及刑侦办案等装备器材。向泰来县公安局投入资金190多万元，为其购置交通、通讯、办公和现场勘查等刑事技术装备。上述投入，提升了2县公安机关的技术装备、侦办案件和自动化办公水平。此外，部领导关心基层困难公安民警的工作和生活，2004年、2005年、2007年的春节，由公安英烈基金会出资，专程前往2县慰问困难民警家庭、牺牲和病故民警家属及患病民警，共慰问困难民警家庭50多户、慰问牺牲和病故民警家属及患病民警100多人次，发放慰问金近30万元。

【扶贫资金管理】 为用好每一笔扶贫资金，我部扶贫办严格遵守各项财务管理规章制度。经过多年的工作实践，逐步形成了“三个公开”和“三项监督”的扶贫资金物资管理原则。

1.“三个公开”包括：一是资金公开，当年将要投入多少扶贫资金，要向受助的贫困村、贫困户和广大村民公示；二是项目公开，当年将要执行什么扶贫建设项目，要向受助的贫困村、贫困户和广大村民公示；三是受助贫困户公开，哪些属于贫困户，哪些应当接受资助，由村民大会决定。资金使用的具体过程，要由县、乡政府与受助单位或个人签订合同书，所需资金由县乡财政暂时垫支，待项目完成后，由受助单位或个人和我部出资单位派人检查验收合格后，再由我部扶贫办支付扶贫资金。

2.“三个监督”包括：一是群众监督，召开村民大会，通过广播、电视和传单等形式对扶贫项目的内容进行广泛的宣传，做到家喻户晓；二是出资单位监督，年初将扶贫项目和所需资金分解到各出资单位，并由我部扶贫办组织实地待建项目考察和项目完工验收；三是媒体监督，3个县的电视台、广播电台对公安部扶贫项目建设实行全程跟踪报导，发现问题及时曝光，让全县人民放心。“三个公开”和“三项监督”的办法，有效地防止了扶贫资金被截留、挤占、挪用等问题的发生，从制度上确保用实用好每一笔来之不易的扶贫资金。

（公安部扶贫办公室）

国家安全部定点扶贫

【概况】 2002年4月，中央六部委发文确定国家安全部（以下简称“安全部”）定点扶贫内蒙古多伦县以来，安全部响应党中央和国务院的号召，贯彻落实中央关于扶贫开发的一系列指示精神，把做好定点扶贫工作作为贯彻“三个代表”重要思想，落实科学发展观的具体实践。在全体干警的支持下，开拓扶贫工作思路，动真情，办实事，开展定点扶贫工作，取得显著成绩。

6年来，安全部干警直接捐款累计1256万元；捐赠物资折款800多万元；直接引入投资3亿多元；协调国家资金及国外贷款1亿多元；协助多伦县成功申报投资180亿元的煤化工项目。在科技、教育、文化扶贫等方面，做了许多实事。在县委县政府的领导下，经历6年的努力和创业，多伦县发生了巨大的变化。2007年全县财政收入由2002年的1600万元提升到2.82亿元，城镇居民人均可支配收入由4280元提升到9152元，农民人均纯收入由1200元提升到3419元。多伦县生态得以有效恢复，植被覆盖度由2002年的20%提高到现在的85%以上。奶牛产业初现规模，一批项目相继落户，经济社会发展呈现出又好又快发展态势，全县经济发展状况和人民的精神面貌发生了喜人的变化。

【定点扶贫工作措施】 1. 领导重视，工作思路明确，组织保障得力。安全部接到定点扶贫工作任务后，部党委召开党委会研究部署，调整充实部定点扶贫工作领导小组成员，建立专职的办事机构，在办公经费、人员使用方面给与保障。部机关各局也成立扶贫工作小组，落实扶贫工作，进一步规范干部挂职锻炼制度和定期总结报告制度。部党委多次听取扶贫工作汇报，部署扶贫任务，多次协调具体帮扶事项，为多伦县的发展奔走，全力支持扶贫工作。

2. 扶贫调研。6年来，有6位部领导先后8次赴多伦调研考察。特别是原部长许永跃，两次深入多伦实地调研，作了重要指示，2003年初，许永跃赴多伦考察后，针对多伦县贫困的实际情况，提出了安全部扶贫工作的基本思路和工作目标。“要把扶贫工作当作一项长期的政治任务来抓，当作份内之事来做”“扶贫工作要进一步开拓思路，从大处着眼，从形成产业的角度，引进培植龙头企业，以点带面，用现代科技与管理手段改造传统产业，高起点，快速形成产供销一体的完整产业链条。努力加快多伦脱贫致富的步伐。始终把提高贫困农牧民的家庭收入，放到扶贫工作的第一位”。“要把多伦作为我部机关干部实践‘三个代表’，学习‘两个务必’的锻炼教育培训基地”。“争取经过五年左右的努力，推动多伦县社会经济发展上一个大的台阶”。

部长耿惠昌也非常重视扶贫工作。在我部《2007年扶贫工作总结》及《2008年上半年扶贫工作回顾》报告上分别批示“很好，把我们应做的事继续做好，在条件允许下争取多做些事。”“在巩固原成果的基础上还应做点什么具体使老百姓真正受益的事？请扶贫办考虑”。2007年，部政治部主任刘莉在接任部定点扶贫工作领导小组组长不久亲赴多伦县进行了工作考察，针对多伦县经济发展变化，提出了下一步的扶贫工作要按照“巩固、完善、发展的要求，突出帮扶重点，围绕构建和谐社会的目标，关注贫困弱势群体，做好整村推进工作，把扶贫资金用在这个‘刀刃’上，让老百姓实实在在受益”。力争把定点帮扶工作发展到一个新水平。

3. 组织干部赴经济发达地区考察。2003年以来，公安部在所属厅（局）的精心安排下，组织多伦县90余名县乡镇干部，分6批赴广东、福建、浙江、上海参观考察当地的乡镇企业和民营企业，学习了经济发达地区的先进管理经验、致富方法和开拓创新精神。为招商引资搭起桥梁。

【干部挂职扶贫】 6年来，安全部在扶贫多伦的同时，把多伦作为干部锻炼教育培训基地，先后选派9名年轻干部到多伦挂职副书记、副县长职务。他们经2年时间的挂职锻炼，各方面能力也得到全面锻炼和提升，回部机关后得到了很好的发展。6年来，全系统有800多名干部到多伦学习考察，接受教育，干部教育基地作用得到体现。扶贫和接受教育相得益彰，产生了良好的效益。

【“整村推进”实施】 2006年以来，安全部出资150万元，将多伦县最贫困的5个村作为实施“整村推进”及全县新农村建设的示范村。资助600多户贫困户购买1600余头奶牛，帮助发展奶牛养殖产业。同时，协调县、乡镇及有关单位为项目村建起了挤奶站、修建公路、组建村委会办公房、建起自来水泵房等。经过2年多的努力，5个村的奶牛数量由帮扶前的207头增加到1876头，人均年收入比2006年前翻了一番，有近50%的奶农收回了奶牛购置成本。农牧民得到实惠，看到希望，干部群众的精神面貌有了变化。

【产业化扶贫】 1. 两期国安奶牛养殖小区修建。2004年、2006安全部先后捐资600万元在多伦县北部和南部修建了两处国安奶牛养殖小区。两期奶牛养殖小区共占地578亩，建有90个集奶牛养殖、人员居住、青储储备功能于一体的养殖单元，并修建现代化的挤奶站，可养殖奶牛1800头。2008年，两期奶牛养殖小区90户养殖户奶牛已发展到1200余头，年产牛奶1800吨左右，平均每头产奶牛可为农户增收3000元。解决了农民集约化养殖问题，为多伦县移民区及新农村建设起了很好的示范作用。

2. 国安种羊繁育基地建设。2004年我部捐资130万元、购买192头无角多塞特、波尔山羊等优质种羊，会同向农业部申请的40万元种羊发展资金，在多伦县北部建立了国安多伦县种羊场和圈饲示范基地。为多伦县及周边地区羊的品种改良及羊产业养殖方式的转变提供了较好的条件。

3. 高产奶牛胚胎移植项目的科技推广。2003年，安全部捐赠多伦县100枚美国高产奶牛胚胎，用于在多伦县开展奶牛品质改良示范。当年牛崽 11 头，其中 8 头是母牛犊。胚胎移植技术在多伦县得以推广。

【劳动力培训和转移】 6 年来，向北京、天津等地多层次、多形式、多渠道地组织劳务输出，累计为多伦县劳务输出 423 人。部机关服务中心并协调北京局把多伦县作为招收服务员、清洁工的主选地，常年维持在 50 名左右。

【教育扶贫】 一是捐助国安希望小学。2006 年捐助 150 万元和 20 万港币，与县里资金配套，在多伦县城内修建了面积 5600 平方米，集寄宿、走读为一体全日制小学；二是为多伦县捐建计算机教学室。2005 年 8 月，捐资投资 60 万元为多伦二中捐建了拥有 3 台服务器、57 台计算机的教学室；2006 年捐资 17 万元为大北沟镇小学捐建 40 台计算机教学室；三是捐建多媒教学室。2006 年 8 月，为大北沟镇小学捐建有计算机、投影仪、软件等设备多媒体教室；四是选派 1 名“青年志愿者”到多伦县第三中学支教。

【文化建设扶贫】 安全部先后三次组织国安乐团为多伦人民奉献的“情系多伦，振兴多伦”为主题的大型慰问演出。同时捐资 30 万元帮助多伦县完成了“多伦组歌”音乐 CD 的制作。协助完成了《多伦印象》摄影画册的组稿和出版工作。提升了多伦县的文化建设水平。

【医疗卫生扶贫】 组织了健康体检慰问活动，促成国内最先进的热红外成像技术检查项目在多伦县医院落户。2008 年春节前，我们邀请三零一医院和中医药大学的专家、教授为多伦县 200 多名优秀教师及离退休老干部做健康检查，并为多伦县干部职工举办了医疗卫生保健讲座，收到了良好的效果。此后，经 301 医院专家的教学培训及协助引进设备，为多伦县医院建起了热红外成像技术检查项目。

【政策扶持】 1. 协调引进超大万头良种奶牛繁育基地项目。2003 年 3 月，安全部协调为多伦县引进福建超大现代农业集团“优质奶牛繁育基地”项目。项目计划投资 3 亿元（现已投入 2 亿多元），2008 年，一期已存有优质高产奶牛 2000 余头，二期工程即将建成完工，进一步形成了以超大奶牛养殖为龙头产业，以国安奶牛养殖小区为示范引导，有实施整村推进发展奶牛养殖产业的跟进，有伊利集团奶产品加工场落户的多伦奶牛养殖产业链一条龙的格局。农牧民成为了真正的受益者。

2. 协调国家立项修建多丰线油路工程。2003 年，经我部多方协调，使“多丰西线”公路项目列入国家西部开发“县县通公路”工程计划中。工程总投资 3300 万元，全长 65 公里。打通了多伦南下北京的最近通道，解决了多伦至北京行路难的问题。

3. 协助多伦县成功申报煤化工项目。由我部领导亲自协调有关部门，帮助多伦县成功申报了计划投资 180 亿元，年产 46 万吨的煤基烯烃项目，预计 2009 年初完工投产。待该项目投产后将为多伦县每年带来销售收入 40 多亿元，税金 5.7 亿元，将一举改变多伦县财政拮据的局面。

【基础设施建设扶贫】 落实涉及人民群众切身利益、具有良好社会效益的建设项目。一是为多伦县争取了 125 万元资金，与当地资金配套，修建集图书馆、民族文化宫、妇幼保健站为一体的国安文化活动中心项目；二是协助多伦县成功申报了农业部 300 万元资金的秸秆项目；三是申报了农业部 100 万元资金的“农村户用沼气国债建设项目”；四是大河口水库除险加固工程。在部领导亲自协调下，大河口水库除险加固工程项目已经列入国家年度计划；五是一批尚在落实的涉及资金近1亿元人民币的生态环保及低息贷款项目。

【奉献爱心主题活动】 1.“治多伦一亩沙地，还北京一片蓝天”为主题的捐款活动。累计捐款145.5万元。建成了国安绿化基地，种植了杨树、樟子松、榆树总计2980亩。有力地支持了多伦县的绿化治沙工作和“生态立县”发展目标。

2. 资助280名贫困学生，实践为贫困地区献爱心、送温暖行动。6年来，安全部干部职工先后对多伦280余名贫困学生进行了帮扶，捐资20多万元帮助他们解决上学难问题。在助学活动中，部机关离休干部黄婉芳在弥留之际委托将其身后的12971元抚恤金捐助贫困学生，退休干部桑松森夫妇捐资4万元捐助10多名贫困学生成为美谈。

3. 真情捐助，奉献爱心。6年来，安全部多次组织为多伦人民捐资捐物活动，得到了干警的积极响应。累计捐赠棉被、棉衣及秋冬服装29781件，办公家具26大卡车，图书20639册，成套文具2000多件，计算机200余台，打印机复印机44台，电视机41台，医疗设备134箱，小汽车9辆，捐赠物资累计总值达800余万元。还为多伦县驻京办事处解决200多平方米的办公用房。这些捐助物资在装备养老院、充实幼儿园和贫困村镇等方面，都发挥了重要的作用。每一份捐助都凝集着国安干警对多伦县人民的深情厚谊，体现着我部的优良传统和良好作风。

（国家安全部扶贫办公室）

财政部定点扶贫

【概况】 2002年《关于进一步做好中央、国家机关各部门和各有关单位定点扶贫工作的意见》（国开发［2002］3号，以下简称《意见》）印发以来，财政部高度重视定点扶贫工作，在认真总结以往定点扶贫工作经验的基础上，结合定点扶贫对象湖南省平江县和云南省永胜县的具体情况，进一步加强领导，创新机制，稳步推进新一轮定点扶贫工作。6年来，我部定点扶贫工作领导有力、制度健全、管理严格、干部到位，在工作中不断创新扶贫理念，完善扶贫机制，取得了较好的成效。

财政部深入贯彻落实《意见》要求，结合财政部工作实际，围绕扶贫工作重点，在认真调查研究的基础上，考虑各定点扶贫县的具体情况，明确了定点扶贫工作思路，树立了“大扶贫”的扶贫理念，将定点扶贫工作逐步纳入科学发展的轨道。我部扶贫领导小组提出“既要重视县域经济的发展，也要重视乡村集体经济的壮大，增强基层自我积累、自我发展的能力；既要重视农村基础设施的改善，也要重视农业产业链条的培植，推动农民稳定增收；既要重视贫困农民物质生活条件的提高，也要重视他们人本价值的实现，帮助他们全面进步，自力脱贫；既要重视扶贫项目的争取，也要重视扶贫资金的管理，保证资金发挥最大的效益”的定点扶贫整体思路，并分别制定了5年扶贫工作规划和各年度扶贫规划，同时加大落实力度，坚持为定点扶贫县办实事。

截至2007年，财政部在湖南省平江县和云南省永胜县累计投入资金、物资合计4000余万元，帮助引进各类资金超过6亿元，帮助上项目237项，举办各类培训班50多期，培训人数超过1万人，组织劳务输出13500余人次。

【扶贫调研】 为了解定点扶贫县的具体情况和实际困难，指导扶贫干部高效开展工作，更好地完成定点扶贫任务，财政部扶贫领导小组高度重视到定点扶贫县的调研考察工作，经常组织有关领导干部深入定点扶贫县进行调研，并逐步形成了规范的调研考察制度。

1. 部领导通过多种渠道坚持对定点扶贫工作的调研考察。几年来，财政部党组非常关心定点扶贫工作的开展，扶贫领导小组分管部领导多次接见定点扶贫县主要领导和扶贫干部，询问扶贫工作进展，了解扶贫干部表现，研讨扶贫工作思路，并根据调研情况，指示相关司局在转移支付、决算补助等方面予以政策支持。

2. 坚持扶贫领导小组成员深入定点扶贫县调研考察制度。2002年以来，人事教育司司领导坚持每年到定点扶贫县对扶贫干部工作情况进行考察，并汇同新任扶贫干部和县主要领导研究年度扶贫规划。农业司有关领导同志经常深入定点扶贫县，对扶贫资金使用情况进行检查，并具体了解定点扶贫县的实际困难，指导定点扶贫工作的开展。

3. 坚持组织部内相关司局负责人到定点扶贫县进行调研考察。我部扶贫领导小组根据扶贫工作的进展情况和定点扶贫县的实际困难，协调、组织部内相关司局负责人到定点扶贫县进行调研，在政策支持、项目安排、资金拨付等多个方面切实解决当地实际困难。同时，扶贫领导小组还要求扶贫干部派出司局要关心扶贫干部、关心定点扶贫县，认真组织人员到定点扶贫县进行调研考察，配合扶贫干部制定年度扶贫规划，积极协调有关方面落实各项政策。

2002年来，财政部认真执行了领导干部到定点扶贫县调研考察制度，截至2007年，已有250多名干部深入定点扶贫县调研考察，其中司级干部超过50人，处级干部达到140余人，较好地掌握了定点扶贫县的基本情况和我部定点扶贫工作的开展情况，有效地落实了各项扶贫政策。

【干部挂职选拔】 为贯彻落实《意见》精神，针对扶贫干部选派工作，我部扶贫领导小组提出“将开展定点扶贫工作与培养锻炼干部工作相结合，把定点扶贫县作为长期培养锻炼干部的基地”的工作思路，并着重从制定干部选派规划，严格选派标准入手，力争把德才素质较好的中青年干部选派到定点扶贫县蹲点挂职扶贫。

1. 协调、制订扶贫干部选派规划。财政部扶贫领导小组根据国务院扶贫办扶贫规划的要求，每5年召开一次扶贫工作协调会，综合考虑以往扶贫干部的派出情况，确定未来5年拟派出挂职干部的司局，并以会议纪要的形式确定各司局派出扶贫干部的扶贫时间、扶贫地点，有效地增强了派出扶贫干部的计划性，也为各司局有计划地选派优秀干部扶贫创造了条件。

2. 结合扶贫工作实际，科学确定派出扶贫干部。定点扶贫工作具有一定的特殊性，同我部部分业务司局的业务工作有较为紧密的联系。同时扶贫工作涉及面较广，基础设施建设、农村社会保障、特色农业扶持、农村劳动力培训等均是定点扶贫工作可以着力的重要方面。结合扶贫工作实际，财政部扶贫领导小组认真分析、考虑各司局业务工作特点，科学选取派出扶贫干部的司局。2002年以来，我部预算司、经济建设司、农业司、教科文司等12个同扶贫工作联系较为紧密的司局分别派出干部开展定点扶贫工作。

3. 严格扶贫干部选派条件，实现扶贫工作与干部培养锻炼工作相结合。为了满足定点扶贫工作的要求，财政部扶贫领导小组对扶贫干部的选派条件作出严格要求，既要有较高的政治素质，能够真正在艰苦地区坚持工作，贯彻国家扶贫政策，展现财政干部良好形象，又要有较高的业务工作能力和组织领导能力，能够切实担当起扶贫工作的重担，履行工作职责。同时，为了更好地培养锻炼干部，我部在选派扶贫干部时重点考虑缺少基层领导工作经历的处级干部和缺少基层工作经验的处级干部和主任科员，通过在艰苦地区工作，使他们的思想得到升华，能力得到锻炼。在此原则之下，几年来，财政部派出的扶贫干部均是年富力强，德才素质较好的各司局业务骨干。

按照《意见》的要求，2002年以来，财政部共派出12名优秀中青年干部分赴湖南省平江县和云南省永胜县挂职扶贫，其中处级干部8人，主任科员4人，实现一年一轮换，保证了定点扶贫工作的顺利实施。同时财政部扶贫领导小组和扶贫干部派出司局考核扶贫干部，关心扶贫干部的工作和生活，切实解决他们的实际困难，为扶贫干部坚持在定点扶贫县开展工作作出了保障。

【定点扶贫工作成果】 几年来，依托财政部业务工作，定点扶贫工作着重从产业化扶贫、农村基础公共设施建设、落实整村推进、农村贫困劳动力培训转移、农村基本社会保障、农村文化设施建设及基层政权建设等方面入手，不断开拓领域，创新方式，完善管理，使定点扶贫县的经济社会发展状况有了较大改观。

经过财政部和定点扶贫县的长期努力，2002—2007年，平江县贫困人口由25.35万人下降到17.85万人，农民人均纯收入由1826元增加到2830元，永胜县贫困人口由20.51万人下降到12.65万人，农民人均纯收入由902元增加到1894元。同时2个定点扶贫县的投资环境、基础设施、生态环境、人居环境等均实现了跨越式发展，健康的产业链初步形成，经济“造血”能力明显增强，逐步走上了可持续发展的道路。几年来，财政部定点扶贫工作取得显著成效，做到“真扶贫、扶真贫”，真正为定点扶贫县办了实事。

【定点扶贫工作措施】 2002年以来，我部切实将定点扶贫总结工作摆到重要的议事日程，坚持每年对我部定点扶贫工作进行总结和部署，及时汇总有关情况，认真填写统计报表，按要求向国务院扶贫办报送相关材料，不断推进我部定点扶贫工作的规范化、科学化。坚持定点扶贫工作总结制度，我部主要从以下几个方面入手：

1. 定点扶贫工作领导负责制。财政部党组高度重视定点扶贫工作，切实把定点扶贫工作摆到重要的议事日程，建立健全了定点扶贫工作领导机制和协调机制，积极组织并认真搞好定点扶贫工作。一是建立定点扶贫工作领导机构，明确主管领导。为确保定点扶贫工作的顺利实施，我部成立了扶贫领导小组，财政部党组副书记、副部长廖晓军同志担任扶贫领导小组组长；下设办公室，选配精干人员组成工作班子，由人事教育司一名司领导负责定点扶贫工作的具体组织实施；二是建立了定点扶贫工作分工负责机制。结合财政部各司局工作特点，财政部党组确定定点扶贫工作具体由人事教育司和农业司负责组织实施，人事教育司负责选派扶贫干部及干部的考察、考核工作，农业司负责对定点扶贫县的具体指导、调研检查和财政扶贫资金的监督管理工作；三是建立了定点扶贫工作联席会议制度。财政部扶贫领导小组定期组织召开由部内相关司局一把手参加的定点扶贫工作联席会议，确定扶贫规划，明确扶贫任务，研讨扶贫思路，进一步加强了我部定点扶贫工作的组织领导和协调配合。

2. 建立定点扶贫工作年度总结制度。在我部扶贫领导小组的要求下，扶贫干部、扶贫干部所在司局都要认真总结本人和本单位定点扶贫工作的开展情况，提交年度总结报告，同时也请定点扶贫县对我部本年度扶贫工作作出评价及对扶贫干部作出鉴定。扶贫领导小组在此基础上认真总结经验，查找不足，不断充实和完善扶贫规划，为下一阶段的扶贫工作提供借鉴。

3. 建立定点扶贫工作年度部署制度。各年度扶贫干部轮换时，我部扶贫领导小组都要召开年度扶贫工作动员会，为扶贫干部和扶贫干部派出司局详细介绍定点扶贫县的基本情况、以往定点扶贫工作经验等，并认真研究本年度扶贫工作开展的思路和规划，以便扶贫干部深入定点扶贫县后能尽快熟悉情况，理清思路，投入工作。

4. 建立定点扶贫工作年度信息统计制度。为落实国务院扶贫办的要求，同时进一步规范我部定点扶贫工作，增强基础数据、基础材料对定点扶贫工作的促进作用，财政部建立了定点扶贫工作数据档案，全面收录了各年度扶贫干部的基本情况、扶贫工作情况、领导干部调研考察情况、资金投入情况、资金项目引进情况等基础数据和材料。既完善了财政部定点扶贫工作的管理，又为及时向国务院扶贫办报送相关数据和材料奠定了坚实基础。

由于坚持定点扶贫工作总结制度，几年来，我部定点扶贫工作质量在原有基础上稳步提高，扶贫工作思路进一步明确，扶贫工作机制不断创新，扶贫工作管理体系日益完善，扶贫工作成效更加明显。

（财政部扶贫办公室）

铁道部扶贫办定点扶贫

【概况】 2002年以来，铁道部扶贫办坚持以科学发展观统领扶贫工作，在铁道部党组的正确领导下，全面落实“突出重点、帮扶到户、集中力量、务求实效”的扶贫工作方针，紧密结合当地政府的规划与发展需求，深入调查研究，加强统筹规划，加大帮扶力度，因地制宜着力抓好智教帮扶、发展地方特色产业和医疗卫生等重点工作，2003—2007年，对宁夏原州区和新疆和田县3个乡累计投入定点扶贫资金9922.53万元，其中原州区5249.42万元，和田县3个乡4673.11万元，致力于改善当地群众生产生活条件和贫困落后的面貌，加快了解决贫困人口温饱、确保低收入人口稳定增加收入、实现稳步脱贫的进程，有力地促进了当地的经济发展、民族团结和边疆地区稳定。

办公厅1名负责人担任部扶贫办公室主任，在由副部长陆东福任组长，总经济师余邦利和政治部佟立军副主任担任副组长的部扶贫领导小组领导下，负责定点扶贫的日常工作。部扶贫办在日常工作中及时了解宁夏原州区和新疆和田县两个对口扶贫地区有关情况，定期向部长刘志军和铁道部扶贫领导小组汇报情况，提出加大扶贫工作力度建议，定期组织召开领导小组会议，协调组织各扶贫工作相关部门规划好、落实好扶贫工作计划，解决扶贫工作中遇到的重要问题。按照部党组确定的“扶贫先扶智”的扶贫工作思路，把扶贫工作的重点放在教育扶贫上，同时协调抓好开发式农业扶贫项目。

【扶贫调研】 2002年以来，铁道部扶贫办先后组织有关部门人员400余人次赴新疆和田和宁夏原州实地调研，现场了解定点扶贫计划落实情况，协调处理扶贫工作中存在的问题，与当地党委和政府召开协调座谈会议，交流信息，交换意见，统一思想和认识，共同制定出切合实际需求的扶贫规划、方案与目标，结合当地政府发展规划制定帮扶措施，使铁路定点扶贫工作得到当地政府热心支持，当地群众积极参与，脱贫工作稳步推进。

【干部挂职扶贫】 2004年至2005年间，现扶贫办负责人李康平到原州区挂职副区长，抓铁道部的定点扶贫工作，期间对原州区农业经济建设和教育系统的现状进行调研，走访全区14个乡镇、174个行政村、248所中小学，在调研的过程中，增强了与当地人民群众的感情，掌握大量的第一手资料，摸清区情乡情，分析帮扶对象的优势与特点，先后写出7份调研报告以及相关材料，拍摄了大量图片资料，对部扶贫项目进行实地检查指导，与当地政府部门就如何选定扶贫项目、如何加快脱贫步伐等问题反复磋商、多方论证，提出进一步加强定点扶贫工作的思路和搞好扶贫教育的建议。在宁夏自治区社会扶贫“十五”总结表彰大会上，李康平获社会扶贫先进个人表彰，还被推选为第二届中国消除贫困创新奖候选人。

【扶贫项目实施】 近年来，铁道部扶贫办抓扶贫项目106个，其中原州区28个，和田县3个乡78个，在教育、农业、交通、医疗卫生等多个方面给予支援，新建和改扩建学校43所，帮助种植经济果林28466亩，修建桥梁18座，修建29个卫生室，同时配备了基本医疗设备。在铁路运能紧张的情况下，协调对2个贫困地区在运力资源配置上予以倾斜，重点发运农产品等物资。2002年以来，原州区和和田县3个乡分别有3500户、1752户贫困户顺利实现了脱贫。2007年，原州区和和田县3个乡的绝对贫困人口分别由2002年的21.97万人和3703下降到3.93万人和0人。两地的温饱问题基本得到解决。2个地区的农民人均年收入由1210元、997元提高到2250元、1630元。2007年，原州区和和田县3个乡的人均GDP为5464元、2111元，分别比2002年增加3639元、766元，增长33%、56.95%。

【“送温暖、献爱心”活动】 2005—2007年，部扶贫办组织全国铁路系统共456.7万人次向灾区和贫困地区捐款捐物，共捐助资金4118万元，捐赠衣物79.8万件，其中部分捐款和物资已分配给我部帮扶的两个定点扶贫地区。每逢春节、元旦和民族节日，组织协调兰州和乌鲁木齐铁路局为原州区和和田县3个乡的特困户送去粮、油等过节物品，帮助他们过好节日。2002年以来，铁路部门为原州区和和田县3个乡共捐赠各类物资折合资金722万元。

【定点扶贫工作措施】 根据定点扶贫工作新形势、新任务的要求，铁道部扶贫办建议充实加强扶贫力量，定点扶贫所在地铁路局相应调整对口扶贫工作机构，由局长、书记任组长，主管副局长、书记担任常务副组长。在新疆喀什和宁夏银川两地设立扶贫工作组或联络组，工作组常驻贫困地区，联络组经常深入定点乡村。同时，铁道部扶贫办进一步健全了调查研究报告、信息统计报告、立项考察论证等工作制度，为定点扶贫工作的深入开展提供了组织和制度保证。

（铁道部扶贫办公室）

海关总署定点扶贫

【概况】 海关总署充分认识扶贫工作的重要意义，认真贯彻落实党中央国务院有关要求，扎实做好对河南省鲁山县和卢氏县的定点扶贫工作。自1995年和1997年分别对两县开展定点扶贫以来，在我署和地方党委、政府的共同努力下，扶贫开发工作取得了很大成绩，截至到目前，我署已投入资金4260万元，捐助物资达600余万元，有效地改善了农村生产生活条件，为推进当地经济社会发展作出了积极的贡献。我署定点扶贫工作得到了当地人民群众的称赞，得到省市县各级领导的肯定，称赞海关是“真扶贫，扶真贫”。我署扶贫工作的主要做法是：

【定点扶贫工作措施】 海关总署成立了扶贫工作领导小组，由1名党组成员（副部级领导）任组长，直属机关党委常务副书记、办公厅主任任副组长，人教司、财装司、科技司、监管司等单位司局级领导为成员。署领导经常听取扶贫工作汇报，海关总署关于扶贫工作的重要签报均有署领导的批示。每年岁末年初，署领导还亲自接待来访的两县领导，当面听取对扶贫工作的意见建议。为加强对扶贫工作的指导力度，海关总署扶贫工作领导小组每年至少召开一次会议，听取扶贫工作汇报，研究、部署两县扶贫工作。

为加强管理，建章立制，海关总署制定了《海关总署新一轮扶贫工作规划》和《海关总署扶贫干部任用监督管理规定》，从工作规划、扶贫干部选配、资金管理、项目管理等方面入手，对扶贫工作作出详细的规划和规定，通过较为完善的制度，努力把住干部选派、项目审批和资金管理三个环节，做到选好人，花好钱，办好事，确保扶贫工作健康发展。

由于2县地处河南省，海关总署发挥郑州海关的作用，要求郑州海关成立了相应的领导小组和办事机构，加强对扶贫工作的现场指导力度。

【干部挂职扶贫】 海关总署按照《海关总署扶贫干部任用监督管理规定》，坚持“各部门都要参加”、“选派干部与培养干部相结合”和“个人自愿与组织确定相结合”的原则，每年从总署机关选派两名处级干部，从郑州海关和洛阳海关各选派一名科级干部赴两县挂职。从2006年8月开始，根据署领导指示，海关总署进一步加大扶贫工作力度，将扶贫工作与干部锻炼任用挂起钩来，由人事部门从全署范围选派优秀干部赴两县挂职，并将扶贫干部任期由1年调整为2年。自1995年至2008年，共向河南省鲁山县、卢氏县派驻扶贫干部21名，郑州海关向两县派驻扶贫干部17人。

经考察，历届扶贫干部均表现较好。他们工作积极努力，认真负责，严格要求自己，工作很有成效，得到县委、县政府和群众的好评。办公厅魏丽芬同志作为我署选派的第一位女扶贫干部，她克服工作生活上困难，一心扑在工作上，在短短3个月时间就跑遍了卢氏县每个乡镇，确定扶贫项目，积极落实并解决了2100人饮水问题和2400人出行问题，受到当地群众交口称赞，树立了海关干部的良好形象，在2003年政府换届选举中以全票当选副县长。缉私局张新广在卢氏县工作期间，正逢2007年卢氏县发生特大洪涝灾害，张新广在第一时间赶赴受灾村镇，冒着危险，不怕苦累，与村民一起抢险救灾，得到当地百姓和领导的好评。经过基层工作的锻炼，扶贫干部的工作能力和水平都有较大幅度的提高。

根据海关总署《海关总署新一轮扶贫工作规划》，每任驻鲁山和卢氏2县扶贫干部都能深入村镇，开展调查研究，并结合实际，分别制定更具体的扶贫工作安排。在工作中，扶贫干部注意把工作重点放在基础设施建设、社会公益类项目上，不搞形式主义，不搞面子工程，优先解决群众最关心的问题，真正使贫困群众受益。

【扶贫调研】 经过调研，发现，地方经济所需的支持种类繁多，所需资金数额巨大，海关总署的力量是有限的，要把钱花在点子上，花在关键处，就需要对扶贫工作进行规划，确定工作重点，有序推进。经过几年的实践，在不断探索、总结经验的基础上，确定了以贫困户、贫困村为重点，兼顾乡镇，重点发展教育、交通等基础建设，开发旅游、林果种植、食用菌种植、畜牧养殖等新的经济增长点的扶贫工作方针和扶贫开发4条基本原则。一是坚持开发式扶贫，结合2县实际，走出一条以旅游业、林果业、畜牧业为主，以加工业、劳务输出为辅，具有自我积累、自我发展能力的致富之路；二是坚持综合开发、全面发展，把扶贫开发工作纳入当地经济、社会发展计划，紧紧依靠当地政府开展工作；三是坚持自力更生、艰苦奋斗为主，海关扶持为辅的方针，广泛调动当地干部群众的积极性和创造性，变被动的输血式为主动的造血式扶贫；四是扶贫工作做到五个到村到户，即扶贫政策到村到户，干部帮扶到村到户，资金项目安排到村到户，跟踪检查到村到户，扶贫效益体现到村到户。

【扶贫项目与资金投入】 “真扶贫、扶真贫”，关键是要筹集落实扶贫资金。海关总署机关行政经费本身已较紧张，筹集扶贫经费困难很大。尽管如此，总署党组下大决心，每年从行政经费中挤出400万元投入2县。截至2008年，已投入资金4260万元，捐助物资600余万元，引进资金225万余元，帮助建设教育、医疗卫生、交通、养老、引水、旅游、食用菌种厂等项目270余个，资助贫困学生180余人。这些资金的投入、项目的建设，有效地解决了贫困村、贫困户的迫切需要，为贫困户的脱贫解困创造了条件，得到受惠群众的欢迎。

与此同时，海关总署还在署内通过多种形式，开展宣传发动，使机关干部职工更多了解扶贫工作，支持扶贫工作。在历年来多次的捐款捐衣活动中，机关干部职工总是积极捐献，争相表示对贫困山区人民的一份真情。有的部门或个人还主动联系资助贫困小学生，有的人积极向扶贫领导小组献计献策，推动扶贫工作前进。

【招商引资扶贫】 海关总署是负责进出境监督管理的国家机关，没有国家各类建设项目的审批权，难以在政策、项目上提供扶持，为做好扶贫工作，总署领导多次听取扶贫工作汇报，并对扶贫工作作出重要批示。责任部门和各位驻县干部也都积极工作，在使用好总署扶贫资金的基础上，开拓思路，多方联系，扩大交流，开展招商引资工作，为2县经济发展作出了突出贡献。为了争取香港锦发集团投资鲁山，稽查司扶贫干部周东专程到外地向该公司高管推介鲁山投资环境，并陪同考察3天，说服公司高管达成了投资鲁山的协议。2007年12月7日，鲁山县与香港锦发集团在浙江宁波签约，意向投资16亿元建设国际文化养生社区，成为平顶山市在宁波召开的投资洽谈会上达成的最大的投资项目。驻卢氏县扶贫干部组织召开银企座谈会、民营企业家卢氏县恳谈会等，立足卢氏县的资源优势，围绕矿产开发、水能开发和中药材、农副产品深加工4个重点开展招商引资，扩大招商引资力度，通过各种途径与农业部、国家计生委等部委联系，争取项目资金。

（海关总署扶贫办公室）

新闻出版总署定点扶贫

【概况】 2002年国务院扶贫开发领导小组确定山西平顺县、壶关县为新闻出版总署（以下简称“总署”）定点扶贫县。

山西平顺、壶关2个县基本都存在的困难和问题是：一是基础设施和条件恶劣；山区沟壑纵横、山高坡陡，土地贫瘠，人居分散，产出效益低，农业生产生活异常困难；二是社会服务体系不到位；基础设施建设落后，普遍存在上学难、行路难的问题；三是社会保障不完善；贫困家庭无钱治病，大多数农民生了病也是硬撑，小病酿成大病，因病致贫、因病返贫的现象比较突出；四是文化生活匮乏；山区农民看书难、看电影难的情况较为普遍。

对此，总署始终坚持把文化教育扶贫作为工作的着眼点，切实加大文化教育扶贫的力度。

几年来，在总署党组的关心和总署定点扶贫领导小组的领导下，机关各司局积极主动，群策群力，以当地党委、政府和干部群众为依托，结合新闻出版工作的实际，以当地党委、政府和干部群众为依托，发挥挂职干部的作用，推动了扶贫工作全面开展，使扶贫工作取得一定的成绩。

【扶贫调研】 自从山西平顺、壶关成为总署扶贫县后，总署署长柳斌杰、副署长于永湛、孙寿山先后带队到山西帮扶县进行调研、考察；总署领导深入乡村，考察中小学的校舍、图书馆，与县领导进行座谈，了解当地文化教育、经济发展的情况。通过调查，了解到一些农村家庭的年收入只有几百元；基础教育很薄弱，农村老师的缺编在一半以上，民办教师一年的工资只有1000元；甚至有的学校学生在露天上课；县里原有的图书馆已破旧，图书大多是20世纪70、80年代的旧书。在平顺西沟调研时，署长柳斌杰被西沟展览馆里西沟人民一幅幅照片震撼，与连续11届人大代表、全国劳动模范申纪兰进行座谈时指示，要让总署的干部职工都来西沟接受教育；让这里的群众早日摆脱贫困，不仅是总署的光荣，更是总署的责任。

几年来，总署领导和扶贫办的人员，走访慰问了1400多户贫困家庭；给贫困家庭送去了粮食、食用油和慰问金，同时也带去了机关干部职工的爱心。通过考察调研，掌握第一手资料，为总署制定有针对性的扶贫开发工作奠定基础。

【干部挂职扶贫】 按照中央对定点扶贫工作的要求，我们始终坚持把开展定点扶贫工作与培养干部工作结合起来。总署将扶贫作为锻炼干部和与百姓沟通的桥梁。选拔任用干部有没有在基层工作，特别是有没有扶贫工作的经历的干部作为重要的考核标准。6年来，总署先后派出王原群、李宏葵、许正明、张有利、冯宏声、卢大振6位处级干部到定点扶贫县挂职工作。通过扶贫锻炼，与当地的干部群众结下了情谊，坚定了为贫困地区群众办实事、办好事的使命感和责任感；为国家扶贫开发工作重点县的经济发展出谋划策，经常深入一线研究解决问题，为国家扶贫开发工作重点县的发展作出了贡献，赢得当地干部群众的赞誉。

挂职干部初到国家扶贫开发工作重点县，生活方式、工作条件、语言环境等差别都很大，克服困难，在较短的时间内融入到新的工作环境中。在扶贫工作中以高标准要求自己，深入基层、深入到农村和农民家中，虚心向地方干部群众学习，扎实开展工作。

挂职干部通过亲历扶贫，了解了中国贫困地区农村的生活状况；磨练了意志，克服了浮躁情绪，养成求真务实的工作作风；开阔了视野，丰富了知识，增长了才干；责任意识和大局意识增强，思想水平得到提高。

【教育扶贫】 总署投入110万元扩建改造国家扶贫开发工作重点县晋庄中学、青羊镇城关寄宿制小学和店上希望小学餐厅的建设，改善了学校师生生活和学习条件；使晋庄中学由原来的500名学生，发展到1200名在校学生；扩建寄宿制小学，使得山区分散居住的孩子能够享受义务教育，减少失学的现象。为提高教师教学水平，引导新型教学理念，总署协调有关部门，向国家扶贫开发工作重点县派出研究生支教团，并长期保持13名支教团员，提高了当地的教学水平。2003年以来，新闻出版总署采取集体帮扶和职工结对帮扶的方式，筹集资金12万余元，帮助200余名家庭贫困、品学兼优的学生顺利完成了九年义务教育学业。

【农家书屋工程建设】 新闻出版总署是负责图书、报刊、音像电子出版物管理的机构，同时承担着全国农家书屋工程建设的工作。如何发挥行业优势，为贫困地区的人民早日脱贫，总署近几年，向帮扶县学校、县图书馆捐赠图书70多万册；向学校赠送《语文报》、《学英语》等9家科普、教辅类报纸500份；捐赠电脑90套；联系动员30多家音像出版单位向国家扶贫开发工作重点县赠送科技类、农业教育类方面的光盘7000张，价值10万余元；协调“光华书海工程”，捐赠图书约60万册，总码洋1400余万元；2008年开始3年内完成捐赠，首期30万册已完成。同时总署协调安排在国家扶贫开发工作重点县建设96个农家书屋，配备了价值200多万元的图书、报刊、音像资料。总署捐赠的图书和办公设备对2县文化教育事业起到了推动作用。

【旅游开发帮扶】 山西省平顺、壶关2县拥有得天独厚的旅游资源，即太行山大峡谷。虽然不逊于国内其他同类景区，又被评为国家森林公园和国家地质公园。但由于开发较晚，基础设施有待完善。尤其是宣传力度不够，致使晋东南的这块瑰宝，养在深闺人未识。为了做大旅游，总署协调一些媒体进行加大宣传工作，提高太行山大峡谷在全国的知名度，特别是提高北京民众的认知度，从而打开旅游市场。联系中央电视台《搜寻天下》栏目拍摄《太行山大峡谷》专题片进行播放；出版了《大峡谷风土人情》图书；中央电视台7频道免费播出大峡谷旅游广告；联系《首都机场报》刊发大峡谷旅游软广告；凤凰网旅游推荐频道免费开设“太行山大峡谷旅游”专栏；连续两年组织媒体同仁到大峡谷进行采风活动；联系“安通源文化公司”（九寨沟旅游营销服务商）考察大峡谷风景区，达成初步合作意向。通过采取各种媒体宣传大峡谷，确实起到了提高知名度，扩大旅游效益的成果。

【定点扶贫工作措施】 1. 定点扶贫工作领导负责制。从2002—2008年，总署先后两届党组都高度重视机关定点扶贫工作。总署成立由1位副署长任组长、办公厅、机关党委、人事司、财务司等司局一把手为成员的总署定点扶贫工作领导小组，领导小组办公室设在办公厅，负责定点扶贫的日常工作。

2. 不断总结扶贫工作经验，及时调整扶贫工作计划和策略。将有关情况与国家扶贫办汇报，得到扶贫办的认可和支持。分管定点扶贫工作的副署长定期听取工作汇报，研究部署工作。扶贫工作领导小组每年定期召开扶贫工作会议，研究确定年度工作计划，落实扶贫项目和资金等问题。

（新闻出版总署扶贫办公室）

国家体育总局定点扶贫

【概况】 按照党中央、国务院的统一部署，国家体育总局（原国家体委，以下简称“总局”）从1994年起，定点帮扶山西省繁峙县，2002年增加山西省代县为总局定点帮扶单位。15年来，在国务院扶贫开发领导小组的正确指导下，在总局党组的领导下，在国家体育总局各部门各单位的支持下，在繁峙、代县县委、县政府的配合下，总局学习贯彻《国家八七扶贫攻坚计划》、《中国农村扶贫开发纲要》以及中央领导讲话精神，结合实际，坚持“立志、立教、立业”的扶贫开发指导思想，突出体育扶贫，扶出体育特色，在“双向”帮扶工作上取得了实效。

【定点扶贫工作措施】 总局历任主要负责人和党组成员都关心定点扶贫工作落实情况，多次作出重要指示并深入定点扶贫县考察调研；分管定点扶贫工作的总局领导坚持定期听取定点扶贫工作汇报，研究部署工作。总局成立扶贫工作领导小组，由总局分管领导任组长，下设办公室。领导小组成员由相关部门和单位的主要负责人担任，定期走访定点扶贫县，了解情况、解决问题。

为加强对新一轮定点扶贫工作的指导，总局党组制定了《国家体育总局新一轮定点扶贫开发工作规划》，明确指导思想、工作目标和工作任务。每年3月，在定期召开的扶贫工作会议上，总局扶贫工作领导小组都要听取上年度扶贫工组汇报，研究确定本年度工作计划与安排，落实扶贫项目与资金，探讨并协调处理扶贫工作中出现的问题，对新一轮扶贫工作队员进行培训。为使定点扶贫工作系统化、规范化和制度化，有关部门还先后制定了《挂职扶贫干部管理暂行办法》、《定点扶贫资金管理办法》等一系列规章制度。做到挂职扶贫干部每年轮换，经费物质保障有力，确保了总局定点扶贫工作的顺利开展。

【干部挂职扶贫】 按照党中央、国务院对定点扶贫工作的要求，总局始终坚持把开展定点扶贫工作与培养干部工作结合起来，在总局机关和事业单位选派德才兼备的中青年干部，到定点扶贫县挂职扶贫。15年来，总局已先后派出14批工作组，37名干部到定点扶贫县挂职锻炼，蹲点开展扶贫工作。这些同志发扬老区人民负重前行、知难而进的精神，埋头苦干，艰苦奋斗、扎实工作，深入基层、吃苦耐劳，虚心向地方干部群众学习。深入乡村考察扶贫项目，了解农民的疾苦，饿了就吃一口随身携带的干粮，困了就在车上睡一会儿，风餐露宿，从没有任何怨言，得到当地各级政府和人民群众的赞誉，每位离职干部，都被2县县委、县政府授予“荣誉公民”

称号。通过挂职扶贫，使总局的干部开拓了眼界，提高了思想素质，使总局的干部进一步了解了国情和民情，从老区人民身上汲取了丰富的精神营养，增长了才干、经受了锻炼，达到了“双向”扶贫的目的。

【扶贫调研】 总局坚持把解放当地干部群众思想、更新观念作为扶贫工作的切入点，力求通过激励贫困地区广大干部群众发扬自力更生、艰苦奋斗的精神，帮助他们树立改变贫困落后面貌的信心和决定，使他们走出一条靠自己的力量脱贫致富的路子。多年来，总局领导多次到繁、代2县考察调研，与当地干部群众面对面的座谈交流，相互学习，相互启发，既增强总局继续做好扶贫工作的信心，又增强了2县提高自我积累与自我发展的能力和决心。

15年来，总局14批扶贫组的干部不辞辛苦，走遍2县所有的乡镇，深入困难群众家庭，与老百姓促膝长谈，与当地领导一起宣传党的路线、方针、政策，介绍脱贫致富的典型事例，为当地群众脱贫致富谋思路、鼓干劲，在很大程度上消除了他们等、靠、要的思想，增强了群众靠自己的双手脱贫致富的主动性和自觉性。

【教育扶贫】 教育落后、人才缺乏是导致贫困的重要原因。总局从“八七”扶贫攻坚阶段，就将智力开发，提高劳动力素质作为改变贫困地区落后面貌根本途径，开展了兴学助教工作。

1. 加大投入，改善办学条件。15年来，总局为改变繁、代2县落后的教育基础设施，先后筹资近1000万元，在2县新建和改建学校100余所，同时向部分学校共捐助价值约500万元的电脑、体育器材、学习用品等，为改善2县的办学条件，提高义务教育的普及程度作出贡献。扶贫工作组成员习惯用红旗在繁、代2县的地图上标出每一个受援建希望小学的地理位置，大家决心将红旗插遍繁、代2县大地。

2. 加强培训，提高教师素质。总局本着转变观念、开拓视野、提高素质的宗旨，先后投资50余万元，举办各类中小学教师培训班近30期，培训各类教师1000余名。培训采取走出去和请进来的方式，选派2县优秀教师到北京体育大学等高校接受短期集中培训，与北京市地方教育局进行交流，观摩先进的教学经验。同时，请北京有经验的教师到繁、代2县讲课，现场指导2县教师的教学实践活动，提高了2县教师的综合素质。

3. 主动介入，加强体育教学。为发挥总局自身优势，落实国家教育政策，总局在加强学校体育工作，促进学生全面发展上下功夫。长期以来，扶贫工作组针对贫困乡村学校无法正常开设体育课的现状，身体力行，主动介入，宣传开展体育课的好处，培训体育教师，捐赠体育器材，帮助学校开设体育课。同时组建了诸如繁峙二中排球特色学校、繁城中学篮球、中长跑特色学校、东城街中长跑特色学校、东魏乒乓球特色学校等体育特色传统学校，在提高学生参与体育锻炼积极性，增强身体素质的同时，拓宽了升学渠道。

4. 结对助教，保证贫困子女就读。15年来，总局干部职工与繁、代2县近1000名贫困学生“一帮一”扶贫接对。现在很多受资助的孩子都已大学毕业，有的学成回到自己的家乡，立志用自己的双手改变家乡的贫穷面貌。在此基础上，总局还吸引社会资金参与对贫困学生的帮扶工作。先后与中国扶贫基金会、中国吉利汽车公司等单位合作，扩大了帮扶范围和力度，使很多家庭困难的学生圆了大学梦。

5. 表彰先进，激发教学热情。为激发师生“教”与“学”的热情，总局动员组织中国体育记者协会等单位，在繁、代2县开展表彰活动。多年来，中国体育记者协会投入近50万元，表彰奖励优秀教师、优秀学生200多人次，并组织部分代表赴北京参观学习，鼓舞了师生工作和学习热情。

【培训扶贫】 总局针对贫困地区相当一部分乡镇干部素质不高，缺乏管理经验和市场经济条件下所应具备的能力等的实际情况，多次与北京市平谷县委、县政府等单位联系合作，选派乡、镇、局、办干部分批到有关单位挂职锻炼，通过学习锻炼，拓宽视野，提高素质，增长才干，更加有效的发挥他们在各自岗位上的作用。在送出去的同时，总局先后聘请中国科学院畜牧研究所、北京农业大学等单位的教授、专家，举办关于畜牧业、种植业、盐碱地改造等实用技术的讲座和培训，近3000多名县乡干部、技术员、专业户接受了培训，深受干部群众的欢迎。

【产业化扶贫】 发展区域性支柱产业，提高贫困地区造血功能，增加农民收入，解决农民的温饱问题是扶贫工作的中心任务。15年来，总局始终把扶持“龙头企业”，发展“支柱产业”，稳定“主导产业”作为重点环节来抓。总局先后开展中草药材种植、经济林种植、西蒙达尔黄牛养殖、小尾寒羊养殖、特色旅游业开发等重点经济项目。从1995年以来，在国家体育总局的扶持下，繁峙县宏达玉米淀粉厂已经逐渐发展壮大为全县的民营“龙头企业”。中草药的种植和特色养殖业已经成为贫困乡村群众脱贫致富的支柱产业。作为2县主导产业的玉米种植，在扶贫组向农民群众推广地膜覆盖种植技术后，产量提高一倍，在提高农民收入的基础上，促进了当地养殖业和玉米加工业的发展。同时，通过输送劳工方式到外地学习和引进先进技术，带动了当地经济的自我造血功能。

【体育文化扶贫】 从“八七”扶贫攻坚阶段到新一轮扶贫开发阶段，总局始终结合当地和本部门工作实际，坚持突出体育扶贫，扶出体育特色，在提高当地经济水平，解决群众饮水、上学等实际困难的同时，还丰富了2县人民群众的精神文化生活。繁、代2县位处山西忻州地区，是山西的摔跤之乡和武术之乡，摔跤和武术文化在当地源远流长。总局根据这一特点，加大了对摔跤项目的指导力度，提供先进的器材，通过举办比赛等方式提高项目竞技水平，增强当地摔跤文化氛围。2005年，总局在代县援建“代县雁门武术学校”，弘扬了当地传统武术文化。新一轮扶贫开发工作开展以来，总局先后利用体育彩票公益金为繁、代2县援建“雪炭工程”体育馆，建设了多条健身路径，开展全民健身运动已经成为繁、代2县人民群众文化生活的重要内容，构筑了繁代2县城市建设的新风貌。干部群众自发利用总局援建的群众性体育设施开展活动，组织各种兴趣活动小组和群众表演队，代县秧歌表演队多次参加全省比赛，并代表山西省获得全国秧歌大赛的冠军，成为2县人民的骄傲。

15年来，总局先后多次带领运动队到繁、代2县进行表演和接受教育，希望用老区人民艰苦奋斗、知难而进、负重前行的精神，为教练员和运动员提供精神营养，同时，也希望通过展示中国体育健儿为国争光、顽强拼搏的中华体育精神，激励老区人民艰苦创业、脱贫致富。

（国家体育总局扶贫办公室）

国家知识产权局定点扶贫

【概况】 在党中央、国务院的正确领导和国务院扶贫开发工作领导小组的指导下，国家知识产权局（以下简称“知识产权局”）按照《八七扶贫攻坚计划》和《中国农村扶贫开发纲要（2001—2010年）》精神，于1995年与湖南省桑植县结成定点帮扶对子，2006年新开辟河北省崇礼县为知识产权局第二个扶贫点，并投入大量人力物力展开扶贫工作。

知识产权遵循“科技是第一生产力”的科学论断，坚持“立足长远、教育先行、发挥优势、科技扶贫”的扶贫思想，走具有知识产权特色的开发式扶贫之路。通过明确发展方向，明晰工作思路，完善扶贫规划，提高贫苦地区人民脱贫致富自我发展能力，帮助当地人民从解决温饱逐渐向脱贫致富转变，开拓了新阶段扶贫开发科学发展新局面。

知识产权局本着“真扶贫，扶真贫”工作方针，做好扶贫工作，在希望工程、扶贫支教、科技兴农、科技兴企、农业产业结构调整、农民增收等多个方面，开展扶贫项目累计190多个，投入资金、物资累计1700余万元，为贫困地区人民做了实事，取得明显的成效，贫困地区人民群众从精神面貌到经济社会发展水平都发生了巨大变化。

【定点扶贫工作措施】 知识产权局党组和局领导高度重视扶贫工作，专门成立扶贫工作领导小组并常设专门办事机构扶贫办公室。在局党组和局领导的关心支持下，在局扶贫领导小组直接领导下，每年年底，扶贫办公室经过科学调研，细致论证，结合当地实际情况，制定下一年度扶贫项目方案，为扶贫工作的开展奠定了基础。扶贫办公室还将本年度的扶贫工作总结和下一年度的工作计划、项目方案，及时按要求将有关情况上报国务院扶贫办公室。

党组书记、局长田力普，中纪委派驻纪检组组长、局党组成员、局扶贫领导小组组长邢胜才，高度重视中央部署和要求，多次下乡实地检查，对扶贫工作进行指导，并强调知识产权局扶贫工作要结合自身知识产权和专利技术优势，立足发展这个第一要务，坚持以人为本，统筹规划好扶贫工作计划、方案、措施，将“真扶贫，扶真贫”工作方针全面协调可持续地坚持下去。

主管扶贫工作的领导专门召开局长办公会研究扶贫工作。强调，扶贫工作要因地制宜，稳步改变扶贫模式，转变贫困地区等、靠、要思想，物质上给予一定支持，更要开展智力扶贫。对于开展不错、效益较好的扶贫项目，可以适当的提出回报要求，将资金就地安排给其他扶贫项目，实现再投资，以先富带后进，实现扶贫的可持续开展。对于一些开展比较好的技术项目要推广，如桑植的椪柑、崇礼的滴灌技术作为示范在全县推广。还强调了对智力扶贫、专利扶贫工作的推进，就知识产权局组织桑植县、崇礼县乡村干部培训学习交流提出要求，把科学发展观落实到扶贫工作中去，为当地全面协调可持续地搞好扶贫工作打下了基础。

【新扶贫模式探索】 国家知识产权局根据不同时期国家扶贫政策和定点地区经济发展及贫困群众脱贫致富的实际需要，发挥部门优势，突出行业特点，走出了一条产业特色化、项目品牌化的可持续扶贫之路。

在扶贫工作中，不断总结经验，审时度势，坚定以市场为导向、以资源为依托，坚持实际、实用、实效原则，通过实现农业产业化，变输血式扶贫为造血式扶贫，变粗放型扶贫为可持续扶贫，并坚定地加以实施。结合知识产权和专利技术工作优势，推进科技扶贫，注重从“以科学发展观指导贫困地区的发展、在贫困地区推广应用新的专利技术、提高贫困农民的科学技术素质”三个方面做好工作，把握扶贫重点区域和领域，推广先进技术，创新科技扶贫的机制和模式，成为推动桑植、崇礼经济社会发展的重要支撑力量。

特别是近几年来，在贯彻科学发展观和党中央、国务院关于社会主义新农村建设部署的过程中，通过“公司＋基地＋农户”产业一体化模式和生态养殖模式，促进了贫困地区经济社会的全面发展，为老区人民脱贫致富奔小康拓宽了路子、丰富了点子、挖掘了金子。

【生态环境建设扶贫】 知识产权局在桑植县探索和推动椪柑示范园、生态养殖村等产业扶贫模式，拓宽致富新思路，提高了桑植人民自我发展能力。结合桑植县实施农业产业结构调整的机遇，经长期调研和探索，帮助桑植县廖家村镇政府建成4块椪柑示范园，创建“国家知识产权局优质椪柑示范园”，采取“公司＋基地＋农户”模式进行经营管理。知识产权局还结合自身优势，着眼制定品牌战略，帮助培管公司注册了“双华”商标，拓展国内外市场。该模式产生的良好效益，一次就带动基地周边2400个农户发展水果产业6500亩。坚持“扶持一个产业，致富一方群众”的产业扶贫思路，让当地政府、当地农民尝到了农村产业结构调整、农业产业化的甜头，促使桑植县走上以果立县、以果富县的生态农业之路。

知识产权局还在五道水镇土溪洞村创建了“养殖—沼气—种植”三位一体农村生态循环模式。既改善了土溪洞村的村容村貌和村民生活环境，提高了农民收入，激发了周围农户发展生态养殖和种植的热情。同时，还扶持土溪洞村建立和发展了养殖业协会组织。在知识产权局的指导下，土溪洞村制定了五年发展规划纲要，争取在3年内创建生态养殖示范村，在5年内完成120个示范户的建设，户年均纯收入达到3万元以上，集体经济达到50万元以上，建成张家界市集富裕、文明、民主、生态于一体的旅游生态示范村。

【产业化扶贫】 利用蔬菜大棚项目发展无公害绿色蔬菜产业，打造产业经济品牌项目，确定了帮助崇礼人民脱贫致富的主体思路。崇礼县狮子沟乡三号村是国家知识产权局帮扶的重点村，一直都以蔬菜种植为主要产业。由于缺乏资金等原因，多年来当地蔬菜大棚建设仅处于起步阶段。经调研，扶持三号村农户新建120个蔬菜大棚，以促进三号村支柱产业规模化发展。按照每个蔬菜大棚平均纯收入4000元计算，120个蔬菜大棚2008年可为三号村村民增加收入48万元。蔬菜大棚以及节水灌溉配套工程、蔬菜储藏恒温库，已经初步勾勒出蔬菜产业化生产的美好蓝图。同时，知识产权局想办法，定措施，发挥崇礼离北京比较近的地缘优势，争取为其果蔬营销打开市场。

【教育扶贫】 知识产权局先后在桑植县修建了河口、西坪、龙协坪等24所中小学，向学校和县各委、办、局捐赠电脑260台，网络服务器1台，激光打印机9台。贫困山区的娃娃们终于可以通过电脑和网络，汲取信息社会的能量。在河口乡，当地小学因援建的计算机教室而入学率大幅上升，与之交界的湖北老乡也把孩子送到该校读书，县里的干部计算机培训中心也落户这所小学校。

知识产权局协助崇礼县教育局建立教育信息网，出资为其购买服务器和楼层交换机，使崇礼拥有了现代化的远程教育。仅在2007年，知识产权局就为崇礼县教育系统捐赠了价值100多万元的图书，向18位贫困学生助学捐款1.3万余元，并组织当地学校的青年骨干来北京参加培训。知识产权局还精心选派支教人员常驻崇礼县，吸引了许多外出打工家庭的子女返乡上学。

【干部挂职扶贫】 党组书记、局长田力普做出指示，对扶贫工作提出了更高的要求。他指出：要按国家党政机关定点扶贫的要求，用与时俱进的科学态度寻求扶贫工作的不断创新，把扶贫工作和国家知识产权局事业发展结合起来，把扶贫工作和青年干部人才的培养锻炼结合起来。截至2008年，国家知识产权局派出扶贫挂职干部39人。通过扶贫工作锻炼，他们在工作、生活、思想作风等各方面都得到了较大程度提高，取得长足进步，很多人都走上了领导干部岗位。通过扶贫，扶贫干部们既锻炼了工作能力，增长了工作才干，塑造了良好的机关公务员形象，推动了干部队伍的建设和机关作风的提升。

【扶贫成果宣传】 在局党组和局领导的关心下，成功举办了“国家知识产权局扶贫十四年工作展”和“扶贫工作专题报告会”，向全局职工全面系统地汇报展示了知识产权局扶贫至今取得的各项扶贫成果，也使全局干部职工进一步加深对扶贫工作的认识与了解、理解和支持。在2007年桑植人民遭受严重雨雪冰冻灾害时，在局党组和局领导的关心关怀下，宣传到位，组织得力，2天内，募捐到50万元救灾专款，第一时间汇给桑植县委县政府。在桑植人民最需要帮助的时候，用实际行动及时支援了当地灾后生产重建工作。

知识产权局还成功策划并组织了阳光卫视对局长田力普的扶贫工作专访，并在阳光卫视《投资中国》栏目中滚动播出，在中央国家机关、社会上取得良好的反响和效果。张家界日报专门在头版头条以《中国式扶贫——国家知识产权局在革命老区桑植县扶贫纪实》为题目进行了大篇幅的写实报道，从中国常规式扶贫、中国探索式扶贫、中国创新式扶贫、世界感动式扶贫4个方面对知识产权局的扶贫工作进行了翔实解读。《中国扶贫与就业》杂志全文转载，影响广泛，反响很好。《扶贫开发》杂志以《播洒阳光的使者》为题对知识产权局的扶贫工作进行了宣传报道。

（国家知识产权局扶贫办公室）

国务院机关事务管理局定点扶贫

【概况】 国务院机关事务管理局（以下简称“国管局“）自1993年以来，按照党中央国务院的统一部署，开展对河北省阜平县定点扶贫工作。

2002年以来，国管局为加快阜平县脱贫致富直接投资240多万元，协调国家机关、企事业单位为阜平县引资1900多万元，并动员社会力量积极帮助阜平开展扶贫工作。

几年来，在国管局尽力帮扶下，阜平县旅游、林果、矿产建材和畜牧水产4大支柱产业进一步发展，阜平县人民的生活条件得到改善，全县经济建设进一步提高。县财政收入由2005年底的0.931亿元提高到2007年底的1.6亿元，农民人均年纯收入由2005年底的1830元提高到2007年底的2188元。国管局定点扶贫工作得到当地政府和人民群众的肯定与赞扬，河北省扶贫办也分别于2002年、2003年在省扶贫刊物《共富天地》专题报道国管局的扶贫工作。2006年3月新华社以内部参考的形式，将国管局的扶贫情况向中央有关领导报送。

【扶贫调研与指导】 2002年6月，国管局党组书记、局长焦焕成专程到国管局定点帮扶的河北省阜平县，调研考察指导扶贫工作，针对挂职干部的帮扶工作，提出：一是要按照扶贫到户的原则，继续改善贫困村、贫困人口的生产生活条件；二是继续加强基础农田、基本设施、公共服务设施建设和生态环境综合治理，尽快实现行政村通电、通路、通邮、通电话、通广播电视的目标；三是加大科技扶贫力度，突出果树农作物栽培与管理、畜牧养殖与管理、特色产品加工与营销等方面的科技培训；四是继续动员社会各界力量，援助阜平县的科技、教育事业，提高贫困人群的科技文化素质和脱贫致富能力。国管局领导及扶贫领导小组成员，坚持每年2至3次到帮扶的阜平县考察指导帮扶工作。自2002年以来，局领导有20多人次，司局级干部有40多人次到阜平县调研指导帮扶工作，使国管局扶贫工作的指导思想更加明确，帮扶方式与方法更加有力，并在实际扶贫工作中取得明显效果。

【干部挂职扶贫】 自国管局承担定点帮扶任务以来，每年都要选派2～3名挂职干部脱产到定点帮扶县开展扶贫工作，挂职时间一般为一年或根据工作需要延长到2年。国管局党组将开展定点挂职帮扶和培养锻炼青年干部有机结合起来，形成挂职扶贫干部的选派与管理制度。挂职干部的选派按照个人报名、单位推荐、人事部门选拔、局党组决定的程序确定挂职干部的人选，挂职扶贫干部日常工作由局扶贫办管理。挂职干部到任后一个月，要制定出本届扶贫工作计划报扶贫办和主管局领导，每季度要书面汇报工作情况，年底要有扶贫工作总结。每届挂职期满后，挂职干部要有书面的思想汇报，同时分管局领导、机关党委和人事司适时召开青年干部座谈会，由挂职干部与青年干部交流座谈体会，使挂职干部与青年干部共同受教育，共同提高，促进了青年干部的培养锻炼，取得了明显的成效。2002 年以来，国管局党组选派了 6 批 14 名处以下挂职扶贫干部。牢记局党组的嘱托，将帮助阜平老区人民脱贫致富为己任，调查研究，向人民群众学习艰苦奋斗好传统，向当地干部学习好作风、好方法，更加了解农村的实际情况，增强了与老区人民群众的感情，促进了政治上的成熟，工作作风的转变和工作能力的提高，完成了各自担负的扶贫任务。2002 年以来，14 名挂职扶贫干部有 1 人因在扶贫工作中成绩显著被保定市政府授予二等功，5 人被河北省扶贫办评为先进个人。

同时，国管局党组、机关党委和人事司还将定点帮扶县作为革命传统教育基地，多次组织机关党员团员和青年干部到阜平老区进行专题党团日活动和革命传统教育，收到了加强干部的培养锻炼，促进扶贫工作开展的良好效果。

【整村推进扶贫到户】 2004 年，为落实整村推进扶贫到户的扶贫工作要求，国管局及时改变挂职扶贫干部的挂职方式，将原来国管局挂职扶贫干部分别挂职副县长、县委办或县政府办副主任的方式，调整为兼任帮扶贫困村所在的乡党委副书记，贫困村村支部副书记。挂职干部通过各种方式深入到贫困乡、村，与乡、村干部和人民群众一起开展脱贫工作，以整村脱贫到户为主开展扶贫工作。几年来，分别在城南庄镇福子峪村、北果元乡东城铺村、东下关乡不老树村、龙泉关乡北刘庄村开展整村推进扶贫到户，使重点帮扶的贫困村基本脱贫，得到河北省扶贫办的肯定。2006 年 6 月，河北省扶贫办在阜平县召开中直机关定点帮扶单位座谈会，专题介绍推广了国管局整村推进扶贫到户工作经验。

【基础设施建设扶贫】 几年来，国管局 6 届 14 名挂职扶贫干部想方设法筹集资金和物资，帮助贫困村挖掘土石 1600 万立方米、挖水平沟 90 万米、开发 5000 亩造林种植基地、种植 12 万株枣树，嫁接枣树 100 万株，协助开发阜平县双万亩枣林工程，开发 1000 亩优质核桃林、种植优良品种核桃 7.4 万株、山杏 5.9 万株、板栗 4 万株，修抗旱水窖 80 个、蓄水池 1 个、修建防渗渠 39000 米、修建周转大棚 50 余个，新建 1 座可灌溉 500 亩地的塘坝及 10 个小塘坝。协调资金 330 万元改造县城自来水工程，帮助到北京等地劳务输出 200 余人次。为解决阜平县政府和离退休老干部交通困难，捐助碧莲面包车 1 辆，轿车 2 辆。为支持阜平县旅游支柱产业的可持续发展，国管局协调有关单位，并邀请国土资源部、国家林业局的专家来阜平，帮助阜平县天生桥地质公园评审、立项挂牌和瀑布景区的评审，申请了国家地质遗址保护专项经费 330 万元。为改善贫困村人民群众的生活条件，多方筹措资金与物资，修建乡间水泥路 11 公里，漫水桥 3 座，解决了贫困村行路难的问题，改善了人民群众生产生活条件，为阜平县脱贫致富打下了基础。

【教育扶贫】 几年来，在局领导、机关各司室的共同努力下，一方面筹集资金与物资；另一方面，多方动员社会力量，改善阜平县教学条件。筹款修建4所小学校舍，共计33间约985平方米，整修校园420平方米；从多方协调资金800万元，为阜平县二中的修建打下基础；动员中国侨联与深圳致君制药厂出资40万元修建小学2所；联系国家图书馆等单位捐献图书、教材、科普材料近11万册，教学、科普光盘5万张；协调团中央捐献价值1万多元的希望书库1套；为2所小学更换桌椅170套，为碳灰铺住宿小学更换床上用品75套；为中小学生新配置电视137台、台灯150个、电脑罩150个，并增添部分洗衣机、打印机、教师护眼灯等用品，受到了学校教职工和学生家长的高度赞扬。

2007年至2008年冬季前，为配合阜平县开展“冬暖2007工程”，挂职干部筹集135万元，为全县21所寄宿制小学配发铁床210套，棉被及床上用品820套，取暖设备8套，改造厨房8个，并为之配备冰箱；为3所小学更换办公家具，明显改善了阜平县寄宿制小学的教学、生活条件，解决了寄宿制小学存在的不安全隐患，得到学校及家长们的好评。几年来，除国管局干部职工主动资助100多名贫困学生外，还动员社会力量资助了75名贫困学生。

【科技文化扶贫】 几年来，国管局扶贫干部为促进贫困村的精神文明建设并推动社会主义新农村建设，筹集资金为2个贫困村改造修建村委会7间、220平方米，修建2个村文化活动中心约300平方米，为贫困村开展健康有益的文化生活提供了条件。同时，举办各种农村农林知识、养殖技术培训班，培训种植、养殖人员1800余人次，促进群众科学种田，科学种植果林的技术普及，在脱贫工作中取得较好的效果。

在局主管领导的关怀支持下，出资10万余元，为阜平购置300台太阳灶，改善了山区群众生活，促进了环保与生态环境综合治理工作深入开展。

【医疗卫生扶贫】 挂职干部为缓解贫困村群众看病就医困难，动员清华同方公司为阜平县捐献50万元医疗设备，并请北京朝阳医院等专家和医生，为阜平县义诊、诊治891余人，受到群众的欢迎。

【定点扶贫工作措施】 为确保定点扶贫工作有组织、有领导的顺利进行，国管局党组研究成立国管局扶贫工作领导小组，制定领导小组职责，并相应成立扶贫工作办公室。局扶贫工作领导小组由1名局领导担任组长，局财务司、人事司、机关党委和机关服务中心为组员单位，扶贫工作领导小组办公室设在机关服务中心，负责承办扶贫事务性工作。局党组重视定点扶贫工作，将定点扶贫工作列为国管局的重要工作；局党组和分管局领导定期听取定点扶贫工作情况汇报，研究扶贫工作计划、扶贫项目，确定挂职扶贫人员，及时指导扶贫工作领导小组和挂职扶贫干部做好定点帮扶工作。同时，局党组决定每年挤出30万至40万元的专项资金用于扶贫工作。从组织上和物质上确保了定点扶贫工作的顺利进行。

多年来，国管局在定点扶贫工作中注意总结工作中的经验和不足，并在多年实践中形成了相对完善的规章制度。一是加强扶贫工作的计划性，每届扶贫干部换届后经过1—2月的调查研究，并与省扶贫办、县扶贫办论证后，及时制定本届挂职干部扶贫工作计划、扶贫项目，报局扶贫办和主管局领导审核后实施；二是加强扶贫工作过程的监督与管理，除要求扶贫干部每季度向局扶贫办和局领导书面报告扶贫工作进展情况外，还要对扶贫项目资金的开支使用情况进行审批；三是坚持扶贫工作年度考核与总结制度，要求挂职干部和局扶贫办将每年扶贫工作开展情况，向局党组和局扶贫工作领导小组进行专题汇报。挂职扶贫干部对自己的工作表现和廉洁自律情况写出书面总结材料，并将挂职扶贫干部的工作表现，与年终总结考核相结合；四是能够按照国务院扶贫办的要求及时报送扶贫工作总结和相关资料材料。

几年来，局党组和局扶贫工作领导小组不断总结扶贫工作经验，完善扶贫工作管理制度和扶贫工作程序，促使国管局扶贫工作科学规范有序推进。

（国务院机关事务管理局）

国务院侨务办公室定点扶贫

【概况】 自1998年国务院确定国务院侨务办公室（以下简称“侨办”）定点帮扶甘肃省临夏州积石山保安族东乡族撒拉族自治县以来，侨办分阶段、按步骤，稳步推进扶贫工作，推动了积石山县经济社会各项事业的进一步发展。特别是2002年以来，在侨办领导关心支持和海外侨胞的积极参与下，扶贫工作更是取得明显成效，赢得当地政府和群众的赞誉。

截至2008年8月，侨办累计为积石山县落实投资、捐赠总额达10154.69万元，其中直接捐赠款项2431.39万元，捐物折价256.9万元，帮助引进资金（包括外商投资和项目资金）7466.4万元。利用捐赠款项共建设了23所“侨心小学”、5所“侨心医院”，改造了426户群众危旧住房，贷款发展家庭畜牧养殖830户。截至2007年底，绝对贫困人口已降至2.21万人，低收入人口下降到8万人。

【定点扶贫实施规划】 历届侨办领导都重视扶贫工作，把帮扶积石山县纳入侨办工作的重要议事日程，每年召开专题会议研究扶贫工作。历届办领导都曾到积石山县了解县情民情、考察扶贫项目实施情况、开展节日送温暖活动。主任李海峰在分管定点扶贫工作期间，曾6次到积石山县考察、调研，对扶贫工作做出具体指示，强调要尽力而为，务求实效地做好扶贫工作。

根据《关于进一步做好中央、国家机关各部门和各有关单位定点扶贫工作的意见》（国开发［2002］3号）文件精神，经与积石山县委、县政府反复研究，结合侨办实际，制定《国务院侨务办公室2002—2006年定点扶贫工作规划》，分解扶贫任务，组织实施。2007年，在总结以往扶贫工作经验的基础上，制定《国务院侨务办公室2007—2011年定点扶贫工作规划》，明确扶贫工作的指导思想、基本原则和主要目标。每年，侨办还印发定点扶贫工作计划，把帮扶项目落实到各司局和直属单位，年终进行总结检查。2008年健全更新了扶贫工作领导机构。办扶贫工作领导小组由副主任任启亮任组长，各司局和直属单位主要领导为成员，领导小组办公室设在经济科技司，具体负责项目实施工作。

【侨务资源扶贫】 2002年8月，侨办组织了“侨资企业西部行——甘肃团”活动。侨资企业家们深入积石山县贫困农户访贫问苦，参观侨办扶贫项目，考察投资环境，认捐巨额款项支持扶贫工作。

为褒扬侨资企业家们的义举，全国人大副委员长许嘉璐、全国政协副主席罗豪才在北京人民大会堂会见了参加此次活动的侨资企业家，对其善举给予高度评价。

曹德旺等19位企业家与国务院侨办扶贫办签定捐赠项目19项，主要用于积石山县的医疗、教育、农业、住房、旅游开发、人畜饮水等建设项目，总价值达1000多万元（2008年实际到账716.4122万元）；合作投资项目4项，协议资金9280万元。本次考察活动为侨办实施积石山县扶贫项目奠定了物质基础。

2005年，通过侨办引导，促成了香港威力国际有限公司在积石山县投资年产2万吨的马铃薯淀粉加工项目，一期投资额5000万元人民币。该项目经营业绩良好。

2008年8月，侨办精心准备，成功组织了“爱心之旅——侨资企业家甘肃行”活动，由副主任任启亮带队，30多位企业家专门赴积石山县考察访问，签订了南德温牛养殖、粉丝加工、境外劳务输出、教育培训等合作项目，引进资金2000多万元，并为积石山县扶贫工作捐款406万元人民币。

此外，还组织了上海侨商会、泰国青年企业家协会赴积石山县考察捐赠活动等。

【智力扶贫项目实施】 1. 培训各类人才。发挥侨办所属暨大、华大优势，大规模培训医生、教师及各类农技人员。共举办应用类培训班12期，受培训人数达1713人，选派8名医务骨干前往暨大医学院进修1年。2004年暨大附属第一医院13位医学专家，分期前往积石山县举办了两期培训班，累计培训达650人次。同年8月，华大组织4名教师在积石山县举办“高中教师培训班”，有113名教师参加了培训。2005年6月，在积石山县开展了有关南德温牛繁育、饲养和防疫方面的技术培训，培训800人次。2006年暨大选派5位医务专家教授，举办了一期医务培训班，有150多名医疗骨干参加了培训。

2. 救助失学儿童。利用华侨华人、港澳同胞，捐款62.359万元，救助了全县5967名失学儿童重返校园。其中2003年救助3000名贫困学生，救助款41.59万元；2005年救助2967名失学儿童，救助款20.769万元；同时，经科司全体党员从2002年起资助该县业卜湾小学马正芳等10名特困学生，直至小学毕业。

3. 举办4期夏令营活动。共有82名品学兼优的青少年参加了侨办文宣司组织的“寻根之旅”夏令营活动，使孩子们开阔了眼界，增长了见识。

4，学校改扩建项目。利用侨胞捐赠款项，2002年修建了深沟康辉、纳莫沟2所小学。2005年，经国内司联系，利用侨胞捐款，修建了寨子沟乡1所希望小学，2007年修建了安集乡白家坪小学。2008年，法国侨胞吴忠先生捐建了大杨家小学。

5. 开展干部培训。为提高积石山县的干部素质，共安排4名年轻干部来侨办挂职锻炼一年。2007年5月，在侨办所属华侨大学举办了“第三期积石山县党政干部培训班”，有35名县乡干部参加了培训。

6. 丰富群众文化生活。为帮助积石山县干部群众了解国家方针政策，掌握科技动态，2005年为积石山县18个乡镇政府赠订18份《经济日报》（农村版）、2006年赠订20份《农民日报》。

【生活生产类扶贫项目实施】 1. 实施“侨居工程”。利用侨胞捐款110多万元，按照华侨大学建筑专家设计，共建侨居乐民新村5个，为贫困家庭新建“侨居工程”325户，总建筑面积10530平方米。

2. 改善医疗卫生条件。在大河家、银

川、中咀岭、小关、胡林家等乡投入资金170万元，新建、改建了5所卫生院，总建筑面积为3178平方米。

3. 开展向沿海地区劳务输出。为加大对积石山县劳务输出扶持力度，2006年，利用澳门万国集团董事长刘雅煌捐款20万元设立了“劳务输出扶助专款”，用于补贴积石山县政府组织的、赴沿海地区和大中城市务工的劳务人员普通硬坐火车单程票费。采取专户储存，以无息方式借款周转，滚动使用。共资助了3500多名劳务人员前往浙江、江苏、北京、山东、福建等地务工，相当一部分人工作、生活和收入较好。

4. 推动畜牧养殖。一是为进一步推广南德温牛等优良畜种的饲养，培育规模化养殖，提高肉牛商品化率，共为积石山县提供2.25万支优良冻精，授配南德温牛7632头，繁活南德温牛杂交一代犊牛4492头；二是2005年利用印尼华商黄进益捐款10万美元设立“畜牧养殖发展基金”，专项用于积石山县贫困群众发展畜牧养殖，引进良种牛174头、良种羊1315只。该基金将于年底进入回收期。

5. 援建家庭沼气池。为提高农民的生活质量，保护环境，减少生产生活开支，积极联系农业部为积石山县争取到“农村户用沼气建设国债项目”146.4万元，“动物防疫体系建设项目”120万元。

【送温暖活动】 7年来，侨办部级领导15人次、局级领导19人次赴积石山县慰问贫困群众，检查指导扶贫工作。每逢穆斯林传统节日古尔邦节和春节来临之际，侨办领导都亲自前往积石山县开展送温暖活动，办机关和在京直属单位为积石山县募捐春节慰问金计15万元人民币，购置面粉款8.5万元。

【定点扶贫成果】 1. 解决了部分群众生产和生活困难。特别是利用捐赠款项，大力实施“侨居工程”项目，建设了5个侨居乐民新村，改建危旧住房426户，解决了部分特困群众的住房困难。

2. 改善了部分乡镇教学和医疗卫生。利用捐款修（改）建小学、卫生院，购置教学和医疗设备，救助贫困学生，组织“夏令营”活动，培训教师、医护人员等，使老百姓最为关心的“上学难、看病难”的问题得到很大的改善，学校和医院成了当地最好的建筑设施，一批经过培训的教师和医护人员在各自岗位上发挥着更大的作用。

3. 农业种植养殖产业结构调整。花椒栽种面积扩大到15万亩，覆盖了安集、银川、铺川三个乡的大片荒山坡地，成为农民最得益的扶贫项目之一；南德温牛优良畜种得到推广，现已繁育成活2592头；港商郭文雨先生投资马铃薯淀粉生产项目，已成为全州最大的外资引进项目和省重点支持的龙头企业，大大提升了积石山农产品深加工能力，增加了农民收入和县财政收入。

4. 转变干部和农民传统落后观念。通过组织积石山干部培训或参加侨务经济科技主题活动，扩大了对外联系，增强了干部开放开发意识和能力；通过实施劳务输出项目，达到了“帮一人扶一家”的效果，使贫困群众脱贫致富立竿见影，对当地群众观念的转变产生了积极影响。

5. 扩大积石山的影响和知名度。由于侨办扶贫工作方向正确、措施得力、成绩突出，2005年中央电视台《焦点访谈》栏目曾专题予以报道，央视4频道《中国人的2005》专题报道了积石山县农民来京务工情况。中新社、《人民日报》以及《甘肃日报》、甘肃电视台等多次介绍我办的帮扶工作。

6. 减少贫困人口，推动积石山经济社会的全面发展。据统计，2007 年与 2001 年相比，积石山县 GDP 从 2.04 亿元增加到 5.1 亿元，县财政收入从 633 万元增加到 1987 万元，人均纯收入从 875 元增加到 1330 元。绝对贫困人口由 2000 年底的 3.74 万人下降到 2007 年的 2.21 万人，低收入人口由 12.03 万人下降到 8 万人。

积石山县干部群众称侨办是“扶真贫，真扶贫”，筑起了一座座“高耸的丰碑”（《甘肃日报》），并用“花儿”表达对国侨办和海外侨胞的感激之情。侨办干部也称积石山为“咱们的积石山”。侨办曾 2 次在国务院扶贫办组织的“全国定点扶贫培训班”上做典型经验介绍。

（国务院侨务办公室）

国务院法制办公室定点扶贫

【概况】 国务院法制办公室（以下简称“法制办”）定点帮扶河北省承德市宽城满族自治县，从1995年起，先后派出12批32名干部驻县挂职扶贫。在各方的共同努力下，宽城县域经济较快发展，经济社会发展进入了新阶段。2007年，全县完成生产总值81.5亿元，人均GDP突破4600元，全年财政收入达到11.26亿元，农民人均纯收入达到4036元，城镇居民人均可支配收入达到10349元。

在定点帮扶宽城的13年时间里，法制办先后为宽城引进各种建设项目33个，投入、协调、引进资金（包括物资折款）4亿多元，人民群众的生产生活条件明显改善，以钢铁联合企业为龙头的铁冶金产业也已成为宽城的支柱型产业，种植、养殖、板栗加工、“三位一体”养猪等优势产业已逐渐呈现出规模发展的趋势，城乡面貌焕然一新，社会经济协调发展。

多年来，法制办党组始终把定点扶贫开发工作作为法制办的一件大事来抓，专门成立了国务院法制办扶贫领导小组，办党组书记、主任曹康泰亲自任组长；为便于组织协调，将扶贫领导小组办公室设在秘书行政司，由人事处具体负责定点扶贫各项工作的落实。在选派扶贫干部时，办党组坚持把工作能力强、素质好、有发展潜力的优秀年青干部选派到定点扶贫工作第一线，在临行前交待任务，提出要求。尽管政府法制工作繁忙，但对扶贫干部反映的需要协调解决的项目、资金、物资等问题，法制办领导都亲自听取汇报或过问，随时掌握有关情况，协调法制办内有关部门帮助解决。

【扶贫调研】 法制办扶贫领导小组成员及有关负责人重视到定点扶贫县开展调研考察活动，2006年7月，办党组书记、主任曹康泰亲自带领23名历届扶贫宽城的挂职干部对宽城进行考察调研。考察调研期间，和宽城县委、县政府的干部一道，回顾11年来帮扶工作的情况，全面了解宽城县域经济发展和扶贫开发工作情况以及未来社会经济发展思路，就今后一段时期的帮扶工作计划提出了意见。

秘书行政司和扶贫干部所在司局的领导关心定点帮扶工作，在关心扶贫干部工作、学习、生活的同时，也抽时间到宽城开展调研考察，了解县里的需求，有针对性地做好帮扶工作。在各级领导的带动下，全办在干部群众中形成了关心、支持、配合扶贫开发工作的良好氛围。

【干部挂职扶贫】 法制办的青年干部多，大多是从家门到校门再到机关门的“三门”干部，缺乏基层工作经验，缺乏在艰苦环境中的磨练。为帮助他们尽快成长起来，办党组在努力做好扶贫开发各项工作的同时，一直把挂职扶贫作为教育、培养和锻炼干部的重要渠道，坚持把定点扶贫工作与培养、锻炼干部结合起来，使参加定点扶贫工作的干部能够深入基层、深入实践，了解社情民意、开阔了视野、增长了才干、磨炼了意志，为培养更多更优秀的政府法制工作干部打好基础。通过挂职扶贫，不仅使这些干部更加深入地了解国情，体察民情，增强了对人民群众的感情，而且使他们更加直接地参与到基层工作中去，熟悉了基层工作的内容、方法和特点，学会了做群众工作，增强了群众观点，提高了走群众路线的自觉性。通过对具有基层工作经历干部的重点培养和优先提拔，法制办也逐步形成了重视基层，鼓励年轻干部去艰苦环境中经受磨练的良好用人导向。

【产业化扶贫】 1995 年首期扶贫工作组在深入村户调查研究的基础上，帮助县里确立了新的扶贫开发规划：立足本地农业资源，发展种植业、养殖业和以农副产品为原料的加工业，以开发矿产资源发展铁冶金工业和海绵铁项目为起点，滚动发展小型钢铁联合企业。这个规划列入全县“九五”计划和 2010 年远景规划，为宽城走出贫困注入了推动力，起到重要的导向作用。盛丰集团是宽城的龙头企业之一，拟上马的三期扎钢项目投资超亿元，对延伸宽城的钢铁产业链条意义重大。在符合国家调控政策的前提下，扶贫工作组进行了多方协调，帮助企业顺利完成该项目的环评工作，为企业的健康发展打下良好的基础。2008 年，县里的冶金行业已形成采矿、选矿、精选、烧结、炼铁、炼钢步步延伸的产业格局。此外，法制办还先后为宽城争取到“全国机械化旱作农业示范县”、“全国山区开发示范县”、“生态农业示范县”、“全国优质种子基地县”等项目和配套资金，用于板栗基地建设、缫丝生产、三位一体养猪、生态环境建设、玉米制种等农村农业建设项目，对于促进一、二产业的协调发展、帮助群众脱贫致富发挥了重要作用。其中，仅“全国优质种子基地县”建设一项就争取到配套资金 300 万元，使全县 50 多个贫困村的农民受益。

【基础设施建设扶贫】 为了使宽城早日摆脱贫困落后的面貌，历届扶贫工作组在办领导的支持下从抓基础设施建设和改善投资环境入手，帮助解决宽城发展最为迫切的路、电等大问题，修复或新建多条公路、水利、电力设施，打破制约经济发展的“瓶颈”。安汤公路是宽城境内唯一一条连接县东偏远山区的公路干线，1994 年 2 次特大洪灾几乎冲毁了全部路基，几届扶贫工作组多方联系争取资金 300 万元修复被水毁的安汤公路，并升级为省级公路，接通辽宁省凌源县，使之成为连接冀辽 2 省的重要通道，既方便了群众的出行也带动了县域经济的发展。三旗杆水库是以防洪为目的兼顾灌溉、发电的中型水利枢纽，对县区域经济有重要意义。法制办主任曹康泰亲自协调有关部门，争取资金 1700 万元，对该水库实施除险加固工程，取得良好的社会经济效果。

【教育扶贫】 宽城建县时间晚，经济欠发达导致教育投入严重不足，教育基础薄弱，特别是一些偏远山区的学校办学规模小、校舍破旧、师资分散、教具短缺，甚至连正常的教学活动都无法保障。历届扶贫工作组一直将发展宽城的教育事业作为扶贫工作的重点。2005 年，扶贫工作组得知老亮子村小学急需修缮后，立即向办领导汇报，筹集资金 6 万元把学校 12 间教室及其附属设施修缮一新，并向小学赠送了图书、电脑及其他教学仪器设备。2007 年县委、县政府拟以新建民族中学为龙头，推动全县教育布局的调整和学区建设的开展，但是由于该项目涉及占用部分基本农田，依法需要报国务院批准。扶贫工作组严格依照法律的规定，做了大量工作协调落实项目用地，保证民族中学建设项目的顺利实施。此外，法制办还多次组织捐资助学活动，实现法制办新婚职工和宽城贫困学生爱心结对，向贫困山区的学校捐献电脑、书籍、文具，一些干部职工还以个人名义捐助贫困学生，13 年来共计捐助 136 名失学儿童重返校园，89 个高中生圆了大学梦。

【扶贫村认领帮扶】 扶贫工作组牢记办领导的嘱托，按照县里的扶贫工作安排联系扶贫村，帮助村里的群众脱贫致富。2002 年，新一轮扶贫开发工作开始后，法制办根据国家扶贫办的安排继续帮扶宽城，当年即帮助疙瘩地、半壁山 2 个村申请路桥建设资金 20 万元，并从紧张的办公经费中挤出 4 万元，支持 2 村发展经济项目。为了帮助老亮子村的群众脱贫，扶贫工作组积极谋划，确定在老亮子村重点发展养牛项目，为 20 个贫困户争取到帮扶资金，初步形成规模养殖。2008 年是《宽城县第三批扶贫开发重点村三年规划》实施第一年，根据县里安排，法制办负责帮扶韩杖子村。扶贫工作组会同有关部门对该村的扶贫工作设想作了反复研究，确立发展蔬菜大棚帮助村民脱贫致富的思路，协调县里有关部门将韩杖子村蔬菜大棚建设增列为县财政扶持项目，按照有关规定给予补助。韩杖子村当年即可发展蔬菜大棚 50 个，既解决了韩杖子村群众脱贫致富的问题，也能部分满足城镇群众的蔬菜供应需求。

2003 年春节前夕，法制办的干部职工筹集 4.3 万元爱心款，到 2 个定点贫困村进行了送温暖活动，慰问村里的老党员、老复员军人和特困群众，社会影响热烈。据统计，法制办帮扶宽城以来，共举行 12 次爱心捐助活动，捐款超过 50 万元。

【法制教育扶贫】 历届扶贫工作组在办领导的带动下，发挥业务优势，利用各种机会向宽城县乡两级干部宣传基层依法行政的重要性，多次进行相关法律知识的培训、普及工作，帮助县里解决发展过程中遇到的法律问题，协调有关方面加强县级法制机构的建设，推进县级依法行政工作。2008 年，县法制办已增加 1 名工作人员，负责人已列席县政府常务会参与决策，通过行政复议等法定渠道解决行政争议、促进社会和谐稳定的意识得到明显增强。

（国务院法制办公室）

中国证券监督管理委员会定点扶贫

【概况】 自2002年国务院安排中国证券监督管理委员会（以下简称“证券会”）帮扶安徽省太湖、宿松2县以来，证券会根据国务院扶贫开发领导小组的统筹部署，贯彻落实中央扶贫开发工作有关要求，努力做好定点扶贫单位的帮扶工作。几年来，在会领导的关心指导和扶贫干部的共同努力下，证券会集中系统力量、突出工作重点，因地制宜地为两县贫困地区群众谋福利、办实事，扎实推进定点扶贫工作，取得了成果和经验。

截至2008年，证券会已连续选派挂职干部6批12人，除系统各单位捐献的款物外，以证监会名义直接拨付扶贫资金近800万元。其中：援建中小学校8所；资助2县家庭贫困的高中生1100名，大学生450人；援助2县修建大桥2座，公路3条；援助2县在贫困山区修建了2座乡级卫生院门诊楼，3个新农村卫生服务站，6处安全饮水工程等。此外，还帮助引进3家大型企业到两县投资办厂，项目总投资近3亿元。

【定点扶贫工作措施】 1. 证券会党委高度重视。2002年定点帮扶任务下达后，证券会党委认识到党中央国务院开展定点扶贫工作的重要意义，将定点扶贫工作作为证券会的一项重要工作来抓。一是坚持领导负责制，成立了以会领导挂帅的扶贫工作领导小组，会内相关部门负责人担任领导小组成员，扶贫工作领导小组办公室设在人事教育部，具体负责定点帮扶的组织协调工作；二是会领导非常关心定点扶贫工作，经常听取有关扶贫工作进展情况的汇报，多次带队赴太湖、宿松2县调研考察、访贫问苦、赠送慰问款物，与当地领导和挂职干部座谈，了解当地经济、教育和科技等方面的情况，有针对性地指导证券会定点扶贫工作；三是领导关心挂职扶贫干部的工作与生活，为使挂职干部尽快实现由机关干部到基层干部的转换，证券会领导提出“主动融入、虚心学习、贴近群众、严守纪律、创新工作、务求实效”的要求，并指示会扶贫办每年拨付6万元用于解决挂职干部的住宿、水电、通讯、交通等日常办公和生活费用。

2. 建立健全扶贫工作机制。为加强对证券会扶贫工作的领导，做好对挂职干部的选派和管理工作，使扶贫工作进一步制度化、规范化，证券会专门制定印发了《中国证监会扶贫工作实施意见》，明确了定点扶贫工作的原则、内容、方式以及挂职扶贫干部的条件、选派程序、管理、待遇等问题，建立健全了定点扶贫工作机制。此外，证券会还建立了扶贫专项基金及扶贫经费专用账户，每年向各证券期货交易所、登记结算公司、保护基金公司等单位筹集一次扶贫专项资金，在扶贫资金的投入和使用上，确保专款专用，保障了定点扶贫工作的必要投入。

【干部挂职扶贫】 证券会每年向两县各派出1名干部挂职扶贫，在人员选择上，始终按照德才兼备的原则，注重选派政治强、作风硬、肯吃苦、综合素质高的优秀中青年干部到国家扶贫开发工作重点县挂职工作。几年来，证券会共从系统有关单位选派了12名干部到扶贫县挂职任副县长职务，肯于吃苦、克服困难，深入贫困山区的基层村委会、农户家庭、学校、卫生院、小作坊进行调研，掌握大量一手资料，提出一些有针对性的扶贫项目，实实在在地为贫困地区群众谋福利、办好事，完成了证券会布置的各项工作。2003年挂职的万长海，挂职期间情系教育，走遍了太湖全县150所贫困山区中小学校；2006年挂职的朱林，通过个人努力争取各界援助资金30多万元，其个人捐资助学的款物就达6万余元；2008年挂职的张书帮博士，挂职期间运用经济学知识，研究探索农村金融创新，其太湖民间合作金融组织和村民生产发展互助资金理论，得到国家和省市有关部门的高度关注，推出的"太湖经验"，在全国产生较大影响。一批批挂职干部接力帮扶，为2县群众解决了实际困难，也为当地带去了新知识、新观念，得到当地干部群众的一致好评。

【扶贫调研】 按照国务院扶贫办的有关要求，证券会每年在考察调研扶贫县实际情况的基础上，寻求适合的扶贫项目，制订年度扶贫项目实施计划，每年底按要求将证券会扶贫资金到位情况、资金投向和用途、扶贫项目落实情况以及定点扶贫相关统计数据等，及时上报国务院扶贫办。2008年，根据国务院扶贫办的统一部署，证券会落实"三个确保"政策，统筹考虑当地整村推进工作安排和证券会帮扶援建项目实施情况，协商认领了太湖县栗树村和宿松县邱山村。2008年证券会实施的扶贫项目中，已拨付专项资金为太湖县栗树村修建边界公路，为宿松县邱山村所在的柳坪乡援建乡卫生院，帮扶工作已经展开，对于推动这两个村的扶贫开发和整村推进工作起到了积极作用。

【教育扶贫】 多年来，太湖、宿松2县作为国家扶贫开发工作重点县，农村教育资源匮乏、基础教育条件落后，很多学校的校舍年久失修，许多家庭贫困的学生无力承担学费，面临失学和辍学的危险。证券会帮扶以后，在教育扶贫方面做了大量工作：一是援建2县8所中小学校。从2003年开始，证券会共出资300余万元，陆续新建、改建了太湖县牛镇安坪希望小学、天华镇严姜希望小学、江塘乡何墩希望小学、大石一中、牛镇中学和宿松县隘口乡古山小学、北浴乡中心学校、趾凤乡中心小学等8所学校，并为学校配备了课桌、椅子等教学设备，使这些贫困山区中小学校的教学条件得到了明显改善；二是开展捐资助学活动。多年来，我会在太湖、宿松2县实施的捐资助学活动，取得了良好效果，被当地老百姓誉为亲民爱民的德政工程。2002年至2008年至券会共拨付资金近100万元，资助了2县部分家庭贫困而学习成绩优秀的高中生1100名、大学生450人，帮助他们完成学业，促进了当地教育事业发展和人才培养；三是组织开展"一帮一"结对帮扶和扶贫助困等活动。如组织深交所150多名职工与太湖县183名贫困学生“结对子”，直接帮助一批中小学生完成九年义务教育，资助金额共计11.8万元；组织系统有关单位干部职工向贫困学生捐赠书籍、学习用具和衣服等，累计捐赠图书近5000册，衣物2000余件；组织会机关向2县的3所学校捐赠了80台电脑，缓解了贫困山区学校信息技术教育设备匮乏、教学设施落后问题；组织部分贫困学生赴大连等地参观学习等。这些教育扶贫项目，受益面广，影响深远，对改善2县贫困山区基础教育条件起到了重要作用。

【产业化扶贫】 定点帮扶工作中，证券会发挥自身特点，利用资本市场优势，帮助当地政府和企业牵线搭桥，引进资金、技术和项目，帮助国家扶贫开发工作重点县发展经济，取得一定成效。一是帮助宿松县引进湖南洞庭水殖股份有限公司，由洞庭水殖出资建立大型国家级良种繁育基地，5年内累计投入资金不少于1亿元，做大做强宿松县的水产业，带动当地农民脱贫致富；二是促成宿松县与美菱集团等三方签订开采、加工大理石的投资项目，项目总投资1.2亿元，解决了当地就业500余人，对宿松经济发展起到良好的拉动作用；三是争取南京雨润集团到太湖县投资兴建肉鸡现代化工厂，投入资金6000万元，2008年已成为华东地区最大的肉鸡生产加工基地，农民当年直接增收300多万元。这些项目的实施，对加快当地农业产业化进程，促进农业增效、农民增收和县域经济发展都具有重大意义，对帮助当地用发展生产的办法从根本上解决贫困问题起到重要作用。

【基础设施建设扶贫】 太湖、宿松2县多数村镇身处山区，交通运输不畅、基础设施落后的问题，严重制约着当地经济发展和农民脱贫致富。针对这些问题，2003年证券会共出资86万元，帮助2县分别建成了宿松“陈屋村桥”和太湖“友谊桥”，方便了贫困山区群众出行，解决了一直制约当地发展的“瓶颈”。2006年在国家补助、县乡政府配套资金不足的情况下，证券会拨付30万元援建了太湖县汤泉乡的道路铺设工程，该路段的修缮使沿线1200多名群众受益，为当地扶贫整村推进创造了条件。2008年，证券会出资30万元，援助太湖县刘畈乡修建与湖北省的边界公路，为农民跨省运输种植的农副产品打开了途径。此外，在证券会的支持下，太湖县还审批通过了环湖公路国债建设项目，该项目的建成彻底改变了环湖200公里公路状况，对太湖县的交通状况有了改善。

【饮水工程实施】 近2年，证券会共拨付80万元支持太湖县在小池乡方兴村、寺前镇林冲村和义安村、天华镇柳河村、刘畈乡九田村、汤泉乡集镇区等山丘地区分别建造了6处饮水工程。饮水工程的成功实施，彻底解决了贫困地区9000多人及数万头牲畜的安全饮水问题，让当地百姓喝上了清洁、卫生、方便的饮用水。

【医疗卫生扶贫】 2年来，证券会出资60万元援建了宿松县陈汉中心卫生院门诊综合楼项目，解决了陈汉山区4个贫困乡7万多人的就医问题；出资24万元，对距太湖县城较远、受益人口较多的寺前镇龙马、大石乡龙王2个卫生服务站进行改建，各建造200多平方米的新房，配备了标准化的医疗器械，解决了周边近2万群众的初级卫生保健和疾病诊疗，缓解了当地群众的看病难问题。特别是，2008年初2县遭受了50年不遇的冰雪灾害，许多卫生服务设施受损，医疗卫生工作难以正常开展，证券会紧急拨付70万元资金，援建了柳坪乡卫生院门诊楼和新仓镇茗北社区服务站，解决了柳坪乡及周边地区近3万人和新仓镇周边2.5万人的看病就医问题，改善了受灾地区群众的医疗条件。

【智力开发扶贫】 通过这几年的帮扶工作，证券会认识到彻底改变贫困地区的落后面貌，还要逐渐由救济式扶贫向开发式扶贫转变，帮助贫困地区干部群众转变思想观念、提高文化素质、增强技术能力，以智力开发和农技培训为着力点，夯实文化基础、发展地方经济。

一是在太湖县建造了2个新农村图书室，购置了价值10万元、近万册的图书，涵盖农业实用科技、农民教育、畜禽养殖、新农村建设、医疗保健、农村法律知识等多个种类。这两个图书室是安徽省第一批新农村图书室，也是安徽省农村藏书最多的图书室，有效缓解了当地群众“买书难、看书难、用书难”问题；二是邀请上海证券交易所专家到宿松县举办了“经济发展与证券知识讲座”，是宿松县规格最高、规模最大的培训班，全县副科级以上干部、乡镇主要领导及企事业单位负责人400多人参加，对于开拓当地领导干部工作思路、转变观念起到了促进作用；三是在太湖县白里镇建成了优质油茶科技示范基地200亩、茶园300亩，扶持油茶种植科技示范户300户，聘请专家对示范户在种植、培育、采收等各个环节进行系统培训和科学管理，推动当地科技扶贫和产业扶贫；四是发挥当地资源优势，在太湖县建成了800亩茯苓种植示范基地，联系南京农业大学提供药材种植技术，引领当地农民发展生产、脱贫致富，对此证券会还专门捐赠72台电脑，帮助县里建立政府信息网站，扩大了对国家扶贫开发工作重点县资源的宣传和农业产品的推广。

【2010年定点扶贫工作展望】 2010年证券会定点扶贫工作将继续按照国务院扶贫开发领导小组的部署和要求，进一步发挥证券会优势，突出重点、注重实效，坚持选派优秀干部到定点扶贫单位蹲点帮扶，有针对性地采取扶贫措施，抓好定点扶贫各项工作的落实，开创扶贫工作新局面。具体从以下三个方面着手：一是进一步提高贫困人口基本素质，支持劳动力就业培训，为贫困人口提高就业技能、进城务工、脱贫致富创造条件；二是继续支持改善乡村基本生产生活条件的基础设施建设，为脱贫致富创造先决条件；三是采取自助式扶贫，通过鼓励发展当地特色经济，使扶贫户增加收入，摆脱贫困。

（中国证券监督管理委员会）

国家烟草专卖局定点扶贫

【概况】 2002年，根据国务院扶贫办的安排，国家烟草专卖局（以下简称“烟草专卖局”）把自然条件最恶劣、经济最贫困、扶贫任务最艰巨的郧西、竹溪2县作为定点扶贫县。7年来，烟草专卖局秉承“真扶贫、扶真贫”宗旨，坚持“输血”与“造血”结合、扶贫与扶智并举的工作原则，履行对口帮扶职责，不断加大对口扶贫力度，先后投入帮扶资金8000余万元，实施了以基础设施、烟叶产业、社会事业为重点的扶贫开发工程，重点支持了2地的农村基础设施、农民致富产业和乡村教育卫生事业等一批“打基础、管长远”的项目。为促进郧西、竹溪2地人民脱贫致富和县域经济社会加快发展做出新的贡献。

【扶贫调研】 局长姜成康亲自过问扶贫工作，2006年3月，在烟草专卖局会议室专题听取了十堰市委、市政府关于国烟扶贫工作情况的汇报，明确表示要保持对口扶贫政策的稳定性和连续性，强调进一步加大对口扶贫工作力度。当年9月，带领相关司局负责人深入郧西县专题调研，确定在过去每年无偿扶持郧西、竹溪600万元的基础上，再增加1000万元用于解决2县的县一中及乡镇卫生院建设，改善了国家扶贫开发工作重点县的教育、医疗卫生条件。

为准确、及时、全面的了解帮扶单位的实际情况，掌握干部群众的呼声和需求，切实增强帮扶工作的针对性和实效性，烟草专卖局坚持将领导调研考察作为一项工作制度，定期调研指导，及时解决问题，务求帮扶实效。2002年以来，局长姜成康，副局长张保振、纪检组长潘家华，发展计划司司长赵洪顺、副司长孙桂芳，财务司司长张玉霞、科教司司长金忠理、烟叶公司总经理赵振山等二十几位司以上领导干部，以及发展计划司处长刘融等几十位处级干部和其他人员，先后多次深入到郧西、竹溪2县开展扶贫调研，解决实际困难和问题，推动工作扎实有效开展。各位领导坚持深入实际察看项目、关心群众访贫困苦、走进基层共商发展，在检查中指导工作，在调研中解决问题，在督办中推进工作，确保对口帮扶工作扎实有效推进。同时加大烟叶产业扶贫力度，实现烟叶富民强县目标。进一步推动了烟草专卖局扶贫的深入开展，使定点扶贫工作由过去偏重于基础设施转向基础设施与社会事业并重、“输血”与“造血”齐抓的新格局。

【干部挂职扶贫】 7年来，烟草专卖局先后选派李锐、王刚、王彦康、陈祥、国文彤、吴践志、陈哲平、陈晋东、张鸣一、罗维阳等10位素质高、能力强、作风硬的优秀干部到郧西、竹溪挂职担任副县长，具体指导、参与扶贫工作。这些干部克服家庭生活等诸多困难，安心贫困地区工作，奉献在贫困山乡。工作细致，作风扎实，经常深入到贫困乡村，访贫问苦，现场督导，严格监管，以务实高效的作风和真心实意办实事的精神，赢得贫困山区干群的一致好评。挂职干部通过蹲点锻炼，积累了基层工作经验，接触和了解了农村基层情况，与基层群众建立了感情，增强了综合能力。

【基础设施建设扶贫】 7年间，新建乡村公路350公里、村组路900公里，硬化村级公路796公里，恢复水毁公路50公里，新修大桥2座、铁索桥和石拱桥29座，解决了19万人行路难问题。建设灌溉渠9万米，增加农田灌溉面积2100余亩，年增产粮食300吨，增加收入30万元以上。建设高标准沼气池8300口，并实现改栏、改厨、改厕三配套，改变了农村生活环境。完成扶贫搬迁195户，帮助800余名贫困群众告别了祖祖辈辈的“穷窝”。

【产业化扶贫】 在郧西，先后投入资金新建香料烟科技推广中心（省香料烟试验站）1个，建成香料烟高标准示范片1000亩，建设标准烟叶晾晒房2000座，兴建种羊场、种鹿场各1个，在郧西老区湖北口回族乡和关防乡的7个村投资1368.18万元，实施大型烟田、烟水、烟路配套项目建设。2008年，郧西烟叶面积已达2万余亩，预计农民和财政收入同比增长30%左右，有2245户1.1万人从中受益。在竹溪县，支持茶叶、魔芋、烤烟、中药材等特色产业基地建设，使该县特色产业基地面积达到40万亩，特色经济总收入达到13亿元，农民人均从中增收450元。

【教育扶贫】 后向希望小学捐赠图书2万余册、微机202台（套）、桌椅30套；援建中小学微机室、图书室各35个；为郧西县职业技术学校添置教学器材40余（台）套；累计资助贫困中、小学生6500余名，为村级组织赠订《农民日报》3600余份。

【医疗卫生扶贫】 2007年又投入资金1000万元，重点扶持2县县一中建设和18个乡镇卫生院门诊和住院部大楼改扩建工程，随着2县这一批教育卫生项目的完工投入使用，改善贫困山区孩子受教育的环境和百姓就医的条件。尤其是乡镇和村级卫生设备的配备，改变医院设备短缺的现状，提高诊断能力，提升了医务人员的业务水平，留住人才，减少患者往返于上级医院的路途奔波，从根本上解决农民“看病难、看病贵”的问题，改善了农村群众的就医条件，同时也为乡镇医院创造了经济效益，深受当地百姓的欢迎。

【抗灾救助扶贫】 郧西、竹溪自然条件恶劣，十年九灾，农民深受其害。每当灾情发生，我局总是及时地伸出援助之手，给予资金和物资支持，并动员干部职工捐献物资，帮助灾民渡过难关。几年来，共捐献救灾资金300余万元、大米50吨、棉被500件（床）、衣物10000余件。并于每年春节开展慰问贫困户活动，把党和政府的关怀送到群众心中。同时，烟草专卖局及所属部门的干部职工对2地近6000名贫困学生开展了“1+1”救助，受救助的大多数学生考取了大学，成了有用人才。

【重点贫困村认领帮扶】 2008年按照国务院扶贫办“三个确保”的统一要求，国家烟草专卖局积极行动，在郧西、竹溪2县认领6个重点贫困村（共12个），计划从2008年开始，每年实施4个村，扶持资金200万元，每村平均投入50万元，到2010年底完成整村推进任务。2008年已划拨资金200万元，整村推进工作已全面启动。

【定点扶贫工作措施】 为确保扶贫工作有组织、有领导、有步骤、有成效的开展，烟草专卖局自开展对口帮扶伊始，就成立了以副局长张保振为组长的扶贫开发领导小组，下设办公室，明确专职办公人员，全面负责定点对口扶贫工作的组织、协调和落实。坚持把对口扶贫工作摆在重要工作日程，落实责任、落实项目、落实资金，与单位其他工作同部署、同检查、同考核。坚持对口扶贫例会制度，国家局扶贫工作领导小组坚持每季度召开一次扶贫工作会议，听取办公室工作汇报，研究情况，明确工作措施，提出指导意见。局主要领导坚持每年听取被帮扶单位郧西、竹溪的工作汇报。

烟草专卖局坚决服从国务院扶贫开发领导小组的工作部署，每年坚持把对国家扶贫开发工作重点县投入的资金、项目的安排、产生的效果以及第二年的工作思路、计划安排加以总结，仔细核对相关数据及时向国务院扶贫办报告。

新阶段以来，烟草专卖局认真落实国务院扶贫开发领导小组的工作部署，开展对口帮扶工作，为郧西、竹溪人民的脱贫致富力所能及地办了实事，为推动2地经济社会发展做出一定贡献。

（国家烟草专卖局）

国家文物局定点扶贫

【概况】 1998年10月，按照国务院关于扶贫开发工作部署，国家文物局确定甘肃省秦安县为定点帮扶县。1998年10月至2005年12月，经过7年的艰苦努力，国家文物局在秦安县帮扶工作取得阶段性成果。在甘肃省扶贫办的协调下，自2006年1月起，国家文物局帮扶工作又拓展到甘肃省武山县。在国务院扶贫办和甘肃省扶贫办的指导和帮助下，发挥部门优势，多方位、多层次、多角度做好帮扶工作，取得了一定成效。

秦安县、武山县均位于甘肃省天水市北部，境内山壑纵横，气候干燥，资源贫瘠，十年九旱，经济发展缓慢，社会建设滞后，是国家重点扶贫县。特别是这2个县都位于古丝绸之路要塞，保存有珍贵的历史文化遗产。其中，秦安县现保存有大地湾遗址、兴国寺和秦安文庙3处全国重点文物保护单位，武山县保存有水帘洞、木梯寺石窟2处全国重点文物保护单位，都具有珍贵的历史、科学、艺术价值。由于年久失修，加之贫困地区文物保护经费投入不足，这些古建筑、古遗址、古石窟存在严重安全隐患，文物保护任务艰巨而繁重。在调研的基础上，国家文物局发挥部门优势，确定从保护抢救当地文化遗产资源入手，带动旅游业发展，并在各方面给予支持，促进秦安县、武山县经济发展和社会进步，帮助国家扶贫开发工作重点县实现脱贫致富的帮扶工作思路。

10年来，国家文物局共向2个帮扶县投入资金2300万元，用于文化遗产保护和基础设施建设，使文化遗产保护的成果惠及秦安、武山人民，为当地群众尽快走上富裕之路。

【定点扶贫工作措施】 自1998年以来，局党组把定点扶贫当做重点工作抓紧抓实。一是及时成立国家文物局扶贫工作领导小组，局党组书记、局长亲自任组长，局党组成员、各位副局长任副组长，机关相关司、室主要领导参加扶贫的组织领导，机关党委承担扶贫具体联络事项，确保扶贫工作顺利开展；二是把帮扶工作列入议事日程。局务会议每年都要听取帮扶工作汇报，研究帮扶工作具体安排，在工作上支持，在经费上倾斜；三是选派政治强、业务精、作风实、勇于吃苦的干部到秦安县、武山县挂职锻炼，但任副县长，支援地方工作。

原任国家文物局局长张文彬，现任国家文物局局长单霁翔，以及局党组全体成员都多次深入秦安、武山县考察调研，走乡串户，访贫问苦，了解当地经济社会发展情况，具体研究落实治穷致富项目，指导文物保护工作。

【兴国寺维修和博物馆建设工程项目】 兴国寺，位于秦安县城，创建于元至顺年间（1330—1332年），主体建筑般若殿保留明显的元代特征，为甘肃省现存最早的木构建筑之一，1996年国务院公布为全国重点文物保护单位。1999年9月至2001年元月，国家文物局投资220余万元对该寺进行了全面维修，并对周边环境进行了整治，再现了历史原貌。在维修兴国寺的同时，投资120万元，新建博物馆1座，为仿古建筑，占地1700平方米（合2.6亩），设有完善的展厅、文物库房。同时投资150万元，为兴国寺和博物馆配置了先进的安防设施和消防、避雷系统，确保文物安全。

【秦安历史文物精品展项目】 国家文物局投入45万元，推出“成纪八千年——秦安历史文物精品展”，展示了秦安出土和馆藏文物，传授文物知识和古代文化，激发人们爱秦安、爱家乡的热情，更好地投身到发展秦安、振兴秦安的建设中来，成为爱国主义教育基地。投资40万元，完善文物库房设施建设，并投资38万元用于征集文物和馆藏物修复项目。

【秦安博文希望小学项目援建】 秦安县兴国寺维修工程涉及原占有寺内建筑的秦安县兴国镇第四小学搬迁问题。国家文物局在局系统各单位筹资140万元，援建1所希望小学。该学校已于2001年竣工，建筑面积4382平方米，设有40个教室，命名为博文希望小学。国家文物局还资助5万元的图书、仪器和体育器材，改善了当地的办学条件。

【大地湾遗址保护和规划项目】 位于秦安县距今7800年的大地湾遗址，1988年被国务院公布为全国重点文物保护单位。国家文物局重视大地湾遗址保护工作，列为国家“十五”期间大遗址保护的重点项目，并拨付专款30万元，用于大地湾遗址综合保护规划的编制。《甘肃省秦安县大地湾遗址综合保护规划》已于2002年编制完成，大地湾史前遗址博物馆建设项目资金也已100万元。

【文庙大成殿维修工程】 大成殿是秦安县又一处创建年代早、保存年代长、保存状况较完整的木构建筑，其梁枋构件上的明代彩画十分精美而保存较完好，由于多年来缺乏维修，地基不均匀沉降导致梁架歪闪脱榫，衬砖风化掉落，部分彩画正在起甲、脱落，鸟类粪便污染较为严重，存在严重安全隐患。2003年，我局将秦安文庙大成殿维修工程定为重点帮扶项目之一，安排特批资金80万元，完成地基加固、梁架拨正、墙体砌筑及琉璃件定制等，使大成殿得到妥善的保护修复。

【堡子坪遗址考古发掘项目】 位于秦安县境内的堡子坪遗址位于属仰韶至齐家文化遗存。1965年在该遗址征集到玉钺、玉琮、玉璧、玉环等精美玉器10余件，以及仰韶至齐家文化的石刀、石斧、研磨器、制罐工具、陶罐、钵、鬲等文物20余件。我局批准堡子坪遗址的发掘报告，支持经费10万元，协调安排甘肃省文物局组织发掘抢救。

【秦安县文博信息化建设项目】 国家文物局拨付10万元，帮助秦安县启动了文博信息化建设工程。对476件三级以上馆藏珍贵文物建立了藏品档案，并完成了三级以上珍贵文物数据、影像等个性资料的电脑录入工作，使县博物馆的文物管理向信息化、科学化迈进。

【秦安县城规划修编工作】 2003年，

国家文物局邀请中国城市规划设计院专家到秦安考察，编制了《秦安县城市总体规划》。《规划》提出位于陇西黄土高原区的秦安县城将发展成为以商贸、旅游业为特色，工业发达的中等城市，城市综合服务功能将进一步完善，县城的承载力、吸引力、辐射力和带动力提升，最终实现撤县设市的目标。同时，针对秦安县饮水资源较差情况，国家文物局投资100万元，支持该县勘探寻找新水源，解决居民用水问题。

【全国重点文物保护】 单位水帘洞石窟、木梯寺石窟和省保单位官寺维修保护、博物馆建设项目。位于武山县的水帘洞石窟群和木梯寺石窟，始凿于北朝时期，唐、五代、宋、金、元和清代历有修绘，现保存有大量的塑像、浮雕、悬塑和壁画等。其延续时间长（约1500年），内容丰富复杂，是研究我国古代宗教信仰、文化艺术、生活状况的珍贵资料。目前水帘洞的维修保护规划通过了专家论证，维修保护工作全面展开。木梯寺已经完成地质调查和实地测绘，进入维修保护规划制作阶段。省级文物保护单位官寺的维修保护规划及方案、图纸以及县博物馆的建设方案及图纸已经完成，现正在进行专家论证。武山县扶贫的文物保护项目资金到2008年已落实300万元。后续经费将随工程进展逐步到位。

【武山县文博希望小学项目实施】 2006年国家文物局拨款30万元援建甘肃武山温泉乡棋盘小学。2007年4月开工，当年7月竣工。“棋盘文博希望小学”教学楼为二层，四间教室及辅助用房共400平方米，解决了5个自然村200多小学生就学问题。

【干部挂职扶贫】 国家文物局发挥帮扶县培养锻炼干部基地作用。10年来，国家文物局选派3名青年干部到秦安县、武山县挂职锻炼，担任副县长。这些干部深入基层挂职，加深了对党的路线方针政策认识和理解，增长了基层工作经验，在艰苦环境下锻炼成长，思想政治、工作本领上取得进步。其中2人已经回到机关，成为中层领导干部。

【扶贫调研】 国家文物局发挥帮扶县思想政治教育基地作用。10年来，国家文物局先后组织干部和直属单位职工180余人次到帮扶县考察调研。特别是组织党务干部、青年干部深入到贫困乡村，参加农业生产劳动，住村民家，吃农家饭，访贫问苦，面对贫困家庭孩子们充满期待的目光，情不自禁的留下眼泪，纷纷解囊资助。大家在社会实践中了解国情，体察民情，在实践中加深对党的基本路线的理解，培养艰苦奋斗的作风。许多青年干部感到在那里学习到劳动人民优秀品质和高尚情怀，补上思想政治教育生动的一课。

【“送温暖、献爱心”活动】 国家文物局发挥帮扶县联系基层群众基地的作用。10年来，局机关和各直属单位组织党员干部职工不间断地开展“送温暖、献爱心”活动，向帮扶县捐助大量衣被、图书、文具、办公设施、教学用品、照相器材，计算机设备、汽车等。2006年机关党委、团委组织向武山县两所贫困山区学校捐赠了价值4万元图书、课堂桌椅等。2007年“三·八”妇女节，局直属机关妇委会组织机关和直属单位向武山县贫困山区妇女、儿童捐赠衣物、文具、玩具，以及28台电脑、打印机等办公设备。

（国家文物局）

国务院三峡工程建设委员会办公室定点扶贫

【概况】 按照国务院的统一安排部署，国务院三峡工程建设委员会办公室（以下简称“三峡办”）定点扶贫地区为重庆市万州区。重庆市万州区地处三峡库区腹地，属全国贫困地区。该区是三峡库区移民最多的区县，搬迁安置移民25万人，占整个三峡库区移民的五分之一，淹没涉及25个乡镇，13个集镇，370家企业（其中242家关闭破产，4万多名职工下岗）。多年来，在国务院扶贫开发领导小组的指导下，三峡办党组对扶贫工作一直非常重视，结合三峡办业务工作，贯彻落实科学发展观，构建和谐新库区，加快贫困地区发展，开展扶贫，取得了明显成效。

2002年以来，三峡办先后投入重庆市万州区扶贫资金3370多万元，同时直接引入对口支援资金达1.32亿元，直接惠及人口11.3万多人，改善了当地生产、生活条件，增强了人们脱贫致富的信心。

【扶贫调研】 三峡办党组重视对定点扶贫点的调研工作，为了掌握万州区整个贫困面的情况，负责扶贫工作的办领导每年至少有4次到扶贫点开展调研，各有关司局主要负责人每年到扶贫点调研也不少于4次；在万州区挂职的干部，在挂职期间，经常深入基层了解情况，到万州区偏远的贫困乡镇和企业走访座谈，每年要写出“重庆万州区扶贫工作情况调研报告”。为了解决面上的贫困问题，调研中，把了解情况、研究解困脱贫路子与引进项目和技术相结合，帮助贫困乡镇引进和对接了适合当地发展的种植养殖产业项目，包括高山区种植、反季节蔬菜，养殖白鹅、蛋鸡、獭兔、肉牛等；同时对涉及三峡库区淹没的乡镇、企业，积极帮助申报了移民后期扶持项目，对特困移民和移民学生分别实施了生活救助和入学救助，给予救助款达2800多万元，推进了整个面上的扶贫工作。

【干部挂职扶贫】 为了使定点工作落到实处，国务院三峡办党组坚持每年派1名司局级干部到扶贫点重庆市万州区挂职，2008年还选派年轻的处级干部到重庆市开县挂职锻炼，协助分管具体抓工作的落实。2002年以来共派出6名司局干部和1名处级干部到扶贫点挂职，并担任区县副职领导，做到了挂职干部一任接一任，时间上一环扣一环，工作上一项接一项，始终保持了连续性、不断线。这些年来，挂职的干部工作都比较勤奋、扎实，扶贫成效明显，分别都被重庆市评选为定点扶贫先进个人。

【教育扶贫】 2002年三峡办筹资200万元援建万州燕山学校和万州大北学校，

同时，救济赞助了138个贫困学生三年学习。2004年又筹资540多万元援建万州岩口复兴学校，在完成硬件建设的同时，2005年还注重加强学校的软件建设，帮助编制学校5年教学规划和年度教学计划，进一步理顺了教学管理机制、师资队伍，加强了对学校的领导，疏通了与重庆市部分重点中小学进行教学交流的渠道。三峡办全体职工还为学校捐献了各种图书5660册和630盘音像带以及10多台微机电脑。在重庆市教委和万州区教委的配合下，2005年底，学校园区硬件建设已经全部竣工验收，软件建设也顺利完成，各项教学工作已走上正轨，步入良性循环发展期，学校面貌和教学质量已名列万州区同类学校前茅，已成为万州区教、科、农一体化教学示范点和思想教育示范基地，农业科技培训示范基；过去生源不足、学生外流、环境恶劣、老师外调的状况得到根本改变，许多外流的学生又返校学习，教师的稳定和奋进，整个学校呈现出一片生机。

【整村推进脱贫帮扶】 2004年，在基本完成万州区岩口复兴学校基建工程的同时，三峡办又选择了2个贫困村（万州区新田镇五溪村、高梁镇茨坪村）进行整村推进脱贫帮扶，分别编制了2个村的扶贫实施规划，明确了以基础设施建设为重点，改善生活环境，找准产业扶持路子，切实增加贫困农村收入的思路，并决定从三峡库区生态环保经费中挤出200万元分别对2个村基础设施建设进行扶持（每个村100万元），还发动三峡办全体职工（160人）为2个村贫困户捐献了衣服、被子2300件。

【产业化扶贫】 2004年，同时推进了2个村的产业扶持工程，将重庆市三牧集团、汇源果汁集团、申一畜禽公司分别引进2个贫困村，实施了公司加农户的一条龙帮扶，特别是对2个村的贫困家庭进行分户帮扶，根据每个贫困户的实际，分别确定了养殖（养猪、养羊、养鹅、养鸭）、种植（优质果树、反季节蔬菜、药材）等项目，把项目落实到了每户。

【基础设施建设扶贫】 经过近一年的努力奋斗，2个村基础设施工程建设已基本完成。解决了2800人的出行和饮水等困难。2006年，三峡办在万州区又选定了太龙镇栏木村、武陵镇禹安村2个贫困村，投入资金200万元（每村100万元），重点开展人畜饮水项目建设，解决了6000多人、7000多牲畜的饮水问题。两村农户像城里的市民一样喝上了干净、卫生、安全的自来水。2008年又在万州区选择了2个移民贫困村，进行脱贫致富的帮扶工作。自2004年以来，三峡办共帮扶6个贫困村，都达到了整村脱贫的要求，有的已进入了富裕村。2005年初，开始分别推进2个村的道路工程和人畜饮水工程建设（共4个项目）。

【对口支援和招商引资】 扶贫开发立足于贫困点和面上的自力更生这是脱贫致富的基础，但还需要拓展思路、寻求外援，发挥本地资源优势，利用外地人才、项目、技术和资金优势，调整和优化本地产业产品结构，这是开发式扶贫的一条重要途径。2002年以来，三峡办利用全国对口支援三峡库区移民工作的优势积极协调沿海比较发达的省市和地区，给予万州区的扶持，使万州区在资金、技术、人才、项目和交通、文化事业、学校、企业、科技等基础设施建设方面有了明显的改善。通过三峡办和科技部组织的“科技三峡行”和“光彩事业三峡行”等活动，为万州达成了一批科技合作项目；同时，通过组团到上海、天津、福建、宁波、南京、厦门等对口支援省市，争取了大量的对口支援。在万州区行政体制调整后（撤销归并了下属的3个正县级移民开发区），三峡办及时出函，并跟踪帮助衔接和加强移民对口支援工作，分别与原对口支援万州3个县级移民开发区的6个省市进行了对口支援工作对接，将原来对口支援业务统一归顺到了万州区。在此基础上，我们还多次邀请和组织支援方以及一些有发展实力的企业家到万州实地考察，进行了对口支援项目洽谈，连续6年协助重庆市万州区举办了“三峡库区（重庆）对口支援暨经贸洽谈会”，宣扬了万州形象，推动了万州区的对口支援和招商引资工作，促进了项目达成意向。据统计，几年来，共有4万多人次参加万州洽谈会，与万州区签约比较大的投资项目达660多个，有效地吸纳和解决了万州下岗职工。

【定点扶贫工作措施】 国务院三峡办从2002年在万州区开展定点扶贫工作以来，三任党组书记、主任（郭树言、蒲海清和汪啸风）都亲自多次主持召开扶贫工作会议，专题研究扶贫工作。办党组站在立党为公、执政为民、关心群众疾苦、建立和谐新库区的高度，重视三峡库区定点扶贫工作，做到“四纳入”：即纳入单位的重要议事日程统一研究、纳入全年工作统一安排、纳入单位全年综合目标统一考核、纳入党政领导政绩考核的重要内容。

为切实抓好这项工作，成立三峡办扶贫领导小组，组长由办党组副书记、副主任卢纯担任，相关司局负责人为成员，安排专人抓好定点扶贫工作，都明确了每年的定点扶贫工作的任务目标、工作措施及要求。每年根据办扶贫小组组成工作变化情况，及时进行调整和补充，确保定点扶贫工作的顺利进行。

同时，三峡办党组还注意以万州为重点，在开展业务工作的同时加强扶贫工作。因为万州区既是全国的贫困地区，也是三峡库区的移民大区，为此，三峡办领导在检查、调研、扶持万州区的移民工程、对口支援、工矿企业和城镇搬迁以及结构调整、后期扶持等工作时，也注意把扶贫工作结合起来进行检查和帮扶。

每年在定点扶贫的干部都要给办扶贫领导小组及时写出工作总结报告和调研报告，并为做好扶贫工作提出合理化建议，总结定点扶贫工作经验，完善政策措施，创新扶贫机制。在此基础上，办扶贫领导小组坚持每年向国务院扶贫办报送总结报告。总之，在定点扶贫工作中，三峡办坚持了年年有计划，年年有检查、有总结，达到了年年有进步，促进了万州区经济社会的发展，整个扶贫工作受到了重庆市和万州区党政领导以及人民群众的赞誉。

（国务院三峡工程建设委员会办公室）

国家开发银行股份有限公司定点扶贫

【概况】 2002年以来，国家开发银行股份有限公司（以下简称“开发银行”）在国务院扶贫开发领导小组指导下，认真贯彻中央国家机关定点扶贫工作精神，以“增强国力，改善民生”为宗旨，在行党委的直接领导下，做好安徽舒城县、裕安区、广西平果、都安、隆安、天等、龙州等7个定点县的扶贫工作，为定点扶贫县办实事，累计投入各类扶贫捐赠资金5500万元，信贷资金68800万元，完成了国务院扶贫开发领导小组赋予的定点扶贫任务。

对开行的扶贫工作取得的成果，国务院扶贫办给予了支持和肯定，推荐开发银行在2006年中央国家机关定点扶贫经验交流会上代表金融系统做典型发言。地方政府也给予了很高的评价，广西分行每年都被评为广西扶贫工作先进单位和支教先进单位，安徽舒城县县委、县政府主要负责人多次在各类会议上、各种访谈中详细宣介开行的扶贫工作，提高了开发银行的影响力。

【定点扶贫工作措施】 开行党委从讲政治、讲战略的全局高度，切实把定点扶贫工作摆到重要的议事日程，以开发性金融为指导，积极创新扶贫思路。一是坚持领导负责制。定点扶贫工作由陈元行长亲自负责，由主管副行长主抓，形成了行党委成员议事、相关业务局参与、财会局统筹、安徽和广西分行具体负责的工作机制；二是坚持指导和沟通制。陈元行长多次提出“增加助学” “劳动力培训转移”和“市场建设助推产业发展”的要求。行领导及有关负责人每年均赴定点扶贫县开展调研考察活动，实地听取群众扶贫需求和具体脱贫经验。同时通过不定期召开扶贫工作座谈会、助学专项座谈会形式，了解项目实施成效；三是创新思路，坚持做好扶贫规划。开行每年均制定明确的定点扶贫工作思路，按照三个确保原则确定重点贫困村的滚动帮扶计划，特别是2006年制定了《十一五期间定点扶贫规划》，进一步总结并明确开行定点扶贫要将捐赠扶贫与信贷扶贫有效结合，以新农村整村推进、智力扶贫和产业扶贫为重点开展；四是坚持派驻挂职交流干部。2002年来，开发银行在人员紧张的情况下，安排干部20人次到扶贫县交流挂职副县长、县长助理、扶贫办副主任等职务。挂职交流干部在地方深入基层调研，提出了诸多建设性意见，在地方城市建设、县域经济发展、融资等方面起到了推动作用，得到当地政府领导和群众的好评。

【农村基础设施扶贫】 统筹城乡发展需要优化公共资源配置，使公共服务向基层和农村倾斜，向困难群众倾斜，解决公共层面的生活问题。开发银行按照整村推进扶贫攻坚规划，集中捐赠资金解决贫困村的通水、通电、通路以及小学校舍基本建设问题。2002 年来共安排捐助资金 3800 余万元，支持 7 个定点扶贫县 20 个乡村建设 89 个基础和教育设施、饮水、搬迁工程，其中 53 个项目已经完工，改善了重点贫困村基础设施条件，解决了农村 2 万多人的饮水困难、7 万多人的行路难问题，同时，按照新农村建设可持续发展要求，注重环境保护，保护耕地 1 万亩。开行的扶贫工作在基层贫困群众中产生很大影响。

【智力帮扶项目资金投入】 2002 年来，开发银行以助学、培训就业、困难帮扶为重点，累计投入资金 995 万元，深化了助学及奖学金、劳务输出就业培训等项目，使扶贫与扶智很好地结合起来，解决了扶贫县最为贫困家庭子女上学及增收的难题，取得良好的社会效益。

【教育扶贫】 1. 在安徽省六安市实施“国家开发银行高中生助学金”项目。该项目意在弥补九年制义务教育与大学阶段助学贷款之间的经济空档，为品学兼优但家境贫困的学生提供成才的经济基础。2004—2008 年开发银行滚动捐资 360 万元，资助舒城县、裕安区 2200 名优秀贫困高中学生。2008 年已经有 230 名考上了各类大学，100 多名毕业生实现了就业。

2. 在广西隆安县实施“国家开发银行奖学金”项目。2004—2006 年开发银行出资 69 万元对 1560 名品学兼优的全日制中学生进行奖励，每年为贫困大学生开展春节送温暖活动，持续的温情资助投入解决了优秀贫困学生成长的后顾之忧，在当地政府和社会产生了影响。

3. 与中国扶贫基金会合作开展新长城项目助学活动。提供资金 70 万元，在安徽财大、安徽大学、广西大学、广西民族学院等 7 所大学设立新长城贫困大学生助学金，对来自开发银行 7 个扶贫县符合条件的 100 名贫困大学生实行优先资助，缓解了大学生的学习和生活压力。

【劳务输出定向培训】 该项目以实现“无风险”就业为突破口，调动各方资源，将职业教育、用人需求与定点扶贫任务结合起来，形成了开发银行出资、学校培训、单位用人、政府组织协调 4 方共建的“一条龙”帮扶体系，解决了劳务输出培训后无处就业问题。2004、2005 开行连续 2 年在 4 个定点扶贫县实施了该扶贫项目，共招生 500 余名学生到北京远大职业高中参加无偿就业培训，结业后定向分配到北京金源福成餐饮管理公司、北京权金城企业集团就业，试用期结束后每月最低收入近 1000 元，2008 年最高的已经超过 3000 元，带动了贫困家庭解决生活来源问题，使 3 口之家基本达到小康水平。

【“献爱心、送温暖”活动】 开发银行还针对扶贫县的弱势群体开展直接帮扶，一是每年春节对五保户、孤寡老人开展送温暖活动，2002 年来共资助 1200 人次；二是与中国残疾人基金会合作开展“爱心永恒、启明行动”，利用基金会成熟的救治模式，提供合作资金 264.5 万元，由基金会组织对 7 个定点扶贫县的 2645 名贫困白内障患者陆续实施了免费手术。

【信贷资金支持扶贫】 经济发展水平是社会主义新农村建设的重要基础，开发银行认为，要提高扶贫县的经济发展水平，必须加大农村基础设施建设，培育壮大一批成长性好、带动力强的农业产业化龙头企业，为统筹城乡发展提供经济支撑，而捐赠资金毕竟有限，必须运用大额信贷资金方式予以解决。为此，开行运用开发性金融方法，通过与国家扶贫开发工作重点县建立合作机制、发放开发性金融贷款、贷款增信、降息等措施，重点对贫困地区城市建设和产业龙头发展给予信贷支持，2002 年来累计发放信贷资金 68800 万元，促进了县域经济发展。主要措施：

1. 支持国家扶贫开发工作重点县研究融资发展规划。支持新农村建设和县域经济，作为我行战略性业务转型的工作重点之一，开发银行与 7 个定点扶贫县相继建立起合作机构，以开发性金融方法支持其研究和制定融资规划，从而集中资金重点开展优势农业资源开发和利用的计划性和针对性。

2. 支持贫困地区城市基础设施建设。发放贷款 5 亿元，重点支持六安市环城路、二水厂、舒城县经济开发区、平果县环城路建设。在基础设施建设上的投入改善了扶贫县市区交通、卫生和居住环境，提高了扶贫县人民群众的生活质量，对于吸引外来投资，带动贫困地区的经济发展起到关键作用。

3. 支持产业龙头、特色农业等中小企业发展。构造“公司 + 基地 + 农户”模式，发放贷款 1.8 亿元，重点支持广西龙州、隆安南华糖业蔗区新品种改良项目、隆安县金穗农工贸种植基地、龙州县红色旅游项目，以及安徽省华银茶油有限公司茶油深加工产业化、安徽源牌实业（集团）有限责任公司 300 吨绢纺及原料基地建设项目，安徽龙华竹业有限公司年产 10000 套高档出口全竹家具项目、六安市星星轻纺制品有限公司家用纺织系列精品生产线项目，安徽华园乳业有限责任公司年产万吨液态奶项目，皖西羽绒厂年饲养 10 万只皖西白鹅养殖基地项目。据统计，以上项目受益群众超过 5 万人，为贫困人口新增数万个就业岗位，目前各企业经营情况良好，取得了良好的经济效益和社会效益。

这种以开发银行信贷为杠杆，促进县域经济和农户结合的扶贫形式，对定点扶贫县的投融资体制建设和经济发展发挥了推动和引导作用。其意义在于：一是使对扶贫地区的支持方式，由初级的捐赠性扶贫向开发性金融扶贫转化；二是以资金和信用建设为杠杆，通过对农村地区城镇基础设施的完善起到吸引其他社会资金进入的作用，推动国家扶贫开发工作重点县“脱贫造血”；三是保证了开发银行信贷资金的安全，截至 2008 年，开发银行已发放贷款均能正常还本付息。

【扶贫资金管理】 开行从实际情况出发，注重加强定点扶贫捐赠资金管理。主要管理方法是：一是严格程序，落实责任，落实项目实施条件。扶贫项目实施前，要求扶贫办必须办理项目设计、招标以及建设审批等相关手续；二是扶贫项目实施严格按照“四制”的要求，建立项目法人责任制、招标投标制、工程监理制、合同管理制；三是所有项目建设单位都必须建立开行扶贫资金专户，实行专款专用，封闭运行；四是。严格执行项目检查和验收制度，对项目建设、资金使用、扶贫效益等情况进行全面验收。

（国家开发银行股份有限公司）

中国进出口银行定点扶贫

【概况】 中国进出口银行（以下简称“进出口银行”）于1994年成立之初参与定点扶贫工作，负责定点帮扶甘肃省岷县，参与定点扶贫工作以来，行党委认真贯彻党中央、国务院关于扶贫工作的各项政策要求，用真情扶真贫，与相关部门共同致力于岷县脱贫致富，促进岷县经济持续、快速、健康发展和社会全面进步。

多年来，进出口银行先后派出调研组和工作组170多人次，其中行领导和总经理级干部达60多人次；有29人到岷县蹲点扶贫，有5名处级干部挂职扶贫；先后向岷县投放贷款累计8000多万元，帮助岷县企业引进资金累计4000多万元；为捐赠助学、招商引资、科技扶贫、劳务扶贫、赈灾济困等无偿投入资金累计240多万元，捐赠汽车3辆，电脑200余台，办公桌椅50套，棉衣棉被和衣服4000多件（床）；帮助建小学3所，救助困难学生450多名。在文化扶贫、劳务扶贫、健康医疗扶贫等方面做了大量工作。

【金融合作帮扶】 为贯彻落实党中央、国务院关于社会主义新农村建设的重大战略决策，进出口银行利用自身优势与国务院扶贫办签署合作协议，就支持促进贫困地区脱贫致富、建设社会主义新农村进行长期金融合作，通过进出口政策性金融支持，提高扶贫龙头企业在国际市场的竞争力，从而增强对贫困地区贫困农户的带动力，帮助和扶持贫困农户增收，促进贫困地区发展。为取得支持新农村建设的经验，把岷县作为试点单位，深入研究岷县的金融环境，按照《中国银行业监督管理委员会关于印发〈村镇银行管理暂行规定〉的通知》精神和进出口银行党委的有关决定，为岷县开办村镇银行提供支持。2008年2月中旬，国家主席胡锦涛在定西市慰问时提出扶持定西市有关特色产业的要求。为贯彻落实胡主席的指示，进出口银行将开发型扶贫的工作思路及时与国务院扶贫办进行沟通，得到了国务院扶贫办的认可。3月上旬，派人参加了国务院扶贫办的调研组，对扶持定西市特色产业进行了考察，并向国务院扶贫办提出了进出口银行的意见和建议。

【定点扶贫工作措施】 多年来，进出口银行专门成立了由1位副行长为组长、有关部门领导参加的扶贫工作领导小组，并设立扶贫办公室，每年定期主持召开扶贫工作会议，研究议定帮扶的具体措施和事项。扶贫办以高度的事业心和责任感，抓好各项具体工作的落实。全行员工以高度的政治热情积极参与扶贫工作。形成党委重视、分管领导主抓、扶贫办牵头协调、有关部门配合和员工热心参与的良好氛围。在帮扶过程中，重视结合岷县实际，理清工作思路，务求工作实效。

2001 年至 2006 年根据岷县已整体上基本解决温饱的状况，及时调整工作思路，逐步转向科技扶贫、产业扶贫、劳务扶贫和医疗扶贫等方面。2007 年以来，进出口银行在对岷县经济状况进行深入调查研究后，提出今后一段时间开展开发型扶贫工作的思路，制定了《中国进出口银行与岷县对口扶贫工作规划（2007—2009 年）》，提出“明确一个思路，实现双方共赢，做好三个结合，支持四项产业，确保五方满意”的扶贫工作指导意见。“一个思路”是指充分发挥我行的职能作用，从支持县域外向型特色经济着手，带动县域经济发展壮大，带动农民勤劳致富；“双方共赢”是指通过开发型扶贫，不仅帮助岷县发展，同时在帮扶过程中促进进出口银行自身业务发展和队伍建设，实现共赢；“三个结合”是指把进出口银行的特色金融业务与岷县的特色产业以及岷县的特色经济区域建设相结合；“支持四项产业”是指支持当归出口以及提取当归有效成分等产业的发展，支持特色农副产品加工业的发展，支持中药材和草畜产业的发展，支持大型商业企业和现代流通业的发展；“五方满意”是农民满意、龙头企业满意、岷县政府满意、进出口银行满意和国务院扶贫办满意。

【产业化扶贫】 一是以发展种植养殖和加工业为主，坚持贷款扶贫到村到户。进出口银行先后投入资金 400 多万元，扶持中药材专项收购，使当地 550 户农民通过参与收购加工当归实现了脱贫；投资 600 多万元，扶持了 17 个乡镇、81 个村、3500 多户农民组建了畜牧联营体 230 多个，使 88% 的项目户走上以牧脱贫的路子；投放种植红、黄芪贷款 520 万元，滚动扶持了 3000 多户贫困户脱贫；二是提供流动资金支持农业生产。先后 7 次为岷县提供农资调供短期流动资金 5500 多万元，及时调购各类化肥、农膜和农药，支持了农业生产。

【救灾扶贫】 2002 年，岷县发生特大暴洪灾害，进出口银行捐赠救灾款 20 多万元，救灾车 1 辆，棉衣棉被 1200 多件（床），帮助灾区群众解决生产生活困难；2003 年岷县发生地震灾害，我行捐款 10 万元帮助抗震救灾；2005 年以来先后对因天灾人祸无力偿还进出口银行贷款的农户进行调研，核销扶贫贷款 400 多万元，解除特困户的经济压力；2008 年受四川汶川地震影响，岷县部分地区受灾，进出口银行捐助 20 万元帮扶岷县抗震救灾。2002 年以来，进出口银行每年春节专门派出慰问组赴岷县开展送温暖活动，共走访慰问了 6 个乡镇的伤残复转军人、下岗职工、孤寡老人等 300 余户特困群众，发放慰问金共计 18 万元。

【招商引资】 围绕岷县资源优势和六大产业开发，先后在各类媒体对岷县进行宣传。投资近 10 万元，支持和帮助岷县招商局建立了岷县招商网，印制岷县招商指南 6000 多册，同时在我行网站上开设了扶贫园地、岷县之窗等专栏。派挂职干部带队走出去为岷县招商引资作宣传。利用进出口银行客户优势，组织相关企业赴岷县洽谈项目。2002 年，进出口银行帮助岷县淀粉加工企业引进世界银行贷款 2500 万元，支持了岷县龙头企业的发展。积极与有关单位联系，推动当归规范化种植 GAP 合作项目和红三叶提取异黄酮项目、红三叶原产地认证工作的落实。进出口银行先后无偿投入资金40万元，帮助岷县建立和完善中药材科技园区，成立了岷县中药材基地规范化种植有限公司，并帮助该公司与中科院、甘肃中医药学院等科研单位合作，做好当归规范化种植GAP项目的开发研究。同时在地、县领导的支持下，积极向中国特产委员会申报批准了岷县为“中国当归之乡”的称号；向国家经贸委申报批准了中药材园区种苗基地项目，国家向岷县拨款60万元予以支持；还与甘肃省进出口检验检疫协会联系，使“岷归”商标顺利通过原产地标志认证，为岷县6家企业申报了当归原产地标志商标。

2008年以来，帮助岷县申请国家级农业项目综合开发示范县的资格。已筹划向岷县康达公司超临界提取当归有效成份高技术产业化示范建设项目提供6000万元贷款，重点扶持岷县的特色产业，以支持岷县的外向型经济和特色产业为抓手，增加岷县财政收入、使农民得到实惠、实现强县富民目标。

【教育扶贫】 一是帮助引进现代化的教学资源。2003年，进出口银行扶贫办在得知清华大学继续教育学院将向贫困地区开放远程教育资源、开展教育扶贫工作的信息后，与清华大学联系在岷县建立远程教育站，多次到清华大学进行沟通，得到清华大学的支持，无偿提供近4万元的设备运往岷县，岷县成为清华大学在甘肃省开设的第一个远程教育站点。几年来，岷县利用先进的教育资源，连续培训干部、教师多期，收到良好成效；二是认真做好捐资助学工作，帮助贫困小学解决校舍问题和失学问题。我行先后投资帮助岷县南川小学新建一幢教学楼，帮助大沙漠小学新建5栋教室，联系帮助王家沟小学重建学校；连续多年组织全行员工捐款帮助贫困中小学生450多名，资助贫困大学生10名；每年都向有关学校捐赠电脑、校服、书包、文具、图书等物品。

【干部培训扶贫】 为了帮助岷县干部开阔视野，更新观念，先后两次组织岷县的县、乡领导分赴山东、江苏等地参观学习；岷县分别选派了6名干部到进出口银行南京分行、西安代表处、上海分行、浙江省分行挂职培训半年，并有针对性地推进招商引资和劳务扶贫工作。

【医疗卫生扶贫】 为了帮助解决农民看病难、看病贵的问题，开展医疗健康扶贫。进出口银行共捐助20万元建立2所医疗卫生站。

【劳务输出管理】 为岷县劳务输出牵线搭桥。经进出口银行联系协调，岷县先后与北京温都水城、北京央务阳光家政服务公司、北京西城区保安公司、北京新侨饭店管理公司与县职业技术教育中心建立了长期合作关系，确保岷县不间断地向北京输出保姆、保安、保洁等劳务人员。

（中国进出口银行）

中国工商银行股份有限公司定点扶贫

【概况】 2002年以来，中国工商银行股份有限公司（以下简称“工商银行”）认真贯彻落实党中央、国务院关于加强扶贫工作的战略部署，以及国务院扶贫办的具体要求，认真履行社会责任，围绕定点扶贫县（市）发展战略规划，探索和实施“项目扶贫、教育扶贫、卫生扶贫、科技扶贫、救灾扶贫”相结合的扶贫开发工作新路子，共向定点扶贫地区四川省巴中市通江县、南江县和达州市所辖万源市派驻扶贫干部21名，提供无偿扶贫资金1600余万元，捐物折款800余万元，取得明显成效。国务院总理温家宝对此曾给予肯定，亲笔批示“巴中确实是全国扶贫攻坚的一个典型，一个成功的典型，巴中所创造的经验，对全国扶贫攻坚工作都具有示范意义”。

【定点扶贫工作措施】 工商银行党委对扶贫工作高度重视，将其列入重要议事日程，切实加强领导，落实工作责任，不断采取措施统一全行思想，为扶贫工作提供了强有力的组织保证。同时，我行还成立了扶贫工作领导小组，具体负责扶贫工作的组织协调和扶贫规划的制定落实等工作。各部门履行工作职能，落实工作制度，形成了组织有力、职责明确、制度完善的扶贫开发工作机制。为进一步拓宽扶贫工作思路，找准富县（市）与兴行的结合点，我行领导多次会见扶贫地区党、政负责人和扶贫干部，听取一线挂职干部的意见建议，并多次对全行扶贫开发工作提出明确的要求；公司业务、信贷管理、个人金融、电子银行、财务会计、信息科技、银行卡等部门探索银行业务与农村扶贫开发工作的结合点，为基层行培育新的效益增长点，为贫困地区群众提供适用性强的新产品、新服务；四川当地分支机构则发挥自身优势，把支持地方经济与发展自身业务有机结合起来，在支持当地经济社会协调发展的过程中，不断提高自身发展能力。

【干部挂职扶贫】 2002年以来，工商银行每年都选派3名业务技能精、政治素质好、敬业精神强的副处级以上干部到定点扶贫地区挂职工作。在扶贫干部派出前，总行都要统一组织培训，讲授党和国家扶贫开发工作的方针政策，请上届扶贫干部介绍扶贫工作经验和扶贫地区实际情况，强调扶贫纪律，研究当年扶贫工作重点和方式方法。在工商银行党委及地方党委政府的领导下，挂职扶贫干部勤奋敬业、扎实工作，从金融支持、教育扶贫、卫生扶贫等方面着手，为当地办实事、办好事，并发挥自身优势，牵线搭桥，促进了各项扶贫措施的落实，解决了部分贫困人口的生活困难，提高了当地的教育水平，改善了部分乡镇的卫生状况，带动了重点农业产业化项目的发展，增强了贫困地区的自我发展能力，促进了老区人民观念的转变，得到当地政府和群众的认可，树立了扶贫干部的良好形象。

【扶贫调研】 在做好扶贫协调组织工作的同时，为及时和准确掌握定点扶贫地区实际情况，工商银行扶贫工作领导小组有关负责人每年都到定点扶贫地区调研考察，与当地政府领导、村干部、村民等进行深入座谈，了解他们的需求和对工商银行扶贫工作的建议；实地察看当地农民生活状况，调查我行扶贫工作的效果，谋划下一阶段扶贫工作思路和措施。各级行定期到当地政府了解扶贫工作进展情况，每遇节假日开展各种形式的慰问活动，并及时向扶贫干部通报有关工作情况，征求扶贫干部的意见，帮助解决后顾之忧，提高了扶贫工作的效率和质量。同时坚持每年对扶贫工作进行全面总结，及时将扶贫工作开展情况报送国务院扶贫办。通过调查研究和经验总结，工商银行逐步形成了“四级联动、内外结合、注重实效、长短结合”的扶贫工作思路，促进了当地经济发展和社会进步。

【教育扶贫】 本着“治贫先治愚，扶贫先扶智”的原则，工商银行先后捐款800余万元在定点扶贫地区开展了一系列扶贫助教活动。一是2004年以来，工商银行在定点扶贫地区连续举办四届“中国工商银行优秀山村教师评选活动”和“中国工商银行优秀贫困大学生助学行动”，每年分别选择60～100名扎根山区教育工作的优秀乡村教师和品学兼优但家庭经济条件特别困难的新入学大学生，分别资助1000元/人、5000元/人。截至2008年，共资助优秀山村教师和贫困大学生各340名，资助金额达200余万元，解决了贫困大学生的实际困难，弘扬了山村教师扎根农村、辛勤耕耘、无私奉献的精神，受到了地方政府和群众的好评；二是帮助通江、南江2县4所希望小学开通了多媒体远程网络教学，向2个县捐赠电脑1000台、学生用床600张，捐赠图书2万册、学习用具3万件，价值近600万元，支持当地教育部门完善了学校教育设施。

【科技扶贫】 一是经常组织各方面的专家到定点扶贫地区开展科技咨询，讲授科技知识，对农民工进行技术培训；二是2006年以来，为提高农户养殖水平，工商银行累计向国际小母牛组织捐资200万元港币，指定用于定点帮扶地区开展家庭养殖项目。国际小母牛组织负责开展技术培训，走访农户并给予现场指导。从推行到现在，该项目使当地人居环境和畜禽饲养环境得到改善，科学饲养管理畜禽的能力得到提高。同时，提高参与项目的农户收入，培养了一批农村干部队伍和致富带头人，在解决“三农问题”上发挥了示范作用。

【医疗卫生扶贫】 一是工商银行先后募集扶贫资金420余万元，资助通江、南江两县6个镇建设标准化的乡镇卫生院，援建万源市白杨乡泉溪坝村、青花镇窝窝店村、太平镇坪长村、新店乡十里坪村等8个“博爱卫生站”，改善了当地农民的就医条件，使10多万农民群众受益；二是工商银行向定点扶贫地区捐赠各类医疗器械和药品共计约200万元，帮助改善了当地医疗设备的落后状况，缓解了老百姓就医难的问题；三是与中国残疾人福利基金会合作发起了“中国工商银行光明行”活动，捐资170万元，资助定点扶贫地区1700名贫困白内障患者实施复明手术，使3县（市）所有贫困白内障患者摆脱了病患折磨；四是先后组织专家上百人次到边远乡、村进行地方病调查，对疑难病患者进行现场会诊。

【生态环境建设扶贫】 工商银行在总结过去扶贫工作经验的基础上，探索实施“绿色扶贫”工作的新路子。经与当地政府协商，工商银行将通江县民胜镇周子苹村、南江县长赤镇莲花村和万源市茶垭乡邱家苹村作为“绿色扶贫”试点村，将在3年内投入600万元左右，资助当地村民进行沼气池建设、银耳生产、袋料香菇生产、农家生态猪养殖等，形成循环发展的绿色农业新模式，旨在消除贫困的同时，改善当地生态环境，提高资源加工利用率，为农村地区持续发展提供支持。

【引资投资扶贫】 资金缺乏是贫困地区建设的一大瓶颈，近年来，工商银行利用自身信息，为当地引进资金，支持经济建设。2003年，引进重庆啤酒股份有限公司到巴中市投资5000万元，建设年产啤酒3万吨的生产线，年上缴税金200万元，解决了当地800人就业问题；2004年，引进福建省亿利集团到通江县进行水电建设开发，装机容量达3万千瓦，总投资近3亿元，受到当地群众的好评。

【救灾扶贫】 2003年非典期间，工商银行捐献给通江县和南江县40万元防非典药品，帮助当地群众防治非典。2006年，万源市部分乡镇近60%的农作物绝收，工商银行员工捐款11万元，帮助当地政府解决灾区群众吃饭问题。2008年5月，汶川特大地震发生后，工商银行扶贫干部及时深入当地村镇，了解灾情，积极参与救灾；在向受灾地区捐款1.4亿元的同时，专门向定点扶贫地区捐款96万元，帮助当地9所小学进行灾后维修重建。

（中国工商银行股份有限公司）

中国银行股份有限公司定点扶贫

【概况】 2002年，根据国务院扶贫办的统筹安排，中国银行股份有限公司（以下简称“中国银行”）扶贫队进驻陕西咸阳市“永寿、长武、旬邑、淳化”4个国家扶贫开发工作重点县（俗称“北4县”）。中国银行党委从讲政治的高度，认识社会扶贫工作的重要性和深远意义，认真履行企业社会责任，以高度的社会责任感和扎实的工作作风，以明确的工作定位和清晰的思路，以改革创新的精神，探索有中国银行自身特点的社会扶贫方式和做法，取得了成果。在福建闽西山区连续扶贫7年，帮助当地解决了温饱问题，被帮扶的龙岩甩掉了贫困的帽子。

从2002年到2008年，中国银行在陕西咸阳“北四县”共实施建设“移民搬迁、修建学校、人畜引水、道路建设和产业扶贫”等扶贫项目66个。其中，实施移民搬迁“5+1”工程项目17个，共744户3410人彻底告别了“地坑院”、土窑洞和土坯房，改善了贫困群众的生产生活条件；帮助修建学校20所，解决了约5316名学生上学难的问题；建设人畜引水工程17处，解决了约1.9459万人口、9000多头大家畜的饮水问题；新修乡村道路、桥梁项目10个，解决了14个村近2万多人出行难的问题；“产业扶贫”项目1个，通过支持示范作用，带动群众参与产业增收的积极性；其他项目1个。

【定点扶贫工作措施】 中国银行党委认识我国扶贫工作的长期性和艰巨性，高度重视定点扶贫工作。认真贯彻落实《中国农村扶贫开发纲要》提出的各项政策措施，全面推进新时期社会扶贫工作。扶贫领导小组每年定期召开一次小组例会传达中央扶贫工作精神，听取汇报，研究部署工作。董事长肖钢、行长李礼辉、纪委书记张林都对扶贫工作多次作过重要批示，并在落实扶贫资金上给予支持。董事长肖钢、行长李礼辉多次强调指出：消灭社会贫困，减小社会贫富差距是党中央的重要战略决策。国有企业定点扶贫工作有其特殊的重要意义，有责任和义务贯彻落实中央扶贫工作的各项政策和部署要求，切实发挥国有企业在定点扶贫工作中的优势作用。中国银行要积极发挥国有企业的社会责任，加大扶贫工作力度，真正办几件实事，解决与贫困群众生产生活密切相关的问题，扶贫工程，要特事特办，及早让群众受益。

原行长刘明康、副行长孙昌基，总行纪委书记张林以及具体负责扶贫工作的党务工作部负责人多次深入咸阳“北四县”乡村开展扶贫调研，慰问贫困群众。行党委重视扶贫工作还体现在对扶贫队员的关心和爱护，每一批新队员赴任，党务工作部主要负责人都要亲自将队员送到咸阳，送到贫困点，关心和了解扶贫队员的生活，并亲自听取工作汇报指导工作。

【干部挂职扶贫】 中国银行在定点扶贫咸阳“北四县”的7年中，坚持选派热爱扶贫事业、责任心强的优秀干部驻县开展工作，先后派出5批24名扶贫队员，坚持每批扶贫队员数量不减（4县5人），扶贫资金逐年增加，工作制度不断健全，规范管理更趋完善，扶贫工作精于细节，扶贫方式努力创新，以务实的作风，为咸阳“北四县”贫困群众做了实事，取得明显的社会经济效益。“5·12”汶川地震发生后，中国银行组织力量对前6年帮扶建设的51个扶贫项目进行全面检查，中国银行所有扶贫援建项目全部经受住了地震的考验，没有一个项目出现垮塌和损毁。

【抗震救灾扶贫】 2008年汶川地震发生后，中国银行扶贫队立即了解灾情，并迅速向总行报告扶贫县人员伤亡和财产损失的情况。同时，扶贫队及时召开会议，统一思想和认识，调整工作思路，明确灾后重建工作的责任和要求。这期间强烈余震不断，群众心理恐慌，但是扶贫队员们顾“大家”，舍“小家”，坚守工作岗位，加班加点，连续作战。一是积极参加政府组织的抗震救灾工作；二是深入乡镇村勘察扶贫项目，仅用一个月时间，就完成了2008年度所有项目的筛选、勘察、审核、资料整理和报告申请等项工作。共立项15个，其中新农村建设7个，中小学校舍灾后重建5个，人畜引水工程2个，“标准化养猪场”产业扶贫工程1个。

【扶贫资金投入】 中国银行2008年度扶贫资金500.5万元全部拨付到位。与2007年相比，2008年扶贫资金额增加159.92万元人民币，增长46.96%。

自2002年以来，中国银行专项扶贫资金年年增加，扶贫力度不断加大，共投入扶贫资金2019.82万元，带动地方和社会资金约3900多万元。特别是2008年四川省汶川强烈地震发生后，中国银行总行在四川省分行遭受到严重人员伤亡和财产损失的情况下，明确表示要为咸阳“北四县”灾后重建工作尽一份力量，2008年是中国银行定点扶贫咸阳“北四县”7年以来扶贫资金投入最多的一年。据2008年9月召开的中央部委赴陕西定点扶贫工作座谈会介绍，中国银行是2008年在陕投入扶贫资金和人力最多的扶贫单位之一。此外，中国银行员工近年先后为“北4县”贫困群众捐款捐物折合人民币180多万元，救助失学儿童205名，资助贫困大学生44名。同时，扶贫队为312国道永寿县至长武县凤口段扩建项目争取商业贷款3.5亿元的资金支持，为陕西科技大学、咸阳师院解决贷款6300多万元人民币。这些扶贫资金和贷款的有效投入，帮助解决了部分贫困群众的生产生活困难，为促进咸阳市贫困群众脱贫致富和经济社会发展做出了积极努力。

【定点扶贫工作措施】 中国银行在开展定点扶贫的工作中，不断总结完善并形成了有自身特点的一套做法：

1. 把握社会扶贫定位，明确扶贫工作思路。准确把握社会扶贫工作定位和明确的工作思路，是做好社会扶贫工作的前提和基本要求。中国银行纪委书记张林在咸阳开展扶贫调研时提出了社会扶贫工作要落实“三个结合，四项原则”的指示要求，三个结合是：坚持与中央社会主义新农村建设相结合；坚持与地方经济发展和扶贫规划相结合；坚持与定点社会扶贫工作相结合。四项原则是：群众急需迫切、规划帮扶空白、群众直接受益、效益短期见效。“三个结合，四项原则”的要求，集中总结和阐述了中国银行开展社会扶贫工作的思路，也是指导我们开展社会扶贫工作的具体要求，“人员更换，思路和原则基本不变”，保障工作思路一以贯之并在实践中得到不断完善和提高。2008 年地震给咸阳地区造成了较大人员伤亡和财产损失，中国银行以高度的政治意识和责任意识，结合灾后重建，及时调整 2008 年扶贫工作思路，把 2008 年的扶贫项目重点落实到贫困群众急需解决的房屋和校舍倒塌及危险房屋等困难问题上来，开展灾后重建工作，用最短时间把扶贫项目和专项资金落实到位，保障了 2008 年扶贫项目的顺利实施。咸阳市市长庄长兴在工作中批示：“中总行第五批扶贫工作队到咸阳开展扶贫工作尽管时间还不长，但工作突出了重点，抓住了关键，取得了实效”。

2. 创新项目管理，探索社会扶贫工作新模式。随着社会主义新农村建设的深入发展，扶贫开发工作的思路、内容、方式都发生了变化，“整村推进，连片开发”和不断增强贫困群众稳定增收的途径已成为新农村建设的重要内容。2008 年在“产业扶贫”方面做了初步探索和尝试，在县、乡政府支持下，中国银行本着“鼓励示范，群众受益，带动周边”的原则，对咸阳市旬邑县坳乔村《中兴养猪专业合作社》项目方案进行反复研究，投入扶贫资金 20 万元，占项目总投资金额的 19.05%，为当地农民增收趟出新路。

3. 完善制度，规范操作，不断提高社会扶贫工作水平。中国银行在社会扶贫工作实践中不断总结经验，结合金融工作特点，逐步完善并形成了现在运行的“整合资源，捆绑操作，资金封闭运行”的一套做法。同时为规范管理，建立较为完善的档案资料，制定了《中国银行总行社会扶贫工作管理规定》，明确了扶贫队员的职能职责，严格规范了扶贫项目的筛选程序以及资金、项目和扶贫档案管理的流程，提高了扶贫工作规范化管理水平。2007 年 10 月，按照董事长肖钢董事长的指示，中国银行党务工作部、稽核部和财务管理部共同对定点扶贫咸阳“北四县”2002—2005 年度已建设完工的 28 个扶贫项目资金使用情况进行了审计检查，检查结论为：“所有扶贫项目资金投入了扶贫项目建设，财务处理符合财务管理制度，会计凭证完整，检查范围未发现违规违纪情况。”这一做法，促进了中国银行定点扶贫工作的合规建设和规范管理。

多年来，中国银行的扶贫工作队员们围绕总行党委提出的扶贫工作指导思想，情系群众、汗洒沟峁，内引外联、协调各方，争资金、跑项目，积极为当地贫困群众办实事、解难题，取得了显著成效。

2007 年 10 月 18 日，党的“十七大”召开期间，中央电视台新闻栏目在晚间黄金时段报道了中国银行捐助陕西咸阳淳化县官庄镇北庄村“移民搬迁”扶贫项目情况以及受益群众搬入新村后，对党和国家社会主义新农村建设和社会扶贫开发的感激之情。国务院扶贫开发办主任刘坚在接受新闻采访时肯定中国银行“资源整合、捆绑式操作”的社会扶贫工作做法，他指出:“中行在参与国家社会扶贫工作上，摸索和积累出了一套行之有效的做法，这些做法经过实践证明，实际效果良好，得到了咸阳贫困地区干部、百姓的认可，具有一定的典型意义，值得其他地区和单位借鉴。”

（中国银行股份有限公司）

中国光大（集团）总公司定点扶贫

【概况】 2002年4月，中央六部委发文确定中国光大（集团）总公司（以下简称“光大集团”）定点扶贫湖南省新化县以来，响应党中央和国务院的号召，贯彻落实中央关于扶贫开发的一系列指示精神，努力把做好新化县扶贫工作做好。开拓扶贫工作思路，发挥自身优势，动员全系统各方力量和资源，动真情，办实事，截至2008年5月，共投入资金1526.52万元，招商引资折合人民币1164.5万元，组织实施扶贫项目50个，取得良好的扶贫实效。

另外，光大集团还开展了招商引资、认领“三个确保”贫困村，实施整村推进工作，并坚持在“两节”期间，对定点扶贫县开展“送温暖”活动等，特别是针对新化县是灾害多发区的实际，每年还投入一定数量资金用于抗灾救灾工作。

【教育扶贫】 光大集团把扶持国家扶贫开发工作重点县的教育发展作为重点，一方面，投资兴建、改建学校。加大对农村学校危房改造的力度，改善山区学校教学条件。先后改扩建乡镇中小学校30所。另一方面，捐资助学。每年对新化部分优秀学生考上大学后因家庭困难面临辍学的情况，开展“一对一”捐资助学活动，董事长唐双宁带头捐款。6年来，光大集团先后资助特困家庭大学生333名。与此同时，还捐赠图书10000余册、电脑30台套、校服4000余套，帮助建立学校图书室2个，组织国家扶贫开发工作重点县师生到人民大学、北京大学开展观摩培训助学活动。

【医疗卫生扶贫】 针对新化县山区缺医少药，群众看病难的实际，光大集团从群众健康入手，先后投资改扩建乡镇卫生院5所，村卫生所2个，新建成的医疗综合楼，满足了急诊、门诊、医技和住院等医疗用房，并新配不锈钢病床30张等相关医疗设施，有效地解决了当地5个乡镇29万人口的卫生医疗条件。

【劳动力转移培训】 一方面，为转变乡镇干部思想观念，开阔工作思路，光大集团每年都组织举办定点扶贫县乡镇领导干部、农业技术骨干和外出务工人员培训班。2008年已累计办班114期，共培训各类学员19928人次。其中，乡镇领导干部305人次；农业技术骨干15906人次；劳务输出人员岗前培训3717人次，收到了较好的效果。另一方面，加强劳务输出。集团把劳动力转移就业作为帮扶项目，成立了新化县广东长安集团劳务输出联络处，6年来先后组织向广东、广州、深圳、汕头等沿海企业输出农村剩余劳动力4517人次，通过劳务输出，提高了贫困群众的收入，送出去一个劳动力，基本带动了一户脱贫。

【干部挂职扶贫】 按照中央对定点扶贫工作的要求，光大集团始终坚持把开展定点扶贫工作与培养干部工作结合起来，在机关和企业中选派德才兼备的中青年干部，到定点扶贫地区挂职，有的任娄底市副市长，有的任新化县副县长，专司定点扶贫工作，6 年来从未间断过。这些挂职干部不仅坚持深入基层，扎实工作，虚心向地方干部群众学习，参与当地救灾、救助贫困人口活动，还发挥在国有企业工作的信息资源和自身优势，为国家扶贫开发工作重点县招商引资牵线搭桥，联系发达地区与国家扶贫开发工作重点县合作发展高效农业，吸引国内外公司与国家扶贫开发工作重点县联合办企办厂办校，还根据新化县采煤塌陷治理项目，争取国家资金支持等，先后累计帮助引进款物折合人民币 1164.5 万元，得到当地各级政府和干部群众的称赞。

【公益扶贫】 光大集团除做好定点扶贫工作外，还参加其他社会扶贫活动。为配合国家西部大开发战略，帮助西部妇女群众解决饮水困难、摆脱因严重缺水带来的贫困和落后，集团所属光大银行支持建造“母亲水窖”公益活动，从 2005 年起计划用五年时间为西部甘肃、宁夏、陕西、内蒙、新疆、西藏等 6 省（区）缺水地区捐建 10000 口水窖。2008 年，累计捐款 620 万元，甘肃、宁夏、内蒙 3 地水窖工程已完工。2008 年，集团还为湖南冰雪灾害、四川汶川地震灾区捐款 4600 万元，支持了灾区恢复重建工作。

【扶贫宣传】 6 年来，光大集团定点扶贫工作先后在《人民日报》、《金融时报》、《中国保险报》、《人民网》、《新华网》、《金融时报网》、《中保网》、中央国家机关工委《紫光阁》网、《国家扶贫网》和中央国家机关工委《信息交流》、国务院扶贫办《扶贫工作动态》及民政部《工作简报》等有关媒体和上级机关内部刊物多次进行宣传报道，光大集团扶贫工作不仅得到新化县群众赞誉，也在社会上产生良好影响。

【定点扶贫工作措施】 光大集团始终高度重视定点扶贫工作，按照科学发展观要求，把定点扶贫工作作为一项贯彻落实党的方针政策重要任务来抓，以促进和谐社会建设为己任，认真履行政治、经济和社会“三大责任”。历任董事长、党委书记、总经理关心定点扶贫工作，定期听取工作汇报，多次作出重要指示；分管定点扶贫工作的党委成员、副总经理每年都坚持深入一线，调查研究，检查部署工作；集团成立了扶贫工作领导小组和办公室，配备了专职人员专门负责此项工作；每年都组织机关和下属企业有关部门负责人，走访定点扶贫县，了解情况，协调处理扶贫工作中出现的问题；每年都定期召开扶贫工作会议，研究确定年度工作计划和帮扶项目；每年都在集团系统组织向定点扶贫县捐款活动，筹措和落实扶贫资金。为了使定点扶贫工作逐步实现系统化、规范化和制度化，先后研究制定了《光大集团挂职扶贫人员管理暂行规定》和《光大集团扶贫助学金实施意见》等规章制度。

1. 领导高度重视是做好定点扶贫工作的关键。集团党委对定点扶贫工作十分重视，集团董事长、党委书记唐双宁亲自担任领导小组组长，始终把定点扶贫工作挂在心上，摆上重要日程，经常过问，提出要求。集团分管领导、党委委员、副总经理康臻每年都带队到扶贫县考察，走村入户、访贫问苦，实地调研。集团总部机关和下属企业也非常关注扶贫工作，并给予全力支持，在集团上下形成了很好的扶贫工作氛围。

2. 吃透上级精神是做好定点扶贫工作的重要保证。在工作中，我们十分注意研究和学习中央关于扶贫开发工作的一系列重要指示，把中央领导同志的重要讲话和有关会议精神，把国务院扶贫办下发的文件作为工作指南，深刻领会精神实质，并通过“国家扶贫网”了解有关信息，特别是在工作中遇到问题能够及时得到国务院扶贫办的具体指导，把上级的精神与我们的实际紧密结合起来，形成行之有效的工作思路，做到吃透上级精神，摸清当地情况，借鉴成功经验，提出有效办法，付诸具体行动。

3. 探索是做好定点扶贫工作的有效方法。在实践中，我们针对近年来普通学校生源减少和大学毕业生就业难的问题，及时调整工作思路，把支持改造和扩建县职业技术中专学校，逐步建成一个比较规范的省级劳动技能职业培训基地作为工作的重中之重，加大对农村剩余劳动力的职业技能培训力度，不断促进劳动力转移就业。这一调整，不仅符合国务院扶贫办实施“雨露计划”的要求，也符合新化人口大县，依靠劳务输出脱贫致富的实际。

4. 强化服务意识是做好定点扶贫工作的前提条件。实践中我们感到，搞好定点扶贫工作要努力做到“一个依靠、三个主动、三个要有”即：依靠当地政府；主动配合，分忧不责难；主动协商，帮忙不添乱；主动支持，指导不包办。要有真心实意，积极帮助当地党委政府解决长期困扰群众生产生活而贫困地区又无力解决的疑难问题；要有真情实感，关心那些贫困群众心中想的，办那些贫困群众心中盼的事情，该办而又能办到的一定要办到，一时难以解决的要把心尽到，不能解决的要把话说到；要有真才实学，提高挂职干部的自身素质，正确行使手中权力。

5. 选派干部挂职，建立桥梁纽带是做好定点扶贫工作的重要保障。实践证明，选派干部到国家扶贫开发工作重点县挂职，直接参与定点扶贫工作，有利于加强对口帮扶双方的沟通；有利于联络当地干部群众的感情；有利于扶贫工作的组织与协调；有利于国有企业干部的培养、锻炼和综合素质的提高。

（中国光大集团总公司）

中国中信集团公司定点扶贫

【概况】 根据党中央、国务院的部署，中国中信集团公司（以下简称“中信集团”）从1992年起对云南省红河州4个国家扶贫开发工作重点县实施定点扶贫，是全国首批参加定点扶贫工作的国有大型企业之一。中信集团历任主要领导都高度重视扶贫工作，参与对扶贫工作的规划，具体指导扶贫项目建设，从人员、资金等多方面全力支持和保证扶贫工作的开展，并带头捐款和资助贫困学生就学。前国家副主席、中信集团原董事长荣毅仁还亲自为扶贫工作题写了“培育人才，脱贫致富”，为中信集团扶贫工作确定了方向。

1997年以后，中信公司重点扶持元阳、屏边2个国家扶贫开发工作重点县。15年来，中信集团发挥企业自身优势，认真开展扶贫工作，累计向定点扶贫县投入资金3000余万元，选派优秀挂职干部18人，重点扶助了学校建设、整村推进、奖学助学、农技人员培训、基础设施建设、卫星广播电视接收站等300多个扶贫项目。其中，帮助当地农户修建1000座沼气池、13座蓄水池和160座圈养猪圈；修建88公里乡村公路，架设6条引水管道和18.5公里输电线；科学种植1.4万余亩农作物和经济林果；帮助修建学校等教育设施，建立“中信奖学金”，为品学兼优的中小学生和贫困学生提供资助；培训了3000余名农技人员，向省内外输送劳动力15000多人；开展整村推进工作，取得一定成效。为改善当地群众生产生活条件，促进当地经济发展、社会进步做出应有的贡献，受到当地政府和干部群众的肯定和赞扬。

【教育扶贫】 中信集团在扶持教育事业方面累计投入资金800余万元（占总投入的38%），其中援建50多所希望小学和中学，独资修建两所中学和5所小学教学楼，奖励了万余名优秀师生，资助贫困学生3225名，先后有100余名获得中信奖、助学金的学生考上了全国各类大专院校，有的学生考上清华、北航等重点高校，在当地教育史上实现零的突破。帮助培训农技人员，提高科学种植、养殖技术，受到当地群众的欢迎。

【扶贫资金管】 发挥中信金融业务的优势搞好扶贫资金管理，通过各种有效方式，使扶贫专项基金保值增值，为扶贫工作提供可靠、持续的资金保证。

中信集团的扶贫资金主要来源于集团公司、子公司和员工个人的捐款。所有捐款设立为扶贫专项基金，委托中信证券公司和中信信托投资公司进行市场运作，实现基金的保值增值，运作累计收益668.2万元，平均收益率为10.27%，所得收益全部再放入基金，确保扶贫资金及时到位。

中信集团专门成立了扶贫资金管理委员会，负责扶贫基金的保值增值，审批年度资金计划安排，并建立了一套制度和程序，使“人跟着资金走，资金跟着项目走”，确保每笔项目资金都有严格的监督、审计和结算。确保扶贫资金足额及时用于扶贫项目，获得当地政府和群众的肯定，受到云南省委省政府在全国定点扶贫工作会议上的表扬和鼓励。

【产业化扶贫】 为了进一步提高扶贫工作的质量和水平，中信集团不断进行探索创新。在扶贫工作实践中，感到只有把“输血式”扶贫转变为“造血式”扶贫，才能促进当地经济发展，帮助贫困地区摆脱贫困。因此，中信集团发挥企业的自身优势，在产业化扶贫方面进行了尝试和探索。

从给当地群众发放生活补助到发放小额贷款，从提供优良种子到开展技术培训，中信集团开展了数百个小型扶贫项目。

2001 年根据屏边县委、县政府提出的发挥区位、资源优势，调整产业结构，实现绿色经济的目标，在组织林业专家进行调研后，中信集团投入 235 万元，与当地政府合作组建了屏边组培育苗公司。利用当地自然资源，保护性开发珍稀苗木，培育当地特有的珍稀物种、种苗，发展种植业、生物制药等产业。该项目符合国家西部大开发的战略和云南省有关加快生物制药、拯救濒危植物的政策，创建了扶贫项目可持续发展的新模式。该项目覆盖了屏边县 7 个乡镇 600 个村的农户，使他们年平均收入增加 350 元。这是中信公司由“输血式”向“造血式”扶贫转换的首次尝试，走出一条退耕还林、保护环境和自然资源，又能使当地群众脱贫致富的可持续发展之路。

2005 年，中信集团继续开展产业化扶贫试点，与元阳县林业局共同投入 80 万元（中信 40 万元），扶持农户种植澳洲坚果，聘请专家进行指导。该项目既可保护生态，绿化荒山，又可产生非常可观的经济效益，且具有长效、持续发展的特点，有利于当地山区农户稳定脱贫致富。同时，以建立元阳热区作物基地为切入点，投资 55 万元引进先进生产和管理方式，建立元阳优质香蕉示范基地，实施产业项目建设，起到了示范作用。

【企业开发扶贫】 开展产业化扶贫，仅仅依靠小规模的投入难以达到更好的开发成效，必须建立一个更大更广阔的平台，推动扶贫产业创新发展。因此，中信集团结合当地经济结构调整和可持续发展的需要，把外部扶持与激发地方脱贫的积极性结合起来，在贫困地区开办企业进行产业开发，培育州域及县域经济发展新的增长点，推动当地经济发展。

2007 年，在中信集团主要领导的直接关注支持下，通过大量的调查研究和反复论证，我们寻求具有社会责任感、并具有相当实力的战略合作伙伴，共同投资 1 亿元，成立了中信红河产业开发有限公司（2008 年已注册运营）。

元阳、屏边 2 县自然资源丰富、文化底蕴深厚，我们希望依托中信红河产业开发有限公司这个平台，综合开发利用屏边、元阳 2 县丰富的农产品、旅游、矿产、文化资源，把资源优势转化为产业优势，带动贫困地区真正走上脱贫致富和可持续发展的道路。这是中信集团扶贫模式创新的重大举措，也是一项能够推动贫困地区经济可持续发展的战略工程。

中信红河产业开发公司作为中信公司在云南红河开展扶贫开发工作的新平台，成立之始就得到云南省及红河州各级领导的支持和帮助，特别是该公司正式成立举行揭牌仪式时，国务院扶贫办、云南省及红河州各级政府都对新公司提出殷切希望，中信集团也将全力支持新公司的发展。

中信红河产业开发有限公司正式成立运营后，不仅承担中信集团传统扶贫项目资金支出，还可以保证有充裕的资金实施产业开发，帮助发展地方经济。除了继续做好原有的扶贫项目外，还将重点在旅游、文化、矿产资源开发等方面加大力度，形成产业化发展的格局，并把在当地的全部收入，继续用于当地的扶贫开发。

【扶贫宣传】 集团领导非常重视扶贫宣传工作，把扶贫地区作为对员工进行国情教育的基地，开展了多种形式的宣传教育活动，使扶贫公益事业与精神文明建设、企业文化建设有机结合，由“单向”变成了“双向”，取得了双赢的效果。

根据中信集团十几年扶贫工作取得的成就和定点国家扶贫开发工作重点县的贫穷、落后状态，先后制作《情满红河》、《真情 责任 奉献》等电视专题片和《情满红河》宣传画册。

2000年，办公厅、党务工作部、工会和团委联合发起“爱心无止境 助学见真情”一帮一助学宣传活动；2001年，办公厅、直属机关党委联合发出《情满红河 奉献爱心——致中信全体职工的一封信》，宣传“扶贫济困是一项利国利民的公益事业，是每个中信人的良知和责任”。

2002年3月，扶贫办组织15名职工代表赴云南元阳县、屏边县实地考察公司扶贫工作，回京后举行专题报告会和汇报图片展，将考察团成员的感受体会以宣讲报告和图片的形式向中信系统职工进行宣传教育，取得非常好的效果，受到领导和职工的好评，并且掀起职工热心助学的高潮。

2004年7月，集团向中国扶贫基金会提供《中信公司扶贫创新工作成果》映象画面演示软盘和文字材料，全面、系统地介绍、宣传中信集团扶贫成就，入选“中国消除贫困奖—创新奖”候选单位。云南日报、红河日报、屏边县报均报道了中信集团扶贫成绩和挂职扶贫干部事迹。

【扶贫调研】 中信集团扶贫工作领导小组还多次专程赴云南定点扶贫县调查研究，深入村寨和农户访贫问苦，听取当地政府和干部群众意见，与扶贫挂职干部促膝谈心，关心他们的工作、生活。

曾经在贫困地区挂职工作的干部仍然牵挂着边疆山寨的变化和进步。2004年，历届挂职扶贫干部一行重返云南考察学习，通过考察学习和专题考察报告会，使大家感到扶贫工作在集团领导的重视和指导下，在职工奉献捐助支持下，经过挂职扶贫干部和工作人员的努力，取得可喜的成绩，尤其在元阳、屏边2县的教育、农业、林业、科技、交通、环保和安居等方面做了大量帮扶工作，促进了当地经济社会的发展，加快了脱贫进程。

（中国中信集团公司）

中国人寿保险（集团）公司定点扶贫

【概况】 2003年1月，国务院扶贫开发领导小组确定青海省化隆回族自治县为中国人寿保险（集团）公司（以下简称“中国人寿”）定点扶贫县。6年来，中国人寿贯彻落实党中央、国务院的有关部署和要求，在党委、总裁室和集团公司扶贫领导小组的领导下，各成员单位密切协作，依靠当地政府和干部群众，积极探索帮助当地群众脱贫致富的新思路，扎实开展了一系列富有成效的工作，受到了当地党委、政府和人民群众的好评。

青海省化隆回族自治县位于青海省东部，面积2740平方公里，平均海拔2800米，有回、汉、藏、撒拉、东乡等13个民族共22.96万人。全县经济基础薄弱，财政比较拮据，城乡群众生活困难，生产生存条件差，自然灾害频繁，交通不便，信息闭塞，靠天吃饭，占农村总人口的75%尚未解决温饱问题，是国家扶贫开发重点县。

在扶贫工作中，中国人寿了解到导致当地贫困的主要原因，除了海拔高、气候恶劣、降雨量少、交通不便等自然因素外，更主要的还是人们的思想意识落后，当地部分干部和群众存在着“等、靠、要”思想，所以要想改变当地贫困状况，首先要改变人们落后的思想观念。坚持“扶贫首先扶教育，扶贫还要扶志，帮贫困地区农民树立靠劳动致富”的思路，通过教育扶贫、文化扶贫、培训扶贫等方式，使当地农民及时了解党和国家的政策及各种经济信息，拓宽了农民致富途径，逐步改变了农民落后的思想观念，鼓励农民靠勤劳致富，靠汗水换取财富的思想。在实施“羊育肥”扶贫项目中，不仅是将扶贫资金借给农民，还要通过建立信贷扶贫资金管理制度，既要保证贷款到户，又要保证贷款按时回收，真正使贫困农民受益。

【教育扶贫】 中国人寿在扶贫工作中，始终坚持以扶贫先扶教，经济脱贫、教育为本为指导，每年都有为化隆县科教兴县投入一定数量的资金。一是2003年捐资60万元，青海省教育厅投资142万元，共同援建了化隆县第二中学教学楼，极大改善了该县重点中学硬件设施；二是2004—2008年，每年捐资30万元，支援化隆县建设巴燕镇金家庄小学、甘都镇东三村“中国人寿希望小学”主体教学楼、巴燕镇辛家瑶希望小学等5所中国人寿希望小学；三是捐资助学，并逐年提高捐助人数。2004—2006年每年捐资3万元，共资助30名贫困家庭大学生；2007年捐资10万元，资助50名贫困家庭的大学生，每人2000元；2008年捐资20万元，资助100名贫困家庭的大学生，每人2000元；四是开展

“一对一”认领帮扶贫困中、小学生活动。虽然国家已经规定对于国家扶贫开发工作重点县初中生和小学生实行“两免一补”的补贴政策，以保证贫困地区的贫困家庭孩子入学。但由于化隆县旱情严重，大面积受灾，农民收入大幅减少，贫困家庭的孩子缺食少穿，没有图书和文具，对外面世界知之甚少，即使很多已经上学的贫困学生也面临着辍学。为了帮助贫困家庭学生打开通往知识的大门。中国人寿 2004—2006 年期间，连续发动员工每人每年捐资 100 元，“一对一”认领资助帮扶化隆县 400 名中、小学贫困生，2007 年“一对一”帮扶的人数增加到 809 名。每年公司员工个人捐款共计 77400 元。减轻了贫困学生家庭的经济负担，解决了许多贫困家庭子女上学难的问题，为化隆县教育的控辍保学及顺利通过省级“两基”验收做出了积极的贡献，在社会上产生了良好的反响；五是为解决化隆县教育局交通车辆紧张的问题，我公司在 2006 年向其捐赠了一辆价值 15 万元尼桑风度汽车的基础上，2007 年又捐赠了一台价值 10 万元的广州云豹汽车，解决了县教育局工作之需。

【文化扶贫】 中国人寿领导在考查调研中，了解到当地农民渴望了解国家政策、渴望了解致富途径和获取外界信息的渠道狭窄，没有获得各类信息的途径，制约着当地经济的发展这一现状，在 2006—2008 年，每年捐资近 8 万元，为化隆县全县 19 个乡政府和 69 个行政村续订阅《农民日报》，并要求将报纸装进阅报栏里，力争让每个农民都能看到报纸，丰富了群众的文化生活内容。《农民日报》也以其农村信息、法律知识、市场动态等丰富的内容深受当地广大干部、群众的欢迎，产生了良好的社会反响。2006 年 12 月，在全国“文化扶贫送报下乡”座谈会暨“中华文化扶贫奖”颁奖仪式上，中国人寿获中国文化扶贫委员会、中国扶贫基金会、中华全国农民报协会、农民日报社颁发的“中国文化扶贫奖奉献奖”。

【培训扶贫】 中国人寿按照国务院扶贫办主任刘坚在中央扶贫会议上的讲话精神，以“扶贫工作应注重从救济式扶贫”到“开发式扶贫”过渡和转变，“授人以鱼，不如授人以渔”的思路，结合化隆县干部综合素质较低、农民工增收渠道单一的实际，配合化隆县委组织部积极探索标本兼治、综合开发的新路子。在实施《化隆县干部和农民工培训五年规划》中，为有针对性地提高各类干部的综合素质和专业技能，2007 年我公司捐资 10 万元，通过采取“请进来、走出去”的培训方式，对定点扶贫的青海省化隆县各类干部进行教育培训。共举办了各类培训班 21 期，培训了 1800 人次。其中各级干部 661 人次；技术人员 340 人次；劳动力培训 800 人次。使化隆县干部和农民培训工作充分借助集团公司在政策、资金、技术等方面的优势，广开思路，科学投入，促进了从“救济式”扶贫到“开发式”扶贫的过渡，加快推动化隆县“科教兴县”的进程。

【产业化扶贫】 青海省化隆县自然条件差，贫困面广，贫困深度深，中国人寿坚持“扶贫造血、重点帮扶、打牢基础、滚动投入、协调推进”的开发式扶贫思路。当地羊的销路非常好，市场一直处于供不应求的状态，羊育肥经济效益可观，如果温棚和医疗技术达标，每年养羊的利润率可以达到 100%，具有投资小、周期短、见效快的特点，是农民脱贫致富的有效手段。

在2004—2006年期间，连续三年在该项目上每年捐资10万元，帮助当地贫困家庭解决由于没有启动资金，无法实施育肥项目的难题，实施了整村推进“羊育肥”滚动投入项目。在其他方面，中国人寿还专门捐款20万元，为化隆县农民购买了当地农业生产急需的农膜和化肥，送到农民手中，及时解决了当地农民缺农膜、缺化肥的困难，改善了他们的生产条件。

2008年，中国人寿结合化隆县“十一五”规划，在支持化隆县发展特色农业核桃林项目中，对贫困村在安排项目、资金分配等方面给予重点倾斜和优先扶持。经与化隆县对当地17个重点贫困村的气候和水文条件进行考查，中国人寿选择海拔较低，地处黄河沿岸的甘都镇10个贫困村作为重点特色农业帮扶对象，建立农业示范园，逐步推广、持续发展。该项帮扶项资金16万元已筹集到位，在2008年度内按计划实施。

6年来，中国人寿及各直属单位，为支持帮扶青海省化隆县共计投入各类扶贫资金360万元。其中员工个人捐款20余万元，对促进该县经济和社会发展起到了推动作用。

【定点扶贫工作措施】 中国人寿成立了由纪委书记、副总裁张响贤负责的扶贫工作领导小组，并下设办公室（由办公室、人力资源部、财务会计部、机关党委、工会等有关人员组成）。扶贫工作领导小组及办公室每年定期或不定期限召开工作会议，研究定点扶贫工作，开展扶贫工作调研、制定年度扶贫工作计划。公司每年选派1名副处级干部到化隆县挂职锻炼，处理对口扶贫日常工作、总结上报工作情况、抓好扶贫项目的检查和落实。总体上看，定点扶贫工作做到了机构健全、责任明确、工作落实。

2007年8月，中国人寿总裁杨超亲自到青海省化隆县检查定点扶贫工作，并作出：“积极发挥企业公民作用，勇于承担社会责任，为构建社会主义和谐社会做贡献”的重要指示，强调要为化隆人民多办实事、办出实效。集团各成员单位各级扶贫办公室负责人多次深入当地考查了解情况。结合化隆县的实际情况，扶贫工作领导小组及办公室提出了一系列切实可行的扶贫工作新思路，并采取多种形式帮助当地农民快速脱贫，收到了良好效果，受到农民的热烈欢迎。

中国人寿扶贫办公室在日常工作中，结合实际开展调查研究，制定制度扶贫工作计划，组织召开扶贫领导小组工作会议，协调督促挂职扶贫干部筹集和落实扶贫款项，对年度定点扶贫工作情况提出建议，供公司领导在决策中参考。几年来，按照国务院扶贫办的工作部署，开展定点扶贫工作，及时对集团公司定点扶贫工作情况进行年度总结和工作安排，并及时按时要求将有关情况上报国务院扶贫办。

为切实解决在青海省化隆县挂职扶贫干部开展扶贫遇到的经费方面的问题，采取了两项措施。一是每年拨付5万元供挂职扶贫干部用于定点扶贫有关工作活动经费；二是扶贫工作领导小组每年定期召开各直属单位参加的扶贫工作会议，研究落实有关定点扶贫工作款项的费用分摊问题。

撰写上报的《中国人寿保险（集团）公司扎实推进定点扶贫工作》被国务院扶贫办《扶贫工作动态》（定点扶贫与扶贫协作专刊）第8期（总第21期）转发全国人大、全国政协、中办、国办和中央、国家机关单位、各省市进行推广交流，产生了良好的社会影响。

【“一对一”认领帮扶贫困生活动】 中国人寿在开展“一对一”认领帮扶贫困生活动中，集团公司领导班子成员率先垂范，每人带头认领贫困生都在6名以上，全体员工积极响应，大家踊跃捐资连续认领，向化隆县贫困家庭的孩子们伸出援助之手，表达了中国人寿员工的爱心和社会责任感。

【扶贫专项调研】 中国人寿和直属单位领导多次对化隆县进行了专项实地考察和调研，深入到当地考查了解情况，研究当地的经济、文化以及社会发展情况，分析贫困原因，与当地政府领导探讨如何共同解决贫困问题以及加速经济发展的方法。杨超总裁在亲自赴化隆县实地考查调研时，当了解到当地农民渴望了解国家政策、渴望了解致富途径，但又缺乏各种专业知识和技能的情况后，研究决定向化隆县捐资10万元，专门用于培训各类干部和农民工，以提高干部和农民工的综合素质和专业技能。结合化隆县实际实施的“羊育肥”扶贫项目，为当地农民提供了勤劳致富途径和脱贫方法，做到了把有限的扶贫资金用在刀刃上，收到较好的经济和社会效益，受到了农民的欢迎。

【扶贫资金管理】 建立严密的扶贫资金管理制度，保证各项扶贫资金投向贫困村，重点支持能带动贫困农户增收的主导产业。在国家对全国中、小学生实行免除学杂费后，加强对认领贫困生款项的资金管理，确保此款真正发放到贫困生手中。对扶贫资金的使用，实行公示和报账制度，严格监督和审计，确保资金及时足额到位，真正使贫困户受益。

（中国人寿保险（集团）公司）

中国民生银行股份有限公司定点扶贫

【概况】 中国民生银行股份有限公司（以下简称“民生银行”）是一家全国性的股份制的商业银行，经国务院扶贫办安排，从2002年开始河南省滑县和封丘县成为民生银行的定点帮扶县，2007年初又增加了甘肃省的临洮县和渭源县。根据民生银行的性质和特点，中共民生银行党委决定，一是定点帮扶以教育事业为主，具体说就是资助贫困学生、奖励优秀教师、改造修建中小学校危房和培训教师等；二是帮扶资金主要来源于全行员工捐款。

【定点扶贫工作措施】 总行党委有领导分管扶贫工作，还成立了扶贫工作办公室，总行部门负责人兼任办公室主任，设专岗安排部门负责人待遇的员工负责定点扶贫工作。总行党委还以行发文件的形式下发了民生银行扶贫工作规划，明确了扶贫工作的方向、任务和措施，为民生银行这样一个非国有的股份制商业银行扶贫工作的有序进行奠定了基础。

民生银行扶贫捐款资金投入主要来自于员工个人，每年年初总行扶贫办、人力资源部和计划财务部要联名发出捐款通知，各分行党委都积极支持这项工作，在各地所有分支行组织员工捐款。定点扶贫最开始的几年，很多员工都抱着“既然政府有要求，行党委有决定，有关部门要组织落实工作”的想法，完成捐款任务。

民生银行2008年初在全行系统发文，要求继续做好员工捐资助教工作。总行党委要求，民生银行员工捐款，参与政府安排的定点扶贫工作是一项长期工作，意义重大，要列入各单位工作议程，抓紧抓好。要使每一位员工充分认识到，在完成经营任务的同时，肩上担负的社会责任，热情鼓励大家为扶贫工作献计献策，献出爱心。

【扶贫工作宣传】 在民生银行内部网站专门开辟扶贫工网页，发布有关信息，宣传定点扶贫工作，取得很好反响；团委组织各分行团干部赴县里参观农村学校，走访贫困户；总行一些部门派人及员工代表走访被奖励的优秀教师和优秀学生，了解被资助的贫困学生家庭状况；一些部门和个人提出建议，希望更多地参与教育扶贫工作。员工关心支持定点扶贫工作，是做好这项工作的重要条件。

从2002年开始，河南甘肃的4个县先后被确定为民生银行定点帮扶县。除了每年初全行系统员工捐款时、大家知道正在做定点扶贫工作外，其他时间多数人对具体情况并不太了解。全行并没有一个专门的渠道，让大家随时了解定点扶贫工作情况、员工捐款使用情况，沟通相关信息，参与有关活动，而做具体工作的员工和部门也希望把所做的事情告诉员工，让各位更多地了解民生银行参与定点扶贫工作的重要意义。

经过多方努力，从2006年开始，总行在全系统办公网络专门开辟了扶贫工作网页，使全国2万名员工随时可以浏览这一网页，了解有关动态、调查研究成果，评说扶贫工作、企业承担社会责任和共建和谐社会。扶贫工作网页的开通，已经成为民生银行广大员工在做好银行本职工作的同时，了解农村贫困地区情况，关心和帮助贫困家庭孩子的窗口，从网络员工点击、提问和评说的情况看，员工对扶贫情况的关注度不断增大。

【"一对一"认领帮扶贫困生活动】 民生银行是所有参加定点帮扶工作的单位中员工个人捐款持续时间最长、人均数额最大的，仅2007年当年全行员工捐款就有560万元。即使这样，仍有一些员工提出，除了单位统一组织的定点帮扶工作外，希望能够直接面对要帮扶的贫困家庭的孩子。于是由热心的员工牵头，与河南两县扶贫办和教育部门联系，由愿意直接面对贫困家庭学生的员工参加了"一对一"认领帮扶贫困生活动。据初步了解的情况，有几十名员工参加了这一活动，通过寄钱物、写信和打电话等形式帮助一部分孩子解决经济上的困难和心理上的一些问题。有些员工连续几年资助几名贫困家庭高中学生上学毕业；有些员工从上高一开始资助几名孩子，后这些孩子考上大学，员工仍在资助他们；有的员工在出资帮助贫困生完成高中学业后，又在北京帮助联系安排工作，这些受助者在工作有了不错的收入后，又补贴家用，供自己的弟妹上学；有的员工在家中面临困难，自己的孩子得了绝症需要巨额治病费用的情况下，仍献爱心，连续几年资助2名高中学生上学。这样的例子有很多。正如人们常说的：赠人玫瑰，手留余香。我行员工支持定点帮扶工作，主动关心帮助贫困家庭的孩子们，同时也感同身受，深受教育，净化心灵，有助于做好自己的工作。

【教育扶贫】 截至2008年6月民生银行共向4县捐款总数达1800万元。在4县资助贫困家庭中小学生16000名，奖励优秀教师4490名，奖励优秀学生1800名；在京培训优秀教师350名；完成农村学校校舍建设、修缮、建围墙、食堂、厕所，硬化校园地面和购买桌椅等项目75个，其中学校建房近1.5万平方米；向4县村小学捐献重装后的二手电脑300台，还捐图书等。另外，民生银行请有关部门参与起草中央一号文件的专家赴2县讲课，参加培训的各级干部约有2000名。配合滑县政府在深圳、广州、上海和福州等有我行分支机构的城市组织招商活动。

每年民生银行都要在北京举办定点国家扶贫开发工作重点县的教师培训班，原来是河南的2个县每次来50人左右，现在又加上甘肃的2个县，每次来90人。每次来的多数教师都是第一次到北京，讲课的有校长、教授、博士、特级教师等。除了听课和在学校观摩，这些教师还通过在北京参观开阔眼界。

【劳动力就业转移培训】 民生银行还帮助2县农村富余劳力在北京联系工作。几年来，民生银行北京培训基地物业管理招聘员工的大门对定点帮扶县始终是敞开的，只要县政府扶贫办提出要求希望帮助安排年轻人就业，尽最大努力去做，在培训基地的餐厅、客房和保安等岗位上招工，有时甚至超过需要多招几个，这样既可储备一些人员，也希望为这些定点帮扶县的年轻人提供更多的就业机会。截至2008年，仍有一部分民生银行帮扶县的人员在民生培训基地就业，其中有位当年从未出过门的小姑娘，来了经过四五年的培养煅炼，工作能力不断提高，现已担任餐厅、会务主管，所管理的工作受到好评，有的由于良好表现，还被家乡封丘县政府扶贫办作为优秀外出务工人员上报新乡市参加评选。

（中国民生银行股份有限公司）

中国航天科技集团公司定点扶贫

【概况】 根据2002年中央国家机关定点扶贫工作会议精神和国务院扶贫开发领导小组等六部委《关于进一步做好中央、国家机关各部门和有关单位定点扶贫工作的意见》的安排，中国航天科技集团公司（以下简称“集团公司”）从2003年开始负责定点帮扶陕西省秦岭山脉北麓的宝鸡市太白县和秦岭山脉南麓的汉中市洋县。

集团公司在完成以“载人航天工程”、“探月工程”、“高新武器装备”为代表的繁重的国家军民品科研生产任务的同时，正确处理发展主导产业和履行社会责任的关系，高度重视国家部署的定点扶贫任务，努力做好定点扶贫的各项工作。

集团公司成立扶贫工作领导小组，把7个研究院、公司组织成2个扶贫组，按照党中央、国务院全面建设小康社会的总体要求，围绕国务院扶贫办制订的“一体两翼”扶贫开发指导方针，实践“变输血为造血”和“建立机制，促进滚动式发展”的工作要求，坚持项目建设扶贫与社会救助扶贫两条腿走路的工作策略，以分阶段启动三批扶贫项目建设为标志，推进了在陕西省洋县和太白县的定点扶贫工作。得到当地政府的肯定，得到群众的赞扬，促进了贫困地区经济的发展和社会的和谐稳定。

6年来，集团公司先后派出3名挂职扶贫干部，有633人次（其中集团公司领导1人，司局级156人次，处级270人次，其他335人次）赴扶贫县调研和帮助工作，共实施扶贫项目29个，投入资金942.6万元，其中现金870万元，捐赠物资折合72.6万元。

【定点扶贫工作措施】 集团公司在扶贫工作中，坚持以人为本，坚持高效务实的工作作风，坚持为定点扶贫县办实事，集中力量帮助贫困人口稳定解决温饱问题并逐步脱贫致富。重点抓了3个方面，一是加强对扶贫工作的组织领导，深化提高认识；二是创新思想理念，不断改进工作方法，因地制宜，真抓实干；三是突出航天特色，稳步推进，重在实效。

1. 领导重视是做好扶贫工作的关键。每年集团公司党组1号文件都把作好扶贫工作当作一项专门任务进行布置和检查，作为年度考核的一个指标。前任总经理张庆伟和现任总经理马兴瑞亲自过问扶贫工作，要求扶贫工作要体现出航天精神，工作上要有高标准，扶贫干部要表现出航天人勇于奉献、敢于拼搏的形象；集团公司扶贫工作领导小组组长副总经理吴卓以身作则，带队到扶贫县现场调研，深入基层送温暖，亲自掌握第一手资料，党组成员、总会计师吴艳华深入了解扶贫工作情况，定期检查和指导工作，及时帮助落实保障条件，排解困难，把握了工作的主动权。

2. 坚持定点扶贫各项工作制度。坚持领导负责制度、单位领导调研考察制度、选派干部挂职锻炼制度、坚持了“扶贫工作情况”定期通报和年终工作总结制度；制定了《中国航天科技集团公司定点扶贫工作管理办法》，对组织分工、岗位职责、挂职干部、项目建设、专项资金、宣传和群众工作进行制度化、规范化管理；采取保持集团公司扶贫工作领导小组成员稳定，建立组长单位责任制，及时调整和补充各级兼职扶贫干部和组织扶贫挂职干部轮换等措施，保证了组织体系的完整性。

3. 坚持定点扶贫工作经验交流。各单位把贯彻落实党的十六大、十七大、中央农村工作会议和中央国家机关单位定点扶贫工作经验交流工作会议精神与现实工作结合在一起，不断深化提高认识，持续加强对扶贫工作的组织领导。做到“组织人员到位、工作计划到位、保障条件到位、工作效果到位”，形成了群策群力、共同参与扶贫工作的良好局面。

【扶贫工作总体思路】 集团公司按照国务院扶贫办对新阶段扶贫开发工作要坚持开发式扶贫、变输血为造血、建立滚动发展和可持续发展机制的工作要求，结合陕西省扶贫工作大环境和2个扶贫县的实际情况，学习北车集团、中国石油、宝钢集团等单位的先进经验，制定了“创新工作理念，突出航天特色，稳步推进，重在实效”的扶贫工作总体思路。

1. 明确分工定位，协调有邻单位同步推进。根据地方政府扶贫开发总体规划和责任分工，陕西省地方扶贫团负责包村包户，中央单位扶贫不局限于一村一户，要面向全县，在发挥管理优势，促进解放思想、转变观念和帮助发展集体经济上多做工作。集团公司注意选取覆盖人口多，群众能直接受益的“短、平、快”项目，采取“创新、示范”、“配合全局，重点突破”和“项目建设为主，兼顾社会救助，两条腿走路”的工作策略，参照对国有资产保值和增值的理念，坚持集中建设，服务大多数人群，力求投入少量的经费获取明显的效益，努力实现“促进跨越式发展”和“建立可持续发展长效机制”的工作目标，注意发挥地方政府和社会帮扶单位各自的优越性，协调工作，同步推进。

2. 坚持调查研究，因地制宜开展工作。太白县地处秦岭深山，自然条件差，由于建县历史短，基础设施严重欠缺，社会发展和经济发展都相对落后。人口总数少，有利于集中力量办大事，重点是立足为大多数人群服务，扩大扶贫资金使用效率。通过抓县医院改造、广播电视覆盖工程、蔬菜产业化发展和移民新村、自来水厂、道路、桥梁等城镇基础设施建设项目，在使城乡群众能够共同受益的同时，也较大幅度地改变了太白县的整体面貌。洋县工农业基础相对较好，但是城乡经济发展不平衡，由于人口基数大，没有能力全面铺开，面面具到，重点是立足包建示范项目、实现局部突破。通过“县职中数控加工专业建设”、“东村集体公用设施集成化建设”、“四红村人饮工程”、“红石窑村农家乐协会”和建设县畜牧站、良种苗圃、有线电视网扩容改造等项目的示范，传播了创新思维和航天的管理理念，树立了工程样板，带动了当地的改革和发展。

3. 加强学习交流，虚心改进工作。集团公司学习国务院扶贫办和陕西省扶贫办印发的学习文件、扶贫经验介绍，参加各种工作座谈会和经验交流会；在内部组织了扶贫工作方针、政策的学习和工作方法的研讨，在外部倡导有关扶贫单位组成了扶贫工作联谊组织，定期交流经验、研讨新阶段扶贫工作的方法策略；通过组织航天扶贫干部到甘肃省北车集团扶贫县观摩学习、邀请国务院扶贫办和兄弟单位扶贫办领导到航天扶贫县检查指导工作等活动，学习到北车集团、中国石油、宝钢集团等单位的先进经验，查找差距，不断改进了集团公司的扶贫工作。

4. 发挥组长单位和挂职干部的作用，保证工作稳步有续的进展。挂职干部严格要求自己，不搞特殊化，坚持常住在扶贫县工作，他们尊重地方干部、做群众的知心朋友，正确处理“帮助当地经济发展”和“监管航天扶贫项目实施”双重任务的关系，在思维方式、工作方法、工作作风等方面与陈旧的观念做斗争，通过自身的榜样作用体现出航天人“严谨务实”的工作作风和“勇于奉献”的敬业精神，潜移默化地影响当地干部和群众，连年都被评为优秀干部。

组长单位当好挂职干部的“娘家人”，关心和支持挂职干部的生活和工作情况，解决挂职干部的后顾之忧。严格内部和外部的管理，对扶贫项目的立项论证、检查跟踪、评估验收、资金到位进行程序化规范化管理，对扶贫资金使用的合理性、项目实施过程进行了有效的全程监督管理，保证了航天扶贫资金的使用安全，推进了扶贫工作。

【公共基础设施建设扶贫】 2003—2004 年实施的“太白县第二自来水厂”解决了县城及周边地区 2.5 万人和 3000 头牲畜安全饮水问题；“县城西街桥”在解决出城交通瓶颈的同时还防治了洪水水患；“洋县有线电视升级、扩容工程”惠及用户 2.1 万户，开展广告业务后每年增收近 100 万元，保证了业务能持续正常运行，同时也还清了县广电局的历史欠账。

2005—2006 年实施的洋县“矛坪镇东村集体公用设施集成化建设项目”展示了集体公用设施集中优化建设和集中管理的新模式，被陕西省委组织部当为“农村基层政权建设示范模式”；“四红村饮水工程”在保证群众饮水安全，根除地方病的同时，建立起了有偿用水，自助维修，长效运行的管理机制。

7.5 公里“倪白路扩宽硬化”工程打通了马畅镇主要道路的交通瓶颈，使 7 个村 5000 多群众的生活和生产同时受益，年增效益近 100 万元，促进了当地柑橘特色产业的发展。“太白县广电局采、编、播设备数字化升级改造项目”在实现技术设备升级换代的同时带动了职工队伍建设的飞跃，被地方政府树为双飞跃的示范项目，大沟塬航天移民新村实现了异地搬迁和集中带土安置的创新。

投入 20 万元修复刘家沟水库，根除水患，为灾后恢复生产奠定长期的基础。这些做法得到了各级政府的肯定。

【产业化扶贫】 2003—2004 年实施的洋县“二轻总公司根雕加工和草鸡散养项目”解决了二轻局改制后职工的就业问题；“县农发办百亩良种苗圃”无偿为群众提供树苗；“种畜改良站”为推广优良家畜做出贡献，被评为示范畜牧站。“太白县塘口蔬菜预冷库”每年创收 30 万元，还带动了蔬菜育种中心、蔬菜加工厂、蔬菜批发市场的建设，初步形成了太白县的蔬菜产业化生产、加工、销售体系。这 2 个项目在取得自身良好经济效益的同时，带动了地方经济的发展。

2005—2006 年，帮助革命老区洋县华阳镇红石窑村成立了农家乐产业协会，科学地组织农户集体发展红色旅游产业。在帮助太白县推广“日光蔬菜大棚”等农业产业化项目的同时，在扶贫重点村进行了建立“农村互助基金”、“扶贫周转金”等滚动发展，长效机制的示范，带动群众集体致富。

【培训扶贫】 2007 年，配合洋县加强农村劳动力转移技能培训能力的建设，投入 100 万元帮助县职业中学建设短缺的“数控加工和电焊、制冷”专业（前已经发展到 4 个班），为贫困地区青年就业创造更好的机会，帮助学校拓宽培训专业面和提高教学能力，做大做强。2007 年学校跨入了陕西省重点职业教育学校的行列。

【医疗卫生扶贫】 2007 年，配合太白县进行资源整合和管理体制的改革，投入 100 万元帮助县医院和县中医院进行业务整合和设备升级改造，购置大型和关键的检查、治疗设备，帮助培训医务和管理人员，提高了县医院的技术服务能力，解决了以前群众看病要下山、要出县的难题，使全县群众都能长期受益。2007 年从全国条件最落后的县级医院行列跃入宝鸡市山区医院建设的先进行列，当年收入 500 万元，取消了地方财政补贴，实现了跨越式发展。

先后组织了 4 批航天医疗队，同时动员当地县医院派出人员一起深入偏远山区的乡镇，推动送医下乡工作，免费为群众义诊，为贫困户送药 4 万余元，受惠群众 5000 余人。捐资 2 万元为残疾人皮小利置换了人工髋关节，恢复了他自主生活和生产劳动的能力。

【科技扶贫】 利用航天科技优势，在返回式卫星上帮助太白县和洋县进行太空搭载良种诱变试验，扶持了洋县太空搭载农作物实验基地、有机食品基地、教师进修学校清华大学远程教育站和多媒体体教室的建设。通过开展航天知识答题竞赛和组织优秀师生参加航天夏令营等活动，激发了中小学生热爱科学，探索知识的热情。

【教育扶贫】 2003—2004 年，航天希望小学突出人性化设计，工程建设出色，社会影响突出，被宝鸡市命名为示范农村小学；“胥水镇中心小学”解决了 500 名小学生的入学问题。

2007 年，集团公司团委把扶贫工作当作共青团干部国情教育和传统教育的重要组成部分，发起“中国航天共青团希望助学基金”，常年开展“捐献爱心，帮教助学”活动，组织基层团组织与洋县、太白两地的中小学建立起长期联系渠道，捐赠教学、办公设备 23 万元，图书 2 万多册，建立起“航天书屋”，丰富了师生的课外文化生活。通过手拉手、结对互助活动，资助 435 名贫困中小学生和 20 名贫困大学生入学（2007 年减免中小学生两费后，将“航天助学金”改为鼓励优秀师生的“航天奖学金”）。

【“献爱心、送温暖”活动】 2003 年春节送温暖活动，捐赠粮油、过冬衣被 30 万元；2008 年汶川大地震后，在 2 个县的所有社会扶贫单位中，率先派出慰问团探望受灾群众，并捐赠灾后重建款 100 万元，起到了带头作用。援助洋县“抗洪救灾”，立足长远，在捐赠 5 万斤大米解决灾民口粮短缺等临时困难。

（中国航天科技集团公司）

中国航天科工集团公司定点扶贫

【概况】 自2002年，中国航天科工集团公司（以下简称“集团公司”）按照党中央、国务院的部署对口帮扶青海省大通、湟中县以来，始终坚持结合实际、注重实效和资助式与开发式扶贫相结合的原则，做好扶贫工作。截至2008年，共实施项目77项，投入1298.97万元。其中升级改造广播电视转播系统10项，投入213万元；农业种植、养殖项目20项，投入505万元；扶助教育32项，投入398.56万元；医疗帮扶15项次，投入182.41万元。这些项目都取得了好的经济和社会效益，得到2县县委、县政府和人民的肯定和赞誉。青海省扶贫办主办的《扶贫开发简报》曾以专期赞誉“中国航天科工集团公司定点帮扶办实事”，青海日报、中国教育报分别进行了报道。

【定点扶贫工作措施】 1. 领导重视，率先垂范。集团公司党组始终把扶贫工作作为践行“三个代表”重要思想和科学发展观的具体体现，三任党组书记、总经理多次明确指示，党组成员在历次捐款活动中率先垂范。主管扶贫工作的党组成员、副总经理方向明除定期召集会议研究、决策帮扶重点外，还多次带队亲临现场考察、指导，与省、市及两县领导会面交流。

2. 落实机构，明确责任。（1）积极行动。接受帮扶任务后，总部立即组织赴两县调研，尔后拟发了《关于做好青海省大通、湟中县定点扶贫的通知》。

（2）落实组织。明确了主管部门，成立了集团公司扶贫领导小组及其办事机构——扶贫办。两个机构成员均由总部有关部门、对口责任单位领导和有关人员组成。

（3）明确责任。一是确定两个最大的京区单位，第二、三研究院为对口帮扶大通、湟中两县的责任单位；二是责成两院明确主管领导、主管部门及专兼职人员，与总部对应成立扶贫领导小组及扶贫办；三是分配指标，明确集资规模与范围。

3. 完善制度，规范运行。完善制度。先后拟发了《中国航天科工集团公司扶贫领导小组及扶贫办公室职责》、《中国航天科工集团公司扶贫项目和扶贫资金管理暂行办法》、《中国航天科工集团公司挂职扶贫干部管理办法》（试行），实现了扶贫工作的规范化、制度化。

协调运行。制定并坚持“三会”制度，保证扶贫工作的有效运行。一是年初扶贫办公室工作会，进行上年度总结，提出本年度设想：审议资金使用情况；挂职干部述职；二是年初集团公司扶贫领导小组会，扶贫办进行汇报；研究确定年度扶贫项目、资金安排、时间进度与措施；三是年中召开扶贫现场工作会。走访两县，考察项目、交流情况、协调问题、采取措施、督促落实。

4. 坚持互访，加强协作。扶贫成效取决于双方的协商、协作。每逢年底两县县委、县政府、县人大、县政协的主要领导，都要到北京进行回访。参观、航天和国防建设的成就；反馈挂职干部的情况；座谈、交流下年度扶贫工作设想。在交流互访，增进了解，深化友谊中共同协调推进扶贫工作。

【广播电视基础设施改造】 为了解决当地政府办公上网难和人民群众“看电视难”的问题，集团公司以213万元与地方配套，改造广播电视基础设施和部分光缆设施，使两县广播电视转播发射硬件设施及光缆建设迈上了一个新台阶，对促进西新工程建设，对加快传递党和国家的声音、传递市场信息以及丰富人民群众的文化生活都产生了重要作用。

【产业化扶贫】 为了增强两县的造血机能，提高更多农民的致富技能，集团公司从大通、湟中各自的发展以及产业特点、气候、资源条件、市场需求的实际出发，先后投资援建了高效节能日光温室、蔬菜大棚、小尾寒羊养殖、良教乡农场设施、奶牛养殖、国良蔬菜保鲜库和龙头产业肉鸡养殖基地等多个农业项目。采取“公司＋农户”的经营方式，既带动了龙头产业的滚动发展，又提高了农户的收入。现已完成农业项目20项，投入资金505万元。

【劳务输出、转移培训】 劳务输出，转移培训具有“输出一个，脱贫一家”的明显效果。几年来，集团公司利用各种渠道，先后向中纺汉东制衣公司、民政部社会工作协会所属公司、北京振远护卫中心、航天神龙汽车修理公司、北京冠捷科技公司、高速公路管理站输出劳务600多人次。走出贫困山区的农民，不仅学到了知识，掌握了技能、增加了收入，还开阔了眼界，提高了素质。西宁市劳动部领导在看望北京振远护卫中心两县劳务人员时，对航天科工的做法给予了高度评价。

【医疗扶贫】 为改变贫困地区医疗落后状况，减少因病致贫、因病返贫，根据两县的要求，集团公司开展了形式多样的医疗帮扶，总投资182.41万元。主要有：帮助改建医务用房，捐赠医疗设备及病床，共建爱心医院；通过派专家临床门诊、手术、病例讨论、现场授课，提高对口医院的医疗技术和服务水平；组织医疗队到村间地头送医送药，了解地方病情，提供有效服务。专家、医疗队每次到两县，慕名前来就诊的患者都络绎不绝，把诊室围得水泄不通，医院日门诊量成倍增加，收入也大幅提高。医生们经常吃不上饭，喝不上水，他们强忍高原缺氧和身体疲惫，以精湛的医术为患者解除病痛，受到当地政府、医疗机构和当地人民的高度评价和真心爱戴。

【多巴福利院“爱心基地”】 为解决千余孤寡老人老有所养，湟中县于几年前建设了多巴福利院，却因资金不足、设施不完善无法正常启用。为了让孤寡老人和孩子得到政府和社会的更多关爱，享受和谐社会的温暖与实惠，集团公司经与湟中县协商决定双方共建多巴福利院“爱心基地”。此决定在集团得到了积极反响：航天财务公司筹捐善款25万；总部机关捐献了十几包衣被；731医院修建了医务室以方便老人就医。青海日报为此进行了专题采访。

【教育扶贫】 帮助贫困地区发展教

育，培养有知识的人才，是消除代际贫穷的基本途径。集团公司实施了一系列的教育扶贫：一是与青海省教育厅合作建设了现代远程教育系统工程，直接受益学校190余所，受益师生达20多万人；二是组织“优秀学生航天夏令营”活动，进行爱国主义、国防科技教育和航天精神熏陶。40名学生代表，通过参观圆明园、卢沟桥、抗日战争博物馆、航天博物馆、车间、实验室，了解、认识了航天，激发了学习动力和爱国热情；三是开展了以“真情播希望爱心助教育”捐资助学活动，一次认捐600多名贫困学生；四是举办中小学校长培训班，通过教育理论和学校管理方法的更新、补充，提高中小学校长的整体素质，进而提高教育、教学质量；五是援建并投入使用了10所学校，解决了数千名入学难学生入学，同时促进了2县教育资源布局的合理化。10所学校中有4所为集团下属单位自愿援建，分别是深圳公司、航天精工股份有限公司、航天证券公司和沈阳新光集团职工杨智高个人捐建。尤其是杨智高的捐款善举在当地引起了反响；六是动员各界捐资捐物，为学校完善教学设施。建球场、修围墙、捐赠计算机、图书、桌椅、书包、文具，实施“飞航奖学金”，用航天人爱心成就贫困学生的美好未来；七是为大通职业技术学校配备机器设备，加强人才技能培训，并吸引国家资助300万元，使该校提升为省级重点职业教育学校。

【干部挂职扶贫】 集团公司坚持把定点扶贫与干部培养结合起来，先后从基层选派5位年富力强的干部挂职，平均年龄45岁，最小的28岁。他们以扶贫为己任，发扬航天人特别能吃苦，特别能战斗的作风和“两弹一星”精神，克服高原缺氧、家庭和工作上的种种困难，勤勤恳恳、任劳任怨，为扶贫工作做出了贡献。

王克勤、张开宾在挂职期间，有效落实集团公司的扶贫项目，拓展关系、牵线搭桥、招商引资，累计筹款300多万元。获2002—2005年集团公司扶贫工作先进个人；王长德、武向辉和孙志勇以大局为重，克服个人困难，无怨无悔。他们谦虚的态度、务实的精神，赢得2县政府的赞誉。王长德、武向辉分别获西宁市政府2006—2007年度“十一五”建功立业先进个人及所在县优秀共产党员称号。

（中国航天科工集团公司）

中国船舶重工集团公司定点扶贫

【概况】 2002年4月，在国务院召开的“中央国家机关定点扶贫工作会议”上，中国船舶重工集团公司（以下简称“中船重工集团”）被确定为云南省西双版纳傣族自治州勐腊县定点挂钩帮扶的中央企业。勐腊县是中国云南省最南端的一个边境县。东部和南部与老挝接壤，西边与缅甸隔江相望，国境线长达740.8公里。勐腊县辖5镇8乡，70个行政村，544个自然村。全县总人口近18万人。主要有傣、哈尼、瑶、彝等民族。由于历史、经济、社会、自然灾害等特殊原因，勐腊县产业结构单一，经济水平低下，发展落后。2007年农民人均收入不足2000元，扶贫任务艰巨。

2002年12月，陈天立亲自带队，携扶贫领导小组成员和办公室主要成员及首任挂职蹲点干部飞赴西双版纳，与当地政府及有关部门一道对扶贫点勐腊县进行实地考察。考察当中，陈总认真听取了有关情况的介绍和回报，按照省扶贫办的有关要求，具体针对勐腊县“贫困人口居住分散，交通不便，信息闭塞，群众观念滞后”等具体情况，与当地政府一道提出了“立足长远，因地制宜推动当地产业结构调整”的扶贫方针，把“开发扶贫、智力扶贫”作为推进工作的基本原则，初步制定了扶贫开发计划。

【扶贫调研】 坚持领导调研考察制度，实行责任人定期定点亲临扶贫一线调研考察，掌握扶贫工作进展情况，是公司扶贫工作一项制度。

自扶贫工作开始以来，扶贫小组领导和有关成员每年都要亲临扶贫一线。一是走村串户，认真听取当地政府和群众的意见和建议，进行深入的调研考察，研究部署工作计划和工作重点，对扶贫工作的开展进行具体指导并检查扶贫项目的落实，协调解决工作中的实际困难；二是能加强项目资金的管理和使用，提高资金使用效率；三是能够强化督促检查，保证扶贫项目的有效落实和扶贫任务的完成；四是能够加强扶贫开发工作沟通于协调，及时掌握扶贫工作的动态变化，把握扶贫工作新动向，做好服务保障工作；五是促进了扶贫队伍的建设，增强扶贫干部的政治责任，保持奋发进取的精神状态。

6年来，公司先后有6位副部级干部、8位厅级干部、12位处级干部多次亲临扶贫点开展调研考察工作。领导亲临扶贫点进行调研考察，体现了集团公司把扶贫开发工作摆到了更加突出的位置，形成高位推动，强势推进，层层落实的格局，有力地促进了扶贫项目的推进和任务的开展。在已实施或正在实施的扶贫项目没有一项因为领导责任制不到位不落实而耽误拖延的。

【干部挂职扶贫】 2002 年以来，重工集团公司先后派出五位扶贫干部在勐腊挂职蹲点。他们深入村庄，调查情况，协助当地政府开展扶贫工作，及时向重工扶贫领导小组反映有关情况，为当地扶贫开发工作和挂钩扶贫项目的顺利实施做出了贡献。为进一步加强对定点挂钩扶贫工作的领导，同时也为了加大对扶贫开发工作的力度，根据重工集团党组的建议，经云南省委组织部同意，2004 年 8 月重工集团增派 1 名科技副县长（副处级）到勐腊县挂职，负责当地扶贫开发工作。

下派挂职干部，积极与地方相关部门协作，对县域不同地区、不同民族的文化生活、素质教育、贫困状况等开展调研，完成了《中国船舶重工集团公司挂钩勐腊投资项目建议计划书》。在完成以上工作的同时，还配合地方扶贫办，落实各项扶贫开发项目和任务的完成，促进了贫困地区社会事业不断进步，贫困群众生产生活条件得到逐步改善，自我发展能力明显增强，山区面貌发生深刻变化。为促进全县经济发展、民族团结、边疆安宁、社会和谐发挥了重要作用。

【扶贫资金投入】 截至 2008 年 8 月，重工集团和昆船公司先后六次划拨专项扶贫资金共 400 多万元。主要用于卫生饮水工程、电化教学项目、农业科技推广、希望小学建设、乡镇扶贫干部培训等方面。

2002 年底，重工集团首期 43 万元扶贫资金到位。13 万元参与勐腊县易武乡饮水工程项目建设。该项目建设自来水管 10 千米，修建 300 立方木蓄水池一个，解决了 300 余户 1900 人的饮水问题，改善了少数民族贫困地区的生活条件；20 万元用于购置勐腊县民族中学多媒体项目建设。其中，15 万元用于购置多媒体教学设备，5 万元参与第一中学电教室项目建设；10 万元用于乡镇扶贫干部和农业科技推广的培训工作。

2004 年 4 月重工集团第二笔扶贫资金 30 万元到位。实施的项目有：10 万元用于县一中两栋学生宿舍建设；10 万元参与象明乡中学 2 栋学生宿舍建设；7 万元用于农业科技推广；3 万元用于县一小购置声像厅桌椅板凳。

2004 年 11 月，重工集团第三笔扶贫资金 20 万元到位。主要用于民族中学购置物理实验室、化学实验室和生物实验室设备及相关教学物品。

2006 年 1 月，重工集团拨出扶贫专项资金 100000 万元，作为扶贫项目实施储备金。

2006 年 6 月，重工集团第四笔扶贫资金 42 万元到位，其中 32 万元用于勐腊县尚勇镇中学多功能报告厅和物理、化学实验室设备仪器的购买更新。10 万元用于组织勐腊县相关学校首批 5 名优秀教师和 15 名优秀学生专程到北京参观学习。这些教生都是第一次远离家乡到京。参观学习活动使他们开阔了视野，增强改变家乡贫困落后面貌的决心和信心。

2007 年 3 月第五笔扶贫资金 48 万元到位。其中 38 万元用购买了 35 套电脑设备及其辅连设备，配置了标准 56 套物理、化学实验室的设备和仪器，建设完成了象明中学微机教学教研室和物理、化学实验室。10 万元用于第二批优秀教师、学生到北京参观学习。与此同时，重工集团公司所属昆明船舶公司还向勐腊县职业中学捐赠了

150 套课桌椅，向蔓龙勒村小组捐赠了一套篮球架，向勐腊镇中学捐赠 7 台电脑。

2008 年 7 月，根据中船重工集团定点扶贫协议任务书，重工出资 200 余万元，用于兴建勐腊县纳卡希望小学。目前该工程已经安计划开工实施，进展顺利，预计 2008 年 12 月底以前完工。2009 年春季开学即可投入使用。

【抗灾救灾扶贫】 除划拨专项扶贫资金以外，中船重工集团还针对当地发生地所发生的自然灾害以及其他特殊需求，提供了及时的救助和帮助。

2002 年 7 月，一场特大洪涝灾害袭击了勐腊，给当地群众的生命财产带来了重大损失，重工扶贫领导小组迅速作出反应，紧急组织各类救灾物资 10 余吨，克服塌方、山体滑坡等重重困难星夜将物资送往灾区。

2003 年 1 月，中船重工集团公司所属重庆船舶公司响应当中央、国务院“向挂钩国家扶贫开发工作重点县献爱心”的号召，心系贫困群众，捐献衣物、棉被等物资 321 包共计 13 吨，捐款 2838 元，帮助贫困群众度过了严冬。

2003 年 5 月昆船二机公司拿出 300W 的调频广播以及配套的 600 多个接收小音箱（估价人民币 5 万元），送给勐腊县。

2003 年 9 月，昆船第二机械有限公司捐款 1.5 万元，购买了 2 台电冰箱、2 台洗衣机、2 台电视机，送给了勐腊县敬老院，同时还救济了部分困难户。

2003 年 12 月，由于勐腊县扶贫工作繁重而缺少交通工具，经昆船公司领导研究，同意将公司的一辆“蓝鸟”轿车送给勐腊县扶贫办使用。

2003 年 11 月 25 日，重工集团下达《关于倡议响应云南省扶贫办等单位“云南向贫困宣战行动倡议书”的通知》，昆船职工纷纷解囊捐款，总额为 74274 元。该款由专人如数送往勐腊县扶贫办。

【定点扶贫工作措施】 定点挂钩扶贫对象确立后，中船重工集团党组高度重视，随即成立以党组副书记、纪检组组长、总经济师陈天立（副部级）为组长，办公厅主任张光兴和昆船公司纪委书记顾培华为副组长的“中船重工集团公司扶贫领导小组”并设置办公室，专门负责挂钩扶贫工作。定点扶贫领导小组的成立，明确组长为扶贫第一责任人，确立领导责任制，为今后做好挂钩扶贫工作的开展提供了组织保证。

中船重工集团自扶贫工作开展以来，定点扶贫领导小组就制定了“三总结”工作制度，既定点扶贫蹲点人员工作情况汇报总结制度、领导现场调研考察总结制度、定点扶贫领导小组工作总结制度。“三总结”工作制度把定点扶贫工作的“点”和“面”联系了起来，做到了上下互相通达，有利于及时协调解决各种实际困难。

定点扶贫蹲点人员工作情况汇报总结制度，就是定点扶贫蹲点人员将扶贫工作的开展情况、扶贫项目的实施情况以及有关意见和建议等有关问题及时汇报总结，供领导参考决策用。领导现场调研考察总结制度，就是领导在在调研考察期间，通过对扶贫工作情况的了解以及与当地政府及有关部门的沟通协调，找出扶贫工作中的不足，及时解决扶贫工作中的各种困难，调整扶贫工作策略，改进工作方式方法。定点扶贫领导小组总结制度，一般是对年度工作进行总结规划，提出下一年的的扶贫规划，完善扶贫规划。

定点挂钩帮扶勐腊县6年来，中船重工集团为勐腊人民脱困出思路、出资金、出项目，履行扶贫职责，得到当地人民、当地政府的高度评价，多次被西双版纳州、勐腊县评为扶贫工作先进单位。

（中国船舶重工集团公司）

中国兵器工业集团公司定点扶贫

【概况】 2002年，根据党中央、国务院扶贫开发工作的总体安排和部署，中国兵器工业集团公司（以下简称“集团公司”）对云南省红河州的红河县开始了新一轮的定点扶贫工作。在国务院扶贫办的关怀和指导下，到2008年5月，实施的三个产业扶贫项目取得了可喜的阶段性成果，受到国务院扶贫办、云南省以及红河州和红河县的好评。

集团公司党组高度重视定点扶贫开发工作，成立扶贫开发领导小组，组长由集团公司领导担任，集团总部设立扶贫办公室并配有专职副主任负责定点扶贫日常事务和管理工作。集团公司坚持把扶贫开发工作摆在重要的议事日程，扶贫工作的重大决策由党组会议讨论后决定。时任集团公司总经理的马之庚多次在京接见红河县党政代表团，多次同云南省领导商议扶贫方面的工作。

在组织机构、人员和资金三落实的基础上，还建立了各成员单位党委书记作为扶贫工作第一责任人，与绩效挂钩的扶贫工作责任制。集团扶贫办坚持每年对扶贫工作下达计划、检查计划落实情况和总结研究扶贫工作的制度。为使扶贫工作逐步规范化和制度化，先后制定了《集团公司募捐扶贫资金管理办法》、《关于云南扶贫县乡科级以上干部到兵器企业二级单位挂职办法》等规章制度。

【扶贫调研】 2008年5月亲自带队赴红河县出席了“中国兵器工业产业扶贫红河县棕丝深加工生产线竣工典礼”和“赠送五辆活鱼运输车以及移交神明果药用开发研究成果、神明果技术参考指导书仪式”。时任集团公司党组书记，现为集团公司总经理的张国清要求集团把扶贫工作扎实地做好，要真扶贫，见实效。党组成员、扶贫开发领导小组组长王庆龙定期听取工作汇报，研究部署工作，亲自带队深入扶贫县乡镇、山村检查落实扶贫项目，对红河县的扶贫工作和红河县的经济社会发展实际状况实地调研。

【产业化扶贫】 根据集团公司第一轮在红河州石屏县扶贫工作的经验以及多年来企业自身发展产业的经验，兵器工业集团公司认为，要“真扶贫、见实效”，必须发挥自身的技术优势并与红河县的资源优势有机结合起来，帮助红河县形成特色产业，变“输血”为“造血”，才能更好地促进红河县经济的可持续发展，彻底解决农民脱贫致富的问题。从2003年起，通过充分调研、论证，集团公司最终在红河县确定并从2004年开始组织实施了稻田养鱼、棕丝深加工和神明果生物资源科技开发等近期、中期、远期三个产业项目，迈出了探索产业扶贫新途径的步伐。

集团公司对红河县的产业扶贫受到各方面关注并给予积极支持。云南日报 2006 年 8 月 31 日以《产业扶贫托起新希望》为题进行了报道。2007 和 2008 年云南省扶贫办为兵器集团产业扶贫的最新成果相继发了简报。2007 年国务院扶贫办为棕丝生产线设备从内蒙包头运输到云南红河县给予协调支持，2008 年 5 月 9 日国务院扶贫办有关领导出席了剪彩仪式。

【“鱼凼工程”示范基地建设】 稻田养鱼是一项投资小、见效快、受益面大，综合效益明显的好项目。红河县 18 万亩梯田适合稻田养鱼的有 10 万亩。稻田养鱼属绿色无公害生态鱼，有较大的市场发展潜力。集团公司 2004 年捐助 10 万元购买鱼苗无偿发放给农民；2005 年捐助 10 万元在甲寅乡建起了鱼苗生产基地；2006 年又引进养殖专业户发展新品鱼苗和特种养殖；2007 年和 2008 年分别投入 15 万元建成了 300 亩的“鱼凼工程”示范基地；2008 年 5 月 9 日，集团公司将自行研制生产的 5 辆活鱼运输车赠送给红河县。现在，红河县的稻田养鱼面积由原来的 4 千多亩发展到现在的 6 万多亩，初步形成区域连片、规模生产、商品化经营的新格局，老百姓得到实惠。据红河县农业局水产站统计，每年全县农民通过稻田养鱼增收达 1200 万元左右。集团公司计划通过今后几年在稻田养鱼项目的扶贫，使稻田养鱼成为红河人民一个脱贫新途径，并且能够促进红河休闲旅游、饮食等行业的发展。

【红河棕业项目实施】 红河县号称中国的棕榈之乡，现有棕榈种植面积 15 万亩，棕丝产量占全国山棕的首位。棕制品应用广泛，具有较好的市场前景。但是由于诸多原因，红河县的棕产业一直属于原料输出型手工产业，在全县整个国民经济中的比重很低。集团公司对红河棕业项目扶贫，首先利用集团公司的技术优势从帮助红河县建设年产 8000 吨棕丝深加工生产线设备开始。

集团公司以旗下内蒙一机集团为核心，发挥兵器成员单位的各自优势通力协作，在一年时间内，克服困难完成了生产线的设计与制造任务，整条生产线全长 64 米，由 11 个大部件 4000 多个小部件组成，属于高度自动化轻工成套生产设备。经过安装调试和试生产，2008 年 5 月 9 日，在红河县棕业公司举行了“中国兵器工业产业扶贫红河县棕丝深加工生产线竣工典礼”，从剪彩结束到现在，该生产线已生产 2500 多张各类棕丝床垫，据业内专家评价，该套设备生产出的棕丝床垫质量达到甚至超过了国内市场正在销售的棕丝床垫水平。云南省委、省政府及州、县领导多次视察该生产线，对集团公司的产业扶贫成效和棕业公司的发展前景给予高度评价。棕业公司已经成为红河新的产业支柱和亮点。

据县扶贫办介绍，红河县建棕业公司的消息促使棕丝收购价连续三年来不断大幅攀升，棕绳的价格从 2005 年的每吨 1 千多元涨至现在的 4800 元/吨，最高达 5000 元/吨。仅此原料价格上涨一项，就使红河县中半山区农民连续 3 年每年多增加收入 1400～2000 万元，以前要砍掉的棕榈树成了农民的致富树。2005 年，集团公司捐助 10 万元建设的宝华乡棕榈苗圃基地的棕榈苗已销售一空。现在红河县中半山区农民栽种棕榈树的积极性高涨。集团公司计划通过今后几年在棕业项目的扶贫，一方面，促进和推动将现在的棕业公司建设成为云南最大和最现代化的棕业深加工龙头企业，并带动红河县原有初加工棕丝业的发展乃至云南省棕业的发展，促进红河县产业结构调整。另一方面，增加劳动就业，增加红河县财政收入、增加高寒山区贫困人口收入，改善红河县生态环境，使红河真正成为名符其实的“棕榈之乡”。

【神明果药用研究】 神明果（当地俗称豆腐渣果）是红河县的一种野生植物果实，从神明果中可提取果甙和神衰果素，是治疗神经衰弱、抑郁症和抗癌等新药的主要原料药。集团公司陆续投资50万元组织旗下西安近代化学研究所进行多方面的调研和开发研制。经过2年多的努力，神明果药用研究已完成产业化开发工作，2008年5月9日，集团公司向县里移交了《神明果药用开发研究成果》及《神明果技术参考指导书》。今后，通过红河县对外招商引资，可以在红河县建立原料药的初加工企业，力争与有实力的制药企业联合制成药、剂投入市场。

【培训扶贫】 围绕三个产业扶贫项目，集团公司每年都投入资金开展形式不同的科技培训。在稻田养鱼项目方面，每年安排20期的水产养殖科技培训，力争使开展稻田养鱼的每家农户有一个养鱼技术明白人。在棕丝深加工项目方面，一是每年开展10多期以棕榈育苗、种植、剥棕等知识为主的科技培训；二是对60多家棕丝初加工乡镇企业开展了10期安全生产、质量达标方面的知识培训；三是在县棕业公司利用整条生产线安装调试的机会，集团公司的技术人员对上岗工人举办了10多期的技术原理、工艺流程和岗位技能等业务培训。在神明果生物资源科技开发项目方面，在人工栽培面积较大的乡镇开展了10期以树木栽培、嫁接与养护技能为主的知识技能培训。

【教育扶贫】 2002年以来，新建了面积为836平方米的“中国兵器期垤希望小学”；开展了“兵器希望工程助学金”活动，受助学生达1500多人，其中已有51人考上大学；旗下内蒙一机集团一中与红河县一中结成帮扶对子，每年双方互派优秀教师进行教育教学经验交流，为红河一中培训教师10多名；部分成员单位捐助红河县宝华中学50台电脑建设计算机教室及图书资料阅览室；2008年4月旗下北方车辆研究所捐赠20台计算机在红河县甲寅乡他撒村建成了红河县第一所标准化的村级小学计算机教室。

【送温暖献爱心活动】 几年来，在集团公司各级领导和在昆明的昆明物理研究所、云南北方光电仪器有限公司等坚持开展送温暖献爱心活动，共捐助衣被等13196件套；旗下晋西机器工业集团有限责任公司捐赠100台手动式水泵给红河县帮助其增强抗旱能力；“非典”期间受集团公司领导委托，旗下泸州北方化学工业有限公司捐赠5吨消毒液，帮助红河县人民抗击病毒侵害；兵器昆明疗养院开展送医送药下乡活动，为普通群众免费看病160多人次，免费送药1万多元。

【干部挂职扶贫】 2005年以来通过单位推荐、集团公司考核、省组织部门任命，集团公司向红河县选派了挂职交流干部。挂职干部经常和县里的干部一起研究扶贫工作，一起深入乡镇、村寨，对红河县的经济状况及当地村民贫困情况进行了解，及时反馈当地的实际情况，对集团公司扶贫政策的制定及具体扶贫项目的落实起到了重要的作用，同时干部通过挂职锻炼了能力、提高了素质，是我们培养锻炼干部的重要举措；另一方面，集团公司也积极开展了对红河县年轻后备干部的培训工作，按照与县委组织部共同拟定的规划，共有10多位红河县乡科级以上干部分期分批到西安和太原兵器企业二级民品单位进行了挂职锻炼。

（中国兵器工业集团公司）

中国石油天然气集团公司定点扶贫

【概况】 自2002年至今，中国石油天然气集团公司（以下简称“中国石油”）定点扶贫尼勒克、察布查尔、托里、巴里坤、吉木乃、青河6个国家定点扶贫县。先后共组织实施81（含15培训项目）项扶贫开发项目，累计投入资金6385.3万元、捐赠物资折款1106余万元，出资培训县乡级干部和农科人员464人。2007年6个县的GDP为506274万元，较2008年上升21.1%；人均收入3179元，较2008年上升11.2%；低收入人口除尼勒克其他5县低收入人口平均降低了17.2%。2007年，按照国务院扶贫办要求，定点扶贫河南范县和台前县，已投入资金469.5万元。至此，共承担8个定点扶贫县任务。

【定点扶贫工作措施】 中国石油领导始终重视定点扶贫工作，有明确责任，有明确分工，有明确任务。

自承担国家定点扶贫任务开始就成立了定点扶贫工作领导小组，由一名副总经理担任组长，统筹部署落实国务院扶贫办安排的各项任务；历任党组书记、总经理十分关心定点扶贫工作落实情况，作出多次重要批示；现任蒋洁敏总经理更加关心定点扶贫工作落实情况，2008年9月9日在中石油《定点扶贫工作简报》上批示：定点扶贫工作是中石油的政治和社会责任，一定要在过去的基础上，总结成功经验，建立稳定机制，做出新的贡献；分管此项工作的党组成员、副总经理定期听取工作汇报，研究部署工作；领导小组下设的定点扶贫工作办公室，配备专职人员负责此项工作；总部每年组织机关有关部门负责人走访定点扶贫县，了解情况，解决问题；每年定期召开定点扶贫工作会议，研究确定年度工作计划与安排，落实扶贫项目与资金，协调处理扶贫工作中出现的问题。

为使定点扶贫工作逐步实现程序化、规范化、制度化，先后制定了《定点扶贫项目及资金管理办法》、《挂职扶贫干部管理暂行办法》、《扶贫工作领导小组办公室工作职责》和《挂职扶贫干部职责》等一系列规章制度。

多年来，始终坚持对定点扶贫工作半年一小结，全年一总结制度不变。通过总结和比较，找出不足，制定改进办法，调整扶贫项目，完善扶贫办法，达到所做工作让受援地政府和群众满意的目的。同时，按要求按时上报国务院扶贫办，以期得到上级领导的指示与支持。

【扶贫调研】 2007年9月，通过对新疆尼勒克、察布查尔、托里3县实地调研考察，形成“抓好一个管理，搞好一个规划，实施两步走，做到三个结合，实现四个满意”的工作思路，即“11234”工程。1个管理，就是抓好扶贫挂职干部的管理；1个规划，就是按2年一届对援建项目做到整体规划、整体设计、整体招标；2步走，就是按照整体规划，分年实施；3个结合，就是确定和实施扶贫项目要与中国石油的实际相结合、与当地政府的相关政策和长远规划相结合、与当地人民群众急需解决的困难和问题相结合；4个满意，就是工程质量满意、安全环保满意、资金使用和管理满意、交付使用后人民群众满意。

2008年5月通过对河南2县和当地龙头企业调研考察，针对“5·12”四川汶川大地震，向领导提出三点建议，即：所有援建项目都应按抗8级地震设计，做到万无一失；所援建项目不应因原材料涨价而缩减建筑面积或降低质量标准；台前恒润石油化工公司所需缺口碳五化工原料应在执行市场时实价格和不影响内部企业效益前提下，由总部相关部门协调优先给予解决，以帮扶当地龙头企业实现产业化拉动，真正变“输血”为“造血”，形成地方经济乘法效应，促使台前县人民群众早日脱贫。5月16日，主管定点扶贫工作的副总经理周吉平在《关于赴国家定点扶贫县河南范县、台前县考察报告》上批示：请认真落实援建项目，造福当地群众。

2008年6月，办公厅领导专程赴新疆与自治区扶贫部门领导座谈，沟通情况，征求意见，协调相关工作。新疆自治区扶贫领导小组副组长赵国明指出，中国石油领导高度重视、关心、支持帮扶新疆工作，近十年来的扶贫工作，不走形式，实实在在，有条不紊，自治区很满意，真正做到了扶真贫、真扶贫，中国石油的做法值得各帮扶单位学习和借鉴。

与此同时，新疆各对口扶贫企业和寰球工程公司的主要领导每年都要到定点扶贫县实地调研考察，了解情况，解决实际问题，密切企地关系，传递党和政府的温暖，得到受援地政府和广大农牧民的好评。

【干部挂职扶贫】 中国石油始终坚持把开展定点扶贫工作与培养干部工作相结合，并将其作为培养锻炼干部的重要举措，每年在机关和企业选派德才兼备的中青年干部到定点扶贫县挂职扶贫。自2002年以来，先后派出36名干部到定点扶贫县挂职工作。这些干部发扬大庆精神和铁人精神，艰苦奋斗、扎实工作，深入基层、吃苦耐劳，虚心向地方干部群众学习，参与各地的救灾、救助贫困人口活动，体现了石油人的情怀，得到受援地政府和各族干部群众的赞誉。98%的挂职扶贫干部期满回原单位得到提拔重用。在尼勒克挂职扶贫的王恒获新疆“伊犁州2005年度扶贫开发工作先进个人”称号。

【定点扶贫项目实施】 1. 解决“水”问题。累计投资960万元，先后资助建设13项水利工程和2项低产农田改造，既保证当地人民生命财产安全，又解决人畜饮水、农田灌溉等现实问题，使农牧民得到了实在的收益。

2. 解决“住”问题。累计投资2055万元，实施建设了一批“整村推进”和抗震安居工程，从根本上改变了部分牧民的居住条件。

3. 解决“路”问题。积极配合当地政府扶贫开发工作部署，援助援建一批“整村推进”乡村道路，促进了当地农村经济的发展和农牧民的增收。

4. 解决“教育”问题。除帮助扶贫县援建、改建一批学校外，还通过采取对口扶贫企业与扶贫中小学“结对子”、选派优秀教师到扶贫县作教学示范和组织国家扶贫开发工作重点县教师到企业观摩培训等不同方式方法进行助学等活动，累计捐赠办公和教学家具3828余套、图书6.56万余册、电脑603台；资助贫困生2704名；培训教师122名。与此同时，还开展“资助贫困大学生”活动，共捐资200万元资助特困大学生500人次。

5. 解决“科技”问题。为满足农牧民学习农业生产技能，参加文化娱乐的迫切需求，不断加大科技扶贫力度，投资援建了一批职业技术培训中心和村文化室，举办了一批农牧业科技人员培训班，累计举办各类科技培训班24期，培训学员737人次。

6. 解决“培训”问题。以开阔当地干部视野和传递实用信息为依托，每年都要定期在北京石油管理干部学院举办定点扶贫县乡领导干部培训班，累计培训了280位县乡领导干部。在中央电视台农业节目、十省电视台及人民日报、经济日报等媒体上免费为国家扶贫开发工作重点县作农产品深加工招商项目的广告，为贫困地区经济发展创造机会，促进其资源优势转化为经济优势。

7. 解决“医疗”问题。累计投资458万元，新建了5所、扩建与维修3所卫生院。新疆各对口扶贫企业还通过组织医疗队义诊，组织医务人员培训和赠送医疗器械与药品等方式，进行医疗卫生扶贫，改善了当地农牧民的卫生医疗条件。

与此同时，在受援地积极开展送温暖和抗灾救灾工作，实施救灾捐赠与送温暖工程，帮助农牧民共渡难关，累计捐赠送温暖和救灾款（物）957.4万元，提供车辆援助费用240余万元。

（中国石油天然气集团公司）

中国石油化工集团公司定点扶贫

【概况】 中国石油化工集团公司（以下简称“中国石化”）从1988年开始承担国务院扶贫办安排的定点扶贫任务，1988年至2002年的定点扶贫县分别是安徽的颍上、江西的宁冈、甘肃的渭源和庄浪四个国家扶贫开发工作重点县。2002年后，经国务院扶贫办批准同意，除保留安徽颍上县外，其他3个定点扶贫县分别调整为安徽的岳西、湖南的泸溪和凤凰县。

截至2007年，中国石化总部在4县累计投入扶贫资金8000多万元，帮助上项目151个；修建学校53所；资助贫困生5332名；举办各种培训班202期，培训23292人；帮助国家扶贫开发工作重点县输出劳务工13020人。其他还有帮助修建基础设施，发展种养业，帮助发展企业，以及采取捐助现金和物资等形式支援救灾，等等。

中国石化定点扶贫的4个国家扶贫开发工作重点县，经过几年来的建设，经济和社会各项事业都有了显著发展，贫困人口数量逐年下降。中国石化开展的定点扶贫工作也为各县的发展起到了积极促进作用，取得了较好的成效。

【扶贫调研】 扶贫援藏领导小组坚持领导实地调研考察，主要采取两种方式：一是集团公司总部领导直接深入到定点扶贫县实地考察。2007年8月，集团公司扶贫办负责人左志民亲自到湘西凤凰县和泸溪县考察扶贫工作，并在泸溪县召开了帮扶企业扶贫工作座谈会，交流总结几年来的扶贫工作经验，部署今后扶贫工作。2008年5月，中国石化召集4个定点扶贫县分管扶贫工作的县领导、县扶贫办主任和中国石化挂职干部，在安徽召开了扶贫工作经验交流会，除交流扶贫工作经验外，还就今后3年中国石化的定点扶贫工作规划进行了交流。左志民带队实地考察了安徽岳西和颍上县的定点扶贫工作；二是定点扶贫县所在地中国石化帮扶企业领导实地考察调研扶贫工作。中国石化所属安徽石油分公司、安庆石化厂和湖南石油分公司、长岭炼油厂的领导，受总部委托，每年都多次深入几个定点扶贫县考察工作，2003年颍上县遭受洪涝灾害，安庆石化厂当时分管扶贫工作的副厂长汪锦荣（曾被评为全国十大扶贫状元），一年就亲到颍上县13次，了解灾情，慰问挂职干部，检查指导扶贫工作。

【干部挂职扶贫】 2002年以来，中国石化每年向4个定点扶贫县各下派1名挂职干部，担任挂职副县长或副书记，协助做好中国石化扶贫项目的落实等工作，现已派出6批24名挂职干部。这些干部工作出色，落实中国石化的扶贫建设项目，经受锻炼，增长了才干，有的被地方申请记功，有的被要求继续留任，为中国石化赢得了荣誉。许多挂职干部的事迹都在当地各级报刊、电视台等媒体宣传，受到当地干部群众的好评。

中国石化扶贫援藏资金在中国石化财务公司设有专户管理。扶贫援藏领导小组办公室，按照领导小组制定的年度计划，分期分批拨付给各县相关单位，每年支持每个县扶贫建设资金200多万元。制定了《中国石化扶贫资金管理办法》，严格扶贫资金的使用和管理。

【基础设施建设扶贫】 消除制约脱贫的瓶颈。贫困地区基础设施薄弱是制约当地经济发展和贫困群众脱贫的重要障碍，中国石化定点扶贫的4个国家扶贫开发工作重点县有3个都是山区县，道路、饮水、住房等是当地群众最迫切需要解决的难题。为此在基础设施建设方面投入了力量。2002年以来，在4个定点扶贫县累计修建道路249公里，建设人畜饮水项目22个，扶贫建房893户。凤凰县千公坪至麻冲乡是纯苗族居住区，也是凤凰县最贫困的地区之一。2003—2005年，中国石化投资300多万元，支持建设连通11个贫困村寨的“千麻公路”，解决了10000多人的出行难问题，对当地的产业开发和古苗寨旅游都起到重要作用。现在“千麻公路”沿线在中国石化的扶持下，开发了千亩爱宕梨种植基地。公路修通后，带动了当地古苗寨旅游的发展，据了解，仅一个古苗寨的旅游门票年收入就达到上百万元，农民收入增加，村里60岁以上的老人可以按月领取80元的养老金，这条路被当地群众称为“连心路、幸福路、致富路、石化路”。《中国石化报》和《农民日报》以“扶贫一条路，幸福千万人”为题，报道了“千麻公路”在当地产生的重要影响。2008年，为了进一步改善“千麻”沿线的交通状况，中国石化又投入151万元，将这条硬底沙石路改建为水泥硬化路，2009年已建设施工。

【整村推进项目实施】 中国石化从2005年开始，实施整村推进项目，在安徽颍上县每年选择2～3个贫困村，帮助修建基础设施，扶贫建房，发展种养业等。颍上县2007年在红星镇大谢村和润河镇陈楼村开展整村推进项目，在做好整村规划工作的基础上，将分散居住的农户，集中起来建设新村，将老宅基地实施复耕。中国石化在每个村投资50万～60万元，帮助完善村内道路，上下水等基础设施，村内划分出生活区、种植区、养殖区等功能区域，既改善了当地群众的生产生活条件，又节约了土地。仅红星镇大谢村通过实施建设新村整村推进项目，通过宅基地置换，就增加可耕地170亩。

2009年，按照国务院扶贫办的要求，为了落实“三个确保”，中国石化下发了关于转发国务院扶贫开发领导小组办公室《关于动员对口扶贫系统支持“三个确保”工作的通知》的通知，要求每个县每年选择2个贫困村作为中国石化的整村推进重点村，帮助修建基础设施，发展种养业等。

【产业化扶贫】 在4个定点扶贫县我们先后开展了扶持贫困户养猪、养羊、养牛，种植果树、蔬菜，建设蔬菜大棚等多种产业开发项目，有的采取“一拖二”（扶持一户带动两户）的办法，发展养殖业，力求实现滚动发展。有的采取扶持大户带动，困难群众参与的方式，增加贫困群众收入。颍上县香草园项目是私人创办的，中国石化投入20万元帮助修建了园内道路，2009年香草园给北京奥运会提供产品，香草园老板租用农民的土地，每年除付给农户每亩600多元的土地租金外，还吸纳几十人到园里就业，每人每月可以拿到500~600元的工资。从2005年起，中国石化在泸溪县每年投入100万元，扶持开发10000亩椪柑，支持泸溪县的产业开发，免费为种植椪柑的农户提供种苗。截至2008年，泸溪县的椪柑开发超过20万亩，产值达到1.6亿元，已经成为当地的支柱产业和贫困户脱贫致富的重要途径。

【劳务输出培训】 促进贫困户迅速脱贫。劳务输出培训一直是中国石化关注的扶贫工作重点，也是贫困人口脱贫的“短、平、快”办法，输出一人脱贫一户。几年来，我们在四个县每年都要安排劳务输出培训项目，培训涉及种养技术、服装制作技术、电脑操作技能、数控机床操作、驾驶员等技术培训，很好地推动了贫困群众子女就业和增收。还利用石化企业的销售网络优势，在国家扶贫开发工作重点县培训招收加油工和保安等，有的县一次就组织输出加油工100多人。岳西县在实施劳务输出培训方面，做到年度有培训计划，培训后能够帮助指导学员就业，对所有培训输出的学员建档立案，提供有效的训后服务，培训一直保持较高的输出率。

【助学扶贫】 实现标本兼治。扶贫扶人，扶智扶文。中国石化扶贫援藏领导小组重视帮助国家扶贫开发工作重点县发展教育事业。几年来，不仅建设了许多中小学校，还想方设法帮助4个县发展教育。比如将机关和所属企业更新下来的旧电脑、电视机等捐赠给四个县的中小学，采取发放助学金等方式资助家庭贫困的学生等等。2009年5月，中国石化出版社将积压的价值20多万元的专业书籍与其他出版社置换，将价值10多万元适合中小学生阅读的图书捐赠给了泸溪县。

中国石化扶贫援藏领导小组的干部每每听说国家扶贫开发工作重点县还有读书困难的孩子，都感慨万千。2008年集团公司扶贫援藏领导小组决定再专门拨款200万元，在4县开展扶贫助学，重点资助非义务教育阶段家庭贫困品学兼优的高中生和新入学的大学生。2008年4县共资助新入学大学生204名，每人资助2000元；资助高中学生1061名，每人1500元。为了使助学金发放工作做到公开、公正、公平，制定了《中国石化资助家庭贫困优秀学生助学金发放暂行办法》，在征求各县教育局和学校等部门意见的基础上，反复修改完善，付诸实施。2009年助学金发放工作已经完成，并取得了好的效果。

【定点扶贫工作措施】 自承担定点扶贫工作以后，中国石化总部成立了扶贫援藏工作领导小组。2007年调整后的领导小组组长是集团公司党组成员，副总经理李春光，副组长是集团公司党组成员、股份公司财务总监戴厚良。领导小组成员单位有：人事部、工程部、财务计划部、股份公司财务部、发展计划部、油田企业管理部、资产经营管理公司、油品销售事业部和思想政治工作部。领导小组下设扶贫工作领导小组办公室（设在销售公司实业管理办公室），具体负责日常定点扶贫工作。销售公司副经理左志民为办公室负责人。

1. 定期召开扶贫援藏工作会议。扶贫援藏领导小组工作机制为每年年底前召开一次领导小组会议，听取扶贫援藏领导小组办公室关于当年扶贫援藏计划完成情况的汇报，总结当年的扶贫援藏工作，研究部署下一年度的扶贫援藏工作。同时，确定扶贫资金的总盘子和扶贫的主要项目。遇特殊情况，领导小组成员不定期召开会议，研究解决扶贫援藏工作中的突出问题。

2. 建立合理的工作机制。包括扶贫领导小组的工作机制和对扶贫项目的监督管理运行机制等。几年来，我们始终能够坚持年度工作总结制度，总结上年工作，安排下年任务。对扶贫资金拨付管理建立了专门的使用管理办法，对年度项目实施情况每年检查两次。并且，按照三年一个周期，请各县协助制定了中国石化“三年规划”，为扶贫工作有序进行提供了保证。

3. 扶贫资金集中使用。据了解，目前中国石化定点扶贫的四个国家扶贫开发工作重点县都对本县的重点贫困村进行了建档，制定了整村推进计划。我们建议县里在实施整村推进计划时，对中国石化的扶贫项目尽量集中，既便于管理，又能够取得实实在在的效果，避免“撒芝麻盐”的情况。

4. 加强对扶贫项目监督管理。考虑到定点扶贫县用于实施扶贫项目的资金来源渠道比较多，扶持项目比较分散。我们在实施的扶贫项目中实行挂牌管理，凡是中国石化实施的扶贫项目要求挂牌，便于对中国石化实施的扶贫项目进行监督。

5. 坚持“三个依靠”。中国石化集团公司扶贫领导小组要求，扶贫工作要依靠集团公司的统一领导、依靠集团公司所在地企业的支持、依靠地方政府的积极配合。集团公司扶贫领导小组依据国务院扶贫领导小组的要求确定扶持重点，定点扶贫县所在地的集团公司直属企业密切配合总部的扶贫工作，依靠地方政府做好项目选择、管理等工作，“三个依靠”对有效开展扶贫工作起到了良好的保障作用。

（中国石油化工集团公司）

中国海洋石油总公司定点扶贫

【概况】 中国海洋石油总公司（以下简称“中国海油”）作为中央大型骨干企业，以实际行动践行国有企业政治责任、经济责任和社会责任。近年来，中国海油党组响应党中央和国务院的号召，始终把扶贫开发工作作为一项重要任务来抓。从1995年开始对海南省陵水黎族自治县、保亭黎族苗族自治县、五指山市实施定点扶贫以来，在扶贫开发工作上投入了大量的人力、财力和物力，取得可喜成绩。特别是从2002开始对西藏自治区尼玛县实施对口援助，在中央和国家有关部委的指导、关心和支持下，总结扶贫开发经验，进一步创新思路，完善机制，增加投入，强化管理。近5年来，中国海油用于扶贫开发和其他社会公益事业的投入超过3亿元人民币，支持了受援地区经济社会的发展。近年来，尼玛县的生产总值每年以15%的速度增长，2007年，尼玛县牧民人均收入2900元，无论是发展速度还是牧民人均收入，在那曲地区都名列前茅。陵水、保亭、五指山3县市的经济也实现了连年增长，贫困人口逐年减少，生活水平逐步提高。2008—2010年，中国海油计划向尼玛县投入资金4500万元，进一步支持尼玛县的基础设施建设、改善牧民居住条件，支持牧业和教育的发展；计划每年向陵水县、保亭县、五指山市各投入200万元，重点用于产业扶持和教育发展。

【定点扶贫工作措施】 1. 成立扶贫援藏及公益事业委员会，制订工作章程。为搞好对西藏自治区尼玛县和海南省陵水县、保亭县、五指山市的定点扶贫工作，2002年，中国海油专门成立了定点扶贫对口援藏工作领导小组，由一位总公司领导任组长。2005年，随着扶贫开发工作的进一步深入，在原定点扶贫对口援藏工作领导小组基础上，成立了中国海洋石油总公司扶贫援藏及公益事业委员会，专门负责根据党中央、国务院向中国海油下达的指令性定点扶贫援助任务，对援助项目进行指导、筛选和监督管理，并制订了《中国海洋石油总公司慈善公益事业委员会工作章程》。《章程》规定，委员会领导小组组长由一名总公司领导担任，委员会下设办公室，负责年度慈善公益的实施工作，专项规定了扶贫开发工作计划的制订、督促实施和检查落实等工作。《章程》还就定点扶贫、对口援藏及其他公益事业的扶持范围、资金的管理权限、扶贫开发工作程序等作了详细规定，从组织机构和制度上保障了扶贫开发工作的顺利推进。

2. 定期召开扶贫援藏工作会议，及时向国务院有关委办报告工作情况。为及时总结成绩、汲取经验、明确思路、部署任务，指导和促进扶贫援藏工作的有序开展，自2002年以来，中国海油共召开了7次扶贫援藏工作会。同时，按要求及时向国务院扶贫办和国资委有关部门上报扶贫开发年度工作总结和工作计划，得到了国务院有关部委办的大力支持、指导和帮助。

3. 对扶贫项目实行挂职干部领导下的项目经理负责制。中国海油不但向定点县市派出挂职干部，还派出项目管理人员，确保从总公司决策层到项目实施层做到无缝衔接，使扶贫项目管理程序化、规范化、科学化。

4. 着眼将来，创新思路，建立长效机制。中国海油从海南定点扶贫开始，就提出了明确的思路，如：扶贫先扶智，治穷先治愚，主张多在教育培训上投入，在扶本上下工夫；捐钱捐物不如建项目，注重地方造血功能等。通过科学实践、积极探索，从“交钥匙工程”做起，逐步形成了“解困、扶本、造血，建立长效机制”的对口扶贫开发的总体工作思路。中国海油的扶贫开发工作在这一思路的指导下，用先进的管理机制做保障，给国家扶贫开发工作重点县市的社会和经济注入了生机和活力。

2007年8月，中国海油还尝试将三家外方合作伙伴的慈善资金带进了雪域高原，不仅进一步拓宽援藏项目的融资渠道，还从更深层面宣传了中国共产党的民族政策，提升了民族地区的良好形象。

【扶贫调研】 2002年以来，为了落实党中央、国务院部署的新一轮定点扶贫工作，搞好海南省陵水县、保亭县、五指山市3个县市的扶贫开发，中国海油领导多次率队深入上述贫困县市，与当地政府深入交流，调查了解3个县市的发展和实际需要，并直接在当地召开了总公司扶贫工作会。为了搞好对口援藏工作，中国海油共组织了7次援藏考察，其中由两任扶贫援藏工作领导小组组长张云中、武广齐亲自带队的就有4次。领导亲自参与研究扶贫规划、指导制订扶贫工作计划、督促落实扶贫资金，为中国海油的扶贫开发工作指明了方向，规划了宏图，提供了强大的动力。

【干部挂职扶贫】 5年来，中国海油先后向西藏自治区尼玛县派出了三批共6名挂职干部，另外还先后派出了10名专职项目管理人员。向海南省陵水县、保亭县、五指山市派出了两批共6名挂职干部。中国海油的历届挂职干部，在自然条件严酷、经济落后、生活条件差的受援地区，不畏艰苦，任劳任怨，发扬“缺氧不缺精神、艰苦不怕吃苦”的优良传统和作风，一到当地就扎根基层，与农牧民打成一片，与当地干部团结协作，为促进当地经济建设、加强当地党政班子建设发挥了积极作用。

2002—2007年，在海南3个县市和西藏自治区尼玛县共投入资金1.5亿元，开展基础设施建设、扶助教育培训、扶持农牧产业等，改变了贫困地区落后面貌，积蓄了发展潜力。尼玛县被西藏自治区一位领导喻为“藏北高原上的一颗明珠”。

【基础设施建设扶贫】 2002年以前，尼玛县的生产、生活、教育、医疗、卫生等条件落后。2002—2004年，中国海油共拨款6000万元，建设了尼玛县驻那曲办事处共建项目、党政综合办公楼、尼玛县宾馆、县农贸市场、贯穿县城南北，长约1120米的县城主干道路面硬化等10个项目，改善了尼玛县城的面貌，改善了政府的办公条件。

2004—2007 年，中国海油向尼玛县投入 4500 万元，主要用于为牧民配置生产用车，建设牧民定居点，实施牧民光明工程，解决 2000 户牧民的照明问题，广播、电视等生活配套设施也将陆续跟进。在海南 3 县市实施茅草房改成瓦房工程，为村民打饮水井，解决农民的住房和饮水困难。同时，在海南实施“为‘健康快车’加油，为贫困地区白内障患者送光明”等活动。改善了农牧民的生产生活条件，增加了农牧民的防灾抗灾能力，提高了农牧民的生活质量和生活水平。

【产业化扶贫】 2002 年以来，中国海油每年向海南省的三个定点扶持县市各投入 200 万元，重点用于产业发展、教育培训等。通过利用海南省贫困村自然资源条件，按照“特色经济、林下经济、旅游经济、生态经济、沼气经济、庭院经济”的要求，扶持贫困户种植橡胶、槟榔、益智、胆木、油茶、花梨木、灵芝等，培育了造血功能，使农户连年受益。中国海油援建的尼玛县驻那曲办事处已成为尼玛县在那曲地区的畜牧产品集散地，打开了尼玛县畜牧产品对外交流的窗口，促进了尼玛县畜牧业的发展。

【培训扶贫】 一是在藏区尼玛县有重点、有步骤地实施以提高干部队伍素质为核心的培训计划，已经选派当地近 80 名优秀党政干部，分 4 期赴内地培训；二是在海南 3 县市，投入资金为农民举办橡胶管理、灵芝栽培、油茶栽培技术班和重点村干部培训班。这些农民经培训后，有的在当地农业技术领域发挥了重要作用，有的被输送到外地打工，培训效果明显。

【教育扶贫】 2003 年，中国海油出资 1000 万元，与海南省教育部门共同成立“中海油海南教育基金”，用于帮助贫困辍学孩子重返校园，并奖励当地的优秀教师。2007 年，投入 20 万元启动资金，扶持成立五指山市“雏凤”助学基金，帮助学习成绩优秀但家庭困难的女生完成学业，公司领导武广齐本人一次性捐助了一万元。协助建设“普爱学校”，启动五指山市“教育移民”工程，将贫困乡镇的初中生集中转移到城里上学，使贫困县市实现城里上学—职业教育—城镇就业三步曲。

完成了尼玛县小学教室与校舍的扩建改造，为县完小、中学图书室兴建配套设施和购置配套设备，建设了县完小、中学劳动技能培训及科研试验基地。除此以外，还将中国海油一直资助的宋庆龄基金会的教育扶助项目范围扩大到了这些国家扶贫开发工作重点县。

（中国海洋石油总公司）

中国电信集团公司定点扶贫

【概况】 为落实中央扶贫工作会议精神，2002 年召开的中央国家机关定点扶贫工作会议将中国电信集团公司（以下简称“中国电信”）列为新的一轮定点扶贫单位，国务院扶贫开发工作办公室将四川省凉山彝族自治州的盐源、木里 2 县确定为中国电信的帮扶对象。

6 年来，中国电信通过在扶贫工作领导与组织、扶贫思路明确与贯彻、扶贫项目选择与资金落实、扶贫干部选拔与培养、扶贫工作管理制度化与体系化等方面的扎实工作，为当地的经济发展、社会进步和人民生活改善发挥了积极作用，得到州委州政府、县委县政府和老百姓的高度评价。凉山州以《扶真贫，真扶贫》为题对中国电信集团公司对口扶贫木里、盐源的工作成绩向全州进行了宣传，2006 年中国电信被梁山州委、州政府授予“优秀扶贫工作单位”的光荣称号。

【定点扶贫工作措施】 中国电信党组定期专门召开总经理办公会，对定点扶贫工作进行专题研究。成立扶贫援藏领导小组，分管副总经理任组长，综合部、网络发展部、财务部、人力资源部、党群工作部主要领导为成员。领导小组每年至少召开一次会议审议当年扶贫项目，落实扶贫资金。两任领导小组组长都亲自到两个扶贫县进行了实地考察调研，提出了要重点从教育、医疗卫生、信息化应用三个方面开展对口扶贫工作，逐步增强当地的造血功能，让老百姓得到切实利益，并指示要制定 3—5 年的扶贫规划，以指导今后的扶贫工作。

根据中央精神，结合企业优势和受援地实际情况，中国电信在 2003 年即提出，在定点扶贫工作中要始终坚持“四个结合”的原则，即：将扶贫工作与通信建设发展和当地经济发展需求结合起来，与知识扶贫、智力扶贫、思想扶贫结合起来，与干部的培养和锻炼结合起来，把公司扶贫与员工个人捐助结合起来。同时要坚持因地制宜的原则，加强与地方党政部门的沟通，达成共识，扎实做好扶贫工作，保证扶贫工作的长期效果，帮助当地早日脱贫致富。

近几年，在总结前期扶贫工作经验的基础上，中国电信根据党的十六届五中全会提出的全面建设小康社会的精神和国务院提出的“三个基本原则”、“三项重点工作”的要求，结合扶贫县的“十一五”发展规划，对定点扶贫工作思路做了进一步的明确：发挥企业优势，重点加强 2 县信息化建设，配合中国电信集团转型战略，通过信息化带动当地经济发展和社会进步；巩固现有成效，持续推进教育、卫生事业的发展，促进当地百姓文化生活水平的提高和医疗状况的改善；适度拓宽扶贫领域，挖掘当地资源，协助政府做好农业产业发展规划、旅游发展规划，做好农民增收项目；强化知识扶贫，通过开展人才培训，切实提高当地干部职工队伍业务能力和农村转移劳动力素质。

【扶贫项目资金投入】 中国电信结合企业自身和扶贫点的实际，坚持“以教育、卫生、信息化和人员培训为重点扶贫方向”，发挥社会扶贫的补充作用，扶贫项目与当地政府经济发展战略相结合，整合资源，围绕重点，发挥示范效用。几年来，累计投入资金近3600万元，打造了一批造福当地、影响深远的扶贫项目。通过这些扶贫项目的精心选择和实施，既能够逐步增强当地的造血功能，又能够使当地老百姓得到实惠。同时，考虑到，每年的扶贫资金毕竟有限，而扶贫工作是长期性的，因此制定了一个3年的扶贫滚动规划，以对各类扶贫项目进行系统选择和合理安排，从而使得每年投入的扶贫资金形成叠加效应。

另外，还投入赈灾/灾后重建资金67万元，帮助灾民渡过难关及恢复生产生活。

【通信基础设施建设】 中国电信通信建设投资达840万元。2003年，木里、盐源2县通信基础设施都十分落后，木里县全县29个乡镇，只有1个镇通电话，通信设备陈旧，固定电话普及率很低；盐源县的电话普及率也只有2.53%，通信落后成了制约2县经济发展一大瓶颈。中国电信扶贫干部到位后，深入开展调查研究，在当地电信分支机构的配合下，完成了2003—2004年木里、盐源通信扶贫规划。集团公司在建设资金紧张的情况下，及时下拨扶贫资金，支持扶贫通信项目的建设，完成了木里、盐源小灵通系统建设，系统规模达到135个基站，容量近7000线，投资840万元。政府部门、乡镇企业、特别是县城附近的农民兄弟，从这种经济的通信方式中都获得了实惠。同时，也为2县通信的发展、以信息化带动工业化战略的实施树立了新的里程碑。

【“信息化”扶贫】 几年来，中国电信累计投入“信息化”扶贫资金640万元。通过信息化建设，提高县农村管理工作水平和工作效率，促进农村社会管理从传统方式向现代化科学管理方式转变；促进市场信息流动，带动农业的市场化，推动农民增收；促进先进文化的传播，满足农民群众的信息、文化、娱乐需求，促进观念转变。投资336万元，重点建设了盐源县党政网、教育网、农业信息网（科技110）、视频会议系统、全县治安监控系统及互联网接入系统；投资250万元，建设木里县电子政务网、木里远程教育网、以及木里县城—瓦厂镇—查布郎镇干线光缆配套设施；投资60万元，添置了相应的通信工程用车。

【教育扶贫】 重点推进全县教育网点延伸工作和改善部分中心小学办学条件。中国电信投资640万元，重点实施了木里县民族中学大楼、木里县教师培训中心、盐塘小学校舍及配套设备、梅雨二村小学、卫城中河村小学、树河中学学生食堂、梅雨镇中心校改扩建、干海乡南河小学重建等项目。同时，投资130万元，实施了盐源县文化馆改造、文化活动中心建设等项目。

以资助贫困大学生为切入点，积极参与中国扶贫基金会组织实施的“新长城——特困大学生自强”项目，在2004年

12月3日共同签署了“捐赠协议书”，捐赠200万元，以资助木里和盐源两县当年考取大学的特困生，每人资助额2000元，累计资助1000人。截至2008年10月，中国电信已资助特困大学生463人，累计金额93.6万元。

在中国电信总部开展了向扶贫县贫困小学生的“一帮一”活动，即总部员工自愿帮助一个或多个贫困小学生完成小学学业，广大员工积极响应，累计捐赠14万元。集团公司网络运行维护部将“先进党支部”的奖金和网运部全体职工捐赠的资金共计24800元纳入中国电信集团公司扶助贫困学生活动中，在盐源县的“中国电信希望小学”中设立了专项扶助基金，帮扶贫困学生。为了资助贫困高中生，实施了资助盐源民族中学50名高中贫困生生活费项目，全国大客户服务体系个人捐资20万元，帮助贫困高中生顺利完成三年学习任务。

【医疗卫生扶贫】 重点解决偏远地区就医难的问题，改善乡（镇）中心医院办医条件及建立部分村医疗点，购置相关医疗设备，重点解决群众看病难问题。中国电信投资700万元，重点实施了木里县医院手术楼、木里县医院营养食堂建设、平川中心卫生院、盐塘中心卫生院重建、长柏乡卫生院业务用房新建、右所乡塔尔提村十组（麻疯村）卫生所新建、瓦厂区中心卫生院住院病房改造等项目。

【培训扶贫】 几年来，中国电信累计投入知识培训扶贫资金80万元。开展农民实用技术、劳务输出重点培训，不断提高农民劳动技能，使部分贫困户剩余劳动力得到了发挥，达到“输出一人，致富一家”的目的。对县乡干部、教育和卫生系统工作人员进行培训，提高素质。重点实施了文教卫生系统职工、农村转移劳动力及实用技术培训，共计举办5期培训班，投资近30万元；支持资金50万元，用于公务员及科技骨干培训工作，安排180人次在自贡、成都和北京参加短期培训。

【产业化扶贫】 几年来，中国电信累计投入扶贫资金240万元，主要以加快农业产业化发展为主，打造一批农业经济发展科技示范园区，带动全县农业经济快速发展。在实施方面坚持以贫困户为主、分期分批、整村推进原则，重点解决全县重点贫困村农业发展问题，摆脱长期以来存在的自产、自食、自销的传统模式，进一步改善贫困人口的生产生活条件。投资120多万元，重点实施了盐源县脱毒马铃薯网室建设、下海乡清水村沼气池建设、双河乡敬老院改扩建、农业产业发展规划和卡拉坝村通电工程等项目；投资50万元，新建盐源县卫城镇农业科技示范园区、农户蚕桑养植推广等项目；投资40多万元，建设木里县现代化藏医院制剂室；支持资金20万元，用于木里县旅游资源的调研、规划、宣传方面的基础性工作。邀请知名农业专家、博士生导师胡小松教授一行到盐源县考察，为盐源县农业的长期发展规划出谋献策。

【干部挂职扶贫】 中国电信每年从集团公司总部、直属单位选派年轻优秀干部到定点扶贫县蹲点挂职扶贫，并将其作为培养锻炼干部的重要手段。中国电信明确规定，扶贫干部回原单位后，竞聘上级岗位时，在同等条件下优先考虑。扶贫干部每年一换，从2002年到现在，已陆续派出6批干部共9人（其中，在当地政府极力挽留下，1人主动申请延长1年，1人主动申请延长 2 年)。

这些扶贫干部都是集团公司人力资源部和其所属单位部门按照德才兼备的原则，严格挑选出来的优秀人才，一般都是副处级干部。他们首先都具有较好的政治素质和良好的职业道德，能认真贯彻党和国家的方针、路线和政策以及集团公司各项扶贫决策；其次都具有较强的综合协调能力，工作扎实，吃苦耐劳，善于处理复杂问题；三是都有很好的专业素质，工作业绩表现突出；最后必须要有一个健康的身体。这些扶贫干部到位后，不怕苦、不怕累，按照“真扶贫、扶真贫”的要求，深入乡村、深入农户家庭，了解民情，很快融入到当地干部群众当中，系统制定扶贫计划，积极抓好扶贫项目管理工作，主动为当地解决实际困难，获得了县委县政府和老百姓的很高评价。

《凉山日报》曾在第一版“优秀人才风采系列报道”刊登了标题为《他，从北京来——记中国电信集团公司赴盐源扶贫挂职干部、县政府副县长秦艳盛》的文章，介绍了扶贫干部秦艳盛的感人事迹；尤其是扶贫干部冯强，任盐源县委常委、县政府副县长，从 2006 年 10 月开始，带着使命感和责任感，投入盐源的扶贫帮扶工作和其他各项工作，发挥自己的工作长处，开展招商引资工作，为企业排忧解难，协调解决项目建设中的各种困难和问题，为盐源县的扶贫事业和工业强县战略的实施，做出了贡献，受到盐源干部群众的肯定。《凉山日报》发表专题文章《情系贫困显风流》，报道了冯强在盐源的扶贫工作，盐源的干部、群众都夸冯强是在岗时间最长、参与工作最多的好兄弟。在盐源县委、县政府要求下，2008 年冯强在已蹲点扶贫 2 年的基础上再留任 1 年。

同时，鉴于扶贫干部每年一轮换，中国电信注意做好扶贫干部的交接工作，缩短新扶贫干部的适应期，使扶贫工作保持很好的延续性。

【扶贫工作管理办法制定】 制定《中国电信集团公司扶贫援藏工作管理办法》。从组织架构与职责、干部选派与管理、项目实施、资金使用、项目监督等方面进行了明确规定，将扶贫援藏工作纳入规范化管理轨道。《办法》的出台进一步加强了中国电信对扶贫援藏工作的领导和归口管理，做好扶贫及援藏项目的长期规划，确保扶贫援藏的资金和项目发挥最大效益。

【《中国电信集团公司 2008—2010 年扶贫滚动规划》制定】 2006 年年中，中国电信分管领导在考察扶贫工作过程中提出，为了使扶贫工作保持连贯性，发挥扶贫资金和项目的累积效应，体现“真扶贫、扶真贫”，应制定扶贫工作规划。按照这一指示，中国电信扶贫援藏领导小组办公室协调两任扶贫干部，在深入调研的基础上，在总结 2002—2007 年扶贫工作经验的基础上，经与盐源、木里 2 县县委、县政府反复沟通并征得同意后，制定完成。制定《中国电信集团公司 2008—2010 年扶贫滚动规划》的目的是对受援地的援助需求进行统筹考虑，在今后各年度统筹安排扶贫项目和资金，使有限的扶贫资金发挥出最大的经济效益和社会效益，促进当地经济发展、社会进步和老百姓生活改善。规划分盐源县和木里县两部分。

【扶贫资金管理】 中国电信与当地政府一起，分别制定《盐源县中国电信扶贫资金管理办法》和《木里县中国电信扶贫资金管理办法》。办法主要规范扶贫资金总体使用原则、县域内扶贫资金的管理监督体系、扶贫项目的管理、扶贫资金的管理等方面内容。同时根据该办法，设立专门账户，建立账簿，进行专门的会计核算，保证了资金的专款专用。该办法的制定，使中国电信在当地的扶贫工作做到有法可依，有章可循，有效规避了扶贫资金的运作风险，保证扶贫工作的连贯一致，提高了扶贫工作的效率、效果，使扶贫管理工作上了一个台阶，为扶贫工作的完成奠定了坚实的基础。

（中国电信集团公司）

中国铝业公司定点扶贫

【概况】 湖北省阳新县是一个集老区、库区、山区、贫区、疫区五区于一体的全国扶贫开发重点县，位于鄂东南、长江南岸、幕阜山北麓。全县国土面积2780平方公里，构成“五山二水三分田”，辖20个镇（管理区）、312个行政村，人口为98.6万。全县20万贫困人口分散在生存环境恶劣、发展基础欠缺、开发难度大的高山区、湖区和库区，扶贫开发任务繁重。

中国铝业公司（以下简称“中铝公司”）是中央直接管理的国有重要骨干企业。在实现企业又好又快发展的同时，公司始终把社会责任理念和要求全面融入公司发展战略、生产经营和企业文化之中，考虑社会的可持续发展和与公司利益相关者的和谐共赢，把“报效祖国，回报股东，造福员工，惠泽社会”的宗旨落到实处。近年来，中铝公司及所属企业先后投入数亿元，开展赞助教育、扶贫帮困、援藏援疆等社会公益活动。选派优秀干部对口支援西藏昌都地区察雅县等地区的发展建设事业，受到了社会各方面的褒奖，中铝公司先后获“中国企业社会责任突出贡献企业”和“最具影响力企业”等称号。

2002年，中铝公司肩负着党的重托，对口扶贫湖北省阳新县。6年投入扶贫资金近2000万元，先后轮换下派两届扶贫工作组，挑选优秀干部常驻阳新蹲点扶贫，坚持科学规划、产业扶贫、科教扶贫，为阳新人民办实事、解难事，6年帮助阳新县减少贫困人口5万多人，为阳新这块红色的土地播下了希望的种子。2008年7月，湖北省委副书记、省长李鸿忠批示：“中铝公司对湖北的扶贫开发事业予以了极大的关注和支持”，高度评价中铝公司在阳新县扶贫开发所做的努力和取得的成绩。2008年，在由国务院扶贫办、国家广电总局、国家体育总局指导，中国扶贫基金会与中央电视台、《中国财富》杂志社联合举办的纪念国际消除贫困日活动中，公司凭借在2008年民生方面的积极行动和为中国扶贫事业做出的突出贡献，获“2008中国民生行动先锋”称号。

【扶贫调研】 自2002年中铝公司对口扶贫阳新以来，公司党组高度重视阳新扶贫开发工作的进展情况，总经理肖亚庆多次亲自主持召开专题会议研究，副总经理吕友清和原副总经理罗涛先后多次组织工矿、冶金、煤炭等方面的专家团考察阳新扶贫项目，规划发展方向，为阳新的发展提出了很多建设性的意见。

规划是扶贫的依据，好的规划是破解返贫问题的第一步。中铝公司扶贫工作组的同志们深入全县20个镇、场和5大山区、

2大库区调研，足迹遍布阳新的山山水水，掌握了大量第一手材料，结合阳新整体扶贫规划，找准扶贫突破口，形成了《中国铝业公司对口扶贫阳新工作计划》。

【干部挂职扶贫】 中铝公司第二届扶贫工作组负责人熊宝山，受公司党组重托，在阳新挂职驻点，几年如一日，一心扑在阳新县的扶贫工作上。熊宝山跑千重山，进百姓门，寻找企业与扶贫的合拢口，有针对性地提出“五围绕五提高”的扶贫思路，即围绕基地建设，提高产业开发规模水平；围绕劳动力技术培训，提高劳动力综合素质；围绕新农村试点配套建设，提高群众生活质量；围绕扶贫求助，提高自我发展能力；围绕行业雄厚资源，提高县级铝业竞争力。这样的规划一头连着党心，一头连着民心，中间连着中铝的责任心，三心合一，决胜贫困，点燃了阳新山库区群众心中的希望之火。

【教育扶贫】 阳新作为近百万人口的大县，阳新有中小学生20多万名，其中贫困生5万多名。由于投入不足，一些中小学校舍破败失修，教学设施简陋，严重制约了教育事业发展。近几年来，中铝公司投资150万元，改造阳新二中教学楼2970平方米，完善配备了实验室、微机室、多媒体教室等教学设施，过去破旧不堪、稀疏松散的教室，如今窗明几净、书声朗朗；过去一支粉笔上课堂的教学，变成了声形兼备的多媒体授课。随着环境的改善，教学质量的提高，过去生源不足800人的阳新二中现在突破了2000人，学校升学率节节攀升，已经成为名符其实的县级重点中学。

王英村贫困的境况和孩子们的处境牵动着公司领导和广大员工的心，中铝公司筹措资金20万元，参与图纸设计和学校建设，监督工程质量和实施进度，赶在夏季开学前为孩子们建起了一座600平方米的教学楼，添置崭新桌椅100套，资助100名贫困学生书包、图书、文具等学习用品。5年来，中铝公司资助贫困生241名，资助金额10多万元，让贫困孩子安心回到课堂。为孩子们架起了一道梦的彩虹，为王英村教学发展撑起了一片希望的天空。

【劳动力培训转移工程】 中铝公司一改简单的送钱送物的“输血”方式为送技能的“造血”途径，配合县委县政府实施的“雨露计划”，面向贫困户开展劳动力培训转移工程。借鉴企业培训模式，在实践中大胆尝试，探索出适合阳新的“校企合作模式”。三年来，公司依托黄石第一技工学校，坚持以需求为导向，对贫困学生实行订单、定向培训。培训期间对学员实行“三包”，包每个学员学期补助500元，包学到一门技能，包学成就业，做到培训一人、脱贫一户，转移一批、脱贫一片。通过实施“雨露计划”，公司先后开办培训班10期，培训转移1000多名贫困学员，学员全部到上海、苏州、温州、东莞等地实现了打工就业，平均月工资1200元以上，最高的已达到1800元。针对贫困山区群众种养殖技术落后的实际，聘请特产、林业等方面的专家，举办苎麻、吴茱萸、油茶、网箱养鱼等种养殖技术培训班20期，培训群众3000余人次。

【产业化扶贫】 阳新县是个农业大县，苎麻、腊米、油茶是该县的传统产业，但由于苎麻品种老化，腊米种苗短缺，油茶品质不优，产业发展一直没有大的突破。中铝公司立足阳新的资源、产业特色扶持贫困村，靠山的山里求财，靠水的水里谋生，靠路的路边兴业。一村一业，一组一片，一户一园，实施产业扶贫，增强了贫困地区自身“造血功能”。

中铝公司扶贫工作组突破传统扶贫模式，从解决种苗入手，创办扶贫基地，实行种苗服务扶贫，带动苎麻、腊米、油茶产业发展，促进千家万户增收脱贫。2003年中铝公司扶贫工作组选择大王镇下堰村、枫森镇坳上村、白沙镇红星村3个基地，前后投资80多万元，在荒滩、荒地、荒坡上建起了大王下堰500亩苎麻苗圃基地和枫林坳上100亩腊米苗圃基地。这三个基地倾注了中铝公司扶贫工作组和县扶贫部门大量的心血。大王下堰基地位于大冶湖荒滩上，过去杂草丛生、牛羊恣意，经过县扶贫部门和下堰村群众的开垦，通过水、电、路、渠农田综合整治，从华农大和湖南麻科所引进“华苎四号”、“华苎五号”、“中苎一号”、“湘苎二号”优良品种，建成华苎系列和中苎系列四种对比选优试验园，形成了制种、扦插、育苗、移栽一条龙服务体系。3个基地直接为贫困户服务，年出圃优质麻苗520万株，优质腊米苗80万株，所有苗种无偿或低于成本价提供给贫困村，直接让利于民，每年为贫困户节约生产成本200多万元，群众形象地称之为“中铝爱心园”。近五年来，阳新的苎麻、腊米每年分别以2000亩、10000亩的速度扩大，形成了富河以北的白沙、大王、太子、黄颡口等镇4万亩苎麻产业带，建成了沿横立山脉的枫林、木港等镇10万亩腊米产业基地，覆盖广大贫困农户，形成了贫困地区群众增收脱贫的主导产业。

为了重振阳新油茶产业，近3年来，中铝公司扶贫工作组在巩固好苎麻、腊米科技示范园的基础上，把产业扶贫的力度转向油茶基地的建设上，按照以点带面、整体推进的方式，通过实地考察比较，选择了王英镇东山村、浮屠镇山泉村、白沙镇的白浪山等地作为油茶开发基地，先后投入110万元，引进“湘优196”油茶新品种，高标准建成1000亩东山村油茶基地、2000亩山泉村油茶基地和5000亩白浪山油茶基地，分别为高山、低山、丘陵地区发展油茶做出榜样，为产业扶贫走出一条发展路。在这3个中铝油茶基地示范带动下，全县掀起了油茶开发的高潮，贫困山区群众种植油茶积极性高涨，全县先后有15个贫困村成片发展油茶1万亩。

公司通过种苗扶持、技术服务、基地示范的产业扶贫方式，投资少，效益大，既带动了产业发展，又惠及千家万户，为加快阳新脱贫致富探索出一条新道路。

【移民搬迁扶贫】 中铝公司结合当地的总体部署，帮助支持阳新县建设新农村，悄然改善了群众生活。王英镇新屋村依山傍水在王英水库深处，全村667户3100人就生活在水库孤岛和半山腰上，群众出门难、谋生难等困难突出。为了帮助新屋村群众改变恶劣的生存环境，中铝公司积极协调，争取扶贫搬迁和水库移民政策资金160万元，采取整体搬迁、集中安置的方式，按照新农村建设的要求，统一规划，统一设计，统一平基，统一建设，建成了具有徽派建筑风格的移民新村，一排排整齐划一，一道道风格别具，“电视电话、楼上楼下”，街道绿化、环境亮美，安置移民160户。中铝公司配合阳新县委、县政府抓好扶贫搬迁和新农村建设工作，先后投入50万元帮助王英村、大湖村、法隆村、东山村、玉堍村实施“六改五通”工程，改善了贫困地区群众的人居环境和生产生活。

2007 年 7 月，莫桑比克国家解放阵线党国级干部访问团来到阳新，参观考察产业扶贫和搬迁扶贫，对阳新扶贫模式给予高度评价；同年 8 月，阳新县扶贫搬迁又得到了湖北省各级部门的一致好评。

【献爱心送温暖活动】 每当节日来临，中铝公司为了保证老区困难群众过个温暖祥和的节日，便积极筹备资金和物品，组织力量到贫困户家中访贫问苦，与他们促膝谈心，交流感情，把公司的关爱送到贫困户的家中，把党的温暖送到老区人民的心坎上。6 年来，中铝公司为阳新困难户送去慰问金 70 多万元，大米、面等生活物品 10 万多斤，棉被 1000 多床，全县得到中铝公司救济的困难户有 5000 多户。

【抗灾救灾扶贫】 2005 年 9 月，阳新受台风“泰利”影响，全县连降暴雨，导致山洪暴发，损失惨重。中铝公司领导亲临阳新察看灾情，及时送来 40 万元救济款，帮助老区人民重建家园。2006 年、2007 年夏季，阳新山区群众连续遭到干旱袭击，中铝公司组织资金 12 万元，帮助山区群众打水井、建水窑，解决了干旱吃水问题。2007 年，阳新又遭遇 50 年罕见的冰冻雪灾，公司再次与老区人民风雪同行，捐资 30 万元，支持阳新抗冰救灾。

（中国铝业公司）

中国交通建设集团有限公司定点扶贫

【概况】 中国交通建设集团有限公司（以下简称“中交集团”）由中国港湾建设（集团）总公司与中国路桥（集团）总公司以强强联合、新设合并方式组建。

原中港集团、路桥集团从1995年开始在原交通部的领导下参与怒江洲3个县的扶贫工作。自2002年起，按照国务院扶贫开发领导小组等六部委的统一布署，开始对怒江州的泸水、兰坪、福贡、贡山等4个县开展对口帮扶工作。多年来的对口帮扶工作不仅使集团公司锻炼、培养了一批干部，同时也与帮扶县的边疆少数民族干部与群众结下了友谊。

2007年为了表彰中交集团为云南省扶贫开发工作所做的贡献，云南省委、省政府授予中交集团“社会扶贫先进单位”并颁发奖金1万元。

【定点扶贫工作措施】 1. 设立领导机构，加强组织领导。在国务院有关部委对中交集团对口帮扶怒江州4个县的任务确定后，领导十分重视，分别设立了以中交集团领导为组长的扶贫工作领导小组和办公室，将扶贫工作列为集团工作的重要组成部分。集团领导在机关干部大会上进行了动员，号召机关各部门的干部、职工及集团各所属单位为对口帮扶县贡献力量。集团多次组织干部职工捐款捐物，支援帮扶县的贫困群众。1995年至2005年，集团先后派出8批44人次干部到4个帮扶县挂职。2000年至2007年间，由集团领导带队，组织职能部门领导参加的调研工作组，赴怒江州各县进行实地考察，与当地领导和少数民族群众一起共商脱贫致富大计。集团将扶贫工作列为公司年度工作计划之中，每年不少于50万元的扶贫资金在经费预算中预留。

2. 实事求是，量力而行，将扶贫工作落到实处。中交集团根据多年来对定点帮扶县的实际情况制订切实可行的工作方法，即实事求是，量力而行，将扶贫工作落到实处。一是进行实地调研，根据帮扶县的具体情况提出工作计划；二是对短期内能够收到实效又可为当地群众解决燃眉之急的项目立即着手实施；三是协调有关业务主管部门为通县油路项目立项实施；四是捐资助学以改善边远少数民族地区的办学条件；五是利用中交集团干部群众的集资捐款为受灾群众实施门到门的直接救助。

【公路建设扶贫】 1995年至2002年中交集团在交通部的领导下，交通扶贫公路建设围绕“大十字架”规划进行。该规划由三部分组成，规划里程804公里。通县油路工程也正在按计划进行中，怒江所有县城至州府六库的405公里列入了通县油路计划，部分路面已经完工。在交通扶贫公路建设的带动下，通村路的建设有较快的进展，至2001年底，全州260行政村有166个行政村通了公路或标准人马驿道，全州建设各种桥梁79座，总长度达1万余米，方便了三江两岸的群众。

【科技扶贫】 从1997年开始，在怒江洲开展的交通科技扶贫工作，按照重点支持与解决温饱直接相关的种养业，增加贫困户收益以及集中管理、逐步形成规模效益的指导原则，中交集团累计投入235万元，扶植项目70余项，直接经济效益达3000万元，直接收益人口约2余万人，间接受益人口6万~8万人。涉及的项目主要集中在生猪、山羊养殖及配套的服务系统，农业新品种、新技术应用及推广，沼气综合利用，珍禽养殖及反季节蔬菜种植等方面。

【教育扶贫】 为了帮助怒江州改善教学条件和资助失、辍学儿童重新学习，提高适龄儿童入学率，交通部、云南省交通厅及中交集团公司自1995年以来，共投资1000余万元用于实施“希望工程”资助失、辍学学生和建设希望学校。共资助失、辍学学生4万余人次，资助和奖励达大学生500余人次，建设希望学校10所，资助培训教师790人次。建立“亲人班”5个，资助学生250名，资助期3—6年。捐赠电脑50套用于学校普及计算机教育。希望工程对怒江教育事业发展起了良好的支持作用，适龄儿童入学率达到98%，巩固率为94%，4个县均已通过了国家“普六”义务教育验收。2008年，中交集团应怒江州教委的请求，为州民族中学配备一间电化教室，为少数民族的学生尽快掌握先进的教学方法提供必要的技术支持。中交集团有关部门在调研的基础上，投资25万元支持了电化教学室的建设。该电化教学室于2008年11月15日投入使用。

【产业化扶贫】 自2006年起，中交集团将产业化扶贫作为定点扶贫的工作重点，积极探索行之有效的扶贫方法。在总结多年来对口帮扶工作的基础上，认识到，只有彻底改变贫困人群的思想观念，调动每个人的积极性，实施产业化扶贫是使贫困人群早日脱贫致富的有效方法。集团投资建设的怒江州泸水县经济作物—雪桃种植基地，不但使当地村民看到了苗木种植当年栽种、当年受益的明显效果，同时也使群众看到今后靠雪桃种植可以摆脱贫困的光明前景。2008年雪桃种植项目已连片开发果树种植地600亩，嫁接苗木8万株。覆盖2个乡镇，直接受益的农户380户，约1500余人。

（中国交通建设集团有限公司）

中国五矿集团公司定点扶贫

【概况】 2002年4月，按照党中央、国务院的总体部署，中国五矿集团公司（以下简称“集团公司”）接受了对云南省昭通市威信、镇雄、彝良3个县进行定点帮扶的任务。六年多来，集团公司把做好定点扶贫工作作为贯彻落实“三个代表”重要思想和科学发展观的实际行动，在国务院扶贫办、国资委等上级部门的指导下，认真做好扶贫工作，取得了初步成效。

集团公司作为中央管理的大型国有企业，协助党和政府做好扶贫工作是义不容辞的责任。集团公司党组、领导对扶贫工作非常重视，提出定点扶贫的指导思想，成立集团公司定点扶贫工作领导小组及办公室，制定了扶贫挂职干部管理办法。自接受定点扶贫任务以来，把定点扶贫列入集团公司年度工作计划，并在年度工作会议上进行部署和相应的检查落实，把做好定点扶贫工作作为分管领导和扶贫办（党办）年度业绩考核的一项重要指标，每年年终向国务院扶贫办和云南省扶贫办报送定点扶贫工作总结以及扶贫挂职干部登记表等相关材料。多年来，集团公司领导在支部书记会议、中层干部会议和职工大会上反复强调扶贫开发工作的重要意义，要求大家积极协调配合做好定点扶贫工作。

【宣传扶贫】 集团公司利用《中国五矿报》等媒体宣传扶贫开发的重大意义和集团公司扶贫开发的成果，积极营造支持和参与扶贫工作的氛围。2007年10月17日“国际消除贫困日”，集团公司举办了网上扶贫工作展览。内容包括党中央、国务院关于扶贫开发的方针政策，集团公司对口帮扶的贫困地区情况，集团公司扶贫工作取得的成绩，扶贫挂职干部的工作感言等。通过展览，使广大党员和职工了解和认识了国情，增强了责任意识和扶贫济困的观念，从而用实际行动为消除贫困贡献力量。

【干部挂职扶贫】 集团公司定点帮扶的三个县位于云贵川3省交界处的乌蒙山区，工作环境和生活条件非常艰苦。我们本着既为贫困地区人民服务，又锻炼干部，展示五矿集团良好形象的指导思想，选派思想、业务、身体各方面都比较好的干部赴3个定点扶贫县挂职工作，分别任所在县的副县长。2002年10月，第一批挂职干部赴任。截至2008年10月，已先后派出6批15名局、处级干部赴贫困地区挂职工作。挂职干部的主要任务，是负责集团公司与所挂职县的工作联系，进行信息沟通和交流；负责挂职县的扶贫调研，向集团公司提出相应的扶贫工作方案并组织实施。这些同志不怕艰苦，用自己的智慧和经验，努力工作，取得了可喜的成绩，受到所在地干部和群众的赞扬。两名非党挂职干部在挂职扶贫期间光荣入党。有一个挂职干部不但完成了扶贫任务，还利用业余时间撰写了《乌蒙笔记》一书，记述了乌蒙山区的风土人情，挂职期间的所见所闻、工作体会和经验以及对做好扶贫工作的建议，对集团公司的定点扶贫工作特别是后来的挂职干部做好工作很有借鉴意义。

【捐助资金和物资扶贫】 集团公司根据自己的实际情况和贫困地区的具体需要，积极捐助资金和物资。2003 年，捐助 3 个国家扶贫开发工作重点县各 20 万元人民币，用于相关的基础设施建设。2005 年 7 月，彝良县小草坝乡因暴雨导致蓄水约 8 万立方米的七仙湖水库堤岸崩塌，造成重大人员伤亡和财产损失，集团公司向灾区捐助 20 万元。2006 年 6 月，威信、镇雄 2 县遭到大风和特大暴雨袭击，酿成严重的风洪灾害，集团公司向两县各捐助 30 万元，帮助受灾群众重建家园，恢复生产和生活。2008 年初，南方遭遇特大雨雪冰冻灾害，集团公司 3 个帮扶县也遭受很大损失，集团公司向 3 个县各捐助 30 万元，在京职工向受灾群众捐款近 50 万元。另外，捐助远程教育配套设备、衣物、文具、书籍等物资价值 65 万元。挂职干部和公司职工个人资助学生 801 名。6 年来集团公司和职工个人共捐助资金及物资折价近 400 万元。

【建设项目和资金引进】 6 年来，集团公司和挂职干部协助 3 个国家扶贫开发工作重点县引进大型或较大型建设项目 9 个。经过派驻镇雄县挂职干部的沟通、协调，中国华电集团云南公司利用镇雄县丰富的煤炭资源，投资建设装机容量 240 万千瓦的坑口电厂，已获得国家发改委批准立项并开工，全部建成后年产值约 33 亿元，每年可给镇雄县带来约 3 亿元的财政收入。彝良县是著名的优质天麻主产区，驻该县挂职干部协助引进加拿大 TOFUL 公司资金 6000 万元人民币，建设了天麻深加工基地。驻威信县挂职干部协助县政府与云南省投资公司合作，在该县建设 2 × 30 万千瓦火力发电厂。同时，协助 3 个国家扶贫开发工作重点县引进其他建设资金 4646 万元。

【扶贫工作交流和信息沟通】 集团公司把定点扶贫地区作为“亲戚”，经常进行工作交流与沟通。除通过挂职干部联系沟通外，6 年来共派出 7 个由集团公司领导带队 36 人次参加的工作组赴定点扶持的市、县调研，就相关工作进行沟通，同时慰问挂职干部。

还有多个基层党组织自行组织党员到国家扶贫开发工作重点县进行助学活动，并建立了长期的助学渠道。挂职期满返回公司工作的干部，利用自己的工作关系继续为国家扶贫开发工作重点县寻求支持和赞助。昭通市和 3 个县及市县相关部门的领导 130 多人次到集团公司，就双方的合作、挂职干部的工作、请帮助向国家有关部门请批建设项目等进行沟通和交流。这种和谐融洽、亲如一家的关系，成为做好定点扶贫工作的重要条件。

（中国五矿集团公司）

中国储备粮管理总公司定点扶贫

【概况】 中国储备粮管理总公司2002年参与定点扶贫以来，认真贯彻落实国务院扶贫开发领导小组等六部委《关于进一步做好中央、国家机关各部门和各有关单位定点扶贫工作的意见》和国务院扶贫办的工作要求，结合公司实际和拜泉县情，推进定点扶贫工作，促进了拜泉县经济社会发展，受到地方党委政府和当地群众的肯定。拜泉县委县政府认为，在对该县的帮扶单位中，中储粮总公司对扶贫工作最重视、力度最大、措施最实、效果最好。

6年来，中储粮总公司紧紧围绕拜泉县扶贫总体规划，直接无偿投资476.5万元，实施项目17个，拨付中央储备粮费用补贴1040万元，捐赠物资折款60万元，送温暖现金9万元，极大地促进了拜泉县农业增产、农民增收、农村繁荣，为拜泉县经济社会全面协调可持续发展提供了有力支持。

【定点扶贫工作措施】 加强领导是做好定点扶贫工作的前提。中储粮总公司采取六项措施强化对扶贫工作的组织领导：

1. 建立健全机构。成立总公司扶贫工作领导小组，分管党群工作的副总经理为组长，有关部负责人为成员。领导小组办公室与党群工作部合署办公，承担扶贫领导小组的日常工作。遇到领导小组和办公室成员工作变动，及时进行了相应调整，保证领导不缺位、工作不断档。

2. 坚持会议制度。总公司扶贫领导小组每年至少召开一次会议，听取扶贫办关于上一年度扶贫工作情况汇报，讨论本年度扶贫工作，审议本年度扶贫项目，然后提交总公司总经理办公会研究确定。遇到重大问题，随时召开会议进行研究。

3. 落实挂职扶贫。承担扶贫工作伊始，总公司党组就研究确定了扶贫工作的指导思想，扶贫干部选拔条件、选派程序和挂职待遇等重大问题。六年来，已先后派出觉悟高、能力强、作风硬的6名同志到拜泉县挂职县委副书记，其中，处级干部1名，副处级干部4名，资历较深的三级职员1名。

4. 搞好定期调研。每年总公司领导都要率队前往拜泉县实地考察，就定点扶贫工作与县委县政府进行充分沟通，确定扶贫工作方向和重点，有针对性地解决一些重大问题。六年来，总公司领导、部门和有关分（子）公司领导、处室负责人已累计460多人次深入拜泉县调研。

5. 执行预算制度。总公司是一个管理型的企业，其收入主要是通过严格管理、精打细算产生的中央储备粮管理费用补贴结余。在财力十分有限的情况下，始终将扶贫工作作为总公司工作的重要组成部分，每年所需扶贫资金纳入公司年度财务预算。六年来，已累计无偿拨付1585.5万元（含物资折款）用于扶贫。

6. 强化项目管理。为确保施工质量和资金安全，实行项目立项、招标和监理制度，派出扶贫干部的分（子）公司负责项目监管，拜泉县成立由县政府主要负责同志牵头、扶贫挂职干部和拜泉县有关部门负责同志参加的项目实施领导小组，统一组织扶贫项目的实施，协调解决实施过程中的问题。项目资金由总公司一次性拨付给有关分（子）公司，由分（子）公司根据项目进度分期拨付给施工单位。

【教育扶贫】 拜泉县小学教育设施落后，群众、远见和星火3个村小学校舍坍塌破旧，已经严重危及老师和学生的生命安全。根据拜泉县请求，中储粮总公司按照黑龙江省农村小学建设标准，2003年至2005年共出资210万元，分别在这3个村各兴建了1所希望小学，校舍总面积1800多平方米，并配备了配套了教学设施，解决周边1000多名农民子弟无教室上课的问题。

依托上升乡中学，出资近13万元，购置电脑30台、桌椅30套，装修机房，铺设网线，开通互联网。既为附近中小学学生提供微机教学服务，又可在双休日和农闲时节对农民和乡村干部进行科技文化知识培训，还可利用计算机互联网了解农产品和农业生产资料市场行情。

【“两路四桥”兴建】 拜泉县农村沟壑纵横，交通非常不便。中储粮总公司2006年至2008年累计出资227.5万元，兴建了总里程8.6千米双车道的两条水泥公路和总长51米宽、8米的4座钢筋混凝土桥梁，解决了长年困扰上升、兴华和国富3个乡镇10个村、50多个自然屯、7000多户数万群众出行和物资运输难题，改善了当地群众生产生活条件，对增加农民收入、加速脱贫致富步伐起到了促进作用。“两路四桥”被群众誉为“致富路”、“连心桥”。

【大型农机具捐赠】 拜泉县属于农业大县，但由于耕作原始，土地板结严重，单产很低。2003年初，中储粮总公司将所属北方公司15台（套）价值50万元的大型农机具捐赠给拜泉县。北方公司发扬革命军队的优良传统，克服时间紧、人员少、工作量大的困难，仅用了半个月的时间就完成了设备检修、调试、运输和使用、保养培训等工作。这批农机具在整地、播种、收割、造林等方面发挥了很大作用，提高了农业生产能力，增加了农民收入。

【储备粮指标调整】 拜泉县是粮食主产区，过去一直没有中央储备粮指标。总公司组织考察后，认为拜泉县兴农粮库基础设施较好、有一定管理水平、公路交通便利、具有储存中央储备粮条件。通过轮换集并于2003年分两批给拜泉县兴农粮库下达了中央储备小麦指标2.6万吨，后又将储备品种调整为大豆。这一举措既解决了农民卖粮难的问题，又增加了农民和国有粮食储存企业收益。5年来，此举为拜泉县农民累计增收近300万元，总公司拨付拜泉县储存补贴1040万元。

【科技扶贫】 组织有关专家编写《拜泉县新农村建设农民实用技术丛书》共6个分册近30万字，印制6000余套免费发放给农民，传授实用新型农业生产技术和畜牧养殖技术。举办农业技术培训，编写印发10余万字的培训教材，免费培训培养300余名农民致富带头人。邀请高校专家深入乡镇，指导农民做好农作物病虫害防治。

【产业化扶贫】 1. 发展优质大豆订单农业。联系拜泉县盛产非转基因大豆实际，指导拜泉县农业部门发展订单农业，扩大高油高蛋白大豆种植面积，建立稳定的企农共赢关系，既增加了农民收入，又从减少了市场风险。2007 年在龙泉镇试种植订单大豆 15000 亩，产量达 4500 吨，为农民增收近 20 元。

2. 开展特色养殖示范项目。在调研的基础上，2007 年选择饲养技术不高、投资小、风险低、见效快的养貉项目，为每户无偿提供 15 只种貉和 1000 元启动资金，安排三户贫困家庭进行示范养殖。按现在市场行情估算，每年每户可增加收入 5000 元，三户贫困户当年就实现了脱贫。

【献爱心活动】 投资 19 万元在中心村打 300 米深井一眼，管道铺设到户，解决了 324 户近千人和大牲畜饮水、周边村办企业用水难题。在每年元旦春节期间累计向 300 个贫困户捐赠大米、面粉、棉被等物资折款 10 万元，发放慰问金 6 万元，发出慰问信 300 余封。开展大学圆梦行动，从 2007 年起开始资助考入重点大学的优秀贫困生 10 名各 3000 元。

【干部挂职扶贫管理】 中储粮总公司始终把定点扶贫作为锻炼培养干部的重要举措，加强对扶贫干部的教育、管理和指导，扶贫干部得到了全面锻炼提高。

1. 实行任前谈话。总公司规定，新任扶贫干部上任前，总公司扶贫领导小组主要负责同志都要安排接见，对扶贫干部进行任前谈话，并在思想、工作、作风、纪律等方面提出希望和要求，特别强调“三不准”原则，即不准给扶贫县增加额外负担，不准在扶贫县报销任何费用，不准向扶贫县提任何个人要求。

2. 坚持学习调研。总公司规定，新任扶贫干部上任后必须首先学习国家有关扶贫政策，深入乡镇村屯企业调研，考察总公司前几年扶贫项目发挥作用情况，并与当地党委政府充分沟通后再向总公司扶贫领导小组提交扶贫计划建议书。扶贫项目必须进行可行性分析。

3. 加强指导协调。总公司扶贫办与扶贫干部保持经常性沟通，及时了解工作进展，协调解决困难，研究工作措施，提醒扶贫干部注意可能出现的问题，指导扶贫干部开展好工作。六年来，总公司扶贫项目都做到了当年施工当年投入使用，工程质量全部达标。

4. 参与地方工作。每任扶贫干部都在拜泉县挂职县委副书记，在抓好总公司扶贫项目外，还分管县扶贫和粮食工作。积极参与和大胆开展工作，取得显著成绩，并在各个方面经受了锻炼和组织的考验。

6 年来，每任扶贫干部都以优异的表现被评为齐齐哈尔市扶贫标兵，市县主要新闻媒体对总公司派出的扶贫干部的突出事迹都作了专题报道，拜泉县农民群众自发为他们赠送锦旗。

（中国储备粮管理总公司）

国家电网公司定点扶贫

【概况】 国家电网公司（原电力工业部）认真贯彻党中央、国务院关于推进扶贫开发的战略部署，自觉服务党和国家工作大局、服务农村经济社会发展，以科学的发展观为指导，落实《中国农村扶贫发展纲要》要求，实施"新农村、新电力、新服务"农电发展战略，在国务院扶贫开发领导小组办公室的指导下，在湖北省扶贫办和四县（区）地方政府的支持下，持续14年定点帮助湖北省长阳土家族自治县、秭归县、巴东县、神农架林区脱贫致富，为4个国家扶贫开发工作重点县（区）发展作出积极贡献。

分管农电工作的公司领导主管定点扶贫工作；公司农电工作部（原电力工业部农电司）负责归口定点扶贫工作，公司下属湖北省电力公司具体做好扶贫管理工作，4县（区）电力公司协助做好扶贫项目的检查好推进工作。

【扶贫资金投入】 公司高度重视定点扶贫工作，从1995年开始，以四年为一个规划期，连续制订四期定点扶贫计划（第四期定点扶贫计划安排到2010年），每年投入400多万元帮助上述四县（区）脱贫致富。截至2008年，公司已投入扶贫资金5700余万元，带动地方资金1.81亿元，完成扶贫项目217个，在改善中小学教学条件、扩大农村用电覆盖面、修建山区公路、改善人畜饮水条件、支持医疗卫生事业、推动科技文化下乡等多个方面取得了显著成效，解决了贫困地区一些长期以来无法解决的难题。

【扶贫调研】 每期扶贫计划制订前，公司都广泛开展调研，并与地方政府密切磋商，在充分研究论证的基础上，对项目的可行性和效益进行反复论证和评估，合理确定项目，优化投资方向。公司每年召开一次电力定点扶贫工作座谈会；每两年召开期中小结会议；每期扶贫结束时，公司主管领导亲自主持召开扶贫总结会，有序推进电力定点扶贫工作，确保扶贫工作实效。

【扶贫五大工程实施】 1. 实施科教扶贫工程。援助39所中小学校改善教学基础设施，改善了近5.5万名师生住宿、办公和学习条件，促进了当地教学水平的提高。

2. 实施"新长城"帮助特困大学生工程。捐资中国扶贫基金会每年资助四县（区）100个特困大学生，累计帮助了600个贫困地区的寒门学子圆了大学梦。

3. 实施"三通"工程。支持贫困村通电、通路、通水，特别加强四县（区）农村电网建设，提升供电服务水平，帮助贫困地区改善了生产、生活基本条件。

4. 实施产业扶贫工程。帮助贫困农民发展经济作物种植、水产养殖、农产品深加工等项目，走上致富之路。

5. 实施科技三下乡工程。帮助农民培训农民实用技术，提高农民群众生产致富技能。

【定点扶贫工作管理】 公司把扶贫项目管理纳入公司常态管理，严格执行项目审批制度、项目报表制度、招投标制度、按项目进度拨付资金制度以及项目资金审计制度，每年派专人到4县（区）对制度执行情况进行检查。各县（区）都能严格按制度办事，没有发现一起违规违纪案件。

【“户户通电”工程实施】 改革开放以来，农村电气化事业取得巨大成就，但受地理环境、自然条件和经济落后限制，部分农村仍然没有用上电。这些无电户居住在自然条件艰苦、交通不便的贫困地区，通电任务繁重。2006年开始，国家电网公司实施“户户通电”工程，计划到2010年，通过国家电网最大限度延伸能够解决供电问题的地区基本实现“户户通电”，约解决120万户、450万人口的通电问题。经过近三年的努力，截至2008年9月底，国家电网公司累计为111.7万无电户、412.4万无电人口解决了通电问题。

期间，公司投资4910万元，为上述4个定点扶贫县3824个无电户、9687个无电人口解决了通电问题，其中为秭归县消除无电户349户，为长阳县消除无电户526户，为巴东县消除无电户1479户，为神农架林区消除无电户1470户。上述4县（区）均于2006年实现了“户户通电”目标。

国家电网公司定点扶贫工作，得到国务院扶贫办充分肯定。范小建主任在《国家电网公司2007年扶贫工作总结》上批示：“国家电网公司对定点扶贫工作高度重视，力度很大，已经连续开展四期，为4县贫困群众脱贫致富提供了巨大支持”。

（国家电网公司）

国家开发投资公司定点扶贫

【概况】 国家开发投资公司（以下简称“公司”）是中央直接管理的国有大型骨干企业，始终把定点扶贫工作作为重要的政治任务来抓，认真践行“为出资人、为社会、为员工”的“三为”宗旨，量力而行，尽力而为，并取得一定成就。

公司自1995年成立以后，国务院扶贫开发领导小组办公室即赋予公司对口帮扶贵州省黔南布依族苗族自治州罗甸、三都2县的定点扶贫任务。公司立即按照国务院扶贫办关于实行项目扶贫的要求，投资3000万元，在罗甸、三都2县建设了制药、水泥、农村小水电站、黑山羊养殖等10个项目。这些资金的投入和项目的建成，对推动当地经济发展，增加老百姓就业并提高他们的收入，起了积极的作用，有的企业至今在县域经济里依然发挥着举足轻重的作用。

2002年，国务院扶贫办将公司在贵州省黔南州的定点扶贫县调整为罗甸和平塘2县，公司的扶贫工作进入一个新阶段。2002—2005年，国务院国资委赋予公司参加援助新疆塔城地区的任务，公司派去了挂职干部，在教育和资金方面给予必要的支持。从2005年起，中央决定公司对口援助新疆乌什县，以派遣干部到乌什县挂职为龙头，在经济、科技、教育、金融、培训等各个方面给予支持，以促进乌什县的经济发展和社会进步。在完成党中央、国务院赋予的扶贫、援疆任务的同时，公司还参加中央有关部门和北京市组织的社会公益捐助活动，向受灾地区和贫困地区人民送温暖、献爱心，踊跃捐款捐物。自成立以来，公司用于扶贫、援疆工作及其他社会公益事业的捐助累计已超过1.5亿元。

【教育扶贫】 实行教育扶贫始终是公司扶贫工作的重要方面。多年以来公司在贵州、广西、安徽、甘肃、新疆等贫困地区、革命老区、少数民族地区捐资援建了9所农村小学，捐款总额525万元。2002年，公司了解到罗甸县、平塘县有一些高中毕业生被大学录取后，因为家境贫困忍痛放弃进入大学学习的机会，就通过与中国扶贫基金会新长城项目部合作，开辟了公司资助罗甸籍、平塘籍贫困大学生的事业，公司每年资助每个大学生2000元，直至他们大学毕业。从2005年起，这项政策又惠及新疆乌什籍贫困大学生。到2010年，将有527名受到公司资助的贫困大学生毕业走向工作岗位，其中80%是少数民族儿女。帮助他们圆了大学梦，是一项功在当代利在千秋的事业，深受当地群众和干部的欢迎。

【社会公益捐助】 公司一直积极参与

党和政府组织的各项社会公益捐助活动，奉献爱心回报社会，肩负起中央企业应尽的社会责任。

1. 社会公益捐助。一是捐向文教、卫生等领域，提高老百姓的基础生活条件和健康水平，例如：2002年向西部母亲水窖工程捐款20万元，2003年抗击“非典”捐款130万元，2005年员工个人向印度洋海啸灾区捐款32600元，向“健康快车”（为贫困地区病人做白内障复明手术）捐款16901元，参加每年的“送温暖、献爱心”捐助活动，等等；二是向贫困地区、西部地区、革命老区倾斜，如2005年捐款80万元帮助大别山金寨县建一所山区希望小学，抗击百年一遇的暴雨洪灾捐款40万元给霍山县灾区，2006年捐款200万元支援甘肃省贫困地区建设四所农村小学，2007年分别向云南宁洱地震灾区和新疆塔城地区各捐款100万元。

2. 抗灾救灾捐助。春季南方冰冻灾害，公司向贵州、湖南、广西、四川四省灾区各捐款100万元；“5·12”汶川特大地震，公司合计捐款2162万元（内含员工个人捐款102万元，捐献抗灾物资折价50万元）；“8·30”攀枝花地震，公司捐款1000万元；支持山西省农村中小学校舍危房改造捐款500万元；援助广西贫困地区贺州市西湾中心小学建设综合教学楼捐款72万元。10月“送温暖、献爱心”活动中，员工捐款5万元，捐赠棉衣被6848件。截至2008年，公司的各项社会公益捐款已经超过5000万元。

·定点扶贫·

【扶贫调研】 2002年以来，公司在贵州省罗甸、平塘两县开展的定点扶贫工作。公司对新世纪的定点扶贫工作十分重视，派出调研组赴罗甸和平塘实地考察，了解情况，听取意见，认真总结前几年扶贫工作的经验和不足。在此基础上，公司制定了2002—2010年的扶贫工作计划。为了加强对扶贫工作的领导，公司成立了由党组成员、副总经理秦明为组长的扶贫工作领导小组，确定了公司负责扶贫工作的主要职能部门，明确了分工和责任，制定了工作运转程序。担负援疆任务以后，又把扶贫工作领导小组更名为扶贫援疆工作领导小组，统一领导公司的扶贫、援疆和各项社会捐助工作，作为一项重要工作列入公司议事日程，纳入公司的计划、资金管理体系。由于公司在平塘、罗甸两县没有挂职干部，我们和黔南州政府扶贫办签了一个代管协议，授权州扶贫办代行公司的有关职权，依靠他们加强监管，及时掌握情况，避免出现偏差和损失。从几年的实践看，这个办法是行之有效的。

【平塘县扶贫资金投入】 考虑到公司刚介入平塘县的扶贫工作，该县工业基础薄弱，财政收入能力低，公司决定支持300万元，作为县政府的资本金，选择项目开发实施产业化扶贫。

【春节慰问活动】 按照中央的要求，从2003年起，每年春节都由公司领导带队，组成慰问团赴贵州平塘、罗甸两县慰问当地群众和干部（2008年因雨雪冰冻未成行）。慰问团看望贫困的布依族、苗族家庭，送上慰问金和大米、衣被等物品，并委托县扶贫办将慰问金（每县5万元）分发给各乡（镇）的贫困家庭，把党的关怀传达给各族人民，拉近了北京和遥远的贵州山乡的距离。慰问团还深入工地检查扶贫项目的建设情况，与县委、县政府负责人研究下一年的扶贫工作安排。

【产业化扶贫】 贵州信邦制药有限公司是国家命名的扶贫龙头企业，每年向罗甸县财政上缴财税收入3000多万元。信邦公司创业初期遇到困难时，公司曾经给予370万元的资金支持，目的就是为了提高罗甸县的财政收入能力。2004年以来，信邦公司进行项目技改，扩大生产能力，资金压力比较大。公司三次给予信邦公司300万元贷款支持（西部扶贫贷款，年利率3%）。2008年，信邦公司已成为支撑罗甸县财政收入的支柱企业。

【基础设施建设扶贫】 为了帮助罗甸县、平塘县解决文化基础设施落后，特别是缺少青少年活动场所的问题，公司决定捐款1000万元，分别帮助两县建设青少年活动中心。两个中心已于2006年底建成投入使用，成为2县政治、文化、教育、科技、会议的重要场所，县党代会、人代会都在青少年活动中心召开，受到青少年和各界人士的欢迎。

在罗甸县和平塘县，有的村落吃水困难，一个家庭每天要用半个劳力到远处取水，有的甚至靠水窖积攒雨水度日，既不卫生，也严重制约经济的发展。根据中央关于社会主义新农村建设的部署，公司以帮助罗甸、平塘两县政府解决部分贫困村落老百姓吃水难问题为切入点，于2007年捐资300万元，援助罗甸县东跃村和平塘县高寨村建设农村饮水工程，整村解决人畜饮水问题，使3500多名村民的饮水困难得到解决。2008年，公司又捐资300万元，继续整村推进解决农村村民人畜饮水难问题，同时兼顾农业灌溉和畜牧业的发展，以增加农民的收入。2008年，平塘县新全村和罗甸县道角村的饮水工程正在施工，工程建成以后，不但两村近2500人的吃水问题，而且新全村发展养羊牧业用水问题和道角村266亩坡地脐橙树灌溉用水问题将一并获得解决，社会效益和经济效益俱佳，群众受益，县、乡、村干部欢迎。

【“三个确保”工作的《通知》贯彻落实】 2008年6月，国务院扶贫办下发《关于动员对口扶贫系统支持“三个确保”工作的通知》，公司十分重视，立即研究了对口支持的贵州省黔南州平塘、罗甸2县的扶贫工作。平塘县人口较少的少数民族毛南族属于《通知》规定的工作范围。公司与黔南州扶贫办和平塘县政府多次协商，确定了平塘县者密镇苗拉、卡蒲乡亮寨2个毛南族聚集的贫困村作为公司的“三个确保”工作重点村。2008年，已初步确定帮扶项目，开始准备工作，并将在2009年、2010年的扶贫工作中，在安排项目、分配资金时向这2个村倾斜，给予优先扶持。

【抗灾救灾】 2005年4月24日，罗甸县南部7个乡镇发生暴雨和冰雹灾害，造成人员伤亡、房屋倒塌和农作物严重损失。公司闻讯即致信慰问，同时启动救灾应急机制，追加当年公司预算，捐款55万元支援救灾。2007年7月25日，平塘县发生百年罕见的暴雨和洪水，公司立即捐款50万元，支援平塘人民抗灾自救，受到黔南州和平塘人民的赞誉。2008年春季，我国南方发生大范围的雨雪冰冻灾害，公司在向贵州、湖南、广西、四川四省（区）捐款400万元救灾的同时，考虑到平塘县灾情比较重，捐款20万元给平塘县。

·对口帮扶·

【概况】 公司对口援助新疆的乌什县，与吉尔吉斯斯坦共和国接壤，是个以农牧业为主的国家扶贫开发工作重点县。全县18.2万人，维吾尔族等少数民族占97%。由于近年境内外极端宗教势力和伊斯兰分裂分子活动猖獗，援疆工作任务艰巨，责任重大，意义深远。公司既感到肩上担子的份量，更为中央对公司的信任感到骄傲和自豪！公司总裁办公会多次研究援疆工作，追加了预算，公司领导率领考察组立即赴乌什现场调研。中央赋予公司任务后仅5个月，公司对口援助乌什县的第一批项目已经开始实施了。

2006年中央下发了2个关于新疆工作的文件，明确新疆反分裂斗争的各项任务。公司研究制定措施并立即贯彻执行。一是捐款300多万元（其中18万元是员工个人捐款）采购了5100台21英寸彩色电视机，于2007年9月10日运抵乌什，使该县成为阿克苏地区家家有电视机的第一个县，提前11个月超额率先完成了中央下达我公司的“电视进万家”工程任务；二是捐款200万元，援助建设138米高的乌什县广播电视调频发射塔，彻底解决了乌什县广播中心设备老旧、发射功率低、覆盖面积小的难题；三是捐款100万元，弥补了乌什县第二幼儿园迁建工程的资金缺口，该幼儿园2007年10月份建成以后，实现了500多名幼儿享受学前教育和民族儿童家长希望自己的孩子接受“双语”教育的愿望。

【色拉阿拉尔防洪坝修建】 流经乌什县的托什干河，每年春季雪山积雪融化和夏天雨季易于爆发洪水，威胁着乌什县城及附近乡（镇）10万人的生命财产和全县60%耕地的安全。建设新的防洪坝，有较大的资金缺口。公司2006年1月决定捐款500万元，促成上色拉阿拉尔防洪坝的开工。防洪坝已于2006年底建成，开始发挥效益，可以抵御30年一遇的洪水，每年可节约大量的抗洪人力、物资和资金，附近生态环境也得到了改善。

【党员干部培训中心援建】 乌什县有6000多名党员，党员和基层干部培训任务繁重，原来的县委党校难以承担重任。公司捐款320万元，帮助建设县委党校党员干部培训中心，已于2006年底建成。这个培训中心不但丰富和拓宽了培训方式，在不增加新的师资力量的情况下，培训能力比过去提高150%。现在，党员干部培训中心已经成为县委、县政府进行党员教育、干部培训、基层政权建设、科技技能培训、双语教育、青工技能和妇女培训的主要场所，每年培训超过8200多人（次），在乌什县的政治、经济、文化、社会和科教等领域发挥着重要作用。

【新农村建设扶贫】 乌什县地处强震频发地带，不少老百姓住在干打垒的土坯房里。2005年2月发生强烈地震后，土坯房成为塌房、危房，群众的居住条件更加恶劣。公司为当地老百姓办实事，捐款203万元，在阿合雅乡推进社会主义新农村建设，为370户贫困人家盖砖木结构抗震新居370座，引导村民进行庭院建设，并为2个大队盖了村民活动场所。帮助老百姓改善居住条件，让村民得到实惠，感受到党的关怀和各兄弟民族团结的温暖。

【乌什籍贫困大学生资助】 3年来，公司共资助乌什县贫困大学生169名。在西部边陲，在维吾尔、哈萨克等少数民族占人口总数97%的地区资助贫困大学生，对于脱贫致富，加强各民族团结，维护祖国统一，具有更重要的意义。这些少数民族大学生，一般都需要增加一至二年预科学习汉语，需要公司增加资助资金。

自2002年以来，在新疆塔城地区和乌什县进行的援疆工作，公司捐助资金总额已超过2070万元。公司的援疆工作得到了新疆维吾尔自治区各级领导和各族人民的热烈欢迎，特别是受到了王乐泉同志的高度赞誉。2007年7月，新疆自治区党委和自治区人民政府决定：授予国家开发投资公司以中央企业援疆干部先进集体的荣誉称号，并颁发锦旗予以表彰。

（国家开发投资公司）

中国长江三峡工程开发总公司定点扶贫

【概况】 2002年，国务院扶贫开发领导小组等六部委联合下文，明确重庆市巫山、奉节两县为中国长江三峡工程开发总公司（以下简称“中国三峡总公司”）国家级定点扶贫县。

中国三峡总公司党组高度重视定点扶贫工作，接到文件后，立即召开专题会，研究部署定点扶贫工作。2002年，正式成立扶贫工作组，明确一名副总经理担任工作组组长，成员由总经理工作部、计划发展部、资产财务部、人力资源部、新闻宣传中心、党群工作部、枢纽管理局、长江电力、长投公司等二级部门负责人组成。明确工作职责和工作范围是：总经理工作部全面负责扶贫工作组织、协调、联络等具体工作；计划发展部负责扶贫项目审定；资产财务部负责扶贫资金立项审查、管理和拨付；人力资源部负责制定《中国三峡总公司扶贫挂职干部管理暂行规定》和挂职干部选派工作；新闻宣传中心负责扶贫工作宣传与报道；党群工作部负责扶贫帮困、捐资助学等工作；枢纽管理局负责三峡坝区周边及省内定点扶贫县扶贫工作外，还负责国家级定点扶贫县扶贫工程项目的技术咨询、服务等工作；长江电力、长投公司配合总公司扶贫工作进行相关辅助性工作。明确中国三峡总公司定点扶贫工作思路是：“以智力帮扶为主，项目帮扶为辅；人才帮扶、教育帮扶、送温暖活动等多种形式相结合”。

【定点扶贫工作措施】 在实践工作中，中国三峡总公司不断摸索扶贫工作思路和方法，适时提出做好扶贫工作“五个结合”：即将挂职干部挂职、开展调查研究与总公司领导调研和双方互访结合起来；将年度扶贫工作与中长期扶贫工作结合起来；将年度与年度之间挂职干部轮换结合起来；将扶贫开发与环境保护结合起来；将重点扶贫工作与面上扶贫工作结合起来。明确扶贫工作要充分利用现有资源，从教育、卫生、饮水、基础设施建设和环境保护为切入点，参与帮助定点扶贫县遴选扶贫项目，确定扶贫项目和扶贫资金额度，积极开展工程技术咨询、项目审核、组织施工等工作；对扶贫资金实行专款专用，资金跟着项目走，加强项目实施全过程控制，确保扶贫开发整体效益。

【扶贫工作（目标）范围】 一是项目扶贫：帮助巫山、奉节建设人畜饮水工程和建立卫生院（所）、工路（桥）、江岸护坡等，以及有规划的系统开展妇女健康普查和医治工作；二是教育帮扶：帮助国家扶贫开发工作重点县改善边远乡村中、小学办学条件或援建希望小学，配备基本教学设施，为品学兼优的困难学生提供捐助，帮助他们完成学业；三是人才帮扶：以挂职干部为纽带，加强与地方政府的沟通与联系，定期互访，落实好中国三峡总公司年度扶贫任务，加强农村劳动力技能培训和培训基地建设；四是送温暖活动：号召广大员工为贫困户捐款捐物，集资帮助困难学生完成学业，为学校提供相应教学设施等。7 年来，中国三峡总公司扶贫工作在国家扶贫开发工作重点县产生了良好的社会影响，受到当地老百姓的广泛拥护和欢迎。截至 2008 年 10 月，中国三峡总公司完成国家级定点扶贫项目资金 2652.23 万元。

【扶贫项目资金投入】 2002 年投入扶贫资金 90 万元。巫山、奉节各 45 万元，完成项目：巫山三溪乡人畜饮水工程一个（25 万元）、江岸危岩滑坡体望峡小学搬迁及救助 100 名贫困学生求学（20 万元）；奉节长凼乡小学教室排危修缮（45 万元）。

2003 年投入扶贫资金 100 万元。巫山、奉节各 50 万元，完成项目：巫上县高级中学教学楼（50 万元）；奉节尖角乡竹林村人畜饮水工程（46 万元）、双店乡中心小学教室排危修缮及援助贫困学生入学（4 万元）。

2004 年投入扶贫资金 110 万元。巫山、奉节各 55 万元，完成项目：巫山红曹村小学、龙早村小学教室排危修缮（55 万元）；奉节金盆小学教学楼、宿舍楼新建（55 万元，此学校是中国三峡总公司全资新建“交钥匙工程”）。

2005 年投入扶贫资金 240 万元。巫山、奉节各 120 万元，完成项目：巫山当阳乡平定村小学、龙早村小学、老树根小学和平河乡郎子村小学危房改造修建（120 万元）；奉节金盆小学主教学楼再建工程（120 万元）。

2006 年，中国三峡总公司加大扶贫工作力度，投入扶贫资金 303.6 万元。巫山县 158.6 万元。其中妇女健康普查项目 26.2 万元，大溪镇军营小学、福田镇下田小学、龙溪镇老鸦村小学、笃坪乡中心小学教室排危修缮 104.1 万元，建平乡柳坪村饮水工程 28.3 万元；奉节县 145 万元。其中妇女健康普查 33 万元，永乐镇三义小学、冯坪乡南津小学教室排危修缮 50 万元，大树镇梅子村、岩湾乡卫生站援建 12 万元，金盆小学防护坡（后续）工程 50 万元。

2007 年，中国三峡总公司进一步加大扶贫力度，投入扶贫资金 908.87 万元。巫山县 750.87 万元。其中妇女健康普查项目 57 万元，按照县规划，新建职业教育中心，中国三峡总公司承建该中心科技图书楼主体工程 693.87 万元（总公司投资 1000 万元，分两年实施）；奉节县 158 万元。其中妇女健康普查 58 万元，竹园希望小学修缮 50 万元、岩湾乡卫生院扩建 35 万元、安坪乡龙潭河连心桥 15 万元。此外，中国三峡总公司出资 100 万元与全国妇联联合开展“三峡库区妇女手牵手”活动。

2008 年，中国三峡总公司根据 2 县实际需求，投入扶贫资金 517.991 万元。巫山 360.99 万元。其中妇女健康普查 54.49 万元，职业教育中心驾修专业教学楼、实训基地及相关设备配置 306.5 万元；奉节 157 万元。其中妇女健康普查 57 万元，鹤峰乡卫生院改扩建 40 万元、平安乡双店场镇饮水工程 30 万元、诗城路小学田径场新建 20 万元、劳动力培训 10 万元。根据国家扶贫开发工作重点县贫困大学生放假后开学举债入学的现状，中国三峡总公司工会还从职工捐款中支出 3.5 万元，资助奉节县 10

名困难大学生入学。

【妇女健康普查】 2005 年，中国三峡总公司针对 2 县医疗卫生经费严重不足，广大农村妇女承担繁重家庭劳动，自身健康、保健意识差，因病致贫、因病返贫现象突出的现状，另列专项资金 40 万元（2 县各 20 万元），帮助县妇联开展“妇女健康普查活动”试点。这是中国三峡总公司首次在国家扶贫开发工作重点县开展妇女健康普查工作，消息传出，广大妇女奔走相告，群情振奋，场面热烈。在普查过程中，很多妇女都是第一次接受健康体检。

中国三峡总公司在听取 2 县妇联、妇幼保健院领导普查工作汇报后，当即决定把这一惠及弱势群体、关乎千家万户，深受广大农村妇女欢迎的活动作为中国三峡总公司系统扶贫项目，要求 2 县制定三至五年普查规划，配备必备的妇科检测仪器，力争三至五年时间，使两县 90% 以上的育龄妇女均进行一次健康体检，并对患重病困难户提供免费治疗经费和救助。

截至 2008 年 10 月，中国三峡总公司已累计出资 321.69 万元：巫山 153.69 万元。在当地政府配合下，完成 2 县 25 个乡镇 321316 名妇女健康普查工作。查出患有妇科疾病人数 257052 人，免费治疗人数 205641 人，对癌症等重症患者提供 1500 元的补助实施免费手术治疗。普查期间，中国三峡总公司挂职干部和当地妇联干部及妇幼医务人员不辞辛苦，深入现场，开展妇女健康检查及保健知识咨询服务，向她们讲解合理健康保健知识，提出健康保健建议，鼓励患病妇女积极对抗病魔，重燃生活信心。

【“献爱心、捐资助学”活动】 中国三峡总公司工会积极开展“献爱心、捐资助学”活动，职工捐款 13.7 万元，其中 10 万元帮助贫困生 200 名（巫山 100 名、奉节 100 名）继续上学；3.7 万元帮助考入重点大学的 7 名贫困生圆了大学梦。此外，还捐赠桌椅、书籍、电脑、电视等价值 20 万元的教学设备。

【抗震救灾扶贫】 2008 年 5 月 12 日，四川汶川发生里氏 7.8 级地震，鉴于此次地震给当地学校造成的人员伤亡，中国三峡总公司于 5 月 19 日向巫山、奉节 2 县人民政府致函，对中国三峡总公司历年出资，由地方政府建设的 16 所学校（巫山 11 所、奉节 5 所）进行一次安全隐患排查。要求地方政府指定有资质的鉴定部门组织排查，排查评估认定存在安全隐患的学校，地方政府提出具体修缮方案，由中国三峡总公司出资 224.57 万元对相关学校进行防危加固，以确保学校的长期安全使用。此项工程已于 8 月底完成，保证了学生正常开学。地方政府深有感触地说：中国三峡总公司行动比我们快，考虑事情比我们周到，真正体现了以人为本。

【干部挂职扶贫】 2002 年至 2008 年，中国三峡总公司派驻巫山、奉节挂职干部五批次，共 10 人；分管副总经理及相关二级部门负责人到巫山、奉节进行实地考察调研 5 批次，共 15 人。为减轻国家扶贫开发工作重点县行政开支，中国三峡总公司给巫山、奉节每名挂职干部每年办公经费 2 万元，用于中国三峡总公司派出挂职干部开展扶贫调研等工作支出，同时，还为挂职干部订阅扶贫工作刊物一份。

选派挂职干部到巫山、奉节两县挂职，适时有效地开展扶贫（帮扶）工作。2002 年至 2008 年，中国三峡总公司每年召开一、二次扶贫工作会议，听取挂职干部和相关部门扶贫工作汇报，研究制定扶贫（帮扶）工作计划，审定扶贫项目和扶贫资金额度，使中国三峡总公司扶贫工作机制日臻完善，扶贫工作力度逐年加大。同时，每年12月份将全年定点扶贫工作总结和挂职干部工作情况，按上级要求及时上报国务院扶贫开发领导小组办公室。

【基础设施建设扶贫】 2002年，湖北省委、省政府办公厅下文，明确湖北省秭归、巴东为中国三峡总公司省级定点扶贫县。截至2008年10月，中国三峡总公司共投入资金653万元。帮扶两县项目：工路建设、排污口改线工程、三峡中学教学楼新建、医院设备更新、科技楼新建、防暴雨灾害等。2006年，宜昌市委、市政府办公室来文，明确秭归县茅坪镇建东村为中国三峡总公司“社会主义新农村建设”企业帮扶试点村，截至2008年10月，中国三峡总公司投入资金360万元。帮扶项目：建东村文化旅游中心。

【对口支援扶贫】 2005年，中央组织部下发文件，明确中国三峡总公司与新疆和田地区皮山县为对口支援关系单位。截至2008年4月，中国三峡总公司投入资金1288.8万元。帮扶项目：新建三峡幼儿园、新建三峡影剧院、县村委会阵地建设、捐赠电视机8000台（折合人民币464万元）。

国家授权中国三峡总公司滚动开发金沙江干流水力资源，建设溪洛渡、向家坝、乌东德、白鹤滩4个梯形电站。作为以大型水电开发为主的中央企业，中国三峡总公司在深刻理解科学发展观内涵的基础上，创造性地提出了“建好一座电站，带动一方经济，改善一片环境，造福一批移民”的“四个一”水电开发理念。明确提出在水电开发中，要把握4个重点：一是围绕主业，实现社会效益、经济效益在内的综合效益最大化；二是关注三峡工程坝区及金沙江梯级电站开发建设周边利益相关者；三是保护环境，节约资源，做好节能减排工作；四是继续做好定点扶贫、对口支援和参与社会公益事业及社会救助等工作。

2007年，中国三峡总公司将扶贫工作组调整成立为中国三峡总公司履行社会责任领导小组，总经理李永安任组长，三位相关副总经理任副组长，成员由相关二级部门负责人组成，下设办公室，把定点扶贫、对口支援参与社会公益事业及社会救助等实行统一归口管理，定点扶贫、对口支援管理工作提到重要议事日程，提升到一个新的高度。

2005年和2006年，溪洛渡、向家坝2座水电站分别开工建设。2座电站地处四川、云南2省交界，涉及贫困县6个，均属不发达地区，特别是基础教育，没有完成国家“两基”攻坚计划，当地学龄儿童失学、缀学严重、教育设施匮乏。尽管6县均不属于中国三峡总公司定点扶贫范围，中国三峡总公司根据总体扶贫思路和“四个一”水电开发理念，投入近千万元用于溪洛渡、向家坝水电站周边6县部分学校基础设施建设。

（中国长江三峡工程开发总公司）

宝钢集团有限公司定点扶贫

【概况】 宝钢集团有限公司根据中央六部委下发的国开发［2003］3号文件的要求，根据国务院扶贫办对扶贫工作的总体要求；云南省对扶贫工作的总体规划，负责帮扶云南省普洱市宁洱、墨江、江城、镇源4县。

为了确保组织、资金、管理落到实处，更有效地开展扶贫工作，集团公司对四县的扶贫作了分工，由宝钢分公司对口宁洱和墨江县，由宝钢国际对口江城县，由宝钢梅钢公司对口镇源县。集团公司工会作为牵头部门，具体负责整个扶贫工作。

【定点扶贫工作措施】 1. 领导重视 扎实推进扶贫工作。各级领导从讲政治、讲大局的高度来谋划扶贫工作，宏观上加强指导，微观上积极创造条件，具体工作亲自过问、亲自检查，使扶贫工作体现前瞻性、持续性和实效性，确保了扶贫工作的顺利开展。宝钢领导多次亲临现场检查和指导扶贫项目。

2. 选派干部 加大扶贫工作力度。为进一步加强扶贫工作组织协调的力度，加快信息的沟通和交流，公司向思茅市选派挂职干部，具体协调宝钢扶贫的各项任务，确保了扶贫工作的有序开展。

3. 机制建设 扎实推进扶贫工作。注重工作制度、工作标准、工作流程的建立和完善，逐步健全扶贫工作的长效管理机制。在扶贫工作的管理中，坚持做到“二个落实”。首先在年度编制预算时列入在扶贫工作的预算，做到扶贫项目的资金落实；其次对口单位每年到四个县实地与当地扶贫办深入乡村，考察项目，确定项目做到项目落实。宝钢在扶贫项目实施中，以“二个落实”为基础，坚持用工程管理的办法精心管理、科学管理。

4. 务实高效 扎实推进扶贫工作。把“严格苛求的精神、学习创新的道路、争创一流的目标”的企业文化体现在宝钢的扶贫工作之中，工作计划反映“实”、工作标准突出“严”、工作内容体现“新”、工作效率讲究“高”，使扶贫工作得到中央满意、受援地区满意。

（宝钢集团有限公司）

招商局集团有限公司定点扶贫

【概况】 招商局集团（以下简称“集团”）是中央直接管理的国有重要骨干企业，被列为香港4大中资企业之一，业务主要集中于交通（港口、公路、能源运输及物流）、金融（银行、证券、基金、保险）、房地产等三大核心产业，主要分布于香港、内地、东南亚等极具活力和潜力的新兴市场。2004—2007年招商局连续4年被国务院国资委评为A级中央企业。2007年被国务院国资委授予第一任期“业绩优秀企业”称号。

自2002年以来，集团贯彻落实国务院扶贫开发领导小组等六部委关于定点扶贫工作的要求，高度重视并积极参与定点帮扶贵州省威宁县的扶贫开发工作，经过几年的努力，取得显著成效。

根据国务院扶贫开发领导小组《关于进一步做好中央、国家机关各部门和各有关单位定点扶贫工作的意见》有关部署，集团于2003年4月成立了扶贫工作领导小组，集团分管副总裁担任组长，有关职能部门、集团内地下属单位的领导任成员。领导小组下设办公室，具体负责和威宁县的日常联系。

根据工作需要和扶贫工作的不断深入，2008年集团对扶贫工作领导小组进一步调整充实，将更多的内地下属一级公司纳入领导小组成员单位中，不断加强领导力量。

每年年底，集团都认真总结定点扶贫主要工作、取得的成效、存在的问题以及建议，并及时上报国务院扶贫办，确保上级机关及时掌握集团开展定点扶贫的详细情况并给予指导。

【扶贫调研】 集团扶贫工作领导小组成立后，立即组织人员赴贵州威宁调研，在此基础上确定了工作方向、原则等。

1. 扶贫工作的重点。以整村推进扶贫开发规划为切入点，改善贫困地区基本生产生活条件；以贫困地区劳动力培训转移为切入点，提高贫困人口综合素质；以扶持贫困龙头企业为切入点，带动贫困地区调整产业结构，增加农民收入；开展教育奖励、资助工作，做好当地脱贫的基础工作。

2. 扶贫工作的基本原则。立足长远，按照国务院扶贫办和国资委有关要求把扶贫工作做好；在扶贫工作中，把扶贫工作与项目开发商行为明确分离开来。当前主要开展单纯的扶贫工作；开展适当的整村扶贫及劳务培训工作；整村扶贫项目启动后，继续探讨合适的扶贫项目。

3. 确定启动项目。根据集团实际和威宁县现状确立4大扶贫启动项目：教育奖励资助项目、整村扶贫建设项目、劳务输出项目和旅游开发项目。

4. 对扶贫工作的宣传进行了部署。利用集团的网站、报纸、电视台等媒体在集团范围内对扶贫工作进行适当宣传；在以集团出资扶贫为主的情况下，号召集团员工进行适当募捐；组织员工到威宁旅游，组织集团摄影协会到威宁采风，扩大集团扶贫工作的影响力度。

2004 年以来，集团每年都由扶贫领导小组领导带队到威宁调研。特别是 2005 年 5 月，集团党委书记、董事长秦晓亲自到威宁实地考察，听取了威宁县关于威宁县经济及社会发展状况的介绍，先后走访了两个乡镇，了解对口扶贫项目实施情况。在到达威宁前，秦晓董事长还在贵阳与贵州省省长石秀诗、副省长禄智明等就对口扶贫工作交换了意见。

【干部挂职扶贫】 根据国务院扶贫办、国资委等关于扶贫工作的要求，集团自 2004 年至今，已先后派出了 3 人前往威宁县挂职任副县长。

为加强对帮扶干部的管理工作，集团制定了《帮扶干部管理暂行办法》，对帮扶干部的工作职责，帮扶干部的选派范围、条件和程序，以及帮扶干部在任职期间的待遇等问题进行了明确和规范。

几年来，集团派出挂职干部都能与当地干部群众达成一片，每任干部都走遍了威宁县的 30 多个乡镇，深入贫困乡村调查研究，对威宁县的社会经济发展、自然资源和历史地理等状况进行深入的考察，对集团在威宁的帮扶项目进行跟进，分别向集团提交了《威宁县概况》、《扶贫工作建议》、《扶贫项目实施情况的报告》、《对个别扶贫项目调整的建议》等报告和建议等。坚持选派挂职干部，达到了加强扶贫工作和培养锻炼干部的双重目的。

在《招商局集团定点扶贫威宁工作计划》的框架下，根据威宁县扶贫办对每年的扶贫建议方案，挂职副县长经过实地考察提出修改意见，然后报集团批准，作为下一年度的具体扶贫计划予以实施。

【整村推进帮扶项目】 2005 年，集团迅速启动了整村扶贫建设项目。当年出资帮扶修建村级公路等 5 个项目。5 个项目受益人口多，效果明显，总投资 144 万元，招商局帮扶 107 万元。随后每年集团都出资帮扶 6～8 个整村推进项目，截至 2008 年总帮扶项目已达 26 个，投入帮扶资金 638 万元。

表 1　　2005—2008 年“整村推进”帮扶项目统计表　　（资金单位：万元）

序号	项　目	数　量	总投资	招商局出资
1	村级学校建设	17 所	463	462
2	村级学校附属工程	1 处	12	12
3	村级公路	4 条	117	86
4	桥梁	2 座	20	20
5	人饮工程	2 处	55	52
6	追加学校工程款		6	6
	合计		673	638

为便于扶贫项目的顺利进行，管理、使用好集团扶贫资金，集团专门设立了贵州扶贫专项账户。根据整村推进工程进度，分期分批向威宁拨款。

【扶贫教育基金捐助】 为体现全体招商人的爱心，集团动员全体员工参加扶贫工作。2005 年 4 月，集团向全体员工发出了《关于设立扶贫教育基金，向威宁县贫困师生捐款的倡议》，号召大家一起行动，踊跃捐款。此后每年集团都号召全体员工捐款，不断补充扶贫教育基金。集团计划教育奖励、资助项目共实施 10 年，每年投入 20 万元，共 200 万元。

教育奖励、资助项目内容包括：一是每年出资奖励优秀教师、班主任和教育工作者 100 名，人均奖金 600 元；二是每年出资 6 万元资助贫困大学生 30 名，每名学生每年 2000 元；三是每年出资 8 万元，资助 100 ~ 300 名中学生。

截至 2007 年底，已经奖励优秀教师等 300 名，资助贫困大学生 90 名和中学生 600 名，资助总金额已达 60 万元。

【劳务输出项目实施】 从贫困地区向沿海发达地区输出青壮年劳动力，既可以改善当地群众收入，又可以改变人的观念。2004 年底，招商局物业和招商局国际所属的码头公司等在招聘工人时都优先录用威宁劳务公司输出的劳务工。2005 年有 40 余名保安员和码头工人到深圳招商局下属公司上岗工作。

2007 年，集团和威宁县一起加快了推进劳务输出工作的步伐，招商局漳州开发区先后为开发区的企业完成两批工人招聘计划，共招收工人 131 人，为威宁历史上首次大规模劳动力输出项目。此次输出的优秀人员，在厂方免费提供吃住的条件下，月平均工资 1500 元，最高的月收入已达 2600 多元。

劳务输出项目的实施为对口就业扶贫搭建了一个很好的工作平台，为进一步开展就业扶贫工作进行了有益的探索。

【对外招商引资】 威宁县地处川滇黔金三角核心地带，地质地貌和气候条件独特，旅游资源丰富。为配合威宁县的旅游开发战略，集团扶贫工作领导小组先后组织下属企业员工和工会主席等 60 人以及深圳市各大旅行社 20 多位领导赴威宁实地考察，并向驻港中资旅游公司推荐威宁的旅游项目。

2005 年 6 月上旬，威宁县组团到深圳开展宣传推介暨招商引资经贸洽谈活动，集团从宣传报道、布置会场、提供车辆及经费等方面给予全面协助。

【自然灾害捐款】 2003 年 11 月，威宁县玉龙乡在四天之内连续发生三次地震，房屋倒塌、震裂现象较为严重，集团出资 20 万元支援受灾群众建房；2008 年初，威宁县遭受冰雪灾害，集团资助 50 万元。几年来，集团通过多种形式帮扶威宁县，投入各类资金已达 800 多万元，得到当地政府和群众的一致好评。

（招商局集团）

中国北方机车车辆工业集团公司定点扶贫

【概况】 中国北方机车车辆工业集团公司（以下简称“集团公司”）坚持定点扶贫工作领导负责制。有明确的主管本单位定点扶贫工作的领导，有相应的组织协调机构和具体负责本单位定点扶贫工作的部门，切实把定点扶贫工作摆到重要议事日程，积极组织并认真搞好定点扶贫工作。

集团公司的领导重视发挥扶贫开发领导小组作用，将扶贫开发工作体系建成稳定的实际工作体系。集团公司总经理亲自挂帅，党委、行政主要领导直接参与，建立了长效日常扶贫管理组织。针对总部人员的职务变化，3次调整集团公司扶贫开发领导小组，使小组保持相对连续，扶贫办作为日常工作机构始终保持稳定。6年来，公司正式召开8次扶贫工作领导小组工作会议，专题研究扶贫工作。集团公司先后2次调整所属企业扶贫开发领导小组。健全扶贫开发领导组织和办事机构。这些组织和机构在在专题教育、筹措资金、考察交流等方面作了大量工作。结合本单位实际，围绕扶贫工作重点，在整村推进、产业化扶贫等方面作出重要贡献。6年投入扶贫开发资金2000万元，完成大小帮扶项目23个。

【扶贫调研考察】 领导带头深入扶贫区，身体力行考察项目。集团公司党政各级领导高度重视扶贫开发工作。6年来，集团公司领导人员有所变化，但关心扶贫开发事业总的精神和原则没有变。公司的总经理、党委书记、副总经理以及副总师以上的领导，有多人次先后到天水市2县区实地考察、调研。2002年5月中旬以来，集团公司副总经理、副书记、厂所长一级的领导亲临帮扶地区考察的有近20人次。公司扶贫办的组要负责人26次前往帮扶点，组织专题研讨会8次。

【干部挂职扶贫】 6年来，集团公司重视选派比较好的企业干部到帮扶地区挂职。共选派8人先后挂职县区副职。集团公司在生活上关心挂职干部，由总部给挂职干部一定数量的生活补助费。在工作上给他们权利，让他们主持项目的初审和负责资金使用的全过程。已经挂职结束的6名挂职干部，有4名主动要求延长挂职时间。

【产业化扶贫】 2002—2008年，集团公司帮助先后建成了甘谷县盘安镇毛坪村无公害辣椒基地、杨家庄优质苹果基地和麦积区北山葡萄基地、南山花牛苹果基地等4个产业化帮扶基地。4个基地基本上都搞了引水工程，为农民提供苗木补助，并且在基地的周围相应地建设了具有一定规模的冷库贮藏群。经过近4年的建设和配套完善，基地的作用已经初步发挥。毛坪辣椒基地内实施三级提灌，形成了多处蓄水，配电稳定，机井配套，管道纵横，泵房良好的发展局面。麦积区北山5000亩葡萄基地上的2处水利设施建设逐步发挥作用。2006、2007年，集团公司响应麦积区的号召，参加万亩优质苹果基地的建设并直接投入资金在区域内修水利、修公路并直接参与2200亩南山花牛苹果基地的建设，现在基地引水工程初步完工，果品苗木长势良好。

为了加快实现果农、菜农多年来对蔬菜、水果进行反季节销售的需要，集团公司在2县区建成多处蔬菜果品保鲜库，延长了蔬菜果品的反季节销售的时间，不仅提高了产品档次，而且提高了产品价格。

【整村推进式扶贫】 2002年以来，集团公司开展了对毛坪村、杨家庄、兴旺山等整村帮扶项目。如对甘谷县毛坪村实施“整村推进”式的帮扶。利用引水工程，为280多户村民安装自来水，彻底解决了祖祖辈辈困扰毛坪村民的饮水问题。配套建设的北车毛坪希望小学和220平方米的村委会综合楼，改善了孩子们上学的条件和村委会办公条件，树立了全村整体形象。整村推进式的帮扶，为毛坪村稳定解决温饱奠定了基础。截至2005年底，村民人均纯收入由帮扶前的876元增加到2010元，2008年将超过2500元。被天水市委、市政府列入全市45个新农村建设示范村之一。

【教育扶贫】 集团公司六年累计投入118万元，在甘谷县两乡一镇建成四所北车希望小学。这些校舍的前身有的是破旧的山神庙，年久失修，破乱不堪，教学条件极差，有的原校舍建于60年代和80年代，屋顶漏雨，墙壁透风。建成后的几所北车希望小学校园整洁，花草茂盛，教室宽畅明亮，成为所在地具办学条件较好的学校。有的小学不仅学生数量增加，一些外村，甚至附近工厂的子弟也要求到北车希望小学上学。

【基础设施建设扶贫】 6年来，集团公司先后投资百万元余元新修、维修了4条公路，有新修农机路，拓宽压砂农机路，有硬化水泥路，其中还有架设的便桥，埋设涵管等基础道路工程，在麦积区，配套北山葡萄基地新修农机路和南山花牛苹果基地新修拓宽农机路总长度达到近50公里。改变了当地晴天“扬灰路”、雨天“泥水路”，交通堵塞，行路艰难的局面。在改水方面，集团公司在进行水利工程建设时，都考虑到如何改变人们的饮水条件。甘谷辣椒、杨庄优质葡萄基地的建设，都对所属村庄饮用水进行了改造。麦积区北山葡萄基地，2处引水工程同时解决了邓庄近1000人的饮水问题。2007年，麦积区兴旺山的引水工程，不仅直接对2000多亩的果树进行浇灌，还可以使近1000名农民告别吃水窖水的时代。

【公益扶贫】 自2002年以来。在每年春节前夕，集团公司都要派1名公司领导或厂所主要领导带队，对天水市两个县区的特困户进行慰问。公司先后3次组织了“扶贫济困，送温暖献爱心”活动。6年来，集团公司在甘谷县、麦积区走访近20个乡镇，50多个自然村的近1000多户特困户，救助各级学生入学392名；集团公司累计直接向最贫户发放慰问金36万元。

（中国北方机车车辆工业集团公司）

华侨城集团公司定点扶贫

【概况】 2004年，华侨城集团公司按照党中央、国务院关于组织经济较发达地区与经济欠发达地区开展扶贫协作的决定，高度重视、组织，所属五大子集团积极响应。在科技、教育、卫生、劳动输出、旅游开发等方面向贵州省黔东南自治州天柱、三穗2县投入大量资金及物资，先后援建帮扶项目29个，累计投入帮扶资金1146万元，其中包括学生校舍及食堂9栋、卫生院门诊楼3栋，捐赠旅游渡轮1艘、彩色电视304台，安装有线电视1646户、村文化室电视接收播放设备104个，资助各类培训160人次，资助贫困学生1210名。改善了2个国家扶贫开发工作重点县部分基础教育及医疗设施等方面的条件，为2县的教育及各项事业的发展做出了贡献。

【定点扶贫组织管理】 华侨城集团公司成立了扶贫工作领导小组和扶贫工作办公室，由华侨城集团公司副总裁、华控公司董事长刘平春任组长，亲自抓扶贫工作，同时由集团企业事务部具体负责扶贫工作的实施，同时安排集团五大子集团总裁、集团总裁办公室总监、集团人力资源部总监、集团财务部总监等领导加入到工作组中共同参与扶贫工作，监督资金的使用和项目的实施。

【文化旅游帮扶】 2007年3月，华侨城集团与贵州黔东南自治州在华侨城海景酒店签属了《华侨城集团与黔东南自治州文化旅游帮扶合作框架协议》，华侨城集团突破常规的扶贫方式，携手贵州黔东南自治州走一条可持续发展的、优势互补的、以文化旅游产业开发为切入点，促进当地资源优势转化为经济优势的新型扶贫模式，以实际行动响应党中央、国务院的号召，努力尽到国有企业应尽的社会责任。

【扶贫项目审查】 扶贫项目的确定不但与国家扶贫开发工作重点县脱贫致富息息相关，而且直接关系到全县的经济发展，为此华侨城集团在与2国家扶贫开发工作重点县商议、审查并确定扶贫项目时，经过深入调研和周全考虑。一是听取当地申报项目所相关群众的意见，让群众提出想法和要求，从自身实际出发提出致富增收的想法，并将各种建议汇总，了解贫困户的真实愿望；二是与市场经济结合，确定华侨城集团公司帮扶工作的思路——“扶贫先扶智、帮困先育人”，即：加强2县与华侨城集团公司在工作思路等方面的沟通与交流；加强当地教育、医疗等基础设施建设。围绕这个思路，确定华侨城集团公司帮扶项目；三是解决贫困地区群众反映最迫切的问题。在审核并确定帮扶项目时，优先考虑农民群众反映最为强烈的问题，与农民群众生产生活紧密相关的问题，如天柱县白市镇中心卫生院综合楼建设、三穗县千户侗寨有线广播电视建设、104个村文化室电视接收及播放设备建设等，都是农民群众迫切需要解决的问题，华侨城集团公司及时把它们一一列入扶贫项目中。

【扶贫项目实施措施】 为抓好扶贫项目的实施，华侨城集团主要采取以下几项措施：一是做到责任到人，组织到位。华侨城集团公司所帮扶的每一个项目都有1名副处级领导干部负责抓落实，同时配备1名相关专业工作人员，专项负责跟踪帮扶项目实施；二是强化监督机制，共同维护扶贫成果。为保证帮扶项目的顺利实施，华侨城集团公司携手两国家扶贫开发工作重点县扶贫办加强了实施过程中各个环节的监督工作，首先建立专门的监督小组，负责监督帮扶项目实施，其次将帮扶贫困学生资金发放情况向贫困学生家长和贫困学生定期公示，做到公平公正，以确保扶贫项目切实发挥成效。

（华侨城集团公司）

中国人民解放军69071部队定点扶贫

【概况】 多年来，中国人民解放军69071部队（以下简称“69071部队”）始终着眼民族团结、边疆稳定和社会和谐大局，与驻地新疆库车县阿格乡栏杆村开展定点扶贫，促进了该村的稳定和发展。栏杆村维吾尔族老人卡德尔·巴克39年如一日书写《解放军爱民日记》，真实记录了官兵生动感人的爱民事迹。69071部队先后被表彰为“全国拥政爱民模范单位”、“自治区第二轮部门包村定点帮扶工作先进单位”、“自治区第五届民族团结进步模范单位”，并荣立集体二等功。

1. 注重教育引导，把真心为民服务思想深深扎根于官兵心中。1967年该部进驻栏杆村后，党委“一班人”自觉肩负起扶贫帮困的重任。坚持把拥政爱民教育作为经常性思想政治教育的重要内容，引导官兵自觉作学人民、爱人民、为人民的模范。专门成立定点扶贫工作领导小组，制订《支援社会主义新农村建设实施规划》，与该村签订《扶贫帮困协议书》、《助学帮教协议书》，建立联席会议、互通情况、走访慰问、军民联防等制度，确保了定点扶贫工作落到实处、稳步推进。

2. 心系驻地发展，把爱民为民情怀付诸建设社会主义新农村的生动实践。40多年来，该部官兵一直把帮助栏杆村发展致富作为义不容辞的政治责任，特别是党中央作出建设社会主义新农村的重大战略决策后，党委“一班人”抓住这一有利时机，持续深入地开展爱民、为民、助民活动。筹措资金为村里建起党团员活动室，帮助党员成为带领村民致富的带头人；组织连以上干部与18户特困家庭结成帮扶对子，帮助13个特困家庭脱贫；坚持举办农机修理、家电维修等实用技术培训班，帮助村民提高发展致富的本领；协调筹措200多万元资金，为村里打了一眼“爱民井”，修建了一条近5公里的柏油路，解决了村民行路难、吃水难问题。

3. 情系群众冷暖，把党的关怀厚爱送到维族群众心坎上。组成“便民服务小组”，利用双休日和节假日开展便民服务活动，近3年就帮助修理各类电器、农机具2200多件。投资4万余元，开设了“便民诊所”，为每名村民建起健康档案。2002年以来，诊治病人5000余人次，救治危重病人16人次。与该村民兵建立军民联防体系，开展军民联防共治，有效维护了该村的和谐稳定。该村40年无越级上访、无军民纠纷、无刑事案件，连续两年被评为文明村。

（中国人民解放军69071部队）

六

东西扶贫协作篇

北京市——内蒙古自治区东西扶贫协作

【概况】 1996年9月，中央扶贫开发工作会议明确由北京市对口帮扶内蒙古自治区（以下简称“内蒙古”）贫困地区。北京市委、市政府高度重视，在国务院扶贫办的具体指导下，经过北京市和内蒙古自治区的共同努力，京蒙扶贫协作工作取得积极进展。据统计，截至2009年底，北京市向内蒙古贫困地区无偿提供扶贫资金和物资折款共计6.16亿元，其中捐赠物资折款2.75亿元，实施扶贫帮扶项目1200余项；援建乡级以上公路560公里；援建学校33所，支教1804人次，培训各类人才5.1万人次，建设基本农田35.9万亩；解决饮水困难人口35.4万人；解决饮水困难大牲畜141.5万头/只，解决了近百万贫困人口基本温饱问题。开展的100所“姊妹学校”手拉手活动，使12个对口旗县率先实现了教育“两基”达标。

2009年，北京市向内蒙古贫困地区无偿提供扶贫资金和物资折款共计3787.05万元，其中包括：市区两级财政提供资金3592.95万元；社会捐款144万元；捐赠物资折款50.1万元。救助贫困学生230人次；吸收就业1500人，培训各类专业技术人员4008人次；新修公路73公里；建设基本农田1.37万亩；解决饮水困难人口4035人；解决饮水困难大牲畜5150头。

【东西协作扶贫工作回顾】 14年的京蒙扶贫协作可以分为四个阶段。1. 第一阶段（1997—1999年）。北京市按照中央、国务院《关于解决贫困人口温饱问题的决定》，以资金支援和结对帮扶为主要方式。1997年，北京市18个区县与内蒙古18个国定贫困旗县结成对口帮扶关系。3年中，北京市和各区县向自治区及重点帮扶旗县捐赠帮扶资金和物资折款共计1.23亿元，与当地政府和群众自筹资金7284万元套配使用，共实施了456个扶贫项目。通过对口帮扶，但更主要的是经过当地政府和人民群众的艰苦奋斗，1999年，内蒙古农牧民人均纯收入比1996年提高了近200元，人均国内生产总值提高了近400元。

2. 第二阶段（2000—2001年）。北京市以实施经济技术合作项目为主要方式，重点支持内蒙古开展科技开发和生态环境保护。在此阶段，两区市按照“党政积极推动，部门协调引导，行业、企业参与为主”的总体思路，本着“优势互补、注重效益、互惠互利、共同发展”的原则，开展了多层次、多形式、多渠道的对口帮扶和经济技术合作。两年间，共实施经济技术合作项目650项，合作资金达196.8亿元。同时，为支持内蒙古的科技发展和生态建设，北京市出资2000万元，帮助内蒙古建立了“科技开发资金”和“生态建设资金”。内蒙古自治区遭受特大自然灾害时，北京市多次拨出专项救灾款物，帮助自治区政府和人民抗灾救灾。

3. 第三阶段（2002—2005 年）。根据国务院《中国农村扶贫开发纲要（2001—2010 年)》要求，北京市与内蒙古自治区于 2002 年 3 月签署《北京市、内蒙古自治区交流合作座谈会纪要》，确定从 2002—2005 年，北京市区（县）两级财政，每年向内蒙古贫困地区无偿援助 2000 万元帮扶资金，用于改善贫困地区生产、生活条件的扶贫项目。这一时期，主要结合内蒙古“千村扶贫开发工程”，以促进内蒙古“产业化、工业化、城镇化”为重点，开展全方位、多层次、宽领域的扶贫协作。同时，在人才培育、抗旱救灾等多个方面开展扶贫协作。2002 年，北京市还专门安排无偿支援打井配套资金 2000 万元，在环京津周边的浑善达克沙地等沙化草原治理区的 14 个旗县打井 400 眼，发展节水灌溉面积 3.315 万亩，对改善当地生态环境和支持农牧业发展起到了促进作用。

4. 第四阶段（2006—2010 年）。2007 年 8 月，京蒙两市区签署了《北京市 · 内蒙古自治区“十一五”时期对口帮扶与合作框架协议》，确定 2006—2010 年期间，北京市市区两级财政每年安排 2560 万元无偿援助资金，安排贴息资金 500 万元，用于鼓励北京市企业在内蒙古开展生态环境建设、能源开发、农牧产业等合作项目。通过贷款贴息的方式，已支持 9 家北京市企业在内蒙古开展生态环境建设、能源开发、农牧产业等合作项目，总投资达数百亿元。

【京蒙东西扶贫协作总结对接会议】 2009 年 4 月在呼和浩特市召开了京蒙东西扶贫协作总结对接会议。北京市副市长夏占义，内蒙古自治区副书记、常务副主席任亚平，副主席郭启俊，两区市 18 个区（旗）县主管领导和部门负责人参加会议。会议总结了 13 年来京蒙对口帮扶工作，表彰了先进集体和个人，现场对接了调整后的北京各区县与内蒙各旗县的对口帮扶关系，明确了下一阶段工作思路和重点工作。

【基础设施建设扶贫】 2009 年，实现新修公路 73 公里，建设基本农田 1.37 万亩、解决饮水困难人口 4035 人、解决饮水困难大牲畜 5150 头，帮扶贫困地区东达移民村搬迁项目 200 万元。改善了贫困人口生产、生活条件，为加快贫困地区发展奠定了基础。

【培训扶贫】 北京市各区县采取多种形式，支持内蒙古贫困旗县开展农牧业实用技术培训和劳动力转移培训。经济实力比较弱的延庆县，在帮扶项目实施过程中，完成贫困劳动力技能培训 56 人，开展农村实用技术培训 44 人次，使兴和县贫困村面貌发生了明显变化。

【产业化扶贫】 2009 年产业帮扶注重优选扶贫项目，支持当地特色产业发展。北京市利用专项扶贫资金支持满洲里五兴农产品物流有限公司 1000 平方米恒温保鲜库扩建项目，该项目带动解决自治区就业人口 10 万人，贫困人口脱贫致富约 1 万户。海淀区支持建设的科尔沁镇大坝沟村和归流河镇居力特嘎查村的“兴安盟科右前旗肉羊舍饲养殖小区建设”扶贫项目，逐步形成肉羊饲养、饲料供应、兽医、羊肉冷藏、加工、运输、销售等环节组成的完整产业链条。石景山区围绕宁城县主导优势产业作文章，棚室蔬菜、食用菌栽培、山野菜加工、苗木基地建设、肉羊养殖、农民实用技术培训、贫困群众劳动力转移培训都已经发挥了应有的效益，直接惠及宁城农村贫困人口近3万人。

【教育卫生对口扶贫】 2009年，北京市教育系统，举办培训班36期，参加培训人数940人次；资助贫困学生120人。海淀区对口帮扶科右前旗21家基层卫生院，11名医师被安排到海淀医院进修。他们还根据受援地区需求，不定期派出专家到受援医院，并与受援医院建立疑难重症会诊、转诊绿色通道；继续免费接收受援医院医务人员到支援医院接受住院医师、专科医师培训并为科右前旗乡镇卫生院提供相应的医疗器械等硬件设施。海淀区教委向科右前旗教育部门赠送“2007年、2008年海淀区优秀课程”2套大型课件，并利用假期选派优秀教师前往内蒙科右前旗学校讲课，帮助当地开展教师培训。石景山区为宁城县贫困地区学校捐赠电脑、培训教师、捐赠医疗设备，为贫困乡镇卫生院和县直属医院培训医务人员105人次。

【企业扶贫】 2009年北京市提供500万元贴息资金，支持北京岱海发电有限公司、北京柏莱斯实业有限责任公司、洛娃集团等8家北京企业在内蒙开展能源生产、沙漠化土地综合治理、有机农业开发、现代化养殖业应用等合作。房山区指导北京卓辰畜牧有限公司和北京凯达恒业农业技术开发有限公司2家有实力的民营企业继续开展扶贫协作，在内蒙赤峰市巴林左旗、扎鲁特旗和通辽市奈曼旗大沁他拉镇投资2个项目，累计投入资金9000万元，使3000余农户受益。北京凯达公司的“内蒙基地推广优质高产红小豆、大豆项目”，推广种植优良高产品种共1.2万亩，带动当地农户1000多户，户均增收2000多元。北京卓宸公司建设的肉牛产业化基地项目，使当地每个农户增加收入42000元左右。

【东西协作扶贫工作措施】 1. 各级党政领导高度重视。14年来，北京市主要领导贾庆林、刘淇、王岐山等和内蒙古自治区主要领导多次互访、座谈、实地考察，签署一系列重要文件。1997年，在贾庆林任市长期间，签署《北京市、内蒙古自治区扶贫协作和经济技术合作座谈会纪要》，明确每年援助资金2000万元。2000年，市长刘淇率北京市代表团出席《内蒙古—北京西部大开发战略研讨会》期间，签署《北京市向内蒙古自治区提供科技发展资金协议书》、《北京市向内蒙古自治区提供生态环境建设资金协议书》和《北京市和内蒙古自治区全面开展科学技术合作与交流协议书》，并向内蒙古自治区支援科技发展资金1000万元、生态环境建设资金1000万元。2002年，市委书记贾庆林、市长刘淇等市领导在京与内蒙古自治区领导进行座谈，签署《北京市、内蒙古自治区交流合作座谈会纪要》，决定除每年无偿支援2000万元外，再给予内蒙古自治区2000万元专项资金支持，帮助生态建设地区和部分重点扶贫旗县打井。2007年，副市长陆昊率团赴内蒙古参加“2007年中国民族商品交易会”，签署《北京—内蒙古“十一五”期间对口帮扶与合作框架协议》，确定支持资金每年3060万元。

2. 层层结对子，是对口帮扶工作的重要举措。一是两市（区）有关部门之间的密切配合，确保扶贫协作项目的组织实施；二是北京市18个区县与内蒙古18个对口旗县之间“结对子”，把扶贫协作项目落到实处；三是区县旗以下的基层单位结对帮扶，不断扩大对口帮扶的辐射面。截至2009年底，北京18个区县中，有326个部门、街道、医院、学校、企业、乡镇、村，分别与内蒙古对口的18个贫困旗县中的600个相应部门和单位结为帮扶对子，并取得良好效果。2008年库伦旗选拔10名30岁以下的科级干部到密云县挂职锻炼，到县直部门和镇担任行政一把手助理。2002年昌平区集中资金投入五面井宏胜村等2个村的水浇地开发，使2个村稳定的解决了贫困人口的温饱问题；2005年又集中资金扶持五面井宏胜村开发水浇地和购买小尾寒羊，使这2个村项目建成后，整体一举脱贫。八里罕镇樱桃沟村位于大山深处，村民们进出山唯一通道是一条河床，夏天洪水暴发，无路可走，冬天冰雪覆盖，步步难行，严重影响村民的生产和生活。石景山区投资25万元，建成一条宽5米、长5000米、高3米的路坝一体沙石路。

3. 坚持“一个瞄准”、“两个坚持”。“一个瞄准”，既瞄准贫困地区和贫困群体，采取有针对性的帮扶措施。“两个坚持”：一是坚持开发式扶贫。通过整村推进、劳动力转移培训和产业化扶贫三大措施，重点抓好改善农牧民生产生活条件的基础设施建设，培育增收产业；二是坚持经济扶贫与科技、教育、卫生扶贫并举。北京市在给予贫困地区经济援助的同时，通过科技扶贫，引导贫困地区走依靠科技开发特色资源发展经济的道路；通过教育扶贫，改善贫困地区教学条件和师资水平；通过卫生扶贫，改善贫困地区医疗条件，提高健康水平。

4. 加强基础性研究，创新扶贫协作方式。为提高扶贫协作工作的水平，北京市有针对性的开展了有关课题的研究。近年来，与有关研究机构先后开展了《京蒙全面经济技术合作基础性研究》、《北京市对外援助与经济合作项目管理机制研究》两项课题研究，积极探讨新形势下扶贫协作工作的新思路、新方法。在此基础上，制定了《北京市对口帮扶内蒙古贫困地区统调帮扶资金管理办法》和《北京与内蒙古经济合作专项资金管理办法》。

5. 推动企业合作，促进产业化扶贫。截至2009年底，据不完全统计，北京市企业在内蒙古自治区投资合作资金达几百亿元。北京能源投资（集团）有限公司在内蒙地区投资的项目共有24个，其中23个为发电项目，一个生态保护和扶贫开发项目，参控股投资共计629.56亿元，年平均上缴税金约5亿元，提供直接就业岗位1000多个，带动创造相关就业岗位数千个。民营企业北京柏莱斯实业有限责任公司投资6500万元开发乌兰布和沙漠，现已完成15.5万亩符合生态治理示范标准的生态基地，在9万亩沿黄河生态封育区进行沙漠封育治理，植被覆盖率达85%以上。使上百户、近500人的生态移民得到安置。北京锦绣大地公司投资赤峰市林西县农牧业产业化项目，种植人工牧草8万亩，恢复牧场面积5.5万余亩，增加绿化面积8000亩，解决了林西县4000余人农村剩余劳动力就业问题，辐射带动3500多养殖户，年增收2640万元。

【2010年东西协作扶贫工作展望】 1. 研究“十二五”时期对口帮扶的总体思路。以科学发展观为统领，深入研究探索新形势下搞好对口帮扶的方式方法及帮扶重点；抓住京蒙两地之间存在的较强的经济关联性和发展互补性，有实效地开展双边经济合作，积极推进两市区在生态环境建设、

能源开发、农畜产品基地建设、旅游等多领域的互惠互利合作；加大对口帮扶资金力度。

2. 进一步拓展对口帮扶智力支持的广度和力度。2010 年北京无偿援助资金 2560 万元将主要用于支持内蒙古贫困农牧民直接受益的项目，特别将以多种形式加强人力资源培训，增强内蒙古贫困地区自身“造血”机能的建设，增强发展后劲及特色产业带头人培训、劳动力转移培训、提升公共服务水平的教师培训和医疗卫生专业人才的培训。

3. 全面推进双边产业合作努力实现互利双赢。北京市将在每年安排 500 万元贷款贴息资金的基础上，发挥市场机制作用，继续做好对符合条件的合作企业享受这一政策的各项工作，发挥政府的引导作用，推动企业间的互利合作，实现产业扶贫，实现在合作中共同发展。

（北京经贸委经济协作办公室）

天津市——甘肃省东西扶贫协作

【概况】 1996年，中央确定天津市对口帮扶甘肃省。自1996年以来，全市对口帮扶甘肃省的资金、物资总计3.05亿元，其中，财政资金1.51亿元，社会各界捐赠资金1.54亿元（5·12地震后，为甘肃地震灾区捐资捐物累计5364万元），实施帮扶项目200余个。建设整村推进村20个，新修梯田10万多亩，建集雨水窖1000多眼；新建、修缮120多所希望小学，天津市100所中小学对口支教定西、天水、陇南100所学校，并支援大量微机、图书、教学仪器；新建、改造卫生所200个；捐赠衣被2500万件。两地实现高层互访40余次，全市14个区县与甘肃省定西市、天水市、陇南市的13个县结为帮扶对子，组织了230批次各级团组互访，考察交流。安排200多名甘肃科级以上干部在天津挂职锻炼。培训各类干部上万人次。签订50多项合作协议。

多年来，津甘双方通过签订《关于进一步推进东西扶贫协作，加强全方位经济合作的会谈纪要》和《2003—2007年天津市与甘肃省东西扶贫协作五年规划》等一系列文件，进一步明确了东西扶贫协作工作重点。结合津甘发展实际，在实践中逐步探索出一条“东扶西联”、“帮强扶弱”的东西扶贫协作工作新思路，成功实施一批让贫困地区直接受益的帮扶项目，对口帮扶工作取得新进展。

在落实《中国农村扶贫开发纲要(2001—2010年)》的十年间，津甘双方按照《2003—2007年天津市与甘肃省东西扶贫协作五年规划》、《关于新阶段津甘东西扶贫协作和对口支援工作的会谈纪要(2008—2013年)》精神，立足天津实际，着眼甘肃发展，以整村推进为主开展新农村建设、以发展龙头企业为主开展产业化建设、以劳动力转移培训为主开展人才智力支持；以“东扶西联、帮强抚弱”为主线，以结对帮扶动员社会参与，探索出一条政府主导、社会参与、企业合作、共同发展的东西扶贫协作新路子。财政帮扶资金从2003—2005年的每年1000万元，增至2006—2007年的1500万元，又从2008年开始每年增加到2000万元，用于帮助甘肃省经济社会发展。

【整村推进规划实施】 2009年，从编制整村推进规划入手，使整村推进实现良性循环和可持续发展。天津市规划设计部门无偿为定西市安定区凤翔镇柏林村和陇南市西和县晚家峡做出发展规划。规划执行期间，用于整村推进和产业发展的资金超过对口帮扶总资金的一半以上。帮助发展中药材和经济林种植、第二代日光温室等特色产业，为农民增收创造条件；发展小尾寒羊等家畜养殖，通过“周转羊”“周转畜”使资金滚动发展，部分农户年均增收2000元。

【企业扶贫】 结合当地特色产业和特色产品优势开展企业合作，探索适应甘肃特色、符合甘肃特点的企业合作新路子。2004年，促成“天津大红碗食品有限公司”在甘肃静宁投资2300万元，建成大红碗（静宁）食品有限公司。建成投产后，吸纳静宁职工358人。同时，拉动了与食品相关的产业，如面粉业、食品包装业、脱水蔬菜业和交通运输业的发展。大红碗静宁公司每年除上缴税金外，拉动地方经济的投入在2500万元以上。产品在西北的市场份额不断扩大。“天津中新药业”、“天士力集团”等制药龙头企业分别与甘肃省岷县、漳县签订了中药材生产、加工的合作协议，依托当地资源优势建立中药材生产加工基地，既扶持产业发展，又增加了就业，促进了增收。2008年，天津陶陶集团又在酒泉投资1.6亿元，进行矿产品资源开发利用。2009年，促成天津市福建商会会员企业在甘肃省敦煌市投资5亿元，建设敦煌石材工业园项目，探索出一条产业开发与对口支援协调发展的新路子。

【太阳能发电系统项目】 在帮扶甘肃省较发达地区跨越发展同时，结合甘肃省较贫困地区发展相对落后的实际情况，2004、2005年连续两年在甘南藏族自治州迭部县花园乡实施了太阳能发电系统项目，结束了当地不通电的历史。该项目由天津津能电池科技有限公司负责实施，投入财政帮扶资金70多万元。在海拔3200米的崎岖山道上，工程技术人员克服交通不便和高寒缺氧等诸多困难，历时近半个月，太阳能发电系统正式安装成功，使世代没有见过电灯的村民终于见到了光明。

【培训扶贫】 本着培养适用人才目标，天津市于2001年投入资金对口帮扶“津陇信息化教育中心”项目，并以此为载体，开展了在教育、管理、科技等方面的专业技术人才培养和技术培训工作，截至2009年底，共培训教师、管理人员和农业技术人才上万人次。本着促进贫困人口增加就业和收入目标，开展甘肃省劳务输转和就业指导工作，甘肃在津首次设立的6个劳务输转和培训基地挂牌成立。据不完全统计，甘肃在津务工人员近10万人，分布在纺织、服装、建筑、电子、餐饮等各个行业，年创劳务收入5.6亿元。仅美克家私天津公司就有甘肃籍员工3000多名，占总员工人数的1/4，其中很多员工已经成长为管理干部和技术骨干，在津安家落户。

【教育扶贫】 多年来，天津市各区县、有关单位、各级各类学校和甘肃对口县开展一系列“手拉手”助学支教活动，共捐助资金约1000万元及大批电教设备，文体器材，图书资料，学习用具；资助5000多名学生完成义务教育阶段学习；共有346名教师完成了在甘肃支教两年的任务。截至2009年底，全市共派出18个讲学团到甘肃巡回讲学，参加讲学专家近百名，走遍甘肃省8个市地，巡回讲学100多场。原国务院副总理李岚清在教育部印发的《天津市组织暑期巡回讲学团赴甘巡回讲学》的简报上批示“这种做法很好，值得提倡”，对讲学团的工作给予肯定。

【经济与技术交流合作】 1. 利用载体优势搭平台。津甘双方利用每年的“兰洽会”和“津洽会”、“融洽会”等平台开展合作，签订一批经济、技术合作协议，合作项目40余个，投资额近20亿元。如敦煌市利用“津洽会”平台开展旅游项目推介，天津市100多家单位的近300人参加，促进了甘肃省旅游资源的开发利用；酒泉市利用“融博会”机会，与在津参会的全国金融领域知名企业（单位）进行接触，借机宣传酒泉。此外，定西市、天水市等借助各种经贸平台优势，开展与天津市相关行业和部门的接触，进一步扩大了甘肃省在津的影响。

2. 利用科技优势促增收。天津市农科院为天水市赠送价值20万元的蔬菜良种的同时，签订了长期进行技术合作的协议。天津农科院玉米种子在天水的覆盖率达90%。通过合作，增加天水农民的致富门路，加速了天津市科技成果在甘肃的普及和推广。借助天津设施农业起步早、经验多的优势，帮助当地开展蔬菜大棚、花卉基地、果蔬保鲜和特色农产品深加工等提高产品档次、增加附加值的技术支持，不仅促进当地龙头企业发展，还形成了龙头特色产品和品牌，带动了农民增收。同时，适时协助甘肃省及各地州市在天津召开大型招商项目推介会和信息发布会，加大宣传力度。

3. 利用网络优势广覆盖。利用天津市帮扶资金在甘肃省天水市建立“津陇教育信息化培训中心”项目，该项目利用网络开展远程人才培训，除完成对周边教师和中小学生的教育教学培训外，还利用教学资源服务社会，支持当地经济建设。2009年，开办中小学班主任和教师专业培训班6期，培训人员1073人，其中573名教师获得清华大学继续教育学院颁发的《清华伟新教育高中新课标（远程）培训结业证书》。面向社会培训各类人员1078人。这种智力帮扶新模式使原有传统培训能力成倍增长，辐射范围和领域进一步扩大。截至2009年，通过远程网络覆盖培训教学、专业技术人员上万人次。

4. 利用政策优势促合作。每年安排专项帮扶资金，用于鼓励和引导天津企业到甘肃投资兴业。如“天津家世界”在甘肃省投资8000万元，建成6个连锁超市，对于促进甘肃商贸流通业、商品零售业起到了积极作用。

【社会对口扶贫】 多年来，在天津市人民政府合作交流办公室的组织推动下，全市社会各界积极参与对口帮扶甘肃省的工作。

1. 天津市河东区。在落实对口帮扶工作中，河东区区委、区政府动员社会各界援助岷县扶贫资金、物资150万元，捐献衣被58万件。在岷县遭受雹灾、震灾后，河东区及时为岷县伸出援助之手，利用专列将救灾物资紧急运往灾区，共救助3.3万户近19万灾民。

2. 天津市和平区。先后4次为通渭县捐资，建成了100眼蓄水窖，解决了500余人、600余头家畜的饮水困难。建成通和希望小学，招收学生568名，缓解了县城适龄儿童入学困难；资助通渭二中和县职校改善了办学条件。购置了80马力推土机两台；建设了高效农业综合示范园区，建成高效节能二代温室100座、塑料大棚100个。为通渭县捐赠价值50万元的医疗器械。积极利用商贸区优势，先后多次召开“通渭县地方产品销售洽谈会”，帮助通渭县在津开辟商品销售市场。天津滨江商厦无偿为通渭县“飞天”地毯提供销售专柜。并协调安排18名通渭县医务人员到天津市一中心医院、天和医院等单位进行为期半年的多学科进修。

3. 天津新技术产业园区。留学人员联谊会赴定西市安定区考察期间，向天津希望小学捐赠了部分体育设施，向贫困户捐赠了资金和治疗仪，并建立了长期帮扶关系。

4. 天津市民政局。每年为甘肃省募集物资、衣被活动已形成惯例和制度；特别是在“5·12”地震后，发扬连续奋战作风，紧急支援甘肃地震灾区70车皮价值5364万元的物资。

5. 天津市妇联。招收甘肃妇女来津从事家政服务，实现劳务脱贫并建立劳务输转培训基地。2006年天津市家政服务公司接收初次来津甘肃服务人员3129人，初次来津人员全部免费培训，介绍并签订用工合同6271份，合同履约率达90%。截至2009年，天津市家政服务公司共接收甘肃省妇女来津培训就业近3万人。

6. 农工党天津市委会。为甘肃省捐赠约80万元的物资。组织医学专家进行扶贫义诊，300多名患者得到了无偿诊治；举办了甘肃省重点乡镇卫生院院长培训班，来自甘肃省43个市县95名学员在津进行了为期6天的培训；天津市第一中心医院等单位长期为通渭县人民医院免费进修医疗人员。

7. 民进天津市委员会。自2001年以来，连续4年以不同的形式为甘肃省平凉市、定西市、会宁县共4所小学校的221名贫困学生进行了援助，共捐助价值25万元的资金和学习用品。2005年，承办了甘肃省43个扶贫开发重点县的106位小学校长来津培训的任务。培训期间，重点考察了天津市7所重点小学的教育教学情况。学员们都表示大开眼界，受益匪浅。

8. 天津市的部分知名企业家和普通市民。天津天士力集团总裁闫希军捐资50万元，建成彭阳希望小学；天津梦得投资发展有限公司董事长兼总经理于静捐资30万元，资助敦煌、漳县两地共21名学生来津完成初一至初三阶段的全部学习和生活费用；天津市东丽区大毕庄新立信用社副主任何学良，多年来共资助通渭县锦屏小学63名贫困学生15万元，并将部分优秀生接到天津，带他们参观北京天安门、天津滨海新区等，开阔了学生们的眼界，激发了学生们的爱国热情和学习动力。何学良也被中共通渭县委授予“杰出志愿者”称号。

【东西协作扶贫宣传】 2009年，天津人民广播电台赴甘肃采访历时12天，行程4500公里，采访区域平均海拔2500米，累积采访素材近百盘，策划播出《为了西部的孩子》栏目，成为在天津广播电台收听率最高的节目之一，引起全市各界的强烈反响。市委宣传部、市教委、团市委还联合《天津电视台》等5家媒体，举办《为了祖国的西部》报道活动。全社会关心支持甘肃的良好氛围已初步形成。

【东西协作扶贫工作措施】 1. 重视高层互访。天津市党政领导先后20余次赴甘肃省考察访问，增进互信，促进交流，共商合作，共谋发展。2009年4月，甘肃省委书记、省人大常委会主任陆浩，省委副书记、省长徐守盛率甘肃省党政代表团来津考察访问，中共中央政治局委员、天津市委书记张高丽，市委副书记、市长黄兴国等党政主要领导同志与代表团畅谈发展。两省市共同签署了新阶段全面战略合作框架协议、进一步加强东西扶贫协作纪要和进一步加大教育合作交流促进教育事业发展、加强商务领域合作、口岸合作、区域合作、劳务输转和培训合作、加大文化合作交流促进文化事业发展、卫生合作交流促进卫生事业发展、旅游合作交流促进旅游事业发展等8个方面框架协议，进一步深化了津甘全方位、多领域的交流合作关系。

2. 重视组织完善。在原对口支援和西部开发2个工作领导小组基础上，进一步整合强化为“天津市对口支援与服务参与西部开发工作领导小组”，成员单位扩大到47家。领导小组组长由每届政府1名副市长担任。全市各委办局、各区县根据各自实际，明确了相应的工作部门，加强统一领导，落实工作任务，领导小组各成员单位主要领导亲自抓，明确专职机构和人员负责此项工作，根据工作计划扎实做好帮扶工作。天津市14个区县与甘肃省13个县建立结对帮扶关系，开展结对帮扶合作。

3. 重视整体推进。为落实国务院扶贫办有关对口支援工作任务，天津市每年都召开对口支援工作会议或领导小组工作会议，传达中央有关对口支援工作精神，总结对口帮扶工作，部署工作任务。全市各区县、委办局和各有关单位、社会各界纷纷行动起来，全市性的对口支援与交流合作工作蓬勃开展。

4. 重视典型引路。每年的“天津市对口支援工作会议”上，选择3至4家在对口帮扶工作中做出突出贡献的单位做典型发言。在每年的全市性合作交流工作会议上，都表彰一批对口支援先进单位和对口支援先进个人。截至2009年底，全市已有40家单位、30名个人被评为天津市对口支援先进单位和先进个人。2009年，全市先后有14家单位和10名个人被国务院扶贫办评为先进集体和先进个人。

（天津市人民政府合作交流办公室）

上海市——云南省东西扶贫协作

【概况】 自1996年建立帮扶协作关系以来，上海市和云南两省市党委、政府高度重视并直接推动，沪滇帮扶协作按照有思路、有规划、有机制、有创新、有成效的要求，不断拓展完善新的合作领域和合作方式，建立了省市对接、部门对接、区县对接、社会各界参与的立体合作机制，形成了政府、企业、社会相结合的帮扶格局，由单向的资金项目援助逐步发展进入到扶贫济困与经济社会全面合作协调推进的新阶段。

通过两省市高层领导互访、全省（市）大会动员机制，把握帮扶合作大政方针；双方帮扶合作领导小组由党委、政府领导领衔，涵盖相关职能部门和州市区县，定期召开联席会议，安排部署帮扶合作重点任务；帮扶合作领域不断扩展，由扶贫开发、教育卫生公益事业援建、人口较少民族帮扶，逐步延伸到农业、商贸、民政、科技、旅游、文化、环保等更多领域，部门工作小组已达20个，合作根基更为牢固。上海14个区和2个国有大企业与云南四州市26个国家级重点贫困县结成帮扶对子，交流往来密切，合作方式多样，帮扶成效明显。

两地帮扶合作领导小组办公室加强对帮扶合作的宏观指导和跟踪服务。云南省制订了《云南省沪滇对口帮扶项目管理暂行办法》、《上海市国内合作交流专项资金扶持云南对口地区产业发展项目管理暂行办法》，上海市印发了《上海市国内合作交流专项资金管理办法》及5个实施细则，促进了帮扶合作制度化、规范化建设。

2009年，上海—云南对口帮扶协作工作按照国务院扶贫办《2009—2010年东西扶贫协作指导意见》精神，在两省市党委、政府的领导下，依靠社会各界支持，以务实精神推动帮扶协作有序、有力、有效开展。

【扶贫项目资金投入】 2009年，上海市克服国际金融危机影响和财政增收困难，按照“目标不变、力度不减”的要求，继续保持援滇项目资金的动态增长。全年计划投入帮扶资金1.6亿元，增长10.8%。实际到位资金1.8亿元，增长24.6%。在对口帮扶的文山、红河、普洱、迪庆四州市和德昂族、独龙族实施各类帮扶项目327个。按照“动真情、办实事、求实效”的要求，帮扶项目资金坚持向基层倾斜，向贫困农户倾斜，用心办好当地百姓所思所盼的事情。2009年，投入扶贫开发、教育卫生事业及民生保障的项目资金占年度援助总额的92.7%（见表1）。

表1　　2009年上海市援助云南省项目资金情况简表　　（单位：万元）

类　别	新农村建设	产业发展	社会事业	合　计
文山州	3270	350	550	4170
红河州	2820	460	550	3830
普洱市	3000	240	550	3790
迪庆州	1300	420	1370	3090
德昂族	400	0	0	400
独龙族	2000	0	0	2000
其　他	150	360	230	740
合　计	12940	1830	3250	18020

注：以上不含上海协助云南实施人力资源培训项目经费。

【整村推进扶贫项目】　按照国务院扶贫办等13部委《关于共同促进整村推进扶贫开发工作的意见》和国务院扶贫办《关于动员对口扶贫系统支持“三个确保”工作的通知》精神，2009—2010年，上海市加大力度，按照“当好配角、全力以赴，存量调整、增量倾斜，立足当前、结合长远，重点投入、确保质量”的原则，采取“一次认领、分年度实施、连片整村推进”的方式，在文山州的麻栗坡、富宁、马关，红河州的绿春、金平，普洱市的江城、孟连、澜沧、西盟、墨江等11县，集中认领实施237个“三个确保”重点村（其中：2009年安排123个，2010年计划安排114个）。加上通过政策倾斜，在“三个确保”任务乡镇援建的标准化卫生院、规范化中心学校等项目，上海市投入“三个确保”专项资金达1.1亿元。

各方把协力推进“三个确保”作为一项首要政治责任，重点依靠云南省的统筹规划、组织协调及配套支持，立足“项目早规划、资金早拨付、工程早启动、帮扶早见效”，加强对援建资金监管和项目进度质量的全程监控，在全面落实2009年任务的同时，有条件的地方还将2010年项目一并规划，先期启动实施。

【整乡推进和集中连片开发试点】　按照沪滇帮扶协作领导小组第十次联席会议精神，及云南省“集中连片开发”和“整乡推进试点”要求，在云南省4州市的15个县18个乡镇，上海帮扶项目集中集聚，稳步开展“整乡规划、整村推进、资源整合、连片开发、产业先行”试点。按照城乡统筹发展的要求，以3—5年为帮扶周期，通过深入细致开展乡情调查，精心编制乡村一体经济社会发展规划，科学有序实施产业发展、社区建设、基础设施、社会公益事业等重点项目，使得试点乡镇发展目标更为明确，发展路径更为清晰，资源整合力度加大，示范效益更为明显。

【扶贫调研】　双方把深入细致的调查研究作为开展帮扶合作的基础和前提。围绕项目推进和改善群众“四个基本”条件，两地领导、帮扶合作部门、上海援滇干部联络组和各级干部进村入户，先后赴怒江州独龙族、德宏州德昂族以及红河州、普洱市整乡推进试点乡镇开展专题调研，足迹遍及各对口地区援建项目点。在援建292

个整村推进项目中，广泛听取民意，扶贫项目做什么、怎么做、成效如何，都由当地群众来作主，发动群众参与。

【人口较少民族和特困群体扶贫】 长期以来，双方适应和谐社会建设要求，结合云南省少数民族地区贫困状况，对口帮扶合作坚持向人口较少民族、边境一线及特殊困难群体倾斜。

1. 德昂族扶贫成果。自2006年4月起，上海市启动对口帮扶人口较少民族德昂族发展工作，重点以整村推进方式对分布于云南省德宏、保山、临沧3个州市的德昂族聚居自然村进行扶持。截至2009年，上海市已按计划提前完成对口帮扶63个德昂族村寨任务，共投入帮扶资金2864万元，云南省配套887万元。德昂族聚居地区的基础设施建设和生产生活条件得到较大改善，群众的自我发展意识明显增强，经济收入得到稳步提高，德昂族整体脱贫奔小康步伐进一步加快，帮扶工作取得良好政治效益和社会效益。上海市帮扶德昂族发展工作被国家民委树为新时期民族团结、和谐发展的典型案例，受到第五次全国民族团结进步表彰大会表彰。

2009年12月15日，由两地民（宗）委共同举办的"上海对口帮扶德昂族发展工作总结暨经验座谈会"在德宏州召开。上海市副市长胡延照、云南省副省长孔垂柱等出席并讲话。会上，上海市向云南省捐赠德昂族发展项目资金500万元，追加实施17个德昂族自然村整村推进帮扶项目，2010年将全面完成帮扶德昂族发展工作。

2. 增列怒江州独龙族为上海扶贫对象。独龙族是全国22个人口较少民族之一。怒江州贡山县独龙江乡是独龙族主要聚居地，地处中缅、滇藏结合部，面积1997平方公里，辖6个行政村41个村民小组，4394人，独龙族占99%。由于历史、自然等因素制约，独龙族发展严重滞后，整体处于贫困、封闭状况。

根据云南省建议，经两省市领导批准，决定将怒江州贡山县独龙江乡独龙族列为上海帮扶对象。在2009年12月18日召开的沪滇帮扶合作领导小组第十一次联席会议上，云南省委副书记李纪恒、上海市副市长胡延照签署了《上海参与帮扶云南省怒江州独龙江乡独龙族加快发展协议》，上海市向云南省捐赠帮扶资金2000万元，专项用于独龙江乡新农村建设，重点改善独龙族群众"四个基本"条件，提升当地自我发展能力。具体将通过两地民宗委建立的较少民族帮扶机制实施。

3. 金平莽人雷公打牛村异地搬迁安置。2008年初，上海市参与国家部委组织的联合调研，并同意实施云南省红河州金平县莽人雷公打牛村易地搬迁安置项目。2008年5月8日，上海市政府合作交流办公室与红河州、金平县签订《上海援助云南省红河州金平县雷公打牛村异地搬迁暨牛场坪安置点社区建设会议纪要》，上海市新增扶持资金600万元，建设安居房50幢，每幢面积120平方米左右；并实施村内道路、配套绿化工程、文化活动室及实施沼气、畜厩、厕所"三配套"。2009年6月，牛场坪安置点社区建设全面竣工，43户195名莽人喜迁新居。

【特殊类型群体扶贫】 加大对迪庆藏区的倾斜支持。上海市在援助资金安排，尤其州级帮扶项目方面，始终保持高于其他对口地区增幅，对迪庆藏区加快发展、高度稳定，建设全国最好藏区做出贡献。

根据国家扶贫办和云南省僰人综合扶贫开发规划，从文山州44个僰人聚居自然村中认领9个自然村，上海市及松江区市区联手开展重点扶持。通过两地侨办，继续落实国家政策，做好文山富宁、砚山等地华侨农（林）场归难侨群体的帮扶工作。

【产业化扶贫】 始终坚持开发式扶贫方针。“输血”和“造血”并举，把帮扶工作重点放到提高扶贫对象综合素质，增强自我发展能力上来。创造条件，整合资源，扶持发展农村特色产业。

1. 持续加大产业扶贫投入。除整村推进资金安排一定比例用于生产发展外，近年来，结合整乡规划、产业先行试点，上海市在对口帮扶中开展培育农村致富带头人和探索农村集体经济实现形式两项探索，持续加大产业帮扶投入。2009年，安排帮扶资金1830万元，实施种养业特色产业项目42个。红河州香蕉、橡胶种植，文山州三七、辣椒加工基地、农家乐，普洱市咖啡、蚕桑基地，迪庆州尼西鸡、生猪养殖等产业项目效益显著，形成了一批特色村，提升了当地农户的自我发展能力，促进了特色产业带、产业园、规模化种养基地建设。

2. 扶持对口地区农特产品开拓上海市场。采取政府主导，牵线搭桥，通过政策优惠、资金补助降低门槛，对口地区农特产品开拓上海及周边市场工作取得扎实效果。红河、迪庆等州在沪举办农特产品展示展销活动，对蒙生石榴、七子茶业等8家农特产品企业、合作社免租金入驻上海松江国际食品城，通过上海中心农产品批发市场、上海江桥蔬菜批发市场以及上海市商委、国资委等系统的光明集团、百联集团支持，云南农特产品源源不断进入上海超市、卖场，步入寻常百姓家。

3. 建立完善产业扶贫长效机制。改变产业扶持资金一次性使用的做法，建立产业帮扶资金“长期滚动使用、长期发挥效益”的长效机制。在整村推进中用于生产发展的资金采取普惠制，通过苗种补贴等形式发放给贫困农户；在专项产业帮扶中，采用借贷形式将资金投向种养大户、致富带头人、农民专业合作社和农特产品龙头企业等，并根据农业生产周期，到期回收，还本付息，实现“主攻一点，带动一片”的目标。为确保产业帮扶资金“权责明确、管理科学、运转有序”，两省市制订出台了“沪滇产业发展扶持资金管理暂行办法”和扶持农特产品开拓上海市场补助实施细则，不断探索有效机制，促进产业发展良性循环。

【社会扶贫】 立足当地急需，结合上海优势，延续既往受当地群众期盼和欢迎的好传统好做法，2009年安排各类社会事业项目59个。

1. 教育卫生扶贫。由上海市专项资金投入2000万元、单个援助规模最大的迪庆州香格里拉高级中学建成投用；在四州市分别援建规范化中心学校、标准化卫生院，援助标准分别为200万元、100万元，云南省有关部门给予配套；云南大学等与复旦大学、上海大学建立校际合作机制，中职院校对接、校企合作发展顺利；上海新一批100名教师赴云南各地支教；两地医疗卫生机构建立帮带合作关系，安排上海大医院帮带对口地区二级医院，在医院管理、学术交流、人员技术培训、甲型H1N1疫情防控等开展有效合作；上海援建的文山州动物疫病预防控制中心、红河州综合技术检测中心、普洱茶产品质量监督检验中心、迪庆州无公害农产品检测中心等相继竣工。

2. 人力资源开发扶贫。上海第六、第七批援滇干部顺利交接；两地干部交流拓展到省市、县区和部门三个层面，交流挂职干部45名；坚持面向基层，本着“急需、实用、见效”原则，实施4个“100”培训工程等人力资源开发计划，通过来沪培训、当地组织培训和安排上海专家巡回援课等形式，培训新农村建设、城乡统筹、少数民族干部、农村致富带头人、农产品经纪人及中小学骨干教师等领域专业人员8800余人次；有序组织劳务输出3万余人次。

3. 社会力量扶贫。两地有关社团、群众组织联手，154名上海青年志愿者以及一批医生、农技骨干、博士团、银龄行动专家分赴云南对口地区，开展短期智力帮扶；通过民政系统、希望工程、光彩事业、爱心慈善组织等，全年，上海市向云南省捐赠援助资金500余万元，救灾衣被20万件，民营企业、民间组织爱心助学等更加踊跃。

【经济技术合作】 2009年，双方企业开展各类经贸合作项目75项，上海方投入合作资金19.3亿元。

1. 引导企业参展参会。上海市人大常委会主任刘云耕率团出席昆明进出口商品交易会，两省市企业、行业协会积极踊跃参加华东进出口商品交易会、上海市国际旅游交易会、上海市国际农业博览会，成交活跃。两地首次在沪共同举办云南生物产业合作项目专题推介会，吸引400余位企业家出席，签约合作项目15个，协议资金总额达11.9亿元。红河州10月在沪举办宣传周活动，举办了包括招商项目推介会、旅游推介会、民族歌舞展演、农特产品展示展销等系列活动，受到上海市民和中外游客好评。推介会共签订旅游合作协议3个、特色产品供货协议8个，协议涉及总金额达3.5亿元。

2. 两地科技合作。两省市科技部门在昆明举办“沪滇科技成果合作洽谈会”，在昆明、文山等地建立“上海—云南技术转移基地”，上海市科委将云南省文山、红河、普洱、西双版纳等州多个科研项目列为资助对象。在农业科技合作方面，墨江县蚕桑生产技术推广、广南县南方早熟梨产业化经营示范、文山草果高产示范项目等为当地农户带来实际收益。

3. 两地企业战略合作。2009年8月，上海光明集团出资8亿元收购云南英茂糖业60%的股权，完成了全国制糖行业最大的一次下游对上游的并购。12月15日，在德宏州陇川县景罕糖厂举行隆重的新榨季开榨仪式。上海市副市长胡延照、云南省副省长孔垂柱等出席。标志着两地糖业战略合作实质启动，也成为沪滇经济合作的又一成功案例。

2009年，上汽集团汇众商务车公司还成功中标云南省卫生厅“乡镇卫生院救护车”项目招标，一举获得首批87台救护车采购合同。

4. 上海企业家云南行考察。2009年8月30日—9月3日，两省市合作部门、工商联及相关州市联手，共同组织上海企业家代表团赴云南昆明、普洱、西双版纳、迪庆、丽江等地考察。根据对口地区对接需求，上海市重点选择了上海新世傲集团股份有限公司、上海致盛实业集团有限公司等9家企业组团同行，经营范围涵盖园区开发、综合投资、建筑设计、现代农业、纺织服装、新能源和高科技、物业管理等多个行业领域。上海民营企业家考察有关州市的投资环境和招商重点项目，与云南企业家直接对接洽谈，达成一批合作意向。期间，企业家还看望慰问贫困农户，向云南省光彩事业捐赠 85 万元，用于援建希望学校和贫困村整村推进扶贫项目。

【上海云南对口帮扶合作第十一次联席会议】 2009 年 12 月 18 日在昆明召开了上海云南对口帮扶合作第十一次联席会议。上海市副市长、市合作交流与对口支援工作领导小组副组长胡延照率上海代表团出席。云南省委副书记、省沪滇对口帮扶合作领导小组组长李纪恒，云南省副省长、省沪滇对口帮扶合作领导小组副组长孔垂柱及相关部门负责人出席会议。李纪恒和胡延照分别作了重要讲话。

会议回顾总结了 2009 年沪滇对口帮扶合作工作情况，研究部署了 2010 年帮扶合作总体思路和重点任务。根据党的十七届四中全会和第五次全国民族团结进步表彰大会精神，决定将怒江州贡山县独龙江乡独龙族列为上海帮扶对象。双方签订《上海云南对口帮扶合作领导小组第十一次联席会议纪要》和《上海参与帮扶怒江州独龙江乡独龙族加快发展合作协议》，两地教育、卫生、农业、旅游等 15 个合作部门签署了 2010 年对口合作备忘录。会上，上海市向云南省捐赠专项资金 2000 万元，用于独龙江乡新农村建设。

会议期间，胡延照、孔垂柱还出席由两地民（宗）委承办，在德宏州潞西市召开的“上海对口帮扶德昂族发展工作总结暨经验座谈会”。上海市向云南省捐赠 2010 年德昂族发展项目资金 500 万元。

（上海市合作交流办公室　刘　军）

广东省——广西壮族自治区东西扶贫协作

【概况】 2009年，广东省坚持全面落实科学发展观，贯彻党中央、国务院关于继续做好东西扶贫协作，促进对口双方共同发展的战略部署，贯彻落实广东省省政府《印发十一五时期广东广西扶贫协作计划纲要的通知》（粤府函［2006］257号）和《印发广东广西进一步加强合作会谈纪要的通知》（粤府函［2007］55号）精神，与广西壮族自治区（以下简称“广西”）的合作重点突出，措施扎实，成效明显。据统计，广东省及广州市、东莞市向广西及百色、河池市提供无偿资金及捐物折款达6086万元，其中政府拨款5260万元，社会捐款232万元，捐物折款594万元；两广经贸合作实施项目1705个，投资380亿元；援建学校31所、卫生院所8所；帮助培训广西各类干部671人次，干部和专业技术人才交流37人次；有组织安排广西劳务输出14.15万人，劳务输出纯收入5亿多元。

【示范村建设推进】 广东省安排扶持资金在百色、河池两市23个贫困村开展整村推进扶贫开发示范村建设，重点安排国务院扶贫办要求的“三个确保”贫困村，村屯道路及巷道硬化、四级道路、民房改造、茅草房改造，修建人畜饮水工程、建水池，铺水管道等，通过项目建设，基础设施进一步完善，生产生活条件明显改善，产业开发得到加强，困难群众增收加快，文体设施改善，村容村貌大为改观。中共中央政治局委员、广东省委书记汪洋，广东省委副书记、省长黄华华在桂学习考察期间，分别考察了百色、河池市“整村推进”扶贫开发广东示范点，对示范点给予了肯定。

【经贸合作】 广东、广西两省区利用泛珠合作、北部湾开放开发的历史机遇，以东盟博览会、广州博览会为平台，不断拓展广东、广西两省区的交流与合作，探索建立优势互补、良性互动、共同发展、共同富裕的长效合作机制，进一步推动扶贫协作向全面经贸合作转变，共谱两地协作发展的新篇章。广东省委、省政府高度重视东西扶贫协作工作，2009年5月19—20日，中共中央政治局委员、广东省委书记汪洋，广东省委副书记、省长黄华华率广州市、东莞市以及各有关市党政、省直部门主要领导组成的广东省党政代表团，赴广西学习考察，以“务实推进泛珠合作，共同实现科学发展”为主题，出席“广东产品广西行启动仪式”，为广货进桂“站台”推销，搭台开路。在桂期间，汪洋、黄华华分别考察了百色、河池市工业企业、“整村推进”扶贫开发广东示范点，对示范点给予肯定。汪洋出席广州市支持百色起义 80 周年纪念项目建设资金捐赠仪式，仪式上广州市向百色市捐赠 500 万元，黄华华出席东莞市支持河池革命传统教育基地建设资金捐赠仪式，仪式上东莞市向河池市捐赠 500 万元。副省长佟星等前往崇左市出席凭祥友谊关工业园（广东）加工区揭牌仪式。广东省党政代表团深入广西各地学习考察好做法好经验，推动粤桂更务实、更深入、更广泛的合作交流。

【劳动力输出管理】 广东省以及广州、东莞等市劳动保障部门坚持以人为本，全面落实广东、广西劳动保障部门签订的《关于加强两省区劳务合作的协议书》，以建立健全劳务合作长效机制为保障，以推进劳动力转移就业、培训输出基地化运作、人力资源市场信息网络对接、远程招工系统建设为重点，多形式、多渠道、多举措开展对口劳务合作。建立劳务合作协调机制和联席会议制度；建立对口帮扶关系；建立用工信息发布渠道；建立技能培训合作关系；建立企业和求职人员远程见工系统。有组织劳务输出人数 14.15 万人，增加劳务收入 5 亿多元，两地的长期合作，使劳务输出管理工作进一步加强，劳务人员收入逐步提高。

【结对帮扶】 2009 年继续开展结对帮扶，广州市所属各区与百色 11 个县、广州市直部门与百色直属部门以及东莞市 11 个镇与河池市 11 个县结对，结对关系更加紧密，扶持力度更加突现，帮扶效果更加明显。各有关挂扶单位领导重视，联系加强，投入增加，成效明显。

【扶贫管理干部培训】 2009 年，广东省为广西区各市、县扶贫系统领导和县分管领导、乡镇领导举办了 3 期扶贫管理干部培训班，约 170 人参加了培训。培训采取教授授课、实地考察、基层领导和企业管理人员现场交流以及讨论相结合的形式，组织培训人员到广东省各地考察。通过参加培训学习，增进了两地干部的感情，拓宽了思路。

（广东省扶贫办公室　廖纪坤）

江苏省——陕西省东西扶贫协作

【概况】 全国东西部扶贫协作，是党中央、国务院的重大战略决策，也是江苏省承担的一项重要政治任务。自1996年以来，江苏省10个省辖市53个县（市、区）与陕西省9个省辖市56个县（市、区）建立挂钩协作关系。

2009年以来，在省委、省政府领导下，江苏省贯彻落实国务院扶贫办《关于2009—2010年东西扶贫协作工作指导意见》和《全国东西扶贫协作工作会议纪要》，坚持以科学发展观为指导，探索全方位、深层次、宽领域的扶贫协作形式，积极做好新形势下的东西扶贫协作工作，继续加大在农业、水利、教育和医疗卫生等方面对陕西省的无偿援助力度，进一步改善陕西贫困地区人民群众生产生活条件，推动苏陕挂钩协作工作不断深入，挂钩协作取得较好成效。据统计，2009年江苏省投入无偿援助资金5586万元，实施扶贫援助项目129个；援建学校40所、卫生院（所）19所；社会捐赠资金280万元；帮助陕西贫困地区输出劳务2.17万人，实现劳务收入3.29亿元；帮助解决贫困地区2.1万人和20万头牲畜饮水困难。

【扶贫项目援建】 根据2008年苏陕两省政府签署的《关于进一步加强挂钩协作和经济合作的协议》，江苏省的挂钩协作工作围绕协议内容抓落实。坚持“优势互补、互惠互利、长期合作、共同发展”的原则，继2007—2008年度无偿拨付资金2000万元援建一批项目后，2009年度，江苏省省级财政提供1000万元无偿援助资金，实施援建了榆林市米脂县职教中心实训综合楼、延安市安塞县坪桥中心卫生院住院楼等35个项目。在实施援建项目中，进一步规范扶贫协作项目管理，不断完善项目遴选机制，逐步完善援建项目框架和工作体系，确保这些项目能够真正改善陕西贫困地区生产、生活条件。

【贫困地区基础设施建设】 苏陕挂钩协作从实际出发、从解决关系老百姓生产生活的实际问题着手，结合当地需要，重点帮助陕西贫困地区改善生产、生活条件。2009年，南京市栖霞、浦口、高淳等7区县在陕西商洛挂钩区县实施援建村级道路、卫生室、饮水工程、桑蚕加工、茶园、核桃经济林等项目。苏州市针对榆林市部分贫困地区缺医少药的实际情况，连续8年选派数名各大医院优秀中青年骨干医生赴榆林支医，2009年又从全市精心挑选各专科中青年医生5名，组成青年志愿者医疗队，到榆林市定边县、靖边县医院挂职担任县医院的负责人及各科室主任。志愿者到任后克服生活环境艰苦、工作条件差等诸多困难，为陕北老区的百姓义务服务。围绕群众“行路难”、“饮水难”、“就医难”的实际情况，改善贫困地区基础设施。2009年江苏省援建村级公路39.6公里，改造基本农田近21万亩，解决了2余万人和20万头牲畜的饮水困难问题。这些项目的实施，逐步解决了贫困地区的一些基础设施方面的难题，对提高当地群众生产生活水平起了促进作用。

【教育扶贫】 2009年江苏省继续采取多种有效形式，支持陕西贫困地区发展科技、教育、文化、卫生事业，提高贫困地区群众的综合素质，促进贫困地区社会事业不断进步。教育、卫生帮扶工作继续从改善贫困地区办学条件、提高贫困地区教学手段、资助贫困生重返校园、培训教育骨干及医疗人员、援建希望学校及卫生院(所)、组织两地学校、医院结“对子”、“手拉手”等方面着手，使贫困地区群众真正受益。2009年，南京市帮助商洛培训市管及区县干部6批次50名，开阔当地干部视野，增强干部执政能力。连云港市多年坚持扶贫助学，2009年又帮助40名因贫困而面临辍学的优秀困难学生，受资助的40名学生完成了高中阶段学业，多数被一本院校录取，为这些学子提供继续学习的机会。

【培训扶贫】 2009年，江苏省在抓好基础教育帮扶的同时，做好贫困地区农业科技人员培训工作，并把综合实用型人才培养作为扶贫工作重要内容来抓，利用多种渠道进行专业技术人员和企业管理干部的培训，为贫困地区培养了一批懂技术、善管理、会经营的实用型人才队伍，以带动贫困地区群众的脱贫致富。苏州市2009年在榆林地区先后举办8期培训班，对539名乡镇干部、商贸干部、贫困村致富带头人等进行技能培训，通过培训，使当地干群在招商引资、新农村建设、县域经济、工作技能等方面有了显著提高。2009年，江苏省援建学校40所，举办培训班37期，培训各类人员2280人。

【“扶贫济困送温暖”活动】 江苏省每年采取多种形式宣传动员社会各界力量向陕西捐资捐物，开展“扶贫济困送温暖”活动，深受陕西贫困地区人民的好评。2009年江苏省在按时保质保量完成对绵竹灾后重建援建任务的基础上，克服困难，继续加强对陕西灾后重建工作的支援。扬州市在继2008年援助城固“邗江希望小学”因地震而破损的辅助用房、围墙后，2009年又捐款170万元给汉中市红十字会，用于灾后重建；连云港市募集援助善款120万元，震灾帐篷75顶送往宝鸡市。

【能源和优势产业合作】 国务院扶贫办《2009—2010年东西扶贫协作工作指导意见》中指出，企业合作是东西扶贫协作的努力方向。结合苏陕两省具体情况，江苏省发改委与陕西省发改委于2009年就加强两省能源和优势产业的合作形成意向，签订了《关于进一步加强两省间能源和优势产业等领域战略合作的框架协议》，根据苏陕两省在能源领域具有很强互补性的情况，双方有意促进区域间煤炭及煤化工、煤电和光伏等新能源产业的深度合作，从而促进两省经济社会的共同发展。在此基础上，进一步加强苏陕两省企业在能源和优势产业等领域的合作，鼓励两省企业合作与交流。江苏省徐矿集团在江苏省发改委与陕西省苏陕办的支持与协调下，向陕西省宝鸡市麟北煤田投资33亿元，新建郭家河井田项目，在宝鸡投资64亿元，建设年产150万吨甲醇项目已开工建设。这2个项目是苏陕经济合作的重点项目，适应促进两省经济社会发展的要求，为江苏省企业深度参与陕西省开发开创了先河。

【经济技术交流与贸易合作】 近年来，江苏省与陕西省开展的挂钩协作工作，不仅在无偿支援上继续保持工作热情不降、投入力度不减，而且两省政府积极引导，采取市场化运作的方式，利用陕西市场、人力资源优势和江苏资金、管理优势，推动两省企业间的经济技术交流与贸易合作。自1997年以来，江苏省连续13年组团参加“西洽会”。经过会前考察和会间交流洽谈，2009年“西洽会”两省在投资洽谈、经贸合作方面均取得了成果，共达成合作项目275个，总金额达330.36亿元。其中，内联合作项目151个，签约金额170.16亿元；贸易成交项目124个，签约金额160.20亿元。2009年，两省利用各自优势，联办企业40余个，使双方企业都得到了良好的发展。通过多年的发展，江苏省悦达、维维、苏宁、春兰等一批优秀企业已经在陕西落户，促进了当地就业，提高人民群众收入，为陕西地方经济做出贡献，企业自身也得到了发展。同时，陕西省企业也到江苏省投资合作，如陕西东盛公司收购江苏盖天力公司国家股，利用盖天力的无形资产和东盛的技术优势进行合作。

【东西协作扶贫工作措施】 1. 领导重视，增进互访交流。省委、省政府对开展江苏与陕西挂钩协作工作高度重视，主要领导亲自过问，分管领导亲抓落实，省、市、县（区）各级负责此项工作的领导小组认真负责、真抓实干，在工作中不断完善对口结对机制和定期联系制度。2009年4月，省领导率代表团赴陕西访问考察，双方就进一步推进两省在新领域、多层次上的交流与合作进行广泛而深入的会谈，推动了苏陕挂钩协作工作的进一步开展。同时，各市、县（区）领导也分别率团到陕西对口市县考察交流，共商开展挂钩协作和经济合作的思路和措施，推动挂钩协作工作的全方位开展。据统计，2009年江苏省与陕西省互访考察交流达900多人次，通过各个层面的友好互访，沟通情况，加深感情，为进一步做好苏陕扶贫协作工作奠定了基础。

2. 突出重点，加强组织协调。2009年，江苏省苏陕挂钩协作工作根据国务院扶贫办《2009—2010年东西扶贫协作工作指导意见》和《全国东西扶贫协作工作会议纪要》精神，进一步明确工作重点，确定工作任务，加强组织协调。围绕年初制定的与陕西省挂钩协作工作计划，进一步加强了苏陕挂钩协作工作的组织领导，针对新形势下扶贫协作的特点，以政府援助为基础，以发展社会公益事业为重点，突出智力帮扶，增强“造血”功能，发展种植业、养殖业和农副产品加工业。省里就苏陕挂钩协作制订工作规划及年度工作计划，各对口市按照统筹规划、分步实施的方式，确定一批重点扶贫协作与经济合作项目，夯实工作基础，并针对贫困地区和贫困群体具体问题采取相应措施，挂钩协作工作取得新的进展。

（江苏省发改委经济合作处）

浙江省——四川省东西扶贫协作

【概况】 东西扶贫协作工作是党中央、国务院交给浙江省的一项重要的政治任务。1996年以来，浙江省承担了对口帮扶四川省广元、南充2市的12个国家级贫困县（市、区）脱贫的任务。14年来，浙江省按照“优势互补、互惠互利、长期合作、共同发展”的原则，遵循“输血与造血结合，帮扶与合作并举”的工作方针，围绕“整村推进，产业帮扶，劳动力培训转移”三大工作重点，安排落实支援项目，开展经济合作，推进劳动力培训和转移、干部交流等工作，得到了党中央、国务院的肯定和社会各界特别是对口帮扶的广元、南充两地干部群众的赞誉。据统计，截至2009年底，浙江省共向广元、南充两市12个县（市、区）无偿捐资4.16亿元，其中共建浙川扶贫新村280个；援建学校262所，卫生院131所；“1+1”结对助学30258人；实施经贸合作项300个，协议资金115.6亿元；实用技术人才培训18369人，组织劳动力培训与转移8万余人，干部交流815人次。通过援建280个扶贫新村，使18余万贫困农民直接受益，项目村农民人均收入提高500~1000元；通过援建社会公益项目，使200多所中小学的1.5万余名学生教育条件大为改善，使100多所乡镇卫生院条件得到了明显改善，130多万人实现方便就医；通过援建基础设施，使1000公里县乡公路、65387个微水池和一批农业示范项目得以顺利实施；通过人才及劳务培训，为对口地区培训各类人才1.8万余人、输出劳动力约8万余人、助学3.2万人；通过300个经贸合作项目实施，为对口地区创利税5亿多元，提供就业岗位3.5万多个。

2009年，在浙江省委、省政府高度重视下，全省各级党委、政府和有关部门克服金融危机带来的不利影响，动真情、办实事、求实效，浙江省的东西扶贫协作工作取得了新成效。浙江省对口帮扶的广元、南充两市经济社会面貌发生巨大变化，党中央、国务院对东西扶贫协作提出更高的要求，要求东部省不但要长期坚持下去，而且要不断加大工作力度，完善工作机制，规范工作体系，提高工作水平。

【基础设施项目援建】 2009年，浙江省累计为对口地区援建学校12所，卫生院所12个，乡村公路79公里，解决3万人饮水困难问题，结对助学820人。浙江省交通厅捐资130万元建设的阆中县博树乡大桥，改善了当地5个村9000多人的交通状况，便利了群众出行，促进了当地的经济社会发展。一系列民生项目、基础项目的援建不仅改善了对口地区群众的生存环境，而且促进了当地经济社会的快速发展。

【对口地区经贸合作】 2009年，浙江省发挥区域协作交流的比较优势和东西扶贫协作工作的政治优势，依靠各级政府、中介组织、行业协会搭建的合作平台，创造交流合作机会，加强双方互动和信息沟通对接，为企业到对口帮扶地区投资创业创造条件，引导浙江省优秀民营企业实现产业的梯度转移。两地间的经贸合作，既增强了对口地区的经济发展活力和后劲，也促进了浙江省企业自身的发展。据统计，全年与对口地区达成经贸合作项目16个，协议资金12.61亿元。浙江省对口帮扶广元市建设的川浙合作产业园，对灾区青川县开展产业帮扶，引导和推进浙江省与广元产业的对接与合作，推动浙江省企业向广元市集聚发展，增强“造血”功能，加快青川灾后恢复重建步伐。2009年，川浙合作产业园引进浙企6家，引进投资10亿元。

【培训扶贫】 2009年，浙江省投入200余万元用于对口地区农民的实用技术和劳务技能培训，结合扶贫新农村的产业帮扶建设，重点在当地开展茶叶、食用菌、无公害蔬菜、果树品改、水产养殖、畜牧等方面的实用技术和知识的培训，全年培训约2000多人，组织劳动力培训与转移5千余人。南充市统一培训致富带头人，温州、湖州、金华、杭州4市专门从帮扶资金中共抽出50万元，由南充市对口办统一组织举办基层骨干培训班2期，培训致富带头人140人，引进了先进生产经营理念，增强了对口地区群众的创业致富能力，增进了对口地区经济社会发展的“造血”机能。另外，浙江省与对口地区还通过培训、考察、挂职等多种形式，开展干部和专业技术人才培训交流296人次，切实提高了对口地区干部和专业技术人才素质。

【对口帮扶成果】 2009年浙江省的东西扶贫协作工作，取得实效：一是积累了经验；二是树立了典型；三是实现了双赢。

1. “双对口”工作开展。一是领导重视，措施落实，长期保持双方的频繁往来和广泛交流，这是“双对口”工作顺利开展的首要前提；二是始终贯穿“脱贫、稳定、发展”的工作主线，把加强双方合作作为“双对口”的核心任务，这是工作不断深化的重要基础；三是始终坚持“输血与造血结合，帮扶与合作并举”的方针，把双方的资源和优势结合起来，实现共赢目的，这是“双对口”工作可持续发展的基本动力；四是突出重点，将无偿援助资金主要用于“造血”，并在各方面开展多领域、全方位合作，这是把工作引向深入的内在要求；五是积极组织有关省级部门、各区市县以及相关企业等社会各界力量参与“双对口”工作，形成了“纵横结合、行业联动、多层交错”的工作格局，这是“双对口”工作广泛开展的有效形式。

2. 对口帮扶工作交流。东西扶贫协作工作是一项互动性很强的工作，信息交流和工作沟通的需求很大。浙江省建立对口地区党政主要领导一年一次的互访制度，以及部门的不定期互访制度，定期协调研究对口帮扶工作，互通情况，加强磋商。同时，开展各个层面的互访与交流活动，广泛调动包括全国浙商在内的社会各方力量，进一步把浙江省对口帮扶和对口支援四川省灾区的工作做深做实。一是抓好对口地区来访的接待工作。2009年，对口地区广元市在灾后组织高规格的党政代表团赴浙江省招商，浙江省委、省政府的高度重视，浙江省有关部门开展了一系列的对接交流活动，社会各界对广元市特别是青川县在浙江省的各项活动给予了诸多支持，使活动取得成功；二是浙江省注重发挥民营企业优势，组织浙商赴对口地区开展投资洽谈活动。10 月 18 日，浙江省经合办组织 40 名参加西博会的浙江省企业家赴对口地区广元开展考察交流，举行“广元青川川浙产业园情况对接会”，达成一批合作意向，取得了良好效果。

3. 对口帮扶双赢。2009 年，浙江省为对口地区实现了帮基本、扶重点、重智力、建机制、促发展的“双赢”。一是促进对口地区的发展。据统计，2009 年，浙江省向广元、南充两市 12 个县（市、区）无偿捐资 3620 万元，其中省级各有关单位 574 万元，各市 3046 万元；共建浙川扶贫新村 24 个；援建学校 12 所，卫生院 12 所；“1 + 1”结对助学 820 人；达成经贸合作项目 16 个，协议资金 12. 61 亿元；培训实用技术人才 4479 人，组织劳动力培训与转移 5 千余人；二是有助于浙江省经济发展。2009 年，通过“双对口”这个平台，各对口部门组织和培训 5000 多劳务人员输入浙江省企业，有效地缓解了企业的用工需求。在对口地区，娃哈哈、人本集团、青春宝等浙江省企业积极参与当地国企改制、开办市场、建立产品销售网络、开发重要农业资源和农产品加工等都取得明显成效，促进了浙江省经济结构调整，为“跳出浙江省发展浙江省”提供了平台。

【东西西协作扶贫工作措施】 1. 领导重视。对口帮扶工作工作量大，涉及面广。2009 年，浙江省委、省政府高度重视对口帮扶工作。为贯彻落实全国扶贫工作会议精神，进一步做好今后一阶段的东西扶贫协作工作，浙江省政府于年初召开全省的对口支援和国内合作交流工作会议，副省长茅临生对全省东西扶贫协作工作进行全面总结和工作部署，全省有对口支援任务的各市、县（市、区）一把手，省直有关单位分管领导及对口帮扶部门一把手共 200 多人参加了会议。在会后不久的机构改革中，浙江省东西扶贫协作工作的职能部门省协作办又升格为正厅级机构（更名为“省经合办”），从体制上进一步夯实了浙江省东西扶贫协作的工作基础。

2. 任务到位。根据全国扶贫开发会议、国务院扶贫办《关于 2009—2010 年东西扶贫协作工作指导意见》和省委、省政府领导的有关精神，浙江省经合办作为浙江省东西扶贫协作工作的职能部门，与四川省和广元、南充两市扶贫办积极磋商，在征求多方意见的基础上，及时下发《2009 年浙江省对口帮扶工作指导意见》，明确下一步工作的指导思想、工作重点和相关保障措施。要求有关各市和省级各有关部门结合实际，编制本级对口帮扶工作年度实施计划，并指导所辖县（市、区）协作部门编制工作计划，明确工作目标和具体任务，实行目标管理，完善年度考核制度。同时，浙江省经合办先后组织召开了全省协作办（对口办）主任工作例会和全省省属有关单位参加的“双对口”工作会议，贯彻落实有关精神，对 2008 年以来开展的对口帮扶工作情况做了全面的总结，对 2009 年的工作进行了逐一检查落实。

3. 机制健全。根据新时期对口帮扶工作的新形势、新任务，浙江省经合办作为东西扶贫协作工作的职能部门，抓住贯彻全国扶贫开发会议精神的有利时机，抓紧做好浙江省“双对口”工作新体制的构建工作，编制了《浙江省“双对口”工作（2009—2012 年）规划纲要》，进一步明确工作重点，规范工作方式，增加工作手段。一是进一步完善绩效考核机制。采用交叉检查、专家评估、年度统计考评方式，加强对口帮扶项目的绩效评估，规范帮扶项目管理，提高帮扶项目效益；二是构建项目管理机制。初步建立了援建项目年初审核、备案制度和年终检查评比制度，推动了援建工作的规范化。

（浙江省省人民政府经济合作交流办公室）

山东省——新疆维吾尔自治区东西扶贫协作

【概况】 山东省对口支援新疆维吾尔自治区（以下简称“新疆”）工作，在两省区党委、政府的领导下，贯彻中央关于加强东西区域协作指示精神，按照科学发展观要求，通过对口帮扶地市、部门和社会各界的共同努力，对口帮扶和经济合作取得了显著成效。2009 年，山东帮扶新疆实施各类项目 39 项，开展经济合作项目 52 项。落实援助资金 15.74 亿元，其中无偿资金 7580 万元。

2009 年，山东先后有 30 名厅级以上领导带队到喀什地区考察、指导对口支援工作，洽谈经贸合作事宜。先后接待了 10 批喀什地区各级党政代表团赴山东回访考察，参加内地经贸洽谈会、招商会。资助对口地区在山东举办商品展销、招商推介、文化宣传、旅游推广等活动，进一步加强了经济领域合作。两地对口合作部门、对口市县互访不断，联系密切，交流合作呈现出良好态势，促进两地人民传统友谊不断深化推广，为帮扶协作拓展新领域、求得新成效、开创新局面奠定了坚实基础。

【农业标准化示范基地建设】 按照农业标准化生产要求，山东省投入援助资金，帮助疏勒、岳普湖、英吉沙 3 个县建设了 6 个农业标准化生产示范基地，争取国家支持，打造老地方特色品牌。国家标准化委员会已把疏勒县的红枣、设施蔬菜、甜瓜，岳普湖县的达瓦昆沙漠甜瓜、小茴香，英吉沙县的色买提杏确定为国家农业标准化示范项目。

在英吉沙县实施农业科技示范工程，投资建设集蔬菜良种选育、果树种植、淡水鱼养殖、实用技术培训于一体的 1333 公顷现代农业科技示范园，完成淡水养殖区、果树定植坑、葡萄定植沟、绿化带的开挖换土及园区中心路面硬化等，并成功推广应用冬季地热线育苗、营养钵越冬育苗、嫁接育苗、秸杆生物反应堆等新技术。2009 年 4 月 5 日，中央政治局委员、新疆自治区党委书记王乐泉专门到示范园视察，要求在全区进行推广。

【工业园区建设】 2009 年，山东省级投入对口支援资金 3000 万元，分别用于疏勒县齐鲁物流园和英吉沙、岳普湖 2 县工业园区项目建设。其中投入援助资金 2000 万元，在疏勒县规划建设了集运输、仓储、包装、物流加工、配送等于一体的齐鲁物流园，新建总长度为 7.01 千米，12 ~ 16 米宽的园区道路 4 条及排水、照明等配套设施。目前，360 公顷的加工区和 350 公顷的仓储物流区起步区已建设并投入使用。投入援助资金 500 万元，在英吉沙县鲁英工业园区新建了一座建筑面积为2500平方米的综合服务楼和1.1千米的园区内支线供水管道。投入援助资金500万元，在岳普湖县“泰岳工业园”新建了总面积6480平方米的6座标准工业厂房及其他配套设施。受援县依托南疆齐鲁工业园、物流园和鲁英工业园、泰岳工业园四大园区，发展园区经济，先后吸引120家中外企入驻园区，引进资金达到60亿元，形成了农产品深加工、棉纺、建材、医药等特色支柱产业。截至2009年底，仅疏勒县南疆齐鲁工业园区内开工建设企业就有94家，其中65家已投产运营。计划总投资51亿元，已到位固定资产投资15亿元，近4000人在园区就业。2009年全县完成生产总值32.2亿元、社会固定资产投资23.4亿元、地方财政一般预算收入6458万元、社会商品零售总额实现4.1亿元，分别比2008年增长28.2%、30%、26%、25%，农民人均纯收入增收500元以上。2009年6月，中央政治局常委、国家副主席习近平到疏勒县视察，对疏勒县援疆县委书记试点工作给予肯定；6月22日，新疆自治区党委组织部专门在喀什地区召开全疆第六批援疆工作现场会，参观了疏勒县援疆工作现场。

【企业扶贫】 2009年6月，山东组织9个市与168家中央驻鲁、省属企业670人的山东省经贸代表团，出席第五届在新疆举办的“中国新疆喀什中亚、南亚商品交易会”（喀交会）。会上设置146个展位，参展产品涉及机械、建材、纺织、石油化工、农产品加工等12大类。在展会当天举行的“山东省对口支援资金捐赠暨经贸合作签约仪式”上，选择30家企业与新疆在内的国内外客商签订经贸合作协议、合同30份，总金额45.77亿元，其中项目投资合作协议、合同22份，总金额35.73亿元。此次山东组团参加的“喀交会”，无论是参会人数、参展规模、产品展出数量，还是展示效果、成交额度、经贸合作成果，都创历届之最。同时，发挥援疆干部作用，通过率团参加乌洽会、广交会、厦洽会等经贸活动，到内地各省市开展招商引资工作，积极争取和吸引内地企业到喀什投资兴业。7月，已有84家内地企业与山东对口支援的3个县签订了合作合同，到位资金15.74亿元。

【社会扶贫】 2009年，按照中央扶贫开发政策和山东省委、省政府“动真情、办实事、求实效”的要求，把发展社会公益事业、改善贫困地区群众生产生活条件作为检验援疆工作的重要标尺，为少数民族群众办实事、办好事。在山东确定的第六批19项重点援疆项目中，涉及民生的项目达到11项，包括抗旱饮水工程、抗震安居房、村级卫生室、双语幼儿园、无电村太阳能发电、劳动力技能培训中心、群众文化体育设施建设等。

【新农村建设示范工程】 按照扶贫协作“整村推进”战略的要求，创新思路，以扶持新农村建设为载体，多方筹集资金。在结对帮扶的喀什、和田两地区，实施以发展农村经济、改善群众居住环境为主要内容的新农村建设示范工程。支持疏勒县围绕实施农民增收的“三个一万元”工程，山东省投入援疆资金1600万元，把抗震安居房建设与发展村庄经济结合起来，既解决群众住房安全问题，又调动了群众发展经济、增收致富的积极性。截至2009年底，已建成110户，深受当地群众的欢迎。在岳普湖县开展“光明工程”，为100个无电户安装太阳能发电设备，解决了群众照明用电和收听收看广播电视的难题。

【培训扶贫】 2009年，利用山东援助资金1540万元新建的疏勒县劳动力就业培训暨外出务工服务中心和岳普湖县农村劳动力技能培训基地，结合园区企业的用工需求，开展农村劳动力语言和实用技能培训，培训并推荐6300名维族群众实现当地就业，增加了群众的收入。

【教育、医疗卫生扶贫】 山东省投入700万元，用于扶持基础教育发展和维汉双语发展，新建和改建中小学校6所、帮建疏勒县“八一”中学、英吉沙县双语中心幼儿园等重点项目扩大民族学生招生规模，改善教学条件；争取山东省教育厅的支持，协调落实了山东高校每年定向从喀什地区招录100名本科生的招生计划；发挥援疆教师的作用，帮助当地青年教师更新教学理念，提高业务水平，2009年援疆教师先后上公开课、示范课192节，开展学术研讨、交流159次。援疆医生结合临床实际，就常见病的规范诊治、手术操作的基本原则和关键技术开展技术交流与科研项目攻关。2009年，援疆医生已完成各类手术4456例，先后开展学术交流120次，有50项技术填补了当地空白。同时，协调山东省科协、卫生部门选派10人医疗专家组到喀什义诊，组织援疆医生定期开展送医下乡活动，2009年为1100名群众实施了义务诊疗服务。

【援疆干部对口帮扶】 新疆喀什疏勒县作为山东对口支援的县委书记试点县，2009年山东省有10名县委、县政府党政干部担任疏勒县和重点部门的一把手。在当地干部的支持与配合下，深入乡村、农户调查研究，按照“管长远、打基础，早谋划、快实施”的工作思路和“量力而行、尽力而为”的原则，提出把疏勒县建设成为“物流集散地、工业聚集区、喀什的卫星城和经济文化的次中心”的总体定位，继续推进实施农业立县、科技兴县、三产活县、工业强县、城建带县五大战略，加快转变经济发展方式，调整优化经济结构，实现速度、质量、效益同步提升，打造“实力疏勒、活力疏勒、魅力疏勒、和谐疏勒”，把疏勒建设成为功能完备、生态良好、环境优美、文化浓郁、宜居宜业的现代化生态之城、文化之城、魅力之城。

援疆干部在维护社会稳定方面发挥了带头作用，特别是“7·5”乌鲁木齐打砸抢烧严重暴力犯罪事件发生后，全体援疆干部坚决贯彻中央指示精神和自治区党委、政府的决策部署，与当地干部一起并肩作战，坚守岗位，制定工作预案，控制潜在问题，处置突发事件，旗帜鲜明地投身到反分裂斗争中来，为维护边疆稳定、民族团结和祖国统一做出贡献，树立了山东省援疆干部的良好形象。

【科技扶贫】 协调组织山东科技部门与喀什地区签订科技合作项目35个，在当地举办各类技术培训班400余期，培训各类人员38755人，并安排20名新疆技术人员赴山东挂职学习。在结对帮扶方面，引导和组织山东10个经济强县（市、区）帮助新疆10个国定贫困县，以扶贫开发为重点，围绕建设社会主义新农村这一主题，实施“三个一”帮扶活动：即筹资支持结对县一个小康示范村建设或援建一所双语幼儿园；为受援县培训一批种养业技术骨干和致富带头人；吸纳一批有一定技能的农村劳动力，取得好的效果。

【对口支援与经贸合作】 为促进对口支援工作健康持久开展，山东省注重在做好“对口支援”的政府主导行为与“经贸合作”的企业市场行为有机结合上下工夫、做文章，发挥山东在技术、资金、管理和新疆在资源、区位、市场等方面的各自优势，把结对帮扶与实施西部大开发战略，推动企业间互利合作有机结合起来。从2009年合作项目进展情况看，资源性开发项目多、投资额度大、产业关联度高、拉动作用强，是2009年双方互利合作的一大亮点。7月，新汶矿业集团投资20亿元，在伊犁开工建设了年产100亿立方米煤制天然气（一期）项目，以借助西气东输二线向新疆和东部地区供应天然气。项目建成后，年销售收入将达到160亿元、所得税10亿元，成为新疆实施资源转换战略和两省区能源开发合作的示范工程。由中国黄金生产龙头企业之一的山东招金矿业股份有限公司（简称“招金矿业”），在新疆伽师县工业园区斥资3亿元，建设“难处理矿多元素综合回收项目一期工程”，已于2009年8月中旬正式开工。2010年7月一期工程投产后，年处理难处理多元素矿原料可达5万吨，可生产金属铜1.2万吨，硫酸2万吨，黄金200公斤，白银10吨，年实现销售收入5亿元，每年可为当地财政增收1800万元，解决300人就业，成为南疆地区第一个具有资源转换、综合回收、废渣利用、节能减排特点的有色金属综合回收项目。“招金矿业”还将再投资5亿元，实施二期工程建设。另外，“招金矿业”还与新疆北疆的托里县政府达成了矿产资源整合合作协议，计划在3年内，投入勘探和建设资金5亿元，使“招金矿业”在托里县的企业采选规模达到5000吨/日，年产黄金达2500公斤。“招金矿业”已先后在该县投入4亿元资金，建设了招金北疆矿业、星塔冶炼等一批技术先进的黄金企业，推动当地的黄金资源开发，带动了当地的经济社会发展。山东省已有780多家企业以各种形式同新疆开展经济技术及商贸往来，这一批项目的成功运作，成为双方互惠互利、真诚合作的范例。

【东西协作扶贫工作措施】 1. 以领导互访交流为契机，互利合作工作全面展开。山东省委、省政府高度重视援疆工作，把支持新疆发展作为一项重要政治任务，纳入重要议事日程。山东省委书记姜异康，省长姜大明反复强调，全省上下要站在战略和全局高度，增强政治意识、责任意识，把新疆的事情当作山东自己的事情，把各项工作任务落实好、完成好。为推动对口支援和互利合作在更大范围、更广领域、更深层面上持续全方位开展，6月下旬，省委常委、常务副省长王仁元率山东省党政代表团赴新疆进行考察访问。中央政治局委员、新疆自治区党委书记王乐泉接见代表团一行，并主持召开两省区党政领导座谈会。新疆自治区党委副书记、自治区主席努尔·白克力和山东省常务副省长王仁元分别介绍了本省区经济社会发展和开展对口支援工作情况，并代表两省区政府签署了全面战略合作框架协议。根据《协议》，两省区今后将在现代农业、产业与投资、矿产勘查、能源开发、科技文化、教育、对外贸易、旅游、人才开发与合作、对口支援等10个重点领域推动全面合作。“协议”的签署，成为深化两省区全面战略合作和对口支援的纲领性、指导性文件，为进一步推动两省区加强务实合作，形成相互支援，互利双赢，共同发展的新格局奠定了坚实的基础。

2. 以科学发展观为指导，推动受援地

区经济又好又快发展。针对受援地农业产业化程度低，工业资源少，财源不足，自我发展能力差等制约新疆经济社会发展的问题，山东省把帮助受援地加快发展现代农业，改善招商引资环境，培植财源，催生经济增长点作为援疆工作重点，搭建平台，培养加快拉动经济发展的“孵化器”。

3. 以改善民生为目标，推动受援地社会公益事业发展。按照中央扶贫开发政策和山东省委、省政府“动真情、办实事、求实效”的要求，把发展社会公益事业、改善贫困地区群众生产生活条件作为检验援疆工作的重要标尺，为少数民族群众办实事、办好事。在山东确定的第六批 19 项重点援疆项目中，其中涉及民生的项目达到 11 项，包括抗旱饮水工程、抗震安居房、村级卫生室、双语幼儿园、无电村太阳能发电、劳动力技能培训中心、群众文化体育设施建设等。

4. 以援疆干部为龙头，构筑全方位对口支援新格局。2009 年是山东第六批援疆工作的关键年。第六批援疆干部进疆一年多来，在各自不同的工作岗位上，牢记两省区领导的重托，“以让家乡人民放心，新疆人民满意”为目标，既当友好使者，又作桥梁纽带，以促进对口扶贫协作，推动当地经济发展为己任，发挥龙头带动作用，把工作的着力点放在提高当地干部群众素质，改善生产生活环境，尽快脱贫致富上，实现建好一支队伍、缔结一批友好关系、建成一批项目、带出一批骨干、创出一批成果的援疆工作目标。

【2010 年东西协作扶贫工作展望】 2010 年，进一步贯彻和落实好中央、国务院和山东省委、省政府关于援疆一系列指示精神，适应东西扶贫协作新形势，创新工作思路，加大工作力度，扎实有效地做好双方经济、科技、教育、文化等多方面的对口支援与合作交流。

1. 做好对口支援喀什地区工作。本着“真诚支援、互相学习、量力而行、讲求实效、优势互补、共同发展”的原则，组织协调承担对口支援任务的市和企业，做好对口支援喀什地区疏勒、英吉沙、岳普湖 3 个县工作。在帮助受援县改善贫困群众生产生活条件的同时，加强对文化、卫生、教育等社会事业发展的扶持；结合无偿援助，围绕开发当地利用资源，发展新型工业，推广普及适用技术，发展高效、特色农业，帮助受援县实施一些有市场、有效益、拉动力强、带动作用大的项目。以科教帮扶，智力解困为重点，结合新农村建设，通过多种形式和方式，加强对受援地所需人才的培训和交流。

2. 做好结对帮扶工作，提高扶贫协作成效。要继续抓好两省区政府确定的山东与新疆喀什、和田两个地区 10 个县的结对帮扶工作。以扶贫开发为重点，在资金、物资等方面给予支持和援助，帮助当地群众改善生活生产条件。组织有关部门和企业，利用当地资源和市场优势，进一步加强与受援县开展多种形式的合作与交流，建设有市场、有效益的农副产品加工项目，带动当地的资源开发和农民增产增收，以增强受援地的自我发展能力。

3. 做好援助项目组织实施，确保发挥效益。根据国家有关部门的要求和喀什地区的实际情况，在征求受援县和地区领导意见的基础上，抓紧抓好 2010 年山东援建项目的提报、审查、可行论证和前期准备工作，力求援建项目做到向贫困户直接受益和重点扶贫开发项目两方面倾斜。重点抓好在疏勒县新建面积为23100平方米的山东商品展销暨物流中心项目，把该工程纳入援疆重点项目管理，全力组织和协调第六批援疆干部中心组抓好项目的推进、落实，使其建设成为山东商品面向新疆，辐射中亚、南亚、西亚市场的国际化展销物流中心。

4. 推动经贸合作，实现互利双赢。贯彻落实好山东与新疆签署的《全面战略合作框架协议》，围绕“协议”确定的十大重点合作领域推进务实合作。一是鼓励和支持农业产业化龙头企业建设。采取规模化开发、系列化生产、产业化经营的方式，加大与新疆在棉花、林果、畜禽及其他特色农业生产基地建设的合作力度；二是深化产业和投资领域的合作。加强在先进装备制造、石化、煤化、纺织、食品、机电、建材、冶金、生物制药、新材料、新能源、电子信息、可再生资源等方面的互利合作与技术、人才交流；采取联牌生产、兼并重组、承包租赁等形式，引导和推动两省区企业联合开发产品，促进两省区产业结构优化升级；三是深化矿产勘查和能源开发领域的全面合作。鼓励和支持矿产勘查部门利用山东的资金和技术优势，采取合作勘查、自主勘查、风险勘查、提供技术支持等多种形式参与新疆能源和多金属矿产的勘查开发；积极鼓励各大型能源企业参与新疆能源开发和煤、电、化一体化项目及大型煤矿、煤电、煤化工等能源转化基地建设；推动两省区骨干企业在能源开发领域特别是煤电、煤化工、机械加工制造等方面的技术合作与人才交流；促进双方企业采取多种方式参与矿业、化工、电力等领域的重组改造，实现优势互补，产业升级；四是加强对外经贸合作。发挥新疆路陆口岸和山东沿海港口对外经贸合作的地缘优势，相互沟通信息，牵线搭桥，互为出口商品加工基地和商品中转集散地，共同打造新疆陆上开放和山东沿海开放合作并进的对外开发开放新格局；五是要深化旅游领域的全面合作。按照“市场开放、互为推介、互送客源、共同发展”的原则，共同研究制定旅游发展和市场开发战略，通过信息共享、资源整合、客源互动、联合促销，全面推进旅游合作，打造省际间无障碍旅游区。

5. 加强科技、人才的合作与交流。要继续开展智力、人才帮扶，采取多种形式，加大山东与新疆党政干部、专业人员和科技教育等各方面的合作、交流。同时，通过招募志愿者、组织各类专业能手、专家短期服务，选派和推荐大中专毕业生挂职、就业等多种形式，到喀什传送技术，提供咨询，帮助工作，为新疆经济社会发展贡献力量。

（山东省对口支援工作领导小组办公室）

辽宁省——青海省东西扶贫协作

【概况】 根据党中央、国务院的统一部署，辽宁省从1997年开始对口帮扶青海省15个国家扶贫工作重点县，负责承担扶贫资金、项目和其他帮扶工作的具体组织协调管理工作。开展对口支援工作以来的十几年，正是辽宁省作为老工业基地处于经济转轨的特殊时期，经济发展和社会生活都存在特殊的困难，但在省委、省政府的高度重视和支持下，经过省经济合作办公室（以下简称“经合办”）的具体组织协调，辽宁省累计提供无偿帮扶资金1.97亿元，累计组织建设了300多个项目，促进了对口帮扶的青海省15个贫困县的经济发展和社会进步，完成了党中央、国务院交给辽宁省的阶段性工作任务，多次受到国务院和国务院主管部门的表彰。

截至2009年，辽宁省累计向青海省提供无偿援助资金2.73亿元，其中省本级资金达1.97亿元，实施帮扶项目300多个；13个地级市和企业提供资金0.76亿元。其中，2009年辽宁省帮扶青海省计划投入资金2600万元，实际到位资金达到2708万元。省经合办贯彻省委、省政府的部署，与时俱进，创新开发扶贫思路。根据国务院扶贫办下发的《2009—2010年东西扶贫协作工作的指导意见》，辽宁省在资金逐年增加的前提下，继续扩大开发式扶贫的领域，丰富帮扶工作形式，集中力量抓整村推进、劳动力转移就业培训、产业化扶贫三个方面的工作，并取得明显成效。对口支援工作逐步实现了制度化、科学化、规范化，做到动真情、办实事、讲实效，使辽宁省的对口支援工作基本做到党中央、国务院，受援地区党委、政府，受援地群众三方面基本满意。

【整村推进项目实施】 2009年辽宁省在集中力量抓10个村的整村推进基础上，又继续投入援助资金1300万元，再选择10个贫困村开展整村推进项目，共扶持10个村的贫困户2020户8876人。在10个村中集中抓三个方面帮扶工作。一是因地、因人置宜，根据各村的资源和人员特点，选择一项产业，投入资金组织村民集中力量发展选定的扶贫开发项目；二是以社会主义新农村建设为目标，实施道路、水饮、学校、卫生、文化等社会公益事业基础建设项目；三是抓好村级领导班子和村主要致富带头人的政治和技术培训，保证产业项目的实施和长期坚持。

在实施整村推进项目中，一是组织专家学者，重点做好前期调研、论证等基础工作，确保援助的产业项目选择科学准确，发挥长久脱贫效益；二是结合各项目村每个农牧民的具体情况，为每户提供资金并选择一个科技含量高，能长远致富的项目，如养牛、养羊、养猪、养鸡、蔬菜大棚、养花、运输、小卖部等；三是为了促进村民项目的持久性，逐步朝着特色化、产业化、规模化方向发展，原则上在每一个村尽量选择相对集中的项目，并在此基础上普遍实行“协会＋基地＋农户、养殖生产合作社＋农户”的产业化经营组织运行机制，同时通过科技培训使每户农牧民掌握该项生产技术，变输血式扶贫为开发式扶贫；四是建沼气池、卫生室、人畜饮水工程、广播电视、文化活动室等文化建设工程，改善村民的生活条件；五是修建村级硬化道路、村落绿化、小学校维修、院墙维修等基础设施建设，使村容村貌有了很大改观；六是组织整村推进的10个村的村书记、村长、会计、致富带头人、转移就业的青年农牧民等共130多人来辽宁，请专家授课进行现代农业、种植和养殖业等方面的专业技术培训，并有针对性地组织参观考察辽宁省新农村建设项目，使村干部和致富带头人进一步理清思路、开阔视野，学到技术，对今后新农村建设和带领村民脱贫致富增强了信心。

通过近一年来的项目实施，项目村的农业生产条件和基础设施条件得到明显改善，农业生产结构得到优化调整，特色农业加快发展，贫困群众收入持续稳定增加。10个村项目户人均年可增加纯收入1000元以上，实现稳定脱贫，促进项目村的经济发展和社会进步，为逐步达到“生产发展、生活宽裕、乡风文明、村容整洁、管理民主”的建设社会主义新农村目标奠定了良好基础。

【培训扶贫】 为促进青海省贫困青年农牧民实现转移就业，经省人社厅和民政厅批准，2009年成立了辽宁省转移就业培训学校。学校租用占地2万平方米、教学及生活设施3000平方米的校区，购置了车库、铣床、电焊机等设备，招收了20名青海青年进行为期半年的培训试验（其他地区40名）。经过半年的实际操作培训，接受培训的学员经过考试考核拿到了国家颁发的职业初级技能证书，全部实现了转移就业。

与此同时，还利用新建的培训学校，对青海省278人进行了13期培训，培训学员包括从事扶贫工作基层干部、乡、村干部、村致富带头人等。培训内容分为三个方面。

1. 对口支援工作专题讲座。为了使来自受援地区的学员能更加理解党和国家关于“发达地区支援欠发达地区”“东部沿海发达地区支援西部落后地区”的重大意义，安排了省经合办主任、副主任以及各处处长分别讲了对口支援工作的重大意义和辽宁省在各对口支援地区的基本原则、方法和实际工作要求。

2. 现代农业生产技术培训。为了促进青海省农业产业结构的调整，安排了现代设施农业技术培训，包括现代农业发展的趋势与方向、现代设施农业建设技术和管理、设施农业中的花卉（如百合、玫瑰、非洲菊、蝴蝶兰）栽培技术和管理、大棚蔬菜（如茄子、辣椒、番茄、蘑菇）栽培技术和管理，还安排了草莓、中草药等栽培技术和管理课程。在培训的方法上，把授课和组织学员进行实际操作结合起来。受训人员表示这样培训很实际、管用，回去后能操作。

3. 以解放思想、转变观念为目的，组织学员参观。根据学员来自基层乡村的实际情况，组织学员到辽宁省农科院的花卉栽培和蔬菜种植的暖棚实习考察。同时，还组织学员去铁西新区、浑南新区、沈北新区参观考察现代化工业和现代化农业的发展状况。这些学员走出山村，看到了现代农业和工业的发展，增强了现代意识和脱贫致富的紧迫感，促进了思想解放和观念的更新。

【东西协作扶贫工作措施】 1. 对口帮扶工作中坚持的两个基本原则。在省委、省政府的高度重视和支持下，辽宁省在对口帮扶青海的工作中始终注意坚持两个基本原则。在帮扶资金的筹集上，坚持“积极努力、量力而行、稳定基数、逐年有所增加”的基本原则。这个基本原则经省委、省政府批准，保证了辽宁省帮扶资金的筹集可以制度化，促进帮扶资金逐年有所增长。对口帮扶青海的资金已由最开始的300万元左右增长到2009年的2600万元，增长幅度达到767%。这个基本原则得以实现和坚持，其主要的原因是省委、省政府领导特别是党政一把手的重视，分管领导的支持。时任省委书记李克强高度重视对口支援工作，刚到辽宁工作不久，便在经合办关于对口支援的报告上批示：“要以高度的政治责任感抓好对口支援西藏、青海、新疆等方面的工作”。当年在青海省委省政府领导到辽宁访问期间，书记李克强就提出一次性追加资金1000万元。在帮扶工作目标上，以提高当地的“造血”机能为基本原则。多年来辽宁省坚持以项目建设为中心，注意提高当地自我发展、自主脱贫的能力。在推进整村推进、劳动力转移培训和产业化扶贫的工作进程中，注重让广大贫困农牧民直接受益。实践证明，提高当地的“造血”功能，是帮扶工作必须坚持的根本原则。

2. 抓住组织和制度保证。一是抓住组织上的保证。建立领导机构。1996年辽宁省成立辽宁省对口支援工作领导小组，领导小组由分管副省长任组长，成员由省发改委、省财政厅、省经合办等有关部门组成。领导小组办公室设在经合办。领导小组的主要任务是筹集帮扶资金，指导和协调各市的对口帮扶工作。建立组织工作责任制。在帮扶资金落实后，省经合办结合帮扶工作内容，建立各市政府和办机关各有关处具体负责组织落实的工作责任制度。辽宁省13个市和1个企业具体落实和青海省15个国定贫困县的对口帮扶工作；省经合办每年各处室具体承担整村推进村的帮扶工作，每年都有10多人在整村推进的点上指导工作；二是抓住制度上的保证。定期以省政府名义召开全省对口支援工作会议制度。辽宁省省政府每年都要召开一次由各市分管市长参加的对口帮扶工作会议。会议传达中央和国务院扶贫办工作精神，下达省委、省政府对口帮扶扶贫工作任务，表彰先进，推动了全省对口帮扶工作顺利开展。坚持每年两省省级领导高层互访制度。辽青两省和对口各市一直坚持每年高层互访制度。通过高层互访，促进对口支援和经济合作不断向纵深发展。

3. 突出重点搞好帮扶工作。近年来，对口帮扶工作不断探索新思路，拓展新途径。省本级帮扶项目围绕扶贫开发工作的重点和需求，坚持实施项目扶贫战略，注重从根本上解决问题。2009年辽宁省重点实施改善贫困村生产生活条件的整村推进项目、实施提高贫困人口劳动技能和促进劳动力转移就业培训。围绕改善贫困地区群众的基本生产生活条件，解决农村贫困人口的温饱这个目标，因地制宜、有针对性地开展人才培训与交流，加强农牧业基础建设，促进了教育、文化、卫生等社会事业的发展。

4. 创新机制搞好帮扶工作。2009 年辽宁省围绕青海扶贫重点工作，抓典型示范项目、特色农业、特色加工项目的建设，在帮扶项目实施中不断创新机制。如实施的奶牛养殖，仔猪繁育等项目上，采用“借母还仔、流动发展、整村推进”的方式，在整村推进项目中采取“协会 + 基地 + 农户、养殖生产合作社 + 农户”的经营模式，产生良好的示范效益，增加了项目村的人均收入，项目村已实现稳定脱贫。这种“引导性投入、奖励式扶贫、滚动式发展“的扶贫机制，得到项目村广大干部群众的认可。

【2010 年东西协作扶贫工作展望】 根据中央第五次西藏工作会议精神和国务院扶贫开发办公室关于《关于 2009—2010 年东西扶贫协作工作指导意见》，辽宁省 2010 年对口支援主要抓好以下工作。

1. 贯彻中央第五次西藏工作会议精神。在帮扶资金和项目上加强对青海藏区的经济建设、政治建设、文化建设、社会建设以及生态文明建设；加强在基础设施、民生工程、智力援助及人才培养方面的帮扶力度，切实改善和保障藏区农牧民的生产生活条件，以利于全面建设和谐社会。

2. 继续贯彻国务院扶贫办在 2009 年提出的工作总体要求。即围绕全国扶贫开发工作中心任务和总体部署，进一步突出重点，加强领导，加大政府援助力度，拓宽企业合作领域，扩大人才交流范围，创新社会帮扶机制，推动东西扶贫协作朝着规范化、制度化的方向发展。2010 年辽宁省对口帮扶工作仍以“实施整村推进，加强劳动力生产技能培训和扶持产业化龙头企业”三个方面任务为重点，把对口帮扶工作引向深入。

3. 继续加大力度推进劳动力转移就业步伐。在现有的辽宁劳动力转移培训基地基础上，根据市场需求增设培训专业，对青海的劳动力进行更有针对性的培训。同时，要与用人企业洽谈，签订培训就业合同，争取每年输出一批青海青年劳动力到辽宁省和全国乃至世界发达国家就业。

4. 加大创新机制，调整产业结构，扩宽扶贫思路。坚持以特色农牧业增效、贫困农牧民增收为目标，创新扶贫开发模式，调整产业结构，建设扶贫开发特色示范基地。例如，将青海省湟中县建设成为辽青扶贫现代化温室项目的示范点。辽宁省将继续加大开发式扶贫力度，利用辽宁的各方面优势，结合青海丰富的地上地下资源优势，开展全方位、深层次、多领域、多渠道的经济技术合作，遵循社会主义市场经济规律，动员社会各界力量，按照优势互补、互惠互利、长期合作、共同发展的原则实现两省经济的共同发展和社会的共同进步。

（辽宁省经济合作办公室
张东平　荣雪飞）

福建省——宁夏回族自治区东西扶贫协作

【概况】 2009年，在国务院扶贫办的关心指导下，在福建省（以下简称“闽”）和宁夏回族自治区（以下简称“宁”）党委、政府的推动和各有关方面的共同努力下，闽宁对口协作持续实施项目带动战略，加强信息、技术、人才交流与劳务合作，在经贸、科技、教育、文化、卫生、旅游等各领域取得丰硕的合作成果，推动了宁夏南部贫困地区的经济发展、民族进步和社会稳定，促进了海峡西岸经济区建设，在扶贫协作中实现了两省区共同发展。

【闽宁协作项目】 2009年，福建省财政安排无偿援助资金2100万元，重点实施6大项目，覆盖了宁夏中南部9个县区2.7万多农户。持续推进菌草产业扶贫工程，建菌菇制种、培训、实验示范基地1处、冷藏点2个，扶持菇农3300户，菇农户均增收近1万元，绝大多数菇农已逐步实现稳定增收，脱贫致富；完成670名农村劳动力中长期技能培训，使赴闽劳务人员的素质明显提高；扶持发展马铃薯、硒砂瓜、红枣等特色种植业4万亩，扶持发展肉牛、草原鸡等特色养殖2575户；投资人畜饮水工程、村级道路工程、危房危窑改造工程建设；扶持建设8个整村推进闽宁示范村，成为宁夏中南部地区新农村建设的亮点；开展文化扶贫，为整村推进重点村配备电视机8000台；安排230万元资金，对中南部地区因家庭贫困面临辍学的学生实施救助。福建省第六批18名援宁干部，克服两地气候、生活、语言等多重困难，为帮扶市、县争取资金物资达6900多万元，帮助落实引进投资项目9个，投资总额7.3亿元。这些项目的实施，取得良好的经济效益和社会效益，受到广大贫困农民的普遍欢迎。在宁夏回族自治区“感动宁夏·2008年度人物”评选中，福建省援宁挂职干部获得“感动集体”奖。

【对口帮扶】 在闽宁两省区对口市县和福建援宁挂职干部的共同努力下，对口帮扶市县共投入资金4907万元，落实对口帮扶项目140多个。仓山区投入580万元，在隆德县援建六盘人家民俗文化广场、六盘山闽宁（福州）会馆、山河乡王庄闽宁新村、县城污水处理厂等。连江县援助466万元，设立“盐池连江教育奖学基金”，支持盐池县实施生态移民、生态治理、生态经营、生态改良4项工程。湖里区援助500万元，帮助海原县建设了新区中小学教学楼、宿舍楼、中心敬老院、社区卫生服务中心，发展设施农业、设施养殖、劳务产业等。翔安区投入585万元，帮助泾源县实施香水河卧龙山段综合治理工程、发展肉牛产业、建设劳务输出人才市场、开发特色旅游等。南安市援助同心县 920 万元，帮助建设南安生态移民村、南安社区、回民中医院南安支医楼，设立村级发展互助资金，救助贫困学生 2200 名。丰泽区援助原州区 821 万元，帮助实施万亩秋季覆膜“温饱工程”，建设三营镇团结移民新村，建立大学生创业园、肉牛养殖合作社，捐赠衣物 3.4 万件（套）。南靖县投资 410 万元，重点援建彭阳县六盘山食用菌研究中心、彭阳三中南靖教学楼、乡村卫生院（所）等。涵江区投资 467 万元，支持西吉县发展蔬菜、甜玉米、西芹等设施农业，援建马铃薯批发市场信息中心，帮助输送务工人员达 10619 多人（次）。

【社会扶贫】 在宁夏扶贫办和福建闽宁办的协调下，闽宁两省区发展改革委通力合作，厦门航空公司于 2009 年 4 月底正式开通福州—西安—银川航线，每周 4 班，实现两地空中直航，为宁夏乃至西北内陆与福建以及台湾地区的经济交流与协作搭建了新通道。2009 年，两省区组织教育、卫生、计生、团委等部门共同合作，为宁夏培训各类人员 752 名。福建省教育部门组织 9 所一级达标中学与宁夏中南部地区 9 所普通高中开展对口帮扶，组织高校开展学科建设对口交流合作。在保持现有面向宁夏招生计划的基础上，单列 50 名招生计划用于招收宁夏贫困地区少数民族高考学生。扩大两省区中职教育合作办学规模，增加招收宁夏中等职业学校学生 1000 名。福建省第十批 85 名援宁骨干教师，坚守教学一线，主动承担公开课和观摩课，举办讲座、辅导，开展教学研讨改革，促进了贫困地区新课程改革的进一步深化，学校教学水平有了很大提高。

2009 年，福建省社会各界为宁夏山区学校筹集资金 820 万元，修建学校 17 所，救助贫困学生 4272 名，促进了贫困地区教育事业的发展。两省区卫生部门进一步深化对口帮扶工作，从人员培训、业务技能指导、学术交流、医院管理、信息沟通以及物资、经费支持等方面广泛开展合作，为宁夏卫生事业的发展起到了助推作用。两省区人力资源、妇联、扶贫部门开展劳务合作，加强劳动力转移培训力度，积极拓展劳务输出渠道，向福建有组织地输出劳务人员 8000 多人（次），劳务收入近 1.4 亿元。

两省区妇联在西吉县共同建立一个“闽宁‘六个一’工程示范村”，还联系福建华阳电子公司资助 168 万元在中部干旱带地区兴办 2 所“春蕾小学”。福建农林大学菌草研究所继续与宁夏扶贫办合作，选派 13 名技术人员在宁夏贫困山区推广菌草种植，培养当地技术人员，加快菌草生产本地化步伐。两省区科技部门整合优势资源，投入项目经费 200 多万元，加强技术引进与集成创新，组织专家研发出具有一定现代化水平的菌种生产配套设备和工艺技术，建立适合山区夏季食用菌生产的技术体系，突破低温条件下菌种生产技术，大幅提升菌草产业技术水平。两省区农业部门共同组织马铃薯种薯适应性种植研究，进行区试、筛选与示范工作，确定 4 个适合福建种植的品种，为规模化种薯合作奠定了基础。

【企业协作扶贫】 在两省区主要领导的关注支持和有关方面的推动下，有 13 家福建企业于 2009 年在宁夏投资置业，投资总额超过 25 亿元。其中，德龙酒业有限公司投资 18 亿元的绿色农业葡萄种植酿酒基地项目在永宁县已开工建设，华林农业综合开发有限公司投资2亿元的农业种植脱水蔬菜项目在西吉县启动，投资6000万元的西吉县帝豪房地产项目已建成封顶，金湖房地产公司投资7000万元在隆德县进行旅游开发建设，闽宁医药有限公司的药品仓储中心、福瑞汽车公司年产20万片汽车玻璃、闽宁丰肥业有限公司的有机肥生产、德胜工业园区卓和信塑业有限公司的新型塑管生产等项目已相继建成投产。还有一批从事食品加工、化工、通讯等闽商企业扩大了生产规模，提高了生产能力。

【闽宁互学互助对口协作第十三次联席会议】 2009年8月21日，福建省、宁夏回族自治区互学互助对口协作第十三次联席会议在宁夏银川市召开。中共福建省委副书记于广州、省人大常委会副主任刘德章、省政府副省长洪捷序、省政协副主席李祖可率福建省党政代表团出席了会议，宁夏回族自治区党委书记陈建国、自治区政府主席王正伟等领导及有关部门负责人参加了会议。会议肯定了闽宁互学互助对口协作13年来的成绩，全面回顾了第十二次联席会议以来的工作，在肯定成绩和总结经验的基础上，对下一步加强两省区互学互助对口协作进行了深入研究和探讨。会议认为，闽宁互学互助对口协作要继续全面落实《国务院关于进一步促进宁夏经济社会发展的若干意见》和《国务院支持福建加快建设海峡西岸经济区的若干意见》，继续坚持“政府推动、社会参与、企业合作、市场运行”和“优势互补、互惠互利、长期合作、共同发展”的原则，不断推进闽宁互学互助对口协作迈上新台阶，促进宁夏和福建经济社会又好又快发展。

【2010年东西协作扶贫工作展望】 国务院《关于进一步促进宁夏经济社会发展的若干意见》和《关于支持福建省加快建设海峡西岸经济区的若干意见》，为闽宁协作提供了更为广阔的作为空间。今后，闽宁协作要在已有的成功经验和做法的基础上，发挥各自优势，继续加强战略协作，拓展合作领域，提高合作层次，推动闽宁两省区科学发展和共同进步。

1. 为宁夏扩大对外开放和对台合作提供平台和服务。两省区在产业结构、资源结构、市场结构等方面具有互补性，双方经济协作潜力比较大。要抓住中央支持海西建设的重大机遇，立足闽宁两省区对口协作的优势条件，继续为宁夏扩大对外开放和对台合作提供平台和服务。特别在对台方面，福建有“五缘”优势，可为宁夏与台湾地区加强经贸合作、人员往来、文化交流提供平台、牵线搭桥。福建省将积极构建以铁路、高速公路、海空港为主骨架、主枢纽的海峡西岸现代化综合交通网络，为宁台交流合作提供综合通道。加强两地产业合作，为宁夏将光热、土地、人力、电力、矿产、农产品等资源优势转化为产业优势创造条件。坚持以海峡旅游、生态旅游、红色旅游、文化旅游为重点，加强闽宁旅游合作，为宁夏增强旅游产业竞争力，培育一批有特色、有影响、有效益的旅游精品提供服务。

2. 深化现代农业合作。坚持项目带动，深化产业对接，紧密产业协作，加强两省区现代农业、农业产业化合作，实现两省区优势互补、共同发展。做大做强农业产业化企业，培育一批农产品加工示范园区，打造一批品牌农业，增强其辐射带动农民增收致富的能力和市场竞争力。支持宁夏南部山区主导产业发展，扶持食用菌、马铃薯、林果、枸杞、葡萄、红枣、清真牛羊肉等特色产业发展。福建承担对口帮扶任务的市（县、区）要根据宁夏独特的区位、光热和土地优势，抓住宁夏推广设施农业的机遇，找准对口帮扶的结合点，引导福建省农业产业化龙头企业落户宁夏贫困地区，参与宁夏特色农产品开发，为宁夏加快发展现代农业贡献力量。

3. 开展人力资源交流协作。要更加重视两省区人力资源开发和建设，推动闽宁两省区党政干部、专业技术人员、企业经营管理人员、劳动力等多层次、全方位的人力资源培训和交流。进一步深化两省区职业教育合作，拓宽人才培训渠道，逐步扩大培训规模，全面开展各种技能培训，培养高素质的劳动者和实用性、技能型人才，建立起与两省区产业对接相适应的人才培养机制，促进劳务输出和务工移民合作，促进更多的劳动力就业，推进科技、教育、文化、卫生和企业经营管理等方面人才互相学习、互相交流，鼓励他们在两省区之间自由流动、创业兴业。继续坚持互派干部挂职制度，为培养和选拔优秀干部提供平台。

4. 帮助贫困乡村增强自我发展能力。要加强欠发达地区基础设施建设，重点扶持人畜饮水、节水灌溉等基础设施，改善生产生活条件。把发展教育培训和医疗卫生事业作为突出任务，不断提高这些地区人口的综合素质。继续坚持教师支教和学校对口帮扶活动，帮助宁夏南部山区学校改善教学条件、提高教育质量；继续加强对宁夏农村基层医疗机构的对口帮扶，开展青年志愿者支医活动，努力改善山区群众就医条件。

5. 完善互学互助对口协作工作机制。要认真总结闽宁双方共同创造的行之有效的协作经验，继续坚持“优势互补、互惠互利、长期合作、共同发展”和“政府推动、社会参与、企业合作、市场运行”的原则，更加注重发挥市场的作用，调动企业家、社会各界人士参与互学互助对口协作的积极性、主动性、创造性。继续采取政策引导、资金支持、舆论鼓励等多种方式，利用两省区现有的“9·8”国际投洽会、“5·18”海交会、“6·18”项目成果交易会和宁夏投洽会等招商平台，积极鼓励更多的福建企业到宁夏投资兴业。

（福建省对口支援工作领导小组
帮扶宁夏办公室）

青岛市——贵州省东西扶贫协作

【概况】 2009年，青岛市委、市政府坚持以科学发展观为指导，贯彻落实党中央、国务院东西扶贫协作工作部署，在国务院扶贫办指导下和贵州省委、省政府的支持下，通过全面推进，不断创新帮扶方式，完成了对口帮扶贵州省的各项工作任务，取得较好成效。

青岛市2009年对口帮扶地区主要包括贵州省安顺市、铜仁地区、西藏日喀则市、三峡大坝所在地——湖北省宜昌市夷陵区和山东省菏泽市曹县。2009年，全市各级财政安排年度对口帮扶资金规模1亿元。对口帮扶贵州省是青岛市的工作重点之一，青岛市委、市政府高度重视。2009年，青岛市财政捐赠贵州省安顺市、铜仁地区各类资金物资1640万元，社会各界捐款捐物1200万元；实施“开发式扶贫村”、“三个确保村”的整村推进、农业产业化扶贫——发展种植养殖业，乡村道路，人畜饮水，农田水利，干部和专业技术人才培训、教育医疗等生产生活基础设施和社会公益项目152个，当地贫困群众直接受益人口5万余人；实施人力资源培训，培训干部和专业技术人员650人次，农村劳动力就业转移培训12000余人；资助贫困学生1000余人。同时，青岛市组织青岛海尔、海信、红星、双星等名优企业，在贵州省开展了经济合作，以经济发展带动扶贫开发，促进就业，保障民生，取得明显的成效。

【对口帮扶考察】 2009年5月7日—9日，安顺市委书记陈坚、市政府市长罗宁，市人大常委会主任何述祥，市政协主席韦林率领安顺市党政代表团访问青岛，山东省委常委、市委书记阎启俊、市委副书记王文华等市领导分别会见代表团并进行了工作座谈。

9月14日至18日，青岛市委副书记、市长夏耕，市委常委、副市长杨宜新等市领导率青岛市代表团赴贵州省考察对口帮扶工作，在黔期间，贵州省委副书记王富玉与代表团座谈、副省长禄智明陪同考察。代表团深入到青岛对口帮扶的农村、学校、企业，实地考察项目，先后来到安顺市平坝县天龙镇芦车坝村、铜仁地区江口县挂扣村考察，以前这里群众生活困难，在青岛支援和当地干部群众努力下，这两个村的村容村貌和村民的生产生活发生了巨变，芦车坝村发展特色蔬菜种植业，人均纯收入从1000元达到现在的6000元，外出打工谋生的年轻人许多返乡搞蔬菜种植致富。2009年青岛已在贵州省建设100多个“开发式扶贫村”，改善和解决了贫困村的基本生产生活条件。代表团考察红星化工贵州红星发展有限公司、海尔集团遵义冰箱生产基地和海信集团贵阳工业园，看望慰问在黔工作的青岛企业干部职工，听取企业发展情况汇报。在扶贫开发中，青岛市实施“资源利用和名牌企业带动战略”，海尔、海信、红星等企业赴贵州进行经济合作。红星化工到贵州创业以来，在为当地经济发展作出贡献的同时，自身也实现了跨越式发展，共为贵州省累计上缴利税 5.8 亿元，创造直接就业岗位 3400 余人，带动间接就业近万人，被温家宝总理称为“东西合作的典范”。代表团先后与安顺市委、市政府和铜仁地委、行署进行座谈。两市地介绍了对口帮扶工作情况，13 年来，青岛市累计向贵州省安顺市、铜仁地区投入 10 多亿元资金，其中财政资金 1.5 亿多元，物资 4500 万元，共建设各类经济合作和扶贫开发项目 800 余个。

【“开发式扶贫村”建设】 2009 年，按照国务院扶贫办关于整村推进“三个确保”要求，青岛市安排资金在贵州安顺市、铜仁地区建设 22 个“开发式扶贫村”或“三个确保村”。其中，安顺市镇宁、平坝、普定、关岭、紫云 5 个县各建设 2 个“开发式扶贫村”；铜仁地区江口、印江、德江、沿河、松桃、石仟 6 个县各建设 2 个“三个确保村”。按照整村推进的原则，重点改善贫困村的基本生产生活条件，通过发展生产增加收入，实现整体脱贫致富。一是实施村基层组织建设，建设村党支部和村委综合室；二是实施信息传播工程，设立卫星电视接受转发装置；三是实施教育建设工程，在较大的村寨建设希望小学，在较小的村寨建设图书阅览室、文化活动室；四是实施卫生和村容整治工程，建设卫生室，建厕改厕，发展沼气；五是进行生产项目建设工程，兴修水利，进行道路建设，扶持发展猪、牛、羊、鱼养殖和林果、蔬菜种植专业户。通过开发式扶贫村建设，改善了群众的生产生活条件，对于祖祖辈辈封闭于大山之中的农民转变观念，适应市场变化、增强战胜贫困的信心，走向现代文明发挥了重要作用。

【农业结构调整】 2009 年，青岛市安排资金，帮助安顺市、铜仁地区实施农业结构调整。在铜仁地区建设了 1.5 万亩种草养畜项目、莱茵鹅养殖项目、冷水鱼养殖项目和万亩中药材基地项目等，在安顺市进行了生畜改良和新品种经济作物种植推广。

【培训扶贫】 青岛市把人才培训工作放在对口支援的重要位置，在青岛举办了特色产业培训班，同时，在贵州与当地共同对劳动力进行了培训，累计培训近 12000 人次，使参训人员掌握扶贫开发的专业技能，许多学员已经成为脱贫致富的带头人。筹措资金，在安顺市、铜仁地区新建、改建学校，购置教学设备；资助 1000 余名儿童完成小学教育。

【社会扶贫】 组织青岛各界参与对口支援，形成了社会联动支援的良好局面。青岛市确定 12 个市区分别与安顺、铜仁地区的 12 个贫困县结成“一帮一”的对子，市直各部门积极参与支援，先后开展了“文化扶贫”、“科技扶贫”、“教育扶贫”、“卫生扶贫”等活动，并在全市进行捐衣被等献爱心活动。

【企业扶贫】 在对口支援贵州工作中，青岛市坚持“东西结合、优势互补、互惠互利、共同发展”的原则，“实施资源利用和名牌企业带动战略”，引导青岛市名优企业赴贵州进行经济合作。

1. 利用资源，实现互利双赢。红星集

团在安顺市、铜仁地区、遵义市、黔南州开展经济，主要利用当地资源，进行钡盐、锰盐等矿山采掘、化工产品生产，还进入煤化工、旅游、渔业等产业。2009 年红星在贵州企业总资产达 13.41 亿元，通过 ISO14001 环境体系认证，并获“贵州省环境友好企业”称号。红星在安顺市镇宁县的企业，主要生产碳酸钡、不溶性硫磺等，还在当地投资兴建了白马湖森林公园，发展生态旅游业。在铜仁地区的“大龙锰业公司”，主要进行锰矿采掘和电解二氧化锰生产，是 2009 年贵州红星效益最好的企业之一，“梵净山冷水渔业公司”以青岛海洋水产研究为技术后盾，养殖的各类进口鲟鱼、三文鱼获得成功，填补了当地冷水养殖的空白，并开拓了国内外市场。

2. 优势企业带动，促进扶贫开发。海尔集团重组中国科工集团风华冰箱厂发展成为海尔冰箱生产基地，年产能 100 万台，销售区域广布长江以南“九省一市”。海信集团重组贵阳华日电视机厂成立“贵阳海信电器有限公司”，海信控股，在贵阳经济开发区建立工业园，贵阳海信公司实现跳跃式发展，使原华日电视机厂从年产量 5 万台电视的小型企业，发展成为产能 130 万台、产品涵盖 14″~47″各式普通和平板电视机的现代化企业，产品销售覆盖西南、西北、华南等省市及缅甸等国家地区。

青岛市组织协调青岛优势名牌企业到贵州实施资产重组，优化资源配置，使当地一些濒临倒闭的企业起死回生，迅速成长为骨干企业，直接和间接解决近 2 万人就业，同时，对当地相关产业产生强劲拉动，仅与之配套的企业就达 50 余家，年产值 10 多亿元。青岛名优企业成为当地经济发展的强劲助推力量，带动了当地部分群众脱贫致富。如，红星集团收购当地破产企业，盘活大量资产，安置下岗职工，职工年人均收入达 1.2 万元，每年增长，被安顺市干部群众形象地称为“一人进红星，全家都脱贫”。贵州省提出，青岛企业进入贵州，带动了当地经济发展和扶贫开发，是青岛对口支援工作的一个鲜明的特色。

3. 市场推动，促进产业发展。青岛市坚持按市场经济规律办事，在经济合作中率先提出“先有市场、后建工厂”的理念，支持贵州企业在青岛举办展销会、产品推介会等多种方式搭建市场平台，2009 年共有 70 余家贵州企业在青岛进行了市场开拓活动。直接销售达近 100 万元，订单过亿元，一些产品通过青岛口岸出口到日本、韩国、香港等国家和地区，一些企业已经与世界级的采购商签定了购货合同，深得企业经营者的赞誉。

（青岛市国内经济合作办公室　马飞驰）

大连市——贵州省东西扶贫协作

【概况】 按照党中央、国务院的工作部署和安排，从1996年开始大连市对口帮扶贵州省六盘水市、遵义市。大连市把对口帮扶贵州省工作的重点确定为以解决贫困人口脱贫致富为中心，在帮扶项目上侧重帮助解决基础教育、医疗卫生、人畜饮水、乡村道桥等基础建设项目，改善贫困地区生产、生活条件。同时，大连市加大产业扶持力度，通过对产业扶贫项目的示范、辐射作用，促进了帮扶地区单一产业结构的调整。

截至2009年，大连市向贵州省援助无偿资金15628.26万元，其中，捐赠资金12768.26万元，物资折款2860万元。共实施援建项目514个。结合贵州省六盘水市、遵义市贫困山区的具体实际，按照着重加快贫困山区社会公益事业发展的原则，援建一批公益事业扶贫项目，改善了贫困农户的生产、生活条件。兴建和改、扩建希望学校121所，改善了贫困山区的办学条件，缓解了5万多贫困学生入学难的问题；投资兴建的六盘水市民族职业学校图书楼2300平方米，配备了多媒体电子阅览室、多媒体电教室，是六盘水市中学中规模较大、设施较完善的图书楼；兴建和改扩建乡（镇）卫生院、村卫生室57所，缓解了贫困地区群众就医难的问题，防止地方病的发生；实施人畜饮水工程，新建人饮项目28个，解决10万贫困农户及大牲畜的饮水困难问题；新建和改造公路、桥梁、渠道等38处，改善42个重点扶持乡镇25个重点村的交通状况，增强了贫困地区经济发展后劲。大连市援建的务川自治县焦坝乡高山公路建设项目，结束了4个贫困村群众肩挑背磨的历史，群众称之为“生命路、致富路”。

【对口帮扶】 大连市委、市政府始终高度重视对口帮扶协作工作，市委、市政府主管领导经常听取帮扶工作情况，研究确定帮扶工作思路，提出具体工作要求。根据大连市具体工作情况，2008年第五次调整大连市对口帮扶协作工作领导小组，并集中力量，将小组成员扩大到38个，在组织上为对口帮扶协作工作的开展提供了组织保障。大连市与贵州省六盘水市、遵义市两地党政领导多次互访，增进大连市与六盘水、遵义市在经济文化等各方面的交流，加深两地间的相互了解，增进了两地人民的友好情谊。2008年1月，贵州省遭受50年不遇的雪凝灾害天气，大连市委、市政府在第一时间内发出慰问电，分别向六盘水、遵义市各捐赠100万元支援两市抗灾救灾工作。通过双方签署《大连市与六盘水市、遵义市对口帮扶与经济协作协议书》和制定《2009—2010 年贵州省与 4 个对口帮扶城市扶贫协作工作指导意见》等措施，明确工作重点，加强对口帮扶项目的管理，使帮扶项目发挥应有的经济和社会效益。

【援助项目实施】 大连市对口帮扶贵州省的贫困成因基本相同，但影响六盘水市、遵义市经济发展的突出问题有所不同。大连市在帮扶协作中抓住重点，因地制宜，采取有针对性的措施，取得好的效果。一是采取扶持农村基础设施建设项目，不断加大基础教育、医疗卫生、人畜饮水、乡村道桥等基础设施建设帮扶力度，改善贫困地区农民的生产生活条件；二是结合贫困地区农业产业结构调整，不断加大产业扶持力度。2008 年大连市援助的草地生态种草养牛科技扶贫项目是六盘水市级重大产业结构调整项目，大连市援建资金 200 万元，用于补助 133 户农户，购买 666 头能繁母牛，项目已竣工，为帮助六盘水市贫困山区群众脱贫致富发挥了重要作用；三是援助实施科技示范项目，带动了贫困山区经济可持续发展。投入资金 165 万元，新建遵义市植物组培中心，建筑面积 6700 平方米，年生产苗瓶 2000 万株以上。并开展“两薯”脱毒和快繁研究，年生产种苗 100 万株，可供播种 6 万亩以上。该项目的实施，使遵义市贫困地区的脱毒马铃薯亩产量提高到 2300 公斤，比常规种植增产 35% 以上。实施“四位一体”沼气池、畜牧、茶叶及人居环境改造等科技项目 77 个，投入资金 1282 万元，对遵义市贫困地区农业科技的推广起到了积极的推动作用。大连市投建的对口帮扶“四位一体”即“养殖——沼气——改厕——种植”的生态农业项目，是以沼气建设为纽带，将种植业、养殖业、改圈改厕等合理结合在一起，通过沼气池使人畜粪便和农业废弃物的再生利用，实现了农业废弃物资源化，有效地保护生态环境，受到了贫困地区干部、群众的热情欢迎。带动了农业产业结构的调整，促进了农村经济可持续发展，取得了良好的经济、社会和生态效益。2009 年，四位一体能源生态项目已在遵义市 14 个县（市、区）全面推广。

【企业参与合作扶贫】 市委、市政府按照科学发展观要求，把“优势互补、互惠互利、长期合作、共同发展”作为对受援地区的帮扶原则，开展形式多样的经济合作。大连在技术、人才、资金、区位、市场信息等方面具有一定优势；帮扶地区幅员辽阔，资源丰富，劳动力成本低，市场潜力大，国家基础设施的投资重点逐步向此倾斜。要把双方的优势结合起来，为东西部长期合作、互惠互利牵线搭桥，创造条件。围绕双方需求、各自优势，寻找双方的共同点，在共同点上找结合点，在结合点上重点突破，实现优势互补，共同发展。大连沈宏实业股份有限公司在遵义市遵义县乐山镇，投资组建了镍钼深加工厂基地，公司由加工厂和矿山 2 个生产单位组成，项目总投资额 5000 万元，2009 年已投入生产。项目的落成，解决了当地 300 余名富余劳动力就业，为当地的贫困群众创造了稳定的收入来源。大连重工・起重集团曾多次参与六盘水市的“西电东送”建设工程项目招投标，大连实德集团的销售网络已在贵州家喻户晓。这些都为两地间的长期合作、共同发展奠定了良好的基础。

【人才交流与培训】 人才交流工作内容广泛，意义重大，能够促进东西部相互了解，逐步实现贫困地区干部群众观念转变和素质的提高。在帮扶工作过程中大连市采取帮助遵义市、六盘水市培训干部、派专家传授先进农业科技、派志愿者到贫困地区支教，吸纳贵州务工人员等形式，帮助两市基层干部、科技人员增长才干，帮助贫困农民提高科技文化素质。大连市先后派往六盘水、遵义市挂职锻炼干部136名，六盘水、遵义市派往大连市挂职锻炼干部164名；为贵州培训专业技术人员658名。特别是大连市在全国率先安排青年志愿者到六盘水市盘县支教，首开了大连市在全国青年志愿者赴贫困地区支教的先河，1997年，大连市青年志愿者李德俊、李广宇等5位青年，放弃城市优裕的生活，其中有4位辞去公职，自愿到贵州省盘县贫困山区支教，受到时任国务院副总理李岚清的肯定和表扬，国家主席胡锦涛会见了第一批志愿者。在实施国家“东西支教工程”中，大连市先后又派出5批30余名青年志愿者到盘县义务支教；2000—2006年大连市共派出2批66人次教师赴贵州支教，受到当地干部群众和学生的欢迎。2006年，大连市委党校连续举办4期六盘水市政法干部培训班，共培训基层政法干部161人，通过学习培训，开阔了视野，更新了观念，思想观念发生了变化，成为推动六盘水市经济社会发展的骨干力量。

【社会扶贫】 在东西扶贫协作中，大连市本着“政府加强引导、社会广泛参与、企业互惠合作”的原则，通过有效地宣传活动，让社会各界更加了解到西部贫困地区群众的生活现状，以唤起全社会对贫困地区的关心和关注，社会各界表现出积极的扶贫协作态度。大连温州商会、大连戚秀玉职业介绍所等单位积极与当地开展协作、劳务输出等合作。大连大学帮扶六盘水师专，援助资金42万元，建设多功能厅、学术报告厅、电子阅览室。大连市供暖总公司在正安县杨兴乡捐资20万元，新建了村希望小学1所。同时，大连市供暖总公司在杨兴乡建立扶贫教育基金会，作为公司长期的帮扶点，已奖励10名优秀学生和资助43名贫困学生。

【2010年东西协作扶贫工作展望】 根据国务院扶贫办下发《2009—2010年东西扶贫协作工作指导意见》通知要求，组织贯彻落实。坚持“政府主导、社会参与、自力更生、开发扶贫、全面发展”的方针，树立“科学发展、协调发展、共同发展”的扶贫开发工作理念，把坚持开发式扶贫方针作为根本保证，把尽快稳定解决扶贫对象温饱并实现脱贫致富作为首要任务，把提高农村贫困人口自我发展能力作为工作重点，以产业化扶贫作为重要抓手，集中力量帮助“三个确保”贫困村完成整村推进，重点帮助解决援助地区社会事业发展、基础设施建设、人力资源开发、优势产业培育等根本性问题。

1. 突出援助重点，加大无偿援助力度。根据国务院有关扶贫工作意见，“强化领导，加大政府援助力度”的要求，在调研论证的基础上，重点实施帮扶地区“三个确保村”的整村推进，支持基础设施开发建设项目的同时，在援助项目安排上要按照主导产业与特色产业统筹兼顾，线面产业带建设，做大做强优势产业，集中投入，打造亮点，示范带动，实现对口帮扶项目经济效益和社会效益的最大化。

2. 完善工作制度，推动双方互访交流。继续坚持对口帮扶援建项目的申报、论证、审核、实施、验收等制度；建立健全与贵州省六盘水市、遵义市对口帮扶联席会议制度，加强双方领导、部门、企业间的往来交流与合作；坚持对口帮扶地区高层领导互访，进一步完善双方领导高层互访和协调联动合作机制。落实安排好大连市党政代表团赴贵州省六盘水市、遵义市等地考察访问，磋商帮扶协作重大事项，开展对口帮扶活动。

3. 拓宽合作领域，增强造血功能。在加大经济援助的同时，拓宽经济合作领域，发挥大连市与受援地区的资源优势，坚持政府引导与发挥市场机制、政府援助与企业合作、扶贫与开发、输血与造血有机结合，本着“优势互补、互惠互利、共同发展”的原则，鼓励和引导大连市企业开展与帮扶地区的经济技术合作。一是与大连招商网合作，在大连招商网上专门开辟栏目，介绍对口地区的风土人情、资源优势和经济合作信息，打造经济合作信息的展示平台；二是继续在大连市经贸活动中邀请帮扶地区企业参加，为企业开拓市场搭建平台；三是动员企业如旅行社等旅游企业向贵州等地介绍客源，参与帮扶地区旅游开发；四是协调组织有关部门及相关企业赴贵州省、新疆考察交流，寻求合作商机，增强帮扶地区的自我造血能力。

4. 强化智力支援、提升人力资源开发效益。围绕扶贫开发，发挥大连市在辽宁沿海经济带的龙头地位和辐射作用，为对口地区的发展提供培训、管理、技术、人才等方面的支持和帮助。继续开展向贵州互派挂职干部，重点加大对口地区人力资本投资，在以往经验基础上，会同市委组织部、市农委等有关部门，采取来连办班和当地办班等形式，集中为帮扶地区在新农村建设急需的基层扶贫干部、农产品经纪人、骨干教师等方面进行培训，不断提高帮扶地区人力综合素质。

5. 发动社会力量，增强帮扶工作合力。大连市把发动和动员全社会各界力量参与扶贫开发作为开展对口帮扶的一项重要举措来抓，拓展社会参与的领域，引导社会名流和企业参与到帮扶协作工作中来。继续组织报纸、电视台等新闻媒体宣传对口帮扶协作工作，通过宣传和引导，激发全社会关心、支持、参与对口帮扶工作的热情，形成扶贫济困的社会氛围，使全市上下认识对口帮扶工作是一项服务全国大局的政治任务，不但是政府的责任，也是社会的责任。开展“送温暖、献爱心”活动，组织协调好社会各界扶贫济困的捐赠活动，扩大工作辐射面，整合资源，不断增强大连市对口帮扶工作的优势叠加效应，提高帮扶效果。

（大连市对口扶持办公室）

深圳市——贵州省东西扶贫协作

【概况】 2009 年，深圳市委、市政府认真贯彻落实中央“两个大局”战略构想，坚持以科学发展观为指导，按照国务院东西扶贫协作工作部署和要求，依靠贵州——深圳两省市党委政府的正确领导，依靠社会各界的支持，全面推进帮扶工作，不断创新帮扶方式，完成了对口帮扶贵州省的各项工作任务，取得较好成效。

深圳市 2009 年对口帮扶地区主要包括贵州省毕节地区和黔南州、西藏林芝地区、三峡库区巫山县和广东省河源市和湛江市，全市各级财政安排年度对口帮扶资金规模约 1.5 亿元，其中对口帮扶贵州省是深圳市的工作重点之一。据统计，2009 年深圳市捐赠贵州省各类资金物资共计 5702 万元，其中安排财政扶持资金 5047 万元，社会各界捐款捐物 655 万元；全年实施整村推进（新农村示范点）、乡村道路、人畜饮水、农田水利、农房改造、种植养殖、教育医疗等生产生活基础设施和社会公益项目 176 个，当地贫困群众直接受益人口 9 万余人；培训各类干部和专业技术人员 961 人次；有组织输入劳务工 1.25 万余人；深圳—贵州助学基金资助贫困学生 5500 余人。深圳市组织 6 家具有代表性的深圳大中型装备制造业企业赴黔参加 2009 第四届中国（贵州）国际装备制造业博览会，进一步促进两地企业合作交流。

【对口帮扶考察与交流】 2009 年，深圳市与对口扶持地区高层领导互访不断，加强交流，增进友谊，促进了合作。胡锦涛、温家宝、贾庆林等党和国家领导人分别作出重要指示，要求进一步抓好毕节实验区及威宁县的帮扶工作。深圳市委、市政府高度重视，主要领导表示一定要贯彻落实“总书记与总理指示要求，加大力度、更加扎实地做好深圳市对毕节地区的帮扶工作。”2009 年 10 月，受省委副书记、市委书记刘玉浦，省委常委、代市长王荣委托，市政协主席王顺生，市委常委、副市长吕锐锋率深圳市党政代表团赴贵州学习考察，捐赠帮扶资金，签署合作协议，检查帮扶项目，慰问贫困群众；承担贵州结对帮扶任务的各区、各有关单位领导，分别带队赴对口扶持地区考察指导工作。与此同时，贵州省及毕节地区、黔南州等对口扶持地区领导先后率团来深圳市考察访问。12 月中旬，贵州省副省长禄智明率团来深考察现代农业建设和对口扶持工作。期间考察了布吉农产品批发市场和有关农业企业，召开“深圳—贵州优势特色农产品及产业合作座谈会”，两地政府主管部门、有关企业座谈交流了产业合作及对口扶持情况。

【扶贫项目实施】 2009年，全市对口扶持工作继续以“确保贫困群众直接受益”为原则，以“整村推进、到村到户”为重点，扎实推进各项工作，全市安排毕节、黔南两地州扶持项目资金5047万元，实施整村推进、乡村道路、人畜饮水、农田水利、农房改造、种植养殖、教育医疗等民生项目176个，其中市财政安排3200万元，扶持项目136个；区财政1562万元，扶持项目29个；市属国企285万元，扶持项目4个，社会资金扶持项目7个。这些项目当地直接受益人口9万余人。

【定向扶贫】 为贯彻落实党和国家领导人关于进一步抓好毕节实验区及威宁县帮扶工作的重要指示，深圳市委、市政府决定在完成2009年度扶持资金计划的基础上，新增贵州扶持资金900万元，全部用于当地贫困群众直接受益的民生项目，并专门派出市党政代表团赴毕节试验区及威宁县考察，慰问当地贫困群众。2009年，深圳市共安排威宁县扶持资金850万元。其中市、区财政安排年度扶持项目资金250万元，新增定向帮扶资金600万元，全部用于威宁县10个贫困乡镇的11个贫困村的32个扶持项目，可使当地贫困群众2.1万余人直接受益。

【智力扶贫】 根据国务院扶贫办的工作部署，深圳市继续开展贫困地区干部和专业技术人员培训，支持贫困地区人才队伍建设。2009年委托深圳市经理进修学院承办扶贫干部培训班20期，累计培训851人次，其中整村推进、农业产业化等专题研修班，针对性强效果好；深圳市卫生系统接收黔南州医专100名学生来深圳市实习，市教育系统安排贵州中小学校校长和教学骨干10余人来深挂职锻炼；深圳—贵州助学基金资助贫困学生5500多人；这些智力帮扶活动受到当地党委政府和群众的高度评价。2009年8月，国务院扶贫办批准在深圳经理进修学院设立“东西扶贫协作人力资源建设基地”，表明上级对深圳市扶贫干部培训工作的肯定和支持。

【社会扶贫】 深圳市各区及有关单位继续做好贵州11个贫困县的结对帮扶工作。南山区与毕节试验区威宁县结对帮扶，2009年共安排威宁县扶持资金450万元，实施扶持项目13个；龙岗区安排结对的黔南州罗甸县30名乡镇干部来深圳挂职锻炼；深圳市卫生局、教育局、人力资源和社会保障局、民政局、光彩事业促进会等单位，深入开展卫生扶贫、教育扶贫、科技扶贫、劳务合作等社会扶贫活动。深圳市科协及有关单位赴黔南州开展“太阳能新农村应用项目推广行动”，组织深圳企业现场推广应用太阳能节能灯具、农村太阳能灭虫技术，建立“家电下乡科普示范点”，捐赠试点器材，培训家电下乡科技辅导员；北大深圳医院捐赠结对帮扶的黔南州人民医院原值150万元的X光机1台；深圳中农公司累计捐资50万多元，兴建织金县中寨乡“深圳中农希望小学”及学生宿舍楼和食堂；深圳市慈善会、市关爱办共捐资180万元，捐建6所希望小学和4个学校“科普图书室”。

【2010年东西协作扶贫工作展望】 1. 坚持整村推进、到村到户原则不动摇。要集中精力和资金，重点解决贫困农民喝水难、行路难、看病难、住房难、子女读书难等问题，改善农民群众生产、生活基本条件，让贫困农民真正得到实惠，确保群众直接受益。两地扶贫部门要始终坚持制度化、规范化、程序化，严格把好扶持

项目审核关，强化资金项目监管，注重扶持效果，切实抓好扶贫开发这项“民心工程”、“德政工程”。

2. 深入开展结对帮扶，发挥各部门力量。深圳市各结对单位今后在安排资金项目扶持同时，要发挥各自优势，深入开展调查研究，根据贫困村、贫困户的现实困难和急需解决的问题，有针对性地开展多种形式的帮扶工作。

3. 坚持干部培训，促进劳务合作。深圳市政府每年继续安排干部及劳务工岗前技能培训的专项经费，利用深圳市现有的培训机构，继续为贵州毕节、黔南两地州培训专业人才，同时创造性地开展劳务合作，做到“培训一人，招工一人，脱贫一户”。要开展形式多样的智力帮扶活动，把教育扶贫、卫生扶贫、科技扶贫引向深入。

4. 坚持企业合作、实现共同发展。进一步扩大深黔两地经贸交流合作，发挥各自优势，相互促进，共同发展。要鼓励引导深圳市企业与贵州企业之间的合作，促进区域经济协作与联合，促进农业龙头企业发展，实现优势互补，互惠双赢。

5. 加大社会扶贫力度，培育扶贫济困风尚。扶贫帮困、捐资助学、奉献爱心是深圳精神文明建设的重要特征之一，社会扶贫已成为深圳市对口帮扶工作的一支重要力量。今后要继续深入开展群众性的“扶贫帮困、奉献爱心”活动，组织动员深圳市社会团体和企业、企业家赴贫困地区捐资助学，捐建教育和卫生等社会公益项目，支持贵州经济建设和社会发展。

（深圳市对口扶持办公室　徐建明）

宁波市——贵州省东西扶贫协作

【概况】 宁波市委、市政府为统一对口帮扶贵州工作，通过召开全市扶贫工作会议进行专题部署、组织全市各对口单位赴对口地区开展项目调研等方式，加强协调指导。同时，通过推动并协调保障两地党政代表团互访考察，带动落实各项政府援建项目。2009年7月中旬，市委副书记陈新率市党政代表团出访贵州省，并与两州分别签订全年对口帮扶项目协议。经统计，2009年宁波市各级政府和社会各界对口帮扶贵州项目278个，无偿援助资金（物资）5986万元。其中，各级政府援助项目123个，资金2755万元；企业和爱心市民社会帮扶项目159个，资金（物资）3231万元。项目内容主要涉及新农村示范村建设，农业产业发展扶持，农村生产生活条件改善，乡镇干部、新农村建设带头人和劳动力适用技术培训，以及支教助学等。

【劳动力转移培训】 2009年初，受金融风暴的影响，农民工就业形势严峻，如何帮助对口地区农民工稳定就业，这不仅是贫困群众的期盼，也是对口帮扶工作的重点。为此，宁波市一方面延续两地传统的劳务合作方式，另一方面探索新型可持续的劳务合作模式。一是开展为对口地区贫困农民工送岗位活动。2月，专门组织宁波市有关企业和人力资源公司，在黔西南州举行“宁波市—黔西南州农村劳动力转移培训就业招生招聘现场会”，送去3500多个就业岗位，现场招收部分贫困“两后生”（高中初中毕业后未能继续升学人员）来宁波“半工半读”；二是引导宁波市人力资源市场、企业向对口地区及时发布用工信息，指导对口地区农民工向宁波市有序转移；三是深入开展校企合作。为进一步推动两地校企合作持续开展，搭建起对口地区学生就业、宁波企业觅才的交流平台。4月底，在宁海县人才开发服务中心正式揭牌成立贵州商业高等专科学校宁海县人才创业及实践基地。随着经济的回升和企业用工的增加，及时把握机会，通过定点培训和校企合作，引导企业与对口地区建立长期有效的劳务对接机制。12月，专门组织劳动就业服务部门和大型人力资源公司，赴贵州进行人力资源合作考察与洽谈，与贵州省和两州达成投资办学、设立人力资源公司以及进行订单式农村劳动力转移培训等意向。为创新东西劳务对接模式，建立国务院扶贫办首个全国东西扶贫协作人力资源建设基地——宁波市支持西部地区劳动力转移培训基地。

【对口帮扶示范村建设】 按照国务院扶贫办“三个确保”的要求，经与贵州省扶贫办商定，2009年、2010年两年间，宁波市认领16个黔东南州、黔西南州革命老区贫困村进行整村推进扶贫开发建设，并确保每个村资金投入不少于50万元。2009年初，通过实地考察调研，已完成16个村的总体认领，并初步确定首批建设村的具体实施项目，已全部启动实施。为确保2006—2010年5年时间内建设100个以上的“甬黔对口帮扶示范村”，各对口单位均加大帮扶建设新农村示范村的力度，共确定项目53个、资金1350万元，占总资金量的40%，实施建设的示范村已近100个。与此同时，还加强对农业产业的扶持，2009年新确定建设黔东南州750亩油茶基地和黔西南州1600亩优质桃基地等多个产业发展项目，做到新农村和整村推进示范村建设与高效农业示范基地建设相结合，基础设施建设与优势产业扶持相结合，以进一步拓展贫困群众的增收渠道，增强农村自我发展能力。

【教育扶贫】 为帮助对口地区干部开阔新视野、学习新内容、提升新能力，以适应农村改革发展的新需要。2009年，在干部交流方面，宁波市选派6名处级干部、贵州两州选派8名干部进行为期半年的相互交流挂职锻炼，宁波工商局还接受黔东南州工商系统21名干部来宁波进行为期2个月的挂职学习。同时两地互访学习考察人员达到650余人次。在干部培训方面，市本级举办黔东南州、黔西南州欠发达乡镇新农村建设培训168名贫困镇党委书记（镇长）。其培训内容重点是学习了解东部地区新的农村改革政策、新的农村工作制度、新的农村经济组织和新农村建设好的做法等。还有市经委、象山、海曙区等对口单位在宁波为其对口县共举办11批培训班，培训人数为359人。

同时，新一轮教育交流合作自2008年开始以来，得到有效推进。一是“中小学教师素质提升工程”进展顺利。上半年，共接收了黔东南州、黔西南州等贵州省50名高中段优秀校长来甬挂职学习，时间为一学期；选派了由14名优秀教师组成的讲师团，赴黔东南州和黔西南州进行巡回讲座；二是百校“手拉手”爱心互助结对活动进一步强化。2009年5月，扶贫办与市教育局组织召开各县市区教育局和50所结对学校参加的甬黔“手拉手”爱心互助结对学校座谈会，总结交流了活动情况，进一步明确工作目标和要求。

【经济交流合作】 在推动两地经济交流合作上，面对金融危机、经济不景气等诸多不利因素，调整服务方式，由过去“四面出击”转为“重点突破”，对有投资意向的企业进行全程跟踪，在做好协调和服务保障工作的同时，准确把握机会及时帮助排忧解难，起到好的推进成效。一是在市党政代表团出访贵州的推动下和扶贫部门的协调服务促进下，宁波市农业龙头企业奉化市以勒食品有限公司加大在黔东南州的投资力度。以勒食品有限公司在投资建设黔东南州麻江县1000亩蓝莓基地并带动起当地蓝莓产业发展的基础上，又投资新建1000亩基地和1800吨冷库及加工车间；二是举办旅游推介会，促进宁波市民“万人游贵州”活动的开展。8月，与贵州联合举办“2009年宁波·感知多彩贵州”旅游文化推介会，进一步为两地旅游企业搭建起全面合作平台，深化“万人游贵州”活动的开展；三是为贵州对口地区农业产品搭建外销平台。4月、6月，利用宁波市举办茶博会和食博会之机，主动为两州有关茶叶和农产品生产和加工企业提供参展信息，并协调提供免费展位等。

【“温暖午餐·万人助学”活动】 在继续做好前期爱心资助项目和前几年“万人助学”后续工作的基础上，针对贵州黔东南州、黔西南州义务教育段部分贫困学生在校午餐就餐难的困难，宁波市扶贫办会同有关单位启动了“温暖午餐·万人助学”活动。在主办单位和各级媒体的强势推动下，这次活动走进企业、学校、社团和机关等单位，举办28场捐赠和义卖活动。全市共有10多万名市民参与捐赠，筹集到善款320多万元，资助贵州黔东南州和黔西南州的141所义务教育阶段学校解决贫困学生午餐问题，为28所学校新建食堂，惠及15000多名贫困学生。这次活动市级媒体进行连续跟踪报道，浙江广播电台、浙江电视台和中央电视台新闻周刊等省级、中央媒体进行专题报道，强化了宁波爱心城市的名片效应，深受对口地区的欢迎和社会各界的好评。宁波市的社会帮扶情况在2009年全国东西扶贫协作工作会议上做了典型交流发言。

（宁波市扶贫办公室　黎万权）

珠海市——重庆市东西扶贫协作

【概况】 珠海市是国家最早设立的经济特区之一。在中国改革开放30年的重要历史节点上，国家又批准实施《珠江三角洲地区改革发展规划纲要》，要求珠江三角洲地区"科学发展、先行先试"，同时赋予珠海建设生态文明新特区、争创科学发展示范市的新使命，实现发展新跨越。作为受惠于国家改革开放政策和在全国人民支持帮助下先富起来的珠海经济特区，应肩负起国家和省赋予的扶贫开发使命和任务，应为国家和省实施扶贫开发工作承担更重的责任，作出更大贡献。

2002年始，珠海与重庆市建立东西扶贫协作关系，对口帮扶重庆市大巴山区的巫山、巫溪、奉节3个县。

【东西协作扶贫工作回顾】 东西扶贫协作是国家开发西部、促进共同富裕、构建和谐社会的重大决策，是一项长期的工作。珠海市委、市政府历届领导高度重视东西扶贫协作工作，要求各级党委、政府和有关部门要按照党中央、国务院的要求，树立总体帮扶战略思想，克服困难，把东西扶贫协作工作做好。市长钟世坚及其他主要领导多次亲赴重庆市奉节、巫山、巫溪3县考察。珠海市按照"优势互补、互惠互利、长期合作、共同发展"的原则，采取一系列措施，全方位、多渠道开展东西扶贫协作。

坚持开发式扶贫方针，建立政府引导、社会支持、多方参与、突出重点、注重实效的多元化、多层次支援机制，实施"三个切入"，实现"五个转变"。即以实施整村推进扶贫规划为切入点，改善贫困地区生产生活条件；以强化培训为切入点，促进贫困地区剩余劳动力转移；以产业化扶贫为切入点，调整产业结构，增强经济发展活力，逐步实现扶贫方式由解决温饱的单纯"输血"向寻求长期可持续发展的"造血"转变；扶贫手段由资金帮扶向提高技术技能的转变；扶贫主体由政府帮扶向社会帮扶的转变；扶贫模式由单纯资助向互动双赢的转变。2002—2009年，珠海市财政无偿安排对口扶贫资金共计9923.3万元。社会扶贫工程捐款3350多万元。财政资金主要用于贫困地区学校、卫生院、人畜饮用水、乡村路桥和贫困村危房改造等改善困难群众生产生活的基础设施项目。社会捐款主要用于农村学校建设和帮扶贫困家庭和贫困学生。

【教育扶贫】 "扶贫先扶智，治穷先治愚，百年大计，教育为本"，为改善重庆3县的教育条件，2002—2009年，珠海市在重庆3县改建或新建学校73所，解决4万多名中小学生入学就读，缓解了3县学位紧缺的局面，改变了当地教育落后面貌，促进了当地教育事业的健康发展。同时，探索教育支援模式，开展职业教育和支援等工作。2005 年 3 月，招收重庆 3 县职校三年级的贫困学生 55 人到珠海职业学校免费就读，毕业后帮助安排就业。2005 年 9 月，在全市公开选拔了首批 4 名优秀青年教师赴巫溪县开展为期一年的支教工作。2006 年 4 月，珠海市教育局发动中小学校开展捐赠图书活动，为巫溪县捐赠各类图书 40 万册，为推进巫溪县“两基”攻坚工作奠定了基础，为改变巫溪县教育落实面貌作出贡献。

【医疗服务和培训】 为改善重庆 3 县农村医疗卫生条件，提高医疗服务水平，解决群众看病就医难的问题，2002—2009 年，珠海市在重庆 3 县偏、远、弱、穷的乡镇新建或改建卫生院（计生站）43 所，覆盖 3 县大部分乡镇，解决了 90 多万名农民群众看病难问题。同时，珠海市卫生系统开展医疗卫生支援活动，从 2004 年起，先后派出 26 名医务人员到重庆 3 县开展医疗服务和培训等支援工作，深受当地群众好评。

【劳动力转移培训】 2002 年以来，珠海市开展劳务支援工作，实施“培训一人，输出一人、脱贫一户”的劳务扶贫工程。通过组织企业赴重庆 3 县召开现场招聘会、建立市场劳务信息、设立 3 县驻珠海劳动服务站等工作措施，开展帮扶重庆 3 县的劳动力转移培训工作。截至 2009 年底，培训当地农民 6000 余人，通过有组织、有规模的招聘活动，共招收重庆 3 县富余劳动力 17638 人来珠海市就业。

根据市场需求，以技术培训机构为平台，以企业订单培训为依托，通过对帮扶县农村劳动力有针对性的开展岗位培训，为贫困地区培养人才，实现就地转移就业，促进当地农村劳动力向二、三产业转移。近 3 年共培训农民致富带头人和农村富余劳动力 800 多人次。

【旅游资源开发扶贫】 重庆 3 县的旅游资源非常丰富，自然风光独树一帜，为支援 3 县开发旅游资源，珠海市多次组织珠海实力强、信誉好的旅游企业赴重庆 3 县实地考察，并根据长江三峡蓄水后出现的新面貌、新景观进行统一包装、统一宣传，开辟了 2 条珠海到巫山的旅游线路，促进了三峡游。

【社会扶贫】 针对对口帮扶县贫困状况，政府牵头，动员社会各界参与扶贫济困，从 2002 年开始连续 3 年实施“五个一万”社会扶贫工程。在市委五套班子领导模范带领下，珠海市机关、企事业单位、学校和各人民团体纷纷响应，开展了“手拉手”扶贫济困大行动。工程实施以来取得显著成效。据统计，“万名干部帮扶万户特困家庭”活动，共募集资金 1500 万元；“资助重庆 3 县万名特困儿童上学活动”，募集资金 600 多万元；“万名青年捐赠 3 万册图书”活动共收到各类图书 9 万多册；“万户居民捐赠 10 万件衣物”活动共收到衣物 30 多万件；“培训输出 1 万名合格劳动力”活动共培训输出 1 万多人。通过这一社会扶贫工程，有 17565 户贫困户得到救助，度过难关，18415 名面临失学的贫困生重新走上课堂，一批农村青年外出打工，从此走上脱贫致富的道路。

珠海市争取全社会的支持，探索社会帮扶机制。2002—2009 年，在珠海市的牵线搭桥下，香港道德会、澳门书法家协会、珠海红十字协会、台商协会及有关企业等社会各界，为重庆贫困地区捐资 1250 万元，援建一批希望学校，捐赠一批电脑、图书等。

【经贸合作】 优势互补，资源共享，实行开发式支援，促进贫困地区经济发展，是珠海市对口支援工作的重点。多年来，珠海市引导企业到西部地区投资，促进两地的经贸发展，实现双赢。珠海市格力集团公司于1999年与当地合作在重庆市万州投资4000万元建立一间年产3亿只电解片容器的生产厂。2001—2004年又在重庆市高新开发区投资4亿元建立空调生产基地，年生产能力300万台（套），产值40亿元，累计交纳税金1.7亿元，招收当地员工3800多人，促进了当地经济发展和农村富余劳动力的转移。

【人才培养与交流】 珠海市从2003—2007年每年都派出优秀年轻干部到重庆挂职扶贫。2002—2009年，为重庆市3县党政领导干部举办专题培训班5期，培训企业领导党政干部400多人次，转变当地党政干部和企业领导的发展理念。珠海挂职干部何敏在挂职结束后，主动申请到巫溪县工作，现任巫溪县县委常委、县纪委书记，继续他的扶贫历程，成为珠海异地盛开的“紫荆花”。

通过多种途径进行党政干部、农村致富带头人、专业技术人员和经贸人才的培训，为贫困地区培养善管理、懂技术、会经营的人才队伍，带动贫困地区总体文化、技术素质的提高。针对贫困地区经贸人才匮乏、综合素质不高的状况，适时调整扶贫战略，创新扶贫模式，以转变观念、更新知识，以提升帮扶地区整体经贸理念和人才综合素质为目标，实施重庆3县经贸系统企业家和外经贸干部培训计划，为帮扶县营造经贸发展的“造血”型人才。2002—2009年，有计划、有步骤为重庆市3县党政领导干部举办专题培训班共5期，培训经贸系统企业家及党政干部共400多人，提高对口支援地区人才综合素质及科学发展能力。

【东西协作扶贫成果】 珠海市开展对口支援重庆市3县工作以来，拓思路，动真情，做实事，扶真贫，实施各种形式的帮扶措施，为促进贫困地区脱贫奔康做出珠海应有的努力，树立了珠海帮扶特色和帮扶形象。据统计，截至2009年12月，珠海市对口支援重庆3县各类资金13273.3多万元，其中财政扶贫资金9923.3万元，社会扶贫工程捐款3350万元。改建或新建学校73所，建设卫生院43所，覆盖3县大部分乡镇，解决4万多名中小学生入学就读问题，解决90多万名农民群众看病难问题；帮扶重庆3县修建桥梁16座，从根本上改变了17万多名群众的行路难问题；还修建多个人畜饮用水工程，以及开展“整村推进”示范村建设。珠海市扶贫协作取得阶段性成果，受到重庆人民的欢迎，也受到国务院的表彰。2004年11月，珠海市劳动与保障局、市教育局被国务院授予“全国东西扶贫协作先进集体”称号，副市长邓群芳和珠海挂职重庆干部陈炎新被授予“全国东西扶贫协作工作先进个人”称号。2008年12月，珠海市扶贫办被国务院扶贫工作领导小组授予“全国东西扶贫协作先进单位”荣誉，市扶贫办主任徐聪茂和市国土局原党组书记骆驰被授予“全国东西扶贫协作先进个人”称号。

（珠海市扶贫办公室）

厦门市——重庆市东西扶贫协作

【概况】 厦门市委、市政府历来十分重视东西扶贫工作，将开展东西扶贫协作工作作为立足全国大局、统筹区域发展的重大政治责任。市委常委会和市政府常务会把东西扶贫工作提到重要的议事日程。

市委市政府于2006年制定了《厦门市对口支援、帮扶和山海协作工作意见》。2008年，根据温家宝总理“加快建立健全区域协调互动机制，抓紧研究制定中西部地区承接产业转移的具体政策，引导东部地区产业向西部地区有序转移。积极推进对外经济交流与合作，探索边境地区开发和对外开放的新模式”的指示和国务院扶贫办《2008年东西扶贫协作工作指导意见》（国开办发［2008］8号）和绩效考评（试行）稿，厦门市对口支援办分析厦门市和对口地区社会经济发展情况，寻找经济合作结合点，初步形成厦门市对口支援绩效考评草案，将对口帮扶工作具体化、数字化，拟于国务院扶贫办绩效考评正式实施时下发执行。

2009年厦门市财政共安排对口帮扶资金800万元，这些资金有力地促进了受援地区贫困人口脱贫致富和社会事业的发展。为了增强受援地区发展后劲，在资金使用上更加注重以项目为载体，增强受援地区的“造血”功能。

【对口帮扶工作措施】 一是成立对口支援领导机构。为了保证东西扶贫工作顺利开展，1996—2000年厦门市对口支援领导小组由市委书记任组长，1位市委常委、副市长为副组长，2001年1月20日调整了成员，确定厦门市市委副书记、市长张昌平为对口支援领导小组组长，分管副市长丁国炎为副组长。2002年后调整为时任分管副市长为组长，确保这项工作始终在市委市政府的正确领导下顺利开展；二是对各项帮扶资金的进行合理安排。厦门市在承担东西扶贫任务单位中是财政收入较少的单位。是在市委市政府高度重视下，每年度安排一定的对口帮扶资金预算，满足了重庆和宁夏对口帮扶工作的需要；三是对口帮扶项目专题研究。对较大的项目由市委常委会、市政府常务会做专题研究、审核，确保项目的可行性；四是明确对口帮扶任务结对分工。将对口支援地区的任务分解下达到各区，调动方方面面的积极性，为厦门市进一步开展对口帮扶构筑了工作框架；五是根据国家开发式扶贫的精神，确定今后厦门市对口支援工作要与西部大开发扩大内需相结合，使对口帮扶成为厦门市扩展投资腹地、扩大内需、参与西部大开发的排头兵；六是市领导亲自带队前往重庆、宁夏帮扶县区进行深入细致的调查研究。1996年至今市委、市政府、人大、政协主要领导每年多次带领厦门市代表团分别对重庆市黔江、万州、武隆区县，宁夏海原、泾源县进行考察。2009年厦门市陈炳发副书记，市政府党组成员、办公厅党组书记蔡寿国分别考察了重庆和宁夏对口帮扶区县，掌握第一手资料，以便进一步开展对口帮扶工作。

【对口帮扶重庆】 在对口帮扶重庆方面，厦门市2009年共安排对口帮扶项目65个，帮扶资金200万元，根据黔江区和武隆县的具体情况，这些项目主要用于扶持扶贫龙头企业、改善乡村道路、劳动力转移等方面。结合重庆市万州区工业园区初步形成、具有西南港口优势的特点，厦门市坚持以培育受援方招商引资发展经济的能力为着力点，建设移民就业基地，并帮助引进有规模、有效益的企业入驻，实现产业结构的升级，帮助万州招商引资树立良好的投资环境，提升万州引进外来生产型企业的竞争力，为解决库区产业空心化、移民安置和库区稳定，提供了大量的就业岗位，同时扩展了厦门市企业投资渠道，实现经济双赢。厦门市拟自2009年起，集中资金连续3年投入1200万元（每年400万元）援建移民就业基地标准厂房12000平方米，筑巢引凤，搭建招商引资平台，吸引更多的厦门企业落户万州，推动万州工业发展，增加万州、黔江、武隆贫困人口就业机会。与此同时，为了使厦门市企业更好落户万州，厦门市与万州区协商，厦门企业入驻厦门市捐赠的厂房免交厂房租金。降低企业投资成本的条件是，企业必须安排一定数量贫困人口就业。2009年厂房已抓紧实施，项目建成后将加快万州产业发展步伐，壮大万州经济总量，帮助万州增加就业岗位，促进贫困人口就业，加快致富步伐。针对重庆武隆县山多地少，贫困人口致富难度大的特点，武隆县将旅游业作为支柱产业，厦门市委、市政府予以支持，由厦门市经发局、旅游局、宣传部组织30家厦门旅游企业和新闻媒体单位赴武隆“采风踩点”，推动武隆县和厦门市旅游业共同发展。在双方政府的扶持下，武隆县的旅游产业得到了迅速发展。

在厦门、重庆两地政府强力引导下，厦门企业在重庆落户越来越多。2009年在厦门市对口办的推动下，厦门市吉田投资控股（厦门）有限公司计划总投资16亿元、建设占地1000亩的重庆渝东吉田万州国际商贸物流产业园项目已正式注册落户万州，2009年已在万成立了万州港保税仓，到位资金2000余万元，该项目将打造库区一流现代化物流中心，拉动万州一、二、三产业快速发展，同时可以大量安置贫困人口就业致富。

2009年6月5日，重庆市武隆县铁矿乡鸡尾山采矿区发生山体垮塌。事故发生后，厦门市委市政府于6月6日向武隆县发出慰问信。动用厦门市民政救灾资金50万元对口赈济重庆市武隆县。

【对口帮扶宁夏】 在对口帮扶宁夏海原县、泾源县方面，市财政2009年共安排项目23个、共计200万元对口帮扶资金。发挥挂职干部的骨干作用，突出帮扶三大经济产业、三大社会工程、三大民生项目、三大平台建设四个重点，坚持经济社会、农村城市、县城新区三个统筹，努力实现群众富裕、经济繁荣、社会和谐三大目标。几年来，厦门市在海原县投入资金和争取各类物资折合人民币780.6万元，其中帮扶资金610万元，厦门社会各界捐10批物资价值170.6万元，实施帮扶项目30个。在泾源县投入帮扶资金及物质680万元，实施了21个帮扶项目，捐物折价计120万元，取得良好社会效益。

【2010年东西协作扶贫工作展望】 2010年厦门市的对口帮扶工作要坚持树立和落实科学的发展观，在市委、市政府的领导下，贯彻国务院扶贫办的要求和省委、省政府的工作部署，结合各区、各部门、各单位的实际，加强领导，精心组织，强化措施，抓落实，确实提高工作水平，推动厦门市对口帮扶工作更上一个新的台阶。

1. 精心组织，贯彻国务院扶贫办关于东西扶贫协作工作部署。根据国务院扶贫办2009年召开的有关会议精神，结合对口帮扶地区的实际，按照国务院扶贫办的统一部署，开展东西扶贫协作工作。搞好项目的筛选和资金的支持工作，同时对2009年的对口帮扶项目和资金的落实情况进行检查，促进对口帮扶工作向广度和深度发展。

2. 明确目标，抓紧新一期援藏项目建设。厦门市新一期援藏工作从2007年7月—2010年7月，新一期援藏项目计划已经市政府研究批准，现在时间已经过半，2010年是实施援藏项目计划的关键一年。要制定具体工作措施，明确工作责任，确保援藏项目建设如期完成。还要做好市有关领导赴西藏考察的前期准备工作。

3. 注重开发，继续做好重庆的对口帮扶工作。2010年厦门市对口支援万州区重点要做好吉田物流中心项目的协调服务和安置贫困人口致富项目的落实工作。对重庆市的对口帮扶工作重点是，提高贫困地区人口就业率，改善基本生产生活条件，开辟增收途径，实行整村推进扶贫开发方式，确实搞好黔江区和武隆县的扶贫项目建设。同时，加强与厦门市思明区、海沧区、同安区和赴重庆挂职干部的联系，及时了解掌握各区、各部门与重庆对口区县的对口帮扶情况，协调解决有关问题。

4. 项目带动，做好对口帮扶宁夏泾源县、海原县工作。贯彻落实闽宁互学互助对口扶贫协作联席会议和市委副书记陈炳发、常委黄笑影2009年率厦门市党政代表团考察宁夏海原县、泾源县所作的指示精神，突出“整村推进、劳动力转移培训、产业扶贫”三个重点，抓好项目落实，加强教育、卫生、文化等领域的交流与合作，拓宽协作领域，深入推进，务求取得实效。

5. 真抓实干，推动对口支援新疆阜康市工作。厦门市新一期对口支援新疆阜康市的工作是从2011年7月—2013年7月。我们要提前制定新一期援疆工作计划，做好援疆干部对项目的论证和实施工作的交接工作。同时，继续做好两市教育、卫生界的交流与合作。

6. 拓宽思路，扩大对口支援和帮扶工作领域。开展各种形式的开发投资，是厦门市开展对口支援和帮扶工作的新途径、新方法、新形式。2010年，要促进厦门市企业用好对口地区人缘和各种资源，遵照国家要求，在开发贫困地区的同时，发展自己。继续发动厦门市各市直单位开展对口帮扶工作，把对口帮扶工作引向深入。推动社会各界关心和支持厦门市对口帮扶地区经济发展。

7. 加强交流，提高对口支援和帮扶工作水平。对口支援和帮扶工作是一项扶贫济困、建设社会主义和谐社会的重要工作。为了提高对口支援和帮扶工作水平，2010年将积极组织厦门市对口支援和帮扶地区从事对口支援和帮扶工作的干部开展交流活动，举办工作交流会，组织实地考察，增进相互了解，促进工作开展。

（厦门市对口支援办公室）

七

社会组织扶贫篇

中国扶贫基金会扶贫

【概况】 中国扶贫基金会成立于1989年3月13日，至2009年是20周年。经过20年的发展，中国扶贫基金会已经成为拥有5亿多元总资产，年均筹资额超过3亿元，年均受益人口50多万的全国性大型公益组织。至2009年底，中国扶贫基金会共筹措并投入扶贫资金和物资30多亿元，累计实施扶贫项目200余项，受益贫困人口超过920万，并于2007年被民政部评为5A级基金会。

扶贫开发工作是一项长期而艰巨的任务，任重道远。而扶贫基金会是民间社团组织，主要任务是组织、发动社会力量参与扶贫工作。因此，扶贫基金会是国家扶贫开发的有益和有效的补充。在项目选择上，从实际出发，量力而行，有重点地选择少数社会影响大、效果好的项目，认真负责地抓下去，切实为群众办实事，创建基金会的品牌项目，与国际接轨，提升基金会的公信力，以项目的高质量和优化的品牌效应，促进筹资规模的不断扩大。

2000年以来，中国扶贫基金会秉承“继承、改革、发展、创新”的方针，在品牌项目发展战略指导下，通过艰苦、细致的努力和工作，建立完整、系统、科学的项目管理制度和一系列操作方法，建立了由200余名专职人员和500余名兼职人员组成的专业化项目管理队伍，逐渐聚焦实施小额信贷项目、母婴平安120项目、新长城特困大学生自强项目、紧急救援项目、社区综合发展项目等援助型项目。其中小额信贷项目、母婴平安120行动项目、新长城特困大学生自强项目、紧急救援项目等已成为国内知名的公益品牌项目。

【扶贫工作回顾】 20世纪80年代中期，随着大多数中国人温饱问题的解决，政府开始在全国范围内开展了大规模的扶贫工作。然而，仅靠政府的力量扶贫，若要完成在20世纪末基本解决贫困人口温饱问题的目标十分艰巨。为了开辟从民间筹集资金开展扶贫的渠道，经国务院领导批准，并在民政部注册登记，中国扶贫基金会在北京正式成立。

“中国扶贫基金会是一个没有基金的基金会。”这是首任会长项南对扶贫基金会初创时期的形象描述。农业部拨给10万元启动资金，基金会就挂牌办公了。中国扶贫基金会作为一个以扶贫济困为宗旨的基金会，募集扶贫资金成为当时的首要任务。

会长项南当时刚从福建省委第一书记的职务退下来，凭借他在海外华侨中间的影响和感召力，基金会的工作迅速、健康地开展起来。此后，广交朋友，加强联络，争取海内外各界人士对扶贫事业的理解和支持，成为基金会不断拓宽募资渠道的主要方式。

十年中，扶贫基金会通过召开研讨会、组团出访、邀请回访、与海内外享有声望的人士交往等多种方式，与海外的 60 多个非政府组织及其驻华机构建立了经常的联系。

1994 年，国家颁布“八七扶贫攻坚计划”。为配合这一计划的实施，中国扶贫基金会于 1994 年 7 月和 1995 年 1 月两次召开扶贫行动大会，向社会发出《大家都来参加扶贫行动》的倡议。中国扶贫基金会在创始之初的 10 年中，先后为贫困地区和贫困家庭累计提供资金和物资 6 亿多元，使 160 多万农村贫困人口受益。实施的扶贫项目强调增强农户自力更生能力、自我发展能力，使农户得到一次资助、可以长期受益。当时实施的主要扶贫项目有：东西部干部交流、贫困地区干部培训、新闻扶贫、科技扶贫、教育及医疗设施援建、贫困农户自立工程等。

在新旧世纪交替之际，中国扶贫基金会的发展面临着巨大的机遇和挑战。一方面，政府制订了新世纪前十年扶贫开发纲要，动员社会各界力量参与扶贫；另一方面，中国的非营利组织得到发展，募捐市场也逐渐告别过去的垄断性和半垄断性，竞争日趋激烈。如何继承发扬好的传统和作风，改革机构管理体制，增强机构能力，以适应新的形势变化，是摆在扶贫基金会决策者面前的重大课题。

【小额信贷项目】 这个项目是在借鉴孟加拉国乡村银行的成功经验的基础上，结合中国农村的特点建立起来的。2001 年，国务院扶贫办下发文件（国开办函（2001）25 号），同意中国扶贫基金会作为小额信贷扶贫的试点单位，由此确认了中国扶贫基金会实施小额信贷项目的合法地位。

小额信贷项目目标：第一，为真正的穷人提供资金支持；第二，提高穷人的自立和自我发展能力；第三，实现项目操作机构的可持续发展。目标群体是：贫困地区农村中无法从正规金融机构获得贷款的穷人（尤其是妇女）。

经过近十年的发展，中国扶贫基金会的小额信贷项目已经成为中国非政府组织实施的规模最大、管理最规范、质量最高的项目。2009 年，项目覆盖了福建、山西、贵州、辽宁、河北、湖南、海南、吉林、内蒙、江西、四川等 12 省（区、市）26 个县（市）；累计发放贷款 6.967 亿多元、184674 笔；受益人口 88.85 万人；拖欠超过 30 天以上的风险贷款率仅为 0.96%。

小额信贷项目根据农户不同的生产、经营需求，为他们提供了“整贷零还”、“整贷整还”、“按月等额还款”、“城镇贷款”和“个人贷款”等贷款产品，贷款额度在 1000 ~ 30000 元之间。同时，小额信贷项目还为客户提供能力建设方面的支持，包括开展有关法律常识、经营管理、生产技术与公共卫生等方面的培训以及信息服务等。

2008 年四川汶川特大地震发生后，小额信贷项目专门成立“5·12 小额信贷基金”，投入 2600 万元项目资金，在地震灾区开展项目。2009 年，项目已经在绵竹、德阳、什邡进行试点，计划在 3 年内陆续推广到北川县和汶川县等地。

【母婴平安 120 项目】 项目是针对我国农村特别困难地区群众卫生健康保障缺乏的现状而设立。在我国农村，母婴的死亡率远远高于城市，特别是我国西部特困地区母婴死亡率更高。妇女因生孩子造成死亡，带给其家庭的将是灭顶之灾，婴儿死亡对家庭也是沉重的打击。

扶贫基金会与贫困县共同筹集资金，建立产前检查、紧急救援、分类补贴和人员培训4个支持系统，保证项目的正常运转。在县一级成立急救中心，并在条件较好的建制镇成立分中心。急救中心设中心主任、县中心由基金会配备救护车1辆，设专职司机。每个村配备1名妇保员，通过项目培训，使其具备产前检查、新法接生的能力。由妇保员对项目区的孕妇进行登记，并进行产前检查（3个月一次），一旦发现有高危孕产妇，在产期到来之前，即用救护车接到急救中心抢救。对于住在不能通车的山区的产妇，事前在村子里组织担架队，把产妇抬到公路边，再转送到医院。

项目鼓励贫困孕产妇住院分娩并对其进行现金补贴，补贴标准根据危难程度为200～2000元不等。项目从2000年正式推出，已在云南玉龙（原丽江）、德钦，福建政和、屏南、长汀，重庆黔江、城口，宁夏隆德和安徽绩溪等6省（市/区）12县/区正式实施。项目累计筹集资金6978万元，受益人口9.8万人，抢救危机危重产妇253人。经过几年的努力，项目区内母婴死亡率明显下降，母婴平安水平提高。项目受到群众的普遍欢迎，国内外的新闻媒体多次进行采访报导。

随着国家在公共卫生方面投入力度的加大，母婴平安120项目及时提出“走进藏区·走进非洲”的目标，并且已经迈出坚实的一步。

【紧急救援项目】 紧急救援项目于2002年设立，至2009年已运行8年。中国是自然灾害多发国家，“因灾致贫”和“因灾返贫”是导致贫困人口生产和生活重新陷入困境的主要原因之一，也是制约我国社会经济可持续发展，特别是贫困地区经济可持续发展的主要因素之一。

紧急救援项目作为政府灾害救援的补充，在对贫困地区、贫困农户的救援上发挥着作用。

项目目标：一是减轻贫困灾民的疾苦与不安，提升灾害响应的及时性和针对性；二是倡导和推动政府与非政府组织、非政府组织之间在灾害救援领域的合作，提升救援相关各方的能力建设和网络建设。

项目实施8年来，对南方水灾、台风、印尼海啸、青海雪灾、南方雨雪冰冻灾害、汶川地震等灾害作出了积极响应，累计筹集救援资金和物资价值6.19亿元，救援地区覆盖川、新、蒙、陕、滇、渝、鄂、粤、桂、豫、皖、闽、湘、京、宁、黑、甘、黔、青、晋、辽、赣等22个省（市/区），逾310万灾民受益。

2008年，紧急救援项目在南方雨雪冰冻灾害和汶川地震发生后，在第一时间做出了反应，共募集资金物资3.35亿元，惠及11省125县约173.4万人，为缓解灾区群众的疾苦做出了不凡的成绩。两次紧急救援受到得到了政府部门、媒体、受援群众和社会公众的积极评价。紧急救援项目被评为“2008中华慈善奖——最具影响力慈善项目”。

【新长城—特困大学生自强项目】 新长城——特困大学生自强项目于2002年9月启动，是国内设立最早、影响最大的大学生援助公益项目之一。项目目标：一是动员社会力量，为特困大学生提供帮助。将社会关爱传递给他们，帮助他们实现成才梦想；二是组建受助大学生互助组织——自强社，通过自助、助人、拼搏，服务社会，传递社会关爱，锻造自强之才；三是建立受助学生、捐助人和社会的互动网络和平台，用关爱、知识、人才，共铸时代新长城。目标群体：经济特困、品学兼优的全日制在校本科生。

为应对贫困大学生资助的宏观政策变化，2007年以来，新长城项目又推出“新长城—特困高中生自强班项目”，通过在国家扶贫开发工作重点县高中建立自强班，资助每班50—70名家庭经济困难且学习成绩优秀的高中生三年的全部生活和部分学费、住宿费。

新长城项目实施7年来，共覆盖全国31省/市452所大学、76所中学，募集善款1.5亿元，累计资助7.2万人次。在给予学生经济资助的同时，还通过组织系列活动等方式，强化受助学生自强自立与传承关爱的人文精神。

据2006年新长城项目客户满意度抽样调查显示，组织、单位捐赠者对项目的满意度为100%（其中很满意为69%，满意为31%）；公众个人捐赠者对项目的满意度为98.7%（其中很满意为56.4%，满意为42.3%）。受援大学生对项目的总体满意率达到98%；96%的受援高校对项目资金拨付速度表示满意，并评价该项目“设计科学、管理模式合理规范”。

2005年11月，新长城项目获得民政部颁发的“中华慈善奖”。2006年9月，新长城项目在首届“社会公益示范工程”评选表彰活动中被评为“十佳示范项目”。

【“爱心包裹”项目】 2009年，在继续做精做强特困大学生自强、高中“自强班”项目管理，扩大高中“自强班”项目规模的同时，推出“爱心包裹”5·12汶川地震灾区小学生“六一”关爱行动。项目筹集善款1.3亿多元，资助范围覆盖汶川地震灾区1783所小学校，受益学生达116万人。

中国扶贫基金会“爱心包裹”项目以“中国NGO组织的创新之作，它在2009年引发的平民慈善浪潮，见证了中国民间慈善热情的日益高涨”为由名列第三。2010年1月22日，中国社会工作协会、《公益时报》社等机构联合开展的2009公益推动力评选活动公布2009年度“十大公益新闻”。“爱心包裹”项目又以［“爱心包裹”裹挟“平民慈善”］为题名列第四。公布上榜理由对其作了说明：4月26日，中国扶贫基金会发起的“爱心包裹项目”以小额、便捷、透明和一对一的特点吸引普通民众参与。3个月间90多万人次参与、筹款过亿。这一惊人成绩让慈善的全民属性再次得以展示，也再次激发慈善机构的创新意识，中国民众缺乏的不是爱心，而是表达传递爱心的合适平台。

【天使工程】 贫困的产生与疾病是分不开的。为了缓解因病致贫、因病返贫现象，提高西部地区人口享受医疗保健和提高医疗质量水平，中国扶贫基金会于2002年推出天使工程扶贫项目。项目对西部地区的医院（重点是县、乡镇医院）院长、副院长和管理骨干分期分批进行培训，为西部地区培养一批懂管理、懂财务、懂电脑管理的干部，提高医院的管理水平。同时，配套支持医院的办公设备，提高西部医院的管理运用能力。帮助西部医院建立信息系统和相配合的电脑、打印机、服务器和各种管理软件，加强对医院的人力资源的开发和财务管理、现金管理、药品管理等，降低管理费用、减轻病人的医疗费用，使贫困人口从中受益。针对西部地区医疗普遍存在医疗设备短缺、落后、陈旧、老化的情况，天使工程还开展了医疗设备资助项目，组织发动生产医院器械的企业和公司，向西部地区的医院捐赠新的医疗设备，并负责安装、维修等方面的服务，为西部地区医疗事业做出贡献。

从2002—2007年年底，天使工程累计筹集资金和物资1.43亿元，其中物资1.02亿元，项目资金3625万元；培训经费410万元；共举办20期医院院长和管理干部管理知识训练班，培训来自中西部地区的3006位院长及业务骨干；为269家贫困地区医院安装了信息管理系统及远程会诊系统；为139家贫困地区医院提供了医疗设备援助。项目还组织了解放军总医院、中医研究院广安门医院专家赴宁夏、河北、广西、四川、山西等贫困地区进行扶贫义诊。

【社区综合发展项目】 社区综合发展项目是中国扶贫基金会从20世纪90年代起设立的项目，以改善贫困农村生产、生活条件，提高贫困人口素质和受助者生存能力为目标。21世纪后，逐渐形成教育和卫生基础设施建设、社区发展、技能培训三大类项目。

教育扶贫项目：民生银行建校项目、欧盟商会建校项目、大中华国际集团建校项目、诺基亚建校项目、杨童舒建校项目和伊斯兰国际救援组织援建的宁夏海原“女生之家综合楼”项目、上海丽婴房援建云南景洪“泰生楼”项目、贫困小学生救助项目等。

卫生扶贫项目：中国、荷兰政府双边合作的ORET项目、日本驻上海领事馆援助浙江龙泉小梅镇卫生院项目。

社区发展项目：四川大凉山安居工程、宁夏同心县农村综合发展项目、江铃—溪桥工程、新加坡连援组织资助的云南省马龙县和宁洱县的综合发展项目和四川乐至人畜饮水项目、德国米苏尔基金会资助的四川省凉山综合发展项目等。

培训就业项目于2004年9月启动，先后在湖南、四川、重庆、江西、福建等省培训并安置2000多名农村青年就业。

综合项目实施以来，共投放资金、物资1.95亿元，项目覆盖全国20余个省（市、区）的104个贫困县，97.6万人口从中受益。受援群体已覆盖我国27个省（市/区）100多个县的乡村贫困社区。共募集款物2.29亿元，106.4万人口从中受益。

【地震灾区孤儿救助项目】 2008年正式启动地震灾区孤儿救助项目。中国扶贫基金会于5·12地震发生后第二天即同搜狐网发出了救助灾区孤儿的倡议；5月15日组织了3名灾区孤儿到京，在搜狐网制作节目，向社会发出“关爱灾区孤儿”的呼吁，截至2008年底，已同汶川等26个灾区县签订孤儿助养协议，完成结对救助3183名孤儿。至2009年年底，“孤儿助养”项目历经一年多的涵养，正式脱离母体开始自立，并定名为“有爱·有家——孤儿助养”项目。

【搭建爱心平台】 新世纪以来，中国进入了经济高速增长期和社会急剧转型期，社会财富急速增加，但分配因分化而出现很多问题，从而引起冲突与不和谐。社会财富在经过市场第一次、政府第二次分配之后，需要非营利组织公平的三次分配加以调节和引导，以创建分配和谐，引导财富持续增长和经济持续发展，实现民族复兴。

作为一家以传递慈善爱心、服务弱势群体、促进社会公平、正义、和谐为宗旨的公益机构，中国扶贫基金会深感自身力量的微薄，因此当自行操作的品牌扶贫项目取得一定成绩，赢得一定社会影响之后，决定推行“虚实结合、两翼齐飞”策略，通过搭建爱心平台，联合同道，培育草根组织，开发志愿资源来促进中国公民社会的发育，惠及更多的疾苦人群。

在这一阶段，中国扶贫基金会陆续推出“中国NGO扶贫国际会议”、“扶贫中国行大型公益活动”、“中国消除贫困奖评选表彰”、“10.17国际消除贫困日系列公益活动”、“促进公民社会发育系列项目”等倡导型项目，以动员更多的先富人群和非营利组织加入公益行动，培育共同理念，推动三次分配与社会和谐。

【中国NGO扶贫国际会议】 2001年10月，中国扶贫基金会主办在北京召开“中国NGO扶贫国际会议”。这是中国首次由NGO组织发起、组织的国际会议。来自亚洲、欧洲、美洲、大洋洲和中国170家非政府非营利组织250多人出席。

在中国NGO扶贫国际会议召开之际，中国扶贫基金会出版了由10册专著组成的《中国社会扶贫研究丛书》，并在600多篇论文中精选出44篇优秀论文编辑成书，作为大会论文集。

大会围绕7个方面的问题展开了深入讨论。包括：NGO的角色和面临的贫困挑战、NGO的内部管理和能力建设、NGO内部的评价体系和行为、NGO的扶贫模式和实践、NGO扶贫的国际比较、NGO的国际合作与交流、NGO的外部环境等。

大会发表了《中国NGO反贫困北京宣言》，倡议全世界致力于扶贫事业的人士和非政府组织积极行动起来，发挥自身优势，推进全球扶贫事业的发展。

【扶贫中国行大型公益活动】 2005年10月17日，中国扶贫基金会发起并组织的“扶贫中国行”大型公益活动在人民大会堂启动。国务院副总理回良玉出席并为“扶贫中国行”大型公益活动启动揭幕。作为“扶贫中国行”大型公益活动的首家联合发起单位，中国民生银行向中国扶贫基金会捐赠3100万元，设立“民生教育扶贫基金”。

“扶贫中国行”活动具体包括招募千名爱心志愿者和百家爱心企业及社会富裕人群深入到百县、千村、万户，在真切体验贫困的同时，开展贫困家庭生存状况调查，形成相关调查报告。同时发动新闻媒体，对贫困地区现状和贫困家庭生存状况进行宣传报道，尤其是对贫困地区人民反贫困的奋斗精神进行宣传报道，在全社会掀起和形成关注贫困、消除贫困、共创和谐的热潮。

这些活动得到40多家中央国家机关的支持，并有中国建设银行、中国民生银行等2300多家企业和相关单位共32000人次参与和支持。活动还得到篮球明星姚明，奥运冠军邓亚萍、刘翔，航天英雄杨利伟，著名歌手那英、孙楠等200多位名人明星参与和支持。募得善款支持了小额信贷、母婴平安、新长城、紧急救援等扶贫项目，取得明显成效。

【中国消除贫困奖评选表彰】 第44届联合国大会确定每年10月17日为“国际消除贫困日”，要求各成员国宣传和促进全世界的消除贫困工作，并采取具体的扶贫行动。中国扶贫基金会成立以来，在党和政府及社会各界的支持下，在全国范围内做了大量扶贫工作。在“八七扶贫攻坚计划”期间，中国扶贫基金会成功举办七届“全国十大扶贫状元”评选活动，总共评选出70名扶贫状元、80名扶贫贡献奖获得者，对推动“八七扶贫攻坚计划”起到积极的作用。为了同联合国“国际消除贫困日”的名称相接轨，将“扶贫状元”的奖项名称更为“中国消除贫困奖”，并在“奖项设置、评选标准、候选人推荐方法、评选程序与办法”等方面进行调整，经过2年的准备，于2004年、2006年成功举办了第一、第二届“中国消除贫困奖”评选表彰活动。为此，时任联合国秘书长安南特发来贺电，国务院总理温家宝作了重要批示，国务院副总理回良玉出席颁奖仪式并发表重要讲话。

【促进公民社会发育系列项目】 非营利组织的成熟度是衡量一个国家公民社会发育程度的重要指标，为了推动中国草根非营利组织的发展，中国扶贫基金会先后实施以下项目：

2005年，与世界银行、国务院扶贫办和民政部共同主办并开展“中国发展市场”项目。项目以“支持创新，扩大服务，惠及穷人”为主题，以中国的民间组织为对象，为他们的发展创意和创新项目提供赠款。项目共收到项目申请975份，从中评选出31个项目予以资助。

与亚洲开发银行、国务院扶贫办和江西省扶贫办合作在江西开展“NGO实施政府村级扶贫规划的试点”项目，于2006年正式实施，项目分两批共招标9家NGO组织，参与实施江西省3个贫困县6个乡镇26个贫困村的村级规划工作，项目总投资规模270万美元。这是中国政府第一次通过规范程序招标向NGO组织购买服务，标志着政府服务购买开始进行规范化的试点。

2006年，中国扶贫基金会与中国青少年基金会、爱德基金会联合发起了“NPO自律行动”。该行动通过自愿签约、制定标准、独立评估、披露信息等具体举措，向社会证明NPO的运作效率、效益和公信力。已经发布《自律准则》、并对3家发起单位开展了试评估工作。

2007年，中国扶贫基金会成功组织实施由欧盟资助的“NGO能力建设项目”，完成对56个草根NGO机构102人的培训。项目建立的“中国NGO互动网”（www.ingo.org.cn）旨在搭建不同类型NGO之间的经验共享平台。经过2年多的运行，网站逐步形成在线交流、NGO官方论坛、资料下载等特色。截至2009年底，聚集在该平台下的注册会员有5727人（2008年2057人）；网站总页面流量859多万次，月最高访问量88万次，日均近3万人次；注册NGO116家，并为其提供展示、宣传与推广其机构、项目的独立网络空间。

【中国扶贫基金会国际化】 中国扶贫基金会自成立以来，始终与中国社会同发展，与中国公益事业同成长。在中国扶贫基金会迎来20岁生日踏上第三个十年发展征程之际，又遇到了新的机遇和挑战。一方面，随着中国国力的增强和发展的加快，中国全球化的速度在加快，世界对中国在国际舞台上角色和形象有了新的定义和要求。另一方面，通过多年的发展，中国扶贫基金会在机构治理、项目管理等方面积累了丰富的经验，所做工作获得社会各界的认同和支持，具有较高的社会公信力。

在这一背景下，中国扶贫基金会提出“向国际化、筹资型基金会转变”的发展战略，既要开展国际筹资和国际援助，也要推行公众筹资和培育草根 NGO，从而进一步扩大机构影响，惠及更多弱势群体。

2000 年以来，中国扶贫基金会加强了走国际化道路的探索，不仅与国际组织、机构和企业在中国扶贫领域开展合作和交流，并且探索走出国门承担国际义务。2005 年 1 月 7 日，与国际美慈组织合作向印尼海啸灾区捐赠 4438 万美元的药品；2005 年 8—9 月，与国际美慈组织一起发起援助中美两国台风和飓风灾区人民的活动；2005 年 11 月，与伊斯兰救援国际组织一起开展巴基斯坦地震灾后需求调研，并捐赠了价值 30 万元的物资。

2007 年 4 月，中国扶贫基金会五届三次理事会提出“向筹资型基金会转变和国际化发展”的总体发展战略。品牌项目—“母婴平安 120”于 2007 年率先对非洲国家几内亚比绍共和国进行援助，首批价值 400 万元的援助物资已于 2008 年 3 月运抵几内亚比绍。

2008 年，中国扶贫基金会开展了对援助苏丹的可行性调研。

2009 年 10 月，由执行副会长何道峰率领秘书长杨青海等 5 人组成的项目考察组完成了对苏丹的实地考察。考察内容涵盖定位救援项目、合作伙伴及合作模式等项内容。之后，相继确定了中国扶贫基金会国际化发展的 3 年工作规划、近期发展目标以及对苏丹的具体援助项目等。

2009 年 12 月 1 日，国际发展部正式成立。12 月 11 日，援助苏丹的第一批物资启运，并于 2010 年 1 月抵达苏丹。该批物资将分别捐赠给 12 家苏丹妇幼保健医院及苏丹返乡难民。

此外，中国扶贫基金会还在其他人道主义援救领域，以国际合作筹款、国际救援、国际交流等方式开展多项工作。2009 年 6 月，作为联合国世界粮食计划署（WFP）的官方合作伙伴，参与由其和 TNT、帝斯曼集团共同举办的 2009“终结饥饿一行走天地间”慈善义走活动。在中国大陆地区举行的该项活动是全球慈善义走活动的重要部分，旨在为早日结束儿童饥饿问题募集款项，同时呼吁各界对儿童饥饿及营养不良问题的重视。在中国开展的义走活动所募集到的款项用于 WFP 在柬埔寨的“学校供膳”项目以及中国扶贫基金会在四川汶川地震灾区实施的“营养餐”项目。2009 年 8 月 14 日，中国扶贫基金会与新浪网发出莫拉克台风救援的募捐倡议，并通过搜狐网、百度、中央人民广播电台向社会呼吁，筹集专项资金，开展莫拉克台风救援工作。作为首家响应莫拉克台风救援的全国性基金会，中国扶贫基金会再次强化了在国际救灾领域的形象。

未来，中国扶贫基金会的国际化探索将以非洲和周边国家为基点，与国内外组织、机构和企业合作，开展援助工作。

【公益筹资活动】 实现中国扶贫基金会“向筹资型基金会转变”的战略，推动筹资模式的转变是途径之一。近年来，中国扶贫基金会通过与手机运营商、服务商合作搭建短信捐平台，通过与银行合作搭建月捐平台，与已有的银行捐款、邮局捐款、现场捐款、网上捐款、现场募捐、募捐箱等形式一起，以及公众捐款热线的开通，基本完善了公众筹资平台，使公众能够比较方便地参与中国扶贫基金会举办的各项公益活动。

2008 年，中国扶贫基金会举行了各项公益筹资活动，尤其是抗震救灾活动激发了公众的参与热情。公众通过已经搭建的各种渠道捐款达 67.5 万笔，捐赠金额达 4836 万元。

2009 年，继续依托各项援助型项目搭建的平台，通过举办捐助人与受益人爱心见面会、组织捐赠人到项目区考察、寻访等系列活动，让捐助者、志愿人员、社会精英、受益人在这个平台上进行互动，制造感动，采取行动。提出“人人可公益”、“共享欢乐人生”的现代慈善公益理念；开展了“扶贫中国行”10699999 全民公益行动；推出公益产品——“心基金”人人可公益个人模型、企业模型、明星模型和高校模型等多个示范模型；推出了集渠道、推广、服务与管理为一体的综合平台——欢乐人生网。

在 2009 年 4 月 1 日举行的中国扶贫基金会成立 20 周年纪念表彰大会上，中共中央政治局常委全国政协主席贾庆林出席并发表重要讲话，提出要“大力培育具有中国特色的捐赠文化，牢固树立‘人人可公益’的现代公益理念，积极搭建现代化的公益管理服务平台，广泛动员社会各方面力量积极参与扶贫公益事业”。中共中央政治局委员国务院副总理回良玉、十届全国人大副委员长顾秀莲、人大常委会副委员长周铁农、原全国人大常委会副委员长成思危、全国政协副主席张榕明、九届全国政协副主席王文元等领导先后出席了有关活动。

【“社会组织 5·12 行动论坛暨公益项目交流展示会”】 围绕行业与公民社会健康发展的主题，2009 年 8 月 12 日，“中国 NPO 自律行动”的主要成员——中国扶贫基金会、南都公益基金会、爱德基金会、中国青少年发展基金会以及中国社会组织促进会等 21 家知名社会组织共同主办了“社会组织 5·12 行动论坛暨公益项目交流展示会”，并取得成果。

为及时总结 NGO 组织在抗震救灾过程中取得的经验和教训，并借鉴国际上成熟的灾害救援经验，为中国 NGO 在汶川地震灾后重建以及今后中国的灾害救援提供思考与行动指南，中国扶贫基金会组织并委托一批机构和专家，实施了总课题为“5·12行动启示录：汶川地震社会响应研究”的项目，研究成果正式出版了《多难兴邦—汶川地震见证中国公民社会的成长》、《响应汶川—中国救灾机制分析》、《NGO 参与汶川地震紧急救援研究》、《NGO 参与汶川地震过渡安置研究》、《NGO 参与汶川地震灾后重建研究》、《责任·行动·合作—汶川地震中 NGO 参与个案研究》、《巨灾与 NGO——全球视野下的挑战与应对》等 7 部著作，并在该论坛上重点发布。

在社会组织 5·12 行动论坛上，邓国胜、萧延中等专家就“灾害紧急救援”、“过渡安置阶段”、“灾后重建阶段”、“参与、合作、可持续性”、“救灾捐款管理机制分析”、“社会参与和公民意识觉醒”、“全球救灾经验”等 7 个课题进行了报告，并由 50 余位特邀嘉宾进行了互动评论。与会人员还就“公益合作新模式”、“灾后重建项目的可持续性”、“透明、公信力、捐赠者权益”、“公益创投及社会企业”、“NGO 的救灾能力建设”、“特殊人群的援助”6 个主题开展了讨论。我会何道峰执行副会长以《理想在世俗的泥泞中演进》为题作论坛总结报告。

包括中国扶贫基金会在内的 144 家社会组织参加了公益项目交流展示会。

为推动草根 NGO 发展，培育高效的 NGO 产业链，大会特别设计并举行公益项目招标信息发布会，中国扶贫基金会与南都基金会等 7 个公益组织发布了公益项目招标信息。

“社会组织 5·12 行动论坛暨公益项目交流展示会”受到社会高度关注并被媒体誉为 2009 年公益界规模最大、影响力最大的盛会之一。当人们回顾、观察 2009 年中国公民社会发展时，该论坛暨展示会再次受到高度关注，在 2010 年 1 月 21 日举行的“首届北京大学公民社会发展论坛”上，被列为“2009 中国公民社会发展十大事件”20 个备选事件之一；评价这一“联合 21 家知名社会组织参与主办，全国各地 150 余家社会组织、80 余家企业、50 余位专家学者、10 余家国际机构和近百家媒体参与的盛会，除了经验交流，还达成了众多公益项目的合作，是中国的社会领域一项标志性的事件。民间组织的活动能量发挥到了一个新的水平。”

在中国社会工作协会、《公益时报》社等机构联合开展的 2009 公益推动力评选活动中，5·12 论坛再次以［首次公益“广交会”在京举办］为题名列年度“十大公益新闻”。

（中国扶贫基金会资讯监测研究部
华　克）

中国扶贫开发协会扶贫

【概况】 截至2009年，中国扶贫开发协会深入贯彻落实党中央国务院关于扶贫开发的指示精神，鼓励和调动社会各界参与扶贫开发的积极性，动员和引导全社会关注、支持扶贫开发事业方面做了大量的工作，为引导和推动社会力量扶贫做出积极的贡献。

【“中国扶贫开发典型人物”系列宣传活动】 2009年9月9日，中国扶贫开发协会在国务院扶贫办的支持下，以庆祝新中国成立60周年为契机，开展宣传表彰“中国扶贫开发典型人物”系列活动。活动得到了中共中央办公厅、全国政协办公厅、国务院扶贫办的支持。表彰大会期间，中共中央政治局常委、全国政协主席贾庆林，全国政协副主席杜青林、黄孟复，全国政协原副主席钱正英，国务院扶贫办副主任郑文凯接见代表，贾庆林主席代表党中央、国务院发表重要讲话。

1. 推出73名在全国范围内堪称楷模的人物。他们普遍具有富而有德、报效社会的高尚情操，不图回报、真情扶贫的奉献精神，崇尚爱心、关爱民生的济世情怀。他们当中，既有博宥集团董事长丁书苗、珠海新海利公司董事长纪少雄、北方汽车专修学校校长曹振峰、月朗国际董事长陈怀德、陕西兴茂侏罗纪煤电镁业公司董事长高乃则、内蒙古东达蒙古王集团董事长赵永亮、山西常平集团有限公司董事长兼总经理陈忠孝等慷慨解囊者，也有先后救助215名贫困孩子的安徽水井王子酒业公司总经理徐莉，救助上千名孤寡老人、残疾儿童、贫困学生的涞源县“绿色家园”园长李云峰，战胜病魔建新村的周银柱、马怀兰夫妇等扶贫开发的先进人物。

2. 扶贫开发先进人物事迹在各地巡展。中宣部、文化部、广电部、国务院扶贫办、全国文联、全国工商联、中央电视台给予了许多具体指导和帮助，全国政协副主席白立忱，全国文联党组副书记覃志刚，国务院扶贫办司长蒋晓华、司树杰等分别出席王府井、太原、长治巡展活动，使得每个巡展现场都呈现出气势恢宏、盛况空前的感人场面。

3. 典型人物事迹巡展在社会各界引起反响。中央电视台、新华社、《人民日报》、《人民政协报》、《人民网》等40多家首都主流媒体对活动进行了系列报道，其中中央电视台《新闻联播》播出新闻长达3分多钟，山西电视台专题报道播出50分钟，新华社发通稿，人民网、新浪网进行了现场直播，京内外各类媒体采写、转载活动的新闻逾万条。在王府井步行街以及山西太原、长治的4场、10天展览中，吸引近百万人参观，大家在雕像、展板、书画作品前驻足观赏，为扶贫开发典型人物的先进事迹所感动。近10000人在《留言簿》上留言。这其中，有普通市民，有退休干部，有率先致富的民企老板，有在校中小学生，甚至还有佛家居士。有的群众在现场没来得及留言，就专门跑到活动组委会驻地留言；还有的群众在撤展后巡展转场期间，仍打电话要求留言，表达了人民群众和社会各界对这次巡展活动的支持，对扶贫开发典型人物的敬仰，对我国扶贫开发事业的关注。

许多民营企业家受到感染，表示要为中国扶贫开发事业贡献一份力量。得知中国扶贫开发协会设立文化扶贫基金的消息后，山西富欣煤业有限公司董事长王世君等几十位民营企业家，不顾50年不遇的暴雪恶劣天气，克服交通不便等诸多困难，捐款捐物，共向中国扶贫开发协会文化扶贫基金捐赠现金800多万元，捐赠物品折合人民币650余万元。

【产业扶贫工程】 2008年，协会联合国家开发银行与山西省政府，为长治市提供开发性贷款1.17亿元，解决了全市82万农村人口的饮水安全问题。以解决山西长治安全饮水问题为标志，产业扶贫工程取得了成绩，成为协会扶贫创新的长效品牌工程。为把产业扶贫工程进一步做大做强，经会长会议研究，并经国务院扶贫办和国家民政部批准，成立“中国扶贫开发协会产业扶贫委员会”。

【教育扶贫工程】 2007年4月，协会与北方汽车教育集团合作的“北方七千万捐资助学计划”在北京正式启动，由北方汽车教育集团捐款7000万元人民币，救助4000名贫困地区初中学历以上青年学习汽车修理技术。2009年“北方七千万捐资助学计划”已扩展到全国各地。协会副会长薄熙成带领北京六合兴助学中心在山西、河北16个贫困县资助8000名贫困高中生，资助金额达6800多万元，为教育扶贫作出了贡献。协会对山西长治100名贫困大学生的捐助，历经4年，2009年已完成。结合纪念第17个“国际消除贫困日”，协会在全国政协礼堂隆重举行甘泉工程、温暖工程启动仪式。甘泉工程的实施目标，是通过协会募捐净水设备，给中西部地区水质不达标的校园无偿安装，使其达到净水直饮功能。按照每年解决10000个校园的安全饮水为目标，可以为500万师生解决健康安全饮水问题。温暖工程的实施目标，是通过协会募捐符合国家质量标准的校服，为中西部地区学生的健康和素质教育发挥积极作用。2009年，江苏五度空间科技发展有限公司联合8家企业已捐赠10万套校服发往相关贫困学校。2009年11月1日，由《中国扶贫》杂志社主办的“爱心雅士利，温暖中华行”千万阳光工程全国公益捐赠活动启动仪式在人民大会堂隆重举行。这次活动将为全国32个省（市、区）共计330所贫困小学送出价值1600万元的优质婴幼儿奶粉、文教用品和体育用品。

【文化扶贫工程】 为了加强文化扶贫工作，2008年成立宣传教育委员会，启动了文化扶贫十大工程。2009年，成立“中国扶贫开发协会大爱艺术团”。大爱艺术团的成立，为文化扶贫工程注入了新的活力。以受表彰典型人物为原型创作的“以温暖的名义”大型文艺演出，先后在北京、山西太原、长治等地演出7场，数万观众通过瞿弦和、宋祖英、谭晶、阎维文、赵大地、王丽达、孙丽英、刘纪宏等众多明星对典型人物事迹的倾情演出，使观众受到了强烈的教育、感染，亲身感受到了延安文艺座谈会精神的回归。中国扶贫开发协会书画院动员、组织书法家、画家创作300多幅书画作品，对全面宣传典型人物起到积极的作用。

【农村信息化扶贫工程】 为落实胡锦涛总书记关于“开展扶贫资金技术信息服务”的指示，2008年10月17日，中国扶贫开发协会联合中国致公党中央在北京举办“中国农村信息化扶贫论坛”，共同发起“捐资一元扶贫济困”的倡议活动，倡议每1位公民在10月17日“国际消除贫困日”这一天自愿捐资1元，汇集众人之力，给农村修1条信息化的“高速公路”，帮助农民跨入网络时代，改善中国贫困农村落后面貌，进而缩小城乡差别。这是协会动员民主党派参与扶贫的一种新的尝试。2009年，先后抓了“武夷山模式”、“兰田模式”示范点建设。其中“武夷山模式”得到中央领导的重视和社会各界的关注，先后获得“中国政府信息化管理创新奖”、“全国新农村信息化样本县（市）”等多项荣誉。村络工程作为案例写入国信办《百宝箱—中国农村信息化服务案例选》。

【灾后恢复重建捐资项目】 2008年“5·12”汶川大地震后，博宥集团通过协会从捐赠的专项资金中拿出1000万元，支持陕西5县、2区、11村的灾后恢复重建项目。经过一年多的艰苦建设，受灾群众已搬入了新村。

【对外交流与合作】 2009年，先后与美国企业家商务考察团、台北市企业家菁英会代表团等进行接洽和交流，为开展合作扶贫积累了经验。组织参加第十三届“厦洽会”和“全国扶贫协作优势产业推介暨招商引资洽谈会”，对掌握市场信息、建立合作伙伴关系具有积极意义。

【2010年扶贫工作展望】 1. 贯彻落实党和国家领导人批示精神。总书记胡锦涛、总理温家宝、委员长吴邦国、政协主席贾庆林等党和国家领导人对中国扶贫开发协会的重要批示，贾庆林在接见典型人物代表时代表党中央、国务院发表了重要讲话。

要用中央领导关于扶贫开发批示的精神统一思想，解放思想，振奋精神，不断开拓创新。继续对不同地区、不同人群的扶贫开发的调查研究，不断提高扶贫开发的水平。

2. 继续加强扶贫品牌工程建设。扶贫开发品牌工程建设，是协会赖以生存、发展的保障，是生命，是形象。要坚持与时俱进、科学发展的指导思想，坚持“大扶贫”的理念，不断更新观念，更新手段，处理好规模与水平、质量与效益、管理与服务、经济效益与社会责任等关系，促进协会的健康、协调、平衡发展。要发挥好整合技术、资源、资金、地域的优势，找准项目，为企业和贫困地区搭建平台。

3. 产业扶贫是协会的重要任务。要在制定规章、明晰权责、理顺关系、精心筹备的基础上，组建产业扶贫委员会。2010年，重点要在开发为贫困地区和贫困群众的医疗服务上趟出路子，取得成效。

4. 要重视教育扶贫工作。成立教育扶贫办公室，具体负责教育扶贫工作。进一步加大对“老少边穷”地区劳动力转移培训和贫困生救助的力度，重点解决“老少边穷”地区高中生上大学难的问题。要继续抓好“甘泉工程”和“温暖工程”项目，进一步扩展教育扶贫内涵。

要精心组织好宣教委常务理事会和“首届文化扶贫论坛”。《中国扶贫》杂志、书画院、大爱艺术团要围绕协会的中心工作，积极发挥各自的职能作用。

（中国扶贫开发协会）

友成企业家扶贫基金会扶贫

【概况】 友成企业家扶贫基金会（以下简称“友成”）是经中华人民共和国国务院批准成立、在民政部登记注册、具有独立法人资格的非营利性社会公益组织，是国内首家由大陆、香港和台湾的著名企业家共同发起，以构建以人为本的和谐社会为目标、以参与式资助为主要运作模式的创新型非公募基金会，业务主管单位为国务院扶贫开发领导小组办公室。

【友成一二三四五六战略】 一个愿景：探索中国公益领域的创新之路，成为推动人类和谐发展的重要力量。

两个使命：发现并支持“新公益”领袖，探索和推动以社会创新的方法解决社会问题建设跨界合作的“新公益”服务网络和平台。

三个新公益理念：一是强调精神扶贫与物质扶贫并举。精神贫困是当代社会面临的普遍问题，某种程度上也是产生社会贫困的原因。新公益要关注人的物质需求与精神追求的和谐发展与统一，志愿精神和社会企业家精神是新公益倡导的主要精神；二是强调天人合一的系统性思维方法。在解决贫困等社会问题的过程中注意人与人、人与社会和人与自然的关系，实现社会发展的可持续性和公益事业的可持续性；三是强调“爱心传递”是永恒的慈善主题。公益不是简单的施舍，公益行动是内心的情感投入，是爱心的传递，是尊严的恢复和重建，是能力的赋予和大众的参与。新公益行动的过程与结果都要追求其积极正向的社会影响。

四个运作特点：一是创新性实验——发现具有重大影响力和具有社会创新意义的公益项目创意、评估可行、孵化试点、规范程序、制定标准、推广复制，推动社会创新实践；二是参与性资助——与其他机构合作实施友成主导的公益项目，或指导和资助其他公益组织独立实施符合友成理念的公益项目；三是服务性 整合——倡导共同理念，提供高效服务，推动公益机构和包括政府及企业在内的跨界协同，促成公益项目的社会效益最大化；四是开放性互动—提倡多种利益相关方的广泛参与，和全社会一起共建解决社会问题的公益平台，用社会的力量推动社会进步，实现合作、共享、互动、共赢。

五个文化基因：一是求同存异、合作包容；二是感恩之心、谦卑恭敬；三是与人为善、坦诚相见；四是作活细胞、主观能动；五是追求卓越、精益求精。

六句核心价值观：四海一家、相互依存、平等对待、彼此支撑、沟通分享、合作共赢。

【友成扶贫志愿者行动计划】 2007 年7月，友成承接了亚洲开发银行《扶贫志愿者动员体系与试点计划》的研究课题，由此开始了“友成扶贫志愿者行动计划”的前期研究工作。该计划通过搭建组织平台和网络体系，动员和组织以志愿者为核心的社会力量，帮助我国的农村贫困地区改变当地低度的发展水平和居民生活状况，整体推动当地的新农村建设。“友成扶贫志愿者行动计划”是友成主导研发的创新型社会公益项目，是友成的战略核心项目。该计划经过一年多的研发试点，于 2008 年10月正式立项，2008 年 12 月 5 日正式面向社会全面启动实施。

友成扶贫志愿者行动计划的推出已经得到包括国开行、联想等 19 家知名企业的支持与响应，并建立了包括世界银行在内的来自 12 家机构的合作。

【友成志愿者驿站】 友成志愿者驿站是建立在贫困地区、由专职志愿者和流动志愿者自我管理和运行的服务站，是志愿者的生活中心、知识中心和文化交流中心。驿站还将成为发现和支持“新公益”领袖的实践基地，和社会企业家的孵化器。从志愿者当中涌现出来的真正适合独立创业的社会企业家种苗将继续得到友成的资金、技术和社会资本的支持。

志愿者驿站的数目 11 个，包括在四川的阿坝、绵竹、巴中、仪陇和彭州驿站，在广西的隆安和南宁驿站、在河北的围场和滦平驿站、湖北的建始驿站以及在北京的两村工程驿站。

其中四川已相继建成 5 个驿站，将逐步形成和实现端到端的公益渠道服务网络。

招募、培训并向驿站直接派出专职志愿者和资助专家志愿者前往驿站工作共计80 余名；

以志愿者驿站为基地，发动短期志愿者参与扶贫项目共计 1200 余人；开展志愿者培训 10 余次，直接培训人数达到 8000 余人，初步形成友成扶贫志愿者储备队伍；依托友成志愿者驿站，开展大小志愿服务项目几十个，志愿服务时间近 20000 小时，直接受益人群近 10000 人，取得贫困地区的好评以及良好的社会影响。

依托挂职干部和当地政府的支持，通过提供志愿者人力支持，开展调查研究，为当地产业扶贫政策的拟订提供参考依据；并针对当地需求整合企业、公益组织等社会资源，真正服务于当地群众，成为当地扶贫工作的一支新的生力军。

2009 年 5 月 19 日，友成阿坝驿站作为“阿坝州特殊贫困片区千村万户扶贫调研”工作执行方，全程参与阿坝州特殊片区扶贫调查工作，截至 2009 年 8 月完成调研问卷 8000 余份。并协助组织阿坝州州级单位和部分县参加“阿坝州特殊片区千村万户扶贫调查”调研报告初稿研讨会，负责讨论意见的回收、整理工作，并参与部分意见的方案设计。

阿坝驿站还结合当地自然环境特点和居民需求，成功策划实施“友成暖心太阳能热水器捐赠公益行动”项目，动员企业力量，捐赠价值 30 余万元的 120 台太阳能热水器；并且与真爱梦想公益基金会合作，在阿坝、甘孜、凉山三州开展“梦想中心”项目的选点、建设以及教师培训等工作。

友成志愿者驿站为企业履行社会责任提供了专业化服务，为政府职能部门拾遗补缺，并在抗击自然灾害的应急服务中探索出一系列紧急动员的机制。

【社会资源协调模式】 在“绵竹市灾

后援助社会资源协调平台”的基础上，进一步将社会资源协调平台延展，联合在绵服务的 30 家 NGO 组织，共同建立“绵竹市灾后重建公益组织联席会议机制”。“联席会议”是组织、协调、通报、监督、倡导在绵竹公益组织工作的议事机构，成为联结政府、公益组织和社会各界公益资源的协作支持平台。

2009 年，“社协平台”共组织协调各类公益慈善项目和活动 49 项，实现资源匹配 6000 多万元；“联席会议”2009 年共召开会议 4 次，凝聚和服务在绵社会组织 40 多家。在特殊教育、爱心助学、残疾人培训再就业、中药材深加工、生态民居援建等项目方向上，帮助众多社会组织和爱心人士实现爱心落地。

【农村社区综合发展模式】 依托以培育农村社区综合发展能力、形成新乡村治理模式为目标的“综合性农协”，在综合农协的组织平台上，组织开发政府专业型志愿者、英语专业志愿者、本地社区志愿者等，通过在农村金融、保险、联合购销、社区教育、卫生、文化等诸方面的志愿服务和活动，推动农业的可持续和农村的综合发展。

2009 年，湖北建始驿站发展长期专职志愿者 5 人，综合农协会员选举产生的 81 位会员代表、理事会、监事会成员均为无薪职务，代表农民权利开展志愿服务工作；综合农协还根据组织发展和事业目标，组织 64 个健康互助小组，建立农民文艺协会，推举 64 个小组长，同时组建农业技术服务队，培训了 10 位农民成为农业技术推广员。

以此为基础，湖北建始驿站 2009 年开展主要工作：一是建立农资直销店，建设二元母猪基地；二是成立综合农协文艺队，目前在六个村已有固定会员 85 名，并组织了 40 余人的社区腰鼓队。至 2009 年 8 月，共开展四次大型的农民教育培训活动；三是建设 4 个社区综合服务社，每个分社经营 300 多种农副产品，满足了农村的商品需求，为农民的生产生活提供了极大便利；四是发展健康强农事业，成立农技服务中心和果品专业合作社，开展农业技术推广和服务工作。

【应急专业志愿者行动计划】 在“扶贫志愿者行动计划”试点成功的基础上，2009 年 4 月 28 日，“友成应急专业志愿者行动计划”启动，并于 5 月 11 日在绵竹与中国地震应急救援中心共同举行了我国首次“国家级专业机构与民间组织”之间的应急救灾联合演习。自此，友成将逐步建设由扶贫志愿者、应急专业志愿者、城市社区志愿者和国际志愿者四大类别志愿者为组成的“友成志愿者动员服务体系”，稳步朝着专业化、系统化和国际化方向发展。

【“三个第一”紧急救灾友成模式】 三个“第一”，即“第一时间”、“第一现场”和“第一需要”。实践证明，这是社会组织参与大的灾难救助最为有效的做法。

1. “第一时间”：包含两个含义，第一是及时，其次是预见。及时性要求对事件高度敏感并作及时反应，这种敏感性通常来源于人道主义的驱使；预见性则要求战略眼光和专业能力，具有对事态发展的预判能力。友成认为，在突发事件到来时，对生命的关注并立即产生行动应该成为所有公益组织的基本要求，并以此为行为指导。

2. “第一现场”：就是说公益组织必须尽可能地靠近事件现场，这样才能对事态发展和现场需要有最直观的把握，从而提供满足需要的服务；“第一现场”的另一个要求就是公益组织的主要领导人必须尽可能地深入第一线，这样才能根据现场事态的发展局势，做出正确的决策，并做到信息准确、执行迅速。

3. “第一需要”：则意味着公益组织必须以突发灾难中受助群体的需要为最高目标，没有任何机构利益和个人利益可以凌驾于其之上。这样才会以开放的态度最大限度地联合一切可以联合的力量、组织调动一切愿意参与救灾义举的社会资源，为社会提供开放共享的资源平台，实现抗震救灾这一社会需求与八方支援的资源供给的有效衔接。这一点比前两点更为可贵。第一时间的反应和第一现场的出现究竟是以谁的需要为第一需要？这是一个理论上简单而实际上复杂的问题。在现实中并非所有参与救助的主体都能守住以满足灾难群体的需要为最高目标。各种主体都会在事件中寻到自己的位置，但这个定位是以谁的利益最大化为出发点往往会关系到这种行为的最终结果或者社会效益。

【“社会创新公益投资基金”研发】 社会创新公益投资基金是友成社会创新计划的核心项目之一。它将运用公益创投的方法，为“新公益”领袖及其机构提供全方位的支持，包括对符合社会创新标准和友成公益方向的社会企业、非营利组织和研究机构，进行资金支持、能力建设和社会资本的投入。该基金的投资效益将以长期可持续的社会价值产出为主要衡量标准。2009 年，该基金主要处于研发阶段，主要工作包括：

一是成立以知名投资家邓峰、“联想之星”项目专家等为骨干的研发顾问团队，开展基金的研发工作；二是通过参与式资助等方式，建立合作伙伴关系和投资渠道。2009 年，友成先后通过参与和支持英国文化协会的社会企业家技能培训项目、全球大学生社会资本创业大赛（GSVC）、联想青年公益创业大赛、零点大学生公益创业等项目，建立了选择项目和机构的渠道。与此同时，友成还建立与来自欧洲的 LGT、亚洲公益创投、香港社联、心苗（亚洲）基金会等国内外著名同业机构的合作伙伴关系。

其中，与英国文化协会共同主办的社会企业家技能培训项目在 2009 年取得广泛的社会影响力。友成投入 50 万元人民币，作为首家国内机构参与该项目的试点阶段，支持 50 名培训者，并向 7 家获奖项目颁发了资金；之后，友成继续与英国文化协会合作，投入 100 万元人民币，支持 125 名培训者参与该项目。截至 2009 年年底，友成共投入 150 万元人民币，支持 175 名社会企业家或潜在社会企业家参与项目培训，并为这些受训者提供了后续的支持。

【“社会创新嘉年华”项目实施】 社会创新嘉年华是推动社会创新的倡导性平台。它将以嘉年华这种喜闻乐见、激情活力的组织形式为载体，通过为期一周的各种主题论坛、展览、演出、发布、市场等创新型互动活动形式，搭建社会创新的策略、思想、机构与人才的国际交流和推广平台。2009 年，社会创新嘉年华项目主要进行工作：

1. 开展社会创新比较研究工作，为嘉年华提供理论研究准备。友成与中央编译局比较政治与经济研究中心合作开展了社会创新比较研究，主要包括三项内容：一是合作出版《“友成”社会创新与社会企业译丛》（简称“研究译丛”）；二是合作开展“友成社会创新论坛”系列活动；三是合作开展“社会创新比较研究”，出版专著。截至 2009 年底，友成已经拨付款项 25 万元，与中央编译局共同举办了两次社会创新研讨会。研究译丛也已经与出版社取得了3本书的翻译出版权，并正在恰谈第4本书的版权事宜。此外，还就《社会创新蓝皮书》的出版达成共识。

2. 社会创新嘉年华宗旨定位和合作伙伴的确认。社会创新嘉年在2009年的筹备过程，经过反复研究，并征求各方的意见，最终明确了定位，即致力于发现“新公益”需求，通过开放式的讨论，寻求解决方案，并最终推动跨界的参与模式。基于以上定位，友成已经确认与零点集团和NPI共同合作社会创新嘉年华项目，以友成为主导，委托零点负责前期需求调查和展示以及嘉年华周的论坛与开放式工作坊，委托NPI负责公益组织展示的工作。

3. 小型活动预演—TEDxBeijing活动。2009年11月，友成支持并共同主办的TEDxBeijing活动，作为社会创新嘉年华活动的预演和推广，取得了良好的效果。TED是全球著名的创新性活动，以创新为主题邀请各界知名人士进行多种形式的主题演讲，在全球具有非常高的知名度。友成作为TEDx北京的主办方和支持方，通过举办这样高水平的活动，不但维护和拓展了与社会创新相关的人脉关系，积累举办类似活动的经验，同时扩大友成在创新方面的影响力，推广了社会创新嘉年华。TEDxBeijing活动共有近200名各界人士参与，邀请11位来自传媒、娱乐、文化等方面的著名人士进行现场演讲。

作为2010年嘉年华的筹备内容之一，与零点集团合作。调研和发布了中国首个《企业公益指数》，成为中国企业参与和支持公益的年度指南和风向标。该指数还将利用嘉年华平台每年发布一次，推动企业的可持续参与公益。

【项目资助与社会合作】 友成项目资助方向有3个，分别是促进中国特色公民素质教育、推动农村和城市贫困人群社区建设方向和支持社会企业家的创业和社会企业的孵化。

2009年项目资助工作围绕着机构的战略发展，特别是战略项目展开。在志愿者项目方面，2009年友成资助阿坝志愿者驿站申请的千村万户调查项目、太阳能热水器的捐赠项目，湖北建始志愿者驿站申请的农村健康志愿者项目，支持了友成志愿者扶贫行动计划。在社会创新方面，结合与英国使馆合作的社会企业家技能培训项目，友成资助7家优秀的创新型公益组织，并为他们提供后续支持，包括邀请企业管理人员对这些组织进行培训等。

除了针对友成战略项目的资助工作外，友成还资助支持其他的项目申请，具体详见下表：

表1

	项目名称	资金规模	项目简述
推动农村和城市贫困人群社区建设方向			
项目1	扶贫志愿者行动计划	3306233.96	“友成扶贫志愿者行动计划”在国务院扶贫办整体规划和直接领导下，通过动员、资助和组织友成扶贫志愿者在贫困地区直接参与各项扶贫工作的行动计划，是继资金扶贫、技术扶贫之后，提高人力资源扶贫力度的务实举措。2009年，友成志愿者驿站的数目达到11个，覆盖四川、广西、河北、湖北等省市自治区。

续表

	项目名称	资金规模	项目简述
项目2	资助北京绿十字“建设民族和谐新农村——王台村”	149660	环境改善、村民收入体高；村民整体素质体高，村民自信心增强；建设民族和谐新农村，为全国更多的新农村建设提供试点和样板，解决贫困人群精神与物质文化生活贫乏的问题。项目为50户家庭建沼气池，54户家庭建立污水处理系统；养殖户人均年收入增加1500元以上，民族纠纷的发生率下降80%以上。
项目3	阿坝州暖心太阳能热水器项目	110015.5	减少柴薪林的砍伐使用，保持阿坝自治州若尔盖县上巴西村生态环境，维护红色旅游、藏寨特色景区、农民增收致富必要的前提条件，为该村以及集中收治Ⅲ度大骨节病患者的若尔盖巴西乡敬老院捐赠太阳能热水器120台套。
项目4	2009中国特殊片区可持续性扶贫开发对策研究前期调研项目	100000	通过对“阿坝扶贫开发和综合防治大骨节病试点”项目成果小结，探索阿坝州扶贫开发工作中产业结构调整的新思路（并逐步扩展涉及甘孜、甘南等藏区），梳理、总结出系列特殊贫困片区扶贫开发工作的新方法，探索中国特殊片区可持续性发展扶贫开发政策导向，以及未来民间组织在扶贫开发工作中特别是在特殊片区开展此项工作的方式以及民间组织同政府合作的模式和机制，为未来十年国家扶贫资金导向提供依据。
项目5	小额信贷支持平台	13975	加快农村金融改革步伐，推进农村金融制度创新、产品创新和服务创新，是深化农村综合改革的重中之重。友成小额信贷支持平台致力于搭建一个合法、合理、可持续发展的小额信贷支持平台，衔接资金与贫困对象，研发符合中国国情的小额信贷信息管理平台，并运用批发贷款，或其他的方式，以帮助农村小额金融机构发展。费用为项目前期调研、管理费用。
项目6	四川灾区教育物资捐赠	1000000	北京必肯国际商用标识有限公司向友成基金会捐赠价值100万的标识牌，定向用于“5·12汶川地震”重灾区学校的建设，由友成绵竹志愿者驿站负责具体项目的执行。
项目12	奥运冠军小操场	534296	项目倡导奥运冠军精神与公益理念，强健贫困人群体魄，促进乡村健康和谐发展；宣传、倡导奥运冠军精神及中行公益理念；强健贫困地区人群体魄，增强其参与及协作意识；通过志愿者组织项目整体实施，动员相关政府部门资源，争取其对项目调研及操场相关物资的支持，并动员村民参与项目实施，增强村民对项目拥有感及协作意识。

续表

	项目名称	资金规模	项目简述
促进中国特色的公民素质教育方向			
项目5	中国企业公益指数发布	52000	通过“中国企业公益指数”的发布，可以持续监测企业界参与社会公益活动的整体状况，树立一个企业参与公益活动的风向标，进一步推动各类企业参与到公益事业当中，也可为政府相关部门制定或完善公益慈善相关法律法规提供重要参考。另一方面，“中国企业公益指数”可以帮助NGO了解企业参与公益的意愿和行为特征，从而有效的促进双方的合作。
项目7	百年职校“爱心合唱团”项目	75480	项目旨在通过音乐教育增进学生对我国传统艺术、当代艺术以及世界文化艺术知识的了解，提升其文化修养，培养他们的协作精神和自信心，从而尽快地融入城市文明；合唱团通过参加一系列的公益演出，呼吁社会更多的关注“非优势群体”的生存状态、关注农民工子女的教育问题，并用音乐教育培养热爱生活的服务行业从业人员，辅助提升城市服务业服务质量。此费用为项目中期评估后二次拨款。
项目10	“志在天下”——友成志愿者人力资源协调网络平台	457169	致力于成为中国的志愿者人力资源供需匹配平台，将为志愿者提供高质量的志愿服务机会，志愿者通过在线注册申请项目，将以最快的时间找到自己最想做的事情。 “志在天下”志愿者人力资源匹配网站自2009年5月1日开始试运行，截至最近一个月内，共发布7个招募志愿者的项目，有485名长/短期志愿者在该平台进行注册。 “志在天下”网络平台的建成为储备志愿者资源、科学管理志愿者信息数据、自动化协同办公，打下了良好的基础。
项目9	再走志愿路——友成应急专业志愿者长途演练	749895	友成总结在2008年四川抗震救灾的经验，联合中国社会工作者协会志愿者工作委员会、中国减灾中心、国家应急救援促进中心、中国地震紧急搜救中心等多家单位，逐步探讨在中国建立应急专业志愿服务体系。于5月1日至12日组织志愿者车队举办“再走志愿路——友成应急专业志愿者长途演练”活动。本次系列活动共有近千人直接参与，190家媒体进行了320篇报道。

续表

	项目名称	资金规模	项目简述
项目 11	A 股上市公司 CSR 报告高峰论坛	40000	由润灵公益事业咨询与友成合作开展的 2009 年 A 股上市公司 CSR 报告高峰论坛，此次论坛旨在在国内社会责任报告发布空前繁荣的盛况下，理性客观地总结和回顾 2009 年 A 股上市公司企业社会责任报告披露状况，促进企业 CSR 报告数量与质量并重，并以此为契机打造以交易所、企业、CSR 专业机构、专业媒体为一体的中国企业社会责任发展和交流平台，促进产业链上各组织的沟通与交流；以合力巩固和促进当前中国企业社会责任发展良好趋势，探索中国企业社会责任未来发展和努力方向。
项目 13	香港“中国农村教育周”	50000	“中国农村教育周”由友成基金会、隆慈基金会及香港活知识立群社共同在香港举办。本次“中国农村教育周”，邀请四川北川、甘肃泾川及内蒙古等地的农村教育工作者到港，和香港、北京的教育学者共同参与了一系列活动，包括教育论坛、探访香港教育单位、分享会等。主办方的目的是藉以促进两地教师专业交流，以及呼吁香港教育界关注内地教育。
	找寻中国精神文化讲坛	23435	西方文明最终导致了人类工商文明的一枝独放，人类东方文明在现代进程中黯然失色，而且，自然环境也在工商文明的独占之下变得日益脆弱。单极化的繁荣孕育着单一化的脆弱——这种危机始终隐时现地伴随现代人类的步伐。早至上世纪的 70 年代，西方的思想精英和知识精英就对这种单极化表现出了担忧，并屡屡希望从古老的东方文明中寻找智慧和力量。为此推出找寻中国精神文化讲坛。我们所说的中国精神，是指包括优秀传统文化在内的、对中国未来和谐发展、对人类整体进步，起到积极推动作用的普世价值。此项目希望藉由中国政商学等社会各界精英的沙龙讲座等形式，探寻支撑中华民族乃至全人类持续发展生生不息的精神内核。
	中国非公募基金会发展论坛	50000	为非公募基金会之间的以及与政府、学术机构、媒体及公益服务组织之间的交流和沟通提供一个高层对话的平台，为优化非公募基金会的生态环境、提高行业自律能力、扩大社会影响、提升公信力，提供全方位的专业服务，引领慈善行业规范、健康持续的发展。

续表

	项目名称	资金规模	项目简述
社会企业家创业和社会企业孵化方向			
	北京大学“社会企业家精神与社会创新实践”学分课	101178	友成与北大公民社会研究中心合作发起的社会创新学分课是面向北京大学所有专业院系和年纪的开放性选修课，成绩记入学分。该课程主要目的：培养大学生对第三部门的认识；引导和帮助大学生在第三部门继续深造学习和就业，获得有意义的个人和职业生涯；为学生提供社会企业家精神的知识和概念，以及相关的机遇、最佳做法；为学生展示社会企业家精神在用创新方案解决关键社会问题上所起到的作用和影响；在以理论和实践协作相结合的学习过程中为学生提供社会企业家所需的技能和工具。
	社会创新嘉年华－TEDxBeijing活动	105275	“社会创新嘉年华”是推动社会创新的倡导性平台。它将以嘉年华这种喜闻乐见、激情活力的组织形式为载体，通过为期一周的各种主题论坛、展览、演出、发布、市场等创新型互动活动形式，搭建社会创新的策略、思想、机构与人才的国际交流和推广平台。该项目以国内外优秀的企业公民、政府部门、学术机构及民间组织、媒体等为参与主体，形成依托跨部门、跨地域和跨领域的创新氛围，争取社会各界的广泛响应和参与，让社会创新的理念在更广的范围内得到认同。
	社会创新比较研究	250000	友成与中央编译局合作开展社会创新比较研究，为推动社会创新提供理论研究基础。包括：（1）出版《“友成”社会创新与社会企业译丛》；（2）开展“友成社会创新论坛”系列活动；（3）开展“社会创新比较研究”，出版专著。
	1KG. org社区参与及社区商业平台	100000	通过“多背一公斤”这种简单易行方式让旅行者轻松体验公益之旅，并通过1KG. org网站分享信息和经验、认识同好、为探访过的乡村学校提供更持续的服务。通过公益旅行、社区协作为用户提供了直接接触、全程参与的机会，而通过公益产品，用户将捐赠变成日常的购买行为，极大提高用户的参与热情和公益组织的可持续发展能力。

续表

项目名称	资金规模	项目简述
创建传统产业技术培训园区项目	80000	资助采桑子开发业务产品或服务，包括：1. 城市DIY体验式服务。引起更广泛人群对中国传统文化的关注；2. 城市弱势妇女技能培训服务。在城市培养文化传承的种子，并成为传播苗族文化的使者；3. 系列传统手工文化精品。通过中高收入人群引领消费，影响并带动更多国民认知其传统文化价值，增强其民族自信心；4. 农村妇女技能培训服务。用“反哺”模式实现苗族文化传承队伍的稳定；传承人收入的提高生活的改善；留住苗族民间技艺实现人类多元文化。
社区居家养老服务中心	40000	资助乐龄合作社建立的社区居家养老模式是以社区居家老年服务会所（社区日间照顾所）为依托，发动社区志愿者，为社区老年人提供精神和身体照顾的温馨之家，同时招收、培训训练有素的养老护理人员提供高品质的有针对性的老年居家上门服务。提供的养老服务不同于家政小时工服务，而是把精神照顾、健康管理、社会工作等专业内容融入。
我记录——1+1残障人会议服务系统	40000	在北京建立一支由残障人组成的会议记录团队，针对实时性不高的会议及NGO用户，提供影像、速录、录音转文字、网络在线直播等多项服务。“我记录”项目将重新定义社会公众对残障人士的传统理解，认知残障人能力的一面而不仅仅停留在表面的残障，进一步打开残障人积极平等的融入社会的空间，为创新更多新职业模式再次提供了借鉴意义。
青少年自然体验营	80000	资助支持自然之友开展的“青少年自然体验营”项目，该项目以城市家庭为对象，为孩子们提供学习自然、体验自然的各种户外系列教育活动，通过各种自然体验活动真正地走近自然，学习科学的生态知识，培养健康的生态情操。活动的收入可以支持组织发展，减少项目筹款的压力，帮助组织自我造血，自力更生。此活动还可以提供动员、培训自然教育志愿者的平台。活动收入也将用对乡村小学和城市打工子弟小学的支持。

（友成企业家扶贫基金会）

中国妇女发展基金会扶贫

【概况】 2009年，中国妇女发展基金会（以下简称“基金会”）在第五届理事会的领导下，在社会各界爱心企业、爱心人士的支持下，在各级妇联组织的协调下，按照科学发展观的要求，围绕国家“保增长、保民生、保稳定”的重大决策，发挥妇女公益组织的优势，创新思路、大胆实践、扎实工作、重点突破，在资金募集、项目实施、宣传动员、队伍建设等方面取得了新进展。进一步健全联系基层的机制，全年下基层调研检查130多人次；注重了解妇女群众在不同时期不同阶段的现实需求，适时策划启动公益活动，为妇女群众排忧解难。

在饮水解困、健康援助、促教培训、扶贫助学、救灾援建等方面贡献了积极力量。公益项目的覆盖面不断扩大，截至2009年11月，有超过600万的妇女群众直接受益。

在国际金融危机蔓延、国内外企业捐赠减缓的情况下，全体人员勇于开拓，探索募资方法，扩大募资规模，创造了募资额度比2008年同期大幅提升的业绩。特别是“博宥基金”的设立，创造了中国妇女发展基金会成立以来单笔捐款最大额度的记录。截至2009年11月底，募集款物到账合计：1.54亿元，比2008年同期增加19.88%。其中到账资金1.05亿元，占本年捐赠收入的68.36%；物资0.49亿元，占本年捐赠收入的31.64%；提前实现全年募资1亿元人民币的预定目标。另外，支出资金7381.5万元，物资3905.7万元。行政管理费用165.46万元，占总支出的1.44%，符合《基金会管理条例》的有关规定。

2009年获“国务院全国民族团结进步模范集体”、“全国妇联先进基层党组织”等荣誉称号。“母亲水窖”项目办被授予“全国巾帼文明岗”。

【公益项目实施管理】 继续发挥公益组织的社会职能，为社会公众和企业参与慈善事业搭建了平台，促进了又一批企业社会责任的履行。新增合作企业25个，续签和新签约项目约49个。公众参与度稳步提高。

2009年，中国妇女发展基金会实施的各类公益项目继续呈现良好的发展态势，在运作模式、实施规模、品牌建设等方面都取得了新的进展。对每一个项目2009年的执行现状，基金会以项目部门为单位，分别进行总结。

2009年11月16日至19日，在理事长黄晴宜的委托下，在副理事长甄砚的亲自带领下，在中央人民政府驻香港特别行政区联络办公室的全程支持和协调下，赴香港举办了针对中国妇女发展基金会香港理事、功勋理事及香港捐赠者的项目实施情况汇报会，通过对公益项目实施情况的整体介绍、对各个公益项目运行情况的具体汇报和对每一个捐赠者捐赠款项的使用说明，加强与香港理事、功勋理事和捐赠人的联系，进一步挖掘在香港的募资潜力，取得了良好的效果。

【"母亲水窖"项目】 在全国人大常委会副委员长、全国妇联主席陈至立的亲自批示下，在全国妇联副主席、书记处第一书记黄晴宜，全国妇联副主席、书记处书记孟晓驷和甄砚的亲自协调下，经与水利部研究协商，将"母亲水窖"工程纳入国家编制的农村水利发展相关规划：《2010—2013年全国农村饮水安全工程规划》、《全国小型农田水利建设规划》和《全国雨水集蓄利用规划》等。在资金使用上与政府资金相互捆绑，建立联合实施"母亲水窖"工程的工作机制，联合印发《关于共同建设"母亲水窖"工程的通知》，为2010年合作进行"母亲水窖"项目试点奠定了基础。同时，"母亲水窖"项目1+5工程持续深入推进，对新农村建设起到了重要的促进作用。

【"母亲健康快车"项目】 在各级领导的支持指导下，妇基会抓住机遇，协调动员，签订1.6亿元"母亲健康快车"捐赠协议，设立"博宥基金"，根据协议已到账4665万元，向四川、新疆、西藏等中西部13个省区市发车近400辆，投放在基层医院和妇幼保健院，通过开展健康救援、义诊宣传、妇科检查等活动，为贫困妇女群众"送健康理念、送健康知识、送健康服务"，项目规模覆盖中西部地区近400个贫困县。同时，联合相关企业开展了妇女健康扶助、健康知识教育等主题活动；探索了在具有优良资质和规模的民营医院试点实施项目的经验。

【小额循环扶贫项目】 截至2009年9月底，小额循环扶贫项目基础资金已达3000多万元，累计滚动投入1亿多元人民币，还款率达98%以上，覆盖了全国21个省区市，并通过扩大"公司+基地+农户"的实施模式，使项目的效益持续增强。项目进一步优化了管理流程，建立了专家参与项目选定机制，制定了资金担保制度，确保了项目的社会效益和循环金的还款率；通过实地走访、数据采集等方式，开展调查研究，积极探索小额贷款专业化运作手段。

【女性创业培训项目】 为切实帮助妇女解决就业创业等实际困难，2009年设立"彩虹关爱行动"（暂用名）公益项目，该行动将关注女性创业就业方面的新变化、新需求，通过开展女性职业技能培训、女性创业培训、女性成长教育等公益活动，为广大妇女提供就业创业服务。目前，"彩虹关爱行动"（暂用名）的专门培训机构已经正式挂牌，开展妇女培训。我们正努力把"彩虹关爱行动"（暂用名）打造成女性教育品牌项目。

【妇女援助类项目】 与读者杂志社合作开展了"读者杯——'感恩母亲·回报祖国'公益短信征集评奖活动"，覆盖3000多万手机用户，促进"敬母爱母"社会风尚建设，扩大宣传，便捷了普通大众参与和支持公益事业的途径；"玫瑰基金"举办周年纪念活动，通过对因家庭暴力和意外事故毁容的女性救助成果的展示，呼吁社会各界关注容颜残毁女性的生存和发展问题，扩大基金的社会影响力；品牌中国·母爱基金项目在全国妇联宣传部的支持下，开展文化扶贫，如为贫困地区妇联捐赠订阅价值12万元的中国妇女报；母爱复明扶贫”工程2009年完成白内障手术7500例；“母亲绿色工程专项基金”和“绿色天使行动”的新启动项目，在植树和环保领域贡献了力量；蒲公英助学项目、流动妇女平安之家项目等也在各自扶助领域内发挥着积极作用。

【救灾类项目】 针对灾区妇女灾后重建的实际需要，配合民政部在灾区安居工程的开展，妇基会投入资金近2000万元，实施“灾区母亲安居工程”，为灾区妇女特别是单亲母亲建设永久性居住房，解决她们迫切需要的居住问题；针对灾区妇女就业难的问题启动了“玫琳凯四川妇女创业就业培训计划”等；当“莫拉克”台风重创台湾之时，妇基会迅速通过海协会捐赠50万元人民币，支持台湾受灾同胞度过难关。

【基金会机制建设】 1. 管理机制。按照科学合理、精简效能的原则制定岗位设置方案，获得全国妇联组织部的批准；根据全国妇联书记处的安排，进一步完善班子成员的配备，强化班子的职能；加强制度建设，继续落实各项办公会议等例会制度，及时进行沟通和总结；加强队伍建设，落实员工培训计划，先后组织7次专业培训课程，有针对性的学习相关法规政策、专业技能、项目策划等知识，员工队伍的专业能力不断提高；加强团队建设，以文化建设为核心，以发挥党、团及工会组织的作用为重点，开展丰富多彩的文体活动，在大型活动中统一思想、统一行动，使全会人员进一步树立“一盘棋”思想，提高团队凝聚力和战斗力。

2. 工作机制。2009年初，将基金会的社团法人变更为基金会法人，进一步明确法人资格认证；在资金管理和使用上，坚持规范化、透明化管理，进一步严格每一笔资金的审批监督程序；在项目运作上，优化工作流程，坚持公开和公正，让捐赠者了解甚至参与到项目执行过程中来。例如，2009年“母亲健康快车”的采购工作，基金会组成招标小组，采取邀请招标方式，选定生产厂家和生产车辆。在车辆的投放上，根据项目省实际制订严格的分配原则，保证了项目实施的科学性和可持续性；进一步健全法律顾问对各种协议的审核制度，进行专业化管理。接受民政、监察、审计、税务等部门指导和监督，受到好评；利用自身网络及各种机会，对捐赠者做好资金使用的公示和反馈工作等。

3. 宣传机制。寻求与企业的宣传合作，加大对公众的宣传，为拓展募资渠道、扩大捐赠来源提供基础支持；配合公益项目进行重点宣传，对一些重点活动给予全方位的宣传报道；编撰年报、会刊，扩大宣传效果和妇基会的影响；参加国内外行业内横向交流，作为主办单位参与“5·12社会组织行动论坛”，参与“中非合作论坛——妇女论坛2009”并做发言，参加“首届世界大型基金会北京高峰论坛”并发言，促进了基金会的成长。

【2010年扶贫工作展望】 1. 建设一个善募资、能运作、会管理的基金会，增强服务妇女群众的实力。（1）善募资。为保证资金链的延续，我们还将进一步建立促进募捐额度持续增长的长效机制，与捐赠者签订长期合作协议。通过与企业联合设立“公益基金”的形式，扩大合作的规

模；通过建立科学有效的合作模式，把一些大企业、大财团团结到基金会的募资队伍中来；采取措施逐步扩大大众捐款在整个募资额度中所占的比例，以形成高效、合理、稳定的募资局面；探索尝试在境外建立联络站，加强与港澳地区慈善基金会的联系，进一步开拓港澳和海外募集资金的渠道。

（2）能运作。抓住明年“三八”国际劳动妇女节100周年和“母亲水窖”项目实施十周年的契机，通过策划和组织实施系列主题活动，通过与合作伙伴建立新的合作模式，借力造势，推动宣传高潮，让社会各界持续关注和支持妇女慈善事业。进一步完善基金会的工作机制，优化资金和项目的运作流程，引进高端专家队伍和专业志愿者队伍，不断提高基金会运作的专业化、科学化和高效率，促进基金会的持续发展。

（3）会管理。结合妇基会的发展实际，进一步完善规章制度和管理方法，积极学习和借鉴国内外其他兄弟基金会优秀的管理模式和经验，准确把握基金会管理的科学性、社会性和专业性，把握基金会发展的规律。邀请专业人士到基金会进行专业培训，并安排基金会工作人员到国内或国外专业机构接受培训。不断总结日常管理中的经验，创新思维，大胆探索，着力推动现代管理手段在实践中的应用，实现基金会的健康发展。

2. 加大宣传投入，继续增强品牌建设力度。坚持品牌化发展战略，逐步加大宣传投入，并通过借力借势宣传，巩固现有的公益品牌，利用一切宣传机会扩大“母亲水窖”的品牌影响力，通过加大项目实施规模使“母亲健康快车”进一步品牌化，以专业化发展打造小额循环扶贫项目品牌。根据我国经济社会发展的状况和广大妇女群众的实际需要，结合基金会工作实际，适时、适度推出新的妇女公益项目品牌。

3. 建设团结创新的核心文化，打造学习型基金会。注重培训与学习，加强对基金会工作的研究和谋划，进一步建立学习型组织；坚持定期学习制度，增加学习措施，提高员工队伍的素质和专业能力，不断提高员工的创新意识和服务意识；鼓励员工加强学习与研究，定期分析工作信息，积累经验；进一步加强与国际组织的联系、交流与沟通，开阔视野。同时，加强政治思想工作，提高员工的政治意识和大局意识；加强文化建设，调动员工工作积极性，增强团队凝聚力；进一步加强与理事会的联系，发挥理事对基金会工作的指导和参与作用。

（中国妇女发展基金会　秦国英）

中国光彩事业促进会扶贫

【概况】 光彩事业是在中央统战部、全国工商联组织推动下，我国非公有制经济人士于1994年为配合《国家八七扶贫攻坚计划》而发起实施的一项社会扶贫事业。光彩事业以消除贫困为宗旨，以民营企业为主体，以贫困地区为领域，以项目投资为主要形式，以“义利兼顾、以义为先”为核心理念，以共同发展为基本目标。

截至2008年底，兴办规模以上的光彩项目19188个，到位资金1864亿元，培训人员442万人，安置就业540万人，帮助带动1012万人脱贫。在参与社会主义新农村建设方面，组织171627家民营企业参与“‘民企系三农，共建新农村’光彩行动”，与村结对的企业达68298家，村企“结对”59775个。在参与国土绿化和生态建设方面，据国家林业局统计，2006年，非公有制经济从事的光彩事业绿化造林面积达20.8万公顷，占全国造林总面积的57%。在开展社会公益事业方面，光彩事业捐建光彩学校、光彩文库、光彩医院等社会公益设施，开展各类扶危济困活动。截至2008年底，光彩事业实施各类公益捐赠达1383亿元。

16年来，中国光彩会积极引导广大非公有制经济人士自觉把自身企业的发展与国家的发展结合起来，把个人富裕与全体人民的共同富裕结合起来，把遵循市场法则与发扬社会主义道德结合起来，按照市场经济规律开展扶贫活动，达到企业经济行为与企业家道德行为的有机统一，实现了中国传统文化道义观与现代市场经济利益观的紧密结合。经过16年的发展，光彩事业已经发展成为符合中国国情、具有鲜明特色的社会扶贫事业，成为统一战线服务党和国家中心工作、推动我国扶贫事业发展的重要实践平台。在这一过程中，光彩事业逐渐形成了“致富思源、富而思进、扶危济困、共同富裕、义利兼顾、德行并重、发展企业、回馈社会”的光彩精神。

【扶贫工作回顾】 1995年10月25日，经国家民政部批准，中国光彩事业促进会正式成立。中国光彩事业促进会实行会员制，定期召开会员代表大会、理事会和会长会议。截至2009年，已召开三次会员代表大会，产生三届理事会。历任会长王兆国、刘延东。现任会长为全国政协副主席、中共中央统战部部长杜青林。全国31个省、自治区、直辖市和新疆生产建设兵团等都设有光彩会组织。2000年10月8日，联合国经社理事会正式授予中国光彩事业促进会特别咨商地位；2003年10月6日，中国光彩事业促进会取得了联合国贸易和发展大会特别观察员身份。

在党和政府关怀和社会各界支持下，

16年来，光彩事业围绕党和国家中心工作，先后参与了到老少边穷地区和中西部欠发达地区投资开发、国企改革改组改造和安置下岗职工再就业、三峡库区移民和产业结构调整、国土绿化和生态治理、振兴东北等老工业基地、社会主义新农村建设等国家重大战略行动，实施了农业产业化扶贫、生态建设扶贫、资源开发扶贫、医疗卫生扶贫、智力开发扶贫、移民安居扶贫、招工就业扶贫、建设市场扶贫、公益捐助扶贫和国际援助扶贫等多项扶贫工程。

【公益捐助扶贫】 2008年，中国光彩事业促进会在第一时间组织捐款捐物1365万元，支援抗击南方低温雨雪冰冻灾害，最终全部捐赠总价值达2.9亿元。四川汶川特大地震发生后第二天，中国光彩会就将第一批捐赠款物发往灾区，价值2140万元。各地光彩会组织还向灾区派出抢险工程队、医疗队、心理康复咨询服务队等各类救援队伍。全国工商联和中国光彩会会员、理事和所联系的民营企业家捐赠款物总价值达62.4亿元。中央对灾后恢复重建做出部署后，中国光彩会各级组织积极响应，设立“非公有制企业赈灾公益基金”、成建制迁移灾区学校、免费提供职业技术培训、对口援助贫困家庭等各项支援灾区光彩行动陆续展开。在中共中央、国务院、中央军委举行的全国抗震救灾总结表彰大会上，中国光彩会理事刘沧龙、陈光标、韩长安被评为全国抗震救灾模范。王健林、卢志强、许连捷、王玉锁、祝义才、李兆会等获“2008年最具爱心捐助个人”、“2008年度中华慈善奖”等荣誉和奖项。

【国际援助扶贫】 在国际扶贫领域，中国光彩会积极开展国际交流与合作。2009年，已同联合国等多个国际组织建立起紧密联系，多次应联合国及有关国际组织邀请参加联合国社会发展论坛、全球契约峰会、经济合作与发展组织会议、联合国经社理事会会议等活动并联合主办多项活动，从民间角度反映我国民营企业在环保、履行社会责任等方面做出的努力和取得的成果，展示了发展中大国形象。中国光彩会代表团访问巴基斯坦期间，巴方总统、总理亲切会见。中国光彩会所属的中非民间商会与40多个非洲国家政府部门和驻华使馆建立了联系，与联合国系统各部门、国际NGO组织等建立合作机制。先后组织民营企业家赴非洲30多个国家进行投资考察，在农业、基础设施、电信、医药、能源等领域落实了31个合作项目，支援非洲经济社会发展。

【中国光彩事业光促进会三届四次理事会】 2009年4月，在大规模调查研究基础上召开了三届四次理事会。会议全面系统总结了光彩事业15年发展的基本经验，提出光彩事业发展要坚持围绕党和国家中心工作，服务国家扶贫大局，坚持义利兼顾、以义为先等为主要内容的重要原则，明确了推动光彩事业深入发展的总体思路和措施要求。按照会议精神，2009年光彩事业配合国家扶贫总体规划，制定扶贫工作重点，特别是加大对革命老区、民族地区、边疆地区的扶贫力度，批准7个省、市、自治区、直辖市申报的全国光彩事业重点项目14个。

【生态建设扶贫】 为推进贵州毕节“开发扶贫、生态建设、人口控制”国家实验区建设，2009年8月24日至26日，中央统战部副部长、全国工商联党组书记、全国工商联第一副主席、中国光彩会副会长全哲洙率全国知名企业家赴毕节进行投资考察暨项目签约活动。90 多家全国知名企业与毕节实验区签订 93 个经济合作项目，合同金额达 366.77 亿元，涉及基础设施、能源、化工、旅游、医药、建材、服务等 11 个领域。

【投资考察与招商】 配合国家重点工程建设，参与三峡库区移民安置与建设。2009 年是计划中三峡工程的完成年，也是三峡工程后续工作的启动年。为配合这一重要转折，10 月下旬至 11 月，中国光彩会应邀与国务院三峡办、重庆市政府、湖北省政府共同组织光彩企业家代表团 80 人赴三峡库区进行投资考察。其间，在山西太原组织召开三峡库区招商项目推介会。参与主办了“重庆万州 2009 全国对口支援三峡库区经贸洽谈会”；分别在万州、宜昌举办三峡重庆库区、湖北库区招商项目推介会；举行了广州三学苑公司通过中国光彩会向重庆、湖北三峡库区捐建价值 2000 万元网校的捐赠仪式。参加活动的许多企业家已开始到库区深入接洽投资项目，如北京温州商会匈牙利鹅养殖加工基地项目，邀请合作伙伴匈牙利投资人、专家完成了第一次考察。

【“中国光彩事业走进恩施州”投资考察活动】 恩施是湖北省唯一的少数民族自治州和被纳入国家西部大开发范围的地区。2009 年 8 月，中国光彩会和湖北省人民政府共同主办了“中国光彩事业走进恩施州”投资考察活动。中央统战部副部长、全国工商联党组书记、全国工商联第一副主席、中国光彩会副会长全哲洙和湖北省委常委、省委统战部长、省光彩事业促进会会长苏晓云，湖北省人民政府副省长田承忠等各级领导和北京、上海、山东、河北、河南、深圳、重庆等地的 200 多位民营企业家出席了活动。当天共签约项目 20 个，投资总额 91.4 亿元，现场捐赠款物价值 600 余万元。全部活动共签约项目 76 个，投资总额 203.8 亿元，其中合同项目 28 个，合同金额 73.5 亿元。截至 2009 年年底，到位资金达 30.33 亿元。

【西藏考察调研】 2009 年 8 月，中央统战部副部长、全国工商联党组书记、全国工商联第一副主席、中国光彩会副会长全哲洙率 11 个省市工商联、光彩会负责人以及 28 家民营企业负责人赴西藏考察调研，了解西藏经济社会发展情况，并向自治区政府、工商联等有关方面捐赠 1000 万元援助资金。举办多场项目推介和洽谈会，部分参与考察访问的民营企业家代表与自治区政府各部门及拉萨市、山南、昌都、那曲、阿里、日喀则、林芝等地区的相关部门负责人和民营企业进行了项目接洽。中国光彩事业基金会西藏文化保护与传承专项基金“百家藏医诊所建设”、资助在藏区学校建设太阳能浴室项目启动。

【建设市场扶贫】 2009 年，全国光彩事业重点项目“运城豪德光彩贸易广场”在山西省运城市开业运营。“运城豪德光彩贸易广场”同时是运城市“十一五重点项目”。该项目开业的一期占地 800 亩，总面积 50 万平方米，投资 8 亿元人民币，可解决 8000 人就业，特别是可吸纳大批农村富余劳动力就业，年创税收 3 亿元人民币。项目全部建成后，将有力促进晋东南乃至中原地区的商贸物流发展。

（中国光彩事业促进会）

中国红十字会扶贫

【概况】 中国红十字会是从事人道主义工作的社会救助团体。作为政府在人道救助领域的得力助手，多年来，中国红十字会在灾害频发地区开展救灾救护及灾后重建工作，在贫困地区开展大规模的医疗援助和教育援助，以“保护人的生命和健康”为宗旨，在全国范围内持续开展“红十字博爱送万家”活动、参与新型农村合作医疗建设等工作，在改善贫困地区易受损群体生存境况方面做出了不懈的努力，为帮助灾区及贫困地区生活困难群众恢复生产生活、改善生存条件和健康水平提供了持续、有效的帮助，为维护社会稳定、人民健康做出了贡献，成为构建社会主义和谐社会的重要力量。

“因灾致贫”是很多地方因发生自然灾后得不到及时重建恢复而导致贫穷落后的一个典型特征。开展备灾救灾工作是《中华人民共和国红十字会法》规定的第一项基本职责，也是中国红十字会扶贫工作的一个重要组成部分；贫困农村地区由于资金和技术的限制，在日常农业生产和生活上更多的是靠天吃饭，防灾减灾能力极为薄弱。为了改变这些地方的落后局面，中国红十字会争取海外资金来支持这些地区的防灾减灾能力的提升。

【震后援建重建项目实施】 2009年，各级红十字会积极参与汶川地震灾区灾后恢复重建，帮助震后地区援建博爱新村、博爱卫生院（站）、博爱学校、农村福利设施等项目。为使汶川地震灾区灾后恢复重建工作更加符合灾区需求，中国红十字会制定了科学的重建方案和工作原则，重点支持地震灾区全部倒塌或严重毁损需要整村重建或相对集中重建的农户住房建设，支持重建村兴建村卫生站和村民活动室，援建乡镇卫生院、乡镇学校及社区防灾减灾设施等。

截至2009年10月20日，中国红十字会总会和通过总会协调的红十字会（包括境外红十字组织和部分省级红十字会）在四川、甘肃、陕西、重庆、宁夏、云南等汶川地震灾区已确定灾后恢复重建项目资金46.7亿元人民币，确定项目包括62274户民房、741个学校、873个卫生院、2573个卫生站及部分康复中心、敬老院、福利院、村民活动室、集镇饮水工程、备灾仓库等。其中，72%的民房、47%的学校、38%的卫生院、45%的卫生站已竣工，其他项目正在有序推进。地方各级红十字会也按照总会确定的援建重点，分别通过对口支援，定点捐建、认建等方式，援助受灾地区开展灾后恢复重建工作。

另外，中国红十字会2009年在地震灾

区还开展了包括心理援助、防灾避险知识普及、改水改厕、卫生健康教育等在内的卫生和健康项目，支持中残联和国家人口计生委在灾区开展为残疾人和弱势群体服务的项目。中国红十字会李连杰壹基金在汶川县、茂县、理县开展了羌绣帮扶计划，帮助灾区群众重新获取维持生计的本领，计划2010年培训绣娘2000人次，帮扶660个家庭生产自救，并逐步建立羌绣产业。

【广西“社区为本”备灾项目】 中国红十字会争取到澳大利亚红十字会自2004年起在广西开展社区备灾项目，2010年收到的援助资金共计480万元人民币。

项目通过修建小型备灾工程和对市县村的项目管理人员和志愿者进行项目管理培训和备灾知识培训，培养和建立了当地应对灾害的能力和灾后恢复力，降低农村社区对自然灾害的易受损性，同时在多个项目村建立了基层红十字会组织，扩大了红十字会在农村的影响力。

2010年正在执行的项目为期3年（2009年7月—2012年6月），已执行了1年，接下来澳大利亚红十字会还将投入援助资金270万元人民币。项目重点是加强村级备灾演习和在项目村开展项目村家庭卫生和环境卫生竞赛，在管理上主要是逐步建立市县红会项目负责制和项目督察体系。

【四川“社区为本”备灾项目】 结合广西试点的经验，澳大利亚红十字会从2009年8月开始在四川内江地区开展为期3年的社区备灾项目，总资金为450万元人民币。至今收到的援助资金共计100万元人民币。

项目除了借鉴广西的经验，继续开展小型减灾工程的建设和备灾知识的宣传和培训外，针对当地干旱的实际情况，将备灾工程的重点放在了蓄水上。同时，在当地初步开展了易受损性与能力评估。经过总会与联合会的评估，下一步可以考虑引进社区为本风险降低项目理念，其中包括成立志愿性乡村自助团体，在县份及以下传播红十字知识，为村民进行社区为本的急救培训等。同时，在澳大利亚红十字会的技术支持下，进一步加强易受损性与能力评估。

这些备灾项目的开展，在一定程度上提升了上述贫困地区防灾减灾的能力，为当地开展正常的生产生活提供了有益的帮助。

【参与新型农村合作医疗】 为贯彻党中央国务院提出的解决“三农”问题，建立新型农村合作医疗制度，提高农民生活水平，缩小城乡差别，实现小康的宏伟目标，中国红十字会作为从事人道主义工作的社会救助团体，配合政府参与新型农村合作医疗制度的建设，在农村开展医疗救助工作，为改善农民因病致贫状况、提高农村医疗条件做出一定贡献。

2009年，各级红十字会参与新农合及医疗救助工作，开展以改善贫困农村地区医疗卫生条件及救助白血病、先天性心脏病等大病患者为主要内容的“红十字天使计划”、“扶贫救心行动”、“爱心工程”、“少儿大病医疗救助金”及贵州“‘氟砷麻’地方病综合防治”等救助项目。培训乡村医生5万余名，救助白血病患者7600多人、先心病患者1.3万余人，救治白内障患者近8万例。

同时，中国红十字会援建的卫生院、站改善了项目村医疗条件落后和村民看病难的问题，促进了村卫生防疫、健康服务、妇幼保健等工作尽快步入正规化管理轨道，对于保障村民身心健康有着深远的意义，医疗条件的改善也使村民用于医疗开支减少，提高了村民生活水平，对于农村经济发展起到了推动作用。

【医疗设施捐赠】 红十字扶贫服务中心成立以来分别向山西、贵州、江西、广西等13个省（区、市）贫困地区捐赠生活用品、医疗器械、饮水设备、各类图书和电脑，以及捐建博爱卫生站、援建博爱小学和乡村公路等。其中向山西省浑源县红十字会捐赠2台X机，向寿阳县人民医院捐赠1辆金杯救护车；向河南省驻马店市妇幼保健院捐赠1台半自动生化分析仪和1台黑白B超，向省红十字会捐赠6辆救护车和21台饮水机；向贵州省毕节市捐赠B超工作站软件，向省红十字会捐赠300万码洋图书、10套12导联同步心电诊断设备；向贵州御扶元亚健康康复中心捐赠1辆救护车；向海南省红十字会捐赠5台电泳仪；向江西省红十字会捐赠165万元码洋图书；向吉安市扶贫办捐助修建一条乡村公路和一个红十字博爱卫生站；向吉安和赣州市部分医院捐赠10套12导联同步心电诊断设备，向上饶市三清山中村小学捐助翻建一所小学和井冈山大学附属医院捐赠1辆救护车；向云南省思茅市苦聪人捐赠1辆救护车和8万支一次性注射器和1000床棉被；向西盟佤族县人民医院捐赠1辆救护车；向镇沅县拉祜族捐赠1辆救护车，向丽江市永胜县永大医院捐赠2辆救护车和2台电脑药物治疗仪；向新疆生产建设兵团捐赠1台全自动电泳仪和1套12导联同步心电诊断设备；向陕西省汉中市佛坪县人民医院捐赠1台血流分析仪和1台脑电图仪；向中国麻风防治协会捐赠2套12导联心电诊断系列设备和两万支一次性注射器；向浙江省丽水市龙泉下乾村捐助环保改水项目；向北京市儿童福利院捐赠2000套儿童服装；向四川达县北山敬老院捐赠1辆救护车；向广西大化瑶族自治县捐赠50台电脑、300台吊扇和18辆福田牌救护车；向河北省张家口崇礼县17所中小学捐赠了价值138万元码洋图书；向衡水冀州市信都学校捐赠50万元码洋图书，帮助河北张家口崇礼县17所中小学设立了红十字公益书库；向上海、武汉、南京、西安等9个城市的135所高等院校的1200名学生捐赠120万元；为山东省78个贫困家庭的唇颚裂儿童免费实施了手术；为北京偏远郊区的100户特困家庭送去棉被、棉衣及现金等等。以上捐赠款物折合人民币共计3600多万元。

红十字扶贫服务中心还与北京世纪今科医疗器械有限公司合作，先后在陕西、内蒙古、福建等21个省（区、市）开展有偿扶贫活动。全国有1000余家基层医院获得有偿扶贫活动的资助，相当于间接筹集1.5亿元资金用于扶贫救助工作。

【卫生健康教育】 在广西、湖南等贫困区开展改水改厕项目，帮助农村地区建造厕所，传播卫生健康理念，帮助当地群众建立良好卫生习惯。在新疆、西藏、云南等地开展艾滋病知识的普及及预防工作，例如：

1. 新疆艾滋病预防与关爱项目。澳大利亚红十字会自1999年开始支持新疆的艾滋病项目，累计援助资金近700万人民币。项目通过举办培训班等符合当地情况的灵活方式，向脆弱人群传授预防知识，提高艾滋病感染者及其家属的关怀护理能力；通过同伴教育、家访、社区动员，文艺演出等形式在项目社区减少对艾滋病感染者及其家人的歧视；在红十字日、艾滋病日等特殊节日组织大型宣传活动。同时，项目为当地红十字会培养了一批志愿者骨干，并且通过各类培训、交流活动提高了志愿者、红会工作人员的相关知识技能。

根据其国家援助策略，澳大利亚红十字会将在2011年6月撤出对新疆的资金支持。但澳大利亚红十字会承诺将继续提供相关的项目技术支持。

2. 西藏无偿献血推动与预防艾滋病。澳大利亚红十字会自2003年开始支持此项目，至2010年已有7年的时间。项目开始阶段只涉及无偿献血推动，2007年经红十字会建议，项目增加了艾滋病预防的工作。项目援助资金累计近200万元人民币。

无偿献血推动项目主要是与自治区血液中心、日喀则地区红十字会合作，通过培训、宣传、招募自愿无偿献血者，促进拉萨各大医院的临床用血量。预防艾滋病项目是与拉萨红十字会合作，通过举办各种培训和宣传活动增强目标人群的艾滋病预防知识和意识。

项目协议将在2010年年底到期，澳大利亚红十字会计划在6月底与红十字会进行新项目协议的立项计划会。

【扶贫救心活动】 我国平均每年有15万患先心病的患儿出生，由于治疗复杂，费用昂贵，相当一部分贫困家庭无力承担，患儿失去了最佳救治机会，致使发育迟缓，甚至死亡，他们的医疗状况令人堪忧。2005年7月28日，中国红十字总会与武警总医院在人民大会堂联合开展面向全国的“扶贫救心—红十字在行动”举行隆重的启动仪式；2006年5月，在扶贫救心活动“救治200例心脏病患儿”新闻发布会，会长彭佩云亲自到医院看望了第200例手术患儿；2007年5月9日，“爱心手牵手，健康到永久”，救助心脏病患者500例新闻发布会，医院为接受治疗的500位患者发放终身免费体检卡，并从中挑选20名患儿作为爱心传递使者，通过他们将爱心传递给更多需要帮助的人。两年的时间里，“扶贫救心办公室”共接待患者咨询和来院就诊2万多人次，共有30多个省市的患者前来就医，先后组织专家到山西、内蒙古、江西等省区的10多个贫困山区进行义诊。实施心外科手术520余例，心内介入治疗130余例，医院通过控制医疗成本为患者节省医疗费用共600多万元。

【红十字天使计划】 “红十字天使计划”于2005年8月启动，旨在关注贫困农民和儿童的生命与健康，广泛动员国内外的社会资源，募集资金和医疗物资，资助贫困农民和儿童参加新型农村合作医疗，对患有重大疾病的贫困农民和儿童实施医疗救助，协助政府改善贫困乡村的医疗卫生条件，捐建农村博爱卫生院，培训农村医务人员，促进我国农村医疗卫生事业健康发展。

该项目启动以来，内容不断完善和丰富，已经成为中国最著名的公益品牌之一。2009年，“红十字天使计划”已经初步形成包括援建乡村博爱卫生院（站）、培训乡村医生、开展贫困农民和儿童大病救助三个方面内容，直接捐资救助和资助设备通过定点医院免费治疗救助两种救助模式，大病救助种类包括白血病、先天性心脏病、唇腭裂、目盲、癌症等多个病种。

2008年4月，“红十字天使计划”获得我国慈善领域的最高政府奖项——2007年度“中华慈善奖”最具影响力慈善项目。

自2005年始，中国红基会累计资助支出13.87亿元，其中，“红十字天使计划”累计在全国立项援建博爱（健康）新村154个，博爱卫生院（站）1946所，免费培训乡村医生1104名，资助患白血病、先心病、唇腭裂等重症儿童和贫困肿瘤患者18807名，发展定点医院115家，向医疗机构和新农合试点县转赠医疗设备、药品价值1.66亿元。

2009年，中国红基会骨干公益项目“红十字天使计划”继续保持良好的发展势头，全年共接受捐赠1.52亿元，新立项援建博爱卫生院、站157所，举办乡村医生培训班5期，新培训乡村医生500名。大病救助工作有新的起色，天使阳光基金、奔跑天使基金、嫣然天使基金、仁爱基金等专项基金的筹款和资助工作取得新的进展，2009年共救助白血病、先心病、唇腭裂、失聪、肢残、重症肌无力等重症患者3807人，资助贫困肿瘤患者治疗4921人次，新增加了大病救助定点医院10家。

【红十字光明扶贫基金项目】 为弘扬人道、博爱、奉献的红十字精神，保护人的生命和健康，红十字扶贫开发服务中心与深圳市方中天网络技术有限公司共同成立红十字光明扶贫基金项目。重点开展眼复明项目，针对白内障等眼疾患者实施手术、帮助复明；同时开展环保袋项目，促进环保和资源再利用，帮助贫困群体再就业。红十字光明扶贫基金项目在2009年先后开展了援助自闭症儿童音乐会，为四川阿坝藏族羌族自治州的121名白内障患者免费进行了手术，以及捐助汶川草坡乡107户重建房屋等活动。

【西部女性阳光计划】 中国红十字会作为人道主义的社会救助团体，最关注的是易受损人群的救助问题，妇女和儿童往往是易受损人群中最脆弱的一个群体。中国红十字基金会设立了“西部女性阳光计划”，关注女性的生殖健康和宫颈癌防治等问题，帮助西部女性进行一些基本的生殖健康筛查，让她们享受最基本的医疗服务。

【教育扶贫】 1. 博爱助学计划。“博爱助学计划”的主要目标是帮助贫困地区农村改善教学条件，资助贫困家庭孩子上大学，主要包括四个方面的内容，分别为：援建博爱小学；捐赠博爱电脑教室；捐赠“红十字书库”；设立博爱助学金资助贫困家庭孩子上大学等。

2005—2009年，“博爱助学计划”累计接受捐赠2100万元，已在全国援建博爱学校276所，配送“红十字书库”1375个，免费培训西部乡村教师300名，资助贫困大学生1327名，向27所学校捐赠体育器材。项目累计受益人口超过995万人。

“博爱助学计划”在2009年得到了有效推进，全年共接受捐赠3587.61万元，新援建博爱学校7所，配赠红十字书库406个，培训乡村教师100名，资助贫困大学生195名。

2. 红十字扶贫迪岸传媒助学基金项目。为了动员社会资源资助贫困大学生顺利完成学业，红扶中心与迪岸网络技术（上海）有限公司共同发起并设立红十字扶贫迪岸传媒助学基金。该助学基金在2006年9月至2007年8月资助贫困学生1200名，每名学生获得资助1000元，共计120万元。资助范围涉及北京、上海、重庆、南京、杭州、武汉、广州、成都、西安等9个城市136所高校。

3. 红十字文化扶贫读书工程。为了服务社会主义新农村建设，提高人民群众特别是西部地区人民群众的文化素质，红十字扶贫中心与北京盛德中兴文化发展有限公司合作开展红十字文化扶贫读书工程项目，建立红十字公益书库，通过社会各界募集了2000多万元码洋的图书捐赠给相对落后的地区。红扶中心还与北京五方园林绿化公司合作举办了爱心笔画会，为江西上饶市三清山中村小学翻建校舍募集款物等。

【“红十字博爱送万家”活动】 “红十字博爱送万家”活动是中国红十字会对困难群众进行人道救助的一个品牌项目，已在全国范围内持续开展11年，11年来中国红十字会总会投入4618万元，地方各级红十字会募集款物7亿多元，使480多万户困难家庭受益。

2009年，针对近年来送温暖未到省份和新农合试点县困难群众，总会开展送温暖活动。为河北、山西、辽宁、吉林、安徽、河南、江西、广西、湖北、湖南、贵州、西藏、青海、新疆、新疆生产建设兵团2.5万户贫困家庭送去慰问物资，地方各级红十字会积极开展募捐活动，共募集资金2.66亿元，使133万户家庭受益。

【中国红十字会社区扶贫】 中国红十字会社区服务工作是在社会救助工作的基础上发展起来的。特别是在中国红十字会第八次全国会员代表大会后，红十字会的社区服务整体工作正在由部分大城市向中、小城市拓展；服务主体由红十字会会员发展到红十字志愿者；服务对象由老年人、妇女和儿童扩展到残疾人、下岗职工、重病或受灾特困户等弱势群体。服务内容由单纯服务增加到募捐救助、宣传培训、咨询保健等。服务范围由城市逐步向农村延伸。如：重庆市红十字会开展“五个一百工程”（资助残疾人、失学儿童、贫困大学生、下岗职工、80岁以上老人各100名）；上海市红十字会开展了“千万人帮千家”活动；福建省红十字会“救两条生命、还一家幸福”活动（资助贫困地区的贫困家庭产妇）。

2002年中国红十字会总会与民政部联合印发《关于开展社区红十字服务工作的通知》后，各地红十字会开展以社会服务、募捐救助为主要内容的社区服务活动，并使这项工作内容逐渐增加、范围逐渐扩大，并逐步规范起来。2009年，中国红十字会总会在社区主要开展了社会服务和募捐救助工作。

1. 社会服务。有的省市红十字会利用城市社区卫生站、针对农村医疗卫生条件差的特点，开展对城市低保家庭和农村贫困户的医疗保健优惠服务活动。

2. 募捐救助。有的省市红十字会办起了“募捐站”或“博爱超市”或“爱心超市”，将募集的衣、被、粮油等生活日用品低价向获得“购物卡”的困难家庭出售。上海市红十字会在社区开展募集衣被活动，并将募集到的衣被进行洗涤、消毒、熨烫、分类、包装，运送到受灾地区救助灾民。内蒙古自治区红十字会在牧区建起了“红十字医疗站”，为广大牧民提供医疗救助和保健服务。山东省红十字会向全省发出倡议：“捐5元钱救助一个贫困农民、捐50元钱救助一个贫困家庭”解决医疗保险问题，受到农村贫困人口的欢迎，也得到群众的响应，目前已经建立起800多万元的农村合作医疗救助金。继上海市开展青少年及婴幼儿住院以来互助金活动后，北京市红十字会利用全市中小学生和婴幼儿住院医疗互助金为家庭贫困青少年及婴幼儿解除住院医疗的后顾之忧；黑龙江省佳木斯市红十字会通过募捐救助了一个常年上访户的生活困难，为政府解决了一个老大难。香港特区红十字会支持的江西、河南、河北农村社区备灾项目和云南社区综合服务项目已经基本完成，得到了当地政府和群众的欢迎。这些项目的开展为解决贫困地区人口的饮水、浇地、防洪、减灾等问题发挥了重要的作用，受到当地百姓的欢迎。

中国红十字会社区服务工作的开展，为政府减轻了一份负担，为贫困百姓切实解决了实际问题，为维护社会安定团结、构建社会主义和谐社会做出了贡献。

（中国红十字会）

八

国际合作篇

国际交流

【地区及国家间减贫交流与合作】

近年来，国务院扶贫办加强了与东盟的合作，积极推动对非洲的合作，还与拉美国家的相关部门签署了减贫合作备忘录，从战略与政策对话、人力资源开发和能力建设、减贫经验共享等方面开展合作。

2008年国务院扶贫办与委内瑞拉、墨西哥和秘鲁分别签订了四个双边合作文件，分别是：《中华人民共和国国务院扶贫开发领导小组办公室与委内瑞拉玻利瓦尔共和国人民政权社会参与和保障部减贫合作谅解备忘录》、《中华人民共和国国务院扶贫开发领导小组办公室和墨西哥合众国社会发展部2008—2010年合作规划》、《中华人民共和国国务院扶贫开发领导小组办公室与委内瑞拉玻利瓦尔共和国人民政权社会参与和保障部工作计划》、《中华人民共和国国务院扶贫开发领导小组办公室与秘鲁共和国部长会议办公室减贫合作谅解备忘录》。

【中国—委内瑞拉减贫合作】

1. 为了落实2008年胡锦涛主席访问秘鲁和回良玉副总理访问委内瑞拉时双方签订的有关扶贫合作协议，以及2009年2月习近平副主席访问委内瑞拉的后续活动，进一步推动我国与两国之间在扶贫领域的交流与合作；同时为了比较和借鉴与我国经济发展水平相当或稍高国家在减贫方面的经验与问题，为我国制定下一个十年扶贫规划提供参考，4月9—18日，国务院扶贫办范小建主任率团对秘鲁和委内瑞拉进行工作访问。考察期间，我代表团就中国扶贫开发的成就、经验和做法做了全面系统的介绍和宣传，在两国政府高层和相关部门产生了强烈反响。在我驻两国使馆的协助下，代表团与秘鲁社会事务部际委员会和委内瑞拉公社事务部分别签订了会谈总结和纪要，为下一步深化和拓展扶贫领域的合作奠定了基础。2. 4月29日，范小建主任在京与来访的秘鲁第一副总统路易斯·詹彼得里·罗哈斯举行了亲切会谈，双方就两国进一步开展减贫合作交换了意见。3. 11月9—15日，应我办邀请，委内瑞拉玻利瓦尔共和国公社事务和社会保障部副部长利迪斯·阿尔图维女士率领的政府代表团一行5人访华，考察我国扶贫与社会发展情况，交流中委在社会发展领域的合作内容，切实推进双方合作。范小建主任会见代表团并就委方感兴趣的问题进行了交流。代表团赴河南省考察了新乡市七里营乡社会主义新农村建设的典范刘庄社区和新密市扶贫移民搬迁项目。王国良副主任主持召开中委高委会社会事务分委会工作会议，提出了今后拟推动的六项中委减贫交流合作活动。委内瑞拉代表团表示，此次考察内容丰富且有针对性，受益匪浅，不仅直观地感受了中国的发展成就，而且对中国在扶贫和社会发展领域的具体实践和积累的经验有了进一步的了解，回国后将根据国内的实际情况，借鉴有关做法；同时，将根据中方提出的意见和建议，研究确定双方下一步合作的工作重点，作为两国全面合作的实质性内容之一。

出访与接待

【出访活动】

2009 年，国务院扶贫办系统单位本着“走出去，引进来”的原则，进一步加强了对外扶贫合作与交流工作，扩大了交流的渠道和对象，组团访问考察了多个合作伙伴国家。

1. 1 月 5—10 日，中国国际扶贫中心（以下简称“国际中心”）理事长刘坚率团对土耳其社会援助和减贫进行了考察。代表团拜访了土耳其社会援助和团结总局、土耳其国家发展规划局，考察了凯其额兰县扶贫基金会运行情况及基金会扶助下的孤儿园、爱心超市和扶贫创业点。同时，交流了我国扶贫工作取得巨大成就和基本做法，介绍了中国国际扶贫中心的有关情况，并就双方开展有关合作项目提出了建议。

2. 3 月 8—16 日，国际中心主任吴忠率团赴英国参加“我们共同的未来：国际发展的未来”国际研讨会，并且与会议主办方英国国际发展部及参会代表进行广泛的沟通与交流。会后还应邀访问了爱尔兰援助署、爱尔兰国立库克大学、英国国际发展研究院，与这些机构就建立业务联系、开展相关合作进行了深入探讨。

3. 4 月 10—13 日，国务院扶贫办主任范小建率领中国政府扶贫代表团赴秘鲁访问。访问期间，中秘双方进行了会谈和交流。范小建主任从机构职能、工作重点、基本经验、有关惠农政策、面临的问题和挑战等方面向秘方详细介绍了中国的扶贫情况和相关经验。中秘双方还就进一步开展合作等事宜进行了讨论。结束对秘鲁的访问后，4 月 14 日，范小建主任率领代表团赴委内瑞拉访问。此访旨在落实中委双方在 2008 年 5 月回良玉副总理访委期间签署的《减贫合作谅解备忘录》以及在 2008 年 9 月查韦斯总统访华期间签订的两年工作计划。代表团与委方有关部门举行了工作会谈，范小建主任向委方介绍了中国的扶贫情况和有关经验。代表团还考察了建设中的瓜尔·伊·西班牙公社。

4. 4 月 15—24 日，国务院扶贫办王国良副主任率领由国家发展改革委、财政部和国务院扶贫办外资项目管理中心（以下简称“外资中心”）人员组成的代表团于赴美国华盛顿出席世行高层会议。会议期间，代表团与世行总部及世行非洲局的主要领导进行了会谈，并达成三点重要共识：（1）世行派出 1 名副行长参加 2009 年 10 月由国务院扶贫办与世行在中国北京共同举办的“社区主导型发展与农村扶贫开发”国际研讨会；（2）双方就加强援非合作进行了交流和探讨，决定指定专人加强联络与沟通；

（3）世行高级副行长、首席经济学家林毅夫先生将继续担任中国国际扶贫中心顾问。

5. 9月13—22日，外资中心范增玉主任率领由外资中心和河南、重庆、广西三省（市、区）扶贫办主要领导组成的代表团赴尼日利亚和加纳进行考察。实地了解了两国的农村发展和扶贫情况以及当地CDD的经验与做法。双方一致表示愿意为进一步加强中非两国在扶贫领域的交流与合作做出贡献。经与加纳有关部门协商，初步决定共同策划、组织与实施中国第一个援外扶贫项目，即中非合作加纳综合扶贫试点项目。

6. 9月28—30日，由国务院扶贫办与越南农业与农村发展部、东盟秘书处及亚洲开发银行共同主办，中国国际扶贫中心与相关国际机构共同承办的“第三届中国—东盟社会发展与减贫论坛”暨“第四届东盟与中日韩减贫区域高层研讨会”在越南河内召开。国务院扶贫办郑文凯副主任率代表团出席大会并在开幕式上致辞。会议期间，郑文凯副主任还分别与越南农业及农村发展部副部长裴巴鹏（Bui Ba Bong）及亚行副行长乌苏拉·谢菲尔·普罗伊斯（Ursula Schaefer－Preuss）女士举行了会谈。

7. 11月22—30日，国务院扶贫办副主任王国良率团出访贝宁。访问期间，代表团与贝宁各政府部门和联合国开发计划署贝宁代表处、世界银行贝宁代表处等国际机构举行了会谈，达成了推动中非减贫合作的共识。同时考察了贝宁农村贫困状况及扶贫项目。

【接待活动】

国务院扶贫办每年都要接待大量来自各国政府、国际组织、非政府组织的代表团。2009年，办领导出面会见了15个国外代表团。

1. 4月29日，范小建主任会见秘鲁共和国副总统路易斯·詹彼得里·罗哈斯先生。

2. 8月13日，范小建主任会见世界银行高级副行长兼首席经济学家林毅夫先生。

3. 9月7日，范小建主任会见哥斯达黎加对外贸易部部长马尔科·比尼西奥·鲁伊斯先生一行。

4. 10月13日，范小建主任会见国际农业发展基金总裁卡纳尤·内旺泽先生。

5. 10月30日，范小建主任会见1998年诺贝尔经济学奖得主、哈佛大学经济学教授阿玛蒂亚·森先生。

6. 11月3日，范小建主任会见秘鲁前部长会议主席、人道主义党主席耶胡德·西蒙先生。

7. 11月28日，范小建主任会见联合国开发计划署署长海伦·克拉克女士一行。

8. 11月13日，王国良副主任会见委内瑞拉玻利瓦尔共和国公社事务和社会保障部副部长利迪斯·阿尔图维女士一行。

9. 2月24日，郑文凯副主任会见世界银行副行长桑杰·帕拉丹先生。

10. 3月23日，郑文凯副主任会见来自联合国开发计划署曼谷区域中心、联合国开发计划署驻墨西哥代表处、墨西哥国会、墨西哥国家科技委员会、墨西哥外贸促进局等部委的墨西哥政府代表团。

11. 6月25日，郑文凯副主任会见利比里亚内政部长阿姆布莱·约翰逊率领的州长代表团。

12. 7月11日，郑文凯副主任会见联合国助理秘书长、联合国开发计划署助理署长兼亚太局主任阿贾伊·齐柏先生一行。

13. 9月17日，郑文凯副主任会见世界银行东亚和太平洋地区农村发展与资源环境部门负责人玛格达·劳维女士一行。

14. 10 月 19 日，郑文凯副主任会见越南劳动、荣军和社会事务部第一副部长谭友德率领的代表团一行。

15. 11 月 2 日，郑文凯副主任会见越共中央委员、清化省省委书记阮文利率领的越共西北指导委员会代表团一行。

国 际 会 议

【中国—东盟论坛】

2006年，在第二届东盟与中日韩（10+3）区域扶贫高层研讨会上，中国政府发出《北京倡议》，提议东盟十国和中日韩三国今后每两年在10+3之间举行一次扶贫部长级会晤，促进区域减贫。在国务院扶贫办的直接领导下，中国国际扶贫中心定期承办这一区域性发展与减贫论坛，组织有关各方就如何进一步加大区域减贫力度、提高减贫效果进行深入讨论与交流。

2009年9月28日，由国务院扶贫办与越南农业与农村发展部、东盟秘书处及亚洲开发银行共同主办，中国国际扶贫中心与相关国际机构共同承办的“第三届中国—东盟社会发展与减贫论坛”暨“第四届东盟与中日韩减贫区域高层研讨会”在越南河内隆重开幕。本次论坛的主题是：“全球经济放缓对亚太地区贫困及可持续发展的影响”。中国国务院扶贫办副主任郑文凯同志率中国代表团出席大会并在开幕式上致辞，张磊同志就“国际金融危机与中国减贫：影响和对策”做主题发言。越南常务副总理阮生雄（Nguyen Sinh Hung）和亚洲开发银行行长黑田东彦（Harihiko KURODA）也分别在开幕式上致辞。此次论坛为期三天（9月28—30日），东盟和亚太地区28个国家政府代表、双边、多边发展机构、国际组织和专家、学者共380余人参加了论坛及研讨会。这是我办第一次走出国门举办大型国际扶贫交流活动，取得积极成效和较大影响。

【减贫与发展高层论坛——10.17论坛】

“减贫与发展高层论坛”是由中国国务院扶贫办与国际机构联合主办、由中国国际扶贫中心承办的大型高层国际会议，自2007年以来，每年于10月17日“国际消除贫困日”举办，以当年全球减贫领域的热点问题为主题，邀请世界各国知名人士进行研讨和交流，以唤起国内外各界对减贫事业的重视，并进一步推动国际减贫交流与合作。

2009年10月17日，在第17个国际消除贫困日到来之际，由中国国务院扶贫办、联合国驻华系统主办，中国国际扶贫中心、联合国开发计划署驻华代表处承办的“减贫与发展高层论坛”在北京钓鱼台国宾馆举行。论坛的主题是“金融危机与贫困：挑战与行动”。中国国务院副总理、国务院扶贫开发领导小组组长回良玉出席了论坛开幕式并致辞。联合国秘书长潘基文给大会发来了致辞。国务院扶贫开发领导小组副组长、国务院扶贫办主任范小建在论坛上作了主旨发言。来自亚洲、非洲、美洲、欧洲、大洋洲等20多个国家的政府官员、国际机构及非政府组织代表、学者等约200名中外嘉宾齐聚北京，共同探讨在世界多极化、经济全球化背景下的减贫与发展问题。论坛分为“全球视角下的金融危机与减贫”、“促进可持续的包容性经济增长”和“推动全球协作，应对金融危机”等专题。联合国副秘书长、联合国人口基金会执行干事苏拉亚·奥贝德（Thoraya Ahmed Obaid）、世界银行副行长詹姆斯·亚当斯（James Adams）等出席了开幕式并致辞。与会代表呼吁国际社会继续加强宏观经济政策协调，深化国际金融合作，完善社会保障与救助政策体系，为经济复苏创造坚实的条件，为促进全球减贫和实现千年发展目标付出更大努力。

【社区主导型发展与农村扶贫开发国际研讨会】

2010年10月18—19日，国务院扶贫办、世界银行、亚洲开发银行、加拿大国际发展署共同召开“社区主导型发展与农村扶贫开发”国际研讨会。来自世界银行、亚洲开发银行等15个国际机构和亚洲、非洲、美洲10个国家的国际代表，以及12个部委、10个中央单位、8所院校和研究机构、16个省（市、自治区）国内代表近200人出席了会议。国务院扶贫办范小建主任、世界银行副行长詹姆斯·亚当斯（James Adams）、亚洲开发银行副行长劳伦斯·格林伍德（Lawrence Greenwood）、加拿大驻华使馆大使马大维（David Mulroney）在开幕式上致辞。国务院扶贫办郑文凯副主任和世行环境与社会发展局局长帝尚礼（Cyprian Fisiy）、亚洲开发银行地区与可持续发展局局长Bart W. Edes、巴基斯坦国家农村支持项目主席Shoaib Sultan Khan分别作了主旨发言。18位中外专家和代表作了交流发言。会议紧紧围绕社区主导型发展在农村基础设施建设、农户生计发展、社区环境改善以及在特殊贫困人群的运用、社区主导型发展的国家预算战略和监测评价方法等内容进行了探讨，分享了CDD在全球，特别是在中国的实践经验，交流了CDD对农村减贫以及对中国农村扶贫的作用和意义。会议汇集了大量CDD和减贫经验并编辑成书，受到国际国内的高度重视。会议的成功举办以及经验的系统总结为完善CDD模式奠定了坚实基础，同时对扶贫机制、体制创新和制定下一个阶段的扶贫政策提供了有力借鉴。

减贫与发展经验分享

【研究】

1. 2008年5月—2009年3月，由国务院扶贫办外资中心（下简称外资中心）承担并由福特基金会提供资金支持，共同开展了“中国社区发展基金理论与实践研究”。课题组对全国社区发展基金进行调查研究和总结分析，提炼出社区发展基金成功的关键要素，并将成果编著成《中国社区发展基金理论与实践》一书于2009年7月经光明日报社正式出版发行。

2. 国务院扶贫办国际合作和社会扶贫司与联合国儿童基金会（以下简称“儿基会”）合作开展“金融危机对贫困地区影响研究”，外资中心负责组织实施。研究主要围绕国际金融危机对中国农村贫困的影响，并在此基础上分析政府应对金融危机的政策措施对贫困和弱势群体是否有利。研究工作从2009年1月开始，预计到2010年8月结束。最终的研究报告将系统阐述如何最大限度地缓解金融危机对贫困和弱势群体带来的影响，相信会为下一阶段扶贫政策的完善产生借鉴意义。

3. 国务院扶贫办国际合作和社会扶贫司与儿基会于2007年签署了合作备忘录，确定了双方2007—2010年开展“中国儿童贫困研究”的合作框架。外资中心具体负责实施。截至2009年，在完成湖北和甘肃两省的定性、定量研究的基础上撰写了总报告及可供政府部门参考的政策建议。

4. 2008年5月—2009年3月组织开展“社区主导型发展机制和项目操作规程研究”工作。范围包括社区主导型发展理论、实践、政策、支持体系和操作规程等。通过研究推动了社区主导型发展理论与实践的结合，规范了社区主导型发展的操作流程，完善了社区主导型发展的政策体系。其中，《中国社区主导型发展操作指引》一书于2009年10月经光明日报社正式出版发行。

5. 2008年5月—2009年3月，外资中心与亚洲开发银行合作开展“非政府组织在汶川地震灾后重建中的作用及实现途径研究”。通过分析影响NGO参与汶川地震灾后重建的主要因素，探索NGO组织之间、NGO与政府及其他行动力量之间的协调关系，协同行动的有效途径，揭示了政府在NGO参与灾后重建项目背景下的行动路线和治理机制，最终形成了《NGO在汶川地震灾后重建中的作用及其实现途径研究报告》。

6. 2009年1月—2009年9月，外资中心与亚洲基金会于合作开展“社区主导型发展项目投诉机制研究”。通过对已开展社区主导型发展试点的项目区在公示与投诉运行模式方面的调查研究与分析总结，撰写了《公示投诉机制作用与政策意义》，为建立健全社区主导型发展监督机制提供了保障。

7. 为了更好地推动在经济增长与减贫方面的经验分享，加强国家间的相互学习，2009年1月，中国国际扶贫中心（以下简称中心）和经合组织发展援助委员会共同成立了“中国—发展援助委员会（China－DAC）研究小组”，该项目得到多个国际多、双边发展伙伴的支持。研究小组确定围绕两个主题开展研究：一是中国增长与减贫的经验（含国际社会对华发展援助的影响）及其对其他发展中国家、特别是非洲的启示；二是中非经济合作及其对非洲减贫与发展的影响。在每个主题下设四个专题，分别是“发展合作伙伴”、“农业增长与农村发展”、“基础设施建设”以及“企业发展环境培育”。研究项目将以上述四项专题研究的成果为基础组织四次研讨会，邀请中国、非洲以及国际发展援助方的政策制定者、理论研究者和发展实践者参加，就相关问题进行研讨，最终形成综合性报告，为促进国际减贫与发展经验的分享和中心国际减贫培训、交流与合作提供支持。2009年10月28—29日，“国际发展合作：增长与减贫经验分享”专题研讨会在北京举行。来自中国、非洲和经合组织发展援助委员会成员国政府部门、科研机构以及相关国际组织的140余位代表参加了研讨会。

8. 国际中心利用联合国开发计划署能力建设项目资金，开展了一系列减贫与发展、国际发展援助研究。其中《中国与非洲减贫模式比较研究》、《世界各国扶贫标准研究》、《金融危机与减贫研究》、《国际减贫理论研究进展综述研究》等一批课题于2009年完成。

9. 国际中心启动“中国减贫经验国际化研究”课题。此项研究旨在明确发展中国家推进减贫事业发展的具体需求，全面系统总结中国减贫的基本经验，探索发展中国家有效借鉴中国减贫经验的具体途径。

【培训】

开展国际减贫培训，加强减贫经验分享是扶贫系统国际合作的重要内容。近年来，外资中心和国际中心利用各自优势，开展了大量培训活动。援外培训以分享中国发展与减贫经验为重点，不断丰富培训内容，初步建立了比较稳定的多领域专家授课队伍，逐渐形成了以讲座、讨论、考察为主的培训模式。培训质量有所提高，得到了学员们的一致好评。学员网络基础工作初步完成。

从2005年至今，国际中心成功举办了20期援外培训班，共有来自82个国家的493名中、高级官员参加，超过70名来自中国政府部门、科研机构和国际组织的专家学者为学员授课。其中，2009年中国国际扶贫中心成功承办外交部、财政部、商务部6期面向发展中国家的减贫培训班，1期面向国内省区扶贫办主任的研修班。参加培训的有来自52个国家的23名部长级高官和128名司长、处长级项目官员。培训内容涵盖减贫与社会发展领域的理论知识、政策措施、研究方法及实践技能。培训方式包括专题讲座、案例分析、国别演讲、交互讨论和实地考察等。

1. 5月21日—6月3日，在北京和黑龙江省举办“上海合作组织国家扶贫政策与实践官员研修班”，来自俄罗斯、吉尔吉斯斯坦、塔吉克斯坦三个国家的15名学员参加了培训。

2. 6月26日—7月9日在北京和甘肃

省举办“开发式扶贫政策与实践非洲官员研修班”，共有来自阿尔及利亚、贝宁等19个非洲法语国家扶贫相关部门的37名司、处级官员参加。

3. 7月8日—7月17日，举办第二届“中非共享发展经验高级研讨会”。来自18个中部和西部非洲国家的33位官员参加了研讨会，其中副部长23位。国务院扶贫办主任范小建、商务部副部长傅自应、财政部部长助理张通、世界银行副行长桑杰·普拉丹（Sanjay Pradhan）出席开幕式并致辞。除研讨外，会议还组织参会人员赴山东、福建考察了新农村建设、经济技术开发区、产业化扶贫等项目，为中非双方增进了解、扩大共识、谋求合作提供一个新的平台。

4. 9月4日—9日，与美国大自然保护协会共同在云南省玉龙纳西族自治县举办“全国第三期生态环境保护与扶贫培训”。来自西部十一个省（市、自治区）扶贫办和外资中心共计35人参加了培训。联合国环境规划署、联合国亚太经济与社会委员会、世界自然基金会、中国农业大学、中国科学院、四川省社科院、云南省发展研究院等国内外机构的知名专家和学者从理论和实践等不同角度介绍了生态环境保护与扶贫的关系和具体实践。

5. 9月23日—29日，在北京和广西举办了“中国与国际农发基金南南合作经验交流研讨班”，来自孟加拉、越南、马达加斯加、卢旺达等4个国家的18名农发基金项目经理参加。

6. 10月16日，在北京举办了第二届“全国扶贫办主任国际发展（减贫）理论与实践研修班”。共有来自全国31个省市48名省扶贫办主要负责人和业务骨干参加了研修班。阿根廷、埃塞俄比亚、世行专家分别介绍了国际减贫与发展的新经验。

7. 10月30日—11月1日，与儿基会在北京共同举办“儿童贫困与发展”培训班。全国11个省（市、县）扶贫办、7省扶贫办外资中心共40余人参加了培训。来自儿基会、中国农业大学、北京师范大学以及中国疾病预防控制中心的多名中外资深专家介绍了国际、国内在儿童干预方面的经验与做法，讲授了儿童贫困的原因及解决的办法，分析了儿童贫困对扶贫开发工作的影响，为在今后扶贫政策规划中考虑纳入儿童贫困视角提供了理论依据。

8. 11月5—10日，在南京举办“亚洲国家发展（减贫）理论与实践研修班”。此次研修班是我中心主办的第二期亚洲合作对话机制（ACD）框架下的援外培训班，来自ACD成员国的9个国家共17人参加此次研修班。

9. 11月24日—12月14日，在北京举办“开发式扶贫政策与实践官员研修班”。来自孟加拉国、贝宁等19个国家社会发展、扶贫、就业等相关部门的司、处级以上官员共32人参加研修班。

10. 12月8—10日，与儿基会合作在成都举办“性别与儿童视角的贫困村灾后重建”培训班。来自四川省8个市（州）扶贫办，39个极重和重灾县的有关人员近140人参加了此次培训。儿基会、联合国区域发展中心、儿童乐益会的知名专家重点讲授了灾后重建中的性别视角，为扶贫开发与防灾减灾的结合提供了新的视角。

【交流】

1. 3月11日，中国国际扶贫中心举办第一届名人讲坛，孟加拉格莱珉银行总裁穆罕穆德·尤努斯教授发表了“小额信贷与减贫：政策、经验与国际合作”的演讲。达能集团首席运营官范易谋先生介绍了“企业的社会责任：达能集团与格莱珉银行‘社会企业’模式”。2009 年 4 月 1 日，世界银行资深专家、南非茨瓦尼科技大学荣誉教授汉斯·彼得·宾斯万格博士和世界银行驻华代表处经济部主任、首席经济学家韩伟森博士作客第二届名人讲坛，分别做了“不断变化的非洲农业与农村发展的背景和前景”、“世界银行南南合作战略与行动”的演讲。

2. 10 月 16—17 日，外资中心组织了国际考察交流团分赴陕西省白水县和四川省嘉陵区社区主导型发展试点项目区进行了考察。来自世界银行等四个国际机构以及亚洲、非洲、美洲 11 个国家的 24 名官员及专家参加了考察。通过考察，扩大了国际社会对中国社区主导型发展扶贫项目的了解，并交流了各国项目的管理模式与方法，对中国经验国际化和国际经验中国化起到了积极的促进作用。

3. 11 月 28 日，联合国开发计划署署长海伦·克拉克女士访问国务院扶贫办，参加了国际中心组织的“中国与世界：促进南南合作”高层对话会。国务院扶贫办主任范小建、中央统战部副部长全哲洙、中国国际跨国公司研究会会长王茂林、中国国际经济交流中心秘书长魏建国、教育部原副部长章新胜、中非发展基金总裁迟建新以及部分驻华使节和企业等 50 余人参加了对话会。

【合作】

1. 外资中心中非合作——加纳综合扶贫试点项目准备工作启动。2009 年 7 月，外资中心与南昌铁路天集经贸有限公司签署合作协议，利用该公司赠款 1700 万元在加纳开展综合扶贫试点项目。这是中国自开展扶贫领域国际合作以来的第一个援外扶贫项目。项目将探索把国内企业与国际机构的资金整合，将中国的扶贫经验与加纳本土的扶贫经验结合，以便形成一套符合加纳乃至非洲实际的扶贫模式和方法，为未来的援外扶贫工作积累经验，奠定基础。

2. 国际中心按照加强对外扶贫合作的构想和安排，开始在坦桑尼亚的减贫合作工作。一是委托坦桑尼亚农村事业及企业发展促进会开展了《坦桑尼亚社会经济状况以及发展与减贫》和《中坦小额信贷发展中心可行性研究报告》等两项有关中坦扶贫合作的基础性研究工作。二是与坦桑尼亚农村中小企业促进会协商签订了《中国国际扶贫中心与坦桑尼亚农村事业及企业发展促进会（PRIDE Tanzania）合作框架》，明确了双方合作的范围和方式，并规定了双方的合作宗旨，即为非洲发展中国家学习和分享中国开发式扶贫的成功经验提供一个集信息共享、经验交流、能力建设和示范指导为一体的学习平台和创建可持续学习的新机制。三是组团赴坦桑尼亚进行实地调研，走访坦有关部门和中心在坦合作伙伴，并就向坦选派扶贫与农村发展专家、在坦开展扶贫示范项目、支持建立中非减贫合作中心等合作内容达成了共识。以上工作获得坦桑尼亚领导人的肯定和赞赏。坦桑尼亚总理米曾戈·卡扬扎·彼得·平达（Mizengo Kayanza Peter Pinda）阁下亲自致信中国驻坦大使并抄送国际中心，对中心在坦成功举办大型国际减贫交流活动表示祝贺并要求尽快开展后续行动。

国际组织对华扶贫合作

【国际合作贷款项目】

国务院扶贫办利用世行贷款扶贫第五期项目准备工作完成。该项目是2004年5月全球扶贫大会期间中国政府与世行商定的又一个综合性大型扶贫贷款项目。准备工作从2007年开始，2008年11月通过世界银行评估，2009年11月国家发展改革委批准了项目建议书，2009年12月三省（市）项目可行性研究报告通过各省发展改革委审批。资金申请报告现已由国务院扶贫办正式提交国家发展改革委。项目总投资108718万元，其中：世行贷款1亿美元（折合人民币68000万元），全球环境基金组织赠款500万美元（折合人民币3400万元），国内配套37318万元人民币。覆盖陕西、河南、重庆三省（市）的25个县、135个乡、769个村约12万个贫困户、47.83万个贫困人口。项目实施期5年，计划2010年开始，到2014年结束。

【国际合作技术援助项目】

1. 世界银行中国社区主导型发展试点项目

世界银行中国社区主导型发展试点项目由国务院扶贫办与世界银行合作实施，项目于2006年5月正式启动，2009年6月顺利结束。总投资600万美元（其中世行赠款200万美元，国内配套折合400万美元），覆盖广西、四川、陕西和内蒙古四省（区）国家扶贫开发重点县中的60个贫困村，建设内容主要包括小规模基础设施和公共服务、农村社区发展基金以及社区资源管理和环境改善等。试点过程中，借鉴了国际社区主导型发展的理念和方法，坚持以法律为保障，以项目为载体，以创新为动力，以群众为主体，坚持因地制宜，从而形成了具有中国特色的社区主导型发展模式。项目的实施，直接改善了项目区的生产生活条件，增加了项目区农民的收入，改变了项目区的环境状况，提高了社区和农户的自我发展能力，进一步形成了扶贫资源在村级整合的平台、扶贫项目在村级建设的平台和项目实施与能力建设相结合的培训平台。试点项目的做法和经验，赢得了国内外高度关注与普遍称赞。

2. 中泰华威贫困社区综合扶贫试点示范项目

2009年7月，国务院扶贫办外资项目管理中心、中泰华威国际投资有限公司（简称“中泰华威公司”）和南充市人民政府正式签署了三方合作协议，标志着中泰华威贫困社区综合扶贫试点示范项目全面启动。项目区设在四川省南充市所属嘉陵区、顺庆区和蓬安县的30个村。总投资折合人民币约6600万元，其中，中泰华威公司提供500万美元赠款，南充市及项目区县配套3500万元人民币。内容包括基础设施建设与环境改善、农户生计与产业发展、农民发展能力提升以及项目管理与监测。项目的实施将改善项目区的基础设施及公共服务、提高农民生产能力、改变项目区居民生活环境、增加农户收入、实现可持续发展。

3. 儿童贫困与发展试点项目

为了加深对中国儿童贫困现状的理解，探索降低儿童贫困的政策措施，为国家制定新的扶贫战略提供借鉴，国务院扶贫办国际合作和社会扶贫司与联合国儿基会合作，于2009年12月启动了“贫困与儿童发展试点项目”。项目将在湖北、甘肃两省实施，联合国儿基会赠款40万元予以支持。项目旨在通过与“整村推进”战略的衔接，从多维视角的儿童贫困的概念出发对待儿童贫困问题，结合村级规划制定和实施，改善社区条件和服务能力，探索减缓儿童贫困问题的方式方法和干预手段。

4. 美国嘉吉抗旱救灾—农田灌溉项目

外资中心与嘉吉投资（中国）有限公司（以下简称“嘉吉公司”）于2009年3月签署了美国嘉吉抗旱救灾—农田灌溉项目协议。总投资86万元，采取1∶1配套投入。项目用于抗旱救灾—农田灌溉，通过建设水源工程、输水管道配套和节水灌溉技术推广试点，探索解决严重旱情突袭时的应对措施。首个试点定在河南省宁陵县石桥乡万集村。

5. 农村社区滚动发展资金运作模式研究与试点项目

农村社区滚动发展资金运作模式研究与试点项目由国务院扶贫办规划财务司和财政部农业司联合申请、外资中心负责执行。于2006年11月正式启动，2009年9月顺利完成。项目总投资335.1万美元。其中，世界银行赠款35.1万美元，主要用于农村社区滚动发展资金模式研究与试点项目（以下简称“TCC5项目”）研究。国内配套300万美元主要用于试点互助社所需启动资金。试点基于对国内农村金融现状及贫困农户贷款需求的调查，借鉴国内外先进经验，设计出了一种贫困农村社区所有，村民共管的社区滚动发展资金（以下简称“互助资金”）运作模式和管理机制；提高了贫困农村地区基层组织和社区农民自我组织、自我管理和自我发展的能力的同时拓宽了农户贷款渠道，增加了农民实际收入。试点形成的《贫困村互助资金试点成效及政策建议》，为财政扶贫资金扶持到户、提高资金使用效率探索出了一条新路子，并为今后财政扶贫资金的管理提供政策建议。此外，实施过程中开发的操作手册以及资金信息管理软件对规范互助资金的管理，及面上互助资金的推广提供了有力保证。

6. 增强中国国际扶贫中心能力项目

中国国际扶贫中心能力建设项目总投入400万美元，其中联合国开发计划署提供100万美元赠款，中国政府提供300万美元，由中国国际扶贫中心实施。项目从2009年1月开始实施，执行期四年。该项目是在“建立中国国际扶贫中心”项目成功实施基础上提出来的，通过支持提高中心研究和培训的国际化和专业化水平，拓展中心的合作网络，推动高层次对话与交流等活动，进一步加强中心的机构建设，增强中心在推动国际减贫领域经验分享和合作的能力。

7. 区域减贫与包容性增长知识和伙伴

网络下的专题研究项目

区域减贫与包容性增长知识和伙伴网络下的专题研究项目为亚洲开发银行技术援助项目，于2009年4月生效。中国国际扶贫中心负责中国及中亚地区有关减贫与包容性增长的相关研究、信息收集整理和会议协调等。至2009年底，已经完成了第三届中国—东盟社会发展与减贫论坛论文编写，与乌兹别克斯坦经济研究中心签订了合作研究协议，相关研究正在进行。

（国务院扶贫办外资项目管理中心 刘胜安 张富成 王菁；中国国际扶贫中心 李琳一 赵佳）

九

城市扶贫篇

城市贫困及反贫困措施

一、2009 年城市贫困背景及特征

从20世纪90年代中期开始，随着国有企业改革的不断深化和经济结构的进一步调整，出现了大量的下岗和失业人群，由此而导致“城市新贫困”的出现。城市贫困既是一个严峻的现实问题，也是一个颇具挑战性的社会问题。在过去的二十多年中，我国政府针对城市贫困问题，先后出台了一系列包括社会保险和社会救助政策的城市反贫困措施，使得贫困人群的基本生活得以保证。然而，2008 年至 2009 年，中国历经冰冻雨雪灾害、四川汶川特大地震以及全球金融危机等重大事件，城市贫困现象进一步加剧。

（一）金融危机冲击实体经济，就业供需矛盾产生新的贫困人口

2008 年，美国爆发次级债务危机，多家银行破产。随后，危机从美国蔓延至全球，从金融体系蔓延至整个实体经济领域，变成波及全球的金融“海啸”。金融危机对我国的就业形势产生了明显的负面影响，使原本就劳动力供大于求的矛盾进一步加剧。有关研究显示，2009 年全年需要就业的人员总数超过2400 万，供求缺口 1200 万左右。造成就业领域供需矛盾加剧的原因包括宏观和微观两方面的因素。从宏观方面来看，金融危机使我国的经济形势呈现出明显的下行之势，从整体上对就业形势产生了影响。据有关部门估计，国内生产总值（GDP）每增长一个百分点，所带动的就业人数在 100 万人左右。国家统计局的数据显示，2008 年我国的国内生产总值增长速度为 10.6%，而 2009 年 1—3 季度的国内生产总值增长速度分别为 6.2%、7.1%和7.8%，比2008 年下降了2～3 个以上百分点，对就业形势的影响显而易见。从微观经济领域来看，实体经济普遍受到金融危机的影响，不仅本身难以增加新的就业岗位，还带来了大量的新的失业人群。其中，由于出口下滑而造成企业就业岗位减少的现象尤为明显。2008 年 3 月我国的出口增长率为 30.6%，2009 年 3 月为 -17.1%，相差 47.7%。按出口每变化一个百分点影响20 万个就业机会计算，我国大约减少 950 万个就业机会。人力资源和社会保障部的调查也显示，受金融危机影响，企业现有就业岗位减少 8%，城镇失业率上升，登记失业人数首次突破 900 万，达 915 万人，为近 6 年来未曾出现的情况。据统计，2008 年上半年全国有 6.7 万家中小企业因成本上升压力和资金困难而倒闭，全国私营企业户数仅增长 2%。失业率上升与劳动力市场吸纳新增劳动力能力下降并

存的局面不仅使长期以来的就业形势雪上加霜，更是加大了大学生及城镇困难群体就业难的现状。2009 年我国应届高校毕业生达 611 万，加上历年累积的未就业毕业生，需要就业的高校毕业生超过 700 万人。但受金融危机的影响，企业用人需求减少，到今年 5 月底，进校招聘岗位数低于去年同期二成，大量大学毕业生存在毕业即失业的风险。在整体就业趋紧的情况下，城镇“4050”人员、零就业家庭、残疾人等群体实现就业的难度更大。此外，灵活就业群体受到的冲击也颇大。新增就业中 30% ~40% 是灵活就业人群，这一群体的社会保障覆盖面仅为一半左右，处于不稳定状态（莫荣，2009）。由于经济增速减缓，人力资源和社会保障部确定的 2009 年就业目标是：城镇新增就业 900 万人，比 2008 年减少了 100 万人。总之，失业与就业困难同时并存的局面，使其中相当一部分人群陷入贫困，成为城市的新贫困人群。

（二）大量流动人口因失业而贫困

流动人口（农民工）频繁流动于城乡之间、城镇之间和单位之间，流动就业的企业主要是非国有企业，就业的岗位也多为相对“苦、累、脏、险”的工作，与城市劳动力的就业主要是一种“互补”，而不是一种“替代”的关系。根据调查，上海市 2006 年农民工就业时间平均为 10.9 个月，2007 年为 12.75 个月，全市农民工流动率为 7.52%。金融危机爆发后，农民工是最大的受害群体之一，他们中的大部分人因金融危机而失去工作岗位。根据统计，我国 2007 年有农民工 2.26 亿人，农民工占第二产业全部从业人员的 58%，占加工制造业从业人员的 68%，特别是沿海加工出口型企业的农民工就业人数众多，因金融危机造成的失业、待岗或返乡情况严重。2009 年春节前，提前、集中返乡农民工总数达 7000 万，为全部进城务工农民工的 50% 左右；其中有 1200 多万农民工因金融危机暂时失去就业岗位返乡，占外出农民工总量的 8.5%。许多农民工失业后不愿回乡，继续留守在城市，因无固定收入和社会保障而成为“城市新生贫困群体”。北京师范大学 2009 年在全国 10 城市的调查结果显示，在工作时间方面，农民工的工作时间普遍较长，平均每天工作 9.62 小时，接近 10 小时，比正常日工作 8 小时高 1.62 小时，从每天工作时间分类可以看出，每天工作正好 8 个小时的共有 1309 人，占总量的 35.72%。大于 8 小时，小于 10 小时的共 1154 人，占总量的 31.49%。大于 10 小时超负荷工作的共 942 人，占总量的 25.7%（表 1）。［北京师范大学社会发展与公共政策学院农民工养老保障及社会经济状况调查报告（澳发署资助），2009］

表 1　农民工每周工作时间情况

分类	人数	百分比
6 小时以下	48	1.31
6 ~ 8 小时（不包括 8 小时）	155	4.23
8 小时	1309	35.72
8 小时以上 ~ 10 小时	1154	31.49
10 ~ 12 小时	206	5.62
12 ~ 14 小时	610	16.64
14 小时以上	126	3.44
全部有效样本	3608	100

但在社会保障待遇方面，农民工的养老、工伤、医疗、失业等的参保率分别为 18.9%、15.5%、18.3%、10.7%。北京师范大学 2007 年 5 城市的调查显示，2006 年农民工遇到过失业问题的比例高达 33.1%；只有 2.46% 的人领取了失业保险金，平均

失业的天数为83天。

根据北京师范大学社会发展与公共政策学院的调查，生活在城市的新农民工贫困群体都是失业农民工。其主要特征是：第一，他们目前面临的主要问题是因就业难导致收入下降或失去收入来源，虽然目前不一定生活在贫困之中，但处于贫困的边沿，有马上陷入贫困之虞。第二，他们很多选择留在城市继续找工作，而不是返乡，因而成为城市的贫困群体。第三，更重要的是，他们游离在现有的社会保障体系之外，是一个被排斥的群体。比如在上海的访谈中，当地产生一种“三不靠边”群体：他们是无固定单位、夫妻双方都不是上海人，且住所不稳定的人群。上海的所有社会保障政策都不覆盖这些人：如果有单位，可以享受保险；如果有一方是上海人，可以参加社会保险，有一定保障；住所不稳定，游离在政府政策的视域之外。由于农民工的就业方式多样，有短工、临时工等，受经济形势的影响他们经常处于失业与就业的频繁变动之中。但由于农民工无相对固定的居所，他们中处于贫困的人数尚无精确的统计。有基层干部凭经验估算，贫困农民工大约占当地农民工总人数的5%～10%。

由于企业不景气，一些农民工被迫下岗，但其中相当一部分人被正规的社会保护制度排斥在外。我们在访谈中发现，很多失业农民工不知道有失业保险，或是虽然知道，但是嫌手续麻烦不去领；很多农民工采取退养老保险金（个人缴费部分）的方式来应对眼前的经济困难。访谈中农民工说：“失业保险是交了，基本上没听说有人领过，办手续很麻烦，要证明什么的，根本没想着去拿……有的不知道怎么去拿，社保局也不做宣传……拿到我应得的那份（个人缴费部分）回去就行了。”现行制度设计造成了这样的后果：这些人受到城市和农村的双重排斥，该得到的保障不能得到——既没有就业保障，又无法享受社会保障，是游离在城乡两个体制之外的“第三类人”。由此，本次国际金融危机衍生了城市和农村的两种新的农民工贫困群体。

在长时间的非正规就业状态中，农村流动人口享受不到城市社会保障，致使他们难以在城市长期生活下去：由于享受不到晋升的权利，他们在工作技能上得不到快速提高，从而限制了他们适应城市产业结构的变迁。加之对他们的社会歧视和居住边缘化等因素，农村流动人口在城市的生活和工作面临多重的社会排斥，使他们难以认可城市，阻碍了他们与城市的融合过程。

此外，子女教育也成为当前农民工面临的主要难题。根据世界银行—教育部“农民工子女义务教育项目”的数据显示，到2005年，我国0～14岁流动儿童已经达到1941万人，全家一起流动的有1470万人，占流动儿童总数的75.75%。虽然国家出台了“以流入地为主，为公办学校为主”的“两为主”政策，但在实际执行中，许多农民工子女难以进入公办学校。在择校问题上，“学校距离”是农民工家长为其子女选择学校的首要考虑，其次才考虑学校的办学质量。“两为主”政策与农民工子女教育的实际需求存在脱节现象。同时，农民工子女的“边缘化”生存状况导致他们与城市民办打工子弟学校或薄弱公立学校结缘。二者在利益追求上互为补充：民办打工子弟学校或薄弱公立学校能够满足农民工子女最低限度的入学需求；接受农民工子女入学延缓了部分城市薄弱学校的关闭和教师转岗，同时使一些民办打工子弟学校发展起来。农民工子女现阶段就读学校，尤其是民办打工子弟学校的师资水平及学校设施有待提高。另据统计，在6～11周岁和12～14周岁阶段，城市流动儿童男孩在校率为95.68%和94.37%，流动儿童女孩在校率为95.43%和94.15%，与同龄段城市本地儿童的在校率低1～2百分点。6～11周岁的流动儿童中，未上过学的男孩为3.57%，女孩为3.67%，高于城市本地儿童约1个百分点。农民工的子女不能享受到与城市孩子同等的教育权利，损害了他们实现向上流动的能力。

（三）四川特大地震产生新的贫困人口

2008年5月12日14时28分，四川汶川、北川、青川等地发生8级强震，造成巨大的人员伤亡和财产损失，许多居民无家可归，无法就业，基本生活依赖救济。根据调查，地震发生后，调查对象中，87.4%的人员继续从事震前的工作，6.5%的人在震后选择新工作，6.1%的人失业，其中，拥有本地城镇户口的居民的失业率为12.3%。此外，灾前有11.8%的居民从事非农业家庭经营活动，震后有53.5%的非农经营遇到困难但进行经营，有15.8%的非农经营因灾无法继续经营。灾民家庭经营的最大困难是“没有市场（37.9%）、没有资金（27.1%）、没有店面/厂房设备（12.6%）”。许多居民因伤残而丧失劳动能力，或因失业而陷入贫困。根据统计，原来四川城镇失业较多，达30多万人，地震后又增加了37万人，两项加起来将近80万人。地震灾区零就业家庭比地震前新增加了51000户；农村受到地震的影响比较大，原来靠种地为生，现在失去土地、失去林业资源的农民达到115万人。另据统计，2008年和2009年，四川、陕西、甘肃等地的城市低保对象分别比2007年有较大幅度增加，新增低保对象中，有相当多的一部分人为地震产生的新贫困人群，其中，四川省2008年底城市低保对象比2007年新增12万余人，2009年比2007年增加15万多人；陕西省2008年底城市低保对象比2007年新增2万余人，2009年比2007年增加5万多人；甘肃省2008年底城市低保对象比2007年新增17万余人，2009年比2007年增加近11万人（见表2）。

表2　四川、陕西、甘肃地震前后城市低保对象情况比较

省份	2007年	2008年	2009年
四川省	1739767	1860263	1892185
陕西省	816988	837097	862667
甘肃省	726448	897653	834567

二、城市反贫困的政策及措施

为有效应对2009年出现的城市贫困形势，保障贫困人口的基本生活，我国政府在原有社会保障制度的框架下，采取了一系列措施进一步完善制度的覆盖面和管理手段，并加强了就业促进政策的制定和实施。

（一）完善社会保险制度，预防和解决城市贫困人口的生存风险

我国的城镇职工社会养老保险、基本医疗保险、失业保险、工伤保险和生育保险等五大保险制度在20世纪90年代初期已具雏形，此后不断扩大覆盖面和增加待遇水平，对帮助城市居民预防和缓减贫困风险发挥了重要的作用。

1. 养老保险。1991年6月国务院发布

了《关于企业职工养老保险制度改革的决定》（国发［1991］33号），明确宣布实行养老保险社会统筹，这标志着新型的养老保险制度开始建立。1995年，国务院出台《关于深化企业职工养老保险制度改革的通知》，制定了社会统筹与个人账户相结合的养老保险制度改革方案，并首次明确了个体工商户本人、私营企业主等非工薪收入者的养老保险实施方案。1997年，国务院出台《关于建立统一的企业职工基本养老保险制度的决定》，开始在全国建立统一的养老保险制度。根据国务院的规定，企业缴纳基本养老保险费（以下简称企业缴费）的比例，一般不得超过企业工资总额的20%（包括划入个人账户的部分），具体比例由省、自治区、直辖市人民政府确定。少数省、自治区、直辖市因离退休人数较多、养老保险负担过重，确需超过企业工资总额20%的，应报劳动部、财政部审批。个人缴纳基本养老保险费（以下简称个人缴费）的比例，1997年不得低于本人缴费工资的4%，1998年起每两年提高1个百分点，最终达到本人缴费工资的8%。按本人缴费工资11%的数额为职工建立基本养老保险个人账户，个人缴费全部记入个人账户，其余部分从企业缴费中划入。随着个人缴费比例的提高，企业划入的部分要逐步降至3%。个人账户储存额，每年参考银行同期存款利率计算利息。个人账户储存额只用于职工养老，不得提前支取。职工调动时，个人账户全部随同转移。职工或退休人员死亡，个人账户中的个人缴费部分可以继承。本决定实施后参加工作的职工，个人缴费年限累计满15年的，退休后按月发给基本养老金。基本养老金由基础养老金和个人账户养老金组成。退休时的基础养老金月标准为省、自治区、直辖市或地（市）上年度职工月平均工资的20%，个人账户养老金月标准为本人账户储存额除以120。个人缴费年限累计不满15年的，退休后不享受基础养老金待遇，其个人账户储存额一次支付给本人。1999年劳动和社会保障部发布的《社会保险费征缴暂行条例》（国务院令第259号）明确了基本养老保险费的征缴范围为国有企业、城镇集体企业、外商投资企业、城镇私营企业和其他城镇企业及其职工，实行企业化管理的事业单位及其职工，并规定省、自治区、直辖市人民政府根据当地实际情况，可以将城镇个体工商户纳入基本养老保险的范围。2000年12月，国务院发布《关于印发完善城镇社会保障体系试点方案的通知》（国发［2000］42号），选择辽宁一省作为试点，正式指出自由职业人员、城镇个体工商户应参加基本养老保险，具体办法由各省规定。

2005年12月，国务院下发的《关于完善企业职工基本养老保险制度的决定》（国发［2005］38号）指出，城镇各类企业职工、个体工商户和灵活就业人员都要参加企业职工基本养老保险。当前及今后一个时期，要以非公有制企业、城镇个体工商户和灵活就业人员参保工作为重点，扩大基本养老保险覆盖范围。要进一步落实国家有关社会保险补贴政策，帮助就业困难人员参保缴费。

2. 医疗保险。1998年，国务院出台《关于建立城镇职工基本医疗保险制度的决定》，我国开始建立城镇职工基本医疗保险制度。根据国务院的规定，城镇所有用人单位，包括企业（国有企业、集体企业、外商投资企业、私营企业等）、机关、事业单位、社会团体、民办非企业单位及其职工，都要参加基本医疗保险。乡镇企业及其职工、城镇个体经济组织业主及其从业人员是否参加基本医疗保险，由各省、自治区、直辖市人民政府决定。城镇职工基本医疗保险费由用人单位和职工共同缴纳；用人单位缴费率应控制在职工工资总额的6%左右，职工缴费率一般为本人工资收入的2%。城镇职工基本医疗保险起付标准原则上控制在当地职工年平均工资的10%左右，最高支付限额原则上控制在当地职工年平均工资的4倍左右。起付标准以下的医疗费用，从个人账户中支付或由个人自付。起付标准以上、最高支付限额以下的医疗费用，主要从统筹基金中支付，个人也要负担一定比例。

2007年，国务院出台《关于开展城镇居民基本医疗保险试点的指导意见》，决定从当年起开展城镇居民基本医疗保险试点，试点目标是：2007年在有条件的省份选择2至3个城市启动试点，2008年扩大试点，争取2009年试点城市达到80%以上，2010年在全国全面推开，逐步覆盖全体城镇非从业居民。试点的参保范围为：不属于城镇职工基本医疗保险制度覆盖范围的中小学阶段的学生（包括职业高中、中专、技校学生）、少年儿童和其他非从业城镇居民都可自愿参加城镇居民基本医疗保险。城镇居民基本医疗保险以家庭缴费为主，政府给予适当补助，有条件的用人单位可以对职工家属参保缴费给予补助。对试点城市的参保居民，政府每年按不低于人均40元给予补助，其中，中央财政从2007年起每年通过专项转移支付，对中西部地区按人均20元给予补助。中央财政对东部地区参照新型农村合作医疗的补助办法给予适当补助。城镇居民基本医疗保险基金重点用于参保居民的住院和门诊大病医疗支出，有条件的地区可以逐步试行门诊医疗费用统筹。

3. 失业保险。1998年，国务院颁布《失业保险条例》，建立失业保险制度。根据《失业保险条例》的规定，国有企业、城镇集体企业、外商投资企业、城镇私营企业以及其他城镇企业，按照本单位工资总额的百分之二缴纳失业保险费。城镇企业事业单位职工按照本人工资的百分之一缴纳失业保险费。具备下列条件的失业人员，可以领取失业保险金：一是按照规定参加失业保险，所在单位和本人已按照规定履行缴费义务满1年的；二是非因本人意愿中断就业的；三是已办理失业登记，并有求职要求的。失业人员在领取失业保险金期间，按照规定同时享受其他失业保险待遇，具体包括：一是失业人员如果患病或生育，到指定的医院就诊，可以按规定申请70%的医疗费补贴；二是失业人员在领取失业保险金期间开办私营企业、从事个体经营或自行组织起来就业的，可以一次性领取剩余期限的失业保险金（加上本次核定后已领取的月份，不能超过24个月），作为扶持生产资金；三是失业人员在领取失业保险金期间死亡的，其家属可以申领丧葬补助金、供养直系亲属一次性抚恤金；四是女性失业人员在领取失业保险金期间生育，符合国家计划生育规定的，可以申领3个月的生育补助金，标准与其领取的失业保险金计发标准相同；五是免费接受职业指导、职业培训等就业服务。失业人员失业前所在单位和本人按照规定累计缴费时间满1年不足5年的，领取失业保险金的期限最长为12个月；累计缴费时间满5年不足10年的，领取失业保险金的期限最长为18个月；累计缴费时间10年以上的，领取失业保险金的期限最长为24个月。重新就业后，再次失业的，缴费时间重新计算，领取失业保险金的期限可以与前次失业应领取而尚未领取的失业保险金的期限合并计算，但是最长不得超过24个月。失业保险金的标准，按照低于当地最低工资标准、高于城市居民最低生活保障标准的水平，由省、自治区、直辖市人民政府确定。

4. 工伤保险。2003年，国务院颁布《工伤保险条例》。根据《工伤保险条例》，用人单位应当按时缴纳工伤保险费。职工个人不缴纳工伤保险费；用人单位缴纳工伤保险费的数额为本单位职工工资总额乘以单位缴费费率之积。职工有下列情形之一的，应当认定为工伤：一是在工作时间和工作场所内，因工作原因受到事故伤害的；二是工作时间前后在工作场所内，从事与工作有关的预备性或者收尾性工作受到事故伤害的；三是在工作时间和工作场所内，因履行工作职责受到暴力等意外伤害的；四是患职业病的；五是因工外出期间，由于工作原因受到伤害或者发生事故下落不明的；六是在上下班途中，受到机动车事故伤害的；七是法律、行政法规规定应当认定为工伤的其他情形。条例同时规定，职工有下列情形之一的，视同工伤：一是在工作时间和工作岗位，突发疾病死亡或者在48小时之内经抢救无效死亡的；二是在抢险救灾等维护国家利益、公共利益活动中受到伤害的；三是职工原在军队服役，因战、因公负伤致残，已取得革命伤残军人证，到用人单位后旧伤复发的。

5. 生育保险。由企业按照其工资总额的一定比例向社会保险经办机构缴纳生育保险费，建立生育保险基金。生育保险费的提取比例由当地人民政府根据计划内生育人数和生育津贴、生育医疗费等项费用确定，并可根据费用支出情况适时调整，但最高不得超过工资总额的百分之一。企业缴纳的生育保险费作为期间费用处理，列入企业管理费用。职工个人不缴纳生育保险费。女职工生育按照法律、法规的规定享受产假。产假期间的生育津贴按照本企业上年度职工月平均工资计发，由生育保险基金支付。女职工生育的检查费、接生费、手术费、住院费和药费由生育保险基金支付。超出规定的医疗服务费和药费（含自费药品和营养药品的药费）由职工个人负担。女职工生育出院后，因生育引起疾病的医疗费，由生育保险基金支付；其他疾病的医疗费，按照医疗保险待遇的规定办理。女职工生育或流产后，到当地社会保险经办机构办理手续，领取生育津贴和报销生育医疗费。

各项社会保险制度的建立和实施，有效减缓了城市居民的养老负担、医疗负担、失业负担、工伤负担及生育负担，防止城市居民因失业、部分或全部丧失领导能力，或无钱养老而陷入贫困，或者因担负大额医疗、生育等费用而陷入贫困。这些保险制度在城市反贫困战略中发挥了重要的作用。根据统计，2009年年末，全国参加城镇基本养老保险人数23498万人，比上年末增加1607万人。其中参保职工17703万人，参保离退休人员5795万人。参加城镇基本医疗保险的人数40061万人，增加8239万人。其中，参加城镇职工基本医疗保险人数21961万人，参加城镇居民基本医疗保险人数18100万人。参加城镇医疗保险的农民工 4335 万人，增加 69 万人。参加失业保险的人数 12715 万人，增加 316 万人；年末全国领取失业保险金人数为 235 万人。参加工伤保险的人数 14861 万人，增加 1074 万人。其中参加工伤保险农民工 5580 万人，增加 638 万人。参加生育保险的人数 10860 万人，增加 1606 万人。

（二）强化社会救助，保障城市贫困人口基本生活

社会救助是最后一道"社会安全网"，在应对和缓解城市贫困问题上发挥着十分重要由不可或缺的作用。在金融危机、特大地震灾害等背景下，国家和各地采取得力措施，进一步完善社会救助制度，切实保障城市贫困人口的基本生活。

1. 城市居民最低生活保障制度

我国的城市最低生活保障制度从 1996 年开始试点，至 1999 年在全国建制。此后，随着中央财政转移支付力度的不断增加，从 2002 年开始这项制度的覆盖人群基本保持在 2200 万人左右，救助水平也随着物价变动逐年提高。2007 年，为了应对物价上涨，民政部、财政部先后三次出台了临时提高城市低保对象补助水平的政策。根据目前物价情况，这些政策措施 2008 年继续执行。2008 年下半年，民政部和财政部出台《关于提高城乡低保对象补助水平的通知》，决定从 2008 年 7 月份起，城市低保对象补助水平按每人每月 15 元的标准提高，农村低保对象补助水平按每人每月 10 元的标准提高。中央财政按原补助范围对城乡低保对象给予适当补助。已建立与物价变动相适应的城乡低保动态调整机制的地区，要结合本地实际认真加以落实。同时要求，各地要认真做好提高城乡低保对象补助水平政策的落实工作，地方各级财政、民政部门要及时下拨中央财政补助资金和地方财政补助资金，做到政策到位、资金到位。地方各级民政、财政部门还要继续密切关注物价变动情况，确保城乡低保对象的基本生活水平不因物价上涨而降低。同时，积极探索建立城乡低保标准正常调整机制和与物价变动相适应的动态补贴机制。

民政部积极推动基层低保规范化建设活动，要求各地从制度建设、规范管理与操作环节、加强监督检查等方面，进一步完善城乡低保制度和其他社会救助制度。2009 年，民政部下发《关于积极开展城市低收入家庭认定工作的若干意见》。意见规定，城市低收入家庭是指家庭成员人均收入和家庭财产状况符合当地人民政府规定的低收入标准的城市居民家庭。认定城市低收入家庭是住房救助、医疗救助、教育救助等专项社会救助制度以及临时救助制度向低保对象以外的低收入家庭延伸的前提和基础，是进一步健全完善城市社会救助体系的重要举措。开展城市低收入家庭认定工作的总体目标是，通过对社会救助申请人家庭收入和家庭财产状况的核对，逐步建立起相对完整的城市居民家庭经济状况审核信息系统，不断规范城市低收入家庭认定工作，推动廉租住房等专项社会救助制度覆盖所有城市低收入家庭。

2009 年，全国有城市低保对象 2347.7 万人，其中老年人 324.5 万人，占低保对象总数的 13.8%，成年人 1388.2 万人，占低保对象总数的 59.1%，未成年人 635 万人，占低保对象总数的 27.1%，具体见表 3。全国城市低保标准为每月每人 227.75 元，比 2008 年的 205.3 元增加 22.45 元，增幅为 10.9%；月人均补助 165 元，比 2008 年的 141 元增加 24 元，增幅为 17%。

表 3　城市低保对象年龄构成情况

	低保对象	老年人	比例	成年人	比例	未成年人	比例
全国合计	23477443	3244496	13.8	13882077	59.1	6350870	27.1
北京市	147609	13882	9.4	91801	62.2	41926	28.4
天津市	179160	20315	11.3	106717	59.6	52128	29.1
河北省	891056	118264	13.3	504062	56.6	268730	30.2
山西省	944358	95836	10.1	568642	60.2	279880	29.6
内蒙古自治区	874685	150093	17.2	508454	58.1	216138	24.7
辽宁省	1303712	154995	11.9	769797	59	378920	29.1
吉林省	1308489	170030	13	858120	65.6	280339	21.4
黑龙江省	1545103	183801	11.9	982464	63.6	378838	24.5
上海市	362761	4401	12	260730	71.9	97630	26.9
江苏省	470681	74443	15.8	295625	62.8	100613	21.4
浙江省	94656	24295	25.7	49001	51.8	21360	22.6
安徽省	947654	191922	20.3	452680	47.8	303052	32
福建省	187174	27664	14.8	101957	54.5	57553	30.7
江西省	984455	191124	19.4	550601	55.9	242730	24.7
山东省	613079	78514	12.8	434361	70.8	100204	16.3
河南省	1483293	174502	11.8	914574	61.7	394217	26.6
湖北省	1452175	232059	16	958895	66	261221	18
湖南省	1470498	220750	15	862019	58.6	387729	26.4
广东省	408101	65305	16	222398	54.5	120398	29.5
广西壮族自治区	626681	163954	26.2	343666	54.8	119061	19
海南省	181829	27866	15.3	115025	63.3	38938	21.4
重庆市	704054	78135	11.1	460564	65.4	165355	23.5
四川省	1892185	220897	11.7	974479	51.5	696809	36.8
贵州省	554665	77812	14	311367	56.1	165486	29.8
云南省	905818	124143	13.7	509235	56.2	272440	30.1
西藏自治区	39415	4079	10.3	29267	74.3	6069	15.4
陕西省	862667	74301	8.6	564786	65.5	223580	25.9
甘肃省	834567	92874	11.1	494629	59.3	247064	29.6
青海省	220578	18058	8.2	120760	54.7	81760	37.1
宁夏回族自治区	207921	44677	21.5	113689	54.7	49555	23.8
新疆维吾尔自治区	778364	125505	16.1	351712	45.2	301147	38.7

资料来源：民政部最低生活保障司。

在全部城市低保对象中，残疾人，无劳动能力、无生活来源又无法定赡养、抚养、扶养义务人，或者其法定赡养、抚养、扶养义务人无赡养、抚养、扶养能力的“三无人员”，以及在校学生等“弱势群体”占2009年低保对象总数的25%，见表4。

全国城市低保对象中的成年人，又包括在职人员、灵活就业人员、登记失业人员和未登记失业人员。其中，在职人员78.3万人，占低保对象总数的3.3%；灵活就业人员405.5万人，占低保对象总数的17.3%；登记失业人员506.7万人，占低保对象总数的21.6%；未登记失业人员397.7万人，占低保对象总数的16.9%，具体见表5。

表4　　城市低保对象中残疾人、三无人员和在校学生情况

	低保对象总人数	残疾人	残疾人所占比例	三无人员	三无人员所占比例	在校生	在校生所占比例
全国合计	23477443	1725686	7.4%	927458	4.0%	3494110	14.9%
北京	147609	22167	15.0%	2981	2.0%	29523	20.0%
天津	179160	22007	12.3%	1132	0.6%	35043	19.6%
河北	891056	43829	4.9%	35658	4.0%	134978	15.1%
山西	944358	56929	6.0%	20399	2.2%	170227	18.0%
内蒙古	874685	73889	8.4%	36068	4.1%	151446	17.3%
辽宁	1303712	148211	11.4%	29208	2.2%	243721	18.7%
吉林	1308489	89022	6.8%	93177	7.1%	128647	9.8%
黑龙江	1545103	180168	11.7%	40886	2.6%	231047	15.0%
上海	362761	26967	7.4%	647	0.2%	94565	26.1%
江苏	470681	42692	9.1%	18985	4.0%	59527	12.6%
浙江	94656	18036	19.1%	6492	6.9%	11472	12.1%
安徽	947654	60146	6.3%	42768	4.5%	132662	14.0%
福建	187174	16338	8.7%	8867	4.7%	17355	9.3%
江西	984455	142986	14.5%	61394	6.2%	137392	14.0%
山东	613079	35152	5.7%	19014	3.1%	62467	10.2%
河南	1483293	69165	4.7%	64288	4.3%	202853	13.7%
湖北	1452175	101011	7.0%	73112	5.0%	147974	10.2%
湖南	1470498	91701	6.2%	59460	4.0%	194270	13.2%
广东	408101	30263	7.4%	25348	6.2%	77593	19.0%
广西	626681	49450	7.9%	55802	8.9%	76804	12.3%
海南	181829	13685	7.5%	6234	3.4%	27319	15.0%
重庆	704054	45822	6.5%	12762	1.8%	134344	19.1%
四川	1892185	94684	5.0%	67281	3.6%	257240	13.6%
贵州	554665	32245	5.8%	17523	3.2%	104000	18.8%
云南	905818	44321	4.9%	31074	3.4%	107006	11.8%
西藏	39415	1721	4.4%	8421	21.4%	4009	10.2%
陕西	862667	35955	4.2%	20293	2.4%	132197	15.3%
甘肃	834567	46630	5.6%	17868	2.1%	161783	19.4%
青海	220578	7892	3.6%	3868	1.8%	49649	22.5%
宁夏	207921	22190	10.7%	12469	6.0%	34217	16.5%
新疆	778364	60412	7.8%	33979	4.4%	142780	18.3%

表5　　城市低保对象中各类成年人情况

	低保对象	在职人员	所占比例	灵活就业人员	所占比例	登记失业人员	所占比例	未登记失业人员	所占比例
全国合计	23477443	783232	3.3%	4055494	17.3%	5066742	21.6%	3976609	16.9%
北京	147609	14221	9.6%	13119	8.9%	39914	27.0%	24547	16.6%
天津	179160	6301	3.5%	18660	10.4%	46939	26.2%	34817	19.4%
河北	891056	23082	2.6%	170948	19.2%	184423	20.7%	125609	14.1%
山西	944358	50814	5.4%	225445	23.9%	123182	13.0%	169201	17.9%
内蒙古	874685	19186	2.2%	196297	22.4%	123710	14.1%	169261	19.4%
辽宁	1303712	49260	3.8%	258036	19.8%	264922	20.3%	197579	15.2%
吉林	1308489	67531	5.2%	137306	10.5%	375733	28.7%	277550	21.2%
黑龙江	1545103	34081	2.2%	249473	16.1%	371172	24.0%	327738	21.2%
上海	362761	58912	16.2%	5448	1.5%	126971	35.0%	69399	19.1%
江苏	470681	15448	3.3%	76308	16.2%	113650	24.1%	90219	19.2%
浙江	94656	3415	3.6%	12290	13.0%	12821	13.5%	20475	21.6%
安徽	947654	19006	2.0%	142549	15.0%	159960	16.9%	131165	13.8%
福建	187174	5694	3.0%	27225	14.5%	37389	20.0%	31649	16.9%
江西	984455	17046	1.7%	235361	23.9%	166018	16.9%	132176	13.4%
山东	613079	43715	7.1%	82903	13.5%	231519	37.8%	76224	12.4%
河南	1483293	44260	3.0%	252077	17.0%	429860	29.0%	188377	12.7%
湖北	1452175	64484	4.4%	268066	18.5%	397657	27.4%	228688	15.7%
湖南	1470498	23973	1.6%	199097	13.5%	416905	28.4%	222044	15.1%
广东	408101	16407	4.0%	70862	17.4%	62414	15.3%	72715	17.8%
广西	626681	25578	4.1%	139932	22.3%	85854	13.7%	92302	14.7%
海南	181829	5501	3.0%	41049	22.6%	24992	13.7%	43483	23.9%
重庆	704054	2958	0.4%	193209	27.4%	129591	18.4%	134806	19.1%
四川	1892185	26212	1.4%	340869	18.0%	242731	12.8%	364667	19.3%
贵州	554665	10356	1.9%	89885	16.2%	89228	16.1%	121898	22.0%
云南	905818	34403	3.8%	131174	14.5%	189471	20.9%	154187	17.0%
西藏	39415	4420	11.2%	14024	35.6%	6505	16.5%	4318	11.0%
陕西	862667	21095	2.4%	164988	19.1%	224251	26.0%	154452	17.9%
甘肃	834567	32511	3.9%	132311	15.9%	230537	27.6%	99270	11.9%
青海	220578	6386	2.9%	31833	14.4%	25466	11.5%	57075	25.9%
宁夏	207921	5585	2.7%	32700	15.7%	40267	19.4%	35137	16.9%
新疆	778364	31391	4.0%	102050	13.1%	92690	11.9%	125581	16.1%

2. 地震灾区灾民生活救助制度

四川特大地震发生后，为保障受灾群众的基本生活，促进了灾区社会秩序的稳定，民政部、财政部、国家粮食局迅速下发《关于对汶川地震灾区困难群众实施临时生活救助有关问题的通知》，对因灾生活困难的群众实施临时生活救助。通知要求，临时生活救助包括补助金和救济粮。救助对象为因灾无房可住、无生产资料和无收入来源的困难群众。补助标准为每人每天10元补助金和1斤成品粮，补助期限三个月。因灾造成的“三孤”（孤儿、孤老、孤残）人员补助标准为每人每月600元，受灾的原“三孤”人员补足到每人每月600元，补助期限三个月。发放补助所需资金，由中央财政专项安排；救济粮由中央从中央储备原粮中无偿划拨给省级人民政府，省级人民政府统一负责原粮的出库、调运和将原粮加工成成品粮，免费提供给救助对象。通知还要求，补助金由民政部门直接发放给救助对象，实行按月发放。救济粮的出库、调运、加工和发放由粮食部门会同民政部门办理。灾区各级民政、财政、粮食部门要以高度负责的态度，克服困难，密切配合，准确把握救助政策，抓紧实施。要立即组织力量，深入灾区核查灾情，审核确定救助对象，并登记造册，张榜公布，接受群众监督，做到不漏不重。省级民政、财政部门要尽快将审核确定的分县（区）救助对象人数上报民政部、财政部。灾区各级民政、财政、粮食部门要切实加强因灾生活困难群众补助金、救济粮的发放管理，专账核算，专款专用，严禁挤占挪用和虚报冒领，一旦发现违纪违规行为，要依法予以惩处。通知还强调，灾区各级民政、财政、粮食部门要根据本通知精神，制定本地区实施方案，及时、足额地将补助金、救济粮发放到救助对象手中。

三个月的灾民临时救助期满后，国务院抗震救灾总指挥部决定将临时生活救助再延长三个月。2008年7月，民政部、财政部下发了《关于对汶川地震灾区困难群众实施后续生活救助有关问题的通知》。通知指出，考虑到此次地震造成灾区群众损失程度深，生活困难大，恢复重建时间长，国务院抗震救灾总指挥部第23次会议决定，在三个月临时生活救助政策到期后，对汶川地震重灾区四川、甘肃、陕西三省困难群众继续给予后续生活救助。救助对象主要包括：“三孤”（孤儿、孤老、孤残）人员；生活困难的遇难（含失踪）者、重伤残者家庭人员；异地安置人员；因灾住房倒塌或严重损坏且生活困难的受灾群众。救助时间为2008年9月至11月，共计3个月。后续生活救助为现金补助，不再发放口粮，每人每月平均200元。受灾省份要根据灾区上述救助对象生活困难情况，实施分类救助，适当提高“三孤”和生活困难的遇难（含失踪）者、重伤残者家庭人员的补助标准。补助标准由省级民政、财政部门统一制定，报省级人民政府批准后执行。实施后续救助政策所需资金，中央财政予以补助，一次性切块安排给地方，由地方政府包干使用。通知特别强调，2008年11月底后续救助政策到期后，对于生活困难仍需救助的灾区群众，可分别不同情况纳入城乡最低生活保障、农村五保供养和冬春灾民临时生活困难救助制度，保障其基本生活。灾区各级民政、财政部门要及早准备，摸清各类需救助对象底数，做好政策衔接，切实保障后续生活救助政策向现行社会救助制度的平稳过渡。

3. 专项救助制度

在低保制度的基础上，国家进一步完善了医疗救助、教育救助、住房救助等专项救助制度，帮助城市贫困居民解决看病就医、子女上学、住房等困难。

（1）医疗救助制度。为贯彻落实《中

共中央、国务院关于深化医药卫生体制改革的意见》（中发［2009］6号）和《国务院关于印发医药卫生体制改革近期重点实施方案（2009—2011年）的通知》（国发［2009］12号），民政部联合财政部、卫生部于2009年6月下发了《关于进一步完善城乡医疗救助制度的意见》。意见要求，要坚持从我国经济和社会发展实际出发，保障困难群众基本医疗需求；坚持统筹协调，搞好医疗救助制度与相关社会保障制度的衔接，探索建立城乡一体化的医疗救助制度；坚持突出重点，分类施救，公开便捷，发挥医疗救助的救急救难作用；坚持政府主导，社会参与，大力发展医疗慈善事业。意见提出，进一步完善医疗救助制度，筑牢医疗保障底线。用3年左右时间，在全国基本建立起资金来源稳定，管理运行规范，救助效果明显，能够为困难群众提供方便、快捷服务的医疗救助制度。意见还提出，要合理确定救助范围。在切实将城乡低保家庭成员和五保户纳入医疗救助范围的基础上，逐步将其他经济困难家庭人员纳入医疗救助范围。其他经济困难家庭人员主要包括低收入家庭重病患者以及当地政府规定的其他特殊困难人员。具体救助对象界定标准，由地方民政部门会同财政等有关部门，根据本地经济条件和医疗救助基金筹集情况、困难群众的支付能力以及基本医疗需求等因素制定，并报同级人民政府批准。要实行多种方式救助。对城乡低保家庭成员、五保户和其他经济困难家庭人员，要按照有关规定，资助其参加城镇居民基本医疗保险或新型农村合作医疗并对其难以负担的基本医疗自付费用给予补助。要完善救助服务内容。要根据救助对象的不同医疗需求，开展医疗救助服务。要坚持以住院救助为主，同时兼顾门诊救助。住院救助主要用于帮助解决因病住院救助对象个人负担的医疗费用；门诊救助主要帮助解决符合条件的救助对象患有常见病、慢性病、需要长期药物维持治疗以及急诊、急救的个人负担的医疗费用。要合理制定补助方案。各地要根据当年医疗救助基金总量，科学制定医疗救助补助方案。逐步降低或取消医疗救助的起付线，合理设置封顶线，进一步提高救助对象经相关基本医疗保障制度补偿后需自付的基本医疗费用的救助比例。

（2）教育救助制度。在《国务院关于建立健全普通本科高校高等职业学校和中等职业学校家庭经济困难学生资助政策体系的意见》的基础上，有关部门先后出台了《普通本科高校、高等职业学校国家奖学金管理暂行办法》、《普通本科高校、高等职业学校国家助学金管理暂行办法》、《普通本科高校、高等职业学校国家励志奖学金管理暂行办法》、《关于认真做好高等学校家庭经济困难学生认定工作的指导意见》、《关于在部分地区开展生源地信用助学贷款试点的通知》等政策，进一步细化国家奖学金、国家助学金、国家励志奖学金等制度，帮助包括贫困城市居民子女在内的贫困学生解决相关教育费用。此外，有关部门还印发了《关于大力开展生源地信用助学贷款的通知》，指出助学贷款是国家开发银行等金融机构向符合条件的家庭经济困难的普通高校新生和在校生（以下简称“学生”）发放的、在学生入学前户籍所在县（市、区）办理的助学贷款。生源地贷款为信用贷款，每个借款人每年申请的贷款原则上最高不超过6000元，主要用于解决学生在校期间的学费和住宿费问题；

学生和家长（或其他法定监护人）为共同借款人，共同承担还款责任。通知决定从2008年起进一步扩大生源地信用助学贷款覆盖范围，大力推进生源地信用助学贷款工作，江苏、湖北、重庆、甘肃、陕西5省市进一步总结经验，完善机制，巩固成果，继续开展生源地信用助学贷款工作。其他各省（区、市）按照自愿原则，综合考虑当地高校家庭经济困难学生贷款需求和高校国家助学贷款工作开展情况，经报财政部、教育部备案，可开展生源地信用助学贷款。

有关部门还出台了《高等学校勤工助学管理办法》，规定全日制普通本科高等学校、高等职业学校和高等专科学校开展勤工助学活动，即学生在学校的组织下利用课余时间，通过劳动取得合法报酬，用于改善学习和生活条件的社会实践活动。勤工助学岗位分固定岗位和临时岗位。校内固定岗位按月计酬。以每月40个工时的酬金原则上不低于当地政府或有关部门制定的最低工资标准或居民最低生活保障标准为计酬基准，可适当上下浮动。校内临时岗位按小时计酬。每小时酬金可参照学校当地政府或有关部门规定的最低小时工资标准合理确定，原则上不低于每小时8元人民币。出台《高等学校毕业生学费和国家助学贷款代偿暂行办法》，规定中央部门所属普通高等学校中的全日制本专科生（含高职）、研究生、第二学士学位应届毕业生，毕业后到西藏、内蒙古、广西、重庆、四川、贵州、云南、陕西、甘肃、青海、宁夏、新疆等12个西部省（自治区、直辖市），或到河北、山西、吉林、黑龙江、安徽、江西、河南、湖北、湖南、海南等10个中部省，以及除上述地区外，国务院规定的艰苦边远地区的基层单位就业、服务期在3年以上（含3年）的，其学费由国家实行代偿。在校学习期间获得国家助学贷款（含高校国家助学贷款和生源地信用助学贷款，下同）的，代偿的学费优先用于偿还国家助学贷款本金及其全部偿还之前产生的利息。其中，基层单位包括县以下机关、企事业单位，包括乡（镇）政府机关、农村中小学、国有农（牧、林）场、农业技术推广站、畜牧兽医站、乡镇卫生院、计划生育服务站、乡镇文化站等，或工作现场地处中西部地区和艰苦边远地区县以下的气象、地震、地质、水电施工、煤炭、石油、航海、核工业等中央单位艰苦行业生产第一线。

（3）住房救助制度。《廉租住房保障办法》规定，廉租住房保障对象为城市低收入住房困难家庭，即在城市和县人民政府所在地的镇范围内，家庭收入、住房状况等符合市、县人民政府规定条件的家庭。廉租住房保障方式为，实行货币补贴和实物配租等相结合。为落实《廉租住房保障办法》，住房和城乡建设部出台了《关于加强廉租住房质量管理的通知》，要求各地加强建设管理，严格基本建设程序，严格按工程招投标、施工图审查、施工许可、质量监督、竣工验收备案等程序执行，并强化对各环节的监督管理。质量监督机构要根据廉租住房的建设特点，制定专门的质量监督方案，调整充实监督力量，强化对工程建设过程中参建各方质量行为和工程质量的监督检查。规划部门要充分考虑低收入家庭生活和就业方面的实际情况，廉租住房项目应采取配套建设与集中建设相结合的办法进行，尽可能安排在近期重点发展区域、产业集中区域和公共交通便利的区域。建设单位要对廉租住房质量全面负责。要依法加强对设计、施工质量的过程控制，保证住房建设的合理工期和造价。勘察单位要按照工程建设强制性标准进行勘察，确保勘察文件真实可靠。设计单位要根据廉租住房特点，精心设计，在较小的套型内实现基本的使用功能，满足住宅对采光、隔声、节能。通风和公共卫生要求。施工单位要严格执行施工图设计文件和技术标准，强化质量控制，严格材料进场检验、工序检查和验收制度，不得偷工减料，不得使用不合格的建筑材料，确保施工质量。监理单位要严格执行《建设工程监理规范》，切实履行监理责任。各地建设主管部门要加强交付验收工作的管理，对廉租住房全面实施质量分户验收，确保每套住房都达到入住即可使用的条件。此外，住房城乡建设部、发展改革委、财政部还出台了《关于印发2009—2011年廉租住房保障规划的通知》，决定从2009年起到2011年，争取用3年时间，基本解决747万户现有城市低收入住房困难家庭的住房问题。其中，2008年第四季度已开工建设廉租住房38万套，3年内再新增廉租住房518万套、新增发放租赁补贴191万户。进一步健全实物配租和租赁补贴相结合的廉租住房制度，并以此为重点加快城市住房保障体系建设，完善相关的土地、财税和信贷支持政策。其中，2009年解决260万户城市低收入住房困难家庭的住房问题。其中，新增廉租住房房源177万套，新增发放租赁补贴83万户。具体保障方式为：通过新建、购置和改造等方式筹集房源，同时继续实施租赁补贴制度，多渠道、多方式解决城市低收入住房困难家庭的住房问题。新建廉租住房采用统一集中建设和在经济适用住房、普通商品住房、棚户区改造项目中配建两种方式，以配建方式为主。保障标准为：廉租住房保障对象是城市低收入住房困难家庭，具体条件由市、县政府确定。廉租住房保障标准控制在人均住房建筑面积13平方米左右，套型建筑面积50平方米以内，保证基本的居住功能。租赁补贴额根据当地平均市场租金、家庭住房支付能力合理确定。通知强调，中央加大对财政困难地区廉租住房保障补助力度。2009年廉租住房建设中央补助标准为：西部地区400元/平方米，中部地区300元/平方米，辽宁、山东、福建省的财政困难地区200元/平方米。省级人民政府要比照中央的做法，加大对本地区财政困难的市、县建设（包括购置、改造）廉租住房和发放租赁补贴的资金投入。各地可根据实际情况，统筹使用中央下拨的预算内投资补助和廉租住房保障专项补助资金。市、县人民政府按照国家有关规定多渠道筹集廉租住房保障资金。市、县财政要将廉租住房保障资金纳入年度预算安排。住房公积金增值净收益要全部用于廉租住房建设。要采取有效措施，保证土地出让净收益用于廉租住房保障的比例不低于10%。

三、农民工的风险分担机制及贫困农民工救助政策

近年来，农民工的福利状况有所提高，但仍然面临严峻挑战。从工资上看，城市农民工中有11.67%处于所在城市的最低工资之下；固定岗位农民工平均每周工作时间为55.46小时，灵活就业农民工每周工作时间为63.92小时。如果农民工按照城镇就业人员平均劳动时间进行工作，则有23.02%的农民工工资低于当地最低工资水

平。一旦遇到经济波动的冲击，农民工的基本生活首当其冲会受到影响。为缓解农民工的生存风险，保障他们的合法权益，我国政府一直致力于建立和探索各项与农民工相关的社会保障制度，包括社会保险和社会救助。

（一）农民工的社会保险制度

早在1997年，国务院颁发的《国务院关于建立统一的企业职工基本养老保险制度的决定》指出，基本养老保险制度要逐步扩大到城镇所有企业及其职工。城镇个体劳动者也要逐步实行基本养老保险制度。2001年12月，劳动和社会保障部发布的《关于完善城镇职工基本养老保险政策有关问题的通知》第四条明确规定："参加养老保险的农民合同制职工，在与企业终止或解除劳动关系后，由社会保险经办机构保留其养老保险关系，保管其个人账户并计息，凡重新就业的，应接续或转移养老保险关系；也可按照省级政府的规定，根据农民合同制职工本人申请，将其个人账户个人缴费部分一次性支付给本人，同时终止养老保险关系，凡重新就业的，应重新参加养老保险。农民工合同制职工在男年满60周岁、女年满55周岁时，累计缴费年限满15年以上的，可按规定领取基本养老金；累计缴费年限不满15年的，其个人账户全部储存额一次性支付给本人"。

养老保险和医疗保险是农民工优先考虑的问题。根据调查，39.8%的农民工选择参加养老保险，5.7%的农民工选择参加工伤保险。另一项研究发现，超过50%的农民工愿意参与城镇或农村养老计划，66.6%的农民工愿意参与医疗保险。在中国农民工生活质量问卷调查中，农民工在回答最希望政府提供哪些帮助时，19.6%的农民工选择医疗援助和改善居住条件；而在农民工最不满意的社会问题中，33.1%发农民工选择了医疗、健康服务。

目前，各地探索建立农民工社会保险制度，主要有几种模式：一是将农民工纳入城镇职工社会保险体系。例如，广东省；浙江则是对农民工参加城镇职工社会保险采取"双低"（即"低门槛准入、低标准享受"）的办法。如《杭州市农民工基本养老保险低标准缴费低标准享受试行办法》（以下简称"双低办法"）规定，符合参加杭州市职工基本养老保险条件的各类企业中收入偏低的农民工可自愿申请按"双低办法"参保缴费。职工个人缴费基数按本人上年度月平均工资计算。新参加工作、重新就业和新建用人单位的职工，当年职工个人缴费基数按用人单位确定的月工资收入确定。职工上年月平均工资低于全省职工月平均工资60%的，按全省职工月平均工资60%核定缴费基数。上年全省职工平均工资公布前，按前一年全省职工平均工资确定。职工个人缴费比例为5%；单位缴费基数按职工基本养老保险统一办法的规定执行，缴费比例为14%。

二是针对农民工建立独立的社会保险制度。上海、北京等地针对农民工建立独立的制度。如《上海市外来从业人员综合保险暂行办法》规定，外来从业人员综合保险（以下简称综合保险），包括工伤（或者意外伤害）、住院医疗和老年补贴等三项保险待遇；外来从业人员是指符合本市就业条件，在本市务工、经商但不具有本市常住户籍的外省、自治区、直辖市的人员。本市行政区域内，经批准使用外来从业人员的国家机关、社会团体、企业（包括外地施工企业）、事业单位、民办非企业单位、个体经济组织（以下统称用人单位）及其使用的外来从业人员和无单位的外来从业人员，适用综合保险办法。综合保险的缴费主体为用人单位和无单位的外来从业人员，用人单位缴纳综合保险费的基数，为其使用外来从业人员的总人数乘以上年度全市职工月平均工资的60%。无单位的外来从业人员缴纳综合保险费的基数，为上年度全市职工月平均工资的60%。用人单位和无单位的外来从业人员按照缴费基数12%的比例，缴纳综合保险费。其中，外地施工企业的缴费比例为7.5%。综合保险费的缴纳以三个月为一个周期，每次应当缴纳三个月的综合保险费。依法履行缴费义务的外来人员，按下列规定享受综合保险待遇：1. 用人单位使用的外来从业人员，享受工伤、住院医疗和老年补贴三项待遇；2. 无单位的外来从业人员，享受意外伤害、住院医疗和老年补贴三项待遇；3. 外地施工企业的外来从业人员，享受工伤、住院医疗两项待遇。

不论是让农民工参加现行的城镇社会保险制度，还是针对农民工建立独立的社会保险制度，在实际执行中，农民工参保的比例不高。2009年，参加城镇医疗保险的农民工4335万人，比2008年增加69万人；参加工伤保险农民工5580万人，比2008年增加638万人。农民工参保率低，其影响因素可以从供给方面和需求方面进行分析。供给方面的因素包括户籍制度分割、城市偏向政策、不合理的缴费费率、政府财政负担、缺乏整体的制度设计、政策法律执行不力等，需求方面的因素包括个人创收能力和可支付能力、制度上的获得性与便携性、风险频率和反应机制、缴费率和预期收益及激励机制、生活持久准备和安排等。由于农民工的流动性，以及现行社会保险制度主要是针对城镇居民设计的，农民工是社会保险存在一系列的问题，主要包括：制度不统一、参保门槛高、统筹层次低、允许退保，农民工社会保障相关方的短视行为、对参保不积极，流动性大、经办管理难，政府对农民工社会保险责任不明确，参保率低、退保率高等。

2006年初，国务院下发《关于解决农民工问题的若干意见》，明确提出：一是要高度重视农民工的社会保障工作，根据农民工最紧迫的社会保障需求，坚持分类指导、稳步推进，优先解决工伤保险和大病医疗保障问题，逐步解决养老保障问题。二是依法将农民工纳入工伤保险范围。所有用人单位必须及时为农民工办理工伤保险手续，并按时足额缴纳工伤保险费；未参加工伤保险的农民工发生工伤后，由用人单位按照感伤保险规定的标准支付费用。三是抓紧解决农民工大病医疗保障问题，重点解决农民工进城务工期间的医疗保障问题。有条件的地方，可直接将稳定就业的农民工纳入城镇企业职工基本医疗保险，农民工也可自愿参加原籍的新型农村合作医疗。四是探索适合农民工特点的养老保险办法，抓紧研究低费率、广覆盖、可转移，并能够与现行养老保险制度相衔接的办法。

2009年，国家下发《国务院办公厅关于转发人力资源社会保障部、财政部城镇企业职工基本养老保险关系转移接续暂行办法的通知》。《城镇企业职工基本养老保险关系转移接续暂行办法》规定，包括农民工在内的，参加城镇企业职工基本养老保险的所有人员，其养老保险关系在跨省流动就业时，可一同转移。具体办法为：

参保人员跨省流动就业的，由原参保所在地社会保险经办机构开具参保缴费凭证，其基本养老保险关系应随同转移到新参保地。参保人员达到基本养老保险待遇领取条件的，其在各地的参保缴费年限合并计算，个人账户储存额（含本息，下同）累计计算；未达到待遇领取年龄前，不得终止基本养老保险关系并办理退保手续。办法特别规定，农民工中断就业或返乡没有继续缴费的，由原参保地社保经办机构保留其基本养老保险关系，保存其全部参保缴费记录及个人账户，个人账户储存额继续按规定计息。农民工返回城镇就业并继续参保缴费的，无论其回到原参保地就业还是到其他城镇就业，均按前述规定累计计算其缴费年限，合并计算其个人账户储存额，符合待遇领取条件的，与城镇职工同样享受基本养老保险待遇；农民工不再返回城镇就业的，其在城镇参保缴费记录及个人账户全部有效，并根据农民工的实际情况，或在其达到规定领取条件时享受城镇职工基本养老保险待遇，或转入新型农村社会养老保险。农民工在城镇参加企业职工基本养老保险与在农村参加新型农村社会养老保险的衔接政策，另行研究制定。

（二）农民工的社会救助制度

北京师范大学课题组于 2009 年 2 月赴农民工主要流入地的浙江、上海、广东三省市，以及劳务输出大省河南省开展调查。调查结果认为，农民工在经济增长最快的时候充当了壮劳力，贡献青春，贡献健康，经济危机来临时，以最大的容耐，最大的宽容，最大的努力，以个人的能力去应对，帮助国家和社会渡过难关。农民工失业是当前民生问题的重中之重。失业农民工更可能选择滞留城市，从而成为金融危机下的新生贫困群体；返乡农民工也会因失去谋生手段而成为另一类新生贫困群体。调查发现，浙江、上海和广东等省市都鼓励和要求农民工参加社会保险，完善农民工子女在居住地就学政策，保证农民工子女入学享受同城待遇。此外，各地通过救助制度帮助贫困农民工度过难关。

1. 临时救助制度

临时救助制度主要帮助农民工解决突发性、临时性生活困难。如浙江《临海市困难群众临时救助实施意见（试行）》规定，临时救助对象包括持有暂住证的新临海人（农民工），救助内容包括因火灾、交通事故、慢性疾病、突发公共事件等造成生活困难的，给予 500～1500 元不等的一次性生活补贴。上海市在街道、居委会建立帮扶网络，以块为主、条线配合，帮助解决外地来沪务工人员的困难。

2. 医疗救助制度

医疗救助制度主要帮助农民工解决医疗难问题。如温州市于 2008 年 2 月出台了《温州市区外来困难务工人员医疗救助试行办法》，对持有效温州市区暂住证，与市区企事业单位或其他组织签订劳动合同且工作一年以上，并参加社会医疗保险、就医住院的外来困难务工人员给予医疗救助。救助标准为个人自负医疗费用超过 5000 元至 10000 元的，按 25% 比例予以救助；个人自负医疗费用超过 10001 元以上部分按 35% 的比例予以救助；封顶线为 20000 元，获“百佳升年温州人”称号的为 30000 元。《台州市椒江区外来民工医疗救助暂行办法》规定，救助对象为持有本区暂住证、与本区企事业单位签订劳动合同且工作一年以上的外来民工，救助标准为个人自负医疗费用超过5000元至10000元部分按40%比例予以救助；个人自负医疗费用超过10001元以上部分按50%的比例予以救助；封顶线为20000元。

3. 工会救助

工会救助往往以应急救助为主，救助内容包括基本生活和医疗救助等。在大多成立了独立的工会或联合工会的用人单位，农民工都是工会会员。当农民工罹患疾病或遭遇其他困难，工会一方面发动员工开展募捐，开展职工互助；另一方面通过工会组织给予必要的经济帮困。此外，各地还在元旦春节期间对农民工开展帮困送温暖活动。如台州市椒江区2008年春节对区内1000名因工伤暂不能正常工作的农民工、5000名患大病重病的农民工和300名患大病重病的外来家政服务人员，给予每人价值200元的节目补助；对100名在敬老院、居家养老的外来护理人员且生活困难的，给予每人价值100元的节日补助。据统计，杭州市萧山区2008年工会组织的送温暖工程活动，对2576户困难家庭给予救助，其中农民工760多户，占30%。

四、实施就业导向的城市反贫困策略

就业乃民生之本，也是城市反贫困的治本之策之一。为解决金融危机下的就业问题，2009年3月和6月，国务院两次召开常务会议专题研究就业问题，先后制定出台了《国务院关于做好当前经济形势下就业工作的通知》、《国务院办公厅关于加强普通高等学校毕业生就业工作的通知》、《国务院办公厅关于切实做好当前农民工工作的通知》、《国务院办公厅转发人力资源社会保障部等部门关于促进以创业带动就业工作指导意见的通知》。人力资源和社会保障部联合有关部门先后下发了《关于采取积极措施减轻企业负担稳定就业局势的通知》、《关于实施特别职业培训计划的通知》、《关于开展2009年就业服务系列活动的通知》等政策文件，千方百计支持包括农民工、城市困难家庭等人群在内的就业问题。中央财政也加大投入，预算安排就业资金420亿元，比去年增长66.7%。到2009年7月，全国31个省份及300多个城市已全部出齐了7个文件的配套政策措施，形成了应对金融危机稳定和扩大就业的一整套政策体系。

（一）减轻企业负担，稳定现有岗位，积极拉动就业

为帮助企业渡过难关并鼓励企业不裁员或少裁员，在减轻企业税赋的同时，国家出台措施，引导生产经营遇到暂时困难的企业与农民工开展集体协商，采取灵活用工、弹性工时、组织培训等办法，尽量不裁员或少裁员，稳定现有就业岗位。引导企业履行社会责任，防止出现大规模集中裁员现象。有关部门还出台了“五缓四减三补两协商”的援企稳岗措施。“五缓”是指对暂时无力缴纳社会保险费的困难企业，在一定条件下允许缓缴养老、医疗、失业、工伤和生育五项社会保险费。“四减”是指阶段性降低除养老保险外的四项社会保险费费率。“三补”是指使用失业保险基金为困难企业稳定岗位支付社会保险补贴和岗位补贴，以及使用就业专项资金对困难企业开展职工在岗培训给予补贴。“两协商”是指困难企业不得不进行经济性裁员时，对确实无力一次性支付经济补偿金的，在企业与工会或职工双方依法平等协商一致的基础上，可签订分期支付或以其他方式支付经济补偿的协议。此外，各

地结合落实扩大内需促进增长的重大举措，发挥政府投资和重大项目带动就业的作用。鼓励支持劳动密集型产业特别是服务业和中小企业的发展，增强吸纳农民工就业的能力；通过税收优惠、社会保险补贴等政策，引导企业更多吸纳就业；发展特色经济支柱产业拉动就业；鼓励政府投资和国有企事业单位对尽可能提供较多的就业岗位。根据人力资源和社会保障部5省15个失业动态监测城市的快速调查，监测城市2009年6月企业解除或终止劳动关系人数为258349人，企业岗位增减相抵净增1510个，增幅0.23%，岗位总体流失速度放缓。截至2009年6月底，全国通过缓缴、降低费率两项措施，当期直接减轻企业负担166亿元；运用节余的失业保险基金17.9亿元补贴支持6000户困难企业，稳定职工318万人。

（二）开展就业服务，妥善安排重点群体就业

在稳定就业岗位的同时，国家相关部门积极开展就业服务，针对大学生、农民工、城镇困难人群以及灾民等群体提供就业帮助。主要包括以下几个措施：

1. 鼓励和引导高校毕业生就业。2009年，国家先后出台了一整套有关高校毕业生就业的政策文件，拓展了城乡基层、民营中小企业、科研项目、自主创业、应征入伍等渠道，细化了就业服务、就业见习和就业援助三项举措。有关部门7、8、9三个月集中开展“高校毕业生就业推进行动”，努力做好毕业生离校前后就业的衔接，认真抓好“村官计划”、“教师特岗计划”、“三支一扶”、“西部计划”等基层项目的实施，并将大批未就业毕业生组织到就业见习和服务项目之中。有关部门还开展了高校毕业生就业服务系列活动，其服务对象为尚未落实工作岗位的应届高校毕业生和离校未就业高校毕业生，重点是其中的困难毕业生。工作目标为：一是力争应届普通高校毕业生初次就业率达到70%左右；二是毕业生登记失业后半年内就业率达到60%以上；三是建立家庭经济困难毕业生登记认定制度，登记后半年内就业率达到90%以上。各地在应届毕业生离校前，重点做好适合于毕业生就业的岗位信息收集、组织企业进校园、召开专场招聘会、开展网络招聘等帮助毕业生求职的服务活动；在应届毕业生离校后，重点做好登记求职和登记失业毕业生的就业见习、职业培训、职业介绍、创业服务和落实相关扶持政策等服务活动；对离校未就业毕业生和困难毕业生，政府就业服务机构、人才服务机构和毕业生就业指导机构要加强配合，提供有效的就业服务，并做好困难毕业生登记认定工作和就业援助工作。此外，2009年5月中旬，全国100个大中城市联合举办民营企业招聘周活动，以高校毕业生为重点对象，搭建民营企业与各类劳动者间的供需对接平台，帮助高校毕业生到民营企业就业。2009年9月1日，高校毕业生离校时初次就业率为74%，与去年基本持平。截至2009年10月底，到各地登记的离校未就业的180万毕业生，已实现就业93万人，占51.6%。

2. 引导和支持农民工就业再就业工作。金融危机后，大批农民工失业。为此，有关部门在援企稳岗的同时，开展了春风行动系列活动。活动的服务对象为：农民工和农村富余劳动力，重点是其中新失去工作的农民工和被征地农民。活动的目标为：一是新失去工作岗位后仍留在城市的农民

工能够得到公共就业服务机构提供的免费就业服务；二是准备进城务工的农民工可以得到免费、有效的就业信息和就业服务，并可以参加到有组织的劳务输出活动中；三是有培训意愿的农民工可以参加享受政策补贴的职业培训；四是组织一批农村富余劳动力在当地企业或公共基础设施建设项目中实现转移就业。各地在2009年春节后，普遍免费发放“春风卡”，介绍主要输入地区用工需求形势、进城务工基本常识、维权注意事项、公共就业服务机构和合法民办职业中介机构的联系方式等，帮助农民工求职；一些地方组织农民工参加职业技能培训或创业培训，促进其实现转移就业或返乡创业；建立劳务输出地与输入地之间的就业信息沟通机制，为准备外出求职的农民提供准确的就业信息，并通过有组织的劳务输出，帮助农民有序外出就业；一些地方通过当地企业和公共基础设施建设项目吸纳等方式，帮助一批农村富余劳动力就地就近转移就业。此外，2009年2月第3周，由人力资源社会保障部、全国总工会、共青团中央、全国妇联共同组织各地统一开展“春风送岗位”活动，组织公共就业服务机构和有关社会团体的基层组织、服务机构，提前收集适合的就业岗位信息，建立全国范围的沟通平台，通过信息发布、召开专场招聘会、组织送岗下乡等方式，集中帮助一批进城务工妇女、青年等各类农民工实现转移就业。到2009年10月底，绝大多数返城农民工已找到了工作；未外出的农民工大部分在当地就业和创业。据国家统计局监测调查，第三季度末，全国农村外出劳动力15198万人，比去年底增加1100多万人。另据统计，2009年春节前后三个月，有7000万农民工流动，但没有出现大规模农民工滞留城市或在城乡间盲目流动。目前，95%的农民工又回到城市并找到工作。

3. 积极帮助城镇就业困难人员、零就业家庭和灾区劳动者就业。2009年，有关部门开展了一系列的就业援助系列活动。活动的服务对象为：就业困难人员和零就业家庭，以及因企业关闭、停产或裁员而失去工作的城镇新失业人员，重点是其中新出现的就业困难人员和零就业家庭。活动的目标为：一是使每一个新出现的符合认定条件的就业困难人员和零就业家庭能够及时在街道、社区公共就业服务机构登记，并得到就业援助；二是帮助登记的就业困难人员在规定时间内通过企业吸纳、公益性岗位安置或灵活就业等方式实现就业；三是保证每一个零就业家庭在规定时间内至少一人实现就业；四是帮助符合条件人员落实社保补贴、岗位补贴等就业扶持政策。各地进一步加强就业援助工作，普遍开展入户家访活动，建立健全就业困难人员和零就业家庭登记认定制度和“一对一帮扶”援助制度。一些地方加大公益性岗位开发力度，组织开展相应的职业培训、创业服务和落实相关扶持政策，并在不同时期有针对性地安排相应的专项服务活动。2009年1月10日至16日，由人力资源社会保障部、全国总工会、共青团中央、全国妇联、中国残联共同组织各地统一开展“就业援助周”活动，通过开展入户家访掌握就业困难人员情况，制定计划开展“一对一”重点援助，切实帮助一批就业困难人员和零就业家庭成员实现就业再就业，并落实相关就业扶持政策。2009年9月，各地专门开展了迎国庆就业援助进家入户专项活动，巩固困难群体就业援助的成果，并全面落实已就业人员的扶持政策。2009 年 1 月至 11 月，共帮助 146 万名就业困难人员实现再就业，超额完成全年 100 万名的目标任务。

4. 积极支援灾民就业和再就业。恢复重建总体规划中，专门列出要把就业援助作为今后三年的重要任务。2008 年 6 月 30 日，国务院在四川省专门开了灾区恢复工业生产和扩大就业座谈会，要求 20 个省市对口支援三个灾区省份就业工作，确定任务目标，并签订了协议。协议约定了 7 月到 9 月要完成的三项指标：一是要求 20 个省市为灾区提供比较好的岗位 10 万个，工资待遇应该在 1000 元钱以上，还要有社会保险。实际各地提供的岗位一般月收入都在 1200 元以上；二是要求在三个月内组织 3.5 万人到支援地异地就业；三是要求双方共同帮助 17.5 万灾区劳动者在本地就业。到 2008 年 9 月，20 个省（市）已经提供了 44 万个岗位，都是各地比较好的岗位；已经组织出去了 33000 人；本地安排就业已达到 25 万人（张小建，2008）。另据统计，2008 年 7 月到 2009 年 9 月底，灾区对口就业援助共实现有组织劳务输出 65.2 万人，其中省外 47.5 万人；灾区劳动者实现本地就业 135.7 万人，其中公益性岗位安置 21.9 万人。

（三）鼓励自主创业

2008 年 9 月，国务院办公厅转发了人力资源社会保障部等 11 个部门促进创业带动就业工作的指导意见，进一步完善有利于劳动者创业的税收优惠、小额担保贷款、资金补贴、场地安排等扶持政策。有关部门要求各地重点指导和促进高校毕业生、失业人员和返乡农民工创业。积极采取措施促进军队复员转业人员、留学回国人员等创业。力争用 3 年到 5 年的时间，实现劳动者创业人数和通过创业带动就业人数的大幅增加，基本形成促进以创业带动就业的政策体系，使更多有创业意愿和创业能力的劳动者成功创业。地方人民政府要在用地、收费、信息、工商登记、纳税服务等方面，降低创业门槛，给予农民工返乡创业更大的支持。推行联合审批、“一站式”服务、限时办结和承诺服务等，开辟农民工创业“绿色通道”。鼓励农民工发展农产品加工业、农村二、三产业、生态农业和县域中小企业。全国有 82 个城市开展了创业型城市创建活动。不少地区实施“全民创业”的发展战略，从完善政策体系和推动政策落实，建立创业资金和建设创业基地，强化创业培训和完善创业服务等方面入手，重点推进返乡农民工和高校毕业生创业。有些地方实施创业“项目、政策、资金”的一体化运作；有些地方组织有关部门开展“创业接力棒”活动，在创业的各个环节明确对口帮扶要求，搭建创业服务平台，鼓励和支持失业人员和其他就业群体的自主创业。

（四）加强职业培训，提高劳动者素质

有关部门制定了特别职业培训计划，决定从 2009 年至 2010 年，利用 2 年左右时间，集中对困难企业在职职工开展技能提升培训和转岗转业培训，帮助其实现稳定就业；对失去工作返乡的农民工开展职业技能培训或创业培训，促进其实现转移就业或返乡创业；对失业人员（包括参加失业登记的大学毕业生、留在城里的失业农民工）开展中短期技能培训，帮助其实现再就业；对新成长劳动力开展储备性技能培训，提高其就业能力。2009 年，人力资源社会保障部与发展改革委、财政部组织各地开展对困难企业职工的岗位培训，对农民工的技能培训，对失业人员的再就业培训，对新成长劳动力的劳动预备制培训，对退役士兵的免费职业培训。全年全国共组织开展各类培训3000余万人次，其中，政府财政补贴的各类职业培训约2160万人次，包括困难企业职工培训260多万人次，农村劳动力转移就业培训1100万人次，城镇失业人员再就业培训450万人次，劳动预备制培训240万人次，创业培训110万人次。

2009年1月至9月，全国有2572万人次享受到各项就业政策，使用就业资金318亿元。1至10月，各地采取“五缓四减三补贴”组合政策共为160万户企业减轻负担和增加补贴338.5亿元，涉及职工6000多万人。其中，企业缓缴社会保险费91.8亿元；减收四项社会保险基金193.4亿元；运用失业保险基金支付社保补贴或岗位补贴，以及使用就业资金支付职工在岗培训补贴共53.3亿元。

五、城市反贫困展望

《国民经济和社会发展第十一个五年规划纲要》提出，要建立健全与经济发展水平相适应的分层次、广覆盖的社会保障体系。十七大明确提出，到2020年，覆盖城乡居民的社会保障体系基本建立，人人享有基本生活保障。合理有序的收入分配格局基本形成，中等收入者占多数，绝对贫困现象基本消除……努力使全体人民“学有所教、劳有所得、病有所医、老有所养、住有所居”。城市反贫困任重道远，努力实现“五有”目标。

（一）要加强各项制度的衔接

目前社会保险、社会救助、社会福利、医疗、教育、住房、就业服务等各项政策都是分散在多个机构中，教育救助在教育部，医疗救助和最低生活救助在民政部，就业培训在农业部和人力资源和社会保障部，医疗保险在卫生部和人力资源和社会保障部，住房归地方政府负责，社会保险由人力资源和社会保障部等。在减贫过程中，往往出现多头重复或遗漏等无序现象，造成资源浪费，影响了减贫的整体效益。因此，建议加强部门间的协调，建立城市反贫困的信息平台，实现各项政策间的衔接，确保各项减贫政策对城市居民，包括居住在城市的农民工的全覆盖。

（二）要特别关注农民工的贫困问题

大量的农民工进城务工，为城市的发展和我国整个经济社会的发展做出了巨大的贡献，他们向城市输送了劳动力，奉献了他们的青春。在城市化进程中，失去土地的农民也为我国的经济发展做出了贡献。所以在国家的减贫战略中，城市应当担负起对这些农民工和失地农民的减贫责任。为这些人提供就业机会、社会保障、公共服务和协助他们尽快融入城市生活。与此同时，大量的人力资源也在流向农村，为农村发展和减贫做出贡献。所以应该把城乡贫困问题统筹在一个制度框架下，而不是采取分割的政策和制度安排。农民工的贫困不仅表现为经济收入贫困，还表现在社会融入困难、能力和机会贫困明显等多个方面。此外，因为收入低，难以在城市定居并积累资财，农民工子女也难以得到良好的教育，出现贫困代际传递的风险会增高。所以，除增加农民工的收入外，还要关注这个群体的其他维度的贫困问题。

（三）注重发挥就业的核心作用和人力资源整合

经济增长是解决就业问题最重要的前

提，就业是增加劳动者收入，减缓其贫困的最主要措施。城市减贫战略应当发挥就业在减贫中的基础性作用，扩大就业、促进再就业，支持劳动者充分就业。因此，应进一步鼓励城市居民，包括农民工的自主创业，加大就业或职业培训，提高求职人员或劳动者的素质。同时，根据民政部的数字，全国的志愿者近2000万，实施城市减贫战略时需将志愿者的供需信息渠道做好，组织网络建立并健全起来，把志愿者的资源充分利用起来，使其在减贫工作中发挥最大效益。

作者单位：北京师范大学
张秀兰　教授

参考文献

1. 尹蔚民，《今年我国就业形势基本稳定好于预期》，中国人大网。

2. 莫荣，赵立卫，陈兰，“2009年：国际金融危机下的就业形势和政策”，《2010年中国社会形势分析与预测》，社会科学文献出版社，2009年12月。

3. 中国发展研究基金会：《在发展中消除贫困》，中国发展出版社，2007年9月版。

4. 王德文，“农民工的社会保障”，《中国人口与劳动问题报告No.9》，社会科学文献出版社，2008年10月。

5. 王冉，“农民工的福利状况”，《中国人口与劳动问题报告No.9》，社会科学文献出版社，2008年10月。

6. 华迎放，“农民工的社会保障问题”，《中国社会保障发展报告》，社会科学文献出版社，2010年4月。

7. 王奋宇、何光喜等，“汶川地震灾区居民的生活状况与政策需求调查报告”，《2009年中国社会形势分析与预测》，社会科学文献出版社，2008年12月。

8. 国家统计局，《2009年统计公报》。

9. 王晓燕，“农民工子女教育：问题与建议”，《教育蓝皮书：深入推进教育公平（2008）》，社会科学文献出版社，2008年3月。

10. 北京师范大学课题组，《金融危机下新生贫困群体的社会保护政策及建议》。

11. 高文书，“留守与流动儿童教育问题研究”，《中国人口与劳动问题报告No.10》，社会科学文献出版社，2009年8月。

十

企业扶贫篇

内蒙古银行扶贫

【企业概况】 内蒙古银行（以下简称“银行”）是经中国银行业监督管理委员会批准，于2009年9月8日由呼和浩特市商业银行更名的区域性股份制商业银行。现辖2家分行、1个直属营业部、20家支行，63个营业网点。

从成立以来，银行秉承“以市场为导向、以客户为中心”的经营理念，坚持“科学、稳健、安全”的经营原则，深化改革，强化管理，拓宽服务领域，创新金融产品，取得了良好的经济效益和社会效益。截至2009年12月31日，资产总额达到206.42亿元，是成立之初的17倍；各项存款余额175.98亿元，是成立之初的17.6倍；各项贷款余额109.24亿元，是成立之初的24倍。

10年来，银行先后获得2005年度支持地方经济发展突出贡献单位、2005年首府百姓最满意的品牌、2005年度全区金融工作业务创新奖、2006年“全区支持下岗失业人员再就业先进单位”、2007年中国城市商业银行储户首选满意品牌，2008年度金融业务创新奖、2008年度内蒙古自治区诚信企业、2008年度社会奉献突出单位、2008年度纳税先进单位、2008年度A级信用纳税人等荣誉。

【金融服务扶贫】 银行把履行社会责任作为己任，把自身发展与促进经济和社会全面发展、构建和谐社会视为企业发展的最高目标。

1. 与首府经济共生共荣、共同发展。成立10年来，银行投放大量资金，支持重点市政建设项目及首府地区供水、供热、供电等建设项目，如：呼市供电系统、供水系统、呼武公路、县府街大桥、呼包高速公路、旧城北门广场管网改造、大青山前坡绿化项目。合理把握信贷投向，对电力、燃气、水利、环境和公共设施管理业、交通运输和建筑业等基础设施项目的信贷支持。

2. 与中小企业互助互信，合作共赢。银行于2009年申请成立了内蒙古银行小企业金融服务中心，把握中小企业自身融资能力弱而实际融资需求较强的现实状况，创新信贷产品，为中小企业提供了方便、快捷、灵活多样的信贷支持，满足了不同行业、不同类型和不同发展阶段的中小企业的融资需求，助推了一些科技含量高、经济效益好、产品有市场、发展有潜力的中小企业的发展，实现了与中小企业的共同成长，成为首府地区中小企业融资的主力军，打造了中小企业综合服务银行。

3. 与青城市民同根同系、相伴成长。成立十年来，银行推出住房、购车、医疗、上学等特色化、差异化金融产品：代收电费、代收话费、代发工资、信托销售、代理保险等，住房消费贷款、车辆贷款、个人住房装修贷款，大额耐用消费品贷款、支农贷款、高端客户授信、保单质押贷款、旅游贷款，践行了服务市民生活的承诺。

4. 关注民生，承担责任，营造和谐的外部发展环境。银行关注弱势群体，开展下岗失业人员小额担保贷款业务，成为内蒙古地区首家承办这一业务的金融机构，获得“全区支持下岗失业人员再就业先进单位”，其工作经验在国务院召开的“小额担保贷款工作经验交流座谈会”上进行介绍。截至2009年12月底，共累计发放下岗职工小额贷款21098万元，贷款余额达12958万元。此项措施帮助万余名下岗失业人员走上了再就业之路。

【社会公益扶贫】 银行开创性地开展了国内企业与扶贫机构合作，开展了扶贫国际合作与交流的工作。

2002年，向清水河县北堡乡小学捐款20万元；2003—2006年向清水河县北堡乡小学捐赠款物共计30余万元，其中现金8万元，电脑、食物、办公用品价值20多万元；2005年印度洋海啸，共计捐款28万余元，捐赠各种衣物1000余件；2006年，在“博爱一日”募捐活动中，捐款8810元；2006年、2007年，全日制捐资助学每年捐2万元，共资助5名大学生；自治区的锡盟雪灾捐赠赈灾款物共计10余万元；2007年，向呼市土左旗潘庄社区民族学校和农村青年中心捐赠电脑42台；向武川可镇扶贫捐助牛绒裤价值3万元；2008年，向汶川灾区捐款50万元，衣物上千件；2009年，向中国国际扶贫中心捐款200万元，支持扶贫事业的开展。2010年，为云南等旱灾地区募集善款7万余元；向青海玉树灾区捐款600万元，帮助灾区重建。

【2010年企业扶贫工作展望】 内蒙古银行积极拓展业务发展空间，实施“走出去”战略，2010年在已经开设包头、乌海两家分行的基础上，将在全区5个盟市设立分支机构，实现跨区域发展的重大战略布局，全力支持内蒙古自治区推进产业结构优化升级、改造提升传统资源型产业、培育战略性新兴产业、加强节能减排和生态环境保护涉及到的基础设施建设、中小企业、民营经济和三农经济贷款，全力支持内蒙古自治区不断优化产业结构、提升产业层次，推进经济发展方式转变的重要目标和战略举措。

前进中的内蒙古银行，正按照高品质、高标准、超一流的要求打造特色品牌，向精品化、特色化的优秀银行迈进，以“专注于心、高效于行”的理念，努力推动内蒙古自治区地区经济全面快速的发展。

（推荐单位：内蒙古自治区扶贫办
供稿单位：内蒙古银行）

武汉钢铁（集团）公司扶贫

【企业概况】 武汉钢铁（集团）公司（以下简称“武钢”）作为中央直管的国有特大型企业，肩负着促进和谐社会建设的政治责任、社会责任和经济责任。多年来，武钢认真贯彻落实党中央、国务院以及省、市有关文件精神，对口支援西藏昌都地区八宿，对口帮扶五峰土家族自治区，驻点帮扶通山县南林村、新洲旧街街李寨村、洪山村、茶亭村，对口帮扶三峡库区秭归县。武钢认真践行“三个代表”重要思想，高度重视援藏和扶贫开发工作，建立健全组织机构，同时投入大量人力、物力，倾情帮扶贫困地区发展。2005 年至 2009 年，武钢共投入资金 1.91 亿元用于开展对口援藏、对口扶贫和慈善救助工作，为积极参与支持社会主义新农村建设、推进农村经济发展、促进和谐社会建设做出了贡献。

2009 年，武钢面对金融危机，采取多项应对措施，对扶贫济困工作的支持力度不减反增，全年援藏扶贫、救灾救助捐赠款达 2505 万元。

【对口援藏】 武钢于 2004 年 7 月开始对口支援西藏八宿县。已选派 2 批 4 名中青年干部，到对口援藏地区挂职锻炼。对口援藏 4 年多来，武钢投入援助建设资金达 4400 万元，先后援建的 20 多个工程项目已全面竣工投入使用。同时，武钢提供大量的人力、物力及技术支持，派出工程技术人员、施工人员，为八宿县群众免费安装了有线电视网络。2008 年 8 月武钢电视台再为八宿县电视台捐赠摄像机和编辑机各一套，总价值达 17 万元。为提高八宿县的医疗服务质量，武钢还安排八宿县医院（卫生服务中心）的 2 名医护人员前往武钢医院免费进修、食宿，在生活上给予无微不至的关怀，使当地医护水平得到提高。

2009 年，武钢向西藏昌都地区八宿县援助资金 800 万元。援建了然乌镇康沙村教学点，县城文化广场，县安全饮水工程，邦达人工草场建设等项目。2009 年 7 月，公司相关领导带队到八宿县进行考察慰问，并送去 5 万元慰问金。2009 年 4 月，在武钢的支持下，八宿县卫生院首批 2 名医务人员到武钢总医院进行了为期半年的学习培训。

【对口扶贫】 武钢高度重视新农村建设工作，将对口扶贫工作纳入企业管理目标。按照湖北省、市要求，武钢长期对口帮扶五峰县、通山县、秭归县和新洲区。2009 年，武钢多方面、多渠道帮扶驻点村，落实各项扶贫资金 190 万元，帮扶产业销售 278.35 万元。具体情况如下：

1. 对口帮扶五峰县工作。根据湖北省委、省政府“616”工程专题办公纪要精神，2009年9月，第二批援建资金100万元落实到位，“武五同心桥”顺利通过竣工验收，并正式移交五峰县文化旅游局管理。同年，武钢帮扶五峰县销售茶叶228.47万元，以扶持该县支柱产业。

2. 对口帮扶通山县南林桥镇南林村工作。2009年，落实帮扶资金30万元，完成了南林桥镇南林村基础设施建设和绿化美化项目。同时，帮扶通山销售茶叶49.88万元。

3. 对口帮扶新洲区旧街街茶亭村工作。2009年，落实帮扶资金30万元，用于油茶高标准示范基地路基及通湾公路修建，加强了该村的基础设施建设；修建提灌U型渠，解决全村抗旱难的问题。

4. 对口帮扶三峡库区秭归县工作。2009年，落实帮扶资金30万元用于秭归武钢实验小学教学条件改善。改造了图书室、实验室、美术音乐室，并购置图书、实验仪器设备、钢琴、画具等设备。

【驻点村帮扶】 武钢为帮助驻点村脱贫致富，主要采取了以下措施并取得成果：

1. 扶企业，促进当地经济发展。武钢投资4875万元合资兴建了武钢森泰通山冶金有限责任公司。“十一五”以来，已实现销售收入15亿元，税收7500余万元、利润3000万元，带动当地相关产业税收1.2亿元，安置农民工就业2000余人，成为中南地区一流的铁合金生产企业。

2. 扶产业，促进农民收入持续增长。武钢坚持每年行文，将五峰县、通山县茶场列为职工防暑降温茶叶定点供货单位，近5年就为当地销售茶叶1500余万元，增加了当地财政收入，解除了茶农的后顾之忧。

3. 扶基础设施，促进社会主义新农村建设。武钢投入资金180余万元先后帮助新洲区两个驻点村实施有线电视入户工程、改善饮水条件、铺设通湾公路、修建路桥。在省纪委、省监察厅牵头负责对口扶贫通山县南林村的工作中，武钢投入150余万元驻点帮扶，修建导流明渠、整治村容村貌、修建通湾通组道路，使南林村面貌焕然一新。2007年，湖北省委、省政府在五峰县主持召开“616”工程现场办公会后，当即拨款70万元投入当地移民（搬迁）新村建设。为帮助五峰土家族自治县旅游业发展，投入300万元，用于“武五同心桥”建设。

4. 开展爱心助学、帮残助医、安老救孤。武钢先后投资62.1万元，为五峰县援建了武钢汉马池希望小学和武钢大面希望小学教学楼及维修校舍，捐资15.7万元资助74名贫困学生上学读书。2009年，武钢汉马池希望小学已成为宜昌市寄宿制示范学校。武钢还充分利用教育资源，在新洲区招收成绩优异的贫困高中生11名全免学杂费、住宿费（约21万元）；招收贫困高中生23名半免学杂费、住宿费（约20万元），3年共承担费用40余万元。对在校学习或高考成绩优异的学生给予奖励。每年组织开展“帮残助医、安老救孤”活动，为农村幸福院孤寡老人送医送药并建立健康档案。每年元旦、春节前夕，到驻点村慰问困难群众，让他们安全越冬、过好“两节”。

【救灾救助捐赠】 2009年8月，武钢向遭遇台风侵袭的台湾灾区捐款500万元，以支援台湾同胞重建家园。

2009年6月下旬以来，湖北省部分地区连续遭受暴雨洪涝灾害，武钢作为在鄂的中央直属特大型国有企业，主动承担央企的社会责任，向湖北省民政厅捐赠500万元，用于帮助受灾地区进行灾后重建。

2009年，武钢向武汉市见义勇为基金会捐赠10万元，用于表彰、鼓励见义勇为人员，以弘扬正气。同年11月，武钢响应中华全国总工会号召，捐赠500万元购买电影拷贝，以解决部分职工、农民工看电影难的问题。

【企业扶贫工作措施】 多年来，武钢结合对口帮扶地区的实际，坚持开发式扶贫的方针，按双方优势互补、共同发展的原则，以科技、人才扶贫为重点，增强“造血”功能，全力帮扶贫困地区实现脱贫奔小康目标。主要从以下几个方面开展工作：

1. 加强领导，切实抓好扶贫开发工作。武钢领导始终高度重视对口援藏和扶贫开发工作，将其纳入企业管理目标，建立健全组织机构，设置对口援藏、扶贫开发办公室，配置处级干部负责具体工作；分管扶贫工作战线的领导定期听取工作汇报，研究部署工作；每年组织有关部门人员走访对口扶贫点，了解三农实际情况，解决三农实际问题；定期召开援藏、扶贫工作会议，研究落实年度工作计划及中长期规划；落实对口援藏、扶贫开发项目与资金，协调处理扶贫工作中出现的疑难问题。

2. 坚持党的路线、方针、政策，切实帮助对口帮扶地区脱贫致富。武钢长期对口帮扶通山县、五峰县、秭归县和新洲区，派驻1名处级干部长期深入驻点地区，坚持科学发展观，以新的思想观念、务实的工作作风，形成了“依据驻点资源优势，发展特色经济”的工作思路，促进了对口帮扶地区经济的发展。

（1）注重调查研究，制定切实可行的发展规划。为畅通与村民相互联系和沟通的渠道，组织开展村情民意调研活动。走访农户，召开村干部、老党员、村民代表、种（养）殖大户座谈会，发放调查问卷，摸清驻点地区的人文环境、掌握驻点地区的发展项目、理清发展思路，制定切实可行的发展规划，确保扎实有效地开展小康建设工作。

（2）深入开展宣教活动，让先进文化占领农村意识形态阵地。坚持把对村民的宣传教育贯穿于小康建设工作全过程。一是开展党的路线、方针、政策的宣传教育，增强干部群众贯彻落实党在农村各项路线、方针、政策的自觉性和坚定性，使党的政策深入人心；二是加强驻点村两委建设，开展法律知识的宣传教育，引导村民学法、懂法、守法，为发展经济营造一个长治久安的社会环境；三是开展农业科学技术知识的宣传教育，鼓励村民学习农业科技知识，力争做到每人至少会一两项适用技术，掌握脱贫致富本领。同时，为驻点村订阅党报党刊、《农民之友》、《科技信息》10余份，拓宽村民的信息渠道，丰富村民的文化生活。

扶贫工作任重而道远，武钢将按照党的十七大精神，一如既往地勇于担当央企的政治责任、社会责任和政治责任，按照国家、省、市扶贫开发工作的要求，全面完成对口援藏和对口扶贫工作，为促进和谐社会建设做出新的贡献。

（推荐单位：湖北省扶贫办公室
供稿单位：武汉钢铁（集团）公司）

安徽华能电缆集团有限公司扶贫

【企业概况】 安徽华能电缆集团有限公司（以下简称“公司”）创建于1993年11月，坐落于皖江经济带上的无为县坝湾工业区，公司占地面积178000平方米，建筑面积75000平方米；资产总额5.6亿元，注册资金2.018亿元；2009年公司销售收入6.3亿元，纳税3995万元；正式员工800人，其中工程技术人员130人，具有中高级人才78人。

主导产品有各种耐温、防火、防腐特种电线电缆，电力电缆，控制电缆，高低压电流、电压互感器，医药包装材料，电加热器材和高、低温电缆绝缘及护套材料等三十多个品种逾千个系列。产品广泛应用于石油、石化、电力、冶金、交通、通讯、制药等行业，并出口海外。

连续多年蝉联安徽省民营百强企业，连续4年获得安徽省民营50强为国家扶贫龙头企业、国家级高新技术企业、自营进出口企业、国家食品药品行业协会成员企业。

公司通过ISO9001：2000/14000/18000管理体系认证、PCCC、CCC产品认证和军工产品质量体系认证、测量管理体系认证，获得“诚信纳税企业”和“AAA级信用企业”及首批省“银行诚信客户”、“守信用重合同企业”、“安徽省质量奖”等称号。

几年来，公司享受国家扶贫贷款累计2000多万元，通过各种方式带动农户1000户，其中贫困户550户，带动农户人口4000多人，带动农户增收6000多元/人，通过捐助、捐赠慧泽人口10000多人。就业人口从原来的10多人发展成800多人的产业队伍。

【扶贫项目建设】 公司以投入促发展、促调整。坚持把项目建设作为工业发展的重要拉动力，以市场为导向，以项目为载体，强化投入质量，调整产业产品结构。走多元化发展之路，带动当地相关产业发展，满足大批农户就业致富。从2002年开始我公司利用企业发展的资金积累和国家的项目扶贫贷款的运用，新上医用丁基橡胶瓶塞项目、高低压互感器项目，分别成立了安徽华能医用橡胶制品有限公司和安徽华能公司电器有限公司，目前两家公司的发展已初具规模，每年上交税金200多万元，满足240多人就业，带动地方经济相关产业的发展，起到很好的成效。2009年，公司又投资3000多万新上高压交联项目，目前，项目已投产，满足150多人就业。加强培训，提高企业人员的素质，增强驾驭市场的能力。提高企业管理水平，不断提高经营效益。

【教育扶贫】 制定龙头企业扶贫基金政策，支援贫困地区教育，让知识带动地方经济发展，让知识的力量摆脱当地贫困的帽子。公司自成立，已帮助20余名品学兼优，因贫辍学的孩子完成了中学或大学教育。从2006年开始，公司每年拿出不低于20万支援本县学校基础建设，2009年，在无为县非公企业中成立了第一家“关心下一代工作委员会”，“关工委”向高沟中学、新沟中学捐款50余万元，修鄁教室、疏通下水道、购置电脑等语音教学器材，向姚沟中心小学、桃园小学赠送科技读物2000余册。赞助姚沟中心学校，每年举办一次“华能杯”乒乓球赛。

【原材料基地建设扶贫】 2004年公司帮助安徽巢湖宏达热工电缆有限公司上马，借钱租厂房，使得该公司在短短的几年发展迅猛，几年来生产的PVC原材料全部保证本企业生产的需要，每年供给的PVC原材料达6000多万元；2007年公司又借资50万元成立安徽无为县华润电缆有限公司，该企业生产的无纺布、锯齿带等电缆辅助材料全部用于公司的生产，2007年供货总额达5000多万元。公司在带动企业发展的同时，带动了当地经济发展，自身也在其中受益，通过原材料基地的建设，公司已充分认识到给主导产品生产带来的优势。

【结队帮带扶贫】 公司在县委县政府的指导下，已经同陡沟镇陡沟村、泥汊镇双进村等四个贫困村建立了企村结对帮扶扶贫关系。公司还发动50多名销售员通过一对一帮扶形式，让每个销售员带领一位特别困难的农民工出去跑市场，等到他们自己完全独立熟悉市场时，再继续帮带其他农民工，形成了一个榜样带动榜样的良性循环。

公司加强党组织建设，发挥党员先锋模范作用。2007年成立党总支，党员数达到60多人，党总支积极制定各项帮扶政策，并积极行动起来，发挥每个党员各自优势，实行一对一或一对多带动农民工致富。同时，注意发展相关产业，增加就业机会。通过调查研究，对农户进行思想方面开导，帮助他们成立自己的运输公司和包装厂，很好地带动了第三产业的发展。

【济困扶贫】 公司每年分别向高沟敬老院、姚沟敬老院捐款1万元，帮助鳏寡孤独的老年人安度晚年；2008年和2010年，公司和员工向四川汶川和青海玉树地震灾区捐款20余万元；在北京上大学的皖籍女大学生钱婷姐弟俩不幸同时身患尿毒症，公司驻京办积极组织北京同乡开展捐款活动，共募得善款40余万元；公司向身患尿毒症的坝湾村民巫先兵、身患白血症的隆兴村民丁长友孙女分别捐款1万元和3万元。

【企业扶贫工作措施】 1. 创造条件解决农村大批劳动力就业，带动农民脱贫致富。“造福于一方水土，帮助大多数人致富，满足一大批人就业”，这是公司的信念。用公司的发展，带动大批劳动力就业，带动相关产业发展，从而改善了农民的生活条件，丰富了农民的生活内容。

2. 加强农业基础设施，增强农业生产后劲。自1996年起，公司累计无偿拿出80余万元，帮助洪巷乡牌楼村、高沟镇坝湾村、高沟隆兴村修桥铺路、兴修水利。通过扶贫开发，使他们改变了农业基础设施，增强了农业生产后劲，终于甩掉了贫困村的帽子。2008年、2009年公司无偿拿出100多万元修建坝湾村的水利路建设，彻底改善农户的生活条件和发展水平。

3. 输血式治标扶贫改为造血式治本扶贫。2005年初，公司一次性为全县50个贫困村赠阅了科技扶贫就业书刊，让他们了解国家扶贫政策、就业动态和致富信息，帮助他们扩大扶贫开发的视野，增强克服困难的智慧和勇气，带领群众因地制宜发展经济。这种新型的由过去向贫困村捐钱、捐物的经济实物型扶贫，改为输送知识和技能型的开发，由过去输血式治标扶贫改为造血式治本扶贫的模式，得到有关部门的高度重视，并作为先进经验在全省交流。

4. 支援贫困地区教育，改善教育实施。从2008年开始每年为附近的几所小学订购书刊，每年资助附近的几所学校的贫困生，每年拿出一部分资金用于学校基础建设。从孩子们抓起是公司作为龙头扶贫企业向社会扶贫的正确决策。

【2010年企业扶贫工作展望】 2010年1月，国务院批准《皖江城市带承接产业转移示范区规划》，安徽境内沿长江的合肥、芜湖、马鞍山、铜陵等十座城市组成的城市群，成为承接国内外产业转移、进一步扩大对外开放的重要战略平台。这是安徽历史上第一个上升到国家战略层面的发展规划，预示着安徽即将迈入厚积薄发、加速崛起的崭新阶段。

公司抓住这一良好时机，与安徽楚江公司等5家企业联合投资年产10万吨铜导体生产线。该项目总投资10亿元，一期投资1.2亿元，项目投产后可实现销售收入100亿元，吸纳近千人就业。

与此同时，公司已积极筹备企业上市，努力推进华能电缆由资产经营向资本经营的又一次跨越。

公司将继续通过参与扶贫开发和社会公益活动，知名度和美誉度得到较大的提高，销售市场也得到了扩大，已成为全省同行的一朵奇葩。公司将更加关注扶贫开发和社会公益事业，把握国家扶贫龙头企业的政策机遇，做大做强企业，为扶贫开发和更多的人早日脱贫致富做出更大的贡献。

表1　　安徽华能电缆集团有限公司产业扶贫情况表

内容		运用结果	备注
扶贫贴息贷款	省下发项目贷款	实施	
	贴息资金	实施	
	小额贴息贷款运用实施	齐全	
到户贴息贷款	上年贷款是否按扶贫承诺书全部履行	履行	
	是否进入扶贫开发项目库	已进	
	县级是否监督履行扶贫责任	经常来企业指导监督	
扶持专业合作社情况	项目是否实施	已实施	
	原申报项目配套资金是否到位	全部到位	
	履行扶贫责任情况	已履行，在全县扶贫行业处于龙头地位	
近四年来的项目情况	医用丁基橡胶塞	产生效益，满足210人就业	
	复合双金属项目	产生效益，满足108人就业	
	智能化组合计量装置	产生效益，满足88人就业	
	硅橡胶风能电缆项目	新上，实施中	

（推荐单位：安徽省扶贫办
供稿单位：安徽华能电缆公司）

安徽南虹纺织（集团）有限公司

【企业概况】 安徽南虹纺织（集团）有限公司（以下简称“公司”）成立于2002年9月，经省发改委批准立项，总部设在泗县经济开发区南虹大道1号，总占地面积460亩。集团以安徽南虹纺织（集团）有限公司为核心企业，全资控股泗县南虹棉业、南虹商贸、南虹食品、上海虹纺国际贸易有限公司4家子公司，主要从事棉花生产、育种、收购、加工、纺织、家纺服饰、房地产开发、商贸、餐饮等业务。公司现有员工1100人，其中大专以上学历120人，公司注册资金7288万元，总资本金10001万元。公司2007年实现销售收入13799万元，利税485万元；2008年实现销售收入23196万元，利税1390万元；2009年实现销售收入37566万元，利税2617万元。拥有与国际接轨的400型打包机籽棉加工流水线，生产能力为20万担/年。公司主要产品为：优质原棉、棉籽、棉短绒、不孕籽、开花棉、J21S－J120S精梳纯棉纱及其他类纺织产品，主要销往苏、浙、沪等地。公司为中国农业发展银行安徽省分行授信的AA级信用企业、省金融系统“诚信客户”、省级民营科技企业、省级“守合同重信誉”企业、省级农业产业化龙头企业、省级扶贫龙头企业、省“861行动计划”重点支持的建设单位、安徽省最具投资成长型企业，中国棉花加工500强企业，宿州市重点培育的拟上市公司。

【棉花生产产业化扶贫】 泗县是国家优质棉基地县，棉花种植面积常年稳定在10万亩，大力发展棉花生产是调整农业产业结构，发展农业经济，促进农民增收的重要途径。为促进棉花生产产业化，公司确立了发展棉花生产的刘圩、山头、黑塔3个重点乡镇；建成6000亩“三新、两高一优”示范棉区（“三新”：新品种、新技术、新模式；“两高一优”：高产、高抗、优质）；完成6万亩优质棉基地建设，即：实施“368”工程。在6000亩“三新、两高一优”示范棉区，统一供应由公司自主选育的双抗优质高产品种“虹棉三号”，该品种F2代除满足公司6万亩的基地需要外，还可向周边地区供种，由公司统一规划的示范区籽棉单产在350公斤以上，对比增产20%以上。

1. 加大宣传力度，引导更新棉农的观念。针对受市场影响，棉花生产极不稳定的情况，公司加大宣传力度，引导更新棉农的观念，公司通过加入中国棉花网加强对国内外棉花生产形势，供求状况、价格走向、发展趋势分析预测，及时向棉农提供客观、真实的供求价格信息。其间，公司技术人员到集镇、乡村、农户散发宣传资料 10 万余份，同时，与棉农签订植棉订单合同。合同中，公司承诺提供棉花良种，提供棉花全生育期技术指导，承诺收购价格，这一举措受到了广大棉农的热烈欢迎。

2. 村级棉花技术人员培训。近年来，公司共进行村级棉花技术人员培训 50000 余人次，召开栽培、施肥及病虫害防治现场会 3000 多次，举办乡村广播讲座 650 多次，出墙报 300 多期，现场指导 10000 多人次，派出 20 多名专业从事棉田生产的技术服务人员，并聘用村棉花技术员 18 人，形成了以公司为龙头，村技术员为纽带的棉花技术指导网络，公司领导经常带领技术人员深入田间地头，与棉农促膝谈心，为他们排忧解惑，在棉农中树立了良好的公司形象。

3. 建立合理的利益分配模式。本着“利益共享、风险共担”的原则，公司与广大订单合同棉农建立了“公司 + 基地 + 农户”合理的利益分配模式，对基地农户和村级组织实行补贴，在棉花收购中，按照优质优价的原则，以每公斤高于同期市场 0.25 元价格进行收购，对交售优质棉花的棉农实行二次分配。

4. 发挥规模效应，实行“五个统一”。为把农民的分散生产组合成社会化大生产，发挥规模效应，公司实行“五个统一”，即统一种植模式，统一优良品种、统一物资供应、统一全程调控、统一病虫害防治，为农民提供系列化服务，促进专业化生产，形成一定规模的产业群、产业链。2002 年以来，公司共向订单合同户提供种子、农药、化肥、农膜总价值 360 多万元的无偿投入。由于从订单合同中得到实惠，2009 年泗县北部大庄、杨集、屏山、山头、黑塔、刘圩、瓦坊等乡镇棉农纷纷自愿到公司签订植棉合同，一些乡镇村、组干部主动要求在各自的乡镇、村组建立“合同村”、“合同组”。据调查，凡签订种植合同的棉农户均增收 2000 多元，带动辐射面积达 30 多亩，直接受益棉农 20 多万人。

【科技支援扶贫】 公司示范棉区在栽培技术上以“三色工程”为主体，配套搞好密、调、防措施，全面实施精加工包衣种子“红色工程”，全面实施薄膜盖苗和推广田间地膜覆盖栽培“白色工程”，全面实施以增施有机肥为主的“黑色工程”，奠定了示范区棉花高产的基础，带动了棉区高产栽培技术的普及。公司作为国家棉花新品种展示试验、安徽省棉花新品种区域试验、生产试验指定工作站，与安徽省九城畈科技中心，江苏省泗阳棉花原种场、安徽农业大学建立了长期稳定的合作关系，开展了新品种、新技术、新模式的试验示范，把示范区建成了“三新”技术的试验示范基地、“两高一优”农业的展示基地、实用技术的培训基地。从提高示范区棉花经济效益出发，按照比较效益的原则，首先是调整结构增效，对示范区内不宜植棉的低产田调整改种其他高效作物，使示范区棉田集中在高产田块，其次是间作套种增效，推广棉田套种西瓜、甜瓜、辣椒、花生、土豆、玉米、大豆等作物。第三是节本降耗增效，重点推广杂交棉，增施有机肥、配方施肥、全程化调、综合防治等高效实用技术，实现节本降耗增效。

【就业安置扶贫】 公司成立以来，解决了 360 多名下岗职工再就业，累计提供 1200 多个就业岗位。2008 年收购期间，在金融危机影响下，籽棉收购价格下跌到每市斤 2 元左右，棉农遭遇了丰产不丰收甚至严重亏本的困难局面，公司勇担社会责任，让出企业利益，以高于市场0.50元/市斤的价格，现金敞开收购棉农手中的棉花，既保护了棉农利益，稳定了棉花生产秩序，又维护了社会稳定，发挥了龙头企业的载体效应，在政府和农村、农业、农民间搭建了桥梁和纽带，担当起建基地、带农户、促发展的重任。

【社会公益扶贫】 2008年，公司累计投入社会公益事业资金500多万元。先后资助周敏、曹坤泽、马梦丽、曹石磊、曹鹏飞、吴冉冉、曹坤鹏等7名贫困大学生完成学业；公司多次捐助县开发区张何村白血病患者何林、草庙镇簸瑶村特困职工苗亚楠，帮助其摆脱困境；无偿投入56万元援建副县级中心镇—刘圩镇街道绿化工程；累计向县棉花主产区棉农无偿供棉种价值360多万元；多次出资开展送文化下乡活动；赞助支持泗县大庄镇甸庄村新农村道路建设；四川汶川大地震发生后，公司全体员工开展募捐活动，支持灾区人民重建家园；为迎接北京奥运会胜利召开，公司出资赞助成立泗县羽毛球协会，积极推进泗县全民健身运动发展；为庆祝共和国60周年华诞，公司出资赞助宿州电视台举办“放歌宿州·唱响泗县”南虹专场红歌会暨青年歌手大奖赛。

【企业扶贫工作成果】 公司以实施“以培植农业新的经济增长点为中心，以寻求科技兴农的新亮点，实现带动农民脱贫致富为目标”，取得了显著社会、经济效益。

1. 加速棉种产业化的进程，发挥良种的增产优势。公司先后建成了1000亩原种生产圃、6000亩优质棉示范区、80000亩推广基地，形成了常规繁种与杂交制种并存、收购种棉与销售皮棉互补的新格局，打破了过去单一生产体制。走出一条以种为主、多业发展的产业化新路子。

2. 建立棉区新耕作制度，提高棉田整体效益。为了探索棉田高效模式，2007年在示范区建立了6000亩“三新、两高一优”技术展示园，重点开展了菜椒棉、土豆棉、菜豆棉、麦豆棉、甜瓜棉、花生棉、地瓜棉等12种高效新模式的对比试验，通过厢宽改革、品种搭配、作物布局等一系列组合技术的试验探索，筛选出了适宜泗县大面积推广的棉田套种“三豆二瓜一花”（土豆、菜豆、大豆、西瓜、甜瓜、花生）6种高效套种模式，每亩比传统模式增收180元以上，油茬棉比传统麦棉模式每亩增收125元左右。2008年，刘圩镇潼南村采用杂交棉套种甜瓜模式的150亩，甜瓜每亩产值2600元，棉花每亩产值1500元，全年亩均收入4100元，比麦套棉模式亩增收1500元以上。由于套种增收、换茬增效提高了棉田整体效益，弥补了棉花降价给棉农带来的经济损失，从而稳定了棉花生产秩序，2010年我县棉花面积基本上稳定在12万亩左右。

3. 提高棉农科学植棉水平，增加科技在农业经济增长中的含量。种子生产条件的改善，使优良种子数量增加，种子质量提高。杂交棉种的推广，发挥了良种的增产作用。近年来，公司累计生产供应棉花原良种15万公斤，自身获得效益30多万元，增产皮棉100万公斤，创造社会效益3000多万元。高产效示范区的建立，通过展示“三新”技术，增强了农民在农业发展进入到新阶段时期必须依靠科技增加产量、改进品质、提高效益的新观点，因此，“三新”技术迅速得到推广应用，科技在农业经济增长中的含量不断提高。通过开展技术培训，使农民掌握了新技术，并运用在生产中，取得了显著效益。刘圩镇黄场村农民杨林昌参加棉田高效模式培训后，2008 年种了 3 亩杂交棉套甜瓜，全年总收入 1.2 万元。

4. 带动棉区产业结构的优化调整，建立棉区多元经济结构的新格局。“三新、两高一优”示范区的建立，带动了泗县棉区产业结构的进一步优化调整，实现了“四个转变”，即由单一粮棉经济向多业并举、全面发展转变；由单纯追求产量向主攻质量效益转变；由只跑田头向跑市场跑销售转变；由计划经济向市场经济的开放竞争转变。全县棉田作物种植结构由麦套调整为麦棉、油棉、豆棉、菜棉等多种优化高效模式结构。增加了棉花生产的竞争实力，增加了棉花生产持续发展的后劲。

【2010 年企业扶贫工作展望】 2010 年公司重点抓好“368 工程”，进一步完善“公司 + 基地 + 农户”订单农业模式。以发挥农业产业化龙头企业的带动作用；继续抓好示范区及基地建设，计划用 3—5 年时间促成泗县棉花生产再上一个新台阶；进一步巩固试验示范成果，强化农、科、教三结合。开展科研合作，加强企业办科研力量，力争 2—3 年培育出 1 ~ 2 个优质高产抗病虫棉花新品种；倡导成立棉花产业协会，走产业化经营之路，发挥协会作用，联合广大棉农、种子经营单位、纺织行业建立利益共同体，形成优质棉花产、加、销一体化的产业经营模式。

扶贫工作任重道远，具有一定的长期性、艰巨性，公司将认清形势，统一思想，坚定信心，按“以市场为导向，以提高经济效益为中心，系列化生产，深层次加工，多渠道增值，全方位开拓、集约化经营”的发展思路，把公司发展成为自主创新、运行高效、节能经济、和谐发展型省级龙头企业。发挥龙头企业自身的载体效应，在政府和农村、农业、农民间搭建桥梁和纽带，提升公司的带动、辐射能力，担当起建基地、带农户的重任，努力落实科学发展观，践行社会责任，为全面推进和谐社会建设做出贡献。

（推荐单位：安徽省扶贫办公室
供稿单位：安徽南虹纺织（集团）有限公司）

北海洪恩水产有限公司扶贫

【企业概况】 北海洪恩水产有限公司（以下简称“公司”）于1999年成立，是一家集水产养殖开发、研制、加工、销售于一体的加工出口企业。公司现拥有员工1360人，其中技术员100人，资产总额已达16000万元，年销售收入32000万元，年出口创汇3100万美元，年上缴国家利税1200万元。公司在金融信贷方面是AAA级信用企业，在产品质量方面形成自己的品牌—“中国洪恩”。公司所生产罗非鱼片绝大部分销往美国、南美洲、欧盟、东欧、东南亚等世界各地。2005年北海洪恩水产有限公司被国务院扶贫办认定为第一批国家扶贫龙头企业。

2009年9月9日，北海洪恩集团董事长林洪被中国扶贫开发协会评为全国第一批扶贫开发典型人物，是广西唯一民营企业家获此荣誉，并受到中共中央政治局常委、全国政协主席贾庆林的接见。

【养殖基地建设扶贫】 公司坚持企业发展与扶贫事业相结合的理念，从抓基地建设入手，先后在广西北海、南宁、钦州、百色等市建立产业示范基地、覆盖带动了4个市26个贫困村发展养鱼业。公司提供全程技术服务，免费发放育苗和赊销饲料，使贫困农户年收入平均达到9805元，走上了养鱼致富的道路。公司共投入了18360万元建设罗非鱼养殖基地，其中：投资520万元购买1800套网箱和饲料及罗非鱼苗，免费配送给上林县覃排乡爱长村、登山村等8个贫困村的380户贫困养殖户养殖罗非鱼；投资8000万元在广西浦北县水江水库建成全国最大的网箱养殖罗非鱼的养殖基地，承包给水库周边的三亚村、油滩村等9个贫困村的1266户贫困养殖户养殖罗非鱼；投资360万元在隆林县天山桥水库建造200吨罗非鱼的急冻冷库，解决了水库周边风仁村、九龙村等7个贫困村贫困户养殖的罗非鱼冷冻问题。公司带动合浦县的曲樟村、大田村等贫困村620户贫困户利用闲置水面养殖罗非鱼，年养殖罗非鱼达11000吨，养殖纯利润13536元/年。2009年底公司与田东县扶贫办签订6000亩水面的罗非鱼养殖协议，采取赊销饲料和免费配送鱼苗方式扶持田东县贫困农户脱贫致富。

【养殖技术培训扶贫】 公司每年举办6～8期养殖技术培训班，培训经费使用超过150万元，免费对800户/年（贫困养殖户）进行培训、讲课、现场指导并租用大班车接送贫困养殖户到较好的养殖基地参观学习，免费给贫困养殖户发放技术资料，通过培训使贫困养殖户提高养殖技能，达到高效、高产、高收入的效果。公司吸收贫困农户劳动力进厂做工2000年至2009年，罗非鱼片加工厂每年都有1260多名生产工人，贫困农民工占工人总数的59%，每名贫困户员工月工资不低于1800元，每名贫困户员工工资为21600元/年。

【社会公益扶贫】 公司在努力发展罗非鱼养殖产业带动贫困农户增收的同时，积极回报社会。如2005年公司投资386万元在广西浦北县和合浦县之间修建了一条长36公里、7米宽、跨27个村庄（其中有9个贫困村）的“洪恩公路”，解决了12万农户行路难和运输难的问题。“洪恩公路”通车后，公司每年继续投资40万元对该路进行维修，保持道路畅通。

2009年，公司给革命老区东兰县36名贫困大学生送去了30万元助学金。公司为四川汶川地震灾区捐出100万元；为青海玉树地震捐献1万元。

（推荐单位：广西壮族自治区扶贫办
供稿单位：北海洪恩水产有限公司）

广西万丰药业有限公司扶贫

【企业概况】 广西万丰药业有限公司（以下简称“公司”）成立于2003年，截至2009年拥有万丰医药有限公司、万丰生物科技有限公司2个子公司，主要进行医药流通和生产中药饮片。2007年被国务院扶贫办确定为国家扶贫龙头企业。公司紧紧抓住国家实施西部大开发和广西区党委、政府提出“打造八桂药谷、创建南方药都，开辟西南通道，振兴民族药业”的契机，按照开拓、创新、进取的理念，坚持以扶贫为己任，发展中草药种植、收购、加工事业，先后引进、培育了桂郁金、桂莪术、绞股蓝、板蓝根、黄芩、山药、桔梗和天花粉等100多个广西民族中药优良品种并推广种植，实施“订单农业”，采取公司投资、基地管理、农户种植、共担风险、利益共享的“公司+基地+农户”捆绑式生产经营模式，对贫困山区农户实行免费或垫付药种（苗）、技物配送和免费培训，让农民吃上“定心丸”，为种植户提供一条零风险种植的绿色通道。扶持帮助贫困农户，建立规范化种植示范基地。

2008年，公司在广西壮族自治区的荔浦县、恭城瑶族自治县、龙胜各族自治县、金秀瑶族自治县、东兰县、凤山县等50多个以少数民族为主的县、区200多个贫困村屯发展药材种植基地2666公顷，带动3800多贫困农户，2万多贫困人口走上了脱贫致富之路。

广西万丰药业有限公司在扶贫济困，履行社会责任的过程中，自身也得到了发展。截至2009年底，公司的总资产从成立之日起的500万元壮大到近亿元，在厂员工260人，吸纳农村贫困劳动力120人，每年上缴税金129万元，公司辐射带动贫困农户脱贫致富的能力进一步提升。

2008年，公司获广西壮族自治区党委、广西壮族自治区人民政府授予“广西壮族自治区民族团结进步先进集体”荣誉称号。

【企业发展与产业扶贫】 2009年初，公司根据广西壮族自治区党委、政府提出的“推动绿色崛起，实现科学发展”的发展战略，确立了企业发展与产业扶贫有机结合、发挥产业优势，以免费、减免、优惠等方法扶持农民的扶贫工作思路。公司投入1200万元扶贫资金，帮助农民购置桂郁金、桂莪术、水杞子和蔓荆子等中药材种（苗）、肥料及举办相关的技术培训等，种植面积达2700公顷，种植户近10000户。

2009年10月，公司在扶贫贴息贷款的支持下，投资2.99亿元，计划在3年内建设6700公顷的优质高产油茶基地，示范带动改造3.3万多公顷低产油茶林。现已建成1个油茶综合加工厂，上了一条年产

5000吨精炼油茶及提取高附加值产品生产线。除深加工药材、油茶外，还将以高科技工艺在油茶中提取保健品钝亚油酸及天然抗氧化剂VE、在茶壳中提取木糖醇、在茶枯中提取高纯度茶皂素等高附加值生物产品。并将提取剩余物经过再加工制成生物肥料回归油茶种植基地，整个工程将完美实现资源循环利用和可持续发展。2009年11月，在由国务院扶贫办、全国工商业联合会、广西壮族自治区人民政府共同主办的全国扶贫协作优势产业推介暨招商引资洽谈会上，公司与桂林市扶贫开发办公室签订了10万亩油茶产业扶贫框架协议。公司承诺将全力支持贫困村油茶产业发展，与每个油茶种植户签订保价收购合同，做到上不封顶，下不漏底。同时，还将预设优质高产油茶种苗、种植技术手册，免费提供技术、信息服务。按照规划，10万亩油茶进入丰产期时，公司仅油茶项目1项，可实现年产值5亿多元，将带动1万多贫困农户实现年均增收3000元以上，每年可为3万多名农村富余劳动力提供工作的机会，为种植农户增加3亿~4亿元的经济收入。

【社会公益扶贫】 2004—2009年，共为贫困村基础设施建设捐款104万元；每年资助4名品学兼优的贫困学生圆梦大学，资助金额达20万元；2007年参与光彩事业爱心联系活动、“春暖”爱心募捐活动共计捐款1.2万元；2008年初为“雪灾”灾区捐款2万元，“5·12汶川大地震”向政府及公益基金捐款13.6万元；2010年为玉树地震灾区捐款2万元，为广西旱灾灾区捐款2.5万元；积极支援社会主义新农村建设，为贫困村建设沼气池、给五保老人送温暖，捐资共计20万元。

（推荐单位：广西壮族自治区扶贫办
供稿单位：广西万丰药业有限公司）

海南神农大丰种业科技股份有限公司扶贫

【企业概况】 海南神农大丰种业科技股份有限公司（以下简称“公司”）是经海南省股份制企业办公室批准，2000年12月29日由第八、九、十届全国人大代表、著名杂交水稻制种专家黄培劲先生联合其他有识之士发起设立的大型种子企业，主要从事杂交水稻、玉米、油菜等农作物种子的选育、生产和销售，是《种子法》实施后组建的中国第一家主营种子的民营股份制企业，是农业部首批核发《全国农作物种子经营许可证》的四家股份制企业之一；公司是农业产业化国家重点龙头企业、中国种业50强、全国扶贫龙头企业；公司通过ISO9001:2000及英国皇家协会UKAS国际标准质量管理体系认证，是《国家超高产优质杂交水稻种子产业化示范工程》和《国家大型种子企业电子商务示范工程》承担单位，先后被授予“高新技术企业”、“海南省十大农业龙头企业”和“海南省十佳农业产业化龙头企业”等荣誉称号，公司现注册资本为人民币12000万元。

公司以杂交水稻种子的选育、制种、销售和技术服务为主，为国内少数具备“育、繁、推”一体化经营能力的企业之一。主要产品包括杂交水稻种子、玉米种子、蔬菜瓜果种子、棉花种子等，其中杂交水稻种子销售收入占主营业务收入90%以上，主营业务突出。目前，公司在海南、湖南、四川、福建等省建有10余家控股子公司，100余家分公司，市场营销网络基本覆盖了中国16个水稻主产省（区、市）。产品销售范围包括我国的华东、华中、华南、西南等地区以及菲律宾、马来西亚等东南亚地区。市场销售量2007年以来位居行业第二，主营业务收入和利润总额一直保持快速稳定的增长。“神农大丰”已成为行业知名品牌。

公司拥有三项杂交水稻发明专利。公司建立了独特的集成育种创新体系，在该体系下，公司研发并拥有众多的高产、优质、区域适应性广的杂交水稻新品种，拥有的品种审定数、保护数和经营数均位居行业前列。

【企业拉动扶贫】 种子生产属大规模生产，由于农村土地属集体所有，故公司销售的种子大部分采取委托农户生产的方式，这一过程中，公司采用“公司+基地+农户”的模式，对农户提供技术、资金和购销渠道等方面的支持与服务，同时公司采取的种子产业化经营，势必将直接为全国各地的农民制种户持续提供就业机会，这些方式从总体上构成了公司的扶贫模式。扶贫基本措施：

1. 公司租用农民土地，雇用农民务工。

公司租用农民耕地，聘用农户劳作，在一定程度上减少了单个农户种地的风险，确保农民获得较为稳定的收入。公司按保护价收购种子，基本能够确保农户的利益。2007年以来公司已经带动制种农户数十万余户参与到公司的种子产业化经营。

2. 为制种农民提供资金扶持。公司经考察对确定为扶持基地的农民，先由公司垫付制种生产成本，有效减轻农户资金压力。

3. 与制种乡村签订生产收购合同，对所生产种子实行保护价全额收购。2007年以来参与公司制种的海南贫困地区农户总收入累计超亿元。

4. 对制种农户进行技术培训。公司指派科技人员常驻农村指导培训，近10年来为上千个制种村的农民和各地农技人员举办制种技术培训班2000多期，免费培训农民20万人次。公司还采取如赠送技术资料等方式对农户进行技术支持。2010年4月，公司免费向海南农民赠送10万册《神农大丰超级稻栽培技术指南》，用以提高农民的科学种田、科学制种水平。

5. 设立免费供种培养示范户。公司大面积推广高产、优质、专用、多抗优质超高产杂交水稻，帮助农民掌握种植新技术。2007年以来公司累计支持5000余家新品种示范农户，免费供种、免费技术指导、免费跟踪服务，通过良种良法配套，带动了以种植水稻为主导产业的贫困地区农民调整品种结构，推广优良品种，实现增产增收。

【2010年企业扶贫工作展望】 2010年公司将继续通过农业产业化经营，为在全国大面积、高效推广杂交水稻做出积极贡献的同时，也为中国广大的农业人口特别是贫困地区农户开辟一条切实可行的脱贫致富之路：

一是加速制种户的企业化经营，推动科学技术在农业生产中的推广与应用；二是促进农业生产力发展，协调农业生产关系，促进农业和农村经济结构战略性调整向广度和深度进军，有效拉长农业产业链条，增加农业附加值，使农业的整体效益得到显著提高，农民的增收得到更为充分的保障；三是促进小城镇的发展，创造更多的就业岗位，转移农村剩余劳力，增加农民的非农业收入；四是通过农业产业化经营组织与农民建立利益联结机制，使参与产业化经营的制种户不但从制种中获利，还可分享加工、销售环节的利润，增加农户收入。

2010年，公司将在农业、科技等部门的领导下，继续发挥自身在规模、体制、管理及科技创新能力方面的优势，以国家和省级扶贫开发工作重点县为主战场，在推动我国杂交水稻种子产业化的同时，使我国更多的贫困农民脱贫致富，为建设社会主义新农村贡献更大力量。

（推荐单位：海南省扶贫办
供稿单位：海南神农大丰种业科技股份有限公司）

台湾大成集团扶贫

【企业概况】 台湾大成集团（以下简称“集团”）创始于1957年，是亚太地区集饲料、食品、餐饮、营养科技等多项事业于一体的国际型专业农畜食品集团，辖有基本农畜、亚洲营养、东北亚、面粉、餐饮服务、水产、数码价值、特殊饲料八大事业群，是台湾最大的农畜食品集团，1978年在台湾股票上市。

1990年集团进入大陆，遍及7个省及3个直辖市，迄今在国内总投资超过2亿美元，年产饲料102万吨，屠宰肉鸡1.2亿只，出口熟食加工品2万吨，销售面粉15万吨，年营业额70亿元，并带动8000余户农民养鸡致富。1999年被评为国家级农业产业化重点龙头企业，鸡肉产品荣获“中国名牌产品”称号，2007年10月大成东北亚公司在香港成功上市。

【产业化与集约化经营扶贫】 集团在沧州投资新建“肉鸡一条龙”项目，项目总投资5.4亿元，占地525亩，一期工程固定资产投资3.1亿元，其主要建设内容为：1座具有国际标准、亚洲最先进的日屠宰16万只肉鸡的肉品加工厂；1座年产24万吨的配套饲料厂；2座16万套的种鸡厂；1座年产鸡雏3000万只的配套孵化厂。二期工程建设1座固定资产投资2.3亿元的现代化熟食加工厂。该项目是大成集团投资大陆的第17个、河北省第1个大型农业产业化项目，也是大成集团在国内唯一以“清真”冠名的“肉鸡一条龙”项目，生产的“清真”肉类食品除立足于出口中东等伊斯兰国家外，还满足国内穆斯林需要。该项目按照“统一规划、分步实施、分期投产”原则开展建设，2009年完成全部配套项目建设，实现产业化与集约化经营。

大成食品（河北）有限公司肉品加工厂已完成固定资产投资1.7亿元，自2009年1月2日试运营以来，运转正常，2009年在职员工600人，日最高屠宰量5万只；年产饲料24万吨的饲料厂已完成固定资产投资7000万元，已完成36米高生产车间一座，配套原料库和成品库也已建设完成，于2009年3月26日进行试生产一次性成功，现日生产饲料150吨；占地50亩的孵化厂正在办理土地及相关注册手续；占地200亩的种鸡厂已在征地阶段；熟食加工厂厂址已选定。

项目建成后，采取“公司+龙头+基地”的农业产业化经营模式，辐射半径150公里，采取订单农业生产，发挥龙头企业产销机能，至少带动沧州及周边区域4000个以上的规模养殖户以契约方式合作养鸡，届时将实现年销售收入16亿元，利税1.3亿元，增加就业岗位5000多个，年增社会收益超过2亿元。

（推荐单位：河北省扶贫办公室
供稿单位：台湾大成集团）

河南宏达木业有限公司扶贫

【企业概况】 河南宏达木业有限公司（以下简称“公司”）创建于1995年，位于河南省级贫困县原阳县黄河滩区。截至2009年，公司下辖新乡市天意新能源科技开发有限公司、河南幸福源绿色食品有限公司，是一家速生杨木种植、胶合板生产、太阳能光伏发电行业研究与生产、绿色食品生产的现代化大型跨行业民营企业集团。

公司占地320亩，注册资本5787万元，总资产1.4亿元，年实现利税1344万元，公司现有员工1150人，其中贫困剩余劳动力及返乡农民工891人。公司已通过ISO9001:2000国际质量体系认证和国家3C认证，并拥有自营进出口权。

公司连续多年被质量技术监督部门评为“质量管理先进企业”、“质量诚信企业”，主要产品“光强”牌胶合板被河南省林业厅评为省林业“十大品牌”，被河南省名牌战略推进委员会和省质量技术监督局评为“名牌产品”，“光强”牌商标被河南省工商局评为省“著名商标”。产品畅销上海、天津、山东、河北、江苏、河南等20多个省、市、自治区，出口至西班牙、英国、美国、澳大利亚、新西兰等17个国家和地区。

2008年公司被国务院扶贫开发领导小组办公室认定为“国家级扶贫龙头企业”，2009年被评为河南省“国家级扶贫开发龙头企业先进单位”。

【“村企共建”产业扶贫】 公司以村企共建、产业扶贫为重点，以“产业拉动”、“就业安置”、“科技支援”、“公益资助”等多措并举的创新模式，充分发挥国家级扶贫龙头企业的扶贫、拉动作用。截至2009年，在公司的带动下，原阳县周边、南阳及其他地区植树造林面积达3.2万亩，惠及农户2320户；拉动贫困地区创办木材加工厂60余家，累计拉动农村剩余劳动力4600人上岗就业；累计公益事业投入资金已达160余万元。

公司以村企共建、产业拉动、就业安置、公益资助等多措并举的新模式，拉动企业周边7、8个贫困村的经济发展。府庄村是韩董庄乡经济条件较贫困的村庄，全村唯一的一条通往乡里的道路，年久失修，路面坑洼不平。为了改变府庄村民行路难的状况，2006年公司拿出17万元，重修府庄村南北道路1500米。

【就业安置扶贫】 为帮助更多的农民脱贫致富，公司出台了贫困村农民工优先安置的用工政策。2008—2009年公司共计投入了1100万元，增加了3条国内先进胶合板生产线，累积接收、安置返乡农民工326人，平均月工资达1500元；安排残疾人员42余人，月工资也不少于960余元。据初步计算，公司已安置周边贫困村剩余劳动力891人，就贫困村就业安置方面，公司每年就为农民增加收入1600余万元。公司被河南省劳动就业和社会保障厅、省工商业联合会评定为省“民营企业就业和社会保障先进单位”，被中共新乡市委统战部、新乡市工商业联合会评定为新乡市“百企帮百村”先进企业。

【产业拉动扶贫】 近年来，随着企业的发展壮大，公司每年各类木材需求量在20万立方米以上。为确保公司的可持续发展，公司采取“公司+基地+农户”模式经营，先后在原阳县、南阳市建立了多个原材料供应基地，带动植树造林3.2万亩，惠及农户2320户。为确保企业周边贫困村被租用地农户收益，公司有两千余亩承包土地，是按每年每亩450公斤小麦和450公斤玉米的价值补偿农户（以当年市场价为标准），每个农户每亩能获纯收入1500元左右。仅此一项，公司为企业周边的一些农民增加直接收入195万元。公司招聘被租用土地245户农民进厂务工，使每个农户取得租用土地收益与务工收入双丰收。据不完全统计，公司实施“公司+基地+农户”的产业带动扶贫工程，已累计为农民增加经济收入约7600余万元。

公司发挥自身优势，鼓励和扶持农民群众兴办木材加工厂，为公司提供原料。公司出台优厚政策，对于贫困村创办的半成品木材加工厂，公司前期注入一部分运行资金，帮助他们购进生产设备，再进行人员技术培训，最后所有产品公司全额收购。在公司的帮扶拉动下，周边贫困村府庄、姬屋、韩屋、杨厂等村庄，已建立木材加工厂10多个，并带动原阳县其他乡镇、延津、封丘、长垣、武陟等周边地区木材加工厂50余家，这些木材加工厂均可安置30～60名贫困劳动力就业，累计安置从业人员4600余人，这些从业人员的年收入均达15000元/人。2009年，随着公司和这些木材加工厂的发展，公司的辐射、带动领域已扩展到运输业、餐饮业、包装业，累计拉动从业人员上万名。保守估计，这些从业人员年均收入也在3万元以上，累计每年创社会经济效益3亿元，促进了周边及其他县市的经济发展。

【科技支援扶贫】 2006年以来，公司创新村企共建扶贫机制，利用新乡天意公司研发的智能太阳能灭虫器，对不同农林作物实施大范围、宽领域的科技富农工程。智能太阳能灭虫器安装后，第一年可减少农药使用量70%，第二年基本不用喷施农药杀虫剂，节约了生产成本、实现了增产增收，实现了农产品的绿色无公害。2005—2009年，公司实施科技富农工程以来，贫困地区用户每台灭虫器享受公司让利190元。截至2009年9月，公司已累计为支援贫困区农业、果蔬业发展让利1140万元。2009年底，公司的智能太阳能灭虫器、太阳能智能光谱杀虫灯被列入国家农机补贴目录后，公司将国家补贴的900～1500元的资金全部让利给农民，使公司的科技富农工程走向深层发展。2009年公司已累计在河南、陕西、新疆、贵州、四川等地推广绿色农作物害虫防治面积达399余万亩，取得显著的社会效应和经济效益。

【社会公益扶贫】 为国分忧，为民解难，积极投身公益事业。公司参与社会公益、光彩事业，对急需帮助的人民群众进行帮扶和救助。2005—2006年，公司先后无偿投入10万余元，为韩董庄乡荒庄小学修缮教学楼 4000 平方米，购买课桌 120 张，教学文体器材 51 件。无偿出资为学校雇请厨师 2 人，解决了教师吃饭难问题。

公司周边的贫困户、孤寡老人、贫困职工都是公司的帮扶对象。对于有劳动能力的贫困家庭，公司帮助其解决就业问题；对于无劳动能力的贫困家庭，公司每年定期给予资金帮扶，少则几千多则上万；对于孤寡老人公司更是给予关心和帮助，除每年春节、中秋公司领导慰问看望外，随时给予他们资助，对于主动求助公司的孤寡老人，公司领导更是待若上宾；对于公司那些既贫困又碍于面子，不愿接受救济的年轻人，公司则采取其他补助手段给予帮助。2008 年汶川大地震，2010 年青海玉树大地震，公司多次为地震灾区进行捐助。

近年来，公司已经累计为贫困村修路、建校、建文化活动中心等投资捐款达 76 万余元；为地震灾区和贫困群众捐助资金达 32 万元；为孤寡老人和敬老院提供各种补助金 10 万余元；为留守儿童和贫困学生资助就学金 19.2 万元，累计支持公益光彩事业投入 160 余万元。

（推荐单位：河南省扶贫办
供稿单位：河南宏达木业有限公司）

河南省宛西制药股份有限公司扶贫

【企业概况】 河南省宛西制药股份有限公司（以下简称“公司”）创建于1978年，由当初35万元起家的手工作坊企业发展到现拥有员工10000多人，其中大专以上各类专业技术人员1500人，控股13家子公司、拥有20亿元资产，年销售25亿元，税利2亿元的集团公司。

公司先后获全国现场管理先进企业、中国中药行业优秀企业、全国“五一”劳动奖章、全国“双爱双评”先进企业、多年来名列中国中药50强，是河南省百家重点企业和高新技术企业，河南省中药十佳企业、河南省工业百强企业、河南省重点支持企业、河南省明星民营企业。

公司生产六味地黄丸等产品所需药材先后已在河南省西峡县建立山茱萸种植基地；在国家重点贫困县湖北罗田县茯苓建立基地；安徽省金寨县建设牡丹皮基地；福建省建欧建设泽泻基地；河南省武陟县、温县建立地黄、山药基地，六大药材基地均按照GAP要求规范建设并通过国家GAP认证。公司起草并制定了符合种植规范和管理要求的中药材六种；公司在中药材去除重金属和农药残留新技术、新产品等方面进行了深入研究。

2004年公司被国家八部委认定为“农业产业化国家重点龙头企业”。2007年被国务院扶贫办认定为“国家扶贫龙头企业”。

【“村企一体化”社会扶贫】 近几年来，公司发挥双龙头企业带头作用，利用当地资源优势，在贫困山区农村开展中药材产业化经营，拉长产业链条，积极开展社会扶贫开发工作，实现了经济效益、生态效益、社会效益和企业同步发展，走出了一条生态良好、生产高效、生活富裕的健康、协调、可持续发展“村企一体化”社会扶贫开发之路。

西峡县是一个山区县，农业基础设施薄弱，科学技术水平低，农业产业化进程慢，山区贫困面积大，贫困人口多，脱贫致富任务十分艰巨。针对这种情况，公司积极探索“公司+基地+科研+农户”产业化发展格局即“村企一体化”社会扶贫模式，通过加大对西峡县山茱萸基地的资金投入，扩大基地面积，进行产业化社会扶贫，培训农民科技知识，促进农民向药农的转变，增加农民收入，改善农村落后面貌，取得了明显的经济和社会效益。公司在“公司+基地+科研+农户”的“村企一体化”社会扶贫工作中的主要做法：

1. 山茱萸原料基地建设。从1998年开始投资5000万元在西峡县的大山深处比较贫困的陈阳、寨根、二郎坪、太平镇、米坪等5个乡镇，23个种植区域，26个行政村，建立7个山茱萸原料基地，达到种植面积20万亩，直接带动1.5万户，7.5万药农种植药材。为解决药农采摘加工困难，公司投资800万元按照GAP要求建成了山茱萸初加工生产线，按照生产工艺配备了风选机、淘药机、多能提取罐、大型去核机、智能烘干机等设备，各工序配备的设备均提高了加工效率，有效的保证了流水线作业，日处理山茱萸鲜果60～80吨，在全国率先实现山茱萸产业化加工，最大程度降低药民的采摘加工成本，确保药农较高的经济利润。

2. 加强与科研单位合作。公司先后与河南中医学院、河南省中药研究所、河南农业大学、湖北中医学院等院校合作，开展了山茱萸等中药材栽培品种的选育与鉴定。在其传统栽培品种的基础上先后选育鉴定推广了山茱萸八月红、石磙枣、珍珠红等三个优良果实类型，两个怀地黄农家品种，一个怀山药农家品种，一个牡丹皮农家品种，并在栗坪等地投资1000万元建立了与生产规模相适应的良种繁育基地，近年来，为药农提供优质种苗1000多万株，保证了药农种植质优高产的山茱萸品种。

3. 加大投入收购资金。公司与药农签订了30年不变的合作协议，对每户发放"山茱萸种植产量登记卡"，每年投入6000万元收购资金以保护价收购基地药农所生产的山茱萸，带动基地1.5万户，7.5万药农脱贫致富，户年均增收在3000元以上。几年来，通过发挥当地中药材资源优势，在山区开展药材基地建设，山茱萸挂果13万亩，年产量1500吨左右，年产值5000万元。公司在GAP药材基地按每公斤高于市场价10元左右价格收购药材，每户多增收1000元，公司仅此就多支出1500万元。公司每年驻站收购，安排专门人员，组成收购队伍，分赴7个基地收购。公司每年收购费用投入180万元。总之，公司在收购资金、保护价支出资金、收购费用等方面每年在保证基地药农药材收购方面总投资达6700万元左右。

4. 技术培训与指导。公司针对基地药农生产薄弱环节开展技术培训与指导，编写了药农培训教材及培训光盘，培训分为春季、夏季、秋季、冬季培训四次，累计培训药农达2万人次，培训费用达40万元。目前基地药农已熟练掌握山茱萸的整形修剪、施肥、病虫害综合防治、采收加工等规范化管理技术，山茱萸产量逐年提高，质量逐年稳定。公司每年向每户药农发放农药4瓶，共发放15000户，每户药农可节约30元，仅农药一项公司投资45万元，提高药农收入30%以上。

5. 通过直接投入，帮扶农民。公司在栗坪、方庄、嵩坪建立希望小学；出资100万元在当地修通了河南省第一批"村村通"道路；使基地通路、通电、建立移动基站等重点建设项目；铺设管饮300公里。通过公司对基地农村的投入，使当地农民发生了从出外打工，到回乡种植药材的转变。通过转播科技知识、增强企业制度文化，形成了相互协作、团结互助等和谐意识，促进了山茱萸基地的两大文明建设。

【企业扶贫工作经验】 在践行科学发展观，实施"村企一体化"社会扶贫模式过程中，公司的成功经验：一是把中药材基地发展与企业带动药农致富、推动山区产业结构调整相结合，实现产业富村富民和生态建设优化环境可持续发展；二是把伏牛山中药材资源优势与企业产销优势相结合，将"第一车间"建在农村，培养

"新型"药农，实现社会化扶贫到社会小康的转变；三是把壮大中药材资源与带动当地经济长远发展相结合，改变当地农村精神面貌，提高农民物质文化生活水平，服从服务于新农村建设。

【2010 年企业扶贫工作展望】 2010 年公司将围绕建设社会主义新农村，落实科学发展观和农业产业化经营的各项要求，努力探索"村企一体化"社会扶贫的新思路、新模式，采取新举措、新方法，立足伏牛山丰富中药材优势，利用山茱萸药材基地率先通过国家 GAP 认证的有利条件，开发生产高质量的中药饮片和现代中药产品，提高公司效益，从而带动西峡 20 万药农共同致富，使经济效益与社会效益得到进一步提高。公司将在今后的社会扶贫中从以下几方面开展工作：

1. 坚持"药材好，药才好"的制药理念，开展中药材 GAP 基地建设，对已通过 GAP 认证的山茱萸、地黄、山药继续实施"统一提供种苗和种栽、统一提供农药和肥料、统一加工、统一质量检验、统一包装储藏"的五统一管理，并加大基地硬件投资及科研投资：一是再扩大基地种植面积，扩大收购范围；二是建设办公大楼，下设技术部、生产部、质量管理部等部门，对各基地药农中药材种植提供坚强有力的技术支撑，对药农定期进行培训，保证中药材的生产过程处于可控状态；三是建设科研大楼，主要设质量监测室、留样室、档案室、中药材标准室、组织培养室等，促进各基地的良种繁育工作，扩大药农的受益范围；四是建设综合仓库、常温库、低温库等。建设规范的中药饮片车间，根据国家标准按照中药材自身特性在清洁、浸润、切制、炒制、干燥等多个环节区别对待，选用不同方法从而确保中药材内的有效成份不被破坏，采用国内先进技术和设备，规范中药饮片生产，实现生产过程在线监测，集中控制，减少人为因素干扰，从而保证饮片的产品质量，保证药品质量的稳定、可靠、可控，保障人民群众的用药安全。

对未通过 GAP 认证的牡丹皮、茯苓、泽泻等药材，积极实施中药材标准化基地建设，确保全部通过国家 GAP 认证，建好宛西制药"第一生产车间"，实现"让老中医放心、让老百姓放心、让老祖宗放心"的社会承诺的同时，进一步扩大帮贫扶困范围。

2. 加强与高等院校、科研院所的合作。共同开展山茱萸花粉习性研究和施肥技术研究试验，争取培育出大果山茱萸和无核山茱萸，使山茱萸的产量再上一个新台阶，让药农有更多的收益。

3. 扩大中成药、中药材和中药饮片生产和销售规模，提高中药材出口质量和数量，加强中药保健、饮料等新产品的开发力度。企业进一步发展的同时，继续加强中药材 GAP 种植项目建设，公司每年向基地农民收购原材料直接带动西峡县北部 8 个乡镇 22 个扶贫开发重点村 4 万余人，人均年增收至 3000 元以上，间接带动当地 20 万人脱贫致富，加上焦作、武陟、温县、湖北罗田县、安徽省金寨县南陵县、四川彭县等几百个行政村 200 万人脱贫致富，指导富余劳动力实现稳定就业，基地管理，施肥、除草均由当地劳动力参加，为地方带来了 5000 余个工作岗位，人均工资性收入达 1000 元，促进了地方就业，营造一个文明、富裕、和谐的新面貌。

（推荐单位：河南省扶贫办公室
供稿单位：河南省宛西制药股份有限公司）

湖北省发夏食品有限公司扶贫

【公司概况】 湖北省发夏食品有限公司（以下简称“公司”）成立于2001年3月，是一家以肉制品加工销售、水果贮藏保鲜、绿色蔬菜及山野菜系列产品开发和箬叶加工销售为主要经营业务的湖北省农业产业化重点龙头企业。公司围绕当地优势资源，发展特色农业，坚持以农村产业多元化发展为方向，促进当地农业产业结构调整、带动山区农民脱贫致富、实现企业可持续发展。

公司现有注册资本1080万元，员工215人，拥有市政开发、山茶油贸易2家子公司和经营网点14个，并在武汉、大连、青岛等地设立了办事处，现已形成2000吨精制山茶油、30万头生猪、500吨腌腊制品、2万吨蔬菜、2万大箱箬叶的生产加工能力。2009年底企业拥有资产总额7200余万元，实现销售收入11936万余元，出口创汇297万美元，利润742.8万元，为当地农民提供现金收入近7000万元，常年安排季节性工人200多人。

公司通过了ISO9001、14000、22000等先进的国际质量管理体系、食品安全体系认证和环境管理体系认证。公司主导产品有火腿、香舌等肉制品，“百年木”野生山茶油、脱水蔬菜、保鲜辣椒等高山蔬菜和天然箬叶。公司按照“公司+基地+业主+农户+市场”的产业经营模式，坚持走产业扶贫之路，通过直办和联办各类蔬菜基地10000亩，优质高产油茶基地12087亩，辐射带动咸丰、宣恩、恩施及周边县市100多个行政村5000多农户，发展蔬菜基地近3万亩，并通过了宜昌商检局出口蔬菜基地备案。公司生产的辣椒、大白菜、萝卜、胡萝卜、保鲜竹笋、鱼腥草、蒜薹、甘蓝均获中国绿色食品发展中心的绿色食品A级证书。“发夏牌”火腿被认定为湖北名牌产品，“发夏”商标获得湖北省著名商标。公司产品远销韩国、日本、台湾、香港等东南亚国家和地区。

公司先后获得湖北省农业产业化重点龙头企业、湖北省林业产业化重点龙头企业、湖北省十大扶贫突出贡献企业、湖北省重合同守信用企业、湖北省消费者满意单位、恩施州出口创汇先进企业等荣誉称号。

【“村企共建”扶贫工程实施】 公司在自身发展的同时，发挥湖北省农业产业化龙头企业和林业产业化重点龙头企业优势，通过“公司+基地+农户”的产业化经营和扶贫模式，帮扶发夏县农村发展特色产业，积极投入到产业扶贫建设中。

截至2009年底，公司先后投入近600万元，为全县7个乡镇30个村3000多户油茶种植户垫付种苗费。投资50多万元，铺设了团坝子村、鸡鸣坝村10多公里的蔬菜基地乡村公路；投资10万元为鸡鸣坝村群众修建了蓄水池和灌溉渠；投资20万元，为咸丰中等职业技术学校修建校舍300平方米和卫生室50平方米；投资50多万元，用于蔬菜、生猪、油茶基地的技术培训，捐资近10万元，资助周凯等10名贫困大学生和6名中学生完成学业；安排农村劳动力务工200多人，年人均收入1.3万元。

公司在“村企共建”扶贫工程中主要工作措施：

1. 辣椒、白菜等蔬菜基地建设扶贫。2009年，公司与县扶贫办、县内高乐山等8个乡镇签订了扶贫协议，在高乐山、清坪等8个乡镇共建辣椒、白菜等蔬菜基地10000亩。其中在鸡鸣坝村建设了1000亩辣椒示范基地，帮助鸡鸣坝村成立了蔬菜公司和辣椒专业合作社，并派出专业技术人员对辣椒从播种到采收进行全面的技术指导。同时，公司先后投入资金40多万元，修通了鸡鸣坝村基地公路、灌溉渠和蓄水池，并在种植高山夏季蔬菜过程中为鸡鸣坝村农民提供200多万元的现金收入，不少农户一家就达2万多元。2009年公司基地辣椒实现出口创汇297万美元，仅辣椒一项为农民提供现金收入2000多万元。2009年，公司以同样的扶贫方式，支持县内7个乡镇的3000多农户发展优质高产油茶12087亩。

2. 扶持发展生猪养殖产业。结合全省仔猪第一乡—尖山乡的资源优势，成立了发夏生猪养殖协会，扶持发展生猪养殖产业。同时，在梅坪村培育建成了年产10000头的生猪养殖企业—咸丰跃达畜禽养殖有限公司，仅该业主每年可为养殖农户提供现金收入近1000万元。公司扶持养殖业主发展生猪养殖的同时，与尖山乡签订了生猪养殖收购协议，确保优先收购尖山乡农户养殖的生猪，既保证了公司稳定的生猪收购原料，又有效的激发了农户的养殖积极性，增加了农民的现金收入。2009年，公司全年完成生猪收购100500头，其中直接从农户收购70000多头，为农民提供现金收入5200多万元。

3. 油茶苗圃基地建设扶贫。公司结合咸丰县拥有多年油茶种植历史，响应国家油茶产业发展政策，帮扶村组发展富民产业，在高乐山老寨基地整体租赁土地80多亩，新建油茶苗圃基地。村民除享受300元/亩租金外，还在示范园内反包就业，当年领取计件管理工资20多万元。苗圃基地建设完成后，可带动当地近万农户发展油茶基地20000亩，为当地农民增加现金收入3000万元以上。“公司+基地+业主+农户”的农业产业化发展模式，既帮助村组发展了富民产业，又帮助村组培育了一批优秀业主。

公司在村企共建过程中，寻找到一条有效实现农村资源与企业资源的优化组合，实现村企双赢的路子。通过村企共建，公司2009年实现销售收入11936万元，利润742.8万元，出口创汇297万美元，安置季节性工人200多人。

公司在改变农村面貌、为农民增收、促进农业产业结构调整的同时，也有效的发展了公司蔬菜、生猪、油茶等基地建设，保证了企业生产原材料的供应，确保了肉制品、出口蔬菜等的食品安全，提升了企业自身形象和核心竞争力。

【签约协议，保护农户利益】 公司在帮扶过程中，建立起企业保护农户利益机制，即在被帮扶种植、养殖户的产前、产中，企业向农户提供信息，技术服务和资金帮扶，产后企业负责收购农户蔬菜、畜禽产品，并将此种机制以协议方式与农户签约。这些措施，充分调动了村民种植蔬菜、养殖生猪的积极性。如2008年，全国辣椒普遍丰收，辣椒市场价格大幅度下滑，且正值遭遇全球金融危机之际，公司为了充分保护农民利益，坚持以保护价进行收购，仅此一项，公司就为农民多支付现金近200万元。虽然企业的利润减少了，但是赢得了基地农户的信任。2009年初辣椒种植工作刚展开，县内不少村领导和村民就主动找到企业要求签订辣椒种植收购协议，顺利地落实完成了10000亩的辣椒种植计划，2009年来，乡镇、农户得知公司要发展油茶基地的消息后，都纷纷上门要求种植，公司原计划只发展10000亩，结果却发展到12087亩。

公司在帮扶中，通过与蔬菜基地农民签订保护价收购合同、无偿提供技术指导、统一购买种子、肥料、农药、种植保险、上门收购等多项有力措施，建成了10000多亩的无公害蔬菜出口基地，并对蔬菜基地建设从播种育苗、大田移栽、施用肥料、农药、采摘等进行全程技术培训和指导，确保农民掌握蔬菜种植技术，提高农民种植水平。同样，公司对生猪养殖、收购，油茶苗圃的播种、育苗、锄草等方面都提供详细的技术资料和技术培训，从而逐步提高农民的科技致富意识。

【2010年企业扶贫工作展望】 2010年公司将继续“以工补农、以工帮农、以工建农、以工带农、以工促农、以工扶农”，从单纯的企业拿出资金、物资为农村“输血”，到企业依托农村本地农业资源强化“造血”功能，帮助农村大力发展龙头企业和规模农业，再到企业兴办劳动密集型产业，吸纳农村剩余劳动力就业或是向非农产业转移，一直到通过加工工业集中区建设，逐步将农业向非农产业转移。

“企业参与新农村建设，既是一个以工哺农的过程，也是一个企业自身开发潜在市场，拓展发展空间的进程。通过村企共建，为工商企业参与新农村建设搭建平台，实现从自发行为到有组织推动的转变，从单向帮扶向双向互动的转变，从单一捐资捐物向促进农村经济社会全面发展的转变，只有这样，新农村建设才有持久的动力。”总之，通过村企共建，推动新农村建设发展是一个有效的措施。

（推荐单位：湖北省扶贫办
供稿单位：湖北省发夏食品有限公司）

湖北长阳宏信实业集团有限公司扶贫

【企业概况】 湖北长阳宏信实业集团有限公司（以下简称“公司”）成立于2008年1月，位于山清水秀、素有“歌舞之乡”之美誉的湖北省长阳土家族自治县，下设长阳古城锰业有限公司、长阳蒙特锰业有限公司、阳新连永锰业有限公司、湖北嘉鱼高强锰业有限公司、湖南永州鑫城锰业有限公司、长阳福利锰业有限责任公司、湘潭宏信投资有限公司、乌克兰UHU锰业有限公司等子公司，是集新技术、新产品研究、开发、生产、销售为一体的大型矿产品深加工企业。集团公司主要从事电解金属锰、锰锭、锰枕、锰矿石、粗铜、冰铜、铜矿石、阳极板、集装袋的生产加工及国内外销售。集团总体注册资本总和超过3.5亿元，净资产5亿多元，现有员工4800多名。公司先后获得多项省、市荣誉称号，2009年底，获“湖北省十大扶贫突出贡献企业奖”。多年以来，特别是加入省扶贫协会以来，集团公司心系回报社会，情牵扶贫事业，投入资金1400多万元，支持教育、慈善、社会公益事业、反哺农业助推社会主义新农村建设，为加快长阳脱贫致富进程，做出了积极的贡献。

“达则兼济天下”是中华民族的传统美德，也是企业经营的至高境界，企业不能只是一个赚钱的机器，而应该成为一个社会的“公民”，成为一个负责任的企业。“知恩图报，善莫大焉”，公司决策者深知，企业的快速成长壮大与当地政府和人民群众的鼎力支持密不可分。企业与当地人民“鱼水情深”，正是当地政府和人民的积极服务和支持、社会各界的鼎力支持造就了宏信集团快速发展的神话。作为民营企业，公司在企业快速发展的同时，把怀着一颗感恩的心、真情回报社会、扶危济困、支持地方经济社会发展看成是自身的使命和责任，也是公司一以贯之的企业回馈社会的理念。正是这样，宏信集团得到了当地政府和群众的支持和肯定，人们群众与企业发展融为一体，同呼吸，共命运，呈现出“企地双赢”的良好格局。

多年来，公司共投入1400多万元，为贫困群体做好事、办实事，取得了显著的成效。

【教育扶贫】 1. 开展各类捐资助学活动。2006年9月15日，子公司古城锰业在“长阳锰业助学启智工程捐赠仪式”上，为全县100名贫困生捐款10万元。2006年春，董事长李四连为高家堰、龙舟坪100名贫困中小学生捐款4.8万元。2007年8月20日，子公司古城锰业捐资10万元给彭家河小学，这是该校被古城锰业确定为对口帮扶单位后收后的首笔捐款，古城锰业决定每年拿出 10 万元支持学校办学，计划用 10 至 15 年时间将彭家河小学建成区域性一流学校。子公司蒙特锰业所在地王家棚村石牌小学校舍要维修，公司为其赞助维修费 3 万元。2010 年，捐资 20 万元帮助湖南湘潭贫困学生解决上学问题。

2. 成立长阳宏信扶贫助学促进会。在县委书记马尚云等县领导的高度重视与支持下，筹资 100 万元于 2008 年 8 月成立了长阳宏信扶贫助学促进会。董事长李四连郑重承诺，每年向宏信扶贫助学促进会注入资金 100 万元，以保证促进会能持续、长久的救助更多的长阳贫困学子。2008 年、2009 年促进会投入资金 70 余万元，资助学生 414 人。其中，资助特困大学生 27 人，特困高中学生 200 人，孤儿 187 人。2009 年扶助的特困学生张婧，是长阳大堰乡桂花园村四组的一位学生，父亲从小生病，因为家境不好没有及时治疗落下病根，导致劳动力丧失，张婧四岁那年，她的母亲因为受不了艰苦生活离家出走，而后就杳无音信，2005 年张婧的父亲因病去世，她只能随年过七旬的爷爷奶奶生活。2009 年她考取了咸宁职业技术学院英语系，但由于没有凑起学费只好放弃学业在县财苑山庄打工。宏信扶贫助学促进会得知张婧同学的情况后，全力资助她回校园读书。

3. 免费招收当地农民子女进入宏信管理学院。2008 年 8 月，投资 34 万元，创办了自己的大学——宏信管理学院。在这里就读的第一批长阳学子 70 人享受全免费的待遇，每年需要生活费、教师工资、日常开支等费用 30 万元。在此接受为期一年的学习培训之后，全部分配到各个子公司参加工作，解决了很大部分想上学又上不起学的贫困学子的学习及就业问题。已毕业的首届 70 名学员，于 2009 年 6 月分别到各子公司实习，然后全部安排就业，有不少优秀贫困学生学员直接进入管理层。截至 2009 年，已经开办三期，共计学生 200 余名。

【弱势群体资助】 1. 资助贫困残疾人。宏信集团子公司之一湖北长阳福利锰业有限公司，是以安置社会残疾人为主的福利性生产加工企业，安残比例达 46%。随着公司不断发展，现已安置再就业下岗职工 300 余人，其中安置残疾人 150 人以上。公司对社会负责，为政府分忧，把贫困孤独无依无靠的具备一定劳动能力的残疾人安定下来，使他们自强、自立。2006 年，福利锰业在县政府举办的助残日捐残互帮活动中捐款 0.4 万元。2010 年 5 月，在“长阳特校成立十周年庆典暨第二十次‘全国助残日’爱心助残活动”中给长阳县特殊学校的残疾儿童捐资 1 万元。

2. 资助大病贫困家庭。2008 年，宏信扶贫助学促进会为我县龙舟坪镇患尿毒症农民陈刚和都镇湾患白血病的农民吴昌盛两人解决医疗费共计 5.3 万元。2009 年 8 月，子公司蒙特锰业员工刘阿兰身患尿毒症，公司组织员工捐款 13695 元。2008 年，子公司古城锰业运输队员工张元红，患乙肝，家庭环境困难，公司救助 1000 元。2009 年，子公司古城锰业张元华因患脑瘤死亡，公司救助 8000 元。2009 年，子公司古城锰业龙舟坪镇王家鹏村工人邓长云，两夫妻同患癌症，公司救助及员工捐款共计 22280 元。2010 年 5 月，子公司连永锰业员工闵正元因换肾后家庭成员又患重病、冯会红患食道癌，公司出资同时发动员工捐款共计 40020 元。

3. 资助五保老人。自 2006 年起，连续三年子公司蒙特锰业对周边农户年满70岁的老人进行春节走访慰问，每年给老人送慰问金100元。2007年底，子公司蒙特锰业给龙舟坪第二福利院老人送去慰问金2000元。子公司阳新连永锰业从2006年开始，每年年底坚持慰问公司周边村镇的五保户、残疾人、贫困户，每户每年400元及相应的过年物资。

2008年5月19日，宏信集团向汶川灾区捐款200万元，是宜昌市境内民营企业中最大的一笔捐款，此举受到了锰业同行及宜昌地区等各方面的高度认同。2008年，子公司古城锰业运输队员工张子学，家中失火，房屋、家具烧毁，公司救助3000元。

【基础设施建设扶贫】 2006年8月24日，子公司古城锰业资助全县第一批扶贫开发与新农村建设结合示范村——高家堰村41万元，用于支持该村打造“湖北省根艺盆景花卉第一村”。其中，26万元用于兴修村组柏油路，提高70个专业盆景户的公路等级；10万元用于弥补村组织阵地建设资金缺口，帮助改善村办公条件；5万元用于水利建设，帮助解决110户农户的自来水问题。子公司古城锰业斥资32万元修建蓄水池，架设3000余米的供水管道，解决古城村150余户群众饮水难的问题，把纯净的泉水供到了农户家中。子公司古城锰业捐资200万元，支持高家堰镇古城村至龙舟坪镇王家棚村15公里道路改造工程建设，修建了城子口等2座公路大桥，建设移动通讯发射塔1座。2007年、2008年子公司蒙特锰业为王家棚村公益事业建设投资6万元；为王家棚村有线电视安装资助2万元，并多次用公司的挖掘机为村组修桥修路、为当地村组征订报刊等。2010年，捐资100万元修建家乡湘潭乡村公路。子公司高强锰业支持资金45万元，帮助村里解决了10公里农村公路建设的缺口资金，解决了群众的出行难题。同时，支持资金2万元，帮助村里对村委会进行了改造装修，改变了村级办公场所破烂不堪的局面，还出资近5万元帮助村里改造塘堰、打水井，解决群众的用水难题。

【产业拉动扶贫】 公司尽管在社会扶贫方面倾注了大量资金和心血，但追求的脚步永远不会停止，只会更加坚定。“授人以鱼不如授人以渔”，要坚持“输血”与“造血”并举，增强“造血”功能，暂时的资助不能解决长期存在的贫困问题，只有努力给当地人民群众创造更多就业机会才能更好地实现带动当地人民群众致富。在进行锰矿石开采的同时，兴建了大型电解锰加工厂，解决了当地居民就业难的问题。仅在长阳的2个大型电解锰加工厂，每年就可解决近1000人的就业问题。“昔日农家郎，今日锰业人”，当地居民在自家门口就能当上产业工人，一个月有了1000多元的稳定收入，农活也不误，可谓一举两得，增强了农民持续增收能力。为确保社会帮扶的可持续发展，2008年12月，宏信集团注入资本100万元，成立湖北长阳宏景农业开发公司，主要从事农产品种植、加工和销售，带动当地发展农业产业化经营。

公司3000多名员工中90%以上的是当地农民，人均年收入在1.5万元以上，拉动了当地农民增收和经济的发展。锰产业的迅猛发展也带动当地的物流、运输、商贸等行业的发展。各子公司周边的村镇道路畅通，使得周边农产品得以顺利运出去，仅柑橘一项就为农民增收20多万元。

【社会公益资助】 宏信扶贫助学促进会资助长阳老区爱国传统教育教材出版费

用2万元。2005年，子公司福利锰业赞助长阳渔业公司购买器材费0.5万元，支持长阳渔业发展。2007年、2008年连续两届张健横渡队清江画廊纵渡挑战赛，子公司蒙特锰业公司每年为其赞助15万元。2006年5月，子公司长阳福利锰业捐助长阳慈善基金会善款1.5万元。

（推荐单位：湖北省扶贫办公室
供稿单位：湖北长阳宏信实业集团有限公司）

煌上煌集团有限公司扶贫

【企业概况】 煌上煌集团有限公司（以下简称“公司”）是一家以畜禽肉食品加工、禽血骨精深加工为主业，产业涵盖农产品种养、油茶种植与开发，以及餐饮、宾馆、娱乐等方面的综合性大型民营企业。下辖16家分公司，员工3000多人，遍布全国各地的连锁专卖店达2500余家。拥有占地近600亩的中式烤卤食品工业园和大型家禽屠宰、深加工厂区，被列为全国农产品深加工示范基地、国家农业产业化开发项目示范企业。集团被评为农业产业化国家优秀重点龙头企业、中国肉类食品行业优势企业、中国食品优秀企业、中国十大品牌影响力民营企业和中国民营企业500强、江西省扶贫龙头企业。被南昌市政府列入2008年第一批拟上市企业。

集团先后通过了ISO9001:2000质量管理体系认证、QS质量安全认证和HACCP食品安全管理体系认证。“皇禽”酱鸭被中国食品协会誉为“全国第一家独特酱鸭产品”，获得了“国际博览会金奖”等20多项省级、国家级、国际级的大奖。“皇禽”商标被评定为中国驰名商标、江西省著名商标；“皇禽”品牌被授予“江西十大原创食品知名品牌”；“煌上煌”品牌被中国肉协会评定为中国肉类食品工业最具影响力品牌，经过国家权威机构评估，品牌价值达到34.62亿元。

【产业发展连接机制实施】 10多年来，公司坚持突出“农”字头，为农业铺起一条产业发展的“连心路”；坚持紧扣“鸭”字业，为农民撑起一把遮风挡雨的“连心伞”；坚持念好“富”字经，为农村架起一座转移劳力的“连心桥”，推行“公司+小区+农户”、“公司+合作经济组织+农户”的养殖模式，养殖地已经发展到了全省30多个县，其中国家扶贫开发工作重点县有13个，享受“西部优惠政策”县有22个，共带动全国养殖农民达2.6万户，其中江西省有9000多户，累计帮助农户增收超过2个亿。

在推进社会主义新农村建设中，集团坚决贯彻江西省委、省政府提出的布局区域化、生产标准化、经营产业化、服务社会化，推进畜牧现代化”的“四化推一化”的发展战略，探索产业化扶贫之路，通过实行统一供应鸭苗、统一供应饲料、统一养殖标准、统一防疫、统一收购、统一结算，促进养殖小区成为农民长效增收点，脱贫致富示范点、“一村一品”样板点、绿色原料供应点，带动农民脱贫致富。对国家、省、市扶贫村，在收购价格、鸭苗供应等方面重点倾斜，为此，每年企业让利给贫困村农民150多万元，加快了贫困村脱贫致富的步伐。

多年来，集团在扶贫实践中不断完善与农民的利益链接机制。

1. 进一步完善了养殖订单内容，建立让利机制。2008年年初，根据饲料上涨的情况，成品鸭由4.5元一斤的收购保护价调整到5.3元一斤，每羽让利2.4元。

2. 进一步完善了风险保障机制。从2004年开始，按照交售成鸭的数量，每羽2分的标准拨到小区，建立养殖风险基金，鼓励帮助小区发展养殖。从2009年开始，集团在每羽2分的基础上提高了3分，并建立了“4+1”模式，即“加工环节、饲料环节、孵化环节、屠宰环节+合作社”的风险保障机制，采取“统一筹集，分户设账，统一管理，分户使用”的原则进行管理。同时出台了风险基金管理办法和利益返还办法，增强了合作社社员抵御风险的能力和生产自救的能力。

3. 进一步完善培育新的连接载体，提高农民组织化程度和贫困村养殖标准化程度。公司在“公司+小区+农户”的基础上，帮助成熟的小区建立农民经济合作组织。2009年已经培育连接了13个农民养鸭专业合作社，连接合作社农户达到2500余户。

4. 进一步完善激励机制。从2003年起，公司每年年终都对诚信合作社、养殖小区、养殖户进行表彰奖励。7年来，先后出资30多万元，奖励农户150多人次，密切了企业与农民专业合作社和养殖小区的关系，推进了企业养殖基地建设。在2008年度基地建设总结表彰大会上，公司奖励了1部越野车给永修县艾城合作社，进一步增强了农民对企业的信任度、满意度和关联度。

【“千企带千村”和“百企带百村”活动】 公司积极投身全省“千企带千村”和市“百企带百村”活动，先后安排近万名农村富余劳动力就业，其中4000余人来自贫困县，被江西省确定为“省劳动力转移培训基地”，省、市“一村一品示范基地”、“省妇女创业示范基地”，被南昌市确定为“下岗职工再就业基地”、“青年就业创业见习基地”。面对全球金融危机，公司主动为政府分忧，为返乡农民工解愁。2009年春节前夕，开展了“新年献大礼，四九送春风”活动，其中有3个“大礼”是送给返乡农民工：招聘900名员工，设立90个专卖店为返乡农民工提供创业平台，慰问90户返乡农民工。

【社会公益扶贫】 “回报社会，共同富裕”，是公司始终坚持不渝的宗旨。2008年入春，江西省遭遇了严重的低温雨雪冰冻天气。公司投入到抗灾救灾的行列之中，向南昌市捐资50万元。与市总工会联合邀请100名留守民工吃年夜饭，举行团拜会；捐助10万元，与省总工会一道慰问150名困难职工；向省光彩事业基金会捐款70万元。为抗御历史罕见的冰雪灾害捐款捐物总额达到200多万元。

公司在南昌市政府组织的传递奥运圣火捐款仪式上，捐款100万元人民币。2008年5月27日，在“倾注我们的情，奉献我们的爱”——南昌市支援“5·12”地震灾区共建家园大型募捐活动上，公司捐款50万元。

公司作为省工商联女企业商会会长单位，积极动员省女企业家商会成员，通过各种途径为四川灾区捐款捐物达到2000多万元。

公司多年来，在抗洪救灾、抗击非典、

九江地震、四川地震、铺桥修路、资助失学儿童和其他困难弱势群体、兴办希望小学等活动中，共计捐款捐物3000多万元。

【2010年企业扶贫工作展望】 为贯彻落实党的十七届三中全会和胡锦涛总书记视察江西省的重要讲话精神，围绕“保增长、保民生、保稳定”的大局，2010年公司郑重承诺做到不减员、不减薪、不欠薪。集团以扩大营销网络为突破口增加就业岗位，省内外计划新增专卖店550家，提供2000多个就业岗位。以项目为抓手增强带动农民致富、转移农村富余劳动力的能力，抓好投资1.3亿元3000万羽肉鸭屠宰加工及其副产品综合利用深加工项目；抓好投资1.3亿元油茶低产林改造示范及油茶深加工产业化项目；积极抓好投资1000万元年产2000吨生物发酵泡菜加工项目，带动茶油农户、菜农农户2.5万户致富。

2012年，煌上煌将实现新一轮的新发展、新跨越、新辉煌，养殖4000万羽肉鸭，直接带动农户3万户，发展专卖店5000家，安置就业岗位2万个，实现销售收入20个亿，税金达到1个亿，努力把煌上煌打造成农产品深加工附加值能力强、带动农户增收能力强“两强”型企业，打造成江西省食品行业中最大的外向型、科技型、集团化民营企业，进入全国民营企业前100强，成为中国烤卤肉制品第一品牌，为推动南昌实现新一轮经济大发展、城乡大变样、文明大提升，促进江西快速和谐崛起，夺取全面建设小康社会新胜利作出新的更大的贡献。

（推荐单位：江西省扶贫和移民办公室

供稿单位：煌上煌集团有限公司）

江西远泉实业集团扶贫

【企业概况】 江西远泉实业集团（以下简称“集团”）组建于2003年，由1982年创办的上饶县远泉种植有限公司发展形成，现辖5个子公司，12个生产基地和1个省级森林公园，直接经营总面积达4.2万余亩，总资产达3.8亿元，为农业产业化国家重点龙头企业、国家级扶贫龙头企业、国家林业龙头企业。经营范围涉及苗木、茶叶、果业种植销售；水产养殖销售；粮食加工。集团为各类产品注册了“远泉”牌商标，有茶叶及水产品共11个产品通过了绿色食品、有机食品认证，集团还率先通过ISO9001质量管理体系与ISO14001环境管理体系认证，“远泉”商标已被认定为江西省著名商标。

集团先后获得：全国特色种苗基地、全国光彩事业重点项目单位、全国绿化模范单位、全国农产品加工示范企业、江西省十大种养示范基地与全省优秀农业龙头企业、省级“一村一品”示范基地等荣誉。

集团以花卉苗木培育、园林绿化设计施工为主营业务，现有苗木培育面积16000余亩，年可出圃各类苗木1.2亿株，2008年实现销售收入19870万元，为江西省最大的花卉苗木种植企业。公司2009年在生产上采取建立车间式的直接管理的基地管理模式，由集团生产技术部下达生产计划与生产目标，由市场部、驻外办事处、园林绿化工程公司负责产品销售。

集团的发展，带动和促进了上饶县花卉苗木产业的发展，种植面积由上世纪90年代的不足3000亩发展到2009年的23000多亩，种植企业由以前的4家发展至2009年的17家，种植专业户由原来的50余户发展到2009年的200余户，年产值也突破2亿元，成为上饶县又一特色农业产业。

江西远泉实业集团在生产经营中通过合作联动、示范带动、产业推动、劳务拉动、捐赠助动等方式扶助引导了39100户农民实现年均增收4480万元，取得了较好的社会和经济效益。

【合作联动扶贫】 通过“公司+基地+农户”的经营模式，共吸引4457余户贫困户为公司培育苗木，据统计，为贫困户共计增收1607万元，户均增收3600元。该模式是由集团统一提供种苗、技术和部分生产物资，农户提供土地，并负责具体生产管理，最终公司对产品以保护价回收。这种经营模式一是在产前，集团统一提供了种苗和部分生产物资，解决了农户的资金难题；二是在产中，集团技术人员保证每周到现场提供一次技术服务，随时解决农户的技术难题；三是在产后，公司以保护价回收，解决了农户的销售难题。

【示范带动扶贫】 集团以苗木为载体，以梨柚工程和退耕还林等林业重点工程为依托，共计辐射带动周边县市30500余户农民发展林果业，每年为农户增收793万元，户均增收260元。农户林果园建成后，每年免费不定期举办多期生产技术培训班，向农户发放技术服务联系卡，服务卡上印有集团技术顾问及生产技术部所有技术人员包括手机号码在内的全部联系方式。农户在生产中遇上问题，只要拨打上面号码，技术人员保证在第一时间到现场指导。

【产业推动扶贫】 集团2009年经营的42000亩土地年需支付土地租金350万元，这些土地由集团经营前大部分是荒山荒地，租赁后实施产业化经营，既提高了土地产出率，又增加了农户经济收入。通过利用大面积租赁经营的土地和水塘，主要发展了花卉苗木、果业和水面养殖等产业。如在董团乡董团村通过实施“一村一品”工程，发展花卉种植产业，帮助农民致富，全村种植花卉苗木920亩，种植果树650亩，花卉苗木产业已成为该村农民的主要经济来源。2008年全村花卉苗木及果业收入达563万元，人均1776元。同时由于集团花卉苗木规模的进一步扩大，带动了董团及周边村草绳编织、吊装运输、专业起苗等相关行业的发展，每年这些外包服务公司约支出150万元。

【劳务拉动扶贫】 集团在每年的生产经营中在雇用了当地大批劳动力做工，2008年用农民工5000人，发放劳力工资1500余万元，增加了当地村民的经济收入，提高了村民的生活水平。集团的发展和经营使农村留守人员实现了在家门口就业。

【捐赠助动扶贫】 近年来，集团帮助家乡修桥3座，捐资修路15公里，架设输电线路4.5公里。帮助苏家村陈开新、苏承中等失学儿童重返校园，帮助贫困户发展果园、以优惠价给全县贫困户购买苗木等共计捐款300余万元。2008年集团在受年初雨雪冰冻灾害影响损失4300余万元情况下，还向四川地震灾区捐款22.5万元，并响应江西省工商联的号召，赴小金县现场捐赠5万元。

【2010年企业扶贫工作展望】 集团2010年将一如既往实践“以人为本、振兴江西，艰苦创业、奉献社会”的宗旨，坚定做好扶贫帮困工作的信心和决心，实施产业扶贫计划：到2015年公司实现销售收入超10亿元，利税超2亿元，每年直接带动周边县市2万户农民发展苗木生产，带动农民年增加纯收入1亿元，户均增收5000元。

（推荐单位：江西省扶贫和移民办公室
供稿单位：江西远泉实业集团）

北票市宏发食品有限公司扶贫

【企业概况】 北票市宏发食品有限公司（以下简称“公司”）创建于2000年，公司占地面积18万平方米，现有员工1100余人，其中各类专业技术人员200余人，总资产2.3亿元。现已发展成为集肉禽加工、饲料生产、鸡雏孵化、种鸡饲养、技术服务于一体的农业产业化国家重点龙头企业、国家扶贫龙头企业。公司现有肉鸡加工厂两处，肉鸡加工能力8000万只，肉鸭加工厂一处，加工能力1000万只，饲料厂一处，年生产能力15万吨，孵化厂一处，年孵化能力6000万羽，种鸡场3处，种鸡存栏30万套。企业先后通过了ISO9001质量管理体系、HACCP食品安全管理体系、ISO14001环境管理体系、GB\T28001职业健康安全管理体系认证，生产的“龙鸟”牌肉鸡系列产品先后被国家和辽宁省评定为“无公害农产品”、“辽宁省名牌产品”，“龙鸟”商标被评为“辽宁省著名商标”，企业被辽宁省评为“现代农业示范基地”、“质量管理先进单位”、“AAA级信誉企业”、“诚信单位”、“农产品加工示范企业”等荣誉称号。

通过实践与探索，公司结合本地区社会主义新农村建设的实际和科学发展观的实践，确立和完善了一套适应市场经济规律的发展思路，构建了合理的产业框架，走出“一种形式、两头连接、三环相扣、四化格局、多元互动”的产业发展道路。“一种形式”即公司加农户、养加销一条龙、贸工农一体化；“两头连接”即一头连接市场、一头连接养殖户；“三环相扣”即市场牵龙头、龙头带基地、基地推动农户；“四化格局”即区域化布局、专业化生产、一体化经营、社会化服务；“多元互动”即市场牵动、政策驱动、服务推动、效益拉动、上下联动。在这套发展框架下，公司采取措施推动肉鸡产业发展，从而带动广大农民脱贫致富。

【市场牵动扶贫】 发展养殖户，为产业化发展提供保证。在市委、市政府的支持和政府的协调下，从养殖场的选址、鸡舍的建造，到发展农户饲养等系列工作，公司都派专人现场指导。使肉鸡产业的发展既科学合理又降低投资成本，调动了养户的积极性。

【政策驱动扶贫】 把养殖户视为肉食鸡饲养加工的第一车间，签订合同，使公司和农户结成风险共担、利益共享的整体。为保护养殖利益，公司把大部分利润让给养户，反哺于肉鸡生产，坚持按合同价收购，刺激了生产发展。

真心诚意地为养户解决实际困难。公司每年为养殖户担保发放养殖专项资金

4000万元左右，并负担全部利息。在饲料原料价格大幅上涨的情况下，公司及时调整收购价格，减少养户的损失，保障了养户的根本利益。

【服务推动扶贫】 加大养殖服务工作力度，提高养户利益。一是加强服务队伍建设。公司专门成立肉鸡生产服务部，为养户提供“送鸡雏到门、送饲料到门、防疫灭病到门、技术指导到门、回收毛鸡到门”的“五到门”服务；二是加大技术服务力度，调动服务人员的积极性，把他们的收入同养户效益、生产发展、养户管理等工作挂钩，既增强了服务人员的责任心和责任感，又保证了养户利益；三是在养殖较集中的乡镇设立服务站，配备专业人员昼夜服务，建立了方便、快捷的服务网络；四是推行服务人员分片负责制，制定严细的岗位职责，使服务的触角更深、更广、更实际，做到了出诊及时、指导及时，使鸡病得到了及时、有效的诊治，确保了养户的利益。

【培训扶贫】 采取“请进来、走出去”的方式，提高科学饲养水平。公司经常聘请国内外知名专家、教授来公司为员工和广大养户进行饲养知识培训。公司还派员工到外地学习培训，通过集中培训与分散学习相结合的方式，共举办各类培训班100多次，参加培训人数达18000多人，使养户的肉鸡饲养水平，防疫治病能力得到了大幅度的提高。

【效益拉动扶贫】 在公司效益不断增长的同时，企业的社会效益也得到了同步递增，企业现已在北票市、朝阳其他县市及内蒙、阜新、锦州、葫芦岛等周边地区发展肉鸡养殖户3500多户，其中贫困户2700多户，养殖户平均每只鸡获利在2.5元以上，有1万多农民依靠饲养肉鸡和从事肉鸡产业脱贫致富。与此同时，安置城市下岗职工再就业2000余人；有200多台大小机动车辆参与相关物资和产品的运输；12万吨玉米得到就地转化和增值；3.4万多立方米鸡粪成为优质农用肥料，还拉动了包装制品、建筑材料、机械制造等相关行业增加产值2000多万元。

2008年9月国际金融危机发生后，企业依靠切实有效的应对措施，并保证按合同价格收购毛鸡，确保养户效益不减。到2009年1季度企业已经基本克服了金融危机的不利影响，实现了企业的持续、稳定发展。

【上下联动扶贫】 为推动肉鸡产业发展，增强企业在同行业的竞争能力，在北票市委、市政府的支持下，在各部门的参与和协调努力下，2008年公司所属的朝阳分公司和北票分公司将投入生产，投产后，企业的龙头带动作用将进一步增强，2个分公司可带动肉鸡、肉鸭养户2000户，安置城市下岗职工和农村剩余劳动力就业7000人，企业规模扩大的同时，使农户进一步受益，今后公司将进一步加强企业管理、完善经营机制，贯彻科学发展理念，把企业做强做大，把农业产业化事业继续向前推进，从而更好的带动农户致富，把肉禽产业做成地区特色产业，发挥企业在和谐社会建设和小康社会建设中的作用，为地方经济发展、为农民致富做出更大的贡献。

（推荐单位：辽宁省扶贫办公室
供稿单位：北票市宏发食品有限公司）

青海清华博众生物技术有限公司扶贫

【企业概况】 青海清华博众生物技术有限公司（以下简称“公司”）是国家扶贫龙头企业，由清华大学科技园和青海生物科技产业园于 2005 年 9 月共同投资成立，是清华大学与青海省之间第一个产业投资合作项目。公司主要从事沙棘、枸杞、白刺等高原生态植物资源的研究开发和深加工，产品包括高原沙棘酒、沙棘冰酒、沙棘枸杞复合提取物等八大系列。

公司知名品牌“青海青”沙棘系列产品销往北京、上海、广东、福建等国内市场，同时远销欧盟、北美等海外市场，公司产品出口额居青海省各类农畜产品前列，沙棘产品出口额占全国沙棘产品出口总额的 63%，成为我国生态高科技产品出口的典范。公司已经完成 7 万亩沙棘原料基地建设任务，带动青海全省建设沙棘资源基地超过 50 万亩，奠定了沙棘产业发展的资源基础。公司已申报和获得 18 项中国和欧美国际专利，“沙棘维生素 P 研究技术”荣获青海省 2008 年科技进步二等奖，“沙棘天然维生素 P” 2008 年被评为“全国重点新产品”。公司通过了 ISO9001、HACCP 等质量管理体系认证，获得欧盟及日本有机食品认证和美国 FDA 注册认证，是国际沙棘产业界公认的技术领先企业。

公司以“志存高远、脚踏实地”为宗旨，在企业发展的同时带动生态环境的改善和沙棘产地农牧民增收致富。公司在沙棘行业取得的成绩得到了国内外同行的高度评价，在 2009 年 9 月 4 日取得了 2011 年第五届国际沙棘大会的主办权。

【“村企共建”产业扶贫】 1. 沙棘基地建设。新建“青海青”沙棘选优育苗基地 50 亩和“青海青”大果沙棘种植示范区 100 亩。在原有 5.8 万亩沙棘资源示范基地基础上，与海南州兴海县北山农工贸有限公司和兴海县长丰农业合作社签订长期合作协议，新增 1.2 万亩沙棘资源示范基地。公司现有沙棘资源示范基地 7 万亩，有机沙棘资源基地 8.5 万亩，带动全省农牧户新建沙棘资源基地超过 50 万亩。

2. 捐款捐赠扶贫。2009 年公司收购沙棘果枝 5000 余吨，果汁 500 余吨，原料收购资金超过 1000 万元，其中 600 万元用于贫困地区农牧民采收沙棘。为“村企共建”联点村——湟中县共和镇石城村捐款 1 万元，用于石城小学围墙、大门修缮。为西宁市聋哑学校捐款 1 万元，为贵德县新街小学捐赠电脑价值 30 万元。

3. 带动沙棘生产增收。2009 年公司与省工商局、省林业局共同举办了“青海省首届沙棘经纪人培训班”。通过经纪人组织沙棘产地农牧民，利用农闲季节采收沙棘，从而带动贫困农户增收。如大通县朔北乡阿家堡村阿凤贤家庭，全家 4 人采收沙棘，2009 年收入达 1.4 万元。为调动农民的积极性，公司提高沙棘果枝收购价格，突破每公斤 2 元，为全国最高。全年支付沙棘采收费用 600 余万元。

4. 企业发展带动农牧户发展。2009 年，实现产值 13600 万元，销售收入 12600 万元，其中出口创汇 1030 万美元，利润 1914 万元。带动农牧户 20120 户增收，其中省内贫困户 13450 户，贫困户户均增收 2350 元，雇用贫困劳动力 132 人，月均工资 1200 元。

【企业扶贫工作措施】 1. 加大基地建设力度。公司贯彻落实省委省政府“生态立省”的战略，发展绿色经济，促进农村经济结构调整，将沙棘资源基地建设作为企业可持续发展的大事常抓不懈。与青海沙棘主产区大通、湟中、互助、化隆、平安、乐都、门源等县林业部门签订了资源长期利用协议，通过免费提供沙棘种苗、专业技术培训、组织专业队伍造林等形式，在林业部门配合下，自建、企业联建、村企共建沙棘资源基地 7 万亩，带动基地周边农牧民增收的同时，为沙棘产业持续发展打下了坚实的基础。

2. 保证沙棘原料质量。公司制定并实行了严格的《沙棘原料采收、储运、初加工技术规程》，通过了 ISO9001、HACCP 等质量管理体系认证，生产基地通过了国家、欧盟有机食品认证，为“青海青”系列沙棘产品开拓国际国内市场提供了原料保障。

3. 提高农民组织化程度。公司从经过培训考试取得《农民经纪人资格证》学员中，筛选出群众中威信高、有组织能力的经纪人进行扶持，并以他们为骨干成立了 8 个专业合作社，提高了农民组织化程度，为资源可持续利用提供了组织保证。

4. 实施产业扶贫。公司采取坚持科技创新，加强品牌宣传，提高质量保证，完善售后服务，拓宽销售渠道等措施，使产品市场占有率不断提高，确保了在国际金融危机的冲击下，企业仍保持着良好的发展态势，为逐年提高原料收购价格提供了条件，也使农牧民从产业发展中得到了实惠。

5. 加大技能培训。公司每年分期分批对农民经纪人和当地群众进行培训，学习沙棘育苗、种植、管护、采收等相关知识，提高农牧民的素质和技能。

【2010 年企业扶贫工作展望】 青海省沙棘产区多为国家级贫困地区，农牧户都居住在浅山和脑山，除按原始的耕作方式，生产粮食自给外，没有其他经济来源，种植、采收沙棘，可使沙棘产区农牧户发展致富，可带动周边地区的非项目区增收脱贫。

2010 年沙棘系列产品直接销往国际市场，必然导致沙棘原料收购价格不断上涨，将使广大农民群众得到更多实惠。经测算：公司每创收 1 美元，农民将得到 5 元人民币，还将带动农牧民和社会力量种植 9 棵沙棘树。这就是“功在当代，利在千秋”的“159 工程”。

青海省委、省政府已将沙棘等地方特色农产品作为支柱产业发展。政府支持不但可以形成规模效应，还可形成品种、品牌效应，对壮大主导产业，实现农村农业产业结构调整，促进区域经济的发展，带动农民脱贫致富都将起到积极的推动作用。

通过产业扶贫，对于加快沙棘产区造林绿化步伐，推动全省生态环境建设具有重要的示范意义，也可为当地农民脱贫致富起到关键作用。沙棘产业发展将使农业组织化程度大幅提高，从而提高劳动生产率。而集约化、标准化、规模化、品质化沙棘资源基地的经济效益将超过“靠天吃饭”的传统农业向现代农业迈进。

（推荐单位：青海省移民扶贫局
供稿单位：青海清华博众生物技术有限公司）

青海伊佳民族用品有限公司扶贫

【企业概况】 青海伊佳民族用品有限公司（以下简称“公司”）是省级产业化扶贫龙头企业。公司始建于1998年，10多年来，在青海省、地、县党委政府的领导和支持下，坚持以市场为导向，以高科技设备为依托，以开发特色产品为主线，发展成为全球最大的穆斯林用品及民族服饰开发加工企业。2007年9月和2008年3月分别获得“中国名牌产品”和“中国驰名商标”称号。截至目前，企业总资产达3.2亿元，从业人员3600多人，年产值10500万元，年发放职工工资2200余万元。产品主要出口沙特、阿联酋、马基斯坦和马来西亚等国，国际市场占有率逐年提高，走出了一条符合省情地情、突出民族特色的产业化发展道路，具有“小产品、大市场、高就业”的行业特征。公司在快速发展的同时，带动广大农村妇女实现就近就地就业，从而增加了收入，摆脱了贫困，转变了观念，解放了思想，促进了当地社会经济的发展。党和国家领导人胡锦涛、贾庆林、李长春、曾庆红等先后到企业视察，对公司借助民族特色资源优势、开拓抢占国际市场、带动民族妇女就业、扶贫成效明显的做法给予了肯定。董事长韩阿乙草2009年9月被中国扶贫开发协会树为“中国扶贫开发典型人物”。

【就业安置扶贫】 公司属劳动密集型、外向型企业，需要大量的农村妇女劳动力，为民族地区妇女走出家门、实现就业、增收脱贫搭建了平台。1998年企业创办至2009年，累计吸纳撒拉族妇女就业3650人次，回族妇女1161人次，藏族妇女438人，家庭年均收入达到了5000元以上，使贫困家庭实现了稳定脱贫，在带动少数民族妇女实现就业、增加收入、解放思想、转变观念和提高民族妇女地位等方面做出了贡献。

海东地区虽属青海省东部农业区，人均耕地面积少，且大部分耕地属浅山和脑山区，粮食作物产量低，农民增收困难。公司的发展，为海东地区初高中毕业女青年提供了很好的就业平台，每年吸纳500多人到公司就业。以互助县为例，累计吸纳互助籍女青年就业3868人次，直接经济收入达2785万元。

近年来，公司协调劳动部门及职业学校，对企业就业人员进行了全方位的培训，累计培训人员达3800人次，并有862人通过了劳动人事管理部门的技能鉴定。

【“村企共建”扶贫】 公司借助扶贫开发整村推进平台，继续使产业链向贫困村延伸和拓展。2007年循化县扶贫办以白庄村、民主村、米亚亥村为试点，鼓励农户将整村推进入户资金作为“股本金”集中投入到公司，公司保证每户每年 500 元的固定分红，每户吸纳 1 人就业，使贫困农户年均增收 7000 余元。并以公司资金作抵押，确保企业出现风险时，优先偿还农户全部本金。这样既解决了企业的资金瓶颈和厂房困难问题，也促使贫困农户联合起来，增加抗风险能力，为稳定增收脱贫提供了保障。公司采取租用民房、分户经营的方式，在“村企共建”村循化县民主村 15 个农户家里设立了加工点，每户安排 8 台小型设备，由贫困户为企业加工半成品。这种村企联动模式，使撒拉族贫困妇女足不出户实现了就业。2009 年公司共在贫困村设立加工点 50 个，从业人员 856 人，人均月收入 500 ~ 800 元，熟练工达到 1000 元以上。公司计划 3 年内在全县设立 300 个加工点，解决 6000 个贫困人口的就业问题。

【社会公益扶贫】 公司积极参与扶危济困、捐资助学、公益事业建设等，回报社会，回报家乡人民。连续 8 年对果什滩村共 100 名贫困学生进行了资助，支付 2 名代课教师的全部工资，并捐资 50 万元，修建了果什滩村小学；捐资 200 多万元为贫困村实施人饮项目 1 项，硬化村级公路 1.5 公里；组织全体员工为四川汶川和青海玉树地震灾区捐款达 25 万余元。

（推荐单位：青海省扶贫办公室
供稿单位：青海伊佳民族用品有限公司）

陕西安康秦东魔芋食品有限公司扶贫

【企业概况】 陕西安康秦东魔芋食品有限公司由民营企业家杨运舜创立于2000年6月。位于陕西省安康市汉滨区五里镇民兴村，占地50亩，员工286人，其中工程技术人员24人。具有独立的法人资格，拥有自营进出口权，是一家集魔芋种植、加工、科研开发和贸易服务于一体的专业企业。公司生产的魔芋精粉产量占全国同行业总量的21%，魔芋精粉出口创汇名列全国前茅。公司是“农业产业化国家重点龙头企业”、“国家级扶贫龙头企业”、“全国食品工业优秀龙头企业”、“全国农产品加工业示范企业”、“全国诚信守法乡镇企业”、“中国魔芋协会副会长单位”、“陕西省农业产业化重点龙头企业”、“陕西省优秀龙头食品企业”、“陕西省高新技术企业”，产品“健身”牌魔芋粉荣获“陕西省名牌产品”称号，魔芋系列食品被安康市人民政府授予“特色品牌产品”称号。2010年获得国家食品药品监督管理局颁发的“秦东牌魔芋刺五加胶囊”国产保健品食品批准证书。

【扶贫工作措施】 公司从践行“三个代表”重要思想的高度，把做好扶贫工作作为实施国家“工业反哺农业”富民政策，推进社会主义新农村建设，构建和谐社会的重要载体，开展各种扶贫帮困工作。

1. 加强领导，努力构建扶贫工作长效机制。公司成立以公司党支部书记、总经理任组长、工会主席任副组长、部门负责人为成员的扶贫工作领导小组；明确送温暖、献爱心、扶贫帮困活动等6项工作任务；确立“以加强调查研究为切入点，以为帮扶村民办实事为着力点，以村民脱贫致富为落脚点”的工作思路，建立帮扶台账和工作记录，制订了扶贫工作规划和年度计划等工作措施，构建扶贫工作长效机制。

2. 积极投身于新农村建设，和农民结成利益共同体。公司投身新农村建设，发展特色农业，率先推广公司+基地+农户，生产、加工、销售一体化的经营方式。在全市建立了中原镇、双龙镇、牛蹄乡、洪山镇、共进乡、茨沟镇等魔芋种植基地。在种植过程中，为农户提供各种服务。特别是播种期，通过各种途径联系魔芋品种，邀请农业专家实地为农民讲解种植技术。在生长期，不间断为农户提供其他帮助和服务，引导农民科学施种，规范管理，使基地建设稳步推进。通过基地建设，发挥龙头企业的带动作用，促进了安康市种植结构调整和农业的发展，有效地带动了农民脱贫致富。

【联村结对帮扶】 2009年，公司和陕西省安康市汉滨区牛蹄乡松安村结成联村结对帮扶，结合松安村的具体实际，将村民的热点、难点问题作为扶贫工作的突破口。

一是松安村到牛蹄乡政府4公里的公路，投入30万元进行通村公路水泥路面硬化，使公路畅通无阻；二是投入松安村新农村建设35户的配套资金42万元。改善村民的居住条件；三是投资2万元建造10立方米的沼气池16件，解决了16户贫困户的能源问题，起到了很好的科技示范作用；四是投资7.5万元，修建30立方米的小水窖50个，解决了500多亩灌溉和1000余人、2500余头大小牲畜的饮水困难；五是根据松安村土质、气候特点，结合当地对蔬菜需求量大、品种多的实际，投资1万元建立了反季蔬菜样板地20亩，村民从中获得了效益，在科技上起到了示范和辐射作用；六是对扶贫结对的农户，因户施策，亲自到贫困户家中，认穷亲，出点子，找出路，想办法，鼓励他们树立战胜困难的信心。在“村两委”乔迁之际，送去了慰问金、电视机、会议桌、办公桌椅、棉被、大米等，让他们真切地感受到企业的关怀和温暖；七是捐资解决了36户、185人的医疗保险；八是加大科技培训力度，投资5万元对村民进行科技培训。由公司科技人员培训魔芋播种、栽培、分级等方面的知识。聘请安康市农业局技术人员培训反季蔬菜的规范化种植和病虫害防治知识。聘请安康市林业局的技术员培训、指导沼气池的修建使用技能。四是定期和不定期召开群众大会，及时宣传党的路线、方针、政策。对提高村民综合素质起到了良好的促进作用，也为摆脱贫困打下了坚实的基础。

通过联村结对帮扶，为农村提供资金、技术、信息、人才等多方面的支持和帮助，带动了一大批农民走上富裕路，从而增强农村经济发展的自我“造血”功能。

【社会公益扶贫】 据不完全统计，近年来，捐资办学和资助其他公益事业投入资金186万元，培训农民5000人；资助15名大学生顺利毕业；帮助5万余贫困人口解决了温饱问题；年直接安排就业300余人，间接安排就业3000人。公司优先接纳农民工到企业就业，提供必要的技能培训，提高农民工的劳动技能；给予农民工像其他城市职工一样的工资福利待遇，并为农民工办理养老、医疗、伤残保险等。

【企业扶贫工作经验】 公司扶贫工作主要的经验及可借鉴的方面：一是各级组织高度重视是扶贫工作取得实效的基础。公司党支部坚持把扶贫工作放在讲政治的高度每年进行安排，主要领导过问，分管领导督办，具体部门落实，使扶贫工作扎实推进；二是变“输血”为“造血”是扶贫工作取得成效的关键。公司将利用互联网络的信息优势，为帮扶对象提供科技种植等实用信息，加大基地建设力度，努力从源头上帮助贫困村民早日脱贫致富。

【2010年企业扶贫工作展望】 2010年公司将不断跟进投入，并强化资金管理力度，加强对扶贫项目实施的指导、督促和检查，发现问题及时纠正，切实把工作做细做实。一是不断开拓扶贫新思路，坚持因地制宜、分类指导，在充分调研的基础上，根据贫困户致贫原因，制定相应的措施，采取有针对性的帮扶政策和办法，拿真招、见实效；二是加强与相关部门的协调与沟通，调动各方面的积极性，力求

整合扶贫资源，整体推进扶贫工作。

公司必将进一步拓宽扶贫工作思路，一如既往地加大扶贫工作力度，使帮扶农民能够在较短的时间内走上文明富裕的康庄大道，为加快社会主义新农村建设步伐做出应有的贡献。

（推荐单位：陕西省扶贫办
供稿单位：陕西安康秦东魔芋食品有限公司）

陕西春光油脂有限公司

【企业概况】　陕西春光油脂有限公司（以下简称“公司”）创建于1998年，位于陕西省勉县周家山镇农业产业化科技示范园。公司已形成以油脂加工为龙头，集生物能源开发、塑料制品制造为一体的多元发展格局。总资产3.8亿元，职工408人。年生产食用菜籽油4万吨、生物柴油3万吨（总体规划20万吨）、塑料包装瓶200万只。

公司连续3年被陕西省金融协会评定为“信贷诚信企业”；被中国市场监测中心评为“陕西省质量服务信誉AAA级单位”；被省工商局评为“重合同守信用企业”；被省科技厅授予“科技创新型企业”。已通过ISO9001:2000（质量）、ISO14001:2004（环境）、OHSAS18001:2001（职业健康）和HACCP（食品安全）认证及“C标志”认证。“定军春”牌商标被评定为陕西省“著名商标”，其品牌系列菜籽油，被认定为“绿色食品”、“陕西省名牌产品”，产品畅销陕西、四川、重庆、甘肃等20个省、市。公司被确定为省、市、县农业产业化重点龙头企业、国家扶贫龙头企业、全国农产品加工业示范企业，省委、省政府授予“陕西省优秀民营企业”称号。2005年，公司被国务院扶贫办、中国人民银行授予“国家扶贫龙头企业”称号。

【种植基地建设扶贫】　带动贫困地区农民增收是企业和社会的责任。多年来，公司采用“公司+农户+科技”的订单农业模式为一体的多元化发展格局，坚持项目带动，促进农民增收，实现公司和农户双赢，取得显著成效。

从2001年起，公司采用“公司+农户+科技”的订单农业模式，对农户免费培训，发放良种补贴、保护价收购农产品，引导农户种植优质油菜。公司每年投入500多万元建设油菜基地。2009年，优质油菜种植基地发展到60万亩，订单农户30万户。公司以每公斤高于市场价0.1元~0.2元的保护价收购油菜籽，每年使订单户增收960多万元。2009年公司投资建立农技服务站30个，将“双低”油菜生产基地扩大到80万亩。

【就业扶贫】　以公司为载体，为农民工就业搭建平台。公司在发展壮大的同时，吸纳农村劳动力就业。公司现有员工408人，其中来自农村贫困户农民工为354人，人均月收入达1200元以上，90%以上的员工都盖起了新房，建起了美好的家园。

2008年，面对国际金融危机和“5·12”特大地震灾害的影响，公司冷静应对，积极筹措资金，采取节支降耗等措施，维护和稳定产品销售市场。按照订单合同，组织收购农户油菜籽，减少农户因市场价格降低而造成的损失，保护农民种植油菜的积极性。稳定员工队伍，在为员工办理医疗、工伤、失业、意外伤害和社会养老保险的基础上不裁员、不降薪、不减少员工收入。

【社会公益扶贫】 公司坚持扶贫帮困，热心公益事业。在每年春节前都要带上粮油、现金对贫困村的老党员、贫困户进行慰问；积极参与社会救助行动，在学校修缮、学校道路改造、村庄整洁工程等社会公益事业方面累计捐助资金100余万元；2008年“5·12”特大地震后，向灾区捐助价值10万元的优质菜籽油；为勉县周家山镇柳营村捐助资金5万元，用以支持柳营村开展“村庄整洁”活动。2010年，青海玉树地震后，公司组织员工捐款救灾捐款3万元。

【企业扶贫工作措施】 扶贫帮困是企业的社会责任，企业有责任和义务为全社会消除贫困、实施共同富裕作出贡献。同时，也为企业发展创造了良好的外部环境。公司的主要做法：

1. 扶贫要与企业产业特点相结合，实现双赢。公司是食用油脂加工企业，建设油菜种植基地，既推进农业产业化调整种植结构，又满足企业生产对原料的需求，同时为农产品销售提供市场，为农户增收开辟新的门路。

2. 不断拓展扶贫开发工作领域。2008年公司建成20万吨生物柴油一期3万吨生产线后，根据产品原料需求，又建设了300亩生物柴油原料林黄连木种苗繁育基地，在丘陵山区建设原料林基地20余万亩，每亩使农户年增收300余元。按照总体规划，生物柴油原料林基地建设将达到502万亩，为丘陵山区农户增收创造了条件。

【2010年企业扶贫工作展望】 2010年公司决心按照勉县县委、县政府的安排部署，当好龙头、扩大基地、壮大产业，不断增强示范带动能力，做好扶贫开发工作，为县域经济发展做出新的更大的贡献。

1. 继续扩大“双低”种植基地建设。油菜籽是汉中市农民收入的主要来源之一，市政府把油菜籽生产做为汉中市农业产业化的主导产业。

2. 突出做好食用油脂加工。依托公司技术优势，延长油脂产品产业链，开发新品种，进行核桃油、茶籽油等高档烹饪食用油的研发和生产，计划投资20116万元建设年产5万吨高档核桃油、核桃营养粉等系列产品生产线，实现产值11.6亿元。

3. 按照总体规划，分步实施的思路，完成20万吨生物柴油项目二期建设。一期投资5238万元建设的3万吨生产线已建成投产，产品销往河北、山东、四川、陕西、河南等地，实现年销售收入17000余万元。在2010年进行二期工程建设。投资1.2亿元建设二期7万吨生产线。项目建成后，年产量将达到10万吨，每年能够实现销售收入7亿元，利税总额近亿元。“十二·五”期间建成20万吨生物柴油项目，实现年销售收入14亿元。

4. 做好生物柴油原料林建设。计划投资15亿余元，逐年实施500万亩的原料林基地建设。基地项目建设完成后年实现销售收入182220万元，同时能够带来巨大的生态效益和社会效益。广大丘陵山区农民户均增加经济收入300元以上。

5. 开发塑料包装系列产品。在现有年产200万只塑料瓶的基础上，开发塑料薄膜、编织袋等产品。增加规格、品种，提高产值效益，年销售收入达到500万元。

（推荐单位：陕西省扶贫办
供稿单位：陕西春光油脂有限公司）

哈密长河工贸集团有限公司扶贫

【企业概况】 哈密长河工贸集团有限公司（以下简称“公司”）成立于2000年3月31日，注册资本1.8亿元，是哈密地区规模最大的以农业为主的民营企业，也是哈密地区唯一一家国家级重点扶贫龙头企业、农业产业化龙头企业。集团下设新疆哈密长联肠衣有限公司、哈密长河集团长青农牧有限公司、哈密长舟皮革有限公司、长兴畜产品工贸有限责任公司4个子公司。主要产品有长河牌盐渍羊肠衣、良种牛羊、优质饲草、牛羊营养饲料、冷鲜分割牛羊肉等。

中德合资的新疆哈密长联肠衣有限公司是集团的主导公司，成立于1997年，注册资本9005万元人民币。公司主营盐渍羊肠衣的生产、加工、销售。产品“长河”牌盐渍羊肠衣于1997年即在国家商标总局注册，并通过了欧盟卫生注册，先后获得了ISO9002、ISO9001:2000国际质量认证、有机加工认证及HACCP认证。产品多次荣获“新疆农业名牌产品”、“新疆著名商标”称号，95%以上出口德国、日本。

哈密长兴畜产品工贸有限责任公司下设清真定点屠宰场、活畜交易市场及畜产品交易市场，是东疆规模最大、设施最先进的畜产品交易中心。

哈密长舟皮革有限公司占地53亩，建筑面积7000平方米，主营牛羊兰湿革、服装革的生产、加工、销售。可年生产牛、羊兰湿皮革130万张，填补了区域内无一家皮革加工厂的空白，并充分利用集团公司屠宰厂提供的优质原皮，较大地提高了产品的附加值。

哈密长河集团长青农牧有限公司注册资本20889万元，主要进行饲草种植、牛羊育肥与良繁、饲料加工、冷鲜牛羊肉分割加工等，拥有5.5万亩种植基地、可良繁18万头只牛羊的养殖基地、可生产12万吨牛羊营养饲料的加工基地，生产生活园区达27万平方米，是集团的原料基地。2009年6月，被确定为“学生饮用奶奶源基地”。

公司由于形成了产业化经营，公司实现了资源的最佳配置与循环利用，屠宰厂保证了肠衣厂及皮革厂部分收购原料的新鲜，减少了中间环节，使公司在哈密收购皮张及原肠价格低于外地市场3元~5元。牛羊育肥基地自繁自育的牛羊送往屠宰厂及进行牛羊肉分割加工，保证产品质量，降低了成本。肠衣厂、屠宰厂、育肥基地所形成的血水、粪便、生产用废水经沉淀发酵后是两个草场的上好有机肥料；草场生产的优质牧草是牛羊的精饲料，使饲料成本降低了约1/3。真正形成了种植→养殖

→加工→综合利用→种植的产业循环链，创建了以肠衣加工为龙头，清真定点屠宰、畜产品交易、饲草料种植与加工、牛羊良繁、冷鲜分割肉加工、皮革生产、销售一条龙的具有长河特色的链式产业化长河模式。产业化生产模式推动企业跨越式发展，长河集团先后被评为“国家重点扶贫龙头企业”、“农业产业化国家级重点龙头企业”、“国家储备肉活畜储备基地”、“全国诚信守法乡镇企业”、“自治区循环经济试点单位”、“新疆畜牧产业化工业园区”、“产学研联合发展基地”等。

【企农利益联结机制实施】 集团通过与农民建立稳定合理的利益联结模式，获取优质、稳定的农产品加工原料，使参与产业链的所有主体都能在产业链的运转过程中获取合理的价值，使企业在发展自身的同时，带动农民共同致富，最终实现企业和农民的互利双赢。集团采用契约型利益联结、担保型利益联结、市场交易型利益联结、龙头企业一体型利益联结等多种联结形式，以企业＋基地＋农牧户、企业＋订单＋农牧户等产业化运作模式帮助更多农牧民脱贫增收，对周边农牧民具有较大的带动作用。2009 年，集团与 20000 户农民签订了收购饲草、原肠、架子牛羊等的三年期合同，执行保护价，并提供企业要求种植的优良饲草种子、牛羊冻精等生产资料，培训养殖大户、种植户、经济人掌握养殖种植技术及原料优劣的甄别，当年已培训农牧民 5000 人次。

【生产基地建设扶贫】 公司通过肠衣加工基地、畜产品屠宰与交易基地、养殖与肉制品加工生产基地、饲料生产与种植基地的建设带动农牧民增收。

1. 肠衣加工基地建设。肠衣行业系劳动密集型行业，主要生产原料 90% 以上来自农牧民，公司拥有稳定的、长期合作的原肠供应商及农牧民，并带动了一大批相关产业，涌现了大批农村经济人，在哈密形成了规模较大的原肠集散地，而且其来源不仅包括新疆境内，还有很大一部分来自内蒙古、青海、宁夏、甘肃等地。

2. 畜产品屠宰与交易基地建设。长河畜产品交易中心员工均为少数民族，不仅为公司养殖基地的牛羊提供交易、屠宰，还吸纳了哈密全地区的牛羊及大畜，目前可屠宰交易活畜 1000 只（头）/天，有 300 余名经纪人、养殖户活跃在市场，供应着哈密地区 85% 的肉品市场，从而使哈密市的家畜屠宰加工走上了规范、标准、无污染之路，同时帮助企业对产品进行过程的有效控制，为集团提供了大量价低、品优的原肠、原皮等畜产品，极大地降低了生产成本。

3. 养殖与肉制品加工生产基地建设。长河养殖基地良种牛养殖采用通过受体牛移植纯种荷斯坦奶牛胚胎方式得到优良奶牛品种，进行奶牛纯种繁育的生产模式。肉用羊的养殖采用以无角道赛特、萨福克、特克赛尔等优质肉用羊为父本，以多胎性能突出的纯种小尾寒羊、湖羊为母本的二元经济杂交模式，其繁殖后代兼有多胎性能及肉用性能突出的特点，生长迅速，料肉比高，对促进哈密地区牲畜品种改良起到了良好的示范作用，已成为哈密地区重要的种畜生产基地和牛羊良繁中心。

2006 年，长河公司与巴里坤县、伊吾县签订了扶贫发展协议，向 2 县具有养殖经验的农牧民免费提供优良繁殖用种畜，由公司提供技术支持，农牧民每头牛、羊隔年返还长河集团等额牛、羊，期限 6 年，共计返还 3 次，期满后原长河公司提供牛羊归还长河公司。

农牧民所饲养的牛、羊，可按照自愿原则，由长河公司按照市场价格收购。长河集团按照此协议累计向 2 县发放了 2800 头牛、43000 只羊，意味着公司为山北 2 县农牧民省下了 6000 万元左右的购买母牛母羊资金，解决了贫困农牧民生产资料不足的困难，对于山北 2 县的新农村建设起到了推动作用。

4. 饲料生产与种植基地的建设。根据自身发展需要，长河公司每年需要从周边收购数量庞大的饲草。近几年来，长河集团坚持收购周边乡镇团场及其他地区饲草，2009 年已收购了 15 万吨饲草，相当于给了农民 2 万亩地的订单，使陶家宫、沁城这一带的农民每亩增收 400 多元。

【技术培训扶贫】 近几年，长河公司每年派出技术人员深入两县一市的农牧区进行技术指导。公司技术人员在各乡镇兽医站的配合下，根据当地实际情况自编教程，对农牧民和当地兽医站工作人员进行家庭养殖牛羊的疾病防治、饲养管理、传染病预防知识、羊的人工授精、牛的冷配技术、饲草料营养调控技术等方面进行培训，每年授课达到 10 余次，培训人数都在 400 ~ 500 人。并免费上门为养殖户的牛羊配种、看病、治疗、防疫，现场指导，现场解决问题，改良了当地牛羊的品种，提高了奶牛产奶率，缩短了饲养周期，降低了饲养成本，提高了生产率。

巴里坤县黄土场开发区是长河集团的扶贫对象，公司专门安排开发区的农牧民子女在长联公司就业。集团指派技术人员赴黄土场举办奶牛及肉羊的养殖技术辅导班，进行了牛、羊人工授精技术和疫病防治技术讲座。向所在地牧民捐赠了价值近 5 万元的 4 只无角萨福克优质种羊，用以改良当地的肉羊品种。

【就业安置扶贫】 长河集团饲料加工结合哈密本地牛、羊室内养殖特点及农区圈养放牧相结合的方式，研制开发出牛各阶段精料补充料 7 种，羊各阶段精料补充料 8 种及预混料 14 种，合计 29 种产品，饲料厂用工中 70% 均为农村就业人员。饲料加工业促进了饲料产业、养殖业的发展，对优化农业经济结构，消化超期储藏的粮草，将粮食、牧草升值转化，解决农村剩余劳动力的出路，确保农民增产增收都起到了积极的作用。

截至 2009 年，企业员工 1020 人，其中贫困户及贫困户子女占职工总数的 61.8%（贫困户子女 326 人，贫困户 304 人）。在夏季农忙、青贮时还要外聘大量的临时用工；同时，公司还带动了加工、储藏、运输、营销等相关产业的发展，如提供饲料生产所需的棉粕、豆粕、粮食等原材料的经营、运输；参与公司基础设施建设工程甚至农村经纪人的出现等，开辟了农村就业渠道，形成了新的经济增长点。

【2010 年企业扶贫工作展望】 长河集团 2010 年仍以肠衣加工出口为主，以良种牛羊育肥、冷鲜牛羊肉与营养饲料加工为主要经营方式。依托优势产业并充分利用产业化优势，实行整体运作，按照区域化、专业化、集约化和标准化的要求，建好企农利益联结机制，建好订单农业这一“第一生产车间”，向农牧民提供技术支持，把生产、加工、销售等环节连成一体，形成利益共享、风险共担的组织形式和经营机制，同农业产业化相结合，推广种植、养殖、加工一体化的模式，通过建立产、供、

销一条龙的经营机制，带动农户进入市场，增加农民收入，变资源优势为产业优势、经济优势，以实现生态畜牧业的可持续发展，达到企业发展、农民脱贫增收、农业增效的目的。

公司将围绕加快发展，做大做强优势产业这一主题，不断创新经营理念和经营机制，力争建设成全国大型的现代畜牧业龙头企业，通过农业产业化和技术的创新来发展企业，推动区域先进生产力和经济的发展。在各级党委、政府、各级扶贫办公室的大力支持及帮助下，不懈努力，抢抓机遇，不断建立优势、保持优势、发展优势，把具长河特色的产业链做大作强；为新疆、哈密大农业的发展、经济增长和社会稳定做出应有的贡献。

（推荐单位：新疆维吾尔自治区扶贫办工室
供稿单位：哈密长河工贸集团有限公司）

和田地毯有限责任公司扶贫

【概况】 和田地毯有限责任公司（以下简称“公司”）是国家扶贫龙头企业、全国工业旅游示范点、新疆维吾尔自治区农业产业化重点龙头企业。企业生产的和玉牌纯羊毛手工地毯被评为2006年、2009年新疆名牌产品，和玉牌商标被认定为2009年第六届新疆著名商标。

2009年完成正常的生产订货外，完成了新疆人民会堂42.75平方米喀纳斯湖大型艺术挂毯的制作，完成了电信公司、联通公司、银监局、伊犁州政府高档艺术挂毯的订货，完成了区教育厅180平方米大型地毯以及北京客户200多平方米特殊要求的植物染色地毯的制作。2009年共生产地毯39012平方米，销售收入3456万元，产销率达97.8%，上缴税金320.5万元，实现净利润316.6万元。

和田地毯有限责任公司曾先后为北京人民大会堂、怀仁堂、新疆人民会堂编织了各种地毯和挂毯；1997年、1999年为庆祝香港、澳门回归，为自治区人民政府制作了赠送香港、澳门特区政府的礼品《天山欢歌》、《喀纳斯湖风光》540道艺术挂毯；2000年2月完成了北京人民大会堂安徽厅一条245平方米巨幅地毯的制作；2003年完成了外交部19条地毯的制作；2004年完成了最高人民法院9条，共685平方米大型特殊规格地毯的制作、为新疆生产建设兵团成立50周年精心制作了1条大型艺术挂毯；2005年为庆祝新疆维吾尔自治区成立50周年赠送中央代表团的艺术挂毯；完成了中央军委1条64平方米720道大型艺术挂毯的制作，该毯被自治区地毯协会认定为新疆有史以来720道档次面积最大的一块纯羊毛手工地毯；2006年完成了自治区人民会堂713.4平方米装修地毯的制作、完成了哈密地区赠送广州的1条90平方米的大型地毯、完成了西安铁路设计院2条400多平方米特殊规格地毯的制作、完成了新疆医科大学成立50周年一条大型人物雕塑艺术挂毯的制作。2008年公司完成了最高人民检察院1条157.6平方米720道大规格高档地毯的制作；完成了克尔克孜州100多条艺术挂毯的制作；完成了新疆拳击运动管理中心、共青团新疆维吾尔自治区委员会和学联为庆祝2008年北京奥运会订做的礼品挂毯。

【和田地毯品牌建设扶贫】 和田手工羊毛地毯有着源远流长、底蕴深厚、民族特色鲜明的历史文化背景和品牌优势。地毯业作为和田传统特色产业，从业人员遍布七县一市的广大城镇乡村，具有广泛的群众基础。2009年和田地区地毯从业人员约5.8万人，织毯户2.5万户，织毯企业

77家，地毯织架38079个，其中：钢织架17541个，年生产各类毯60万平方米，产值2.43亿元，地毯产品销售收入1.14亿元。地毯从业人员年均收入达到近2000元。地毯业是和田地区的优势特色产业，公司利用和田丰富的羊毛原料和劳动力资源，使资源优势转化成产业优势，这对加快地区产业结构调整，促进当地经济可持续发展、提高农牧民及农村贫困户子女的收入将起到了促进和带动作用。公司注重品牌建设，坚持“质量兴企”、“品牌强企”战略，2006年公司的“和玉牌”地毯获新疆名牌产品，三年期满后，通过复评，2009年再被评为新疆名牌产品。“和玉牌”地毯被认定为2009年第六届新疆著名商标。品牌的创建有助于提高和田地毯的社会影响，扩大地毯销量，扩大了就业，增加了从事织毯业农民的实际收入。

【产业化经营扶贫】 公司不断完善“公司+基地+农户”的产业化经营模式，促进农牧民增收。

公司不断完善“公司+基地+农户”的产业化经营模式，企业通过订单（合同）、合作等方式使收购的原料占加工总量的78%以上，并在策勒县、于田县等县（市）加强和田地毯羊毛基地建设，带动养殖40余万只羊，带动养殖户3万余户，给农牧民直接创收500余万元。企业采取负责新产品的开发、订单、市场营销、按统一标准收购原材料加工毛纱、设计图案，分发给遍布各县、乡、村的地毯加工户的方式，带动农户31247户从事织毯业，使其每年增收8074万元，户均2584元左右，使此项收入成为大多数从事织毯加工业的农民家庭的主要收入来源。

【技术培训扶贫】 2009年公司有计划地在和田、墨玉、洛浦培训1000多名农民织毯户，培训工作采取理论授课与实际操作相结合的培训方式，每天上午由授课老师讲授业务理论知识，下午学习实际操作，每个月组织一次理论知识考试，每个月进行一次实际操作能力测试。

【机遇与挑战】 当前，和田手工羊毛地毯产业面临着前所未有的发展机遇：一是《新疆维吾尔自治区纺织工业第十一个五年发展计划》明确的“丝绸行业和手工羊毛地毯产业”以和田地区为主的布局定位、中央关于西部大开发的战略和对边疆民族地区的一系列帮扶支持政策，尤其全国对口支援新疆工作会议上提出的要“…着力支持新疆特色优势产业发展”的论述，为和田地区民族特色手工业实施优势资源开发转化带来了难得的历史机遇；二是2005年8月中国纺织工业协会授予和田地区“中国手工羊毛地毯名城”称号，使和田跻身全国纺织产业集群基地行列，为和田地毯产业有效得到更高层次和更大力度的发展提供了平台；三是随着人们生活水平的日益提高，国内外市场对地毯的需求呈现了稳步上升的良好态势；四是和田地委、行署于2009年11月17日，成立了地区地毯产业发展领导小组，并出台了《中共和田地委和田地区行署关于加快和田地毯产业发展的实施意见》，为和田地毯产业的发展确定了奋斗目标。

【2010年企业扶贫工作展望】 和田地区地毯产业将在2010年后5年内，伴随中国手工羊毛地毯行业的发展脚步，加速产业发展步伐。

1. 转换经营机制，完善产业结构，形成经济规模。力争实现地毯年产120万平方米，从业人员达到16万人；产值达到12

亿元以上，集中优势，力争培育年产 20 万平方米以上的集洗毛、纺纱、染色、棉纱加工、图案设计、产品研发及销售于一体的龙头企业 1 家；年产量达到 2 万平方米 ~4 万平方米以上的骨干企业 2 ~ 3 家；年产 1 万平方米骨干企业 10 家；年产达 2000 平方米以上的织毯大户 300 家，争创 1 ~ 2 个“中国名牌产业”或“中国驰名商标”。公司经过努力，在公司原有基础上改扩建总规模为 20 万平方米地毯生产线项目，形成年洗原毛 5000 吨、年产地毯羊毛纱 2105.4 吨（其中：企业自用地毯羊毛纱 686 吨，年外销地毯羊毛纱 1419.4 吨主要供应地区七县一市织毯户），平均纱支 4.55 支以上；年产合股棉纱 780 吨（其中：企业自用合股棉纱 260 吨，年外销合股棉纱 520 吨主要供应地区七县一市织毯户）；年产 20 万平方米手工地毯能力。

2. 加快新型工业化建设进程和实施优势资源转换战略。面对纺织市场全球化带来的市场需求的新特点，立足市场进行研究和探索，进一步调整结构，全面提升企业核心竞争力，坚持走新型工业化道路，用高新技术改造传统产业，与时俱进，发挥优势，实现跨越式发展。

全面提升地毯产业整体实力和水平是地区加快新型工业化建设进程和实施优势资源转换战略的重要举措，对于地区经济社会实现全面、协调、可持续发展具有极为重要的意义。以提高产业市场竞争力，以产品质量和效益为主攻方向，全方位改善企业投资环境和发展条件，抓好人才队伍建设，企业自主创新建设和重点投资项目建设，推进技术改造、扩大开放，增强企业创新能力，提高技术装备水平，发挥利用好自身的资源优势，政府部门加大对地毯产业发展支持力度，必将使和田地毯产业及企业跻身于国内甚至国外有竞争力的地毯产业基地的行列。以市场为导向，以改革为动力，以科技进步为手段，以优化调整技术结构为主线，以全面提升企业核心竞争力为目标，牢固树立科学发展观，走新型工业化发展道路。

3. 继续推行“公司 + 车间 + 农户”的经营模式。按照和田地区做大做强手工地毯产业的基本思路，围绕当地具有广泛群众基础的手工织毯优势，延伸当地和田羊牧业产业链，为生产高、精、特、新产品创造条件，加快地方优势资源的转换和进程创造条件；带动和田地区地毯产业健康稳定可持续发展。推行“公司 + 车间 + 农户”的经营模式，带动广大乡镇农村千家万户参与加盟，利用国内外“两个市场，两种资源”提高地毯产品质量和档次，扩大和田羊毛地毯的市场占有率和影响力，争创“中国名牌”和“中国驰名商标”，让农民在企业发展中获得实惠、提高生活水平，让企业在扶贫开发工作中践行社会责任、提高企业的社会影响力，农民和企业在双赢中共同发展。

（推荐单位：新疆维吾尔自治区扶贫办公室
供稿单位：和田地毯有限责任公司）

西藏藏泉酒业有限公司

【高天厚土，孕育着雪域甘泉】 西藏不仅代表着神圣、代表着美丽、代表着向往：她更是地球上唯一的一块未开发的净土。于是她呼唤、她寻觅……。藏泉就是这样当之无愧的挑起了顺应时代赋予的重任。圣地、圣水、圣酒。如何与世人分享回归自然，藏泉人上下求索。

西藏藏泉酒业有限公司位于拉萨哲蚌寺脚下。这里，绿树环抱，河水淙淙。相传莲花生大师为普渡众生，曾用法杖在地上一点，甘泉汩汩而出，后来形成一口深数十米的老井，人们取名为“藏泉”。伟大的中国人民解放军十八军将士进藏时，在这里开荒种地，饮用水便取自于这口世代相传的古井。

西藏藏泉酒业有限公司位于拉萨市金珠西路金农巷3号（老八一农场），是目前西藏地区屈指可数的真正在藏酿酒纳税的拉萨市农牧产业化龙头企业。公司成立于2000年7月，是西藏自治区目前屈指可数的在藏酿酒的白酒企业，其产品目前占全区藏白酒市场份额的56%，为西藏白酒第一品牌；公司占地20余亩，员工近四百人。拥有1200平方米的生态酿酒车间、近1000平方米的包装车间和可容纳500吨成品的仓库。共累计上缴国家税收100多万元，解决当地就业人员32名，转化粮食400多万公斤，为群众增加收入共计300多万元。

【企业荣耀】 2004年12月被拉萨市人民政府列为拉萨市农牧产业化龙头企业。

2004年被四川省技术监督局评为：重质量、守信用、讲规则质量信誉同盟企业。

2005年西藏自治区成立四十周年大庆时，被定为指定用酒。

2007年6月西藏藏泉酒业有限公司荣获“双拥工作特别贡献单位”。

2007年8月被定为：“国家权威检测”质量过硬放心产品（重点推广企业）。

【与农户结“亲家”，实现多方共赢】 作为自治区较大规模的民营企业之一，藏泉酒业今年正式启动“万吨青稞白酒生产基地建设”项目及其配套的“万亩青稞白酒生产原料基地建设”项目。在此次签约仪式上，该公司与羊达乡政府签订了1000亩青稞、冬小麦农业订单合同和解决当地人员就业劳动合同，通过直补的形式，给农牧民以高于市场价5%至10%的现金价格进行收购。该公司把政府投入扶持的资金作为该乡农牧民的股份，以5%至10%作为利润返还给项目区群众。同时，20%的酿酒余料将供应给该乡群众作为畜禽饲料原料，用来带动该乡农畜产业的发展。

堆龙德庆县羊达乡群众在获悉藏泉酒

业要在家乡建立原料基地后，村民们不约而同地参加了此次签约仪式。谈起对未来生活的展望，大家充满了信心。羊达乡乡党委书记达娃高兴地说："这次与我区企业合作签订农业定单合同，我们乡的农户与藏泉酒业结成了'亲家'，以后剩余粮食的销路不用愁了，农牧民就业也多了项渠道。"

堆龙德庆县县委副书记、县长安央金表示，羊达乡原料基地的建设，将对堆龙德庆县农业产业结构调整起到积极的推动作用。同时，对于促进农民群众就业、增加群众收入有着重要的意义。

藏泉酒业董事长闵汝江表示，力争在5年时间内，通过企业带动，将羊达乡的人均收入提高到堆龙德庆县前列水平，实实在在地解决群众的增收问题，实现政府、企业、群众等多方面的共赢。

【启动"博爱基金"为藏区人民撒播爱心甘泉】 2010年6月18日下午，由西藏自治区红十字会与西藏藏泉酒业有限公司合作建立的"藏泉酒业红十字博爱基金"正式启动，此项基金医疗救助范围覆盖在西藏全区工作生活的所有人群。基金的资金来源主要是西藏藏泉酒业有限公司的投入，该公司会将其在藏销售的藏泉酒销售额的5%捐出，注入基金。其他爱心企业和社会各界人士捐助的爱心资金也会注入基金。

博爱基金将主要用于灾害救援、社会救助和红十字事业发展。在基金建立初期，将主要用于医疗救助。目前，西藏全区已经为居民提供了可靠的医疗保障制度，群众患病后，除了享受基本的医疗保障外，还可通过民政部门申请医疗救助。"藏泉酒业红十字博爱基金"是医疗保障制度以外的一种补充性医疗慈善救助形式。

该基金医疗救助范围包括城乡常住人口和因工作需要临时在西藏自治区居住的区外人口，凡是因患大病，在享受政府提供的基本医疗保障以后，仍然因病导致家庭基本生活难以维持的居民，均可申请救助。凡是符合救助条件的患者，均可到设在西藏自治区红十字会的"藏泉酒业红十字博爱基金"管理委员会办公室申请救助。

【展望未来】 藏泉酒业将秉承企业"铸造民族品牌，展示西藏风采"的企业理念，不断开拓创新，成为中国民族品牌的领军企业，同时也成为雪域高原的扶贫带头人。

（推荐单位：西藏自治区扶贫办公室
供稿单位：西藏藏泉酒业有限公司）

十一

扶贫人物篇

中央国家机关等单位定点扶贫先进个人

【吴向东】 中央宣传部中央文明办未成年人思想道德建设工作组副组长。2003年10月至2004年10月，按照中宣部扶贫工作领导小组的安排，吴向东挂职到中宣部定点扶贫县陕西铜川市耀州区（原耀县）任区委副书记，分管宣传思想、扶贫和科、教、文、卫等项工作。吴向东在耀州区挂职扶贫虽只有一年多时间，但他凭着对扶贫工作的执着追求和对老区人民的深厚感情，脚踏实地多办好事实事，认真负责地完成扶贫任务，为当地经济社会文化事业的发展做出突出贡献，赢得干部群众的好评。

1. 调查研究，明晰工作思路。陕西铜川市耀州区属国家扶贫开发重点县区，是中宣部的扶贫联系点。长期以来，经济基础薄弱，文化教育落后，生产条件低下，群众生活水平不高。2003年底，全区仍有5090户、2.3万贫困人口。吴向东到耀州区后，为了做到心中有数，有的放矢地开展工作，他一上任就从深入基层、搞好调查研究入手，在来耀州区的最初一两个月里，集中走访了全区13个乡镇、一些重点部门和企业，详细了解情况，吃透实情，准确掌握第一手资料。经过反复讨论和研究，他总结前几任扶贫人员的工作经验，协助区委、区政府确定“开发当地资源，广开致富门路，搞好基础建设，增强发展后劲”的开放开发式扶贫思路，明确扶贫工作的3个重点，即把着眼点放在开发利用当地资源上，把着重点放在帮助贫困乡、村、户脱贫上，把着力点放在提高贫困乡、村、户的自我发展能力上，为搞好扶贫工作奠定了基础。

2. 发挥优势，开展文化扶贫。“提高素质、开发智力”既是扶贫工作的一项治本措施，又是经济社会发展的百年大计，也是中宣部开展扶贫工作的显著优势。一年来，吴向东发挥自身优势，开展文化教育扶贫，为耀州区人民多办实事，多办好事。

一是联系中国石油天然气集团，先后多次为耀州区捐赠300余台电脑，价值150余万元。这批电脑被分送到全区14个乡镇、街道、57个党政部门和6所学校，推动耀州区干部群众有机会使用和掌握现代科技成果，提高工作效率；二是通过多方联系，组织区委区政府有关部门的干部赴福建、广东等沿海发达地区考察学习，组织与当地党政部门对口座谈，使领导干部进一步开阔视野，增长见识，促进了思想解放、观念更新，增强加快发展、带领群众脱贫致富的责任感和使命感；三是联系国家广播电影电视总局和福建厦门市电视台，为耀州区援助价值95万元的广播电视发射设备及采、编、播设备，促进宣传思想工作阵地建设，丰富了当地干部群众的精神文化生活；四是联系浙江慈溪市委出资 10 万元，资助耀州区对宣传文化事业设备进行了更新；五是纳入“百县千乡文化工程”，由中宣部、中央文明办出资 200 万元在耀州区建设一座县级文化中心；六是联系上海市和江苏省张家港市 2 家企业，共出资 60 万元为耀州区的山区乡村援建 2 所希望小学，又联系后续资金 10 万元改善学校办学条件，组织山区教师到江苏培训学习。吴向东在离任后的几年时间里，依然惦念着希望小学的建设使用情况。这些智力扶贫项目的落实，对全区教育文化事业发展起到有力的促进作用。

3. 立足资源，增强造血功能。吴向东在陕西铜川市耀州区挂职期间，在吃透区情的基础上，围绕已初步形成的果、牧、药、菜和水泥、煤炭、食品加工等主导产业，牵线搭桥，争取项目和资金，帮助区上进一步做大做强主导产业，不断增强发展后进。经过多方面联系，国家发展改革委员会对耀州区煤矿安全技术改造项目进行立项，争取到资金 450 万元。同时，他还主动赴沿海发达地区为耀州区的发展招商引资，寻求合作，组织耀州区农村富余劳力到福建广东打工就业，收到良好效果。

4. 尽职尽责，立足岗位促发展。吴向东在耀州区挂职期间，注重将自己所学知识融入分管工作，配合区委主要领导抓大事、议大事、谋大事，积极进取，开拓创新，促进了本区经济和社会各项事业的发展。作为分管副书记，他经常深入分管部门、企业现场办公，利用周末休息时间，到农村、社区、企业了解情况，帮助他们解决在实际工作中遇到的困难和问题，为其出谋划策，排忧解难，全心全意地搞好服务。他自觉服从组织安排，勇挑重担、迎难而上，工作中多次主动请缨。照金煤矿技改项目是区上 2004 年确定实施的重点项目之一，对提升耀州区煤炭产业整体水平至关重要，但受国家宏观调控政策的影响，项目立项批准一度遇到巨大困难，银行对技改项目心有疑虑，贷款困难，资金短缺，工程迟迟不能开工，已投资上亿元的工程面临生死考验。得知这一情况，吴向东和照金煤矿负责人一道冒着严寒，驱车赶往北京寻求支持。在中宣部领导的支持下，历时一个多月的时间，终于帮助照金煤矿解决了资金难题。2008 年，照金煤矿安全技术改造项目已顺利实施并投入使用，2007 年企业总产值达到 2.65 亿元，销售产值达到 2.42 亿元，分别是 2003 年的 4.8 倍、4.6 倍。

2008 年 12 月，吴向东被国务院扶贫开发领导小组授予“中央国家机关等单位定点扶贫先进个人”称号。

【胡国栋】 中央统战部干部培训中心副主任、扶贫办主任。2000 年春，胡国栋作为中央统战部扶贫工作组组长到贵州省赫章县开展定点帮扶工作，挂任中共赫章县委副书记。2001 年底，扶贫工作组完成扶贫工作任务，他返回中央统战部工作，任中央统战部扶贫领导小组办公室主任，具体负责协调、联系中央统战部定点帮扶赫章县扶贫开发事宜至今。

胡国栋到赫章县挂职期间，正值国家“八七”扶贫攻坚计划实施结束，新阶段扶贫开发计划正在编制中。为立足县情，准确把握赫章扶贫开发工作情况和贫困现状，谋划工作思路，确定帮扶措施，2000 年春，他率领扶贫工作组一到赫章，就立即和有关部门取得联系，了解情况，掌握第一手资料。深入乡、村开展贫困调查，每到一个乡镇，胡国栋都认真地听取乡、村干部汇报，详细记录基层干部反映的各种情况，并深入农户问寒问暖，捐钱捐物。在不到2个月时间里，工作组就跑遍全县27个乡镇，上百个贫困村。通过开展调查研究，认真分析，准确找出帮扶工作的切入点，提出工作思路，制订完善帮扶方案，并及时向部扶贫工作领导小组作了汇报，整个工作得到中央统战部高度重视，为帮扶工作的开展奠定了基础。

在完成前期调查、综合分析评估的基础上，胡国栋及工作组人员围绕贫困户住房困难问题、贫困乡村行路难、上学难、就医难、群众增收难等主要困难和问题，经过酝酿和组织相关部门反复论证，编制完成了《定点帮扶项目规划》、《定点帮扶项目实施方案》等工作计划。为筹措项目建设资金，抓好帮扶项目建设落实，帮助贫困农户尽快解决生产生活中存在的困难问题，胡国栋又把规划建设项目按照投资规模大小、迫切建设程度进行分类，一般性的项目，县里能自行解决建设资金的，协调有关部门帮助解决；县里不能解决的，他和工作组 同志怀揣项目建设申请报告，跑地区、跑省里向有关部门求援；对促进县域经济发展、影响巨大、急需解决资金进行建设的重大项目，就及时找部领导汇报，争取部里帮助协调解决。他还利用统一战线与社会各界交往多、联系广的优势，帮助县里争取项目和资金，组织开展经验交流和邀请国内著名专家、学者来县里讲学、开展干部培训，传授先进农业科学技术，不断更新干部的知识结构，提高管理水平。在统战部领导的关怀下，胡国栋和工作小组全体人员经过努力，一批项目在赫章县实施：

一是212省道赫章过境段41公里改造工程，326国道赫章段87公里改造工程全面实施完成；二是2000年，经过多方协调，赫章挤进全国174个，全省9个退耕还林示范县。2000年和2001年两年共实施退耕还林还草3万亩，荒山造林2万亩，直接受益人口8000多户；三是涉及粮食安全、山区综合开发、教育、卫生、小额信贷等几个领域共26个子项目的第一期爱德基金会山区综合发展项目在赫章县镇乡顺利实施。其中爱德基金会无偿援助702.1万元。直接受益人口6881户，30017万人；四是2004年，已挂职回京的胡国栋带领赫章县委、县政府领导及有关部门负责人到南京爱德基金会进行磋商和协调，最终促成总投资1653.8万元，爱德基金会直接投资737.5万元的爱德基金会第二期山区综合发展项目落户赫章。在项目实施期间，由于赫章县财政困难，配套资金落实难度大，胡国栋多次亲临贵阳，找省政府及省直有关部门协调，帮助解决配套资金。多次县委、县政府领导及有关部门负责人到南京爱德基金会汇报和协调项目实施过程中的困难和问题，保证了项目的完成。使项目区结构乡3964户，15950人受益；五是胡国栋亲自参与协调香港嘉道理基金会贷款110万元，在赫章财神、安乐、结构等乡镇实施贷款养牛，使360户农户受益；六是2000年至2001年两年间，胡国栋亲自参与协调并组织实施了赫章县2449户极贫户建房项目，共计投资997.6万元，覆盖全县27个乡镇，422个村，使2449户极贫户户均住房面积从原来的不足10平方米增加到50.99平方米，住房条件得到改善；七是香港谭兆慈善基金项目。百年大计，教育为本。胡国栋在赫章县挂职期间，始终不忘贫困山区儿童“上学难”的问题。胡国栋积极协调香港谭兆慈善基金项目建设的朱明、双坪、雉街等17所816万元谭兆初级中、小学学校建设。

胡国栋挂职期间，带领工作组先后共筹措资金2850万元，建设帮扶项目32个，完成县际公路升级改造128公里，新建乡村公路120公里，实施农村电网改造工程6个乡、75个村。实施人畜饮水工程，解决农村4.25万人、2.8万头畜饮水困难。实施贫困户住房工程2500户，新建农村中小学22所，建成教学楼面积1800平方米。扶持400户贫困户养牛802头。这些项目的建成，改变了赫章农村贫困面貌，促进了农村各项事业发展，推动了定点帮扶工作。

为了提高基层领导干部的管理能力和执政能力，学习东部沿海发达地区先进的发展理念及管理经念，在部里的支持下，他经过与苏州方面积极联系，在苏州组织开展了赫章县乡科级领导干部培训班，对赫章县27个乡镇党政主要领导和部分县直部门负责人进行为期15天的学习轮训，共办培训班2期，培训干部100人次，为谋划赫章经济社会加快发展积蓄了能量。输出1人，脱贫1户，发展劳务经济，推动农村劳动力转移输出，增加贫困农户家庭收入，是部领导从赫章实际出发，明确提出的要在定点帮扶工作中不断深化和长期坚持的一项重要措施。

两年来，统战部先后筹措资金80万元，专项用于帮助赫章县开展劳动力转移培训工作，由胡国栋具体落实。胡国栋接受任务后，及时同县里进行沟通，并做了大量工作调研，他提出整合资源、转变方式、系统培训、强化技能的培训方式，坚持走市场化、规模化、专业化、人才化的培训路子，以技能培训促进素质提高，以素质提高带动劳务经济发展。为了抓好落实，他不辞劳苦，多次到贵阳找有关部门联系，考察培训学校，协商联合办学方案，最后，经过反复考察筛选，与贵州省建材学校达成联合办学协议，在该校开设赫章县劳动力转移技能培训试点班，每年面向赫章县招生200名高中毕业返乡务农的贫困学生到校接受专业技能培训，培训、实习时间为一年，培训结束，经统一考试、考核合格，颁发学员职业技能证书或特种职业技能证书，并联系用工单位安排就业，保证学员输出就业率达80%以上。学员培训期间所需培训费、生活费等全部由中央统战部专项资金解决。培训班开班以来，共培训学员386人，其中：毕业输出学员186人，在校培训200人。

胡国栋不仅带来资金和项目，而且带来中央统战部机关优良的工作作风。挂职期间，他热心扶贫开发事业，认真履行帮扶工作职责，和蔼对人，关心群众疾苦，以实际行动践行“三个代表”重要思想，深受基层干部和群众好评。

2008年12月，胡国栋被国务院扶贫开发领导小组授予“中央国家机关等单位定点扶贫先进个人”称号。

【宋绍泰】 中央对外宣传办公室秘书局专项财务处副调研员。宋绍泰于2006年至2008年被派往中央对外宣传办公室定点扶贫地区内蒙古自治区科尔沁右翼中旗（简称科右中旗）挂职锻炼，任副旗长，分管卫生、文体广电、人口和计划生育、民族事务、红十字会、残联、司法等工作。宋绍泰模范践行“三个代表”和科学发展观重要思想，贯彻落实扶贫政策和办领导指示精神，坚持以解决贫困地区实际问题为重点，克服诸多困难，落实有关重大投资项目，扶贫工作取得突出成绩，受到当地政府和群众的一致好评。

1. 深入基层，迅速转变工作角色。科右中旗地处大兴安岭南麓，科尔沁沙地北端，属国家级贫困旗（县），自然条件恶劣，基础设施落后，工作和生活条件相当艰苦。但该同志并没有被这种艰苦环境所影响，相反非常珍惜这次为贫困地区群众办实事的机会，按照工作职责要求，自觉转换思维方式和工作思路，克服各种困难，主动融入新的工作环境。为尽快适应环境，迅速进入角色，他刚一上任就跑遍了全旗16个苏木（镇），到53个嘎查（村），几十家贫困户调研，主动与当地政府领导、群众沟通，掌握大量经济社会发展和分管工作开展情况的第一手资料，在较短的时间内，完成了从上级部门工作到基层工作，从发达城市到经济欠发达地区工作，从家庭生活到“单身”生活的转变，表现出较强的适应能力，为开展扶贫工作打下了良好基础。

2. 谦虚学习，全面提高业务素质。宋绍泰挂职后，面对新的工作岗位、新的知识领域、新的工作环境，克服短期“做客”心理，静下心来，潜心钻研，在实践中干，在实践中学，注重总结和积累，不断提高政治理论水平和业务工作能力。到科右中旗挂职伊始，该同志以了解科右中旗经济社会发展思路及其措施、政府工作运行机制为重点，拓宽视野，深化了对科右中旗的认识。一是查阅了《科右中旗年鉴》和近几年旗委、旗政府的工作报告、调研报告和统计资料等材料。通过学习，逐渐了解科右中旗经济发展的基本情况。同时，还阅读了有关内蒙古经济、文化等方面的专著，力求兼收并蓄，不断更新自己的知识结构；二是通过积极参加旗委扩大会议、旗政府常务会议、旗长办公会议和旗委、旗政府召开的各类专题会议，加深了解了旗委、旗政府的决策程序、信息反馈、组织协调、督促检查等机制；三是抱着全面学习态度，虚心向旗委、旗政府班子成员学习请教，学习他们的工作经验、领导方法和领导艺术。通过学习，业务能力和工作能力有了新的提高，在较短时间内，很快进入了工作状态。宋绍泰还结合实地走访和调查研究，向办扶贫工作领导小组上报了科右中旗经济社会发展和扶贫工作情况，提出工作建议。

3. 认真履职，稳步推进分管工作。宋绍泰挂职锻炼期间，工作积极主动，服务意识强，紧紧围绕旗委中心工作，协助旗长抓大事、议大事、谋大事，坚持以改革的精神抓工作、促落实，以创新的思路抓重点、促全盘，尽心竭力地为基层办实事、办好事、解难题，分管的各项工作都取得了明显成效。一是卫生工作迈出新步伐。以深入开展医院管理年活动为契机，加大卫生行政执法力度，加强基础设施建设，提高医护质量，从缓解农牧民看病难、看病贵入手，采取切实有效的措施，努力拓展工作，取得显著成绩；二是推进建设科尔沁文化大旗工作。2007年成功举办全旗500人四胡大型专场演奏会。这是科右中旗历史上规模空前，参与人数最多的一次超大型群众活动。科右中旗被内蒙古自治区授予“四胡之乡”、“安代舞之乡”、“乌力格尔之乡”的荣誉称号。同时，进一步完善该旗图什业图赛马场的附属设施建设，配套兴建蒙古包群，优化周边环境，加快了“马产业”的发展。积极组织各类民族传统体育项目赛事活动，科尔沁马术俱乐部先后在云南大理三月街赛马大会、“比利保罗杯”全国速度马锦标赛和全国第八届少数民族传统运动会等重大赛事中获得多项冠军；三是计生工作成效显著。围绕“稳定低生育水平，提高出生人口素质”总体目标，严格实行党政一把手负总责和“一票否认”制，推动计划生育综合改革，开展优质服务活动，人口和计划生育工作继续保持了良好的发展态势；四是加强红十字会工作。科右中旗红十字会连续两次获“自治区红十字会系统先进集体”荣誉称号；五是进一步加强残联工作。对需要辅助工具的残疾人进行调查，按残疾人的需求，发放用品用具。协调劳动就业部门免费培训 425 名残疾人，帮助 665 名残疾人实现就业；六是民族宗教事业有了新发展。在对科右中旗的基督教家庭聚会点开展全面调查的基础上，依法加强了对宗教工作的管理，从而保证了宗教界的稳定。在 2007 年第二届那达幕大会时成功组织了大型的祭敖包活动。进一步建立健全宗教三级网络建设；七是参加科右中旗“五五”普法工作领导小组，参与制定《科右中旗普法第五个五年规划》。组织有关人员，深入社区、嘎查（村）和学校进行宣讲，举办了多场法律知识讲座，加强了对法制宣传重点对象的宣传培训力度；八是在内蒙古自治区成立 60 周年大庆活动期间，宋绍泰参与制定 60 周年大庆兴安盟分会场庆祝活动方案，组织开展青年歌手大赛等大型群众性文体活动 5 次，收到良好效果。

4. 尽心尽责，全力落实扶贫项目。宋绍泰牢记扶贫工作使命，把锻炼提高自己同服务基层结合起来，立足自身优势，帮助旗里解决制约经济社会发展的实际问题。科右中旗总人口中 83.17% 为蒙古族，是蒙古族比例全国最高的少数民族聚居旗。为满足广大蒙古族群众收听收看本民族语的广播电视，宋绍泰协调国家民委经济计划司，推进科右中旗蒙古语广播电视播控中心建设取得进展。为进一步丰富和改善当地群众业余文化生活的条件，他向中央对外宣传办公室申请购置 10 台电脑，用于科右中旗科尔沁宣传文化中心大楼配套设施建设。通过到贫困户走访，他了解到许多孩子考上大学却读不起书。为帮助这些贫困家庭的孩子圆大学梦，在办领导的支持下，他协调对外宣传办公室直属单位五洲传播出版社，拨款 30 万元经费，成立科右中旗“贫困学生救助基金会”。在实地调研中，宋绍泰了解到，该旗土地沙化严重，全旗沙地面积已达 1000 万亩，且每年以 3 万至 5 万亩的速度推进。土地沙化已严重影响到当地经济社会发展。治理沙地，改善生态环境刻不容缓。为此，他和旗林业局等一班人，实地考察、查阅资料，搜集大量关于土地沙化的信息，并及时向办领导和有关部门提出工作建议。2007 年 8 月，在外宣办王国庆副主任亲自出面协调下，宋绍泰带领科右中旗工作人员到国家林业局有关部门反映沙地治理工作，通过多次的协调、沟通，国家林业局对科右中旗沙化问题进行专项调研，并于 2007 年底，专门下拨 575 万元经费，用于沙地治理。国家林业局表示：今后还将把科右中旗防风治沙列入规划，继续支持。

5. 严于律己，树立扶贫干部良好形象。宋绍泰在挂职期间始终牢记中央外宣办领导的嘱托和要求，严格要求自己。注重加强学习，注意向基层学习，向实践学习，向身边人员学习，不断提高认识水平和综合素质；注重加强实践锻炼，大胆探索，勇于实践，提高贯彻科学发展观的能力、驾驭全局的能力、处理利益关系的能力、务实创新的能力；注重改进作风，始终坚持全心全意为人民服务的宗旨，思想上求实，工作上抓实。以高度的责任感和对边疆少数民族地区群众真挚的感情全力投入到工作中。科右中旗自然条件恶劣，生活条件艰苦，有“一年两季风，一季刮半年”之说。“人在科右中旗，就要做当地人，干当地事，珍惜组织上给我的难得挂职机遇，为群众办实事、办好事！”宋绍泰是这么说的，也是这么做的。在科右中旗挂职工作期间，他发扬深入基层，深入群众，协调上下各方面关系，认真履行本职工作，满腔热情为群众服务。挂职期间，正逢他的孩子小学升初中的关键时刻，但宋绍泰并没有因此事影响工作，更没有向组织提过任何要求。2008 年 5 月 18 日，他父亲在老家病危。因路途遥远，在得到消息后，也未能在父亲临终前见上一面。当地干部群众深受感动，一致认为宋绍泰的表现体现了中央外宣办干部的良好风貌和思想素质水平。

2008 年 12 月，宋绍泰被国务院扶贫开发领导小组授予“中央国家机关等单位定点扶贫先进个人”称号。

【郭尚明】 现任中央编译局机关服务中心副主任，中央编译局扶贫开发领导小组办公室副主任。郭尚明自 1997 年开始从事扶贫开发工作。多年来，他注重用马列主义的立场、观点、方法去观察、认识、分析和解决工作中的实际问题；深入落实科学发展观，用科学发展观指导扶贫开发工作；学习贯彻党中央、国务院关于扶贫开发工作的指示精神，围绕中央编译局扶贫开发领导小组制定的扶贫开发工作计划，不断强化帮扶意识、拓宽帮扶思路、落实帮扶项目，关心贫困群众的疾苦、为定点扶贫县的发展献计献策，解决帮扶点的实际困难。在扶贫开发工作中，郭尚明认真负责，勇挑重担，利用业余时间强化业务学习，努力提高自身的综合能力，结合工作实际，学以致用，指导实践，为贫困群众做好事、办实事，受到编译局及帮扶县干部群众的好评。

1. 调查研究，谋划扶贫开发工作新思路。郭尚明重视对贫困地区的调查研究，他经常走村串户，访贫问苦，调查了解农民现状，及时掌握农民最迫切需要的是什么，理清扶贫工作思路。1997 年至 1998 年郭尚明在河北省易县挂职担任县委常委、副书记期间，经常下到农村，找村干部谈心，帮助他们理路子、出点子，激发干群致力致富的内在活力。任中央编译局扶贫办副主任后，他先后几十次到河北省唐县、易县进行考察，与县委县政府及县扶贫局的负责人进行座谈，深入了解当地情况，通报中央有关扶贫政策和中央编译局的扶贫计划。通过在河北省唐县的调查研究，郭尚明深深感到，基础设施是农民的生产生活条件和脱贫致富的基础。基础设施落后是制约老区发展的“瓶颈”问题。改善基础设施是村民最想、最盼、最迫切需要解决的大事。在资金投向上，他坚决执行中央提出的“因地制宜实行整体推进的扶贫开发方式”的精神，明确了整体推进的扶贫开发目标。几年来，中央编译局每年都拨出资金帮助齐家佐乡北庄子村解决扬水站和蓄水池的建设，从根本上解决了他们生产生活用水困难的问题，夯实了发展经济、稳定脱贫的基础。

在对唐县北庄子村的帮扶工作基本完成后，郭尚明又协助领导调研考察，并把唐县杨家庵村作为第二批重点帮扶对象。2009年，中央编译局先后投入资金8万余元，并协助有关部门投入部分资金，帮助该村修通一条长约2公里，宽约5米的水泥路，解决了困扰该村祖祖辈辈的行路难问题，也使村民的果实、农产品能及时外运，增加了群众的收入。当地村民为表达感激之情，在路边立刻有“中央编译局重点帮扶工程——民心路”几个大字的纪念碑，这是对编译局帮扶工作的感激，也是对郭尚明帮扶工作的肯定。

2. 及时反馈信息，确保帮扶工作稳步推进。唐县北庄子村有300亩坡岗旱地，迫切需要建造一座扬水站。郭尚明了解情况后，立即向局扶贫领导小组提出建议，中央编译局仔细研究后决定，在2008年捐赠款物的基础上，再捐赠3台水泵和90000元资金，不但基本解决了群众用水难问题，还使300亩旱地变成了水浇田。据当地有关部门测算，每亩地可增收300多公斤，同时，为北庄子村发展畜、牧、林、果及食用菌的种植打下良好的基础。

2005年，郭尚明通过调研发现，唐县是“河北省食用菌之乡”，那里的土质和气候非常适合种植食用菌。他及时建议当地贫困户种植平菇、金针菇、白灵菇、杏鲍菇等。当时建一个食用菌大棚需资金3000余元，当年可收入5000元左右，效益可观。在郭尚明调研的基础上，中央编译局先后出资6万多元，选择了北店头乡贫困户，建造20多个食用菌大棚，改善了村民的经济收入和生活水平。北店头乡中同村地处山区，经常停电，严重制约了食用菌种植，也影响学生上课，给全村群众的生产、生活带来很大的不便。郭尚明把情况向局里汇报后，局里很快捐出120千伏的发电机组一套，水泵5台。既解决了群众的用电困难，又为中同村农业产业化调整创造了良好的条件。

3. 注重教育扶贫，搞好助学助教工作。治穷先治愚，教育要先行。郭尚明关心老区的教育工作，多次到河北省易县黄石塘中学和唐县四城涧小学走访慰问，发挥中直机关的优势，主动协调帮扶办学。在中央编译局的帮扶下，黄石塘中学如今已成为易县一流学校，黄石塘中学还成立了“希望之星班”；在此基础上，中央编译局决定把唐县四城涧小学作为局里的帮扶学校，每年除捐助部分款项外，还有计划地捐赠电脑、图书、书架、桌椅及文体用品，以改善其办学条件。在中央编译局捐赠多媒体设备的基础上，黄石塘中学成立多媒体示范教学课，成为唐县农村小学中第一家拥有多媒体教学设备的学校。

郭尚明积极与机关团总支联系，组织中央编译局青年团员40余人次与唐县四城涧小学开展联谊活动，向该小学捐赠1000多册图书，团员青年分组分班与小学生一起举行“我的理想”、“奥运在我心中”等主题班会，收到良好的教学效果。

郭尚明注意发挥中央编译局自身优势，开展文化信息帮扶，协同当地政府帮助北庄子村建全支部班子，推广科学技术，转变脱贫观念，提高致富能力，引导村民科学种植、科学管理，使该村的农作物和食用菌的产量和质量都有了明显提高，对该村下一步发展起到推动作用。

多年来，郭尚明时刻把贫困群众的冷

暖挂在心上，把关爱无私洒向革命老区，为改善贫困群众的生产生活条件和农民增产增收做出不懈的努力，赢得人民群众的称赞。每到春节前，郭尚明都陪同局领导到唐县开展座谈、调研、慰问等活动，为最贫困的群众送去面粉、大米、食油和现金等物资，使他们过上了祥和欢乐的春节。

郭尚明2005年被河北省委、省政府授予定点扶贫工作先进个人荣誉称号；2008年12月，被国务院扶贫开发领导小组授予“中央国家机关等单位定点扶贫先进个人”称号。

【薛朝华】 男，汉族，中共党员，系中国日报社资产管理部副主任、纪委委员、团委专职副书记。2002年7月至今，中国日报社作为东乡族自治县的定点帮扶单位，选派薛朝华到甘肃省东乡族自治县挂职任县长助理，开展帮扶工作已有6年多的时间。在此期间，薛朝华就在东乡这一片黄土地上，以高度的使命感和责任感，默默奉献，忘我工作，表现出很高的政治思想觉悟。他认真贯彻落实党中央、国务院关于扶贫开发的方针、政策，关心东乡贫困群众疾苦，为东乡族自治县人民做了许多扎实有效的好事。

东乡族自治县是全国唯一的以东乡族为主体的少数民族自治县，也是国列扶贫重点县。全县27万多群众分散居住在1750条梁峁和3083条沟壑中，生产生活条件艰苦，素有“陇中苦瘠甲天下，东乡苦瘠甲陇中”之说。

薛朝华从到东乡族自治县的第二天起，就深入基层，利用一个多月的时间，走遍全县25个乡镇，全面进行调查研究，分析县情，理清思路，思考帮扶途径，确定帮扶总体方向与具体措施，并写出调查报告呈交报社领导及有关县领导。在全面掌握基层情况的基础上，通过中国日报、中国日报网及其他媒体将东乡贫困现状介绍给外界，宣传东乡的优势资源及发展潜力。在薛朝华的积极联系协调和呼吁宣传下，6年来共计为东乡争取落实各类帮扶资金近1000万元。

1. 争取报社各级领导对东乡县的关心与支持。在薛朝华的努力下，中国日报社成立包括总编辑、副总编、财务部等主要负责人在内的扶贫领导小组，并成立扶贫办公室。6年来，中国日报社原总编辑朱英璜，现任总编辑朱灵就到东乡县实地考察访问7人次。副总编辑等厅级领导到县28余人次，处级干部12余次。他本人更是经常性蹲点，仅2003年就在东乡族自治县实地工作近7个月。所有这些，都反映了他的组织协调能力，而且每次都写出工作汇报，及时将东乡族自治县情况向报社领导及县领导汇报扶贫工作开展情况。中国日报社各级领导也经常主动关心和支持东乡族自治县的各项工作。中国日报社与东乡族自治县之间经常互动交流，信息共享，增进双方友谊，加快了东乡族自治县的思想脱贫。

2. 东乡族自治县脱贫离不开国家部委的帮助与支持。薛朝华在京帮助协调国家财政部、教育部、发改委、交通部等重要部委，积极申请资金帮助解决东乡实际困难。2006年，他通过协调国家财政部、甘肃省财政厅等有关单位，争取资金160余万元，兴建东乡族民俗博物馆，为解救东乡民族文物，保存东乡民俗文化做了贡献。同时，他也向各部门经常呈交情况调查报告。给教育部呈交过6份，给财政部呈交过10余份调查报告。

3. 教育对于落实地区的重大意义。薛朝华利用媒体优势，广泛宣传，积极争取，投身于教育事业。在他的努力下，2003 年华侨刘国烈和郑自治先生分别出资 25 万元修建奴土坪希望小学和中国日报读者第一希望小学，并购置 120 套课桌凳、教师用的办公桌椅、床、书柜、电教设备及师生供暖设备。2004 年日本大使馆利民援助项目投资 67.7 万元援助修建汪集乡独立初中教学楼；中国日报社捐资 10 万元修建赵家乡石头沟学校。2005 年由香港、丹麦、德国、日本、美国等慈善人士捐款 27 万元修建中国日报记者第二希望小学。中国日报社与社会各届人士捐资 22 万元修建中报希望小学教学楼。2007 年香港半山区与台北东升扶轮社捐资 26 万元修建石山小学。美亚琪有限公司与韩国伊革思儿共同捐资 35 万元修建白家小学。此外，他开展捐助活动给东乡民族中学捐助电脑 60 台，中报希望小学 20 台，各类教育设备 10 多万元。这些学校的修建，解决了当地儿童入学难的实际问题，也为东乡“普九”工作的完成作出了努力。

为从根本上帮助当地教育事业的持续发展，针对东乡县穷、民穷教育投入不足的实际，在薛朝华的争取下，中国日报社干部职工自发捐款，并争取外界人士参与。由于他在教育扶贫方面的努力，许多国内外爱心人士打电话询问东乡有关情况，不少人出资捐助当地学生。北京周本华、刘道义夫妇在 2004 年 7 月捐出 10000 元，交由薛朝华帮助联系捐助当地学生。经与县教育局商定，这 10000 元用于解决汪集乡瓦子岭小学、大树乡南阳瓦小学学生与学校的全部开支。周本华、刘道义夫妇先后捐出 20000 余元于用于东乡的教育事业。对于每次的开支明细（发票、开支说明等）薛朝华都及时寄送到捐助者手中。仅周本华、刘道义两位从事教育事业多年的老师就 3 次向报社写信表达了对中国日报及薛朝华扶贫工作的肯定和满意。他还为县城第二幼儿园送去价值 4000 元的儿童玩具。

几年来，薛朝华想办法筹集款项全部负担了中报希望小学、奴土坪希望小学、中国日报社读者第一希望小学、瓦子岭小学、南阳洼小学等 10 余所小学的办公经费、学费、学习用品等各项开支，累计救助学生达 4 万人（次），涉及全县 25 个乡镇中的 16 个，救助金额达 30 余万元。

4. 注重宣传东乡，宣传甘肃。为让外界更深入地了解东乡，他整理提供有关资料，在中国日报设立专版，宣传东乡，让世界了解东乡，为今后的扶贫项目争取做好前期准备工作。他在中国日报上每月定期定时报道东乡、介绍东乡的优势产业、自然资源、招商引资优惠政策等内容，提高了东乡民族的知名度。仅广告版面累计投入就达上百万元。6 年多来，薛朝华撰写 30 多篇宣传报道，组织 4 批次青年记者采访报道东乡及甘肃省其他地方。

在他的努力下，中国日报每个月固定在广告版面上刊发东乡族自治县县情介绍。县里如遇有重大扶贫新闻或有关社帮助筹款的新闻，中国日报都是及时刊登，让外界能多了解一些东乡。比如 2004 年 6 月全球扶贫大会期间，中国日报在 26、27 日两天用 4 个专版详细介绍了东乡县的县情。2006 年临夏州州庆时，中国日报用 8 个专版详细介绍了临夏州与东乡族自治县。

他多次组织中国日报青年记者参观考察东乡。2004 年 10 月他组织报社 6 名青年赴东乡进行为期 10 天的社会实践，扶贫帮教和新闻采访活动，促进了报社青年进一步了解国情民情，培养青年人艰苦奋斗的作风。2007 年 8 月，他组织 3 名报社青年包括 1 名印度籍外籍员工采访东乡县、临夏州、兰州市、敦煌市，仅在中国日报就刊发报道 20 余篇。

在报社各部门及和当地政府的配合下，在他的带领和安排下，这些青年记者发扬艰苦奋斗，扎实工作的精神，深入农家，走访各乡镇，有关单位，比较全面深入采访和了解东乡县的扶贫、水利、教育、社会等多个领域，取得很好效果。活动既锻炼了报社青年人的综合能力和意志品质，丰富了阅历，增强了青年人的社会责任感，增进了报社同东乡的感情，而且通过这些青年的所见所闻，影响和带动了身边的人了解东乡，热爱东乡。

薛朝华把东乡作为自己的第二故乡，情系东乡，矢志帮扶，无私奉献，以提高当地教育水平为己任，获得报社和全县各族干部群众的一致赞扬。

2003 年、2005 年、2007 年薛朝华均被中国日报社评为报社先进个人；2004 年被评为中国日报社十大杰出青年；2005 年被甘肃扶贫办评为中央驻甘单位定点帮扶先进个人；2008 年 12 月，被国务院扶贫开发领导小组授予“中央国家机关等单位定点扶贫先进个人”称号。

【张守慎】 中国科协科普部基层处副调研员。2005 年 5 月至 2007 年 8 月作为中国科协第 12 届吕梁科技扶贫团成员，在吕梁开展科技扶贫工作，工作期间，履行科技扶贫的职责，较好地完成了吕梁科技扶贫工作。

1. 调查研究，制订工作计划。吕梁市“十一五”经济发展规划，明确全市在未来 5 年的经济发展的总体思路、任务和目标。贫困山区南北 5 个县的农业产业化发展方向基本确定，即临县、石楼沿黄河流域的红枣产业；兴县北部寒冷山地的绒山羊产业；岚县、方山县的马铃薯产业。张守慎注重利用手中现有的资源，发挥自身优势，完成好科技扶贫工作。

开展深入细致的调研工作，摸清情况，制定扶贫工作计划。先后走访 6 个县的 29 个乡镇、几十个行政村和自然村，30 多所中小学校、职业中学向当地干部群众了解农业生产、农村教育和农民生活情况，在此基础上完成了中国科协吕梁科技扶贫 5 年计划（草案）。《计划》结合国务院扶贫办提出的“一体两翼”扶贫战略，结合中国科协党组书记处的工作要求，提出了面向 4 个重点人群开展科技扶贫的整体工作思路、工作方针，措施和办法。

2. 认真履行职责，切实解决问题。张守慎在工作中发挥科协所属团体学科齐全、人才荟萃的优势，以学会为依托，以项目为纽带，通过引进智力和技术资源，帮助当地发展特色农业产业。

（1）发挥科协智力资源优势，促进当地农业产业发展。通过中国林学会组织山西省林科院红枣种植专家、枣树病虫害专家、品种改良专家推广枣树矮化密植技术，建立“红枣矮化密植基地”，对临县和石楼的红枣产区枣农进行技术培训。2006 年共举办 3 期技术培训班，培训枣农 200 余人。通过面授和发放文字资料，帮助枣农解决红枣病虫害防治和科学栽培等有关问题。帮助临县红枣协会在中国农技协网站上开辟红枣信息网页，建立红枣天气预警系统，为枣农提供信息服务。

通过中国畜牧兽医学会组织全国优质

绒山羊养殖企业辽宁省盖县绒山羊养殖场的有关专家和山西省农大的畜牧兽医专家来兴县开展科技帮扶，深入当地农民家庭和吉昌绒山羊养殖场了解绒山羊的饲养情况和存在的问题。

岚县县委、县政府根据山区条件和农业经济发展特点，计划用五年时间将马铃薯种植面积扩大到20万亩，把岚县建成全省最大的脱毒种薯基地，产量达到6亿斤，实现农民人均收入1000元。张守慎通过中国作物学会为岚县农业生产部门联系中国农科院的马铃薯专家制定项目规划，建立“脱毒种薯”、“模式化种植”基地，为在岚县建立脱毒马铃薯种薯繁育实验室提供技术支持。在扶持农业产业发展上，提出“一县一业”的指导思想。在农业发展方向上提出“支持最代表广大人民利益的产业”，造福更多的农民群众。在对待小额资助项目上，改变过去“给小钱，不还钱”的做法，提出无偿贷款方式，农民得到项目支持，一年后要将本金返还，用于下面的农民项目申请，以此杜绝了项目资金的流逝。

（2）面向青少年人群，开展科技扶贫，提高青少年科学素质。联合中国计算机学会、中国营养学会、中国畜牧兽医学会、中国林学会、中华预防医学会和山西省科协青少年活动中心，开展科普进校园活动。完成1所科普示范小学的建设，在吕梁贫困山区的11所小学各修建起一个2.4米长的校园科普橱窗，提供科普挂图，把科普知识直接送到青少年的手中。在6所小校建科普图书室，为“四八小学”等6所小学捐赠21台彩色电视机和DVD。制定了“大手拉小手”、“走出大山”等多种培训计划。引进近资金80万开展科教扶贫和救助失学儿童活动。组织吕梁国家扶贫开发工作重点县的12名优秀学生和教师来北京参加六一活动。通过中国营养学会引进资金40万元，在贫困山区的小学开展“送营养工程”和“科普图书室进校园工程”。组织中国科协机关、事业单位热心公益事业的人捐助10名特困家庭的小学生，帮助孩子们完成小学教育。引进中国民生银行38万元资金，对岚县石桥小学和方山县后则沟的2所小学进行改扩建工程等。工作中勇于探索，在小学校开展素质教育，建“三室一栏”（科学工作室、科普图书室、计算机教室和科普宣传栏），开展“大手拉小手”活动。在开展的“送营养工程”中提出“按个送、论斤结算”和“先送后结”的管理办法。在捐助10名特困生的活动中，提出由校方开具“三联收据”的办法，做到捐助工作透明，公正。在对待赞助单位上采用“榜上留名”的做法，把公益事业热心人们为老区人民做的好事留在榜上，此举得到赞助单位的欢迎。

（3）面向农民群众开展科技帮扶、提高农民科学文化素质。根据吕梁山区的实际情况，采取针对性措施，集中有限的财力，在改善基层科普服务能力方面做了一些工作。

一是先后为临县、兴县、岚县和石楼县4县的4个科普示范乡镇的农民培训教室配备影像设备，即1台34寸的彩电和DVD，1台联想台式电脑，建立农民培训教室，解决了这些乡镇有农民培训教室但缺乏设备的问题。与此同时，还通过中国科协声像中心组织一批农村科普光盘，帮助当地乡镇政府开展对农民群众的科技培训；二是2006年在贫困山区南北5县的电视台开辟科普大棚车栏目；在县中心广场修建起三组6米长、用不锈钢制作的科普画廊，定期提供科普挂图。支持吕梁市科协修建科普宣传栏，面向城镇居民和农村农民群众，开展科普宣传活动，受到当地政府、城镇居民和农民群众的欢迎；三是协调中华医学会、中华预防医学会组织医疗专家在临县、兴县开展工作调研和医疗义诊等活动，深入乡村卫生院开展妇幼疾病防治，帮助学会拟定医疗扶贫计划，捐赠听诊器、温度计、血压计等医疗器械，培训乡镇医疗院的医务人员。

（4）面向领导干部公务员开展科技帮扶，提高领导干部公务员的科学素质。邀请中国科学院赵忠贤院士、科技部前副部长韩德勤和北京农学院院长王有年等专家为吕梁市县两级领导和市直机关干部作高水平的科技讲座，反响很大，受到吕梁市干部群众的好评。扶贫团和中国科协农函大共同组织邀请韩国专家来吕梁传授韩国开展新村运动的实践及经验，吕梁市4套班子领导和市直机关干部群众400多人聆听了韩国专家报告。

针对“十一五”期间推进新农村建设，传统农业如何改变经营模式和转变增长方式，如何依托本地优势资源培育和发展特色农业等重要问题，协调中国科协管理干部学院组织吕梁贫困5县的县乡（镇）两级干部（包括部分平川县干部）38人进行培训，并赴四川资阳、乐山考察农村基层经济组织和支部+协会工作。

（5）抓科协基层组织建设，改善基层科技科普服务能力。中国科协在吕梁开展科技扶贫工作，主要依靠当地政府和基层科协组织，但是由于长期以来科协组织经费十分有限，科普工作能力较弱，难以发挥作用。

帮助基层科协组织提高自身科普工作能力，为吕梁市科协提供电脑、支持吕梁市科协开展“站栏员”建设。2006年争取到中国科协科普资源的支持，为吕梁市科协调配（以赠送形式）科普大篷车1辆。同时，还争取到中国科协科普专项资金支持，以匹配经费的方式为吕梁市全部所属13个县市科协都配备了科普服务车，为县级科协配备新、旧电脑各1台。为吕梁市科协提供培训教室全套设备，为吕梁市科协提供彩色喷绘机、复印机使吕梁市、县两级科协的基础设施和硬件服务能力走在全省科协系统的前列。协调石楼等国家扶贫开发工作重点县科协科普专项经费。市、县两级科协工作条件得以改善，服务设施与能力得到加强，工作体系和工作质量得到了保障，今天的吕梁市、县两级科协，工作全部实现电脑化，下乡有了“腿儿”，工作经费有保障。吕梁市、县两级科协的工作增添了活力，也从客观上支持了吕梁科技扶贫工作的开展。

扶贫期间连续2年协助吕梁市科协开展吕梁科普日活动，协调组织科技下乡活动，支持吕梁市、县科协开展科普工作。

3. 克服困难做好扶贫工作。吕梁扶贫工作分为两个阶段，第一年是调查研究阶段，第二年是实施阶段。2006年到2007年是张守慎在吕梁开展科技扶贫工作的最后一年，又是孩子考高中的一年。在孩子考高中和做好扶贫工作上张守慎选择了后者。张守慎联系到民生银行40万元的经费支持，带着民生银行的人员到岚县和方山两个县开展小学改扩建调查，最后选定岚县的石桥小学和方山县的后则沟小学作为改扩建的小学。争取到中国营养学会的40万经费支持在两所小学开展“送营养工程”。

先后带领中国计算机学会、中华预防医学会、中国营养学会、中国民生银行等单位深入基层开展送温暖工作，围绕“四个重点人群”做了大量的工作。

面向青少年人群开展科技帮扶，是一项艰苦的工作。为在5个县选出开展科普进校园的第一批小学，自己不畏路途遥远，深入到5个县的小学进行学生筛选甄别工作。兴县是晋绥革命老区，也是5个县中最远的一个县。兴县的国土面积在全国县市中最大，兴县县城距离张守慎所在的离石市有130公里，他们要去的贺家汇小学，离县城又有60多里山路，平常很难有机会去。兴县教育局希望中国科协能够照顾到身处大山深处的小学，于是自己亲自开车前往，当汽车行驶在蜿蜒的高山时，自己的心也紧张起来，山高路陡，稍有不慎就会酿成千古之恨，但是，张守慎知道扶贫工作体现着党对边远地区的群众的关怀，就是要到最艰苦的地方去，如果没有人去，那所开展的扶贫工作就不是真正意义上的扶贫工作。2007年张守慎去了3个乡镇的10名特困生家庭了解情况，回到驻地时已经是晚上9点多钟，白天去国家扶贫开发工作重点县的乡村，晚上回来已经不是一次两次了。在吕梁开夜车、走山路已习以为常。当张守慎来到边远的学校、农村，见到那里的老师、同学和农民群众时，边远学校师生和弄民群众把他的到来看作是党和政府对老区人民的关心，这让张守慎感到莫大的鼓舞。2年的时间里张守慎跑遍了吕梁5个国家扶贫开发工作重点县，先后打造1所科普示范小学、在2个县的2所小学开展“送鸡蛋工程”、在4个县的14所小学建立科普宣传栏、在6所小学建立科普图书室、向7所小学捐赠21台电视机和DVD。在3个县的4个乡镇的农民培训教室提供电视机和DVD，开展农民素质培训。跑遍了5个县的30个乡镇，近百个村子等等，所有这一切凝聚了自己辛勤的劳动和汗水。

4. 加强党性锻炼、提高自身素质，自觉遵守各项纪律。下去挂职让张守慎深入地了解贫困地区农业、农村、农民的现状，更加了解国情、党情和民情，使他的思想得到一次很好的净化。同时，基层锻炼使他有机会进行换位思考，对自己从事的基层科普工作有很大的帮助。过去张守慎做基层科普工作，更多的是办公室里面的工作，下来后他看到了贫困地区基层的实际情况，使他对所从事的基层科普工作有了重新的认识。下来工作也是一次心灵的升华，是对自己党性的一次考验。

（1）淡泊名利、真心实意为群众办事。张守慎刚下来时，可以说没有“名分”，直到一年后挂职吕梁市政府副秘书长。在一年的时间中，经常要下去了解情况，调查研究，在基层工作的人都知道，没有职务没有“名分”，开展工作的难度。自己抛开名利，克服困难，不计个人得失，埋头工作，掌握到许多第一手材料。

（2）摆正位置，搞好团结。中国科协在吕梁开展科技扶贫，虽然在政府挂职，但是许多工作离不开当地基层组织和科协的支持。因此，尊重当地干部、不凌驾基层组织和地方科协头上，遇事与他们认真研究，树立良好的工作形象。在扶贫团里自己尊重团长，主动承担各项工作，注意搞好团结。

（3）自觉遵守组织纪律，领导在与不在一个样。长期在外扶贫，远离单位、远离家人，也照顾不了家里。自己第一要克服家庭困难；第二要遵守各项规章制度，遵守组织纪律，自觉遵守党纪国法，做到领导在与不在一个样。扶贫期间，自己廉洁自律，作风正派，得到干部群众的好评。

2008 年 12 月，张守慎被国务院扶贫开发领导小组授予“中央国家机关等单位定点扶贫先进个人”称号。

【郭　勇】　民盟中央社会服务部副部长。2003 年郭勇主持工作以来，主管全盟的智力支边扶贫工作。他自觉在思想上和行动上与党中央保持高度一致。贯彻落实科学发展观，不断提高理论水平，学习党和国家在多党合作、扶贫开发、社会主义新农村建设等方面的有关理论、政策，关心贫困群众疾苦，有较高的政治思想觉悟。

1. 深入调查研究，探索扶贫开发新模式。河北省广宗县是国家扶贫开发工作重点县，也是国务院扶贫办确定的民盟中央定点扶贫县。为准确把握定点扶贫县的实际情况，有针对性地做好扶贫开发工作，郭勇经过深入广宗县调查研究，与广宗县党政领导座谈，进行调研摸底，对广宗县基本情况、经济发展现状、群众脱贫愿望和扶贫开发规划等有了比较深刻的认识，他认为横亘广宗全境的百里沙带不适宜农业耕作、工业企业少而且小是广宗经济和社会发展滞后的主要原因。民盟中央原主席费孝通先生说过“广宗县的发展要沙里淘金”。既然沙土地制约了广宗县农业经济发展，可否因地制宜利用沙荒地搞些工业企业，把沙荒地从制约广宗发展农业的劣势转化为发展工业的优势呢？这个想法与广宗县委县政府不谋而合，自 2005 年 6 月，民盟中央社会服务部与广宗县共同规划，由县里制定优惠政策，拿出 4000 亩沙荒地开发“城东工业园”。在民盟中央社会服务部与广宗县的共同努力下，工业园现已初具规模。中共广宗县委书记毕振水同志对此的评价是：民盟中央社会服务部在广宗的扶贫工作是“使真劲，真使劲”。

在探索扶贫新模式的同时，郭勇和民盟中央社会服务部没有放弃原有的工作阵地。为改善农村学校办学条件，2005 年 6 月，民盟中央向广宗县东召乡后魏村希望小学赠送了价值 3 万元的 200 套课桌椅。2006 年 4 月，为改善当地棉花品种单一的状况，民盟中央为广宗县南琵琶张村赠送价值 15000 元的优质棉种 1000 斤，推广新品种每亩可提高籽棉单产 100 斤，每亩增收 300 元。2006 年 7 月，民盟中央、民盟河北省委出资为张村打了 2 眼深水井，扩大水浇地面积 600 亩，对该村的抗旱保收发挥了作用。

为增加农民收入，郭勇主动联系湖南农大的盟员专家，在广宗县推广国家农业部“优势农产品重大技术示范推广项目—135 保健养猪技术”，并向广宗县南琵琶村贫困户赠送了价值 2 万元的 100 头猪崽。2007 年，郭勇又联系促成了河北康隆牧业有限公司引进“135 保健养猪饲料”的加工技术。项目总投资 400 万元，设计年生产能力 1 万吨，辐射一个规模化养猪厂和 800 余农户。该项目已于 2007 年 9 月建成投产，对推动当地养殖业的发展起到了积极的示范作用。

2007 年 9 月，在郭勇协调下，民盟中央和民盟河北省委组织 5 名盟员农业专家到广宗县进行科技帮扶活动，分别就新农村建设与现代农业发展现状与政策、农村村务和财务管理、现代养殖业发展的问题、棉花高产栽培技术和“135 保健养猪”技术等 5 个方面进行了培训，1000 余名村镇干部及技术人员参加了培训。

2. 挂职锻炼，为促进毕节试验区建设献计出力。2006年6月至2007年8月，中共中央统战部安排郭勇到贵州毕节地区挂职任行署副专员。郭勇要求自己不怕艰苦、不讲条件，多做实事、多做贡献，不遗余力为促进地方经济社会发展献计出力。

2007年初，中共毕节地委、行政公署交给郭勇一项重要任务，要求他推进20多年来毕节地区反复申报却一直未能通过的铁路、高速公路、机场这3个重大基础设施项目的立项工作。郭勇深知这3个投资总额约300亿元的项目对改变毕节落后面貌，实现可持续发展的重要意义，也感受到地委和行署给予的期望和信任，通协调和努力，终于得到时任全国人大副委员长、民建中央主席成思危同志的关注和支持。成思危亲自约请铁道部和交通部主要领导沟通，并将有关文件批给有关部委处理。铁道部部长刘志军很快复函表示："民盟中央社会服务部已将织金至叙永铁路列入《铁路'十一五'规划》，铁道部将加强与地方政府合作，发挥各方优势，根据沿线经济发展，运输需要等，抓紧研究线路走向方案，技术标准，建设资金等，争取'十一五'期间开工建设。"其后交通部部长李盛霖也复函表示："为促进区域资源开发，加快老区人民脱贫致富步伐，同意贵州省建设杭州至瑞丽高速公路遵义至毕节段。"并承诺加快前期工作，"具备开工建设条件即列入民盟中央社会服务部年度预算和投资计划，并采取切实措施积极支持该路建设"。国家民航总局也同意把毕节支线机场建设纳入"十一五"规划，并初步确定2008年动工，向毕节试验区成立20周年献礼。

郭勇在挂职期间注重发挥民主党派的优势为毕节经济和社会发展出力，主动争取领导对扶贫工作的关心和支持。2007年初，他利用在北京出差的机会向民盟中央主席蒋树声和全国政协副主席、民盟中央常务副主席张梅颖汇报了毕节地区织金县大新桥和金沙县胜天两地农户急需解决人畜饮水和防洪灌溉的实际情况，2位领导联名致信水利部长汪恕诚。水利部高度重视，决定2007年上马金沙胜天水库，2008年上马织金大新桥水库，截至2008年底，总投资2亿元的水利建设项目已经落实。

郭勇受行署主要领导的委托协助分管招商引资工作后，成功引进温州民营企业—中国长城电器集团，该集团2006年在赫章县投资2亿元，2007年董事会决定再追加投资3亿元；2007年初又成功引入国有上市公司—西部矿业集团，2007年5月毕节地区行署与西部矿业集团在西宁市签订了战略合作意向及该集团在赫章县建设有色金属循环经济工业园区的框架协议，2008年已投入1.5亿元。

3. 多方奔走，全力为贫困地区协调重大项目。2007年，经过挂职锻炼又回到熟悉的工作岗位后，郭勇发自内心地希望能够为贫困地区多作些事情。他利用各种机会，整合各类资源，为贫困地区引进重大项目奔走呼吁。经过郭勇的努力已落实的扶贫项目有：

2007年10月，通过全国政协副主席、民盟中央第一副主席张梅颖为毕节武警支队争取训练场建设项目600万元。2008年8月，在张梅颖的协调下，计划投资2.1亿元，设计里程96.1公里的甘肃定西至临洮公路项目得以顺利立项，该项目将在交通运输部2009年年度投资计划中予以安排。

定临公路作为一项惠及定西的重要基础设施工程，它的施工建设对促进定西经济社会发展和扶贫开发、维护甘南少数民族地区的稳定以及完善区域路网都具有重要意义。

联系香港新世界股份有限公司在贵州全省捐建14个多媒体教室，总价值为760万元，这些配备了先进卫星数字电视系统的多媒体，将把东部发达地区的优质教育资源引入贵州。

落实慈溪育才学校董事长沈宏邦（盟员）捐资100万元资助贵州雷山和甘肃定西两地进行农村师资培训。

另外，近年来郭勇特别注重帮助呼吁和协调能从体制、机制上提高贫困地区经济发展活力和造血功能的重大项目。在毕节试验区设立产业投资基金、成立村镇银行，这2个项目都是在厉以宁先生的建议下，郭勇争取全国人大常委会副委员长、民盟中央主席蒋树声帮助协调促进的，被形象地称为“披金挂银”。这2个项目的实施将有助于加快毕节农村金融投资体制改革，改善投融资环境，实现产业结构升级和经济结构优化，为毕节今后的发展注入了活力，为试验区经济快速发展打下坚实的基础。2008年9月19日，总资本5000万元的“毕节发展村镇银行”正式挂牌营业，总资本150亿元的产业投资基金也将在年内落户毕节试验区，为试验区发展插上腾飞的翅膀。

2008年12月，郭勇被国务院扶贫开发领导小组授予“中央国家机关等单位定点扶贫先进个人”称号。

【贾俊】 中国民主促进会中央委员会华耐集团董事，北京市华耐农业发展有限公司总经理。1964年10月，出生于河北省万全县一个贫困的农民家庭。农民的出生背景，注定了他一生最关切、最热心的公益事业就是农民的脱贫致富。

1985年，贾俊中学毕业后在本村小学作了一名民办教师。1993年，兄弟3人携手进入建筑陶瓷经销领域，经过15年艰苦创业，已发展成为拥有120家自营店、220家加盟店的全国最大建筑陶瓷销售连锁企业。1999年，成立北京华耐农业发展有限公司，贾俊担任总经理。经过9年的努力拼博，目前华耐农业公司已跻身国内蔬菜种子行业增长势头最强劲的行列。2006年5月，华耐农业公司成为落户中关村高新技术产业园区昌平园的唯一家农业高新技术企业。

“农民的利益就是我们的利益”，这是公司成立以来始终坚持的经营宗旨。由于出身农民家庭，贾俊一直殷切的关心着我国的“三农”问题，并积极投身于国家的扶贫济困事业。

随着民进中央定点扶贫工作的深入而扎实地推进，民进中央社会服务部的领导们也增多了对各会员的启发和宣传工作。身为民进会员的贾俊，更是积极主动地参与到了民进中央组织的定点扶贫工作中。

2001年，民进中央启动了“种子扶贫工程”，贾俊积极响应，向贵州省蒲安县农民赠送价值近2万元的优良蔬菜种子，推动了当地蔬菜种植业的发展。

农民穷，农村落后，原因在于找不到致富的突破口，找不到合适的项目。2004年，贾俊与民进中央社会服务部部长赵会，一同到河北省滦平县长山峪镇做扶贫工作调研，帮助当地农民寻找致富项目。他们对当地的气候环境以及种植条件做了仔细的调查研究，并与当地各级干部群众共同探讨，最终确定甘蓝为当地的首选蔬菜种植品种。鉴于以前农民缺乏大规模种植甘蓝的技术，他专门向专家请教，选择适合此地种植的甘蓝品种。还聘请专业的技术员对农户进行全程的技术指导，特别是对育苗、定植和采收等关键环节，更是倍加关注。贾俊曾和技术员10余次亲临现场，手把手地教乡亲们栽培和管理技术。最后，十几位示范种植户的50多亩甘蓝喜获丰收，每亩的产值都在2000元以上。

扶贫工作贵在坚持，难在长效。2005年，贾俊与民进中央社会服务部领导吴宁华、黎长华再次到滦平县调研。为使当地蔬菜种植业健康持续发展，决定帮助滦平县付营子乡凡西营村的农民建立品种试验基地。他们选择白菜、黄瓜、甘蓝、菜花、洋葱、菠菜、番茄、胡萝卜、西芹等10余种蔬菜，多达50余个品种进行试种，每个品种的试种面积都在80平方米以上。为了能够确保试种过程的成功，贾俊把有一定种植技术且比较细心的农民作为试种户，向农民耐心讲解建立品种试验基地的目的。他除了出资租地、提供试种种子，还为试种户提供工资补贴，最大限度的减少了农民对试种的疑虑，提高了农民参与的积极性。功夫不负有心人，经过多次的试种和品种的调整，最终筛选出越冬黄瓜和越夏番茄等适合当地种植且经济效益较高的蔬菜品种。

2006年，贾俊与民进中央社会服务部领导李红、韩江湖再次到滦平县付营子乡邢家沟门村进行实地考察。正是通过这次调查，民进中央把邢家沟门村确定为了定点帮扶村。邢家沟门村是一个山区村，这里的山清水秀、民情淳朴，空气清新，景色宜人。但是这里交通极其不便，村间都是羊肠小道，汽车根本无法通行。考察队一行人徒步走遍整个村庄，走访二十几户农民。因为自然条件所限，这里的村民没有可以用来大面积耕种的土地。只有找到一个适合这里发展的项目，才能够真正的摘掉这里贫穷落后的帽子。他们经过走访以及实地考察，筛选出种植杏树、养猪以及饲养山地柴鸡几种方案。又经过与当地各级领导一起对上述方案进行的可行性分析，最终确定饲养“山地柴鸡”这一方案。这样既满足了柴鸡的生长习性，也克服了山地不能发展农业这个难题。贾俊出资为当地的农民购买了10000余只种鸡，就此，这里的人们就开始了“山地柴鸡”的饲养。

就在贾俊和民进中央的领导再一次来到这里的时候，他们看到的是成群结队的小鸡在绿油油的山坡上闲庭信步，喜悦之情油然而生。乡亲们为表达对民进中央的感谢，送柴鸡蛋给他们，也正是这些柴鸡蛋，使这里的人们迈出走向富裕之路的第一步。

2007年，贾俊与民进中央副主席王立平一同参加了民进中央在贵州省毕节市金沙县的定点扶贫工作会议。参与讨论了当地“嫁接水果”项目的可行性，并出资10万元作为该项目的启动资金。

此外，贾俊在2007年还与民进中央副主席王立平及22位专家一同参加了在甘肃省酒泉市召开的“河西走廊发展研讨会”。河西走廊的东北部民勤县是中国北方地区沙尘暴四大策源地之一，年降水量仅110毫米，是全国乃至世界最干旱的地区之一。贾俊会后多次前往民勤地区了解情况。针对沙漠化日趋严重的问题，他找到了专门研究抗干旱、抗逆、节水农作物的专家，挑选出了一大批适合干旱少雨的地区生长的西甜瓜品种，并在民勤县收成乡布点试种和推广。2008 年，此项工作已取得初步成果，如果试验成功，将为该地区农民找到一条增收致富之路。

“农村的希望和未来在教育”，贾俊出身贫困，深识农村孩子求知的渴望。多年来，他把帮助农村贫困孩子求学，作为自己的一项工作职责，组织和参与多项社会助学活动。

2003 年，华耐集团在张家口市出资成立了民进华耐助学基金，帮助那些考上大学的贫困学生来圆他们的大学梦。截至 2008 年，贾俊每次都坚持亲自带队，每年历时 15 天，共行程 10000 多公里，走访了 200 多个自然村，220 多户贫困学生家庭，了解每一名贫困学生的情况，尽最大努力帮助他们。2008 年，华耐集团共出资 60 余万元，已连续资助贫困大学生 60 多名，改变了这些寒门学子的人生轨迹。作为集团董事，贾俊是这一助学活动的倡导者和负责人。资助寒门学子迈入大学校门，已成为华耐集团回报社会的一项长期事业。

虽然他离开家乡多年，但贾俊一刻也没有忘记家乡人民的贫困。出资给学校捐赠教学用具，改造村里道路，改善水利设施，等等，只要村里有困难，他都会慷慨解囊。“输血不如造血”，贾俊为让乡亲们能尽快致富，发展高效农业，先后在村里搞了 10 多个蔬菜品种的试验和示范。为解决蔬菜的销售问题，他还把蔬菜收购商请到村里，发展“订单蔬菜”。在他的努力下，乡亲们种菜得到了效益，想要扩大蔬菜种植规模，他又主动到万全县扶贫办帮助村里协调到水利配套资金 10 多万元。高效农业的快速发展，从此改变了当地农民“靠天吃饭”的传统农业模式，进一步加快了乡亲们的致富脚步。

2006 年，党中央提出了建设社会主义新农村的战略决策，贾俊组织中国社会科学院李成贵博士、北京农学院徐健博士、北京市民进社会服务部部长李勃生等国内知名专家与村干部召开研讨会，共同规划张家口市万全县新开口村的社会主义新农村建设，全面考虑村里的长远发展规划，并在张家口市民进的支持下，完成了村里第一个科学规划。

贾俊一直积极参与着河北省张北县这个国家扶贫开发工作重点县的扶贫工作。同时，他也在为能够把张北县占海乡头号村确定为民进中央的定点扶贫对象做着不懈的努力。2008 年，他几次邀请民进中央的领导到张北县做实地的考察和调研工作。

作为贫困助学活动的传播者和组织者，2005 年在他的宣传和精心组织下，中国农科院蔬菜花卉研究所的专家们共与张北县的 33 名贫困小学生建立一对一的“结对帮扶”。这些帮助对孩子们来说可能就从此改变了他们的一生。孩子、家长、老师都十分感动，纷纷寄来了感谢信，来表达他们的感谢之情。孩子们还定期的向帮助他们的叔叔阿姨们汇报学习成绩，优异的学习成绩就是孩子们最好的报答。截至 2008 年，结对帮扶的孩子已经增加到 43 名。农科院蔬菜花卉所的专家们觉得能够尽自己的一点力量来帮助这些孩子们是一项非常有意义的事情，于是又组织党支部的成员为三号乡小学建立爱心图书馆，改善了孩子们的读书条件。

2006 年贾俊还组织农科院的专家们到张北县“送科技下乡”，从根本上改变了当地的贫困面貌。

2008 年 12 月，贾俊被国务院扶贫开发领导小组授予“中央国家机关等单位定点扶贫先进个人”称号。

【宋建平】 现任国家人口和计划生育委员会办公厅信访处调研员。宋建平2006年7月，经人口计生委推荐，下派到安徽省阜阳市阜南县挂职工作，任县委常委、副县长。挂职工作期间，他主动接受领导，虚心学习基层，积极开展工作，热情帮助同志，为挂职县办了很多实事、好事，为推动当地人口计生事业发展作出了贡献，受到了领导、同事和基层广大人民群众的一致好评。

1. 珍惜挂职锻炼机会，抓好学习不断充实自己。长期在国家机关工作，能直接深入基层、面对群众，是一次难得的好机遇，宋建平深知这一点，他在接到下派通知后和在阜南县工作期间，一刻也没有放松学习。他经常对挂职县的领导和同事们说：“我来这里挂职锻炼的目的之一，就是要做到相互学习、取长补短，通过锻炼，提高处理问题和应变能力，提高群众工作本领和领导才能。因此，勤于学习、善于学习、乐于学习、巧于学习，学人之长、补己之短是我挂职期间的注意力所在。”在工作和生活中，他一是注重学习学习党和国家一系列重大方针政策。在从宏观上了解和掌握国家方针政策的基础上，结合省、市有关计划生育工作的规定，抓好在基层的贯彻落实，科学制定县里计划生育工作的目标任务，把行动统一到党的十六届五中、六中全会精神和省委、省政府有关会议精神上来；二是虚心向基层干部学习。宋建平认为，基层的干部在他们负责的工作范围内能独当一面，有着丰富的基层工作方法和经验，在他们身上有很多东西值得学习。从他们身上，宋建平既学到很多处理问题的方法，体会到农村计划生育工作之重要和农村计划生育工作之难，同时也磨练了自己的意志，学会在特殊的工作环境中以更加勤奋敬业的精神、更加强烈的事业心和责任感来开展工作。通过学习，宋建平进一步加深对党和国家计划生育政策的理解，提高了对中央提出的稳定低生育水平、统筹解决人口问题的认识。

2. 倾心融入新的环境，转变角色打牢工作基础。从中央国家机关到县里，工作跨度较大，工作环境、内容都有着很大不同，特别是农村工作更加辛苦，宋建平刚到阜南县时，县里考虑到他在工作和生活上不习惯，准备为他购置好一点的生活用品，并在伙食上给予特殊照顾，都被他婉言谢绝了。他把适应工作环境当做在基层挂职的当务之急，在满怀一腔热情的基础上，把自己的全部精力和身心都放到了融入新的环境、融入新的岗位上来。为尽快熟悉环境更好地开展工作，他主动随同县、乡镇领导到农村调查走访，经常利用周六、周日时间到乡镇调研，有时还走村串户了解社情民意。在挂职工作期间，他跑遍县里所有的乡镇，深入了解了农村的计划生育情况，掌握了大量第一手资料，使自己在县里讨论计划生育工作时更加有了发言权，提出很多既符合党和国家的大政方针又适用于基层计划生育工作实际的建议。在角色转变的过程中，宋建平逐渐提升了发现问题、分析问题和解决问题的能力。

为了对阜阳市的计划生育情况有更加清楚的了解，以便于在工作中有的放矢，他还积极参加市、县组织的计划生育半年和年终检查，在检查中，他一方面注意研究政府和计生部门制定的检查方案、项目、内容，另一方面注重了解基层特别是农村的工作和生活实际，对一些意见、建议及时进行记录，在适当时候提出，对计划生育检查工作进行改进和提高。同时，在和基层干部的接触中，他注重学习他们的优秀之处，主动查找自身存在的差距，通过与他们的接触与共事，使他更加坚定做好挂职工作的信心，为他不断增长见识、丰富阅历、积累经验奠定了思想基础。

3. 端正态度认真工作，多方努力推动计生事业。工作态度决定着工作效率。在一般人看来，挂职锻炼只是挂挂而已，没有实质性的工作可做；也有的人认为，挂职没有必要那么认真投入。而宋建平认为，只有勤奋工作才能有所收益，只有务求实效才能有所作为，只有崇尚实干才能有所建树。在实际工作中，他按照县委、县政府的整体工作部署，突出重点、统筹兼顾、创新思路、抓落实，在人口计生系统内部，在业务上带好队伍，定期召开会议，分析人口和计划生育工作形势，安排部署好下一步的工作任务，促进了全县人口计生工作稳步推进。他为保障工作正常运行，按照县里的职责分工配合分管领导开展工作，做到到位不越位。他遵守省市县的规章制度和工作纪律，做到自觉服从安排，积极投身工作，负责地完成所分配的工作任务，没有向县里提出除工作之外的特殊要求，没有任何违反党风廉政建设的行为。他积极做好协调工作，搞好扶贫。阜南县是国家扶贫开发工作重点县，全年财政收入不到2亿元，而且人口150多万，计划生育经费紧张，为使县计划生育服务站更好的开展工作，他积极协调安徽省药具站为阜南县计划生育服务站解决医疗器械，省药具站免费下拨1万多元的手术器械；还协调广东省1家企业为县服务站免费捐助了1台价值12万元的妇科治疗仪。

4. 加强研究勤于思考，顾全大局提出合理建议。安徽省的计划生育考核制度，对控制人口，提高计划生育工作水平，提高各级党委政府对计划生育工作的重视程度起到很大作用。但是，在工作实践中，宋建平认真思考一个问题，就是在考核结果的使用方面，有一个全省设“笼子”的问题，这样的考核结果使用方法存在一定的弊端。于是，宋建平积极向上级说明情况，建议设立一个或几类科学的标准，只要各县市达到标准就不要再用设“笼子”的办法了，在检查中如果发现弄虚作假问题，就要一票否决，这样可以杜绝弄虚作假问题，使各地不再为每年的计划生育“迎检”工作花更多的心思。事实证明，此项建议对于改进人口和计划生育工作考核，进一步完善计划生育工作制度，起到了推动作用。

宋建平以自己的实际行动展现了1名挂职干部对工作的积极与热忱，在国家机关和基层之间搭起一个沟通交流的桥梁，为基层的人口和计划生育工作和社会经济发展作出自己应有的贡献。

2008年12月，宋建平被国务院扶贫开发领导小组授予“中央国家机关等单位定点扶贫先进个人”称号。

【张昭文】 教育部职业教育与成人教育司副巡视员。张昭文从1998年以来一直兼任教育部扶贫办主任，分管教育对口帮扶工作。他对教育扶贫工作积极主动、认真负责，坚持深入基层调查研究，推动农村教育改革发展，特别是推动农村职业教育成人教育工作发展，通过提高农村劳动者素质，努力推动扶贫开发工作。

他积极协调部内财务司、发展规划司、

办公厅等有关司局和单位落实教育部对河北省武邑、青龙、涞源3个县的定点扶贫工作经费，用于改善农村中小学、职业学校的办学条件，提高农村教育质量，推动3个县的基础教育、职业教育和成人教育在所在地市都处在先进行列。

每年春节前，把慰问3个国家扶贫开发工作重点县的贫困农户和困难教师纳入教育部春节慰问计划，协调有关单位落实慰问经费和慰问人员，赴3个县慰问贫困农户和困难教师，使他们感受到党和政府关怀，教育部领导对定点帮扶县教师、群众的关爱。另外，他要求把慰问与扶贫结合起来，每县选择60个贫困家庭劳动力参加技能培训，帮助其转移就业并实现家庭脱贫。

为支持定点扶贫县的扶贫开发工作，近2年，他联系争取美国滋根基金会为涞源县和青龙县每年提供农民技术培训和转移就业技能培训的经费10万元，通过技术培训，提高了农村劳动力的就业能力。2007年在安排教育系统实施“温暖工程李兆基基金百万农民培训”项目时，协调有关部门为3个定点扶贫县安排1300名学员参加转移就业技能培训并为学员每人补贴培训经费300元，参训学员经过培训，基本上掌握转移就业的专业知识和技能，转移就业率达到85%以上，推动了扶贫开发工作。

为支持定点扶贫县培养农村人才，张昭文积极争取中央广播电视大学把“一村一名大学生计划”的教学点延伸到3个县，并为教学点捐赠教学光盘、图书等，利用现代远程教育手段开展高等层次的管理和技术教育，为农村建设培训“留的住、用的上”的基层管理干部和农民技术人才，为推动扶贫开发工作做出积极贡献。

此外，张昭文还参与了国务院扶贫办组织的对贵州毕节地区、黔西南地区、四川南充等贫困地区的教育帮扶工作。

2008年12月，张昭文被国务院扶贫开发领导小组授予“中央国家机关等单位定点扶贫先进个人”称号。

【邹永宏】 民政部人事司党群工作处调研员。邹永宏现任民政部人事司党群工作处调研员。2004年1月至2005年2月，遵照民政部党组和江西省委组织部的安排，到江西省遂川县挂任县委副书记职务。挂职期间，他认真贯彻落实科学发展观，坚定贯彻执行党中央、国务院关于扶贫开发的方针、政策，主动工作，为贫困群众排忧解难，完成了定点扶贫任务，受到当地党委政府和人民群众的好评。

1. 热爱扶贫事业，积极适应当地工作。邹永宏热爱扶贫事业。他坚持以虚心学习，求真务实的态度，积极适应基层党委和政府的各项工作。主动地熟悉情况。刚报到时的一段时间，吉安市委还没正式下任职通知，他利用这个机会，抓紧时间学习有关文件和材料。通过阅读《遂川县志》，对全县自然地理、历史沿革等情况作了初步了解；通过翻阅干部名册，掌握县4套班子成员、县直单位主要领导和乡镇场主要领导的个人基本情况，便于今后工作中进行交流、沟通和开展一些协调工作；研读有关全县政治经济、科教文卫等方面的文件资料，明确全县当年工作的目标任务、工作重点，做到心中有数，为下一步开展工作打下良好基础。他利用各种机会，及时走访了县委、县人大、县政府、县政协4套班子，公、检、法系统，武装部，驻县武警中队等机构以及县直单位各部门，了解情况，熟悉人员。工作之余，经常到社区、学校、企业、商贸市场开展调研，或到一些居民、村民家中去走访、慰问，了解当地人民的生活状况，了解本地的民间风俗，生活习惯。他在不到半年时间内，跑遍了全县23个乡镇和2个林场，300多个行政村，走访200多户村民，对全县农村、农业、农民的发展和生活状况有了较全面的了解，增加了对农村、农民的感情，坚定了想方设法为农民办一点好事，办一点实事的愿望。同时，还对全县2个儿童福利院，29个敬老院、光荣院多次进行了解调研，走访慰问了老红军、老干部、复转军人、军烈属及特困群众，及时把党和政府的温暖送到弱势群体手中，受到当地群众好评。

2. 推动科学发展，主动参与县域经济建设。遂川县人多地少，土地贫脊，是国家扶贫开发工作重点县。为贯彻落实好党中央、国务院关于扶贫开发的方针、政策，促进农民增收，使广大农民尽快摆脱贫困，邹永宏自觉地融入全县经济建设的大潮之中。一是在争取资金项目上积极做好服务工作，多次陪同县里主要领导到省直机关单位及国家发改委、财政部等部门走访，争取资金项目；二是在加强与县外单位的联系上尽其所能，多做贡献。邀请中国女企业家协会副会长史清琪率领的一些知名企业家在县里考察调研，邀请北京市丰台区领导到遂川考察调研，协调争取扶贫资金10万余元；邀请国外收养组织——美国儿童天地广阔公司到县福利院考察，为县综合福利院建设争取资金；三是督促、协调分管部门妥善安排工作，合理调度人员，积极完成招商引资任务。所分管的县民政局引进资金1800万元，兴办了恒基碳酸钙有限责任公司，并成功落户县工业园区；分管的县工商联、工会、妇联、团委、残联等部门，完成了县委、县政府规定的各300万元引资任务。

3. 认真履行职责，推进分管工作。挂职期间，邹永宏分管民政和群团工作。在民政工作方面，一是协助抓好县综合福利院建设，完成了建设规划，立项审批，资金筹集，选址征地，一些建筑物拆迁，建址地上的坟墓迁移等工作；二是抓好困难户建房工作。按照民政部救灾救济司的要求，从扶贫资金中拿出专款为40户特困群众（无房户）建设住房；三是抓好民政资金的监督管理工作，进一步建立和完善了民政资金的管理、审批和发放制度；邀请了20多位县人大代表、政协委员作为低保监督员，确保低保金、特困户救助金的发放公平公开，程序规范，手续完备，到位及时；四是推进殡葬改革工作。通过发放宣传单、写标语，出墙报等方式进行宣传，更新群众观念，同时成立执法队，加强执法，确保殡葬改革工作顺利圆满。

在群团工作方面，围绕贯彻中央《关于进一步加强未成年人思想道德建设的若干意见》，发动群团组织广泛开展积极健康的文化活动。以“欢庆六一，关注朝阳”为主题，举办“健康 快乐 成长”广场文艺晚会。注意发挥工商联作用，为民营企业服务。协调工商联组织16名县民营企业家到香港、澳门考察，并与香港、澳门的商会进行联谊，加强县工商联与外部的沟通，开阔了民营企业家的眼界，发挥工商联的桥梁、纽带作用，增加了工商联内部的凝聚力。开展帮扶活动。开展了为残疾人送温暖“三下乡”活动，组织医务、科技人员到乡村进行义诊，发放宣传单，提供农业科技、卫生医疗、法律等咨询和服务，为特困残疾人送温暖，深受农民欢迎，江西日报、江西卫视均进行了报道。

4. 坚持党性锻炼，树立挂职干部良好形象。邹永宏注重加强党性锻炼，加强党性修养，始终保持共产党员本色。工作中，他注意调查研究，经常深入基层，及时熟悉县情、乡情，体会到贫困地区人民的疾苦，感受到农民和困难企业职工生活的艰辛和艰难，加深了与人民群众的感情，加深了对国情的了解和对党的路线方针政策的认识，强化了党的宗旨意识，增强了工作的责任感和使命感。他参加各类会议，虚心向当地领导学习，感受到红土地上所蕴含的思发展、议发展、谋发展的强烈渴望和勃勃生机，感受到科学发展观日益深入人心，也从当地干部身上学到了驾驭和处理一些复杂问题的领导艺术。他经常翻山越岭，进村入户，步行到贫困户家走访调研，看到一些困难群众生活艰难，了解到一些家庭贫困的状况和遭遇，常满含泪水，禁不住自己掏钱来给他们以微薄的帮助（如给共同村一残疾人200元，给碧州镇一贫困学生600元）。他尊重领导，关心同志，勤政廉洁，热心为基层群众服务。在完成工作任务上，热情高，干劲足，发挥了共产党员先锋模范作用，展示了中央国家机关挂职干部的良好风貌。

2008年12月，邹永宏被国务院扶贫开发领导小组授予“中央国家机关等单位定点扶贫先进个人”称号。

【舒国发】 司法部直属煤矿管理局资产监督管理处处长。2003年12月，时任司法部直属煤矿管理局规划技术处副处长舒国发受司法部的委派，来到四川巴山深处的国家扶贫开发工作重点县——平昌县挂职任副县长。一年多来，平昌的山山水水洒下了他辛勤的汗水，记载了他忙碌的身影。

平昌县位居川陕革命苏区腹心地带，是我国早期无产阶段革命家刘伯坚烈士的故乡。长期的区位劣势和资源制约，造就了农业大县、工业强县、财政穷县的基本县情，生活在这片贫瘠土地上的老区人民依然贫穷。上任开始，舒国发通过深入的调查、走访和理性的分析与思考，确定了坚持重点扶贫而不搞全面均衡式扶贫、坚持开发式扶贫而不搞救济式扶贫、坚持多方位扶贫而不仅仅依靠司法部补助资金扶贫的工作思路。在依靠司法部帮扶政策的同时，积极争取国家其他部委和社会各界的支持，重点帮扶“司法、教育”两个系统，扶持“笔山、驷马、龙岗”3个乡镇，走出具有特色的扶贫之路。

法制是保障。舒国发把“夯实司法建设基础，保障贫弱群体权利”作为扶贫工作的头等大事来抓，着力推动基层司法所建设和县法律援助中心建设。2004年1月，他放弃回河北唐山与父母团聚的机会，几次赴司法部、国家发改委等部委，争取平昌县基层司法所建立立项及筹建资金。回到平昌，他与县司法局的负责人一道，研究基层司法所的组建工作。从司法所布局到办公设备的配置，从人员编制到经费安排，他都一项项亲自过问和协调，亲自督促落实。同时加强司法部捐助的20万元资金的使用和管理，保证了基层司法所的成功建设。他积极争取司法部直属煤矿管理局捐赠一些办公器材，改善基层司法所的办公条件。2004年5月，全县司法所正式成立，推动了基层法律工作的开展。

贫弱群体权利如何保障？舒国发一直

挂念在心头。他多方协调成立县法律援助中心。当得知中国法律援助基金会组织的“中国优秀学子法律援助爱心行动”项目正式启动，他立即请求司法部有关领导给予支持。该项目特地派遣1名中国政法大学毕业生到平昌进行为期2年的法律援助，中国法律援助基金会为其提供了工作经费，并为县法律援助中心解决了2万元的办公经费。2007年，法律援助中心办理案件61件，追回损失120多万元。大家都说“法律援助中心是弱势群众的家”。

2004年5月2日，上海律协负责人来笔山镇为上海律师希望小学挂牌，他趁机召集上海律协有关人员和县司法局一班人参加联谊活动，促成上海律师协会与县司法局结成帮扶对子，使县司法局能够享受上海律协组织的支援西部贫困地区律师事业的各项优惠政策。他还争取法制日报社无偿为平昌赠送2005年度《法律日报》80份，争取法律出版社捐助法律读本150种750套。

他协调云南小龙潭煤矿捐资10万元援建龙岗中心小学；争取中煤重庆设计研究院捐资5万元，援建笔山镇栀子村希望小学。当他协调中煤集团捐助的5万元资金到位时，栀子村的老百姓被感动了，自发修建了到学校的800米机耕道，出生于栀子村的一位建筑老板零利润承包了该校修建工程，市县也匹配了相应的危房改造资金。为了加强工程进度和保证工程质量，他多次冒雨前往该校为工程建设想办法、出主意。2004年末，栀子小学全面竣工，昔日屋破人稀的村校又传来了朗朗的读书声。

2004年3月，舒国发来到笔山小学检查指导工作，得知全县共有4600多名学生家境贫寒，迫切需要社会大家庭的支援和帮助。他下决心要为贫困学生家庭做点什么。2003年6月上旬，在中国扶贫信息网的帮助下，舒国发来到北京交通大学、北京建筑工程学院、东方财经日语大学与有关人员商讨筹集衣物事宜。6月的北京，骄阳似火，他顶着30多度的高温，亲自在大学校园张贴海报。由于联系紧密，工作扎实，3所大学的学生们被感动，纷纷伸出援助之手，主动捐被褥、衣服、鞋、包、帽等共计6250件。除71条被褥用于解决五保户家庭外，其余物资于2003年9月全部分发到笔山、龙岗、驷马的1400多名贫困学生家庭，送去了社会大家庭的温暖。

2004年9月，百年未遇的特大洪灾袭击了平昌的大多数地区。洪灾发生的第二天，舒国发就将灾情照片迅速寄给了中国扶贫信息网等多家在京单位。中国扶贫信息网、中国政法大学、石油大学、斐思态广告公司、灵狮广告公司等单位的师生、员工们，满含对灾区人民的同情，捐赠被褥衣物等3624件，现金5000元，为平昌望京、大寨2个乡镇受灾群众送去了心灵上的慰藉。

经济要发展，需要项目带动，需要资金扶持。舒国发先后到国家发改委、中国老区建设促进会等部门，汇报平昌县2004年招商引资项目推介工作。优质肉牛基地建设及深加工等6个项目引起国家发改委、中国老促会的高度重视，并专门提供了农业加工项目建议书样本，要求平昌抓紧项目准备，并通过省发改委按程序上报，在同等条件下优先给予扶持。2009年平昌加紧项目编制工作。在舒国发的倡导下，建立了平昌县老区建设促进会，在平昌与中国老促会之间、与国家机关之间建立了发展的桥梁和纽带，为平昌上大项目、上好项目创造了有利的条件。

与此同时，他还协调中国扶贫信息网把平昌列为“手挽手”劳务扶贫项目单位，为解决农民外出务工难、提高劳务输出组织化程度，开辟了新的渠道。

2008 年 12 月，舒国发被国务院扶贫开发领导小组授予“中央国家机关等单位定点扶贫先进个人”称号。

【王振刚】 环境保护部规划财务司综合处主任科员。王振刚具体负责环境保护部定点扶贫工作。他具有较高的政治思想觉悟，能够努力实践“三个代表”重要思想，践行科学发展观，认真贯彻执行党中央、国务院关于扶贫开发的一系列方针、政策，在司长、处长等各级领导的直接领导下，在定点扶贫工作方面主动协调、多出主意、开拓创新，不断强化帮扶意识、在健全工作机制、拓宽帮扶思路、落实帮扶项目、解决实际困难等工作上均取得一定成效，完成了定点扶贫任务，为环境保护部扶贫开发整体工作做出积极贡献。

1. 推动建立定点扶贫工作领导责任制，不断完善部内组织协调机制。

（1）建立定点扶贫工作领导责任制。领导重视是做好定点扶贫工作的根本保证，争取领导的重视和支持是做好定点扶贫工作的关键。环境保护部高度重视定点扶贫工作，多年来，坚持由一位部领导主抓定点扶贫工作。已经形成“三个一”的制度，即部领导每年带队调研一次、每年听取两定点扶贫县汇报一次和每年就扶贫工作召开专题会研究一次的工作制度。2002 年以来，历次分管该项工作的局长解振华、副局长祝光耀、副局长王心芳、副局长王玉庆等多次带队赴 2 个定点扶贫县调研。2008 年，环保总局改为环境保护部后，分管扶贫工作的副部长周建在听取两定点扶贫县汇报后，明确指示定点扶贫工作要谋划长远，并重点考虑两县“十一五”期间扶贫工作的总体框架和重点项目；

（2）完善部内组织协调机制。能够发挥多方面的优势和主动性，推动定点扶贫工作全面推进。王振刚结合环境保护部实际，提出建立了部内组织协调机制的建议。现在环境保护部已经逐步建立一套比较完善的组织协调机制，总体要求是：各部门、各直属单位要挖掘潜力，在资金、物质、项目以及社会资源等方面，为扶贫工作出力。

2009 年，环境保护部定点扶贫工作领导责任制和分工协作的协调机制已经建立，扶贫工作的各项政策措施落实都得到了强有力的保障。

2. 出谋划策、积极协调，坚持为定点扶贫县办实事，并取得成效。1992 年，国务院确定环境保护部定点扶贫河北省围场县，该县位于承德市最北部，是承德市面积最大的县，辖 7 个镇、30 个乡。近些年来，围场县坚持实施“以旅游促开放，以开放促开发，以开发促发展”的开放带动战略，促使国民经济及社会各项事业快速健康发展。丰富的旅游、马铃薯、时差蔬菜、林业、畜牧业、矿产业等优势产业开发初具规模。2002 年增加了河北省隆化县，隆化县位于河北省北部，是全国著名战斗英雄董存瑞英勇献身的地方，辖 10 镇 15 乡，该县有“八山一水一分田”之称，矿产资源、水资源、畜产品资源丰富，劳动力资源充足。由于历史等多方面原因，两县经济相对落后，急需从多方面、多角度加大扶贫开发的工作力度。

（1）结合当地实情，组织专家，提出两县经济发展和环保工作的建议。根据两县的社会、经济发展状况和生态环境现状，王振刚在具体承担扶贫工作任务时，通过组织专家，分别提出指导性意见。一是围场在发展经济中，要注重生态环境保护，要打生态牌，生态立县，生态兴县；要科学制定相关规划，在科学发展观指导下按规划建设和发展；要对大量分散的小淀粉厂实行关停整合；要积极发展生态农业和有机农业，注意种植业和养殖业的结合，合理布局，比例适当。围场靠近北京，坝上丰富的旅游资源是不可多得的宝贵财富。制定规划时要统筹考虑吃、住、游、行等各环节；加强对旅游业的管理、景区软硬件建设和环境的保护，基础设施建设要注意数量与质量的结合；发展农家游是一方向，加大宣传力度；二是隆化发展经济中，要发挥矿产品开发、农副产品加工利用、旅游业开发3个方面的优势。在矿产开发上，要严格规范，提高开发企业准入门槛，尤其是环保准入门槛，走可持续发展之路。在农产品加工上，要有市场意识，注重开发有机、天然食品，引进高水平的龙头企业。隆化有旅游资源，要统筹规划，保护优先，并加强宣传。

（2）结合环境保护部职能，积极推动加大培训力度和生态保护建设。一是加大培训力度。从两县领导干部环保方面的培训开始，分别将两县领导和环保局长列入环境保护部组织的地市级党政领导干部环保知识培训班和地市级环保局长岗位培训班的培训计划中，利用各种优惠政策鼓励其参加，促其统一思想，提高认识，明确工作思路，增强做好环保工作的信心和决心；二是将推动两县生态保护和建设列为扶贫工作的重点，协调有关部门指导两县深化生态示范创建工作。2009年围场县已经被命名为国家级生态示范区，隆化县已经通过考核验收和公示；指导围场红松洼国家级自然保护区建设，支持隆化茅荆坝自然保护区成功申报国家级自然保护区。

（3）发挥中央部门优势，协调争取项目经费。在调研的基础上，结合现有资金渠道，积极建议加大对两县的环保项目扶持力度。2002年以来，累计投入近2500万元；捐赠计算机、打印机、传真机、电视机、文件柜、办公桌椅、复印机等设备近750件套。特别是近两年来，针对两县经济社会发展特点，对危害群众安全突出环境问题加大支持力度，围场小淀粉治理和隆化尾矿砂治理共投入1200万元，保障了区域环境安全，促进当地经济社会又好又快发展。

（4）结合“文化扶贫 送报下乡”活动，不断加大文化扶贫力度。在中宣部等部门倡导“文化扶贫 送报下乡”活动以来，王振刚积极响应，多方协调，从2004年以来，以部名义坚持为两县政府、镇政府、村委会订《农民日报》。此事多次获得中国文化扶贫委员会等4家单位颁发的“文化扶贫 送报下乡”成就奖、功勋奖。

在环境保护部领导的重视下，在司领导的直接领导下，在王振刚的努力下，环境保护部定点扶贫工作得到两县所在河北省委省政府的赞誉。2008年6月，河北省委、省政府评选环境保护部为国家机关先进帮扶单位。

2008年12月，王振刚被国务院扶贫开发领导小组授予“中央国家机关等单位定点扶贫先进个人”称号。

【邱　雁】　男，1969年2月出生，汉族，博士研究生学历，中共党员，国家安全生产监督管理总局矿山救援指挥中心技术处副处长，高级工程师。2006 年 9 月至今，邱雁受国家安全生产监督管理总局扶贫工作领导小组委派，赴山西省大同市广灵县开展定点扶贫工作，挂职担任广灵县政府副县长。他热爱扶贫事业，长期扎根基层，认真履行职责，工作主动，出色完成总局的定点扶贫任务，在平凡的工作岗位上，取得较好的工作成效。

1. 爱岗敬业，扎根贫困地区开展扶贫工作。广灵县位于山西省东北部，是全国扶贫工作重点县，是晋北革命老区之一，这里地理位置偏僻，自然资源匮乏，经济基础薄弱，生活条件艰苦。全县 1283 平方公里国土总面积中，70% 为土石山区、黄土丘陵和边山峪口洪积扇区，全县 18 万人口中有 16 万是农村人口。2006 年，全县财政总收入只有 6407.2 万元，农民人均纯收入 2146 元。邱雁来到广灵县后，克服生活条件差、饮食习惯不适应等困难，迅速深入到各有关部门、学校、医院、企业了解情况，进村入户走访座谈，亲临现场实地调研，向总局扶贫领导小组汇报情况，主动与县领导和有关人员沟通，协助总局扶贫工作领导小组确定了定点扶贫工作思路，结合当地情况制定了扶贫工作方案。

邱雁在 2 年多的挂职扶贫期间，扎根贫困地区，心系贫困群众，认真执行党中央、国务院关于扶贫开发的方针政策，执行总局的扶贫工作计划，走遍全县所有 9 个乡镇和大部分村庄，完成《全县经济社会发展综合调研报告》和全县劳务输出状况、全县特困家庭状况及全县教育总体情况 3 个专题调研报告，在改善贫困地区办学条件、帮扶贫困群众增收脱贫、组织乡镇干部培训考察、推进富余劳动力转移输出、协调总局医疗队义诊送药、开展安全法规知识宣传及帮助指导企业安全技术整改等方面做了大量工作，完成总局布置和县里交办的各项任务。

2. 真抓实干，推动贫困地区加快发展。为引领贫困地区基层干部更新观念，提高乡镇干部的综合素质和带领群众脱贫致富的能力，邱雁积极与县领导沟通，协调县委组织部门，配合总局扶贫工作领导小组办公室于 2007 年 9 月举办定点扶贫县乡镇干部培训班，邀请中央党校和国家行政学院教授及农业部有关专家授课并组织考察。广灵县 25 名乡镇书记、乡镇长参加了培训考察。通过听取专家讲座、座谈交流和参观考察，开阔了视野、增长了知识，学习了先进经验和好的做法，过去没想到的致富路子也都亲眼见到了，发展信心和决心也更足了。这些经过培训考察的乡镇干部，如今成了带领群众脱贫致富的“领头雁”。

2008 年“5·12”四川汶川地震后，邱雁同分管教育的副县长一起带领县科教局和城建局有关人员对全县中小学校舍危房情况进行仔细检查，发现广灵县加斗初中校舍危房数量多、危险程度重，对学生安全构成严重威胁。县委、县政府根据检查情况和危房鉴定结果，决定新建加斗初中教学楼。但由于县财政困难，经多方筹措后仍有 100 万元左右的资金缺口。邱雁主动向总局扶贫工作领导小组汇报情况并提出援建加斗初中教学楼建议，总局扶贫工作领导小组经研究后批准了该援建项目，调整了 2008 年的扶贫计划并增加了扶贫资金，专门拨付 100 万元用于援建加斗初中教学楼，解决了县里建校资金短缺的燃眉之急，使加斗初中教学楼及时开工建设，为加斗乡702名贫困家庭的孩子营造一个安全、舒适的学习环境。

广灵县农村劳动力55108人，从事农业生产的劳动力34974人，富余劳动力20134人。尽管当地农村生活并不富裕，但由于贫困农村封闭保守，群众思想观念陈旧落后，大量的富余劳动力无所事事，当地群众仅满足于有口饭吃和守家在地，再穷也不愿外出务工。针对这种情况，邱雁带领县劳动和社会保障局有关人员深入乡镇村庄，宣传农村富余劳动力外出务工对摆脱贫困、增加收入、适应社会发展的意义，发放相关资料，介绍社会和城市用工信息和维权知识，帮助老百姓转变思想观念。在总局扶贫领导小组办公室的帮助下，邱雁组织县劳动和社会保障局及职业介绍所，联系、协调“中安之家”连锁酒店公司北京分公司到广灵县招聘工作人员。2007年6月，“中安之家”连锁酒店公司经过对各乡镇组织前来的应聘者进行考察和面试，录用了30名人员到北京公司工作。这批被录用的人员表现良好，得到被录用人员满意的工资待遇和工作环境，这些人的家庭条件得到改善，在县里发挥了典型示范作用，推进了全县的劳务输出工作。

邱雁还利用自己的专业特长，深入乡镇和企业宣传安全生产知识，推进安全文化建设。2008年3月开始，他利用自身专业技术并联系聘请有关专家，指导、帮助广灵县化肥厂进行安全技术整改，经过4个多月的努力，使化肥厂具备安全生产条件，通过省、市有关部门和专家的验收，获得安全生产许可证，使全县第一家国有改制企业完成改制工作并重新开始生产，促进了企业的发展，也让300多名放假在家的困难职工重新上岗工作。

3. 体察民情，为贫困群众排忧解难。为帮助贫困群众特别是贫困家庭妇女增收脱贫，邱雁结合当地的实际情况，配合总局扶贫工作领导小组办公室，协调、组织县有关部门，联系北京鼎立实公司，自2008年3月开始在广灵县实施安全防护手套加工扶贫项目，由总局资助安全防护手套加工设备，县政府提供加工场地和基本生产条件，在县里成立安全防护手套培训加工基地，组织贫困家庭妇女通过学习技术和加工劳动增加收入，由北京鼎立实公司到县里免费培训技术、提供加工原料并全部收购产品。2008年7月，第一批参加项目的学员已经完成技术培训并转入生产，总局已投入20多万元为通过技术培训的40名女工配备了加工设备，每人每月收入500～1000元，这些人的家庭条件得到了改善。安全防护手套扶贫项目培训加工基地的规模还在继续发展壮大之中。

针对广灵县农村缺医少药的情况，邱雁配合总局扶贫工作领导小组办公室，协调联系煤炭总医院的专家和医护人员组成医疗扶贫队，于2007年8月到广灵县开展医疗扶贫活动。医疗队深入乡镇、村庄、县敬老院及卧床病人家中为困难群众和孤寡老人义诊、送药。诊治患者571人次，做B超检查140人，心电图检查95人，发放药品2万余元。邱雁还协调县民政局和各乡镇，对全县特困家庭基本情况进行了调查摸底，并在春节等重要节日到特困户家中看望慰问，2年来共看望慰问特困家庭200户，发放慰问金4万余元，送去总局及扶贫队员对特困家庭的关怀和温暖。

4. 无私奉献，深受贫困地区干部群众欢迎。邱雁的爱人在外地工作，并患有“急性非淋巴细胞白血病”，还处于药物治疗和康复阶段，女儿9岁刚上小学三年级。他的母亲患病长期卧床不起，在老家由两个姐姐照料。他克服家庭存在的困难，毅然接受到贫困地区扶贫的任务，积极开展扶贫工作。2008年7月初，邱雁的母亲病情加重，当时邱雁正在县里忙着组织总局援建的加斗初中教学楼开工和安全防护手套扶贫项目由技术培训转入加工生产工作，7月10日邱雁才匆忙赶回老家时，母亲已在前一天病故。料理完老人的后事，邱雁又忍着悲痛赶回县里继续开展扶贫工作。他忘我的工作态度和奉献精神感动了县里的领导和身边的工作人员，带动和激发了大家的工作热情。他心系群众、为贫困群众办实事解难事的务实作风，深受当地干部群众的欢迎。

5. 清正廉洁，自觉树立扶贫干部良好形象。邱雁在挂职扶贫期间，在工作和生活中严格要求自己。无论是到县直部门或企事业单位考察调研，还是去乡镇农村开展工作，他都轻车简从，尽量赶回县里食堂就餐。有时到偏远地区办事实在赶不回去，他就和工作人员一起吃工作午餐，决不接受宴请。在援建学校的规划和建设施工过程中，多次拒绝县某些工程公司和工程队的送礼和宴请，坚持公开、公平、公正原则，坚持按程序通过公开招标确定施工单位，经常到现场检查监督工程建设，把好建筑材料和工程质量关。邱雁清正廉洁，生活简朴，公道正派，作风扎实，树立了扶贫队员和挂职干部的良好形象。

2008年12月，邱雁被国务院扶贫开发领导小组授予“中央国家机关等单位定点扶贫先进个人”称号。

【杨万山】 国家质检总局检验监管司轻工纺织品处副处长。2008年3月，鉴于杨万山的积极要求，总局派他作为扶贫干部，到甘肃礼县挂职副县长的职务。这已经是他继到西藏地区挂职之后的第二次赴外地挂职。

2008年5月12日14时28分，一场罕见的8级大地震袭击了四川汶川地区。地震波及甘肃省南部地区，这里成为除四川省汶川地区之外的第二大重灾区。位于天水地区的总局对口扶贫县——礼县，也出现严重的人员伤亡和经济损失。是杨万山，沉着勇敢、忘我奉献，以最快的速度出现在了礼县抗震救灾的第一线，以一个质检人的勇气与无私，以自己全部的智慧和汗水，在这个质检总局曾经投入过大量心血，多少质检人曾经倾注过热情的地方，在这个距离震中汶川仅400余公里的小城里，冒着生命的危险，默默谱写了一曲动人的赞歌。

1. 没日没夜的40个小时。5月12日，杨万山在礼县开展扶贫工作已经近两个月时间了。下午2点多，他像往日一样拖着疲惫的身子在自己的房间内工作着。忽然，他感觉到一阵剧烈的振颤，接着，又是一阵剧烈的振颤，办公桌在抖动，文件柜在抖动，屋顶上的灯也在剧烈抖动。他马上意识到，这是一次非常严重的地震。他立刻赶到县委，与其他县领导会合，并分头迅速赶赴学校、车站、宾馆、施工地点、看守所、武警部队、医院等场所，了解受灾情况，维护社会稳定在第一时间火速察看了县里重要部门和设施受灾情况之后，他便立刻静下了心，与县里领导一起召开紧急会议，启动应急预案，分析当前面临的紧急问题，部署县里的抗震救灾工作。

对于杨万山来说，这个夜晚注定是个白天。距县城40公里的上坪乡，因灾情通讯中断，一直未能上报情况到县抗震救灾指挥部。为及时掌握那里的情况，杨万山不顾身体疲劳，山路艰难，连夜出发，赶到那里。

上坪乡地处高原，那里的夜晚异常寒冷。在留守乡干部的陪同下，杨万山逐户敲开受灾群众的家门，安排他们立即搬离危房，防止因不断出现的余震而受伤。在对这里的受灾情况进行了详细的了解统计，并耐心细致安排好受灾群众生活后，他又连夜返回，参加了第二天召开的抗震救灾领导小组会议。会议结束后，按照任务分工，杨万山又不眠不休，奔赴崖城乡了解情况，并部署解决一处危及群众的地质灾害。直到 14 日，一直处于高度紧张状态的杨万山才有了喘口气的机会，这时他才发现，自己已经连续 40 个小时没有睡觉了。

接下来的日子里，杨万山就这样一直奔波着。他来到一个又一个受灾村庄，察看危房，安抚群众，分配受灾物资，劝说受灾群众住进安全的帐篷。他赶往一个又一个出现地质灾害危险的地方，带领大家一起，把危险降到最低。他提出一个又一个重建建议，为礼县的未来殚精竭虑。十几天时间里，礼县的 9 个乡镇——洮坪乡、上坪乡、肖良乡、雷坝乡、龙林乡、崖城乡、石桥镇、永兴乡、王坝乡，数十个村庄都留下了他的足迹。

2. 送上质检人无私的爱。当地震发生后通讯刚刚畅通，杨万山立刻向总局扶贫办有关领导口头汇报了当地的灾情。等到具体地震损失统计出来后，他又立刻给总局发来了书面传真。

杨万山关于礼县灾情的汇报牵动着总局领导的心，总局立即组织捐款，并很快将 10 万元捐款汇到了总局在礼县的扶贫账户上。接到汇款后，杨万山马上行动，立即代表总局购买棉被等生活用品并携现金慰问受灾群众，特别是死难者家属和孤寡老人。他还发起了总局先后在礼县挂职的 28 名干部，共同为礼县灾区捐款 1 万元。不久，总局副局长支树平又前来这里慰问，并代表国家质检总局再次为礼县捐款 20 万元，为解决礼县人民的生活困难发挥了巨大作用。

地震灾害发生之后，礼县的各种救灾物资极度缺乏。作为礼县抗震救灾指挥部募捐组副组长，杨万山可谓不辱使命。

为了解决礼县最紧缺的帐篷问题，杨万山发动自己的个人关系，在国家全面控制帐篷发运的情况下，经过多方努力，终于联系到宁波贝来旅游用品有限公司，为礼县捐赠 2000 顶帐篷和 2000 个睡袋。当这批物资于 5 月 20 日运抵礼县时，当地人大声欢呼，称赞为质检人的“雪中送炭”。

帮助山区孩子进行心理干预，共度难关成为了他需要攻克的另一个山头。为了灾难中饱受创伤的孩子们，他又联系到嘉兴一家玩具企业，为礼县争取到了捐赠玩具一万个。当这些玩具送到受灾孩子们的手里的时候，当看着孩子们高兴地把玩着这些可能是他们生平中第一个玩具的时候，杨万山早已忘却了什么是疲劳。走在回到自己住处的路上，他不禁笑了，笑过之后，眼泪却又不禁流了下来。

连续的奔波，不停的工作，杨万山在体力上已经严重超支了，他睡眠不足，身心疲惫。然而就是在这种情况下，还有一件事依旧牵挂着他的心，让他难以释怀。当看到王坝乡佐家小学已经变成一片废墟时，他心痛不已。在听说王坝乡佐家小学一位老师在房屋倒塌的最后一刻，救出一个吓坏了的孩子，学校里没有一个师生伤亡时，他下决心，再也不能让老师孩子们经历那样的恐怖。教育事业是总局历年来帮扶礼县的重点。地震后，据了解，质检总局在礼县建设的学校无一所倒塌，仅部分学校出现裂缝。但这次地震对礼县的学校造成了很大损毁，很多校舍已经成了危房。为此，他先后与海尔集团、华测公司、苏州金龙、名硕电脑等公司联系，寻求资助。他的倡议，得到这些公司的积极响应，他们就提供资金用于礼县重建受灾学校的事宜进行沟通和协商。2008 年 5 月 31 日，华测公司来到礼县，就拟建希望小学的地点进行考察，并当场捐赠了 300 套课桌椅和文具。

3. 蹲点救灾一丝不苟。连日的劳累并没有压垮杨万山挺起的脊梁，忠诚的灵魂在此刻得到充分的写照。根据陇南市万名干部下灾区要求，杨万山蹲点石桥镇钟紫村负责指导抗震救灾工作。钟紫村受灾严重，他和乡干部、村干部以及各组组长一户户勘查受灾情况，散发救灾帐篷和食品、水，敦促危房户在帐篷内休息，在室外做饭，以免在余震中受伤。

钟紫村的路并不好走，山路险峻崎岖，他坚持步行走到每家每户。经过详细了解和调查，最后确定 17 户重灾户，准备给与适当建房补贴；对于最困难的 8 户，安排砖、水泥、钢筋，立刻启动建房，以度过雨季和冬季。很多群众深受感动，凝重的眼神期盼着杨万山能吃点什么，哪怕是一口水。“绝不能吃百姓的任何东西”。饿了拿起一块方便面就啃，渴了就拿出自带的矿泉水喝。如今，带过去的 3 大箱方便面已经被他吃完了。

在钟紫村，杨万山遇到一家特困户。这家的男人在外多年未归，女的在家带着 3 个孩子，孩子们长期失学，地震中房子也倒塌了。“十几岁的孩子因为长期营养不良，看起来只有 7 岁左右。那一刻，我再次流下了眼泪”。为帮扶这户人家走出困境，他 3 次走访说服孩子们去上学，并切实帮助她家解决生活上的困难。

“再苦不能苦了老人”。当获悉钟紫村有一个双目失明，双耳失聪的 84 岁孤寡老人生病时，他当即自己掏钱请医生来为其看病，并多次到帐篷里看望她，发动村里的党员群众优先给她建房。

灾后第一个“六一儿童节”到了。这天，他又一次来到钟紫村的村学。那里有 51 个孩子，原本已经破烂不堪的校舍现在成了危房，孩子们只能在帐篷里上课。他给孩子们带来了书包和文具，并和孩子们一起玩游戏，踢足球，教他们用电脑，和孩子们一起度过了一个有意义的儿童节。

在钟紫村老百姓的心里，杨万山的名字已经被铸造成了一尊雕像，很大，也很清晰，被人们深深地放在心底，也屹立在这地震灾区之中。

2008 年 12 月，杨万山被国务院扶贫开发领导小组授予“中央国家机关等单位定点扶贫先进个人”称号。

【李兴文】 国务院发展研究中心扶贫办副主任。李兴文自 1995 年 2 月从事扶贫工作以来，先后在辽宁义县和山西宁武县挂职扶贫；1995 年 2 月至 2001 年，先后任辽宁省义县人民政府副县长和锦州市人民政府市长助理并分管全市扶贫工作；2001 年 6 月至 2008 年任山西省宁武县人民政府副县长，前后近 12 年，共为 2 县争取到项目资金（包括贴息贷款）2790 万元，争取到个人及有关单位捐款 14 万元和价值近 8

万元的扶贫物资，资助贫困失学儿童近50人；建希望图书馆1个，资助建立1所希望小学的部分项目。李兴文从事中央国家机关扶贫工作近12年，是中央国家机关挂职扶贫时间最长的人，为完成好党中央、国务院交给单位的扶贫任务，他勤恳、兢业、尽职尽责。

1. 从实际出发，注重产业结构调整，从根本上解决贫困问题。李兴文到基层后自1995年2月至五一节前，一天家未回，整个蹲在县里，全县23个乡镇，在主管农业的县长杨自宏陪同下走遍全乡，把可能做和将要做的事情做了记录和整理，并准备详尽的资料向有关部门做了汇报，他仅下乡3个月就得到当地干部、群众的认可。

在调查研究的基础上，李兴文感到义县的贫困问题，除了自然条件和历史遗留因素影响外，县乡两级财政困难是该县要着重解决的最紧迫问题，而解决农民的脱贫问题和县乡两级的财政困难最主要的是要抓影响这两个问题的最主要矛盾和主要问题。抓主要矛盾的主要方面，根据调查和分析，李兴文认为义县是个农业大县，玉米制种是全县的主导产业，39万亩的制种田和得天独厚的制种条件，包括水、土、耕地之间自然形成的隔离带，都是全国其他县和地区所不能相比的，特别是其玉米种子的销售网络覆盖全国。解决好这个问题，不但使种地的农民直接得到实惠，还可以使乡镇政府可以得到一笔可观的管理费用，县财政也能从县里几个种籽公司的运筹中得到一笔可观的财政收入，为此他多次来往于北京与义县之间到农业部农业司种籽处和农业技术推广中心，全国种籽管理站做工作，请来农业部技术推广中心副主任、全国玉米种籽管理站站长陶汝汉及计财处副处长梁正华，农业部农业司种籽处处长陈友权共同到义县考察种籽生产情况，并将义县确定为全国玉米种籽生产基地，并在政策上和资金上予以支持，决定为义县种籽公司和锦州市种籽公司各给予1100万的种籽工程贴息贷款，用于购买生产设备和建设基地 。这一举措促进了义县的玉米种籽生产，成为最受义县人民欢迎的一件大事。仅此一项就在几年内为义县农民和乡镇创造了可观收入，人均收入由不足800元达到1900元左右。促进了义县的经济发展，使得义县尽快达到脱贫要求，两年内甩掉贫困的帽子，并在1997年被国务院扶贫办评为脱贫致富先进县。

2. 想方设法，利用现有条件和财力把扶贫工作搞得有声有色。为尽快解决当地群众的脱贫问题，李兴文在义县扶贫的时候，帮助当地贫困户脱贫，他首先想到是能否根据当地的实际情况，找上三五户做个示范作用。以点带面，由示范户在贫困户的脱贫方面起个表率，在调查研究的基础上，根据辽西山区的特点，他决定在义县头道河乡找上3户农民，每户帮他们买上十几只小尾寒羊，以点带面促进山区养羊事业的发展。实践证明，这3户通过养羊，收入有了提高，有的户甚至发展到几十只羊，基本上摆脱了贫困的状况。

在义县扶贫期间，他根据单位资金少的特点，（盖希望小学需20万资金），在一个小学里集中找上20~30个失学的儿童，由国务院发展研究中心司局长以上的干部每人包一个学生，建成实质性的发展中心帮助的希望小学，并给学校买了电视，为了建立希望图书馆，中心全体干部捐书5000册，还捐赠部分现金。并请中心党委书记刘中一题写义县希望图书馆馆名，由中心党委和办公厅的领导带队亲自开车送到义县，使该校成了发展研究中心关心的一个热点。

为了搞好义县和宁武县的扶贫工作，他根据单位的特点，注意发挥单位整体优势，把工作重点放在搞好智力扶贫上，先后聘请 国内外知名学者赴两县做报告和出主意，为两个县的发展和两个县所在地区取得经济发展做了很好的谋划。

在智力扶贫的思想指导下，他带领县和乡镇主要领导赴江苏华西村，锡山市，河南南街村，焦作市及北京通县、延庆等地参观和考察，特别是中国农村发展的未来前景及农业产业化项目的学习，以及与这些地区主要领导的座谈，听他们所介绍的经验，使县乡两级干部受到很大的触动和教育，使他们开阔了视野，振作了精神，产生了尽快改变自己落后面貌的决心和找到实现这个目的具体的做法，这种智力扶贫的作用在实践当中起到重大作用，如张家堡乡党委书记张久祥从华西村归来看到社会主义新农村的远景，带领全乡老百姓战天斗地向荒山要效益，将昔日荒凉的沟沟坡坡建成花果满山的果园。他带领全乡人民发展生产，改变了当地农民的贫困现状，使全乡人均收入达到 1900 元左右(2000 年)。在李兴文 12 年的扶贫工作中最难能可贵的是他想方设法，利用可以争取到的财力，把扶贫工作搞得有声有色。

3. 竭尽全力争取资金和广泛联系，为扶贫县脱贫做出实际工作。12 年来，李兴文竭尽全力、尽职尽责，先后为辽宁义县种籽公司和锦州市种籽公司各争取到 1100 万元的农业部玉米种籽工程的贴息贷款的额度；为山西省宁武县国土资源局争取到国土资源部 1690 万元的土地平整项目资金，从国务院发展研究中心和其他部门争取到十几万资金的捐款和书刊、微机、办公桌椅、文件柜及打印机、复印机、桑塔那小汽车、3 吨叶面复合肥。帮助建立一个饲料厂，特别是帮助两个县与北京中央国家机关多个部委，如农业部、发改委、国土资源部、交通部、水利部、中宣部、全国总工会等部委；与北京大学、清华大学、中国农业大学、北京农学院、中国科学院等大专院校，建立了联系。

在他为两县争取资金和项目的过程中，有许多感人的事迹，如到义县的开始，他为了帮助义县争取到外商的投资，他赶印了一些县里招商的政策和县情介绍的小册子到北京参加北京市政府举办的外商、台商招商会，没有参会的资金，不能为县里单独设置招商会的展台，他就背着书包，装着小册子，逐个穿梭于各个展台之间，向外商发小册子和宣传两县的情况，并促成台湾中小企业协会负责人陈金章先生赴锦州和义县考察当地市情、县情并创办了台资企业两家。为争取到国家有关部委和有关大公司的投资项目，他先后请国家经贸委副主任陈清泰，中央财经领导小组办公室副主任陈锡文，农业部农业技术推广中心副主任、全国种籽管理站站长陶汝汉，北京商品交易所董事长乔刚，中华股份制咨询有限公司总经理孙效良，国家科委企事业项目办负责人，国家计委机电投资公司经理曹文春，北京第一汽车制造厂的领导，北京运能有限投资公司董事长王保双等赴锦州、义县、宁武考察和投资，并促成了一些项目和资金投入的形成，这些都对促进两县的经济发展起到积极作用，他办的这些实事，深受当地政府和人民的欢迎。

特别应当指出的是10年来在李兴文的努力和和安排下，中心主要领导孙尚清、刘中一、王梦奎、陈清泰、张玉台、鲁志强、陈锡文、李建阁、谢伏瞻等积极与辽宁和山西两省，锦州和忻州两市主要领导沟通，请他们重点支持扶贫工作。两省的书记、省长、常务副省长和两市的书记、市长等，多次到两县考察并指导扶贫工作并提供大量的人力、物力和财力，对两县的经济发展起到很好的促进作用。

4. 在重大灾害事故面前，表现了共产党员和国家机关干部应有素质。2006年7月7日宁武县发生因宁武县东寨县东寨村村民王二文私藏炸药引起火灾引发爆炸的恶性案件。爆炸造成49人死亡，30人受伤，在宁武县、沂州市，山西省乃至全国造成很大影响。当时李兴文正在东寨镇下乡，住在离爆炸地点2公里左右 一种高度政治责任感，和对突发事件的敏锐的观察力促使他在5分钟后赶到现场，当时现场一片混乱，作为县委县政府领导的李兴文是第一个在第一时间赶到现场，并立即组织抢救伤员，保护现场，控制犯罪嫌疑人和扑灭火灾工作，一个共产党员高度责任感，一个国务院发展中心扶贫干部的使命感，使他忘记安危和恐惧，到正在着火的房间里查看有无可以抢救的受伤人员并到公路上拦截汽车抢救伤员，组织群众参加抢救队，特别是东寨村民张树强在看到自己弟弟一家3口全部死亡的情况下，在李兴文的说服下用自己开来的汽车抢救活着的村民，村民李八斤、孙桂平、孙桂虎、康信宽等人，不顾自己安危抢救伤员，在20~30分钟内将伤员全部送往医院。然后，用铲车将正在着火地方木料铲到其他宽敞的地方使火势得到控制，由于在第一时间采取果断措施，事态得到控制。为事后的处理打下一个好的基础。

总之，在中心党组和扶贫领导小组领导下，在国务院发展研究中心全体人员的共同努力下，特别是在李兴文以身作则，不畏艰苦，12年来，是在单位现有的资金和物力的情况下，完成的辽宁义县及山西省宁武县扶贫任务，和当地的干部、群众结下深厚的友谊。

2008年12月，李兴文被国务院扶贫开发领导小组授予“中央国家机关等单位定点扶贫先进个人”称号。

【惠双民】 国家行政学院经济学博士。2006年惠双民赴国家行政学院定点扶贫云南省大关县挂职副县长，具体负责联系扶贫并协助有关教育工作。他挂职期间，贯彻党和政府关于扶贫工作的政策、方针，全面落实学院“扶贫先扶智”理念，工作积极主动，尽职尽责，开拓创新，严以律己，甘于奉献，为当地群众带去实惠，为地方发展带去思路，在学院与大关之间架起一条有效沟通的桥梁，受到当地政府的肯定和干部群众的好评，为学院扶贫工作的开展作出突出贡献。

惠双民具有较深厚的理论功底和丰富的基层工作经验。在大关县期间，他深入边远农村，走遍全县7个乡镇，开展调研。经过深入调研，在学院前期派驻挂职扶贫干部工作基础上，适应新形势新任务，结合当地实际和学院工作特点，向学院党委提交“国家行政学院大关县扶贫建议书”和“国家行政学院‘十一五’单项扶贫建议书”，提出学院定点扶贫工作的思路与政策建议。该建议书为当年及之后学院扶贫工作的开展奠定了重要基础。同时，在大关县全县扶贫工作会议上做题为“现代市场经济与扶贫开发”专题讲座，提出大关县脱贫发展的工作思路：战略部署“3个三”，市场经济的脱贫发展方式——企业+农户和专业化市场发展以及经营扶贫的开发理念。在此基础上，结合大关县的环境、区位与经济社会发展条件，提出大关县未来的愿景、目标与信心：30年愿景—青山绿水秀珍城、以及阶段目标、十百千万工程和两极发展战略。这些思考和建议振奋了大关干部群众脱贫发展的希望和信心，鼓舞了干部群众改变家乡面貌的斗志和精神。

2006年7月22日上午9时，云南省大关县发生5.1级地震，惠双民在第一时间深入灾区一线，积极参与抗震救灾工作，并于当日迅速向学院汇报了地震发生情况，向学院传回地震灾情报告，提交“关于学院挂钩扶贫救灾建议书”，为学院支持大关抗震救灾行动提供了有效的信息和参考。按照学院的指示，惠双民深夜赶往企业和市场，采购抗震救灾物资：7000公斤国家一级大米、260床优质棉被、100件优质双人蚊帐，合计总金额51020元物资。在第一时间为灾区群众送去来自国家行政学院，来自北京的救灾物资，让受灾群众亲身感受到党和政府的关怀、祖国大家庭的温暖，鼓舞和振奋了当地干部群众抗震救灾的信心和勇气。

在挂职扶贫工作中，惠双民注重深入调研和解决实际问题，为避免“水上漂”，他逐步形成并总结一套独特的挂职扶贫的问题关注和脱贫发展的工作思路和方法，可概括为五个方面：一是深入调研，形成思路，交流观点，解决问题；二是积极参与，影响决策，培养干部，有所作为；三是分析现状，总结扶贫，重理思路，开拓新径；四是选择项目，培育企业，带动农户，脱贫致富；五是扶持干部，帮带群众，参与市场，自主发展。

根据这五个方面的工作思路和方法，惠双民开展了从教育到医疗、从干部培训到大学生圆梦大学、从乡村医生培训到希望小学建设、从修筑笔架山游人道路到开发生态养殖扶贫项目、从在学院建立扶贫培训基地到帮助大关第一中学、职业高中建立贫困学生助学基金和助学贷款基金等，开展多方面富有成效的扶贫工作项目。

1. 解决全县唯一一所民办七色花幼儿园办学许可证问题。支持七色花幼儿园，也就是向社会传递一个信号，政府鼓励支持自主创业，引导社会自主就业，参与社会公益事业，协助政府解决老百姓最关心的利益问题。

2. 通过为大关教育系统中小学校长作题为“关于教育与改革的思考”讲座，提升了中小学校长们的办学理念和教育改革思路，同时也使得他多年关于教育的思考得以在大关教育界施行。

3. 建议并促成政府采取贴息贷款方式，解决困难家庭子女大学第一年入学困难问题，引导社会关注和建立社会基金扶贫扶智，帮助贫困家庭子女考得上大学，上得去大学，提出“不让一个考上大学的孩子上不了学”、“帮扶一个贫困家庭的子女上大学，就是帮扶一个贫困家庭脱贫”的口号。

4. 圆梦大学，帮助贫困家庭学生：牵线学院张志和教授无偿资助大关县天星镇贫困家庭学生莫仕会圆梦天津中医药大学，每年5000元，4年共计20000元（该项扶助从2006年启动，目前进展效果非常好，张志和教授每年秋季开学前及时将扶助款打入莫仕会同学账户，莫仕会同学定期向张教授汇报学习情况）；联系团中央有关部门，得到希望工程支持，帮助大关县翠华镇贫困家庭学生杜兴平圆梦西南政法大学，4000元；惠双民用自己扶贫挂职享受的学院补助，无偿捐赠5000元帮助大关县上高桥乡范智同学圆梦云南大理学院；惠双民博士将大关县政府扶贫奖励的800元，加上个人的200元，合计1000元捐助大关县悦乐镇大坪村龙坪小学贫困一年级小学生王兰舟继续学校学习。

5. 倡导并率先捐资推动成立大关县一中贫困学生助学基金会，惠双民捐赠1000元，国家行政学院先后2次捐资、注资共100000元，大关县县委书记、副书记等领导各捐赠1000元，感召财兴盛集团董事长郑宣明捐赠10000元，财政拨款5万元，推动全县乡镇企业捐资助学。同时还建议并推动建立大关职中学生助学贷款基金。

6. 推动学院机关服务中心建立支持扶贫大关县职业高中实习基地，从2007年开始每年为大关县职业高中免费培训20名酒店旅游服务与管理专业学生，现在正在实习的是第二期20名的大关县职业高中学员。

7. 适应社会主义新农村建设需要，在大关县举办社会主义新农村建设系列专题讲座：由张志和、胡冶岩、周绍朋、张孝德、张占斌、魏宏、李雪峰等7位教授分别就社会文化、公共管理、区域县域经济、法学、管理等方面做了专题讲座。学院派专家教授千里迢迢赴大关，送干部培训到基层，在云南省引起强烈反响。

8. 争取到云南省财政厅60万元资金，做好百姓关注的3个项目—大关县悦乐镇大坪村龙坪小学建设项目，20万元；大关县乡村医生“天使再造计划”项目，20万元；大关县笔架山游人登山道路项目，20万元。其中，小学项目邀请了东南大学建筑学院副院长董卫教授、北京构易建筑设计公司杜孝民副总、李嘉诚基金会文化论坛李彦华女士一行来大关实地考察，义务为龙坪小学提供融“生态、环保、节能、乡土文化与现代公共服务”理念的校园规划和校舍建筑设计；实施的大关县乡村医生“天使再造计划”项目，配合新型农村合作医疗开展，对全县乡村医生分三期进行为期1个月的业务与医德培训以及临床实习，全部食宿资料免费，为大关县农村居民创造了更好的医疗环境和医疗服务；修建大关县文化标志景观笔架山游人道路，为大关旅游产业开发和民众休闲、金海百姓脱贫发展提供便利和支持。

9. 争取到云南省扶贫办50万扶贫资金，做好生态乌骨鸡养殖项目。该项目为国家行政学院挂牌扶贫项目基地——乌蒙生态乌骨鸡养殖项目，目前项目运转良好。

10. 基于对惠双民敬业与人品的信任，全国各地网民向大关县中小学捐赠衣物文具100多包，达4000多件，计人民币10万元之多。全部捐赠以惠双民博士为受赠托管人，在当地引起很大反响。

惠双民在大关县挂职扶贫期间，由于不服当地水土气候，先后患上湿疹、胃病、重症皮肤过敏等疾病。尽管如此，他克服困难，仍坚持工作，完成了学院委派的挂职扶贫工作任务。在他离开挂职扶贫大关县临行前，当地6位70岁以上、德高望重的老先生，其中包括一位全国劳模，联合起来，分两次，私人付钱，为惠双民饯行，由衷感谢国家行政学院派了一位好干部、好教师，感谢惠双民对大关人民的深情厚意、扶贫奉献，敬仰他的品格修养。

惠双民在扶贫期间，牢记学院的嘱托和要求，始终坚持严格履行国家行政学院对挂职干部的廉政约束，未在当地财政报销一分钱。调研工作期间一概不公款吃喝，只在学校食堂或机关食堂工作用餐，餐后严格按标准付费；对于重视教育的领导或教育教学管理优秀的中小学校长，坚持自己付费，以示敬谢；在县委食堂用餐坚持简单，节俭，不浪费，维护政府公务人员良好的社会形象。他始终以一个公务人员的生活准则严格要求自己，维护了国家行政学院作为中央国家机关的良好社会形象。

2008 年 12 月，惠双民被国务院扶贫开发领导小组授予“中央国家机关等单位定点扶贫先进个人”称号。

【吴瑾冰（女）】 甘肃省地震局办公室主任。吴瑾冰负责中国地震局定点扶贫工作 10 多年来，认真贯彻国家扶贫开发方针政策，落实中国地震局和甘肃省扶贫工作安排部署，树立科学发展观，热爱扶贫事业，以定点帮扶县农业增产、农民增收为中心，以改善贫困群众生活条件为重点，以帮助贫困村、贫困户脱贫致富为目标，拓宽帮扶工作思路，全面落实帮扶重点项目，为甘肃省永靖县扶贫帮教工作做出了突出贡献。

1. 调查研究，确定目标。甘肃省永靖县位于甘肃省西南部，是国家级重点扶贫开发县，全县总人口 20 多万，总耕地面积低于总面积的 25%，年平均降水量不足 300 毫米，是典型的雨养农业县。为了准确把握全县基本情况，有针对性地做好帮扶工作，吴瑾冰带领扶贫工作人员深入乡镇、学校开展调查研究，找准制约当地经济发展的主要矛盾，对县乡村经济发展状况、群众脱贫愿望和扶贫开发规划、改善学校基础条件等有了较深入的认识和了解。在她良好工作作风，务实工作态度的带动和感染下，参与扶贫开发的干部动真情、动真格，真抓实干、埋头苦干。

2. 脚踏实地，真抓实干。（1）实施农村整体推进。吴瑾冰认真贯彻中央农村工作会议精神，按照甘肃省农村整体推进的整体部署和要求，参与农村整体推进工作，她带领扶贫工作人员深入中国地震局负责的永靖县陈井镇木场、仁和和张家沟 3 个自然村，与村干部一起共谋群众增产增收、改善基本生活条件的有效途径，选择投资少见效快的项目，尽快使群众富裕起来。项目确定实施后，她多次深入这 3 个自然村实地查看养种植、拓宽道路、修建人畜饮水工程的进展情况，帮助解决实际困难。经过近几年的不懈努力，使 3000 多名村民喝上了甘甜的黄河水，马铃薯、百合蔬菜种植面积发展到 1000 多亩，小尾寒羊发展到 5000 多只，1800 多村民掌握了养殖、种植、计算机、农机维修技能，3 个自然村贫困群众基本生活得到有效改善。其中，木场村被临夏回族自治州政府树为农村整村推进样板村。

（2）学校基础设施建设。永靖县教育基础设施比较落后，全县 200 多所中小学校大部分校舍建于 70 年代，年久失修，多数已成危房。永靖县委、县政府利用各种财政渠道对学校进行重建改造，同时请各扶贫单位对学校的重建工作给予支持和帮助。吴瑾冰按照永靖县委、县政府的号召，在前期调研的基础上，实地走访 20 多所学校，并与县扶贫办共同协商，拟定了中国地震局一年建设或维修改造一所学校的计划，集中有限资金，改善学校办学条件。

先后修建刘家塬中心小学、岘塬小学、陈井镇小学、沟滩小学、太极镇中学等多所学校，使适龄学生能在宽敞明亮的教室读书学习，其中沟滩小学被中国地震局命名"晨光希望小学"。同时，按照计划定点支教永靖第九中学，先后投资建成2个计算机教学室，化学、物理、生物实验室各1个，1个教师活动室，1个远程教学室，2个标准篮球，经过多年努力，学校面貌焕然一新，升学率逐年上升。

（3）实施保护母亲河工程。按照国家实施保护母亲河战略部署和永靖县委、县政府总体规划要求，经中国地震局同意在刘家峡水库西侧龙汇山植树造林，有效防止库区周边水土流失。在工作中，吴瑾冰倾注大量的心血，从规划的拟订、林地的选址、上水设备的配套、树苗的选配、栽种的组织等工作事无巨细，既当指挥员又当战斗员。第一批植树360亩，经过补栽和灌溉，林木长势良好，成为永靖县退耕还林较为成功的典型，林区被永靖县委、县政府命名为"减灾林"。在此基础上，吴瑾冰又与县扶贫办一起实地勘选林地，编写可行性报告，做了大量的协调工作，中国地震局对实施方案给予肯定，决定将"减灾林"再扩大1000亩，新种植的林苗长势喜人，她的工作得到中国地震局和永靖县委、县政府和扶贫办的肯定。

（4）时刻牵挂群众生活和学生学习。作为扶贫工作的负责人员，吴瑾冰和其他扶贫工作人员一样，时刻牵挂着永靖县贫困群众的生产生活。有一年永靖县连续100天无降雨，人畜饮水困难，春播无法正常进行，扶贫工作组组织购买60台手压水泵送到永靖抗旱第一线，以解燃眉之急。动员全体职工献爱心，每年为永靖县贫困群众捐助衣物、棉被2000多件。重要节日组织购买大米、面粉及其他副食品，直接送到贫困户和特困户家中。每逢儿童节、教师节，组织购买学习、生活、文体用品慰问学生、老师及困难学生家庭，先后慰问11所中小学和幼儿园。每次活动，吴瑾冰都亲自参加，永靖县的干部职工对她都十分熟悉，亲切地称为吴大姐。

3. 廉洁奉公，甘于奉献。兰州市距永靖县70多公里，且道路畅通，吴瑾冰每次与永靖县政府商议工作，她都轻车简从，坚持不给永靖县政府添麻烦，办完事即刻返回。近年来随着中国地震局扶贫经费的增加，手中的钱多了，但是她从来不乱花1分钱，足额将扶贫经费拨付永靖县扶贫办，来往账目清清楚楚。永靖县扶贫办的工作人员称赞她是"真扶贫，扶真贫，廉洁奉公，严于律己的好干部、好党员"。

2008年12月，吴瑾冰被国务院扶贫开发领导小组授予"中央国家机关等单位定点扶贫先进个人"称号。

【张桂凤（女）】 中共党员，汉族，吉林通化人，现任国家粮食局党组成员、副局长兼直属机关党委书记，局对口扶贫办公室主任。分管国家粮食局机关后勤、党群工作、扶贫开发和行业发展交流工作。

张桂凤坚持正确的政绩观、权力观、地位观和利益观，在政治上、思想上、行动上始终同党中央保持高度一致，时刻牢记全心全意为人民服务的宗旨。作为一名女扶贫领导干部，她对贫困地区的人民有着深厚的感情，分管国家粮食局扶贫开发工作以来，她认真贯彻执行党中央、国务院关于扶贫开发工作的方针、政策，不断强化帮扶意识、健全工作机制、拓宽帮扶思路、落实帮扶项目、解决中央编译局对口扶贫县—四川省金阳县的实际困难，为中央编译局扶贫开发整体工作做出贡献。

为准确了解对口扶贫地区的情况，有针对性地做好扶贫开发工作，2000 年 9 月至今，她不顾自己身患多种疾病，不畏帮扶地区山高路险、环境恶劣，多次带队深入扶贫一线调研考察，设计项目，有时高原反应使她头痛难忍，整夜无法入睡，她坐卧着休息，第二天又带队工作，通过深入调查研究，她对金阳县的基本情况、经济发展现状、群众脱贫愿望和扶贫开发规划等有了较深刻的认识。在她良好的工作作风，务实的工作态度的带动和感染下，中央编译局参与扶贫开发工作的全体人员真抓实干、埋头苦干，进一步确立扶贫开发工作思路，科学合理的确定了中央编译局扶贫工作的目标、规模、重点及实施程序。

在调查研究的基础上，按照中央和国务院扶贫办对口扶贫工作的有关要求，她坚持扶贫、扶智的方针，进一步将中央编译局对口扶贫工作的重点转向整村推进、劳动力培训转移就业和产业化扶贫三项重点工作中来。几年来，她多方协调，动用各种关系寻找项目资金，在她的带领下，中央编译局有数多人深入四川凉山州金阳县落实帮扶项目，开展送温暖活动，解决实际问题：先后为金阳县修建了粮库 2 座；建设移民新村 4 个；修建小水电站 1 座；土豆生产技术实验室 1 个；建设小学教学楼 2 座，其中申请日本援助项目 1 个；建通村公路 1 条；举办青花椒生产技术培训班，培训山区农民 231 人；建设村级防洪水堤坝 1 座；建设土豆加工厂 1 个；为高寒山区小学发送 60 箱练习册 6000 本、羊毛衫 80 箱 4000 余套、办公椅子 313 个；维修 4 个老学校校舍；捐赠计算机 78 台，建设计算机教室 4 间；每年为乡镇干部订购《农民日报》50 份；并帮助 100 多名贫困女学生上学，资助 800 多贫困学生完成学业等等，为贫困地区尽快脱贫做出了贡献，得到贫困地区群众和各级干部的赞扬。张桂凤清正自律、廉洁奉公，始终保持清醒的头脑，在帮扶工作中她无私奉献，深受帮扶地区人民的欢迎。

2008 年 12 月，张桂凤被国务院扶贫开发领导小组授予“中央国家机关等单位定点扶贫先进个人”称号。

【司德鹏】 现任国家国防科技工业局直属机关党委书记、原国防科工委扶贫工作领导小组办公室主任。自 2001 年开始具体负责扶贫工作至今，司德鹏以高度责任感、无私奉献精神和爱民之心，辛勤工作，投入到定点扶贫工作中，得到领导和同事们的肯定，得到定点扶贫县、乡、村各级政府、部门、学校、村民的爱戴。

1. “扶贫”先“扶智”。为贯彻落实科工委“教育为主，公益性基础设施建设先行，兼顾经济发展”扶贫工作指导思想，司德鹏率领扶贫办探索扶贫工作新路子，结合实际提出“扶贫、扶智、扶项目”的工作思路，并在扶贫工作中予以实践，成效显著。

（1）开展师资培训。教师素质是学校教育教学质量的保证，为提高定点扶贫县教师的综合素质和教学质量，从 2005 年起，司德鹏倡导并组织举办每年一期的“援建学校教师培训班”。他亲自到西安、汉中等地联系、邀请资深的一线教师和教育理论专家，采取学员试讲、专家点评、课堂示范、问题解答等教学形式，系统讲授了小学素质教育基本方法，教育心理学，怎样当好班主任，新的课程改革等教育理念、教学方法，“教师角色转换和重新定位”、“数学课程标准解读”、“语文课型结构”、“数学课堂设计”等内容，还组织了拓展训练、大型航空企业参观等活动。截至2007年，共有200多名小学教师参加培训，培训班开阔了农村小学教师的视野，为他们提高自身教学水平创造了学习的机会，也使援建学校硬件建设的作用得到更好的发挥，保证了教育扶贫方面持续出成效、出实效，受到当地政府和援建学校的高度肯定。

（2）协调组织落实支持发展职业教育政策。在着重支持基础教育的同时，原科工委决定出资50万元支持当地发展职业教育，在委党组领导下，司德鹏带领扶贫办积极协调陕西省发改委，申请苏陕扶贫援建资金30万元，共同扩建宁强县职业高中教学楼，解决了12个教学班、600多名学生的上课问题，学校招生每年增加400名。

（3）组织开展“一帮一”捐资助学活动。为了解决援建地贫困儿童失学问题，司德鹏积极倡导和组织机关、委属单位开展“一帮一”捐资助学活动。活动以“个人自愿捐赠，扶贫办牵线落实”的方式，每年每人120元至300元不等，对贫困家庭的中小学生进行捐资助学。5年来，直属机关干部共400多人次参加了“一帮一”捐资助学活动，累计捐资5万余元。捐资助学活动从物质上和精神上帮助了贫困学生，也使机关职工受到教育。这种捐资助学的热情感染着机关和委属单位的干部职工，许多人纷纷要求增加帮扶学生的名额。

（4）组织开展“手拉手”活动。为发挥地方军工企业积极性，共同参与定点扶贫工作，司德鹏协调汉中军工企业的附属学校与包扶村学习开展“以观摩研讨教学、捐赠文具教材等为主要内容”的“手拉手”活动，累计捐赠文具、书包15000余件，图书10000余册。

几年来，原国防科工委在教育扶贫工作中：硬件上，新建中心小学5所，改扩建村级小学6所，进一步改善定点扶贫村的办学条件；软件上，通过“扶贫、扶智”计划，扶贫学校的教学质量显著提高：对口帮扶村适龄儿童入学率达到100%，宁强县黄坝驿乡科航希望小学全县会考成绩由原来的小学第12名、初中第6名提高到第2名、初中第3名，宁强县阳平关镇国防科工希望小学的教学成绩连续几年都使全镇第1名、全县第6名，略阳县白雀寺乡中心小学的教学成绩提高到了全县第6名。2004年以来，包扶学校的师生中共有人次获得县级以上奖励，并有11名教师获得市、县级以上教学成果奖。

2. “扶贫”要“扶项目”。司德鹏与扶贫办干部主动与定点扶贫县、乡、村有关单位沟通联系，开展市场调研，走访村民征求意见，根据各村自然条件和农民的意愿，引导农民发展养殖种植业，取得显著经济效益。

（1）引导发展黑河乌骨鸡养殖业。他与有关人员对当地自然状况进行分析和研究后，与和平村共同确立一条“将行政组织与自然散养结合起来，走养殖产业化发展”的路子，和平村由党支部牵头，成立养鸡协会，利用黑河乌骨鸡的资源优势，吸收散养农户入会，协会在种鸡孵化、疫病防治、市场销售等方面给予统筹指导和帮助，调动了养殖户的积极性，促进了和平村黑河乌骨鸡养殖业的快速发展。经过两年多的发展，黑河乌骨鸡的养殖数量达到30000只，收入达60万元。

（2）引导发展种植业。引导农民发挥地缘优势，种植天麻、茶、板栗、烤烟等农业经济作物。略阳县中坝村新栽杜仲5万株、发展天麻4300窝；5间桥村建茶园200亩、杜仲500亩；累计种植烤烟100亩、板栗300亩。

通过养殖种植项目的推广，不仅转变了农民的观念、而且提高了农民的收入水平，

扶贫项目的推广，受到当地政府和农民的欢迎和赞扬。

3. 动真情、真扶贫。司德鹏具体负责原科工委的定点扶贫工作，每年都要多次深入扶贫县村，深入扶贫项目现场，检查项目执行情况、协调解决存在的问题，并与县乡两级政府探讨扶贫开发工作，适时提出具体的工作要求。

（1）加强扶贫项目管理。本着对农民负责、对扶贫资金负责、对捐助人负责的态度，他与扶贫办干部不厌其烦、细心周到地将个人捐资和物品发放到帮扶对象个人，并帮助建立和保持助学双方个人的通信联系；严格管理师资培训班，坚持聘请高水平授课教师，严格确定切合实际的培训内容，保证培训质量。

（2）严把扶贫援建项目质量关。司德鹏在扶贫工作中始终坚持严格按照工作规程申报、论证、审批、实施和管理项目计划，严把项目立项关和工程质量关。为确保扶贫工程质量，落实工程进展，司德鹏多次与当地军工单位扶贫办联系，提出要求，并多次专赴扶贫建设工程工地对工程进展、施工中的建设监理、资金使用等方面情况进行检查，指出现场管理中存在的不足。2003年，夏季雨量多，学校扶贫建设项目面临任务重、进度紧，为确保工程质量，他多次反复强调教育设施安全性，要好事办好、造福子孙后代，确保工程质量的重要性，并多次与当地县、镇政府领导联系，请他们一定要给予高度重视，从施工各个环节，加强监理，在保证质量的前提下，保证工程进度。促进了工程建设规范化，确保了在陕扶贫项目的质量。

（3）拓宽扶贫投入渠道。为进一步拓宽扶贫投入渠道，司德鹏与扶贫办干部开展扶贫宣传工作，使扶贫开发投入从机关拓展到委属单位，加大扶贫工作的力度：军工项目审核中心首批捐赠扶贫款5万元用于希望小学建设；信息中心向希望小学捐赠图书3540册，并购置新书架，完善后的图书室现有图书8705册，使学校达到学生人均图书20册、教师人均40册的国家“普九”标准。

4. 大爱无疆，上善若水。司德鹏在工作中是一个富有责任感的领导，生活中更是一个充满爱心的老者。在他的同事和朋友中都知道司书记有个干女儿——一个湖南省张家界大山里的普通女孩。2005年，一个偶然机会、一次不经意的谈话，司书记得知她因家中贫困无钱不能继续读书，决定资助她上学，每年为其支付6000元学费和生活费，一直到她大学毕业。小女孩很争气，如愿考取了张家界旅游学院大专班。2006年春节，这个小姑娘背着简单的行囊、带着全家人的感激之情，依据家乡的规矩来到北京“认亲”，司书记和老伴陪她游览北京城、参观北京高校、购买衣物用品，最后将她送上回乡的列车。从此，司书记就多了很多的牵挂：每隔一段时间都要给“女儿”打电话询问一下学习和生活情况；每次出差到湖南，同事们都知道

司书记一定要看看“女儿”，为她买一些衣物、食品，给一些零用钱。看到“父女”俩在一起其乐融融的样子，大家都为这种超越“血缘”的浓浓亲情所感动，更为司书记这种的无私博爱的人格魅力所感动。

2008 年 12 月，司德鹏被国务院扶贫开发领导小组授予“中央国家机关等单位定点扶贫先进个人”称号。

【张文锦】 国家邮政局中国货运邮政航空公司办公室主任。张文锦 2003 年 3 月至 2004 年 2 月，受国家邮政局委派，任陕西省商洛市商州区副区长、国家邮政局第五任扶贫组组长，与国家邮政局信息技术局章传强一起负责商州区和洛南县两地的扶贫工作。

工作期间，张文锦认真贯彻国务院扶贫开发领导小组办公室、国家邮政局关于扶贫开发工作的一系列安排部署，不断强化帮扶意识、健全工作机制、拓宽帮扶思路、落实帮扶项目，以解决贫困农村的实际困难为己任，以改善广大贫困村群众基础设施为工作重点，不断加大交通和教育扶贫开发工作力度，在交通、饮水、教育等一批扶贫工作上均取得一定成效，使当地贫困现状有所改善，受到当地政府和广大农民的高度称赞和一致好评。

1. 商州区、洛南县扶贫工作概况。商州、洛南是陕西省商洛市人口最多的两个区县，是国家扶贫开发工作重点县。这里山大沟深，“八山一水一分田”是这里典型的写照，贫困面相当大。商州区重点贫困村 205 个，贫困人口 17.8 万，占总人口的 32.9%；洛南县贫困村 175 个，贫困人口 5.7 万，占总人口的 12.4%。两地可耕地面积少，退耕还林压力很大，除城关镇外，农民居住相当分散，特别是一些偏远山村，缺乏基本生存条件。两地经济仍以农业为主，但结构单一。农林土特产丰富，但质量不高、规模不大。

2003 年，在张文锦的努力下，国家邮政局共投入扶贫资金 174.55 万元，实施扶贫项目 35 个（商州 21 个，洛南 14 个）及 10 个科技等扶贫项目。其中通村道路 14 条 91 公里，受益 32 个村，受益群众达 2.9 万余人；桥梁 7 座 180 延米，受益 9 村，受益群众达 8000 余人；人饮工程 9 处，受益为 9 个村 4800 余人；新建邮政希望小学 3 所，修缮小学 2 所，购置课桌椅 856 套，捐赠新电脑 6 台；定额救助 53 名贫困中小学生，全额救助 54 名贫困小学生，贷款方式救助 15 名贫困大学生。

在商州、洛南两地扶贫局的协助下，他还聘请农、林、牧、药等部门的专家，深入农村举办科技培训 23 期，受训人员达到 5000 余人次。同时，推广农业科技知识，为商州、洛南 120 多个贫困村订阅“陕西农村报”，在农村继续推广“叶面肥”鼓励他们利用科技知识、科技产品增产、增收。另外，他通过联系陕西省邮政信息技术局，对商州区 30 个乡（镇）团干及两所邮政希望小学的教师进行为期一周的电脑知识培训，使这些教师基本掌握了电脑的一般操作。

2. 坚持“真扶贫、扶真贫，把扶贫工作推到第一线”，不搞面子工程。为贯彻落实国务院制定的《国家八七攻坚计划》的有关精神，国家邮政局各级领导始终要求每年选派的挂职扶贫干部，要把握“真扶贫，扶真贫，把扶贫工作推到第一线”的原则。在开展扶贫工作中，张文锦始终牢记这一原则，非常重视在边远贫困山村下功夫，把扶贫重点放在基础设施建设上。

在选择项目上，杜绝面子工程、人情工程；只做雪中送碳、不搞锦上添花；始终坚持“帮贫不帮富，扶勤不扶懒，扶主不扶被，务实不务虚，多数人受益”的原则。

到达商洛后，张文锦在与当地政府领导、扶贫局领导座谈讨论的同时，多次深入乡、村调查研究，对当地的基本情况、经济发展现状、群众急待解决的热点、难点问题和扶贫开发规划等有了深刻的认识。不管工作多忙，都坚持参加区政府常务例会，参政议政，以便随时掌握区县的工作重点。为不给村民添麻烦，他每次下乡都是带几个肉夹馍和一壶白开水；在他良好的工作作风，务实的工作态度的带动和感染下，当地参与扶贫开发工作的人员都非常配合、积极工作，一起围绕商洛、洛南两地的实际情况和贫困现状，制订扶贫工作计划和全年扶贫工作规划。

为使扶贫项目真正做到项目扶持准确，资金使用正确，确保扶贫资金落实到实处，用到最需要的地方，他们运用“排、考、问、核”等手段，对于每一个项目都要严格审查核实。在项目考察中注意做到：在学校项目上要准确掌握在校学生人数和学校有无并转可能，防止过度投资或重复投资；在人饮项目上要准确掌握水源的水质和水量是否符合项目要求，防止出现因饮水而发生的地方病；在道路项目上坚持认真测量、勘察，详细计算工程量，防止虚报、瞒报。

在总结前几任工作的基础上，他们根据 2 地申报材料，筛选出 77 个项目，利用一个多月的时间，行程 3000 多公里，足至 29 个乡镇、68 个行政村，跋山涉水、走村入户，逐个去实地考察、论证，掌握大量的第一手资料。

3. 分阶段、分步骤督促扶贫项目保质保量完成。在确定扶贫项目的同时，张文锦和当地扶贫部门共同研究制定扶贫项目的推进策略、工作重点和工作机制，贯彻“统筹协调、发挥优势、形成合力”的工作方针。

在实际工作中，他坚持定期走访调研、定期分析情况、定期讲评工作、定期通报情况的“四定”制度。同时，为调动地方领导干部的积极性，张文锦吸纳他们一起成立领导小组，明确各自分工，发挥部门和行业优势，形成工作合力，落实责任，使扶贫工作越来越深入，措施越来越有力。

在项目实施过程中，一方面，注意加强日常的监督和检查，促进度，保质量；另一方面，则严格按照各类项目验收的标准，搞好项目验收。对涉及学校的验收，坚持以质检部门的意见为准；饮水项目，经水保站的专家确认项目质量符合标准后，他们采用随机抽取的办法或者逐户验收的方法来进行；道路项目验收时，坚持做到全程测量，检查路面的平整度，检查护链、护堤的修建是否符合标准。对验收中发现的问题，坚决要求他们返工和修正，所有扶贫项目的验收情况与扶贫资金挂钩。同时，完善资金支付手续，在项目实施工程中，实行动态管理，分阶段检查、验收，坚持做到不开工不支付，不达到要求不支付，增大对项目实施的控制力度；报账时必须要有税务部门统一的发票，并变原先项目报销两方签字的规定为四方签字，即项目村负责人、项目乡镇负责人、群众监督人、国家邮政局扶贫组负责人；对物料的报销，要有购买物料的入库、出库凭证。加强监督，杜绝漏洞。

项目验收工作是很艰辛的，比如验收自流饮水工程，他们首先要爬山到每个水源去验收蓄水池、调节池，然后到随机抽取的村民家里去查验；旱窖项目，分布广，验收难度大，但是为对村民负责，为对扶贫工作负责，他们采用分组方式，逐户验收。验收工作，一天下来要走5个多小时的山路，有时饭都来不及吃，但当看到村民发自内心的笑脸时，每个人都感觉到这份工作的可贵。

4. 面对“非典”和“8·28”特大洪水，坚守工作岗位，置个人安危于度外。“非典”期间，为减少对扶贫项目的影响，张文锦人在北京，心系商州，把扶贫工作为己任，与两地扶贫局始终保持热线联系。在“非典”尚未解禁的情况下，由于放心不下商州、洛南的扶贫项目，张文锦不顾家人的劝阻，想方设法、冲过层层关卡回到商洛。虽然由于疫情的严重，刚刚到达商洛的张文锦就被隔离起来了，但他仍然通过电话、传真等方式了解和掌握扶贫项目的工作进展，不停的对工作的进度进行监督和指导，确保了扶贫工作的进度。

2003年陕西省雨水特别频繁，尤其是“8·28”洪水更是给他们的扶贫工作带来前所未有的困难。从8月28日晚至9月8日，商州区、洛南县连续11天遭受暴雨袭击，洪水、滑坡、泥石流多灾并发，两县损失非常严重。在“8·28”洪水发生的当天，张文锦正好带着救助款，从商州前往洛南去参加全县贫困大学生捐助会。出发前，雨已经下得很大，道路已经被冲毁但张文锦仍然坚定地说：“我们今天一定要想办法过去，否则，没法向国家邮政局的领导和50万邮政职工交待，我们是受他们的重托来的，一定要在规定的时间将钱交到孩子们手中。”最后，他们在当地干部的引导下，绕道200多公里，楞是从河南省进入到洛南县境内，及时把救助款送到了贫困大学生手中。

在抗击50年不遇的特大洪水工作中，张文锦一方面参加区县的救灾紧急会议，同各位区县领导一样带队深入到各个受灾点，了解灾情、组织自救；同时注意对前4年邮政的扶贫项目进行调查，对受灾严重的项目，他到现场进行考察，并制定修复办法。另一方面，及时向国家邮政局扶贫组及邮政航空公司汇报灾情，争取物资援助。

5. 立足商洛实际，运用先进管理理念，完善扶贫工作机制体制，编制标准化工组流程。自1999年至2002年，国家邮政局每年都采取助学贷款的方式救助三四名大学生。而2003年商州、洛南高考成绩出奇的好，扶贫组助学贷款的消息一发布，就马上收到了好几十份申请，经过认真的调查至少有十几名考生面临着交不起五六千元的学费，准备放弃那弥足珍贵的录取通知书，回家务农。怎么办？如何用同往年一样多的资金，救助超过往年三四倍的大学生？张文锦没有退缩，他指导扶贫局和区团委的干部经过调查研究和反复测算，很快拿出一个新的救助办法。把过去救助资金一次性全部打入希望办的做法，变为只拨付当年需支付的金额，余额按每年规定的额度，依次拨付。此办法最大好处就是，在救助学生数增加，救助资金不增加的情况下，利用已偿还的金额，减少了国家邮政局的投入，同时督促扶贫干部与希望办协作，将还款的事情做好。当还款金额达到一定的额度后，既使不再投入资金，救助仍能继续进行下去。使2003年救助大学生总数达到前 4 年救助的总和。

在商洛工作一段时间后，张文锦发现，邮政各级领导对扶贫工作十分关心，扶贫的投入力度也越来越大。但由于派驻干部每年轮换，总需要一个较长的工作交接周期。即使这样还是有很多工作要从零开始、缺乏连续性。他就根据在航空公司编写标准化工作的程序的经验，希望能将所有扶贫工作变成一本手册，使新来的干部对每个阶段的工作内容都一目了然，少走弯路、迅速进入状态。

经过一年时间的努力，张文锦在不断加强项目的日常管理，及时总结经验、健全档案资料的基础上，先后编写《邮政希望小学建设步骤》、《国家邮政局在商扶贫项目实施细则》、《国家邮政局扶贫设备管理办法》，并搜集到“市区部分建筑材料信息价”等，编写出《国家邮政局在商扶贫工作参考手册》等。为后续的扶贫干部留下宝贵的扶贫工作经验和工作方法。

在商州、洛南扶贫的一年工作时间里，张文锦出色完成国家邮政局交给的扶贫工作任务，并创造性地将各项工作推进到新的高度。工作中，他与当地干部群众结下深厚友谊，受到上级领导部门和地方政府的一致好评。

2008 年 12 月，张文锦被国务院扶贫开发领导小组授予“中央国家机关等单位定点扶贫先进个人”称号。

【张望（女）】 国家外国专家局机关党委调研员。张望从事扶贫工作 6 年。对扶贫工作非常热爱。坚持马列主义毛泽东思想、邓小平理论、“三个代表”和科学发展观的重要思想为指导，努力学习，勤于思考，认真做好本职工作。

在局机关党委领导下，张望积极主动工作，每年为四川省屏山县在深圳举办一期乡镇长培训班。经专家局机关党委参与组织 5 期，为开阔农民的眼界，转变农民的思想作了工作。同时送屏山县的县长、县技术干部出国参加培训，并为他们做了大量的服务工作。2009 年已经有几十名干参加出国培训。

1. 送报下乡活动是文化扶贫的有效形式之一。自 2004 年以来，在张望的协调下，每年中央编译局为屏山县农民订阅《农民日报》100 多份，合计资金 10 万元。深得农民的欢迎。屏山县扶贫办干部反映，送《农民日报》下乡，就是给农民送去党的政策和致富信息，是帮助贫困地区广大群众开阔视野、解放思想、更新观念、提高素质，促进扶贫开发工作的好渠道。

张望主动联系清华大学，促成屏山的远程教育，建立远程教育基地。可以说，教学站为屏山县广大干部、教师和群众学习先进的知识和理念提供了一个新的平台。为了支持屏山现代远程教育事业的发展，2009 年中央编译局还为屏山购买了 2 套远程教育设备，设备已在试运行中。建立远程教育这一个项目为中央编译局扶贫争取到 5 万元的资金援助。

参与组织扶贫捐助活动。近年来专家局机关为屏山捐助了几千衣服，许多衣服都是经张望和大家的手一包一包打起来的。其中克服了许多困难，不怕脏不怕累，一心想得的是屏山的老百姓。

2. 根据的工作特点，开展项目扶贫工作。在中央编译局连续几年的支持下，经过张望的努力，先后为屏山引进百喜草项目、黑核桃项目、波尔山羊项目、荷兰达兰猪项目等。2006 年，屏山的种猪场实现销售收入 73.6 万元，利润 14.78 万元。达兰猪项目已被公认为是屏山地区促进农民增收的好项目。县委县政府和乡镇领导已按照市场化、规模化、产业化发展思路全力打造屏山的达兰猪品牌。为解决屏山县锦屏镇天仙村生产的食用菌、茶叶、萝卜和梨等农副产品运输困难的问题，外专局与宜宾市政府、屏山县委、县政府领导共同承担解决天仙村的道路修建，外专局出资30万元。2007年7月一条长约4公里、宽4.5米、厚18～20厘米的水泥道路竣工并交付使用。

2008年12月，张望被国务院扶贫开发领导小组授予“中央国家机关等单位定点扶贫先进个人”称号。

【高晓辉】 1974年12月生，中共党员，汉族，中级经济师，2002年毕业于澳大利亚悉尼大学，是中国保监会引进海外的第一个留学生。2002年7月到中国保监会工作，现为中国保监会中介部制度处副调研员。

内蒙古乌兰察布市察哈尔右翼中旗（以下简称察右中旗）是国务院指定中国保监会的定点扶贫县，根据组织上的安排，2006年10月高晓辉被派往察右中旗帮助地方政府工作，任旗长助理、副旗长。在察右中旗工作的一年半时间里，他协助当地政府开展扶贫工作，并且经常深入基层，开展调查研究，慰问贫困群众，确定扶贫方向，协调扶贫资金，因地制宜地开展扶贫工作，出色地完成了组织上交给他的扶贫工作。取得了成绩，赢得扶贫单位的赞扬。

1. 努力学习、严以律己、树立挂职干部好形象。察右中旗位于内蒙古乌兰察布市中部，是一个以蒙古族为主体，汉族占多数的半农半牧旗县，工业基础薄弱、资源贫乏、自然条件恶劣，农牧民的生活较为贫困。为了尽快进入工作角色，高晓辉认真学习党中央、国务院和省市下发的各种文件，了解少数民族地区政策，同时也利用开会的机会，向旗里的干部群众讲一些国家对金融方面的政策。

作为一名年轻的挂职扶贫干部，高晓辉在努力当好对口扶贫工作的“联络员”的同时，讲大局、讲团结，认真处理好个人与领导集体之间、与其他政府班子成员之间的关系，在当好正职“配角”的同时，主动大胆开展工作。在工作、生活中，严以律己、廉洁奉公，严格规范自身行为，自觉构筑反腐倡廉、拒腐防变的思想防线。工作作风严谨，生活朴素，严以律己，不搞特殊化，做到工作上高标准、生活上低要求。

2. 脚踏实地、深入调研、确定扶贫资金使用方向。初到察右中旗，为寻找工作的着力点和准入点，高晓辉经常深入基层了解实际情况，与农民交谈，与乡干部交谈，看一看农村的生产、生活状况如何；听一听农牧民所最关心的问题；问一问农民最希望要的扶贫项目是哪一些，以便自己在扶贫工作上少走些弯路。通过调查研究和反复论证，确定了保监会的扶贫资金使用方向。

（1）改善农业灌溉条件，发展喷灌圈建设。察右中旗连续多年遭受了以旱灾为主的严重自然灾害，农牧民深受旱灾之苦，2008年仍处于靠天吃饭的被动局面。由于连年干旱，部分地区地下水资源严重不足，农产品和农副产品产量低而不稳。为了增强农民抵御旱灾的能力，提高水资源利用率和土地生产力，必须加快农民的脱贫致富步伐。他经过调查研究和旗政府领导的反复沟通，确定了发展喷灌是解决当前农业生产的必由之路。

高晓辉跑遍全旗各个乡镇，田间地头多次留下他的身影，“民以食为天”，察右中旗的部分地区连最基本的农业生产条件都不具备，农民何以安居乐业。高晓辉多次向保监会领导汇报，协调资金，经请示保监会同意，决定用保监会扶贫资金30万元，资助察右中旗10个贫困村完成10套喷灌圈建设，解决了察右中旗近千亩良田的浇水问题，得到当地老百姓的拥护。

（2）筹措资金20万元，通过保险扶贫，增强农民抵御风险的能力。随着经济社会的快速发展，保险事业逐步向社会经济的各个领域进行拓展，政府积极利用保险扶贫的方式变事后救灾为事前通过市场手段有效化解风险，增加贫困农牧民及贫困学生抵御意外灾害的能力，保障贫困农牧民和贫困学生的利益。

一是发展农业保险，是贯彻党中央、国务院要求加强面向农民的保障能力建设的需要，是保障农民利益，推进社会主义新农村建设的需要，是落实支农、惠农政策，促进公共财政向农业、农村和农民倾斜的需要，也是转变政府职能，减轻政府财政负担的需要。察右中旗是自然灾害特别是雹灾和洪灾的多发地区，根据中央财政政策性农业保险保费补贴的要求，为确保贫困农牧民在自然灾害面前将损失减少到最低，高晓辉认为投保农业险非常必要，经过认真调研，并经过与旗领导及保险公司的反复论证，最终对中旗优质小麦主产区的4000亩小麦进行保险，因雹灾、洪水、风灾和霜冻而导致经济损失，每亩最高赔付金额2000元；二是为体现对贫困学生的关心与爱护，在高晓辉在保监会的支持下，为察右中旗的1500名高一、高二贫困学生的购买人身意外险，同时对2007年考入大学的优秀贫困学生100名，为其缴纳上大学期间的人身意外险保费。增强贫困学生抵御意外风险所带来的伤害，保障贫困学生的利益。

3. 捐资助学、回馈社会，建设保险中介希望小学。高晓辉走访农牧民贫困户，察右中旗的贫困状况使他感到震惊。近几年，经过保监会的支持和地方政府的努力工作，贫困状况有所改善，但总体情况特别是当地的教育状况仍不容乐观。据初步统计，全旗现有单亲少儿和孤儿1008人，造成这种现象的原因有很多，主要是因为贫困，当地青壮年大量外出打工，造成家庭离异或者常年不归，孩子留给年迈的父母。对于这一弱势群体，地方政府十分重视，但由于地方财政极端困难，再加上贫困面大，所作出的帮扶只是杯水车薪。孤儿、单亲少儿家庭没有经济来源，又处于孤立无援的境地，再加上不同程度的心理障碍，导致每年均有大量的学生辍学。虽然当地行政教育部门也做了大量工作，但由于一些现实的问题，特别是偏远地区的办学条件级差，仍有大量孤儿和单亲少儿进不了学校。更为严重的是，由于受教育程度低，孩子们不可避免地重复着父母的老路，几乎没有摆脱贫困的希望。

“百年大计、教育为本”，为了使贫困学生重新返回校园，改善当地的办学条件，在高晓辉的倡导和精心组织下，在保监会中介部领导的支持下，2007年初，在全行业开展了“捐资助学、回馈社会”大型公益活动，号召保险中介行业向察右中旗的贫困学生捐款。活动一开始，得到全行业的积极响应，在一个月时间里，保监会机关、全国各地保监局、全国各地的保险中介公司和部分保险公司共捐款50多万元，重新建设察右中旗乌苏图镇中心小学。宽敞的教室，全新的校园，温馨的校舍，崭新的桌椅，现代化的微机室和教学设施，全校500多名师生开心地笑了。学生的学习环境、住宿条件得到改善。在高晓辉的建议下。保监会机关干部还救助了几十名贫困学生，为其解决了以后学习的后顾之忧。学校共占地100多亩，是察右中旗最好的小学，解决了周边6个乡镇的小孩子们上学问题，使农村孩子们能够在与城镇学生一样在漂亮温暖、设施齐备的学校内接受良好教育。

此次活动成为了保险业第一次向社会展示队伍素质和精神面貌的契机，达到了凝聚人心、增进团结、奉献爱心的目的，在社会上引起强烈的反响。高晓辉是活动的组织者和策划者，为此他付出大量的精力，整整半年他没有回过家，克服生活、工作上的困难。在学校的建设期间，他基本上每天都要往返于学校和县城之间，往返一次要100多公里，行程将近2个小时。累了，就在车上睡一会儿，饿了，就随便吃点东西。他这种兢兢业业和任劳任怨的精神打动了当地的干部群众。

活动得到了旗委旗政府的支持。学校落成后，为了使本次活动更加有意义，乌苏图镇中心小学已经正式更名为“保险中介希望小学”，并且举行盛大的揭牌仪式。当地百姓为了纪念此次善举，还在校园的显著位置树碑立传，碑名为“思源碑”，碑文如下：保险共济，情系民生；慷慨解囊，助学育人；励德思源，拳拳之心；百姓树碑，天地永存。

4. 深入基层慰问贫困群众，协调保监会捐赠办公自动化设施。察右中旗连续几年遭受严重冰冻、干旱等自然灾害，贫困农牧民生活非常困难，在冬季，高晓辉积极协调5万元扶贫慰问金，为300户特困户购买煤碳75吨，面粉300袋，用于对特困群众进行越冬补贴及春节慰问。在慰问中，他冒着严寒深入农村贫困户家中，带去中国保监会对中旗特困群众的关心与厚爱，使他们过一个祥和愉快的春节。

中旗的办公条件简陋，办公自动化设施落极其后，办公室工作人员是四五人共用1台电脑，致使办公效率低下。高晓辉协调中国保监会，为中旗捐赠电脑、打印机等办公用品，并且亲自帮助安装调试，改善办公条件，提高了中旗办公效率和信息化建设的步伐。

高晓辉完成组织上交给他的扶贫工作，用自己的行动架起了保监会与地方沟通的桥梁，把保监会的爱心传递到内蒙古察右中旗的广大干部群众和贫困儿童身边。

2008年12月，高晓辉被国务院扶贫开发领导小组授予“中央国家机关等单位定点扶贫先进个人”称号。

【吉新明】 中国农业发展银行资产处副处长。2005年8月，吉新明被派到贫困落后的吉林省通榆县扶贫。3年来，他与通榆县班子成员和干部群众同呼吸、共命运，在扶贫开发工作上，结合农发行业务范围和工作特点为通榆农业产业化龙头企业注入资金近1.5亿元，推动了通榆经济的快速发展，成功地帮助3个贫困村、1万人口摆脱了贫困，为贫困群众开辟出一条通往脱贫致富的道路。2006年，县政府领导班子换届，按吉林省委要求，下派挂职的副县长也参加选举，他以满票当选。

1. 为经济发展凝心聚力。3年来，吉

新明发挥自己在京工作期间联系广泛、信息资源较多的优势，先后多次进京跑省争取扶贫资金，在支持和帮助县政府研究项目、联系项目、落实项目上，倾注很多心血，通过加强扶贫开发工作，为通榆的经济发展做出了贡献。针对扶贫资金管理中存在的问题，吉新明先后组织制定了扶贫资金管理制度、扶贫项目申报制度、扶贫资金项目终身承包保责任制等六项制度和一个规定，规范了扶贫开发工作，有效避免了违规违纪现象发生。面对通榆县扶贫项目分散，重点不突出的现状，他结合地方经济发展和地区优势，筛选排序，科学论证，组织建立了通榆县扶贫项目储备库，为今后扶贫工作做好项目储备。为解决贫困户脱贫后容易返贫的问题，吉新明通过扶助典型贫困户确定发展方向和确立主导产业，发挥以点带面的示范作用，建立了扶贫帮困的长效机制。他先后多次主动带领县农业局、民政局的负责人到国家农业部、中国慈善总会等部门帮助联系争取项目和资金，积极向省扶贫办汇报和协调，帮助争取扶贫资金和以工代赈资金。同时，协助做好来通榆项目投资方的接待和项目推荐工作，为通榆县引进外来投资创造了良好的政策环境，提供了政府支持。吉新明不仅在宏观经济运作上谋划长远，而且把主要精力放在解决本地企业贷款难上。解决了制约通榆农业产业化龙头企业扩大生产规模，加快发展的资金问题。

为加强对企业的扶持服务，引领农业产业化发展，吉新明在走访通榆县榆香公司、新域公司等 12 个粮棉油购销和加工企业后，提出并确立引领农产品加工企业加快发展，倡导发展订单农业，走公司加农户的产业化扶贫工作思路。一方面，他为企业经营和改制出谋划策，与企业共同探讨如何建设农产品加工基地，发展订单农业。另一方面，从建立农户与收购加工企业的利益联结关系入手，动员乡（镇）村和农户组建多种协会和合作社等农村新型经济组织，积极推进“企业 + 协会（合作社）+ 农户”的农业产业化发展模式。在他的积极指导和帮助下，2008 年，通榆县订单农业发展到 165 万亩，各种专业协会（合作社）发展到 107 个，域内外参与“企业 + 农户”的产业化经营企业发展到 32 户。益发合大豆蛋白公司是通榆县农产品加工企业中的纳税大户，每年出口创汇 300 万美元，但产能一直得不到发挥，急需资金进行扩产改造。吉新明主动找企业领导研究解决办法，积极协调总行贷款 6700 万元，解决了该公司扩产改造过程中的资金缺口问题。飞牛公司是通榆县 1 户较大的农产品收购加工龙头企业，经营通榆县的主要农产品—葵花，年收购加工量达 2 万吨，占通榆葵花产量的 40% 以上，带动农户近 2 万户，为“4050”贫困下岗职工家庭安置 500 多个就业岗位，对当地农民的脱贫具有较大的拉动作用。但企业在收购旺季资金严重不足，不能满足收购需要。吉新明协调农业发展银行，为该公司贷款 2000 万元，解决了该公司收购资金不足的问题，保证农产品市场价格不产生大的波动，使农民收入稳定增加。

2. 为教育事业倾情奉献。“百年大计，教育先行；脑袋空空，口袋空空”。这是吉新明常常挂在嘴边的一句话，而通榆教育事业的每一步发展都牵动着他的心。在开展调研过程中，他每到乡镇，都与当地的党委政府和学校师生谈及教育，详细询问教育的发展情况，为条件落后的学校争取帮扶资金，为贫困学生排忧解难，给更多濒临辍学的学生创造学习机会，使困难群众感受到党和政府的温暖。在县教育局的协助下，他选择60名品学兼优的贫困大学生作为扶助对象，号召总行机关干部职工捐款共计12万元，及时解决了这些贫困大学生的学费问题，使他们顺利走进大学校园。他亲自挑选了2名学生作为帮扶对象，个人出资3600元帮助他们完成学业。他把边昭镇靠山希望小学作为自己的“教育扶助点”，多次到扶助点调研、协调，总共为学校捐赠了24台电脑和1.1万元电脑安装配套资金，建成了微机室，并在每年教师节为学校师生送去教学和学习用品。为解决通榆县第八中学校舍年久失修的问题，他又积极与总行沟通，争取到校舍改造资金50万元，使学生们有了一个安全、舒适的学习环境。

3. 为群众脱贫殚精竭虑。吉新明能够克服爱人在远郊工作上班早下班晚，老人年纪大不在身边，孩子小上学无人照料等家庭实际困难安心扶贫工作。在通榆县吃的是政府食堂的大锅饭，住的是办公室，他并不觉得苦；经常深入到贫困村屯和贫困户家中了解情况，和基层干部群众广交朋友，积极为贫困群众、弱势群体解决实际困难和问题，他觉得是最大的快乐。

吉新明到通榆县任挂职副县长后，协助分管副县长具体抓扶贫工作。面对新的工作岗位和新的工作角色定位，他认真学学习党中央、国务院有关扶贫政策和总行党委的工作部署，了解前期驻点扶贫干部工作进展情况，准确掌握定点扶贫政策和指导具体扶贫工作的方式方法，做到换人不断线，保持扶贫工作的连续性。他累计参加省、市、县政府组织的涉及农业和扶贫方面的工作会议及专业会议多达百余次，详细地了解和掌握了全县的经济特点、政府各业务部门的工作情况和工作重点。3年来，他坚持先调研后决策，先后深入到全县22个乡镇（场）和80多个贫困村开展调查研究，掌握了通榆农村生产生活特点和各乡镇区域优势、产业优势和资源优势，科学分析了贫困原因，主持召开多个部门参加的座谈会30多次，与县扶贫办、县劳动就业局、县教育局、县卫生局、县牧业局等政府工作部门共同讨论研究扶贫措施，广泛征求部门意见，商讨脱贫办法，向县委、县政府提出了一系列脱贫致富的意见和建议，把中央确定的整体推进、产业化扶贫和劳动力转移相结合的扶贫工作方针落到了实处。在他的努力下，《通榆县“十一五”期间扶贫工作规划》顺利完成并下发执行，成为通榆县扶贫工作的指导性文件。在工作中，他经常带领扶贫办同事走访贫困户和特困户，协调有关部门捐款捐物，帮助解决特困农户的生产生活问题。3年来，共为困难群众解决问题126个，款物合计40多万元。为帮助贫困群众拓宽信息来源，掌握市场行情，本着扶贫先扶智的原则，吉新明协调总行为通榆县69个贫困村订阅了2005—2008年《农民日报》和《经济日报》农村版，宣传了国家的扶贫政策，为农民提供了更丰富的致富、供求信息。

2008年12月，吉新明被国务院扶贫开发领导小组授予“中央国家机关等单位定点扶贫先进个人”称号。

【张俊峰】 中国农业银行总行股改办处长。2004—2005年，张俊峰根据农总行的安排，到河北省武强县挂职政府副县长，开展定点扶贫。挂职期间，他能够认真执行党中央、国务院关于扶贫开发工作的各项方针、政策，牢记为人民服务的宗旨，切实把扶贫工作当作为民服务的课堂，尽职尽责，开拓进取，勤恳工作，推动了当地扶贫工作的深入，得到当地党委、政府和人民群众的认可和肯定。

1. 加强学习，不断提高做好扶贫工作的能力。扶贫是一项政策性很强的工作，为切实履行好为当地办好事、办实事的使命，张俊峰能够加强学习，积极主动，不断提高工作能力。一是深入学习和领会中央在农村的各项政策，认真研究农村经济的特点和规律，提高做好农村工作的理论水平和政策水平；二是学习中央领导对新世纪扶贫工作的有关要求，深刻领会做好扶贫开发工作的重要意义、工作方法和工作要求，不断增强搞好扶贫开发工作的信心、责任感、使命感，全身心融入到新的工作岗位中；三是切实将保持共产党员先进性教育活动与做好扶贫工作有机结合起来。经常带着问题下乡村，与农户和企业访谈，对基层干部和农民群众提出的问题，想办法认真解决。同时，指导分管部门转变作风，推动扶贫工作科学发展和有效推进，武强县参与式整村推进扶贫开发工作模式得到了省委和省政府的高度认可，并召开现场经验交流会，在全省52个贫困县介绍推广武强县扶贫开发工作的经验做法。用工作和发展成果向先进性教育活动交了一份合格的答卷。

2. 深入基层，做好科学谋划，为当地经济发展献计献策。武强县总人口21万，其中农业人口18.7万。由于历史上水旱灾害频繁，生产条件和地理环境较差。1985年和1994年两次国务院确定为国家扶贫开发工作重点县，2001年被确定为全国扶贫开发工作重点县，到2004年全县尚有78个村列为贫困村、涉及15619户、65470人。繁重的脱贫任务需要对整体工作和阶段目标科学谋划、缜密研究、有的放矢。张俊峰一到任，就深入全县6个乡镇走访调研，全面听取工作汇报并查看重点扶贫村，从各方面了解到基层干部群众的所思所盼。在此基础上走访县直经济管理部门，并通过对县内化工、食品、乐器、线缆4大特色行业的20余家骨干企业多层面、多角度的调查了解，摸清全县经济状况和贫困乡村的总体情况，组织制定《农总行2004—2005年度帮扶武强工作方案》《武强县2004—2005年度扶贫开发工作计划》。提出了以改善贫困村群众生产生活条件、增加农民收入的目标为扶贫思路；提出了加强乡村二级扶贫开发工作，完善乡村扶贫规划、工作制度，建立县乡村户企业上下协调联动的扶贫开发机制的工作思路和加大对武强工业企业资金扶持力度，加大对扶贫龙头企业帮扶力度，加大对贫困村办实事力度三项重点工作。

武强县是国家扶贫开发工作重点县，如何用扶贫开发工作统揽相关工作，是一个重要问题，通过到各部门、乡镇村走访，张俊峰提出了县直各部门申请项目、资金要与全县参与式整村推进扶贫计划相结合的思路。县计划局的北大洼万亩基本农田改造项目，县国土局的7800亩土地开发整理项目，县农开办的820亩中低产田改造项目，改善了4个乡镇16个贫困村群众的生产生活条件。

2005年是武强县实施第二批42个贫困村脱贫规划的开局之年。为做好42个村的整村推进扶贫工作，在逐村搞好调研的基础上，张俊峰组织制定《武强县二期扶贫开发三年规划》和《武强县2005年度财政扶贫资金项目实施计划》。3年规划确定每年为一个贫困村办一件实事，为30%贫困户定1个产业扶贫项目，免费培训转移贫困户劳动力30名的总体工作目标；年度计划则将项目、资金一并安排到每个村，细化到可以解决多少贫困户、多人贫困人口。脱贫目标的量化，增强了扶贫开发工作的针对性和可操作性。

3. 扑下身子办事，扎实工作。按照国家扶贫办确定的整体推进、产业化扶贫、科技培训“一体两翼”指导方针，结合武强实际，开展扶贫工作。

（1）培育发展扶贫龙头企业，发挥龙头企业对贫困户脱贫的带动作用。多渠道协调和筹措资金，支持武强县金音乐器有限公司、津武玻璃纤维公司、鱼香面业公司等劳动密集型企业做大做强，同时新吸纳贫困户劳动力820名。组织联系天津荣达食品有限公司的蔬菜深加工项目，带动了全县1万亩裸地菜种植。

（2）抓好周转畜、周转禽、周转棚项目实施工作。在周转畜项目中探索了放母还犊、买母送仔、带资入股、基地统管模式，靠经济手段制约、靠利益机制联结，尊重农民意愿，宜牛则牛、宜羊则羊、宜猪则猪，收到很好成效。使3800户贫困家庭都有了可靠的产业脱贫项目，该做法在2004年12月9日原国家扶贫办副主任高鸿宾到武强县指导扶贫工作时得到肯定。在周转棚项目中，指导街关镇洛湾村组建蔬菜生产合作社，负责组织指导贫困户进行蔬菜生产，并提供产前产中产后系列化服务，每棚扶贫办公室提供种子资金2000元，一年后收回支持下一批农户。利用馨康养殖公司被列为全国扶贫龙头企业的优惠政策，实施周转鸭项目。一个养鸭户每养1000只鸭向公司交1.5万元押金，其中公司为养鸭户担保贷款1万元，支持扶贫2500元资金，养鸭户个人出资2500元，企业为农户提供鸭苗并负责回收，一年后由企业负责收回扶贫资金并支持下一个贫困户。实施当年馨康养殖公司已与1000户贫困户签订了养殖合同。

（3）切实做好贫困户劳动力转移培训工作，增强贫困群众的致富本领。通过县职教中心、扶贫培训中心、石家庄烹饪协会技校、衡水南苑中专技校实施了“千人扶贫转移培训计划”，免费培训电焊工、厨师、计算机操作等3个专业的贫困户劳动力960个，通过12家重点骨干企业岗前专业知识技能培训吸纳贫困户劳动力1800多人，通过开展小本创业计划有231人开始出村经商。累计转移贫困户劳动力3000余人。

（4）精选项目，最大程度上发挥好定点扶贫资金的社会效益和长远效益。一是利用农总行的扶贫资金，投资50万元，完成了建筑面积1000平方米容纳300名学生的北代乡中心小学改扩建工程；二是组织武强县乡镇长、经委主任、县直农业部门、经济管理部门、重点骨干企业厂长先后共50人，分别到农总行长春培训学院、天津培训学院举办乡镇长和企业管理人员EMBA两期培训班。通过培训，对提高武强县直部门领导干部、乡镇长和企业厂长经理的素质，开拓视野，丰富理论知识起到了较好作用，得到参训人员及县委政府的认可；三是组织捐款近2万余元、电脑6台，购买文具300余套，资助贫困家庭学生300余名。同时，针对基层农民缺书少报，难以及时了解到党和国家的政策和致富信息的情况，及时向总行汇报，总行先后出资6万余元，为乡村群众订阅《农民日报》200份、《河北农民报》238份。

4. 严格自律，清正廉洁，清清白白做人。张俊峰扶贫期间，能够不断增强党性修养，严格执行中央关于廉洁自律和反腐败的各项要求，坚决做到廉洁自律，敢于抵制各种不正之风，在工作中，不摆花架子，不打官腔，不给基层添麻烦，始终做到严格自律，清正廉洁，得到当地党委、政府和人民群众的认可和肯定。

2004年以来，张俊峰先后被授予河北省扶贫工作先进个人和衡水市扶贫工作先进个人；

2008年12月，国务院扶贫开发领导小组授予“中央国家机关等单位定点扶贫先进个人”称号。

【王文华】 交通银行兰州分行扶贫办公室副主任。2002年8月，交通银行总行专程到天祝县考察扶贫工作之后，决定先期投资305万元，开工建设天祝县县城达隆路大桥。为了保证项目建设的顺利实施，总行抽调兰州分行王文华长驻天祝县指导开展帮扶工作。

2002年国务院扶贫开发领导小组和甘肃省委、省政府相继确定交通银行总行定点扶贫天祝藏族自治县。短短六个多年头里，交通银行斥资1400多万元支持天祝县经济社会发展，修学校、建医院、架桥梁、筑道路、兴科技、扶产业，扶贫济困，广播爱心，实施了一大批帮扶项目，助推了全县扶贫开发事业。

天祝县地处甘肃省中部，幅员面积7149平方公里，境内地貌错综复杂，生存条件严酷。全县有藏、汉、土、回、蒙古等16个民族，总人口22.67万人，其中农牧业人口占比为79.5%；少数民族人口占比为37.8%，藏族占少数民族人口的73%。新一轮扶贫开发之初，有贫困人口10.6万人，农牧民人均纯收入不足800元。

王文华深感责任重大，稍事安排家中事务后，就奔赴远在140多公里外的天祝县，立即投入大桥工程建设。5、6月的天祝高原寒风料峭，初来乍到的他根本不适应气候水土，可他从未叫苦叫累，克服强烈的高原反应，全身心地扑在大桥建设工地上，协调工程建设各方面力量，抓质量，赶进度。2004年6月24日，为解决城乡3.1万居民的生产生活之困，城乡居民期盼了数十年、几代人的大桥终于建成通车。这座大桥的建成，是天祝县自建政以来最大、投资最多的一项扶贫帮扶工程，方便了庄浪河东西两岸数万居民生产生活，也是架在藏区人民心中的爱心之桥。

在抓好大桥建设的同时，他抽出时间，在县扶贫办干部的陪同下，先后跑遍了全县大部分贫困乡镇，对贫困乡村的经济状况、自然条件、风土人情，特别是农牧民群众生产生活状况等进行了调查研究，走访了解，征求意见。他拟定了《2004—2008年帮扶项目规划》和《2004—2008年科技培训规划》，理清帮扶思路，明确帮扶工作目标。随后陆续实施了学校、县第二人民医院、乡村道路建设、农牧民科技培训、产业开发等一系列项目。

2004年，由交通银行投资91.5万元天祝县打柴沟深沟小学开工建设，为不影响学生秋季正常开学，他进住现场，忙碌在工地，亲自督促指导，很快1座设施齐全、漂亮宽敞、条件一流的农村标准化学校竣工并投入使用。建成砖木结构教室、宿舍共964.32平方米，并配套教师办公桌椅、学生课桌240多套和5万多元的电脑和部分学习、文体用品，生均校舍面积达到4.5平方米。硬件条件的改善，稳定了教师队伍，促进了该校教学水平的全面提高，广大师生和农牧民群众欢欣鼓舞。

天祝县医疗卫生条件差，设施落后，严重影响到了当地群众正常的就医看病。他看在眼里，急在心上。经过详细考察论证后，他会同当地政府向总行汇报反映困难，争取立项。2006年天祝县第二人民医院综合门诊楼获准总行立项帮扶，投入资金196万元，当年开工，当年建成。医院建成后开设了门类齐全的科室和业务用房，购置配备了病床、办公桌椅。并筹措资金3.6万元，选派该院10名医生分期到武威市人民医院和兰州大学第一附属医院进行进修培训。在该院修建当中，为了抓好工程质量，不耽误工程进度，节省往返县城时间和费用，他自始至终驻守在施工现场，租用了医院隔壁旅社2间狭窄简陋的房屋充作办公室和宿舍。房屋阴暗潮湿，蚊蝇乱飞；为了取暖吃饭，还要自己生火做饭，烟薰火燎，一日三餐将就应付。他对这一切全然不顾，毫无怨言，硬是坚持了150多个日日夜夜，会同相关单位，严把工程质量关，直至医院顺利竣工交付。该院的建成，彻底解决了当地10万多人口看病就医困难，改善了当地医疗服务条件，为推动服务区内农村新型合作医疗创造了必要条件，也在藏族同胞心中树起又一座丰碑。

扶贫先扶志，治穷先治愚。他深知物质帮扶仅仅解决眼前之困，要加快藏族同胞脱贫步伐，更重要的还是要实施智力扶贫和精神扶贫。受当地严酷的自然条件所限，灾害频繁，许多牧民因没有养殖暖棚，短饲少料，一场暴风雪，往往使牧民们辛苦饲养的牲畜一夜间冻死冻伤，牧民们只能怀抱死去的牛羊嚎陶大哭。要改变这种状况，就必须要改变传统的畜牧生产方式，提高农牧民科技素质，推广应用科学的饲养方法。他又把扶贫的目光瞄准了科技培训和依靠科技、开发脱贫增收产业上。牛家毛措过去是有名的贫困户，在王文华的支持鼓励下，通过参加交行科技培训掌握了暖棚养殖技术，并建起自己的暖棚养殖场。如今，牛家毛措利用自家的暖棚养殖牛羊，养殖效益比过去翻了一番。结合天祝县的农牧业实际，他会同天祝县扶贫、农、林、水、牧、教育、科技、劳动、妇联等部门，研究拟定了《2004—2008年农牧民科技培训规划》，上报总行争取支持，连续5年共投入资金111万元，组织、聘请有关技术人员，以集中授课和实际操作、现场指导、发放科技书、观摩相结合的方式对群众进行科技培训，先后举办90期科技培训班，培训骨干3075人次，培训农牧民3.65万人次，印发科技培训材料1.2万多册。内容涉及暖棚养殖，红提葡萄、食用菌日光温室栽培、劳务技能、农产品加工与营销及生产经营管理和法律法规等，向县妇联投资10万元，培训输转保姆200名，还为县职教中心100名贫困学生人均捐助助学金1000元，帮助学生完成学业。

天祝县气候冷凉，自然隔离条件好，污染少，发展特色种养业具有得天独厚的条件，尤其是高原反季节无公害蔬菜和日光温室果蔬、食用菌生产方兴未艾。他通过深入调研、算账对比和市场分析，认准这是一个打开致富之门的“金项目”。在总行的大力支持下，投资356万元，2007、2008年先后实施了红提葡萄和食用菌栽培两个科技扶贫示范基地建设项目，建成高标准红提葡萄、双孢菇栽培日光温室 400 座，为受益村贫困群众户均建成一座日光温室，每户均年可增收 1 万～1.5 万元。通过产业示范基地建设，带动当地贫困群众 560 多户。为提升科技培训和示范基地的水平和档次，他还通过积极联系，聘请甘肃农业大学博士生导师、中国红提葡萄协会理事常永义教授，甘肃省农科院教授、食用菌栽培专家张桂香常年担任红提葡萄、食用菌产业技术顾问，定期不定期“问诊把脉”，为推动当地产业开发、加快群众脱贫步伐架上了“引擎”。

天祝县农牧民群众祖祖辈辈习惯于依靠焚烧薪材、秸秆、牲畜粪便烧水做饭。传统的生活方式不但使农牧民群众的生活质量得不到提高，而且对生态环境造成极大破坏，他一次次走访县乡干部，一次次进村入户，一次次请教专家学者，寻找良策。天祝县因其特殊地理位置，光热资源丰富，开发利用太阳能前景广阔。在他的努力下，太阳灶推广项目很快得到总行立项实施。2005 年以来，以整村推进的方式，先后给 12 个乡镇的 146 个自然村的农牧民赠送太阳灶 13690 台，热水壶 1640 只，价值达 224 万元。1 台太阳灶可抵顶 1 亩左右灌木林的薪柴量，每年可为农牧户减少开支 800 多元。这一举措在帮助群众改进生活习惯、提高生活质量的同时，解决了能源短缺的问题，有效遏制了对森林植被的人为破坏，促进当地生态环境向良性化发展，实现了经济效益、社会效益和生态效益的共赢。

天祝县每年都不同程度地发生各种自然灾害，不少农牧民饱而返饥、暖而又寒。他时常为那些口粮不够、生活断顿的群众唏嘘不已。碰上这样的牧民他忍不住就要掏自己的腰包，几年来他个人捐款 3000 元。为解决部分群众生活燃眉之急，每逢元旦、春节，他都组织开展“献爱心、送温暖”活动，先后为 2400 户特困户和五保户捐赠面粉 3000 袋、大米 700 袋，价值 26 多万元。在他的建议下，2007 年从办公经费中挤出 1.7 万元，为敬老院老人购置 40 套桌椅，90 袋面粉，毛毯 198 条，衣料 400 米，捐款 6000 元。经他介绍，还从贫困家庭招收 45 名青年到兰州分行从事保安工作，解决了部分贫困家庭的生活困难，也让青年们开阔了眼界，增长了见识。

为保证扶贫项目的有效实施，王文华在每一个项目的实施中都制定严格的管理措施和实施方案，严管项目，慎用资金，专款专用，从不乱花一分钱，“扶贫款是老百姓的救命钱”，这是他常挂在嘴边的一句话。

2008 年 12 月，王文华被国务院扶贫开发领导小组授予“中央国家机关等单位定点扶贫先进个人”称号。

【张宝喜】 男，汉族，1961 年 5 月 20 日出生，中共党员，大学学历，现任贵州航空工业集团贵州华阳电工有限公司群工办主任兼离退休办主任、公司纪委委员。

张宝喜于 1997 年就投入科技对口扶贫工作，认真贯彻执行党中央、国务院关于扶贫开发的方针、政策，关心贫困地区和群众，具有较高的政治思想觉悟。10 多年如一日热爱扶贫事业，熟悉对口扶贫县的情况，为贫困地区的发展献计献策，为贫困山区群众排忧解难，完成了中国一航、贵航集团和本单位交给的对口扶贫工作，深受贫困地区干部群众的赞誉。

1. 贯彻落实党中央、国务院“八七”扶贫工作计划和贵州省委关于“军工支农，党建扶农”的号召，使扶贫项目、资金落到实处，让贫困村民得到实惠。在中国一航直接领导下，贵航集团组成4个扶贫协作组分别对贵州省安顺市所属4个贫困县进行对口扶贫，张宝喜所在单位负责对安顺市关岭县进行扶贫，单位党政领导在接到务任后，进行专题研究和到关岭县进行实地考察调研，并指派张宝喜负责此项工作的组织实施。张宝喜接到任务后，与关岭县政府、县扶贫办取得联系，组成联合调研组对该县扶贫工作进行调研、考察，落实扶贫项目。由于中国一航、贵航集团的扶贫资金是由每位航空职工捐献和部分企业捐赠而来，资金额度有限，在实际扶贫工作中就要求要做到用最少的资金，办最大实效的事，让贫困村民得到实惠，帮助他们摆脱贫困。

十几年来，张宝喜共组织实施完成3个黑山羊养殖试范村建设（果支、干二盘、法郎村）；关岭县板贵乡300亩花椒基地建设；永林镇安隆希望小学和鲁辉希望小学建设；岭岗、鸡场坪等村寨的近30公里乡村公路建设和坡贡乡紫光桥的建设；八德、田坝等2个社会主义新农村试范村建设。使用资金共计约贰佰万元（不含当地政府投入资金），无一差错，在村民中树立良好形象，做到了严守纪律，团结同志，清正廉洁，无私奉献，深受当地干部群众的欢迎。

2. 进行实地调查研究，通过扶贫项目的实施，改变当地干部群众的思想观念，使村民们脱贫致富。关岭县板贵乡石磨化和水土统失相当严重，当地村民非常贫穷，每年靠到他乡帮工或种玉米过生活。根据当地的气候和地理条件，扶贫协作组进过调研考察后决定在此投资七万元，试种花椒300亩。项目确定后，由于当地村民没有种过花椒，此项目没有人愿意实施，张宝喜就亲自找乡领导谈，找村干部谈，向他们宣传种花椒好处、种花椒后可能得到的利益和向他们讲清楚调研考察情况，在县扶贫办的帮助下，经过多次的游说，当地部分村民同意试试。为了确保试种成功，张宝喜在得到本单位领导和贵航领导同意后，出台一个特殊政策，即村民们种活一棵花椒，奖励0.5元。经过3年的努力，300亩花椒基地成功了，首先试种的村民致富了，在事实面前，当地干部群众积极要求种花椒，关岭县政府马上做出决定：花椒为板贵乡支柱产业。现在，板贵乡的花椒种植面积以达到30000亩，并完成花椒的深加工，形成产业链，关岭板贵花椒远销云、贵、川3省，当地农民以基本脱贫致富，同时也保护了水土流失和改善了石磨化进成。

3. 热爱扶贫事业，熟悉扶贫县的基本情况，为关岭县的发展献计献策，为扶贫工作贡献力量。10多年来，张宝喜在努力作好扶贫工作的同时，虚心向他们学习，了解当地的民风民俗和地理环境，积极向该县、局等部门献计献策，把企业管理中的好经验、好做法传授给他们，与他们交朋友，得到当地政府、干部群众地好评和欢迎。利用一切社会资源为他们办实事，积极与贵航高级技工学校联系，为该县高考落榜学生找出路，现在在该校读书的学生近20人，他们都学有一技之长，毕业后将会为社会、企业及家乡做出贡献，同时为贵航高级技工学校扩大生源，在关岭县开班作努力，现正在洽谈中。还为该县的劳务输出献计献策，出国研修项目正洽谈办理。

张宝喜最可贵之处在于，作为一名航空工业的普通干部、普通党员，能十几年如一日，把社会扶贫当做一件国家交给自己的任务，动真情、办实事。当看到贵州大山区、花江大峡谷之畔的板贵乡农民，盖上新房，买了摩托车，人们真应该记住这位普通干部、普通党员的身影和他高尚的情怀。

2008 年 12 月，张宝喜被国务院扶贫开发领导小组授予“中央国家机关等单位定点扶贫先进个人”称号。

【牛连启】 1951 年 11 月出生，天津市人，西安交通大学核反应堆工程专业毕业，2003 年 6 月加入中国共产党。曾在黑龙江省呼盟阿荣旗长安公社插队，水利电力部、大亚湾核电站、深圳华南电力技术开发服务公司、北京海淀能源电子技术开发、华电南方开发（集团）公司等单位担任重要职务。1992 年调华能工作，先后任华能南方开发公司经理部经理、中国华能集团公司扶贫工作小组组长、中国华能集团公司扶贫办公室主任。2008 年 3 月 10 日，牛连启被病魔夺去了生命，年仅 57 岁。

1998 年 5 月，牛连启主动请缨，来到榆林市榆阳区挂职扶贫。榆林地处陕蒙交界，北临毛乌素沙漠，南接黄土高原，干旱少雨，风起沙动。恶劣的生存环境，使全市 12 个区、县至今还都没有摘掉贫困帽子。

“扶贫不是施舍，要扶志。给农民支持，最好就是给他们提供技术。”在深入的调查研究之后，老牛清楚地认识到：农村贫困落后的根本原因，除了经济基础薄弱，很大程度上是受先进技术普及程度的制约，要以解决温饱、增加收入为目标，以科技扶贫、产业扶贫为重点，将华能有限的扶贫资金作为农业新技术推广项目的启动资金使用，配合地方政府组织和引导农民发展种植和养殖产业，才能发挥出最大效益。

1. 创新发展，产业扶持与生态保护同步建设。在当时的陕北，农民靠天吃饭，家庭经济收入来源，是放养的几只羊。青黄不接的春天，刚刚发芽的沙草被饥饿的山羊连根吃掉，草滩变沙丘，北部沙漠不断南延。沙进人退，国家“封沙禁牧”的政策屡禁不止，政府只能采取禁养的办法来挽救濒危的生态环境。

“咱们把羊圈起来养，不行吗？”看似很简单的问题，当地群众摇头否定：“种地不够人吃，拿什么喂羊？”中原农业地区农作物秸秆青贮养畜技术已经相当成熟，但专家认为风沙草滩地区不具备高秆作物生长条件；玉米青贮的最佳时机在谷穗未完全成熟期，势必影响粮食产量；青贮的秸秆口感发酸，羊不适应，农民担心收益受影响，不愿接受舍饲喂养的方式。

面对一连串的难题，牛连启请教专家、查阅资料，外行变内行。利用地膜和穴播技术，他成功地引进了专家认为不可能在陕北生长的青贮玉米品种，和技术人员先后试验了四五种窖形，设计出适合当地条件的圆角马槽形青贮窖池，使秸秆青贮技术终于落户陕北农家。

饲料问题的解决，使原来由于营养不足无法养殖的高产绒山羊，得以在陕北生长繁殖，单只羊产值翻倍增长。料多、畜多、肥多、高产，养羊产业迅速壮大。2003 年，陕北白绒山羊被国家农业部认定为优良新品种。

2008 年，在华能定点扶贫的榆阳、横山、靖边 3 县区，羊子存栏数量已达 400 多万只，农民年人均纯收入增长到近3000元，贫困人口减少了11万人。青贮品种的玉米种植面积几十万亩，同时辐射到榆林12个县区，推动了榆林市畜牧业快速发展。

据林业部门抽样调查，榆林平均植被恢复率达91%，沙蒿、沙柳生长平均增加20%，冠幅增加23.1%，天然植被迅速繁衍。舍饲技术的推广，使得当地羊肥草长，为陕北产业发展与生态保护同步建设，走出一条可持续发展的创新之路。

2. 科技扶贫，引进、开发、培训、补贴服务到户。从饲料加工入手，在与农机所专家联手研制出多功能粉碎机之后，牛连启又把目光转向了农业种植机械。针对实行土地承包后，农村生产作业改以家庭为单位的现状，开发出农户所需的双沟覆膜机、穴播机等多项农业机械，极大地解放了劳动力。其中双沟覆膜机、粉碎机等2个产品进入农业部《国家补贴农机购置补贴项目产品目录》，其他7个农机产品进入《陕西省农机购置补贴项目产品目录》。老牛本人也先后获得国家、陕西省和榆林市的科技进步奖。

“普及推广新技术，农民也要受到激励。”对资金投入量大的良种引进和农机设备项目，牛连启配合政府部门，采取“华能资金补一点，群众自己筹一点”的办法，1元钱办五六元钱的事，创新了扶持方式，提高了资金使用效益，让老区人民提前7年就享受到了良种和农机补贴。

为让农民掌握种植和养殖先进技术，牛连启自己编写教材，制作卷轴示图。搭便车、骑摩托，履涧梁、过草滩，游走高原沟壑。饮清水、啃干粮，田间地头、羊舍猪圈遍布课堂。耳林乡现场会上，讲解完秸秆青贮舍饲养羊的好处，看到老乡们半信半疑，随手抓起一块丢到嘴里，吧唧着嘴儿说：“谁家的羊要是不吃，我老牛全吃！”一句话引得哄堂大笑。

生动直观的图片，浅显幽默的语言，理论联系实际的“牛氏教学法”深受农民欢迎。

为了提高农作物经济价值，牛连启利用在京之便，从农科所、农业大学等科研单位先后引进了玉米、绿豆、大成谷、脱毒马铃薯等多个新品种。2008年，陕北小杂粮已创出品牌，远销海内外。

3. 情系民生，真心为民，心存大家。横山、靖边2县山区极度缺水，看到当地村民要到7、8里外驮水吃，牛连启难过地落泪：“真没想到老区群众还这么苦。”

白于山区的贫困村民现在还记得，酸菜窝窝头他能吃饱；土炕他能睡得香；山区草堆上，他与村民促膝长谈；毛乌素沙梁上，他躺着和大伙交心。

争取到本单位资金支持后，通过多方运作在两县实施“大地之爱，母亲水窖”工程，挖水窖、打深井，建水塔、集中供水，因地制宜，多种方式相结合，解决了27个乡镇64个村，5000多户和63500多头牲畜的饮水困难。有了水，牛连启又鼓励农户发展庭院种植，每家每户的小菜棚，让农民一年四季吃到新鲜蔬菜，进一步提高了生活质量。

以资助优秀特困生的形式，老牛倡议发起“栋梁工程”，帮助公司职工与贫困学生结对子，使252名原本因家庭困难面临辍学的高中生得到援助，其中大部分考上大学。已经大学毕业的李彦华说，牛伯伯回北京时，经常把他们几个榆林在京学生聚到一起，关心大家的生活和学习。买书送衣，鼓励她“不要比其他，要比学习”，帮助她树立自信心，度过了最初的心灵困境。

榆阳区林站1名干部患重症到北京医治，老牛帮他找医院、挂号、找大夫，为他们出主意，做病人和家属的思想工作。在病人病危后，他又找车把病人送回。

耳林乡干部为农户在内蒙古购良种羊，由于经验不足，谈判搁浅。牛连启闻听此事，当晚从北京乘坐火车换客车长途跋涉，几经辗转，到旗上已是第二天下午。谈妥了合同，又马不停蹄地赶赴140公里外的牧场。清晨，他亲自把关挑选、装卸。深夜，他颠簸300多公里，护送120只种羊安全返乡。

10年来，牛连启多次用自己的出差补助为贫困户购买种公羊，甚至拿看病的钱购买科学养羊书籍赠送贫困户。在当地群众看来，生活的简陋随意，与他局级干部身份很不相称，可老牛认为："扶贫干部就该吃苦，这样的条件，比贫困户可强多了呢。"老牛去榆林，基本都是乘长途客车往返，榆林发北京的长途车司机，都认得这位从北京来的领导。

4. 魂系高原，人生价值在黄土高坡升华。2006年3月，头痛难忍的牛连启入院检查，被诊断为脑神经瘤破裂出血，必须接受开颅手术。出院后，经过半年化疗，病情得到一定控制。公司领导安排他疗养休息，可他没住两天就跑回来上班，"好多事呢，都耽误半年了。"

2006年8月，戴着"加压帽"的牛连启，忍着病痛，瞒着家人，亲自将单位更新下来的一批电脑和2部车护送到榆林。11月下旬，自知病情已不可逆，西安扶贫工作座谈会后，他执意转道榆林，细心筹划好新一年的扶贫项目，才依依不舍地离开了这片汗洒十载的热土。

2007年初，随着病情日益加重，牛连启双目失明，经常在头痛发作时，神志不清。病床上，他总跟家人说："病好了还要去榆林。"清醒的时候，家人问他："你怕死吗?"他说："怕，我还有很多事没做完。"再问他："你活着都为别人，你值得吗?"他回答："值得，我实现了人生价值。"陕北榆林的山山水水、黄土高坡的父老乡亲，让他牵挂到生命的最后一刻。10年间，牛连启跑遍了3个县区60多个乡镇、400多个村，组织实施10多个扶贫项目，70多万人从中受益。

2004年，牛连启被评为"中国首届消除贫困奖""奋斗奖"候选人奖；2005年被榆林市授予该市第一位"荣誉市民"称号；2008年12月，被国务院扶贫开发领导小组授予"中央国家机关等单位定点扶贫先进个人"称号。

【管方明】 中国电子信息产业集团公司审计部业务主管。在"八七扶贫攻坚"和"新时期定点扶贫开发"中，国务院扶贫开发领导小组均将苍溪县确定为中国电子信息产业集团公司的定点扶贫县。方明接受组织委派，于1999年2月初至2001年3月和2007年2月先后来到苍溪县开展定点扶贫工作，分别担任县经济合作局副局长和政府副县长职务，分管县科技、物价、精神文明、红心奇异果研究所，同时协管县扶贫开发和科协工作。其间他认真学习国家有关扶贫政策和省、市的文件，深入了解当地的贫困状况，有重点的扎实组织定点扶贫项目实施。

四川苍溪是一块绿色的土地，位于四川盆地北缘、秦巴山脉南麓、嘉陵江中游，幅员2330平方公里，全县辖39个乡镇、总人口78万人，其中农业人口66万人，系典型的山区农业大县。

在挂职扶贫期间，方明积极筹措单位帮扶资金150余万元（含抗震救灾资金50万元），按照《年度定点帮扶实施方案》，开展整村推进工作，援建苍溪县歧坪镇曙光村、岳东镇青龙村、龙王镇田家村、白鹤乡白马村、东青镇寨山村、河地乡高坪村等6条18.1公里村道公路和对400名农村剩余劳动力进行非农转移培训。由于这些项目的实施，有效解决6个村以及附近村社2万多贫困农民的交通运输难题，仅农产品运销一项即可使这些农户人增加收入100元，同时缓解400个建卡贫困户的贫困现状，使其当年户均增收2000元以上，有效地促进了当地社会、经济发展，收到了明显的经济社会效益。

方明在下乡调研中，发现边远乡镇的农民因经济贫乏，连最基本的卫生医疗保健条件都很难达到，他看在眼里，记在心上，发挥自身优势，多次亲自到国家计生委汇报、衔接，争取到了“新农村、新家庭健康促进项目”，将在贫困地区普及卫生保健常识，预防卫生疾病中起到明显的作用。同时，积极与农业部联系，促成了“农业有害生物预警体系建设”项目，2007年“新农村、新家庭健康促进项目”项目已经专家评审通过，总投入400万元，还有北京“东方银龄远程教育”项目已完成考察论证。通过主动接洽，以上项目已基本落实，涉及项目资金500余万元。

方明2007年初与科技部门的干部职工一道，科学谋划，精心准备，全面完成了2005—2007年度科技进步考核的资料申报，通过了广元市的初评（位列全市第一名），被广元市科技局以“全国科普示范县”上报四川省科技厅和国家科技部，并于2007年9月28日顺利通过国家验收；牵头开展院地合作，与武汉植物园达成科研合作协议，签定《红肉猕猴桃着色稳定性研究》科研项目合作协议书。着手升级改造红心奇异果研究所，牵头组织制定升级改造实施方案。向县委提交了《抢抓机遇乘势而上加速推进猕猴桃领军产业大发展》的建议。将知识产权工作纳入议事日程，完成专利申请4件；高标准、高起点规划、打造了永宁镇荞子坝、白桥镇白桥坝红心果核心示范园。

方明具体牵头负责四川省文明县城的创建工作。通过全县各级各部门5个多月的共同努力，四川省文明县城顺利通过省委、省政府组织的检查验收并获得高度评价。深入开展公民道德实践活动。加强中小学思想品德教育和团队建设，深化对校园环境及周边环境的整治工作，组织对“留守学生”、单亲家庭子女和特殊困难家庭子女的教育开展调研并形成专项调研成果。深入开展农村精神文明建设活动。按照“户办工程建家，三村（绿色产业富村，文明创建兴村，依法治理管村）建设惠民”的模式，新建生态家园户办工程户2380户，新启动建设生态家园新村49个，深入开展声势浩大的农村环境卫生综合整治活动，农村基础设施条件、文明素质不断改善和提高。

“5·12”地震发生时，他正在下乡调研扶贫开发工作，突然感到地动山摇，便预感到一场可怕的灾害已经降临。越是危难时刻，越需要镇定，于是他停止调研，要求沿途乡镇政府立刻组织人员救灾；同时，将了解的具体情况及时上报县里。在接到立即启动全县重大自然灾害应急预案的紧急命令后，方明感到肩上的重任，冒着余震的危险迅速投入到抗震救灾战斗中，与大家一起疏散惊慌人群、抢救受伤群众，及时向集团公司领导汇报，集团公司在第一时间为苍溪捐出了首批赈灾资金50万元，自己也向受灾群众捐款和交纳特殊党费。在余震不断中，方明除按时在县抗震救灾指挥部值班外，同时，还与县地震办同志一起及时发布余震震情信息（印发一些地震的小常识知识）、科学引导群众避震防灾等日常工作，保证了县抗震救灾指挥部首脑机关作用的正常发挥。根据县抗震救灾指挥部充实基层抗震救灾领导力量的需要，所有县级领导干部分别负责一个乡镇的抗震救灾工作，他负责距离县城西部22公里、拥有10886人的禅林乡。在震后14小时他就带着县委、县政府的重托迅速奔赴禅林乡指挥抗震救灾工作，到灾区第一线看望受灾群众。首先，抢修因地震中断的电力、通讯和交通线路；其次，利用半个月时间对危房和危险建筑物进行了安全鉴定和排危；最后，组织完成了“双抢”任务（抢收：小麦和油菜；抢种水稻和花生），争取将灾害损失降低到了最低限度。由于震后禅林乡很多公路，汽车无法通行，就只有走路前行，脚都磨起了泡，却一步不停。两个月来，先后10多次奔赴禅林乡，主持召开全乡党员干部大会，走遍了全乡12个村、79个组，走访了全乡的150户塌房户。为了能保证救灾资金物资真正落实到最需要的受灾群众手中，方明和禅林乡的党政领导班子决心要把做好抗震救灾工作为彻底扭转党群、干群关系的突破点。制定严格政策，认真做好核实、调查、评议、公示和发放“五关”程序，认真组织好资金的安排使用工作，受到当地群众的称赞和感激。

由于灾害的发生，市场物价成为影响着社会稳定的关键环节。方明得知县城滨江路，人群聚居点的方便面、矿泉水等商品被恶意涨价的消息后，及时成立由县物价局牵头的，县监察局、工商局、质监局、药监局和公安局组成的震后市场物价监督领导小组，紧急出台《关于切实加强价格监管保持市场物价稳定的紧急通知》，发布政府公告，启动临时价格干预措施，开通两部举报电话。两个月来，先后查处趁灾囤积居奇、擅自涨价、价外加价行为32起，其中现场纠正和告诫22起，行政处罚9起，治安拘留1人。通过采取果断措施，全县市场物价很快回落到震前水平，商品供求稳定，人心逐步安定，经济秩序井然有序，工作成效得到了县委、县政府的充分肯定和表扬。

县地震办挂靠在县科技局，地震发生后，县地震办为县委、县政府提供震情信息，对突如其来地震灾害提供一些应对的科学知识。方明组织科技局、科协、地震办连夜印发《地震救灾和抢救指导手册》2万本、地震知识宣传传单10万余张，出动抗震科普宣传车200多次，开辟抗震科普宣传栏80多个，使广大群众逐步克服了恐惧心理，避免了因防震方法不当而导致新的伤亡发生。根据全县灾后重建的工作安排，县抗震救灾指挥部确定方明同志牵头，负责全县灾后恢复重建的土地利用规划编制。该项规划涉及范围广，是整个灾后恢复重建规划的龙头，县抗震救灾指挥部要求6月14日完成，任务相当艰巨。为确保科学、准确地搞好用地规划，为全县灾后恢复重建起好头、奠好基，他迅即召集国土、农业、建设等相关部门详细部署了用地规划编制工作，确定了编制框架，抽调专业技术性强、综合素质高的工作人员全程参与规划编制。在整个过程中，起草文件，参与调研，收集资料，把关审核。为确保规划的准确、科学、适用，他先后多次到编制工作组，组织研究。深入县城和部分重点乡镇走访调查，要求他们在规划编制上遵循客观实际和听取群众意见，既要突出可操作性和实效性，又要注重体现发展性和战略性。为加快编制进度和赶时间，一起加班加点工作，他们白天编写，他就晚上审核，饿了吃桶方便面，累了在办公桌上打个盹。6 月 13 日晚熬了一个通宵审核定稿，眼睛都严重充血，嘴上都是泡，但是他高质量地完成长达 56 页 1.8 万余字的《苍溪县灾后恢复重建土地利用规划》。

在震情基本稳定后，方明按照全县“两手抓、三转变”工作思路（一手抓防震，一手抓恢复重建；从抗震向救灾，从安定人心向自救；从避险向恢复生产转变）。工作上，服从于全县抗震救灾工作大局。同时，还要做好分管本部门的本职工作，不断推进全县经济加快发展。坚持按照年初确定的工作目标，落实好各项工作。先后完成市级知识产权促进行动试点企业的推荐，开展红心果科研合作，组织国家“科普惠农兴村计划”先进单位推荐和省“金桥工程”立项申报，启动了商品明码标价县城推广和乡镇试点工作，开展抗震救灾文明公约宣传和“苍溪县首届道德模范评选表彰”活动，规划指导文明单位（村）创建和确认工作，宣传了苍溪县“全省抗震救灾英雄少年”李楠等一批抗震救灾先进典型人物事迹。在负责禅林乡的工作中，坚持和当地干部群众一起谋划发展思路，坚持“发展目标不变、发展任务不减”的目标不动摇，高起点、高规格规划恢复产业和基础建设，以经济更快发展的实效最大限度地弥补震灾损失。目前，禅林乡工作面貌发生很大改观，大碧村投资 20 万元的集雨节灌项目、年出栏 1200 头的生态畜牧养殖小区项目全面建成，完成了长达 6.7 公里的通乡油路，浴水等 4 村通村公路建设积极推进，青山村 2000 亩早熟梨基地、浴水村 1000 亩蚕桑基地、松林村 15000 只肉兔养殖基地结合灾后产业恢复重建抓紧规划和实施。2008 年 7 月底，禅林乡是全县第一个完成县政府合作医疗工作目标的乡镇，完成新型农村合作医疗费用 20 万元。通过方明的不懈努力，展示了中国电子信息产业集团心系老区，全力帮扶的奉献精神，给苍溪人民留下了深刻印象。

2008 年 12 月，管方明被国务院扶贫开发领导小组授予“中央国家机关等单位定点扶贫先进个人”称号。

【施敏华】 中国恒天集团公司中国丝绸工业总公司部门经理。施敏华自觉贯彻落实科学发展观，有着较高的政治思想觉悟。在集团公司的扶贫工作中认真贯彻党中央、国务院关于扶贫开发的方针、政策，自觉规范自己的行动，关心贫困群众的疾苦，特别是在集团公司的产业化扶贫工作中，深入扶贫第一线，在艰苦的工作和生活环境中清正廉洁，无私奉献，出色地完成了集团公司的产业化扶贫工作，并得到了当地政府和群众的好评和欢迎。主要表现在以下几个方面：

1. 从扶贫工作出发，顾全大局，做好调查研究，完成集团公司产业化扶贫的前期工作。2006 年初国家商务部实施“东桑西移”工程项目，集团公司决定将产业化扶贫与之对接，在扶贫对口点郧县建设蚕桑基地，扶持郧县发展蚕桑产业。当时施敏华所在公司及部门业务工作繁忙，工作压力也很大，自身家庭条件也不允许其长期在外工作。对于集团公司的决定，施敏华顾全大局，在扶贫工作需要时能挺身而出，安排好部门工作及家庭后，只身前往鄂西北山区。在申报“东桑西移”工程项目的前期4个月中，前往湖北省郧县8次，充分了解和摸清了郧县蚕桑产业的发展现状以及当地政府对蚕桑产业的发展规划，并及时向集团公司汇报，为集团公司产业化扶贫工作以及建设蚕桑基地提供了决策依据。以此同时，还南下山东、江苏、浙江、四川考察学习先进经验和技术，联络基地建设协作单位和配套蚕种场，为蚕桑基地建设做好充分准备，并完成和编制了项目建设可行性研究报告，完成和编制了“东桑西移”工程项目的申报材料，而这些材料大多都是在休息日和深夜完成，在这过程中，在他的意识中没有了工作和休息的概念，完成这项工作成了他的全部。

2. 工作主动，具有较强组织协调能力，在项目建设中及时向集团及公司领导汇报基地建设情况，使基地建设有序进行。在国家商务部“东桑西移”工程郧县蚕桑基地项目立项后，受公司委派，施敏华只身前往郧县基地，组织进行项目建设。在项目建设过程中，主动与郧县政府就基地建设内容进行不间断地沟通，得到县政府的支持和协调，组织成立了从县、镇到村的项目建设专班，他带领包括技术专家在内的一班人结合当地实际制定项目建设计划，将建设内容分解落实到项目镇、村及农户，做到有计划、有步骤地开展建设工作，并根据当地扶贫工作的情况，将有关的贫困村、户纳入蚕桑基地建设范围，使基地建设和扶贫工作有机的结合起来。在这过程中，由于山区通讯联络不畅，基地与公司建立一套联络机制，每3天以电话或书面的方式作一次详细汇报，遇急事或突发事情及时汇报，使公司领导能够及时、全面地掌握基地建设一线的动态情况，及时决策，及时指示，及时解决建设中的问题。施敏华同志在基地一线克服了许多工作和生活条件等困难，历经4个多月，走遍了大部分基地项目实施的5个镇、34个村，了解并解决项目实施中的困难和问题，使基地建设得以有序进行。

3. 结合当地实际，为产业化扶贫发展献计献策，为贫苦群众排忧解难。结合当地蚕桑产业发展的实际，施敏华在基地建设中提出了梯级发展的思路，得到了当地政府的充分肯定和支持。针对郧县蚕桑产业区域内发展不平衡的特点，他提出了将基地建设分为三个层次进行梯级建设：一是以有规模、有基础的刘洞 、白浪两镇作为发展建设的重点，并在两镇分别建设了核心示范园；二是以有一定桑园面积和基础的城关、胡家营两镇作为次重点，建设示范区；三是选择其他5个乡镇立地条件好、土壤较肥沃的村作为新发展的示范点，以点带面进行推广示范，并为今后的进一步发展打下良好的基础。针对当地农户种养技术水平较低的情况，他积极组织专家给蚕农进行技术培训及辅导，配合基地建设编印了《郧县蚕业简讯》内部资料8期，20000多份，分发到每个养蚕农户，通过《简讯》将桑树栽植与管理、小蚕共育、大棚养蚕、消毒防病技术、桑树病虫害防治、方格蔟使用方法等配套技术传递到农户，使栽桑养蚕科学技术得到普及和推广，提高蚕农的种养水平和科技素质；结合现场培训还编印了“东桑西移”工程培训教材《栽桑养蚕实用技术手册》；为规范种养编写《亩桑产茧150公斤生产技术规程》，作为基地生产标准；还分发《种桑养蚕技术》、《管好桑园多养蚕》和《大棚养蚕新技术》等技术光盘到村，并由郧县电视台安排时间段集中连续播放，通知蚕农及时收看。对基地建设重点镇刘洞、白浪及南化、城关等基地镇进行了10余次蚕农现场种养技术培训，参加人员达2000多人。通过立体式、全方位的蚕桑种养技术培训（培训面达到了80%以上），使新发展的种养户初步了解和掌握种桑养蚕知识。分发的资料受到蚕农的欢迎，成了抢手货，现场培训场场爆满，场面感人。当地干部和蚕农纷纷表示，这些种桑养蚕的技术给他们的生产排了忧、解了难，也为他们脱贫致富打下了良好的基础。

4. 不辞辛苦，无私奉献，团结和关心同志，清正廉洁。“东桑西移”工程郧县蚕桑基地的建设，时间短，建设内容多，任务重。施敏华团结项目部一班人，不辞辛苦，务实工作。在基地建设的4个月时间里，他放弃节假日，精心组织，连续工作。白天落实项目实施内容，与当地政府沟通和交流，下乡、村及农户了解情况，常常是自己驾车来回200多公里的山路；为了真正使农户掌握种桑养蚕技术，常常连续组织举办几场上百人参加的技术培训，到农户家去辅导，下桑园田间分析病虫害；在高温的气候下常常是湿透衣服满身泥，山区乡镇生活条件较差，有时一个星期下来也洗不了澡；为了赶路，有时随身携带干粮和水。晚上作计划，组织及书写材料和报告，一天常常工作15个小时以上，在整个项目建设中，书写材料文字达10万多字。4个月的连续工作，他头上增添了白发，体重下降了六斤。由于当地没有桑苗，基地建设所种桑苗都需从浙江购买调运，他带队前往，在那里驻扎1个月。当时产地桑苗供应紧张，鱼目混珠。他动脑筋，想办法，在泥泞的苗地、供应商的苗堆里，带领其他人员不间段地抽样检查，一次次地拒绝供应商们的吃请，使采购的540万珠桑苗有效苗达到了95%以上，在当时的情况下，堪称奇迹。他扎实、务实、不怕苦不怕累、甘于奉献的工作作风，得到湖北省商务厅、当地政府及农户的普遍赞誉。2006年底项目建设一次性通过了湖北省商务厅组织的达标验收，并得到很高的评价，他所在公司中国丝绸工业总公司在当年也被评为湖北省“东桑西移”工程项目实施先进承担单位，郧县政府给集团公司写来感谢信，肯定了产业化扶贫项目建设和施敏华的表现，并给予很高的评价。

5. 热心扶贫事业，努力使项目建设发挥出良好效益。通过蚕桑基地项目建设，使郧县政府和农户看到了脱贫致富的希望，为夯实蚕桑基地基础，使项目建设发挥出良好的效益，在2007年春夏养蚕季节到来时，施敏华组织专家在郧县基地开展种桑养蚕技术宣传月活动，针对农户在种养过程中出现的问题，进行现场辅导，排除病虫害给基地蚕农带来的隐患，为产业化扶贫工作的健康发展铺平了道路。与此同时，通过各种渠道，为基地建设向工业加工、完善产业链条出谋划策。

2006年施敏华得到所在公司的特别嘉奖；2007年所在部门获得了公司先进集体；2008获得集团公司“优秀共产党员”的荣誉称号；2008年12月，被国务院扶贫开发领导小组授予“中央国家机关等单位定点扶贫先进个人”称号。

【王晓梅（女）】 中共党员，现任长沙矿冶研究院党委书记兼副院长，主管院党建、群工、纪检、扶贫等多项工作。王晓梅具有很高的政治素养和思想觉悟，熟悉定点扶贫工作，自2002年长沙矿冶研究院（以下简称“研究院”）正式对湖南省湘西自治州花垣县进行定点扶贫以来，她始终以科学发展观为统领，认真贯彻执行国务院扶贫办关于定点扶贫工作的各项方针、政策，并张守慎院结合实际，不断总结和探索定点扶贫工作的方式方法，在她的正确领导和指导下，研究院定点扶贫工作取得了很好的效果。

1. 坚持把定点扶贫工作纳入党委工作重点，全面提供各种保障。做好定点扶贫工作，是中央企业履行社会责任的重要表现，是提升社会形象的必然选择，更是促进和谐发展的内在需求。王晓梅深知张守慎院作为中央企业所肩负的重大责任和神圣使命，始终将定点扶贫工作作为党委工作的重点，摆上重要议事日程，坚持统筹安排、统一部署，切实做到了思想上重视、组织上保证、物质上支持。

（1）在思想上给予高度重视。王晓梅是一个大局观念和政治责任感很强、工作极其认真负责的人。在很多场合，她经常强调一个问题，那就是“我们是国家的企业，无论什么时候都应该尽最大的努力为贫困地区脱贫致富创造条件，不能掉以轻信，这是一个有责任的企业对社会的态度，必须高度重视起来。”她说到做到。工作中，始终坚持高标准、严要求，她经常参加院扶贫办内部对定点扶贫工作的总结分析会，近距离听取每一位工作人员对扶贫工作的意见和建议，与大家一同就如何提高定点扶贫工作效果进行研究，在思想上给予大家更多的鼓励和支持，不仅极大地调动了院扶贫工作人员的积极性，也为院定点扶贫工作顺利开展提供了很多有益指导。

万事开头难。6年前，院里正式开始定点扶贫工作时，一些职工不理解，认为研究院改制成为自负盈亏的企业后，每一分钱都是职工辛勤付出的结果，院领导“拿钱送人情”是不对的。面对职工的质疑，王晓梅认识到只有认真做好广大职工的思想政治工作，不断统一思想，赢得大家的支持，定点扶贫工作才能够进一步顺利开展。为此，她多次召开党支部书记会议，要求各基层党组织切实做好对广大职工的教育引导工作，为大家讲清楚张守慎院开展定点扶贫工作的重要意义，使大家尽快转变观念，共同为贫困地区的发展贡献力量。同时她注重发挥舆论引导的作用，要求院宣传部门尽可能把花垣县贫困地区的具体情况通过电视、网络和报纸等多种形式告诉大家，让大家全方位了解贫困群众的艰苦生活，提高了广大职工扶贫帮困的热情。几年来，通过持续不断地思想教育和宣传引导，广大职工对研究院开展定点扶贫的深远意义有了进一步明确认识，对院定点扶贫工作更加支持，对党委领导更加信任，院定点扶贫工作也逐渐走上了正轨。

（2）在组织上给予完备保证。健全的领导机构，是定点扶贫工作顺利开展的重要组织保证。2003年以来，王晓梅发挥各级党组织的作用，从建立健全定点扶贫工作的各级领导机构入手，加大对定点扶贫工作具体领导和指导，在院形成了党委统一领导，党委工作部门督促指导，基层党组织具体落实的齐抓共管的工作格局。为明确工作职责，研究院成立了院级扶贫工作领导小组，她亲自任组长，主要负责研究定点扶贫工作具体定位和发展方向，并给予扶贫工作具体指导。

近年来，院各级组织扶贫组织每年年初都会召开扶贫工作会议，在总结上年度工作的基础上，对下步扶贫工作进行总体规划和部署，使扶贫工作始终做到有计划、有目标、有总结。工作中，大家各司其职、密切配合，为研究院定点扶贫工作有效开展提供了坚实的组织保障。

（3）在物质上给予支持。院扶贫工作的有效开展，离不开王晓梅始终如一的支持。在资金上，她要求财务部门从院行政经费中设立扶贫专项，实行专款专用，确保每年扶贫工作的各项经费开支；在人员上，不仅为扶贫办配备了秘书和专门工作人员，而且对工作人员开展经常性教育培训，使大家的业务能力和水平进一步提高，工作效率不断提升；在用车上，即使院车辆紧张，但只要扶贫办开展相关工作有需要，她都责成相关部门全力配合保证车辆到位。正是因为王晓梅同志对扶贫工作的高度关心和关注，才使研究院扶贫办每年都能保质保量完成年内定点工作任务，工作质量也在不断提高。

2. 探索定点扶贫工作的最佳方式，出色完成院各项定点扶贫任务。寻找和探索最适合、最有效、最能从根本上使贫困地区摆脱贫困的方法是王晓梅主管张守慎院定点扶贫工作以来，一直在思考的问题。六年来，她边工作边研究，逐步理清思路，使研究院由最初的“科技扶贫”自然向“教育扶贫”过渡，较好地完成了国务院扶贫办交给研究院的各项任务。

（1）“科技扶贫”为院定点扶贫工作打开思路。2003 年，在王晓梅的带领下，院扶贫领导小组经过研究和集体审议，决定把“科技扶贫”作为院扶贫工作的出发点和落脚点，利用自身在选矿、采矿、冶金等方面具有较强研发实力的优势，为花垣县产业发展、技术改造提供技术支持。

在实施“科技扶贫”的两年多里，研究院一方面尽自己最大的努力先后为花垣县提供了近 20 万元的资金和物质支持，另一方面针对花垣县锰矿等自然资源丰富的特点，充分利用研究院在选矿、采矿、冶金等方面的科研优势，为花垣县有关企业技术改造提供支持，并指导企业依托市场和技术开发，实现锌、锰产品的深加工，在提高产品附加值的同时，有效降低了企业成本、提高了产品质量。花垣县电解锰产量一年内翻了一番，电解锌产量提高了 50%。此外，研究院指导花垣县相关部门抓好企业工业污染的治理，对浮选厂、冶炼厂进行环保整治，实现了限期达标排放。同时联系科研院校，对该县锰渣和锌尾砂进行综合治理，使其变废为宝。

（2）“教育扶贫”成为研究院开展定点扶贫的主要方式。随着“科技扶贫”的深入开展，一些现实的问题也随之暴露出来。由于院由科研事业单位转制成为科技型企业后，企业始终处于创业发展阶段，自身经济实力还不够强，在定点扶贫工作中无法满足花垣县在资金上的大量要求，这一点成为了研究院定点扶贫工作继续深入开展的瓶颈。面对这一现状，王晓梅认为研究院应该重新定位扶贫思路，争取把有限的资金用在贫困地区最需要的地方。因此她一方面组织扶贫领导小组和扶贫办工作人员在总结以往扶贫经验的基础上，分析工作中存在的问题，对未来工作发展方向重新思考。另一方面她积极与花垣县有关领导进行沟通和交流，进一步寻找深入发展定点扶贫工作的好方法、好途径。

经过多方沟通和研究，2006 年，院与花垣县政府就扶助该县教育事业达成了一致意见，并签订了备忘录。按照备忘录的规定，今后院扶贫工作正式确定为教育扶贫。至此，从花垣县的娃娃抓起，使花垣县运用知识的力量摆脱贫困，为全民素质的整体提高提供支持，这一思路成为指导院扶贫工作的总方向。从 2006 年下半年开始，研究院按照“教育扶贫”的思路，先后对花垣县边城小学和振动光彩小学的 258 名中小学生进行资助，两年中共提供给教育经费 40.04 万元。此项教育扶贫工作，在花垣县、学校和贫困学生中产生了影响。

3. 团结同志、无私奉献，以实际行动为广大职工做出表率。作为院党委书记，王晓梅分管的任务多、范围广、工作量大，肩上的胆子也很重，平时很少有时间休息。但她并没有因此减少对扶贫工作的关心，一直努力尽自己所能动员一切可以动员的力量为贫困地区的发展提供更多的支持与帮助。

（1）争取行政领导的支持。王晓梅善于团结班子成员，始终坚持民主集中制原则，凡事都与大家商量，在班子成员中享有较高威信。尽管开展扶贫工作意义重大，对企业树立良好的社会形象有很大帮助，但她始终不忘主动与行政领导沟通，经常交换对定点扶贫工作的思路和意见，同时在扶贫资金上，积极争取行政方面的大力支持。在她的努力下，党政领导班子成员齐心协力、共商扶贫大计，为工作全面开展提供了政治和组织上的双重保障。

（2）关心贫困学生的生活。由于工作繁忙，王晓梅不能经常去花垣县看望和慰问受助学生和家长，但她心里始终惦记着贫困地区的孩子们，每个学期都会派扶贫办的干部前往花垣县为受助的贫困学生送去生活费和学习用品等，并要求扶贫办干部对贫困学生的生活给与高度关注。工作人员每次从花垣县回来，她都会亲自听取情况汇报。2007 年，在扶贫办干部与花垣县领导的沟通交流中，了解到由于物价上涨的原因，以前备忘录签定每人每年 600 元钱的助学标准难以满足学生的日常生活费开支。当她得知这一情况后，立即与行政领导沟通，并做出批示按照当地生活标准，将学生的生活补贴提高到每人每年 800 元。及时的资金补给为孩子们解决了后顾之忧，很多学生和家长纷纷来信，向院领导的善举表示由衷的感谢。

2008 年 8 月，为了加强与受助学生的交流，丰富他们的暑期生活，她责成扶贫办邀请花垣县部分学生来研究院进行学习交流。本来她打算与孩子们见见面，好好交流一番，但就在孩子们来的头一天，因为工作她出差了，走之前她特别叮嘱扶贫办干部一定要给孩子们提供热情周到的服务，让孩子们感受到家的温暖，同时不要忘记为他们准备小礼物。几天的学习交流，这些来自大山里的孩子们时刻沉浸在无限温馨与关爱中，大家决心一定要用优异的成绩回报好心的叔叔阿姨们和一直关心着他们的“王奶奶”。

（3）带头参与和支持扶贫工作。鉴于花垣县贫困学生较多的现状，王晓梅注意发挥基层单位和职工个人的作用，一方面亲自与各子公司负责人进行沟通，表达院党委对扶贫工作的高度关注和深切希望，并动员大家参与到扶贫工作中来。在她的动员下，研究院6家经济效益较好、实力较强的企业参与到教育扶贫工作中来，进一步壮大了教育扶贫的力量。另一方面她带头在职工中开展“一对一”扶贫帮困活动，调动全院职工真情助困、奉献爱心的热情，最终在她的身体力行下，全院58名干部职工报名参加了“一对一”扶贫帮困活动。近2年，正是由于研究院有效吸纳和整合各方面力量，才使扶助范围不断扩大，从而为更多的孩子提供了安心读书的经济保证。

研究院开展的定点扶贫工作倾注了王晓梅大量的心血，“百年大计，教育为本”，相信在未来的日子里，这件利国利民的大事必将在王晓梅的领导和指导下，开展得更加丰富多彩、富有实效。

2008年12月，王晓梅被国务院扶贫开发领导小组授予“中央国家机关等单位定点扶贫先进个人”称号。

【高尚升】 中国铁道建筑总公司党委办公室秘书处处长。高尚升于2002年10月18日至2005年7月在河北省万全县挂职扶贫，任县委副书记，主抓扶贫开发工作。在挂职期间，坚持走“开发式”扶贫的路子，在招商引资、教育卫生、劳务输出等多方面付出了艰辛和努力，为万全县的扶贫开发、经济发展和农民的脱贫致富做出了突出贡献。被河北省委、省政府评为“定点扶贫工作先进个人”，获张家口市政府记二等功两次，获万全县人民政府记三等功一次。高尚升回公司后，兼任总公司扶贫开发领导小组办公室主任，继续关心、支持扶贫开发工作。

1. 深入调查研究，探索扶贫开发新思路。为了解万全县的整体情况，理清工作思路，高尚升上任后，利用3个月的时间，深入到11个乡镇、50多个贫困村、200多个农户了解社情民情，同时到县工矿企业、学校和医院等单位调研，分析制约本县经济发展的主客观原因：从客观上看主要是资源缺乏，工业水平低，农业基础薄弱，水浇地少，基本上是靠天吃饭。2001年底统计，全县22万人口，财政收入仅2300万元，全县172个行政村中有101个贫困村，贫困人口4万多人。从主观上讲，主要是思想观念落后，市场意识淡薄，文化教育水平低。针对这一现实，他认为首先要从解放思想、更新观念抓起，以此为切入点带动其他各项扶贫工作。这一想法，在与县委、县政府有关领导沟通后，写出调研报告，逐步实施。随即，经多次联系，从中央党校请来教授，义务为万全县400余名科局级以上干部讲课，传授市场经济理论知识，增强了各级干部的市场意识和自张守慎发展意识；同时，分4次组织县乡镇和村干部，110人次赴北京、河南、山东、江浙等地考察见学，先后参观了山西忻州黑白花奶牛养殖基地、青岛农产品加工厂，以及从贫困村发展到年人均收入在20多万元的河南省刘庄村、村办油漆厂和化工厂，年产值达2亿元，利润3000多万元的浙江五一村，通过参观学习，使万全县的干部开阔了眼界，学习了经验，开拓了思路，增强了信心。一些干部说，发展脱贫有了路子，看到了样子，关键看今后自己怎么干了。

2. 走开发式扶贫之路，因地制宜，注重实效。在扶贫工作思路上，按照上级要求，高尚升坚持“输血”与“造血”相结合，走开发式扶贫之路。在工作安排上，坚持因地制宜，突出重点，抓好落实。

（1）积极配合县委、县政府招商引资。一是为加快万全经济快速发展，利用万全县地下大储量褐煤资源，多次联系北京大的投资公司和科研单位，寻求合作伙伴，2005年有关科研单位已对煤田气化工程进行了考察论证，通过市政府向国家有关部门提出立项申请。该项目预计需投资200亿元，如果启动将会对万全县经济起到重大影响；二是依托已有的县液压油缸厂和矿山机械厂2个万全县的经济支柱企业牵线搭桥，精心运作，扩展规模。现液压油缸厂与中铁昆明机械厂已建立了长期合作关系，进行技术交流和项目运作；万全矿山机械厂技术改造后生产的新型矿山机械，已用在十六局和十八局的施工工地上；三是促使中国铁建机关、中铁建海外公司、北京怡生园山庄、山东青岛农产品加工厂等单位与万全县村龙头企业穗康玉米公司建立市场供需关系，使农产品深加工走出新路，促进农村龙头企业的发展。

（2）强化教育、文体、卫生扶贫，取得显著成效。在教育方面，从各方争取资金8万元，为学校购电脑5台、购桌椅250套、修校舍1座，奖励优秀学生20名。2004年从北京第二外国语学院请22名师生，利用暑假为万全县4所中学的学生进行外语教学，用3天时间对全县137名外语老师集中培训，且建立长期的帮教关系，每年的寒暑假派师生到万全县执教。在文体方面，通过与总公司工会领导及有关部门多次联系，利用礼堂拆迁的机会，争取到价值60万元的5部放映机，1台价值30万元的大型变电器及一些文体器材，高尚升同志亲自拆装、一路跟车押运，送交到县广播局和体育局。同时，开展“科技电影进农村，助农走上致富路”活动，先后组织了50多部种、养、农产品加工方面的科普影片，分组分片包干，巡回播映700余场次，解决不少农户的增收难题，受到普遍欢迎。在医疗卫生方面，重点扶持县医院，解决百姓看病难的问题。高尚升到万全县医院调研时了解到，该医院医疗环境、医疗设备、医生水平差，百姓看病很不方便。高尚升同志十分着急，通过多次与中铁建总医院联系，并争得总公司领导同意，从总医院选派个人素质高、技术全面的内科主任医师康达丽（老年心脑血管专家）和外科主任医师孔晓川带薪到万全县医院挂职一年，任县医院副院长，在一年的帮扶工作中，诊治心脑血管病人500余例，做大型外科手术60例，为万全县医院创收40余万元，培养医务人员20名。促进了县医院医疗水平的提高，方便了百姓就近看病，实现了治病救人和经济效益双丰收。并从原中铁建总医院请国家著名肛肠科专家李恒爽到万全县医院免费培训肛肠科医生1名。此外，还争取到总价值达200万元的医疗器械捐赠给县医院，聘请医疗专家到县医院义诊，为县医院培训医务工作者。如今的万全县医院，从硬件到软件都得到了改善。

（3）多方筹集资金，扶持本土经济发展。一是资助县龙头企业，加强农村基础设施建设。总公司投资18万元，资助乡镇企业垣昊肉食品加工厂，购置设备，提高加工能力，带动了周边畜牧业发展。筹资13.5万元，为定点扶贫村太师庄村建造了无塔给水设施，解决了全村人畜用水问题。筹资30万元用于农村修路和建沼气池，加强农村基础设施建设；二是排忧解难，促进地方经济健康发展。先后帮助垣昊肉食品加工厂销售牛羊肉70吨，为穗康玉米公司销售粘玉米3000箱。2003年，万全县旧堡乡柳沟村黄杏丰收，却因“非典”疫情，黄杏卖不出去，村民看着树上挂满沉甸甸的黄杏发愁。高尚升同志得知情况后，不顾个人安危，跑遍北京的岳各庄、新发地、大钟寺等农副产品批发市场及北京、河北的果脯加工厂，印发宣传材料100份，帮助销售鲜杏12吨，解决了许多农户的燃眉之急；三是为贫困村民捐款、捐物。动员总公司机关和北京第二外国语学院、北京北方工业大学捐款、捐物共3次，衣物6卡车，用捐款购买粮油2卡车分送到贫困村民手中，并争取3万元为60个特困户购买冬季取暖用煤。

（4）面向北京等地组织劳务输出。高尚升到县劳动局调研了解到当地劳动力资源丰富，但群众收入结构单一，脱贫致富无门路，年轻人宁愿在家呆着，也不外出打工。高尚升同志心想，如果1户有1人外出打工，全家的生活便能得到改善。便带领有关人员与用工单位中铁建海外公司、北京中铁建设有限公司、北京大发正大有限公司、北京牵手家政服务公司、北京中日友好医院、张家口市对外劳务工程公司等单位联系，建立用工关系，打开用工通道，同时发动县妇联和共青团的力量，走村串户逐个动员，对参加动员工作的人员给予交通补助和奖励，为外出务工人员免费提供交通费用，3年输出劳务1500余人。外出务工大门打开后，现在全县已有6000人以上在外打工，百姓的致富路越走越宽广。

3. 严格要求自己，做“三个代表”重要思想的实践者。高尚升认为“三个代表”重要思想是具体的，关键是在于用自己的行动去实践和落实。三年来，他按照上级要求，模范执行党中央、国务院关于扶贫开发的指示、方针、政策，清正廉洁，无私奉献，深受扶贫县干部群众的欢迎。

3年来，他从县经济发展大局出发，维护县委、县政府班子的团结，敬业爱民，上下关系融洽。2003年，村民陈永干活时不小心从高处摔下来，摔成腰椎椎体爆裂性骨折，因家里穷，住不了院，高尚升从北京请专家免费给他手术，从下午4点做到凌晨12点，一直守候在手术室门口，连晚饭都没吃；他去的最多地方是农村，为农民建水塔、建学校、修路，解决很多困难，看到没有劳动能力的老人便把自己的钱掏给人家；他常说，“自己也是农村出身，能体会到老百姓的不易”。

高尚升回京后，总公司安排他兼任扶贫开发领导小组办公室主任，仍然为扶贫开发努力工作，每年安排两次到帮扶单位调研，指导新任扶贫干部的工作，接待万全、尚义县委、政府以及省市扶贫办的同志们，为他们在京办事提供条件。并注意总结定点扶贫工作经验，及时上报扶贫信息。

高尚升作为共产党员，没有辜负组织的培养和企业全体干部职工的重托，为万全县的经济发展及贫困人民的脱贫致富，做出应有的贡献。

2008年12月，高尚升被国务院扶贫开发领导小组授予“中央国家机关等单位定点扶贫先进个人”称号。

【张向南】 中国有色矿业集团有限公司办公厅副主任。2004年以来，中国有色集团决定由办公厅负责扶贫工作，具体事务由办公厅副主任张向南主抓。张向南贯彻执行党中央、国务院关于扶贫开发的方针、政策，热爱扶贫事业，以推进构建和谐社会为己任，工作积极主动，动真情，扶真贫，推进中国有色集团将扶贫项目直接落实到贫困村、贫困户，在扶贫工作中取得一定的成就，获得了经验。张向南扎实有效的扶贫工作使中国有色集团在 2007 年获云南省委、省政府颁发的“真情扶贫”奖牌，获得云南省和梁河县等各个方面的赞誉。

中国有色矿业集团有限公司（简称中国有色集团）是由国务院国有资产监督管理委员会直接管理的大型国有骨干企业，主要业务为有色金属资源开发、建筑工程、相关贸易及服务，是率先“走出去”和拥有海外有色金属资源最多的中国企业。自 2001 年开始，根据党中央、国务院的统一安排和部署，中国有色集团启动定点扶贫国家级扶贫开发工作重点县—云南省梁河县的工作，在“资源报国”的同时加大“扶贫报国”的力度。

1. 加强汇报沟通，使领导层高度重视扶贫工作，并形成明确的扶贫开发指导思想。张向南注重将了解的情况及时地向集团公司领导，特别是担任扶贫领导小组组长的主管领导汇报、反馈，积极推动集团公司形成加大扶贫开发力度的共识，使扶贫开发工作成为党政联席会议重点讨论的议程之一。中国有色集团逐渐明确了扶贫工作指导思想“高度重视，常抓不懈；注重实效，实现双赢”。

张向南把办公厅的扶贫开发落实情况，作为更为重要的一个环节来巩固和加强。一切好的想法和构思如果不能落实到行动上，就只能是纸上谈兵。他多次召集有关人员仔细协商和反复讨论扶贫方案和具体措施，结合集团公司的情况和梁河当地的状况制定详细的扶贫规划，研究落实具体措施，层层落实责任，使扶贫工作制度化、规范化，坚决落实中央扶贫工作的相关指示和精神，保证扶贫工作质量。

2. 多次深入实地调研，熟悉情况，突出重点搞扶贫。张向南认为：“定点扶贫工作不能一蹴而就，只有寻找恰当的着力点切入，才能取得事半功倍的好效果。”为找准扶贫工作的切入点和着力点，张向南多次陪同相关领导组成定点扶贫工作队，深入梁河县进行实地考察和调研。他与当地政府领导以及相关部门人员、基层群众进行沟通，走访多个基层乡镇、贫困户及困难职工，在与困难人群的接触中详细了解了贫困群众的生产生活现状。

在调查研究的基础上，中国有色集团与梁河县方面形成扶贫工作“定期联系”、“定期通报”制度，使交流沟通更为通畅。通过加强与梁河方面的沟通和联系，中国有色集团为梁河社会经济的发展提出了诸多富有建设性的建议。

3. 找准工作重点，加强组织协调，狠抓教育扶贫。张向南在调研中发现，素质型贫困是制约梁河经济社会发展和广大人民群众脱贫致富的主要瓶颈，而造成这种情况的根源就是基础教育发展严重滞后、人才匮乏。经过他与扶贫开发小组同事的反复推敲，中国有色集团把“扶贫先扶智、扶智先育人”作为突破点，支持梁河县发展教育、培养人才。主要工作重点是：加快建设勐竜村希望小学。

中国有色集团在梁河县小厂乡勐竜村贫困村捐资建设一所希望小学，计划总投资 75 万元，分二期建设，一期工程已经顺利结束，完成投资 45 万元，其中，中国有色集团投入 35 万元，建成综合教学楼 1 幢，建筑面积632.3平方米，解决了277名师生在危房上课的问题，并先后为希望小学捐献了6台电脑和100床棉被。2007年，希望小学的第二期工程已建设完成，并投入使用。中国有色集团再次投资了30万元，希望小学所需的所有建设经费已全部到位。

4. 着眼长远扶贫，创新扶贫思路，探索扶贫开发工作长效机制。经过这些年的定点扶贫工作，张向南积累了一些成功的扶贫经验。进入“十一五”以来，他和中国有色集团扶贫开发小组的同事以这些经验为依托，把目光放得更远，扶贫工作有了更新的思路。

中国有色集团已经确定了今后开发式扶贫的方向，以提高梁河自身的造血功能为工作重点，结合党中央、国务院大力倡导的新农村建设，发挥自身资金和人才方面的优势，切实帮助梁河农村脱贫致富。将“围绕扶贫抓党建、抓好党建促扶贫”作为开发式扶贫的保障，最大限度地发挥党委在扶贫工作中的作用，使扶贫事业更扎实、更稳健。

几年的扶贫工作，使张向南与梁河人民的情感完全融合在了一起。他表示，将全面贯彻科学发展观，注意总结扶贫开发经验，结合自身业务特点，在实践中探索新的扶贫开发形式，创造性地开展扶贫工作，提高定点扶贫效果，为社会的和谐进步贡献力量。

2008年12月，张向南被国务院扶贫开发领导小组授予“中央国家机关等单位定点扶贫先进个人”称号。

【宋连奎】 首钢总公司经协办（扶贫办）主任。2002年，按照国务院扶贫办要求和首钢总公司安排，宋连奎负责定点扶贫河北省阳原县工作，2004年被首钢总公司任命为经协办（扶贫办）主任，2005年6月到阳原县挂职扶贫至今。7年来，首钢扶贫阳原近百个项目的立项申请、工程总结和验收报告，无一不是他亲手草拟和审定的；7年来，他内引外联，为贫困村改善基础设施和教育医疗卫生条件，引进工商业项目，开展劳务输出等。每一件事、一个项目，他都认真贯彻落实。

1. 为贫困群众谋利益，是定点扶贫工作的重中之重。2002年，宋连奎第一次来到国家扶贫开发工作重点县阳原。当他走进一个个贫困村，亲眼目睹由于基础设施落后，群众依然被贫困所包围时，他的眼圈湿润了，心灵受到从未有过的冲击和震撼。在许多个不眠之夜中，他认识到，对口帮扶是党中央、国务院按照“两个大局”思想作出的一项重大决策。从此，他便走上了用真心了解阳原，用真情帮扶阳原，“让千家万户得益、让千家万户致富”的艰难跋涉之路。7年中，他走遍了阳原的大部分贫困乡村、学校、医疗单位、厂矿企业，阳原的山山水水到处留下了他的足迹。

他为群众的疾苦心急如焚，为阳原的贫困牵肠挂肚。经过细致调研，他立足县情，从实际出发，把定点扶贫与整村推进、发展县域经济等工作有机结合起来，先后撰写《阳原贫困状况及对策》等调研报告。这些材料为对口扶贫工作开展奠定了基础，也给各级领导决策提供了有益的参考。2002—2007年的6年间，首钢总公司在阳原直接投入扶贫资金累计449万元。这些资金主要用于阳原乡村公路建设，修建乡村学校，改善办学条件和医疗条件，开发农田水利，解决人畜饮水，发展养殖、种植，调整农业产业结构等46个农村基础设施项目。

为了解决群众看病难和因病返贫问题，2006 年 3 月，他数十次往返首钢医院与阳原县，宋连奎的执著和贫困地区群众的痛苦感动了院领导，也得到首钢总公司领导的支持，决定向阳原县医院捐赠 130 万元的医疗设备。设备搬运那天，为了给阳原节省开支，他找来设备部备件处、调配中心的同事、朋友和技术人员拆装医疗设备。由于设备较重，靠人力无法装车，他不知道他跑了多少路，说了多少好话，先后动用了汽车、吊车、天车、刹车，但从拆装设备到设备安全上车，整整一天时间，他却“抠”的硬是没花 1 分钱。之后的几年，他又从首钢医院为阳原争取到评估残值为 8.8 万元的 3200X 光胃肠照相机 1 台，原值 70 余万元的 HX—902 型国产碎石机和 ED150 型 X 机各 1 台。

在主管扶贫和挂职扶贫期间，他先后联系北京首钢女子篮球队到阳原贫困村体验生活，为贫困小学捐赠书包、文具；联系首钢篮球俱乐部到贫困村小学慰问，向阳原中小学捐赠电脑、桌椅折款近 3 万元；联系首钢机关和下属单位累计向阳原中小学捐赠电脑 95 台；两次联系首钢艺术团到阳原慰问演出，特别是“中国阳原首届皮毛节暨皮毛大市场开业”庆典之际，首钢艺术团到阳原义演，为阳原节省费用近 20 万元。宋连奎的“触角”还伸到了中国船舶重工集团公司北京 6971 厂，动员该厂向阳原贫困村桥梁水小学捐赠现金，以及电脑、打字机、桌椅、体育器材折款共计 1.6 万元。

2. 为贫困山区谋发展，是挂职扶贫干部的神圣职责。宋连奎知道，要改变贫困地区的落后面貌，关键还是要变“输血”为“造血”，所以他更加致力于为阳原县域经济的发展奔与呼。他的笔记本中有这样一段话：“阳原县地处京、津、晋、蒙之间，地理位置优越，特别是丰富的矿产资源和历史悠久的传统皮毛加工业是带动阳原千家万户脱贫致富的首选项目”。为此，他动员朋友为发展阳原这一优势出主意。2005 年 9 月 17 日正是中秋节前一天，正在哈尔滨开会的他接到包头市一位同学的电话：“你托我为阳原县皮毛想出路的事有了着落，香港一置业集团有在国内投资建设皮毛大市场的意向，请你速到包头试一试”。放下电话，激动不已的他一边忙着与会务组请假，一边订购返程车票。中秋节当天，宋连奎到了包头市，在中秋团圆之夜，他却独自一人穿梭在包头市的大街小巷，找朋友，托关系，想方设法接近香港昌升置业集团诸位老总。在他的努力和争取下，香港昌升置业集团副总匡尚拥等人在他的陪同下，先后到阳原考察皮毛行业状况，并决定投资近 3.2 亿元人民币，在阳原建设占地 402 亩的“中国阳原皮毛大市场”。该项目占地 402 亩，建设规模 23 万平方米，市场以生产、加工、销售皮毛制品为主。市场建成启动后，市场内生产企业年产值可达 50 亿元，市场内交易额可达 30 亿元，市场可提供 30000 个就业岗位，人均收入 2000 元，解决 50000 个农村剩余劳动力就业问题。2008 年“中国阳原皮毛大市场”一期工程已全部完工，一个集休闲、娱乐、商贸、经营为一体的大市场已经成为阳原一道靓丽的风景线。面对这次成功，宋连奎没有松懈，而是继续为阳原的事奔忙着，2005 年，他引进北京民营资本在阳原投资建起了“阳原县思成铁合金有限公司”，建设年产 720 吨钼铁项目。此项目年产值为 8784 万元，实现税金 253.7 万元。2007 年在他的协调与帮助下，该公司又进行技改扩建，使月产量在原生产量的基础上增加90吨，同时增加就业人员30多人。2006年，他为阳原县揣骨疃镇争取的北京市发展和改革委员会“京张水资源合作项目”资金100万元。他多次组织阳原劳动力向首钢、乃至北京地区输出，2008年促成首钢矿业公司在阳原建立了“劳务输出基地”，首批为阳原输出农民工110人。

3. 为人民大众谋幸福，是产党人的根本宗旨。“你既是首钢派住阳原的扶贫干部，又是一名共产党员，到了阳原就代表着党的形象、首钢的形象，一定要把党的优良传统和首钢人的精神风貌带到阳原去”。首钢领导的嘱托让他难以忘记，激励着他的一言一行。他在阳原挂职一年多，权为民所用，情为民所系，利为民所谋，阳原百姓有口皆碑。

2005年10月15日，星期六，上午10点钟，他审阅完首钢2005年度扶持阳原扶贫开发重点村9个项目申报材料后，决定再度到东城镇核实六马坊至虎头梁道路建设项目。下午1时多，他正沿着山路缓缓而行时，发现1辆满载柴草的马车翻在路边，1对夫妇蹲在车旁唉声叹气。他立即停下车来，招呼随行人员，一齐动手将车拉起，又重新把柴草装在车上。那对眼含泪花的夫妇，望着这位讲普通话、身上沾满柴草的外地人，尽管没见过但却从别人讲述中反应了过来：“北京来的宋县长”。然而，此时的宋连奎早已悄然离去了。

宋连奎以阳原为家，经常住在阳原，同事们见他日夜操劳，担心他身体吃不消，好心请他到外面饭店吃一顿，可总是被他婉言谢绝，实在推脱不掉，也只是去刀削面馆，炸上一碟辣椒，要上一碟咸菜，吃上一碗面条。然而，阳原县的干部群众到了北京，无论是公事还是私事，只要找到他，他总是跑前跑后，帮忙办了事，还要请上一顿饭。他对人和蔼可亲，但办事却坚持原则。挂职扶贫期间，首钢安排到阳原扶贫资金228万元，他从考察项目到监督项目实施，从验收项目到拨付项目资金，始终一丝不苟。这几年，曾有许多人找到他，想通过他的关系承揽首钢的零部件加工，或向首钢推销一些产品，凡是合情、合理、合法的，他都会全力支持，但是只图个人利益，同群众利益毫无关联的，他却坚决一件也不办。

2007年，阳原县委、县政府按照阳原县招商引资奖励政策，奖励他一笔奖金，但他考虑到阳原的贫困状况，主动捐资20万元，购置28台“联想”商务电脑、50套桌椅及全套网络设备，为阳原县揣骨疃镇中心小学建成了计算机网络教室。

阳原的干部群众都知道首钢来的宋县长。在保持共产党员先进性教育活动时，阳原县级各套班子都收到基层同样一条建议：希望每一位县领导都做宋连奎那样的干部。

为了表彰宋连奎的先进事迹，2005年、2007年分别被河北省委、省政府授予“扶贫工作先进个人”称号，2006年5月张家口市人民政府为他记二等功。2007年，获阳原县委、县政府“招商引资特别奖”；2008年12月，被国务院扶贫开发领导小组授予“中央国家机关等单位定点扶贫先进个人”称号。

【张宏彦】 空军工程大学政治部办公室副营职干事。张宏彦分管群众工作以来，按照校党委统一部署，积极开展与略阳县接官亭镇亮马台村定点扶贫工作。针对扶贫点教育资源匮乏的实际，多次深入实地调研，提出援建学校设想，得到校党委的支持，筹措45万元援建一所蓝天小学，并组织学校官兵开展结对助学活动，使该县300余名失学儿童重返校园。协调筹集30万元为亮马台村建起一座“军民连心桥”，解决了群众出行难问题。协调组织官兵深入扶贫点宣传党的富民政策，帮助群众解放思想、更新观念。利用学校教学资源，为扶贫点开办实用技能培训班，普及科技知识和实用技术，提高群众自我发展的能力。组织官兵成立“军烈属扶助小组”、“爱心小分队”，长期帮扶军烈属、伤残军人和孤寡老人，受到当地党委、政府和广大人民群众的一致称赞。其扶贫事迹先后被全国《双拥》杂志、《空军报》等军地多家媒体宣传报道。

2008年12月，张宏彦被国务院扶贫开发领导小组授予“中央国家机关等单位定点扶贫先进个人”称号。

【李强】 武警部队内蒙古总队兴安盟支队政治处副主任。李强任武警内蒙古总队扶贫开发领导小组成员3年来，根据自治区部署和总队扶贫规划，常驻兴安盟科右中旗巴扎拉嘎苏木查干宝浩嘎查，开展定点扶贫。发挥政治工作经验丰富的优势，宣传党的富民政策，协调成立文化夜校，传播新知识、新风尚，引导农牧民树立健康文明的生活方式。组织开展科技支农活动，先后4次聘请内蒙古农业大学等地方高校农牧专家，为村民开办种植和养殖技术讲座30多场。先后争取地方资金57万元、协调总队拨款95万余元，帮助农牧民打配套深水井2眼，小灌井20眼，修建浸水桥1座，为农牧民脱贫致富打下坚实基础。发动推行“每户有1名外出打工人员”的劳务输出计划，为村民找到一条畜牧养殖与外出打工相结合的脱贫致富路子。协调聘请内蒙古林业厅专家对当地土壤结构进行分析，筹措11万余元资金，种植杏树1万余株、杨树6万株和防沙生态林490亩，不仅起到了防沙效果，树木长成后每年能带来40万元的经济效益，实现了自治区确定的人均2亩经济林的目标。经过不懈努力，帮扶的83户贫困户年人均纯收入由原来的不足300元增长到1200元，牧民们都亲切地称他为“草原上的扶贫‘孺子牛’”。

2008年12月，李强被国务院扶贫开发领导小组授予“中央国家机关等单位定点扶贫先进个人”称号。

十二

年度专题篇

专题一：金融危机与减贫

一、引言

（一）问题的提出

1978 年改革开放以来，随着中国经济发展进入新的历史时期，中国的扶贫工作也进入了新的发展阶段。1978 年到 20 世纪末，中国有计划、有组织地开展了大规模扶贫开发工作，历经了体制改革扶贫、大规模开发扶贫、“八七扶贫攻坚计划” 三个阶段。进入 21 世纪，中国政府颁布实施了《中国农村扶贫开发纲要（2001—2010年)》。《扶贫纲要》提出，中国政府要在 20 世纪初的 10 年内致力于解决贫困人口温饱问题，进一步改善贫困地区的基本生产生活条件，巩固温饱成果，提高贫困人口的生活质量和综合素质，加强贫困乡村的基础设施建设，改善生态环境，逐步改变贫困地区经济、社会、文化的落后状况，为达到小康水平创造条件。为了提高扶贫工作的有效性和针对性，中国政府相继确定了 14.8 万个贫困村、592 个国家扶贫开发工作重点县、341 个民族自治地区国家扶贫工作重点县，加以重点扶持，提高扶贫的效果。

从《扶贫纲要》颁布实施到 2007 年，中国新阶段扶贫工作取得了显著的成效①。中国农村贫困人口从 2001 年末的 2927 万减少到 2007 年末的 1479 万，农村贫困发生率从 2001 年末的 3.2% 下降为 2007 年末的 1.6%，农村低收入人口从 2001 年末的 6103 万减少到 2007 年末的 2842 万，农村低收入人口占乡村人口的比重从 2001 年末的 6.7% 下降到 2007 年末的 3.0%。但是，在扶贫取得巨大成绩的同时，也应看到，中国贫困标准与其他国家相比较低，现存的贫困人口大多集中于边远的山区，环境恶劣的地区和少数民族地区，扶贫的任务仍很艰巨农村还有很多低收入和脆弱性的人口，收入差距有扩大的趋势。

2008 年下半年国际金融危机最终演变为严重的全球性经济危机，并给中国的经济社会发展带来冲击，同时也对中国贫困地区和贫困人口的发展带来严重影响，给新阶段的扶贫开发工作带来巨大挑战。为了在新形势下继续稳步推动扶贫工作，必须深入分析金融危机的成因、演变和发展趋势，全面研究金融危机影响减贫的传导渠道、冲击方式和影响力度，系统评估现有应对危机政策的减贫效果，从而为下一阶段中国政府制定更加有针对性、可操作

① 数据来源：《2008 中国农村贫困监测报告》。

性、战略性的短期和中长期政策，推进下一阶段中国扶贫工作的发展提供参考。同时，分析总结中国扶贫的经验和不足，也可以为未来全球贫工作的开展，提供借鉴和参考。

（二）研究目标与框架

1. 研究目标

本报告的主要目标是说明金融危机对中国减贫的影响，并就中国政府采取的措施进行分析与评价。具体目标包括：一是分析金融危机的爆发及其影响减贫的机制；二是分析金融危机对中国减贫的影响；三是分析中国政府应对金融危机的政策措施及其减贫效应；四是提出下阶段如何在短期内实现刺激经济恢复与帮助贫困人群度过难关，以及在中长期如何优化发展模式与贫困地区及人群综合发展的对策建议。

2. 研究框架

全文共分为五个部分：

第一部分为引言，主要说明研究的背景，研究目标与框架，技术路线和研究方法。

第二部分分析国际金融危机的爆发及其影响减贫的机制。首先介绍金融危机的总体情况，包括金融危机的实质、原因与发展现状，其次是简要阐述了金融危机对全球贫困影响的传导机制，以及应对危机的政策框架。

第三部分是金融危机对中国发展与减贫的影响。在这一部分中，首先对金融危机给中国减贫的造成的不利影响和带来的重大机遇作出了总体判断。其次，运用具体统计数据从出口贸易、内外资投资、财政、金融信贷等渠道视角分析了金融危机对中国减贫的影响。再次，从中央转移支付增速变动、地方财力下降、社会福利救济支出变动等角度指出了贫困地区城市和农村受到的冲击。最后，总体分析金融危机对贫困人口的影响。

第四部分分析应对金融危机的政策措施及其减贫效应。在这一部分中，列举了全球应对金融危机的措施及其减贫效果。重点阐述了中国政府为应对危机在财政、货币、信贷、产业、贸易、就业、社会等领域制定的具体政策及其对减贫的影响。

第五部分是政策建议，提出在短期内如何刺激经济恢复与帮助贫困人群度过难关，以及在中长期如何优化发展模式促进贫困地区人群综合发展的对策建议。

（三）技术路线与研究方法

1. 技术路线

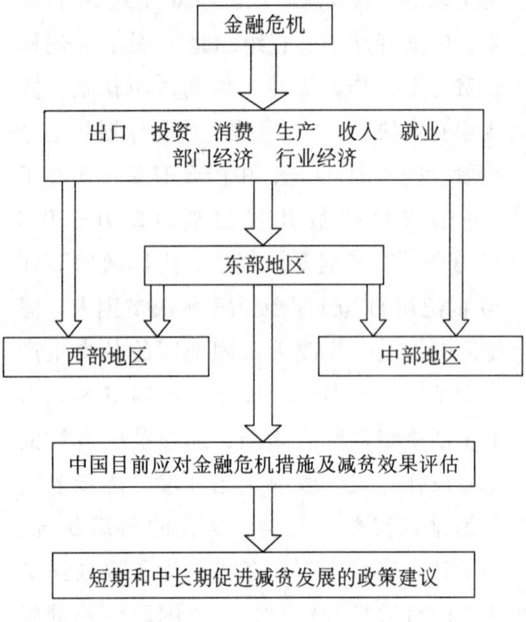

2. 研究方法

本课题在资料的收集和研究方面，主要利用中国政府有关部门的统计监测数据和专题研究报告的结论。课题组对浙江、江苏、陕西、重庆等地进行实地调研，以个案的形式分析金融危机对特定产业、农民工等的具体影响。课题组全面分析了中国应对金融危机的具体政策对减贫的影响。在此基础上，提出相应的短期和中长期对策和建议。

二、金融危机及其影响减贫的机制

2008 年下半年，美国次贷危机最终演变为波及全球的金融危机。发达国家金融体系受到重创，金融机构纷纷倒闭，市场流动性紧缺，大量坏账有待剥离处理。世界经济增长受到金融危机的严重影响，发达国家经济陷入衰退，新兴市场和发展中国家增速大幅放缓，全球贸易和直接投资急剧收缩。实体经济的下滑也经由贸易、劳务汇款等渠道对全球减贫产生广泛而深刻的影响。

（一）金融危机的实质、原因与发展

1. 金融危机的发展历程

第一阶段，2004 年6 月—2007 年2 月，次贷危机的酝酿阶段。其显著特点在于，美国房价下跌、住房抵押贷款利率上升和住房抵押贷款违约率上升，美国房地产泡沫开始破灭。

第二阶段，2007 年2 月—2007 年8 月，次贷危机由购房者向经营次贷的金融机构、对冲基金和股市扩散。这一阶段的显著特点在于，发放次级住房抵押贷款的金融机构面临严重的经营困难甚至破产倒闭，其不利影响扩散到经营次级贷款的支持证券及其衍生产品的对冲基金，并引起股市的大幅下跌。

第三阶段，2007 年8 月—2008 年3 月，次贷危机进一步向投资银行和商业银行扩散。这一阶段的显著特征在于，随着次贷及其衍生品价格的下跌、股价的下挫以及旗下对冲基金的亏损，大型投资银行和商业银行资产负债表开始恶化、流动性紧缺甚至濒于破产倒闭。

第四阶段，2008 年3 月—2008 年9 月，次贷危机演变为波及全球的金融危机。这一阶段的显著特点是，大型金融机构资产负债表恶化到无法维持正常经营的地步，开始出现集中倒闭和被接管。

2．金融危机发生的原因

（1）低利率政策导致流动性过剩和房地产泡沫，利率政策转向推动房地产市场泡沫破裂。

2000 年下半年，新经济泡沫破裂使美国经济结束了长达10 年的持续扩张，为了防止经济衰退，美国采取了极度宽松的货币政策。从2001 年初开始美联储连续13 次调低利率。宽松的货币政策促使房贷利率不断下降。在低利率和流动性过剩的市场环境下，美国房地产市场蓬勃发展，房产价格一路攀升。2001 年美国次级债总规模占抵押贷款市场总规模的比率仅为5.6%，2006 年则上升为20%。2007 年房地产价格掉头向下，开始了大幅下跌。于是，次级抵押贷款违约率大幅上升，点燃了次贷危机的导火索。

（2）住房金融管制放松、鼓励向低收入家庭放贷的政策以及抵押贷款支持证券市场的迅速发展为次债危机爆发创造了条件。

房贷机构为了迅速回笼资金，以便提供更多贷款，可以在投资银行的帮助下实施证券化，将一部分住房抵押贷款债权从自己的资产负债表中剥离出来，以这部分债权为基础发行住房抵押贷款支持证券（MBS）。而次优贷款（Alt-A）和次级贷款则重新打包，成为公开发行的资产支持型的担保债务凭证（CDO）的抵押品。次级贷款经证券化包装成金融投资工具后，掩盖了其内在的高风险特质，成为没有信贷风险、只有利率差异的结构性金融产品，这一金融创新方式使得不同风险偏好的投资者得以参与，因此使更多的次级贷款得以证券化发行，反过来推动了次级贷款市场的快速膨胀。

（3）金融监管缺失使风险持续累积。

首先，放贷机构为抢占市场份额放松了对次贷的审查标准及程序，但监管机构没有及时觉察风险并采取有效措施。其次，监管机构放纵金融机构的高杠杆比率。缺乏有效监管导致金融机构杠杆比率过高。第三，低利率和流动性过剩使金融机构加快了创新步伐，但监管当局面对不断涌现的创新产品，监管手段难以跟上金融创新的步伐，对其风险水平难以作出准确判断，致使信用衍生品交易基本处于未受监管的状态。第四，对评级机构缺乏监管。

3. 金融危机的实质

此次国际金融危机实质上是对全球失衡的强制性调整。20 世纪 90 年代以来，以信息技术为先导的新科技革命和新一轮经济全球化的兴起，有力地推动了世界经济发展。2003—2007 年，世界经济以年均近 5% 的速度快速增长，然而，在世界经济持续快速增长的同时，全球经济失衡问题也日趋严重。在期间美国经常项目逆差最高时超过 8000 亿美元，占其国内生产总值的 6.5%，占全球经常项目逆差的 63%。

这种以全球经济失衡为代价的经济增长模式不具有可持续性，因为美国的消费扩张是建立在房地产泡沫的金融资产膨胀基础上的透支消费。美国的低储蓄率、“双高赤字”和信用膨胀不仅加剧了全球经济失衡，而且推动国际能源资源价格持续大幅上涨，加大了全球通货膨胀压力。随着经济周期的变化和宏观经济政策的调整，美国房地产泡沫破灭引发次贷危机，并最终演变成波及全球的严重金融危机，世界经济陷入战后最严重的衰退，全球经济失衡面临强制性调整。

4. 金融危机对全球经济增长的冲击

这场“百年一遇”的全球性金融危机对世界经济造成严重冲击。金融体系融资功能丧失、家庭财富大幅度缩水，以及消费者和企业信心降至历史低点，导致全球经济活动急剧减速。据国际货币基金组织的有关统计，2008 年第四季度，发达国家和新兴市场经济的工业生产下降了 15% ~ 20%，全球货物贸易下降了 30% ~ 40%，世界生产总值下降了 5%。其中，美、欧、日经济分别同比下降了 1.6%、1.8% 和 3.8%，已经陷入严重衰退；受发达国家经济衰退和外需缩减以及对外融资条件趋紧等因素影响，新兴市场和发展中国家的出口和制造业生产遭受重大打击，经济增速也大幅放慢。

2009 年以来，随着国际金融危机的深化蔓延，全球经济继续下滑，金融领域的危机与实体经济的衰退形成相互拖累的恶性循环。美国经济 1 季度环比下滑势头有所放缓，但同比降幅进一步放大。欧元区和日本比美国更早陷入衰退，1 季度欧元区和日本无论环比还是同比，经济收缩幅度进一步放大。亚洲其他国家经济出现负增长总体上要晚于发达国家，马来西亚则在 2009 年 1 季度出现经济负增长。新加坡 2009 年 1 季度 GDP 同比下降 10.1%。

全球工业生产继续下行，止跌回升难度依然较大。美国的工业生产指数由 2008 年 10 月的 106.2 降至 2009 年 5 月的 95.8，同比降幅由4.7%扩大到13.5%，呈逐步加速趋势。2009年以来美国产能利用率持续下行，至5月已降至68.3%，是多年来低位，较年初下滑2.9个百分点，短期走出衰退难度很大。欧元区和日本的工业萎缩程度要远大于美国，2008年9月至2009年4月，欧元区的工业生产和工业订单同比降幅分别由2.4%、1.8%扩大到20.6%、35.4%，日本的工业生产同比降幅由2008年10月的6.6%扩大到2009年4月的31.2%。

全球贸易继续收缩，亚洲国家出口持续下滑。经济危机对全球贸易的冲击尤为严重，IMF和世界银行预测2009年全球贸易可能收缩9%~11%；全球贸易收缩加大了各国经济的复苏难度。2008年11月，美国货物出口和进口开始同时收缩，2009年4月出口和进口的同比降幅扩大到26.6%和34.6%；受内需萎缩影响，美国的进口降幅远大于出口，货物贸易逆差有明显好转。2008年11月欧元区货物贸易也开始收缩，今年3月出口和进口分别下降15.5%和18.2%。2009年1—4月，日本货物出口降幅同比超过40%，进口降幅同比超过30%。新加坡的货物出口降幅同比由2008年10月的4.3%，扩大到2009年5月的25.7%；韩国由2008年11月的19.5%扩大到2009年5月的28.5%；马来西亚由2008年10月的2.6%扩大到2009年4月26.3%。

5. 金融危机对中国经济增长的冲击

2008年9月以来，随着美国次贷危机演变为波及全球的金融危机，全球经济活动急剧减速。受外需大幅缩减的影响，我国外贸出口增速从前三个季度的20%以上迅速滑落至四季度的4.4%，2009年一季度更是大幅下降19.7%，并且自2008年11月以来月度出口一直处于同比负增长中。受出口持续下降和国内需求减弱等因素影响，工业生产增速大幅回落，从2008年前三个季度的13%以上大幅滑落至四季度的6.4%和2009年一季度的5.3%，经济增长也从2008年前三季度的9%以上降至四季度的6.8%和2009年一季度的6.1%。随着中国大规模刺激经济计划的实施，2009年二季度经济增速达到7.1%，初步扭转了经济下滑势头。

（二）金融危机对全球贫困影响的传导渠道分析及对策反应

1．金融危机对减贫传导渠道的理论分析

（1）就业渠道。

事实表明，在金融危机冲击下，企业通常会“贮藏”受过训练的劳动力，非熟练劳动力（通常是贫困群体，如中国的农民工）将最先失去工作。因为雇用、培训、解雇熟练劳动力成本较高，尤其当金融危机的冲击被认为是较短时期时，企业更有动机“贮藏”熟练劳动力，其结果必然导致贫困人群失业率大幅增加，贫困问题恶化。另外，通常与金融危机伴生的高通胀率对贫困人群的影响也很严重，因为他们财富本来就很少，全部收入中劳动力所得比重很大，且较大比例以现金形式持有，资本所得比重很小，从而受高通胀的不利影响比富人更大。当名义工资没有完全盯住物价指数时，高通胀还会导致贫困人群实际工资下降。由此可见，金融危机不仅会通过就业、工资渠道降低贫困人群当前生活水准，还会影响他们摆脱贫困的能力，进而恶化贫困问题。

（2）汇款渠道。

在外地务工人员的汇款是贫困地区留守人员收入的重要来源，相关收入的变动将直接影响这部分人口的生活水平。从国际情况看，一些国家境外务工人员的劳务汇款构成该国外汇收入的重要来源，对这些国家的国际收支有重要影响。金融危机后，一些发展中国家和地区来自发达国家的劳务汇款收入明显减少。2008 年发展中国家的汇款收入虽仍保持正增长，但增速较以前大为降低，据世界银行估计，2008 年发展中国家劳务汇款收入约增长 7%，大大低于 2007 年 16% 的增速；预计 2009 年将出现负增长，下滑 1% ~6%。从国内情况看，中国东部地区广大来自中西部的农民工，其汇回家乡的打工收入成为了其家庭收入的重要组成部分，甚至是主要部分。而金融危机影响了农民工就业工资收入，必然会影响其家庭汇款收入，在一定程度上加剧农民工家庭的贫困化。

（3）国际贸易渠道。

国际金融危机导致全球经济陷入战后最严重的衰退，需求的急剧萎缩使得全球贸易量大幅下降，能矿产品、农产品和工业制成品价格均有不同程度的下跌，经由多种渠道对发展中国家的减贫产生了不利影响。大量研究表明，贸易是推动世界经济增长的重要力量，近年来全球贸易的增速要大于世界经济增长速度，2003—2006 年，全球贸易年均增长 9.3%，两倍多于世界产出增长率 3.8%。在危机时期，贸易的下滑速度也更大，2008 年全球贸易增长 2.9%，大大低于上年的 7.2%，同期全球 GDP 增速则由 5.1% 下降至 3.1%。能矿产品和农产品等初级产品出口对很多低收入国家的经济发展至关重要，工业制成品出口是东亚地区经济增长的主要带动力量，出口的萎缩使上述国家的经济增速大幅放缓。根据国际货币基金组织今年 7 月的预测，2009 年新兴市场和发展中国家 GDP 将增长 1.5%，远低于 2008 年的 6.0%。

国际贸易可以通过以下几个渠道影响减贫。一是出口以及与其相关的投资等经济活动的下降，降低了就业需求，不利于贫困人口就业，并制约依靠初级产品出口的贫困地区发展；二是出口产品价格下跌使得全球通胀率趋缓，根据国际货币基金组织预测，2009 年全球通胀率仅为 0.1%，而 2008 年是 3.4%，在名义工资具有粘性的情况下，实际工资的提高，强化了经济活动减少对就业需求带来的抑制作用，更加不利于贫困人口就业；三是出口产品价格下滑和出口量的减少，使得发展中国家出口收入大幅缩减，从事初级产品生产的贫困人口收入也将下滑；四是出口及与其相关的投资活动的减少，降低了税基，政府税收收入趋于下滑，使得用于减贫的财政资源减少。五是一些过分依赖外需的经济体需要重新设计并转变其经济增长模式，以降低其对出口商品的依存度，而在经济增长模式转换过程中，贫困人口往往可能受到较大冲击。

（4）信贷和金融服务渠道。

金融危机后，银行等金融机构一般首先会考虑减少对中小企业和贫困人群的信贷和金融服务供给。

首先，中小企业在提供就业和稳定就业方面发挥着至关重要的作用，对消减贫困意义重大。中小企业多数为劳动密集型企业，在许多国家（尤其是发展中国家）中小企业吸收了大部分就业人员，尤其是贫困人群。但中小企业抵御经济波动的能力普遍不强，相对于大型企业更易破产。

金融危机全面爆发后，因为中小企业普遍存在的信息不透明、经营管理不规范、抵御市场风险能力差等问题更加突出，银行贷款给中小企业可能支付更高昂的审核成本、管理和监督成本，还会面临更大违约风险，所以银行普遍不愿意给中小企业提供贷款。从股票、债券等证券市场看，大企业和私有化的国有企业本来就占据着股票和债券市场主导地位，这一情况在发展中国家尤为突出。在金融危机的严重冲击下，全球金融市场融资的规模趋于下降，中小企业更难以获得股票和债券融资。直接和间接融资环境的恶化，使得中小企业在金融危机中生存更加困难，不利于发挥其吸纳就业的作用，对减贫构成不利影响。

其次，贫困人群由于收入低下，工作不稳定，缺乏抵押资产，经常被排斥在正规金融服务之外，金融危机使得这一情况更趋严峻。为了在金融危机中降低成本和提升自身市场竞争力，一些银行倾向于减少分支机构。由于农村等贫困地区分支机构服务人口和项目不密集，往往会被优先关闭。银行网络的减少对农村居民（多数是贫困人口）的影响很大，农村地区银行机构相对不足将进一步限制贫困人群金融服务的可得性，进而影响其就业和生存状况，恶化贫困问题。

（5）政府财政支出、税收渠道。

从财政支出角度看，金融危机后，由于经济减速导致政府财政收入减少，由此，政府可能会减少财政支出。政府可能削减财政转移支付和公共支出方面的预算，而面向贫困人群和贫困地区的财政转移支付削减，将对贫困人群将产生直接影响。尤其是在极度贫困地区，转移支付在贫困人群收入来源中占很大比例，即使转移支付微小的减少，也会使其生存状况显著恶化。另外，在发展中国家市场化和工业化改革过程中，公共支出是社会、经济稳定的重要保证，政府在医疗、养老、失业、教育等方面公共支出的削减会对贫困人群产生长期影响，尽管这些影响在短期内不如转移支付减少那么严重。

从政府税收角度看，如果受制于财政支出规模的刚性，那么政府税收总额就不能减少。而为提升经济，政府一般会采取更加优惠的税收政策鼓励流动性强的国内外资本增加投资，而最终税收负担可能会更沉重地落在劳动力这一流动性较差的生产要素上。这在收入分配上的含义是：对劳动力课税较高很可能意味着对劳动者的税收增加，对资本课税给予优惠，鼓励投资则意味着对那些拥有较多财富的富人的税收降低。税负的不公平将更加严重的影响劳动者的生存状态，导致更多的劳动者趋向贫困化。同时，尽管最贫穷的人群可能处于失业状态，事实上并未真正进入经济体中，从而可能不受税收体系变动的影响，但对劳动力课税增加将不可避免地抑制他们寻求就业以进入经济体系的机会。

（6）国际资本流动渠道。

理论上看，资本流动的增加会带动投资增长，从而拉动经济增长，增加各类直接或间接用于援助贫困地区的投资和赠款，最终有利于减贫；反之，资本流动的趋缓，也会通过类似途径对减贫造成不利影响。由于金融危机，2007 年第三季度国际资本流动有短暂下降，2008 年一季度再次恢复高潮，但在2008 年第四季度再度下降。同时，国际债券市场的发展也开始趋缓，国际信贷受到的打击更为严重。

在证券市场的国际资本流动方面，资

金向发达经济体资本回流因素，在很大程度上打击了发展中国家脆弱的股市和债市。用美元衡量，新兴市场的股市在2008年10月迅速萎缩，而发达国家股市早在2007年11月就开始收缩。在金融危机影响下，东亚和东南亚的资金外逃现象十分严重。韩国、印度和中国台湾地区的资金外逃都相当严重。拉美、巴西和墨西哥的衍生品市场和利差交易市场也受到冲击。低收入国家受到的冲击尤其严重，金融危机后，一些近撒哈拉非洲国家甚至一度停止了债券发行。

在非银行渠道资金和对冲基金方面，从2008年7月起，大量在新兴市场国家获取高额到期收益率的资金回流发达国家，在一定程度上影响了发展中国家的汇率稳定，甚至在一些经常项目顺差的国家也是如此。IIF估计短期投机性利差交易资金会大量下降，非银行性私人贷款资金流动会在2009年反弹。由于这种交易不通过交易所，因此预计资金流动规模有限。

在国外直接投资方面，整体上看，国外直接投资会相对稳定，但UNCTAD投资报告估计，2008年向新兴市场的国外直接投资将下降10%左右，拉美和非洲的国外直接投资流入遭受的不利影响可能更为严重。

在官方资本流动方面，根据此前的有关国际协定，对发展中国家、尤其是最不发达国家的援助性资金应该持续增加，但如果发达国家陷入持续衰退，很难增加对外救助预算。外汇储备和主权财富基金的表现有所不同。一些发展中国家的国家主权财富基金和国有公司在国外投资趋于活跃，高储备国家和石油出口国家尤其明显。为了降低资产风险，调整储备币种结构，一些高外汇储备国家资本净流出更大。此外，一些发展中国家加快了对外偿还债务的步伐，也表现为官方资本流动的活跃①。

2. 应对金融危机、降低金融危机影响贫困的政策框架

（1）国家层面。

近年来，不断提高对外开放水平、更好地融入世界经济是多数发展中国家谋求加快发展的主要政策取向，而金融危机恰恰可能对那些对外开放度较高的国家造成更为严重的影响。虽然全球贸易萎缩会影响到所有国家，但依赖初级产品出口和依赖工业制成品出口的发展中国家受到的冲击有所不同。一般而言，由于出口和就业高度相关，依赖工业制成品出口的发展中国家遭受冲击更为严重。而依赖能矿产品出口的国家所受冲击相对较少，因为此前能矿产品的高价格使得这类国家普遍积累了一定规模的外汇储备资金，可用于部分缓解价格下跌对国内经济的冲击。

总体看来，各国应对危机减少贫困的政策目标应是尽力减轻国外投资和贸易减少带来的收缩影响，重新审视并恰当调整经济增长和贸易政策。当然，国情不同，各国的具体应对政策也应有所不同。对那些外汇储备规模较大、财政状况良好的经济体，可较多通过实施积极财政政策应对危机；而对那些通胀水平较低，国内金融市场相对发育较好的经济体，可较多采用货币政策工具。

在财政政策方面，发展中国家增加基础设施投资和社会支出应该是政策重点。在货币政策方面，除了增加流动性、避免

① 本节内容主要参考 The Financial Crisis And Its Impact On Developing Counties, UNDP dicussiong paper.

金融机构倒闭等应急政策措施外，还应对融资结构予以特殊的关注，注意增加面向中小企业、中低收入阶层的各类融资。在贸易政策方面，可通过降低管制、减少流通环节费用、增加贸易融资等方式稳定出口。为了维护国际贸易秩序的稳定，防止国际贸易保护主义抬头，各国应慎用贬值等政策，避免出现竞争性贬值、对外倾销等现象。此外，鉴于一些发展中国家缺乏社会保障这一稳定器，还需要专门的就业政策和社会政策作为补充。

（2）国际层面。

金融危机是国际金融体系功能紊乱的集中体现。虽然之前的亚洲金融危机、拉美债务危机表明发展中国家金融体系存在严重缺陷，但这次危机表明，发达经济体必须加强对本国金融体系的监管，加强全球金融系统监管协调。这次危机引发了对全球金融体系改革要求，其目标取向应是在坚持反周期性和有效的监管应更全面的原则下，纠正国际金融监管的缺失。新的监管体系应该基于良好构建的国内和地区网络，并包括全球范围的金融机构监管。这其中包括国际监管体系应有充足的从发展中国家派出的代表、发展中国家代表应有足够力量去影响国际规则制定和应考虑实体经济金融稳定的潜在成本等。

与此同时，要建立促进发展和减少贫穷的全球宏观经济政策协调体系。ODA 对低收入国家的支持在对抗贫穷中起着重要作用，金融危机显著扩大了 ODA 的国际总需求。低成本的 ODA 和政府贷款、国际金融组织（如世界银行、亚洲开发银行）贷款不仅有助于贫穷国家在金融危机下扩大投资以恢复经济，同时也会对各国出口商在应对贸易衰退、寻求贸易融资中提供重要支持。

三、金融危机对中国减贫的影响

（一）总体判断：不利影响与机遇

由美国次贷危机引发的国际金融危机，对中国经济的不同领域产生了不同的影响。尽管此次危机起始于美国的金融体系，并使欧美等国家的金融体系遭受重创，一些大型跨国金融机构破产，还有一些金融机构损失惨重。但是，中国金融体系所受的直接影响却很小。主要是由于中国金融体系的开放程度有限，对于危机中给欧美等国金融机构造成大规模损失的金融衍生产品，中国金融机构持有的数额都不大。因此，中国金融体系在此次危机中没有出现问题和动荡，保持着良好的运行态势。

金融危机对中国的负面影响，主要体现在实体经济方面。在投资、消费和出口三大需求中，受影响最明显的是出口。中国主要的出口目的地美国和欧盟等经济体受危机影响十分严重，经济出现衰退，因此对中国商品的需求大幅减少，使中国出口出现明显下降。投资方面，企业的自主投资明显下降。一方面是很大一部分企业经营效益下降，因此缩减了新投资。另一方面，危机影响不断扩散、全球经济下滑等因素也使投资者对未来经济增长的预期降低，因此采取更加谨慎的投资态度。消费方面受到的影响较小，消费仍然保持了近年来较快的增长速度。

对贫困地区、贫困人口来说，金融危机的不利影响主要通过以下几个途径产生作用。一是危机使农民工外出务工形势变得严峻。中国东南沿海地区许多以加工贸易或出口产品生产为主的劳动密集型企业吸纳了大量来自中西部贫困地区的剩余劳动力，为这些人口提供了就业和收入。危机爆发后，中国出口受到冲击，相应地，以出口为主的企业出现了停产、半停产、关闭等情况，在这些企业就业的农民工失业的问题也大量出现。2008 年底，农民工提前返乡比例明显上升，达到 15.3%，对应的人数大约在 2000 万左右。失去工作和收入来源的这部分农民工，生活状况将会恶化，其中一部分成为返贫人口。二是农产品价格波动影响农民收入增加。金融危机使全球流动性过剩的状况发生转变，由此对国际初级产品市场的价格波动产生了一定影响。而初级产品的价格特别是其中农产品价格不同程度的下降，对农业生产的收益进而农民收入会产生不利影响。三是一些贫困地区的优势产业也受到金融危机负面影响。近些年来，通过实施扶贫开发政策措施，一些贫困地区培育了经济作物种植等特色优势产业。由于贫困地区优势产业发展时间短，存在产品结构单一的问题，特色农产品在很大程度上依赖出口，因此金融危机使产品需求下降，影响企业效益进而影响贫困地区当地人口的收入。

但是，金融危机给贫困地区带来的并不仅是不利影响。在政府发展战略方面，在外需萎缩的背景下，通过消费拉动增长被提到更为重要的议程上。缩小收入分配差距，将更多财富分配给边际消费倾向较高的广大中低收入阶层是提高消费在经济增长中作用的有效渠道，这为中国扶贫事业发展提供了新的机遇。由于经济增长受危机冲击而放缓，中国开始实施积极的财政政策，加大政府投资力度。在政府投资项目中，有一部分涉及贫困地区的基础设施建设，这些项目的实施，将有利于带动一部分低技能劳动人口就业，增加中低收入阶层收入；有利于改善贫困地区基础设施条件，能够为地区的未来发展提供设施方面的保障。国家刺激消费的各项政策。如家电下乡、汽车下乡补贴等，扩大了农村消费，能够使得贫困地区贫困人口依靠现有收入获得更多的实物消费。由于适度宽松货币政策的实施，相对落后地区、中小企业必然也将因为流动性的总体宽裕，获得较多资金的注入。

（二）金融危机对减贫的影响渠道

1. 出口贸易环节

（1）金融危机爆发以来中国出口情况。

2001 年至国际金融危机爆发前，中国出口一直保持了 20% ~30% 的高速增长。2000 年，中国总出口是 2942 亿美元，2007 年增长到了 1.2 万亿美元，短短的 7 年时间，增长了将近 5 倍。随着出口规模的不断扩大，中国经济对外贸的依赖程度也在不断加深，2007 年，中国出口依存度已经达到了 40.9%，2008 年净出口对经济增长的贡献率超过了 20%。在就业方面，与贸易相关的就业人数已经超过了 1 亿人①。受国际金融危机的影响，从 2008 年 10 月开始，中国月度出口出现了自 1999 年 6 月以来的首次负增长。随着国际金融危机的进一步深化蔓延，出口降幅进一步扩大，不仅沿海地区的出口受到冲击，企业倒闭开始出现，而且内陆省份的出口也受到严重打击。

2008 年 11 月，中国出口下降 2.2%，12 月达到 2.9%，进入 2009 年以后，降幅持续扩大，2 月份的降幅达到 25.7%，为近年来所罕见。尽管 3 月份的降幅有所缩

① 根据商务部副部长易小准在 2008 第七届中国企业领袖年会上的发言。

小，为17.1%，但进入4月份之后，降幅又超过了20%，之后连续3个月降幅在20%以上。即使假定中国出口高速增长是不可持续的，如，2008年出口零增长，国际金融危机对中国出口的影响也是显而易见的。与出口零增长相比，2008年11月—2009年6月，中国出口累计减少1508亿美元。出口的快速下降和出口及出口相关企业的倒闭，在对经济带来严重冲击的同时，对就业和贫困地区的脱贫带来诸多不利影响。

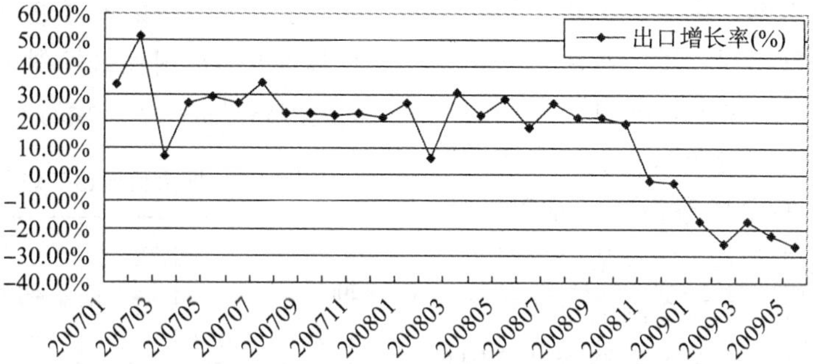

图1 出口增长率

数据来源：中国海关总署。

尽管出口出现了大幅下滑，但出口格局并没有发生太大的变化，美国、日本和欧盟是中国出口的主要目的地。2008年11月—2009年5月，对三大经济体的出口占总出口的比重为47.1%，与金融危机爆发前相比，并没有发生明显的变化。具体到三大经济体，2007年和2008年，中国对欧盟出口占总出口的比重分别为20.1%和20.5%，而2009年1—5月，比重降为19.8%，对美国市场这一数字分别为19.1%、17.7%和18.6%，对日本则为8.4%、8.1%和8.6%。相对而言，尽管发达经济体都受到了严重的冲击，但是对欧盟出口受到的冲击最大，欧盟市场在总出口中的比重呈现萎缩态势。美国尽管是此次危机的爆发地，但是美国市场在中国总出口中的比重在危机爆发以后反而有所上升。

（2）出口大幅下滑对减贫的影响。

一是金融危机对中国出口的影响可能不是短期的，在金融危机平复之后，中国的出口可能难以恢复到危机之前的快速增长态势，将对中国的增长方式带来深远的影响，原先的减贫路径可能难以为继。改革开放以来，中国实施了出口导向型的发展战略，通过承接国际产业转移，在东部沿海地区形成了以出口为主的制造业基地。2001年以来，中国出口长期、持续的快速增长，带动了内陆地区的劳动力向沿海地区转移。转移到沿海地区的劳动力在出口企业从事加工组装工作，要比在内陆从事农业经营性活动获得更高和更稳定的收入，促进了贫困人口的脱贫，为中国扶贫事业找到了一条自发展的路径。作为对全球失衡的强制性调整，此次金融危机意味着美国的过度消费和透支消费模式是难以为继的，必须进行调整。实际上，金融危机爆发以来，美国的储蓄率已经由危机前的负数增长到5%以上，美国开始减少消费增加储蓄。在金融危机平复之后，即使经济恢复正常增长，由于发达国家消费模式的改变，中国可能难以恢复到持续多年的出口高速增长态势。如果出口不能维持高速增长，劳动力继续沿海地区大规模转移可能比较困难。而且随着促进外贸增长方式的各项政策的逐步落实，高增值的出口产品将得到更多的鼓励，这实际上也会减少劳动密集型产品的出口，进一步降低对低技能劳动力的需求。因此，通过出口高速增长并带动向沿海制造业基地继续大规模转移内陆劳动力的发展路径可能难以继续，现有的贫困人口也无法继续依赖这种方式脱贫。在短期应对国际金融危机的措施结束以后，需要进一步考虑能够带动贫困地区和贫困人口实现自我发展的减贫路径。

二是从区域来看，此次出口调整不仅打击了东部沿海地区，对中西部地区的出口也带来了冲击，直接影响到这些地区的自我发展能力。在中国的东部、中部、西部和东北四个区域中，东部无疑是中国出口的主要区域，其出口额占了全国的87.0%，而中部、西部和东北的出口占全国的比重分别为4.6%、4.5%和3.9%，与东部地区相比，份额还是相对较小。但是近年来，贫困县占较大比重的中部和西部地区通过承接产业转移、大力发展边境贸易等方式，带动了出口的迅猛发展。除了资源丰富省份以外，中西部地区的出口更多的是以劳动密集型产品和农产品为主，这在一定程度上有利于贫困人口就业和贫困地区的发展，提高这些地区的自我发展能力。随着金融危机的深化蔓延，2009年以来，中西部地区的出口也出现了负增长，而且降幅不断扩大，尤其是在进入2009年4月份以来，中西部地区的出口降幅都在30%以上，远高于同期东部地区的降幅。中西部地区出口大幅下滑，直接影响到这些地区的自我发展能力。而且随着东部向中西部地区产业转移步伐的放慢，中西部地区出口的长期发展有可能进一步受到影响。那么在金融危机冲击结束后的相当一段时期，中西部的出口都可能难以恢复正常，这对于中西部地区通过承接出口加工制造业带动贫困地区发展和贫困人口就业的发展路径提出了严峻的考验。

表1　　四大区域出口增长率　　单位：%

	东　北	东　部	中　部	西　部
2007年	29.1	24.9	33.3	34
2008年1—10月	15.8	20.1	48.2	46.4
2008年11月	-1.1	-2.9	0.1	8.8
2008年12月	5.4	-4	-1.2	11.6
2009年1月	-17.7	-17.4	-21.4	-15.3
2009年2月	-20.9	-25.9	-35.6	-14.7
2009年3月	-33.5	-15.8	-30.9	-15.5
2009年4月	-37.5	-20.7	-35.4	-33.7
2009年5月	-27.9	-24.4	-47.2	-38.8
2009年6月	-19.8	-18.9	-46.8	-36.2

数据来源：CEIC 数据库，作者计算整理

三是无论是农产品还是工业制品，无论传统的劳动密集型产品还是机电产品，出口都受到了一定程度的冲击，各个行业的生产和就业都受到严重冲击。在农产品出口方面，尽管受到的影响相对较小，但是也出现了一定程度的负增长，从2008年11月—2009年6月，中国农产品出口下降了6.9%。由于农产品尤其是作物产品及其加工品，其出口来源地主要是一些经济欠发达地区，农产品的出口直接影响到经济欠发达地区和这些人口的生产和生活。而且一些经济作物是一些落后地区的支柱产业，农产品出口受到冲击，对这些地区经

济发展和人民生活的打击往往要大于数据表现。在传统的劳动密集型产品方面，随着金融危机的深化蔓延，占中国总出口15%的纺织服装出口也出现了下滑，直接影响到近2000万人的就业。根据测算①，纺织、服装和鞋类产品的出口每下降1%，将导致就业下降0.44%。金融危机爆发以来，纺织、服装和鞋类产品的出口已经累计下降了26.6%，根据2000万人的就业推算，因为出口下降而失业的人数已经超过了200万人，而且这还不包括一些处于半失业的人群。考虑到在现行体制下，失业的多为民工，这对于贫困地区和贫困人口无疑是一个巨大的冲击。在机电产品出口方面，2009年11月以来，中国机电产品出口值已连续10个月月度同比呈现负增长态势，2009年1—5月中国出口机电产品2505亿美元，比去年同期下降21.9%，降幅大于同期中国总体出口降幅0.1个百分点。考虑到机电产品出口占了中国总出口的55%以上，机电产品出口下降直接影响到了总出口的表现。在中国出口的机电产品中，除了部分机械设备，如机床，出口的机电产品中相当一部分是劳动密集型的产品，对就业影响巨大。据测算，仅在电子信息产业，2008年年底的就业人数达到了800万人。根据计算，电子产品出口每下降1%，就业将下降0.48%②。据此推算，受出口下降的影响，电子信息产业的失业人数接近100万人。由于电子信息产业的产业链条较长，如果考虑到与之相关的关联产业，则受影响的人数更多。

四是企业生存压力加大，影响到扶贫事业的长远发展。在金融危机爆发以前，由于国内宏观调控、原材料价格上涨等诸多不利因素的影响，国内企业尤其是中小企业生存出现危机，根据国家发展改革委中小企业司在2008年8月发布的统计结果，由于资金链断裂等因素的影响，2008年上半年全国约有6.7万家规模以上中小企业倒闭，其中劳动密集型的纺织业的中小企业倒闭超过1万多家，同时有三分之二的纺织企业面临重整。金融危机爆发以后，外需萎缩导致的出口下降使得本已面临着生存压力的企业尤其是出口及出口相关企业进一步受到冲击，沿海地区的企业出现了倒闭和停产、半停产的风潮。例如在广东地区，2008年10月—12月，出现停产、歇业、关闭和外迁等情况的企业达到了15661家，比前三季度增加了一倍，而且有50%～60%的企业进行了不同比例的裁员。除了珠三角地区企业以外，中国另一主要出口基地长三角地区也受到了一定的影响。在长三角地区的浙江省，至2009年2月底，金融危机已经导致省内9%以上的中小企业经营出现困难。同样位于长三角的出口大省江苏也出现了一定程度的企业倒闭现象，由于江苏的外资企业占了相当大的比重，因此出现了一些外企企业“弃企避债”的现象。考虑到企业的建立和发展需要一个长期的过程，在金融危机冲击结束之后，大量吸纳劳动力较多的中小企业的破产和倒闭，对于就业的持续增长的负面影响将是长期的，也不利于贫困人口进一步转移和脱贫。

五是金融危机的爆发具有突然性，中国的出口调整也比较突然，加大了政策调整的难度。2008年1—10月，中国出口一

① 国家发展改革委宏观经济研究院，《人民币汇率变动对就业的影响》，内部报告。

② 国家发展改革委宏观经济研究院，《人民币汇率变动对就业的影响》，内部报告。

直延续着2001 年以来高速增长的态势。除了3 月份出口增幅小于10%以外，其余各月出口增长都在15%以上，即使在10 月，出口增长也达到了19.1%，而在11 月则出现了2.2%的负增长。从高速增长到小幅负增长，中间并没有过渡，如此大幅的调整是出乎学者和决策层的意料。在2008 年10 月以前，中国经济面临的更多的问题主要是国际收支持续失衡带来的外部失衡和价格不断上涨带来的持续通胀压力，因此宏观政策更多是采取紧缩性的措施。在这一背景下，中国政府不仅要面对出口急剧下滑对就业和贫困地区发展所带来的冲击，同时也需要对宏观政策进行大幅度的调整，政策调整的复杂性加大，也使得扶贫的难度加大。

2. 国内自发投资和FDI 环节

中国是一个发展中国家，投资（包括外商直接投资和国内自发投资）是推动经济增长的主要动力。总体来看，国内民间自发投资与FDI 流入对扶贫工作有重大推动作用。

首先，投资对农村劳动力的转移起了促进作用。在资本相对缺乏而劳动力供应充足的中国，投资可吸纳大量劳动人口就业。以外资为例，外资企业所创造的就业机会不仅仅是所投资企业雇佣的全部人数，还包括产业积聚效应所衍生出来的上下游企业的劳动力需求。根据中国国家统计局的统计，2007 年，国外投资企业吸纳城镇就业占总就业的比重高达5.3%，如果考虑上下游配套企业，则比重更高。这其中，既包括原有就业人口，又包括从中西部地区转移的大量劳动人口。

其次，FDI 与国内民间投资同样能促进农业经营性收入的提高。随着国内民间投资和FDI 的引入，可以极大地改造和提升传统产业，推动农村的产业升级，培育和发展新兴产业，优化产品结构，促进农产品的生产、储备和销售，从而增加农业经营性收入。

最后，投资的高速增长，直接拉动了土地价格的上升，加快了城市化进程，这必然从增加农民财产性收入、改善农村基本公共服务条件两个方面有利于扶贫事业的开展。

（1）国内自发投资和FDI 变化情况。

金融危机爆发后，中国政府几乎在第一时间做出了强有力的政策反应，国家预算内资金和国内贷款投资没有出现明显下滑。金融危机对中国投资的影响主要体现在国内自发投资和FDI 变化两方面。2008 年第四季度，中国全社会固定资产投资同比增速为22.5%，大大低于前三个季度的27.0%。尤其值得关注的是，利用外资下降了5.3%，企业自筹资金投资增速降至25.6%，均显著低于前三个季度的6.8%和33.4%。进入2009 年，在中国积极财政政策和适度宽松货币政策带动下，民间投资增长状况有所改善，但FDI 流入持续下滑，2009 年上半年，流入中国的FDI 为430 亿美元，同比下降17.8%。

具体到东中西不同的贫困地区，情况又有所不同。

如东部地区的河北省广平县，2007 年到2008 年，固定资产投资从29.0 亿元增至36.9 亿元，吸收外资从807 万美元增至1100 万美元，固定资产投资增速有所下降，但由于距离东部沿海较近，承接了部分产业转移，吸收外资增速反而有所上升。

表2　　东部地区外资流入与农民收入——河北广平县

年度	固定资产投资		实际利用外资		GDP		农民收入	
	总额	增速	总额	增速	总值	增速	人均纯收入	增速
2007	290537 万元	40.2%	807 万美元	15.2%	369393 万元	17.0%	3872 元	13.0%
2008	369206 万元	27.1%	1100 万美元	18.0%	413953 万元	12.0%	4212 元	8.8%

数据来源：相关年份统计公报。

中部地区的江西省江华县，2007 年到 2008 年，固定资产投资从 13.8 亿元增至 19.6 亿元，吸收外资从 3929 万美元降至 2123 万美元，出现了固定资产投资和吸收外资增速双降。

表3　　中部地区外资流入与农民收入——江西省江华县

年度	固定资产投资		实际利用外资		GDP		农民收入	
	总额	增速	总额	增速	总值	增速	人均纯收入	增速
2007	138602 万元	43.6%	3629 万美元	86.1%	290177 元万	14.2%	1669 元	7.0%
2008	195599 万元	41.1%	2123 万美元	-41.5%	351604 万元	13.4%	1860 元	6.2%

数据来源：相关年份统计公报。

西部地区的云南省大理州，2007 年到 2008 年，固定资产投资从 128.2 亿元增至 163.4 亿元，吸收外资从 1868 万美元增至 2270 万美元，固定资产投资增速出现小幅下降，外资流入增速基本持平。

表4　　西部地区外资流入与农民收入——云南省大理州

年度	固定资产投资		实际利用外资		GDP		农民收入	
	总额	增速	总额	增速	总值	增速	人均纯收入	增速
2007	128.2 亿元	23.2%	1868 万美元	22.3%	3220287 万元	13.2%	2677 元	10.1%
2008	163.4 亿元	27.4%	2270 万美元	21.5%	3716977 万元	12.0%	2913 元	8.8%

数据来源：相关年份统计公报。

（2）国内自发投资和 FDI 下降对减贫的影响。

贫困是多方面因素作用的结果，因此，很难从数据层面准确描述投资下降对贫困的具体影响。

从以上三张表中，可以发现，金融危机前后，这几个地区的 GDP 总量都出现了上升，但增速普遍出现下滑，其中东部地区的广平县下滑较为明显，从 2007 年的增长 17% 下降至 2008 年增长 12%。值得关注的是，上述东、中、西部三个案例地区 2008 年农民收入增长速度都明显下降。其中，东部地区下滑比较明显，从2007 年的同比增长13.0%下降至2008 年的同比增长8.8%。

从机制上看，就业减少和产业转移进程延缓，是投资下降影响减贫的两个主要方面。

在就业方面，由于国内自发投资和外商直接投资很多集中在劳动密集型企业，投资下降的劳动力需求弹性较大，投资规模的下降导致新增就业岗位显著减少。

在产业转移方面，20 世纪 90 年代后半期以来，跨国公司向中国的产业转移步伐加快。产业转移在带动中国东部地区产业结构调整升级步伐的同时，导致东部地区环境承载压力加大。东部地区一些相对落后的产业，开始逐步向中国中西部地区转移。虽然近年来，中国中西部地区基础设施条件有很大改善，但东部地区在自然条件、产业配套等方面仍相对于中西部地区具有明显优势。金融危机爆发以后，随着国内民间自发投资增速的下降和 FDI 流入量减少，东部地区向中西部地区产业转移的步伐将大大放缓。

3. 财政环节

（1）国际金融危机对中国财政收支的影响。

一是国际金融危机导致中国财政收入出现增长放缓。2008 年下半年，国际金融危机对中国实体经济的负面影响逐步显现，伴随经济增长的下滑，财政收入也出现了增长放缓的状况。全国财政收入月度统计情况显示，2008 年 10 月至 2009 年 4 月期间，除2008 年12 月外，财政收入出现月度同比减少的状况，其中 2009 年 1 月和 4 月减收程度最严重，财政收入同比下降幅度超过了 10%。财政收入中税收收入的同比减少更加明显，2008 年 10 月至 2009 年 5 月期间持续同比下降，其中 3 个月份降幅在 10% 以上，累计降幅超过 8%。

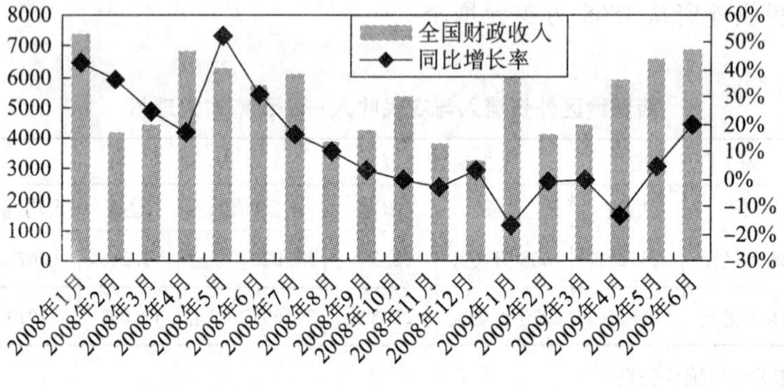

图 2　近期中国财政收入变化情况（亿元）

尽管5、6 月份当月财政收入恢复了正增长，但是受前 4 个月减收的影响，2009年上半年全国财政收入实现33976.14 亿元，减收额仍然达到 832.05 亿元，同比下降了2.4%，税收收入同比下降幅度更大，为 6%。根据上半年财政收入实际情况，以及下半年经济增长回升态势预计，全年财政收入虽能较2008 年有所增长，但增长幅度可能仅为个位数。

案例 **浙江省瑞安市**

瑞安市隶属于温州市，位于浙江东南沿海。瑞安市1987年被国务院确定为首批14个沿海经济开发区之一，为全国农村综合经济实力百强县（市）之一。

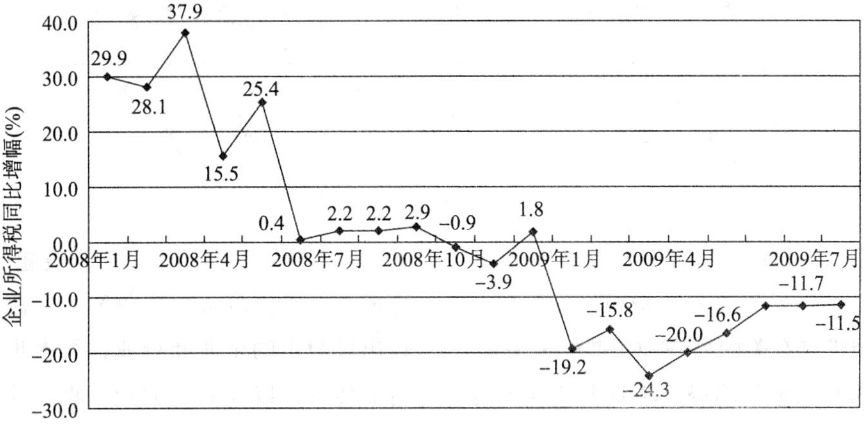

图3 浙江省瑞安市企业所得税同比增幅（2008.1—2009.7）

金融危机对瑞安市企业的影响从2008年6月开始显现，2009年3月达到谷底。图3表明，2008年上半年瑞安市企业所得税增幅很高，其中3月份比2007年同期增长37.9%。从2008年6月开始，增幅明显下降。到10月和11月出现负增长，分别为-0.9%和-3.9%。可见，从企业所得税的视角折射出2008年下半年，瑞安市的企业经营活动受到金融危机的严重影响。在税收上的表现从6月份开始，10月、11月为当年度最为严重的两个月。

2008年12月虽然增幅为1.8%，但不排除年底为了完成年度任务，而加强征管的作用。2009年1月开始，企业所得税大幅度下滑，直到8月份仍为负增长。其中，最为严重的是3月份，为-24.3%。说明瑞安市企业受金融危机的影响比较严重。从今年6月份开始，企业的经营状况开始逐步回暖。根据企业访谈，8月份开始海外订单恢复性增长。但这需在以后几个月的企业所得税才能看出来。

二是主体税种的税收收入下降较为明显。这一轮由于国际金融危机影响，中国实体经济而连带产生的财政减收，从各税种收入的变化情况来看，呈现出主体税种收入下降相对明显的结构性特点。占中国财政收入比重超过10%的税种共有4个，分别是国内增值税、企业所得税、营业税以及进口货物增值税和消费税。2008年11月份以来，其中的国内增值税、进口货物增值税和消费税税出现了持续减收的状况。2009年上半年，增值税收入同比下降3%，与近几年增值税收入年度增长20%左右形成了鲜明对比。由于增值税在财政收入中占比高，接近1/3，其减收对财政总收入的影响也比较明显。

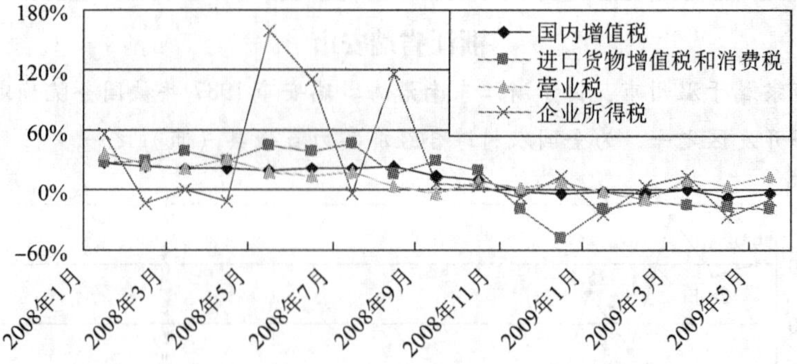

图 4　主要税种收入增长情况

与进口贸易相关的税收减收最为严重，除了进口货物增值税和消费税同比大幅下降外，与进口有关的另一项税收——关税，也呈现大幅减少的趋势。2009 年上半年这两项税收收入的降幅分别达到 14.9% 和 29.9%。

企业所得税和营业税两项在部分月份出现了减收现象，其中企业所得税减收较为明显，2009 年上半年统计数据显示，企业所得税同比下降达 13.8%。营业税则是 4 个主要税种中唯一总体上保持增长的税种，仅在 2009 年 1—2 月出现减收，上半年的累计增幅为 6.4%。

经济运行因受国际金融危机影响而发生的变化，是财政收入减少所呈现的这种结构特点的主要原因。此次金融危机起始于美国的次贷问题，最早也是最直接的损失是对大量持有美国的次级抵押贷款衍生证券的金融、投资机构。由于大规模参与这类复杂衍生产品交易的多数是发达国家的金融机构，因此危机爆发后，最先受到影响，也是受到影响较大的是欧美的一些发达国家，而中国的金融体系因金融危机造成的损失很小，影响不明显。但是，随着危机的影响从金融领域向实体经济蔓延，发达国家经济增长放缓甚至进入衰退，这些国家对中国产品的进口需求也随之下降，造成中国外需较大幅度收缩，进而影响到以出口为主的企业和行业，再逐步向上游行业传导，以及通过就业、收入等途径扩散到其他领域。由于危机带来的影响是以上述方式传导和扩散的，因此进出口的收缩最为显著，外需减少引起出口下降，大量加工贸易的萎缩使进口同步下降，因此形成了进口货物增值税和消费税、关税等税种的大幅减收。

增值税的减收则是经济下滑、特别是第二产业增速下降的结果。这是由于增值税是以商品生产流通或劳务服务各个环节的增值额为征税对象的，而当前中国第三产业的相当一部分是征收营业税而不是增值税的，所以增值税收入与第二产业增加值的关系更为密切。受金融危机的影响，中国工业增加值月度增速自 2008 年 7 月起快速下降，到 10 月已下降到 10% 以下，到年底累计降幅超过 10 个百分点。2009 年上半年，尽管工业增加值增速在宏观经济政策措施作用下开始回升，但仍然处于较低水平。工业生产的下滑，带动增值税出现减收的状况。此外，增值税的减收还有税制改革因素的作用。增值税由生产型转为消费型经过 4 年多的试点，自 2009 年年初起在全国所有地区、所有行业全面推行，这一改革也使增值税收入有所减少。双重因素共同作用，形成统计显示的减收状况。

企业所得税与企业盈利状况密切相关。受金融危机的负面影响，中国宏观经济总体出现下滑，需求不足，特别是外需较大幅度收缩，使企业尤其是产品出口占比重较大的企业经营出现困难，这必然影响企业所得税的征收基础，即企业利润的实现，进而影响企业所得税收入。

营业税收入增长的情况较其他主要税种好，主要是由于营业税是针对服务业征收的税种。中国服务业贸易的规模远远小于货物贸易，这是由服务业自身的特征以及中国服务业发展的现状所决定的，因此，在金融危机中进出口所受的较大负面影响，基本都是对货物贸易及与之相关的生产活动的影响，服务业受进出口变化的影响较小。

三是所有区域财政收入都出现增长放缓的情况。财政收入受国际金融危机影响的程度，在不同区域显现出一定的差别。通过比较东部、中部、西部等地区各省份2008年与以前年份的财政收入增速，到2008年末，大多数省份的地方财政收入增长率较以前年度有所下降，显现出国际金融危机对当地经济进而财政收入形成了负面影响。各区域间比较来看，东部省份财政收入下滑的程度较中西部更为严重，如东部地区财政收入降幅最大的广东，其2008年地方财政收入增长率较上年下降达30个百分点，包括北京市、上海市、江苏省、福建省、海南省在内的另外5个东部省市，2008年地方财政收入增速的下降幅度也都超过了10%。从2008年各省财政收入增幅排序的情况看，浙江、山东、上海等都成为垫底的省市。中部和西部省份财政收入增幅的下滑则相对较小，如中部的湖南、河南、江西等省，西部的云南、贵州、广西、陕西、青海等省区，虽然财政收入增速有所放缓，但放缓的程度较低，都没有超过10%，有一些增幅仅降低了2~3个百分点。只有四川省财政收入增幅下降较多，但这其中包含汶川地震的影响。

财政收入受金融危机影响程度在区域间的差别，与区域经济发展受金融危机影响在时间上、程度上存在的差异有关。总的来看，此次国际金融危机对中国经济的影响呈现出由东部地区向中西部地区逐步扩散的趋势。首先，东部地区在2008年11月最早出现了出口增速由正转负的情况，这种现象在中部出现的时间较东部晚一个月，在西部出现更晚，是在2009年1月。第二，东部地区工业增加值增速放慢更明显，工业增长出现了“东慢西快”的状态。2008年，东部地区规模以上工业增加值比上年增长11.6%，而中部和西部地区这一指标的数值分别为15.8%和15.0%。分省来看，除天津外，工业增速较快的省份都集中在中西部，包括内蒙古、广西、安徽、江西、湖北、重庆、青海等。第三，从企业停产、半停产和关闭情况在东部，特别是东南沿海地区较为突出。如广东省经贸委的统计逐渐显示，2008年10月，广东省出现企业停产关闭的一个高峰，当月停产企业数达到8513家，比前9个月的总和还要多。浙江省温州市在2008年10月对全市10个重点乡镇的调查也显示，10个乡镇平均有8%的企业倒闭，最严重的乡镇企业倒闭率达到14%。

表5　2008年各省份地方财政收入增长情况　单位:%

序号	省份	地方财政收入增长率	序号	省份	地方财政收入增长率
1	甘　肃	38.8	17	西　藏	23.5
2	海　南	33.9	18	北　京	23.1
3	安　徽	33.3	19	贵　州	22.6
4	内蒙古	32.5	20	江　苏	22.1
5	吉　林	31.8	21	湖　北	20.3
6	黑龙江	31.4	22	河　北	19.7
7	重　庆	30.4	23	福　建	19.1
8	新　疆	26.2	24	四　川	18.9
9	青　海	26.2	25	广　东	18.8
10	云　南	26.1	26	宁　夏	18.8
11	江　西	25.3	27	湖　南	18.2
12	辽　宁	25.2	28	浙　江	17.2
13	天　津	25.1	29	河　南	17.1
14	山　西	25	30	山　东	16.8
15	陕　西	24.5	31	上　海	13.3
16	广　西	23.8			

资料来源：中国国家统计局。

四是财政支出压力增大。财政支出规模和结构的确定，除了需要从财政风险控制的角度，适当考虑财政收入的规模、赤字规模和比率，以及由此产生的政府债务绝对数额和相对比率的增加外，更重要的是考虑经济社会平稳发展对财政投入的需求。在面临金融危机带来的经济下滑严峻形势的时候，中央及时调整了财政政策的基本取向，在2008年11月宣布实施积极的财政政策，以促进经济平稳较快增长。适应经济形势所作的政策取向转变，带来了新增财政支出的要求。也是在2008年11月，国务院常务会议确定了“当前进一步扩大内需、促进经济增长的十项措施”，并提出落实这些措施的投资额到2010年底约需4万亿元人民币。这项总额达4万亿元的经济刺激方案，其实施需要中央和地方财政的投入。在这4万亿元新增投资中，已经明确中央政府支出的部分为1.18万亿元，其余部分中包括地方政府的投入。2008年第四季度，中央政府已新增公共投资1040亿元。2009年，中央财政的公共投资安排计划将增加4875亿元，达到9080亿元。

以政府投资带动投资需求上升，是为应对金融危机影响而采取的财政政策措施的一个方面，另一方面，在涉及民生的一些财政支出领域，也做出了一定的安排，目的在于保障民生，促进消费需求增长。在2009年财政预算安排中，包括推动教育优先发展、支持深化医疗卫生体制改革、完善社会保障和就业体系、保障性安居工程建设等方面的支出都有较大幅度的增长，其中教育支出将增长23.9%，医疗卫生支出将增长近四成，社会保障和就业支出增长22.1%，安排保障性安居工程支出增长171%，这也构成了促使财政支出明显增加的一个因素。

考虑到金融危机背景下各方面的支出需求，2009年全国财政支出76235亿元，较上年增长22.1%，远远超过财政收入预计8%的增幅，预计将形成9500亿元的财政赤字。可以说，国际金融危机的爆发使得中国财政支出的压力大大增加。

（2）对扶贫工作可能产生的影响。

综合国际金融危机对中国的财政收入和支出所产生的影响来看，危机改变了之前财政较大比例超收、收支相抵后略有盈余的局面，一方面造成主要税种减收、财政收入增长明显放缓，另一方面又带来了很多领域财政支出大幅增加的需要，使财政支出压力增大，财政收支间出现一定的矛盾，形成收支相抵后赤字的状况。

从中央财政的层面来看，作为经济发展、宏观调控、收入再分配等职能的主要承担者，有必要从经济社会发展的需要出发确定财政支出的规模和结构。同时，由于中国政府债务水平仍基本处于安全范围内，财政风险可控，完全具备发行国债为宏观经济政策实施所需的财政支出融资的条件。因此，在2009年预算中，中央财政增加国债融资7500亿元，弥补将会出现的财政赤字，支持扩大内需政策的实施。由于拥有解决财政收支矛盾的有效手段，中央财政也有可能以经济社会发展的需要为基本出发点来安排支出。

2009年，中央财政不仅没有减少扶贫、贫困人口补助等方面的支出，还进行了一系列政策调整，提高对贫困人口的补助力度，以更好地缓解经济下滑给贫困人口带来的不利影响。相关的政策包括：一是加大扶贫开发力度，实行新的扶贫标准。对农村低收入人口全面实施扶贫政策，新标准提高到人均1196元，到年底实现扶贫对象覆盖4007万人。分别按月人均15元、10元的标准提高城乡低保水平，安排补助资金540.8亿元，增长48.9%。二是加大社会保障和社会救助的财政支出力度。对全国城乡低保对象、农村五保户等7570多万困难群众，春节前发放一次性生活补贴安排资金100亿元。按2008年企业退休人员月人均基本养老金的10%左右，继续提高企业退休人员基本养老金水平，并向特殊调整对象倾斜，中央财政对中西部地区和东北地区等老工业基地给予适当补助，企业职工基本养老保险基金补助资金共安排1392.41亿元。适时提高部分优抚对象抚恤补助标准，包括调标补助在内安排抚恤和生活补助资金175.12亿元。三是进一步增加对农民的补贴。中央财政安排粮食直补、农资综合补贴、良种补贴、农机具购置补贴四项补贴1230.8亿元，较上年增加200.4亿元，增长19.4%，支持较大幅度提高粮食最低收购价，增加农民收入。

国务院扶贫开发领导小组有关领导表示，2009年，尽管财政收入增幅明显下降，但是，中央财政扶贫资金将保持2008年的增幅并略有提高。实现2008—2009两年国家财政专项扶贫资金总量超过2001—2007年七年的总和。

地方层面的情况与中央存在一些差别。这是由于，目前中国预算法明确规定地方政府不得发行地方政府债券，也就是说，地方政府的财政支出要受到由地方财政收入和上级转移支付构成的可用财力的限制。今年，在面临金融危机带来的较为严峻的宏观经济形势，扩大内需的政策措施需要各级政府的资金投入来落实的情况下，国务院批准地方将发行2000亿元债券，由财政部代理发行，列入省级预算管理。地方债的发行，有利于缓解地方财政层面的收支矛盾，但由于操作上列入省级预算管理，省以下基层政府能在多大程度上获得地方债的融资支持难以保证，支出压力的缓解可能仍然面临困难。基层财政部门反映，地方财政支出中硬性支出多，并且，在年初预算确定以后，由于一些突发事件或中央新的政策出台，还会增加新的硬性支出，地方政府面临的财政支出压力一直较大。今年以来，地方财政受政府投资项目大规模上马的影响，财政资金紧张程度加剧，财政超支压力增大。根据审计署对18个省（区、市）335个新增投资项目的审计抽查的结果，截至3月底，部分项目按工程进度地方配套资金到位率仅48%，明显低于中央财政资金的到位率。这从一个方面反映了地方财政资金紧张的状况。

地方财政资金紧张，可能对基层的扶贫工作投入产生不利影响。在受经济形势制约财政收入一定程度上收缩的条件下，压缩财政开支是地方政府不得不做出的选择。有调查显示，“紧运行”已经成为2009年一些地方财政运行的现实状态。尽管对于政策有明确规定的低收入人口补助等支出，地方政府必须加以满足，但是在较大的财政支出压力下，对扶贫工作的其他投入可能不得不一定程度上缩减。

4. 对金融、信贷及其支持扶贫工作的影响

（1）国际金融危机爆发以来的金融、信贷变化情况。

在此次国际金融危机中，中国金融体系所受的直接影响较小。金融危机带来的直接损失主要在于与美国次贷相联系的衍生证券，而中国金融机构对这类金融衍生产品持有很少，因此直接损失很小。总体上来看，金融体系保持良好的运行基础和态势。

但是，由于国际金融危机通过外需等渠道对中国实体经济的影响逐步显现，为了保持经济的平稳较快发展，中央对货币政策取向做出了调整，从2008年下半年起，开始实施一系列适度宽松的货币政策措施，包括增加信贷规模、多次降低存贷款利率和法定存款准备金率等。2009年，中国继续实施适度快速的货币政策，取消了对信贷规模的限制。货币政策的调整，旨在提高金融体系对实体经济的融资支持，为宏观经济发展提供较为充足的资金，促进经济恢复增长。

适度宽松的货币政策实施以来，中国货币信贷形势出现了积极的变化。首先，货币供应快速增长。从2008年12月起，货币供应量增速快速上升，屡创新高。到2009年7月，广义货币供应量M2同比增长率达到28.42%，与6月基本持平，较上年末提高了10.6个百分点；狭义货币供应量M1增长率为26.37%，比6月提高了1.6个百分点，较上年末高17.3个百分点。

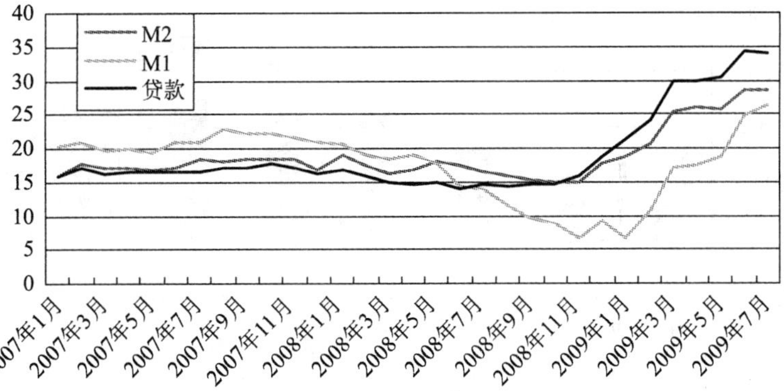

图5　近期货币供应与信贷增长情况（%）

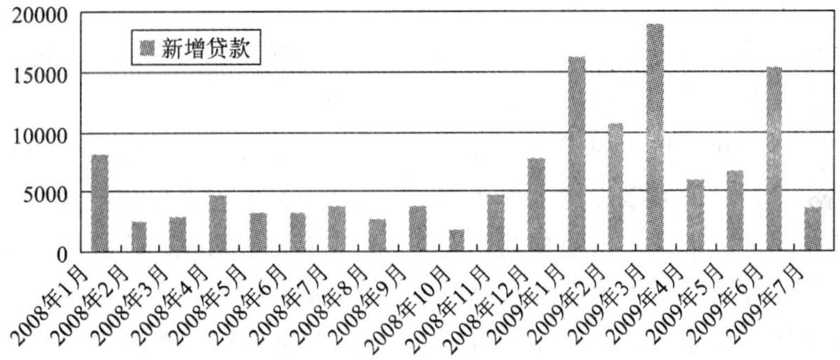

图6　近期新增贷款变化情况（亿元）

其次，贷款余额也呈现快速增长势头。7月，金融机构人民币各项贷款余额达到38.1万亿元，同比增长33.9%，增幅较上年末高15.1个百分点。自2008年10月起，金融机构新增贷款规模大幅增加，今年以来，已有4个月出现了单月新增贷款超万亿元的情况。1—7月累计新增贷款达到7.73万亿元，已经超出2008年全年新增贷款2.82万亿元。

从新增信贷投放的结构来看，主要呈现出以下几个特点。一是国有商业银行等大型银行机构的新增贷款投放比例有所上升。比较2009年前两个季度与2008年各季度新增贷款在不同类型金融机构间的分布，会发现国有商业银行信贷投放的比例在2008年基本稳定在40%左右，但是到2009年第一季度，新增贷款中有约一半来自国有商业银行，这一比例在第二季度略有下降，但仍然高于2008年的水平。二是新增中长期贷款比重上升。这一特征在今年二季度以来表现尤为明显。中长期贷款大规模增加与政府性投资带动的大项目逐步启动有密切关系。三是新增贷款投放区域方面，对东部经济发达地区略有倾斜。在中国银行2009年一季度新投放贷款中，沿海重点分行贷款占比较2008年上升了5.86个百分点，表明对这些地区信贷支持力度较大。建设银行一季度贷款投放的统计数据也显示，包括江苏、广东、北京、浙江、山东等省市在内的长三角、珠三角、环渤海三大重点地区贷款新增额占全部新增贷款的近60%。

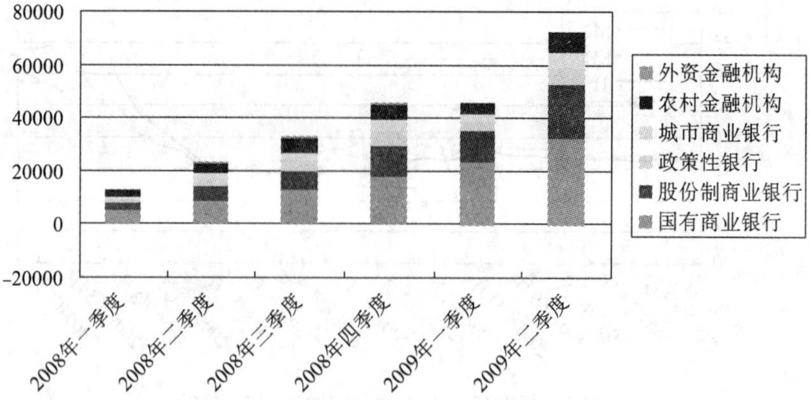

图7　不同类型金融机构的新增贷款（亿元）

新增信贷投放之所以显现出以上结构特征，主要原因在于两个方面。一个方面是由于应对金融危机、扩大内需的宏观经济政策开始实施，经济刺激方案中的政府投资项目逐步落实，带动了大规模的配套信贷需求。另一方面是由于受金融危机的影响，外部经济环境恶化、中国经济增长放缓，在这种经济形势下，出于控制信贷风险的考虑，银行更愿意将信贷投放在经济实力较强的地区和大型企业，而经济实力薄弱的地区、中小企业因其自身抗风险能力较差而形成较高的信贷风险，因此银行对其投放信贷的意愿较低。

（2）对扶贫工作可能产生的影响。

从以上分析可以看出，尽管在适度宽松的货币政策作用下，中国的货币信贷供应趋于宽松，经济发展获得了大量信贷资金的支持，但是，从信贷投放的结构上来看，对贫困地区、贫困人口的支持力度可能并没有同等增强。

信贷支持扶贫工作，可以通过两大类渠道，一是通过为政府对贫困地区的投资配套信贷资金，推动投资项目顺利实施来提供支持；二是通过市场渠道，如支持中小企业发展以促进劳动力就业，支持农业发展以提高农民收入等，进而帮助贫困人口脱贫。

由于银行体系资金较为充裕，对政府投资项目的配套信贷要求，银行有能力满足。而相对来说，政府投资项目的风险较小，这一优势在当前的经济形势下尤为突出，因此银行对为政府投资项目提供配套信贷资金的意愿也较强。也就是说，通过政府投资带动实施的扶贫相关项目，总体上应该能够得到较为有效的金融支持。但是，由于这类项目的资金来源往往既包括中央政府投资，又要求一定的地方配套资金，项目的进展情况、获得银行信贷资金支持的情况，在一定程度上也与当地地方财政配套能力有关联。贫困地区地方财政的配套能力相对较弱，有可能由于无法提供足够的配套资金或配套资金到位进度慢等原因，使相关项目的实施受到影响，如果项目不能实施，也就得不到相对应的金融支持。

市场渠道方面，由于当前的经济形势，以及商业银行就自身经营稳健性、信贷风险控制等方面的考虑，很难实现有效的支持。这一方面，也需要相应的政策引导，如对银行发放中小企业贷款、农业贷款采取贷款贴息、税收优惠等政策措施，才能达到较好的效果。

（三）对贫困地区自我发展的不利影响

中国贫困地区主要集中在中国的中西部。虽然金融危机首先冲击中国外向度较高的东南沿海地区，但中西部地区不仅不能独善其身，而且由于依赖资源类产品和传统制造业，更容易受到金融危机的冲击。金融危机爆发前，东部地区土地政策、加工贸易政策的不断缩紧在一定程度上加速了东部产业向中西部尤其是中部转移。金融危机后，随着东部地区的出口不断下滑，东部会加大对相关产业的吸引力度。如果东部地区向中西部地区的产业转移放缓，那么在金融危机冲击结束后的相当一段时期，中西部地区的经济增长和产业发展都会受到一定的限制。从短期来看，金融危机从农产品出口和资源产品价格两个方面对中西部尤其是贫困地区的发展带来了冲击。

1. 农产品出口下滑影响贫困地区的持续发展

贫困地区由于产业基础较为薄弱，在中国出口中占有的比重相对较低。但是贫困地区的出口产品主要是农产品，这些产品的出口直接关系到贫困地区产业发展和贫困人口的生活水平的提高。从产业发展来看，为了促进贫困地区的自我发展，从2005年，国务院扶贫办和各级扶贫办开始确定各级扶贫龙头企业，从已经确定的龙头企业名单看，绝大多数属于农产品加工企业。这从另一方面说明尽管已经有了一定的产业转移，但支撑贫困地区发展的还是农产品加工企业。因此农产品出口不仅关系到贫困人口的脱贫致富，也在一定程度上影响了贫困地区的产业发展。

从农产品出口结构来看，2009年上半年，出口谷物70.4万吨，同比下降44.2%，其中，大米出口45.2万吨，同比下降30.7%，玉米出口6万吨，同比下降52.9%，小麦出口8100吨，同比下降93.6%。与此同时，畜产品出口金额18亿美元，同比下降10.9%，棉花出口5853.4吨，同比下降26.4%，食用油籽出口67.8万吨，同比下降7.3%，蔬菜出口383.9万吨，同比下降2.7%。从出口产品结构看，出口降幅较大的是大米、小麦等农业主产区的主导产品，相对于经济作物出口的下滑，这些粮食作物出口下滑对贫困人口影响更大。

从贫困地区农产品出口形势来看，东部河北省农产品出口金额同比增长率为-12.4%，下降幅度超过全国平均水平4.5个百分点；中部拥有国家扶贫重点县数量最多的山西、河南、湖北、江西的农产品出口金额同比增长率分别为-56.6%、-11.8%、-8.9%、-14.4%；西部拥有国家扶贫重点县数量最多的云南、贵州、陕西、甘肃的农产品出口金额同比增长率分别为14.6%、185.2%、-37.8%、-27.8%。

从东中西三大区域来看，东中部各省份农产品出口金额同比增速总体滑落，除福建、广东、海南三省外其余各省均出现负增长；而作为农村贫困人口最集中的西部地区，西部各省出口形势呈现显著的分化特征，云南、贵州、广西、西藏、青海、新疆六省农产品出口逆势上扬，同比增速较快，而其余六省农产品出口金额同比增长率大幅度下降，均呈现跌幅较深的负增长。尤其是西北的陕甘宁地区出现了大幅度的负增长。之所以出现不同的变化，主要还是由于不同省份之间的出口产品结构

表 6　　中西部地区农产品出口情况　　单位：万美元

地　　区	2008 年 1—4 月	2009 年 1—4 月	比上年同期增长
中部地区	72191.4	64598	-10.5%
其中：安徽	15960.6	13862.6	-13.1%
山西	3403	1485.6	-56.3%
江西	7350.4	6375.1	-13.3%
河南	14189.1	13154.2	-7.3%
湖北	18636.3	17958.8	-3.6%
湖南	12652	11761.7	-7.0%
西部地区	150909.8	136457.3	-9.6%
其中：内蒙古	9272.5	7354	-20.7%
广西	24740.3	25075.5	1.4%
重庆	5286.8	4527.2	-14.4%
四川	20711.2	14659.5	-29.2%
贵州	1641.7	4048.9	146.6%
云南	20847.1	25608.9	22.8%
西藏	986.9	1204.6	22.1%
陕西	33266.2	20136.3	-39.5%
甘肃	8544.3	6292.7	-26.4%
青海	217	243.5	12.2%
宁夏	1471.2	872.8	-40.7%
新疆	23924.6	26433.4	10.5%

数据来源：中国食品土畜进出口商会

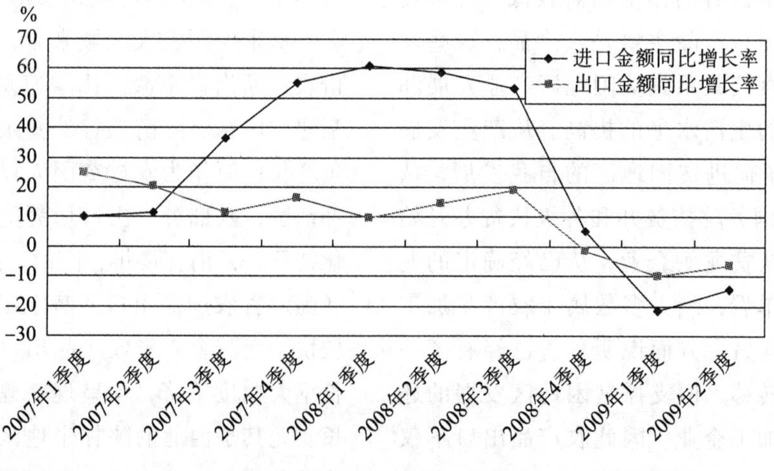

图 8　农产品进出口变化

数据来源：根据中国商务部公布数据整理。

存在巨大的差异所导致的。金融危机以来，在中国农产品出口中，烟草、茶叶、鲜活产品由于市场萎缩相对较小，受到的冲击也相对较小，而这些产品则是云贵川农产品的出口的重要产品。例如云南省，2009年上半年其农产品出口达到了4.1亿美元，同比增长28.4%，其中烟草制品出口1.6亿美元，同比增长76.5%，而且出口价格同时也增长了36%，出现少见的“量价齐扬”的现象，咖啡出口5180万美元，同比增长22.2%，甘蓝、豌豆、西兰花及蒜头等蔬菜出口8092万美元，增长19.2%。而陕甘宁等西北省份中，出口产品以苹果、马铃薯等产品为主，例如西北农产出口位居前列的陕西，其苹果及相关深加工产品占了农产品出口总额的80%左右。

农产品出口下降的原因是多方面的。但是应该看到，中国农产品出口的大幅下跌，尤其是经济类作物以及相关加工产品出口的下降，很大程度上是金融危机和全球经济衰退所带来的外部市场萎缩所导致的。而且一些经济作物是一些欠发达地区的支柱产业，农产品出口受到冲击，对这些地区经济发展和人民生活的打击往往要大于我们通过数据所看到的。例如在金融危机冲击下，发达国家的果汁消费大幅收缩，导致陕西、甘肃苹果及苹果汁的出口受到严重打击。尽管出口值较小，但是其出口受影响对相关苹果产区的人民生活带来了巨大的影响。2008年，陕西苹果产量650万吨，约占全国总产量的1/3，全球总产量的11%，同时陕西还是全国最大的果汁加工基地，果汁产能、产量与出口量均居世界首位，2008年生产和加工浓缩果汁50万吨，约占全球产量的三分之一，产品95%以上用于出口。据不完全统计，全省与苹果产业相关的农民人数达到了600万人，超过农民总数的五分之一。金融危机爆发后，全球市场的萎缩也危及到了苹果以及相关产业的出口。苹果出口从4月份开始出现同比负增长，降幅为8.1%，到了6月份，降幅达到了37.3%。与此对应的是苹果汁的出口，从出口量来看，今年上半年，中国的苹果汁出口同比增长9.5%，但是由于价格同比降幅超过了50%，因此出口价值同比下降了55.9%。这说明在外部环境恶化的情况下，经济类农作物的价格下跌导致相关产品的出口出现了大幅下调，这实际上也是供给过多之后的必然反应。供给的过剩一定程度上也导致苹果汁加工企业价格竞争加剧，相关加工企业的利润也被大大压缩。国内陷入恶性竞争，对于苹果加工产业长远发展是不利的，从而影响苹果产区经济发展和农民收入的稳定增加。苹果以及相关产品出口受外部条件影响巨大，一定程度上也说明了中国农业及相关农产品加工业的脆弱性。如果相关农产品加工的出口进一步萎缩，相关的龙头企业必然的发展可能进一步受到打击，不仅扶贫成绩出现倒退，更有可能的是一些通过农产品及相关加工产品出口而脱贫致富的地区有可能重现陷入贫困。

表7　苹果及苹果汁出口变动情况 单位:%

	苹果		苹果汁	
	价值	价格	价值	价格
2009年1月	20.4%	-1.5%	-67.3%	-50.9%
2009年2月	20.9%	-2.1%	-34.3%	-50.7%
2009年3月	19.5%	-2.4%	-39.6%	-54.7%
2009年4月	-10.8%	-3.0%	-53.4%	-53.4%
2009年5月	-20.2%	4.8%	-47.7%	-54.3%
2009年6月	-33.7%	5.7%	-39.9%	-54.9%

数据来源：CEIC数据库，作者计算整理。

2. 矿产品出口价格下跌对贫困地区财

政收入带来压力

随着资源价格的一路上涨，资源性产品收入已经成为一些地区的主要收入来源，并且成为一些矿产资源丰富的贫困地区的脱贫的主要途径。金融危机爆发以后，相关产品的价格和需求的下降对贫困地区的财政收入带来巨大的压力，而且相对于资源丰富的发达地区，资源丰富的贫困地区的财政收入对资源产品依赖更大，资源产品价格的下降对贫困地区的财政收入带来了巨大的压力。

在中国的中西部省份中，山西是资源丰富的贫困县最为集中的地区，在其 35 个国家级贫困县中，其中 17 个县还属于山西省重点产煤县①，煤炭产业也成为这些县的主要财政收入来源，例如忻州市的宁武县，其地方财政收入的 80% 以上来自煤炭及相关行业，煤炭产量和价格的走势直接影响到地方财政收入的发展。近年来随着煤炭价格的一路攀升，这些产煤大县的财政收入也一路高涨，增长速度远远高于同期。同样以忻州市为例，在该县的 11 个国家级贫困县中，属于山西省产煤大县的一共有静乐县、河曲县、保德县、宁武县等 5 个县。

表 8　忻州产煤贫困县和不产煤县财政收入对比　　单位：百万元

	不产煤非贫困县	不产煤贫困县	产煤贫困县				
	定襄县	神池县	原平市	宁武县	保德县	静乐县	河曲县
2004 年	41	19	97	57	54	24	62
2005 年	43	17	109	82	103	34	78
2006 年	49	21	157	134	154	44	140
2007 年	74	34	300	121	229	72	238
2004—2007 年增长率	80.9%	75.9%	208.4%	114.7%	322.7%	197.5%	283.6%

数据来源：CEIC 数据库，作者计算整理。

从近年来忻州各个县的财政收入情况来看，无论是贫苦县还是非贫困县，只要该地区没有煤炭，那么该地区的财政收入增长便相对较慢。定襄县和神池县都是非产煤县，不同之处是后者是国家级贫困县。从 2004 年到 2007 年，两个县的财政收入分别增长了 80.9% 和 75.9%。与此对应的是该地区的 5 个国家级贫困县，受煤炭价格暴涨的影响，这 5 个县的财政收入增长了 100% 以上，最高的保德县，为 322.7%，即使是最低的宁武县，也增长了 114.7%。金融危机爆发以来，煤炭价格持续下跌。从煤炭出口单价看，自从 2008 年 11 月以来，除了在 2009 年 4 月煤炭价格环比有所上升以外，其余 8 各月煤炭价格环比都出现了不同程度的下降，目前煤炭出口价格累计已经下降了 41.6%。煤炭价格的大幅下调对严重依赖煤炭工业的地方政府尤其是贫困县的财政收入率带来了严重的冲击，受煤炭价格下降以及需求减少等因素的影响，2009 年上半年相当部分县级地方政府

① 这里的产煤大县主要根据《山西省煤炭价格监测主要产煤县（区）情况表》所获得。这 17 个产煤贫困县分别是娄烦县、浑源县、右玉县、武乡县、壶关县、静乐县、河曲县、保德县、宁武县、和顺县、左权县、汾西县、吉县、平陆县、中阳县、兴县、临县。

的财政收入才完成全年任务的30%，在一些贫困县，受地方财政收入大幅度缩水的影响，财政收入状况严峻，财政风险进一步加大。

除了煤炭等能源产品价格大幅下跌对产煤大县的财政收入带来一定的影响以外，其他资源产品例如有色金属、黑金属等产品的价格受金融危机影响大幅下跌也在一定程度上影响到相关贫困地区的工业产值和财政收入。例如云南省兰坪县是国家级贫困县，锌开采是该县的支柱产业。金融危机爆发以来，由于锌价格大幅下跌，直接导致兰坪县的工业生产出现大幅下滑，2008 年兰坪的第二产业的增加值同比下降了 35.5%，同时财政收入下降了 18.5%，2009 年受到的影响进一步加大，财政收入同比下降了 40.1%。作为国家级贫困县，当地政府的刚性支出本身就很紧张，在财政收入大幅度减少的情况下，地方政府的收支压力进一步加大。同样在四川、江西、河北等资源产区，贫困地区受资源价格下降的冲击也比较明显。

（四）金融危机对贫困人口的影响

金融危机的爆发，一方面使得城镇居民收入增长出现一定程度的下降，2009 年一季度城镇单位就业人员劳动报酬同比增长率为 14.1%，增速比上年同期下降 7.3 个百分点，劳动报酬的增速下降使得城镇居民的生活受到的了一定影响；另一方面，金融危机对农村居民收入影响巨大，使得农村居民生活受到极大冲击，农村贫困人口生活面临新的困难，甚至有可能使得已经返贫的人口重新陷入贫困。占人口绝大多数的农村家庭居民作为要素市场与产品市场的供给者，其生活受到冲击直接影响到中国民生事业的顺利发展，也是中国政府必须面对的首要难题。

1. 对中国就业的影响

金融危机对中国经济冲击的民生影响之一是城镇单位新增就业岗位减少，既产生城镇居民失业引发的城市贫困问题，也导致农民工失业产生的城市新贫群体。根据魏后凯《中国贫困与反贫困政策》，现阶段，城市贫困人口构成具有明显的多元化趋势，既包括传统的“三无”人员，也包括市场经济条件下产生的失业、下岗、停产半停产企业中的半失业者和其他由市场因素引起的贫困人口，后者占目前城市贫困人口总数的 70% ~90%。除此之外，农民工成为城市贫困人口构成中的新“三无”人员——无土地、无固定工作场所、无社会保障。因此，金融危机引发的就业问题直接影响了中国新阶段的扶贫工作进程。

2009 年第 1 季度中国城镇就业人员比上年同期增加 1205 千人，同比增长率为 -59%，其中国有企业新增就业人员 429 千人，城镇集体企业减少就业人员 575 千人，其他企业新增就业人员 1351 千人。从 2008 年一季度到 2009 年一季度，城镇集体企业减员幅度大，私人企业新增就业人员下降幅度显著，但包括外资、股份制、私营企业在内的其他类型企业仍然是中国城镇单位就业企稳的支点。

表 9　　全国城镇就业人员变动

单位：万人

全　国	城镇单位就业人员比上年同期增减			
	合　计	国　有	城镇集体	其　他
200801	2957	-556	-428	3941
200802	3106	-418	-515	4039
200803	3195	-180	-515	3890
200804	1681	235	-566	2012
200901	1205	429	-575	1351

数据来源：国家统计局。

从各地区城镇单位就业情况来看，东部地区是中国城镇单位新增就业人员的主体，2009 年一季度东部地区占中国城镇单位新增就业人员的 87%，其中东部地区私企新增就业人员占中国私企新增就业人员的 77%。如此同时，2009 年一季度东部地区城镇单位新增就业人员同比增长率为 -57%，东部地区外资、股份制、私营企业等其他类型新增就业人员同比增长率为 -61%。因此，鉴于东部地区是安置城镇就业、吸纳农村剩余劳动力的重要区域，其新增就业人员尤其是外资、股份制和私营企业新增就业人员的大幅回落，对解决中国劳动力就业问题带来了不利影响，进而可能诱发失业导致的贫困问题。

表 10　　东部城镇就业人员变动

单位：万人

东　部	城镇单位就业人员比上年同期增减			
	合　计	国　有	城镇集体	其　他
200801	2424	-168	-96	2688
200802	2646	-19	-180	2844
200803	2411	-13	-241	2665
200804	1446	168	-227	1506
200901	1043	277	-268	1037

数据来源：国家统计局。

根据魏后凯《中国贫困问题与反贫困政策》：以城市最低生活保障人数为标准，2005 年，中部地区城市贫困人口比重最高，为 47.5%。魏后凯的判断在 2008 年 1 季度到 2009 年 1 季度的城镇就业人员数据得到印证。与东西部地区不同，中部地区除 2008 年 3 季度外，城镇就业单位处于减员态势，其中 2009 年 1 季度中部城镇集体企业减员数量占中国城镇集体企业减员数量 42%。

表 11　　中部城镇就业人员变动

单位：万人

中　部	城镇单位就业人员比上年同期增减			
	合　计	国　有	城镇集体	其　他
200801	-189	-324	-246	381
200802	-168	-380	-233	446
200803	67	-136	-191	396
200804	-63	-64	-249	251
200901	-181	-64	-239	123

数据来源：国家统计局。

西部地区外资、股份制和私营等其他类型企业就业状况受金融危机影响较深，2009 年 1 季度新增就业人员只有 192 千人，比上年同期减少 680 千人；西部地区城镇集体就业状况持续低迷；西部地区国有企业新增就业情况逐渐扭转颓势，缓慢回升，2009 年 1 季度新增就业人员 216 千人，比上年同期增加 279 千人。总体而言，西部地区新增城镇就业的形势不容乐观，新增就业总体规模偏小，私企吸纳就业偏弱，不利于进一步解决西部地区贫困问题，尤其是失业返贫问题。

表 12　西部城镇就业人员变动 单位：万人

西　部	城镇单位就业人员比上年同期增减			
	合　计	国　有	城镇集体	其　他
200801	723	-63	-84	872
200802	628	-18	-102	747
200803	716	-29	-83	830
200804	297	132	-89	257
200901	345	216	-67	192

数据来源：国家统计局。

2. 对农村居民收入的影响

根据国家统计局公布数据，2008 年前 3 个季度农村居民家庭人均现金收入处于高速增长时期，全年人均现金收入达到 5737

元，同比增长 15.7%；金融危机的影响在 2009 年凸显，2009 年上半年农民居民收入状况持续低迷，农村居民人均现金收入 2733 元，同比增长金额 205 元，同比增长率为 8.1%，同比增速为近 6 年来最低。从农民人均现金收入的当期季度值来看，如图 9 所示，2007 年与 2008 年各季度人均现金收入保持了较快增长；2009 年第 1 季度农民人均现金收入同比增长率为 8.6%，增长速度比上年同期下降 9.9 个百分点；2009 年第 2 季度人均现金收入同比增速回落到 7.4%，比上年同期下挫 14.3 个百分点。金融危机对农民收入带来了显著的收入，但是存在一定的滞后性。

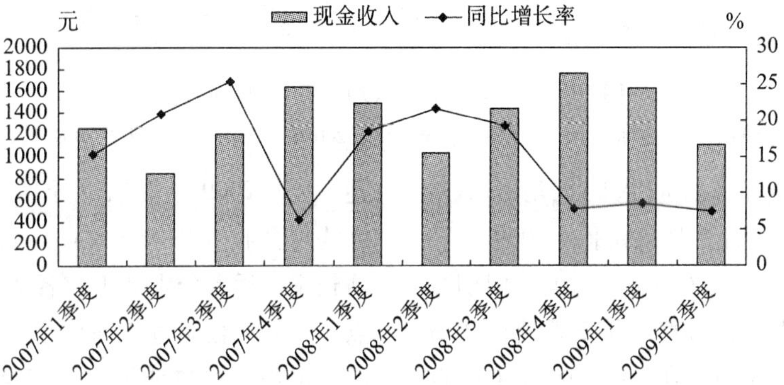

图 9　农村居民家庭人均现金收入变化

数据来源：中国统计信息网、《中国经济统计快报 200804》、《中国统计快报 200908》。

从农民收入构成来看，它包括工资性收入、农业经营性收入、非农业经营性收入、财产性收入、转移性收入，其中以前三种为主要组成部分。根据统计数据，2008 年农村居民人均现金收入中，工资性收入、农业经营性收入与非农业经营性收入所占的比重分别为 32.3%、46.4%、12.4%。

工资性收入是农村居民从农村流转到城镇以农民工的身份获取的收入形式，主要表现为农民工的汇款。由于外出务工农民主要在旧历年年末将打工收入汇回家中，因此在数据统计上具有较强的季节特征。如图 10 所示，农民工资性收入一季度水平值较高，而二、三、四季度水平值渐次递增，但总体水平相对较低。受金融危机的影响，2009 年第一季度工资性收入当期值同比增长率为 7.7%，比上年同期下降 9.2 个百分点；2009 年第 2 季度工资性收入持续低迷，同比增速为 9.9%，比上年同期下降 10.6 个百分点。金融危机对农民工资性收入在 2009 年上半年表现显著。从整个 2009 年上半年来看，农民人均工资性收入为 954 元，比上年同期增加 74 元，同比增长率为 8.4%，同比增速下降 9.6 个百分点。

农业经营性收入是农民收入中最主要的组成部分。受金融危机的影响，农产品国内外需求回落，导致农业经营性收入增长速度下降。根据国家统计局公布数据，2008 年农村居民家庭人均农业经营性收入同比增长率为 14.5%，同比增速比上年下降 1.1 个百分点；2009 年上半年，人均农业经营收入为 1142 元，同比增长率为 4.2%，同比增速比上年同期下降 17.3 个百分点。从当期季度值来看，如图 11 所示，

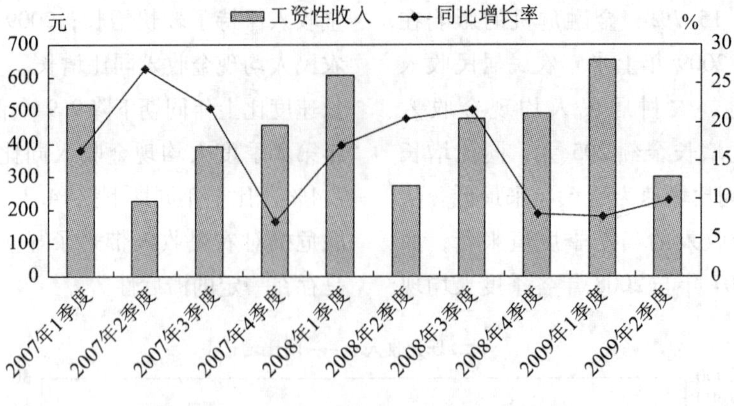

图10　农村居民家庭人均工资性收入变化

数据来源：中国统计信息网、《中国经济统计快报200804》、《中国统计快报200908》。

农民人均农业经营性收入同比增长率从2008年第3季度开始持续走低，2009年第1季度同比增长率为6.6%，比上年同期减少13.4个百分点，2009年第2季度同比增长率为1.6%，比上年同期减少13.4个百分点，农业经营性收入增长形势进一步低迷。比较2009年第1、2季度农村居民家庭人均现金收入与人均农业经营收入的同比增长率，后者分别低于前者2、5.8个百分点。可见，金融危机对农业经营收入的影响一定程度上拉低了人均现金收入增长速度。

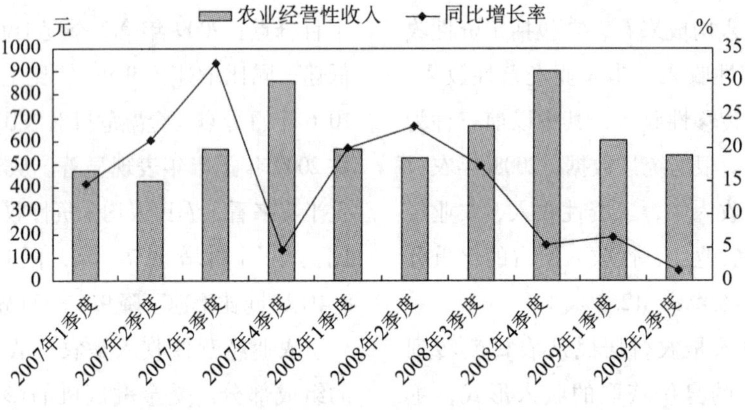

图11　农村居民家庭人均农业经营性收入变化

数据来源：中国统计信息网、《中国经济统计快报200804》、《中国统计快报200908》。

金融危机对农民非农经营收入的影响相对较弱。2008年农村居民人均非农经营收入为709元，同比增长率为8.3%，同比增速比上年下降1个百分点；2009年上半年人均非农经营收入为369元，同比增长率为9.8%，同比增速比上年同期回落1.5个百分点，但比同期人均现金收入同比增速高1.7个百分点。从当期季度值来看，如图12所示，人均非农业经营收入在2008年第3季度到2009年第1季度连续保持低增长态势，2009 年第 2 季度人均非农业经营收入同比增速迅速反弹到 17%，对农民现金收入增长起到了维稳的作用。

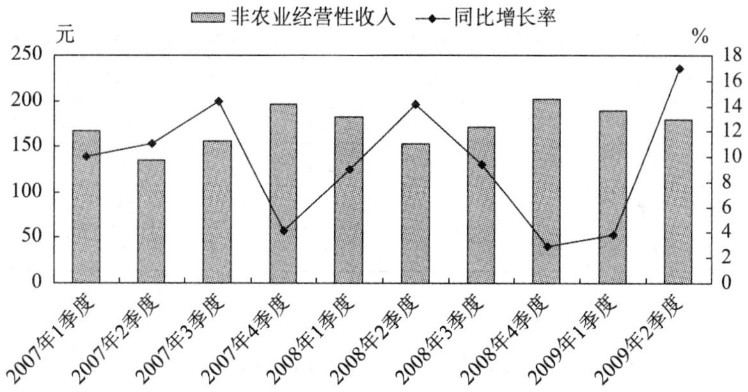

图 12　农村居民家庭人均非农业经营性收入

数据来源：中国统计信息网、《中国经济统计快报 200804》、《中国统计快报 200908》。

3. 对农村低收入户的影响

金融危机给农村居民家庭农业经营收入带来了前所未有的冲击。由于农村低收入组人口的收入来源更依赖于农业经营收入，因此金融危机对解决农村低收入组人口的贫困问题带来了巨大的困难。如表 13 所示，2007 年农村低收入组居民家庭农业经营收入比重达到 52. 1%，中低收入组农业经营收入比重为 50. 1%，收入水平越低的农村居民越依赖于农业经营收入。作为贫困地区代表省份的河北、山西、云南，三省农村居民农业经营收入同比增长率分别为 -1. 3%、2. 9%、-3. 1%，均低于全国平均水平。因此，金融危机对农村贫困地区与贫困人口影响更甚于其他类型地区与居民家庭。

表 13　2007 年按农村人口五等分人均纯收入构成数据　单位:%

指标名称	低收入组	中低收入组	中等收入组	中高收入组	高收入组
农业经营收入比重	52. 1	50. 1	47. 3	43. 2	34. 6
工资性收入比重	33. 5	36. 8	39. 3	41. 2	40. 4

数据来源：《2008 年中国农村贫困监测报告》。

由于低收入户收入受到严重冲击，支出的刚性导致低收入户的家庭收支赤字不断扩大。2007 年农村低收入户人均支出超过人均纯收入 504 元，2008 年低收户人均收支赤字扩大到645元。如此对照，其他组别农户家庭人均收支一直处于盈余状态且盈余绝对量呈不断扩大的趋势。根据表 14 数据计算，2008 年农村低收入户人均纯收入同比增长率为 11. 4%，同比增速比全国平均水平低 3. 6 个百分点，且同比增速在各收入组中居末位。

4. 对中国贫困地区农民收入的影响

由于社会历史、自然资源以及生产资本条件的约束，中国贫困地区农村居民家庭面临相对严峻的发展问题和减贫问题，其抵御风险的能力相对脆弱，面对金融危机的冲击受到的影响更加突出。为了具体

表 14　　农村人口五等分人均纯收入数据　　单位：元

年　份	人均纯收入				人均收支状况			
	2005	2006	2007	2008	2005	2006	2007	2008
全国	3255	3587	4140	4761	700	758	916	1100
低收入户	1067	1182	1347	1500	-481	-443	-504	-645
中低收入户	2018	2222	2582	2935	105	183	224	282
中等收入户	2851	3149	3659	4203	523	581	721	917
中高收入户	4003	4447	5130	5929	1124	1217	1447	1738
高收入户	7747	8475	9791	11290	3154	3198	3797	4436

数据来源：《2008 年中国农村贫困监测报告》。

分析金融危机对贫困地区农民收入的影响，在东中西部三大区域分别选择河北、山西、云南作为贫困地区代表省份。其中，河北、山西、云南三省分别拥有国家扶贫开发工作重点县 39、35、73 个，重点县数量分别位居东中西部首位，因此，所选三省能较好地反映东中西部贫困地区的实际情况。

如图 13 所示，以云南为代表的西部贫困地区农村居民人均现金收入同比增长率在 2008 年与全国平均水平持平，但与上年相比回落 36.4 个百分点。2009 年上半年，云南农村居民人均现金收入同比增长率继续走低至 10.1%，但仍高于全国平均水平 2 个百分点，也远远高于山西、河北两省的对应指标值。山西作为中部地区典型的资源开发型省区，受到金融危机的影响相当显著。2008 年山西农村居民人均现金收入同比增长 11.3%，2009 年上半年比上年同期同比增长 6.5%，分别比全国平均水平低 4.4、1.6 个百分点。河北省作为东部贫困地区的代表省份，2008 年农民人均现金收入同比增长率为 10.3%，2009 年上半年同比增长率迅速下降至 3.9%，不仅低于全国平均水平，也远低于云南与山西两省。金融危机对中国贫困地区农村居民现金收入的相对影响程度从西往东逐次加剧，个中原因可能是中国地区经济的外联性从西往东逐渐增强。

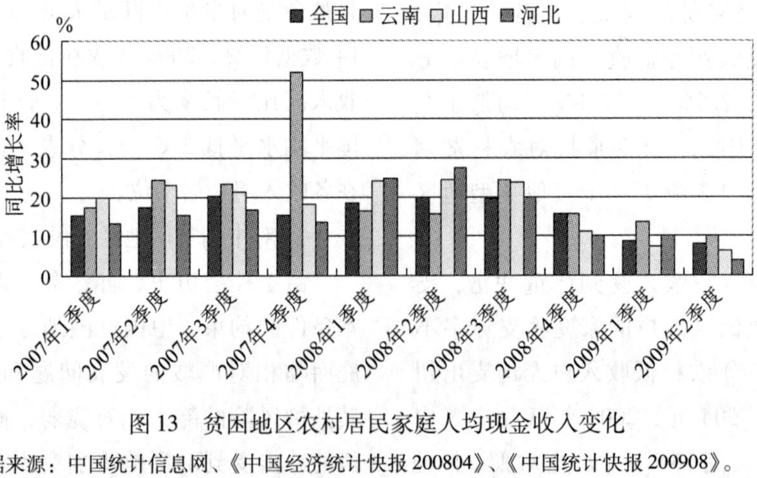

图 13　贫困地区农村居民家庭人均现金收入变化

数据来源：中国统计信息网、《中国经济统计快报 200804》、《中国统计快报 200908》。

从金融危机对贫困地区工资性收入的冲击来看，如图 14 所示，位居西部地区的云南省在 2008 年农村居民工资性收入同比增长 17.7%，比全国平均水平高 1.7 个百分点；2009 年上半年工资性收入同比增长率达到 18.5%，比全国平均水平高出 10.1 个百分点，但同比增速比上年同期下降 13.4 个百分点。总体而言，云南省农民工资性收入在金融危机后虽然大幅下降，但相对于全国平均水平，仍保持了较高的增长速度。与之相反，东中部地区的河北、山西两省在 2009 年上半年农民工资性收入同比增长速度远远低于全国平均水平，其中河北低于全国平均水平 1.6 个百分点，而山西工资性收入出现负增长，同比增速为 -0.5%。

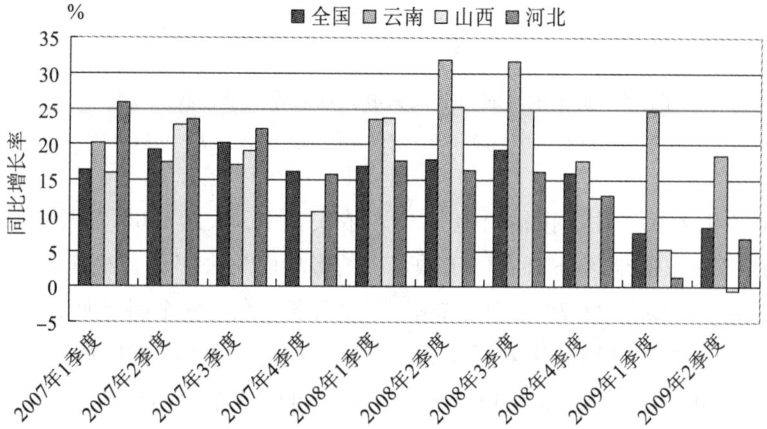

图 14　贫困地区农村居民家庭人均工资性收入变化

数据来源：中国统计信息网、《中国经济统计快报 200804》、《中国统计快报 200908》。

从金融危机对贫困地区农业经营收入的冲击来看，如图 15 所示，以河北、山西、云南为代表的东中西部贫困地区农业经营收入同比增长速度均低于全国平均水平。根据 2008 年的数据，河北 2008 年农村居民人居农业经营收入同比增长 5.8%，低于全国平均水平 8.7 个百分点，同时也低于云南、山西两省同比增速。根据 2009 年上半年的数据，云南农村居民人均农业经营收入同比增速逆转至 -3.1%，河北省同比增速为 -1.3%，山西同比增速为 2.9%，但比上年同期回落 31 个百分点，回落幅度居三省之最。

5. 对农民工和外出打工收入的影响

在中国，农民工是一个为现代化建设做出突出贡献的庞大的群体。金融危机对农民工的影响重大。金融危机发生后，中央政府和地方政府采取各种措施解决农民工就业问题。特别是，农民工输出大省积极采取了鼓励返乡创业、就业的积极措施，以缓解金融危机对农民工就业和收入的影响。

根据国家统计局农民工统计监测调查，截至 2008 年 12 月 31 日，全国农民工总量为 2.2 亿人。其中本乡镇以外就业的外出农民工数量为 1.4 亿人，占农民工总量的 62.3%；本乡镇以内的本地农民工数量为 8501 万人，占农民工总量的 37.7%。在外

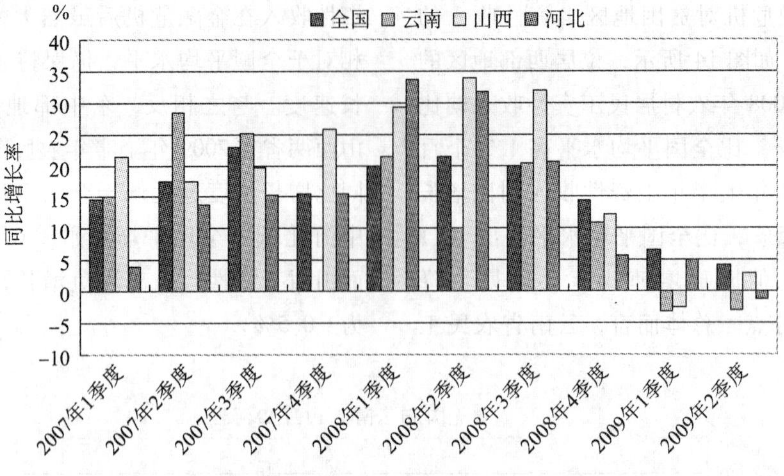

图 15 贫困地区农村居民家庭人均农业经营性收入变化

数据来源：中国统计信息网、《中国经济统计快报 200804》、《中国统计快报 200908》。

出务工的 14041 万农民工中，按输出地分，来自中部、西部和东部地区外出农民工数量比例分别为 37.6%、32.7%、29.7%。按输入地分，东部地区吸纳外出农民工占外出农民工总数的 71%，中部占 13.2%、西部占 15.4%。在本地就业的 8501 万农民工主要集中在东部地区，占 62.1%，中部地区占 22.8%，西部地区占 15.1%。

集中在珠三角和长三角两个区域的农民工主要从事出口及与出口相关的制造业，珠三角和长三角地区的出口变化对于农民工影响巨大。而且作为中国沿海制造业基地，2008 年，珠三角和长三角的出口分别占中国总出口的 34.2% 和 41.6%，这两个地区的出口也在很大程度上影响到中国的总出口表现。金融危机爆发以后，这两个地区出口都出现了负增长。2009 年以后，降幅进一步扩大。由于这两个区域是中国劳动密集型产品出口的主要基地，该区域出口的下降导致这两个区域的农民工就业受到极大冲击。2009 年年初，中国出现了大规模的农民工提前返乡，在提前返乡的农民工中，大约 1200 万人是由于金融危机的影响而失去工作，绝大多数是来自珠三角和长三角这两个制造业基地。

（1）返乡农民工的特点。

2009 年初，从东部地区、中部地区、西部地区返回的农民工占全部返乡农民工的比例分别为 62.4%、16.1% 和 21.3%，其中，仅从广东省返回的农民工就占了 24.6%。

从制造业和建筑业返乡的农民工占六成多。分行业看，从外出农民工从业比例最高的两个行业即制造业和建筑业返回的农民工人数占返乡总人数的比例分别为 36.1%、28.2%。在制造业和建筑业中，返乡农民工占外出农民工的比例分别为 46.2% 和 73.3%，高于全国的平均水平。

返乡农民工文化程度总体偏低。根据国家统计局数据，在返乡农民工中，文化程度为不识字或识字很少、小学、初中、高中、中专、大专及以上的返乡农民工分别占 2.4%、14.8%、65.8%、11.1%、4% 和 2%，其中初中及以下的农民工占到 82.9%。这说明文化程度越低的农民工越容易回流，加强培训有利于提高农民工就业的稳定性。这表明了低文化农民在金融危机中的脆弱性。

2009 年春节前返乡的外出农民工大约 7000 万人，占外出农民工总量的 50%。从返乡原因看，只是回家过年的返乡农民工为 4500 万人，占 64.3%；因企业关停、企业裁员、找不到工作、收入低等与金融危机有关的因素而返乡的农民工为 1200 万人，占 17.1%；因家庭原因、工程季节性停工等非经济原因返乡的农民工为 1300 万人，占 18.6%。直接受金融危机影响而返乡的 1200 万农民工占全部外出农民工总数的比例为 8.5%。

（2）农民工收入分析。

受金融危机影响，中国农村居民工资性收入增长速度显著下滑。农村居民工资性收入同比增长速度的显著下滑，可以表明金融危机对农民工的收入影响明显。从全国农民的现金收入结构来看，工资性收入占有十分重要的地位，以 2007 年为例，工资性收入占现金收入的 39%。那么，对于农民工而言，最重要的现金收入来源显然是工资性收入。

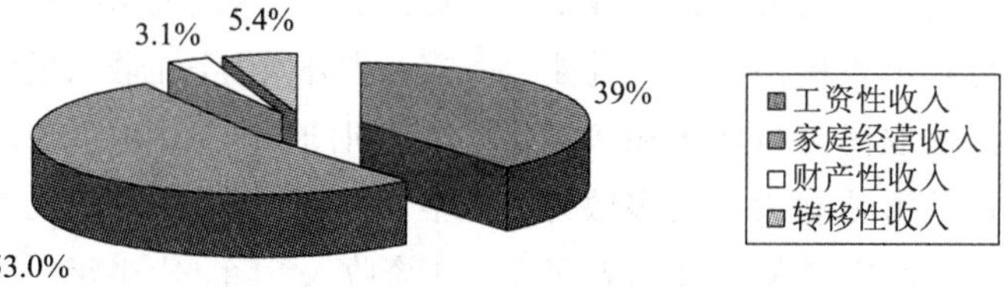

图 16　2007 年农村居民现金收入构成

资料来源：《中国统计年鉴》（2008，2007，2006），国家统计局农村司《关于三季度农民现金收入的说明》（2008），《关于上半年农村居民现金收入的说明》（2009）。

从图 17 可以看出，农村居民工资性收入 2006 年比 2005 年增长 17.0%，2007 年同比增长 16.1%，2008 年前 3 季度同比增长 19.2%。但是，从 2008 年第 4 季度开始，农村居民工资性收入增长速度回落，到 2009 年上半年，同比增长仅为 8.4%。无疑，对于外出务工的农民，这种影响是明显的。

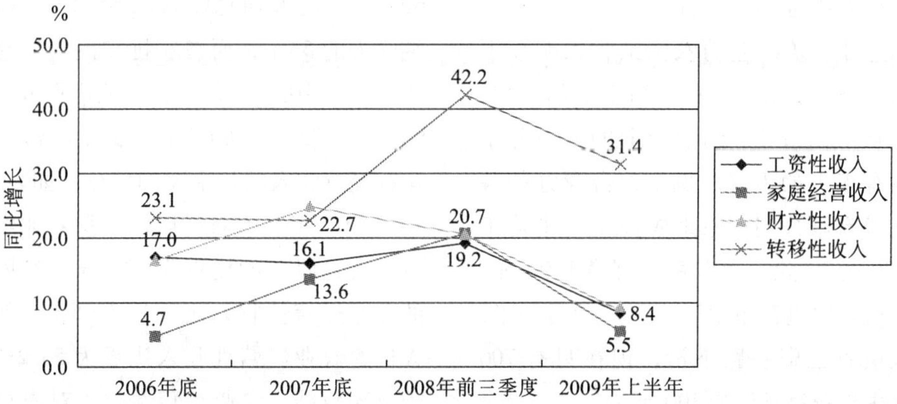

图 17　农民现金收入同比增长率

资料来源：《中国统计年鉴》（2008，2007，2006），国家统计局农村司《关于三季度农民现金收入的说明》（2008），《关于上半年农村居民现金收入的说明》（2009）。

河南、安徽、江西、四川等是中国农民工的输出大省。本部分以河南和安徽两个典型大省为例进行分析。

河南省。河南省是中国农民工输出第一大省，外出外工农民高达 1700 万人。据新华社郑州 2009 年 5 月 24 日电，春节前后返乡农民工 950 多万人。据国家统计局河南调查总队 2009 年 3 月的调查，受金融危机及世界经济普遍下滑的影响，河南省 2009 年外出农民工流向和往年相比呈现从事建筑业人数增多、季节工增多、流向更多元化等新特点。

就业结构发生变化，从事建筑行业的人数增多。根据与外出农民座谈，以前主要从事制造业的外出农民工目前更积极向建筑业转移，特别是男劳动力，大多数外出从事建筑业。主要原因是从事建筑业虽然劳动强度大、劳动时间长，但劳动报酬高。一般建筑工每天 50 元左右，有技术的建筑工一天 80 元左右。其次，外出从事建筑业的农民工还可以兼顾家中农业生产，农活忙时回家收种，农活忙完后继续外出打工从事建筑业。根据外出农民工简单推算反映，目前各地从事建筑行业的农民工能占全部人数的 40% 左右。

制造业、纺织业的农民工收入明显下降。据调查，受沿海城市出口下滑的影响，到南方从事制造业、纺织行业的人员月工资水平有很大的下降。例如，台商办的某高技电子有限公司，原来农民工月平均工资在 1800 元，除去消费每月可挣 1400 元。金融危机后厂里订单少了，工厂裁员一半，上班人员月工资一路下滑，现在只有 700 元，除去消费每月仅剩 300 元。

农民工流向地域呈现多元化。河南省扶沟县的农民工在金融危机前相当一部分在南方城市从事制造业工种，金融危机后，农民工开始向北京、山西、江苏、浙江等多个地方流动。过去的集中方向转变为当前的多元方向。

安徽省。安徽省是中国的另一农民工输出大省。受金融危机影响，2009 年上半年，安徽省农民收入呈现以下特征：

农民现金收入增幅显著下降。据国家统计局安徽调查总队 2009 年 7 月对全省 3100 户农户抽样调查，上半年，安徽农民现金收入人均 2690.59 元，同比增加 245.26 元，增长 10.0%，增幅比上年同期减少 11.7 个百分点，农民收入增长速度明显变缓。

省外国内务工收入增幅明显下降。受金融危机的影响，中国沿海地区出口企业压力很大，导致部分外出农民工返乡，同时务工工资收入下降。上半年，在省外国内外出从业取得的收入人均 622.35 元，增长 6.6%，增长幅度同比减少 9.6 个百分点。

6. 对农业经营收入的影响

从历史数据来看，家庭经营收入是农村居民收入的主体。根据《中国农村统计年鉴 2008》数据，2007 年农村居民人均家庭经营性收入占人均现金收入的比重为 60.1%，占人均总收入的 65.2%，占人均纯收入的 53%，而在农村贫困人口与低收入人口集中的西部 12 省，该比重分别达到 66.2%、72.75、60.5%。农业经营收入是家庭经营收入的最主要的部分。如表 15 所示，2007 年全国农村居民人均农业经营性收入占纯收入的比重为 42.1%，贫困人口的农业经营性收入比重为 55.5%，低收入人口的农业经营性收入比重为 56.2%。基于上述数据，农业经营性收入对农村居民收入状况，尤其是对农村贫困人口与低收入人口的收入状况具有最重要的地位。

表 15　　2007 年农村居民纯收入及其构成

指标名称	收入水平（元）			收入构成（%）		
	全　国	贫困人口	低收入人口	全　国	贫困人口	低收入人口
人均纯收入	4140.4	652.6	977.3	100	100	100
家庭经营性收入	2193.7	394.8	603	53	60.5	61.7
农业经营性收入	1745.1	361.9	548.8	42.1	55.5	56.2

数据来源：《2008 年中国农村贫困监测报告》。

金融危机通过对农产品国内外市场需求的冲击，导致农村居民家庭农业经营收入增长速度大幅回落，各地区农村居民农业经营收入增收困难，甚至出现负增长。现金形式的农业经营收入在 2009 年上半年同比增速大幅回落，下降至 4.2%，比上年同期减少 17.3 个百分点。其中，占农业经营收入 35.6% 的畜牧业收入在金融危机前后经历了大起大落的波动。2008 年人均畜牧业收入同比增长率达到 22.1%，高出农业经营收入同比增速 7.6 个百分点，2009 年上半年人均畜牧业收入同比增速跌落至 -8.6%，比农业经营收入同比增速低出 12.8 个百分点。与畜牧业收入相比较，占农业经营收入 58.5% 的种植业收入保持相对稳定的增长速度，2008 年种植业收入同比增速为 10.4，2009 年上半年同比增长 13%，与上年相比小幅下跌。

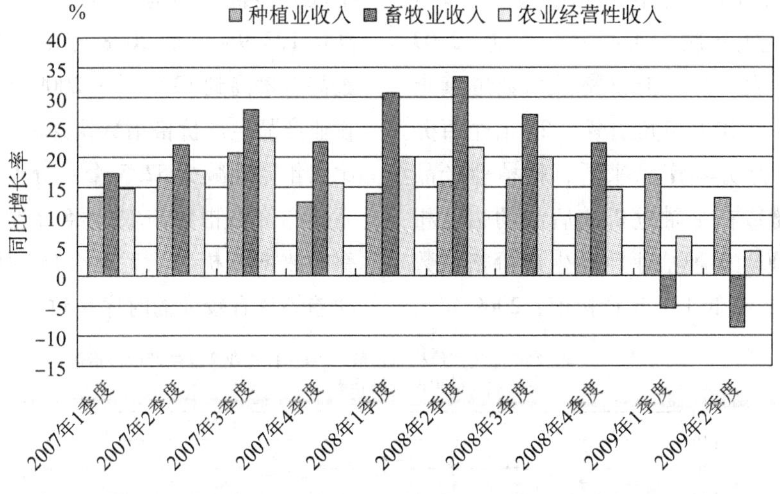

图 18　农村居民家庭人均农业经营性收入同比增长率变化

数据来源：中国统计信息网、《中国经济统计快报 200804》、《中国统计快报 200908》。

案例　　陕西省旬邑县

旬邑县位于咸阳市最北部，属于渭北高原最南部。全县辖 10 镇 4 乡 187 个行政村，总人口 27.8 万人。旬邑县第一产业以种植苹果为主，2008 年全县苹果总面积 50 万亩，全县 80% 以上的农户从事苹果种植。苹果收入占农民收入的 70%。旬邑县为中国优质苹果基地重点县，全国苹果 20 强县。旬邑县 50 万亩苹果基地，其中通过无公害认证的10万亩，绿色认证的25万亩，有机认证的1.2万亩。旬邑县高品质的苹果主要向英国、加拿大、东南亚、俄罗斯等国出口。

2008年，全县农民人均纯收入2890元，其中，农民现金收入2751元。在现金收入中，家庭经营性收入2040元，占74%；工资性收入占16%，转移性收入占3%。旬邑县农民家庭经营性收入以种植苹果收入为主。

金融危机使旬邑县果农收入大幅度下降。2007年全县出口10万吨苹果，2008年受金融危机影响，欧美的订单大幅度下降，仅出口3万吨，而且果价下降了30%。平均价格从3元/公斤降低到2元左右。2008年预期苹果产值9.2亿元，但实际产值仅仅7.17亿元，减少2亿多元。

此外，受金融危机影响，旬邑县果汁加工大规模下降。果汁定单的大幅度减少，使得果汁厂的收购量大规模缩减，进一步传导到农户，特别对于贫困农户的影响是十分明显的。

资料来源：课题组2009年9月调研。

国内外农产品需求的低迷使农产品价格在2008年下半年开始迅速下降。如图19所示，2008年上半年农产品生产价格总指数高达122.9%，但受下半年农产品价格快速回落的影响，全年价格指数下降至114.1%，比上年减少4.4个百分点；2009年上半年，农产品生产价格总指数继续走低至93.8%，比上年同期减少29.1个百分点。从农产品分项产品来看，种植业产品生产价格指数在金融危机前后波动幅度相对较小。2008年种植业产品生产价格指数为108.4%，略低于上年指标值；2009年上半年该价格指数为98%，比上年同期下降15.8个百分点。与种植业相比较，畜牧业产品生产价格指数在金融危机前后波动幅度相对较大。2008年畜牧业产品生产价格指数明显高于其他类型农产品价格指数，高达123.9%，而2008年上半年该价格指数甚至攀高到139.8%；2009年上半年，畜牧业产品生产价格指数快速跌落到87.3%，比上年同期减少52.5个百分点。结合农产品生产价格指数与农业经营收入同比增长率的数据分析，二者在金融危机前后的波动趋势具有较强的时序一致性。

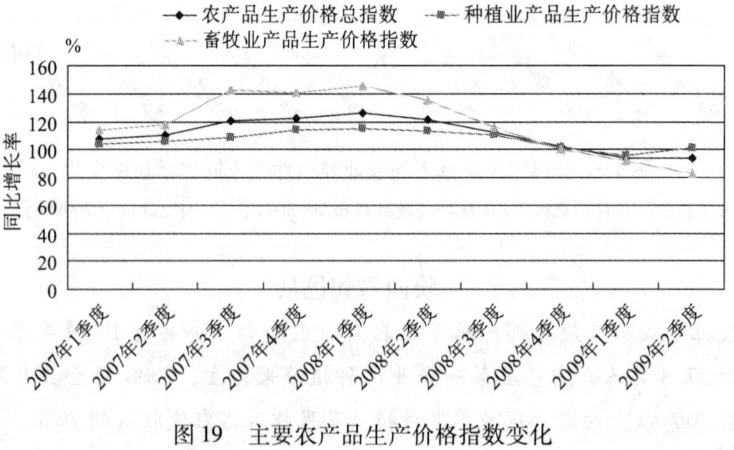

图19　主要农产品生产价格指数变化

数据来源：中国统计信息网。

农产品商品化率是影响农村居民家庭现金收入尤其是农业经营性收入的重要因素。从不同种类的农产品来看，如表16所示，畜禽、蔬菜、油料产品的商品化率比较高，而大宗农产品粮食的商品化率相对较低。从农户类型来看，贫困农户与低收入者生产农产品的自用率高于全国平均水平。由于畜禽、油料商品化率高，其价格波动对农村居民农业经营的现金收入有显著的影响，因此重点考察这两类农产品在金融危机前后的价格波动趋势。

表16　2007年主要农产品商品化率

单位:%

指标名称	全国	贫困农户	低收入者
粮食	51.5	30.5	31
油料	60.5	40.3	50
蔬菜	65.6	36.9	50.3
畜禽	86.3	68.4	63

数据来源:《2008年中国农村贫困监测报告》。

如图20所示，以基本保持稳定的粮食生产价格指数作为参照，油料与生猪生产价格指数在2008年第3季度之前不断攀升，其中生猪价格指数在2008年第1季度追高至162.1%，油料价格指数在2008年第2季度达到最大值140.1%。从2008年第3季度开始，生猪、油料价格迅速跌落，其生产价格指数在2009第2季度分别下降至68.5%、75.8%。根据农产品生产的蛛网模型，作为农村居民现金收入重要来源的生猪、油料生产，对价格波动非常敏感，往往随价格涨落以更大幅度起伏。

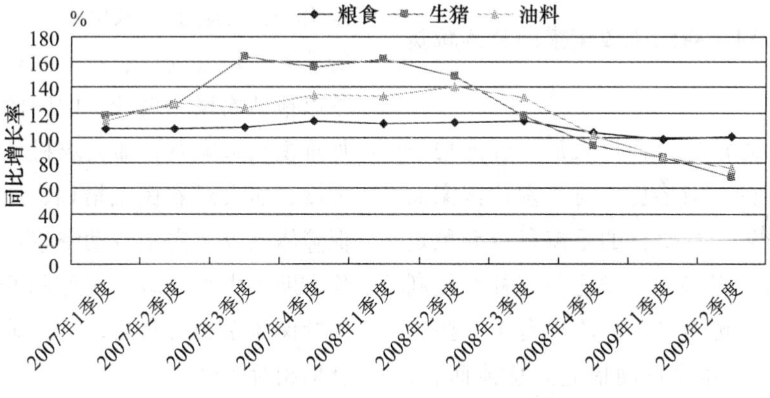

图20　主要商品化农产品生产价格指数变化

数据来源：中国统计信息网。

农村居民消费福利不仅受农产品价格所决定的农业经营收入约束，同时受消费品价格高低所影响，尤其是食品价格的波动。2008年全国农村居民家庭人均食品现金支出占人均生活消费现金支出的35.9%；根据《2008年中国农村贫困监测报告》，2007年国家扶贫重点县农村居民人均食品现金支出占人均生活消费现金支出的50.7%，老区扶贫重点县、少数民族重点县、边境扶贫重点县的对应指标值分别为51.7%、53.1%、50.6%。基于上述数据，比较农产品生产价格指数与食品消费价格指数能够真实反映农村居民消费能力。

如表17所示，2008年农产品生产价格指数为114.1，基本上与食品消费价格指数持平；2009年上半年农产品生产价格指数回落到93.8，下降幅度超过同期食品消费价格指数4.8个点。因此，即使不考虑农产品生产成本的波动，由于金融危机对农产品价格的冲击强度超过对食品价格的冲击强度，农村居民的消费能力在金融危机后趋于弱化态势。与此同时，与农产品生产成本挂钩的农业生产资料价格指数在金融危机后回落幅度相对较弱。根据《中国统计月报》，2008年农业生产料价格指数为120.3，比农产品生产价格指数高出6.2个百分点；2009年第1季度，农业生产资料价格指数小幅调整至105.8，比同期农产品生产价格指数高出12个点。综上所述，受金融危机的影响，农产品生产价格指数与食品消费价格指数、农业生产资料价格指数形成了显著的“双重剪刀差”态势，对于依赖农业经营收入作为主要收入来源以及恩格尔系数居高不下的农村居民尤其是贫困地区农村居民而言，其实际消费能力呈现下降趋势。

表17　农产品生产价格指数与食品消费价格指数比较

指标名称	2008年				2009年	
	1季度	2季度	3季度	4季度	1季度	2季度
农产品生产价格指数	125.5	122.9	119.1	114.1	94.1	93.8
食品消费价格指数	121.7	121	117.3	114	99.4	98.6

数据来源：中国统计信息网、《中国统计摘要2009》。

四、应对金融危机政策措施及其减贫效应

国际金融危机全面爆发后，各国均采取了一系列的应对措施，对于发达国家而言，这些措施的首要目的是恢复金融稳定和扭转经济下滑势头。发达国家社会福利体系相对较为健全，各国均出台了一些直接针对困难人群的救助措施。总体而言，发达国家采取的应对措施对于保护贫困人口的金融资产、解决贫困人口就业和帮助贫困人口解决基本生活问题起到了积极作用，但大规模增加流动性也埋下了未来通胀的隐患。发展中国家也采取了相应措施，由于发展中国家受金融危机冲击相对较小，总体增长水平仍显著高于发达国家。

中国为应对金融危机实施了积极的财政政策和适度宽松的货币政策，出台了“十大产业”振兴规划，采取了多种措施稳定出口，实施了“家电下乡”等扩大内需的政策，并通过就业政策和社会政策的调整以帮助农民工就业。中国的政策措施更加重视长远减贫，加大农村基础设施建设力度、加大对农民工培训、加快农村社会保障体系以及实施劳动密集产业的振兴等均有助于中长期减贫工作的开展。由于中国社保体系相对落后，对困难人群的直接补助相对较少。

（一）全球应对措施及其减贫效果

为应对金融危机带来的不利影响，世界各国均出台了大规模的经济刺激计划，以稳定金融体系、恢复市场信心和扭转经济下滑势头，主要包括减息、结构性降税、完善基础设施、注资银行体系、加大科研投入和完善医疗卫生服务等，这些政策措施的实施对全球减贫产生了广泛的影响。

1. 全球应对金融危机的措施综述

（1）向金融体系注资和接管问题银行。

美国联邦政府动用2500亿美元购买金融机构的优先股，以帮助银行继续向企业和个人提供贷款；花旗和高盛等9家大银行将获得1250亿美元注资；联储通过一系列货币政策工具创新向金融市场注入流动性。2008年2月份英国财政部宣布，收购北岩石银行（Northern Rock）的全部股份，其中包括所有的期权和其他权证；9月底宣布将接管英国主要房贷机构布拉德福—宾利银行（Bradford&Bingley）的抵押贷款业务；10月份，英格兰银行宣布将向苏格兰皇家银行（RBS）、HBOS银行以及劳埃德TSB银行注资370亿英镑。法国政府2008年10月宣布将向本国金融机构提供最多400亿欧元的资本金，并为银行间借贷提供3200亿欧元的担保。2008年9月，日本央行实施了“紧急公开市场操作”，连续4天通过公开市场操作向市场提供总额为10万亿日元的流动性。

（2）连续大幅降低利率。

美国方面，从2007年9月开始到2008年10月底为止，美联储连续9次降息，将联邦基金目标利率从5.25%下调至1%，共下调425个基点，当年12月宣布建立联邦基金利率目标区，并将联邦基金目标利率从1%下调到0～0.25%，这是其有史以来的最低水平，美联储开始走入0利率时代。2008年，英格兰银行于2月、4月、10月、11月以及12月先后5次降息，其中11月和12月的降息幅度分别达到了150个和100个基点，至12月5日英国的基准利率已经降至2%。2008年10月，欧洲央行、瑞典央行、瑞士央行参加了全球各大央行的联合降息行动，均降息50个基点，12月，欧洲银行联合将基准利率下调75个基点，至2.5%，为10年以来的最高降息幅度。

（3）结构性税收调整和支持中小企业发展。

美国降低年收入在25万美元以下家庭的所得税率，对年收入超过25万美元的富裕家庭增税，并且提高资本增值税和股息税；此外，还将削减小型企业资本利得税。英国财政部在2008年先期预算报告（Pre-Budget Report 2008）中宣布了把增值税税率从目前的17.5%降至15%，15%是欧盟允许的最低增值税率，推迟中小企业目前所得税税率由21%上调至22%的决定，以帮助中小企业偿清银行债务。目前，德国的经济刺激方案已提出将采取行业性减税等措施促进经济增长，如对新车停征一年税收，对环保汽车停征两年税收；法国政府也已明确提出加快销售税和公司利润税的返还；意大利等国也出台了对企业减税的方案。欧盟主要采取了增加欧洲投资银行为中小企业提供贷款额度、减少对设立企业的限制条款以及改革欧盟私营企业法等措施，支持中小企业发展。2008年8月，日本政府宣布增加9万亿日元的财政支出，用于向中小企业提供贷款担保或进行直接融资。

（4）改善居民福利和帮助困难人口。

美国方面，各州将获得大约1000亿美元，主要负担贫困人口的医疗费用；全美工薪阶层将得到1400亿美元退税，以刺激消费；为那些失去失业救济的长期失业人员延长失业保险发放，并暂时延缓对这些救济征税；临时允许美国家庭提前从养老金账户提取总额不超过15%的金额和增加家庭取暖费用补助；对陷入困境但仍在努力还贷的购房者，将其丧失住房抵押赎回权的期限宽限90天。2008年12月份，英国政府拟出台"强硬"的福利改革计划，失去工作以及收入出现严重下降的购房者能够将支付抵押贷款利息的时间推迟两年；允许公司竞标以签署让长期失业者参加工作的合同；针对"无法工作"的领取救济者建立定期体检机制。意大利目前的经济刺激方案中已经决定为800万低收入家庭提供24亿欧元的补助；德国也将失业补贴时间从半年延长到一年半。日本于2008年12月宣布，追加1万亿日元的财政支出用于帮助失业人员，并计划2009年3月底之前向日本所有家庭发放总额为2万亿日元的现金补助。

（5）完善基础设施和增加就业。

奥巴马经济刺激方案的重要内容之一是对上世纪50年代建立的高速公路网进行大规模的改善，预计投资3500亿美元；美国政府承诺未来两年内向创造就业机会的美国公司提供临时税收优惠，企业每提供一个新的就业岗位就能获得3000美元的税收减免。欧盟主要采取了实施大型欧盟就业支持计划、加强对非熟练劳动力的技术培训、修订欧盟全球化基金管理规则和降低劳动密集型服务业税率等措施，以期为增加就业提供更多支持。意大利政府表示准备增加166亿欧元的基础设施建设投资；法国也将18亿欧元用于扶持房地产业，其中8亿欧元用于建设或修缮公共住宅；德国政府计划投资30亿欧元建造新的节能建筑，并将20亿欧元用于对原有建筑的节能改造，同时也追加了对道路交通设施建设的投资。

（6）发展中国家也采取了相应措施。

发展中国家在金融危机全面爆发后，也采取了一系列刺激经济计划，实行宽松的货币政策和大规模的扩张性财政政策，随着这些政策措施的进一步落实，对恢复市场信心、扭转经济下滑、促进经济复苏将发挥积极作用。例如，2008年12月、2009年1月和2月，印度政府先后3次宣布财政刺激措施，共追加2000亿卢比的支出，将消费税和服务税分别下调6个和2个百分点，并为劳动密集产品出口提供出口补贴担保。2009年以来，巴西连续五次降低基准利率，累计下调5%，达到历史最低水平，还出台了一系列税收和信贷调整政策，以鼓励企业增加投资，包括降低耐用消费品税率和为中小企业提供优惠贷款等。

2．全球应对金融危机措施的减贫效果

（1）保护贫困人口的金融资产。

这次国际金融危机首先起源于发达国家的金融体系，随着危机的不断蔓延和扩散，发达国家的金融机构陷入经营困难，一些商业银行资产负债恶化，面临破产风险。贫困人口的存款等金融资产虽相对较少，但往往对其生活至关重要；危机中就业和收入已经受到严重的不利影响，如果金融资产安全再无法保障的话，对贫困的人口的打击会是致命的。在存款保险制度较为健全的国家，向金融体系大量注入流动性，对濒临破产银行采取国有化和接管问题等措施，保护的主要大额存款人的利益，但在那些存款保险制度不健全的发展中国家，政府出面救助金融机构，稳定金融市场，对于保护贫困人口的金融资产安全，仍然具有重要意义。

（2）解决贫困人口就业。

金融危机导致世界经济陷入战后最严重的衰退。由于全球贸易和工业生产大幅下滑，各国的就业压力普遍加大。2009年6月美国、欧元区和日本的失业率分别达到

9.5%、9.4%和5.4%，原有贫困人口的就业机会更趋减少，大量新增失业人员有陷入贫困的危险。为此各国无不把增加就业作为经济刺激计划的重要内容之一，采取了完善基础设施、为企业增加就业提供补贴以及帮助中小企业维持正常经营等措施。2008年12月，奥巴马宣布将经济复兴计划中承诺的就业数字从250万增加到300万。这些措施的出台集中于去年年底和今年年初，至今年上半年虽然各国的失业率没有明显改善，但已经止住了失业率大幅扩大的势头。

（3）帮助贫困人口解决基本生活问题。

国际金融危机全面爆发后，各国经济增速急剧下滑，失业人员等低收入者的正常生活面临巨大压力。高收入者和中产阶级在金融危机中的损失也很大，但大多是金融资产的缩水，即使被解雇也有一些不动产和储蓄可以维持一段时间的正常生活，抗危机能力要远强于低收入者。为此，各国均投入大量资金，紧急出台了一系列对低收入者的救助措施，包括增加失业救济、延长领取失业救济期限和提高失业人员医疗保障水平等。上述政策的实施在一定程度上缓解了危机对贫困人口的冲击，也因此平滑了危机对社会发展的不利影响。

（4）未来可能通胀与增税对贫困人口存在不利影响。

当前各国通过大规模的金融救援措施向市场注入了大量流动性，并且很多的救助措施直接来源于政府财政，造成财政赤字的激增，例如，今年美国的预算赤字为1.75万亿美元，比2008年4590亿美元增加3倍多，这些都加大了未来通胀的风险。同时，由于美国财政赤字激增，美元长期贬值压力巨大，有可能推动大宗产品价格的再度大幅上涨。虽然危机使全球通胀压力趋缓，但是未来通胀风险依然存在，不利于贫困人口增加实际收入，进而对其生活构成潜在威胁。此外，为弥补当前的财政赤字，未来有可能会增加税收，也会对贫困人口构成不利影响。

（二）中国政府的应对措施及其减贫效果

在对中国政府应对金融危机措施及其减贫影响进行研究以前，有必要回顾一下危机发生前中国经济的结构及其以劳动密集型为基础的出口为导向的制造业所面临的挑战和问题。问题之一是过度储蓄，消费不足，靠投资拉动经济。问题之二是经济增长过度依靠出口为导向的劳动密集型的产业。问题之三是收入差距在拉大，城乡之间，城市和农村内部，以及贫困地区内部的收入差距有拉大的趋势。

国际金融危机全面爆发后，中国实施了包括积极财政政策和适度宽松的货币政策在内的一揽子政策措施，这些政策措施从短期看，有利于扭转中国经济的下滑势头，从中长期看，有利于解决中国经济的深层次矛盾和问题。总体看，这些政策有利于提高贫困人口的生活水平和贫困地区的发展能力，但也有部分措施对减贫存在潜在的不利影响。

1．积极的财税政策

为应对国际金融危机的冲击，中国实施了包括扩大政府投资、减轻企业税负和补贴家电下乡在内的多种财税政策。整体而言，这些政策措施对于缓解农民工就业压力、提高贫困人口生活品质发挥了积极作用，有助于中国扶贫工作的推进。

（1）财税政策综述。

①“四万亿”投资计划及其投向与资

金来源。

2008 年下半年以来，为抵御国际经济环境对中国的不利影响，政府出台了“四万亿”的投资计划。与贫密切相关的内容包括以下几个方面：一是加快建设保障性安居工程，加大对廉租住房建设支持力度，扩大农村危房改造试点。二是加快农村基础设施建设，加大农村沼气、饮水安全工程和农村公路建设力度，完善农村电网，加大扶贫开发力度。三是加快铁路、公路和机场等重大基础设施建设。重点建设一批客运专线、煤运通道项目和西部干线铁路，完善高速公路网。四是加快医疗卫生、文化教育事业发展，加快中西部农村初中校舍改造，推进中西部地区特殊教育学校和乡镇综合文化站建设。五是提高城乡居民收入。提高年粮食最低收购价格，提高农资综合直补、良种补贴、农机具补贴等标准，增加农民收入，增加城市和农村低保补助，继续提高企业退休人员基本养老金水平和优抚对象生活补助标准。六是加大金融对经济增长的支持力，加大对重点工程、“三农”、中小企业和技术改造的信贷支持。

初步匡算，到 2010 年底总投资额约 4 万亿元，其中，廉租住房、棚户区改造等保障性住房 4000 亿元，农村水电路气房等民生工程和基础设施 3700 亿元，重大基础设施建设和城市电网改造 1.5 万亿元，医疗卫生、教育文化等社会事业发展 1500 亿元，节能减排和生态建设工程 2100 亿元，自主创新和产业结构调整 3700 亿元，汶川地震灾后恢复重建 1 万亿元。包括中央预算内投资、中央政府性基金等在内的中央投资 1.18 万亿元，占 29.5%，包括银行贷款、地方财政预算的其他投资 2.82 万亿元，占 70.5%。

②增值税转型改革。

中国国务院决定自 2009 年 1 月 1 日起，全面推行增值税转型改革。改革主要内容如下：一是固定资产允许抵扣进项税额，在维持现行增值税税率不变的前提下，允许所有增值税一般纳税人抵扣其购进或者自制固定资产所含的进项税额，进口设备增值税免税政策和外商投资企业采购国产设备增值税退税政策停止执行。二是降低小规模纳税人征收率，小规模纳税人增值税征收率由原来的工业 6%、商业 4% 统一降低至 3%。三是降低小规模纳税人标准，从事货物生产或提供应税劳务的纳税人，以及以从事货物生产或提供应税劳务为主，并兼营货物批发或零售的纳税人，年应征增值税销售额在 50 万元以下的；从事货物批发或零售的纳税人，年应税销售额在 80 万元以下的为小规模纳税人。四是纳税申报期限适当延长，增值税纳税申报期调整为每月的 1 日—15 日，小规模纳税人最长可以一季度申报一次。

③“家电下乡”政策。

“家电下乡”政策是扩大内需，部分解决企业因出口减少库存增加的重要举措。主要内容是，引导和组织工商企业，开发生产适合农村消费特点、性能可靠、质量保证、物美价廉的家电产品，并提供满足农民需求的流通和售后服务；对农民购买纳入补贴范围的家电产品给予一定比例的财政补贴，以激活农民购买能力。早在 2007 年，山东、河南、四川三省即展开实施“家电下乡”试点工作，国家对农民购买的相关家电产品给予 13% 的补贴。2008 年 10 月为进一步发挥财政补贴“家电下乡”产品的政策效用，扩大消费特别是农村消费，对“家电下乡”的推广产品和推广范围、购买数量等进行适当的补充和调整。2008年11月，国务院决定从2009年2月1日起在全国推广“家电下乡”。

（2）财税政策对减贫的影响。

①大规模基础设施建设增加就业机会。

大规模基础设施建设是“四万亿”投资计划的重要内容，其投资额占总投资额的37.5%，随着公路、铁路等项目的不断开工建设，越来越多的就业机会，特别是针对农民工的非熟练劳动力就业机会被创造出来。至2009年4月底，“四万亿”投资计划中，哈大、武广、南广、贵广等一批重大铁路项目加快建设，建成高速公路445公里，建成民航航站楼10万平方米；南水北调工程加快建设，基本建成近450个重大水利项目、290个大中型病险水库除险加固项目、193个大型灌区配套和节水改造项目，建成以工代赈和扶贫项目172个。按照正在实施的国家中长期铁路网调整规划，2009年和2010年，每年将批准新建铁路里程1万公里左右、投资规模1万亿元；据铁道部测算，每修1公里铁路，需要600名员工，其中各种技术人员约22人，仅2009年计划完成的6000亿元铁路基本建设投资，就可提供600万个就业岗位。据初步测算，“四万亿”的投资约可创造5600万个直接就业岗位，其中，项目建成后的长期性就业岗位约560万个，项目建设过程中的阶段性就业约5000万个。可见，随着大型基础设施建设的加快推进，由金融危机引起的就业压力，特别是农民工的就业压力有望得到缓解。

②提高贫困人口生活水平。

“四万亿”投资计划中涉及诸如廉租房建设和农村基础设施改善等民生工程，以及良种补贴等提高农民收入的措施，这些政策的逐步落实将提高贫困人口的生活水平。2008年1—5月，成为政策补贴对象的家电产品销售额达153亿元，同比增长40%，特别是5月，单月销售额达40亿元，同比增长42%。家电下乡有利于提高农民文化水平，很多家电如电视、手机、电脑等，不仅是日常生活用品，也是交流信息、获取知识的工具，在广大农村普及这些家用电器，有利于农民扩大信息来源，开阔眼界、增长知识。长期看，随着贫困人口子女教育水平的提升、生活环境和医疗条件的改善，未来提升就业层次的难度会得以降低，事实上为今后数年内中国减贫工作的开展提供了有力的支撑。

在基本住房方面，至2009年4月底，中国基本建成廉租住房21.4万套、开工建设65万套，正在加快实施煤矿棚户区民房改造10万户、采煤沉陷区民房治理12.9万户和国有林区棚户区改造15.7万户，开工建设国有垦区棚户区约8500户、游牧民定居房1.8万套。在农村基础设施方面，开工建设农村户用沼气160万户，建成农村公路约2万公里，农村电网各级变电站254座、线路4万多公里，改造农村邮政营业投递网点700个。在食品安全与防治疾病方面，解决约1460万农村人口饮水安全问题，建成动物防疫体系项目5000个，购置农产品质量检验检测设备13427台，购置食品质量安全检验检测设备28万台。在医疗卫生和教育方面，基本建成约6500个基层医疗卫生服务项目、1140个基层计划生育服务项目和6个重点中医院项目；改造农村初中校舍面积约150万平方米，建成中等职业学校校舍约90万平方米，基本建成乡镇综合文化站1246个。

③提高企业的生存能力。

国际金融危机至发达国家经济深陷衰退，外需的急剧萎缩对中国企业经营构成严重冲击，经营收入下降甚至出现破产倒闭，贫困地区的企业也不例外，对中国扶贫工作构成新的压力。当前实施的积极财政政策，特别是增值税转型改革，有助于减轻企业负担、稳定企业经营。对于非贫困地区企业而言，税负减轻将帮助其渡过难关，不至于大规模裁减员工，特别是农民工；对于贫困地区企业而言，其生存能力的提高与技术水平的改善，将直接增加贫困地区的就业和提升当地的发展潜力，有助于未来走出贫困。

实施增值税转型改革，将消除生产型增值税产生的重复征税因素，预计将减轻企业负担1200亿元。企业每年小规模投资项目在2000万到3000万元左右，改革后可以减税200万到300万元；对于投资超过1亿元的大项目来说，则可减税1000万元左右，为企业扩大投资和增加就业提供了可能。贫困地区的中小企业大多底子薄、抗风险能力弱，小规模纳税人征收率的大幅下调，将减轻其税收负担，为其提供一个更加宽松的发展环境，有利于发挥其扶贫的龙头作用。

（3）财税政策使贫困地区和贫困人口受益相对较多。

“四万亿”投资计划的重点之一是加快民生工程建设，这既是为了增加国内需求，也是为了缓解多年积累起的结构性矛盾，比如，地区不平衡和城乡不平衡等，贫困地区和贫困人口是这种结构性矛盾的集中体现。保障性安居工程主要针对城市和农村低收入者，贫困地区的农村基础设施、医疗卫生和教育设施大多较为薄弱，国务院明确表示，城乡基础设施建设和新增公益性就业岗位，要尽量多使用农民工，采取以工代赈等方式引导农民参与农业农村基础设施建设。因此，相对于非贫困地区和非贫困人口而言，无疑加快民生工程建设使贫困地区和贫困人口受益较多。更为重要的是，很多贫困地区由于交通基础设施的落后，在摆脱贫困的路上步履维艰，加强这方面工作后可为其未来脱贫提供强有力的支撑；中国的贫困地区很多处于中西部，随着国家统筹区域发展各项政策的落实，中西部地区的经济潜力会逐步得到开发，也会有助于当地扶贫的开展，预先在基础设施方面进行安排无疑有助于国家各项政策的落实。

“四万亿”投资计划和其他财税政策中也有一些措施属于普惠性质，由于贫困人口人均收入基数低，这些政策措施也使得他们受益相对较多。比如，保护价收购粮食等增加农民收入的措施，贫困人口得到的补贴相对于其人均纯收入无疑要高于非贫困人口，对于其日常生活和维持农业生产也相对更为重要。又如，对家电下乡进行财政补贴，非贫困人口能够以更低的成本更换电视、冰箱等耐用消费品，而贫困人口则是解决耐用消费品的有无问题，提高生活品质的边际效用也相对较高。

当然，一些政策可能较多地增加高收入者的收入，比如，通过增值税转型减轻企业负担，相对于普通员工所减轻的税负会更多地转移到企业管理者和所有者等高收入人群，可能导致收入差距拉大。各项刺激经济的财税政策对贫困人口和贫困地区的叠加效应难以确定，收入差距与发展水平差异的最终走势还有很多其他决定因素，但是贫困人口的民生得以改善，贫困地区在基础设施改善后的发展后劲得以增强是确定的，从这个角度讲，财税政策使得贫困地区和贫困人口更多地受益，有利于中国扶贫工作的进一步推进。

需要注意的是，为应对国际金融危机的冲击，中国财政支出大幅增加，为保证财政收入稳定增长，税收部门加大了征管力度，可以预计中小企业面临的税收征管环境将更为严峻，影响中小企业吸纳功能的发挥。就目前情况看，城市“低收入户”① 和“中等偏下收入户”的税费支出占其可支配收入的比重非常低，由于税费增加重新陷入贫困的可能性较低，但也应当对此给予重视，在政策中进行相关安排。

2. 适度宽松的货币政策

（1）金融危机下的中国货币和信贷政策。

2008 年中国的货币政策经历了一个从紧到松的过程。根据人行的中国货币政策执行报告（2008，2009），2007 年和 2008 年开始执行的是从紧的货币政策。2007 年中国经济的增长率达到 13%；全球普遍面临较强的通货膨胀压力，国际市场大宗商品价格居高不下并屡创新高。人行主要采取了提高存款准备金率的措施对冲多余流动性，上半年五次提高存款准备金率共计 3 个百分点。年中，美国次贷危机蔓延加深，中国国家的宏观调控政策进行了重大调整，中国人民银行将全年新增贷款预期目标提高至 4 万亿元以上。进入 9 月份以后，国际金融危机急剧恶化，对中国经济的冲击明显加大。中国人民银行实行了适度宽松的货币政策，五次下调存贷款基准利率，人民银行的基准贷款利率（6—12 个月）从 7.2% 降至 5.31%。四次下调存款准备金率，并且明确取消对金融机构信贷规划的硬约束，积极配合国家扩大内需等一系列刺激经济的政策措施，加大金融支持经济发展的力度。

在适度宽松的货币政策下，配合四万亿元人民币的经济刺激计划，中国大规模的信贷扩张从 2009 年的第一季度开始。

如表 18 所示，2009 年一季度，新增贷款金额达到 4.6 万亿元，在一个季度增长的金额相当于 2008 年全年新增贷款的金额，并且其增加的金额超过计划用于 27 个月的 4 万亿元的经济刺激计划。在 2009 年的第二季度，信贷资金继续增长，新增贷款 2.8 万亿元，这样 2009 年上半年的新增贷款达到 7.4 万亿元人民币。考虑到贷款增长应与经济增长和通货膨胀有关，新增贷款的速度更是超常。在这种情况下，货币和信贷政策在中国政府的宏观调控中实际上起了非常重要的作用。

虽然 2009 年上半年的新增贷款达到 7.4 万亿元，在金融机构上，如表 19 所示，2009 年上半年的新增贷款的 70% 以上发生在国有商业银行和股份制商业银行，农村金融机构新增贷款只占全部新增贷款的 10%，主要对农村和城市小企业贷款的农村金融机构和城市商业银行占全部新增贷款的比例不到五分之一。与 2008 年同期相比，农村金融机构新增贷款占全部新增贷款的比例下降了七个百分点，而国有商业银行所占比例上升了七个百分点。这说明正规贷款的投向有明显的进一步向大型和中型企业，向国有企业倾斜的趋势，而往农业和农村贷款的比例明显下降。

① 在中国统计中，城市按照收入七等分，分别是最低收入户、低收入户、中等偏下户、中等收入户、中等偏上户、高收入户和最高收入户。

表18　　2007年以来贷款资金增加的统计　　单位：万亿元

		新增人民币贷款	期末贷款余额	环比增加（%）
2007年底			25.4	
2008年	第1季度	1.33	26.73	5.2
	第2季度	1.12	27.85	4.2
	第3季度	1.03	28.88	3.7
	第4季度	1.43	30.31	5.0
2008年全年		4.9		
2009年	第1季度	4.58	34.96	15.3
	第2季度	2.8	37.7	7.8
2009年上半年		7.37	37.7	

资料来源：见中国人民银行2008年和2009年的各季度货币政策执行报告。

表19　　2008年，2009年上半年分机构人民币贷款情况　　单位：亿元

	2009年上半年			2008年上半年		
	新增额	占新增%	同比多增	新增额	占新增%	同比多增
政策性银行①	6445	8.98	3591	2853	12.15	589
国有商业银行②	32561	45.39	23555	9005	38.36	467
股份制商业银行	20212	28.17	14957	5255	22.38	362
城市商业银行	5392	7.52	3649	1742	7.42	283
农村金融机构③	7459	10.40	3423	4036	17.19	525
外资金融机构	-327	-0.46	-911	585	2.49	-70
总计	71742	100.00	48264	23476	100.00	2156

数据来源：根据中国人民银行的货币政策执行报告和其他资料整理。

注：①政策性银行包括：国家开发银行、中国进出口银行、中国农业发展银行。其中，国家开发银行已改制为股份有限公司，目前正处于过渡期，统计上仍纳入政策性银行。②国有商业银行包括：中国工商银行、中国农业银行、中国银行、中国建设银行。③农村金融机构包括农村合作银行、农村商业银行、农村信用社。

在贷款资金的投向上，这轮政府主导的经济刺激计划，决定了信贷投放呈现三大特点，即新增贷款行业结构主要集中于交通、基础设施建设；期限结构上，向中长期贷款倾斜；客户结构上，集中于政府背景项目、地方投融资平台、国有大型企业。以贷款增长最快的2009年第一季度为例，据人民银行统计，用于短期贷款的不足四分之一，其余全部是中长期贷款，主要是用于长期的基础设施项目。从贷款主体来看，大约9%的新增贷款到家庭，37%是企业长期贷款，32%为折现，后二项主要是支持长期投资项目。

研究表明，信贷资金在2009年上半年大幅的上升，以及大量的资金投入长期的基础设施建设首先与中国国内银行的运行和监管机制有关。当政府对贷款的数量控制放松，国内信贷规模扩张会迅速。从宏

观调控转向刺激经济和适度宽松的货币政策，给了金融机构一个明确的信号。在政策上，为了配合以前的宏观调控政策，2008 年底以前中央银行对各大银行仍有规模控制，实行适度宽松的货币政策，规模控制取消了，有些银行还引入了增加信贷的指标。因此，2009 年国内信贷快速扩张主要并不是调整存贷款利率，存款准备金等货币政策工具的结果，而是与央行和银监会放松贷款数量控制和宏观政策的转向有关。

实地调查和访问结果表明，信贷扩张还与下列的因素相关。一是为了配合四万亿元的经济刺激计划，地方政府需要对部分项目进行配套，在这种情况下，地方政府会说服和协调金融机构，包括建立当地的融资平台，从银行借款，而银行业乐于向有政府背景的企业和项目贷款。二是与欧美的不少银行受金融危机的影响严重不同，中国国内银行受金融危机的直接影响不大，流动性比较充足，这也为大规模扩大贷款规模创造了条件。三是在流动性比较充足的情况下，扩大贷款规模可以提高银行的盈利水平。四是信贷资金的投向转向长期基础设施投资，除配合政府的刺激经济计划外，也与中国银行现有的运行机制，风险控制措施和对信贷人员的激励管理机制有关。

2009 年上半年信贷资金的迅速增长对改善大型国有企业的资金状况确有帮助，但是信贷资金大多没有能达到最需要救助的困难的中小企业。而后者是提供就业，特别是农民工和贫困地区就业的主力军。贷款门槛太高、贷款手续繁琐、审核周期过长、对亏损企业不提供贷款、融资渠道少、融资成本高、地方担保机构发展滞后诸多阻碍市场资金流向“贫血”最严重中小企业的因素依然存在。

案例：

课题组在江苏一个县的调查表明，该县 2008 年底 179 亿元人民币的贷款余额中，中长期贷款占到 60% 以上。在今年新增的 42 亿元贷款中，16 亿元为票据贴息，实体经济贷款 26 亿元，其中大项目和有政府背景的基础设施项目占实体贷款的 54%，10 个大户的贷款占 67%，大项目和有政府背景的项目中相当一部分是通过政府投资平台发放的。银行也愿意给政府的项目贷款，因为有政府的隐性担保。

资料来源：课题组 2009 年 9 月调研

在直接融资方面，为解决地方投资项目资本金不足问题，中央 2009 年为地方发放 2000 亿元的债卷，允许一部分长期低息的贷款作为资本金用于投资项目，允许地方政府支持下的公司债发行增长。2008 年第四季度到 2009 年前二个月，发行了 1300 亿元的公司债。2009 年三月在北京，上海和广东，发行了 250 亿元的中期公司债。主要是通过政府的融资平台，有些中期债可以作为资本金，从而满足了金融机构贷款的资本金要求。

（2）货币和信贷政策对贫困地区和贫困人口的影响分析。

在面临国际金融危机的影响时，中国政府审时夺势，果断执行了适度宽松的货币政策，对中国走出金融危机的不利影响，配套完成四万亿元的财政经济刺激计划，增加社会总投资，增加就业起了积极的作用。

在金融危机对中国贫困地区和贫困人口的影响中，最主要的渠道是通过农民工就业减少、工资水平下滑、农产品价格下降三方面。要减轻危机对贫困地区和贫困人口的影响，信贷政策需要帮助困难中的企业渡过困难，要支持中小企业和“三农”的发展。在信贷政策的执行力度，贷款的发放速度和投向方向，仍有可以改善的余地。

贷款投向与贷款发放速度、机构类型等有直接关系。中小企业、微小企业和农户贷款的特点是：（1）贷款的户数多，贷款的交易成本高，需要比较高的人工投入（信贷员和经理人员的投入），信贷员和经理人员的培养也需要时间，所以贷款客户数和贷款量的增长比较慢，对微小企业和农户的贷款余额的增长相对也比较慢；（2）由于单笔贷款的交易成本高，需要比较高的贷款利息率水平才能够补偿成本；（3）发放的金融机构集中。在中国目前的情况下，“三农”贷款和微小企业、中小企业贷款主要集中在农村信用社、村镇银行、部分城市商业银行、邮政储蓄银行，其他银行虽然已经开始积极开展相关业务，但规模占比仍较为有限。

在这样的情况下，如果要鼓励和促进金融机构发放贷款支持中小企业和“三农”，应该是采取多种措施向农村信用社和城商行提供资金流动性支持，适当放开微小企业贷款的利率，鼓励设立中小金融机构，财政支持设立各类担保机构。短期内低息信贷资金的以大银行为主的集中投放，必然导致单笔贷款的规模过大，投向基础设施项目和大企业，而难以向中小企业，微小企业和农户提供贷款支持。贷款拉动就业的作用会受到影响，其扶贫的效果也受到影响。

大量低利息水平的贷款贷给大企业和与地方政府有关联的项目，有可能造成资金配置新的扭曲，导致微小企业和民营企业处于更加不利的竞争地位。

3．振兴与产业调整政策

为应对国际金融危机冲击、加快结构调整、增强发展后劲和实现产业升级，中国制定了十大产业振兴规划，包括：钢铁、汽车、船舶、石化、纺织、轻工、有色金属、装备制造、电子信息和运输物流。重点产业振兴规划既不是简单的应对危机的措施，也不是面面俱到的长远规划，而是一个远近结合，标本兼治，既立足于当前保稳定发展，又抓住机遇促进结构调整，有目标、有重点、有抓手，务求实效的行动计划方案。因此，产业政策也会经由就业、产业转移等渠道对中国扶贫工作产生短期和长期的影响。

（1）产业政策综述。

①纺织业振兴规划。

国务院常务会议 2009 年 2 月 4 日审议并原则通过纺织工业调整振兴规划。加快振兴纺织工业，必须以自主创新、技术改造、淘汰落后、优化布局为重点，推进结构调整和产业升级，巩固和加强对就业和惠农的支撑地位，推进中国纺织工业由大到强的转变。一要统筹国际国内两个市场。积极扩大国内消费，开发新产品，开拓农村市场，促进产业用纺织品的应用。拓展多元化出口市场，稳定国际市场份额。二要加强技术改造和自主品牌建设。在新增中央投资中设立专项，重点支持纺纱织造、印染、化纤等行业技术进步，推进高新技术纤维产业化，提高纺织装备自主化水平，培育具有国际影响力的自主知名品牌。三要加快淘汰落后产能。四要优化区域布局。

②电子信息产业振兴规划。

国务国务院常务会议2009年2月18日审议并原则通过电子信息产业调整振兴规划。今后3年电子信息产业的三大重点任务：一是完善产业体系，确保骨干产业稳定增长。二是立足自主创新，突破关键技术。三是以应用带发展，大力推动业务创新和服务模式创新。为此，一要落实内需带动，拓展电子信息产品应用和产业发展空间。二要加大投入，集中力量实施集成电路升级、新型显示和彩电工业转型、第三代移动通信产业新跨越、数字电视推广、计算机提升和下一代互联网应用、软件及信息服务培育六大工程，鼓励引导社会资金投向电子信息产业。三要强化自主创新能力建设。加快实施相关国家科技重大专项，支持优势企业兼并重组，完善公共技术服务平台。四要促进发展服务外包，支持企业“走出去”建立研发、生产基地和营销网络。五要加强政策扶持。加大鼓励软件和集成电路产业发展政策实施力度。

③轻工业振兴规划。

国务院2009年2月19日审议并原则通过轻工业，决定进一步加大“家电下乡”政策实施力度。一要积极扩大城乡消费，增加国内有效供给。改善外贸服务，保持出口市场份额。二要加快技术进步。重点推进装备自主化和关键技术产业化，加快造纸、家电、塑料等行业的技术改造。建立产业退出机制，推进节能减排和环境保护。三要强化食品安全。整顿食品加工行业，提高准入门槛，健全召回和退市制度，加大对制售假冒伪劣产品违法行为的惩处力度。四要加强自主品牌建设，支持优势品牌企业跨地区兼并重组，提高产业集中度。五要加强产业政策引导，推动产业转移，培育发展轻工业特色区域和产业集群。六要加强企业管理，全面提高轻工产品质量。

（2）产业政策对减贫的影响。

①增加农民工中长期的就业机会。

大规模基础设施建设主要着眼于农民工的短期就业问题，随着公路、铁路等设施建设的逐步完成，农民工最终还要转移到其他产业进行就业。产业振兴规划着眼于远近结合，中国产业特别是劳动密集产业可以通过主动的转型升级，提升核心竞争力和抗风险能力，为农民工中长期的就业问题提供帮助。就目前情况看，世界经济将在调整中逐步复苏，金融危机严重打击了发达国家的金融体系，由此支撑的过度消费难以为继，进口需求随之减少；因此，即使世界经济在中国大规模基础设施建设完成后顺利平复，外需也很难回到危机前的水平。

就业特别是农民工就业一直是中国发展过程中需要解决的一个核心问题，因此中国经济必须保持一定的经济增长速度，同时注重劳动密集产业的发展。十大产业振兴规划强调更加重视国内市场，特别是要开拓农村市场，随着相关政策措施的逐步出台与落实，必将有利于企业以及整个国民经济未来的协调发展，从而为缓解中国中长期的就业压力提供支撑。纺织业和轻工业属于劳动密集行业，能够解决大量农民工就业，电子信息行业的加工组装环节也需要较多的劳动力投入，振兴这些行业将为农民工提供中长期的就业机会。

②促进贫困地区的产业发展。

经验表明，仅靠财政的转移支付难以

使贫困地区彻底摆脱贫困，鼓励贫困地区发展自己的特色产业，提升其发展水平才是根本出路。产业振兴规划为贫困地区的产业发展提供了难得的机遇。长期以来，中国的东部地区凭借独特的区位优势走在了改革开放的前列，通过大量承接国际产业转移实现了较快的发展，而中西部地区则相对落后，贫困地区较为集中。产业振兴规划强调优化产业布局，使产业在东、中、西部协调发展，随着相关政策措施的逐步落实，中西部的贫困地区会有更多的机会承接来自东部的产业转移。承接产业转移比从头做起要成本低、见效快，由于管理方法、市场经验和组织体系往往随之一起转移，将大大减少贫困地区在产业发展上的摸索时间和初始成本。同时，产业振兴规划强调重视中小企业发展，为其提供税收和信贷支持，这也有利于贫困地区已经存在的中小企业的发展。

③对扶贫有一定的不利影响。

危机中实施的产业政策对中国扶贫工作也存在一定的不利影响。一是加快技术进步必然要求增加设备投资，存在资本替代劳动，降低用工需求的可能；二是完善准入条件和强调节能减排可能限制贫困地区的产业发展；三是强调形成产业集群可能加大贫困地区产业的竞争压力。对此应有科学的认识，推进扶贫必须依靠不断发展来解决，而要实现中国经济又好又快发展必须依靠自主创新、节能减排和产业升级，因此从根本上讲，上述政策取向与扶贫并不矛盾，对扶贫的不利影响属于发展中的问题，应当也只能通过不断发展来解决。当然，对于产业政策给扶贫造成的潜在不利影响须高度重视，将扶贫纳入政府刺激经济计划，通过有针对性的措施化解不利影响。

4. 稳定出口的贸易政策

国际金融危机全面爆发后，中国外贸出口受到很大影响，并经由就业和收入等渠道对国内扶贫工作造成不利影响。中国先后采取了提高出口退税率、加大出口信用保险支持力度和提供出口买方信贷等多种措施稳定出口，上述措施虽直接作用于出口以及相关的就业，但也会通过财政转移支付等渠道影响扶贫。

（1）贸易政策综述。

①七次调高商品出口退税率。

国际金融危机全面爆发后，中国外贸出口受到很大影响，为稳定外需和保障国内就业，2008 年 8 月—2009 年 6 月中国先后七次调高出口退税率，涉及纺织服装等劳动密集产品，部分技术含量和附加值高的机电产品以及受冲击较大的农产品和石化产品等。

②稳定外需六项政策。

2009 年 5 月，国务院召开会议研究部署了进一步稳定外需的政策措施。会议强调，要进一步加大政策支持力度，转变外贸发展方式，调整出口结构，重点促进优势产品、劳动密集型产品和高新技术产品出口，努力保持中国出口产品在国际市场的份额。会议确定了进一步稳定外需的 6 项政策措施。

一是完善出口信用保险政策。提高出口信用保险覆盖率，2009 年安排短期出口信用保险承保规模 840 亿美元，降低保险费率。建立和完善出口信用保险财政风险补偿机制，落实大型成套设备出口融资保险专项资金安排。二是完善出口税收政策。继续支持具有优势的产品、劳动密集型产品、高科技产品出口，严控“两高一资”

产品出口。三是大力解决外贸企业融资难问题。中央安排资金支持担保机构扩大中小企业贸易融资担保。鼓励金融机构通过多种方式支持出口企业融资，抓紧实施货物贸易人民币结算试点。保持人民币汇率在合理、均衡水平上的基本稳定。四是进一步减轻外贸企业负担。全面清理出口环节各项收费，严厉查处乱收费行为。适时合理调整法定检验目录，将新列入法检目录或增补监管条件商品的过渡期延长至今年年底。五是完善加工贸易政策。完善征税和通关政策措施，便利加工贸易产品内销。对于符合一定条件、以不作价设备出资设立法人企业的，可酌情免予补缴不作价设备进口关税和进口环节增值税。六是支持各类所有制企业“走出去”以带动出口。2009 年安排优惠出口买方信贷规模 100 亿美元。

（2）贸易政策对减贫的影响。

①外贸政策的目的在于保企业生存。

目前中国采取的各种外贸措施的核心目的在保企业生存。经济增长过度依赖外需一直是中国经济发展过程中需要解决的核心问题之一，但是，短期内迅速转变长期形成的、以出口为导向的经济结构机会成本太大，危机后的经济走势也证明了这一点，出口的大幅下滑对国民经济的各个方面都产生了严重的冲击。解决这一问题根本上还需要靠扩大内需，使内需外需协调发展，当外需不振的时候，必须采取措施稳定外需。事实证明，外需是出口的主要决定因素，亚洲金融危机和美国新经济泡沫破灭都造成世界经济减速，导致中国出口增速下滑，中国虽采取措施加大对出口的支持力度，但从效果看都无法烫平危机对出口的影响。张哲人（2009）① 的研究也表明，中国 80% 左右的外贸出口是由外需决定的。因此，国际金融危机全面爆发后，中国外贸政策的主要目的在于保企业生存。外需恢复之前，出口很难像以往一样高速增长，但出口退税、出口信保和买方信贷确实减轻了企业负担，这种负担的减轻对于企业在危机中生存往往是决定性的，只有生存下来才能保障就业，特别是作为非熟练劳动力的农民工就业。

②外贸政策对中国减贫整体有利。

外贸退税等政策加大了财政负担，按照2008 年的出口测算，如实行足额退税，财政多支出退税款 1600 亿元。如果财政支出安排不当，可能挤占财政用于扶贫的转移支付可能减少。当前外贸政策虽不能从根本上扭转出口负增长和农民工就业压力加大的局面，但如果不实行这些政策，形势必将更为严峻；特别是出口及其相关行业在中国国民经济中比重较大，如果出口以更大的幅度滑坡，必会通过就业、收入和汇款等渠道传导至贫困地区和贫困人口，即使把退税款用于转移支付，在国际经济金融危机的大背景下也无法保证政策效果。如果企业在外贸政策的帮助下在危机中生存下来，在危机平复后就可以扩大生产、扩大就业，能够吸纳在危机中失业和转向重大基础设施就业的农民工，辅以相应的就业政策和社会政策后，可以提高农民工的素质和拓宽就业渠道，为危机后的扶贫工作注入新活力。如果外贸企业在危机中生存下来，未来可以对贫困地区进行产业转移，促进其脱贫，如果无法生存，则相应的产业转移根本无从谈起。

---

① 详见《对外经济新思维》报告十，2009，中国计划出版社。

③汇率变动对减贫存在一定的不利影响。

国际金融危机爆发后，中国作为一个负责任大国，维持了人民币汇率稳定，但由于美元升值较大，人民币实际有效汇率随之升值，今年上半年相对于去年同期的升值幅度超过10%。理论上看，升值对减贫可能存在的直接不利影响包括两方面：一是升值不利于出口增长，影响农民工就业和收入；二是升值使外币的劳务汇款的人民币价值降低，不利于贫困地区发展。由于中国来自国外的劳务汇款数量较少，升值对贫困地区的不利影响非常有限，对于外贸的不利影响可以通过提高退税率等措施进行化解。因此，人民币升值对减贫的影响比较有限，但也应给予重视，并考虑采取适当的措施进行补偿。

5. 稳定与增加就业政策

农民工是中国改革开放和工业化、城镇化进程中涌现的一支新型劳动大军，已成为中国产业工人的重要组成部分，对中国现代化建设做出了重大贡献。农民工工作直接关系农村经济发展和农民增收，关系经济社会发展全局。针对国际金融危机的影响不断加深，国内部分企业生产经营遇到困难，就业压力明显增加的新情况，国务院和人保部相继出台多项促进农民工就业的政策措施，对稳定农民工就业起到了积极作用。

（1）就业政策综述。

①国务院关于做好农民工工作的六项措施。

一是采取多种措施促进农民工就业。落实中央关于扩大内需、减轻企业负担、促进经济增长的政策措施，帮助企业解困，积极扶持中小企业、劳动密集型产业和服务业，发挥政府投资和国有企事业单位对稳定就业的导向作用，稳定现有就业岗位。引导企业履行社会责任，防止出现大规模集中裁员现象。收集适合农民工的岗位信息，通过多种渠道及时发布。积极开展国际合作与交流，促进农民工劳务输出。灾后重建、农田水利、交通能源等重大基础设施建设项目，要尽量多招用因企业关停或减产裁员而失去工作的农民工。

二是加强农民工技能培训和职业教育。加大对农民工培训的投入，改进培训方式，扩大培训效果。围绕市场需求开展订单培训和定向培训，绕产业结构调整和企业技术改造新开工项目开展职业技能培训，围绕回乡创业组织开展创业培训，围绕农业现代化、产业化开展农村实用技术培训。

三是大力支持农民工返乡创业和投身新农村建设。引导掌握了一定技能、积累了一定资金的农民工创业，以创业带动就业。地方人民政府要在用地、收费、信息、工商登记、纳税服务等方面，降低创业门槛，给予农民工返乡创业更大的支持。农民工返乡创业属于政府贴息的项目要按照规定给予财政贴息，帮助其解决创业资金困难。采取以工代赈、以奖代补等多种形式，组织引导返乡农民工积极参与农村危房改造、农村中小学和职业学校、乡镇公共卫生院、计划生育生殖健康服务机构、文化设施等建设。

四是确保农民工工资按时足额发放。完善工资保证金制度，加强工资保证金账户管理，强化工资支付监控，确保农民工工资发放。企业关闭破产必须严格依法进行，对恶意欠薪逃匿的业主要依法予以严肃查处。

五是做好农民工社会保障和公共服务。对在输入地受工伤的农民工，农民工输出地劳动保障部门要主动与农民工输入地劳动保障部门进行协调，保障返乡农民工工伤保险权益。及时妥善安排返乡农民工子女入学，学校不得以任何借口拒绝接收返乡农民工子女入学。积极引导返乡农民工参加新型农村合作医疗，解决其看病就医问题。

六是切实保障返乡农民工土地承包权益。违法流转的农民工承包地，农民工要求退还的要坚决退还；因长期占用不能退还的，要负责安排返乡农民工就业。对依据口头协议等方式进行短期流转且农民工要求收回土地承包经营权的，原则上应退还农民工。长期流转又有流转合同的，可依法由双方协商解决；双方有纠纷的，可通过法律程序解决。

②人力资源和社会保障部稳定和扩大农民工就业的措施。

一是强化就业服务，让农民工就业有门路，求职有信息。各要加强信息搜集和发布工作，在输出地和输入地之间搭建劳务对接平台，引导农民工有序外出。各地大力开发本地岗位，促进返乡农民工就地就近就业。各地优先安排返乡农民工就业，并积极承接沿海产业转移，引导返乡农民工到当地企业就业。

二是部署开展大规模的农民工职业培训，提高农民工就业技能，储备一批技术人才。各地结合当地实际情况，组织因失去工作返乡的农民工和尚在城镇继续找工作的农民工开展有针对性的就业培训，并按规定给予相应补贴。一些输出省份和一些输入省份已经安排相应培训补贴资金，将重点向农民工培训倾斜。

三是落实减轻企业负担的政策，稳定在岗农民工就业岗位。允许困难企业在一定期限内缓缴社会保险费、允许阶段性降低四项社会保险费率、允许使用失业保险基金帮助困难企业稳定就业岗位等等，鼓励困难企业尽量不裁员或少裁员。

四是制定落实扶持政策，鼓励农民工返乡创业，促进以创业带动就业。将返乡农民工纳入创业政策扶持范围，在贷款发放、税费减免、工商登记、信息咨询等方面提供支持；对有资金技术和创业意愿的返乡农民工，在资金、场地、税费政策方面给予相应扶持。

五是部署开展清理整顿人力资源市场专项行动，保障农民工求职的合法权益。严厉打击以职业中介领域内的违法犯罪活动，依法取缔“黑中介”和加强对职业中介的监管，规范用人单位招工行为，为广大劳动者特别是农民工创造公平有序的就业环境。

③暂缓调整企业最低工资标准和降低医保费率。

2008 年施行的新《劳动合同法》规定，中国实行最低工资保障制度，用人单位支付劳动者的工资不得低于当地最低工资标准。为缓解新《劳动合同法》实施对减贫工作的不利影响，帮助企业渡过眼前难关，特别是稳定中小企业就业，2008 年 11 月，人保部通知要求，近期暂缓调整企业最低工资标准，在城镇职工基本医疗保险、工伤保险基金结余规模较大的统筹地区，可采取一次性措施适当降低一定时期的缴费费率。

（2）对减贫的影响。

①短期效应——促进再就业工作的开展。

国际金融危机全面爆发后，国家采取的一系列就业政策，在中央和地方的共同努力下，更多的就业岗位被创造出来，再就业工作完成效果好于预期，大部分返乡农民工重新回到城市工作，有力地促进了危机中中国减贫工作的开展，对维护贫困地区稳定和促进贫困地区发展起到了积极作用。2009 年上半年，全国城镇新增就业569 万人，完成全年900 万目标的63%；城镇就业逐月回升，岗位流失减少，二季度城镇登记失业人数是 906 万，比一季度减少了9 万，上半年城镇登记失业率 4.3%；上半年下岗失业人员再就业 271 万人，完成全年500 万目标的 54%；就业困难人员实现再就业 79 万人，完成全年 100 万目标的 79%。至 2008 年底，全国农民工就业的总量达到 2.25 亿元，其中外出务工达到 1.4 亿元；2009 年春节前，受金融危机影响，约有 50% 的农民工返乡，人数达 7000 万人，其中的 1800 万人需要解决就业问题；春节以后，有 95% 的农民工回到城里就业，剩下的还有 5% 在农村就地就近就业和返乡创业。

②中长期效应——提升农民工就业与发展能力。

很多就业政策措施着眼于提高农民工的综合素质，既有利于稳定农民工在危机中的就业，又有利于其未来发展；随着农民工技能的提高和就业渠道的拓宽，危机中采取的就业政策为中国未来的减贫工作提供了有力支撑。一是加大对农民工的培训力度，可以提高农民工技能，促进其由非熟练劳动力向熟练劳动力转型，提高未来收入。二是净化农民工就业环境，严厉打击“黑中介”和拖欠农民工工资行为，可以提高农民工进城就业意愿，为危机后农民工继续到城市工作和生活提供了有利支持。三是提高农民工的福利水平，输入地和输出地协调解决农民工工伤保险、医疗保险和子女就学等问题，加大对农民工的社会保障支持力度，为农民工长期在城市发展提供了保障。四是鼓励农民工创业，鼓励农民工在新农村建设中创业，鼓励农民工在城市创业，并为此提供税收和信贷支持，有利于农民工提升就业层次，提高收入水平，从根本上摆脱贫困。

③暂缓调整企业最低工资标准有可能拉大贫富差距。

暂缓调整企业最低工资标准是为了减轻企业负担，是应对危机的短期政策，虽有助于稳定农民工就业，但由于高收入者应对危机的能力相对较强，这会导致贫富差距拉大。特别是股市、房市、钢材、水泥以及大宗的原材料产品的同步上涨，更加加大了提高农民工实际收入的难度。在今年上半年发布工资指导水平的省市中，大都下调了今年的工资基准线，其中青海、云南的基准线相比 2008 年“下调”了 4 个百分点，广东下调了 3 个百分点。实施新《劳动合同法》，扭转中国要素价格严重低估的局面，是实现全面建设小康社会宏伟目标的必然需要，金融危机的出现在一定程度上暂时延缓了此项改革的推进，但随着时间的推移，世界经济会逐步复苏，中国在危机中采取的短期政策也须进行相应的调整，勿使短期政策长期化。

6. 长短期结合的社会政策

（1）社会政策综述。

社会政策是通过国家立法和政府行政干预，解决社会问题，促进社会稳定，改善社会环境，增进社会福利的一系列政策、行动准则和规定的总称。其核心是解决市场经济下公民的社会风险。当前中国的社会政策主要包括社会保险和社会救助两大领域。社会保险包括医疗保险、退休养老保险、失业保险、工伤保险、女职工生育保险。社会救助主要包括最低生活保障、临时救济、五保、特困救济等。

（2）金融危机下的社会政策及其减贫效应。

金融危机发生之后，中国政府提出了保增长、保就业、保民生、保稳定的政策目标，并投入巨资强力干预。总结中国政府对金融危机的应对措施，并对比其他国家的应对措施，可以发现，中国的政府干预具有“经济—社会”干预模式的特点。“保增长、保就业”主要是通过政府投资扩大需求，拉动经济增长；而“保民生、保稳定”主要是通过社会政策解决中国改革开放以来存在的一些深层次的问题及其在金融危机下暴露出问题，以促进经济和社会和谐发展。

基本医疗保险制度。因病致贫，因病返贫一直是中国贫困的一个突出现象。金融危机暴发后，这些脆弱性群体致贫和返贫的风险概率就加大。为此，2009 年中国政府采取了两项关键措施：一是继续扩大基本医疗保险制度（含新型农村合作医疗制度和城镇居民基本医疗制度）的覆盖面；二是继续提高新型农村合作医疗的住院报销比例。基本医疗保险制度的目标是在 2009 年底覆盖 12 亿人。

最低生活保障制度。最低生活保障是缓解贫困、维护社会安全稳定、实现社会“底线公平”的重要保障，其目标是保障那些没有劳动能力的贫困人口。2007 年中国开始全面建立农村最低生活保障制度，到 2008 年底，全国农村平均低保标准是人均 988 元/年，月人均补差是 49 元；全国农村最低生活保障人数 4284.3 万人，占全国农业人口的 4.9%。农村因病、因残、年老体弱、丧失劳动能力和生存条件恶劣等原因造成常年困难的家庭，基本上得到了保障。2009 年，中央在“保民生”的方针下，对地方最低生活保障的财政补助达到 216 亿元，比 2008 年增加 131%。最低生活保障制度的瞄准性强，减贫效应明显。

医疗救助。基本医疗保障制度的一个典型特征是以“住院补偿”为主，即通常所说的“保大病”。该项制度运行以来，人们反映贫困人口受益少。医疗救助就是针对贫困人口建立的一项制度，以弥补基本医疗制度的不足。为了保障困难群众基本医疗需求，中国从 2003 年开始，建立农村医疗救助制度；2005 年开始建立城市医疗救助制度。2009 年 6 月民政部下发《关于进一步完善城乡医疗救助制度的意见》，提出用 3 年左右时间，在全国基本建立起资金来源稳定，管理运行规范，救助效果明显，能够为困难群众提供方便、快捷服务的医疗救助制度。从运行情况来看，医疗救助制度对于贫困人口的减贫效果明显。

教育保障。在全国全面实施“两免一补”政策、危房改造工程、现代化远程教育工程等一系列义务教育政策之后，为了提高教育质量，稳定教师队伍，2009 年 1 月 1 日起全国义务教育学校实施绩效工资。

农民工返乡创业培训。在金融危机发生之后，大量农民工返乡。中央政府和地方政府相继出台针对性政策措施，对农民工返乡创业进行培训，并给予配套的减免注册登记费用，提供创业贷款等一系列服务。在一定程度上有效缓解了金融危机的负面影响。

特定人群的社会福利政策。除了上述社会政策外，政府在残疾人福利事业、老年人社会福利事业、妇女和儿童社会福利事业方面都不断出台新的政策，以分散特殊人群的健康、生活风险。

在社会政策方面，仍需加强以下工作：一是加强以缓解贫困为重点的社会政策。加强最低生活保障制度和贫困开发的政府责任，要比收入替代型的社会政策（社会保险）的成本低的多，效率也相对较高。二是加强服务于农民工的社会政策。在最低生活保障制度、新型农村合作医疗制度、医疗救助制度等几个关键性制度方面，都存在着农民工排斥于制度之外的风险。而具有2.3亿农民工的大国，围绕农民工的住房保障政策将是中国政府未来关注的重点。三是加强特定人群的社会政策。主要是针对残、孤儿童、老年人和妇女等脆弱性人群的社会政策。

五、政策建议

由于金融危机的爆发既在一定程度上加大了减贫工作的难度，但同时也给减贫工作带来了机遇。中国应该将减贫与促进经济发展结合起来，在努力消除金融危机对中国不利影响的同时，帮助更多的贫困人口摆脱贫困，为经济和社会创造更有利的发展环境，促进国民经济的良性循环。

在应对国际金融危机的一揽子经济计划的刺激下，中国成功扭转了自去年四季度以来经济快速下滑趋势，上半年经济增长7.1%，比一季度加快1个百分点，经济回升态势日趋明显。对于扶贫工作而言，一揽子经济刺激计划的实施也在很大程度上推进了扶贫事业的发展。据有关部门统计，2002—2007年国家扶贫开发工作重点县农民人均纯收入年均增幅高于全国平均水平，2008年受国际金融危机的影响，国家扶贫开发重点县农民人均纯收入出现低于全国平均水平的现象，但到2009年一季度，在一揽子经济刺激计划的作用下，尤其受中央加大对低收入群体补助标准等政策影响，国家扶贫开发重点县农民人均纯收入增幅重新又领先于全国平均水平。这充分表明国家应对金融危机的调控政策对扶贫事业的发展起到了重要的促进作用。

从未来宏观调控政策的走势来看，随着国内宏观经济运行企稳向好势头的日趋明显，当前以“保增长”为主要目标的宏观调控政策将逐步向“调结构”转变，我们应该充分利用这一有利时机，通过把减贫纳入到政府刺激经济计划中，加大对中西部地区尤其是贫困地区的道路、教育、水利、卫生等公共投资力度，扶持特定产业、加强技能培训、鼓励自主创业以及提高贫困人口的临时性救济标准等多种方式，在实现“保增长、调结构”的宏观调控目标的同时，帮助贫困人员摆脱困境，推进减贫工作。

从中长期来看，在城乡户籍制度长期分割的情况下，中国长期以外需拉动为主、内外失衡的经济发展模式具有不可持续性，同时，这种模式也在很大程度上加剧了贫富之间、城乡之间、地区之间的发展差距，因此，从有利于经济长远发展的角度讲，必须将优化发展模式与贫困地区及人群综合发展相结合，使地区之间、城乡之间、贫富之间形成良性互动，通过调整公共资源分配格局；加大城乡专项减贫干预力度，完善社会保障制度，稳定市场价格，提升自主创新能力，优化经济发展布局等一系列措施，实现投资、消费和出口对经济增长的均衡，努力缩小地区、城乡、贫富间发展差距，为实践科学发展、构建和谐社会创造有利条件。

（一）短期：刺激经济恢复与帮助贫困人群度过难关相结合

随着国内宏观经济运行企稳向好势头的日趋明显，以“保增长”为主要目标的宏观调控政策正在逐步向“调结构”转变，我们应该充分利用这一有利时机，在短期内，将刺激经济恢复与帮助贫困人群度过难关的措施结合起来，通过把减贫纳入到政府刺激经济计划中，加大对中西部地区尤其是贫困地区的道路、教育、水利、卫生等公共投资力度，扶持特定产业、加强技能培训、鼓励自主创业以及提高贫困人口的临时性救济标准等多种方式，在实现“保增长、调结构”的宏观调控目标的同时，帮助贫困人员摆脱困境，推进减贫工作取得长足发展。

1. 将减贫工作与政府经济刺激计划紧密结合起来

随着国内外经济形势的逐渐好转，有必要对既定的经济刺激计划进行结构性调整，将以“保增长”为主要目标的经济刺激计划向以“调结构”为重点的经济刺激计划转变。而从广义讲，调结构不仅包括产业结构、产品结构、企业结构、地区结构，还应包括贫富人口结构。一方面，贫富人口结构的改善对刺激消费、扩大内需有着积极影响，另一方面，产业结构、地区结构的合理调整也有助于贫富人口结构的改善。因此，应该将减贫纳入到政府经济刺激计划，并作为其中一个重要的组成部分，加大政策支持力度。可通过加大中西部地区尤其是贫困地区的基础设施投资，以及实行差别化税费政策支持企业吸纳就业等多种措施，为减贫工作的顺利实施创造有利的外部环境。此外，还可通过完善相当配套政策，为农民本地就业创造更多的就业岗位，如配合家电下乡，要加快农村电网的改造、升级；配合汽车下乡，增加汽车驾驶和汽车维修的培训，使更多的农民掌握一技之长，增加当地就业机会。这些配套措施不仅为相关政策的贯彻落实创造了有利的政策环境，还在一定程度上增加了农民就业机会，提供了更多的就业岗位，推动了减贫工作。

2. 加大政府公共投资向中西部地区和农村地区倾斜力度

尽管当前国内经济运行企稳回升的势头日趋明显，但总体来看，受国际经济彻底摆脱金融危机的阴影尚需时日，国内经济回升的基础仍不牢固等多种因素影响，积极财政政策和适度宽松的货币政策仍需要继续坚持，以便为国民经济的稳步回升“保驾护航”。因此，作为积极财政政策重要组成部分的 4 万亿元政府投资仍然需要继续实施，但为了更好地发挥政府投资的引导和带动作用，应该根据经济形势的发展变化，及时对投资项目进行结构性调整，适当加大提升企业研发能力的科技创新工程，以及满足人民群众基本需要的民生工程的投资，适当减少机场、高速公路等基础设施建设，这样既有利于扩大国内需求、保证经济稳步回升，又有利于解决当前制约经济长远发展的战略性、关键性问题，提高财政资金使用效益，为国民经济的可持续发展创造条件。为此，需要在以下几个方面加大投资，促进扶贫工作的发展：

（1）加大对中西部地区公共投资力度。根据部分学者的实证研究，表明公共投资对不均等的影响存在较大的地区差异。在沿海地区，更多的公共投资往往导致地区之间不均等的增加。而在中西部地区特别是西部地区，增加各类公共投资有利于减少不均等。为此，在当前扩大内需的扩张性财政政策背景下，应该继续加大对中西部地区的公共投资力度，既有利于扩大国内需求，又可以推进减贫工作。对在西部地区的基础设施等投入也要根据需求和使用率的情况进行合理的计划，要注意基础设施，如高速公路等使用的效率，要注意与农户直接相关的基础设施项目的投入，如村级的供水，供电等。各项支持措施要配套，家用电器下乡，需要用电，贫困户交不起高额的电费，或经常停电。

（2）加大对农村地区教育、卫生、水利等基础设施的投资力度。从理论上讲，公共投资是中国农村经济增长、减少贫困和地区不均等的重要源泉。根据部分学者对中国减贫政策的实证分析①，包括农业研发、灌溉、公路、教育、电力、电话等在内的所有产出增进型投资有助于贫困人口的减少和农业的发展。为此，在当前调整公共投资的有利时机，适当增加对贫困地区、农村地区水利、道路、教育、卫生等基础设施的投资，可以为当地经济发展、为农民收入的增加和消费需求的扩大创造有利条件。

此外，在国家重大基础设施工程建设过程中，要尽可能吸收更多的农村劳动力就地就近就业，尤其在农林水利、国土整治、生态环保等工程建设中要多采取以工代赈的方式，吸引更多的农村劳动力尤其是偏远地区、贫困地区的劳动力就业，努力增加当地农民的收入，帮助他们摆脱贫困。

3. 加大对特定行业和困难企业的扶持力度

金融危机给中国经济造成的最直接影响是就业问题，这主要是由于世界贸易需求的急剧萎缩，使中国长期依靠外需拉动的劳动密集型产业受到前所未有的打击。因此，应对危机的关键就是要千方百计保住那些已具备较强国际竞争力，但目前面临严重冲击的企业，减少企业裁员，努力维护社会的稳定。这就需要对那些陷入困境的行业和困难企业加大政策扶持力度，帮助他们维持企业生产运行。具体措施包括：

（1）加大对纺织、服装、玩具、食品加工、消费类电子产品等劳动密集型产业的政策支持力度，努力稳定就业。一方面，有关部门要通过组织企业参加国际性商品展览，帮助企业收集市场信息等多种措施，积极引导有条件的企业开拓新市场；另一方面，有关部门要通过减免相关费用、提供信息服务和技术指导等多项措施鼓励国内商场超市积极接纳外贸企业，帮助企业拓宽国内市场，稳定企业生产运行，减少裁减人员。

（2）深入贯彻落实相关文件精神，通过暂缓或阶段性降低相关社保资金标准等多项措施，减轻企业压力。首先，要落实缓缴养老保险费，阶段性降低城镇职工基本医疗保险、失业保险、工伤保险、生育保险费率，运用失业保险基金结余引导困难企业不裁员或少裁员等措施，稳定现有就业岗位。同时，有关部门要与享受政策优惠、减轻负担的企业签署稳定就业责任书，使政策优惠力度与就业稳定效果相挂钩，并设定违约惩处机制。其次，要适当扩大困难企业的界定范围，阶段性降低企

① 林伯强：《中国的政府公共支出与减贫政策》，《经济研究》2005 年第 1 期。

业住房公积金的缴纳比例，减轻企业负担。此外，还要鼓励用人单位和职工就阶段性减工减薪、在岗培训等事项达成协议，鼓励实施就业分享计划，尽量不裁员或少裁员。特别是国有企业更要带头承担相应的社会责任，努力争取不裁员。

（3）落实鼓励中小企业发展的各项扶持政策，加大对中小企业融资的支持力度。有关部门要积极为中小企业提供政策、信息和技术咨询等多方面的服务，推进中小企业发展，努力发挥中小企业吸纳劳动力就业的主体作用。

4．加强对城乡失业人员的劳动技能培训

受金融危机的冲击，城乡失业人员不断增加，不仅给社会增加了不稳定因素，而且也使其中的部分人员可能面临返贫的威胁，为更好地帮助他们摆脱困境，需要加强对其技能培训，提高其自身素质，为重新就业和自主创业打下基础。具体可采取以下措施：

（1）加强对城市失业人员技能培训与再就业的对接，提升失业人员的再就业竞争力。为参加技能培训的失业人员提供培训和就业咨询服务，帮助失业人员合理选择适合自身的培训项目，减少技能培训的盲目性和无序。

（2）加强对返乡农民工的技能培训，帮助其自主创业。根据返乡农民工的实际需求，加大对其职业技术和种植知识等多方面技能的培训力度，通过提高其自身素质，为其自谋出路、自主创业打下基础。具体可通过减免培训费用、发放技能资格证书等，调动农民工主动参与培训积极性。

5. 加大对自主创业的政策支持力度

受金融危机的影响，当前国际国内经济形势并不乐观，完全依靠政府投资以及现有企业很难为不断增加劳动力提供更多的就业机会，需要有关部门加大政策支持力度，鼓励劳动力自主创业。

（1）加大政策扶持力度，为下岗失业人员营造更加宽松的创业环境。有关部门要制定更大力度的扶持政策，切实做好市场准入、场地安排、税费减免、小额担保贷款、免费创业信息服务等方面的扶持工作，为城乡失业人员自主创业创造有利的外部环境。

（2）继续加大对中小企业、自主创业个人的信贷支持力度。有关部门要通过提高财政贴息的比例、降低财政担保费率、拓宽抵押财产范围等多种措施，支持中小企业发展和个人自主创业。

（3）运用财税、信贷优惠政策，支持返乡农民工自主创业。有关部门要通过给予返乡农民工相关税费减免、放宽信贷标准、提供财政贴息等多种方式，支持返乡农民工自主创业，并为其提供信息、技术、管理等方面的服务，为其提供更有利的政策环境。

6. 向贫困和低收入人群提供专门救助

受金融危机的影响，在社会生产能力严重过剩的背景下，社会消费品零售价格极可能处于低位徘徊状态，失业人员的居高不下，使社会最低工资标准与低保补助标准的差距可能进一步缩小，同时，为鼓励贫困和低收入人群积极就业，短期内政府不可能大幅度地提高低保补助标准，而只能针对贫困和低收入人群的特殊困难，为其提供专门性的经济和社会救助服务，帮助他们解决实际困难。

（1）加强对弱势群体的疾病和灾害救助，降低其陷入贫困的风险。针对贫困人员由于疾病或灾害而遇到的生活困难，有关部门应根据其特殊情况，有针对性地适当提高专项救助标准，加大救助力度，努力帮助其度过难关。

（2）为贫困人员提供力所能及的就业岗位。对低收入人员，尤其是就业技能低、年龄偏大、残疾人等应实行就业帮扶、增加公益性劳动岗位、推广以工代赈等办法，实现救助与就业的有机结合。

（3）针对贫困人员的住房困难，要采取适当提高建房补助标准、减免廉租房租金等方式，努力改善其居住条件。要充分利用当前扩大内需，加快廉租房建设和棚户房改造、新农村建设的有利时机，将廉租房和农村住房补贴政策适当向贫困人员倾斜，通过减免房租、加大建房补贴等多项措施，切实改善贫困人员的居住条件，促进社会的和谐。

（二）中长期：优化发展模式与贫困地区及人群综合发展相结合

十七届三中全会中共中央《关于推进农村改革发展若干重大问题的决定》为我国今后相当长一段时期指导扶贫工作提出了纲领性文件，决定指出“搞好新阶段扶贫开发，对确保全体人民共享改革发展成果具有重大意义，必须作为长期历史任务持之以恒抓紧抓好。完善国家扶贫战略和政策体系，坚持开发式扶贫方针，实现农村最低生活保障制度和扶贫开发政策有效衔接”。在此精神指导下，结合金融危机爆发的新形势，我们应该清醒地认识到长期以外需拉动为主、内外经济失衡的发展模式是难以为继，迫切需要调整。但启动内需，尤其是刺激消费需求，并不是一蹴而就的事，需要统筹区域、城乡、贫富之间的发展，需要投资、消费良性互动，这就要求在中长期，要将优化发展模式与贫困地区及人群综合发展相结合，通过优化公共资源分配格局，推动基本公共服务均等化，努力提升贫困地区人力资本素质，避免其在产业升级和结构调整的大背景下被人为地边缘化；通过加大城乡专项减贫干预力度，给予困难群体更具针对性的救助；通过完善社会保障制度，给予流动人口平等的社会待遇，增强务工人员的归属感；通过稳定市场价格，建立低保补助标准动态调整机制，给予贫困群体更细致的照顾；通过提升自主创新能力，优化经济发展布局，促进经济发展方式转变，努力实现投资、消费和出口对经济增长的均衡，积极缩小地区、城乡、贫富间发展差距，为实践科学发展、构建和谐社会创造条件。

1. 优化公共资源分配格局

金融危机使中国原本靠出口、投资、消费“三驾马车”拉动快速增长的经济突然失去了最大的动力源，我们只得把启动经济的希望全部压在了扩大内需，尤其是消费需求，但现行公共资源不合理的分配格局，较大程度上阻碍了消费，尤其是中低收入群体消费需求的增长，这就需要政府要采取有效措施，通过深化财税体制改革，优化财政支出结构、加大对农村及中西部欠发达地区在基础设施建设、义务教育、公共卫生和基本医疗等的财政支出力度，推进基本公共服务均等化，使每个人尤其是中低收入人群都能享受到大体均等的基本公共产品和服务，在推动经济发展的同时，提高中低收入群体拥有的物质和人力资本水平，增强其消费能力。

（1）进一步深化财税体制改革，调整国民收入分配格局。当前不合理的国民收入分配格局，加剧了贫富差距，抑制了居民消费。为此，需要通过推进资源环境价格改革，加快综合申报与分类扣除相结合的个人所得税改革，改革房地产税，加快增值税扩围改革，完善国家资本红利收入管理等一系列财税体制改革，调整国民收入分配格局，为增加居民收入、刺激消费创造条件。

（2）优化财政支出结构，重点加大对教育、卫生、社会保障、基础设施、科学研究等方面的投入。财政收入的稳步增长，使政府拥有更多的公共资源，这就需要政府优化财政支出结构，加大对教育、卫生、社会保障、基础设施、科学研究等方面的财政投入，尤其是要为贫困地区、贫困人口提供更多的教育、培训机会，通过提高当地人力资本的素质，增加其外出务工和自主创业的机会，从根本上摆脱贫困。同时，要通过加强资金管理等多种方式，努力提高公共资源的使用效率，在增加中低收入人群转移性收入的同时，促进经济健康发展。

（3）加大对农村和中西部地区的财政支出力度，促进公共资源区域间的均衡分配。长期以来，地区间发展的不均衡是制约消费需求持续增长和经济健康发展的重要障碍，其中原因也是多方面，包括财政资源在地区间的分布也是极不均衡的。尽管近年来中央政府不断加大中西部和农村地区的资金支持力度，一定程度上缓解了地区间财政资源分配的不均衡，但与实际需要还有较大差距，中央财政应继续向农村和中西部地区倾斜力度，为促进农村居民消费升级、支持中西部地区经济发展创造更有利的条件。

2. 加大城乡专项扶贫干预的力度

近年来，中国贫富差距的扩大不仅制约了消费需求的增长，影响经济发展的可持续性，也阻碍了和谐社会的构建。应该充分利用当前刺激消费、扩大内需的有利时机，加快缩小贫富差距、城乡差距，应该积极通过城乡各种专项扶贫干预项目，努力改善贫困群体的发展条件，逐步缩小贫富差距。

（1）逐步扩大和丰富现有城乡专项扶贫项目资金规模和内容，努力改善贫困群体发展条件。中国现行的城乡专项扶贫计划既有针对城乡贫困群体的医疗、教育等救助计划，也有针对贫困地区支持特定产业的扶贫专项计划，在一定程度上解决了贫困群体的暂时困难，改善了当地的发展条件。但总体来看，无论是项目的资金规模，还是扶持内容都与城乡贫困群体的实际需要存在较大差距。为此，有关部门应继续加大财政投入力度，丰富支持项目的内容，真正帮助贫困群体消除制约发展的障碍。特别是，要努力扩大专项扶贫财政资金的规模，提高专项扶贫财政资金的使用效率，切实增强贫困地区和贫困人口自身发展的能力，增强其抵御风险的能力。实践证明，通过开发式扶贫能够有效提升贫困人口的综合发展能力，进而有效减少政府救助的成本。通过开发式扶贫增强贫困人口自身的发展能力，通过最低生活保障制度等社会安全网的建设，构筑完整的反贫困战略体系。

（2）扩大农村扶贫贷款规模，加强监督管理，帮助贫困群体摆脱贫困。从理论上是减少农村贫困最有效的工具，但从中国的实际情况来看，扶贫贷款在减少贫困中的收益要以其他方式低得多，这主要是由于贷款规模偏小、资金管理不规范，经常被政府挪用或流向非贫困家庭和地区。因此，有关部门应该在努力扩大扶贫贷款规模的同时，加强管理和监督，使这些贷款能够较好地安排和使用，帮助贫困地区和贫困家庭脱贫致富。

3. 完善社会保障与救济制度

金融危机的爆发使美国为代表的发达国家过度消费的发展模式开始转变，这就意味着即使世界经济稳步回升，外需对中国经济的拉动作用也会十分有限，很难再恢复到金融危机发生前的水平，这就需要中国以外需为主的经济发展模式也要随之转变。扩大内需尤其是消费需求将在未来较长的一段时期内成为中国政策的主要着力点。

而导致当前国内消费需求不旺的原因是多方面的，其中一个重要原因就是中国当前的社会保障制度尚不完善，居民尤其是中低收入居民不敢消费，从而制约了居民消费能力的提升。这就需要充分发挥社会保障制度的“经济和社会稳定器”功能，健全和完善社会保障制度，消除中低收入者的后顾之忧，促进消费需求的持续快速增长。

(1) 完善社会保险制度，消除劳动者后顾之忧。社会保险作为面向劳动者的社会保障措施，通过向劳动者提供养老保障、疾病医疗保险、失业保险等，有效地解除居民的后顾之忧，并为避免受保者沦为弱势群体创造了条件。由于历史的原因，中国现行的社会保险制度并不健全，已经成为抑制消费、阻碍经济发展的重要障碍。为消除居民后顾之忧，稳定消费预期，提高消费者信心，需要加快完善社会保障制度，通过扩大社会保险覆盖范围，做实个人账户，提高社会保障统筹级次，实现社会保险异地转续，完善新型农村合作医疗、农村养老保险制度建立等多种方式，逐步缩小不同社会群体之间的社会保障权益不公平现象，真正让全体国民通过社会保障制度安排分享到国家发展的成果。

(2) 加快建设农村社会救助体系，增强农民的抗风险能力。社会救助作为最基础的或最低层次的社会保障，是公民生存的最后一道防线。在中国经济体制改革和社会转型期，完善社会福利和救助体系，建立一个牢固的低收入群体保护网，是市场经济发展的内在要求，是社会转型和发展的稳定器。针对当前救助体系不完善、救助效率不高等问题，有关部门要在广大农村地区加快完善乡村社会救助体系，要以增强救助系统整体功能，提高整体救助效果为目标，通过整体构思、科学论证，加快建设以农村最低生活保障制度为主，教育救助、医疗救助、灾害救助为辅，多层次、全方位的新型农村社会救助体系，努力使各项救助相互兼顾、协调衔接，并和社会帮扶、优惠政策、社会捐赠紧密结合，形成良性互动、协调推进。

(3) 完善和规范城市社会救助体系，加大力度支持低收入人群就业。有关部门要积极开展宣传教育活动，引导低保、贫困人员转变就业观念，鼓励其自食其力；要加强对低保、贫困人员的职业技能培训，通过减免培训费等方式，鼓励低保对象参加职业技能培训，提高其自身素质，增加就业竞争力。此外，国家还要制定财税优惠政策，如通过减免相关税费、代缴社会保险费、发放特困人员就业补贴等多种方式，鼓励企业招用贫困人员。

4. 建立低保补助标准动态调整机制

当前为应对金融危机，有关部门相继出台了多项刺激消费、扩大投资的宏观调控政策，为经济注入了大量的流动性，这必然会带动未来物价的上涨，因此，有关部门要采取有效措施，努力稳定市场价格，及时提高低保补助标准，保障低保人员生活水平不下降。

（1）稳定市场价格，保障中低收入人员的生活水平。有关部门应该关注市场价格走势尤其是资产价格走势，根据市场价格的异常波动，及时调整货币政策方向，并努力采取有效措施平抑价格，促进市场价格的平稳运行，保持中低收入人员生活水平的稳定。

（2）根据物价上涨情况，动态调整低保标准，稳定低保人员生活水平。一般来说，低收入人群对基本生活品价格的变化最为敏感，当物价上涨时，其生活水平会明显下降。因此，有关部门要加快建立和完善低保与物价联动机制，及时根据基本消费品价格指数变动情况，调整低保补贴标准，对因价格改革而引发基本消费品价格大幅上涨和突发性生活必需品价格大幅上涨，可向低保群众发放一次性价格补贴，稳定低保人员生活水平。

5. 优化经济发展模式

从理论上讲，一国的经济增长只有依靠投资、消费和出口“三驾马车”均衡拉动，才能够持续。金融危机的爆发使中国初尝了内外经济失衡的苦果，以外需拉动为主的内外失衡的经济增长模式已经到了非调不可的时候。导致内外经济失衡的原因是多方面的，其中，最根本的原因在于中国自主创新能力的日趋减弱，这就使得国内产业对全球化产业分工的依赖性不断强化，逐步失去产业发展的自主权，只能在整个产品价值链条中占据较低增值的部分。而这种在国际产业分工中所处的地位对国内市场又形成了一种倒逼机制，即：由于产品附加值低，只能通过压低产业工人工资、压抑资源价格、减少环境污染治理开支等方式来维持增长的高速度，企业创新动力进一步降低，这样的循环所造成的后果是国民福利受到损失，居民消费能力难以增强，国内需求难以扩大和提升。但在世界经济一片大好的背景下，这种后果是不容易为人所察觉的，只有当金融危机这种导致全球需求急剧萎缩的大灾难爆发时，这种恶性循环的恶果才会暴露。由于自主创新能力的弱化，导致投资效率下降、产品有效供给不足、居民消费能力不足，产业结构进一步不合理，进而影响居民消费的扩大。破解这种循环怪圈的关键在于提升自主创新能力，优化产业布局，逐步向产品高增值环节挺进，以便形成居民消费能力稳定提高、区域间产业梯次发展、投资与消费、出口良性循环、均衡拉动经济的发展模式。

（1）以提高自主创新能力为着力点，增强经济发展的协调性。针对当前企业自主创新不强，多数企业尚未形成自己的核心技术能力，创新的组织机制尚不健全等突出问题，有关部门要通过加快财税体制改革，加强知识产权保护，大力破除制约企业自主创新能力增强的体制性、机制性障碍，形成调动企业自主创新积极性的制度环境；加大财政科技投入，强化公共平台和中介服务体系建设，加强政府采购支持自主创新产品的力度，加大企业参与国家科技计划的力度，建立财政投入支持企业自主创新的稳定增长机制；完善相关税收优惠政策，合理使用税收抵免、加速折旧等事前优惠政策，以及对使用落后工艺、设备及高污染、高消耗企业实施限制或惩罚性税收政策等，增加企业自主创新的内在动力。

（2）加快产业梯度转移，增强区域发展的协调性。长期以来，区域发展的不平衡也是导致经济发展区域失衡、消费需求难以呈现波浪式发展的主要原因。我们要利用当前由金融危机引发的产业调整的有利时机，按照主体功能区的要求，加快产业梯度转移，合理规划产业布局，统筹协调区域发展。东部沿海地区应该正视新旧经济发展方式、成本与收益之间尖锐的矛盾，面对土地、资源和环境的巨大承载压力，痛下决心，加快相关产业向中西部重点开发区的转移，加大自主创新能力的培养，充分利用高素质的劳动力、发达的信息网络和广阔的国际交往等优势，积极发展技术密集型和资金密集型产业，提高产品的技术含量，打造属于自己的品牌；中西部产业承接地区则要通过加快基础设施建设、更新思维观念、营造有利的政策环境等措施，充分发挥自身劳动力和资源的比较成本优势，积极吸引东部企业进入本地区，但重视自身“后发优势”的发挥，杜绝走东部地区先污染后治理的老路，促进经济的可持续发展，同时辐射、带动边远、贫困地区经济，帮助当地居民脱贫致富，推进中国扶贫工作。

6. 引导资金流向有利于扶贫的领域

（1）促进中小型金融机构发展。在对大型的金融机构进行改革的同时，要积极稳妥地发展有竞争性的金融市场，要大力发展中小型的金融机构，放松中小金融机构进入的条件，特别是在地县级进入的条件，并对其进行有效的监管。与大型的金融机构相比，中小型的金融机构更有可能瞄准中小企业和微小企业。

（2）要降低中小企业定义的标准。目前对中小企业的贷款定义太高，不少中型企业实际是大型企业，而小企业实际上是中型企业。要按照国际上通行的标准来定义中小企业和微型企业。

（3）要帮助并鼓励金融机构向小型企业，微型企业和三农发放贷款。在监管上按照微小企业贷款的特点对监管办法进行适当的修改，在政策上给与适当的优惠。帮助金融机构开发商业性的瞄准微小企业的信贷产品和其他金融产品。

（4）要加快农业等相关产业或地区保险制度的建立，调动金融部门贷款积极性。受农业等相关产业发展风险大的影响，金融部门普遍存在惜贷现象，这就需要发挥财政政策“四两拨千斤”的作用，通过相关产业保险制度的建立，努力消除金融部门的后顾之忧，为相关产业、相关地区发展提供资金支持。

《金融危机与减贫》课题组

特 邀 顾 问：

郑文凯　国务院扶贫办副主任

马晓河　国家发展和改革委员会宏观经济研究院副院长、研究员

负　责　人：

吴　忠　中国国际扶贫中心主任

张燕生　国家发展和改革委员会对外经济研究所所长、研究员

具体负责人：

叶辅靖　国家发展和改革委员会对外经济研究所副所长、研究员

黄承伟　中国国际扶贫中心副主任、研究员

成　　员：

国家发展和改革委员会对外经济研究所：

张岸元　博士

马　强　博士

张　一　博士

张哲人　博士

胡拥军　博士研究生

中国国际扶贫中心：

程恩江　博士　研究总协调员

王小林　博士

专题二：
汶川地震灾后贫困村恢复重建

一、汶川地震对贫困的影响

（一）灾害对贫困影响概述

灾害—风险、脆弱性与贫困存在内在的规律和逻辑关系。灾害发生产生的风险，之所以对贫困村、贫困家庭影响更大，是因为：

第一，从社会历史发展范畴看，最穷的人一般都居住在最危险的地方，贫困村也大多位于远离交通干道、偏远的区域，生态和环境比较脆弱，地震和其他灾害发生的频率也相对更高。

第二，从现实范畴看，灾害发生以前，贫困村、贫困人群的防灾能力最差，表现在：生产结构单一，没有能力扩展多样化生产；房子的质量、结构相对较差，灾害发生时，倒塌的房屋肯定是从最差的开始。穷人仅有的资产被剥夺也就最彻底，直至一无所有。

第三，灾害发生后恢复重建的能力相对较弱，恢复重建难度大、所需时间自然就长。

汶川地震灾后贫困村恢复重建体现了这种规律性，防灾减灾、灾后重建与扶贫开发结合正是这一规律性的必然要求。因此，扶贫系统参与灾后重建，关注贫困村和贫困人群的灾后重建是这种内在逻辑关系的反映，在灾后重建中考虑防灾减灾、在扶贫开发中纳入防灾减灾与风险管理的意识，符合上述理论分析。以上模型分析清晰阐述了防灾减灾、灾后重建与扶贫开发结合的理论必然性。对于在同样的灾害中受损失最大、抗风险能力最弱、在贫困陷阱里受困更长时期的贫困村、贫困户，只有在重建过程中给予他们特别的关注和支持，并在灾后重建中各种项目的设计及实施纳入风险管理，才有可能提高贫困村、贫困群体的抗风险能力。当灾害再次发生时才能避免贫困社区、人群脆弱性大幅度增加，尽可能减少贫困面的扩大、降低贫困程度的加深。

受到风险的打击对家庭产生影响，增强了家庭的脆弱性，导致或加剧了贫困。很明显，同样的打击下，当资产存量不同的农户都掉入贫困陷阱以后，原本贫困的家庭、人群爬出陷阱的能力相对较弱、所需的时间更长。如果短期内扶持力度不足，则他们在陷阱中维持的时间会更长。对贫困的社区、家庭和人群，政策支持力度需要有所倾斜，才能帮助他们短期内摆脱贫困陷阱。相应的政策干预可以降低风险。如果在扶贫开发中纳入防灾减灾的意识，就可以降低灾害发生的风险，降低贫困家庭的脆弱性，从而降低了受风险打击家庭陷入贫困的可能性。增强抵御风险机制的政策干预，可以增强受风险打击家庭抵御风险的能力。如发展设施农业，可以明显提高抗御各种自然灾害和自然风险的能力。

（二）汶川地震灾区受灾概况

根据《汶川地震灾后恢复重建总体规划》的评估结果，汶川地震灾区的主要损失表现在以下方面：

1. 人员伤亡惨重，截至2008年8月25日，遇难69226人，受伤374643人，失踪17923人；

2. 城乡居民住房大量损毁，北川县城、汶川县映秀镇等部分城镇和大量村庄几乎被夷为平地；

3. 基础设施严重损毁，交通、电力、通信、供水、供气等系统大面积瘫痪；

4. 学校、医院等公共服务设施严重损毁，大量文化自然遗产遭到严重破坏；

5. 产业发展受到严重影响，耕地大面积损毁，主要产业、众多企业遭受重创；

6. 生态环境遭到严重破坏，森林大片损毁，野生动物栖息地丧失与破碎，生态功能退化。

由于地震灾害的影响，规划区内土地资源、农户生命财产、基础设施和公共服务设施遭受了巨大损失。据统计，地震共导致规划区内117.8万农户受灾，死亡5812人，因伤亡造成劳动力损失10780人；农户住房倒塌267.3万间、畜禽圈舍倒塌92万间；损毁耕地34.3万亩，林地果园81.3万亩；损毁灌溉渠道9462公里，山坪塘25879座，灌溉蓄水池12892座，提灌站1421处；人饮供水站19325处，人饮管道25075公里，人饮池8836个，人工井22517眼，水窖15896口；损毁村级公路14406公里，社道路13779公里，入户路15427公里，桥涵2734座；损毁沼气池67735座，节能灶39972台，太阳灶32600台（套）；损毁有线电视13万户，固定电话8万户；损毁高压线路2130公里、低压线电路14949公里，变压器2502台；损毁村小学1115所，损毁村卫生室1593处，损毁商业网点2912处。

（三）地震灾害对规划区贫困的影响

汶川大地震对贫困村的影响是十分巨大的，除了直接破坏了乡村公里、人畜饮水等公共服务设施，还直接摧毁了多数农户的住房和收入来源。概括说来，地震灾害对规划区贫困的影响有：

1. 贫困面急剧扩大。

多年扶贫开发成效毁于一旦，原有贫困人口愈加贫困，甚至一贫如洗；因灾返贫人口增多，贫困面扩大。根据试点村和典型村推算，规划区因灾返贫率大幅度提高，贫困发生率由灾前的30%上升到60%以上，给扶贫开发、新农村建设以及全面建设小康社会带来了新的挑战。

2. 贫困程度进一步加深。

地震使规划区原本十分脆弱的基础设施遭受严重破坏，公共服务能力大幅度降低；生产资料和生产生活条件遭到严重破坏。农民人均纯收入下降到千元以下（扣除补贴性收入）。无房、无生活来源、无生产资料等农户的数量大幅增加，群众生活面临更多困难，受灾贫困村经济社会发展水平严重倒退。

3. 资源环境更加脆弱。

规划区耕地资源总量不足、质量较差，土地承载力总体超出可承载力2至5倍，许多农户长期以来靠外出打工维持生计。地震使耕地及植被遭到破坏，并引发山体滑坡和水土流失，资源环境更加不堪重负。一些贫困村、组出现整体赤贫现象，原本“一方水土难养一方人”的地方，生产生活更加困难。

4. 扶贫开发进程延缓。

2001 年以来，规划区 4834 个贫困村已有 2661 个村实施了整村推进扶贫开发，生产生活条件得到初步改善，建成了一大批具有地方特色的增收产业，农村贫困面貌得到较大地改变。地震使经多年努力建成的生产、生活基础设施基本被摧毁，严重破坏了 30 年改革开放和 20 多年扶贫开发初步建立起来的发展基础，增加了如期完成《中国农村扶贫开发纲要（2001—2010 年》任务的难度，延缓了扶贫开发进程。

5. 灾后恢复重建任务繁重。

由于 60% 的灾区与贫困地区重合，这给规划区本已严重滞后的社会经济发展造成了极大损失，贫困村灾后恢复重建任务面临严峻形势。与一般灾区相比，如期完成三年恢复重建任务，时间更紧、难度更大。受灾贫困村已成为灾后恢复重建的难点。

二、贫困村灾后恢复重建的重大意义

贫困村灾后恢复重建工作，是党中央、国务院的明确要求，是贫困地区群众的迫切需要，是扶贫部门义不容辞的责任，也是国际灾害管理经验的借鉴运用。贫困村灾后恢复重建具有如下重大意义：

（一）确保国家总体扶贫目标的实现

编制和实施贫困村灾后恢复重建规划，对于确保国家灾后重建三年规划目标的实现，确保《中国农村扶贫开发纲要（2001—2010 年）》目标的实现，有效促进灾区经济社会发展、缩小贫富差距具有重要意义。扶贫部门利用多年积累的经验，通过在贫困村一级编制综合性的恢复重建规划，把各行业的农村建设项目、基层组织建设项目和扶贫开发项目在贫困村有机地衔接和落实，可以相互补充、相互促进，形成合力，发挥整体效益。

（二）配合《汶川地震灾后恢复重建总体规划》的总建设目标

“总体规划”的总体建设目标是“用三年左右时间完成恢复重建的主要任务，基本生活条件和经济社会发展水平达到或超过灾前水平，努力建设安居乐业、生态文明、安全和谐的新家园，为经济社会可持续发展奠定坚实基础”。“总体规划”的范围为四川、甘肃、陕西 3 省处于极重灾区和重灾区的 51 个县（市、区）。其中，极重灾区共 10 个县（市、区），分别是四川省汶川县、北川县、绵竹市、什邡市、青川县、茂县、安县、都江堰市、平武县、彭州市；重灾区共 41 个县（市、区），分别是四川省理县、江油市、广元市利州区、广元市朝天区、广元市旺苍县、梓潼县、绵阳市游仙区、德阳市旌阳区、小金县、绵阳市涪城区、罗江县、黑水县、崇州市、广元市剑阁县、三台县、阆中市、盐亭县、松潘县、苍溪县、芦山县、中江县、广元市元坝区、大邑县、宝兴县、南江县、广汉市、汉源县、石棉县、九寨沟县等 29 个县（市、区），甘肃省文县、陇南市武都区、康县、成县、徽县、西和县、两当县、舟曲县等 8 个县（区）。陕西省宁强县、略阳县、勉县、宝鸡市陈仓区等 4 个县（区）。规划区总面积 132596 平方公里，乡镇 1271 个，行政村 14565 个，2007 年末总人口 1986.7 万人，地区生产总值 2418 亿元，城镇居民人均可支配收入和农村居民人均纯收入分别为 13050 元、3533 元。

（三）灾后重建与扶贫开发结合的重要实践

灾害始终是我国农村减贫进程的重要障碍，是造成返贫的重要成因。据统计，中国农村每年遭受严重自然灾害的村在 10% 左右，而在国家扶贫开发重点县一般超过 50%。在这次地震灾害中，受灾的多为老区、少数民族和贫困地区。在国务院确定的特重灾害的 45 个县中，有国家扶贫开发重点县 13 个、省级扶贫开发工作重点县 24 个，贫困村 4000 多个，贫困人口 140 多万。由于地震，20 多年的扶贫开发成果受到严重损失，大量灾民返贫。扶贫部门的工作与灾害联系十分密切。将扶贫开发与灾后重建结合起来，既是中国国家领导人的要求，形势发展的需要，也是灾区群众的迫切需要。

（四）满足灾区贫困群众的迫切需要

灾害导致灾区农村大量人员伤亡和资本的全面缺失，使农村灾区出现了新的贫困问题，形成了明显的灾后贫困片区和贫困群体。灾前发展较快的村、一般的村以及贫困村，受灾后都不同程度地存在新的贫困问题。但是，由于基础较差，抗灾能力脆弱，贫困村恢复重建难度更大，需要时间更长。贫困村由于远离城镇中心、地处相对边远、交通不便等因素，是灾后恢复重建的薄弱环节，如不给予特别关注和支持，不赶上其他地区灾后恢复重建的步伐，很可能形成新的发展不平衡，甚至成为影响社会稳定的一个重要因素。因此，编制和实施贫困村灾后恢复重建规划，具有十分重要的意义。

（五）是扶贫部门责任的体现

扶贫部门的工作与灾害联系十分密切。将扶贫开发与灾后重建结合起来，是贫困灾区受灾群众的需要，是国家领导人的要求，是扶贫部门的职责所在，也是社会经济形势发展的必然趋势，而且这已成为全社会日趋统一的一种共识。

（六）是国际灾后重建经验的借鉴

国务院扶贫办的灾后重建工作吸收和借鉴了国际的灾害管理和灾后重建的经验。

三、贫困村灾后恢复重建工作主要内容

（一）贫困村灾后恢复重建总体规划工作

2008 年 5 月 12 日，四川省汶川地区发生里氏 8 级强烈地震，在四川、陕西、甘肃三省部分地区造成了严重的生命财产损失。中国政府和人民万众一心、众志成城，取得了抗震救灾阶段性的胜利。2008 年 9 月 19 日，中国政府印发《汶川地震灾后恢复重建总体规划》（以下简称“总体规划”），从重建基础、重建指导思想、重建基本原则、重建目标、空间布局、城乡住房、城镇建设、农村建设、公共服务、基础设施、产业重建、防灾减灾、生态环境、精神家园、政策措施、重建资金、规划实施等方面对灾后恢复重建相关政策、项目和工作进行了总体安排，标志着政府主导下的灾后恢复重建工作全面启动。

根据胡锦涛、温家宝等中央领导同志关于“要把灾后重建与扶贫开发结合起来”的指示精神，特别是回良玉副总理要求扶贫办要抓紧制定贫困灾区灾后重建规划的重要指示，国务院扶贫办立即深入四川省等重灾区调查，研讨救灾措施，指导灾后重建工作。同时，下发了灾情调查表，要求各省组织调查贫困地区受灾情况。通过

调查统计和实地考察，基本摸清了受灾地区贫困县、村和贫困人口等情况。在深入调研的基础上，多次召开三省专题会议研究。在试点基础上，调集省、县两级扶贫办 100 多人，采取群众参与、点面结合、自下而上的方法，按时编制完成了涉及 51 个极重和重灾县、4834 个贫困村的《汶川地震贫困村灾后重建总体规划》，并纳入了国家恢复重建总体规划和农村建设专项规划。三省在编制 20 个试点村规划的过程中，得到了贫困灾区广大干部群众的拥护，特别是贫困农户积极性很高，主动参与规划设计，表达建设家园的主人公意愿。经过比较充分的沟通、协调，贫困村灾后重建规划也得到了有关部门的认可。

（二）贫困村灾后恢复重建百村试点工作

为指导面上大规模贫困村灾后恢复重建工作，探索扶贫开发与灾后重建结合机制，国务院扶贫办指导三省选择开展了 100 个贫困村灾后恢复重建试点。2008 年 9 月 21 日，“5·12”汶川地震“贫困村灾后重建项目试点村规划实施启动仪式在四川省广元市利州区三堆镇马口村举行，贫困村灾后恢复重建试点工作正式启动。第一批试点 20 个村，其中：四川省 10 个，甘肃省 5 个，陕西省 4 个；第二批试点 40 个村，其中：四川省 20 个，甘肃省 12 个，陕西省 8 个；第三批试点 40 个村，其中：四川省 20 个，甘肃省 12 个，陕西省 8 个，与整个面上的工作一并启动。在试点建设中，国务院扶贫办灾后恢复重建工作办公室整合资源、统筹安排，帮助这些贫困村开展灾后重建，使其经济社会发展恢复到灾前水平，为持续发展奠定基础，同时探索灾后重建与扶贫开发相结合的机制与模式，总结相关经验，丰富中国特色扶贫开发的理论与实践。

（三）面上贫困村灾后恢复重建工作全面展开

“汶川地震灾后贫困村恢复重建工作暨培训会议”后，国务院扶贫办制定了确保“三年任务两年基本完成”的总体计划和实施方案，三省认真抓贯彻落实，积极推进各项工作。三省扶贫部门积极争取落实各类恢复重建资金，其中四川落实 226688 万元，甘肃落实 85437.6 万元，陕西落实 27853.8 万元。三省在抓好 100 个试点村的同时，也在积极推进面上贫困村灾后恢复重建的工作，不断加大资金的协调落实力度，加大分类指导、检查督促力度，并及时按要求上报进展情况，研究解决存在问题。为配合面上工作的开展，2009 年国务院扶贫办贫困村灾后恢复重建办公室共开展了 6 次培训活动，其中覆盖三省的 4 次，分别针对四川省和陕西省的各 1 次；开展了第一批试点村灾后恢复重建参与式监测工作，组织开发了“贫困村灾后恢复重建监测管理系统”并投入使用；与科研院校、研究机构、国际组织合作开展了系列研究工作。

（四）贫困村灾后恢复重建工作总体进度

工作全面截至 2009 年 12 月 30 日，四川省、陕西省、甘肃省（以下简称三省）贫困村灾后重建工作资金落实与项目进展顺利，贫困村灾后恢复重建项目总体上具有显著的减贫效应。

1. 试点村灾后重建工作进展。

四川省（截至 2009 年 11 月 30 日）第一批 14 个试点村（其中纳入国务院扶贫办试点的为 10 个）落实财政扶贫资金 1544

万元、UNDP项目资金405万元、其他资金（含重建基金、对口援助资金、部门整合资金、其他捐赠资金等，下同）986.8万元，合计2935.8万元，村均209.7万元。扶贫部门组织实施的恢复重建项目已全部完成。第二批20个试点村落实到位财政扶贫资金1000万元、香港乐施会资金451.36万元，其他资金348万元，合计1799.36万元，村均89.97万元。已有18个试点村开始实施项目建设。第三批20个试点村名单已经确定，部分村已经开始进行村级规划，计划在1月底前完成规划编制。每村预计投入财政扶贫资金50万元、乐施会项目资金100万元，其他资金尚难估计。

甘肃省（截至2009年12月31日）第一批5个试点村重建工作已基本结束，落实财政扶贫资金778万元、UNDP项目资金182.5万元、其他资金442.3万元，合计1402.8万元，村均280.6万元。农户住房、基础设施、增收项目完工率达到100%。第二批12个试点村落实到位财政扶贫资金600万元、香港乐施会资金1088万元、其他资金204.4万元，合计1892.4万元，村均157.7万元。已有9个试点村项目建议书获得审批，另有3个正加快审批。第三批12个试点村均已完成村级规划。每村预计投入财政扶贫资金50万元、乐施会项目资金100万元，其他资金尚难估计。

陕西省（截至2009年12月31日数据）第一批6个试点村（其中纳入国务院扶贫办试点的为4个）恢复重建项目，落实财政扶贫资金500万元、UNDP项目资金146万元、其他资金1514.3万元，合计2160.3万元，村均360万元。除互助资金项目正在办理有关手续外，已全部实施完成。第二批8个试点村中落实到位财政扶贫资金400万元、香港乐施会资金800万元、其他资金711万元，合计1911万元，村均239万元。1个村已全面完成建设项目并通过验收，3个村项目建议书获得审批并完成招标工作，另有4个正在加快审批。第三批8个试点村的村级规划制定已完成，其中4个村正在开展预算复核工作。每村预计投入财政扶贫资金50万元、乐施会项目资金100万元、其他资金284万元，合计1484万元，村均185.5万元。

2. 面上村（除试点村以外的受灾贫困村）灾后重建工作进展。

四川省除三批试点村外的2462个贫困村共落实各类恢复重建资金226688万元，村均92.1万元。2462个村中，2352个已启动灾后恢复重建项目，启动率为95.5%，超额完成70%这一年度启动计划，其中587个贫困村重建项目已完工（12月底时为685个）。

甘肃省除三批试点村外的1782个贫困村（行政村有调整合并，仍按合并前数量计算平均值）共落实各类恢复重建资金85437.6万元，村均47.9万元。1782个村中，1290个已启动灾后恢复重建项目，启动率为72.4%。

陕西省除三批试点村以外的485个规划贫困村（行政村有调整合并，仍按合并前数量计算平均值）共落实各类恢复重建资金27853.8万元，村均57.4万元。485个村中，349个村已启动灾后恢复重建项目建设，启动率为72.0%。

四、贫困村灾后恢复重建工作机制

（一）抗震救灾与早期恢复阶段

根据国家抗震救灾总指挥部的部署和

中央领导的指示，为指导和帮助地震灾区贫困地区的抗震救灾和灾后重建工作，成立了以扶贫办主任、党组书记范小建同志为组长的国务院扶贫办抗震救灾工作领导小组，其下设立了贫困村灾后重建规划工作组和抗震救灾捐赠款物监管工作小组，其后根据工作进展和需要，又设立了贫困村灾后恢复重建工作办公室，分别明确了工作职责和任务，制定了相应工作计划。四川、甘肃、陕西三省扶贫办也成立了相应机构。同时，按照国务院抗震救灾总指挥部的总体部署和要求，结合贫困村灾后重建规划工作计划，及时安排、部署抗震救灾和灾后重建工作。先后印发了机构设置、工作安排、捐赠款物的管理监督、灾区贫困农民工就业和培训、扶贫系统对口支援灾区、贫困村灾后重建规划编制、实施和试点等30多个文件，建立了沟通协调机制，强化了对抗震救灾和灾后重建工作的指导。

（二）贫困村灾后恢复重建工作的规划与实施阶段

为了全面贯彻落实科学发展观，按照灾后重建与扶贫开发结合的要求，坚持以人为本、科学重建的方针，按照有限范围、有限时间确定有限目标和任务的要求，优先恢复重建受灾群众基本生产生活设施和公共服务设施。坚持尊重科学、尊重自然；坚持自然资源开发与人力资源开发并重。通过国家支持、社会帮助和群众参与、自力更生，努力实现贫困村灾后恢复重建和《中国农村扶贫开发纲要（2001—2010年)》的目标，国务院扶贫办贫困村灾后恢复重建工作办公室（原名为国务院扶贫开发领导小组办公室贫困村灾后恢复重建规划工作组）组织编制了《贫困村灾后恢复重建规划》。

规划的实施是以省为主，国务院扶贫办则负责指导、配合、协调、监督。为了搞好规划的编制与实施，各级扶贫部门选调有关人员，成立项目工作机构。各级扶贫部门其主要职责如下：

国务院扶贫办贫困村灾后恢复重建项目办：贯彻落实国务院抗震救灾总指挥部和国务院扶贫办抗震救灾工作领导小组的工作部署；负责编制贫困村灾后恢复重建总体规划和提出工作方案；指导、配合、协调、监督三省贫困村灾后恢复重建规划的编制和实施；提出贫困村灾后恢复重建资金安排和政策建议；负责与中央有关部门、三省就贫困村灾后恢复重建规划工作进行沟通协调；成立专家咨询组，为规划实施、管理、监测、评价、经验总结推广提供技术支持。

省扶贫办贫困村灾后恢复重建项目办：负责全省贫困村灾后恢复重建总体规划的编制工作，指导市县扶贫办完成受灾贫困村的村级规划工作；协调落实全省贫困村灾后恢复重建项目资金；指导、检查市县贫困村灾后恢复重建规划的实施管理；调查研究规划实施中存在的问题及政策建议；制定贫困村灾后恢复重建规划实施管理办法和相关制度；制定项目监测与评估指标，建立项目监测评估体系；负责全省规划实施进度的汇总和上报工作。

市、州贫困村灾后恢复重建项目办：组织、指导所属县贫困村灾后恢复重建的规划与实施；协调本市、州贫困村灾后恢复重建项目资金；协调市、州相关业务部门的资金投入和技术支持；负责项目实施进度、质量的检查与监督工作；负责本市、州规划实施进度的汇总和上报工作。

县贫困村灾后恢复重建项目办：编制本县贫困村灾后恢复重建规划；组织、指导贫困村灾后恢复重建项目的实施与管理；协调落实本县贫困村灾后恢复重建项目资金；协调本县相关业务部门的资金投入和技术支持；负责规划实施进度、质量的检查与监督工作；负责本县规划实施进度的汇总和上报工作。

乡镇灾后恢复重建项目工作站：编制本乡受灾贫困村灾后恢复重建规划；组织、指导贫困村灾后恢复重建规划的实施管理；为贫困村灾后重建恢复规划的实施提供技术支持；负责项目的竣工验收；负责项目实施进度的汇总、审核、上报工作。

村灾后恢复重建规划实施小组：经村民大会选举产生，包括村组干部、村民代表、贫困户代表、重灾户代表、妇女代表、党员代表等。主要职责：在村党支部、村委会的领导下开展工作，宣传、贯彻、执行党和国家灾后恢复重建的方针政策，征求村民意见，反映村民愿望，定期向村民代表大会和村党支部、村委会汇报工作，协调解决项目实施过程中出现的群众纠纷；指导分项目建设小组开展工作，组织动员村民投工投劳、参与项目建设，监督项目实施质量，统计项目进展情况；参与项目工程招标，参与或组织物资采购，并负责落实到户；负责到村项目资金的使用和管理，接受村民的监督；参与项目的监测、验收，负责收集、汇总、审核、上报报账资料，公示项目经费开支、村民投工投劳和贫困户受益情况；配合有关技术部门搞好技术引进、试验示范和推广工作，动员、组织村民参加科技培训。指导、帮助农户寻找农产品市场，收集和传播科技、市场信息；在项目实施过程中，注重自身和农户的能力培养，增强自我组织、自我管理、自我服务、自我发展的能力。

村灾后恢复重建规划监督小组：由村民大会选举产生。主要职责：接受村民大会和村党支部及村委会的领导，监督规划实施小组的工作；有权参加实施小组的所有活动，并对村民大会和村党支部及村委负责。

农户的参与：农户参与的环节：从项目酝酿、选择、确定、实施、验收到后续管理全程参与；农户参与的方式：提出项目建议、参加代表提名和选举、参加项目选择大会、参加项目实施，对村“两委”和实施小组、监督小组的工作进行监督，提出意见、建议和批评，参加物资采购和项目验收、查阅财务账目、参加劳动技能和实用技术培训，参加项目后续管理；农户参与的程度：有权提出项目建议，有权对村民代表及实施小组、监督小组成员提名和选举，有权参加村民大会、物资采购、项目验收、项目后续管理。

技术人员和专家的参与：抽调或聘请工程技术人员成立规划实施专家组，负责制定项目技术标准，监督检查项目实施质量。

五、贫困村灾后恢复重建工作的成效

汶川地震灾后贫困村恢复重建的成效，可以归结为以下八个方面：

成效一：激发了贫困村恢复重建的内部活力，增强了贫困人口重建与发展的信心。

最主要的原因之一，是在灾后贫困村恢复重建中，广泛采取参与式方法，动员贫困人口的充分参与，强化其主体性。并在项目实施、组织发动、培训等过程，采取多种手段，努力提升其恢复重建、可持续发展的信心和能力。这是开展贫困村灾后重建最基本、最重要的成效。如果信心没有恢复，再多的资金、项目投入，重建的速度和质量也难以保障。为此，贫困村灾后重建过程中始终坚持瞄准穷人和弱势群体、坚持以生计发展为主、坚持参与和赋权坚持强调可持续发展等基本原则，有效的确保了群众充分参与，在参与中激发活力、增强信心。

成效二：明显改善了贫困村基本生产生活条件，为其可持续发展打下基础。

贫困村灾后恢复重建的项目，包括住房建设、基础设施、公共服务、产业开发、能力建设、生态恢复与村容村貌建设等六个方面，共 35 个子项目，其中，住房建设和公共服务是由相关业务部门负责组织实施，村内的基础设施、产业开发、能力建设、环境整治等项目，以扶贫部门为主、与其他部门一起组织实施。中央政府、有关部门、组织为贫困村灾后恢复重建筹措了一定资金。据统计，100 个试点村的总资金投入为 1.83 亿元，每村平均 184 万元（不包含住房重建、公共服务设施重建等）恢复重建的资金。面上 4734 个村，已落实总投入资金 34 亿元，平均每个村 70 万元。更重要的是，灾后贫困村恢复重建规划规划及扶贫资金投入，为各种资源投入支持贫困村恢复重建建立了平台。一系列重建项目的实施，明显改善了贫困村、贫困户的基本生产生活条件，为他们的可持续发展打下了基础。

成效三：改进了系列专题培训交流活动的方式，有效提高了扶贫系统及村级领导组织恢复重建的能力。

培训是提高能力最有效的手段和形式。如何通过培训、交流，促进扶贫系统提高参与灾后重建的能力，是贫困村灾后恢复重建的重要内容和探索。灾后贫困村恢复重建培训按形式分为：动员性培训，如 2009 年 5 月 20—21 日在四川省广元市举办的“汶川地震灾后贫困村恢复重建工作暨培训会议”；主题性培训，如“防灾减灾/灾后重建与扶贫开发”系列培训，贫困村灾后恢复重建规划编制与实施管理培训等；交流性培训，如“灾后重建与扶贫开发结合国际研讨会”等。培训内容及组织安排，注意课堂讲授与现场参观相结合、与案例分析相结合、与相互讨论相结合。开展各种现场调研。大规模、针对性、参与互动的培训交流，促进了扶贫系统参与灾后重建能力的建设。

成效四：完善了参与式贫困村灾后恢复重建规划编制与实施管理体系，展示了扶贫系统的工作特点和能力。

完善了参与式贫困村灾后恢复重建规划编制的指导思想。从上个世纪 90 年代末到本世纪初这十年，全国扶贫系统极力在扶贫开发工作中推广运用参与式的理念和方法。这些理念和方法在贫困村灾后重建过程中得到了进一步的应用，体现在指导思想更加完善。一是坚持以贫困人口为中心。始终坚持以贫困人口为中心，这是扶贫部门与其他部门做规划最明显、最主要的一个区别。扶贫规划必须以人为中心来编制设计，而一些行业规划不一定，他们更多着眼于行业项目的发展。二是坚持开发式扶贫；三是坚持整村推进；四是坚持以政府为主导、贫困群体为主体、全社会参与。这是在多年扶贫实践和贫困村灾后恢复重建规划编制中提炼形成的指导思想，同样适用于每个贫困村的扶贫与发展规划编制。

完善了贫困村灾后恢复重建规划的框架。如图 1 所示，灾害发生以后，首先需要对灾害影响进行评估，对贫困村、贫困人口的需求进行鉴别，对发展机会进行选择，最后论证、形成可行的规划方案。贫困村灾后恢复重建规划的编制还需要以国家灾后恢复重建总体规划、新的扶贫开发战略趋势为指导。贫困村灾后恢复重建规划框架也为同类的扶贫开发规划工作提供了规范要求。

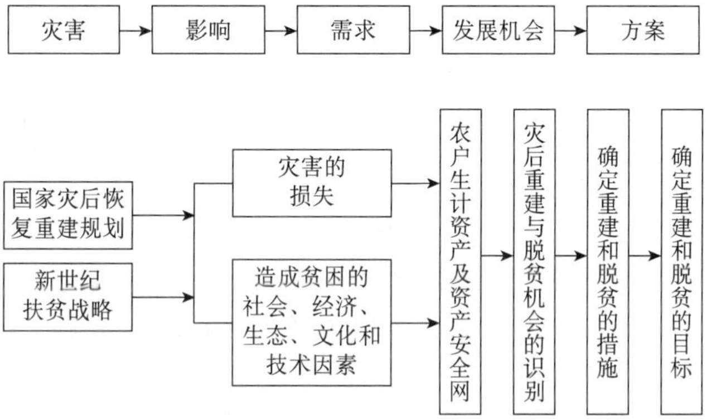

图 1　灾后贫困村恢复重建规划框架

完善了贫困村灾后重建规划的实施管理体系。贫困村灾后恢复重建规划的实施管理体系由项目管理、物资管理、资金管理、参与管理、技术管理等内容组成。各项内容的管理，构成了一个规范的管理体系。在灾后贫困村恢复重建规划中的管理体系设计中，既体现了规划管理的一般要求，更体现了机制的发展和创新。通过实践验证、丰富和发展，形成的规划实施管理体系更加完善和适用。

完善了贫困村灾后重建的监测与评估体系。监测评估是项目管理的重要组成部分和重要内容，是规划编制与实施过程中最重要环节之一。如何评估各种投入对目标群体的影响，需要规范的方法、方式和体系。贫困村灾后恢复重建系统的开发应用，既是规划监测评价工作的需要，也是完善监测评价系统的需要。系统的运行，保证了基础数据的全面、动态，为决策提供基础性支持。此外，监测评价体系还包括：基线和终期监测、系列专题评估等活动，从多个角度完善了贫困村灾后重建的评估体系。

成效五：探索了灾后贫困村的多部门参与重建机制，积累了初步的经验。

首先是在规划过程中，注意协调、促进各方参与。相关参与各方既包含目标群体的参与，也包含了有关部门参与、社会其他方面的参与。

其次，充分利用联合国开发计划署（UNDP）资助的汶川地震早期恢复和灾害风险管理项目，和 UNDP、有关部门共同开展多部门协作参与贫困村恢复重建机制探索。图 2 是对这一探索的形象反映。

UNDP项目机制图：

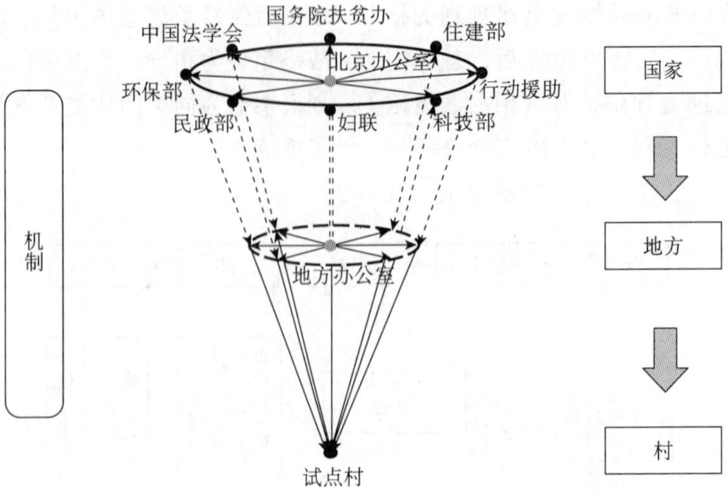

图2　汶川地震灾后贫困村恢复重建多方参与机制

图2表明，以试点村为目标，中央层面多个部门按照统一要求参与和推动。各部门包括国务院扶贫办、住房与城乡建设部、科技部、民政部、环保部，等部委和妇联、法学会和国际行动援助等民间组织。多个部门参与同一个项目设计、实施相互关联和相互支持的项目内容，形成一个完整项目实施机制，这是一种创新。项目所形成的机制、办法以及教训，对于构建大扶贫的格局具有重要参考价值。

成效六：开展了相关专题总结和研究，促进了经验的广泛分享与交流。

汶川地震灾后贫困村恢复重建的经验总结和理论方法研究，是规划编制和实施的重要内容。系列总结研究由以下六个部分组成：（1）培训教材，分别是：指导手册、简明读本、培训教材、灾害对贫困影响评估手册等一套四册；（2）专题研究，包括：汶川地震灾后恢复重建总体规划社会影响评估、国家救援与重建政策对贫困村影响评估、少数民族村落在传统文化保护、国际经验本土化等；（3）模式与案例研究，选择8—10个不同类型村进行深度总结，提炼普遍性的机制、模式，从而为其他的村、为全国其他地区开展类似工作提供经验参考和理论依据；（4）社会系统重建研究，在关注灾后重建中经济和生计重建的同时，需要把社会系统重建放在重要位置；（5）可持续生计研究，通过试点探索和实践贫困村灾后早期恢复后建立可持续增收和发展的机制与模式；（6）理论方法研究，基于实践和国际经验的本土化，总结、提炼防灾减灾、灾后重建与扶贫开发相结合的相关理论方法，以对全球的防灾减灾知识、经验的分享做出贡献。

成效七：倡导了防灾减灾/灾后重建与扶贫开发相结合的理念和意识，创新性实践了具体结合的方式。

防灾减灾、灾后重建与扶贫开发意义重大。一是贫困村灾后恢复重建与扶贫工作的目标任务完全一致，结合是必然要求；二是贫困村灾后重建规划是村一级的综合性规划，所设计的项目就是整村推进的建设内容，与各部门规划是相互配合、相辅相成；三是对于灾后重建而言，采取有效的防灾减灾措施也是扶贫开发的重要内容和有效手段；四是贫困村灾后恢复重建规划被各部门高度理解与认可，充分说明扶贫部门参与灾后重建的重要性和必要性；五是全球性气候变化对于人类的发展、全球的发展带来一系列的挑战和机遇，如何在减贫进程中把握好机遇，需要开展相应的研究、试验。

贫困村灾后恢复重建规划的编制和实施，就是对防灾减灾、灾后恢复重建与扶贫开发结合实现方式的实践过程，是该理念和意识的倡导过程，是提高扶贫系统参与灾后重建能力的过程。

成效八：贫困村恢复重建构成了汶川地震灾后恢复重建的重要组成部分，其完成为总体重建目标的实现做出了积极贡献。

汶川地震灾后恢复重建总体规划包含了贫困村复重建规划，因此，贫困村恢复重建规划完成的进度、质量都对恢复重建总体规划产生影响。贫困村灾后重建规划的如期完成，将对总体规划的如期完成起到积极作用。

六、贫困村灾后恢复重建工作的主要经验

（一）坚持以科学发展观为灾后重建的指导思想

1. 坚持以政府为主导、贫困群体为主体、全社会参与的指导思想。

地震给灾区人民的生命财产造成了巨大的损失，也给社会经济生活的秩序造成了紊乱。因此灾后的重建应在各级政府的主导下，以贫困人口为主体，发扬自力更生的精神，在全社会的支持下进行贫困村的重建工作。

重建规划在政府的综合指导下进行：政府在灾后村级规划中的指导协调作用是不可忽视的。受灾村由于遭受人员、心理和财产的突然打击，强有力地领导和组织工作在重新建设中会起到核心作用。这包括各级政府部门以及村内领导小组的充分协调和积极投入，在规划过程中对资源的调配能力，对信息的综合处理，对受灾群众的安抚及调动能力。特别是对参与式方法在规划过程中的正确把握，正确协调政府与社会其他力量之间的关系，建立政府与受灾群众之间的沟通协商机制，综合协调行政安排、各种资源、专业意见及受灾群众的意见，在整个规划过程中起到强有力的主导作用，将规划向可持续方向作正确的引导。

重建规划在专家的有效介入中进行：灾后贫困村重建规划所可能涉及的范围会多于一般村级规划的范围，基础设施的重新规划会涉及更多的专业力量的投入，规划中的参与也需要考虑变化中的当地人心理、损失和新的发展机会。相关行业的专家意见的合理纳入也是参与式方法运用的一个重要方面，建立一个专家建议与受灾群众意见能有效互补的机制，在灾后村级规划中不可或缺；

重建规划中的社会广泛参与：灾后贫困村的重建不光是中央及当地政府、专家和受灾群众的事情，而是一项全社会都应介入的工程。不同的组织及各人介入的方式和层面会有所不同，但任何形式的介入都应系统地纳入到以政府主导的、有秩序、有规划的重建框架中来。这里指的社会力量包括其他的援助省市组织的队伍、工商

企业、非政府组织、媒体及以志愿者形式参与的个人。社会力量的广泛而持续的参与是贫困村在后重建工作中的重要环节，而这样的参与是否能够有计划有组织地纳入到政府的总体重建规划中来又是达到其参与的有效性的关键；

重建规划中社区灵活有效地参与：重建规划中的社区参与应该是有组织的参与、有秩序地参与、有针对的参与以及有代表性的参与。首先，受灾群众的参与应该是在当地政府及基层组织的指导下有组织地展开，每一位受灾群众的参与都应该纳入到一个有序的组织系统中，代表群众的组织如村民规划委员会等应充分发挥其功能。其次，对于群众参与的方式应该是遵循一定的步骤和方案，在不同的环节上应该有不同深度和广度的参与。在此，每一种形式的参与都应该具体服务于不同的目的，如生计规划的参与形式与交通网络规划的参与形式就不一定是完全相同的。最后，与一般村级规划一样，重建规划同样需要参与的群众在具体情况，包括不同的受灾程度，年龄、性别、经济状况上都有相应代言人，使规划能够更多地反映需求的多样性。此外，介于受灾群众的各种关系网络、身体及心理层面上由于灾害所带来的各种负面影响，参与式的运用需要准确的判断和灵活的规避，以尽量保证决策规划的客观及可持续性。

2. 坚持以人为本的指导思想。

地震在贫困地区加重了已有的贫困，新增了次生性的贫困，因此贫困村的灾后重建任务应该重点放在对两种类型贫困的缓解方面，一方面争取在三年的时间内使这两部分贫困人口的生活水平恢复到或超过灾前的水平，同时力求灾后的重建建立在经济，社会，文化和生态环境的可持续性的轨道上。

优先解决与灾区农民群众生产、生活密切相关的基本问题，优先恢复重建农村住房、生产设施、公共服务和基础设施，优先恢复灾区群众的正常生活和生产活动。在恢复重建中，将扶贫开发与农村住房建设、基础设施建设、公共服务设施建设、产业开发、精神文明建设和民主政治建设有机结合起来。

3. 坚持开发式扶贫为主要战略。

虽然地震给灾区各个方面造成了重大损失，需要对受灾群体给予救济，然而贫困村灾后重建的重点则仍然以开发式扶贫为主要战略，稳定恢复和提高灾区贫困人口的生活水平并力求通过重建提高灾区抗拒返贫的能力；

4. 坚持整村推进的战略。

贫困村的灾后重建应按照新世纪扶贫战略的要求，通过整村推进的方式在灾区贫困村展开。以缓解贫困为目标的村级规划仍然是贫困村灾后重建的重要手段。

（二）政府部门反应及时，政策支持力度大

经过汶川特大地震的锤炼，中国扶贫系统在应对各种灾害方面，与以往相比，反应更快、动员更广泛、行动更有效、社会影响也更大。扶贫部门的灾后工作从一般性的慰问活动发展到主动参加国家灾后重建的组织系统和总体规划；扶贫部门的工作思路从一般性的恢复生产发展到全面考虑扶贫和防灾减灾的结合，初步形成了“灾前预防、灾中应急、灾后恢复重建”的一个比较完整的工作思路。

（三）组织动员各方力量参与灾后恢复重建

1. 动员社会各界参与灾后恢复重建。

鼓励、动员各级政府部门、社会团体、各界人士共同参与灾后恢复重建，落实帮扶措施责任。推行省、市、县三级部门单位联系受灾贫困村、党员干部包扶贫困户帮扶责任制。动员各类社会团体、民间组织、爱心人士、志愿者发挥自身优势，到贫困村开展多种形式的帮扶活动，支持贫困村灾后恢复重建。

2. 利用国际组织贷款和赠款支持灾后恢复重建。

利用扶贫世行贷款项目后续扶持资金开展灾后贫困村恢复建设，重点在世行项目区贫困村发展产业项目，增加农民收入。积极争取国际多双边机构的优惠贷款实施支持贫困村灾后恢复重建的项目，按照有关规定与国际 NGO 合作开展贫困村灾后恢复重建试点，共同探索贫困村灾后恢复重建与可持续发展模式。

（四）扶贫机制创新

1. 推广参与式扶贫理念与方法。

广泛发动贫困村群众和相关业务技术部门，参与贫困村灾后恢复重建问题识别、对策与措施讨论、技术方案制定、资金筹集和管理措施、基础设施后续管理以及项目监测评价工作。在制定灾后恢复重建规划中，充分尊重农户意愿，特别关注重灾户、女性和少数民族的需求。在项目实施过程中始终以受益者为主体。通过参与式的监测与评价，实现项目的阳光操作，建立起群众投诉机制。

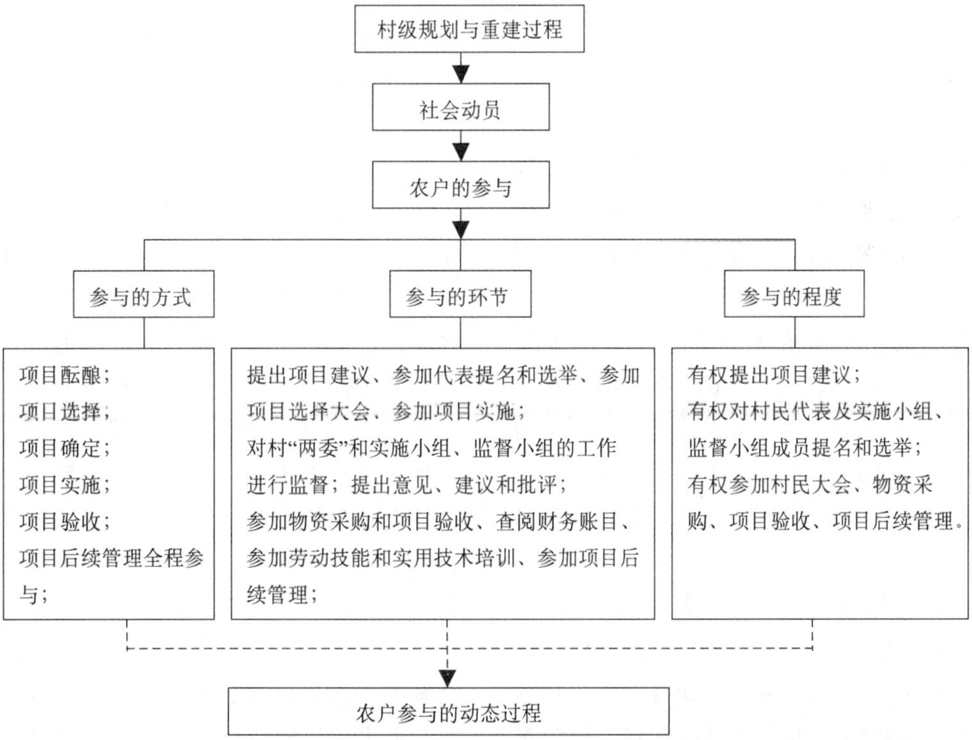

图 3　村民参与重建的动态过程

灾后村级重建规划中的参与主要体现在两个方面：一是由政府主导的社会各界的广泛参与，这包括企业界、非政府组织、和社会各界人士的各种形式的投入；一是由政府主导的社区层面的有效参与，这主要指受灾群众与政府或其他援助方的有效沟通与合作，建立良好的协调机制，从而使规划工作达到预期的目标。

参与式方法在参与式村级扶贫规划中有系统的运用，其使用原则是以参与式理念为主线，参与式方法为工具，在贫困农户广泛参与的基础上，全面了解贫困村基本情况、贫困概况和贫困成因，并形成符合贫困村实际的又符合国家相关政策的脱贫项目和行动方案的过程。在村级规划中参与式的使用原则包括：目标瞄准原则、广泛参与的原则、综合设计的原则和可持续发展原则。

介于自然灾害对贫困村的特殊影响，贫困村包括房屋、交通、通讯等基础设施和人员均受到了不同程度的破坏，灾后重建规划工作也就比一般村级规划面临更复杂的问题。灾后村级参与的特殊性反映在：由于村庄基础设施的完全或部分破坏，规划中需要更多的专业技术的投入；村民由于灾害而产生的心理影响会长时间的存在，在参与规划过程中，正确地反映这些心理问题而保证规划的客观和可持续性，也是灾后参与式规划要尤其注意的。

2. 开展村级互助资金试点。

在具备条件的贫困村，利用灾后恢复重建专项资金建立村级互助资金，支持受灾群众灾后恢复生产和增收项目，缓解贫困村灾后恢复重建中资金短缺与农户生产恢复对资金需求的矛盾。

3. 创新社会帮扶机制。

探索建立企业参与贫困村灾后恢复重建的鼓励机制；探索建立民间组织参与贫困村灾后恢复重建项目的实施机制；探索建立志愿者在灾区贫困村帮助恢复重建的工作机制；探索建立农村供销社、农业技术推广服务机构、农业广播电视教育体系等多方参与贫困村灾后恢复重建的服务机制。

（五）注重环境保护

规划的实施所产生的对环境的有利影响在农业生态系统中占主导地位，不利影响是次要的，不可逆的影响是微小的，大多数不利影响通过落实各项环保措施可以缓解和克服。

1. 进行环境资源承载能力分析。

项目活动安排以《国家汶川地震资源承载能力评估》为依据，与自身资源环境承载能力相适应，避免了环境资源的过度开发，有利于促进区域的可持续发展。

本规划以受灾贫困村为中心，以农户活动为主体，全面引入参与式方法，在规划中多次经专家考察、讨论，放弃了对环境污染严重、生态破坏大和资源消耗大的项目，选择对环境和生态影响不大或有利的项目。项目活动不涉及自然保护区、水源地和文物保护区等敏感地区。规划设计中，在充分考虑改善贫困农户生产生存条件的同时，十分关注环境保护和生态环境的改善，促进农业生产体系与生态环境的持续协调发展。农户生产恢复中，大量经济林木果园的建设，涵养了水源，减少了水土流失；沼气池建设改变了长期以来砍柴的习惯，减轻了对林木的破坏；大量水利和饮水工程的恢复与重建，不仅调整了农业生产结构，有利于发展养殖业，还对农业生态产生了积极的良性影响。另外，劳务输出项目的实施，在一定程度上减缓了当地的人口、土地压力。

2. 进行环境影响评价。

对环境的有利影响。一是随着灾区农户生产恢复，大量的经济林木果园的建设，涵养了水源，减少了水土流失，遏制了环境恶化；大量养殖业的恢复和发展，为农业生产提供大量有机肥料，既可减少环境污染，又可改良土壤，提高土壤有机质含量，种养互助，促进项目区自然生态系统的良性循环。二是通过农村能源（沼气池）建设，将人和畜禽的粪便通过厌氧发酵转变为沼气，作为农村能源代替了煤或薪柴，减少了烟尘、二氧化硫的排放，减轻了大气污染，改善当地空气环境质量；同时减少了农民上山砍伐树木，有利于保护生态环境和水土保持；沼液、沼渣用于蔬菜和果树生产，节约化肥，减轻残留化肥对土壤、地下水的污染，改善了土壤质量，有利于农产品质量和产量的提高。三是通过对灾区劳动力的转移培训，一方面可减轻灾区人为的对植被、林地、荒地等资源的过度开发，另一方面帮助他们尽快找到就业岗位，为开展生产自救打下基础。四是通过提高灾区社会经济发展水平和人口素质，生态环境保护意识进一步提高，有利于环境保护措施的贯彻落实。

对环境的不利影响。一是村社道路建设、农田水利、饮水工程、农村电力等工程在施工期会占用土地、改变土地利用状况、破坏植被和景观，可能造成水土流失，对生态环境产生不利影响。二是种植业和养殖业造成的污染。种植业使用农业生产资料后造成肥料污染、农药污染、农用薄膜污染以及引起一些生态影响问题。不合理的引种和单一种植会降低生物多样性，不合理地施用化肥和农药对水环境、大气环境、作物和人体健康造成影响，山区不合理的开垦和耕作会造成水土流失等。养殖业中牲畜放牧过程中可能造成植被破坏，畜禽产生的粪便对自然环境有一定程度的污染。

3. 进行环境影响的风险分析。

有利条件。一是有一支高素质的扶贫队伍及他们长期的扶贫工作经验。扶贫系统的广大干部职工在长期的扶贫开发工作中，通过学习、探索、交流、培训，对扶贫理念、方法有了深刻认识，管理能力、组织协调能力和监控能力显著提高，形成了一支高素质、战斗力强的扶贫队伍。这支队伍积累了一套成熟的整村推进、综合开发的扶贫工作经验。贫困村灾后恢复重建完全可以充分利用已经形成的人员、机构和管理优势，与不同的国内、国际机构合作，把扶贫开发工作经验运用到贫困村灾后恢复重建中。二是扶贫系统具有灾后恢复重建的优势。可以在村一级统筹协调部门参与和行业部门项目的实施；可以广泛动员和组织群众参与；可以通过扶贫协作、定点帮扶、社会募捐、利用外资等，筹措更多资源用于贫困村的灾后恢复重建。

风险因素。一是国家要求在3年时间内完成灾后恢复重建任务，其中一年半内完成农村住房建设任务，时间紧，任务重，灾后恢复重建资金能否及时到位将影响灾后恢复重建进程。二是灾后恢复重建涉及社会、经济、科技、生态、人文、地理等若干领域，生产性项目和非生产性项目同时实施，协调难度大。三是灾区约40%劳动力外出务工，灾后恢复重建劳动力缺乏。

风险评估。风险虽然存在，但是有各级党政领导的高度重视、部门密切配合、社会广泛关注、各行各业积极参与，有一支强有力的扶贫队伍和丰富的扶贫工作经验，为规划实施提供了强有力的组织保障、技术保障和人员保障，可以将风险降到最低或避免，按期完成灾后恢复重建规划和实施任务。

4. 采取环境保护的对策及措施。

对受灾村特别是灾民集中安置点，设置污水处理和垃圾收集点，及时处理、收集、清运，保持村庄整洁。通过合理规划，尽量少占农田和林业用地，减少水土流失，减轻对植被的破坏程度。充分利用本地资源优势，发展特色种植业，采用合理引种，开展多品种种植，合理施用化肥和农药，增加施用有机肥料，推广使用高效、低毒、低残留的农药，开展病虫害综合防治，加强残破地膜回收，加强水土保持。在山区禁止放牧，提倡全部圈养；农户家庭养殖，不搞集约化的养殖场；栏舍中的粪便及时清运，经过堆肥、沼气等方式处理使粪便无害化、资源化，改善当地社区和农户的居住环境；加强畜牧检疫防疫工作，防治牲畜疫病；牧草种植尽量施用有机肥料和生物综合防治病虫害。建立多部门参与的环境管理和监控体系。

七、贫困村灾后恢复重建面临的挑战与工作展望

尽管汶川地震灾后贫困村恢复重建取得了积极进展及成效，但是也面临很多挑战。汶川地震灾后贫困村恢复重建面临的挑战集中表现在以下五个方面：

挑战一：缓解灾害的影响需要一个过程。

对于贫困村、贫困群体而言，缓解灾害的影响过程更加缓慢。无论是理论分析，还是现实感受，两年时间的恢复重建仅仅是早期恢复。国际经验表明，一个经受严重灾害的区域，其灾后重建需要8—10年的时间才有可能实现可持续发展。汶川地震灾后恢复重建提出三年任务两年基本完成，可以理解为是指完成早期重建，并非意味着汶川地震灾区的恢复重建已经完成。四川省委、政府在地震两周年之际，开始把灾后重建从早期恢复转向长期重建，确定了产业发展、促进就业、扶贫济困三大长期重建主题，具有前瞻性，符合灾后重建的规律。对于贫困村，不能仅满足于两年任务完成，需要千方百计、主动动员各种政策与资源、技术支持完成早期重建的贫困村，及早开展可持续生计的恢复与重建。

挑战二：普惠性的恢复重建政策增强了贫困村、贫困群体抗风险的能力，但在一定程度上也提高了部分特困家庭的贫困脆弱性。

一方面，贫困人群的心理还没有完全恢复。另一方面，大规模集中建房导致成本的提升，实际上抵消了国家建房补贴的大部分效应，加上超前的建房标准，农户形成了新的债务。由此，新的债务对他们的心理、生计恢复及可持续产生了负面影响。据典型调查表明，平均每户债务4~5万元时，对于一般农户，用五年左右时间即可还清；对贫困农户而言，可能需要8—10年甚至更长的时间才能还清。而且，由此产生的心理压力将对贫困农户的生产生

活产生不利影响。另一个问题是，集中重建的农户，其生产生活方式、社会关系都将产生根本性变化。集中居住、集中生活，远离耕地，生活成本大幅度提高，农业已经不再是主要的生计方式。面对这些转变，农户的社会交往、社会网络都需要进行重构。如果没有必要的预防措施，其负面影响就会慢慢凸显。一旦形成群体性的问题，必然对社会的稳定和发展产生影响。此外，贫困户的能力建设并没有随着恢复重建进程得到相应的提高。

挑战三：灾后贫困村恢复重建的外部支持机制需要进一步完善。

汶川地震灾后贫困村恢复重建的外部支持，包括扶贫部门和其他行业部门、各种组织所支持资金、项目及其整合，以及技术和培训的有效性、信息和其他服务、内源发展机制（如传统文化的作用）形成的倡导，等等。从根本上说，贫困村的恢复重建完成与可持续发展的实现，主要需要全体村民在外界帮助下自力更生、艰苦努力。一方面，各种外部支持需要围绕贫困村、贫困人群恢复重建与发展的需求，有效地给予帮助；另一方面，外部的帮助需要与贫困村的内源机制培育结合起来，帮助贫困村、贫困人口最终实现内源的发展。

挑战四：灾后贫困村恢复重建进程中外部环境的不可控因素多元化。

恢复重建涉及诸多不可控的外部环境因素，这些因素有不断增加的趋势，给贫困村恢复重建带来了新的困难。比如，转变发展方式对贫困村、贫困人口恢复重建的影响存在不可控性。转变发展方式是国家未来发展的总体要求，是科学发展观的具体落实。各地需要根据实际情况推动发展方式的转变。但是如何转变，特别是如何确保转变能更有利于大众、更有利于穷人，是一个新的课题。需要从理念、方针、政策、措施等方面实现转变。发展方式转变是否更有利于贫困村、贫困人口的发展，最重要的是需要在重建过程中，从资金、资源、机制设计等方面保证贫困村、贫困人口在转变发展方式中受益。再如，市场变化、灾害风险具有不可控性，发展低碳绿色产业涉及到很多联动的因素。还有，普惠性政策的益贫效果需要通过宣传、倡导、影响以提高其益贫效果。

挑战五：特殊贫困群体的需求需要特别的扶持机制。

面对同样的灾害，贫困村、贫困人口所受打击更大、恢复重建的难度更大。这里的贫困人群通常包括妇女、老年人、儿童、残疾人、少数民族群体等，他们在打击中受损更大、恢复重建需求也相应更多。所以，对于这些人群，没有特殊的扶持政策，在恢复重建及今后的发展进程中就可能会落在后面。发展下去，会成为新的社会问题，也是影响灾后重建效果的重要因素。

应对上述挑战，汶川地震灾后贫困村恢复重建需要采取多个层面的政策措施，主要是：

宏观层面的对策：编制和实施灾后特殊片区扶贫规划；采取有效缓解贫困户债务的政策；促进有利于穷人的经济增长；提高社会发展政策的益贫效果；针对特别人群建立特别援助机制。

中观层面的对策：建立有利于均衡发展的区域发展方式，比如县域发展要城镇与乡村并重，大众整体发展与特殊人群发展并重；专项扶贫、行业扶贫、社会扶贫有效衔接。

微观层面对策：实施差别化的农户债务缓解政策，对于特别困难的农户债务应该采取特殊的政策；构建微型金融与保险体系，提高贫困户抗风险能力；培育增收特色产业、着力提高社区、贫困群体自我发展能力。

十三

统计数据篇

表1　全国与贫困重点县贫困人口及贫困发生率

年　度	新贫困标准（元）	全　国		扶贫重点县	
		贫困人口（万人）	贫困发生率（%）	贫困人口（万人）	贫困发生率（%）
2000	865	9422	10.2		
2001	872	9030	9.8		
2002	869	8645	9.2	4828	24.3
2003	882	8517	9.1	4709	23.7
2004	924	7587	8.1	4193	21
2005	944	6432	6.8	3611	18
2006	958	5698	6	3110	15.4
2007	1067	4320	4.6	2620	13
2008	1196	4007	4.2	2421	11.9
2009	1196	3597	3.6	2175	10.7

表2　2008年全国及扶贫重点县基本情况和工农业生产

指　标	单　位	全　国	重点县
1. 县（县级市、区）个数	个	2859	592
2. 行政区域土地面积	万平方公里	960	242
3. 乡（镇）个数	个	40828	9572
4. 村民委员会个数	个	687698	142009
5. 年末总人口	万人	132802	23830
其中：乡村人口	万人	79014	20399
6. 就业人口会计	万人	77480	12138.7
其中：乡村就业人员	万人	47270	11147.3
7. 农业机械总动力	万千瓦特	82190.4	12951
8. 有效灌溉面积	千公顷	58471.7	9348.5
9. 境内公路里程	万公里	373	83.8
10. 农村用电量	亿千瓦时	5713.2	289.5
11. 农作物总播种面积	千公顷	156270	35585.5
其中：粮食作物播种面积	千公顷	106790	25053
11. 农作物总播种面积	千公顷	156270	35585.5
其中：粮食作物播种面积	千公顷	106790	25053
12. 粮食产量	万吨	52871	10814.1
13. 棉花产量	万吨	749.2	81.9
14. 油料产量	万吨	2952.8	594.2
15. 肉类总产量	万吨	7278.7	1418.3
16. 水果产量	万吨	19220.2	1849.9
17. 蔬菜产量	万吨	59240.3	7020.4
18. 规模以上工业企业数	万个	36	17097.9
19. 规模以上工业企业人员年均数	万人	8100	312
20. 规模以上工业企业产品销售收入	亿元	439464	13379.1
21. 规模以上工业企业利润总额	亿元	24066	1361.2

表3 2008年全国及扶贫重点县人民生活及社会发展

指　　标	单　位	全　国	重点县
1. 城镇职工平均工资	元	29229	20500.7
2. 农村居民人均纯收入	元	4760.6	2611
3. 城镇居民最低生活保障人数	万人	2335	427.7
4. 农村居民最低生活保障人数	万人	4306	1432.1
5. 参加城镇基本养老保险的人数	万人	21891	668.6
6. 参加基本医疗保险的人数	万人	31822	1017.6
7. 参加农村新型合作医疗的人数	万人	81500	7560.4
8. 参加失业保险人数	万人	12400	606
9. 固定电话年末用户	万人	34080.4	2769.0
10. 移动电话年末用户数	万户	64123	5362.9
11. 民用汽车拥有量	万辆	5099.6	255.8
其中：私人汽车拥有量	万辆	3501.4	168.6
12. 社会消费品零售总额	亿元	108487.7	5502
13. 普通中学数	万个	7.3	1.4
14. 小学数	万个	30.1	9.5
15. 普通中学在校生人数	万人	8050.4	1435.5
1 6. 小学在校学生人数	万人	10331.5	2231.1
17. 医院、卫生院床位数	万床	374.8	40.9
18. 卫生技术人员数	万人	503	43.7
19. 社会福利收养性单位数	万个	4	0.8
20. 社会福利收养性单位床位数	万床	279.4	34.9

表4　　2008年全国及扶贫重点县综合经济

指　　标	单　位	全　国	重点县
1. 国内生产总值	亿元	300670	19941.6
（1）第一产业增加值	亿元	34000	4934.1
（2）第二产业增加值	亿元	146183.4	8882.5
（3）第二三产业增加值	亿元	120486.6	6123
人均国内生产总值	元	22698	17038.2
2. 财政总收入	亿元	61316.9	2038.2
其中：地方财政预算内收入	亿元	28644.9	844.4
3. 财政支出	亿元	62427	4232.1
其中：农林水事业支出	亿元	4502.8	575.5
科学技术支出	亿元	2108.1	21.2
医疗卫生支出	亿元	2722.4	288.5
教育支出	亿元	8937.9	1003.3
4. 年末金融机构各项存款余额	亿元	466203	16856.4
其中：城乡居民储蓄存款余额	亿元	217885	11516.9
5. 年末金融机构各项贷款余额	亿元	303395	7521.3
其中：农业贷款	亿元	17629	2092
6. 出口总额	亿美元	14285.5	89.9
7. 当年实际使用外资金额	亿美元	952.5	27.5

表 5　　历年扶贫重点县扶贫资金使用情况

单位：亿元

指　　标	2002 年	2005 年	2006 年	2007 年	2008 年
扶贫投资总额	250.9	264	279.2	316.8	367.2
（一）按资金来源分：					
1. 中央扶贫贴息代款累计发放额	102.5	58.4	55.6	70.5	84
2. 中央财政扶贫资金	35.8	47.9	54	60.3	78.5
3. 以工代赈	39.9	43.3	38.5	35.4	39.3
4. 中央专项退耕还林还草工程补助	22.6	44	46.1	63.2	51.5
5. 省级财政安排的扶贫资金	9.9	9.6	10.8	14.2	18.9
6. 利用外资（实际投资额）	17.6	29	30.9	19.1	14.1
7. 其他资金	22	31.8	42.5	54	81.4
（二）按资金投向分：					
1. 种植业	25.2	23.6	31.5	39.4	48.8
2. 林业	27	46.2	48.1	53.6	55.7
3. 养殖业	22.9	23.2	27	31.5	40.5
4. 农产品加工	15.6	10.2	13	11	17.1
5. 其他生产行业	22	21.8	16.5	18.7	16
6. 基本农田建设	15.3	15.5	14.5	13.9	16
7. 人畜饮水工程	12.2	10.2	11.2	13.7	15.3
8. 道路修建及改扩建	49.5	35.2	38.6	47.6	62.6
9. 电力设施	14.5	16.6	12.1	10.1	9.7
10. 电视接收设施	1.6	1.1	0.9	1.0	0.9
11. 学校及设备	6.3	6.4	3.9	3.6	5.6
12. 卫生室及设施	3.5	2.9	3.1	2.9	3.4
13. 技术培训/技术推广	2	3.5	4.2	4	4.5
14. 资助儿童入学/扫盲	1.8	2.4	2.5	2.9	2.3
15. 其他	30.8	44.7	53.6	60.1	66.5

表6　　全国与扶贫重点县农民人均纯收入比较

年份	全国（元）	扶贫重点县（元）	重点县是全国的（%）	重点县比全国（元）
2000	2253	1338	59.4	-915
2001	2366	1276	53.9	-1090
2002	2476	1305	52.7	-1171
2003	2622	1406	53.6	-1216
2004	2936	1585	54	-1351
2005	3255	1726	53	-1529
2006	3587	1928	53.8	-1659
2007	4140	2278	55	-1862
2008	4761	2611	54.8	-2150
2009	5153	2842	55.2	-2311

表7　　全国与扶贫重点县农民人均消费比较

年份	全国（元）	扶贫重点县（元）	重点县是全国的（%）	重点县比全国（元）
2000	1670	1044	62.5	-626
2001	1741	1011	58.1	-730
2002	1834	1131	61.7	-703
2003	1943	1220	62.8	-723
2004	2185	1394	63.8	-791
2005	2555	1529	59.8	-1026
2006	2829	1680	59.4	-1149
2007	3224	1931	59.9	-1293
2008	3661	2200	60.1	-1461
2009	3994	2367	59.3	-1627

表8　　　全国农村农民人均生活消费支出构成（%）

年　份	1. 食品消费支出	2. 衣着消费支出	3. 居住消费支出	4. 家庭设备、用品消费支出	5. 交通及通讯消费支出	6. 文化教育、娱乐消费支出	7. 医疗保健消费支出	8. 其他商品及服务消费支出
2000	49.1	5.7	15.5	4.5	5.6	11.2	5.2	3.1
2001	47.7	5.7	16	4.4	6.3	11.1	5.5	3.2
2002	46.2	5.7	16.4	4.4	7	11.5	5.7	3.1
2003	45.6	5.7	15.9	4.2	8.4	12.1	6	2.2
2004	47.2	5.5	14.8	4.1	8.8	11.3	6	2.2
2005	45.5	5.8	14.5	4.4	9.6	11.6	6.6	2.1
2006	43	5.9	16.6	4.5	10.2	10.8	6.8	2.2
2007	43.1	6	17.8	4.6	10.2	9.5	6.5	2.3
2008	43.7	5.8	18.5	4.8	9.8	8.6	6.7	2.1
2009	41	5.8	20.2	5.1	10.1	8.5	7.2	2.1

表9　　　扶贫重点县人均生活消费支出构成（%）

年　份	1. 食品消费支出	2. 衣着消费支出	3. 居住消费支出	4. 家庭设备、用品消费支出	5. 交通及通讯消费支出	6. 文化教育、娱乐消费支出	7. 医疗保健消费支出	8. 其他商品及服务消费支出
2000	56.6	5.9	12	4	3.6	10.4	4.8	2.8
2001	58.8	5.7	11.8	3.7	3.2	9.9	4.4	2.4
2002	57.4	6.1	11.2	3	4	10.7	5.8	1.8
2003	53.7	5.7	12.7	3.7	5.5	11.3	5.7	1.7
2004	53.2	5.3	11.8	3.5	6.1	12.7	5.6	1.7
2005	51.9	5.6	12.6	3.7	6.9	11.9	5.7	1.7
2006	50	5.7	14.4	4	8.1	10	6	1.8
2007	50.8	5.8	15	4.1	8.4	8.3	5.9	1.7
2008	51.7	5.6	15.6	4.2	8	7.2	6.1	1.6
2009	48.8	5.7	17.5	4.6	8.2	7.1	6.6	1.6

表 10　　全国农民居民耐用消费品拥有量

年份	冰箱、冰柜（台/百户）	电视机（台/百户）	其中：彩色电视机（台/百户）	自行车（辆/百户）	摩托车（辆 /百户）	固定电话和移动电话（部/百户）
2000	12.3	101.7	48.7	120.5	21.9	30.7
2001	13.6	105．1	54.4	120.8	24.7	42.2
2002	14.8	108.6	60.5	121.3	28.1	54.5
2003	15.9	110.6	67.8	118.5	31.8	72.8
2004	17.8	113	75.1	118.2	36.2	89.2
2005	20.1	105.9	84.1	98.4	40.7	108.6
2006	22.5	106.9	89.4	98.7	44.6	126.2
2007	26.1	106.5	94.4	97.7	48.5	146.2
2008	30.2	109.1	99.2	97.6	52.5	163.1
2009	37.1	116.6	108.9	96.5	56.6	177.9

表 11　　扶贫重点县居民耐用消费品拥有量

年份	冰箱、冰柜（台/百户）	电视机（台/百户）	其中：彩色电视机（台/百户）	自行车（辆/百户）	摩托车（辆 /百户）	固定电话和移动电话（部/百户）
2002	4.8	79.5	0	60.2	12.9	21.2
2003	5.4	85	47.2	56	16.1	28.1
2004	6.2	88.4	52.8	55.9	19.1	35.9
2005	7.5	91.3	65.3	51.8	24.7	54.5
2006	9.2	95.7	74.5	50.7	29	70.5
2007	11.4	98.1	81.2	49.9	33	86.3
2008	14.1	99.4	85.5	48.9	36.4	99.9
2009	18.6	101.2	90	47.5	40.8	114.6

表 12　全国农民纯收入及构成

年份	农民人均纯收入（元/人）					构成（%）			
	一、全年纯收入	(一)工资性收入	(二)家庭经营纯收入	(三)财产性纯收入	(四)转移性纯收入	(一)工资性收入	(二)家庭经营纯收入	(三)财产性纯收入	(四)转移性纯收入
2000	2253.4	702.3	1427.3	45	78.8	31.2	63.3	2	3.5
2001	2366.4	771.9	1459.6	47	87.9	32.6	61.7	2.0	3.7
2002	2475.6	840.2	1486.5	50.7	98.2	33.9	60	2	4
2003	2622.2	918.4	1541.3	65.8	96.8	35	58.8	2.5	3.7
2004	2936.4	998.5	1745.8	76.6	115.5	34	59.5	2.6	3.9
2005	3254.9	1174.5	1844.5	88.5	147.4	36.1	56.7	2.7	4.5
2006	3587	1374.8	1931	100.5	180.8	38.3	53.8	2.8	5
2007	4140.4	1596.2	2193.7	128.2	222.3	38.6	53	3.1	5.4
2008	4760.6	1853.7	2435.6	148.1	323.2	38.9	51.2	3.1	6.8
2009	5153.2	2061.3	2526.8	167.2	397.9	40	49	3.2	7.7

表 13　扶贫重点县农民纯收入及构成

年份	农民人均纯收入（元/人）					构成（%）			
	一、全年纯收入	(一)工资性收入	(二)家庭经营纯收入	(三)财产性纯收入	(四)转移性纯收入	(一)工资性收入	(二)家庭经营纯收入	(三)财产性纯收入	(四)转移性纯收入
2000	1338.2	407.2	848.1	19	63.9	30.4	63.4	1.4	4.8
2001	1275.7	355.2	851.4	15.6	53.5	27.8	66.7	1.2	4.2
2002	1305.2	435.5	796	12.5	61.2	33.4	61	1	4.7
2003	1406.3	451.4	865.1	26.5	63.3	32.1	61.5	1.9	4.5
2004	1585.3	489.4	997.2	28.5	70.2	30.9	62.9	1.8	4.4
2005	1725.6	560.8	1042.6	28.1	94.1	32.5	60.4	1.6	5.5
2006	1928	644	1144	31.8	108.2	33.4	59.3	1.7	5.6
2007	2278	783.6	1306	52	136.3	34.4	57.3	2.3	6.0
2008	2610.8	887.7	1467	42.1	214	34	56.2	1.6	8.2
2009	2842.1	1011.2	1522.4	40.4	268	35.6	53.6	1.4	9.4

表14　　2009年扶贫重点县分类型区的社区基本情况

指　标	单位	合计	东部地区	中部地区	西部十二省	东北地区	少数民族县	重点村
一、基本情况								
1. 调查村个数	个	5374	422	1462	3286	204	2341	2560
（1）平原占比重	%	17.1	38.2	19.6	10.4	62.7	13.3	15.4
（2）丘陵（半山区）比重	%	19.3	17.1	28.8	15.4	18.1	14.3	15.1
（3）山区比重	%	63.5	44.8	51.6	74.2	19.1	72.4	69.4
2. 革命老区县比重	%	30.2	35.3	51.6	21.1	9.8	16.9	27.6
3. 陆地边境县比重	%	7.0	0.0	0.0	10.1	23.0	14.0	9.5
4. 少数民族聚居村比重	%	34.5	18.2	12.4	48.0	13.7	74.1	40.8
二、基础设施								
1. 通公路的自然村比重	%	86.9	96.8	87.4	86.1	93.8	85.6	85.5
2. 通电的自然村比重	%	98.0	100.0	99.2	97.3	99.7	96.8	97.3
3. 通电话的自然村比重	%	91.2	94.4	95.5	88.9	97.3	87.3	89.1
4. 能接收电视节目的自然村比重	%	94.5	98.9	95.7	93.6	98.2	92.6	94.0
5. 有幼儿园/学前班的村比重	%	55.8	67.5	63.1	51.0	55.4	48.1	50.1
6. 有卫生室的村占调查村的比重	%	79.6	86.7	82.5	77.1	83.3	74.5	78.3
7. 有合格乡村医生/卫生员的村比重	%	79.0	87.0	80.6	77.0	82.8	74.6	77.8
8. 有合格接生员的村占比重	%	75.0	80.1	75.5	73.9	78.4	70.7	74.1
三、平均每个村人口及劳动力								
1. 农户数	户	452.2	358.0	436.9	472.6	433.2	451.9	419.0
2. 人口数	人	1831.6	1339.1	1740.6	1952.1	1589.4	1883.3	1704.1
3. 总劳动力	人	1006.8	742.8	958.6	1071.6	869.1	1039.0	931.3
4. 外出打工半年以上劳动力人数	人	210.2	102.0	297.0	191.1	114.2	157.3	182.4
5. 当年举家外迁的户数	户	5.9	1.4	5.3	6.7	5.7	4.3	5.8
6. 当年举家迁回的户数	户	2.6	0.5	2.3	3.0	1.7	2.1	2.3
四、资源情况								
1. 人均耕地面积	亩	1.7	1.6	1.1	1.5	8.8	1.7	1.8
水田、水浇地比重	%	34.8	43.5	53.4	32.1	22.3	35.7	29.9
梯田面积比重	%	9.9	6.6	9.9	13.0	0.2	8.5	10.5
25度以上坡耕地面积比重	%	14.4	8.4	12.7	19.3	1.5	15.6	16.3
2. 人均桑园、茶园、果园面积	亩	0.2	0.1	0.1	0.2	0.0	0.2	0.2
3. 人均林地面积	亩	1.9	1.6	1.8	2.0	1.4	2.5	2.0
4. 人均牧草地面积	亩	2.3	0.5	0.1	3.4	1.6	4.9	3.9
5. 人均荒山荒坡面积	亩	0.6	1.0	0.3	0.7	0.2	0.8	0.7
五、村级经济								
1. 人均粮食作物播种面积	亩	1.6	1.4	1.3	1.5	7.3	1.6	1.7
2. 人均粮食总产量	公斤	418.3	365.6	445.4	352.0	1588.8	390.0	410.7
3. 平均每个村乡镇企业个数	个	0.6	0.6	0.5	0.7	0.1	0.7	0.5
4. 平均每个乡镇企业从业人数	个	16.6	22.4	25.9	12.4	35.3	9.3	14.5
5. 平均每个乡镇企业销售总收入	万元	46.8	53.4	68.5	38.0	76.5	28.2	36.5
6. 使用节水栽培技术的村比重	%	7.1	4.7	3.1	8.9	11.8	10.5	7.5
7. 有塑料大棚/温室的村的比重	%	15.8	16.6	11.7	16.4	35.3	17.5	14.0
8. 是农牧业新技术示范户的村比重	%	29.3	13.3	24.0	33.0	42.2	33.2	29.1
9. 举办过专业技术培训的村比重	%	43.3	27.5	37.7	47.0	58.3	47.4	43.4

表15　　2009年扶贫重点县分类型区的当年受灾情况

指　标	单位	合计	东部地区	中部地区	西部十二省	东北地区	少数民族县	重点村
1. 当年遭遇严重自然灾害的村的比重	%	39.1	50.0	41.5	33.6	85.8	34.9	39.5
2. 自然灾害的类型比例								
（1）旱灾	%	68.2	77.3	61.3	69.4	73.7	70.8	69.9
（2）水灾	%	8.1	6.2	9.4	7.0	13.1	7.3	7.7
（3）病虫害	%	8.4	3.3	9.7	9.4	3.4	5.8	9.3
（4）冷冻灾害	%	6.5	0.5	9.7	5.6	8.6	5.3	5.2
（5）干热风灾	%	1.5	1.4	2.0	1.3	0.6	0.8	1.1
（6）动物疫情	%	1.4	0.5	2.3	1.3	0.0	1.5	1.1
（7）泥石流或山体滑坡	%	1.0	0.0	0.8	1.5	0.0	1.4	0.7
（8）地震	%	1.0	0.0	0.0	1.8	0.0	1.5	0.8
（9）其他灾害	%	4.0	10.9	4.8	2.8	0.6	5.5	4.2
3. 受灾超过3成以上村比重								
（1）农作物	%	38.8	49.8	41.2	33.4	85.8	34.6	39.4
（2）大牲畜	%	18.0	6.2	16.4	19.9	24.5	20.0	20.0
（3）猪、羊	%	18.3	5.2	16.3	20.5	23.5	20.3	20.3
（4）家禽	%	18.0	3.3	16.5	20.0	26.5	19.9	19.8
（5）住房和生产用房	%	16.3	0.0	15.8	18.1	24.0	17.9	17.4
（6）地方病病（疫）区	%	15.1	8.1	11.4	17.9	10.8	19.2	15.2
4. 缺粮需要救济的农户比例	%	6.0	7.6	4.2	6.6	4.1	7.2	7.4
5. 当年收到过救济救灾款物的农户比例	%	7.5	6.3	5.2	8.8	4.8	8.8	9.1

表16　2009年扶贫重点县分类型区的村级扶贫活动

指　标	单位	合计	东部地区	中部地区	西部十二省	东北地区	少数民族县	重点村
1. 省定贫困村比重	%	46.7	45.7	32.8	53.3	42.2	53.6	100.0
2. 当年参加过扶贫项目的村比重	%	50.7	41.2	37.3	60.2	14.7	62.8	62.7
3. 参加的扶贫活动形式：	%							
现金扶持的村比重	%	44.1	37.7	33.2	52.1	8.8	52.3	54.4
实物扶持的村比重	%	18.3	7.1	4.9	26.4	9.8	28.3	25.3
技术援助的村比重	%	14.8	5.0	7.3	20.2	4.9	23.9	19.9
4. 平均每个村当年到位的扶贫资金总额	万元	16.9	7.0	6.3	23.5	9.2	25.8	21.7
其中：扶贫贷款	万元	1.9	0.1	0.5	2.8	1.1	2.8	2.8
5. 平均每个村当年使用的扶贫资金总额	万元	17.1	6.9	6.2	23.9	8.8	26.8	22.6
6. 平均每个村被扶持的农户和公共项目								
（1）种植业	户	14.3	2.1	2.5	22.0	3.4	17.0	19.9
（2）林业	户	3.1	0.6	0.4	4.8	0.0	5.2	4.9
（3）养殖业	户	4.3	2.6	0.9	6.0	5.1	6.3	6.6
（4）农产品加工业	户	0.1	0.0	0.1	0.1	0.0	0.2	0.2
（5）其他生产行业	户	0.7	0.4	0.3	0.9	0.0	1.3	0.7
（6）修建基本农田	亩	8.0	6.1	4.0	10.5	0.0	13.0	9.7
（7）人畜饮水工程	户	12.4	3.1	6.8	16.5	5.6	15.8	14.5
（8）修建及改建公路	公里	0.8	0.1	0.5	1.0	2.2	1.0	1.2
（9）电力设施	公里	0.5	0.0	0.1	0.8	0.0	0.9	0.3
（10）电视接收设施	个	0.7	0.1	0.0	1.2	0.0	0.8	0.9
（11）学校及学校设施	个	0.0	0.0	0.0	0.1	0.0	0.1	0.1
（12）卫生室及设施	个	0.1	0.0	0.0	0.1	0.0	0.2	0.1
（13）技术培训	人次	11.4	0.9	3.4	17.0	0.0	18.6	14.9
（14）扫盲、资助儿童入学	人次	0.5	0.1	0.1	0.7	0.0	0.6	0.7
（15）退耕还林还草	亩	191.9	321.3	61.4	246.0	0.5	284.1	262.7
7. 最希望得到的扶持项目构成								
（1）种植业	%	37.6	47.2	31.2	37.6	62.3	40.6	38.8
（2）林业	%	3.5	5.9	4.5	2.8	1.0	3.2	2.8
（3）养殖业	%	18.3	18.0	12.7	21.0	17.6	21.6	19.8
（4）农产品加工业	%	5.3	5.0	8.0	3.9	9.8	3.7	4.5
（5）其他生产行业	%	1.3	1.9	1.9	1.0	0.5	1.0	1.3
（6）修建基本农田	%	7.1	6.9	11.6	5.6	0.5	6.1	6.0
（7）人畜饮水工程	%	7.2	2.4	8.5	7.5	2.5	6.5	7.9
（8）修建及改建公路	%	11.6	4.5	13.6	12.0	4.4	9.8	10.8
（9）电力设施	%	1.1	0.5	0.9	1.4	0.0	1.1	1.1
（10）电视接收设施	%	0.4	0.2	1.0	0.2	0.0	0.2	0.4
（11）学校及学校设施	%	1.0	0.9	1.4	0.9	0.0	0.7	1.1
（12）卫生室及设施	%	1.1	1.7	1.1	1.0	1.0	0.9	1.0
（13）技术培训	%	2.5	4.3	3.0	2.1	0.5	2.2	2.1
（14）扫盲、资助儿童入学	%	0.1	0.0	0.0	0.2	0.0	0.3	0.1
（15）退耕还林还草	%	1.2	0.5	0.8	1.5	0.0	0.7	1.3
（16）其他	%	0.7	0.2	0.0	1.2	0.0	1.4	0.9

表17　2009年扶贫重点县分类型区的农民人均纯收入及构成

指　标	单位	合计	东部地区	中部地区	西部十二省	东北地区	少数民族县	重点村
一、全年纯收入	元	2842. 1	3216. 2	3024. 5	2728. 5	2736. 3	2688. 1	2677. 4
1. 工资性收入	元	1011. 2	1417. 1	1277. 1	887. 9	313. 1	772. 9	920. 2
其中：外出务工收入	元	495. 1	520. 9	722. 3	414. 0	126. 6	332. 0	461. 3
2. 家庭经营纯收入	元	1522. 4	1500. 7	1507. 7	1520. 3	1738. 9	1612. 6	1438. 3
（1）种植业纯收入	元	951. 6	1002. 5	1040. 4	879. 4	1535. 0	905. 0	872. 0
（2）林业纯收入	元	79. 7	89. 7	60. 0	90. 8	0. 1	113. 2	84. 6
（3）牧业纯收入	元	306. 1	163. 3	205. 2	373. 6	125. 7	418. 4	320. 6
（4）渔业纯收入	元	7. 1	13. 1	13. 8	3. 2	16. 1	5. 0	4. 7
（5）工业纯收入	元	16. 5	34. 0	17. 8	14. 8	2. 4	17. 5	18. 4
（6）建筑业纯收入	元	22. 7	14. 3	34. 4	19. 2	12. 5	19. 5	19. 8
（7）第三产业纯收入	元	138. 7	183. 7	136. 2	139. 3	47. 0	133. 9	118. 2
3. 财产性收入	元	40. 4	47. 2	36. 6	38. 6	96. 4	38. 5	33. 2
4. 转移性收入	元	268. 0	251. 3	203. 0	281. 8	587. 9	264. 1	285. 7
其中：政策性转移支付	元	159. 9	165. 6	107. 6	163. 3	527. 6	165. 9	177. 9
二、纯收入构成								
1. 工资性收入	%	35. 6	44. 1	42. 2	32. 5	11. 4	28. 8	34. 4
其中：外出务工收入	%	17. 4	16. 2	23. 9	15. 2	4. 6	12. 4	17. 2
2. 家庭经营纯收入	%	53. 6	46. 7	49. 9	55. 7	63. 5	60. 0	53. 7
（1）种植业纯收入	%	33. 5	31. 2	34. 4	32. 2	56. 1	33. 7	32. 6
（2）林业纯收入	%	2. 8	2. 8	2. 0	3. 3	0. 0	4. 2	3. 2
（3）牧业纯收入	%	10. 8	5. 1	6. 8	13. 7	4. 6	15. 6	12. 0
（4）渔业纯收入	%	0. 3	0. 4	0. 5	0. 1	0. 6	0. 2	0. 2
（5）工业纯收入	%	0. 6	1. 1	0. 6	0. 5	0. 1	0. 7	0. 7
（6）建筑业纯收入	%	0. 8	0. 4	1. 1	0. 7	0. 5	0. 7	0. 7
（7）第三产业纯收入	%	4. 9	5. 7	4. 5	5. 1	1. 7	5. 0	4. 4
3. 财产性收入	%	1. 4	1. 5	1. 2	1. 4	3. 5	1. 4	1. 2
4. 转移性收入	%	9. 4	7. 8	6. 7	10. 3	21. 5	9. 8	10. 7
其中：政策性转移支付	%	5. 6	5. 1	3. 6	6. 0	19. 3	6. 2	6. 6

表18　2009年扶贫重点县分类型区的农民人均消费支出及构成

指　标	单位	合计	东部地区	中部地区	西部十二省	东北地区	少数民族县	重点村
一、生活消费支出总额	元	2367.4	2468.6	2504.7	2286.8	2592.1	2228.9	2235.0
1. 食品	元	1155.6	1140.6	1214.5	1138.4	1030.5	1154.8	1115.3
其中：在外饮食支出	元	92.9	90.1	104.5	90.7	43.4	85.7	84.0
2. 衣着	元	134.1	150.8	142.6	125.5	197.5	122.7	128.0
3. 居住	元	413.3	452.8	431.3	391.9	601.7	362.5	379.4
4. 家庭设备用品及服务	元	108.7	108.6	125.5	102.8	83.5	95.4	99.5
5. 交通通讯及服务	元	194.7	209.7	193.5	193.1	203.9	188.7	179.0
6. 文化教育、娱乐用品及服务	元	167.3	199.2	197.0	149.6	197.8	127.9	151.7
7. 医疗保健及服务	元	155.3	168.8	153.4	150.8	232.9	142.2	147.2
8. 其他商品及服务	元	38.5	38.0	46.9	34.8	44.4	34.8	35.1
二、生活消费支出构成								
1. 食品	%	48.8	46.2	48.5	49.8	39.8	51.8	49.9
其中：在外饮食支出	%	8.0	7.9	8.6	8.0	4.2	7.4	7.5
2. 衣着	%	5.7	6.1	5.7	5.5	7.6	5.5	5.7
3. 居住	%	17.5	18.3	17.2	17.1	23.2	16.3	17.0
4. 家庭设备用品及服务	%	4.6	4.4	5.0	4.5	3.2	4.3	4.5
5. 交通通讯及服务	%	8.2	8.5	7.7	8.4	7.9	8.5	8.0
6. 文化教育、娱乐用品及服务	%	7.1	8.1	7.9	6.5	7.6	5.7	6.8
7. 医疗保健及服务	%	6.6	6.8	6.1	6.6	9.0	6.4	6.6
8. 其他商品及服务	%	1.6	1.5	1.9	1.5	1.7	1.6	1.6

表 19　2009 年扶贫重点县分类型区的农民人均生产支出及构成

指　标	单位	合计	东部地区	中部地区	西部十二省	东北地区	少数民族县	重点村
一、家庭经营支出总额	元	977.9	888.4	796.7	999.1	2306.9	1091.0	933.2
1. 种植业支出	元	511.8	471.4	457.4	464.2	2034.5	511.4	489.9
2. 林业支出	元	15.3	4.9	10.3	18.9	8.4	21.6	13.3
3. 牧业支出	元	364.8	249.5	236.8	438.0	242.7	471.2	360.2
4. 渔业支出	元	6.2	13.1	9.6	3.7	11.8	5.8	2.3
5. 工业支出	元	14.3	45.0	14.9	11.3	1.5	13.1	15.8
6. 建筑业支出	元	11.4	22.2	10.5	11.1	2.7	13.3	9.1
7. 第三产业经营支出	元	54.1	82.2	57.2	52.1	5.3	54.7	42.5
二、家庭经营支出构成	%							
1. 种植业支出	%	52.3	53.1	57.4	46.5	88.2	46.9	52.5
2. 林业支出	%	1.6	0.5	1.3	1.9	0.4	2.0	1.4
3. 牧业支出	%	37.3	28.1	29.7	43.8	10.5	43.2	38.6
4. 渔业支出	%	0.6	1.5	1.2	0.4	0.5	0.5	0.2
5. 工业支出	%	1.5	5.1	1.9	1.1	0.1	1.2	1.7
6. 建筑业支出	%	1.2	2.5	1.3	1.1	0.1	1.2	1.0
7. 第三产业经营支出	%	5.5	9.3	7.2	5.2	0.2	5.0	4.6

表20　2009年扶贫重点县分类型区的人口及劳动力情况

指　标	单位	合计	东部地区	中部地区	西部十二省	东北地区	少数民族县	重点村
一、户均人口	人	4.2	3.7	4.1	4.4	3.4	4.5	4.3
其中：男性	人	2.3	2.0	2.2	2.3	1.8	2.4	2.3
二、劳动力负担系数		1.4	1.3	1.4	1.5	1.3	1.4	1.4
三、劳动力文化程度构成								
1. 文盲、半文盲	%	10.8	3.5	6.1	14.4	2.4	14.2	12.3
2. 小学	%	32.6	24.3	28.1	36.0	26.0	35.9	34.5
3. 初中	%	45.5	55.1	52.6	40.3	60.7	40.6	43.3
4. 高中	%	8.1	13.9	9.6	6.7	7.9	6.7	7.2
5. 中专	%	1.9	1.9	2.4	1.7	1.5	1.7	1.7
6. 大专及以上	%	1.1	1.4	1.3	1.0	1.4	0.9	1.0
四、曾受过技能培训劳动力比重	%	15.5	11.9	14.8	16.7	7.5	17.9	16.1
五、当年从事主要行业构成								
1. 农业	%	73.6	74.4	66.8	75.6	90.5	77.5	74.9
2. 林业	%	0.4	0.9	0.3	0.4	0.2	0.7	0.4
3. 牧业	%	2.7	0.4	1.0	4.0	0.5	5.2	3.7
4. 渔业	%	0.1	0.2	0.1	0.1	0.4	0.1	0.1
5. 采矿业	%	0.9	1.6	0.8	0.8	0.0	0.5	0.8
6. 制造业	%	6.9	4.4	11.4	5.5	0.8	5.5	6.1
7. 电、煤及水的生产和供应业	%	0.3	0.5	0.2	0.3	0.1	0.1	0.2
8. 建筑业	%	4.6	4.5	5.8	4.3	0.7	2.9	4.3
9. 交通运输仓储和邮政业	%	1.2	1.5	1.5	1.0	0.3	0.8	1.0
10. 批发和零售业	%	1.1	1.7	1.6	0.9	0.7	0.7	1.0
11. 住宿和餐饮业	%	1.4	1.3	1.7	1.3	0.9	1.0	1.5
12. 居民服务和其他服务业	%	2.3	2.4	3.2	2.0	1.7	1.4	2.0
13. 教育	%	0.5	0.6	0.6	0.4	0.3	0.3	0.4
14. 卫生社会保障和社会福利业	%	0.3	0.3	0.4	0.2	0.1	0.2	0.3
15. 文化体育和娱乐业	%	0.2	0.2	0.2	0.1	0.2	0.1	0.1
16. 其他	%	3.6	5.0	4.3	3.1	2.5	2.8	3.3
六、当地乡镇企业职工人数占劳动力比重	%	0.9	3.8	1.1	0.5	0.1	0.4	0.7
七、当年外出打工人数占劳动力比重	%	20.5	13.1	27.5	19.1	5.3	16.6	19.8

表21　　2009年扶贫重点县分类型区的农户基本情况

指　标	单位	合计	东部地区	中部地区	西部十二省	东北地区	少数民族县	重点村
一、年末住房状况								
1. 人均住房面积	平方米	24.4	23.4	27.0	23.6	19.5	23.3	22.8
其中：砖木结构住房	平方米	11.0	17.0	14.1	8.8	10.7	9.2	9.8
钢筋混凝土结构住房	平方米	4.5	2.1	7.3	3.9	0.1	3.1	3.6
2. 每平方米住房价值	元	217.4	244.0	235.0	203.7	275.0	190.8	203.4
二、每百户拥有生活耐用消费品								
1. 收录机、音响	台	23.1	23.3	17.8	25.7	19.9	26.8	22.7
2. 冰箱、冰柜	台	18.6	26.4	21.9	15.5	26.5	17.1	15.2
3. 电视机	台	101.2	112.0	106.4	97.3	104.5	96.0	98.7
其中：彩色电视机	台	90.0	100.8	90.9	87.6	99.8	86.0	87.8
4. 自行车	辆	47.5	112.1	62.3	32.4	47.5	30.5	40.3
5. 摩托车	辆	40.8	56.5	44.6	37.3	38.7	39.1	38.7
6. 固定电话．移动电话	部	114.6	120.2	114.4	113.6	120.8	107.5	107.2
三、每百户拥有生产性固定资产								
1. 生产用房及建筑物面积	平方米	2630.5	1677.9	1787.5	3157.0	2283.4	3282.1	2553.9
2. 汽车	辆	1.5	2.3	1.4	1.5	0.9	1.6	1.3
3. 大中型拖拉机	台	2.7	5.0	2.4	1.9	12.7	2.1	2.6
4. 手扶拖拉机/三轮车	台	16.8	29.6	16.5	13.0	54.3	14.7	15.9
5. 胶轮大车	辆	10.6	14.0	6.2	12.1	10.2	13.5	11.3
四、户均年末生产性固定资产原值	元	6087.1	6254.8	3953.1	6803.3	9663.3	7359.6	5790.0
其中：年末生产用房原值	元	1737.8	1125.2	1209.5	2038.2	2020.8	2064.1	1582.7
五、生活设施状况								
1. 有厕所的农户比重	%	88.0	96.7	95.9	82.9	93.5	77.9	85.1
2. 用电户比重	%	97.7	100.0	99.3	96.6	98.9	95.6	97.0
3. 有取暖设备农户比重	%	63.2	92.3	42.4	66.5	100.0	65.1	67.8
4. 饮用自来水．深井水农户比重	%	60.3	82.1	60.3	55.5	91.2	55.1	58.0
5. 饮水困难农户比重	%	9.5	0.3	8.7	11.6	1.3	12.6	10.7
6. 取得燃料越来越困难的农户比重	%	31.5	8.5	19.4	40.4	25.1	46.0	35.4
六、户均土地使用情况								
1. 耕地面积	亩	9.4	8.0	6.4	9.3	35.2	10.1	10.2
2. 林地面积	亩	3.2	1.6	3.8	3.3	0.3	3.7	3.3
3. 桑园．茶园．果园面积	亩	0.5	0.2	0.4	0.6	0.1	0.6	0.5
4. 牧草地面积	亩	17.8	0.4	0.1	29.2	0.6	40.8	30.5
5. 荒山/荒坡面积	亩	0.8	0.7	0.5	1.0	0.0	0.7	1.0
6. 粮食播种面积	亩	8.2	7.6	6.9	7.7	26.4	8.3	8.5
七、户均借贷情况								
1. 当年借入现金（按来源分）	元	851.3	303.1	517.6	1002.8	1970.9	1019.2	907.9
其中：亲戚朋友	元	398.5	235.0	395.8	400.2	726.9	375.3	439.8
国家扶贫贴息贷款	元	12.0	8.3	0.1	18.2	6.6	12.2	13.8
其他扶贫贷款	元	8.5	0.1	1.4	13.0	6.4	14.6	8.8
2. 年末借贷款余额（按来源分）	元	1141.4	548.1	824.0	1324.8	1731.9	1275.4	1160.2
其中：亲戚朋友	元	552.3	395.5	583.9	547.5	726.4	493.6	553.8
国家扶贫贴息贷款	元	20.7	43.9	0.3	27.8	6.6	26.1	23.7
其中：逾期未还	元	5.1	10.9	0.1	7.0	0.0	6.0	6.3
其他扶贫贷款	元	11.3	8.4	1.4	16.5	4.9	17.6	11.5
其中：逾期未还	元	3.0	5.9	1.0	3.6	0.0	2.4	2.6
3. 期内借入粮食	公斤	2.0	0.3	1.8	2.4	0.1	2.5	2.5
八、人均期末存粮	公斤	406.9	537.1	366.8	382.3	959.6	391.6	392.2

表22　2009年扶贫重点县分类型区的健康及教育情况

指　标	单位	合计	东部地区	中部地区	西部十二省	东北地区	少数民族县	重点村
一、健康状况								
1. 身体健康状况								
（1）残疾人口比重	%	1.3	0.6	1.4	1.3	1.4	1.5	1.3
（2）患有大病人口比重	%	0.4	0.4	0.6	0.4	0.9	0.4	0.5
（3）长期慢性病人口比重	%	1.5	1.3	1.7	1.2	4.3	1.2	1.5
（4）体弱多病人数占人口的比重	%	3.9	2.7	4.1	3.8	6.6	3.8	3.9
（5）健康人口比重	%	92.9	95.0	92.3	93.3	86.9	93.1	92.9
2. 按有病是能及时就医分组								
（1）是	%	90.4	96.5	92.5	88.7	92.7	86.4	88.4
（2）否	%	9.6	3.5	7.5	11.3	7.3	13.6	11.6
3. 按不能及时就医原因分组								
（1）经济困难	%	55.5	64.9	60.2	52.9	82.7	53.8	57.4
（2）医院太远	%	33.9	33.3	31.9	35.2	13.6	33.6	32.0
（3）没有时间	%	0.8	0.0	0.7	0.8	0.2	1.0	0.2
（4）本人不重视	%	2.7	0.4	2.1	3.0	1.2	3.3	2.9
（5）小病不用医	%	3.5	0.5	3.5	3.6	1.7	3.8	3.9
（6）其他	%	3.6	0.9	1.6	4.4	0.6	4.4	3.6
二、教育状况								
1. 儿童在校率：	%	97.4	98.3	99.2	96.8	96.9	96.2	97.2
7～12岁	%	98.2	98.7	99.5	97.8	97.3	97.1	98.1
13～15岁人口	%	96.2	97.7	98.7	95.2	96.2	94.8	95.7
2. 平均每个小学生教育费用	元	286.2	330.2	342.8	245.0	938.9	220.6	260.6
平均每个初中生教育费用	元	876.5	991.7	1001.4	793.1	1787.0	720.3	800.0
3. 年内受到社会捐助的学生比重	%	10.5	5.4	5.0	13.4	3.2	14.2	12.2
4. 小学生上学所需时间	%							
（1）<0.5小时	%	67.3	77.4	69.6	65.7	72.8	66.8	67.3
（2）0.5～1小时	%	18.0	9.5	17.6	18.9	12.9	16.7	17.7
（3）1～2小时	%	2.6	0.4	2.8	2.8	0.3	2.6	2.7
（4）2小时以上	%	1.1	1.6	1.1	1.1	0.5	1.1	0.7
（5）住校	%	10.9	11.1	8.8	11.6	13.5	12.8	11.6
5. 按7～15岁儿童失学原因分组								
（1）经济困难	%	17.2	4.8	24.0	17.1	17.6	18.3	17.8
（2）自己不愿意	%	35.6	52.4	38.0	34.9	35.3	30.8	35.6
（3）家中缺少劳动力	%	4.6	0.0	0.0	5.2	0.0	6.0	4.4
（4）没考上高一级学校	%	3.4	0.0	2.0	3.6	5.9	2.8	2.2
（5）没老师、没校舍、离校太远	%	2.1	0.0	0.0	2.2	5.9	1.8	2.2
（6）其他	%	37.1	42.9	36.0	37.1	35.3	40.1	37.8
6. 按本人是否有继续读书的愿望分组								
（1）是	%	46.4	33.3	32.0	47.9	52.9	51.4	44.9
（2）否	%	53.6	66.7	68.0	52.1	47.1	48.6	55.1
7. 少数民族中会汉语的人口比例	%	75.8	97.3	97.8	72.3	91.8	74.1	72.6

表 23　　全国农村四通比例

年份	1. 通公路的行政村比重（%）	2. 通电的行政村比重（%）	3. 通电话的行政村比重（%）	4. 能接受电视节目的行政村比重（%）
2000	95	98. 1	87	97. 8
2001	96	98. 3	90. 8	98. 1
2002	96. 8	98. 4	92. 2	98. 4
2003	97. 6	99	95. 5	98. 8
2004	98	99	96. 7	99. 1
2005	97. 2	99. 2	97. 1	98. 3
2006	97. 8	99. 4	98. 1	98. 6
2007	98. 6	99. 7	98. 7	98. 9
2008	98. 7	99. 5	98. 7	99. 1
2009	98. 8	99. 6	99. 1	99. 4

表 24　　扶贫重点县农村四通比例

年份	1. 通公路的行政村比重（%）	2. 通电的行政村比重（%）	3. 通电话的行政村比重（%）	4. 能接受电视节目的行政村比重（%）
2000	92. 6	96. 5	78. 3	96
2001	92. 1	96	72. 5	95. 4
2002	95. 4	96. 8	83. 8	95. 8
2003	96. 6	97. 7	88. 4	96. 2
2004	97. 5	97. 8	90. 5	96. 5
2005	97. 8	98	93. 7	96. 4
2006	99. 1	98. 3	97. 2	97. 9
2007	98. 7	98. 3	97. 4	97. 8
2008	99	98. 7	98	98
2009	99	98. 7	98	98

表25　国家及省级扶贫开发工作重点县分布

省区市	国家扶贫开发工作重点县数目	其中：少数民族县数	边境县数	老区县数	省级扶贫开发重点县数
全　国	592	267	42	307	406
东　部	0	0	0	0	129
中　部	217	35	7	183	162
西　部	375	232	35	124	113
河　北	39	5		34	12
山　西	35			35	22
内蒙古	31	31	2	15	29
辽　宁					15
吉　林	8	4	3	5	
黑龙江	14	1	4	9	9
江　苏					16
浙　江					28
安　徽	19			15	10
福　建					20
江　西	21			21	70
山　东					34
河　南	31			24	13
湖　北	25	9		25	4
湖　南	20	11		10	18
广　东					16
广　西	28	28	3	27	21
海　南	5	5		5	6
重庆市	14	5		6	4
四　川	36	20		17	
贵　州	50	36		9	
云　南	73	51	16	5	7
西　藏					
陕　西	50			34	27
甘　肃	43	14		5	8
青　海	15	12			10
宁　夏	8	8		6	4
新　疆	27	27	14		3

附　录

附录（一）
国务院扶贫办2009年大事记

1月3—6日范小建同志陪同回良玉副总理在广西崇左、钦州等地调研，考察农业生产和水利建设情况。

1月7日农民日报“对话栏目”对蒋晓华同志进行专访。蒋晓华同志分别从新阶段扶贫开发工作定位、目标和任务等方面介绍了新时期的扶贫开发工作。

同日新华网发表题为《扶贫范围扩大之后》文章，从扶贫标准提高惠及更多贫困人口、扶贫形势依然严峻、我国将尽快完善国家扶贫战略和政策体系等三方面说明，随着国力的提高，我国有能力帮助更多贫困人口，使全体人民共享改革发展成果。

1月8日由中国扶贫基金会、《精品购物指南》报社共同主办的“大爱2008·时尚盛典”在京举行。汶川地震后，《精品购物指南》报社在灾后近一个月的时间里，连续举办十余场大型慈善义演等活动，共筹得善款458.21万元，物资148.3万元。段应碧会长出席并讲话。

1月9日农民日报发表《全国扶贫开发大事记》，报道了从1984年至2008年，我国扶贫开发工作的重要事项。

▲1984年，为了帮助广大贫困地区群众首先摆脱贫困，进而改变生产条件，提高生产能力，发展商品生产，赶上全国经济的步伐，中国政府发出了《关于尽快改变贫困地区面貌的通知》，改革了救济性扶贫方式，确定了开发式的扶贫方式。

▲1986年，全国人民代表大会六届四次会议把扶持老、少、边、穷地区尽快摆脱经济文化落后的状况作为一项重要内容，列入国民经济“七五”（1986—1990）发展计划。

▲1994年，中央政府制订并实施了《国家八七扶贫攻坚计划》，决定集中人力、物力、财力，动员社会各界力量，力争用7年左右的时间，到2000年底基本解决当时全国农村8000万贫困人口的温饱问题，这个计划是中国历史上第一个有明确目标、明确对象、明确措施、明确期限的扶贫纲领性文件。

▲1996年，中国政府专门召开了扶贫开发工作会议，作出了《中共中央、国务院关于尽快解决农村贫困人口温饱问题的决定》。《决定》要求下一步扶贫开发工作，要继续坚持开发式扶贫方针，把有助于直接解决群众温饱问题的种植业、养殖业和以当地农副产品为原料的加工业作为扶贫开发的重点，认真抓好科教扶贫和计划生育工作，坚持到村入户，动员社会力量参

与扶贫。

▲2001年，国务院颁布了《中国农村扶贫开发纲要（2001—2010年）》，继续开展大规模的农村扶贫行动。《纲要》实施以来，我国农村贫困人口减少速度逐步加快，扭转了此前贫困人口减少速度放缓的趋势。

▲2008年，党的十七届三中全会通过了《关于推进农村改革发展若干重大问题的决定》，提出“实行新的扶贫标准，对低收入人口全面实施扶贫政策”，将绝对贫困线标准从人均收入786元提高到1067元。

1月13日新华社发表题为《〈决定〉解读：搞好新阶段扶贫开发具有重大意义》文章，强调搞好新阶段扶贫开发，对确保全体人民共享改革发展成果具有重大意义，必须作为长期历史任务持之以恒抓紧抓好。

1月19日中国政府网发表题为《回良玉云南考察强调做好灾后恢复重建和扶贫工作》文章，报道回良玉副总理在云南灾区和贫困地区考察的有关情况。

2月1日中国政府网发表《陕西去年脱贫人口达75.8万人　超出计划任务25%》文章，报道陕西省2008年脱贫人口累计达75.8万人，超过以往每年60万人的脱贫速度。贫困地区农民年人均纯收入达2535元，比上年增长22%，高于全省平均增幅。

2月2日半月谈（2009）2期发表题为《国家扶贫新政暖人心》文章，报道了对范小建主任采访内容。范小建主任从新阶段扶贫开发的首要任务、新阶段扶贫开发工作和巩固扶贫开发成果、积极应对金融危机冲击三方面回答了记者的提问。

2月8日中国政府网发表题为《2008年西藏扶贫开发成绩显著现代农业步伐加快》文章，报道西藏全区扶贫系统以“非常之年落实非常举措，取得非常成绩”的精神风貌，求真务实、攻坚克难，圆满完成年初确定的各项任务。

同日新华社发表题为《贵州省已有7200多个贫困村实施扶贫开发整村推进》文章，报道截至2008年底，贵州已有半数以上贫困村实施整村推进计划，扶贫开发取得新进展。

3月2日范小建同志接受中央电视台农业频道《聚焦三农》栏目专访。范主任介绍了国家上调扶贫标准的背景和依据及国家扶贫开发的现状；分析了扶贫标准上调后对扶贫开发工作带来的一些新挑战；阐述了大扶贫的概念和思路，并指出了在新阶段扶贫开发过程中面临的现实问题。

3月4日中央电视台农业频道《聚焦三农》栏目发表题为《金融危机对贫困地区产生四大影响》，报道了对范小建同志进行的专访。

同日《华夏日报》中发表《范小建：设专项贷款扶持扶贫龙头企业》一文，报道范小建同志在全国政协经济、农业界别联组会上就金融危机对贫困地区的影响所作的发言，并建议设立专项贷款以支持国家扶贫龙头企业。

3月5日新华网发表题为《金融危机已经波及我国贫困地区》文章，报道范小建同志在政协十一届二次会议农业界委员小组会上的发言。

3月7日《人民政协报》发表题为《尽力遏制返贫势头》文章，报道范小建同志接受采访的情况。范主任在采访中指出，贫困地区减贫速度放缓、返贫压力加大正在成为扶贫工作面临的一个突出矛盾。2009年初扶贫系统在贫困地区初步调研结果显示，当前贫困地区存在农民工提前返乡比例大，农民收入受影响大，优势产业受冲击大和扶贫龙头企业困难大4个突出问题。范主任强调，当前贫困地区干部群众、龙头企业特别是返乡农民工的诉求主要集中在改善农村基本生产生活条件，提供就业信息和短期就业岗位，改善农村就业和创业环境，解决农产品销售困难，以及龙头企业迫切需要流动资金支持。提高自我发展能力是贫困地区应对危机的根本措施，千方百计增加农民收入、有效抑制返贫是当前的首要任务。

3月9日财经网发表题为《专访国务院扶贫办主任范小建》文章，报道对范小建同志的采访。范小建在采访中，对温家宝总理在《政府工作报告》中提出的2009年新的扶贫标准进行了详细解答。同时指出，扶贫工作的重点是提高农村贫困人口的自我发展能力；要实现农村最低生活保障制度和扶贫政策有效衔接，进一步瞄准“贫困人口”，提高扶贫工作的“瞄准度”。

同日《中国经济时报》发表题为《政府提高扶贫标准　4007万贫困人口能否如期脱贫》一文，报道范小建主任接受中国经济时报的采访情况。

3月10日第一财经日报发表题为《金融危机下需高度重视扶贫工作》一文。范小建同志在接受第一财经日报专访时表示：国际金融危机的影响已经逐渐传递到我国贫困地区，一段时间后，局部口粮可能偏紧，需要引起高度重视。

同日21世纪经济报道发表题为《填平补齐，2500万新增扶贫对象平衡策》文章，报道范小建同志从2500万新增对象的挑战，培训质量事关农民工再就业，财政信贷双动力三方面回答记者的提问。

同日《农民日报》发表题为《纵谈扶贫新标准》文章，报道了范小建同志在全国政协农业界的小组讨论会上对新标准提高到人均1196元，扶贫对象覆盖4007万人，这标志着我国扶贫开发进入一个新阶段进行了详细解读。

3月17日《人民日报》发表题为《我国新扶贫标准上调》文章，报道了2009年我国将实行人均纯收入1196元的新扶贫标准，对农村低收入人口全面实施扶贫政策。

同日《光明日报》发表题为《扶贫标准将提至1196元　扶贫对象超过4000万人》文章，报道了2009年我国将实行人均纯收入1196元的新扶贫标准，对农村低收入人口全面实施扶贫政策，这标志着我国扶贫开发进入一个新阶段。

同日中央电视台发表《我国新扶贫标准再次上调覆盖扶贫对象4007万人》消息。

同日《人民日报》发表题为《实施1196元新扶贫标准　新扶贫新在哪》文章，报道国务院扶贫办新闻发言人蒋晓华以“新标准从何而来，新标准意义何在，如何看待新标准”三方面对新扶贫标准进行解读。

同日《农民日报》发表题为《扶贫工作积极应对金融危机》文章，报道国务院扶贫办针对2008年下半年以来，国际金融危机对我国贫困地区的影响逐步显现，贫困地区减贫速度放缓、返贫压力加大等情况提出的具体政策建议。

同日《农民日报》发表题为《扶贫新标准惠及更广大人群》文章，对我国在2009年实行新的扶贫标准进行报道。

同日《农民日报》发表题为《我国扶贫开发工作重点更加明确：提高农村贫困人口自我发展能力》文章，报道了国家将投入更多资源帮助贫困人口提高自我积累、自我发展的能力，加大对贫困地区劳动力转移培训的力度。

同日中央电视台《新闻联播》播出题为“从点对点扶贫到‘整村推进，连片开发’”的新闻报导，介绍了河南省实施的扶贫开发新模式，让昔日的贫困农民走上自立自强的富裕路的情况。

3月24日《大公报》发表《中国出四招力阻“返贫”潮》文章，报道了扶贫工作将从加大财政投入、增加信贷资金、加强劳动培训、扶持龙头企业四方面寻求突围，力阻返贫潮来袭。

3月25日《大公报》发表《“救命钱”是高压线》文章，报道了范小建同志在接受采访时指出，“扶贫钱”与“低保钱”都是救命钱，是高压线，绝不容忍在扶贫领域的腐败现象。除了加强监督之外，对于腐败行为将严肃处理，绝不姑息迁就。

同日《大公报》发表《扶贫标准应全面、发展、辨证看》文章，报道了范小建同志提出的中国对国际扶贫事业贡献巨大，对中国的扶贫标准应持全面、发展和辨证态度的观点。

3月31日新华网发表《扶贫基金会启动大型全国调查推广公益扶贫》文章，报道中国扶贫基金会近日启动扶贫中国行全民公益心愿调查活动。

4月1日中国扶贫基金会成立20周年纪念表彰大会暨扶贫中国行10699999全民公益行动启动仪式在北京举行。中共中央政治局常委、全国政协主席贾庆林出席会议并作重要讲话。中共中央政治局委员、国务院副总理回良玉，全国人大常委会副委员长周铁农、原全国人大常委会副委员长成思危等出席会议。范小建同志在会上发表了讲话。王国良、郑文凯同志出席。

同日中央电视台《新闻联播》播出：中国扶贫基金会成立20周年纪念表彰大会今天在北京召开。中共中央政治局常委、全国政协主席贾庆林出席会议并发表讲话。

4月3日《农民日报》发表题为《信息扶贫补齐贫困地区发展“短板”》文章，报道由国务院扶贫办联合中华全国工商业联合会、中国民生银行、中国农业电影电视中心发起并积极推动的“信息扶贫模式”实施3年来，已帮助全国23个省份230多个贫困县推销近500亿公斤农产品，促进了全国贫困地区和农产品主产区的农产品销售。

4月13日《人民日报》海外版发表题为《新扶贫标准惠及4000万人》文章，报道了2009年起实施的人均纯收入1196元的新扶贫标准，我国扶贫面将覆盖4007万人，扩大近1.6倍，扶贫对象增加约2528万人。

同日《新华网》发表题为《中国已成亚洲“复明扶贫行动”的重点地区》文章，报道了由亚洲防盲基金会主导的“复明扶贫行动”已经在中国实施13年，惠及中国19个省市的近15万名贫困患者，效果明显。

同日《新华网》发表题为《“水利扶贫”解决三峡库区180万群众饮水问题》文章，报道了近年来水利部实施水利定点扶贫工程，先后投资近20亿元，帮助三峡库区180万群众解决了饮水问题。

4月14日各民主党派中央、全国工商联参与毕节试验区建设座谈会和支持毕节试验区建设研讨会在京举行。中共中央政治局常委、全国政协主席贾庆林出席会议并作重要讲话。郑文凯同志出席，张磊同志在会上作了发言。

同日《农民日报》发表题为《青海：

今年350个贫困村实施整村推进》文章，报道了青海省计划2009年在贫困地区39个县（市）350个贫困村实施扶贫开发整村推进工程。

5月2日新华社发表题为《总投资达21.35亿元的新疆最大扶贫工程2日开工》文章，报道了总投资达21.35亿元的新疆最大扶贫工程——华能托什干河别迭里水电站工程正式开工。

5月15日“全国妇联纪念5·12汶川地震一周年暨中国妇女发展基金会‘博宥基金’启动仪式”在北京人民大会堂新闻发布厅举行。全国人大常委会副委员长、全国妇联主席陈至立出席仪式并讲话。郑文凯同志出席会议。

5月7日《新闻联播国内简讯》播出中国扶贫基金会、中国邮政联合开展的向地震灾区学生捐赠爱心包裹邮寄服务活动情况。

5月14日新华社发表题为《甘肃出台政策加大民族地区特困片带扶贫攻坚力度》文章，报道了甘肃省近日出台特殊政策，对民族地区特困片带加大扶贫攻坚力度，确保民族地区特困片带15个国家扶贫开发工作重点县（市）农牧民人均纯收入年均递增12%以上，达到全省平均增长速度。

5月15日人力资源和社会保障部、教育部、国务院扶贫办、全国总工会和全国工商联等五部委联合举办的“2009全国民营企业招聘周”活动在京启动。全国政协副主席、全国工商联主席黄孟复出席启动仪式并宣布“2009全国民营企业招聘周”活动正式启动。范小建同志出席启动仪式并讲话。“第二届‘雨露计划’贫困劳动力供需洽谈会”作为其中的一项活动同时举办。

5月18日全国人大常委会副委员长、民盟中央主席蒋树声赴河北省广宗县考察扶贫工作。蒋树声同志强调，要以科学发展观指导扶贫开发工作，充分发挥民盟的智力和人才优势，加大扶持力度，推动贫困地区各项事业再上新台阶。

5月19日新华社发表题为《“达能小额信贷基金”在地震灾区及贫困县运行顺利》文章，报道了由国务院扶贫办、法国达能集团及孟加拉国格莱珉信托合作成立的“达能小额信贷基金”，目前在汶川特大地震灾区及部分国家级贫困县的扶贫放贷工作进展顺利。

5月23日人民网联合中国扶贫基金会等4家慈善机构联合主办的“有你，更有力量—汶川地震1周年企业责任与担当高层论坛”在人民大会堂举行。段应碧同志出席。期间举行了人民公益网开通仪式，中国扶贫基金会全民公益官方网站正式落户人民网。

6月1日中国扶贫基金会“捐一元，献爱心送营养——爱心传递公益行动”2009年全国活动启动仪式暨新闻发布会在京举行。原全国人大常委会副委员长、中国关心下一代工作委员会主任顾秀莲出席。

6月28日人民日报发表题为《2001年以来的8年间西藏125万农牧民越过帮扶线》文章，报道了2001年以来的8年间，西藏有125万重点帮扶对象越过帮扶线，有百万农牧民住上了安全适用住房。

7月8日中国扶贫基金会在人民大会堂举行“心基金”启动仪式，全国政协副主席张榕明为“心基金”揭幕。

8月4日中国扶贫基金会爱心包裹项目5·12灾区学生六一关爱行动表彰大会在京召开，全国人大副委员长周铁农出席大会并接见受表彰单位和个人，郑文凯、段应碧和教育部、民政部等部委有关领导同志出席表彰活动。自4月26日“爱心包裹”项目启动以来，社会各界已累计捐赠学生包裹115万多个，学校包裹13988个，价值1.29亿元，其中90余万个“爱心包裹”已于6月15日灾区学生暑假前发放下去。

8月18日新华社发表题为《国务院扶贫办和农行从三方面加大对扶贫龙头企业金融支持》文章，报道了国务院扶贫办和农行联合制定《关于积极应对金融危机加大对扶贫龙头企业扶持力度的意见》，强调加大对扶贫龙头企业金融扶持力度，带动贫困地区主导产业发展和贫困农户稳定增收。

9月11日新华社发表题为《中国人民进行60年努力成功解决数亿人口温饱问题》文章，报道中国人民进行了60年艰苦卓绝的努力，成功解决了数亿人口的温饱问题，实现了民族团结、政治稳定、边疆巩固和社会和谐，创造了人类历史上的奇迹。

9月16日农民日报发表范小建同志署名文章《缓解和消除农村贫困的伟大成就》。文章总结了我国扶贫开发的光辉历程和基本经验，指出了目前扶贫开发存在的问题，并对在新的历史阶段扶贫开发工作的首要任务和工作方向提出了要求。

9月25—30日经国务院批准，国务院扶贫办与越南农业与农村发展部、东盟秘书处及亚洲开发银行共同主办，中国国际扶贫中心与亚行学院等国际机构共同承办的“第三届中国—东盟社会发展与减贫论坛”暨“第四届东盟与中日韩减贫区域高层研讨会”在越南河内召开。本次论坛的主题是：全球经济放缓对亚太地区贫困及可持续发展的影响。郑文凯同志率团出席大会并在开幕式上致辞。我代表团还就“国际金融危机与中国减贫：影响和对策”作主题发言及大会总结发言，并出席会后的记者招待会。会议期间，郑文凯同志还分别与越南农业及农村发展部副部长裴巴鹏（Bui Ba Bong）、亚行副行长乌苏拉·谢菲尔·普罗伊斯（Ursula Schaefer - Preuss）女士、越南劳动荣军与社会事务部副部长谭友德（Dam Huu Dac）分别举行会谈，并实地考察越南的扶贫项目。

10月16—18日温家宝总理到甘肃定西、兰州等地考察，走访农户，考察市场、企业、研究所，就扶贫开发、生态建设、改善民生情况进行调查研究。

10月17日由中国国务院扶贫办、联合国驻华系统主办，中国国际扶贫中心、联合国开发计划署驻华代表处承办的“减贫与发展高层论坛”在北京钓鱼台国宾馆举行。2009年论坛的主题是“金融危机与贫困：挑战与行动”。中国国务院副总理回良玉出席了论坛开幕式并致辞。联合国秘书长潘基文给大会发来了致辞。国务院扶贫开发领导小组办公室主任范小建在论坛上作了主旨发言。在为期1天的研讨会上，来自亚洲、非洲、美洲、欧洲、大洋洲等20多个国家的政府官员、国际机构及非政府组织代表、学者等约200名中外嘉宾齐聚北京，共同探讨在世界多极化、经济全球化背景下的减贫与发展问题。论坛分为“全球视角下的金融危机与减贫”、“促进可持续的包容性经济增长”和“推动全球协作，应对金融危机”等专题。联合国副秘书长、联合国人口基金会执行干事苏拉亚·奥贝德（Thoraya Ahmed Obaid）、世界银行副行长詹姆斯·亚当斯（James Adams）

等出席了开幕式并致辞。与会代表呼吁国际社会继续加强宏观经济政策协调，深化国际金融合作，完善社会保障与救助政策体系，为经济复苏创造坚实的条件，为促进全球减贫和实现千年发展目标付出更大努力。

同日中国扶贫基金会在钓鱼台国宾馆举行“扶贫中国行10699999全民公益行动表彰大会”。中共中央政治局委员、国务院副总理回良玉，十届全国人大副委员长顾秀莲，九届全国政协副主席王文元，以及全民公益支持企业、参与全民公益的普通民众代表等社会各界近300人出席大会。“扶贫中国行10699999全民公益行动”自2009年4月1日启动以来，社会各界共有超过400万人参与各类捐赠活动，捐赠资金达1.9亿元，惠及贫困地区和5·12地震灾区的170万贫困群众和灾民。

同日国务院副总理回良玉出席中国扶贫基金会与中国农业银行在钓鱼台国宾馆举行的合作协议签署仪式。范小建同志及中国农业银行董事长项俊波、行长张云及人民银行、银监会相关领导参加。

10月18日新华社发表题为《范小建：社区主导型扶贫成为我国扶贫新模式》文章。范主任在文章中指出，国务院扶贫办与世界银行合作开展的社区主导型发展试点项目，积极推进了村民自治和基层民主制度建设，进一步焕发了贫困群众自强自立、自我发展的精神。

10月19日农民日报发表《农行向中国扶贫基金会提供2亿元贷款支持农村金融》文章。文章指出，作为国务院扶贫开发领导小组成员单位，中国农业银行提供2亿元批发贷款，委托中国扶贫基金会下属的专业小额信贷机构向贫困地区的贫困农户提供小额信贷，中国扶贫基金会作为统借统还平台全面负责贷款“借、用、管、还”，并将通过在各地的分支机构将贷款发放给贫困农户，用于发展生产。

中国扶贫基金会作为中国小额信贷行业的先行者，自1996年以来一直在贫困地区开展农村小额信贷试点工作，将孟加拉乡村银行模式成功本土化，并摸索出一套具有中国农村特色、符合中低收入农户需求的可持续发展小额贷款模式。截至2009年9月底，中国扶贫基金会小额信贷累计为17万多贫困农户提供贷款6亿多元。目前覆盖辽宁、河北、山西、福建、江西、四川、北京、贵州、湖南和海南等10个省25个贫困县，有效贷款客户3.4万户，贷款余额1.6亿多元。贷款农户80%以上是当地的中低收入农户，总体还款率达到以上。

10月30日中国政府网转载《求是》杂志2009年第20期范小建同志署名文章《60年，消除贫困、实现总体小康的攻坚战》。

11月4日新华网发表题为《中国已为74国政府官员提供减贫培训》文章，报道了郑文凯同志在由中国国际扶贫中心、经合组织发展援助委员会联合主办的一次研讨会上表示，中国在减贫领域积极开展国际交流与合作，截至目前，已为74个国家的444名政府官员提供了减贫培训。

11月17—19日由国务院扶贫办、全国工商联和广西壮族自治区人民政府联合主办的“全国扶贫协作优势产业推介暨招商引资洽谈会”在广西南宁召开。范小建同志出席开幕式并讲话。全国人大常委会副委员长周铁农出席会议并宣布洽谈会开幕。全国工商联副主席孙安民、广西壮族自治区人民政府主席马飚出席开幕式并致辞。

张磊同志主持开幕式。

11月20日《新闻联播》国内简讯播发我国启动大规模对接式扶贫新模式简讯，报道全国扶贫协作优势产业推介暨招商引资洽谈会。

11月20日人民日报发表题为《全国扶贫协作首次办起“广交会”周铁农出席》文章，报道了全国扶贫协作优势产业推介暨招商引资洽谈会。

11月27日范小建同志出席西部开发十周年扶贫工作媒体通气会，并回答了记者的提问。蒋晓华同志介绍了十年来西部扶贫开发工作的基本情况。新华社、中新社、央视网、人民网、新华网、中国网、中国西部开发网均对此进行了报道。

11月28日人民日报发表题为《扶贫开发始终把西部作为主战场——访扶贫办主任范小建》文章，报道了西部大开发10周年扶贫开发取得的成就和下一步面临的挑战。

12月8日新华社发表题为《“大会战”启示录——百色革命老区创新扶贫工作调查》文章。

同日新华网发表题为《中国面临气候变化带来的贫困阴影》文章，报道了恶劣气候变化给中国广大农民带来的贫困影响。

12月11日国务院副总理、国务院扶贫开发领导小组组长回良玉主持召开国务院扶贫开发领导小组全体会议并作重要讲话。会议学习贯彻中央经济工作会议精神，总结2009年扶贫开发工作，分析面临的新形势和新情况，研究部署2010年及今后一个时期的扶贫开发工作。领导小组成员及中央农办、国研室、扶贫办的有关负责同志出席会议。范小建同志作主汇报。王国良、蒋晓华、张磊同志参加会议。

12月23日中央电视台焦点访谈播出《金融危机下的“雨露计划”》，报道了贫困地区大力开展劳动力转移培训，对帮助贫困农民致富，应对国际金融危机，发挥了积极的作用。

12月27—29日范小建同志出席中央农村工作会议，并主持召开全国扶贫工作会议。王国良同志主持全国扶贫工作会议开幕式。郑文凯、蒋晓华、张磊同志参加。会议部分代表列席了中央农村工作会议开、闭幕式。人民日报、光明日报、经济日报、公益时报、中国广播网、国际在线对会议分别进行了报道。

附录（二）
重要政策文件汇编

☆ 扶贫工作文件

☆ 行业政策

☆ 中央政策

扶贫工作文件

关于扶持农业产业化经营重点龙头企业的意见

2000年10月

各省、自治区、直辖市农业厅（局）、农委、计委、经贸委、财政厅（局）、外经贸厅（局）、国税局、地税局、证监会各派出机构，中国人民银行各分行：

按照《国务院办公厅关于落实中共中央、国务院做好2000年农业和农村工作意见有关政策问题的通知》（国办函［2000］13号）文件精神，农业部、国家发展计划委员会、国家经济贸易委员会、财政部、对外贸易经济合作部、中国人民银行、国家税务总局、中国证券监督管理委员会就贯彻落实《中共中央、国务院关于做好2000年农业和农村工作的意见》（中发［2000］3号）精神，进行了认真研究，提出了《关于扶持农业产业化经营重点龙头企业的意见》，现印发给你们，请结合本地实际贯彻实施。

为了贯彻中发［2000］3号文件有关国家重点扶持一批龙头企业，积极推进农业产业化经营的精神，现提出具体意见。

一、扶持重点龙头企业是推进农业和农村经济结构战略性调整的需要

我国农业发展进入新阶段，要求对农业和农村经济结构进行战略性调整。积极促进农产品加工转化增值是战略性结构调整的重要内容，有着广阔的市场前景。近年来在全国蓬勃兴起的农业产业化经营，是推动农产品加工业发展的有效形式，它不仅可以延长农业产业链，提高初级农产品的附加值，增加农民收入，而且有利于农业专业化、社会化、商品化的发展，提高农业的整体效益。龙头企业是发展农业产业化经营的关键。在农业和农村经济结构的战略性调整中，龙头企业担负着开拓市场、技术创新、引导和组织基地生产与农户经营的重任，是推进农业和农村经济结构战略性调整的重要力量。产业化经营的龙头企业与其他工商企业不同，它的兴衰不仅影响企业自身的发展，而且关系到农业增效、农民增收和农村稳定。因此，扶持龙头企业就是扶持农业、扶持农民。

国家择优扶持一批有优势、有特色、有基础、有前景的重点龙头企业，在较短的时间内创造引导农业和农村经济结构调整的骨干力量，形成若干个与国外农产品加工企业能够抗衡、更具竞争力的企业集团，是全面提高我国农业整体素质和效益的需要，也是我国应对加入WTO参与国际农业竞争的需要。通过重点龙头企业的带动和示范，必将有力地推进农业和农村经济结构的战略性调整。

二、扶持重点龙头企业的标准

从今年开始，连续五年在全国范围内有计划地、分期分批地选择一批龙头企业

予以重点扶持。这些企业应具备以下条件：

（一）规模较大。固定资产规模：东部地区在5000万元以上，中部地区在3000万元以上，西部地区在2000万元以上；近三年年销售额：东部地区在2亿元以上，中部地区在1亿元以上，西部地区在5000万元以上；产地批发市场年交易额在5亿元以上。

（二）经济效益好。企业资产负债率小于60%；产品转化增值能力强，银行信用等级在A级以上（含A级），有抵御市场风险的能力。

（三）带动能力强。生产、加工、销售各环节利益联结机制健全，能带动较多农户；有稳定的、较大规模的原料生产基地。

（四）产品具有市场竞争优势。主营产品符合国家产业政策，对区域经济带动作用大；科技含量高、市场潜力大；有较健全的市场营销网络，市场份额在同类产品中居前列，并且比较稳定。

有的龙头企业虽然目前的规模不是很大，但具备下列条件的，也可纳入重点龙头企业加以扶持：

1. 有较强的科技创新能力和可持续发展能力。所开发和生产的产品属高新技术产品或绿色食品，能有力地促进和带动相关新产业形成。或是科技部认定的科技示范企业。

2. 主营产品优势明显，出口创汇潜力大或进口替代能力强，能形成带动面较大的特色产业。

三、对重点龙头企业的扶持政策

对于重点龙头企业，将在基地建设、原料采购、设备引进和产品出口等方面给予具体的帮助和扶持。

（一）国有商业银行要把扶持农业产业化经营作为信贷支农的重点，在资金安排上给予倾斜。对重点龙头企业，要依据企业正常生产周期和贷款用途合理确定贷款期限，并按中国人民银行规定的利率执行，原则上不上浮。对于重点龙头企业用于基地建设和技术改造项目的贷款，农业主管部门可以向商业银行推荐，商业银行按照信贷原则和相关程序，予以优先安排。为了解决以粮食、棉花等大宗农产品为原料的大型加工企业收购原料所需资金量大、占用时间长的问题，商业银行可以根据重点龙头企业与基地农户签定的合同，核定所需收购资金，根据授信授权原则，给予信贷支持。对资信好的龙头企业可以核定一定的授信额度，用于收购同基地农户签订合同的农产品。

（二）为了引导龙头企业大范围的带动生产基地和农户，形成龙头企业加生产基地和农户的产业化经营新格局，对于重点龙头企业带动的生产基地建设等，中央财政要继续给予支持，地方财政也要作出具体安排。

（三）要积极探索和逐步建立龙头企业与农户多种形式的风险共担机制，通过订立合同等形式，形成稳定的购销关系，提高抵御市场风险的能力。企业可以通过建立风险基金，确保按保护价收购基地农户所生产的原料，减少市场波动造成的损失；也可以采取合作制或股份合作制的形式，使农户与龙头企业结成经济利益共同体，共同抵御和规避市场风险。龙头企业带动农户和生产基地，出现风险不仅使企业生产经营受到损失，也将影响广大农户的收入，波及农村稳定。各级、各部门都要高度重视，按照国家有关财税政策和制度规定，采取切实措施，帮助龙头企业和农户提高抵御市场风险的能力。

（四）对重点龙头企业从事种植业、养殖业和农林产品初加工业取得的所得，比照财政部、国家税务总局《关于国有农口企事业单位征收企业所得税问题的通知》（财税字［1997］49号）规定，暂免征收企业所得税。

为了鼓励重点龙头企业加快技术开发和技术创新，企业研究开发新产品、新技术、新工艺所发生的各项费用在企业所得税前扣除的办法，按照财政部、国家税务总局《关于促进技术进步有关财务税收问题的通知》（财工字［1996］41号）和国家税务总局《关于促进企业技术进步有关税收问题的补充通知》（国税发［1996］152号）规定执行。符合国家产业政策的技术改造项目所需国产设备投资的所得税抵免政策，按照财政部、国家税务总局《关于印发〈技术改造国产设备投资抵免企业所得税暂行办法〉的通知》（财税字［1999］290号）执行。

（五）鼓励重点龙头企业发挥比较优势参与国际竞争，提高产品竞争能力。对开拓国外市场、扩大农产品出口的重点龙头企业，应予以积极支持。按照中央外贸发展基金的有关规定，对符合中央外贸发展基金使用方向和使用条件的农产品及其加工品出口项目融资予以贴息。参照国际通行的做法，继续加大对重点龙头企业出口创汇的支持。

加大对农产品出口的金融支持力度。国有商业银行对农产品出口所需流动资金贷款按信贷原则先安排，重点支持。对资信好的农产品出口企业核定一定的授信额度，用于对外出具投标、履约和预付金保函。

对于符合国家高新技术目录和国家有关部门批准引进项目的农产品加工设备，除按照国发［1997］37号文件《国内投资项目不予免税的进口商品目录》所列商品外，免征进口关税和进口环节增值税。

简化行政审批手续，放宽审批条件，支持重点龙头企业扩大出口。适当降低重点龙头企业成立进出口公司的资格，并适当放宽其经营范围。鼓励中外合资农产品流通企业利用其销售网络，推动我国农产品进入国外的销售网点和分拨中心。

（六）鼓励重点龙头企业多渠道筹集资金。积极借鉴国内外投融资经验，利用资产重组、控股、参股、兼并、租赁等多种方式扩大企业规模，增强企业实力。符合条件的重点龙头企业，实行规范的公司制后，可申请发行股票和上市。已经上市的重点龙头企业，应利用好农业类上市公司在配股方面的倾斜政策。应创造条件，鼓励重点龙头企业利用外资开展合资、合作。积极探索建立以重点龙头企业为主体的农业产业化发展投资基金。

四、加强对扶持重点龙头企业工作的管理和指导

扶持和引导农业产业化经营重点龙头企业加快发展，是新形势下政府改善宏观经济管理，引导农业产业化经营发展，进而促进农业结构战略性调整的重要举措。各级农业、计划、经贸、财政、外经贸、银行、国税、地税、证监会等部门要根据产业化经营发展的需要、研究新情况、新问题，不断的充实和完善扶持和引导农业产业化龙头企业发展的政策措施，对龙头企业发展中的实际困难，给予切实帮助并加以解决。要统筹兼顾，突出重点，有关部门已经安排的用于扶持农业产业化经营的具体措施，要纳入整体部署和宏观政策安排，形成推进农业产业化经营的合力。各地也要根据本文件的精神，结合本地区情况，制定相关政策，已经制定政策的，要切实抓好落实。

农业部会同有关部门做好重点龙头企业的指导与监督工作。各省、自治区、直辖市、计划单列市农业产业化经营工作主管部门要会同有关部门，认真做好重点龙头企业的申报、指导和监督工作。对重点扶持的龙头企业要进行跟踪指导，按照本文件规定的标准，实行动态管理，在年度考核的基础上适当进行调整。

国家扶贫开发工作重点县管理办法

2002 年 3 月

根据《中国农村扶贫开发纲要（2001—2010 年）》，国家将中西部地区扶贫开发任务重、贫困人口相对集中的 592 个县（旗、自治县、市辖区）确定为扶贫开发工作重点县（以下简称重点县）。为推进重点县的扶贫开发工作，规范管理，加强监督，特制定本办法。

第一条　重点县的确定

重点县在中西部少数民族地区、革命老区、边疆地区和特困地区范围内确定。

确定重点县的主要依据是：贫困人口数量、农民收入水平、基本生产生活条件以及扶贫开发工作情况，适当兼顾人均国内生产总值、人均财政收入等综合指标。

国务院扶贫开发领导小组负责确定重点县的原则、标准和各省（自治区、直辖市）重点县的数量，各省（自治区、直辖市）确定具体重点县，并报国务院扶贫开发领导小组审核备案。重点县实行定期确认、适时调整制。

第二条　工作目标

到 2005 年，对全国重点县的总体要求是：尽快解决少数贫困人口的温饱问题，进一步改善贫困地区的基本生产生活条件和生态环境，提高低收入群众的生产能力和收入水平，力争稳定解决温饱，为实现小康创造条件。

各重点县在省（自治区、直辖市）政府的指导下制定具体目标，主要包括：农民人均纯收入增长幅度，贫困村、贫困人口的减少进度，基本生产生活条件的改善程度，文化、教育、卫生、科技和生态建设等方面的进展情况。重点县经济、社会等主要指标的增长幅度要高于全省平均水平。

第三条　省负总责

各省（自治区、直辖市）对本地区重点县的扶贫开发工作负总责。要加强领导，明确责任，实行党政一把手负责制，加大扶贫投入和工作力度，确保如期实现扶贫开发目标。

国家下达的各项扶贫资金全部由省（自治区、直辖市）扶贫开发领导小组统筹安排使用，主要用于重点县的贫困乡村，适当用于重点县之外的贫困乡村。省、市两级政府要根据重点县的扶贫开发任务，增加扶贫投入，并列入同级财政预算。同时要多渠道筹措扶贫资金，努力加大扶贫开发的投入力度。

省直有关单位要优先考虑重点县的发展，各部门安排的项目、资金、物资、技术推广等要向重点县倾斜。

广泛动员和组织社会各界参与和支持

重点县的扶贫开发。党政机关、企事业单位定点扶贫和东西扶贫协作要向重点县集中，确保每个重点县都有帮扶单位。

加强对重点县扶贫开发工作的指导，监督检查重点县扶贫开发规划的实施和扶贫资金的使用管理。

第四条　县抓落实

重点县要把扶贫开发作为党委和政府的中心任务，以扶贫开发工作统揽全局。落实领导责任制，确定第一责任人和具体责任人。

重点县要坚持扶贫到村、到户。要通过深入细致的调查研究，确定扶贫开发重点村，并对贫困农户建档立卡。

认真制定贫困村的村级规划，并在此基础上形成乡、县两级规划。重点县扶贫开发规划要统一评估论证，纳入当地经济社会发展总体计划，并报本省和国务院扶贫开发领导小组办公室备案。

扶贫部门要根据规划建立扶贫项目库，按照项目安排扶贫资金，凡未列入项目库的项目，扶贫资金、政策不予支持。

制定年度实施计划，严格按照规划组织实施本地的扶贫开发，负责把扶贫开发的政策措施真正落实到贫困村、贫困户。

重点县扶贫开发机构要单独设置，人员素质和数量要与扶贫开发工作任务相适应，确保工作经费。

第五条　动态监测

要严格按要求组织扶贫统计监测，及时准确地掌握贫困状况和扶贫开发工作情况。重点县要保证监测工作所需的人员和经费。

建立健全重点县扶贫资金和项目监测网络，全面跟踪扶贫资金的使用和项目进展情况。

第六条　监督检查

监督检查的主要内容是，扶贫开发规划的落实情况，项目的实施情况和扶贫资金的管理使用情况。

省（自治区、直辖市）扶贫开发领导小组办公室每年要组织一次对全省重点县扶贫开发工作的全面检查，并将检查结果报国务院扶贫开发领导小组办公室备案。

国务院扶贫开发领导小组办公室对重点县扶贫开发情况每年进行一次抽查，每二年组织一次省际之间交叉检查，每五年进行一次阶段性验收检查。检查结果将通报各省（自治区、直辖市）政府。

加强审计工作，定期组织对扶贫资金的全面审计。

第七条　奖优惩劣

建立激励机制，完善奖惩措施。

各省（自治区、直辖市）对扶贫开发规划落实、措施到位、扶贫成效明显的重点县，在资金分配、试点项目、政策优惠等方面予以奖励。对扶贫工作领导不力、进展缓慢的重点县，酌情调减扶贫资金，并通报批评。对扶贫开发工作中出现重大问题的，可提出取消其重点县资格的建议，报国务院扶贫开发领导小组审批。

重点县扶贫开发工作成效应作为干部考核的重要依据。

本办法已经国务院批准，自颁布之日起开始实施，由国务院扶贫开发领导小组办公室负责解释。各省（自治区、直辖市）可根据本办法，制定相应的实施细则。

关于做好扶贫资金及项目计划工作的通知

国开办发［2004］102号

各省、自治区、直辖市扶贫办、财政厅（局）：

近年来，财政扶贫资金使用分散、到位迟缓的问题十分突出，影响了扶贫开发进程。为了扭转这种状况，进一步加强扶贫资金和项目管理，切实提高扶贫资金使用效益，经研究，现提出如下要求：

一、根据《中国农村扶贫开发纲要（2001—2010年）》要求和2004年全国扶贫开发工作会议精神，今后一个时期的扶贫工作要切实抓好整村推进、劳动力培训转移和产业化扶贫三个工作重点。扶贫资金和项目要紧紧围绕这三个工作重点，按照扶贫开发规划，瞄准贫困村和贫困人口，充分考虑当地自然条件、经济技术水平、市场需求等，进行安排和选择。

二、要及早研究确定年度财政扶贫开发项目。各省（自治区、直辖市）应在规划基础上，于当年第四季度按本年度财政扶贫投入规模组织确定下一年度具体财政扶贫项目计划。各级扶贫、财政部门要加强协调，紧密配合，统一拟定年度扶贫资金和项目计划，经本级政府扶贫开发领导小组审定后，按管理权限报批。

三、财政扶贫项目的组织、实施要广泛吸收贫困群众的参与，资金使用和项目安排要实行公告、公示制度。

四、从2005年起，各省（自治区、直辖市）要于当年12月底前将按上年财政扶贫资金规模确定的年度资金分配和相应项目计划报送国务院扶贫办和财政部备案。之后确定的新增资金和项目计划（包括对原计划的调整安排）也应及时报送备案。每年1月底前，将上年资金、项目计划执行情况，书面报送国务院扶贫办和财政部。

五、中央财政将从2005年开始于本年度2月份前按上年分配规模将资金拨付到各省（自治区、直辖市）财政厅（局），各省（自治区、直辖市）财政厅（局）应根据资金分配和项目确定情况，及时将资金拨付到县。

六、有条件的省（自治区、直辖市）可根据实际情况，开展财政扶贫资金项目管理改革试点工作，即将财政扶贫资金由省直接分配到县，项目审批权下放到县，由县级政府在规定权限内确定扶贫项目，并报省级相关部门备案。省级相关部门审核汇总形成全省（自治区、直辖市）年度财政扶贫项目计划，据此进行监督检查。

专此通知。

国务院扶贫开发领导小组办公室
中华人民共和国财政部
二〇〇四年十二月二十七日

关于大力支持国家扶贫龙头企业发展的意见

2005年3月　国开办发［2005］19号

为了认真贯彻落实党的十六大和十六届三中、四中全会精神，坚持以人为本和全面协调可持续的发展观，确保实现《中国农村扶贫开发纲要》的目标，国务院扶贫办通过各省区市的推荐，在全国认定了一批扶贫龙头企业。现就大力支持国家扶贫龙头企业发展提出意见如下：

一、充分认识支持国家扶贫龙头企业发展的重要意义

新阶段扶贫开发工作的重点之一是大力促进贫困地区产业化进程，即通过龙头企业的带动，实现贫困地区调整产业结构，实现区域化布局、规模化生产、集约化经营，提高贫困地区农民组织化程度，引导贫困地区农户有序进入市场，有效增加贫困农户收入，为全面建设小康社会创造条件。

国家扶贫龙头企业是指以农产品加工或流通为主业，或以贫困地区劳动力为就业主体的，通过各种利益联结机制带动贫困农户进入市场、促进贫困地区产业结构和就业结构调整、在规模和经营指标上达到规定标准并经国务院扶贫办认定的企业。企业应建立了现代企业管理制度，没有不良信用记录，法人代表资信状况良好。在经济效益方面，企业总资产报酬率应高于同期商业银行贷款利率，不欠税、不欠薪、不欠折旧，不欠社会保险金，不亏损。资产负债率低于60%，银行信用等级在AA级以上（含AA级）。

支持扶贫龙头企业是实现产业化扶贫的关键环节。只有通过龙头企业带动，才能扩大规模，提高品质，降低成本，提高竞争力，实现个体农户与大市场的对接。

扶贫龙头企业要完成带动地区经济结构和就业结构调整，带动贫困农户增收的任务，需要具有一定的规模，较好的经济效益和银行信誉，较强的辐射能力。贫困地区的经济发展水平较低，龙头企业发展艰难，因此，不仅扶贫部门要把支持扶贫龙头企业作为目前的工作重点，多方给予支持，国家有关部门、金融机构和地方各级政府也要对扶贫龙头企业在投资环境、金融服务、人才培训等方面给予支持。

二、积极为国家扶贫龙头企业发展创造良好的外部环境

贫困地区各级政府要本着“政府引导，市场运作，改善环境，搞好服务”的原则，简化办事手续，提高行政管理效率。要结合整村推进，努力改善贫困地区的基础设施，强化配套服务，为国家扶贫龙头企业的发展创造条件。要在土地使用、行业管理和人才培训等方面为国家扶贫龙头企业提供便利。要创新机制，积极鼓励和引导

农户围绕龙头企业基地建设、特色资源开发发展合作组织、专业协会等中介组织。对中小型和民营的扶贫龙头企业，要给予重点支持。要在培育支持本地扶贫龙头企业的同时，吸引发达地区企业到当地参与扶贫开发，让他们享受与本地扶贫龙头企业同样的优惠政策支持。

三、扶贫部门要把支持国家扶贫龙头企业发展作为重要任务

各级扶贫部门要制定产业化扶贫规划，把对国家扶贫龙头企业的支持纳入扶贫开发项目库中。同时，把产业化扶贫与当前各项重点工作有机结合在一起。在制定和实施整村推进扶贫规划的过程中，既要搞好基础设施和各项社会服务，又要把主导产业的培育放在重要位置，给予大力支持。要尽快启动那些扶贫龙头企业基地村扶贫开发规划的实施。在劳动力转移培训过程中，要优先满足扶贫龙头企业对技术工人的需要，优先安排培训。要协调有关方面，创新担保和保险机制，积极为龙头企业提供服务，探索扶贫龙头企业和专业合作组织为贫困农户承贷承还、提供贷款担保等有效办法，确保贫困农户在产业化过程中受益。同时，要协助金融部门做好扶贫贷款的发放、使用和回收工作，确保贷款安全，提高使用效益。

四、把支持国家扶贫龙头企业发展作为信贷扶贫的主要工作

中国农业银行作为经办扶贫贴息贷款的国有商业银行，要在支持国家扶贫龙头企业方面发挥积极作用。一是要把支持国家扶贫龙头企业作为信贷扶贫的有效实现形式，选择一批符合当地产业化发展方向、市场前景好、带动能力强的扶贫产业化龙头企业，给予大力支持，在规模配置、资金安排、金融服务等方面给予倾斜。二是要提高贷款调查、审批等环节的工作效率。考虑到贫困地区的经济发展水平状况，在保障贷款安全和效益的前提下制定相应的信贷准入标准，采取有效措施解决农副产品加工企业季节性收购资金的困难。三是要逐步建立对国家扶贫龙头企业的服务和监测体系，重点对企业的业务经营、资金需求、信贷状况、风险状况等进行监测，既要满足企业的合理需求，又要切实防范信贷风险。

五、积极探索定点扶贫和东西扶贫协作与国家扶贫龙头企业发展相结合的途径

中央国家机关定点扶贫要积极为贫困地区牵线搭桥，提供信息，帮助引进资金、技术和人才，支持扶贫龙头企业的发展。东西扶贫协作一方面要引导发达地区企业到贫困地区投资创业，创办扶贫龙头企业；同时也要发挥东部各种优势，帮助西部贫困地区扶贫龙头企业上水平、上层次、上规模。要根据市场经济的原则，实现互惠互利，共同发展。

六、国家扶贫龙头企业要提高竞争力，增强带动力

国家扶贫龙头企业要根据当地经济发展的总体规划和区域布局，选择主导产业，扩大生产和加工规模。要守信用，重效益，不断提高经营管理水平，提高市场竞争力和对贫困农户的带动能力。同时，扶贫龙头企业要主动承担扶贫济困的社会责任，在基地建设、产品收购加工、安排贫困农户劳动力就业等方面处理好企业与农民、

特别是与贫困农民的利益关系，真正形成利益共同体。要积极探索企业和农户的连接机制，通过契约农业、大户带动、专业组织、股份合作等多种方式，实现龙头企业与农户的双赢。

七、建立和完善国家扶贫龙头企业的准入和退出机制

国务院扶贫办将会同中国农业银行制定《国家扶贫龙头企业考核评分办法》，每年组织一次检查工作，根据各省区市上报的材料，考虑产业发展状况、社会信用环境、企业经营水平等状况，进行评分、审查，提出审查意见。每两年考核一次，考核达不到标准的，取消其国家扶贫龙头企业资格。违反国家有关规定及违法经营、损害农民利益的，从发现之日即取消国家扶贫龙头企业的资格。对于各地新发展起来的效益较好、对农户增收有较强带动能力的企业，经省级扶贫办或农业银行省级分行推荐，可增补到国家扶贫龙头企业中。

关于印发《关于在贫困地区实施“雨露计划”的意见》和《贫困青壮年劳动力转移培训工作实施指导意见》的通知

国开办发［2007］15号

各省、自治区、直辖市扶贫办：

为全面实施“雨露计划”，加快推进扶贫开发步伐，我办制定了《关于在贫困地区实施“雨露计划”的意见》和《贫困青壮年劳动力转移培训工作实施指导意见》，请各地结合实际情况认真组织实施。

专此通知。

附件一：《关于在贫困地区实施“雨露计划”的意见》

附件二：《贫困青壮年劳动力转移培训工作实施指导意见》

二〇〇七年三月二十二日

附件一：

《关于在贫困地区实施“雨露计划”的意见》

为进一步提高贫困人口素质，增加贫困人口收入，加快扶贫开发和贫困地区社会主义新农村建设、构建和谐社会的步伐，我办决定在贫困地区实施“雨露计划”。现就实施“雨露计划”有关工作提出如下意见。

一、目的意义

扶贫开发多年的实践证明，通过扶持、引导和培训，提高贫困人口素质，增强其就业和创业能力，把人口压力转化为资源优势，是加快贫困农民脱贫致富步伐的有效途径。

作为新阶段扶贫开发工作的重要内容之一，“雨露计划”以政府主导、社会参与为特色，以提高素质、增强就业和创业能力为宗旨，以职业教育、创业培训和农业实用技术培训为手段，以促成转移就业、自主创业为途径，帮助贫困地区青壮年农民解决在就业、创业中遇到的实际困难，最终达到发展生产、增加收入，最终促进贫困地区经济发展。“雨露计划”的全面实施，标志着我国的扶贫开发工作由以自然资源开发为主阶段，发展到自然资源开发与人力资源开发并举的新阶段。

二、指导思想

以党的十六届五中、六中全会精神为指导，贯彻落实科学发展观，紧紧围绕新时期扶贫开发工作的目标任务，综合运用资金扶持、宣传引导和竞争、激励等手段，开展多渠道、多层次、多形式的引导性培训、职业技能培训、创业培训和农业实用技术培训，全面提高贫困地区人口素质，增强其就业和创业能力，通过转移就业和自主创业，努力增加贫困农民收入，改变贫困地区落后面貌，为社会主义新农村建设贡献力量。

三、基本原则

（一）以人为本，注重开发。以贫困群众为主体，在尊重他们意愿的基础上，通过适当的培训和引导，提高他们的自我积累、自我发展能力，实现人口资源向人力资本的有效转变。

（二）突出重点，分类实施。针对不同地区、不同对象的不同需求，统筹计划、突出重点，进行分类指导和培训。

（三）紧跟市场，按需施教。以市场需求为导向，以提高就业能力和创业能力为目标，按照不同行业要求，采取不同内容和形式组织培训，增强培训的针对性和实效性。

（四）整合资源，创新机制。以现有教育培训机构为主渠道，发挥多种培训资源的作用，充分调动培训机构、用人单位和农民群众自身的积极性，多渠道、多层次、多形式地开展满足贫困地区社会主义新农村建设现实需要的各类培训。

（五）政府主导，共同参与。在坚持政府主导的前提下，积极动员、引导和组织包括民营经济、非政府组织和国际社会在内的社会各界，通过多种形式参与和支持“雨露计划”的实施。

四、实施对象

当前，“雨露计划”的对象主要有三类：一是扶贫工作建档立卡的青壮年农民（16—45岁）；二是贫困户中的复员退伍士兵（含技术军士，下同）；三是扶贫开发工作重点村的村干部和能帮助带动贫困户脱贫的致富骨干。

五、总体目标

按照建设社会主义新农村的要求，朝着培养“讲道德、有文化、懂技术、会经营的新型农民”的方向，经过努力，使贫困地区的农民整体素质有所提高，就业能力与创业能力明显增强。

“十一五”期间，通过职业技能培训，帮助500万名左右经过培训的青壮年贫困农民和20万名左右贫困地区复员退伍士兵成功转移就业；通过创业培训，使15万名左右扶贫开发工作重点村的干部及致富骨干真正成为贫困地区社会主义新农村建设的带头人；通过农业实用技术培训，使每个贫困农户至少有一名劳动力掌握1—2门有一定科技含量的农业生产技术。

六、实施方法

实施“雨露计划”，要根据政府主导、部门配合、社会参与的总体要求，采取因地制宜、分类区别对待的方法组织落实。

青壮年贫困劳动力转移培训。主要采取各级扶贫部门整合社会培训资源，公开认定培训基地，由各培训基地组织培训、就业和维权服务的办法实施（具体实施指导意见后发）。

复员士兵就业培训、村干部和致富骨干培训、农业实用技术培训等工作，将分别与有关部门和单位协商后，分类下达实施方案，按照统一规划、分工负责的办法组织实施。

七、政策措施

（一）加强组织领导。实施“雨露计划”，功在当代，利在千秋。各级政府和有关部门要加强领导，强化协调工作力度，结合本地实际，分类编制年度计划，落实扶持政策，统筹规划、合理布局，综合协调实施工作，确保这项惠民利国的扶贫开发措施落到实处。

（二）强化宣传工作。各级政府和有关部门要加大宣传和引导力度，通过电视专题节目、报刊征文活动、专题文艺演出、社会团体公益活动、评选先进人物等办法，采取多种方式，全方位宣传“雨露计划”的相关政策、普及劳动力转移就业和致富创业基础知识、推广各地劳动力开发经验、宣传和剖析创业成功范例、发布相关市场信息，动员和引导贫困地区的干部群众和社会各界有识之士关注、支持和参与“雨露计划”的实施工作，为“雨露计划”的实施营造良好社会环境。

（三）加大资金投入和管理。用于实施“雨露计划”的经费，实行政府、用人单位和培训机构共同分担的投入机制。要制定优惠政策，引导社会力量注入贫困地区的人力资源开发事业。要加大资金管理和社会监督力度，加强对培训资金使用情况的检查与审计，对弄虚作假、虚报冒领、挤占挪用培训资金的要严肃查处。

附件二：

《贫困青壮年劳动力转移培训工作实施指导意见》

为加快实施“雨露计划”，进一步提高贫困青壮年劳动力转移培训工作的质量，现提出如下实施指导意见：

一、指导思想

以邓小平理论和“三个代表”重要思想为指导，按照落实科学发展观和构建社会主义和谐社会的要求，以加快推进贫困地区社会主义新农村建设为根本出发点，通过开展有计划、多形式、大规模的贫困青壮年劳动力职业技能培训，增加贫困人口收入，进一步提高扶贫开发成效。

二、目标任务

“十一五”期间，培训转移500万名左右贫困青壮年劳动力。其中，2007年要培训转移贫困青壮年劳动力100万人以上（各省区市2007年培训转移任务附后），转移就业率达到90%以上，稳定就业率达到80%以上，带动400万名以上贫困人口脱贫。

三、基本要求

1. 对象选择。培训对象要从建档立卡的贫困农户（以国家统计局公布的低收入贫困线为准，2006年底为958元）中选择。当前，要重点选择中、高考落榜生中的贫困家庭学生和30岁以下有一定文化基础的青年劳动力接受培训。

2. 培训方式和内容。培训要以“订单培训”为主，培训内容要适应就业市场和用人单位的实际需要。目前，要重点培训家政、餐饮、保安、酒店、建筑、园林绿化、制造、电子装配等用工量大行业的职业技能。同时，要适当安排法律知识、行为规范、权益保障等内容。要根据培训内容确定培训时间，一般在3个月至6个月，最长不应超过1年（部分贫困地区开展特困学生接受学历培训补助试点的时间可适当延长）。

3. 依托基地抓培训。扶贫部门要与其他相关部门一起，面向社会公开选认一批有劳动力技能培训资质、信誉好的培训机构作为培训基地。培训机构的选择、认定要公开、公平，采取市场准入和多元化原则（无论公办机构还是民营机构，包括各级各类扶贫培训中心、职业技校、农广校等都可参与）。扶贫部门要制定专门管理办法，对选认实施“雨露计划”的培训机构进行动态管理，明确责任、任务与期限。对认定后不积极开展贫困地区劳动力转移培训工作，或违反有关政策、规定和贫困地区劳动力转移培训专项资金使用规定的，取消资格。

4. 规范化管理。实施贫困青壮年劳动力转移培训，要按照规范化、程序化的原则进行：

培训对象要严格按照“户申请、村证明、乡审核、县审定”的程序进行，即贫困户自愿提出申请、村委会出具贫困户证明、乡镇政府审核报县扶贫办批准后，按贫困户劳动力参加培训享受财政扶贫资金补助。

扶贫部门要与选认承担培训任务的培训点签订合同，对培训任务、培训专业、培训时间、培训质量、收费标准、补助标准、就业去向、资金报账等做出明确规定。

培训基地要对每个享受补助政策的贫困学生建立台账，并将各培训点的专业设置、培训时间、内容、转移方向、资金补助等信息在所在省扶贫信息网上或其他媒体上公布，接受社会监督。

资金管理。实施“雨露计划”原则上要采取报账制，一般应采取“培训券”形式：由扶贫部门、财政部门确定培训规模、补助标准后向贫困劳动力免费发放“培训券”，贫困学员持“培训券”到认定的培训机构参加技能培训。学员经培训结业并就业后，培训机构凭项目合同书、贫困学员签名的“培训券”、转移培训台账、以及项目实施验收资料，经扶贫部门审核后到财政部门报账。具体补助方式和补助数额由示范基地所在省级扶贫办根据培训工种和时间确定。

维权服务。扶贫部门要与培训机构一起对培训后安置就业的贫困劳动力加强跟踪服务，并将有关情况及时与劳动与社会保障等有关部门反映、沟通，协助做好贫困劳动力的维权服务工作。

三、工作措施

1. 调查摸底。各省（区、市）扶贫办要对本省区的贫困青壮年劳动力转移培训工作进行全面细致的调查研究，包括可转移培训贫困劳动力资源、工作进展情况、资金投入等。

2. 制定计划。在系统调查摸底的基础上，要抓紧制定、完善贫困地区劳动力转移培训规划和2007年全省（区、市）贫困地区青壮年劳动力转移培训计划，并将计划分解到地（市、州）、县（旗）和培训机构。请各省区市扶贫办将本省（区、市）2007年青壮年劳动力转移培训计划（含任务分解方案）于4月底前报我办。

3. 加强宣传引导。要充分利用广播、电视、报纸等宣传媒体和其他有效形式，加大宣传力度，使扶贫转移培训政策进村入户、家喻户晓。同时，要与培训机构一起，根据生源季节性特点，及时做好生源组织和招收工作。

4. 监测评估。各级扶贫部门要进一步加强对贫困劳动力转移培训工作实施情况的监测评估，对贫困劳动力资源、培训机构计划实施情况、资金使用情况和效果进行定期监测分析，为政策制定和调整提供依据。

四、组织领导

1. 进一步统一思想，提高认识。各级扶贫部门要进一步提高对贫困地区劳动力转移培训工作的认识，切实把组织实施“雨露计划”作为当前和今后扶贫开发的重点工作来抓。要积极争取当地党委、政府的重视与支持，建立责任制，层层抓落实。

2. 加大投入力度。从2007年开始，各省区市用于贫困青壮年劳动力转移培训的资金原则上不能低于中央财政扶贫资金的10%。各省区市扶贫办要会同财政等有关部门，认真落实。同时，要积极争取当地政府支持，增加配套投入。另外，要积极探索贷款培训、社会捐助等新途径、新办法，努力拓宽资金渠道，扩大资金规模。

3. 加强部门合作。扶贫部门要与有关部门密切合作，积极搞好协调，逐步探索建立贫困劳动力转移培训工作的新机制。当前，要积极争取劳动保障部门支持，加强对参训贫困学员职业技能鉴定的组织和指导，做好就业维权服务工作；要积极争取财政、教育等部门的配合和支持，共同做好贫困劳动力转移培训工作。

4. 强化检查监督。各级扶贫部门要进一步加强对贫困青壮年劳动力转移培训工作实施情况的监督检查，切实将工作落到实处。对不按规定程序操作的，要坚决予以纠正；对计划完成不好的，要调减下一年度计划；对弄虚作假、违纪违规套取扶贫资金的，要追究有关责任人的责任。

关于共同促进整村推进扶贫开发工作的意见

国开办发［2008］27 号

各省、自治区、直辖市扶贫办、文明办、教育厅（教委）、科技厅（委）、信息产业主管部门、通信管理局、国土资源厅、交通厅（局、委）、水利（水务）厅（局）、农（牧）业厅（委、局）、卫生厅（局）、广播电影电视局、林业厅（局），国家电监会派出机构：

为深入贯彻党的十七大和《中国农村扶贫开发纲要（2001—2010 年）》（简称《纲要》）精神，国务院扶贫开发领导小组办公室、中央精神文明建设指导委员会办公室、教育部、科技部、工业和信息化部、国土资源部、交通运输部、水利部、农业部、卫生部、国家广播电影电视总局、国家林业局、国家电力监管委员会等单位决定，在全面推进整村推进工作基础上，加大对以下三类地区贫困村的整村推进工作力度，并确保在 2010 年底前完成其规划实施（以下简称“三个确保”）：一是人口较少民族尚未实施整村推进的 209 个贫困村；二是内陆边境 48 个国家扶贫开发工作重点县中距边境线 25 公里范围内尚未实施整村推进的 432 个贫困村（其他边境县可参照执行）；三是 592 个国家扶贫开发工作重点县中 307 个革命老区县的尚未实施整村推进的 24008 个贫困村。

一、提高认识，增强做好整村推进“三个确保”工作的责任感和自觉性

整村推进是新阶段扶贫开发工作的重要举措，是贫困地区建设社会主义新农村的重要抓手，是统筹城乡发展构建和谐社会的重要平台。自 2001 年以来，各地不断完善工作举措，创新工作机制，形成了政府主导、部门配合、群众参与的扶贫工作格局，有力地推动了整村推进工作的顺利开展。凡完成整村推进扶贫规划的村，基本生产生活条件明显改善，经济社会面貌明显变化，村民民主管理水平明显增强，群众收入明显增长，社会和谐程度明显提高。2007 年，我国农村贫困人口比上年减少 1300 多万人，是新阶段以来降幅最大的一年；重点县和完成规划实施的贫困村农民年人均纯收入增幅，均连续第五年比全国和未实施规划的贫困村农民年人均纯收入增幅高 2 个百分点以上。

目前，全国还有 7 万多个贫困村尚未实施整村推进扶贫规划，任务十分繁重。根据新的形势，整村推进工作必须进一步完善思路，强化措施。在坚持整村推进目标的前提下，按照突出重点、分步实施的原则，集中力量和资源，切实抓好“三个确保”任务的落实。

实现“三个确保”，就可以在“十一五”期间初步解决人口较少民族、边境地区和革命老区等三类重点地区的贫困村问题。这对于推动民族团结进步、巩固边防、加快革命老区发展步伐、促进社会和谐，

具有重要意义。各地各有关部门要从全局和战略的高度提高认识、坚定信心、统筹规划、精心组织、完善措施、加大力度，进一步增强责任感和自觉性，把整村推进“三个确保”工作抓紧抓实抓出成效。

二、部门合力，促进整村推进村科学发展

做好整村推进扶贫开发工作是全党全社会的共同责任。各有关部门要立足行业特点，发挥部门优势，相互配合，形成合力，推动实施整村推进扶贫规划，促进抓好基础设施、产业发展、社会事业、文化素质和基层组织等重点建设内容；要把“三个确保”纳入本部门和本行业发展的规划，明确建设目标和任务。

——精神文明建设部门要以提高农民文明素质为目标，以文明村镇创建活动为载体，以理想信念教育、树立文明新风、整治脏乱环境、建立服务体系为重点，着力培育新农民，倡导新风尚，营造新环境，建设新文化，进一步加强农村精神文明建设。要深入开展创建文明生态村、星级文明户、文明信用户、文明小城镇活动。深化以城带乡、城乡共建、连片创建、结对共建等活动。积极探索服务“三农”的途径和办法，继续实施电视进万家工程，多办好事实事。

——教育部门要坚持公共教育资源向农村、中西部地区、贫困地区、边疆地区、民族地区倾斜。在今后实施的教育专项工程中，继续对“三个确保”贫困村予以倾斜支持；在进一步完善农村义务教育经费保障机制改革政策时，与相关部门对“三个确保”贫困村的特殊问题认真调查研究，采取有效措施帮助解决。

——科技部门要进一步加大科技扶贫力度，增加科技扶贫投入，创新科技扶贫机制和手段，促进先进适用技术进村入户。在贫困村广泛开展科技培训和科技普及，培养一批科技致富的带头人，让贫困农户能够掌握1至2项先进适用技术。加强科技扶贫示范村建设，通过科技投入，引进新技术、新品种，培育特色增收产业。

——信息产业部门继续推进农村通信及信息化进程。进一步实施“村村通电话”工程，继续推进自然村通电话工程，加快建设乡镇宽带互联网。加强农村信息服务的普及推广，研究制定针对农民的优惠资费，开发贴近农民需求的信息内容和信息产品。进一步深化农村信息化综合信息服务试点工作，充分发挥信息大篷车的作用，加强培训基地和信息服务站点建设，做好有关培训工作，组织协调促进形成支撑和服务农村信息化的产业链。继续配合做好全国农村党员干部现代远程教育工作。继续推进“新一代农村卫星电视安全接收系统试点村（县）”的建设，探索建立有效的工作机制，推动在全国农村边远地区的推广应用。引导和支持企业开发适合农村需要的普及型数字电影放映设备，务实推进农村数字化广播电影电视综合服务体系建设。继续做好藏文软件开发专项的各项后续工作，与西藏自治区配合加强专项成果的推广应用，推动规范西藏藏文软件市场，加强藏文信息化人才培养。

——国土资源部门要积极支持贫困地区进行土地整理开发，增加耕地面积，提高耕地质量，改善生产生活条件，促进新农村建设和城乡统筹。加强矿产勘查开发。支持干旱缺水地区地下水资源勘查。开展地质灾害防治工作。

——交通运输部门积极支持全国乡镇、建制村通公路建设，包括农村公路渡口码头改造、渡改桥建设和乡镇客运站建设。到“十一五”期末基本实现全国所有乡镇通沥青（水泥）路，东、中部地区所有具备条件的建制村通沥青（水泥）路，西部地区基本实现具备条件的建制村通公路。其中，对于革命老区、民族地区、边疆地区、贫困地区农村公路建设，将采取进一步的倾斜优惠措施，凡符合规划的项目优先纳入中央投资计划，凡具备开工建设条件的项目优先纳入年度预算和投资计划。

——水利部门要进一步加大水利扶贫工作力度，继续支持贫困地区的病险水库除险加固工程、农村饮水安全工程、水土保持工程、农田水利及农村水电等民生水利建设，对贫困村的项目安排予以优先。

——农业部门要加强国家扶贫开发工作重点地区的农业基础设施建设，积极推进产业开发式扶贫，提高贫困地区和贫困人口的自我发展能力。充分发挥贫困地区生态环境和自然资源优势，重点扶持其发展农业特色产业，建立和完善特色产业良种繁育体系和标准化生产示范基地。加大贫困地区的科技推广力度，积极开展科技入户、实施测土配方施肥等项目，提高贫困地区农业科技贡献率；广泛开展新型农民科技培训和农村劳动力转移培训，提高贫困地区农民的生产技能和就业技能，促进其持续增产增收。大力发展农业产业化，积极组织农户发展专业合作组织，扶持一批带动能力强的龙头企业，鼓励贫困地区“一村一品”发展。引导支持开发农产品认证。加快建设农产品质量检验检测体系和农业市场信息体系建设，搞好重大动植物疫病防控。加大沼气工程和退牧还草项目实施力度，努力改善贫困地区农牧民生产生活条件，恢复和优化生态环境，实现可持续发展。

——卫生部门要加强国家扶贫开发工作重点地区的农村卫生服务体系建设工作，并积极创造条件，加强重点地区贫困村卫生室建设；确保新型农村合作医疗制度全面覆盖重点地区广大农村居民；支持重点地区的贫困村培训乡村医生，开展对重点地区贫困村的巡回医疗、传染病和地方病防治工作；协调相关部门，尽快改善重点地区的农村饮水、厕所等环境卫生条件。

——广播影视部门继续以村村通工程、农村电影放映工程等重点工程为载体，加大对贫困地区的广播影视基础设施建设的投入，加强农村尤其是贫困村广播电视覆盖和电影放映工作。完成农村中央广播电视节目无线覆盖工程建设，扎实推进20户以上已通电自然村广播电视村村通；落实一村一月一场电影的公益服务目标，加大政府投入，加快数字化放映进程，落实政府财政补贴机制，提高服务质量，逐步使农村特别是贫困村群众能收看到多套广播电视节目和多题材、多类别、高质量的电影节目。加快构建以县为中心、乡镇为基础、覆盖农户的农村广播影视公共服务体系，实现村村通、户户通、长期通。

——林业部门在天然林保护、退耕还林、防护林建设及防沙治沙等林业生态重点工程中，要将符合条件的贫困地区尤其是贫困村作为建设的重点，积极倡导农村生态文明，加强村屯绿化、庭院绿化、乡村绿色通道、农村生态治理，逐步改善工程区范围内贫困地区特别是贫困村的生产生活条件，为提高农业综合生产能力提供必要保障；要通过发展速生丰产林、珍贵用材林、木本粮油、竹藤花卉、经济林果、野生动植物繁育、林产品加工、林副产品采集、生态旅游、木浆造纸等十大林业产业，促进贫困地区农村产业结构向科学化、立体化、多元化方向发展，提高贫困地区和贫困人口自我发展能力。

——电力部门要把贫困村的通电纳入国家农网完善工程，在具备条件的村寨开展电力普遍服务，实现户户通电。对不适合通过工程措施实现整村通电的地方，要采用新能源逐步实现分户用电。

——扶贫部门要为上述部门在重点县和贫困村开展工作创造条件，提供支持，给予配合，积极开展信息沟通与协调工作。凡是按照“整村推进”规划安排的部门项目，扶贫资金可根据建设内容配套安排，重点支持基础条件改善和主导产业、特色产业发展。

三、创新机制，推动行业扶贫和资源整合

各有关部门要按照科学发展观的要求，努力开展行业扶贫工作，结合整村推进扶贫规划和本部门、本单位的特点，充分发挥政策、信息、技术、管理、人才、资源等方面的优势，在贫困村实施有针对性的行业发展帮扶措施；因村制宜、因户制宜，逐村逐户地解决问题，实现贫困村内的行业发展目标。在扶贫过程中，要优先帮助贫困户发展生产，增加收入，实行贫困户“首扶”制度。

各级扶贫开发领导小组及其办公室要积极推动行业扶贫工作，按照“统一规划、集中投放、渠道不乱、任务不变、各尽其力、各记其功”的原则，主动与有关部门沟通，尊重部门意见，考虑部门特点，积极推动和配合有关部门参与整村推进工作，并提供必要的支持和帮助。国家和省级扶贫开发工作重点县，要以扶贫开发总揽经济社会发展全局，以整村推进为平台，围绕“三个确保”，整合行业扶贫资源，促进贫困村内各行业和事业的发展。

四、加强领导，保证完成“三个确保”重点任务

建立工作责任制。各有关部门要积极贯彻统筹城乡发展战略，把“三个确保”工作列入本单位的工作计划，努力把行业发展的重心下移到农村尤其是贫困村。部门党委（党组）负责同志要建立“整村推进”扶贫开发联系点，研究联系点内的行业发展工作，抓好督促落实。要逐级明确责任，层层落实任务。建立工作协调机制。每年召开一次工作联系会议，围绕落实“三个确保”，通报工作进度和情况，协调解决具体事项。开展关于贫困村经济社会发展联合调研，提出并落实更有针对性的措施。各部门在规划、确定和下达相关项目计划时，要相互协商，相互通报，协同配合，在推进“整村推进”过程中促进行业发展。

建立绩效考评制度。有关部门要加强资金和项目管理，加大政策指导和监督检查力度。建立和完善动态监测和绩效考核机制，努力促进各项事业在贫困村内和谐发展、整体推进。

二〇〇八年五月十三日

关于印发《2009—2010 年东西扶贫协作工作指导意见》的通知

国开办发［2009］24 号

各有关省（区、市）协作办、扶贫办：

东西扶贫协作是党中央、国务院根据中国特色社会主义理论和实践，为了实现共同富裕目标做出的一项制度性安排，是深入贯彻落实科学发展观，确保全体人民共享改革发展成果，构建社会主义和谐社会的必然要求，是国家扶贫战略和政策体系的重要组成部分。

做好 2009—2010 年东西扶贫协作工作，对于顺利实现《中国农村扶贫开发纲要(2001—2010 年)》目标，科学谋划下一阶段扶贫开发工作具有重要意义。为进一步推动工作，经充分征求各有关方面意见，我们制定了《2009—2010 年东西扶贫协作工作指导意见》（见附件），现予印发。请结合实际情况抓好贯彻落实。

专此通知。

附件：《2009—2010 年东西扶贫协作工作指导意见》

二〇〇九年三月十二日

附件：

《2009—2010年东西扶贫协作工作指导意见》

东部发达省市与西部贫困地区结对开展扶贫协作，是党中央、国务院根据中国特色社会主义理论和实践，为了实现共同富裕目标做出的一项制度性安排，直接关系到改革发展大局。东西扶贫协作是国家扶贫战略和政策体系的重要组成部分，是深入贯彻落实科学发展观，确保全体人民共享改革发展成果，构建社会主义和谐社会的必然要求，必须长期坚持下去。

一、明确东西扶贫协作发展方向

做好2009—2010年东西扶贫协作工作，对于顺利实现《中国农村扶贫开发纲要(2001—2010年)》目标，科学谋划下一阶段扶贫开发工作具有重要意义。特别是当前我国城乡、区域和不同社会群体发展差距扩大趋势尚未得到有效控制的情况下，开展东西扶贫协作，既是西部地区加快发展的需要，也是东部地区继续发展的需要，还是应对国际金融危机冲击，进一步扩大内需，促进经济平稳较快发展的需要。

2009—2010年东西扶贫协作工作的总体要求是：以科学发展观为指导，认真贯彻落实党的十七大和十七届三中全会精神，紧紧围绕全国扶贫开发工作中心任务和总体部署，进一步明确发展方向，完善工作体系，规范工作机制，科学扶贫协作，把提高贫困人口自我发展能力和培植贫困地区主导产业作为重点，集中力量帮助“三个确保”贫困村完成整村推进，帮助特殊连片贫困地区解决发展中面临的一些瓶颈制约问题，帮助贫困群众解决生产生活中面临的一些突出困难问题，努力促进贫困地区经济、社会、文化、生态协调发展。

二、完善东西扶贫协作工作体系

经过十几年的实践，东西扶贫协作已经形成了由政府援助、企业合作、社会帮扶、人力资源建设构成的基本工作体系。各有关省区市要按照缺什么补什么的原则，尽快完善东西扶贫协作工作体系。

政府援助主要体现为财政援助，是东西扶贫协作的重要基础。要认真总结东部省市经济社会发展和扶贫济困方面的经验，结合西部省区市实际，按照“稳定基数，逐年增加”的原则，加大政府援助力度，科学对口支援。政府援助项目要发挥先行先试的引领性、示范性、探索性作用，优先帮助“三个确保”贫困村完成整村推进任务，优先安排对贫困地区发展具有示范意义的重点项目，优先支持村级扶贫互助资金等具有探索性质的试点项目。

企业合作是东西扶贫协作的努力方向。在市场经济条件下，企业发挥着资源市场化配置的基础性作用。贫困地区脱贫致富关键靠产业发展，产业发展的关键是企业带动。协作双方要采取政策引导、资金支持、舆论鼓励等多种方式，帮助东部地区企业到西部地区发展，通过企业合作推动产业转移，在实现东部企业继续发展的同时帮助带动西部贫困地区加快发展。

社会帮扶是推动东西扶贫协作的重要

力量。东部地区蕴藏着扶贫济困的巨大社会力量。东西扶贫协作要积极为东部地区社会各界参与西部地区扶贫开发搭建平台、创造机会、提供支持，鼓励开展爱心助贫、义务支教、志愿服务等多种形式的社会帮扶活动。东部地区要发挥海外联系广泛的优势，积极动员港、澳、台同胞和海外侨胞参与东西扶贫协作。

人力资源建设是东西扶贫协作的重要纽带。人是发展的主体，也是发展的目的。东西扶贫协作工作要在重视自然资源开发的同时，更加重视人力资源开发和建设，大力推动东西部地区党政干部、专业技术人员、企业经营管理人员、劳动力等多层次、全方位的人力资源培训和交流。要重点支持东部地区企业吸收西部地区农民工就业，同时积极帮助西部地区农民工返乡创业。支持和鼓励东部省（市）建立东西扶贫协作人力资源建设基地。

三、强化东西扶贫协作工作机制

东西扶贫协作是一项政治性很强的工作，东西省（区、市）双方要加强领导，高度重视，完善协作双方领导定期互访、联席会议等机制，共同研究解决扶贫协作重大问题，确保扶贫协作工作有目标、有规划、有投入、有措施。

要建立和完善财政援助资金稳定增长机制、工作交叉检查机制、项目绩效评估机制和有效的工作激励机制，继续加大东西扶贫协作工作经验交流，定期开展多层次、多形式的评优表彰。

要建立规范的东西扶贫协作项目遴选机制，进一步加强和改进项目管理。协作双方要共同研究制定规范的东西扶贫协作项目管理办法。东部省（市）扶贫协作工作部门要加强对区县级扶贫协作部门的工作指导和项目协调，整合项目资源，形成工作合力。西部省（区、市）扶贫办要加强对扶贫协作工作的指导和监管，要以省为单位尽快建立规范、完整的东西扶贫协作项目档案，并通过网络媒体等多种方式向社会公布，加强社会舆论监督，规范扶贫协作项目管理，提高扶贫协作项目效益。

四、加大东西扶贫协作研究和宣传力度

要组织相关部门和专家共同开展课题研究，认真总结1996年以来的工作和经验，积极筹划2010年以后的工作，为进一步推进东西扶贫协作提供相关理论支持和政策储备。

各级扶贫协作工作部门要充分利用广播、电视、报纸、网络等各类媒体，广泛宣传东西扶贫协作取得的主要成绩、积累的基本经验、形成的政策体系以及社会各界参与东西扶贫协作的具体途径和方式，不断扩大东西扶贫协作工作的社会影响，努力为东西扶贫协作工作营造良好的社会氛围。

五、加强东西扶贫协作队伍建设

东西扶贫协作是一项长期的重要任务，必须有一支与之相适应的工作队伍。进一步加强东西扶贫协作干部队伍的理论学习和业务培训。各级东西扶贫协作工作部门要组织相关人员认真学习科学发展观和共同富裕的理论体系，学习区域协调发展和扶贫开发的相关政策和业务知识，切实增强做好东西扶贫协作的自觉性。要深入贫困地区开展调查研究，了解把握贫困地区发展的客观规律和突出问题，增强对贫困地区群众的感情，改进工作作风，提高工作效率。

关于做好农村最低生活保障制度和扶贫开发政策有效衔接试点工作的指导意见

国务院扶贫办、民政部、财政部、国家统计局、中国残疾人联合会

国开办发［2009］60号

河北、江苏、福建、河南、湖北、湖南、广西、重庆、甘肃、青海、新疆等省（自治区、直辖市）扶贫办、民政厅（局）、财政厅（局）、统计局、调查总队、残疾人联合会：

根据党的十七届三中全会和《国务院关于在全国建立农村最低生活保障制度的通知》（国发［2007］19号）精神，为了使农村扶贫标准以下的全部低收入人口（以下简称“农村低收入人口”）得到有效扶持，确保扶贫开发目标实现，现就做好农村最低生活保障制度和扶贫开发政策（以下简称“两项制度”）有效衔接试点工作提出以下意见。

一、充分认识两项制度有效衔接的重要意义

改革开放以来，我国在缓解和消除农村贫困方面取得巨大成就，积累了丰富的经验。在逐步建立和完善社会主义市场经济体制的过程中，农村扶贫开发和最低生活保障制度作为国家扶贫战略的两个重要支点，发挥了重要作用。农村最低生活保障制度是社会救助，扶贫开发是提高能力；农村最低生活保障制度是维持生存，扶贫开发是促进发展，二者相辅相成，相互促进。

实现两项制度有效衔接，是全面践行“三个代表”重要思想、贯彻落实科学发展观的必然要求，是高度关注民生、坚持以人为本执政理念的具体体现，是全面建设小康社会、消除绝对贫困现象的现实需要，也是国内外反贫困经验的历史总结。做好这一工作，对提高农村低收入人口素质和自我发展能力，逐步缩小发展差距，维护社会公平正义，确保全体人民共享改革发展成果，激发农村低收入人口自力更生、艰苦奋斗的精神，具有重大意义。

试点省（自治区、直辖市）有关部门和单位，要充分认识做好两项制度有效衔接的重要性和必要性，克服畏难情绪，坚定信心和决心，将其作为重要工作内容，高度重视，抓紧抓好，扎实推进。

二、明确两项制度有效衔接的总体目标和要求

两项制度有效衔接的总体目标是：充分发挥农村最低生活保障和扶贫开发两项制度的作用，对农村最低生活保障对象，通过农村最低生活保障制度保障其基本生

活；对农村低收入人口全面实施扶贫政策，从根本上稳定解决温饱并实现脱贫致富，为实现到2020年基本消除绝对贫困现象的目标奠定基础。

两项制度有效衔接的基本要求是：在建立和完善农村最低生活保障制度的同时，继续坚持开发式扶贫方针，坚定不移地推进扶贫开发，发挥两项制度的整体效益。要坚持公开、公平、公正的原则，合理确定农村最低生活保障和扶贫对象。要针对农村低收入人口的地域分布特点和农村扶贫开发政策、最低生活保障制度的地区性差别，实行分类指导。

三、抓好两项制度有效衔接的关键环节

（一）明确救助和扶持对象。农村最低生活保障和扶贫的对象都是农村低收入人口，但在具体政策上有所区别。农村最低生活保障对象是家庭年人均纯收入低于当地最低生活保障标准的农村居民，主要是因病残、年老体弱、丧失劳动能力以及生存条件恶劣等原因造成生活常年困难的农村居民。农村扶贫对象是家庭年人均纯收入低于农村扶贫标准、有劳动能力的农村人口。

（二）科学设置对象识别指标。农村最低生活保障对象的识别指标现行政策已有明确规定。农村扶贫对象的具体识别指标，由国务院扶贫办会同国家统计局，本着简便易操作的原则，根据全国农村贫困状况和贫困特征，结合农村扶贫标准进行设定。

（三）规范对象识别程序。县级人民政府扶贫、民政、统计、残疾人联合会等部门，以及乡（镇）人民政府要统一组织，使农村最低生活保障和扶贫对象识别工作在时间和程序上同步进行。在具体操作上，对于两种制度对象的申请，村民委员会要按照各自的识别指标分别进行调查核实，集中进行民主评议，经乡（镇）人民政府审核后，属于扶贫申请对象的，报县级人民政府扶贫部门审批，属于最低生活保障申请对象的，报县级人民政府民政部门审批。对于已经核实的农村最低生活保障对象，县级人民政府民政部门在进行复核时，要配合扶贫部门将其中有劳动能力和申请意愿的确认为扶贫对象。

县级人民政府扶贫和民政部门要严格按照申请、收入核查、民主评议、审核审批程序和民主公示要求，认定扶贫和农村最低生活保障对象。确定农村最低生活保障对象，要按照《国务院关于在全国建立农村最低生活保障制度的通知》（国发［2007］19号）规定执行。确定农村扶贫对象，要依据农村扶贫标准，结合当地的贫困发生率，合理确定农村低收入人口规模，在此基础上准确识别出农村扶贫对象。要由户主本人向村民委员会提出申请，村民委员会对申请人开展家庭经济状况调查和劳动能力认定、组织村民会议或村民代表会议民主评议后提出初步意见，经乡（镇）人民政府审核后，报县级人民政府扶贫部门审批。村民委员会、乡（镇）人民政府以及县级人民政府扶贫部门要及时向社会公布民主评议意见、审核意见和审批结果。对确定的农村扶贫对象，乡（镇）人民政府要组织人员进行登记造册。

（四）认真落实救助和扶持政策，实行动态管理。县级人民政府扶贫、民政部门，以及乡（镇）人民政府要分别建立农村最低生活保障和扶贫对象档案，加强与统计、残疾人联合会等部门的协调配合，对农村

最低生活保障和扶贫对象实行动态管理。对农村最低生活保障对象，要按照政策规定发放最低生活保障金；对农村扶贫对象，要加大扶贫工作力度，根据不同情况，享受扶贫贴息贷款、产业扶贫项目、劳动力转移培训等方面的扶持政策。要采取多种形式，定期或不定期了解救助和扶持对象的生活情况。对于收入达到或超过农村最低生活保障标准的对象，要按照规定办理退保手续；对于实现脱贫致富的对象，经过民主评议和公示无意见后，要停止相关到户扶贫开发政策；对于收入下降到农村最低生活保障标准以下的农村人口，要适时地将其纳入低保范围；对于返贫人口，要适时地将其吸纳为农村扶贫对象。

四、强化两项制度有效衔接的制度保障

（一）加强组织领导。实现两项制度有效衔接，是一项庞大而复杂的工程，涉及面广，工作量大。试点省（自治区、直辖市）要成立工作领导小组，建立联席会议制度。省级有关部门和单位，要将其列入议事日程，加强领导，明确责任，统筹协调，抓好落实。要明确负责组织的部门分管领导和业务处室，指派专门工作人员具体负责。各试点县要有一名能够协调扶贫与民政工作的政府领导主持试点工作。要根据工作需要，科学整合机构及人力资源，确保实现两项制度有效衔接工作正常开展所必须的人员，切实加强工作力量，提供必要的工作条件，努力提高管理和服务质量。加强干部队伍建设，积极开展有关业务培训，不断提高工作人员的业务素质。要发挥大学生村官和扶贫志愿者的作用，充实乡村两级力量，确保两项制度有效衔接试点工作顺利进行。

（二）提供资金保障。试点所必需的资金，由试点省（自治区、直辖市）根据试点县的实际情况给予支持。要加强试点资金管理，加强审计监督，努力发挥资金效益。

（三）搭建信息平台。要在现有贫困户建档立卡和农村五保、农村最低生活保障档案管理系统的基础上，逐步完善、整合农村最低生活保障和扶贫开发数据库，做到信息互通，资源共享，为有针对性制定扶贫措施打下基础。

（四）加大督查力度。要进一步完善工作机制，提高管理水平，建立两项制度有效衔接工作考核体系。扶贫开发重点考核农村低收入农户稳定增加收入、生产生活条件的改善程度。组织有关部门和单位，对两项制度有效衔接情况进行检查，及时解决工作中出现的问题。要通过奖励先进，鞭策后进，调动基层干部的工作积极性。进一步推动规范化管理，使党的惠民政策落到实处。

（五）落实部门责任。政府有关部门和单位要通力协作，在两项制度衔接中发挥积极作用。扶贫部门要做好两项制度有效衔接中交叉对象的识别工作，研究提高农村扶贫对象识别的准确率，并采取有针对性的扶持措施，同时对扶贫战略和政策实施的针对性和有效性进行评估并提出完善的建议。民政部门要积极配合扶贫部门落实交叉对象的扶持政策。财政部门要提供资金支持，负责资金管理和监督。统计部门和调查总队要及时提供贫困监测数据，参与制定两项制度扶持对象识别的相关指标。残疾人联合会要会同有关部门及时核对残疾人有关情况，对农村最低生活保障和扶贫对象中的残疾人提供重点帮扶。

行业政策

关于建立新型农村合作医疗制度的意见

卫生部　财政部　农业部

建立新型农村合作医疗制度是新时期农村卫生工作的重要内容，是实践“三个代表”重要思想的具体体现，对提高农民健康水平，促进农村经济发展，维护社会稳定具有重大意义。根据《中共中央、国务院关于进一步加强农村卫生工作的决定》（中发［2002］13号），提出以下意见。

一、目标和原则

新型农村合作医疗制度是由政府组织、引导、支持，农民自愿参加，个人、集体和政府多方筹资，以大病统筹为主的农民医疗互助共济制度。从2003年起，各省、自治区、直辖市至少要选择2～3个县（市）先行试点，取得经验后逐步推开。到2010年，实现在全国建立基本覆盖农村居民的新型农村合作医疗制度的目标，减轻农民因疾病带来的经济负担，提高农民健康水平。

建立新型农村合作医疗制度要遵循以下原则：

（一）自愿参加，多方筹资。农民以家庭为单位自愿参加新型农村合作医疗，遵守有关规章制度，按时足额缴纳合作医疗经费；乡（镇）、村集体要给予资金扶持；中央和地方各级财政每年要安排一定专项资金予以支持。

（二）以收定支，保障适度。新型农村合作医疗制度要坚持以收定支，收支平衡的原则，既保证这项制度持续有效运行，又使农民能够享有最基本的医疗服务。

（三）先行试点，逐步推广。建立新型农村合作医疗制度必须从实际出发，通过试点总结经验，不断完善，稳步发展。要随着农村社会经济的发展和农民收入的增加，逐步提高新型农村合作医疗制度的社会化程度和抗风险能力。

二、组织管理

（一）新型农村合作医疗制度一般采取以县（市）为单位进行统筹。条件不具备的地方，在起步阶段也可采取以乡（镇）为单位进行统筹，逐步向县（市）统筹过渡。

（二）要按照精简、效能的原则，建立新型农村合作医疗制度管理体制。省、地级人民政府成立由卫生、财政、农业、民政、审计、扶贫等部门组成的农村合作医疗协调小组。各级卫生行政部门内部应设立专门的农村合作医疗管理机构，原则上不增加编制。

县级人民政府成立由有关部门和参加合作医疗的农民代表组成的农村合作医疗管理委员会，负责有关组织、协调、管理和指导工作。委员会下设经办机构，负责具体业务工作，人员由县级人民政府调剂解决。根据需要在乡（镇）可设立派出机构（人员）或委托有关机构管理。经办机构的人员和工作经费列入同级财政预算，不得从农村合作医疗基金中提取。

三、筹资标准

新型农村合作医疗制度实行个人缴费、集体扶持和政府资助相结合的筹资机制。

（一）农民个人每年的缴费标准不应低于10元，经济条件好的地区可相应提高缴费标准。乡镇企业职工（不含以农民家庭为单位参加新型农村合作医疗的人员）是否参加新型农村合作医疗由县级人民政府确定。

（二）有条件的乡村集体经济组织应对本地新型农村合作医疗制度给予适当扶持。扶持新型农村合作医疗的乡村集体经济组织类型、出资标准由县级人民政府确定，但集体出资部分不得向农民摊派。鼓励社会团体和个人资助新型农村合作医疗制度。

（三）地方财政每年对参加新型农村合作医疗农民的资助不低于人均10元，具体补助标准和分级负担比例由省级人民政府确定。经济较发达的东部地区，地方各级财政可适当增加投入。从2003年起，中央财政每年通过专项转移支付对中西部地区除市区以外的参加新型农村合作医疗的农民按人均10元安排补助资金。

四、资金管理

农村合作医疗基金是由农民自愿缴纳、集体扶持、政府资助的民办公助社会性资金，要按照以收定支、收支平衡和公开、公平、公正的原则进行管理，必须专款专用，专户储存，不得挤占挪用。

（一）农村合作医疗基金由农村合作医疗管理委员会及其经办机构进行管理。农村合作医疗经办机构应在管理委员会认定的国有商业银行设立农村合作医疗基金专用账户，确保基金的安全和完整，并建立健全农村合作医疗基金管理的规章制度，按照规定合理筹集、及时审核支付农村合作医疗基金。

（二）农村合作医疗基金中农民个人缴费及乡村集体经济组织的扶持资金，原则上按年由农村合作医疗经办机构在乡（镇）设立的派出机构（人员）或委托有关机构收缴，存入农村合作医疗基金专用账户；地方财政支持资金，由地方各级财政部门根据参加新型农村合作医疗的实际人数，划拨到农村合作医疗基金专用账户；中央财政补助中西部地区新型农村合作医疗的专项资金，由财政部根据各地区参加新型农村合作医疗的实际人数和资金到位等情况核定，向省级财政划拨。中央和地方各级财政要确保补助资金及时、全额拨付到农村合作医疗基金专用账户，并通过新型农村合作医疗试点逐步完善补助资金的划拨办法，尽可能简化程序，易于操作。要结合财政国库管理制度改革和完善情况，逐步实现财政直接支付。关于新型农村合作医疗资金具体补助办法，由财政部商有关部门研究制定。

（三）农村合作医疗基金主要补助参加新型农村合作医疗农民的大额医疗费用或住院医疗费用。有条件的地方，可实行大额医疗费用补助与小额医疗费用补助结合的办法，既提高抗风险能力又兼顾农民受益面。对参加新型农村合作医疗的农民，年内没有动用农村合作医疗基金的，要安排进行一次常规性体检。各省、自治区、直辖市要制订农村合作医疗报销基本药物目录。各县（市）要根据筹资总额，结合当地实际，科学合理地确定农村合作医疗基金的支付范围、支付标准和额度，确定常规性体检的具体检查项目和方式，防止农村合作医疗基金超支或过多结余。

（四）加强对农村合作医疗基金的监管。农村合作医疗经办机构要定期向农村合作医疗管理委员会汇报农村合作医疗基金的收支、使用情况；要采取张榜公布等措施，定期向社会公布农村合作医疗基金的具体收支、使用情况，保证参加合作医疗农民的参与、知情和监督的权利。县级人民政府可根据本地实际，成立由相关政府部门和参加合作医疗的农民代表共同组成的农村合作医疗监督委员会，定期检查、监督农村合作医疗基金使用和管理情况。农村合作医疗管理委员会要定期向监督委员会和同级人民代表大会汇报工作，主动接受监督。审计部门要定期对农村合作医疗基金收支和管理情况进行审计。

五、医疗服务管理

加强农村卫生服务网络建设，强化对农村医疗卫生机构的行业管理，积极推进农村医疗卫生体制改革，不断提高医疗卫生服务能力和水平，使农民得到较好的医疗服务。各地区要根据情况，在农村卫生机构中择优选择农村合作医疗的服务机构，并加强监管力度，实行动态管理。要完善并落实各种诊疗规范和管理制度，保证服务质量，提高服务效率，控制医疗费用。

六、组织实施

（一）省级人民政府要制订新型农村合作医疗制度的管理办法，本着农民参保积极性较高，财政承受能力较强，管理基础较好的原则选择试点县（市），积极、稳妥地开展新型农村合作医疗试点工作。试点工作的重点是探索新型农村合作医疗管理体制、筹资机制和运行机制。县级人民政府要制定具体方案，各级相关部门在同级人民政府统一领导下组织实施。

（二）要切实加强对新型农村合作医疗的宣传教育，采取多种形式向农民宣传新型农村合作医疗的重要意义和当地的具体做法，引导农民不断增强自我保健和互助共济意识，动员广大农民自愿、积极参加新型农村合作医疗。农民参加合作医疗所履行的缴费义务，不能视为增加农民负担。

建立新型农村合作医疗制度是帮助农民抵御重大疾病风险的有效途径，是推进农村卫生改革与发展的重要举措，政策性强，任务艰巨。各地区、各有关部门要高度重视，加强领导，落实政策措施，抓好试点，总结经验，积极稳妥地做好这项工作。

二○○三年一月十日

教育部关于印发《农村劳动力转移培训计划》的通知

教职成［2004］1号

各省、自治区、直辖市教育厅（教委），新疆生产建设兵团教育局，各计划单列市教育局：

现将我部《农村劳动力转移培训计划》印发给你们，请结合本地实际情况，认真贯彻执行。各地制定的实施方案和政策措施请于4月底前报送我部职成教司。

附件：《农村劳动力转移培训计划》

二〇〇四年三月二十四日

附件：

《农村劳动力转移培训计划》

为贯彻党的十六大和十六届三中全会精神，落实全国职业教育工作会议和全国农村教育工作会议的要求，按照国务院办公厅转发农业部、劳动保障部、教育部等部门《2003—2010年全国农民工培训规划》（以下简称《规划》）和教育部《2003—2007年教育振兴行动计划》（以下简称《行动计划》），切实加强农村劳动力转移培训工作，我部特制订本计划。

一、指导思想

以党的十六大精神和“三个代表”重要思想为指导，坚持以服务为宗旨，以就业为导向，以改革创新为动力，充分利用职业教育与成人教育资源，全力推进农村劳动力转移培训工作，努力提高农村转移劳动力的就业能力和创业能力，加快农村劳动力有序、稳定地向非农产业和城镇转移，促进农民增收，促进城镇化和新型工业化的发展，为全面建设小康社会服务。

二、目标任务

《规划》已明确了今后一个时期农村劳动力转移培训工作的目标任务：“2003—2005年，对拟向非农产业和城镇转移的1000万农村劳动力开展转移就业前的引导性培训，对其中的500万人开展职业技能培训；对已进入非农产业就业的5000万农民工进行岗位培训。2006—2010年，对拟向非农产业和城镇转移的5000万农村劳动力开展转移就业前的引导性培训，对其中的3000万人开展职业技能培训。同时，对已进入非农产业就业的2亿多农民工开展岗位培训。”各级教育行政部门和职成学校要增强为“三农”服务的责任感和紧迫感，在农村劳动力转移培训工作中承担主要任务。要根据《规划》和《行动计划》提出的目标任务和当地政府确定的农村劳动力转移规划，结合实际，制定具体的实施方案，明确中等职业学校面向农村招生规模、农村劳动力转移前培训和已进城务工人员培训的目标任务。

三、政策措施

1. 加强领导、精心组织实施。各级教育行政部门要在当地政府统筹领导下，与农业、劳动保障、科技、建设、财政等部门密切合作，按照职责分工，广泛动员组织各类职成学校和培训机构开展农村劳动力转移培训，不断扩大培训规模，努力提高培训率和就业率。教育部成立农村劳动力转移培训工作领导小组，各地也要成立相应的领导小组，加强本计划的组织实施工作。

2. 深化改革、创新机制。各级教育行政部门和职成学校要进一步解放思想，转变观念，要坚持以就业为导向，深化办学模式、办学机制、办学体制的改革和创新。要改革专业设置、课程结构、教学内容、教学方式及管理模式，强化产学结合，组织开发“模块式”课程。努力改革办学模式，努力扩大“订单”培养培训的范围，不断增强教育培训的针对性。要改革教学和学籍管理制度，实行更加灵活的学习制度。在城乡合作办学和东西部合作办学中，实行“1+2”、“2+1”、“1+1+1”等模式，让西部地区和农村中职学生在当地学习一至二年，完成文化和部分专业基础课后，再到东部地区、城市的中职学校和对口企业，接受专业教育和技能训练，毕业后主要面向东部地区和城市就业。大力推进学分制改革，探索和建立“学分银行”制度，形成学分互认机制，为学习者跨地域、转专业、分阶段参加学习或培训创造条件。教育部将利用国家和省级职教师资基地对从事农村劳动力转移培训工作的管理人员和骨干教师开展培训，组织力量开发和推荐一批通用性较强的农村劳动力转移培训教材和多媒体课件。

要推进职成教的体制创新。鼓励公办、民办学校共同参与，共同发展，鼓励、扶持和指导民办职成教广泛开展农村劳动力转移培训。进一步把职成教作为民办教育发展的优先领域，加大公办职成学校的改革步伐，鼓励公办职成学校引进民办机制。

3. 扩大城乡各类职业学校面向农村招生规模。各级教育行政部门要在政府领导下，统筹城乡、东西部职成教育资源，会同有关部门，认真落实《教育部、财政部、劳动保障部关于开展东部对西部、城市对农村中等职业学校联合招生合作办学工作的意见》（教职成［2003］6号）的要求，制定跨省、跨地区招生规划，落实联合招生合作办学的资助经费，扶持家庭经济困难学生学习，为农村生源毕业生在非农产业和城镇就业提供服务。

4. 推行职业资格证书和学历证书并重的制度。各地教育行政部门和职成学校要加强与劳动、农业等部门的联系，组织拟转移的农村劳动力参加转移就业培训，使他们掌握一至二项在非农产业和城镇就业的技能，并取得相应的职业资格证书或培训证书，做到先培训后转移就业。

5. 加强职业指导和就业服务。各级教育行政部门和职成学校要加强与劳动部门、企业和职业中介机构的合作，采取与企业联合办学、合作培养，或通过劳动力市场、供需见面会等形式，为农村劳动力转移提供就业信息服务、组织服务和跟踪服务。教育部在中国职业教育与成人教育网站上增设有关农村劳动力转移需求和转移培训的信息，各省（自治区、直辖市）也要利用网络资源，为农村劳动力转移培训和就业提供服务。

6. 动员社会各类教育培训资源，开展进城务工人员的教育培训。各级教育行政部门和职成学校要主动加强与用工单位的联系，共同推动进城务工人员的培训工作。职成学校要通过举办日校、夜校、周末学校等形式，对进城务工人员广泛开展技能培训、证书培训和学历教育。要充分利用社区教育资源，面向社区内进城务工人员，开展城市文明生活和农民工维权知识培训。要支持和帮助行业、企业根据岗位的需求有计划地开展农民工转移后培训。

7. 多渠道筹措农村劳动力转移培训经费。实行政府、用人单位和农民工个人共同分担的经费筹措机制。地方教育行政部门要组织有条件的职成学校积极申报成为培训基地，勇于承担培训任务，努力争取中央和地方政府安排的农村劳动力转移培训专项经费；加强与扶贫部门协调，在中央和地方扶贫资金中，安排一定数量的经费，用于贫困家庭学员的转移培训；与劳动等有关部门配合，督促用人单位在职工教育经费中列支所录用农民工的培训经费。要采取培训券等方式，真正发挥培训资金的使用效益，确保参训农民直接受益。按照有关部门核定的收费标准，由农民工个人支付一定的培训费用，有条件的学校和培训机构对家庭经济贫困的学员适当减免费用。教育部将安排农村劳动力转移培训专项经费，采取与地方共建、贴息加奖励等形式，支持一批转移培训成绩突出的学校。各地教育行政部门也要制定扶持措施，安排专项经费，支持农村劳动力转移培训工作。

8. 建立督导和表彰奖励机制。各省（自治区、直辖市）要加强督导评估，把农村劳动力转移培训情况列入考核教育行政部门和职成学校工作的重要内容。教育部将对各地农村劳动力转移培训计划实施情况组织督导检查。各级教育行政部门要定期表彰奖励农村劳动力转移培训工作成效显著的学校、培训机构及先进个人。各地要通过新闻媒体，广泛宣传报道农村劳动力转移培训工作中的好经验和好做法，形成广泛开展农村劳动力转移培训工作的良好氛围。

关于加快国家扶贫开发工作重点县“两免一补”实施步伐有关工作的意见

财政部　教育部

为贯彻落实《中共中央国务院关于进一步加强农村工作提高农业综合生产能力若干政策的意见》（中发〔2005〕1号）精神，从2005年春季学期起，中央对国家扶贫开发工作重点县的农村义务教育阶段贫困家庭学生全部免费发放教科书，地方政府对这些学生要相应落实免杂费、并逐步补助寄宿生生活费的责任。现就有关工作提出以下意见：

一、对农村义务教育阶段贫困家庭学生实行“两免一补”（免书本费、免杂费、补助寄宿生生活费）政策，并加快对国家扶贫开发工作重点县的实施步伐，体现了党中央、国务院对农村义务教育的高度重视和对农村困难群体的亲切关怀。认真落实好这项政策，对于促进农村税费改革，减轻农民负担，加快贫困地区脱贫致富步伐，巩固农村义务教育“以县为主”的管理体制，加快农村义务教育事业的发展，具有十分重要的意义。各级财政、教育部门要统一思想，提高认识，密切配合，采取有力措施，确保国家扶贫开发工作重点县农村义务教育阶段贫困家庭学生“两免一补”工作的顺利实施。

二、各地财政、教育部门要结合农村贫困人口的有关标准和农村贫困家庭学生就学的实际情况，制订科学合理的享受“两免一补”政策的贫困家庭学生标准，合理确定资助对象。“两免一补”资金不得用于城区、农村比较富裕家庭的学生，也不得平均分配、轮流享受。对国家扶贫开发工作重点县中的少数民族特别是人口较少民族地区、边境地区要予以重点支持。对符合计划生育政策的贫困家庭学生优先进行资助。中央免费教科书专项资金应统一纳入省级财政国库管理，实行分账核算，集中支付。

三、中央财政从2005年春季起将提高免费教科书补助标准，小学每学期每人35元、初中70元、特教35元。中央免费教科书的范围必须是国家规定课程必设科目的教科书，不包括地方课程教科书及各种辅助性教材。地方课程使用的教科书，由地方财政免费提供。对享受免费教科书的学生，学校及有关部门不得再向其收取任何教科书、教辅材料的费用，如发现收取此类费用，均作为乱收费行为进行处理。

四、中央免费教科书要实行政府采购制度，由省级教育、财政部门委托有资质的政府采购机构进行统一采购，降低出版、发行等环节的费用。节省的资金继续用于资助贫困家庭学生，使受助范围不断扩大。各地要根据教学实际需要和中央补助标准，合理确定免费教科书版本。凡通过政府采购等能够将价格压到补助标准之内的，可以选用彩色版教材，否则应选用黑白版或双色版教材。同一学校、同一年级教科书种类、版本要做到一致。

五、各地要严格实行资助政策公开、资助对象公示等制度，资助范围和工作程序要公开透明，接受群众等有关方面的监督。

六、各地要调整财政支出结构，在加大财政教育投入的同时，确保地方政府负责的免杂费和补助寄宿生生活费资金的落实。国家扶贫开发工作重点县免杂费资金由地方财政在上级财力性转移支付资金和自有资金中统筹安排，足额到位。2005年年初预算已经安排免杂费和补助寄宿生生活费资金的地区，要优先用于国家扶贫开发工作重点县；尚未安排资金的，也要千方百计筹集资金，确保国家扶贫开发工作重点县免杂费和补助寄宿生生活费政策的落实。从2005年春季学期开始，凡享受中央免费教科书的国家扶贫开发工作重点县的农村义务教育阶段贫困家庭学生，地方政府必须同时免除杂费，免除杂费的标准要严格遵守“一费制”标准，并且不得再以任何名目向学生收取其他费用。各地要结合财力，逐步对贫困家庭寄宿生补助生活费，并在2007年底以前落实，补助形式和补助标准由地方根据当地实际情况具体确定。

七、各地要加强对“两免一补”工作的组织领导，财政部门和教育部门既要密切配合、加强协作，又要合理分工、明确责任，确保“两免一补”工作的顺利实施。财政部门主要负责分配管理中央免费教科书专项资金，筹集和管理地方免杂费和补助寄宿生生活费资金；会同教育部门确定贫困家庭学生的标准和范围，加强对资金使用的监督等。教育部门主要负责收集涉及“两免一补”政策的有关基础数据，组织确定资助对象，组织发放教科书；会同财政部门确定免费教科书种类、版本等。省级教育部门和财政部门负责组织免费教科书政府采购工作。

八、中央财政对于“两免一补”工作做得扎实、资金安排到位的省、自治区、直辖市，将通过中央对地方基础教育“以奖代补”专项资金给予奖励；对政策落实不到位的地区给予通报批评，性质严重的按规定通过相关财政手段处理。

二〇〇五年二月二日

关于加快推进新型农村合作医疗试点工作的通知

卫农卫发［2006］13号

各省、自治区、直辖市、计划单列市卫生厅局、发展改革委、民政厅局、财政厅局、农业（林）厅（局、委）、食品药品监管局、中医药局，新疆生产建设兵团卫生局、发展改革委、民政局、财务局、农业局、食品药品监管分局：

新型农村合作医疗试点工作开展以来，各地认识明确，组织有力，工作扎实，稳步推进，取得了明显的成效，受到了广大农民群众的欢迎，为探索新形势下做好农民医疗保障工作，逐步完善新型农村合作医疗制度积累了经验。根据国务院第101次常务会议和2005年全国新型农村合作医疗试点工作会议精神，从2006年起，将调整相关政策，加大力度，加快进度，积极推进新型农村合作医疗试点工作。现就有关问题通知如下：

一、高度重视新型农村合作医疗试点工作

建立新型农村合作医疗制度，是从我国基本国情出发，解决农民看病难问题的一项重大举措，对于提高农民健康水平、缓解农民因病致贫、因病返贫、统筹城乡发展、实现全面建设小康社会目标具有重要作用。各有关部门要从执政为民、以人为本和建设和谐社会的高度，充分认识开展新型农村合作医疗试点工作的重大意义，按照国务院的部署和要求，统一思想，明确目标，精心组织，扎实工作，把这项造福广大农民的大事抓紧、抓实、抓好。各省（区、市）相关部门要认真组织开展调查研究，完善试点方案，规范运作机制，形成2~3种比较成熟的试点模式，供今后推广时借鉴。

二、明确扩大试点的目标和要求

各省（区、市）要在认真总结试点经验的基础上，加大工作力度，完善相关政策，扩大新型农村合作医疗试点。2006年，使全国试点县（市、区）数量达到全国县（市、区）总数的40%左右；2007年扩大到60%左右；2008年在全国基本推行；2010年实现新型农村合作医疗制度基本覆盖农村居民的目标。东部地区可在规范管理的基础上加快推进速度，有条件的地区可探索多种形式的农村医疗保障办法。在推进试点工作中，各地区要贯彻自愿、互助、公开、服务的原则，坚持农民以家庭为单位自愿参加，不搞强迫命令；坚持合作医疗制度的互助共济性质，动员农民共同抵御疾病风险；坚持公开、公正、公平，规范操作，加强监管；坚持便民利民，真正让农民受益。

三、加大中央和地方财政的支持力度

为体现党和政府对农民健康的关心，

提高农民的受益水平，引导农民踊跃参加，从2006年起，中央财政对中西部地区除市区以外的参加新型农村合作医疗的农民由每人每年补助10元提高到20元，地方财政也要相应增加10元。财政确实有困难的省（区、市），可在2006年、2007年分别增加5元，在两年内落实到位。地方财政增加的合作医疗补助经费，应主要由省级财政承担，原则上不由省、市、县按比例平均分摊，不能增加困难县的财政负担。农民个人缴费标准暂不提高。同时，将中西部地区中农业人口占总人口比例高于70%的市辖区和辽宁、江苏、浙江、福建、山东和广东六省的试点县（市、区）纳入中央财政补助范围。中央财政对辽宁、江苏、浙江、福建、山东和广东省按中西部地区补助标准的一定比例安排补助资金。各级财政部门要认真落实新型农村合作医疗补助资金，在年初预算中足额安排，并及时下拨到位，为新型农村合作医疗的顺利开展提供必要的资金保障。

四、不断完善合作医疗资金筹集和监管机制

各地要认真总结试点单位的好做法，积极进行农民个人缴费方式的探索，充分发挥基层组织的作用，建立稳定的筹资机制。如果农民个人自愿，经村民代表大会讨论同意，可以由村民自治组织代为收缴农民的个人缴费。要加强基金管理，做到专户储存，专款专用，严格实行基金封闭运行，确保合作医疗基金和利息全部用于参合农民的医疗补助。要建立健全既方便农民又便于监管的合作医疗审核和报销办法，实行基金使用管理的县、乡、村公示制度，把合作医疗报销情况作为村务公开的重要内容，探索农民参与监督和民主管理的长效机制，保证农民的知情权和监督权。要加强对合作医疗基金管理和使用的专项审计，发现问题，及时纠正。

五、科学合理制定和调整农民医疗费用补偿方案

随着试点数量的增加和政府补助水平的提高，各地要在分析、总结合作医疗制度和基金运行情况的基础上，认真测算，科学制定和调整农民医疗费用补偿方案。方案的制定和调整要掌握以下原则：一是要在建立风险基金的基础上，坚持做到合作医疗基金收支平衡，略有结余；二是新增中央和地方财政补助资金应主要用于大病统筹基金，也可适当用于小额医疗费用补助，提高合作医疗的补助水平；三是补偿方案要统筹兼顾，邻县之间差别不宜过大；四是补偿方案的调整应从新的年度实行，以保持政策的连续性和稳定性。

六、加强合作医疗管理能力建设

各试点县（市、区）要加强经办机构建设和管理。要按规定解决合作医疗经办机构的编制，同时要支持保险公司参与合作医疗业务服务的试点。要按照新型农村合作医疗试点的基本原则和政策要求，明确政府相关部门、经办机构（保险公司）及定点医疗机构的权利、义务，保障参合农民的合法权益，为农民提供方便、良好的服务。要继续加强合作医疗管理人员和经办人员的政策、业务培训，提高合作医疗管理能力。要加快合作医疗信息化建设，逐步实现网上审核报销、监管和信息传输，加强规范管理。试点县（市、区）财政部门要将经办机构人员和工作经费列入年度预算，予以保证，不得从合作医疗基金中提取。地方各级人民政府要对新增试点县（市、区）适当提供启动经费。中央财政将通过专项转移支付对中西部地区的试点工作予以支持。

七、进一步解决好贫困农民的看病就医问题

要建立和完善农村医疗救助制度，做好与新型农村合作医疗制度的衔接。加大各级政府对医疗救助资金的支持，充分发挥民政部门的主导作用，动员红十字会、基金会等社团组织、慈善机构和各类企事业单位等社会力量，多渠道筹集资金。进一步完善相关政策措施，明确救助范围，提高救助水平，重点解决好农村五保户和贫困家庭的问题。在帮助救助对象参加合作医疗的同时，对个人负担医疗费用过重、难以承担的部分，应给予适当补助。针对农村贫困人口家庭收入低、生活困难大的实际，在新型农村合作医疗试点工作中对农村救助对象应给予更多的政策优惠。通过新型农村合作医疗与医疗救助的协调互补，共同解决贫困农民看病就医难的突出问题。

八、加强农村医疗服务监管

各级卫生行政部门要加强对医疗机构服务行为和费用的监管，采取有效措施遏制农村医药费用不合理增长，减轻农民医药费用负担。要建立合作医疗定点医疗机构的准入和退出制度，引入竞争机制；制定合作医疗基本药品和诊疗目录，严格规定目录外药品和诊疗费用占总医药费用的比例，并实行病人审核签字制；严格控制定点医疗机构平均住院费用、平均门诊费用的上涨幅度，控制定点医疗机构收入中药品收入所占的比例。要加强对乡镇卫生院的监管，维护公立卫生院的公益性质。要重视和加强中医药和民族医药的应用，应将符合条件的中医医疗机构列入定点医疗机构范围，将适宜的中药和中医药诊疗项目列入合作医疗基本药品和诊疗目录，满足农民对中医药和民族医药的需求。价格主管部门要会同卫生行政部门探索建立符合实际的农村医疗服务项目规范和医药价格标准。

九、继续加强农村药品监督和供应网络建设

要继续加强农村药品监督网络建设，促进农村药品供应网络建设，充分利用现有网络和人员，建立适合农村实际的药品供销体系和监督体系，规范药品供销渠道，加强质量监管，严厉打击非法药品经营活动。逐步推进农村医疗卫生机构药品集中采购或跟标采购；也可由县级医疗机构或乡镇卫生院为村卫生室代购药品；鼓励药品连锁企业向农村延伸，对农村基层医疗机构实行集中配送。通过建立多种形式的农村药品供应渠道，保证农民用药安全、有效、经济。

十、加快推进农村卫生服务体系建设

要加强农村医疗卫生基础设施建设，健全县、乡、村三级农村医疗卫生服务体系和网络。把农村卫生服务体系建设纳入“十一五”规划，以加强县、乡医疗卫生机构能力建设为重点，并对中西部贫困地区传染病、地方病重疫区的村卫生室建设给予适当支持。各级政府要集中力量在每

个乡镇办好一所公立卫生院，并由县级政府统一管理。有条件的地方，可根据实际情况，通过整合现有卫生资源，建立农村社区卫生服务机构，更好地承担农村疾病预防控制、基本医疗、健康教育等公共卫生工作。各地要结合乡镇机构改革，明确乡、村级公共卫生工作职责并落实到位。各级政府要按照明确职责合理负担的原则，建立和完善农村卫生经费保障机制。

十一、加强农村基层医疗卫生队伍建设

加强农村基层卫生技术人员培训，建立终身教育制度，提高农村卫生人员的专业知识和技能。高等医学院校要加强面向农村需要的卫生专业人才培养，扩大定向招生试点。研究制定农村卫生技术人员职称晋升的倾斜政策，鼓励农村卫生技术人员安心工作。建立城市卫生支援农村的长效机制，城市医院要选派医务人员轮流定期到县级医院和乡镇卫生院帮助开展医疗服务和技术培训。城市医生晋升主治或副主任医师之前，必须在县或乡医疗机构累计服务满 1 年。城市医疗卫生机构新录用的大学毕业生，在获得医师执业证书后分期分批到农村医疗卫生机构服务 1 年，服务期限可以计算为城市医生在晋升主治和副主任医师前必须到农村服务的时间。县级医院也要建立对乡、村医疗机构的定点帮扶制度。要制定政策引导医学院校毕业生到农村基层从事志愿服务。

十二、加强对新型农村合作医疗的组织领导

各地要把建立新型农村合作医疗制度作为维护农民健康权益、提高农民综合素质、切实解决“三农”问题、建设社会主义新农村的一项重要措施，切实摆上工作日程，提高认识，加强领导，组织好各方面力量，积极支持这项工作。各有关部门要明确责任，加强协调，密切配合。卫生部门要充分发挥主管部门作用，加强管理和政策指导；财政部门要加强对资金筹集、使用的审核和监管；农业部门要配合做好宣传推广工作，协助对筹资的管理，监督资金的使用；民政部门要做好农村医疗救助工作，支持合作医疗的建立和完善；食品药品监管部门要加强农村药品监管，配合新型农村合作医疗试点工作健康发展；中医药管理部门要注重在新型农村合作医疗中发挥中医药的优势和作用。要加强舆论宣传引导，争取全社会的理解和支持，调动广大农民参加合作医疗的积极性。通过不懈的努力，逐步在我国建立起符合中国国情，适应农村经济发展水平和农民医疗卫生需求的新型农村合作医疗制度。

卫生部　国家发展改革委　民政部
财政部　农业部　食品药品监管局
中医药局

二〇〇六年一月十日

中央政策

中国农村扶贫开发纲要（2001—2010年）

国发［2001］23号

序言

（一）缓解和消除贫困，最终实现全国人民的共同富裕，是社会主义的本质要求，是中国共产党和人民政府义不容辞的历史责任。改革开放以来，特别是实施《国家八七扶贫攻坚计划》以来，我国农村贫困现象明显缓解，贫困人口大幅度减少。到2000年底，除了少数社会保障对象和生活在自然环境恶劣地区的特困人口，以及部分残疾人以外，全国农村贫困人口的温饱问题已经基本解决，《国家八七扶贫攻坚计划》确定的战略目标基本实现。扶贫开发实现了贫困地区广大农民群众千百年来吃饱穿暖的愿望，为促进我国经济的发展、民族的团结、边疆的巩固和社会的稳定发挥了重要作用。在短短20多年时间里，我们解决了2亿多贫困人口的温饱问题，这在中国历史上和世界范围内都是了不起的成就，充分体现了有中国特色社会主义制度的优越性。

（二）扶贫开发是建设有中国特色社会主义伟大事业的一项历史任务，基本解决农村贫困人口的温饱问题只是完成这项历史任务的一个阶段性胜利。我国目前正处于并将长期处于社会主义初级阶段，在较长时期内存在贫困地区、贫困人口和贫困现象是不可避免的。当前尚未解决温饱的贫困人口，虽然数量不多，但是解决的难度很大。初步解决温饱问题的群众，由于生产生活条件尚未得到根本改变，他们的温饱还不稳定，巩固温饱成果的任务仍很艰巨。基本解决温饱的贫困人口，其温饱的标准还很低，在这个基础上实现小康、进而过上比较宽裕的生活，需要一个较长期的奋斗过程。至于从根本上改变贫困地区社会经济的落后状况，缩小地区差距，更是一个长期的历史性任务。要充分认识扶贫开发的长期性、复杂性和艰巨性，继续把扶贫开发放在国民经济和社会发展的重要位置，为贫困地区脱贫致富做出不懈努力。

（三）党中央、国务院决定：从2001年到2010年，集中力量，加快贫困地区脱贫致富的进程，把我国扶贫开发事业推向一个新的阶段。这是贯彻邓小平同志共同富裕伟大构想和江泽民同志“三个代表”重要思想的一项战略决策，是全面建设小康社会、实现社会主义现代化建设第三步战略目标的一项重大举措。

一、奋斗目标

（四）我国2001—2010年扶贫开发总的奋斗目标是：尽快解决少数贫困人口温饱问题，进一步改善贫困地区的基本生产生活条件，巩固温饱成果，提高贫困人口的生活质量和综合素质，加强贫困乡村的基础设施建设，改善生态环境，逐步改变贫困地区经济、社会、文化的落后状况，为达到小康水平创造条件。

二、基本方针

（五）坚持开发式扶贫方针。以经济建设为中心，引导贫困地区群众在国家必要的帮助和扶持下，以市场为导向，调整经济结构，开发当地资源，发展商品生产，改善生产条件，走出一条符合实际的、有自己特色的发展道路。通过发展生产力，提高贫困农户自我积累、自我发展能力。这是贫困地区脱贫致富的根本出路，也是扶贫工作必须长期坚持的基本方针。

（六）坚持综合开发、全面发展。把扶贫开发纳入国民经济和社会发展计划，要加强水利、交通、电力、通讯等基础设施建设，重视科技、教育、卫生、文化事业的发展，改善社区环境，提高生活质量，促进贫困地区经济、社会的协调发展和全面进步。

（七）坚持可持续发展。扶贫开发必须与资源保护、生态建设相结合，与计划生育相结合，控制贫困地区人口的过快增长，实现资源、人口和环境的良性循环，提高贫困地区可持续发展的能力。

（八）坚持自力更生、艰苦奋斗。充分发挥贫困地区广大干部群众的积极性、创造性，自强不息，不等不靠，苦干实干，主要依靠自身的力量改变贫穷落后面貌。

（九）坚持政府主导、全社会共同参与。各级党委和政府要适应发展社会主义市场经济的要求，加强对扶贫开发工作的领导，不断加大工作和投入力度。同时，要发挥社会主义的政治优势，积极动员和组织社会各界，通过多种形式，支持贫困地区的开发建设。

三、对象与重点

（十）扶贫开发的对象。要把贫困地区尚未解决温饱问题的贫困人口作为扶贫开发的首要对象；同时，继续帮助初步解决温饱问题的贫困人口增加收入，进一步改善生产生活条件，巩固扶贫成果。

（十一）扶贫开发的重点。按照集中连片的原则，国家把贫困人口集中的中西部少数民族地区、革命老区、边疆地区和特困地区作为扶贫开发的重点，并在上述四类地区确定扶贫开发工作重点县。东部以及中西部其他地区的贫困乡、村，主要由地方政府负责扶持。要重视做好残疾人扶贫工作，把残疾人扶贫纳入扶持范围，统一组织，同步实施。

（十二）制定规划，落实任务。各有关省、自治区、直辖市要分别制定本地区的扶贫开发规划。规划要以县为基本单元、以贫困乡村为基础，明确奋斗目标、建设内容、实施措施、帮扶单位和资金来源。制定规划要实事求是、综合设计、因地制宜、分类指导，要统一评估，统一论证，一次批准，分年实施，分期投入，分期分批地解决问题。

四、内容和途径

（十三）继续把发展种养业作为扶贫开发的重点。因地制宜发展种养业，是贫困地区增加收入、脱贫致富最有效、最可靠的途径。要集中力量帮助贫困群众发展有特色、有市场的种养业项目。贫困地区发展种养业，要以增加贫困人口的收入为中心，依靠科技进步，着力优化品种、提高质量、增加效益；要以有利于改善生态环境为原则，加强生态环境的保护和建设，实现可持续发展。帮助贫困户发展种养业，一定要按照市场需求，选准产品和项目，搞好信息、技术、销售服务，确保增产增收。要尊重农民的生产经营自主权，注重示范引导，防止强迫命令。

（十四）积极推进农业产业化经营。对具有资源优势和市场需求的农产品生产，要按照产业化发展方向，连片规划建设，形成有特色的区域性主导产业。积极发展“公司加农户”和订单农业。引导和鼓励具有市场开拓能力的大中型农产品加工企业，到贫困地区建立原料生产基地，为贫困农户提供产前、产中、产后系列化服务，形成贸工农一体化、产供销一条龙的产业化经营。加强贫困地区农产品批发市场建设，进一步搞活流通，逐步形成规模化、专业化的生产格局。

（十五）进一步改善贫困地区的基本生产生活条件。以贫困乡、村为单位，加强基本农田、基础设施、环境改造和公共服务设施建设。2010 年前，基本解决贫困地区人畜饮水困难，力争做到绝大多数行政村通电、通路、通邮、通电话、通广播电视。做到大多数贫困乡有卫生院、贫困村有卫生室，基本控制贫困地区的主要地方病。确保在贫困地区实现九年义务教育，进一步提高适龄儿童入学率。

（十六）加大科技扶贫力度。在扶贫开发过程中，必须把科学技术的推广和应用作为一项重要内容，不断提高科技扶贫水平。无论是种植业、养殖业、加工业，都必须有先进实用的科学技术作为支持和保证。要充分利用科技资源和科技进步的成果，调动广大科技人员的积极性，鼓励他们到贫困地区创业，加速科技成果转化。要采取更积极的措施鼓励民间科研机构、各类农村合作组织和各类科研组织直接参加项目，在扶贫开发中发挥更重要的作用，并在科学技术推广工作中提高自身的水平，拓展更广阔的发展空间。各有关省、自治区、直辖市政府要安排资金，建立科技扶贫示范基地，注重示范效应，充分发挥科技在扶贫开发中的带动作用。

（十七）努力提高贫困地区群众的科技文化素质。提高群众的综合素质特别是科技文化素质，是增加贫困人口经济收入的重要措施，也是促进贫困地区脱贫致富的根本途径，必须把农民科技文化素质培训作为扶贫开发的重要工作。切实加强基础教育，普遍提高贫困人口受教育的程度。实行农科教结合，普通教育、职业教育、成人教育统筹，有针对性地通过各类职业技术学校和各种不同类型的短期培训，增强农民掌握先进实用技术的能力。反对封建迷信，引导群众自觉移风易俗，革除落后生活习俗，不断发展社会主义精神文明。

（十八）积极稳妥地扩大贫困地区劳务输出。加强贫困地区劳动力的职业技能培训，组织和引导劳动力健康有序流动。沿海发达地区和大中城市要按照同等优先的原则，积极吸纳贫困地区劳动力在本地区就业。贫困地区和发达地区可以就劳务输出结成对子，开展劳务协作。输入地和输出地双方政府都有责任保障输出劳动力的合法权益，关心他们的工作、生活，帮助解决实际困难和问题。

（十九）稳步推进自愿移民搬迁。对目前极少数居住在生存条件恶劣、自然资源贫乏地区的特困人口，要结合退耕还林还草实行搬迁扶贫。要在搞好试点的基础上，制定具体规划，有计划、有组织、分阶段地进行；要坚持自愿原则，充分尊重农民意愿，不搞强迫命令；要因地制宜、量力而行、注重实效，采取多种形式，不搞一刀切；要十分细致地做好搬迁后的各项工作，确保搬得出来、稳得下来、富得起来。经济发达的省市要从全局出发，适当增加吸纳和安置来自贫困地区的迁移人口，并作为对口帮扶的一项重要措施来抓。地方各级政府要制定鼓励移民搬迁的优惠政策，处理好迁入人口和本地人口的关系，尽快提高迁入人口的收入水平和生活质量。县内的移民搬迁由县政府组织，跨县的由省级政府统一组织。要做好迁出地的计划生育和退耕还林还草工作，确保生态环境有明显改善。

（二十）鼓励多种所有制经济组织参与扶贫开发。地方各级政府要创造良好的政策环境和投资条件，吸引多种所有制经济组织参与贫困地区的经济开发。对于适应市场需要，能够提高产业层次、带动千家万户增加收入的农产品加工企业，能够发挥贫困地区资源优势并改善生态环境的资源开发型企业，能够安排贫困地区剩余劳动力就业的劳动密集型企业，能够帮助贫困群众解决买难、卖难问题的市场流通企业，国家给予必要的政策扶持。

五、政策保障

（二十一）进一步增加财政扶贫资金。中央财政和省级财政都必须把扶贫开发投入列入年度财政预算，并逐年有所增加。要进一步扩大以工代赈规模。要针对目前贫困地区财政困难的实际情况，加大财政转移支付的力度。

（二十二）加强财政扶贫资金的管理，努力提高使用效益。中央财政扶贫资金主要用于扶贫开发工作重点县，适当支持其他贫困地区。财政扶贫资金（含以工代赈），实行专户管理。资金分配计划每年下达到有关省、自治区、直辖市，由地方根据扶贫开发规划统筹安排使用。中央和地方各级政府投入的财政扶贫资金，必须按照扶贫开发规划下达，落实到贫困乡、村，重点用于改变基本生产生活条件和基础设施建设。

（二十三）继续安排并增加扶贫贷款。中国农业银行要逐年增加扶贫贷款总量，主要用于重点贫困地区，支持能够带动贫困人口增加收入的种养业、劳动密集型企业、农产品加工企业、市场流通企业以及基础设施建设项目。对各类企业到贫困地区兴办的有助于带动贫困户增加收入的项目，应视项目效益给予积极支持。在保障资金安全的前提下，适当放宽贫困地区扶贫贷款项目的条件，根据产业特点和项目具体情况，适当延长贷款期限。积极稳妥地推广扶贫到户的小额信贷，支持贫困农户发展生产。扶贫贷款执行统一优惠利率。优惠利率与基准利率之间的差额由中央财政据实补贴。

（二十四）密切结合西部大开发，促进贫困地区发展。实施西部大开发要注意与扶贫开发相结合，着力带动贫困地区经济的发展。西部大开发安排的水利、退耕还林、资源开发项目，在同等条件下要优先在贫困地区布局。公路建设项目要适当向贫困地区延伸，把贫困地区的县城与国道、省道干线连接起来。西部基础设施建设项目，要尽量使用贫困地区的劳动力，增加贫困人口的现金收入。

（二十五）继续开展党政机关定点扶贫

工作。党政机关定点联系、帮助贫困地区，对支持贫困地区的开发建设，解决我国的贫困问题，以及转变机关作风，提高办事效率，密切党群关系，培养锻炼干部都有重要意义。要把这种做法作为一项制度，长期坚持下去。从中央到地方的各级党政机关及企事业单位，都要继续坚持定点联系、帮助贫困地区或贫困乡村。有条件有能力的，要结合干部的培养和锻炼继续选派干部蹲点扶贫，直接帮扶到乡、到村，努力为贫困地区办好事、办实事。

（二十六）继续做好沿海发达地区对口帮扶西部贫困地区的东西扶贫协作工作。要认真总结经验，根据扶贫开发规划，进一步扩大协作规模，提高工作水平，增强帮扶力度。对口帮扶双方的政府要积极倡导和组织学校结对帮扶工作；鼓励和引导各种层次、不同形式的民间交流与合作。特别是要注意在互利互惠的基础上，推进企业间的相互合作和共同发展。

（二十七）进一步弘扬中华民族扶贫济困的优良传统，动员社会各界帮助贫困地区的开发建设。要充分发挥民主党派和工商联、群众团体、大专院校、科研院所、人民解放军和武警部队等社会各界在扶贫开发中的重要作用。要积极创造条件，引导非政府组织参与和执行政府扶贫开发项目。企业可以通过捐赠资金，与非政府组织合作，共同参与扶贫开发。捐赠资金可以按照国家有关规定在税前列支，计入成本。逐步规范非政府组织开展的扶贫开发活动。欢迎海外、境外的华人、华侨及各种社团组织，通过不同形式，支持贫困地区的开发建设。

（二十八）发展扶贫开发领域的国际交流与合作。继续争取国际组织和发达国家援助性扶贫项目。为保证其顺利执行，国家适当增加配套资金比例，对地方财政确有困难的可以全额配套。要根据贫困地区的特点，采取有针对性的措施，加强对外援项目的管理；努力提高外援贷款项目的经济效益，增强还贷能力。通过多种渠道、不同方式争取国际非政府组织对我国扶贫开发的帮助和支持。加强与国际组织在扶贫开发领域里的交流，借鉴国际社会在扶贫开发方面创造的成功经验和行之有效的方式、方法，进一步提高我国扶贫开发的工作水平和整体效益。

六、组织领导

（二十九）切实落实扶贫工作责任制。坚持省负总责，县抓落实，工作到村，扶贫到户。扶贫开发工作责任在省，关键在县。要继续实行扶贫开发工作责任到省、任务到省、资金到省、权力到省的原则。各有关省、自治区、直辖市的党委和政府都要按照“三个代表”的要求，以高度的责任感和使命感，切实做好扶贫开发工作。扶贫开发工作重点县，必须把扶贫开发作为党委和政府的中心任务，以扶贫开发工作统揽全局，负责把扶贫开发的政策措施真正落实到贫困村、贫困户。要继续实行扶贫工作党政“一把手”负责制，把扶贫开发的效果作为考核这些地方党政主要负责人政绩的重要依据。沿海发达省市的各级党委和政府，也要高度重视扶贫开发工作，积极采取有效措施，帮助当地农村贫困人口增加收入，改善生活。

（三十）加强贫困地区干部队伍建设。要切实搞好干部的教育培训工作，提高贫困地区干部组织领导扶贫开发工作的水平。采取挂职锻炼、干部交流等方式，加强贫困地区的干部队伍建设。贫困地区县级领导干部和县以上扶贫部门干部的培训要纳入各级党政干部培训规划，由组织、扶贫和财政等有关部门共同组织实施。

（三十一）切实加强贫困地区的基层组织建设。要扎实开展农村“三个代表”重要思想的学习教育活动，按照“五个好”的要求，以贫困村为重点，加强以党支部为核心的基层组织建设，充分发挥基层党组织的战斗堡垒作用。贫困地区的广大基层干部，要坚持党的宗旨，艰苦奋斗，廉洁奉公，改进思想作风和工作作风，不断提高带领群众脱贫致富的能力。加强民主法制建设，加强社会治安综合治理，确保贫困地区社会稳定。

（三十二）加强扶贫资金审计。国家审计部门要定期对扶贫资金进行全面严格的审计，防止和杜绝挤占、挪用、贪污，并形成制度，长期坚持。对审计中发现的问题，必须依法严肃处理。

（三十三）加强扶贫开发统计监测工作。为及时了解和全面掌握扶贫开发的发展动态，发现和研究新问题，统计部门要认真做好有关信息的采集、整理、反馈和发布。要制定科学规范、符合实际的监测方案，采用多种方法，全面、系统、动态地反映贫困人口收入水平和生活质量的变化，以及贫困地区的经济发展和社会进步情况，为科学决策提供必要的依据。

（三十四）稳定和加强扶贫开发工作机构。鉴于扶贫开发的长期性、艰巨性、复杂性以及对外交流的需要，要充实和加强各级扶贫开发的工作机构，稳定人员，改善条件，提高素质，增强扶贫开发的组织领导和协调管理能力。

（三十五）国务院有关部门要根据中央的统一要求，把扶贫开发作为本部门的重要工作，结合各自的职责范围，认真贯彻落实本纲要。各相关省、自治区、直辖市人民政府要根据纲要提出的目标和总体要求，把扶贫开发工作纳入本地区国民经济和社会发展计划，统一部署，统筹安排，把具体措施落实到贫困乡村。

（三十六）本纲要由国家扶贫开发工作机构负责具体组织实施。

中共中央　国务院关于促进农民增加收入若干政策的意见

（2004 年一号文件）

在党的十六大精神指引下，2003 年各地区各部门按照中央的要求，加大了解决“三农”问题的力度，抵御住了突如其来非典疫情的严重冲击，克服了多种自然灾害频繁发生的严重影响，实现了农业结构稳步调整，农村经济稳步发展，农村改革稳步推进，农民收入稳步增加，农村社会继续保持稳定。

同时，应当清醒地看到，当前农业和农村发展中还存在着许多矛盾和问题，突出的是农民增收困难。全国农民人均纯收入连续多年增长缓慢，粮食主产区农民收入增长幅度低于全国平均水平，许多纯农户的收入持续徘徊甚至下降，城乡居民收入差距仍在不断扩大。农民收入长期上不去，不仅影响农民生活水平提高，而且影响粮食生产和农产品供给；不仅制约农村经济发展，而且制约整个国民经济增长；不仅关系农村社会进步，而且关系全面建设小康社会目标的实现；不仅是重大的经济问题，而且是重大的政治问题。全党必须从贯彻“三个代表”重要思想，实现好、维护好、发展好广大农民群众根本利益的高度，进一步增强做好农民增收工作的紧迫感和主动性。

现阶段农民增收困难，是农业和农村内外部环境发生深刻变化的现实反映，也是城乡二元结构长期积累的各种深层次矛盾的集中反映。在农产品市场约束日益增强、农民收入来源日趋多元化的背景下，促进农民增收必须有新思路，采取综合性措施，在发展战略、经济体制、政策措施和工作机制上有一个大的转变。

当前和今后一个时期做好农民增收工作的总体要求是：各级党委和政府要认真贯彻十六大和十六届三中全会精神，牢固树立科学发展观，按照统筹城乡经济社会发展的要求，坚持“多予、少取、放活”的方针，调整农业结构，扩大农民就业，加快科技进步，深化农村改革，增加农业投入，强化对农业支持保护，力争实现农民收入较快增长，尽快扭转城乡居民收入差距不断扩大的趋势。

一、集中力量支持粮食主产区发展粮食产业，促进种粮农民增加收入

（一）加强主产区粮食生产能力建设。当前种粮效益低、主产区农民增收困难的问题尤为突出，必须采取切实有力的措施，尽快加以解决。抓住了种粮农民的增收问题，就抓住了农民增收的重点；调动了农民的种粮积极性，就抓住了粮食生产的根本；保护和提高了主产区的粮食生产能力，就稳住了全国粮食的大局。从 2004 年起，国家将实施优质粮食产业工程，选择一部分有基础、有潜力的粮食大县和国有农场，集中力量建设一批国家优质专用粮食基地。要着力支持主产区特别是中部粮食产区重点建设旱涝保收、稳产高产基本农田。扩大沃土工程实施规模，不断提高耕地质量。加强大宗粮食作物良种繁育、病虫害防治工程建设，强化技术集成能力，优先支持主产区推广一批有重大影响的优良品种和先进适用技术。围绕农田基本建设，加快中小型水利设施建设，扩大农田有效灌溉面积，提高排涝和抗旱能力。提高农业机械化水平，对农民个人、农场职工、农机专业户和直接从事农业生产的农机服务组织购置和更新大型农机具给予一定补贴。

（二）支持主产区进行粮食转化和加工。主产区要立足粮食优势促进农民增加收入、发展区域经济，并按照市场需求，把粮食产业做大做强。充分利用主产区丰富的饲料资源，积极发展农区畜牧业，通过小额贷款、贴息补助、提供保险服务等形式，支持农民和企业购买优良畜禽、繁育良种，通过发展养殖业带动粮食增值。按照国家产业政策要求，引导农产品加工业合理布局，扶持主产区发展以粮食为主要原料的农产品加工业，重点是发展精深加工。国家通过技改贷款贴息、投资参股、税收政策等措施，支持主产区建立和改造一批大型农产品加工、种子营销和农业科技型企业。

（三）增加对粮食主产区的投入。现有农业固定资产投资、农业综合开发资金、土地复垦基金等要相对集中使用，向主产区倾斜。继续增加农业综合开发资金，新增部分主要用于主产区。为切实支持粮食主产区振兴经济、促进农民增收，要开辟新的资金来源渠道。从2004年起，确定一定比例的国有土地出让金，用于支持农业土地开发，建设高标准基本农田，提高粮食综合生产能力。主销区和产销平衡区也要加强粮食生产能力建设。进一步密切产销区的关系。粮食销区的经营主体到产区建立粮食生产基地、仓储设施和加工企业，应享受国家对主产区的有关扶持政策。产区粮食企业到销区建立仓储、加工等设施，开拓粮食市场，销区政府应予以支持并实行必要的优惠政策。

二、继续推进农业结构调整，挖掘农业内部增收潜力

（四）全面提高农产品质量安全水平。近几年，农业结构调整迈出较大步伐，方向正确，成效明显，要坚定不移地继续推进。要在保护和提高粮食综合生产能力的前提下，按照高产、优质、高效、生态、安全的要求，走精细化、集约化、产业化的道路，向农业发展的广度和深度进军，不断开拓农业增效增收的空间。要加快实施优势农产品区域布局规划，充分发挥各地的比较优势，继续调整农业区域布局。农产品市场和加工布局、技术推广和质量安全检验等服务体系的建设，都要着眼和有利于促进优势产业带的形成。2004年要增加资金规模，在小麦、大豆等粮食优势产区扩大良种补贴范围。进一步加强农业标准化工作，深入开展农业标准化示范区建设。要进一步完善农产品的检验检测、安全监测及质量认证体系，推行农产品原产地标记制度，开展农业投入品强制性产品认证试点，扩大无公害食品、绿色食品、有机食品等优质农产品的生产和供应。加强动物防疫体系建设，实施重点区域动物疫病应急防治工程，鼓励乡村建立畜禽养殖小区，2004年要启动兽医管理体制改革试点。加快实行法定检验和商业检验分开的制度，对法定检验要减少项目并给予财政补贴，对商业检验要控制收费标准并加强监管。

（五）加快发展农业产业化经营。各级财政要安排支持农业产业化发展的专项资金，较大幅度地增加对龙头企业的投入。对符合条件的龙头企业的技改贷款，可给予财政贴息。对龙头企业为农户提供培训、营销服务，以及研发引进新品种新技术、开展基地建设和污染治理等，可给予财政补助。创造条件，完善农产品加工的增值税政策。对新办的中小型农副产品加工企业，要加强创业扶持和服务。不管哪种所有制和经营形式的龙头企业，只要能带动农户，与农民建立起合理的利益联结机制，给农民带来实惠，都要在财政、税收、金融等方面一视同仁地给予支持。

（六）加强农业科研和技术推广。要围绕增强我国农业科技的创新能力、储备能力和转化能力，改革农业科技体制，较大幅度地增加预算内农业科研投入。继续安排引进国外先进农业科技成果的资金。增加农业科技成果转化资金。支持已有科研成果的中试和大面积示范推广。引导和推动企业成为农业技术创新主体，允许各类农业企业和民营农业科技组织申请使用国家有关农业科技的研发、引进和推广等资金。深化农业科技推广体制改革，加快形成国家推广机构和其他所有制推广组织共同发展、优势互补的农业技术推广体系。积极发挥农业科技示范场、科技园区、龙头企业和农民专业合作组织在农业科技推广中的作用。建立与农业产业带相适应的跨区域、专业性的新型农业科技推广服务组织。支持农业大中专院校参与农业技术的研究、推广。

三、发展农村二、三产业，拓宽农民增收渠道

（七）推进乡镇企业改革和调整。发展乡镇企业是充分利用农村各种资源和生产要素，全面发展农村经济、拓展农村内部就业空间的重要途径。要适应市场需求变化、产业结构升级和增长方式转变的要求，调整乡镇企业发展战略和发展模式，加快技术进步，加快体制和机制创新，重点发展农产品加工业、服务业和劳动密集型企业。加大对规模以上乡镇企业技术改造的支持力度，促进产品更新换代和产业优化升级。引导农村集体企业改制成股份制和股份合作制等混合所有制企业，鼓励有条件的乡镇企业建立现代企业制度。农村中小企业对增加农民就业作用明显，只要符合安全生产标准和环境保护要求，有利于资源的合理利用，都应当允许其存在和发展。有关部门要根据乡镇企业发展的新形势新情况，加强调查研究，尽快制定促进乡镇企业改革和发展的指导性意见。

（八）大力发展农村个体私营等非公有制经济。法律法规未禁入的基础设施、公用事业及其他行业和领域，农村个体工商户和私营企业都可以进入。要在税收、投融资、资源使用、人才政策等方面，对农村个体工商户和私营企业给予支持。对合法经营的农村流动性小商小贩，除国家另有规定外，免于工商登记和收取有关税费。

（九）繁荣小城镇经济。小城镇建设要同壮大县域经济、发展乡镇企业、推进农业产业化经营、移民搬迁结合起来，引导更多的农民进入小城镇，逐步形成产业发展、人口聚集、市场扩大的良性互动机制，增强小城镇吸纳农村人口、带动农村发展的能力。国家固定资产投资要继续支持小城镇建设，引导金融机构按市场经济规律支持小城镇发展。重点渔区渔港、林区和垦区场部建设要与小城镇发展结合起来。有条件的地方，要加快推进村庄建设与环境整治。

四、改善农民进城就业环境，增加外出务工收入

（十）保障进城就业农民的合法权益。进一步清理和取消针对农民进城就业的歧视性规定和不合理收费，简化农民跨地区就业和进城务工的各种手续，防止变换手法向进城就业农民及用工单位乱收费。进城就业的农民工已经成为产业工人的重要组成部分，为城市创造了财富、提供了税收。城市政府要切实把对进城农民工的职业培训、子女教育、劳动保障及其他服务和管理经费，纳入正常的财政预算，已经落实的要完善政策，没有落实的要加快落实。对及时兑现进城就业农民工资、改善劳动条件、解决子女入学等问题，国家已有明确政策，各地区和有关部门要采取更得力的措施，明确牵头部门，落实管理责任，加强督促检查。健全有关法律法规，依法保障进城就业农民的各项权益。推进大中城市户籍制度改革，放宽农民进城就业和定居的条件。

（十一）加强对农村劳动力的职业技能培训。这是提高农民就业能力、增强我国产业竞争力的一项重要的基础性工作，各地区和有关部门要作为一件大事抓紧抓好。要根据市场和企业的需求，按照不同行业、不同工种对从业人员基本技能的要求，安排培训内容，实行定向培训，提高培训的针对性和适用性。要调动社会各方面参与农民职业技能培训的积极性，鼓励各类教育培训机构、用人单位开展对农民的职业技能培训。各级财政都要安排专门用于农民职业技能培训的资金。为提高培训资金的使用效率和培训效果，应由农民自主选择培训机构、培训内容和培训时间，政府对接受培训的农民给予一定的补贴和资助。要防止和纠正各种强制农民参加有偿培训和职业资格鉴定的错误做法。

五、发挥市场机制作用，搞活农产品流通

（十二）培育农产品营销主体。鼓励发展各类农产品专业合作组织、购销大户和农民经纪人。积极推进有关农民专业合作组织的立法工作。从 2004 年起，中央和地方要安排专门资金，支持农民专业合作组织开展信息、技术、培训、质量标准与认证、市场营销等服务。有关金融机构支持农民专业合作组织建设标准化生产基地、兴办仓储设施和加工企业、购置农产品运销设备，财政可适当给予贴息。深化供销社改革，发挥其带动农民进入市场的作用。加快发展农产品连锁、超市、配送经营，鼓励有条件的地方将城市农贸市场改建成超市，支持农业龙头企业到城市开办农产品超市，逐步把网络延伸到城市社区。进一步加强产地和销地批发市场建设，创造条件发展现代物流业。加强农业生产资料市场管理，有关部门要保证货源充足、价格基本稳定，严厉打击制售假冒伪劣农资等坑农伤农行为。支持鲜活农产品运销，在全国建立高效率的绿色通道，各地要从实际出发进一步改善农产品的流通环境。

（十三）扩大优势农产品出口。要进一

步完善促进我国优势农产品出口的政策措施。外贸发展基金要向促进农产品出口倾斜，主要用于支持企业研发新产品新技术、开拓国际市场、参与国际认证等，扶持出口生产基地。鼓励和引导农产品出口加工企业进入出口加工贸易区。抓紧启动园艺产品非疫区建设。完善农产品出口政策性信用保险制度。有关部门要密切跟踪监测和及时通报国内外市场供需、政策法规和疫病疫情、检验检疫标准等动态，为农产品出口企业提供信息服务。加强对外谈判交涉，签订我国与重点市场国家和地区的双边检验检疫和优惠贸易协定，为我国农产品出口创造有利环境。适应农产品国际贸易的新形势，加快建立健全禽肉、蔬菜、水果等重点出口农产品的行业和商品协会。

六、加强农村基础设施建设，为农民增收创造条件

（十四）继续增加财政对农业和农村发展的投入。加强农业基础建设、解决“三农”问题，必须进一步调整国民收入分配结构和财政支出结构。各级政府要依法安排并落实对农业和农村的预算支出，严格执行预算，建立健全财政支农资金的稳定增长机制。按照统一规划、明确分工、统筹安排的要求，整合现有各项支农投资，集中财力，突出重点，提高资金使用效率。积极运用税收、贴息、补助等多种经济杠杆，鼓励和引导各种社会资本投向农业和农村。各地区和有关部门要切实把发展农村社会事业作为工作重点，落实好新增教育、卫生、文化等事业经费主要用于农村的政策规定，今后每年要对执行情况进行专项检查。

（十五）进一步加强农业和农村基础设施建设。国家固定资产投资用于农业和农村的比例要保持稳定，并逐步提高。适当调整对农业和农村的投资结构，增加支持农业结构调整和农村中小型基础设施建设的投入。节水灌溉、人畜饮水、乡村道路、农村沼气、农村水电、草场围栏等“六小工程”，对改善农民生产生活条件、带动农民就业、增加农民收入发挥着积极作用，要进一步增加投资规模，充实建设内容，扩大建设范围。各地要从实际出发，因地制宜地开展雨水集蓄、河渠整治、牧区水利、小流域治理、改水改厕和秸秆气化等各种小型设施建设。创新和完善农村基础设施建设的管理体制和运营机制。继续搞好生态建设，对天然林保护、退耕还林还草和湿地保护等生态工程，要统筹安排，因地制宜，巩固成果，注重实效。

七、深化农村改革，为农民增收减负提供体制保障

（十六）加快土地征用制度改革。各级政府要切实落实最严格的耕地保护制度，按照保障农民权益、控制征地规模的原则，严格遵守对非农占地的审批权限和审批程序，严格执行土地利用总体规划。要严格区分公益性用地和经营性用地，明确界定政府土地征用权和征用范围。完善土地征用程序和补偿机制，提高补偿标准，改进分配办法，妥善安置失地农民，并为他们提供社会保障。积极探索集体非农建设用地进入市场的途径和办法。

（十七）深化粮食流通体制改革。从2004年开始，国家将全面放开粮食收购和销售市场，实行购销多渠道经营。有关部门要抓紧清理和修改不利于粮食自由流通的政策法规。加快国有粮食购销企业改革

步伐，转变企业经营机制，完善粮食现货和期货市场，严禁地区封锁，搞好产销区协作，优化储备布局，加强粮食市场管理和宏观调控。当前，粮食主产区要注意发挥国有及国有控股粮食购销企业的主渠道作用。为保护种粮农民利益，要建立对农民的直接补贴制度。2004 年，国家从粮食风险基金中拿出部分资金，用于主产区种粮农民的直接补贴。其他地区也要对本省（区、市）粮食主产县（市）的种粮农民实行直接补贴。要本着调动农民种粮积极性的原则，制定便于操作和监督的实施办法，确保补贴资金真正落实到农民手中。

（十八）继续推进农村税费改革。要巩固和发展税费改革的成果，进一步减轻农民的税费负担，为最终实现城乡税制的统一创造条件。逐步降低农业税税率，2004 年农业税税率总体上降低 1 个百分点，同时取消除烟叶外的农业特产税。降低税率后减少的地方财政收入，沿海发达地区原则上由自己消化，粮食主产区和中西部地区由中央财政通过转移支付解决。有条件的地方，可以进一步降低农业税税率或免征农业税。各地要严格按照减税比例调减到户，真正让农民得到实惠；确保各级转移支付资金专款专用，及时足额下拨到位。要据实核减合法征占耕地而减少的计税面积。要加快推进配套改革，继续加强农民负担监督管理，防止农民负担反弹，巩固农村税费改革成果。进一步精简乡镇机构和财政供养人员，积极稳妥地调整乡镇建制，有条件的可实行并村，提倡干部交叉任职。优化农村学校布局和教师队伍。进一步清理和规范涉农行政事业性收费。巩固治理利用职权发行报刊的成果。积极探索化解乡村债务的有效途径。尽快制定农业税的征管办法。

（十九）改革和创新农村金融体制。要从农村实际和农民需要出发，按照有利于增加农户和企业贷款，有利于改善农村金融服务的要求，加快改革和创新农村金融体制。建立金融机构对农村社区服务的机制，明确县域内各金融机构为“三农”服务的义务。扩大农村贷款利率浮动幅度。进一步完善邮政储蓄的有关政策，加大农村信用社改革的力度，缓解农村资金外流。农业银行等商业银行要创新金融产品和服务方式，拓宽信贷资金支农渠道。农业发展银行等政策性银行要调整职能，合理分工，扩大对农业、农村的服务范围。要总结农村信用社改革试点经验，创造条件，在全国逐步推开。继续扩大农户小额信用贷款和农户联保贷款。鼓励有条件的地方，在严格监管、有效防范金融风险的前提下，通过吸引社会资本和外资，积极兴办直接为“三农”服务的多种所有制的金融组织。有关部门要针对农户和农村中小企业的实际情况，研究提出多种担保办法，探索实行动产抵押、仓单质押、权益质押等担保形式。鼓励政府出资的各类信用担保机构积极拓展符合农村特点的担保业务，有条件的地方可设立农业担保机构，鼓励现有商业性担保机构开展农村担保业务。加快建立政策性农业保险制度，选择部分产品和部分地区率先试点，有条件的地方可对参加种养业保险的农户给予一定的保费补贴。

八、继续做好扶贫开发工作，解决农村贫困人口和受灾群众的生产生活困难

（二十）完善扶贫开发机制。各级党委和政府要进一步加大扶贫开发力度，强化扶贫工作责任制，提高扶贫成效。2004 年国家继续增加扶贫资金投入。要在认真总结经验、切实摸清底数的基础上，对尚未解决温饱的贫困人口，进一步采取更有针对性的扶贫措施，切实做到扶贫到村到户。对丧失劳动能力的特困人口，要实行社会救济，适当提高救济标准。对缺乏基本生存条件地区的贫困人口，要积极稳妥地进行生态移民和易地扶贫。对低收入贫困人口，要着力帮助改善生产生活条件，发展特色产业，开辟增收渠道，减少和防止返贫。健全扶贫投入机制，加强资金管理，提高使用效益，所有扶贫资金的使用都要实行公示、公告和报账制度，严格监督和审计，确保资金及时足额到位，真正使贫困户受益。

（二十一）认真安排好灾区和困难农户的生产生活。2003 年不少地方遭受了严重的自然灾害，一些农民生产生活遇到严重困难。各级党委和政府要切实负起责任，组织干部深入灾区和贫困地区，摸底排查，核实灾情，及时把救济款物发放到户，按规定减免有关税费，组织和引导灾区群众开展生产自救。有条件的地方要探索建立农民最低生活保障制度。落实好农垦企业参加企业职工基本养老保险的政策。

九、加强党对促进农民增收工作的领导，确保各项增收政策落到实处

（二十二）要把解决好农业、农村、农民问题作为全党工作的重中之重。全党同志特别是各级领导干部要始终重视农业的基础地位，始终重视严格保护耕地和保护、提高粮食综合生产能力，始终重视维护粮食主产区和种粮农民的利益，始终重视增加农民特别是种粮农民的收入。对“三农”问题，不仅分管领导要直接抓，而且党政一把手要亲自抓，地、县两级领导要把主要精力放在农业和农村工作上。要树立科学发展观和正确的政绩观，把增加农民收入作为事关全局的大事，放在更加突出的位置。要切实转变工作作风，深入基层，深入群众，落实各项增收措施，为农民增收出主意、想办法、办实事、多服务，力戒浮夸和做表面文章，把增加农民收入作为衡量工作成效的一个重要标准。要加强对农村基层干部的培训，增强宗旨意识和法制、政策观念，增进与农民群众的感情，提高他们带领农民增收致富的自觉性和本领。各行各业都要树立全局观念，为农民增收贡献力量，在全社会形成有利于农民增收的良好氛围。要激发广大农民群众艰苦创业的积极性，发扬自强不息的精神，通过辛勤劳动走上富裕之路。同时，要按照中央的部署和要求，加强农村基层组织建设、精神文明建设和民主法制建设，做好农村其他各项工作，为农民增收提供有力的组织保障、智力支持和安定的社会环境。

做好新阶段的农业和农村工作，努力增加农民收入，意义重大，任重道远。我们要紧密团结在以胡锦涛同志为总书记的党中央周围，高举邓小平理论伟大旗帜，认真实践“三个代表”重要思想，坚定信心，奋力开拓，扎实工作，为全面建设小康社会作出新的贡献。

中共中央　国务院关于进一步加强农村工作提高农业综合生产能力若干政策的意见

（2005 年一号文件）

党中央、国务院历来高度重视农业、农村和农民工作。2004 年，在宏观调控中注重加强农业，实行一系列更直接、更有力的政策措施。各地区各部门认真贯彻落实中央决策，保护和调动了农民积极性，农村呈现出良好的发展局面。粮食生产出现重要转机，农民收入实现较快增长，农村改革迈出重大步伐，农村社会事业取得新的进展。这对促进国民经济发展和保持社会稳定发挥了至关重要的作用。但必须清醒地看到，农业依然是国民经济发展的薄弱环节，投入不足、基础脆弱的状况并没有改变，粮食增产、农民增收的长效机制并没有建立，制约农业和农村发展的深层次矛盾并没有消除，农村经济社会发展明显滞后的局面并没有根本改观，农村改革和发展仍然处在艰难的爬坡和攻坚阶段，保持农村发展好势头的任务非常艰巨。

2005 年农业和农村工作的总体要求是：认真贯彻党的十六大和十六届三中、四中全会精神，全面落实科学发展观，坚持统筹城乡发展的方略，坚持“多予少取放活”的方针，稳定、完善和强化各项支农政策，切实加强农业综合生产能力建设，继续调整农业和农村经济结构，进一步深化农村改革，努力实现粮食稳定增产、农民持续增收，促进农村经济社会全面发展。

加强农业基础，繁荣农村经济，必须继续采取综合措施。当前和今后一个时期，要把加强农业基础设施建设，加快农业科技进步，提高农业综合生产能力，作为一项重大而紧迫的战略任务，切实抓紧抓好。这既是确保国家粮食安全的物质基础，又是促进农民增收的必要条件；既是解决当前农业发展突出矛盾的迫切需要，又是增强农业发展后劲的战略选择；既是推动农村经济发展的重大举措，又是实现农村社会进步的重要保障。抓住了这个重点，就抓住了农业发展的关键；把握了这个环节，就把握了农业现代化的根本；做好了这项工作，就为农村全面建设小康社会打下了坚实的基础。要进一步调动农民群众务农种粮的积极性和地方政府重农抓粮的积极性，以严格保护耕地为基础，以加强农田水利建设为重点，以推进科技进步为支撑，以健全服务体系为保障，力争经过几年的努力，使农业的物质技术条件明显改善，土地产出率和劳动生产率明显提高，农业综合效益和竞争力明显增强。

一、稳定、完善和强化扶持农业发展的政策，进一步调动农民的积极性

（一）继续加大“两减免、三补贴”等政策实施力度。减免农业税、取消除烟叶

以外的农业特产税，对种粮农民实行直接补贴，对部分地区农民实行良种补贴和农机具购置补贴，是党中央、国务院为加强农业和粮食生产采取的重大措施，对调动农民种粮积极性、保护和提高粮食生产能力意义重大。这些行之有效的政策不能改变，给农民的实惠不能减少，支农的力度要不断加大。进一步扩大农业税免征范围，加大农业税减征力度。2005 年，在国家扶贫开发工作重点县实行免征农业税试点，在其他地区进一步降低农业税税率。在牧区开展取消牧业税试点。国有农垦企业执行与所在地同等的农业税减免政策。因减免农（牧）业税而减少的地方财政收入，由中央财政安排专项转移支付给予适当补助。有条件的地方，可自主决定进行农业税免征试点。继续对种粮农民实行直接补贴，有条件的地方可进一步加大补贴力度。中央财政继续增加良种补贴和农机具购置补贴资金，地方财政也要根据当地财力和农业发展实际安排一定的良种补贴和农机具购置补贴资金。继续对短缺的重点粮食品种在主产区实行最低收购价政策，逐步建立和完善稳定粮食市场价格、保护种粮农民利益的制度和机制。搞好农业生产资料供应和市场管理，继续实行化肥出厂限价政策，通过税收等手段合理调节化肥进出口，控制农资价格过快上涨，严厉打击制售假冒伪劣农业生产资料等各种坑农害农行为。

（二）切实加强对粮食主产区的支持。为调动地方政府发展粮食生产的积极性，缓解中西部地区特别是粮食主产区县乡的财政困难，中央财政要采取有效措施，根据粮食播种面积、产量和商品量等因素，对粮食主产县通过转移支付给予奖励和补助。建立粮食主产区与主销区之间的利益协调机制，调整中央财政对粮食风险基金的补助比例，并通过其他经济手段筹集一定资金，支持粮食主产区加强生产能力建设，有关部门要抓紧研究提出具体实施方案。

（三）建立稳定增长的支农资金渠道。要下决心调整国民收入分配结构，在稳定现有各项农业投入的基础上，新增财政支出和固定资产投资要切实向农业、农村、农民倾斜，逐步建立稳定的农业投入增长机制。针对当前农田水利设施薄弱、亟待加强的状况，从 2005 年起，要在继续搞好大中型农田水利基础设施建设的同时，不断加大对小型农田水利基础设施建设的投入力度。中央和省级财政要在整合有关专项资金的基础上，从预算内新增财政收入中安排一部分资金，设立小型农田水利设施建设补助专项资金，对农户投工投劳开展小型农田水利设施建设予以支持。预算内经常性固定资产投资和国债资金要增加安排小型农田水利基础设施建设项目。土地出让金用于农业土地开发部分和新增建设用地有偿使用费，要结合土地开发整理安排一定资金用于小型农田水利建设。市、县两级政府也要切实增加对小型农田水利建设的投入。要尽快立法，把国家的重大支农政策制度化、规范化。

二、坚决实行最严格的耕地保护制度，切实提高耕地质量

（四）严格保护耕地。控制非农建设占用耕地，确保基本农田总量不减少、质量不下降、用途不改变，并落实到地块和农户。严禁占用基本农田挖塘养鱼、种树造林或进行其他破坏耕作层的活动。修订耕地占用税暂行条例，提高耕地占用税税率，

严格控制减免。搞好乡镇土地利用总体规划和村庄、集镇规划，引导农户和农村集约用地。加强集体建设用地和农民宅基地管理，鼓励农村开展土地整理和村庄整治，推动新办乡村工业向镇区集中，提高农村各类用地的利用率。加快推进农村土地征收、征用制度改革。

（五）认真落实农村土地承包政策。针对一些地方存在的随意收回农户承包地、强迫农户流转承包地等问题，各地要对土地二轮承包政策落实情况进行全面检查，对违反法律和政策的要坚决予以纠正，并追究责任。要妥善处理土地承包纠纷，及时化解矛盾，维护农民合法权益。尊重和保障农户拥有承包地和从事农业生产的权利，尊重和保障外出务工农民的土地承包权和经营自主权。承包经营权流转和发展适度规模经营，必须在农户自愿、有偿的前提下依法进行，防止片面追求土地集中。各省、自治区、直辖市要尽快制定农村土地承包法实施办法。

（六）努力培肥地力。中央和省级财政要较大幅度增加农业综合开发投入，新增资金主要安排在粮食主产区集中用于中低产田改造，建设高标准基本农田。搞好“沃土工程”建设，增加投入，加大土壤肥力调查和监测工作力度，尽快建立全国耕地质量动态监测和预警系统，为农民科学种田提供指导和服务。改革传统耕作方法，发展保护性耕作。推广测土配方施肥，推行有机肥综合利用与无害化处理，引导农民多施农家肥，增加土壤有机质。

三、加强农田水利和生态建设，提高农业抗御自然灾害的能力

（七）加快实施以节水改造为中心的大型灌区续建配套。新增固定资产投资要把大型灌区续建配套作为重点，并不断加大投入力度，着力搞好田间工程建设，更新改造老化机电设备，完善灌排体系。开展续建配套灌区的末级渠系建设试点。继续推进节水灌溉示范，在粮食主产区进行规模化建设试点。有条件的地区要加快农村水利现代化步伐。水源条件较好的地区要结合重点水利枢纽建设，扩大灌溉面积。干旱缺水地区要积极发展节水旱作农业，继续建设旱作农业示范区。各地要加强灌溉用水计量，积极实行用水总量控制和定额管理。从2005年起，选择部分地区开展对农民购买节水设备实行补助的试点。继续搞好病险水库除险加固。抓好地方中型水源、中小河流治理等工程建设。

（八）狠抓小型农田水利建设。重点建设田间灌排工程、小型灌区、非灌区抗旱水源工程。加大粮食主产区中低产田盐碱和渍害治理力度。加快丘陵山区和其他干旱缺水地区雨水集蓄利用工程建设。地方政府要切实承担起搞好小型农田水利建设的责任。在坚决按时取消劳动积累工和义务工制度的同时，各地要积极探索新形势下开展农田水利基本建设的新机制、新办法。要严格区分加重农民负担与农民自愿投工投劳改善自己生产生活条件的政策界限，发扬农民自力更生的好传统，在切实加强民主决策和民主管理的前提下，本着自愿互利、注重实效、控制标准、严格规范的原则，引导农民对直接受益的小型农田水利设施建设投工投劳，国家对农民兴建小微型水利设施所需材料给予适当补助，有关部门要抓紧研究制定具体办法。

（九）坚持不懈搞好生态重点工程建设。继续实施天然林保护等工程，完善相关政策。退耕还林工作要科学规划，突出重点，注重实效，稳步推进。要采取有效措施，在退耕还林地区建设好基本口粮田，培育后续产业，切实解决农民的长期生计问题，进一步巩固退耕还林成果。抓好防护林体系和农田林网建设，为建设高标准农田营造良好的生态屏障。切实搞好京津风沙源治理等防沙治沙工程。继续推进山区综合开发。进一步加强草原建设和保护，加快实施退牧还草工程，搞好牧区水利建设，加强森林草原防火和草原鼠虫害防治工作。继续搞好长江、黄河等重点流域的水土保持工作，采取淤地坝等多种措施推进小流域综合治理，加强南方丘陵红土区、东北黑土漫岗区和西南石漠化区的水土流失综合治理。切实防治耕地和水污染。

四、加快农业科技创新，提高农业科技含量

（十）加强农业科技创新能力建设。要大幅度增加对农业科研的投入，加快建立以政府为主导、社会力量广泛参与的多元化农业科研投入体系，形成稳定的投入增长机制。要不断提高国家科技投入用于农业科研的比重，有关重大科技项目和攻关计划要较大幅度增加农业科研投资的规模。深化农业科研体制改革，抓紧建立国家农业科技创新体系。加强国家基地的创新能力建设，搞好农业基础研究和关键技术的研究开发，加快生物技术和信息技术等高新技术的研究。根据全国农业综合区划，在整合现有资源基础上，依托具有明显优势的省级农业科研单位和高等学校，建设区域性的农业科研中心，负责推进区域农业科技创新，开展重大应用技术攻关和试验研究。加强农业领域的国家实验室、改良中心、工程中心和重点实验室建设，改善农业科研机构设施条件和装备水平，加快建设国家农业科研高级人才培养基地。

（十一）加大良种良法的推广力度。继续实施“种子工程”、“畜禽水产良种工程”，搞好大宗农作物、畜禽良种繁育基地建设和扩繁推广。从 2005 年起，国家设立超级稻推广项目。扩大重大农业技术推广项目专项补贴规模，优先扶持优质高产、节本增效的组装集成与配套技术开发。加强农作物重大病虫害防治。认真组织实施“科技入户工程”，扶持科技示范户，提高他们的辐射带动能力。继续安排农业科技成果转化资金和国外先进农业技术引进资金。

（十二）加快改革农业技术推广体系。要按照强化公益性职能、放活经营性服务的要求，加大农业技术推广体系的改革力度。国家的公益性农技推广机构主要承担关键技术的引进、试验、示范，农作物病虫害、动物疫病及农业灾害的监测、预报、防治和处置，农产品生产过程中的质量安全检测、监测和强制性检验，农业资源、农业生态环境和农业投入品使用监测，水资源管理和防汛抗旱，农业公共信息和培训教育服务等职能。对公益性技术推广工作，各级财政要在经费上予以保证。同时，积极稳妥地将一般性技术推广和经营性服务分离出去，按照市场化方式运作。发挥农业院校在农业技术推广中的作用。积极培育农民专业技术协会和农业科技型企业。探索农业技术推广的新机制和新办法，对农技推广项目实行招投标制度，鼓励各类农技推广组织、人员及有关企业公平参与申报。在总结试点经验基础上，有关部门要抓紧提出加强农业技术推广体系建设的指导意见。

五、加强农村基础设施建设，改善农业发展环境

（十三）加大农村小型基础设施建设力度。要继续增加农村“六小工程”的投资规模，扩大建设范围，提高工程质量。在巩固人畜饮水解困成果的基础上，高度重视农村饮水安全，解决好高氟水、高砷水、苦咸水、血吸虫病等地区的饮水安全问题，有关部门要抓紧制定规划。调整公路建设投资结构，加大农村公路建设力度，统筹考虑农村公路建设的技术标准、质量管理和养护等问题，合理确定农村公路投资补助标准。加快农村能源建设步伐，继续推进农村沼气建设，积极发展太阳能、风能等新型洁净能源和可再生能源。扩大“小水电代燃料”工程建设规模和实施范围，搞好农村电网改造工程的后续建设和经营管理。增加扶贫开发投入，加强贫困地区农村基础设施建设，引导农民治水改土修路，实施整村推进扶贫规划，完善扶贫开发机制，加快脱贫致富步伐。

（十四）加快农产品流通和检验检测设施建设。在继续搞好集贸市场和批发市场建设的同时，注重发挥期货市场的引导作用，鼓励发展现代物流、连锁经营、电子商务等新型业态和流通方式。改造现有农产品批发市场，发展经纪人代理、农产品拍卖、网上交易等方式，增强交易功能。加快建设以冷藏和低温仓储运输为主的农产品冷链系统，对农产品仓储设施建设用地按工业用地对待。重视发挥供销合作社在农产品流通和生产资料供应等方面的作用。鼓励邮政系统开展直接为农民生产生活服务的连锁配送业务。加强农业信息化建设。气象工作要加强对农业的服务。各省、自治区、直辖市要加快开通整车运输鲜活农产品的绿色通道，抓紧落实降低或免交车辆通行费的有关规定，并尽快实现省际互通。积极推进农业标准化。要加强农产品检验检测基础设施建设，提高进出境检验检疫装备和检测技术水平，增强防范和处理外来有害生物入侵的能力。加强农产品质量安全工作，实施农产品认证认可，禁止生产、销售和使用高毒、高残留农药，加快农产品质量安全立法。

（十五）加强农业发展的综合配套体系建设。搞好种养业良种体系、农业科技创新与应用体系、动植物保护体系、农产品质量安全体系、农产品市场信息体系、农业资源与生态保护体系、农业社会化服务与管理体系等“七大体系”建设。有关部门要抓紧制定建设规划，加强政策引导，明确职责分工，多渠道增加投入，加快建设步伐。

六、继续推进农业和农村经济结构调整，提高农业竞争力

（十六）进一步抓好粮食生产。要坚持立足国内实现粮食基本自给的方针，以市场需求为导向，改善品种结构，优化区域布局，着力提高单产，努力保持粮食供求总量大体平衡。稳定和增加粮食播种面积，改革种植制度，提高复种指数。实施优质粮食产业工程，建设商品粮生产基地，推进优质粮食产业带建设。加强粮食生产技术、农机、信息和产销等服务，搞好良种培育和供应，促进粮食生产节本增效。完善和落实粮食省长负责制，粮食主销区和产销平衡区也要认真抓好粮食生产，保证必要的粮食储备，维护粮食市场的稳定。

（十七）大力发展特色农业。要发挥区

域比较优势，建设农产品产业带，发展特色农业。各地要立足资源优势，选择具有地域特色和市场前景的品种作为开发重点，尽快形成有竞争力的产业体系。各地和有关部门要专门制定规划，明确相关政策，加快发展特色农业。建设特色农业标准化示范基地，筛选、繁育优良品种，把传统生产方式与现代技术结合起来，提升特色农产品的品质和生产水平。加大对特色农产品的保护力度，加快推行原产地等标识制度，维护原产地生产经营者的合法权益。整合特色农产品品牌，支持做大做强名牌产品。提高农产品国际竞争力，促进优势农产品出口，扩大农业对外开放。

（十八）加快发展畜牧业。增强农业综合生产能力必须培育发达的畜牧业。牧区要加快推行围栏放牧、轮牧休牧等生产方式，搞好饲草料地建设，改良牲畜品种，进一步减轻草场过牧的压力。农区要充分发挥作物秸秆和劳动力资源丰富的优势，积极发展节粮型畜牧业，提高规模化、集约化饲养水平。通过小额信贷、财政贴息等方式，引导有条件的地方发展养殖小区。要增加投入，支持养殖小区建设畜禽粪便和污水无害化处理设施。从 2005 年起，实施奶牛良种繁育项目补贴。加快建立安全优质高效的饲料生产体系。搞好动物防疫是确保畜牧业稳定发展的根本保障，事关人民群众的身体健康和社会公共安全，要下决心增加投入，加强建设，完善制度，健全体系。要抓紧制定动物防疫体系建设规划，加快建设重大动物疫病监测预警、动物疫病预防控制、动物防疫检疫监督、兽药质量监察和残留监控、动物防疫技术支撑、动物防疫物质保障等系统。加快重点兽用生物制品生产企业的技术改造。尽快建立健全动物疫病防治队伍，动物检疫监督机构的人员经费和工作经费全额纳入各级财政预算。

（十九）重点支持粮食主产区发展农产品加工业。大力扶持食品加工业特别是粮食主产区以粮食为主要原料的加工业。粮食主产区要立足本地优势，以发展农产品加工业为突破口，走新型工业化道路，促进农业增效、农民增收和地区经济发展。采取财政贴息等方式，支持粮食主产区农产品加工企业进行技术引进和技术改造，建设仓储设施。尽快完善农产品加工业增值税政策。按照增值税转型改革的统一部署，加快食品等农产品加工业增值税转型的步伐。

（二十）发展农业产业化经营。继续加大对多种所有制、多种经营形式的农业产业化龙头企业的支持力度。鼓励龙头企业以多种利益联结方式，带动基地和农户发展。农业银行和其他国有商业银行要按照有关规定，加快改进对龙头企业的信贷服务，切实解决龙头企业收购资金紧张的问题。农业发展银行对符合条件的以粮棉油生产、流通或加工转化为主业的龙头企业，可以提供贷款。积极探索龙头企业和专业合作组织为农户承贷承还、提供贷款担保等有效办法。支持农民专业合作组织发展，对专业合作组织及其所办加工、流通实体适当减免有关税费。集体经济组织要增强实力，搞好服务，同其他专业合作组织一起发挥联结龙头企业和农户的桥梁和纽带作用。乡镇企业要加快结构调整、技术进步和体制创新，积极参与农业产业化经营。

七、改革和完善农村投融资体制，健全农业投入机制

（二十一）完善农业投资管理体制。进

一步放宽农业和农村基础设施投资领域，采取贴息、补助、税收等措施，发挥国家农业资金投入的导向作用，鼓励社会资本积极投资开发农业和建设农村基础设施。逐步降低中西部地区对涉农固定资产投资的资金配套比例，不得采取加重农民负担的方式进行资金配套。继续加大国家农业资金投入的整合力度，鼓励以县为单位，通过规划引导、统筹安排、明确职责、项目带动等方式整合投资，提高资金使用效率。对国家投资和补助的乡村建设项目，要加快实行公示制度，通过招投标、资金跟踪监督和项目后评估等办法，确保管好用好资金，保证项目质量。

（二十二）加快农村小型基础设施产权制度改革。要在总结经验的基础上，加大改革力度，明晰产权，明确责任，充分调动各方面投资建设和管好农村小型基础设施的积极性。农户自建或自用为主的小微型工程，产权归个人所有，由乡镇人民政府核发产权证。对受益户较多的工程，可组建合作管理组织，国家补助形成的资产归合作组织所有。对经营性的工程，可组建法人实体，实行企业化运作，也可拍卖给个人经营。对业主开发建设的农村基础设施，地方人民政府要给予扶持，并规范其收费标准和服务行为。加快小型农村水利工程管理体制改革步伐。推进农村小型基础设施产权制度改革，要充分尊重农民意愿，维护工程原受益者的合法权益。

（二十三）推进农村金融改革和创新。要针对农村金融需求的特点，加快构建功能完善、分工合理、产权明晰、监管有力的农村金融体系。抓紧研究制定农村金融总体改革方案。继续深化农村信用社改革，要在完善治理结构、强化约束机制、增强支农服务能力等方面取得成效，进一步发挥其农村金融的主力军作用。抓紧制定县域内各金融机构承担支持“三农”义务的政策措施，明确金融机构在县及县以下机构、网点新增存款用于支持当地农业和农村经济发展的比例。采取有效办法，引导县及县以下吸收的邮政储蓄资金回流农村。加大政策性金融支农力度，增加支持农业和农村发展的中长期贷款，在完善运行机制基础上强化农业发展银行的支农作用，拓宽业务范围。农业银行要继续发挥支持农业、服务农村的作用。培育竞争性的农村金融市场，有关部门要抓紧制定农村新办多种所有制金融机构的准入条件和监管办法，在有效防范金融风险的前提下，尽快启动试点工作。有条件的地方，可以探索建立更加贴近农民和农村需要、由自然人或企业发起的小额信贷组织。加快落实对农户和农村中小企业实行多种抵押担保形式的有关规定。扩大农业政策性保险的试点范围，鼓励商业性保险机构开展农业保险业务。

八、提高农村劳动者素质，促进农民和农村社会全面发展

（二十四）全面开展农民职业技能培训工作。要结合农业结构调整、发展特色农业和生产实际的需要，开展针对性强、务实有效、通俗易懂的农业科技培训。农村中学也要加强农业先进实用技术教育。适应产业结构升级和提高竞争力的需要，进一步搞好农民转业转岗培训工作，扩大“农村劳动力转移培训阳光工程”实施规模，加快农村劳动力转移。各级财政要大幅度增加农民职业技能培训投入，采取补助、培训券、报账制等方式，努力提高培训的实用性和资金的使用效率。广泛调动社会各方面力量参与农民职业技能培训的积极性。

（二十五）进一步发展农村教育、卫生、文化等社会事业。要落实新增教育、卫生、文化、计划生育等事业经费主要用于农村的规定，用于县以下的比例不低于70%。到2007年，争取全国农村义务教育阶段贫困家庭学生都能享受到免书本费、免杂费、补助寄宿生生活费，国家扶贫开发工作重点县要加快实施步伐。坚持以农村为重点的卫生工作方针，积极稳妥推进新型农村合作医疗试点和农村医疗救助工作，实施农村医疗卫生基础设施建设规划，加快农村医疗卫生人才培养，提高农村医疗服务水平和应对突发公共卫生事件的能力。加强艾滋病、血吸虫病等重点疾病的防治工作，推动改水改厕等农村环境卫生综合治理。搞好农村计划生育，对农村部分计划生育家庭实行奖励扶助制度，抓好“少生快富扶贫工程”试点。有条件的地方可以探索建立农村社会保障制度。加大农村重大文化建设项目实施力度，完善农村公共文化服务体系，鼓励社会力量参与农村文化建设。巩固农村宣传文化阵地，加强农村文化市场管理。切实提高农村广播电视“村村通”水平，做好送书下乡、电影放映、文化信息资源共享等工作。

九、加强和改善党对农村工作的领导

（二十六）坚持把解决好“三农”问题作为全党工作的重中之重。这是推进工业化、城镇化和现代化历史进程中必须长期坚持的一个重大方针。全党同志特别是各级领导干部要深刻认识“三农”工作的长期性、复杂性和艰巨性。在当前粮食增产、农民增收的好形势下，要始终保持清醒认识，对农业和农村工作不能有丝毫松懈。要适应我国工业化发展阶段和政策趋向的变化，按照工业反哺农业、城市支持农村的要求，切实把农业和农村经济发展放到国民经济全局中统筹安排，更加自觉地调整国民收入分配结构，更加主动地加强农业基础地位，进一步加大农村改革力度，加大对农业的支持力度，加大对“三农”工作的领导力度。

（二十七）进一步加强农村党建工作。要认真贯彻党的十六届四中全会精神，按照开展保持共产党员先进性教育活动的要求，深入开展农村党的建设“三级联创”活动，增强农村基层党组织的创造力、凝聚力和战斗力，充分发挥农村基层党组织的领导核心作用，进一步巩固党在农村的执政基础。加大农村党员干部的教育培训力度，扩大农村党员干部远程教育试点，增强他们为民服务、廉洁自律的意识，转变作风，提高执行政策、依法办事、发展经济、维护稳定的能力，树立基层干部的良好形象。要关心农村基层干部，帮助他们解决工作和生活上的困难。扩大农村基层民主，完善村务公开、政务公开和民主管理，建立健全村党组织领导的充满活力的村民自治机制，切实维护农民的民主权利。推进农村法制建设，加强农村普法教育，搞好农业综合执法。做好新形势下的农村群众工作，妥善处理各种社会矛盾，关心农村困难群众生产生活，营造和谐的社会氛围。搞好农村社会治安综合治理，依法打击各种犯罪活动。深入推进群众性精神文明创建活动，引导广大农民群众艰苦奋斗、自强不息，加快全面建设小康社会的步伐。

进一步加强农村工作，提高农业综合生产能力，实现粮食增产、农业增效、农民增收，意义重大，任务艰巨。我们要紧密团结在以胡锦涛同志为总书记的党中央周围，高举邓小平理论和“三个代表”重要思想伟大旗帜，坚定信心，奋力开拓，扎实工作，为全面完成农业和农村工作各项任务而努力奋斗。

二〇〇四年十二月三十一日

中共中央　国务院关于推进社会主义新农村建设的若干意见

（2006 年一号文件）

党的十六届五中全会通过的《中共中央关于制定国民经济和社会发展第十一个五年规划的建议》，明确了今后 5 年我国经济社会发展的奋斗目标和行动纲领，提出了建设社会主义新农村的重大历史任务，为做好当前和今后一个时期的“三农”工作指明了方向。

近几年，党中央、国务院以科学发展观统领经济社会发展全局，按照统筹城乡发展的要求，采取了一系列支农惠农的重大政策。各地区各部门认真落实中央部署，切实加强“三农”工作，农业和农村发展出现了积极变化，迎来了新的发展机遇。粮食连续两年较大幅度增产，农业结构调整向纵深推进，农民收入较快增长，农村税费改革取得重大成果，社会事业进一步发展，农村基层组织建设得到加强，干群关系明显改善。农业和农村发展的好形势，对保持国民经济平稳较快增长和社会稳定，发挥了重要的支撑作用。但必须看到，当前农业和农村发展仍然处在艰难的爬坡阶段，农业基础设施脆弱、农村社会事业发展滞后、城乡居民收入差距扩大的矛盾依然突出，解决好“三农”问题仍然是工业化、城镇化进程中重大而艰巨的历史任务。各级党委和政府必须按照党的十六届五中全会的战略部署，始终把“三农”工作放在重中之重，切实把建设社会主义新农村的各项任务落到实处，加快农村全面小康和现代化建设步伐。

一、统筹城乡经济社会发展，扎实推进社会主义新农村建设

（1）建设社会主义新农村是我国现代化进程中的重大历史任务。全面建设小康社会，最艰巨最繁重的任务在农村。加速推进现代化，必须妥善处理工农城乡关系。构建社会主义和谐社会，必须促进农村经济社会全面进步。农村人口众多是我国的国情，只有发展好农村经济，建设好农民的家园，让农民过上宽裕的生活，才能保障全体人民共享经济社会发展成果，才能不断扩大内需和促进国民经济持续发展。当前，我国总体上已进入以工促农、以城带乡的发展阶段，初步具备了加大力度扶持“三农”的能力和条件。“十一五”时期，必须抓住机遇，加快改变农村经济社会发展滞后的局面，扎实稳步推进社会主义新农村建设。

（2）围绕社会主义新农村建设做好农业和农村工作。“十一五”时期是社会主义新农村建设打下坚实基础的关键时期，是推进现代农业建设迈出重大步伐的关键时期，是构建新型工农城乡关系取得突破进

展的关键时期，也是农村全面建设小康加速推进的关键时期。“十一五”时期要高举邓小平理论和“三个代表”重要思想伟大旗帜，全面贯彻落实科学发展观，统筹城乡经济社会发展，实行工业反哺农业、城市支持农村和“多予少取放活”的方针，按照“生产发展、生活宽裕、乡风文明、村容整洁、管理民主”的要求，协调推进农村经济建设、政治建设、文化建设、社会建设和党的建设。当前，要完善强化支农政策，建设现代农业，稳定发展粮食生产，积极调整农业结构，加强基础设施建设，加强农村民主政治建设和精神文明建设，加快社会事业发展，推进农村综合改革，促进农民持续增收，确保社会主义新农村建设有良好开局。

（3）扎实稳步推进社会主义新农村建设。推进新农村建设是一项长期而繁重的历史任务，必须坚持以发展农村经济为中心，进一步解放和发展农村生产力，促进粮食稳定发展、农民持续增收；必须坚持农村基本经营制度，尊重农民的主体地位，不断创新农村体制机制；必须坚持以人为本，着力解决农民生产生活中最迫切的实际问题，切实让农民得到实惠；必须坚持科学规划，实行因地制宜、分类指导，有计划有步骤有重点地逐步推进；必须坚持发挥各方面积极性，依靠农民辛勤劳动、国家扶持和社会力量的广泛参与，使新农村建设成为全党全社会的共同行动。在推进新农村建设工作中，要注重实效，不搞形式主义；要量力而行，不盲目攀比；要民主商议，不强迫命令；要突出特色，不强求一律；要引导扶持，不包办代替。

（4）加快建立以工促农、以城带乡的长效机制。顺应经济社会发展阶段性变化和建设社会主义新农村的要求，坚持“多予少取放活”的方针，重点在“多予”上下功夫。调整国民收入分配格局，国家财政支出、预算内固定资产投资和信贷投放，要按照存量适度调整、增量重点倾斜的原则，不断增加对农业和农村的投入。扩大公共财政覆盖农村的范围，建立健全财政支农资金稳定增长机制。2006年，国家财政支农资金增量要高于上年，国债和预算内资金用于农村建设的比重要高于上年，其中直接用于改善农村生产生活条件的资金要高于上年，并逐步形成新农村建设稳定的资金来源。要把国家对基础设施建设投入的重点转向农村。提高耕地占用税税率，新增税收应主要用于“三农”。抓紧制定将土地出让金一部分收入用于农业土地开发的管理和监督办法，依法严格收缴土地出让金和新增建设用地有偿使用费，土地出让金用于农业土地开发的部分和新增建设用地有偿使用费安排的土地开发整理项目，都要将小型农田水利设施建设作为重要内容，建设标准农田。进一步加大支农资金整合力度，提高资金使用效率。金融机构要不断改善服务，加强对“三农”的支持。要加快建立有利于逐步改变城乡二元结构的体制，实行城乡劳动者平等就业的制度，建立健全与经济发展水平相适应的多种形式的农村社会保障制度。充分发挥市场配置资源的基础性作用，推进征地、户籍等制度改革，逐步形成城乡统一的要素市场，增强农村经济发展活力。

二、推进现代农业建设，强化社会主义新农村建设的产业支撑

（5）大力提高农业科技创新和转化能力。深化农业科研体制改革，加快建设国家创新基地和区域性农业科研中心，在机构设置、人员聘任和投资建设等方面实行新的运行机制。鼓励企业建立农业科技研发中心，国家在财税、金融和技术改造等方面给予扶持。改善农业技术创新的投资环境，发展农业科技创新风险投资。加强农业高技术研究，继续实施现代农业高技术产业化项目，尽快取得一批具有自主知识产权的重大农业科技成果。针对农业生产的迫切需要，加快农作物和畜禽良种繁育、动植物疫病防控、节约资源和防治污染技术的研发、推广。把农业科研投入放在公共财政支持的优先位置，提高农业科技在国家科技投入中的比重。继续安排农业科技成果转化资金和国外先进农业技术引进资金。加强种质资源和知识产权保护。要加快农业技术推广体系改革和建设，积极探索对公益性职能与经营性服务实行分类管理的办法，完善农技推广的社会化服务机制。深入实施农业科技入户工程，扩大重大农业技术推广项目专项补贴规模。鼓励各类农科教机构和社会力量参与多元化的农技推广服务。加强气象为农业服务，保障农业生产和农民生命财产安全。大力推进农业机械化，提高重要农时、重点作物、关键生产环节和粮食主产区的机械化作业水平。

（6）加强农村现代流通体系建设。积极推进农产品批发市场升级改造，促进入市农产品质量等级化、包装规格化。鼓励商贸企业、邮政系统和其他各类投资主体通过新建、兼并、联合、加盟等方式，在农村发展现代流通业。积极发展农产品、农业生产资料和消费品连锁经营，建立以集中采购、统一配送为核心的新型营销体系，改善农村市场环境。继续实施“万村千乡市场工程”，建设连锁化“农家店”。培育和发展农村经纪人队伍。加快农业标准化工作，健全检验检测体系，强化农业生产资料和饲料质量管理，进一步提高农产品质量安全水平。供销合作社要创新服务方式，广泛开展联合、合作经营，加快现代经营网络建设，为农产品流通和农民生产生活资料供应提供服务。2006年要完善全国鲜活农产品“绿色通道”网络，实现省际互通。

（7）稳定发展粮食生产。确保国家粮食安全是保持国民经济平稳较快增长和社会稳定的重要基础。必须坚持立足国内实现粮食基本自给的方针，稳定发展粮食生产，持续增加种粮收益，不断提高生产能力，适度利用国际市场，积极保持供求平衡。坚决落实最严格的耕地保护制度，切实保护基本农田，保护农民的土地承包经营权。继续实施优质粮食产业工程和粮食丰产科技工程，加快建设大型商品粮生产基地和粮食产业带，稳定粮食播种面积，不断提高粮食单产、品质和生产效益。坚持和完善重点粮食品种最低收购价政策，保持合理的粮价水平，加强农业生产资料价格调控，保护种粮农民利益。继续执行对粮食主产县的奖励政策，增加中央财政对粮食主产县的奖励资金。

（8）积极推进农业结构调整。按照高产、优质、高效、生态、安全的要求，调整优化农业结构。加快建设优势农产品产业带，积极发展特色农业、绿色食品和生态农业，保护农产品知名品牌，培育壮大主导产业。继续实施种子工程。大力发展畜牧业，扩大畜禽良种补贴规模，推广健康养殖方式，安排专项投入支持标准化畜禽养殖小区建设试点。要加强动物疫病特别是禽流感等重大疫病防控的基础设施建设，完善突发疫情应急机制，加快推进兽医管理体制改革，稳定基层兽医队伍。积极发展水产业，扩大优质水产品养殖，发展远洋渔业，保护渔业资源，继续做好渔民转产转业工作。提高农产品国际竞争力，扩大园艺、畜牧、水产等优势农产品出口，加强农产品对外贸易磋商，提高我国农业应对国际贸易争端的能力。

（9）发展农业产业化经营。要着力培育一批竞争力、带动力强的龙头企业和企业集群示范基地，推广龙头企业、合作组织与农户有机结合的组织形式，让农民从产业化经营中得到更多的实惠。各级财政要增加扶持农业产业化发展资金，支持龙头企业发展，并可通过龙头企业资助农户参加农业保险。发展大宗农产品期货市场和“订单农业”。通过创新信贷担保手段和担保办法，切实解决龙头企业收购农产品资金不足的问题。开展农产品精深加工增值税改革试点。积极引导和支持农民发展各类专业合作经济组织，加快立法进程，加大扶持力度，建立有利于农民合作经济组织发展的信贷、财税和登记等制度。

（10）加快发展循环农业。要大力开发节约资源和保护环境的农业技术，重点推广废弃物综合利用技术、相关产业链接技术和可再生能源开发利用技术。制定相应的财税鼓励政策，组织实施生物质工程，推广秸秆气化、固化成型、发电、养畜等技术，开发生物质能源和生物基材料，培育生物质产业。积极发展节地、节水、节肥、节药、节种的节约型农业，鼓励生产和使用节电、节油农业机械和农产品加工设备，努力提高农业投入品的利用效率。加大力度防治农业面源污染。

三、促进农民持续增收，夯实社会主义新农村建设的经济基础

（11）拓宽农民增收渠道。要充分挖掘农业内部增收潜力，按照国内外市场需求，积极发展品质优良、特色明显、附加值高的优势农产品，推进“一村一品”，实现增值增效。要加快转移农村劳动力，不断增加农民的务工收入。鼓励和支持符合产业政策的乡镇企业发展，特别是劳动密集型企业和服务业。着力发展县城和在建制的重点镇，从财政、金融、税收和公共品投入等方面为小城镇发展创造有利条件，外来人口较多的城镇要从实际出发，完善社会管理职能。要着眼兴县富民，着力培育产业支撑，大力发展民营经济，引导企业和要素集聚，改善金融服务，增强县级管理能力，发展壮大县域经济。

（12）保障务工农民的合法权益。进一步清理和取消各种针对务工农民流动和进城就业的歧视性规定和不合理限制。建立健全城乡就业公共服务网络，为外出务工农民免费提供法律政策咨询、就业信息、就业指导和职业介绍。严格执行最低工资制度，建立工资保障金等制度，切实解决务工农民工资偏低和拖欠问题。完善劳动合同制度，加强务工农民的职业安全卫生保护。逐步建立务工农民社会保障制度，依法将务工农民全部纳入工伤保险范围，探索适合务工农民特点的大病医疗保障和养老保险办法。认真解决务工农民的子女上学问题。

（13）稳定、完善、强化对农业和农民的直接补贴政策。要加强国家对农业和农民的支持保护体系。对农民实行的“三减免、三补贴”和退耕还林补贴等政策，深受欢迎，效果明显，要继续稳定、完善和强化。2006 年，粮食主产区要将种粮直接补贴的资金规模提高到粮食风险基金的 50% 以上，其他地区也要根据实际情况加大对种粮农民的补贴力度。增加良种补贴和农机具购置补贴。适应农业生产和市场变化的需要，建立和完善对种粮农民的支持保护制度。

（14）加强扶贫开发工作。要因地制宜地实行整村推进的扶贫开发方式，加大力度改善贫困地区的生产生活条件，抓好贫困地区劳动力的转移培训，扶持龙头企业带动贫困地区调整结构，拓宽贫困农户增收渠道。对缺乏生存条件地区的贫困人口实行易地扶贫。继续增加扶贫投入，完善管理机制，提高使用效益。继续动员中央和国家机关、沿海发达地区和社会各界参与扶贫开发事业。切实做好贫困缺粮地区的粮食供应工作。

四、加强农村基础设施建设，改善社会主义新农村建设的物质条件

（15）大力加强农田水利、耕地质量和生态建设。在搞好重大水利工程建设的同时，不断加强农田水利建设。加快发展节水灌溉，继续把大型灌区续建配套和节水改造作为农业固定资产投资的重点。加大大型排涝泵站技术改造力度，配套建设田间工程。大力推广节水技术。实行中央和地方共同负责，逐步扩大中央和省级小型农田水利补助专项资金规模。切实抓好以小型灌区节水改造、雨水集蓄利用为重点的小型农田水利工程建设和管理。继续搞好病险水库除险加固，加强中小河流治理。要大力加强耕地质量建设，实施新一轮沃土工程，科学施用化肥，引导增施有机肥，全面提升地力。增加测土配方施肥补贴，继续实施保护性耕作示范工程和土壤有机质提升补贴试点。农业综合开发要重点支持粮食主产区改造中低产田和中型灌区节水改造。按照建设环境友好型社会的要求，继续推进生态建设，切实搞好退耕还林、天然林保护等重点生态工程，稳定完善政策，培育后续产业，巩固生态建设成果。继续推进退牧还草、山区综合开发。建立和完善生态补偿机制。做好重大病虫害防治工作，采取有效措施防止外来有害生物入侵。加强荒漠化治理，积极实施石漠化地区和东北黑土区等水土流失综合防治工程。建立和完善水电、采矿等企业的环境恢复治理责任机制，从水电、矿产等资源的开发收益中，安排一定的资金用于企业所在地环境的恢复治理，防止水土流失。

（16）加快乡村基础设施建设。要着力加强农民最急需的生活基础设施建设。在巩固人畜饮水解困成果基础上，加快农村饮水安全工程建设，优先解决高氟、高砷、苦咸、污染水及血吸虫病区的饮水安全问题。有条件的地方，可发展集中式供水，提倡饮用水和其他生活用水分质供水。要加快农村能源建设步伐，在适宜地区积极推广沼气、秸秆气化、小水电、太阳能、风力发电等清洁能源技术。从 2006 年起，大幅度增加农村沼气建设投资规模，有条件的地方，要加快普及户用沼气，支持养殖场建设大中型沼气。以沼气池建设带动农村改圈、改厕、改厨。尽快完成农村电网改造的续建配套工程。加强小水电开发规划和管理，扩大小水电代燃料试点规模。要进一步加强农村公路建设，到“十一五”期末基本实现全国所有乡镇通油（水泥）路，东、中部地区所有具备条件的建制村通油（水泥）路，西部地区基本实现具备条件的建制村通公路。要积极推进农业信息化建设，充分利用和整合涉农信息资源，强化面向农村的广播电视电信等信息服务，重点抓好“金农”工程和农业综合信息服务平台建设工程。引导农民自愿出资出劳，开展农村小型基础设施建设，有条件的地方可采取以奖代补、项目补助等办法给予支持。按照建管并重的原则，逐步把农村公路等公益性基础设施的管护纳入国家支持范围。

（17）加强村庄规划和人居环境治理。随着生活水平提高和全面建设小康社会的推进，农民迫切要求改善农村生活环境和村容村貌。各级政府要切实加强村庄规划工作，安排资金支持编制村庄规划和开展村庄治理试点；可从各地实际出发制定村庄建设和人居环境治理的指导性目录，重点解决农民在饮水、行路、用电和燃料等方面的困难，凡符合目录的项目，可给予资金、实物等方面的引导和扶持。加强宅基地规划和管理，大力节约村庄建设用地，向农民免费提供经济安全适用、节地节能节材的住宅设计图样。引导和帮助农民切实解决住宅与畜禽圈舍混杂问题，搞好农村污水、垃圾治理，改善农村环境卫生。注重村庄安全建设，防止山洪、泥石流等灾害对村庄的危害，加强农村消防工作。村庄治理要突出乡村特色、地方特色和民族特色，保护有历史文化价值的古村落和古民宅。要本着节约原则，充分立足现有基础进行房屋和设施改造，防止大拆大建，防止加重农民负担，扎实稳步地推进村庄治理。

五、加快发展农村社会事业，培养推进社会主义新农村建设的新型农民

（18）加快发展农村义务教育。着力普及和巩固农村九年制义务教育。2006 年对西部地区农村义务教育阶段学生全部免除学杂费，对其中的贫困家庭学生免费提供课本和补助寄宿生生活费，2007 年在全国农村普遍实行这一政策。继续实施国家西部地区“两基攻坚”工程和农村中小学现代远程教育工程。建立健全农村义务教育经费保障机制，进一步改善农村办学条件，逐步提高农村中小学公用经费的保障水平。加强农村教师队伍建设，加大城镇教师支援农村教育的力度，促进城乡义务教育均衡发展。加大力度监管和规范农村学校收费，进一步减轻农民的教育负担。

（19）大规模开展农村劳动力技能培训。提高农民整体素质，培养造就有文化、懂技术、会经营的新型农民，是建设社会主义新农村的迫切需要。继续支持新型农民科技培训，提高农民务农技能，促进科学种田。扩大农村劳动力转移培训阳光工程实施规模，提高补助标准，增强农民转产转岗就业的能力。加快建立政府扶助、面向市场、多元办学的培训机制。各级财政要将农村劳动力培训经费纳入预算，不断增加投入。整合农村各种教育资源，发展农村职业教育和成人教育。

（20）积极发展农村卫生事业。积极推进新型农村合作医疗制度试点工作，从 2006 年起，中央和地方财政较大幅度提高补助标准，到 2008 年在全国农村基本普及新型农村合作医疗制度。各级政府要不断增加投入，加强以乡镇卫生院为重点的农村卫生基础设施建设，健全农村三级医疗卫生服务和医疗救助体系。有条件的地方，可对乡村医生实行补助制度。建立与农民收入水平相适应的农村药品供应和监管体系，规范农村医疗服务。加大农村地方病、传染病和人畜共患疾病的防治力度。增加农村卫生人才培养的经费预算，组织城镇医疗机构和人员对口支持农村，鼓励各种社会力量参与发展农村卫生事业。加强农村计划生育服务设施建设，继续稳定农村低生育水平。

（21）繁荣农村文化事业。各级财政要增加对农村文化发展的投入，加强县文化馆、图书馆和乡镇文化站、村文化室等公共文化设施建设，继续实施广播电视“村村通”和农村电影放映工程，发展文化信息资源共享工程农村基层服务点，构建农村公共文化服务体系。推动实施农民体育健身工程。积极开展多种形式的群众喜闻乐见、寓教于乐的文体活动，保护和发展有地方和民族特色的优秀传统文化，创新农村文化生活的载体和手段，引导文化工作者深入乡村，满足农民群众多层次、多方面的精神文化需求。扶持农村业余文化队伍，鼓励农民兴办文化产业。加强农村文化市场管理，抵制腐朽落后文化。

（22）逐步建立农村社会保障制度。按照城乡统筹发展的要求，逐步加大公共财政对农村社会保障制度建设的投入。进一步完善农村“五保户”供养、特困户生活救助、灾民补助等社会救助体系。探索建立与农村经济发展水平相适应、与其他保障措施相配套的农村社会养老保险制度。落实军烈属优抚政策。积极扩大对农村部分计划生育家庭实行奖励扶助制度试点和西部地区计划生育“少生快富”扶贫工程实施范围。有条件的地方，要积极探索建立农村最低生活保障制度。

（23）倡导健康文明新风尚。大力弘扬以爱国主义为核心的民族精神和以改革创新为核心的时代精神，激发农民群众发扬艰苦奋斗、自力更生的传统美德，为建设社会主义新农村提供强大的精神动力和思想保证。加强思想政治工作，深入开展农村形势和政策教育，认真实施公民道德建设工程，积极推动群众性精神文明创建活动，开展和谐家庭、和谐村组、和谐村镇创建活动。引导农民崇尚科学，抵制迷信，移风易俗，破除陋习，树立先进的思想观念和良好的道德风尚，提倡科学健康的生活方式，在农村形成文明向上的社会风貌。

六、全面深化农村改革，健全社会主义新农村建设的体制保障

（24）进一步深化以农村税费改革为主要内容的农村综合改革。2006 年，在全国范围取消农业税。通过试点、总结经验，积极稳妥地推进乡镇机构改革，切实转变乡镇政府职能，创新乡镇事业站所运行机制，精简机构和人员，5 年内乡镇机构编制只减不增。妥善安置分流人员，确保社会稳定。要按照强化公共服务、严格依法办事和提高行政效率的要求，认真解决机构和人员臃肿的问题，切实加强政府社会管理和公共服务的职能。加快农村义务教育体制改革，建立和完善各级政府责任明确、财政分级投入、经费稳定增长、管理以县为主的农村义务教育管理体制，中央和省级政府要更多地承担发展农村义务教育的责任，深化农村学校人事和财务等制度改革。有条件的地方可加快推进“省直管县”财政管理体制和“乡财县管乡用”财政管理方式的改革。各地要对乡村债务进行清理核实，2006 年选择部分县（市）开展化解乡村债务试点工作，妥善处理历年农业税尾欠，完善涉农税收优惠方式，确保农民直接受益。深化国有农场税费改革，将

农业职工土地承包费中类似农村“乡镇五项统筹”的费用全部减除，农场由此减少的收入由中央和省级财政给予适当补助。国有农场要逐步剥离办社会的职能，转变经营机制，在现代农业建设中发挥示范作用。

（25）加快推进农村金融改革。巩固和发展农村信用社改革试点成果，进一步完善治理结构和运行机制。县域内各金融机构在保证资金安全的前提下，将一定比例的新增存款投放当地，支持农业和农村经济发展，有关部门要抓紧制定管理办法。扩大邮政储蓄资金的自主运用范围，引导邮政储蓄资金返还农村。调整农业发展银行职能定位，拓宽业务范围和资金来源。国家开发银行要支持农村基础设施建设和农业资源开发。继续发挥农业银行支持农业和农村经济发展的作用。在保证资本金充足、严格金融监管和建立合理有效的退出机制的前提下，鼓励在县域内设立多种所有制的社区金融机构，允许私有资本、外资等参股。大力培育由自然人、企业法人或社团法人发起的小额贷款组织，有关部门要抓紧制定管理办法。引导农户发展资金互助组织。规范民间借贷。稳步推进农业政策性保险试点工作，加快发展多种形式、多种渠道的农业保险。各地可通过建立担保基金或担保机构等办法，解决农户和农村中小企业贷款抵押担保难问题，有条件的地方政府可给予适当扶持。

（26）统筹推进农村其他改革。稳定和完善以家庭承包经营为基础、统分结合的双层经营体制，健全在依法、自愿、有偿基础上的土地承包经营权流转机制，有条件的地方可发展多种形式的适度规模经营。加快集体林权制度改革，促进林业健康发展。完善粮食流通体制，深化国有粮食企业改革，建立产销区稳定的购销关系，加强国家对粮食市场的宏观调控。加快征地制度改革步伐，按照缩小征地范围、完善补偿办法、拓展安置途径、规范征地程序的要求，进一步探索改革经验。完善对被征地农民的合理补偿机制，加强对被征地农民的就业培训，拓宽就业安置渠道，健全对被征地农民的社会保障。推进小型农田水利设施产权制度改革。

七、加强农村民主政治建设，完善建设社会主义新农村的乡村治理机制

（27）不断增强农村基层党组织的战斗力、凝聚力和创造力。充分发挥农村基层党组织的领导核心作用，为建设社会主义新农村提供坚强的政治和组织保障。要以建设社会主义新农村为主题，在全国农村深入开展保持共产党员先进性教育活动，引导广大农村党员学习贯彻党章，坚定理想信念，坚持党的宗旨。要结合农村实际，有针对性地开展正面教育，解决党组织和党员队伍中存在的突出问题，解决影响改革发展稳定的主要问题，解决群众最关心的重点问题，务求取得实效。加强农村基层组织的阵地建设，继续搞好农村党员干部现代远程教育，加大政策理论、法律法规和实用技术培训力度，引导农村基层干部发扬求真务实、踏实苦干的工作作风，广泛联系群众，增强带领群众增收致富的能力。关心和爱护农村基层干部，继续开展农村党的建设“三级联创”活动，加强基层党风廉政建设，巩固党在农村的执政基础。充分发挥农村共青团和妇联组织的作用。

（28）切实维护农民的民主权利。健全村党组织领导的充满活力的村民自治机制，进一步完善村务公开和民主议事制度，让农民群众真正享有知情权、参与权、管理权、监督权。完善村民“一事一议”制度，健全农民自主筹资筹劳的机制和办法，引导农民自主开展农村公益性设施建设。开展村务公开民主管理示范活动，推动农村基层志愿服务活动。加强农村法制建设，深入开展农村普法教育，增强农民的法制观念，提高农民依法行使权利和履行义务的自觉性。妥善处理农村各种社会矛盾，加强农村社会治安综合治理，打击“黄赌毒”等社会丑恶现象，建设平安乡村，创造农民安居乐业的社会环境。

(29) 培育农村新型社会化服务组织。在继续增强农村集体组织经济实力和服务功能、发挥国家基层经济技术服务部门作用的同时，要鼓励、引导和支持农村发展各种新型的社会化服务组织。推动农产品行业协会发展，引导农业生产者和农产品加工、出口企业加强行业自律，搞好信息服务，维护成员权益。鼓励发展农村法律、财务等中介组织，为农民发展生产经营和维护合法权益提供有效服务。

八、切实加强领导，动员全党全社会关心、支持和参与社会主义新农村建设

(30) 加强对社会主义新农村建设工作的领导。推进社会主义新农村建设事关我国农业和农村的长远发展，事关改革开放和现代化建设的大局，各级党委和政府要从战略和全局的高度出发，把建设社会主义新农村作为一件大事，真正列入议事日程，切实加强领导，明确工作重点，每年为农民办几件实事。各级党委和政府的工作部门都要明确自身在新农村建设中的职责和任务，特别是宏观管理、基础产业和公共服务部门，在制定发展规划、安排建设投资和事业经费时，要充分考虑统筹城乡发展的要求，更多地向农村倾斜。各地区各部门要建立推进新农村建设的工作协调机制，加强统一领导，明确职责分工，搞好配合协作。各级领导干部要深入农村调查研究，总结实践经验，加强指导服务，帮助基层解决新农村建设中遇到的各种矛盾和问题。

(31) 科学制定社会主义新农村建设规划。新农村建设涉及经济、政治、文化和社会各个方面，是一项十分复杂的系统工程，必须切实加强规划工作。各地要按照统筹城乡经济社会发展的要求，把新农村建设纳入当地经济和社会发展的总体规划。要明确推进新农村建设的思路、目标和工作措施，统筹安排各项建设任务。做好第二次全国农业普查工作，为制定规划提供科学依据。要充分考虑农民的切身利益和发展要求，在促进农村经济发展的基础上，区分轻重缓急，突出建设重点，加强饮水安全、农田水利、乡村道路、农村能源等基础设施建设，加快教育、卫生等公共事业发展。要尊重自然规律、经济规律和社会发展规律，广泛听取基层和农民群众的意见和建议，提高规划的科学性、民主性、可行性，确保新农村建设扎实稳步推进。

(32) 动员全社会力量关心、支持和参与社会主义新农村建设。建设社会主义新农村是全社会的事业，需要动员各方面力量广泛参与。各行各业都要关心支持新农村建设，为新农村建设作出贡献。充分发挥城市带动农村发展的作用，加大城市经济对农村的辐射，加大城市人才、智力资源对农村的支持，加大城市科技、教育、医疗等方面对农民的服务。要形成全社会

参与新农村建设的激励机制，鼓励各种社会力量投身社会主义新农村建设，引导党政机关、人民团体、企事业单位和社会知名人士、志愿者对乡村进行结对帮扶，加强舆论宣传，努力营造全社会关心、支持、参与建设社会主义新农村的浓厚氛围。

做好2006年和“十一五”时期的农业和农村工作，任务艰巨，意义重大。我们要紧密团结在以胡锦涛同志为总书记的党中央周围，高举邓小平理论和“三个代表”重要思想伟大旗帜，全面贯彻落实科学发展观，解放思想，振奋精神，开拓进取，扎实工作，为建设社会主义新农村而努力奋斗。

中共中央　国务院
关于积极发展现代农业扎实推进社会主义新农村建设的若干意见

（2007年一号文件）

农业丰则基础强，农民富则国家盛，农村稳则社会安。加强“三农”工作，积极发展现代农业，扎实推进社会主义新农村建设，是全面落实科学发展观、构建社会主义和谐社会的必然要求，是加快社会主义现代化建设的重大任务。

2006年以来，各地区各部门认真贯彻中央部署，社会主义新农村建设开局良好。在自然灾害较重的情况下，粮食继续增产，农民持续增收，农村综合改革稳步推进，农村公共事业明显加强，农村社会更加稳定。但当前农村发展仍存在许多突出矛盾和问题，农业基础设施依然薄弱，农民稳定增收依然困难，农村社会事业发展依然滞后，改变农村落后面貌、缩小城乡差距仍需付出艰苦努力。要增强危机感，坚持解决好“三农”问题是全党工作重中之重的战略思想丝毫不能动摇，促进农业稳定发展、农民持续增收的重要任务丝毫不能放松，支农惠农的政策力度丝毫不能减弱，扎实推进新农村建设的各项工作丝毫不能松懈。

发展现代农业是社会主义新农村建设的首要任务，是以科学发展观统领农村工作的必然要求。推进现代农业建设，顺应我国经济发展的客观趋势，符合当今世界农业发展的一般规律，是促进农民增加收入的基本途径，是提高农业综合生产能力的重要举措，是建设社会主义新农村的产业基础。要用现代物质条件装备农业，用现代科学技术改造农业，用现代产业体系提升农业，用现代经营形式推进农业，用现代发展理念引领农业，用培养新型农民发展农业，提高农业水利化、机械化和信息化水平，提高土地产出率、资源利用率和农业劳动生产率，提高农业素质、效益和竞争力。建设现代农业的过程，就是改造传统农业、不断发展农村生产力的过程，就是转变农业增长方式、促进农业又好又快发展的过程。必须把建设现代农业作为贯穿新农村建设和现代化全过程的一项长期艰巨任务，切实抓紧抓好。

2007年农业和农村工作的总体要求是：以邓小平理论和“三个代表”重要思想为指导，全面落实科学发展观，坚持把解决好“三农”问题作为全党工作的重中之重，统筹城乡经济社会发展，实行工业反哺农业、城市支持农村和多予少取放活的方针，巩固、完善、加强支农惠农政策，切实加大农业投入，积极推进现代农业建设，强化农村公共服务，深化农村综合改革，促进粮食稳定发展、农民持续增收、农村更加和谐，确保新农村建设取得新的进展，巩固和发展农业农村的好形势。

一、加大对“三农”的投入力度，建立促进现代农业建设的投入保障机制

增加农业投入，是建设现代农业、强化农业基础的迫切需要。必须不断开辟新的农业投入渠道，逐步形成农民积极筹资投劳、政府持续加大投入、社会力量广泛参与的多元化投入机制。特别要抓住当前经济发展较快和财政增收较多的时机，继续巩固、完善、加强支农惠农政策，切实加大对“三农”的投入，实实在在为农民办一些实事。

（一）大幅度增加对“三农”的投入。各级政府要切实把基础设施建设和社会事业发展的重点转向农村，国家财政新增教育、卫生、文化等事业经费和固定资产投资增量主要用于农村，逐步加大政府土地出让收入用于农村的比重。要建立“三农”投入稳定增长机制，积极调整财政支出结构、固定资产投资结构和信贷投放结构，中央和县级以上地方财政每年对农业总投入的增长幅度应当高于其财政经常性收入的增长幅度，尽快形成新农村建设稳定的资金来源。2007 年，财政支农投入的增量要继续高于上年，国家固定资产投资用于农村的增量要继续高于上年，土地出让收入用于农村建设的增量要继续高于上年。建设用地税费提高后新增收入主要用于“三农”。加快制定农村金融整体改革方案，努力形成商业金融、合作金融、政策性金融和小额贷款组织互为补充、功能齐备的农村金融体系，探索建立多种形式的担保机制，引导金融机构增加对“三农”的信贷投放。加大支农资金整合力度，抓紧建立支农投资规划、计划衔接和部门信息沟通工作机制，完善投入管理办法，集中用于重点地区、重点项目，提高支农资金使用效益。要注重发挥政府资金的带动作用，引导农民和社会各方面资金投入农村建设。加快农业投入立法进程，加强执法检查。

（二）健全农业支持补贴制度。近几年实行的各项补贴政策，深受基层和农民欢迎，要不断巩固、完善和加强，逐步形成目标清晰、受益直接、类型多样、操作简便的农业补贴制度。各地用于种粮农民直接补贴的资金要达到粮食风险基金的 50% 以上。加大良种补贴力度，扩大补贴范围和品种。扩大农机具购置补贴规模、补贴机型和范围。加大农业生产资料综合补贴力度。中央财政要加大对产粮大县的奖励力度，增加对财政困难县乡增收节支的补助。同时，继续对重点地区、重点粮食品种实行最低收购价政策，并逐步完善办法、健全制度。

（三）建立农业风险防范机制。要加强自然灾害和重大动植物病虫害预测预报和预警应急体系建设，提高农业防灾减灾能力。积极发展农业保险，按照政府引导、政策支持、市场运作、农民自愿的原则，建立完善农业保险体系。扩大农业政策性保险试点范围，各级财政对农户参加农业保险给予保费补贴，完善农业巨灾风险转移分摊机制，探索建立中央、地方财政支持的农业再保险体系。鼓励龙头企业、中介组织帮助农户参加农业保险。

（四）鼓励农民和社会力量投资现代农业。充分发挥农民在建设新农村和发展现代农业中的主体作用，引导农民发扬自力更生精神，增加生产投入和智力投入，提高科学种田和集约经营水平。完善农村"一事一议"筹资筹劳办法，支持各地对"一事一议"建设公益设施实行奖励补助制度。对农户投资投劳兴建直接受益的生产生活设施，可给予适当补助。综合运用税收、补助、参股、贴息、担保等手段，为社会力量投资建设现代农业创造良好环境。企业捐款和投资建设农村公益设施，可以按规定享受相应的税收优惠政策。

二、加快农业基础建设，提高现代农业的设施装备水平

改善农业设施装备，是建设现代农业的重要内容。必须下决心增加投入，加强基础设施建设，加快改变农村生产生活条件落后的局面。

（一）大力抓好农田水利建设。要把加强农田水利设施建设作为现代农业建设的一件大事来抓。加快大型灌区续建配套和节水改造，搞好末级渠系建设，推行灌溉用水总量控制和定额管理。扩大大型泵站技术改造实施范围和规模。农业综合开发要增加对中型灌区节水改造投入。加强丘陵山区抗旱水源建设，加快西南地区中小型水源工程建设。增加小型农田水利工程建设补助专项资金规模。加大病险水库除险加固力度，加强中小河流治理，改善农村水环境。引导农民开展直接受益的农田水利工程建设，推广农民用水户参与灌溉管理的有效做法。

（二）切实提高耕地质量。强化和落实耕地保护责任制，切实控制农用地转为建设用地的规模。合理引导农村节约集约用地，切实防止破坏耕作层的农业生产行为。加大土地复垦、整理力度。按照田地平整、土壤肥沃、路渠配套的要求，加快建设旱涝保收、高产稳产的高标准农田。加快实施沃土工程，重点支持有机肥积造和水肥一体化设施建设，鼓励农民发展绿肥、秸秆还田和施用农家肥。扩大土壤有机质提升补贴项目试点规模和范围。增加农业综合开发投入，积极支持高标准农田建设。

（三）加快发展农村清洁能源。继续增加农村沼气建设投入，支持有条件的地方开展养殖场大中型沼气建设。在适宜地区积极发展秸秆气化和太阳能、风能等清洁能源，加快绿色能源示范县建设，实施西北地区百万户太阳灶建设工程。加快实施乡村清洁工程，推进人畜粪便、农作物秸秆、生活垃圾和污水的综合治理和转化利用。加强农村水能资源开发规划和管理，扩大小水电代燃料工程实施范围和规模，加大对贫困地区农村水电开发的投入和信贷支持。

（四）加大乡村基础设施建设力度。"十一五"时期，要解决 1.6 亿农村人口的饮水安全问题，优先解决人口较少民族、水库移民、血吸虫病区和农村学校的安全饮水，争取到 2015 年基本实现农村人口安全饮水目标，有条件的地方可加快步伐。加大农村公路建设力度，加强农村公路养护和管理，完善农村公路筹资建设和养护机制。继续推进农村电网改造和建设，落实城乡同网同价政策，加快户户通电工程建设，实施新农村电气化建设"百千万"工程。鼓励农民在政府支持下，自愿筹资筹劳开展农村小型基础设施建设。治理农村人居环境，搞好村庄治理规划和试点，节约农村建设用地。继续发展小城镇和县域经济，充分发挥辐射周边农村的功能，带动现代农业发展，促进基础设施和公共服务向农村延伸。

（五）发展新型农用工业。农用工业是增强农业物质装备的重要依托。积极发展新型肥料、低毒高效农药、多功能农业机械及可降解农膜等新型农业投入品。优化肥料结构，加快发展适合不同土壤、不同作物特点的专用肥、缓释肥。加大对新农药创制工程支持力度，推进农药产品更新换代。加快农机行业技术创新和结构调整，重点发展大中型拖拉机、多功能通用型高效联合收割机及各种专用农机产品。尽快制定有利于农用工业发展的支持政策。

（六）提高农业可持续发展能力。鼓励发展循环农业、生态农业，有条件的地方可加快发展有机农业。继续推进天然林保护、退耕还林等重大生态工程建设，进一步完善政策、巩固成果。启动石漠化综合治理工程，继续实施沿海防护林工程。完善森林生态效益补偿基金制度，探索建立草原生态补偿机制。加快实施退牧还草工程。加强森林草原防火工作。加快长江、黄河上中游和西南石灰岩等地区水土流失治理，启动坡耕地水土流失综合整治工程。加强农村环境保护，减少农业面源污染，搞好江河湖海的水污染治理。

三、推进农业科技创新，强化建设现代农业的科技支撑

科技进步是突破资源和市场对我国农业双重制约的根本出路。必须着眼增强农业科技自主创新能力，加快农业科技成果转化应用，提高科技对农业增长的贡献率，促进农业集约生产、清洁生产、安全生产和可持续发展。

（一）加强农业科技创新体系建设。大幅度增加农业科研投入，加强国家基地、区域性农业科研中心创新能力建设。启动农业行业科研专项，支持农业科技项目。着力扶持对现代农业建设有重要支撑作用的技术研发。继续安排农业科技成果转化资金和国外先进农业技术引进资金。加快推进农业技术成果的集成创新和中试熟化。深化农业科研院所改革，开展稳定支持农业科研院所的试点工作，逐步提高农业科研院所的人均事业费水平。建立鼓励科研人员科技创新的激励机制。充分发挥大专院校在农业科技研究中的作用。引导涉农企业开展技术创新活动，企业与科研单位进行农业技术合作、向基地农户推广农业新品种新技术所发生的有关费用，享受企业所得税的相关优惠政策。对于涉农企业符合国家产业政策和有关规定引进的加工生产设备，允许免征进口关税和进口环节增值税。

（二）推进农业科技进村入户。积极探索农业科技成果进村入户的有效机制和办法，形成以技术指导员为纽带，以示范户为核心，连接周边农户的技术传播网络。继续加强基层农业技术推广体系建设，健全公益性职能经费保障机制，改善推广条件，提高人员素质。推进农科教结合，发挥农业院校在农业技术推广中的积极作用。增大国家富民强县科技专项资金规模，提高基层农业科技成果转化能力。继续支持重大农业技术推广，加快实施科技入户工程。着力培育科技大户，发挥对农民的示范带动作用。

（三）大力推广资源节约型农业技术。要积极开发运用各种节约型农业技术，提高农业资源和投入品使用效率。大力普及节水灌溉技术，启动旱作节水农业示范工程。扩大测土配方施肥的实施范围和补贴规模，进一步推广诊断施肥、精准施肥等先进施肥技术。改革农业耕作制度和种植方式，开展免耕栽培技术推广补贴试点，加快普及农作物精量半精量播种技术。积极推广集约、高效、生态畜禽水产养殖技术，降低饲料和能源消耗。

（四）积极发展农业机械化。要改善农机装备结构，提升农机装备水平，走符合国情、符合各地实际的农业机械化发展道路。加快粮食生产机械化进程，因地制宜地拓展农业机械化的作业和服务领域，在重点农时季节组织开展跨区域的机耕、机播、机收作业服务。建设农机化试验示范基地，大力推广水稻插秧、土地深松、化肥深施、秸秆粉碎还田等农机化技术。鼓励农业生产经营者共同使用、合作经营农业机械，积极培育和发展农机大户和农机专业服务组织，推进农机服务市场化、产业化。加强农机安全监理工作。

（五）加快农业信息化建设。用信息技术装备农业，对于加速改造传统农业具有重要意义。健全农业信息收集和发布制度，整合涉农信息资源，推动农业信息数据收集整理规范化、标准化。加强信息服务平台建设，深入实施“金农”工程，建立国家、省、市、县四级农业信息网络互联中心。加快建设一批标准统一、实用性强的公用农业数据库。加强农村一体化的信息基础设施建设，创新服务模式，启动农村信息化示范工程。积极发挥气象为农业生产和农民生活服务的作用。鼓励有条件的地方在农业生产中积极采用全球卫星定位系统、地理信息系统、遥感和管理信息系统等技术。

四、开发农业多种功能，健全发展现代农业的产业体系

农业不仅具有食品保障功能，而且具有原料供给、就业增收、生态保护、观光休闲、文化传承等功能。建设现代农业，必须注重开发农业的多种功能，向农业的广度和深度进军，促进农业结构不断优化升级。

（一）促进粮食稳定发展。继续坚持立足国内保障粮食基本自给的方针，逐步构建供给稳定、调控有力、运转高效的粮食安全保障体系。2007 年，要努力稳定粮食播种面积，提高单产、优化品种、改善品质。继续实施优质粮食产业、种子、植保和粮食丰产科技等工程。推进粮食优势产业带建设，鼓励有条件的地方适度发展连片种植，加大对粮食加工转化的扶持力度。支持粮食主产区发展粮食生产和促进经济增长，水利建设、中低产田改造和农产品加工转化等资金和项目安排，要向粮食主产区倾斜。加强对粮食生产、消费、库存及进出口的监测和调控，建立和完善粮食安全预警系统，维护国内粮食市场稳定。

（二）发展健康养殖业。健康养殖直接关系人民群众的生命安全。转变养殖观念，调整养殖模式，做大做强畜牧产业。按照预防为主、关口前移的要求，积极推行健康养殖方式，加强饲料安全管理，从源头上把好养殖产品质量安全关。牧区要积极推广舍饲半舍饲饲养，农区有条件的要发展规模养殖和畜禽养殖小区。扩大对养殖小区的补贴规模，继续安排奶牛良种补贴资金。加大动物疫病防控投入力度，加强基层兽医队伍建设，健全重大动物疫情监测和应急处置机制，建立和完善动物标识及疫病可追溯体系。水产养殖业要推广优良品种，加强水产养殖品种病害防治，提高健康养殖水平。

（三）大力发展特色农业。要立足当地

自然和人文优势，培育主导产品，优化区域布局。适应人们日益多样化的物质文化需求，因地制宜地发展特而专、新而奇、精而美的各种物质、非物质产品和产业，特别要重视发展园艺业、特种养殖业和乡村旅游业。通过规划引导、政策支持、示范带动等办法，支持“一村一品”发展。加快培育一批特色明显、类型多样、竞争力强的专业村、专业乡镇。

（四）扶持农业产业化龙头企业发展。龙头企业是引导农民发展现代农业的重要带动力量。通过贴息补助、投资参股和税收优惠等政策，支持农产品加工业发展。中央和省级财政要专门安排扶持农产品加工的补助资金，支持龙头企业开展技术引进和技术改造。完善农产品加工业增值税政策，减轻农产品加工企业税负。落实扶持农业产业化经营的各项政策，各级财政要逐步增加对农业产业化的资金投入。农业综合开发资金要积极支持农业产业化发展。金融机构要加大对龙头企业的信贷支持，重点解决农产品收购资金困难问题。有关部门要加强对龙头企业的指导和服务。

（五）推进生物质产业发展。以生物能源、生物基产品和生物质原料为主要内容的生物质产业，是拓展农业功能、促进资源高效利用的朝阳产业。加快开发以农作物秸秆等为主要原料的生物质燃料、肥料、饲料，启动农作物秸秆生物气化和固化成型燃料试点项目，支持秸秆饲料化利用。加强生物质产业技术研发、示范、储备和推广，组织实施农林生物质科技工程。鼓励有条件的地方利用荒山、荒地等资源，发展生物质原料作物种植。加快制定有利于生物质产业发展的扶持政策。

五、健全农村市场体系，发展适应现代农业要求的物流产业

发达的物流产业和完善的市场体系，是现代农业的重要保障。必须强化农村流通基础设施建设，发展现代流通方式和新型流通业态，培育多元化、多层次的市场流通主体，构建开放统一、竞争有序的市场体系。

（一）建设农产品流通设施和发展新型流通业态。采取优惠财税措施，支持农村流通基础设施建设和物流企业发展。要合理布局，加快建设一批设施先进、功能完善、交易规范的鲜活农产品批发市场。大力发展农村连锁经营、电子商务等现代流通方式。加快建设“万村千乡市场”、“双百市场”、“新农村现代流通网络”和“农村商务信息服务”等工程。支持龙头企业、农民专业合作组织等直接向城市超市、社区菜市场和便利店配送农产品。积极支持农资超市和农家店建设，对农资和农村日用消费品连锁经营，实行企业总部统一办理工商注册登记和经营审批手续。切实落实鲜活农产品运输绿色通道政策。改善农民进城销售农产品的市场环境。进一步规范和完善农产品期货市场，充分发挥引导生产、稳定市场、规避风险的作用。

（二）加强农产品质量安全监管和市场服务。认真贯彻农产品质量安全法，提高农产品质量安全监管能力。加快完善农产品质量安全标准体系，建立农产品质量可追溯制度。在重点地区、品种、环节和企业，加快推行标准化生产和管理。实行农药、兽药专营和添加剂规范使用制度，实施良好农业操作规范试点。继续加强农产品生产环境和产品质量检验检测，搞好无公害农产品、绿色食品、有机食品认证，依法保护农产品注册商标、地理标志和知名品牌。严格执行转基因食品、液态奶等农产品标识制度。加强农业领域知识产权保护。启动实施农产品质量安全检验检测体系建设规划。加强对农资生产经营和农村食品药品质量安全监管，探索建立农资流通企业信用档案制度和质量保障赔偿机制。

（三）加强农产品进出口调控。加快实施农业“走出去”战略。加强农产品出口基地建设，实行企业出口产品卫生注册制度和国际认证，推进农产品检测结果国际互认。支持农产品出口企业在国外市场注册品牌，开展海外市场研究、营销策划、产品推介活动。有关部门和行业协会要积极开展农产品技术标准、国际市场促销等培训服务。搞好对农产品出口的信贷和保险服务。减免出口农产品检验检疫费用，简化检验检疫程序，加快农产品特别是鲜活产品出口的通关速度。加强对大宗农产品进口的调控和管理，保护农民利益，维护国内生产和市场稳定。

（四）积极发展多元化市场流通主体。加快培育农村经纪人、农产品运销专业户和农村各类流通中介组织。采取财税、金融等措施，鼓励各类工商企业通过收购、兼并、参股和特许经营等方式，参与农村市场建设和农产品、农资经营，培育一批大型涉农商贸企业集团。供销合作社要推进开放办社，发展联合与合作，提高经营活力和市场竞争力。邮政系统要发挥邮递物流网络的优势，拓展为农服务领域。国有粮食企业要加快改革步伐，发挥衔接产销、稳定市场的作用。商贸、医药、通信、文化等企业要积极开拓农村市场。

六、培养新型农民，造就建设现代农业的人才队伍

建设现代农业，最终要靠有文化、懂技术、会经营的新型农民。必须发挥农村的人力资源优势，大幅度增加人力资源开发投入，全面提高农村劳动者素质，为推进新农村建设提供强大的人才智力支持。

（一）培育现代农业经营主体。普遍开展农业生产技能培训，扩大新型农民科技培训工程和科普惠农兴村计划规模，组织实施新农村实用人才培训工程，努力把广大农户培养成有较强市场意识、有较高生产技能、有一定管理能力的现代农业经营者。积极发展种养专业大户、农民专业合作组织、龙头企业和集体经济组织等各类适应现代农业发展要求的经营主体。采取各类支持政策，鼓励外出务工农民带技术、带资金回乡创业，成为建设现代农业的带头人。支持工商企业、大专院校和中等职业学校毕业生、乡土人才创办现代农业企业。

（二）加强农民转移就业培训和权益保护。加大“阳光工程”等农村劳动力转移就业培训支持力度，进一步提高补贴标准，充实培训内容，创新培训方式，完善培训机制。适应制造业发展需要，从农民工中培育一批中高级技工。鼓励用工企业和培训机构开展定向、订单培训。组织动员社会力量广泛参与农民转移就业培训。按照城乡统一、公平就业的要求，进一步完善农民外出就业的制度保障。做好农民工就业的公共服务工作，加快解决农民工的子女上学、工伤、医疗和养老保障等问题，切实提高农民工的生活质量和社会地位。

（三）加快发展农村社会事业。这是增强农民综合素质的必然要求，也是构建社会主义和谐社会的重要内容。继续改善农村办学条件，促进城乡义务教育均衡发展。2007年全国农村义务教育阶段学生全部免除学杂费，对家庭经济困难学生免费提供教科书并补助寄宿生生活费，有条件的地方可扩大免、补实施范围。加快发展农村职业技术教育和农村成人教育，扩大职业教育面向农村的招生规模。加大对大专院校和中等职业学校农林类专业学生的助学力度，有条件的地方可减免种植、养殖专业学生的学费。努力扫除农村青壮年文盲。继续扩大新型农村合作医疗制度试点范围，加强规范管理，扩大农民受益面，并不断完善农村医疗救助制度。加强农村计划生育工作，全面推行农村计划生育家庭奖励扶助政策，加大少生快富工程实施力度。增加农村文化事业投入，加强农村公共文化服务体系建设，加快广播电视“村村通”和农村文化信息资源共享工程建设步伐。

（四）提高农村公共服务人员能力。建立农村基层干部、农村教师、乡村医生、计划生育工作者、基层农技推广人员及其他与农民生产生活相关服务人员的培训制度，加强在岗培训，提高服务能力。进一步转换乡镇事业单位用人机制，积极探索由受益农民参与基层服务人员业绩考核评定的相关办法。加大城市教师、医务人员、文化工作者支援农村的力度，完善鼓励大专院校和中等职业学校毕业生到农村服务的有关办法，引导他们到农村创业。有条件的地方，可选拔大专院校和中等职业学校毕业生到乡村任职，改善农村基层干部队伍结构。

七、深化农村综合改革，创新推动现代农业发展的体制机制

深化农村综合改革，是巩固农村税费改革成果、推进现代农业建设的客观要求。必须加快改革步伐，为建设现代农业提供体制机制保障。

（一）深化农村综合改革。有条件的地方要在全省范围内开展乡镇机构改革试点，暂不具备条件的省份要进一步扩大市、县试点范围，从乡村实际出发转变乡镇政府职能，完善农村基层行政管理体制和工作机制，提高农村公共服务水平。认真落实农村义务教育经费保障机制改革措施，搞好教育人事制度改革，加强农村教师队伍建设。建立健全财力与事权相匹配的省以下财政管理体制，进一步完善财政转移支付制度，增强基层政府公共产品和公共服务的供给能力。中央和省级财政要安排一定资金，对地方推进农村综合改革给予奖励补助。

（二）统筹推进农村其他改革。进一步发挥中国农业银行、中国农业发展银行在农村金融中的骨干和支柱作用，继续深化农村信用社改革，尽快明确县域内各金融机构新增存款投放当地的比例，引导邮政储蓄等资金返还农村，大力发展农村小额贷款，在贫困地区先行开展发育农村多种所有制金融组织的试点。坚持农村基本经营制度，稳定土地承包关系，规范土地承包经营权流转，加快征地制度改革。稳定渔民的水域滩涂养殖使用权。加快推进农村集体林权制度改革，明晰林地使用权和林木所有权，放活经营权，落实处置权，继续搞好国有林区林权制度改革试点。积极搞好水权制度改革，探索建立水权分配、登记、转让等各项管理制度。继续推进农垦体制改革，转换企业经营机制，发挥农垦企业在现代农业建设中的示范带动作用。

（三）清理化解乡村债务。全面清理核

实乡村债务，摸清底数，锁定旧债，制止发生新债，积极探索化解债务的措施和办法，优先化解农村义务教育、基础设施建设和社会公益事业发展等方面的债务。各地要妥善处理好历年农业税尾欠，在严格把握政策和加强审核的前提下，该减免的要坚决减免，能豁免的应予以豁免。中央和省级财政要安排一定奖励资金，鼓励地方主动化解乡村债务。

（四）大力发展农民专业合作组织。认真贯彻农民专业合作社法，支持农民专业合作组织加快发展。各地要加快制定推动农民专业合作社发展的实施细则，有关部门要抓紧出台具体登记办法、财务会计制度和配套支持措施。要采取有利于农民专业合作组织发展的税收和金融政策，增大农民专业合作社建设示范项目资金规模，着力支持农民专业合作组织开展市场营销、信息服务、技术培训、农产品加工储藏和农资采购经营。

八、加强党对农村工作的领导，确保现代农业建设取得实效

党管农村工作是我们党的一个传统和重大原则，也是建设现代农业、推进社会主义新农村建设的根本保证。全党要高度重视“三农”工作，把建设现代农业作为一件大事列入重要议事日程，切实抓紧抓好。要适应农村经济社会深刻变化的新形势，调整工作思路，转变工作作风，改进工作方法。

（一）各级党委和政府要坚持不懈抓好“三农”工作。各级党政主要领导要亲自抓“三农”工作，省、市、县党委要有负责同志分管“三农”工作。充实和加强“三农”工作综合机构，贯彻落实好党的支农惠农政策。各部门要树立全局观念，强化服务意识，更加积极主动地支持现代农业建设。各级领导干部要转变作风，深入乡村、深入群众，帮助基层解决实际问题。要进一步细分地域类型，细化工作措施，更有针对性地搞好分类指导。加强农村基层组织建设，巩固和发展农村保持共产党员先进性教育活动成果。继续开展农村党的建设“三级联创”活动，选好配强乡村党组织领导班子，加强以村党组织为核心的村级组织配套建设。加快推进农村党员干部现代远程教育工程，大力推进村级组织活动场所建设。积极探索从优秀村干部中考录乡镇公务员、选任乡镇领导干部的有效途径，关心村干部的工作和生活，合理提高村干部的待遇和保障水平。加强农村基层党风廉政建设，增强农村基层党组织的创造力、凝聚力、战斗力。

（二）加强和改进农村社会管理。针对农村经济社会发展的新变化，要创新农村社会管理体制机制，切实加强维护农村社会稳定工作。拓宽农村社情民意表达渠道，建立健全矛盾纠纷的排查调处机制，综合运用多种手段和办法，妥善解决农村社会的苗头性、倾向性问题。深入开展平安农村建设，加强农村警务建设，搞好农村社会治安综合治理，保持农村安定有序。在农村广泛开展法制宣传教育，增强群众的法律意识，引导农民以理性合法的方式表达利益诉求，依法行使权利、履行义务。建立农村应急管理体制，提高危机处置能力。

（三）促进农村和谐发展。健全村党组织领导的充满活力的村民自治机制，完善村务公开制度，促进农村基层民主健康发展。加强农村精神文明建设，开展以“八荣八耻”为主要内容的社会主义荣辱观教育，推进群众性精神文明创建活动，引导农民崇尚科学、抵制迷信、移风易俗。加大对中西部地区特别是老少边穷地区发展社会事业、改善生产生活条件的支持力度。继续搞好开发式扶贫，实行整村推进扶贫方式，分户制定更有针对性的扶贫措施，提高扶贫开发成效。在全国范围建立农村最低生活保障制度，各地应根据当地经济发展水平和财力状况，确定低保对象范围、标准，鼓励已建立制度的地区完善制度，支持未建立制度的地区建立制度，中央财政对财政困难地区给予适当补助。有条件的地方，可探索建立多种形式的农村养老保险制度。高度重视农村残疾人事业，妥善解决外出务工农民家庭的实际困难。做好农村消防及其他安全工作，坚决制止污染企业向农村扩散，强化对各类地质灾害的监控，做好救灾救济工作，切实增强群众安全感。

加快建设现代农业，推进社会主义新农村建设，意义重大，任务艰巨。我们要紧密团结在以胡锦涛同志为总书记的党中央周围，高举邓小平理论和“三个代表”重要思想伟大旗帜，全面落实科学发展观，坚定信心，扎实苦干，奋力开拓，为构建社会主义和谐社会作出新的贡献。

国务院关于在全国建立农村最低生活保障制度的通知

各省、自治区、直辖市人民政府，国务院各部委、各直属机构：

为贯彻落实党的十六届六中全会精神，切实解决农村贫困人口的生活困难，国务院决定，2007 年在全国建立农村最低生活保障制度。现就有关问题通知如下：

一、充分认识建立农村最低生活保障制度的重要意义

改革开放以来，我国经济持续快速健康发展，党和政府高度重视“三农”工作，不断加大扶贫开发和社会救助工作力度，农村贫困人口数量大幅减少。但是，仍有部分贫困人口尚未解决温饱问题，需要政府给予必要的救助，以保障其基本生活，并帮助其中有劳动能力的人积极劳动脱贫致富。党的十六大以来，部分地区根据中央部署，积极探索建立农村最低生活保障制度，为全面解决农村贫困人口的基本生活问题打下了良好基础。在全国建立农村最低生活保障制度，是践行“三个代表”重要思想、落实科学发展观和构建社会主义和谐社会的必然要求，是解决农村贫困人口温饱问题的重要举措，也是建立覆盖城乡的社会保障体系的重要内容。做好这一工作，对于促进农村经济社会发展，逐步缩小城乡差距，维护社会公平具有重要意义。各地区、各部门要充分认识建立农村最低生活保障制度的重要性，将其作为社会主义新农村建设的一项重要任务，高度重视，扎实推进。

二、明确建立农村最低生活保障制度的目标和总体要求

建立农村最低生活保障制度的目标是：通过在全国范围建立农村最低生活保障制度，将符合条件的农村贫困人口全部纳入保障范围，稳定、持久、有效地解决全国农村贫困人口的温饱问题。

建立农村最低生活保障制度，实行地方人民政府负责制，按属地进行管理。各地要从当地农村经济社会发展水平和财力状况的实际出发，合理确定保障标准和对象范围。同时，要做到制度完善、程序明确、操作规范、方法简便，保证公开、公平、公正。要实行动态管理，做到保障对象有进有出，补助水平有升有降。要与扶贫开发、促进就业以及其他农村社会保障政策、生活性补助措施相衔接，坚持政府救济与家庭赡养扶养、社会互助、个人自立相结合，鼓励和支持有劳动能力的贫困人口生产自救，脱贫致富。

三、合理确定农村最低生活保障标准和对象范围

农村最低生活保障标准由县级以上地方人民政府按照能够维持当地农村居民全年基本生活所必需的吃饭、穿衣、用水、用电等费用确定，并报上一级地方人民政府备案后公布执行。农村最低生活保障标准要随着当地生活必需品价格变化和人民生活水平提高适时进行调整。

农村最低生活保障对象是家庭年人均纯收入低于当地最低生活保障标准的农村居民，主要是因病残、年老体弱、丧失劳动能力以及生存条件恶劣等原因造成生活常年困难的农村居民。

四、规范农村最低生活保障管理

农村最低生活保障的管理既要严格规范，又要从农村实际出发，采取简便易行的方法。

（一）申请、审核和审批。申请农村最低生活保障，一般由户主本人向户籍所在地的乡（镇）人民政府提出申请；村民委员会受乡（镇）人民政府委托，也可受理申请。受乡（镇）人民政府委托，在村党组织的领导下，村民委员会对申请人开展家庭经济状况调查、组织村民会议或村民代表会议民主评议后提出初步意见，报乡（镇）人民政府；乡（镇）人民政府审核后，报县级人民政府民政部门审批。乡（镇）人民政府和县级人民政府民政部门要核查申请人的家庭收入，了解其家庭财产、劳动力状况和实际生活水平，并结合村民民主评议，提出审核、审批意见。在核算申请人家庭收入时，申请人家庭按国家规定所获得的优待抚恤金、计划生育奖励与扶助金以及教育、见义勇为等方面的奖励性补助，一般不计入家庭收入，具体核算办法由地方人民政府确定。

（二）民主公示。村民委员会、乡（镇）人民政府以及县级人民政府民政部门要及时向社会公布有关信息，接受群众监督。公示的内容重点为：最低生活保障对象的申请情况和对最低生活保障对象的民主评议意见，审核、审批意见，实际补助水平等情况。对公示没有异议的，要按程序及时落实申请人的最低生活保障待遇；对公示有异议的，要进行调查核实，认真处理。

（三）资金发放。最低生活保障金原则上按照申请人家庭年人均纯收入与保障标准的差额发放，也可以在核查申请人家庭收入的基础上，按照其家庭的困难程度和类别，分档发放。要加快推行国库集中支付方式，通过代理金融机构直接、及时地将最低生活保障金支付到最低生活保障对象账户。

（四）动态管理。乡（镇）人民政府和县级人民政府民政部门要采取多种形式，定期或不定期调查了解农村困难群众的生活状况，及时将符合条件的困难群众纳入保障范围；并根据其家庭经济状况的变化，及时按程序办理停发、减发或增发最低生活保障金的手续。保障对象和补助水平变动情况都要及时向社会公示。

五、落实农村最低生活保障资金

农村最低生活保障资金的筹集以地方为主，地方各级人民政府要将农村最低生活保障资金列入财政预算，省级人民政府要加大投入。地方各级人民政府民政部门要根据保障对象人数等提出资金需求，经同级财政部门审核后列入预算。中央财政对财政困难地区给予适当补助。

地方各级人民政府及其相关部门要统筹考虑农村各项社会救助制度，合理安排农村最低生活保障资金，提高资金使用效益。同时，鼓励和引导社会力量为农村最低生活保障提供捐赠和资助。农村最低生活保障资金实行专项管理，专账核算，专款专用，严禁挤占挪用。

六、加强领导，确保农村最低生活保障制度的顺利实施

在全国建立农村最低生活保障制度，是一项重大而又复杂的系统性工作。地方各级人民政府要高度重视，将其纳入政府工作的重要议事日程，加强领导，明确责任，统筹协调，抓好落实。

要精心设计制度方案，周密组织实施。各省、自治区、直辖市人民政府制订和修订的方案，要报民政部、财政部备案。已建立农村最低生活保障制度的，要进一步完善制度，规范操作，努力提高管理水平；尚未建立农村最低生活保障制度的，要抓紧建章立制，在今年内把最低生活保障制度建立起来并组织实施。要加大政策宣传力度，利用广播、电视、报刊、互联网等媒体，做好宣传普及工作，使农村最低生活保障政策进村入户、家喻户晓。要加强协调与配合，各级民政部门要发挥职能部门作用，建立健全各项规章制度，推进信息化建设，不断提高规范化、制度化、科学化管理水平；财政部门要落实资金，加强对资金使用和管理的监督；扶贫部门要密切配合、搞好衔接，在最低生活保障制度实施后，仍要坚持开发式扶贫的方针，扶持有劳动能力的贫困人口脱贫致富。要做好新型农村合作医疗和农村医疗救助工作，防止因病致贫或返贫。要加强监督检查，县级以上地方人民政府及其相关部门要定期组织检查或抽查，对违法违纪行为及时纠正处理，对工作成绩突出的予以表彰，并定期向上一级人民政府及其相关部门报告工作进展情况。各省、自治区、直辖市人民政府要于每年年底前，将农村最低生活保障制度实施情况报告国务院。

农村最低生活保障工作涉及面广、政策性强、工作量大，地方各级人民政府在推进农村综合改革，加强农村公共服务能力建设的过程中，要统筹考虑建立农村最低生活保障制度的需要，科学整合县乡管理机构及人力资源，合理安排工作人员和工作经费，切实加强工作力量，提供必要的工作条件，逐步实现低保信息化管理，努力提高管理和服务质量，确保农村最低生活保障制度顺利实施和不断完善。

二〇〇七年八月

关于切实加强农业基础建设进一步促进农业发展农民增收的若干意见

（2008 年一号文件）

党的十七大高举中国特色社会主义伟大旗帜，对继续推进改革开放和社会主义现代化建设、实现全面建设小康社会的宏伟目标作出了全面部署。推动科学发展，促进社会和谐，夺取全面建设小康社会新胜利，必须加强农业基础地位，走中国特色农业现代化道路，建立以工促农、以城带乡长效机制，形成城乡经济社会发展一体化新格局。

党的十六大以来，党中央、国务院顺应时代要求，遵循发展规律，与时俱进加强“三农”工作，作出了一系列意义重大、影响深远的战略部署。坚持把解决好“三农”问题作为全党工作的重中之重，不断强化对农业和农村工作的领导；坚持统筹城乡发展，不断加大工业反哺农业、城市支持农村的力度；坚持多予少取放活，不断完善农业支持保护体系；坚持市场取向改革，不断解放和发展农村生产力；坚持改善民生，不断解决农民生产生活最迫切的实际问题。经过全党全国人民的共同努力，农业和农村发展呈现出难得的好局面。粮食连续 4 年增产，农业生产全面发展。农民收入持续较快增长，生活水平明显提高。农村基础设施加快改善，社会事业发展和扶贫开发迈出重大步伐。农村改革取得历史性突破，发展活力不断增强。农村党群干群关系明显改善，农村社会稳定和谐。农业和农村形势好，为改革发展稳定全局作出了重大贡献。实践证明，中央关于“三农”工作的方针政策是完全正确的。

当前，工业化、信息化、城镇化、市场化、国际化深入发展，农业和农村正经历着深刻变化。农业资源环境和市场约束增强，保障农产品供求平衡难度加大，要求加速转变农业发展方式。农产品贸易竞争加剧，促进优势农产品出口和适时适度调控进口难度加大，要求加快提升农业竞争力。农业比较效益下降，保持粮食稳定发展、农民持续增收难度加大，要求健全农业支持保护体系。农村生产要素外流加剧，缩小城乡差距难度加大，要求加大统筹城乡发展力度。农村社会结构深刻转型，兼顾各方利益和搞好社会管理难度加大，要求进一步完善乡村治理机制。全党必须深刻认识“三农”工作面临的新形势新任务，全面把握新机遇新挑战，增强做好“三农”工作的紧迫感，粮食安全的警钟要始终长鸣，巩固农业基础的弦要始终绷紧，解决好“三农”问题作为全党工作重中之重的要求要始终坚持。

2008 年和今后一个时期，农业和农村工作的总体要求是：全面贯彻党的十七大精神，高举中国特色社会主义伟大旗帜，以邓小平理论和“三个代表”重要思想为指导，深入贯彻落实科学发展观，按照形成城乡经济社会发展一体化新格局的要求，突出加强农业基础建设，积极促进农业稳定发展、农民持续增收，努力保障主要农产品基本供给，切实解决农村民生问题，扎实推进社会主义新农村建设。

一、加快构建强化农业基础的长效机制

在经济社会发展新阶段，农业的多种功能日益凸现，农业的基础作用日益彰显。必须更加自觉地加强农业基础地位，不断加大强农惠农政策力度。

（一）按照统筹城乡发展要求切实加大“三农”投入力度。强化农业基础，必须引导要素资源合理配置，推动国民收入分配切实向“三农”倾斜，大幅度增加对农业和农村投入。要坚持并落实工业反哺农业、城市支持农村和多予少取放活的方针，坚持做到县级以上各级财政每年对农业总投入增长幅度高于其财政经常性收入增长幅度，坚持把国家基础设施建设和社会事业发展的重点转向农村。2008 年，财政支农投入的增量要明显高于上年，国家固定资产投资用于农村的增量要明显高于上年，政府土地出让收入用于农村建设的增量要明显高于上年。耕地占用税新增收入主要用于“三农”，重点加强农田水利、农业综合开发和农村基础设施建设。完善城市维护建设税政策，各地预算安排的城市维护建设支出要确定部分资金用于乡村规划、基础设施建设和维护。从 2008 年起，国家在国家扶贫开发工作重点县新安排的病险水库除险加固、生态建设等公益性强的基本建设项目，根据不同情况，逐步减少或取消县及县以下配套。加强农业投入管理，提高资金使用效益。加快农业投入立法。

（二）巩固、完善、强化强农惠农政策。按照适合国情、着眼长远、逐步增加、健全机制的原则，坚持和完善农业补贴制度，不断强化对农业的支持保护。继续加大对农民的直接补贴力度，增加粮食直补、良种补贴、农机具购置补贴和农资综合直补。扩大良种补贴范围。增加农机具购置补贴种类，提高补贴标准，将农机具购置补贴覆盖到所有农业县。认真总结各地开展政策性农业保险试点的经验和做法，稳步扩大试点范围，科学确定补贴品种。全面落实对粮食、油料、生猪和奶牛生产的各项扶持政策，加大对生产大县的奖励补助，逐步形成稳定规范的制度。根据保障农产品供给和调动农民积极性的需要，统筹研究重要农产品的补贴政策。强农惠农政策要向重点产区倾斜，向提高生产能力倾斜。继续对重点地区、重点粮食品种实行最低收购价政策。

（三）形成农业增效、农民增收良性互动格局。要通过结构优化增收，继续搞好农产品优势区域布局规划和建设，支持优质农产品生产和特色农业发展，推进农产品精深加工。要通过降低成本增收，大力发展节约型农业，促进秸秆等副产品和生活废弃物资源化利用，提高农业生产效益。要通过非农就业增收，提高乡镇企业、家庭工业和乡村旅游发展水平，增强县域经济发展活力，改善农民工进城就业和返乡创业环境。要通过政策支持增收，加大惠农力度，防止农民负担反弹，合理调控重要农产品和农业生产资料价格。进一步明确农民家庭财产的法律地位，保障农民对集体财产的收益权，创造条件让更多农民

获得财产性收入。

（四）探索建立促进城乡一体化发展的体制机制。着眼于改变农村落后面貌，加快破除城乡二元体制，努力形成城乡发展规划、产业布局、基础设施、公共服务、劳动就业和社会管理一体化新格局。健全城乡统一的生产要素市场，引导资金、技术、人才等资源向农业和农村流动，逐步实现城乡基础设施共建共享、产业发展互动互促。切实按照城乡一体化发展的要求，完善各级行政管理机构和职能设置，逐步实现城乡社会统筹管理和基本公共服务均等化。

二、切实保障主要农产品基本供给

确保农产品有效供给是促进经济发展和社会稳定的重要物质基础。必须立足发展国内生产，深入推进农业结构战略性调整，保障农产品供求总量平衡、结构平衡和质量安全。

（一）高度重视发展粮食生产。切实稳定粮食播种面积，优化品种结构，提高单产水平，确保粮食生产稳定发展。积极发展稻谷生产，扩大专用小麦播种面积，合理引导玉米消费。继续实施粮食生产各项工程。根据粮食产销格局的变化，进一步完善粮食风险基金政策，加大对粮食主产区的扶持力度，完善产粮大县奖励政策。实施粮食战略工程，集中力量建设一批基础条件好、生产水平高和调出量大的粮食核心产区；在保护生态前提下，着手开发一批资源有优势、增产有潜力的粮食后备产区。扩大西部退耕地区基本口粮田建设。落实粮食省长负责制，主销区和产销平衡区要稳定粮食自给水平。支持发展主要粮食作物的政策性保险。大力发展油料生产，鼓励优势区域发展棉花、糖料生产，着力提高品质和单产。积极应对全球气候变化，加强防灾减灾工作。支持农垦企业建设大型粮食和农产品生产基地，充分发挥其在现代农业建设中的示范带动作用。

（二）切实抓好“菜篮子”产品生产。继续强化“菜篮子”市长负责制，确保“菜篮子”产品生产稳定发展。积极推动蔬菜等园艺产品的规模化种植。加快转变畜禽养殖方式，对规模养殖实行“以奖代补”，落实规模养殖用地政策，继续实行对畜禽养殖业的各项补贴政策。完善原料奶价格形成机制，严格执行液态奶标识制度。推行水产健康养殖，强化水生生物资源养护，落实禁渔休渔制度，加强渔业安全基础设施建设，支持发展远洋渔业。有条件的地方要积极发展设施农业和精细农业。建立健全生猪、奶牛等政策性保险制度。

（三）加强农业标准化和农产品质量安全工作。加快农业标准修订制定工作。继续实施农业标准化示范项目，扶持龙头企业、农民专业合作组织、科技示范户和种养大户率先实行标准化生产。实施农产品质量安全检验检测体系建设规划，依法开展质量安全监测和检查，巩固农产品质量安全专项整治成果。深入实施无公害农产品行动计划，建立农产品质量安全风险评估机制，健全农产品标识和可追溯制度。强化农业投入品监管，启动实施“放心农资下乡进村”示范工程。积极发展绿色食品和有机食品，培育名牌农产品，加强农产品地理标志保护。

（四）支持农业产业化发展。继续实施农业产业化提升行动，培育壮大一批成长性好、带动力强的龙头企业，支持龙头企业跨区域经营，促进优势产业集群发展。

中央和地方财政要增加农业产业化专项资金，支持龙头企业开展技术研发、节能减排和基地建设等。探索采取建立担保基金、担保公司等方式，解决龙头企业融资难问题。抓紧研究完善农产品加工税收政策，促进农产品精深加工健康发展。允许符合条件的龙头企业向社会发行企业债券。龙头企业要增强社会责任，与农民结成更紧密的利益共同体，让农民更多地分享产业化经营成果。健全国家和省级重点龙头企业动态管理机制。引导各类市场主体参与农业产业化经营。鼓励农民专业合作社兴办农产品加工企业或参股龙头企业。支持发展“一村一品”。

（五）加强和改善农产品市场调控。适应生产方式、产销格局和资源环境的变化，统筹利用两个市场、两种资源，保障国内农产品供给和生产发展。兼顾生产者和消费者利益，运用经济杠杆引导农产品价格保持合理水平。加强粮食等重要农产品储备体系建设，完善吞吐调节机制，引导企业建立商业性储备。抓紧建立健全重要农产品供求和价格监测预警体系。鼓励优势农产品出口，推进出口农产品质量追溯体系建设，支持发展农产品出口信贷和信用保险。完善大宗农产品进口管理和贸易救济预警制度。探索采取符合国际惯例的有效手段，调节农产品进出口。驻外机构特别是我驻农产品主要贸易国使领馆要加强国际农产品市场信息服务和农业合作交流。

三、突出抓好农业基础设施建设

加强以农田水利为重点的农业基础设施建设是强化农业基础的紧迫任务。必须切实加大投入力度，加快建设步伐，努力提高农业综合生产能力，尽快改变农业基础设施长期薄弱的局面。

（一）狠抓小型农田水利建设。抓紧编制和完善县级农田水利建设规划，整体推进农田水利工程建设和管理。大幅度增加中央和省级小型农田水利工程建设补助专项资金，将大中型灌区末级渠系改造和小型排涝设施建设纳入补助范围。以雨水集蓄利用为重点，兴建山区小型抗旱水源工程。采取奖励、补助等形式，调动农民建设小型农田水利工程的积极性。推进小型农田水利工程产权制度改革，探索非经营性农村水利工程管理体制改革办法，明确建设主体和管护责任。支持农民用水合作组织发展，提高服务能力。

（二）大力发展节水灌溉。继续把大型灌区节水改造作为农业固定资产投资的重点，力争到2020年基本完成大型灌区续建配套与节水改造任务。农业综合开发要增加中型灌区骨干工程和大中型灌区田间节水改造资金投入。搞好节水灌溉示范，引导农民积极采用节水设备和技术。扩大大型灌溉排水泵站技术改造规模和范围，实施重点涝区治理。对农业灌排用电给予优惠。

（三）抓紧实施病险水库除险加固。大幅度增加病险水库除险加固资金投入，健全责任制，加快完成大中型和重点小型病险水库除险加固任务。各地要加快编制重点地区中小河流治理规划，增加建设投入，中央对中西部地区给予适当补助。引导地方搞好河道疏浚。深化水利工程管理体制改革，进一步落实库区移民政策。加快西南地区中小型水源工程建设。扩大实施山洪灾害防治试点，加强地质灾害防治工作。

（四）加强耕地保护和土壤改良。严格执行土地利用总体规划和年度计划，全面落实耕地保护责任制，建立和完善土地违法违规案件查处协调机制，切实控制建设占用耕地和林地。土地出让收入用于农村的投入，要重点支持基本农田整理、灾毁复垦和耕地质量建设。继续增加投入，加大力度改造中低产田。加快沃土工程实施步伐，扩大测土配方施肥规模。支持农民秸秆还田、种植绿肥、增施有机肥。加快实施旱作农业示范工程，建设一批旱作节水示范区。

（五）加快推进农业机械化。推进农业机械化是转变农业生产方式的迫切需要，也为振兴农机工业提供了重要机遇。加快推进粮食作物生产全程机械化，稳步发展经济作物和养殖业机械化。加强先进适用、生产急需农业机械的研发，重点在粮食主产区、南方丘陵区和血吸虫疫区加快推广应用。完善农业机械化税费优惠政策，对农机作业服务实行减免税，对从事田间作业的拖拉机免征养路费，继续落实农机跨区作业免费通行政策。继续实施保护性耕作项目。扶持发展农机大户、农机合作社和农机专业服务公司。加强农机安全监理工作。

（六）继续加强生态建设。深入实施天然林保护、退耕还林等重点生态工程。建立健全森林、草原和水土保持生态效益补偿制度，多渠道筹集补偿资金，增强生态功能。继续推进山区综合开发，促进林业产业发展。落实草畜平衡制度，推进退牧还草，发展牧区水利，兴建人工草场。加强森林草原火灾监测预警体系和防火基础设施建设。继续搞好长江、黄河、东北黑土区等重点流域、区域水土保持工作。加强荒漠化、石漠化治理，加大坡改梯、黄土高原淤地坝和南方崩岗治理工程建设力度，加强湿地保护，促进生态自我修复。加强农村节能减排工作，鼓励发展循环农业，推进以非粮油作物为主要原料的生物质能源研究和开发。加大农业面源污染防治力度，抓紧制定规划，切实增加投入，落实治理责任，加快重点区域治理步伐。

四、着力强化农业科技和服务体系基本支撑

加强农业科技和服务体系建设是加快发展现代农业的客观需要。必须推动农业科技创新取得新突破，农业社会化服务迈出新步伐，农业素质、效益和竞争力实现新提高。

（一）加快推进农业科技研发和推广应用。切实增加农业科研投入，重点支持公益性农业科研机构和高等学校开展基础性、前沿性研究，加强先进实用技术集成配套。加强产学研密切结合，推进农业科技创新活动。推动现代农业产业技术体系建设，提升农业区域创新能力。启动转基因生物新品种培育科技重大专项，加快实施种子工程和畜禽水产良种工程。继续安排农业科技成果转化资金。深入实施科技入户工程，加大重大技术推广支持力度，继续探索农业科技成果进村入户的有效机制和办法。切实加强公益性农业技术推广服务，对国家政策规定必须确保的各项公益性服务，要抓紧健全相关机构和队伍，确保必要的经费。通过3到5年的建设，力争使基层公益性农技推广机构具备必要的办公场所、仪器设备和试验示范基地。国家可采取委托、招标等形式，调动各方面力量参与农业技术推广，形成多元化农技推广网络。充分发挥气象为农业生产服务的职能和作用。

（二）建立健全动植物疫病防控体系。加快构建网络健全、队伍稳定、保障有力、处置高效的动物疫病防控体系。抓紧落实官方兽医和执业兽医制度，继续加大动物防疫体系建设投入力度，扩大无规定动物疫病区建设范围。对重大动物疫病实施免费强制免疫，完善重大动物疫病扑杀补偿机制。加快研制高效安全农药、兽药。加强动物疫病防控基础工作，健全村级动物防疫员队伍，并给予必要的经费补助。继续实施植保工程，探索建立专业化防治队伍，推进重大植物病虫害统防统治。

（三）大力培养农村实用人才。组织实施新农村实用人才培训工程，重点培训种养业能手、科技带头人、农村经纪人和专业合作组织领办人等。加快提高农民素质和创业能力，以创业带动就业，实现创业富民、创新强农。继续加大外出务工农民职业技能培训力度。加快构建县域农村职业教育和培训网络，发展城乡一体化的中等职业教育。支持高等学校设置和强化农林水类专业。国家励志奖学金和助学金对在高等学校农林水类专业就读的学生给予倾斜，对毕业后到农村基层从事农林水专业工作达到一定年限的毕业生，实行国家助学贷款代偿政策，落实中等职业教育助学金政策，对农林水类专业学生给予倾斜。

（四）积极发展农民专业合作社和农村服务组织。全面贯彻落实农民专业合作社法，抓紧出台配套法规政策，尽快制定税收优惠办法，清理取消不合理收费。各级财政要继续加大对农民专业合作社的扶持，农民专业合作社可以申请承担国家的有关涉农项目。支持发展农业生产经营服务组织，为农民提供代耕代种、用水管理和仓储运输等服务。鼓励发展农村综合服务组织，具备条件的地方可建立便民利民的农村社区服务中心和公益服务站。

（五）加强农村市场体系建设。建立健全适应现代农业发展要求的大市场、大流通。继续实施“万村千乡”、“双百市场”和“农产品批发市场升级改造”等工程，落实农产品批发市场用地按工业用地对待的政策。加强粮食现代物流体系建设，开展鲜活农产品冷链物流试点。供销合作社要加快组织创新和经营创新，推进新农村现代流通网络工程建设。通过实施财税、信贷、保险等政策，鼓励商贸、邮政、医药、文化等企业在农村发展现代流通业。完善农产品期货市场，积极稳妥发展农产品期货品种。加快落实鲜活农产品绿色通道省内外车辆无差别减免通行费政策。

（六）积极推进农村信息化。按照求实效、重服务、广覆盖、多模式的要求，整合资源，共建平台，健全农村信息服务体系。推进“金农”、“三电合一”、农村信息化示范和农村商务信息服务等工程建设，积极探索信息服务进村入户的途径和办法。在全国推广资费优惠的农业公益性服务电话。健全农业信息收集和发布制度，为农民和企业提供及时有效的信息服务。

五、逐步提高农村基本公共服务水平

推进城乡基本公共服务均等化是构建社会主义和谐社会的必然要求。必须加快发展农村公共事业，提高农村公共产品供给水平。

（一）提高农村义务教育水平。对全部农村义务教育阶段学生免费提供教科书，提高农村义务教育阶段家庭经济困难寄宿生生活费补助标准，扩大覆盖面，提高农村中小学公用经费和校舍维修经费补助标准，加大农村薄弱学校改造力度。加强农村教育经费使用的规范管理。努力提高农村中小学教师素质，实施中西部农村和边疆地区骨干教师远程培训计划，选派和组织城市教师到农村交流任教，鼓励和组织大学毕业生到农村学校任教。

（二）增强农村基本医疗服务能力。2008年在全国普遍建立新型农村合作医疗制度，提高国家补助标准，适当增加农民个人缴费，规范基金管理，完善补偿机制，扩大农民受益面。完善农村医疗救助制度。加强农村卫生服务网络建设和药品监管，规范农村医疗卫生服务。加大农村传染病和地方病防治力度。优先在农村落实扩大免费预防接种范围的政策。

（三）稳定农村低生育水平。推进新农村新家庭计划，继续实施农村计划生育家庭奖励制度、少生快富工程和特别扶助制度。稳定农村人口和计划生育工作队伍，加强农村计划生育服务体系建设。加强农村流动人口的计划生育工作。

（四）繁荣农村公共文化。加强农村精神文明建设，用社会主义荣辱观引领农村社会风尚。深入实施广播电视“村村通”、农村电影放映、乡镇综合文化站和农民书屋工程，建设文化信息资源共享工程农村基层服务点。大力创作和生产农民喜闻乐见的优秀文化产品，积极开展健康向上的农村群众文化活动，着力丰富偏远地区和进城务工人员的精神文化生活。广泛开展农村体育健身活动。引导和鼓励社会力量投入农村文化建设。

（五）建立健全农村社会保障体系。完善农村最低生活保障制度，在健全政策法规和运行机制基础上，将符合条件的农村贫困家庭全部纳入低保范围。中央和地方各级财政要逐步增加农村低保补助资金，提高保障标准和补助水平。落实农村五保供养政策，保障五保供养对象权益。探索建立农村养老保险制度，鼓励各地开展农村社会养老保险试点。

（六）不断提高扶贫开发水平。继续坚持开发式扶贫的方针，增加扶贫开发投入，逐步提高扶贫标准，加大对农村贫困人口和贫困地区的扶持力度。继续做好整村推进、培训转移和产业化扶贫工作。加大移民扶贫力度。集中力量解决革命老区、民族地区、边疆地区和特殊类型地区贫困问题。动员社会力量参与扶贫开发事业。

（七）大力发展农村公共交通。加大中央和地方财政性资金、国债资金投入力度，继续加强农村公路建设。强化农村公路建设质量监管，推进农村公路管理养护体制改革。加快实施渡改桥及渡口渡船改造等工程。完善扶持农村公共交通发展的政策措施，改善农村公共交通服务，推进农村客运网络化和线路公交化改造，推动城乡客运协调发展。

（八）继续改善农村人居环境。增加农村饮水安全工程建设投入，加快实施进度，加强饮水水源地保护，对供水成本较高的可给予政策优惠或补助，让农民尽快喝上放心水。加强农村水能资源规划和管理，推进水电农村电气化建设，扩大小水电代燃料建设规模。继续实施农村电网改造。增加农村沼气投入，积极发展户用沼气，组织实施大中型沼气工程，加强沼气服务体系建设。支持有条件的农牧区发展太阳能、风能。有序推进村庄治理，继续实施乡村清洁工程，开展创建“绿色家园”行动。完善小城镇规划，加强小城镇基础设施建设。重视解决农村困难群众住房安全问题。

六、稳定完善农村基本经营制度和深化农村改革

以家庭承包经营为基础、统分结合的双层经营体制是农村改革最重要的制度性成果。深化农村改革是强化农业基础、促进城乡一体化发展的动力源泉。必须稳定完善农村基本经营制度，不断深化农村改革，激发亿万农民的创造活力，为农村经济社会发展提供强大动力。

（一）坚持和完善以家庭承包经营为基础、统分结合的双层经营体制。这是宪法规定的农村基本经营制度，必须毫不动摇地长期坚持，在实践中加以完善。各地要切实稳定农村土地承包关系，认真开展延包后续完善工作，确保农村土地承包经营权证到户。加强农村土地承包规范管理，加快建立土地承包经营权登记制度。继续推进农村土地承包纠纷仲裁试点。严格执行土地承包期内不得调整、收回农户承包地的法律规定。按照依法自愿有偿原则，健全土地承包经营权流转市场。农村土地承包合同管理部门要加强土地流转中介服务，完善土地流转合同、登记、备案等制度，在有条件的地方培育发展多种形式适度规模经营的市场环境。坚决防止和纠正强迫农民流转、通过流转改变土地农业用途等问题，依法制止乡、村组织通过“反租倒包”等形式侵犯农户土地承包经营权等行为。稳步推进草原家庭承包经营，稳定渔民的水域滩涂养殖使用权。

（二）切实保障农民土地权益。继续推进征地制度改革试点，规范征地程序，提高补偿标准，健全对被征地农民的社会保障制度，建立征地纠纷调处裁决机制。对未履行征地报批程序、征地补偿标准偏低、补偿不及时足额到位、社会保障不落实的，坚决不予报批用地。对违法违规占地批地的，坚决依法查处。严格农村集体建设用地管理，严禁通过“以租代征”等方式提供建设用地。城镇居民不得到农村购买宅基地、农民住宅或“小产权房”。开展城镇建设用地增加与农村建设用地减少挂钩的试点，必须严格控制在国家批准的范围之内。依法规范农民宅基地整理工作。

（三）积极推进乡镇机构和县乡财政管理体制改革。深化乡镇机构改革，加强基层政权建设。加快转变乡镇政府职能，着力强化公共服务和社会管理，为农村经济社会发展创造有利环境。从不同地区实际出发，明确乡镇工作任务和工作重点，严格控制对乡镇党政领导的“一票否决”事项。完善县乡财政体制，增强基层财政实力，建立健全村级组织运转经费保障机制。探索建立农村公益事业建设新机制，支持建立村级公益事业建设“一事一议”财政奖补制度试点。进一步加强农民负担监管工作，推进减轻农民水费负担综合改革试点，继续开展重点领域农村乱收费专项治理工作。

（四）全面推进集体林权制度改革。在坚持集体林地所有权不变的前提下，将林地使用权和林木所有权落实到户。在不改变林地用途前提下，承包人有权依法处置林地使用权和林木所有权，可依法自主经营商品林。积极推进林木采伐管理、公益林补偿、林权抵押、政策性森林保险等配套改革。切实加强对集体林权制度改革的组织领导，加大财政支持力度，确保集体林权制度改革顺利进行。稳步推进国有林场和重点国有林区林权制度改革试点。

（五）加快农村金融体制改革和创新。加快推进调整放宽农村地区银行业金融机构准入政策试点工作。加大农业发展银行支持“三农”的力度。推进农业银行改革。继续深化农村信用社改革，加大支持力度，完善治理结构，维护和保持县级联社的独立法人地位。邮政储蓄银行要通过多种方式积极扩大涉农业务范围。积极培育小额信贷组织，鼓励发展信用贷款和联保贷款。通过批发或转贷等方式，解决部分农村信用社及新型农村金融机构资金来源不足的问题。加快落实县域内银行业金融机构将一定比例新增存款投放当地的政策。推进农村担保方式创新，扩大有效抵押品范围，探索建立政府支持、企业和银行多方参与的农村信贷担保机制。制定符合农村信贷业务特点的监管制度。加强财税、货币政策的协调和支持，引导各类金融机构到农村开展业务。完善政策性农业保险经营机制和发展模式。建立健全农业再保险体系，逐步形成农业巨灾风险转移分担机制。

（六）妥善处置乡村债务。各地要抓紧清理乡村债务，在锁定旧债、制止新债前提下，分类进行处置。对公益性债务的化解，县级以上各级人民政府要予以支持；对生产经营性债务，应按照市场原则协商解决。当前，要重点推进农村义务教育历史债务化解试点工作，有条件的要以省为单位试点，暂不具备条件的也要进行局部试点。主要通过增加中央和省级财政投入，用3年左右时间，基本化解农村义务教育的历史债务。

（七）全面加强农民工权益保障。建立统一规范的人力资源市场，形成城乡劳动者平等就业的制度。加快大中城市户籍制度改革，探索在城镇有稳定职业和固定居所的农民登记为城市居民的办法。各地和有关部门要切实加强对农民工的就业指导和服务。采取强有力的措施，建立农民工工资正常增长和支付保障机制。健全农民工社会保障制度，加快制定低费率、广覆盖、可转移、与现行制度相衔接的农民工养老保险办法，扩大工伤、医疗保险覆盖范围。鼓励有条件的地方和企业通过多种形式，提供符合农民工特点的低租金房屋，改善农民工居住条件。农民工输入地要坚持以公办学校为主接收农民工子女就学，收费与当地学生平等对待。农民工输出地要为留守儿童创造良好的学习、寄宿和监护条件。深入开展“共享蓝天”关爱农村留守、流动儿童行动。

七、扎实推进农村基层组织建设

农村基层组织是落实农村政策、做好“三农”工作的重要组织基础。必须以改革创新精神全面加强农村基层组织建设，增强基层组织带领群众发展生产、共建和谐的能力。

（一）加强村级党组织建设。巩固和发展保持共产党员先进性教育活动成果，坚持和完善基层组织建设的有效经验和做法，深入推进农村党的建设“三级联创”活动，加强以村党组织为核心的村级组织配套建设，充分发挥基层党组织的战斗堡垒作用。创新农村基层党组织设置和活动方式，加强和改进对流动党员的服务和管理。进一步规范和完善党员推荐、群众推荐、党内选举“两推一选”的办法，选好配齐配强村党组织领导班子。加强村级组织活动场所建设，建立城乡党的基层组织互帮互助机制。广泛开展农村党员设岗定责、依岗承诺等活动，健全农村党员联系和服务群众的工作体系。

（二）完善村民自治制度。健全基层党组织领导的充满活力的基层群众自治制度。进一步规范和完善民主选举，依法保障农民群众的推选权、直接提名权、投票权、罢免权。完善村民民主决策、民主管理、民主监督制度，充分发挥农民群众在村级治理中的主体作用。有条件的地方村党支部书记和村委会主任可交叉任职。坚决制止利用宗教、宗族、家族势力干预基层经济社会事务管理的行为。坚持和完善“一事一议”制度。切实推行村务公开，建立答疑纠错的监督制度。深入开展农村普法教育，增强农村基层干部和群众的法制观念。

（三）加强农村基层干部队伍建设。按照办事公道、作风正派、能带领群众致富的要求，注重从农村知识青年、退伍军人、外出务工返乡农民、农村致富带头人中培养选拔村级组织骨干力量。制定鼓励政策，引导高等学校毕业生和选派县乡年轻干部到乡村任职。继续加大从优秀村干部中考录乡镇公务员、选任乡镇领导干部的工作力度。推广农村基层党组织领导班子成员由党员和群众公开推荐与上级党组织推荐相结合的办法，逐步扩大农村基层党组织领导班子直接选举范围。普遍开展农村党员干部现代远程教育。稳定农村基层干部队伍，探索建立农村基层干部激励保障机制，逐步健全并落实村干部报酬待遇和相应的社会保障制度。

（四）探索乡村有效治理机制。引导共青团、妇联等人民团体更好地发挥党联系群众的桥梁和纽带作用。在党组织领导下，培育和发展服务“三农”的社会组织，发挥在扩大群众参与、反映群众诉求方面的积极作用，实现政府行政管理和基层群众自治有效良性互动。鼓励有条件的村建立与农民生产生活密切相关的公益服务员制度。支持和帮助乡镇企业建立工会基层组织。发挥民兵组织在新农村建设中的作用。不断增强社会自治功能，创新农村社区管理和服务模式，优先在城市郊区开展农村社区建设实验工作，加强农村警务和消防工作，搞好农村社会治安综合治理，努力把农村社区建设成管理有序、服务完善、文明祥和的社会生活共同体。

八、加强和改善党对“三农”工作的领导

做好农业和农村工作，是我们党领导科学发展、促进社会和谐的重大历史任务。必须始终坚持把解决好“三农”问题作为全党工作的重中之重，牢牢把握“三农”工作主动权。

（一）毫不松懈地抓好农业和农村工作。全党同志特别是各级领导干部要站在政治和战略的高度，充分认识新时期“三农”工作的艰巨性和紧迫性，切实增强做好“三农”工作的自觉性和主动性。当前和今后一个时期，各级党委、政府要把发展农业生产、促进农民增收、保障农产品供给、稳定市场物价作为关系全局的大事来抓，认真落实中央各项强农惠农政策，在工作安排、财力分配、干部配备上，切实体现重中之重的要求。充分发挥各级党委农村工作领导机构的协调作用，加强农村工作综合部门。各级领导干部要切实转变工作作风，深入调查研究，努力把握“三农”工作规律，不断提高领导“三农”工作的水平。

（二）统筹规划、突出重点加强农业基

础建设。各地和有关部门要站在改革发展新的历史起点，研究谋划关系全局的重大战略问题。2008年和今后一段时间，要利用财政增收形势较好的有利时机，针对农业发展的薄弱环节，集中力量办成几件大事，力争在农田水利建设、病险水库除险加固、安全饮水、动物疫病防控、农业科技研发推广、农村现代流通体系建设等方面取得重大进展和明显成效。要科学制定规划，明确工作目标，确定时间步骤，建立保障机制，确保如期完成。

（三）努力营造全社会参与支持社会主义新农村建设的氛围。巩固农业基础、加快农村发展是全社会的共同责任。各行各业要结合自身特点，发挥各自优势，积极参与支持社会主义新农村建设。要采取政策支持、舆论宣传、荣誉激励等形式，引导社会各方面力量对农业和农村进行结对帮扶、捐资捐助和智力支持，营造强农惠农的浓厚社会氛围。

加强农业基础，做好“三农”工作，对稳定经济社会发展大局具有特殊重要的意义。我们要紧密团结在以胡锦涛同志为总书记的党中央周围，高举中国特色社会主义伟大旗帜，以邓小平理论和“三个代表”重要思想为指导，深入贯彻落实科学发展观，开拓进取，锐意创新，扎实工作，为夺取全面建设小康社会新胜利作出新的贡献。

中共中央关于推进农村改革发展若干重大问题的决定

(2008年10月12日中国共产党第十七届
中央委员会第三次全体会议通过)

中国共产党第十七届中央委员会第三次全体会议全面分析了形势和任务，认为在改革开放三十周年之际，系统回顾总结我国农村改革发展的光辉历程和宝贵经验，进一步统一全党全社会认识，加快推进社会主义新农村建设，大力推动城乡统筹发展，对于全面贯彻党的十七大精神，深入贯彻落实科学发展观，夺取全面建设小康社会新胜利、开创中国特色社会主义事业新局面，具有重大而深远的意义。全会研究了新形势下推进农村改革发展的若干重大问题，作出如下决定。

一、新形势下推进农村改革发展的重大意义

农业、农村、农民问题关系党和国家事业发展全局。在革命、建设、改革各个历史时期，我们党坚持把马克思主义基本原理同我国具体实际相结合，始终高度重视、认真对待、着力解决农业、农村、农民问题，成功开辟了新民主主义革命胜利道路和社会主义事业发展道路。

一九七八年，党的十一届三中全会作出把党和国家工作中心转移到经济建设上来、实行改革开放的历史性决策。我们党全面把握国内外发展大局，尊重农民首创精神，率先在农村发起改革，并以磅礴之势推向全国，领导人民谱写了改革发展的壮丽史诗。在波澜壮阔的改革开放进程中，我们党坚持以马克思列宁主义、毛泽东思想、邓小平理论和“三个代表”重要思想为指导，深入贯彻落实科学发展观，解放思想、实事求是、与时俱进，不断推进农村改革发展，使我国农村发生了翻天覆地的巨大变化。废除人民公社，确立以家庭承包经营为基础、统分结合的双层经营体制，全面放开农产品市场，取消农业税，对农民实行直接补贴，初步形成了适合我国国情和社会生产力发展要求的农村经济体制；粮食生产不断跃上新台阶，农产品供应日益丰富，农民收入大幅增加，扶贫开发成效显著，依靠自己力量稳定解决了十三亿人口吃饭问题；乡镇企业异军突起，小城镇蓬勃发展，农村市场兴旺繁荣，农村劳动力大规模转移就业，亿万农民工成为产业工人重要组成部分，中国特色工业化、城镇化、农业现代化加快推进，切实巩固了新时期工农联盟；农村社会主义民主政治建设和精神文明建设不断加强，社会事业加速发展，显著提高了广大农民思想道德素质、科学文化素质和健康素质；农村党的建设不断加强，以村党组织为核心的村级组织配套建设全面推进，有效夯实了党在农村的执政基础。农村改革发展的伟大实践，极大调动了亿万农民积极性，极大解放和发展了农村社会生产力，极大改善了广大农民物质文化生活。更为重要的是，农村改革发展的伟大实践，为建立和完善我国社会主义初级阶段基本经济制度和社会主义市场经济体制进行了创造性探索，为实现人民生活从温饱不足到总体小康的历史性跨越、推进社会主义现代化作出了巨大贡献，为战胜各种困难和风险、保持社会大局稳定奠定了坚实基础，为成功开辟中国特色社会主义道路、形成中国特色社会主义理论体系积累了宝贵经验。

实践充分证明，只有坚持把解决好农业、农村、农民问题作为全党工作重中之重，坚持农业基础地位，坚持社会主义市场经济改革方向，坚持走中国特色农业现代化道路，坚持保障农民物质利益和民主权利，才能不断解放和发展农村社会生产力，推动农村经济社会全面发展。

当前，国际形势继续发生深刻变化，我国改革发展进入关键阶段。我们要抓住和用好重要战略机遇期，胜利实现全面建设小康社会的宏伟目标，加快推进社会主义现代化，就要更加自觉地把继续解放思想落实到坚持改革开放、推动科学发展、促进社会和谐上来，毫不动摇地推进农村改革发展。继续解放思想，必须结合农村改革发展这个伟大实践，大胆探索、勇于开拓，以新的理念和思路破解农村发展难题，为推动党的理论创新、实践创新提供不竭源泉。坚持改革开放，必须把握农村改革这个重点，在统筹城乡改革上取得重大突破，给农村发展注入新的动力，为整个经济社会发展增添新的活力。推动科学发展，必须加强农业发展这个基础，确保国家粮食安全和主要农产品有效供给，促进农业增产、农民增收、农村繁荣，为经济社会全面协调可持续发展提供有力支撑。促进社会和谐，必须抓住农村稳定这个大局，完善农村社会管理，促进社会公平正义，保证农民安居乐业，为实现国家长治久安打下坚实基础。

我国农村正在发生新的变革，我国农业参与国际合作和竞争正面临新的局面，推进农村改革发展具备许多有利条件，也面对不少困难和挑战，特别是城乡二元结构造成的深层次矛盾突出。农村经济体制尚不完善，农业生产经营组织化程度低，农产品市场体系、农业社会化服务体系、国家农业支持保护体系不健全，构建城乡经济社会发展一体化体制机制要求紧迫；农业发展方式依然粗放，农业基础设施和技术装备落后，耕地大量减少，人口资源环境约束增强，气候变化影响加剧，自然灾害频发，国际粮食供求矛盾突出，保障国家粮食安全和主要农产品供求平衡压力增大；农村社会事业和公共服务水平较低，区域发展和城乡居民收入差距扩大，改变农村落后面貌任务艰巨；农村社会利益格局深刻变化，一些地方农村基层组织软弱涣散，加强农村民主法制建设、基层组织建设、社会管理任务繁重。总之，农业基础仍然薄弱，最需要加强；农村发展仍然滞后，最需要扶持；农民增收仍然困难，最需要加快。我们必须居安思危、加倍努力，不断巩固和发展农村好形势。

全党必须深刻认识到，农业是安天下、稳民心的战略产业，没有农业现代化就没有国家现代化，没有农村繁荣稳定就没有全国繁荣稳定，没有农民全面小康就没有全国人民全面小康。我国总体上已进入以工促农、以城带乡的发展阶段，进入加快改造传统农业、走中国特色农业现代化道路的关键时刻，进入着力破除城乡二元结构、形成城乡经济社会发展一体化新格局的重要时期。我们要牢牢把握我国社会主义初级阶段的基本国情和当前发展的阶段性特征，适应农村改革发展新形势，顺应亿万农民过上美好生活新期待，抓住时机、乘势而上，努力开辟中国特色农业现代化的广阔道路，奋力开创社会主义新农村建设的崭新局面。

二、推进农村改革发展的指导思想、目标任务、重大原则

新形势下推进农村改革发展，要全面贯彻党的十七大精神，高举中国特色社会主义伟大旗帜，以邓小平理论和“三个代表”重要思想为指导，深入贯彻落实科学发展观，把建设社会主义新农村作为战略任务，把走中国特色农业现代化道路作为基本方向，把加快形成城乡经济社会发展一体化新格局作为根本要求，坚持工业反哺农业、城市支持农村和多予少取放活方针，创新体制机制，加强农业基础，增加农民收入，保障农民权益，促进农村和谐，充分调动广大农民的积极性、主动性、创造性，推动农村经济社会又好又快发展。

根据党的十七大提出的实现全面建设小康社会奋斗目标的新要求和建设生产发展、生活宽裕、乡风文明、村容整洁、管理民主的社会主义新农村要求，到二〇二〇年，农村改革发展基本目标任务是：农村经济体制更加健全，城乡经济社会发展一体化体制机制基本建立；现代农业建设取得显著进展，农业综合生产能力明显提高，国家粮食安全和主要农产品供给得到有效保障；农民人均纯收入比二〇〇八年翻一番，消费水平大幅提升，绝对贫困现象基本消除；农村基层组织建设进一步加强，村民自治制度更加完善，农民民主权利得到切实保障；城乡基本公共服务均等化明显推进，农村文化进一步繁荣，农民基本文化权益得到更好落实，农村人人享有接受良好教育的机会，农村基本生活保障、基本医疗卫生制度更加健全，农村社会管理体系进一步完善；资源节约型、环境友好型农业生产体系基本形成，农村人居和生态环境明显改善，可持续发展能力不断增强。

实现上述目标任务，要遵循以下重大原则。

——必须巩固和加强农业基础地位，始终把解决好十几亿人口吃饭问题作为治国安邦的头等大事。坚持立足国内实现粮食基本自给方针，加大国家对农业支持保护力度，深入实施科教兴农战略，加快现代农业建设，实现农业全面稳定发展，为推动经济发展、促进社会和谐、维护国家安全奠定坚实基础。

——必须切实保障农民权益，始终把实现好、维护好、发展好广大农民根本利益作为农村一切工作的出发点和落脚点。坚持以人为本，尊重农民意愿，着力解决农民最关心最直接最现实的利益问题，保障农民政治、经济、文化、社会权益，提高农民综合素质，促进农民全面发展，充分发挥农民主体作用和首创精神，紧紧依靠亿万农民建设社会主义新农村。

——必须不断解放和发展农村社会生产力，始终把改革创新作为农村发展的根本动力。坚持不懈推进农村改革和制度创新，提高改革决策的科学性，增强改革措施的协调性，充分发挥市场在资源配置中

的基础性作用，加强和改善国家对农业农村发展的调控和引导，健全符合社会主义市场经济要求的农村经济体制，调整不适应农村社会生产力发展要求的生产关系和上层建筑，使农村经济社会发展充满活力。

——必须统筹城乡经济社会发展，始终把着力构建新型工农、城乡关系作为加快推进现代化的重大战略。统筹工业化、城镇化、农业现代化建设，加快建立健全以工促农、以城带乡长效机制，调整国民收入分配格局，巩固和完善强农惠农政策，把国家基础设施建设和社会事业发展重点放在农村，推进城乡基本公共服务均等化，实现城乡、区域协调发展，使广大农民平等参与现代化进程、共享改革发展成果。

——必须坚持党管农村工作，始终把加强和改善党对农村工作的领导作为推进农村改革发展的政治保证。坚持一切从实际出发，坚持党在农村的基本政策，加强农村基层组织和基层政权建设，完善党管农村工作体制机制和方式方法，保持党同农民群众的血肉联系，巩固党在农村的执政基础，形成推进农村改革发展强大合力。

三、大力推进改革创新，加强农村制度建设

实现农村发展战略目标，推进中国特色农业现代化，必须按照统筹城乡发展要求，抓紧在农村体制改革关键环节上取得突破，进一步放开搞活农村经济，优化农村发展外部环境，强化农村发展制度保障。

（一）稳定和完善农村基本经营制度。以家庭承包经营为基础、统分结合的双层经营体制，是适应社会主义市场经济体制、符合农业生产特点的农村基本经营制度，是党的农村政策的基石，必须毫不动摇地坚持。赋予农民更加充分而有保障的土地承包经营权，现有土地承包关系要保持稳定并长久不变。推进农业经营体制机制创新，加快农业经营方式转变。家庭经营要向采用先进科技和生产手段的方向转变，增加技术、资本等生产要素投入，着力提高集约化水平；统一经营要向发展农户联合与合作，形成多元化、多层次、多形式经营服务体系的方向转变，发展集体经济、增强集体组织服务功能，培育农民新型合作组织，发展各种农业社会化服务组织，鼓励龙头企业与农民建立紧密型利益联结机制，着力提高组织化程度。按照服务农民、进退自由、权利平等、管理民主的要求，扶持农民专业合作社加快发展，使之成为引领农民参与国内外市场竞争的现代农业经营组织。全面推进集体林权制度改革，扩大国有林场和重点国有林区林权制度改革试点。推进国有农场体制改革。稳定和完善草原承包经营制度。

（二）健全严格规范的农村土地管理制度。土地制度是农村的基础制度。按照产权明晰、用途管制、节约集约、严格管理的原则，进一步完善农村土地管理制度。坚持最严格的耕地保护制度，层层落实责任，坚决守住十八亿亩耕地红线。划定永久基本农田，建立保护补偿机制，确保基本农田总量不减少、用途不改变、质量有提高。继续推进土地整理复垦开发，耕地实行先补后占，不得跨省区市进行占补平衡。搞好农村土地确权、登记、颁证工作。完善土地承包经营权权能，依法保障农民对承包土地的占有、使用、收益等权利。加强土地承包经营权流转管理和服务，建立健全土地承包经营权流转市场，按照依法自愿有偿原则，允许农民以转包、出租、互换、转让、股份合作等形式流转土地承包经营权，发展多种形式的适度规模经营。有条件的地方可以发展专业大户、家庭农场、农民专业合作社等规模经营主体。土地承包经营权流转，不得改变土地集体所有性质，不得改变土地用途，不得损害农民土地承包权益。实行最严格的节约用地制度，从严控制城乡建设用地总规模。完善农村宅基地制度，严格宅基地管理，依法保障农户宅基地用益物权。农村宅基地和村庄整理所节约的土地，首先要复垦为耕地，调剂为建设用地的必须符合土地利用规划、纳入年度建设用地计划，并优先满足集体建设用地。改革征地制度，严格界定公益性和经营性建设用地，逐步缩小征地范围，完善征地补偿机制。依法征收农村集体土地，按照同地同价原则及时足额给农村集体组织和农民合理补偿，解决好被征地农民就业、住房、社会保障。在土地利用规划确定的城镇建设用地范围外，经批准占用农村集体土地建设非公益性项目，允许农民依法通过多种方式参与开发经营并保障农民合法权益。逐步建立城乡统一的建设用地市场，对依法取得的农村集体经营性建设用地，必须通过统一有形的土地市场、以公开规范的方式转让土地使用权，在符合规划的前提下与国有土地享有平等权益。抓紧完善相关法律法规和配套政策，规范推进农村土地管理制度改革。

（三）完善农业支持保护制度。健全农业投入保障制度，调整财政支出、固定资产投资、信贷投放结构，保证各级财政对农业投入增长幅度高于经常性收入增长幅度，大幅度增加国家对农村基础设施建设和社会事业发展的投入，大幅度提高政府土地出让收益、耕地占用税新增收入用于农业的比例，大幅度增加对中西部地区农村公益性建设项目的投入。国家在中西部地区安排的病险水库除险加固、生态建设等公益性建设项目，逐步取消县及县以下资金配套。拓宽农业投入来源渠道，整合投资项目，加强投资监管，提高资金使用效益。健全农业补贴制度，扩大范围，提高标准，完善办法，特别要支持增粮增收，逐年较大幅度增加农民种粮补贴。完善与农业生产资料价格上涨挂钩的农资综合补贴动态调整机制。健全农产品价格保护制度，完善农产品市场调控体系，稳步提高粮食最低收购价，改善其他主要农产品价格保护办法，充实主要农产品储备，优化农产品进出口和吞吐调节机制，保持农产品价格合理水平。完善粮食等主要农产品价格形成机制，理顺比价关系，充分发挥市场价格对增产增收的促进作用。健全农业生态环境补偿制度，形成有利于保护耕地、水域、森林、草原、湿地等自然资源和农业物种资源的激励机制。

（四）建立现代农村金融制度。农村金融是现代农村经济的核心。创新农村金融体制，放宽农村金融准入政策，加快建立商业性金融、合作性金融、政策性金融相结合，资本充足、功能健全、服务完善、运行安全的农村金融体系。加大对农村金融政策支持力度，拓宽融资渠道，综合运用财税杠杆和货币政策工具，定向实行税收减免和费用补贴，引导更多信贷资金和社会资金投向农村。各类金融机构都要积极支持农村改革发展。坚持农业银行为农服务的方向，强化职能、落实责任，稳定和发展农村服务网络。拓展农业发展银行支农领域，加大政策性金融对农业开发和农村基础设施建设中长期信贷支持。扩大邮政储蓄银行涉农业务范围。县域内银行业金融机构新吸收的存款，主要用于当地发放贷款。改善农村信用社法人治理结构，保持县（市）社法人地位稳定，发挥为农民服务主力军作用。规范发展多种形式的新型农村金融机构和以服务农村为主的地区性中小银行。加强监管，大力发展小额信贷，鼓励发展适合农村特点和需要的各种微型金融服务。允许农村小型金融组织从金融机构融入资金。允许有条件的农民专业合作社开展信用合作。规范和引导民间借贷健康发展。加快农村信用体系建设。建立政府扶持、多方参与、市场运作的农村信贷担保机制。扩大农村有效担保物范围。发展农村保险事业，健全政策性农业保险制度，加快建立农业再保险和巨灾风险分散机制。加强农产品期货市场建设。

（五）建立促进城乡经济社会发展一体化制度。尽快在城乡规划、产业布局、基础设施建设、公共服务一体化等方面取得突破，促进公共资源在城乡之间均衡配置、生产要素在城乡之间自由流动，推动城乡经济社会发展融合。统筹土地利用和城乡规划，合理安排市县域城镇建设、农田保护、产业聚集、村落分布、生态涵养等空间布局。统筹城乡产业发展，优化农村产业结构，发展农村服务业和乡镇企业，引导城市资金、技术、人才、管理等生产要素向农村流动。统筹城乡基础设施建设和公共服务，全面提高财政保障农村公共事业水平，逐步建立城乡统一的公共服务制度。统筹城乡劳动就业，加快建立城乡统一的人力资源市场，引导农民有序外出就业，鼓励农民就近转移就业，扶持农民工返乡创业。加强农民工权益保护，逐步实现农民工劳动报酬、子女就学、公共卫生、住房租购等与城镇居民享有同等待遇，改善农民工劳动条件，保障生产安全，扩大农民工工伤、医疗、养老保险覆盖面，尽快制定和实施农民工养老保险关系转移接续办法。统筹城乡社会管理，推进户籍制度改革，放宽中小城市落户条件，使在城镇稳定就业和居住的农民有序转变为城镇居民。推动流动人口服务和管理体制创新。扩大县域发展自主权，增加对县的一般性转移支付、促进财力与事权相匹配，增强县域经济活力和实力。推进省直接管理县（市）财政体制改革，优先将农业大县纳入改革范围。有条件的地方可依法探索省直接管理县（市）的体制。坚持走中国特色城镇化道路，发挥好大中城市对农村的辐射带动作用，依法赋予经济发展快、人口吸纳能力强的小城镇相应行政管理权限，促进大中小城市和小城镇协调发展，形成城镇化和新农村建设互促共进机制。积极推进统筹城乡综合配套改革试验。

（六）健全农村民主管理制度。坚持党的领导、人民当家作主、依法治国有机统一，发展农村基层民主，以扩大有序参与、推进信息公开、健全议事协商、强化权力监督为重点，加强基层政权建设，扩大村民自治范围，保障农民享有更多更切实的民主权利。逐步实行城乡按相同人口比例选举人大代表，扩大农民在县乡人大代表中的比例，密切人大代表同农民的联系。继续推进农村综合改革，二〇一二年基本完成乡镇机构改革任务，着力增强乡镇政府社会管理和公共服务职能。完善与农民政治参与积极性不断提高相适应的乡镇治理机制，实行政务公开，依法保障农民知情权、参与权、表达权、监督权。健全村党组织领导的充满活力的村民自治机制，深入开展以直接选举、公正有序为基本要求的民主选举实践，以村民会议、村民代表会议、村民议事为主要形式的民主决策实践，以自我教育、自我管理、自我服务为主要目的的民主管理实践，以村务公开、财务监督、群众评议为主要内容的民主监督实践，推进村民自治制度化、规范化、程序化。加强农村法制建设，完善涉农法律法规，增强依法行政能力，强化涉农执法监督和司法保护。加强农村法制宣传教育，搞好法律服务，提高农民法律意识，推进农村依法治理。培育农村服务性、公益性、互助性社会组织，完善社会自治功能。采取多种措施增强基层财力，逐步解决一些行政村运转困难问题，积极稳妥化解乡村债务。继续做好农民负担监督管理工作，完善村民一事一议筹资筹劳办法，健全农村公益事业建设机制。

四、积极发展现代农业，提高农业综合生产能力

发展现代农业，必须按照高产、优质、高效、生态、安全的要求，加快转变农业发展方式，推进农业科技进步和创新，加强农业物质技术装备，健全农业产业体系，提高土地产出率、资源利用率、劳动生产率，增强农业抗风险能力、国际竞争能力、可持续发展能力。要明确目标、制定规划、加大投入，集中力量办好关系全局、影响长远的大事。

（一）确保国家粮食安全。粮食安全任何时候都不能放松，必须长抓不懈。加快构建供给稳定、储备充足、调控有力、运转高效的粮食安全保障体系。把发展粮食生产放在现代农业建设的首位，稳定播种面积，优化品种结构，提高单产水平，不断增强综合生产能力。各地区都要明确和落实粮食发展目标，强化扶持政策，落实储备任务，分担国家粮食安全责任。抓紧实施粮食战略工程，推进国家粮食核心产区和后备产区建设，加快落实全国新增千亿斤粮食生产能力建设规划，以县为单位集中投入、整体开发，今年起组织实施。支持粮食生产的政策措施向主产区倾斜，建立主产区利益补偿制度，加大对产粮大县财政奖励和粮食产业建设项目扶持力度，加快实现粮食增产、农民增收、财力增强相协调，充分调动农民种粮、地方抓粮的积极性。完善粮食风险基金政策，逐步取消主产区资金配套。产销平衡区和主销区要加强产粮大县建设，确保区域内粮田面积不减少、粮食自给水平不下降。坚持放开市场，积极搞活流通，完善产销衔接。提高全社会节粮意识，强化从生产到消费全过程节粮措施。加强粮食领域国际交流合作，为改善全球粮食供给作出贡献。

（二）推进农业结构战略性调整。以市场需求为导向、科技创新为手段、质量效益为目标，构建现代农业产业体系。搞好产业布局规划，科学确定区域农业发展重点，形成优势突出和特色鲜明的产业带，引导加工、流通、储运设施建设向优势产区聚集。采取有力措施支持发展油料生产，提高食用植物油自给水平。鼓励和支持优势产区集中发展棉花、糖料、马铃薯等大宗产品，推进蔬菜、水果、茶叶、花卉等园艺产品集约化、设施化生产，因地制宜发展特色产业和乡村旅游业。加快发展畜牧业，支持规模化饲养，加强品种改良和疫病防控。推进水产健康养殖，扶持和壮大远洋渔业。发展林业产业，繁荣山区经济。发展农业产业化经营，促进农产品加工业结构升级，扶持壮大龙头企业，培育知名品牌。强化主要农产品生产大县财政奖励政策，完善农产品加工业发展税收支持政策。加强农业标准化和农产品质量安全工作，严格产地环境、投入品使用、生产过程、产品质量全程监控，切实落实农产品生产、收购、储运、加工、销售各环节的质量安全监管责任，杜绝不合格产品进入市场。支持发展绿色食品和有机食品，加大农产品注册商标和地理标志保护力度。加强海峡两岸农业合作。

（三）加快农业科技创新。农业发展的根本出路在科技进步。顺应世界科技发展潮流，着眼于建设现代农业，大力推进农业科技自主创新，加强原始创新、集成创新和引进消化吸收再创新，不断促进农业技术集成化、劳动过程机械化、生产经营信息化。加大农业科技投入，建立农业科技创新基金，支持农业基础性、前沿性科学研究，力争在关键领域和核心技术上实现重大突破。加强农业技术研发和集成，重点支持生物技术、良种培育、丰产栽培、农业节水、疫病防控、防灾减灾等领域科技创新，实施转基因生物新品种培育科技重大专项，尽快获得一批具有重要应用价值的优良品种。适应农业规模化、精准化、设施化等要求，加快开发多功能、智能化、经济型农业装备设施，重点在田间作业、设施栽培、健康养殖、精深加工、储运保鲜等环节取得新进展。推进农业信息服务技术发展，重点开发信息采集、精准作业和管理信息、农村远程数字化和可视化、气象预测预报和灾害预警等技术。深化科技体制改革，加快农业科技创新体系和现代农业产业技术体系建设，加强对公益性农业科研机构和农业院校的支持。依托重大农业科研项目、重点学科、科研基地，加强农业科技创新团队建设，培育农业科技高层次人才特别是领军人才。稳定和壮大农业科技人才队伍，加强农业技术推广普及，开展农民技术培训。加快农业科技成果转化，促进产学研、农科教结合，支持高等学校、科研院所同农民专业合作社、龙头企业、农户开展多种形式技术合作。继续办好国家农业高新技术产业示范区。发挥国有农场运用先进技术和建设现代农业的示范作用。

（四）加强农业基础设施建设。以农田水利为重点的农业基础设施是现代农业的重要物质条件。大规模实施土地整治，搞好规划、统筹安排、连片推进，加快中低产田改造，鼓励农民开展土壤改良，推广测土配方施肥和保护性耕作，提高耕地质量，大幅度增加高产稳产农田比重。搞好水利基础设施建设，加强大江大河大湖治理，集中建成一批大中型水利骨干工程，加快大中型灌区、排灌泵站配套改造、水源工程建设，力争二〇二〇年基本完成大型灌区续建配套和节水改造任务。加快病险水库除险加固，确保二〇一〇年底完成大中型和重点小型水库除险加固任务。创新投资机制，采取以奖代补等形式，鼓励和支持农民广泛开展小型农田水利设施、小流域综合治理等项目建设。推广节水灌溉，搞好旱作农业示范工程。支持农用工业发展，加快推进农业机械化。按照现代化水平高、覆盖范围广的要求，加强良种繁育体系和农产品批发市场网络建设，加快建设现代粮食物流体系和鲜活农产品冷链物流系统。

（五）建立新型农业社会化服务体系。

建设覆盖全程、综合配套、便捷高效的社会化服务体系，是发展现代农业的必然要求。加快构建以公共服务机构为依托、合作经济组织为基础、龙头企业为骨干、其他社会力量为补充，公益性服务和经营性服务相结合、专项服务和综合服务相协调的新型农业社会化服务体系。加强农业公共服务能力建设，创新管理体制，提高人员素质，力争三年内在全国普遍健全乡镇或区域性农业技术推广、动植物疫病防控、农产品质量监管等公共服务机构，逐步建立村级服务站点。支持供销合作社、农民专业合作社、专业服务公司、专业技术协会、农民经纪人、龙头企业等提供多种形式的生产经营服务。开拓农村市场，推进农村流通现代化。健全农产品市场体系，完善农业信息收集和发布制度，发展农产品现代流通方式，减免运销环节收费，长期实行绿色通道政策，加快形成流通成本低、运行效率高的农产品营销网络。保障农用生产资料供应，整顿和规范农村市场秩序，严厉惩治坑农害农行为。

（六）促进农业可持续发展。按照建设生态文明的要求，发展节约型农业、循环农业、生态农业，加强生态环境保护。继续推进林业重点工程建设，延长天然林保护工程实施期限，完善政策、巩固退耕还林成果，开展植树造林，提高森林覆盖率。实施草原建设和保护工程，推进退牧还草，发展灌溉草场，恢复草原生态植被。强化水资源保护。加强水生生物资源养护，加大增殖放流力度。推进重点流域和区域水土流失综合防治，加快荒漠化石漠化治理，加强自然保护区建设。保护珍稀物种和种质资源，防范外来动植物疫病和有害物种入侵。多渠道筹集森林、草原、水土保持等生态效益补偿资金，逐步提高补偿标准。积极培育以非粮油作物为原料的生物质产业，推进农林副产品和废弃物能源化、资源化利用。推广节能减排技术，加强农村工业、生活污染和农业面源污染防治。

（七）扩大农业对外开放。坚持“引进来”和“走出去”相结合，提高统筹利用国际国内两个市场、两种资源能力，拓展农业对外开放广度和深度。按照鼓励出口劳动密集型和技术密集型产品、适度进口结构性短缺产品的原则，完善农产品进出口战略规划和调控机制，加强国际市场研究和信息服务。强化农产品进出口检验检疫和监管，提高出口优势产品附加值和质量安全水平。引导外商投资发展现代农业。健全符合世界贸易组织规则的外商经营农产品和农业生产资料准入制度，建立外资并购境内涉农企业安全审查机制。统筹开展对外农业合作，培育农业跨国经营企业，逐步建立农产品国际产销加工储运体系。积极参与国际农产品贸易规则和标准制定，促进形成公平合理的贸易秩序。

五、加快发展农村公共事业，促进农村社会全面进步

建设社会主义新农村，形成城乡经济社会发展一体化新格局，必须扩大公共财政覆盖农村范围，发展农村公共事业，使广大农民学有所教、劳有所得、病有所医、老有所养、住有所居。

（一）繁荣发展农村文化。社会主义文化建设是社会主义新农村建设的重要内容和重要保证。坚持用社会主义先进文化占领农村阵地，满足农民日益增长的精神文化需求，提高农民思想道德素质。扎实开展社会主义核心价值体系建设，坚持用中

国特色社会主义理论体系武装农村党员、教育农民群众，引导农民牢固树立爱国主义、集体主义、社会主义思想。推进广播电视村村通、文化信息资源共享、乡镇综合文化站和村文化室建设、农村电影放映、农家书屋等重点文化惠民工程，建立稳定的农村文化投入保障机制，尽快形成完备的农村公共文化服务体系。扶持农村题材文化产品创作生产，开展农民乐于参与、便于参与的文化活动，建立文化科技卫生“三下乡”长效机制，支持农民兴办演出团体和其他文化团体，引导城市文化机构到农村拓展服务。重视丰富农民工文化生活，帮助他们提高素质。广泛开展文明村镇、文明集市、文明户、志愿服务等群众性精神文明创建活动，倡导农民崇尚科学、诚信守法、抵制迷信、移风易俗，遵守公民基本道德规范，养成健康文明生活方式，形成男女平等、尊老爱幼、邻里和睦、勤劳致富、扶贫济困的社会风尚。加强农村文物、非物质文化遗产、历史文化名镇名村保护。发展农村体育事业，开展农民健身活动。

（二）大力办好农村教育事业。发展农村教育，促进教育公平，提高农民科学文化素质，培育有文化、懂技术、会经营的新型农民。巩固农村义务教育普及成果，提高义务教育质量，完善义务教育免费政策和经费保障机制，保障经济困难家庭儿童、留守儿童特别是女童平等就学、完成学业，改善农村学生营养状况，促进城乡义务教育均衡发展。加快普及农村高中阶段教育，重点加快发展农村中等职业教育并逐步实行免费。健全县域职业教育培训网络，加强农民技能培训，广泛培养农村实用人才。大力扶持贫困地区、民族地区农村教育。增强高校为农输送人才和服务能力，办好涉农学科专业，鼓励人才到农村第一线工作，对到农村履行服务期的毕业生代偿学费和助学贷款，在研究生招录和教师选聘时优先。保障和改善农村教师工资待遇和工作条件，健全农村教师培养培训制度，提高教师素质。健全城乡教师交流机制，继续选派城市教师下乡支教。发展农村学前教育、特殊教育、继续教育。加强远程教育，及时把优质教育资源送到农村。

（三）促进农村医疗卫生事业发展。基本医疗卫生服务关系广大农民幸福安康，必须尽快惠及全体农民。巩固和发展新型农村合作医疗制度，提高筹资标准和财政补助水平，坚持大病住院保障为主、兼顾门诊医疗保障。完善农村医疗救助制度。坚持政府主导，整合城乡卫生资源，建立健全农村三级医疗卫生服务网络，重点办好县级医院并在每个乡镇办好一所卫生院，支持村卫生室建设，向农民提供安全价廉的基本医疗服务。加强农村卫生人才队伍建设，定向免费培养培训农村卫生人才，妥善解决乡村医生补贴，完善城市医师支援农村制度。坚持预防为主，扩大农村免费公共卫生服务和免费免疫范围，加大地方病、传染病及人畜共患病防治力度。加强农村药品配送和监管。积极发展中医药和民族医药服务。广泛开展爱国卫生运动，重视健康教育。加强农村妇幼保健，逐步推行住院分娩补助政策。坚持计划生育的基本国策，推进优生优育，稳定农村低生育水平，完善和落实计划生育奖励扶助制度，有效治理出生人口性别比偏高问题。

（四）健全农村社会保障体系。贯彻广覆盖、保基本、多层次、可持续原则，加快健全农村社会保障体系。按照个人缴费、集体补助、政府补贴相结合的要求，建立新型农村社会养老保险制度。创造条件探索城乡养老保险制度有效衔接办法。做好被征地农民社会保障，做到先保后征，使被征地农民基本生活长期有保障。完善农村最低生活保障制度，加大中央和省级财政补助力度，做到应保尽保，不断提高保障标准和补助水平。全面落实农村五保供养政策，确保供养水平达到当地村民平均生活水平。完善农村受灾群众救助制度。落实好军烈属和伤残病退伍军人等优抚政策。发展以扶老、助残、救孤、济困、赈灾为重点的社会福利和慈善事业。发展农村老龄服务。加强农村残疾预防和残疾人康复工作，促进农村残疾人事业发展。

（五）加强农村基础设施和环境建设。把农村建设成为广大农民的美好家园，必须切实改善农民生产生活条件。科学制定乡镇村庄建设规划。加快农村饮水安全工程建设，五年内解决农村饮水安全问题。加强农村公路建设，确保“十一五”期末基本实现乡镇通油（水泥）路，进而普遍实现行政村通油（水泥）路，逐步形成城乡公交资源相互衔接、方便快捷的客运网络。推进农村能源建设，扩大电网供电人口覆盖率，推广沼气、秸秆利用、小水电、风能、太阳能等可再生能源技术，形成清洁、经济的农村能源体系。实施农村清洁工程，加快改水、改厨、改厕、改圈，开展垃圾集中处理，不断改善农村卫生条件和人居环境。推进广电网、电信网、互联网“三网融合”，积极发挥信息化为农服务作用。发展农村邮政服务。健全农村公共设施维护机制，提高综合利用效能。

（六）推进农村扶贫开发。搞好新阶段扶贫开发，对确保全体人民共享改革发展成果具有重大意义，必须作为长期历史任务持之以恒抓紧抓好。完善国家扶贫战略和政策体系，坚持开发式扶贫方针，实现农村最低生活保障制度和扶贫开发政策有效衔接。实行新的扶贫标准，对农村低收入人口全面实施扶贫政策，把尽快稳定解决扶贫对象温饱并实现脱贫致富作为新阶段扶贫开发的首要任务。重点提高农村贫困人口自我发展能力，对没有劳动力或劳动能力丧失的贫困人口实行社会救助。加大对革命老区、民族地区、边疆地区、贫困地区发展扶持力度。继续开展党政机关定点扶贫和东西扶贫协作，充分发挥企业、学校、科研院所、军队和社会各界在扶贫开发中的积极作用。加强反贫困领域国际交流合作。

（七）加强农村防灾减灾能力建设。我国农村自然灾害多、受灾地域广、防灾抗灾力量弱，必须切实加强农村防灾减灾工作。加强灾害性天气、地质灾害、地震监测预警，提高监测水平，完善处置预案，加强专业力量建设，提高应急救援能力，宣传普及防灾减灾知识，提高灾害处置能力和农民避灾自救能力。加强防洪排涝抗旱设施和监测预警能力建设，加快农村危房改造，提高农村道路、供电、供水、通信设施抗灾保障能力，提高农村学校、医院等公共设施建筑质量，落实安全标准和责任。全力做好汶川地震灾区农村恢复重建工作，加大投入，对口支援，发动群众，加快受灾农户住房重建，搞好农业生产设施重建，尽早恢复农业生产和农村经济。采取综合措施，促进灾区生态环境尽快修复并不断改善。

（八）强化农村社会管理。坚持服务农

民、依靠农民，完善农村社会管理体制机制，加强农村社区建设，保持农村社会和谐稳定。健全党和政府主导的维护农民权益机制，拓宽农村社情民意表达渠道，做好农村信访工作，加强人民调解，及时排查化解矛盾纠纷。农村广大干部要进村入户做好下访工作，切实把矛盾和问题解决在基层、化解在萌芽状态。深入开展平安创建活动，加强农村政法工作，推进农村警务建设，实行群防群治，搞好社会治安综合治理。建立健全农村应急管理体制，提高危机处置能力。巩固和发展平等团结互助和谐的社会主义民族关系。全面贯彻党的宗教工作基本方针，依法管理宗教事务。反对和制止利用宗教、宗族势力干预农村公共事务，坚决取缔邪教组织，严厉打击黑恶势力。

六、加强和改善党的领导，为推进农村改革发展提供坚强政治保证

推进农村改革发展，关键在党。要把党的执政能力建设和先进性建设作为主线，以改革创新精神全面推进农村党的建设，认真开展深入学习实践科学发展观活动，增强各级党组织的创造力、凝聚力、战斗力，不断提高党领导农村工作水平。

（一）完善党领导农村工作体制机制。强化党委统一领导、党政齐抓共管、农村工作综合部门组织协调、有关部门各负其责的农村工作领导体制和工作机制。各级党委和政府要坚持把农村工作摆上重要议事日程，在政策制定、工作部署、财力投放、干部配备上切实体现全党工作重中之重的战略思想，加强对农村改革发展理论和实践问题的调查研究，坚持因地制宜、分类指导，创造性地开展工作。党委和政府主要领导要亲自抓农村工作，省市县党委要有负责同志分管农村工作，县（市）党委要把工作重心和主要精力放在农村工作上。加强党委农村工作综合部门建设，建立职能明确、权责一致、运转协调的农业行政管理体制。注重选好配强县乡党政领导班子特别是主要负责人。坚持和完善“米袋子”省长负责制、“菜篮子”市长负责制。完善体现科学发展观和正确政绩观要求的干部考核评价体系，把粮食生产、农民增收、耕地保护、环境治理、和谐稳定作为考核地方特别是县（市）领导班子绩效的重要内容。支持人大、政协履行职能，发挥民主党派、人民团体和社会组织积极作用，共同推进农村改革发展。

（二）加强农村基层组织建设。党的农村基层组织是党在农村工作的基础。以领导班子建设为重点、健全党组织为保证、三级联创活动为载体，把党组织建设成为推动科学发展、带领农民致富、密切联系群众、维护农村稳定的坚强领导核心。改革和完善农村基层组织领导班子选举办法，抓好以村党组织为核心的村级组织配套建设，领导和支持村委会、集体经济组织、共青团、妇代会、民兵等组织和乡镇企业工会组织依照法律法规和章程开展工作。创新农村党的基层组织设置形式，推广在农村社区、农民专业合作社、专业协会和产业链上建立党组织的做法。加强农民工中党的工作。健全城乡党的基层组织互帮互助机制，构建城乡统筹的基层党建新格局。抓紧村级组织活动场所建设，两年内覆盖全部行政村。

（三）加强农村基层干部队伍建设。建设一支守信念、讲奉献、有本领、重品行的农村基层干部队伍，对做好农村工作至关重要。着力拓宽农村基层干部来源，提高他们的素质，解除他们的后顾之忧，调动他们的工作积极性。注重从农村致富能手、退伍军人、外出务工返乡农民中选拔村干部。引导高校毕业生到村任职，实施一村一名大学生计划。鼓励党政机关和企事业单位优秀年轻干部到村帮助工作。加大从优秀村干部中考录乡镇公务员和选任乡镇领导干部力度。探索村党组织书记跨村任职。通过财政转移支付和党费补助等途径，形成农村基层组织建设、村干部报酬和养老保险、党员干部培训资金保障机制。整合培训资源，广泛培训农村基层干部，增强他们带领农民建设社会主义新农村的本领。扎实推进农村党员干部现代远程教育，两年内实现全国乡村网络基本覆盖。

（四）加强农村党员队伍建设。巩固和发展先进性教育活动成果，做好发展党员工作，改进党员教育管理，增强党员意识，建设高素质农村党员队伍。扩大党内基层民主，尊重党员主体地位，保证党员按照党章规定履行义务、行使权利。组织农村党员学习党的理论和路线方针政策、法律法规、实用技术。广泛开展党员设岗定责、依岗承诺、创先争优等活动。关心爱护党员，建立健全党内激励、关怀、帮扶机制，增强党组织的亲和力。加强和改进流动党员管理，建立健全城乡一体党员动态管理机制。加大在优秀青年农民中发展党员力度。探索发展党员新机制，不断提高发展党员质量。

（五）加强农村党风廉政建设。大力发扬党的优良传统和作风，密切党群干群关系，是做好农村改革发展工作的重要保证。坚持教育、制度、监督、改革、纠风、惩治相结合，推进农村惩治和预防腐败体系建设。以树立理想信念和加强思想道德建设为基础，深入开展反腐倡廉教育，弘扬求真务实、公道正派、艰苦奋斗的作风，筑牢党员、干部服务群众、廉洁自律的思想基础。以规范和制约权力运行为核心，全面推进政务公开、村务公开、党务公开，健全农村集体资金、资产、资源管理制度，做到用制度管权、管事、管人。以维护农民权益为重点，围绕党的农村政策落实情况加强监督检查，切实纠正损害农民利益的突出问题，严肃查处涉农违纪违法案件。广大党员、干部要坚持权为民所用、情为民所系、利为民所谋，关心群众疾苦，倾听群众呼声，集中群众智慧，讲实话、办实事、求实效，坚决反对形式主义、官僚主义，努力创造实实在在的业绩。

实现全面建设小康社会的宏伟目标，最艰巨最繁重的任务在农村，最广泛最深厚的基础也在农村。全党同志要紧密团结在以胡锦涛同志为总书记的党中央周围，锐意改革，加快发展，在推进中国特色社会主义伟大事业进程中努力开创农村工作新局面！

国务院办公厅关于切实做好当前农民工工作的通知

国办发［2008］130号

各省、自治区、直辖市人民政府，国务院各部委、各直属机构：

农民工是我国改革开放和工业化、城镇化进程中涌现的一支新型劳动大军，已成为我国产业工人的重要组成部分，对我国现代化建设做出了重大贡献。农民工工作直接关系农村经济发展和农民增收，关系经济社会发展全局，必须予以高度重视。当前，国际金融危机的影响不断加深，国内部分企业生产经营遇到困难，就业压力明显增加，加上元旦、春节临近，相当数量的农民工开始集中返乡，给城乡经济和社会发展带来了新情况和新问题。根据党中央、国务院关于应对当前经济形势的工作部署，经国务院同意，现就做好当前农民工工作有关事宜通知如下：

一、采取多种措施促进农民工就业

采取更加积极的就业政策，广开农民工就业门路。落实中央关于扩大内需、减轻企业负担、促进经济增长的政策措施，帮助企业解困，在加快发展方式转变和结构调整中创造更多的就业机会。积极扶持中小企业、劳动密集型产业和服务业，增强吸纳农民工就业的能力。发挥政府投资和国有企事业单位对稳定就业的导向作用，尽可能提供较多的就业岗位。对生产经营遇到暂时困难的企业，要引导其与农民工开展集体协商，采取灵活用工、弹性工时、组织培训等办法，尽量不裁员或少裁员，稳定现有就业岗位。引导企业履行社会责任，防止出现大规模集中裁员现象；对可能出现的大规模裁员，要采取有效措施进行调控。对符合享受失业保险待遇条件的农民工，要按规定及时核发一次性生活补助。公共就业服务机构要加强对农民工的就业指导、职业介绍和就业信息服务，收集适合农民工的岗位信息，通过多种渠道及时发布。大力发展劳务经济，加强输出地和输入地的相互协作，开展有组织的培训就业和劳务输出；在有关部门指导下，依托市场机制发展各类培训就业服务组织，多渠道推动农民工就业；积极培育劳务品牌，建设劳务基地，形成示范效应，带动农村劳动力转移就业；积极开展国际合作与交流，促进农民工劳务输出。灾后重建、农田水利、交通能源等重大基础设施建设项目，要尽量多招用因企业关停或减产裁员而失去工作的农民工。

二、加强农民工技能培训和职业教育

加大对农民工培训的投入，改进培训方式，扩大培训效果。各有关部门和教育培训机构要继续做好农村劳动力技能就业计划、阳光工程、农村劳动力转移培训计划、星火科技培训、雨露计划等培训项目的实施工作。要围绕市场需求开展订单培训和定向培训，提高农民工择业竞争能力；围绕产业结构调整和企业技术改造新开工项目开展职业技能培训，提高农民工就业的适应能力；围绕回乡创业组织开展创业培训，提高农民工的自主创业能力；围绕农业现代化、产业化开展农村实用技术培训，提高返乡农民工的农业技能；对青年农民工开展劳动预备制培训，适当延长培训期限，强化职业技能实训，使其至少熟练掌握一项职业技能。在中等职业学校开展面向返乡农民工的职业教育培训，根据返乡农民工的特点开设专业和课程，采取灵活多样的学习方式，突出培训的针对性和实用性。

三、大力支持农民工返乡创业和投身新农村建设

按照国家有关规定，抓紧制定扶持农民工返乡创业的具体政策措施，引导掌握了一定技能、积累了一定资金的农民工创业，以创业带动就业。地方人民政府要在用地、收费、信息、工商登记、纳税服务等方面，降低创业门槛，给予农民工返乡创业更大的支持。推行联合审批、“一站式”服务、限时办结和承诺服务等，开辟农民工创业“绿色通道”。鼓励农民工发展农产品加工业、农村二、三产业、生态农业和县域中小企业。做好农民工返乡创业的金融服务工作，鼓励和引导金融机构加大信贷产品支持力度，提供符合农民工返乡创业特点的金融产品，继续加大农民工银行卡特色服务推广力度。农民工返乡创业属于政府贴息的项目要按照规定给予财政贴息，帮助其解决创业资金困难。

结合推进新农村建设，创新农村小型基础设施建设体制机制，采取以工代赈、以奖代补等多种形式，组织引导返乡农民工积极参与农村危房改造、农村中小学和职业学校、乡镇公共卫生院、计划生育生殖健康服务机构、文化设施等建设。利用当前农民工提前返乡、农村劳动力增加的有利时机，将加强农村基础设施建设和促进返乡农民工就业有机结合起来，加快解决农村供水、用电、修路、求学、就医等突出问题，提升农村基础设施水平和公共服务能力。利用冬春农闲时期大规模开展农田水利建设。大力发展县域经济，调整农业产业结构，大力扶持农产品精深加工，支持农村中小企业发展，最大限度吸纳农民就地就近转移就业。

二〇〇八年十二月二十日

中共中央　国务院
关于2009年促进农业稳定发展农民持续增收的若干意见

中发［2009］1号

党的十七届三中全会从中国特色社会主义事业总体布局和全面建设小康社会战略全局出发，描绘了我国农村全面小康建设的宏伟蓝图，制定了新形势下推进农村改革发展的行动纲领。各地区各部门要认真学习、深刻领会全会精神，坚定不移推进社会主义新农村建设，坚定不移走中国特色农业现代化道路，坚定不移地加快形成城乡经济社会发展一体化新格局，切实把《中共中央关于推进农村改革发展若干重大问题的决定》提出的大政方针落到实处。

2008年，各地区各部门认真贯彻中央决策部署，战胜了重大自然灾害，克服了多种困难风险，农业农村继续保持良好发展局面。农业生产再获丰收，粮食总产再创新高，农民收入较快增长，农村公共事业加速发展，农村党群干群关系继续改善。农业农村的好形势，为党和国家成功办好大事、妥善应对难事奠定了坚实基础，为保持经济平稳较快发展、维护社会和谐稳定作出了重大贡献。

当前，国际金融危机持续蔓延、世界经济增长明显减速，对我国经济的负面影响日益加深，对农业农村发展的冲击不断显现。2009年可能是新世纪以来我国经济发展最为困难的一年，也是巩固发展农业农村好形势极为艰巨的一年。在农业连续5年增产的高基数上，保持粮食稳定发展的任务更加繁重；在国内外资源性产品价格普遍下行的态势中，保持农产品价格合理水平的难度更加凸显；在全社会高度关注食品质量安全的氛围里，保持农产品质量进一步提升和规避经营风险的要求更加迫切；在当前农民工就业形势严峻的情况下，保持农民收入较快增长的制约更加突出。必须切实增强危机意识，充分估计困难，紧紧抓住机遇，果断采取措施，坚决防止粮食生产滑坡，坚决防止农民收入徘徊，确保农业稳定发展，确保农村社会安定。

做好2009年农业农村工作，具有特殊重要的意义。扩大国内需求，最大潜力在农村；实现经济平稳较快发展，基础支撑在农业；保障和改善民生，重点难点在农民。2009年农业农村工作的总体要求是：全面贯彻党的十七大、十七届三中全会和中央经济工作会议精神，高举中国特色社会主义伟大旗帜，以邓小平理论和“三个代表”重要思想为指导，深入贯彻落实科学发展观，把保持农业农村经济平稳较快发展作为首要任务，围绕稳粮、增收、强基础、重民生，进一步强化惠农政策，增强科技支撑，加大投入力度，优化产业结构，推进改革创新，千方百计保证国家粮食安全和主要农产品有效供给，千方百计促进农民收入持续增长，为经济社会又好又快发展继续提供有力保障。

一、加大对农业的支持保护力度

（一）进一步增加农业农村投入。扩大内需、实施积极财政政策，要把“三农”作为投入重点。大幅度增加国家对农村基础设施建设和社会事业发展的投入，提高预算内固定资产投资用于农业农村的比重，新增国债使用向“三农”倾斜。大幅度提高政府土地出让收益、耕地占用税新增收入用于农业的比例，耕地占用税税率提高后新增收入全部用于农业，土地出让收入重点支持农业土地开发和农村基础设施建设。大幅度增加对中西部地区农村公益性建设项目的投入，2009 年起国家在中西部地区安排的病险水库除险加固、生态建设、农村饮水安全、大中型灌区配套改造等公益性建设项目，取消县及县以下资金配套。城市维护建设税新增部分主要用于乡村建设规划、农村基础设施建设和维护。有条件的地方可成立政策性农业投资公司和农业产业发展基金。

（二）较大幅度增加农业补贴。2009 年要在上年较大幅度增加补贴的基础上，进一步增加补贴资金。增加对种粮农民直接补贴。加大良种补贴力度，提高补贴标准，实现水稻、小麦、玉米、棉花全覆盖，扩大油菜和大豆良种补贴范围。大规模增加农机具购置补贴，将先进适用、技术成熟、安全可靠、节能环保、服务到位的农机具纳入补贴目录，补贴范围覆盖全国所有农牧业县（场），带动农机普及应用和农机工业发展。加大农资综合补贴力度，完善补贴动态调整机制，加强农业生产成本收益监测，根据农资价格上涨幅度和农作物实际播种面积，及时增加补贴。按照目标清晰、简便高效、有利于鼓励粮食生产的要求，完善农业补贴办法。根据新增农业补贴的实际情况，逐步加大对专业大户、家庭农场种粮补贴力度。

（三）保持农产品价格合理水平。密切跟踪国内外农产品市场变化，适时加强政府调控，灵活运用多种手段，努力避免农产品价格下行，防止谷贱伤农，保障农业经营收入稳定增长。2009 年继续提高粮食最低收购价。扩大国家粮食、棉花、食用植物油、猪肉储备，2009 年地方粮油储备要按规定规模全部落实到位，适时启动主要农产品临时收储，鼓励企业增加商业收储。加强“北粮南运”、新疆棉花外运协调，继续实行相关运费补贴和减免政策，支持销区企业到产区采购。把握好主要农产品进出口时机和节奏，支持优势农产品出口，防止部分品种过度进口冲击国内市场。

（四）增强农村金融服务能力。抓紧制定鼓励县域内银行业金融机构新吸收的存款主要用于当地发放贷款的实施办法，建立独立考核机制。在加强监管、防范风险的前提下，加快发展多种形式新型农村金融组织和以服务农村为主的地区性中小银行。鼓励和支持金融机构创新农村金融产品和金融服务，大力发展小额信贷和微型金融服务，农村微小型金融组织可通过多种方式从金融机构融入资金。积极扩大农村消费信贷市场。依法开展权属清晰、风险可控的大型农用生产设备、林权、四荒地使用权等抵押贷款和应收账款、仓单、可转让股权、专利权、商标专用权等权利质押贷款。抓紧出台对涉农贷款定向实行税收减免和费用补贴、政策性金融对农业中长期信贷支持、农民专业合作社开展信用合作试点的具体办法。放宽金融机构对涉农贷款的呆账核销条件。加快发展政策性农业保险，扩大试点范围、增加险种，加大中央财政对中西部地区保费补贴力度，加快建立农业再保险体系和财政支持的巨灾风险分散机制，鼓励在农村发展互助合作保险和商业保险业务。探索建立农村信贷与农业保险相结合的银保互动机制。

二、稳定发展农业生产

（五）加大力度扶持粮食生产。稳定粮食播种面积，优化品种结构，提高单产水平，不断增强综合生产能力。建立健全粮食主产区利益补偿制度，根据主产区对国家粮食安全的贡献，增加一般性转移支付和产粮大县奖励补助等资金，优先安排农业基础设施建设投资和农业综合开发等资金，扶持粮食产业和龙头企业发展，引导产销区建立利益衔接机制，促进主产区经济社会加快发展，确保主产区得到合理利益补偿，确保种粮农民得到合理经济收益。加快取消主产区粮食风险基金资金配套。推进全国新增千亿斤粮食生产能力建设，以主产区重点县（场）为单位，集中投入、整体开发。进一步强化“米袋子”省长负责制，各地区都要承担本地耕地和水资源保护、粮食产销和市场调控责任，逐级建立有效的粮食安全监督检查和绩效考核机制。结合振兴东北地区等老工业基地，加快推进现代农业建设。发挥国有农场在建设现代农业、保障国家粮食安全等方面的积极作用。

（六）支持优势产区集中发展油料等经济作物生产。加快实施新一轮优势农产品区域布局规划。落实国家扶持油料生产的各项政策措施，加强东北和内蒙古优质大豆、长江流域“双低”油菜生产基地建设。尽快制定实施全国木本油料产业发展规划，重点支持适宜地区发展油茶等木本油料产业，加快培育推广高产优良品种。稳定发展棉花生产，启动长江流域、黄淮海地区棉花生产基地建设。支持优势产区发展糖料、马铃薯、天然橡胶等作物，积极推进蔬菜、水果、茶叶、花卉等园艺产品设施化生产。

（七）加快发展畜牧水产规模化标准化健康养殖。采取市场预警、储备调节、增加险种、期货交易等措施，稳定发展生猪产业。继续落实生猪良种补贴和能繁母猪补贴政策，扩大生猪调出大县奖励政策实施范围。继续落实奶牛良种补贴、优质后备奶牛饲养补贴等政策，实施奶牛生产大县财政奖励政策，着力扶持企业建设标准化奶站，确保奶源质量。增加畜禽标准化规模养殖场（小区）项目投资，加大信贷支持力度，落实养殖场用地等政策。加大畜禽水产良种工程实施力度，充实动物防疫体系建设内容，加快推进动物标识及疫病可追溯体系建设，落实村级防疫员补助经费。扩大水产健康养殖示范区（场）建设，继续实行休渔、禁渔制度，强化增殖放流等水生生物资源养护措施。扩大渔港、渔船航标、渔船安全设施等建设规模，扶持和壮大远洋渔业。

（八）严格农产品质量安全全程监控。抓紧出台食品安全法，制定和完善农产品质量安全法配套规章制度，健全部门分工合作的监管工作机制，进一步探索更有效的食品安全监管体制，实行严格的食品质量安全追溯制度、召回制度、市场准入和退出制度。加快农产品质量安全检验检测体系建设，完善农产品质量安全标准，加强检验检测机构资质认证。扩大农产品和食品例行监测范围，逐步清理并降低强制性检验检疫费用。健全饲料安全监管体系，促进饲料产业健康发展。强化企业质量安全责任，对上市产品实行批批自检。建立农产品和食品生产经营质量安全征信体系。开展专项整治，坚决制止违法使用农药、兽（渔）药行为。加快农业标准化示范区建设，推动龙头企业、农民专业合作社、专业大户等率先实行标准化生产，支持建设绿色和有机农产品生产基地。

（九）加强农产品进出口调控。健全高效灵活的农产品进出口调控机制，协调内外贸易，密切政府、协会、企业之间的沟通磋商。扩大农产品出口信用保险承保范围，探索出口信用保险与农业保险、出口信贷相结合的风险防范机制。对劳动密集型和技术密集型农产品出口实行优惠信贷政策。培育农业跨国经营企业。按照世界贸易组织规则，健全外商经营农产品和农资准入制度，明确外资并购境内涉农企业安全审查范围和程序，建立联席会议制度。

三、强化现代农业物质支撑和服务体系

（十）加快农业科技创新步伐。加大农业科技投入，多渠道筹集资金，建立农业科技创新基金，重点支持关键领域、重要产品、核心技术的科学研究。加快推进转基因生物新品种培育科技重大专项，整合科研资源，加大研发力度，尽快培育一批抗病虫、抗逆、高产、优质、高效的转基因新品种，并促进产业化。实施主要农作物强杂交优势技术研发重大项目。强化农业知识产权保护。支持龙头企业承担国家科技计划项目。加强和完善现代农业产业技术体系。深入推进粮棉油高产创建活动，支持科技人员和大学毕业生到农技推广一线工作。开展农业科技培训，培养新型农民。采取委托、招标等形式，引导农民专业技术协会等社会力量承担公益性农技推广服务项目。

（十一）加快高标准农田建设。大力推进土地整治，搞好规划，统筹安排土地整理复垦开发、农业综合开发等各类建设资金，集中连片推进农村土地整治，实行田、水、路、林综合治理，大规模开展中低产田改造，提高高标准农田比重。继续推进“沃土工程”，扩大测土配方施肥实施范围。开展鼓励农民增施有机肥、种植绿肥、秸秆还田奖补试点。大力开展保护性耕作，加快实施旱作农业示范工程。

（十二）加强水利基础设施建设。加强大江大河和重点中小河流治理，建成一批大中型水利骨干工程。加快大中型和重点小型病险水库除险加固进度，确保工程建设质量。增加投资规模，重点加快大型灌区续建配套和节水改造。扩大大型排灌泵站更新改造规模和范围，启动西北沿黄高扬程提水灌溉泵站、东北涝区排水泵站等更新改造建设。继续加大农业综合开发中型灌区骨干工程节水改造力度。增加中央和省级财政小型农田水利工程建设补助专项资金，依据规划整合投资，推进大中型灌区田间工程和小型灌区节水改造，推广高效节水灌溉技术，因地制宜修建小微型

抗旱水源工程，发展牧区水利。加强重要水源工程及配套灌区建设。推进水利工程管理和农村水利体制改革，探索农业灌溉工程运行管理财政补贴机制，启动减轻农业用水负担综合改革试点。

（十三）加快推进农业机械化。启动农业机械化推进工程，重点加强示范基地、机耕道建设，提高农机推广服务和安全监理能力。普及主要粮油作物播种、收获等环节机械化，加快研发适合丘陵山区使用的轻便农业机械和适合大面积作业的大型农业机械。支持农机工业技术改造，提高农机产品适用性和耐用性，切实加强售后服务。实行重点环节农机作业补贴试点。对农机大户、种粮大户和农机服务组织购置大中型农机具，给予信贷支持。完善农用燃油供应保障机制，建立高能耗农业机械更新报废经济补偿制度。

（十四）推进生态重点工程建设。巩固退耕还林成果，继续推进京津风沙源治理等重点工程，增加天然林保护投资，抓紧研究延长天然林保护工程实施期限有关政策，完善三北防护林工程投入和建设机制。建设现代林业，发展山区林特产品、生态旅游业和碳汇林业。扩大退牧还草工程实施范围，加强人工饲草地和灌溉草场建设。加强森林草原火灾监测预警体系和防火基础设施建设。加快重点区域荒漠化和小流域综合治理，启动坡耕地水土流失综合整治工程，加强山洪和泥石流等地质灾害防治。提高中央财政森林生态效益补偿标准，启动草原、湿地、水土保持等生态效益补偿试点。安排专门资金，实行以奖促治，支持农业农村污染治理。

（十五）加强农产品市场体系建设。加大力度支持重点产区和集散地农产品批发市场、集贸市场等流通基础设施建设。推进大型粮食物流节点、农产品冷链系统和生鲜农产品配送中心建设。落实停止收取个体工商户管理费和集贸市场管理费政策。支持大型连锁超市和农产品流通企业开展农超对接，建设农产品直接采购基地。发挥农村经纪人作用。长期实行并逐步完善鲜活农产品运销绿色通道政策，推进在全国范围内免收整车合法装载鲜活农产品的车辆通行费。

（十六）推进基层农业公共服务机构建设。按照 3 年内在全国普遍健全乡镇或区域性农业技术推广、动植物疫病防控、农产品质量监管等公共服务机构的要求，尽快明确职责、健全队伍、完善机制、保障经费，切实增强服务能力。创新管理体制和运行机制，采取公开招聘、竞聘上岗等方式择优聘用专业技术人员。改革考评、分配制度，将服务人员收入与岗位职责、工作业绩挂钩。农业公共服务机构履行职责所需经费纳入地方各级财政预算。逐步推进村级服务站点建设试点。

四、稳定完善农村基本经营制度

（十七）稳定农村土地承包关系。抓紧修订、完善相关法律法规和政策，赋予农民更加充分而有保障的土地承包经营权，现有土地承包关系保持稳定并长久不变。强化对土地承包经营权的物权保护，做好集体土地所有权确权登记颁证工作，将权属落实到法定行使所有权的集体组织；稳步开展土地承包经营权登记试点，把承包地块的面积、空间位置和权属证书落实到农户，严禁借机调整土地承包关系，坚决禁止和纠正违法收回农民承包土地的行为。加快落实草原承包经营制度。

（十八）建立健全土地承包经营权流转市场。土地承包经营权流转，不得改变土地集体所有性质，不得改变土地用途，不得损害农民土地承包权益。坚持依法自愿有偿原则，尊重农民的土地流转主体地位，任何组织和个人不得强迫流转，也不能妨碍自主流转。按照完善管理、加强服务的要求，规范土地承包经营权流转。鼓励有条件的地方发展流转服务组织，为流转双方提供信息沟通、法规咨询、价格评估、合同签订、纠纷调处等服务。

（十九）实行最严格的耕地保护制度和最严格的节约用地制度。基本农田必须落实到地块、标注在土地承包经营权登记证书上，并设立统一的永久基本农田保护标志，严禁地方擅自调整规划改变基本农田区位。严格地方政府耕地保护责任目标考核，实行耕地和基本农田保护领导干部离任审计制度。尽快出台基本农田保护补偿具体办法。从严控制城乡建设用地总规模，从规划、标准、市场配置、评价考核等方面全面建立和落实节约用地制度。抓紧编制乡镇土地利用规划和乡村建设规划，科学合理安排村庄建设用地和宅基地，根据区域资源条件修订宅基地使用标准。农村宅基地和村庄整理所节约的土地，首先要复垦为耕地，用作折抵建设占用耕地补偿指标必须依法进行，必须符合土地利用总体规划，纳入土地计划管理。农村土地管理制度改革要在完善相关法律法规、出台具体配套政策后，规范有序地推进。

（二十）全面推进集体林权制度改革。用5年左右时间基本完成明晰产权、承包到户的集体林权制度改革任务。集体林地经营权和林木所有权已经落实到户的地方，要尽快建立健全产权交易平台，加快林地、林木流转制度建设，完善林木采伐管理制度。尚未落实到户的地方，要在加强宣传、做好培训和搞好勘界发证基础上，加快集体林权制度改革步伐。加大财政对集体林权制度改革的支持力度，开展政策性森林保险试点。引导森林资源资产评估、森林经营方案编制等中介服务健康发展。进一步扩大国有林场和重点国有林区林权制度改革试点。

（二十一）扶持农民专业合作社和龙头企业发展。加快发展农民专业合作社，开展示范社建设行动。加强合作社人员培训，各级财政给予经费支持。将合作社纳入税务登记系统，免收税务登记工本费。尽快制定金融支持合作社、有条件的合作社承担国家涉农项目的具体办法。扶持农业产业化经营，鼓励发展农产品加工，让农民更多分享加工流通增值收益。中央和地方财政增加农业产业化专项资金规模，重点支持对农户带动力强的龙头企业开展技术研发、基地建设、质量检测。鼓励龙头企业在财政支持下参与担保体系建设。采取有效措施帮助龙头企业解决贷款难问题。

五、推进城乡经济社会发展一体化

（二十二）加快农村社会事业发展。建立稳定的农村文化投入保障机制，尽快形成完备的农村公共文化服务体系。推进广播电视村村通、文化信息资源共享、乡镇综合文化站和村文化室建设、农村电影放映、农家书屋等重点文化惠民工程。巩固农村义务教育普及成果，提高农村学校公用经费和家庭经济困难寄宿生补助标准，改善农村教师待遇，推进农村中小学校舍安全排查、加固和改造。加快发展农村中等职业教育，2009 年起对中等职业学校农村家庭经济困难学生和涉农专业学生实行免费。国家新增助学金要向农村生源学生倾斜。巩固发展新型农村合作医疗，坚持大病住院保障为主、兼顾门诊医疗保障，开展门诊统筹试点，有条件的地方可提高财政补助标准和水平。进一步增加投入，加强县、乡、村医疗卫生公共服务体系建设。抓紧制定指导性意见，建立个人缴费、集体补助、政府补贴的新型农村社会养老保险制度。加大中央和省级财政对农村最低生活保障补助力度，提高农村低保标准和补助水平。加快研究解决农垦职工社会保障问题。

（二十三）加快农村基础设施建设。调整农村饮水安全工程建设规划，加大投资和建设力度，把农村学校、国有农（林）场纳入建设范围。扩大电网供电人口覆盖率，加快推进城乡同网同价。加大农村水电建设投入，扩大小水电代燃料建设规模。加快农村公路建设，2010年底基本实现全国乡镇和东中部地区具备条件的建制村通油（水泥）路，西部地区具备条件的建制村通公路，加大中央财政对中西部地区农村公路建设投资力度，建立农村客运政策性补贴制度。增加农村沼气工程建设投资，扩大秸秆固化气化试点示范。发展农村信息化。加快国有林区、垦区棚户区改造，实施游牧民定居工程，扩大农村危房改造试点。

（二十四）积极扩大农村劳动力就业。对当前农民工就业困难和工资下降等问题，各地区和有关部门要高度重视，采取有力措施，最大限度安置好农民工，努力增加农民的务工收入。引导企业履行社会责任，支持企业多留用农民工，督促企业及时足额发放工资，妥善解决劳资纠纷。对生产经营遇到暂时困难的企业，引导其采取灵活用工、弹性工时、在岗培训等多种措施稳定就业岗位。城乡基础设施建设和新增公益性就业岗位，要尽量多使用农民工。采取以工代赈等方式引导农民参与农业农村基础设施建设。输出地、输入地政府和企业都要加大投入，大规模开展针对性、实用性强的农民工技能培训。有条件的地方可将失去工作的农民工纳入相关就业政策支持范围。落实农民工返乡创业扶持政策，在贷款发放、税费减免、工商登记、信息咨询等方面提供支持。保障返乡农民工的合法土地承包权益，对生活无着的返乡农民工要提供临时救助或纳入农村低保。同时，充分挖掘农业内部就业潜力，拓展农村非农就业空间，鼓励农民就近就地创业。抓紧制定适合农民工特点的养老保险办法，解决养老保险关系跨社保统筹地区转移接续问题。建立农民工统计监测制度。

（二十五）推进农村综合改革。按照着力增强社会管理和公共服务职能、到2012年基本完成改革任务的要求，继续推进乡镇机构改革。推进“乡财县管”改革，加强县乡财政对涉农资金的监管。力争用3年左右时间，逐步建立资金稳定、管理规范、保障有力的村级组织运转经费保障机制。总结试点经验，完善相关政策，扩大农村公益事业一事一议财政奖补试点范围，中央和试点地区省级财政要增加试点投入。积极稳妥化解乡村债务，2010年基本完成全国农村义务教育债务化解，继续选择与农民利益直接相关的农村公益事业建设形成的乡村债务进行化解试点。

（二十六）增强县域经济发展活力。调整财政收入分配格局，增加对县乡财政的一般性转移支付，逐步提高县级财政在省以下财力分配中的比重，探索建立县乡财政基本财力保障制度。推进省直接管理县（市）财政体制改革，将粮食、油料、棉花和生猪生产大县全部纳入改革范围。稳步推进扩权强县改革试点，鼓励有条件的省份率先减少行政层次，依法探索省直接管理县（市）的体制。依法赋予经济发展快、人口吸纳能力强的小城镇在投资审批、工商管理、社会治安等方面的行政管理权限。支持发展乡镇企业，加大技术改造投入，促进产业集聚和升级。

（二十七）积极开拓农村市场。支持流通企业与生产企业合作建立区域性农村商品采购联盟，用现代流通方式建设和改造农村日用消费品流通网络，扩大“农家店”覆盖范围，重点提高配送率和统一结算率，改善农村消费环境。鼓励设计开发适合农村特点的生活消费品和建筑材料。2009年在全国范围实施“家电下乡”，对农民购买彩电、电冰箱、手机、洗衣机等指定家电品种，国家按产品销售价格一定比例给予直接补贴，并根据需要增加新的补贴品种。保证下乡家电质量，搞好售后服务。加强农资产销调控，扶持化肥生产，增加淡季储备，保障市场供应。支持供销合作社、邮政、商贸企业和农民专业合作社等加快发展农资连锁经营，推行农资信用销售。鼓励有条件的地方改造建设农村综合服务中心。加强农村市场监管，严厉查处坑农害农行为。

（二十八）完善国家扶贫战略和政策体系。坚持开发式扶贫方针，制定农村最低生活保障制度与扶贫开发有效衔接办法。实行新的扶贫标准，对农村没有解决温饱的贫困人口、低收入人口全面实施扶贫政策，尽快稳定解决温饱并实现脱贫致富，重点提高农村贫困人口的自我发展能力。继续增加扶贫资金投入，加大整村推进力度，提高劳动力转移培训质量，提升产业化扶贫水平。优先支持革命老区、民族地区、边疆地区扶贫开发，积极稳妥实行移民扶贫，对特殊类型贫困地区进行综合治理。充分发挥行业扶贫作用，继续动员社会各界参与扶贫事业，积极开展反贫困领域国际交流合作。

各级党委和政府要坚持把解决好农业、农村、农民问题作为全党工作和政府全部工作的重中之重，切实加强和改善党对农村工作的领导，确保把党的各项农村政策落到实处。扎实开展农村基层深入学习实践科学发展观活动，按照科学发展观和正确政绩观要求，把粮食生产、农民增收、耕地保护、环境治理、和谐稳定作为考核地方特别是县（市）领导班子绩效的重要内容，尽快制定指标，严格监督检查。抓好以村党组织为核心的村级组织配套建设，深化农村党的建设三级联创活动，创新农村党组织设置方式，扩大党在农村的组织覆盖和工作覆盖。建立健全城乡一体党员动态管理机制，加强农民工党员教育管理。广泛开展创先争优活动。完善党员设岗定责、依岗承诺等活动载体。加强农村党风廉政建设，抓好党的农村政策贯彻落实情况的监督检查，认真解决损害农民利益的突出问题。完善村党组织两推一选、村委会直选的制度和办法，着力拓宽农村干部来源，稳步推进高校毕业生到村任职工作，实施一村一名大学生计划，完善长效机制和政策措施。创新培养选拔机制，选优配强村党组织书记。按照定职责目标和工作有合理待遇、干好有发展前途、退岗有一定保障的要求，以不低于当地农村劳动力平均收入水平确定村干部基本报酬，并根据实际情况建立业绩考核奖励制度，逐步解决好村干部养老保障问题，加大从优秀村干部中选任乡镇领导干部、考录乡镇公务员、招聘乡镇事业编制人员的力度。积极推进农村党员干部现代远程教育和村级组织活动场所建设。加强农村民主法制建设和精神文明建设，深入推进政务公开、村务公开和党务公开。高度重视农村社会稳定工作，妥善解决农村征地、环境污染、移民搬迁、集体资产处置等引发的突出矛盾和问题，做好农村信访工作，搞好农村社会治安综合治理，推进农村警务建设，反对和制止利用宗教、宗族势力干预农村公共事务，严密防范境外敌对势力对农村的渗透，保持农村社会和谐稳定。

做好2009年农业农村工作意义十分重大。我们要紧密团结在以胡锦涛同志为总书记的党中央周围，开拓进取，扎实工作，迎难而上，奋力开创农村改革发展新局面！

国务院关于做好当前经济形势下就业工作的通知

国发［2009］4号

各省、自治区、直辖市人民政府，国务院各部委、各直属机构：

当前，国际金融危机的影响进一步蔓延，新增就业难度加大，劳动者失业风险增加。实施更加积极的就业政策，全方位促进就业增长，稳定就业局势，对维护社会稳定，保持经济平稳较快发展，具有十分重要的意义。现就做好当前经济形势下的就业工作通知如下：

一、紧密结合实施扩大内需促进经济增长的措施，千方百计扩大就业

（一）切实把就业工作摆在更加突出的重要位置，努力确保就业形势基本稳定。坚持劳动者自主择业、市场调节就业、政府促进就业的方针，实施更加积极的就业政策，调动企业、劳动者和社会各方面的力量促进就业再就业。加强财政政策、货币政策、产业政策与就业政策的协调配合，在实施宏观经济调控、经济结构调整以及安排主要产业布局和重大项目时，优先考虑对扩大就业的影响。将扩大内需促进经济发展与扩大就业相结合，将帮扶困难企业与稳定就业岗位相结合，着重做好企业职工稳定就业、高校毕业生就业、失业人员再就业、农民工流动就业和复员转业军人安置就业工作。

（二）发挥好政府投资和重大建设项目带动就业的作用。在落实中央扩大内需重大决策，安排政府投资和重大建设项目时，要把就业岗位增加和人力资源配置作为其重要内容。项目实施方案中，要明确扩大就业的具体安排，积极吸纳高校毕业生、失业人员和农民工等群体就业，并按规定落实相关就业扶持政策。项目开工建设时，同步启动对从业人员的职业技能培训。在国家公共基础设施建设中，尽可能吸纳农村劳动者就地就近就业。鼓励农林水利、国土整治、生态环保等工程建设实行以工代赈。

（三）推进产业结构升级与扶持就业创业相协调。在制订发展战略和产业政策时，既要注重发展资本技术和知识密集型产业，又要积极支持发展劳动密集型产业，大力发展第三产业，构建多元化多层次的产业结构体系。完善鼓励发展轻工、纺织、建筑等劳动密集型产业的财税、金融等扶持政策，在加快发展方式转变和结构调整中形成新的经济增长点和竞争优势，创造更多就业机会。

（四）大力发展中小企业，保护和提高中小企业吸纳就业的能力。落实鼓励中小企业发展的各项扶持政策，加强融资和担保服务，建立健全中小企业服务体系，为企业发展提供政策、信息、技术咨询等专项服务，着力帮助企业解决生产经营中的突出问题，切实发挥中小企业吸纳就业的主体作用。

（五）充分发挥服务业吸纳就业的优势。大力发展具有增长潜力的社会管理、公共服务、生产服务、生活服务、救助服务等服务业新领域和新门路，重点开发养老服务、医护服务、残疾人居家服务、物业服务、廉租房配套服务等社区服务岗位，引导和支持动漫、创意、租赁、家政和农业技术推广、农用生产资料连锁经营等服务业发展。充分利用新建产业开发区、工业园区、产业集群等的配套服务扩大就业。着力突破制约服务业发展的体制障碍，放宽服务业准入，加大政策支持力度，使服务业在扩大就业中发挥更大作用。

（六）最大限度拓展农村劳动力就业渠道。结合社会主义新农村建设，加大农村基础设施建设、农房建设和危房改造力度，大力发展县域经济，调整农业产业结构，扶持农产品精深加工和销售，支持农村中小企业发展，鼓励农民联合创办经济实体，拓展农村劳动力就地就近就业空间。

二、采取积极措施减轻企业负担，鼓励企业稳定就业岗位

（七）各地要根据实际情况制定减轻企业负担稳定就业局势的措施办法，通过缓缴社会保险费，阶段性降低城镇职工基本医疗保险、失业保险、工伤保险、生育保险费率，运用失业保险基金结余引导困难企业不裁员或少裁员等措施，稳定就业岗位。

（八）引导国有企业稳定并增加就业。进一步深化国有企业改革，推动国有企业做强做大，承担相应的社会责任，通过企业发展提供更多就业机会，尽可能不裁员或少裁员。做好已批准企业的主辅分离辅业改制实施工作，落实相关扶持政策。鼓励国有企业通过多种稳妥方式分流安置富余人员。

（九）规范企业裁员行为，切实保障劳动者合法权益。企业需要裁减人员20人以上，或者裁减不足20人但占企业职工总数10%以上，需提前30日向工会或者全体职工说明情况，听取工会或者职工意见后，向当地人力资源社会保障行政部门报告裁减人员方案。加大劳动监察工作力度，加强对企业的监管，积极防范和严肃查处少数企业主欠薪、拖欠社会保险费后转移资金、关厂逃匿等行为，妥善处理因此类问题引发的职工群体性事件，努力保护劳动者合法权益。

三、进一步加大政策扶持力度，鼓励劳动者多渠道就业

（十）鼓励劳动者自谋职业、自主创业。认真落实《国务院办公厅转发人力资源社会保障等部门关于促进以创业带动就业工作指导意见的通知》（国办发［2008］111号），进一步宽松创业和投资环境，完善落实市场准入、场地安排、税费减免、小额担保贷款、免费就业服务和职业培训补贴等扶持政策。延续鼓励下岗失业人员创业的税收扶持政策，对持《再就业优惠证》人员从事个体经营的，按规定在限额内依次减免营业税、城市维护建设税、教育费附加和个人所得税，审批期限延长至2009年底。

（十一）鼓励企业吸纳就业。切实落实鼓励企业吸纳就业困难人员的社会保险补贴政策。延续鼓励企业吸纳下岗失业人员的税收扶持政策，对符合条件的企业在新增加的岗位中，当年新招用持《再就业优惠证》人员，与其签订1年以上期限劳动合同并缴纳社会保险费的，按规定在相应期限内定额依次减免营业税、城市维护建设税、教育费附加和企业所得税，审批期限延长至2009年底。

（十二）帮扶就业困难人员再就业，促进零就业家庭至少一人就业。采取有效手段，进一步开发公益性岗位，落实社会保险补贴政策，并适当提高岗位补贴标准。

（十三）提高灵活就业的稳定性。对2009年享受社会保险补贴政策期满、仍未能实现稳定就业的灵活就业人员，可根据实际情况将其享受社会保险补贴的期限一次性延长，期限最长不超过1年。

四、切实做好重点人群的就业工作，强化公共就业服务

（十四）把大学生就业放在就业工作的首位。认真落实《国务院办公厅关于加强普通高等学校毕业生就业工作的通知》（国办发［2009］3号），积极拓宽就业渠道，完善落实各项扶持政策，鼓励高校毕业生到城乡基层、中西部地区、非公有制企业和中小企业就业，鼓励自主创业，鼓励骨干企业吸纳和稳定高校毕业生就业，鼓励承担国家和地方重大科研项目的单位积极聘用优秀高校毕业生参与研究，延长其学习与科研相结合的时间。组织开展高校毕业生就业服务系列活动，以未就业特别是家庭困难的高校毕业生为重点，强化就业指导，提供就业信息，加强就业服务的针对性、有效性，增加见习机会，维护就业权益。落实对登记失业高校毕业生的相关就业扶持政策。

（十五）强化对就业困难人员的就业援助。采取更有力的措施，特别是组织开展就业援助系列活动，强化对就业困难人员、零就业家庭以及关停企业失业人员的就业援助，集中开展上门服务和“一对一”的援助服务，开发更多的公益性岗位，并把各项扶持政策落到实处。进一步加大对灾区劳动者的就业援助。

（十六）切实做好农民工就业工作。认真落实《国务院办公厅关于切实做好当前农民工工作的通知》（国办发［2008］130号），采取多种措施，促进农民工就业。落实企业减负稳岗措施，稳定一批农民工就业。加强就业服务和职业培训，促进一批农民工在城镇再就业。强化政策扶持和引导，支持一批农民工返乡创业和投身新农村建设。做好农民工社会保障和公共服务工作，切实保障返乡农民工土地承包权益。组织开展“春风行动”系列活动，重点做好对新失去工作的农民工和被征地农民的就业服务和职业培训。加强农村劳动力转移就业服务信息网络建设，做好城市和县乡公共就业服务机构间的信息对接，建立全国联网的用工信息发布制度，及时提供有效岗位信息。大力发展劳务经济，加强劳务协作，引导农民工流动就业。

（十七）积极推进复员转业军人安置就业工作。采取有力措施，拓宽安置渠道，落实自主择业政策，积极鼓励自主创业。加强就业服务和职业培训，鼓励复员转业军人到基层一线和经济社会发展最需要的地方工作。

（十八）健全公共就业服务体系，培育和完善统一开放、竞争有序的人力资源市场。不断提高县、乡镇（街道）、社区基层公共就业服务能力，发挥公共就业服务的示范、指导作用。鼓励社会资本投资人力资源服务领域，建立人力资源市场监管体系，加强市场监管，维护市场各类主体合法权益。加强区域合作。

五、实施特别职业培训计划，帮助更多的劳动者提高职业技能

（十九）组织实施特别职业培训计划。指导生产经营困难企业组织待岗人员开展技能提升或转业转岗培训，为企业生产发展做准备；支持失去工作的农民工参加实用技能培训和创业培训，帮助其寻找新的就业机会；帮助失业人员参加再就业培训，提升其再就业能力；组织引导退役士兵免费参加相关职业技能培训，培养技能型人才；组织农村应届初高中毕业生参加劳动预备制培训，加强技能劳动者储备。加强农村职业教育和农村劳动力就业能力培训，培育一批掌握一定技能的村镇建筑工匠、基层技术人员和农村基础设施管理、养护、维修人员等专业人才。

（二十）加快技能人才培养。把提高劳动者素质和适应市场竞争能力作为解决推进结构升级与扶持就业创业矛盾的关键环节，通过提升人力资源质量推进产业结构优化。通过校企合作、订单式培训等多种模式，加快培养重大项目实施及企业发展和产业升级中急需的技术工人。

（二十一）落实职业培训补贴政策，强化政府购买培训成果的机制，广泛发动各级各类职业培训机构和职业院校开展多层次、多形式的职业技能培训，引导他们根据就业市场的需求，充实培训内容，采取长短班、送教上门等多种形式和手段，突出培训的针对性、实用性和有效性，提高培训质量和培训后的就业率。采取技工院校等中等职业院校扩招措施，推进特别职业培训计划的实施。

六、强化政府促进就业责任，广泛动员全社会共同做好就业工作

（二十二）强化目标责任制度。各地要在制定国民经济和社会发展规划中，把扩大就业和稳定就业作为重要目标，把新增就业人数和控制失业率作为政府政绩考核的重要内容，完善落实目标责任制度。优化财政支出结构，根据就业工作的需要，继续加大就业资金投入，努力提高就业资金使用效益。认真做好就业与失业调查统计等基础工作，实行就业数据快速调查和报告制度，跟踪掌握就业形势变化，及时制定实施应对措施。

（二十三）统一领导、分工协作。强化就业工作联席会议统筹协调机制，充分发挥部门职能，完善落实政策，及时解决工作中存在的问题，确保工作进展。进一步发挥工会、共青团、妇联、残联以及其他社会组织的积极性，共同做好就业促进工作。支持和动员社会团体开办的就业服务和职业培训机构积极为劳动者提供就业服务，按规定落实好职业介绍补贴、职业培训补贴政策。

（二十四）各地要积极落实就业促进法。实施更加积极的就业政策，提高政策的针对性和扶持力度，运用好现行政策妥善应对金融危机对就业的影响。进一步加强对法律实施和政策落实情况的监督检查，确保取得实效。

（二十五）加强失业调控和失业预警。建立失业动态监测制度。对重点行业、重点企业岗位流失情况实施动态监测，及时制定应对规模失业的工作预案。建立健全企业空岗信息报告制度。加强失业保险金发放工作，对符合条件的失业人员及时足额发放失业保险金，切实保障其基本生活。

（二十六）发挥市场机制对促进就业的积极作用。引导劳动者树立正确的就业观，鼓励支持劳动者不等不靠，通过自身努力，实现就业再就业。坚持正确的舆论导向，及时做好就业形势和就业政策宣传工作，增强信心，团结互助，共同克服暂时的就业困难。

各地区、各有关部门要按照本通知精神，在不涉及税收政策、不影响中央非税收入的前提下，制定完善应对金融危机扩大就业的政策措施和具体实施办法，切实抓好贯彻落实。

二〇〇九年二月三日

国务院办公厅
关于应对国际金融危机
保持西部地区经济平稳较快发展的意见

国办发［2009］55号

各省、自治区、直辖市人民政府，国务院各部委、各直属机构：

今年以来，西部地区按照党中央、国务院的统一部署，全面落实应对国际金融危机的一揽子计划和相关政策措施，各项工作取得积极成效，经济企稳向好的势头日趋明显。但西部地区经济总量小，产品处于产业链低端，生产方式比较粗放，自我调整能力弱，目前经济回升的基础还不稳定、不巩固、不平衡。有效应对国际金融危机的冲击，保持西部地区经济平稳较快发展的良好势头，是坚定不移地深入推进西部大开发的客观需要，是贯彻落实科学发展观、构建社会主义和谐社会的必然要求，对于扩大国内需求、挖掘发展潜力、拓展回旋空间，促进全国区域协调发展具有重要的战略意义。西部地区要坚定信心，抓住国家扩大内需的机遇，更加注重推进结构调整，更加注重保障和改善民生，更加注重深化改革开放，化解国际金融危机影响，继续保持经济平稳较快发展。经国务院同意，现提出以下意见：

一、加强基础设施建设，打牢长远发展基础

扩大铁路网规模。加强西部铁路客运专线、区际通道和“三西”煤运通道建设。强化既有线路扩能改造，加快神朔线扩能改造和兰渝、南广、贵广、太中银等一批重点铁路建设。开工建设西安至宝鸡客运专线、西安至安康铁路增建二线等。

加快干线公路网和水运基础设施建设。推进银川至武汉、西安至合肥等8条西部开发干线公路建设。开工建设连霍高速安西至星星峡段、库尔勒至西宁西部通道敦煌至当金山口段等重点公路。加强西部地区国省道改造，继续实施西部地区乡村“畅通工程”和“通达工程”，重点解决乡镇、行政村通公路和乡镇通沥青（水泥）路问题。继续开展农村乡镇客运站、农村公路渡口码头改造和渡改桥等专项建设。进一步推进长江黄金水道、北部湾沿海港口等水运基础设施建设。

加快枢纽机场和支线机场建设。加快推进西安、成都、重庆等区域枢纽机场改扩建，以及阿尔山、固原、吐鲁番等支线机场建设。完善干线机场功能，新开工建设一批支线机场，积极促进支线航空发展。

大力推进实施重点水利工程。继续推进病险水库除险加固和防洪工程建设，支持“润滇”、“泽渝”、“兴蜀”、“滋黔”等水源工程建设。加大四川都江堰、宁夏青铜峡、内蒙古河套等大型灌区续建配套与节水改造力度。开工建设四川亭子口、内蒙古海勃湾、西藏旁多等水利枢纽工程。

推进能源基础设施建设。加快西气东输二线、骨架电网、农村电网改造等重点基础设施项目建设，完善西电东送电网。推进宁东等大型煤电基地建设，尽快竣工投产发挥效益。

加强城镇、信息等基础设施建设。加快重庆、成都、西安等西部中心城市轨道交通建设。加快推进城镇污水、垃圾处理设施建设。做好电信基础设施共建共享，大力推进第三代移动通信网络建设。推动西部地区统一电子政务网络建设。

做好重点项目储备和前期工作。抓紧做好中亚、泛亚、南亚等国际运输通道规划研究。加快国家高速公路、西安—成都和重庆—贵阳—南宁等铁路通道以及中国至周边国家（地区）铁路通道前期工作步伐。推进陆上能源资源战略安全大通道建设。开展引汉济渭、重庆观景口、新疆布尔津河西水东引一期工程、卡拉贝利水利枢纽工程等项目前期工作。

二、加大环境保护和生态建设力度，促进建设资源节约型和环境友好型社会

巩固退耕还林、退牧还草成果。组织实施好巩固退耕还林成果规划，落实基本口粮田、农村能源、生态移民、后续产业发展、补植补造和退耕农户培训等各项措施，解决退耕农户当前困难和长远生计问题。做好荒山荒地造林工作。完善退牧还草政策，加快实施退牧还草工程，扩大实施范围，加强人工饲草地、牧区水利和棚圈建设，以建促退推动草畜平衡和舍饲圈养。

继续推进重点生态工程建设。扎实推进三北防护林、京津风沙源治理、天然林保护、青海“三江源”自然保护区建设、甘肃石羊河流域综合治理、甘肃甘南黄河重要水源补给区生态保护与建设等重点工程。抓好黑河、塔里木河流域综合治理，推动黄河、长江中上游水土保持和黄土高原淤地坝建设。加快编制祁连山水源涵养区、青藏高原东南缘生态环境保护与建设规划。加大云南迪庆两江流域生态保护力度。推进石漠化水土流失治理。

强化环境综合治理。加大丹江口库区及上游、三峡库区、黄河中上游、滇池等重点流域、区域水污染防治力度，继续开展排污权有偿使用和交易试点。做好环境监测，加强农村环境综合治理和工业污染治理。深化第二批国家循环经济示范试点，支持建设一批循环经济重点项目，全面推行清洁生产，加快淘汰和关闭浪费资源、污染严重和不具备安全生产条件的企业。加强地质灾害防治，积极推进矿山地质环境恢复治理和重点地区土地开发与复垦。推进灾区建筑废弃物等资源化。

三、调整产业结构，转变经济发展方式

加快发展特色农业。积极改造中低产田，大力发展旱作农业、节水农业。启动坡耕地水土流失综合治理工程，建设一批高标准基本农田。加强四川成都平原、陕西关中平原、内蒙古河套地区、宁夏沿黄地区、甘肃河西走廊等粮食生产能力建设。积极推进优质棉、糖料、油料、烟叶、水果、花卉、茶叶、蚕桑、马铃薯、畜产品、中药材、天然橡胶等生产基地建设，建成一批农产品加工示范基地，培育一批带动力强的龙头企业。支持陕西杨凌农业高新技术产业示范区、甘肃天水航天育种示范区和广西、云南亚热带农业示范区建设。扶持优质农产品生产基地建设和农业产业化龙头企业发展，提高产业化水平，加强农业农村先进实用技术转化应用和科技服务。

推进工业优化升级。组织实施和认真落实国家重点产业调整和振兴规划。积极发展技术引领型产业，提高航天航空、现代装备制造、电子信息、国防科技、新能源、新材料等产业发展规模和水平，推动陕西阎良民用航空、甘肃金昌新材料、四川成都生物、德阳重大装备制造等高技术产业基地建设。优化发展资源利用型产业，促进能源化工及矿产资源加工业集约发展，提高资源综合利用水平。建成新疆独山子石化1000万吨炼油、100万吨乙烯项目，加快长庆、涩北等一批重点油气产能建设。逐步建设鄂尔多斯、塔里木、准噶尔、柴达木、四川盆地石油天然气的开发、综合利用和外输基地。进一步加大企业技术改造步伐，提升技术水平和产品竞争力。

提升自主创新能力。加强在西部地区部署国家科技基础设施，继续建设一批国家级重点实验室、工程技术研究中心。支持科研院所、企业承担国家重大科技专项，围绕西部地区面临的共性关键问题开展科技攻关。继续保持和加大对西部高新区的政策支持力度，扶持科技型中小企业发展。发挥国防工业科技优势，鼓励军民结合、军地结合，支持绵阳科技城发展。

提升现代服务业发展水平。加强旅游基础设施建设，完善旅游区基础设施，积极发展自然生态旅游、乡村民俗旅游，培育和开发一批精品旅游景区线路。继续推进“农产品批发市场升级改造”、“万村千乡市场工程”、“双百市场工程”及农村商务信息服务工程。积极培育电子商务服务业，着力发展文化、会展、创意等现代服务业，加快发展服务外包。加大地方金融资源整合力度，大力完善地方法人银行机构的公司治理，鼓励股份制商业银行和外资银行到西部地区设立分支机构。完善中小企业融资担保体系，推动村镇银行等农村新型金融机构发展，扩大西部地区农村小额贷款覆盖面。

引导产业有序转移。发挥东部地区资金、技术、人才、管理优势和西部地区资源、市场、劳动力优势，引导东部地区产业向西部地区梯度转移。依托交通干线、枢纽，选择一批具备一定基础条件的城市开展承接东部地区产业转移试点，推动建立承接产业转移的示范园区和东西部地区互动产业合作示范园区。严把产业政策关、环境保护关和资源集约利用关，防止落后产能向西部地区转移。研究制定中西部地区承接产业转移的具体政策。国家审批、核准的重大产业项目优先在西部地区布局。

四、加强民生工程建设，促进社会和谐

加快保障性安居工程建设。加快城市廉租住房建设，加大国有林区（场）、垦区、矿区棚户区、城市棚户区以及中央下放地方煤矿棚户区的改造力度。扩大游牧民定居工程和农村危房改造试点范围，加快完成边境一线地区茅草房、危房改造。推进边远地区乡镇教师、医务人员周转房建设。

改善农村生产生活条件。增加农村基

础设施投入，逐步取消公益性建设项目县及县以下资金配套。力争用2—3年时间，基本解决西部地区农村人口饮水安全问题。到2010年基本实现乡镇通沥青（水泥）路、建制村通公路。加快发展小水电代燃料及农村沼气。完善农产品市场体系，支持西部地区大宗农副产品批发市场、集贸市场等流通基础设施建设，推动连锁经营向农村延伸。建立农村客运政策性补贴制度。

加大扶贫开发力度。继续增加扶贫资金投入，落实对低收入人口全面实施扶贫政策的措施。加大整村推进力度，提升产业化扶贫水平，积极稳妥地推进移民扶贫工作，提高农村贫困人口的自我发展能力。优先支持革命老区、民族地区、边疆地区扶贫开发，加大对特殊类型贫困地区扶持力度。制定农村最低生活保障制度与扶贫开发政策有效衔接办法。

做好农民创业就业工作。在总结四川南充、甘孜和甘肃甘南等地试点工作经验的基础上，选择部分条件成熟的县（市），扩大农民创业促进工程试点范围。加强农村劳动力转移就业服务和职业技能培训体系建设，继续实施农村劳动力技能就业计划、农村劳动力转移培训阳光工程、星火科技培训、雨露培训计划。引导农民有序外出就业，鼓励农民就地就近就业，扶持农民工返乡创业，提高非农收入。

五、加快社会事业发展，提高基本公共服务水平

优先发展教育。进一步普及巩固九年义务教育，继续支持并尽快完成西部地区剩余42个县的“两基”攻坚任务。争取3年内基本解决农村“普九”债务问题。支持民族地区“双语”教育。继续实施农村初中校舍改造工程和中小学校舍安全工程，加大危房改造和农村寄宿制学校建设力度。加快发展农村中等职业教育，改善办学条件，加强基础能力建设，逐步实行中等职业教育免费。基本实现每个地级市和30万人口以上的县有1所独立设置的特殊教育学校。继续支持高等教育发展，逐步提高西部高等教育资源短缺地区的高考录取率。

提高基本医疗卫生服务水平。积极推进医疗卫生体制改革，优化区域卫生规划，加强公共卫生服务体系建设，在县医院标准化等医疗卫生专项建设经费中给予西部地区更大倾斜。大力发展中医药和民族医药。巩固和发展新型农村合作医疗，扩大参合农民受益面，提高受益程度。加强重大疾病、地方病预防控制和突发公共卫生事件处置等工作。加快妇幼卫生、基层计划生育服务体系建设，稳定低生育水平，扩大少生快富工程实施范围。

完善基层公共文化服务体系。加快广播电视村村通、乡镇综合文化站、西新工程第四期、全国文化信息资源共享、流动舞台车和农村电影放映等工程建设，提高县级文化馆、图书馆等级标准。做好西部地区自然遗产、非物质文化遗产和大遗址保护，加强重点文物保护工程等建设。加强抢救性文物、历史文化名城名镇名村等保护工作。继续实施农民体育健身工程。

提高就业和社会保障水平。落实促进高校毕业生、农民工和困难群体就业的政策，努力提高就业水平。进一步扩大各项社会保险覆盖范围，加强基本养老服务体系建设，启动新型农村社会养老保险试点，全面建立被征地农民社会保障制度，实行先保后征。提高优抚对象抚恤补助标准，适当提高城市低保标准和补助水平。

加大人才开发力度。进一步完善西部地区人才开发政策措施，建立健全吸引人才、留住人才、用好人才的体制机制。采取多种形式，积极培养一批农村实用人才、专业人才和高层次人才等西部开发急需的各类人才。鼓励和支持设立不同层次、多种形式的西部人才开发资金渠道。积极引进智力，大力吸引海内外高层次人才到西部地区创业。增加中央财政资金投入，对长期坚持在基层工作的教师、医务人员给予奖励，对符合国家有关政策的支援西部边远贫困地区的教师、医务人员给予资助。完善干部交流机制，引导人才向西部地区流动，鼓励社会志愿者到西部基层服务。

六、统筹区域发展，积极培育经济增长极

推动重点经济区率先发展。积极推进成渝、关中—天水、广西北部湾等重点经济区成为引领和带动西部大开发的战略高地。加快重庆、成都统筹城乡综合配套改革步伐，推动关中—天水经济区率先构建创新型区域，支持西安建设统筹科技资源改革示范基地。推动广西北部湾地区开发开放，加快国家高新技术产业带建设。积极推进广西钦州、重庆两路寸滩保税港区建设。研究设立西安陆港型综合保税区的可行性。开展成渝经济区、陕甘宁革命老区、内蒙古呼包鄂、新疆天山北坡等重点地区发展规划编制工作。积极推进跨区域城市一体化建设，加快成渝城乡一体化以及西安—咸阳、乌鲁木齐—昌吉等城市一体化进程，引导各类要素跨区域合理流动。

引导资源富集区可持续发展。抓紧在青海柴达木、内蒙古鄂尔多斯、四川攀枝花、新疆准噶尔、贵州六盘水等资源富集区开展循环经济区试点，推进资源有序开发。加大矿产资源勘探力度，形成一批能源、矿产资源重要接替区。加快甘肃白银、宁夏石嘴山、云南个旧、陕西铜川、重庆万盛区等资源枯竭城市转型。研究制定资源富集区可持续发展指导意见。

加快少数民族地区和革命老区发展。认真落实党中央、国务院关于支持西藏、新疆、宁夏以及青海等省藏区经济社会发展的政策措施。加大对贵州南部、广西北部、云南东部以及新疆南疆三地州、武陵山区、川北地区、甘南地区等集中连片特困民族地区发展的支持力度，探索开发模式。支持发达地区与少数民族地区开展劳务输出对口支援工作。加大对人口较少民族地区发展的扶持力度，扶持一批特困人口集中的民族自治县发展县域经济。进一步推进兴边富民行动计划，组织编制边境地区开发开放规划。增强革命老区自我发展能力，重点解决好革命老区的交通、水利、教育、卫生等突出问题，鼓励依托能源、矿产、农业、红色旅游等优势，发展特色优势产业。开展《陕甘宁革命老区振兴规划》编制前期工作。

推动重点边境城镇跨越式发展。加快重点边境口岸城镇建设步伐，完善边境经济合作区功能，扩大边境互市贸易规模，提高出口加工水平。积极推动广西东兴、云南瑞丽、新疆伊宁、内蒙古满洲里进一步扩大开放，加强与周边国家和地区的资源能源开发利用合作，建成沿边开放的桥头堡。

七、深化改革开放，构建对内对外开放新格局

推进体制机制改革。切实转变政府职能，减少和规范行政审批，提高行政效率。

强化社会公共管理和服务，构建责任型政府和服务型政府。加快非公有制经济发展，优化发展环境，提高其在国民经济中的比重。加快国有经济布局和结构调整，深化国有企业改革，积极培育大企业、大集团。加快推进资源税改革，进一步完善矿产资源补偿费中央与地方的分配关系。研究建立生态补偿机制，先期在青海“三江源”等大江大河源头区、生态位置极为重要的区域开展生态补偿试点，建立国家生态保护综合试验区。进一步完善西部大开发长期稳定的资金渠道。

加强东中西部地区互动。坚持政府推动、市场运作、机制创新、互利共赢的原则，鼓励东中部地区设立各类区域合作专项资金，促进各类生产要素合理流动。推动东西部地区共建长期稳定的能源及矿产资源开发基地。建立和完善各类跨行政区的区域经济协作组织和行业性组织。继续建设好东西部合作与投资贸易洽谈会、西部国际博览会等东西部地区互动平台。积极推动东部发达地区对口帮扶西部贫困地区工作。加快建立健全区域协调互动机制，形成东中西部地区协调互动、相互促进、共同发展的新格局。

开展对外经济交流与合作。加大引进国际产业资本和金融资本力度，提高西部地区利用外资的质量和水平，支持国际资本通过创业投资基金、股权投资基金投资符合国家政策导向的重点项目和企业。实施“走出去”战略，引导、鼓励和支持西部地区企业积极参与对外投资、对外承包工程和对外劳务合作。充分利用国际区域合作组织的平台作用，广泛参与大湄公河次区域经济合作和中亚区域经济合作。建立中亚投资经贸合作示范中心，加快霍尔果斯国际合作中心、凭祥综合保税区建设。大力发展边境贸易，积极探索边境地区开发和对外开放的新模式。

八、加快地震灾区灾后重建，全面完成规划任务

全面推进民生工程恢复重建。实施好《汶川地震灾后恢复重建总体规划》。优先保障灾区群众的住房建设，2009 年底基本完成农村居民住房重建任务，全面启动城镇住房重建工作。抓好学校、医院等公共服务设施的恢复重建。重视解决边远贫困地区群众的困难。

加快基础设施和产业恢复重建。优先安排干线公路、农村公路、县乡公路客运站、通信、电网和供电设施等建设，积极推进农村饮水和新建城镇水源工程建设。加强地质灾害防治和生态修复，做好受损堤防、水库的除险加固和堰塞湖治理，确保汛期防洪安全。结合群众就业推进产业重建，加快农业生产设施和农产品市场恢复，促进旅游业振兴。

加强综合协调。完善综合协调机制，切实解决灾后恢复重建工作中的重大问题。加强督促检查，落实财税、金融、土地、环保、产业等方面政策。统筹用好政府投入、对口支援、社会募集、国外优惠紧急贷款、企业自筹等资金，提高资金使用效益，确保工程质量。完善对口支援实施方案，做好项目、资金、物资等衔接工作。完成灾后恢复重建总体规划中期评估，根据实际及时调整、充实和完善，开展灾区长期稳定发展规划研究。

九、加大投入力度，落实组织保障

继续加大政策支持力度。中央资金投

入要继续向西部地区倾斜，逐步增加对西部地区一般性转移支付和专项转移支付。中央扩大内需新增投资继续向西部地区倾斜，重点投向西部地区民生工程、基础设施、生态环境和灾后恢复重建等领域，增加投资规模，优化投资结构，促进西部地区经济社会平稳较快发展。充分发挥中央和地方两个积极性，通过政府投入带动银行贷款和社会投资，引导民间资本投向符合国家产业政策的项目。

狠抓政策和工作落实。国务院西部地区开发领导小组各成员单位要结合实际，按照职能分工，切实落实好各项任务。发展改革委要积极做好综合协调，完善西部大开发的政策措施，研究解决西部大开发的重大问题，推动西部地区经济社会平稳较快发展。

二〇〇九年九月三十日

关于加大统筹城乡发展力度进一步夯实农业农村发展基础的若干意见

（2009 年 12 月 31 日）

2009 年，是 21 世纪以来我国经济发展最为困难的一年。面对历史罕见国际金融危机的严重冲击，面对多年不遇自然灾害的重大考验，面对国内外农产品市场异常波动的不利影响，各地区各部门在党中央、国务院的坚强领导下，迎难而上，奋力拼搏，巩固和发展了农业农村好形势。粮食生产再获丰收，连续 6 年实现增产；农民工就业快速回升，农民收入连续 6 年较快增长；集体林权制度改革全面推进，农村体制创新取得新的突破；农村水电路气房建设继续加强，农民生产生活条件加快改变；农村教育、医疗、社保制度不断健全，农村民生状况明显改善；农村基层组织进一步巩固，农村社会和谐稳定。这为党和国家战胜困难、共克时艰赢得了战略主动，为保增长保民生保稳定提供了基础支撑。

当前，我国农业的开放度不断提高，城乡经济的关联度显著增强，气候变化对农业生产的影响日益加大，农业农村发展的有利条件和积极因素在积累增多，各种传统和非传统的挑战也在叠加凸显。面对复杂多变的发展环境，促进农业生产上新台阶的制约越来越多，保持农民收入较快增长的难度越来越大，转变农业发展方式的要求越来越高，破除城乡二元结构的任务越来越重。全党务必居安思危，切实防止忽视和放松“三农”工作的倾向，努力确保粮食生产不滑坡、农民收入不徘徊、农村发展好势头不逆转。必须不断深化把解决好“三农”问题作为全党工作重中之重的基本认识，稳定和完善党在农村的基本政策，突出强化农业农村的基础设施，建立健全农业社会化服务的基层体系，大力加强农村以党组织为核心的基层组织，夯实打牢农业农村发展基础，协调推进工业化、城镇化和农业现代化，努力形成城乡经济社会发展一体化新格局。

2010 年农业农村工作的总体要求是：全面贯彻党的十七大和十七届三中、四中全会以及中央经济工作会议精神，高举中国特色社会主义伟大旗帜，以邓小平理论和“三个代表”重要思想为指导，深入贯彻落实科学发展观，把统筹城乡发展作为全面建设小康社会的根本要求，把改善农村民生作为调整国民收入分配格局的重要内容，把扩大农村需求作为拉动内需的关键举措，把发展现代农业作为转变经济发展方式的重大任务，把建设社会主义新农村和推进城镇化作为保持经济平稳较快发展的持久动力，按照稳粮保供给、增收惠民生、改革促统筹、强基增后劲的基本思路，毫不松懈地抓好农业农村工作，继续为改革发展稳定大局作出新的贡献。

一、健全强农惠农政策体系，推动资源要素向农村配置

（一）继续加大国家对农业农村的投入力度。按照总量持续增加、比例稳步提高的要求，不断增加“三农”投入。要确保财政支出优先支持农业农村发展，预算内固定资产投资优先投向农业基础设施和农村民生工程，土地出让收益优先用于农业土地开发和农村基础设施建设。各级财政对农业的投入增长幅度都要高于财政经常性收入增长幅度。预算内固定资产投资要继续向重大农业农村建设项目倾斜。耕地占用税税率提高后，新增收入全部用于农业。严格按照有关规定计提和使用用于农业土地开发的土地出让收入，严格执行新增建设用地土地有偿使用费全部用于耕地开发和土地整理的规定。对各地土地收入用于农业农村的各项资金征收和使用情况进行专项检查。继续增加现代农业生产发展资金和农业综合开发资金规模。

（二）完善农业补贴制度和市场调控机制。坚持对种粮农民实行直接补贴。增加良种补贴，扩大马铃薯补贴范围，启动青稞良种补贴，实施花生良种补贴试点。进一步增加农机具购置补贴，扩大补贴种类，把牧业、林业和抗旱、节水机械设备纳入补贴范围。落实和完善农资综合补贴动态调整机制。按照存量不动、增量倾斜的原则，新增农业补贴适当向种粮大户、农民专业合作社倾斜。逐步完善适合牧区、林区、垦区特点的农业补贴政策。加强对农业补贴对象、种类、资金结算的监督检查，确保补贴政策落到实处，不准将补贴资金用于抵扣农民交费。落实小麦最低收购价政策，继续提高稻谷最低收购价。扩大销区粮食储备规模。适时采取玉米、大豆、油菜籽等临时收储政策，支持企业参与收储，健全国家收储农产品的拍卖机制，做好棉花、食糖、猪肉调控预案，保持农产品市场稳定和价格合理水平。

（三）提高农村金融服务质量和水平。加强财税政策与农村金融政策的有效衔接，引导更多信贷资金投向“三农”，切实解决农村融资难问题。落实和完善涉农贷款税收优惠、定向费用补贴、增量奖励等政策。进一步完善县域内银行业金融机构新吸收存款主要用于当地发放贷款政策。加大政策性金融对农村改革发展重点领域和薄弱环节支持力度，拓展农业发展银行支农领域，大力开展农业开发和农村基础设施建设中长期政策性信贷业务。农业银行、农村信用社、邮政储蓄银行等银行业金融机构都要进一步增加涉农信贷投放。积极推广农村小额信用贷款。加快培育村镇银行、贷款公司、农村资金互助社，有序发展小额贷款组织，引导社会资金投资设立适应“三农”需要的各类新型金融组织。抓紧制定对偏远地区新设农村金融机构费用补贴等办法，确保3年内消除基础金融服务空白乡镇。针对农业农村特点，创新金融产品和服务方式，搞好农村信用环境建设，加强和改进农村金融监管。建立农业产业发展基金。积极扩大农业保险保费补贴的品种和区域覆盖范围，加大中央财政对中西部地区保费补贴力度。鼓励各地对特色农业、农房等保险进行保费补贴。发展农村小额保险。健全农业再保险体系，建立财政支持的巨灾风险分散机制。支持符合条件的涉农企业上市。

（四）积极引导社会资源投向农业农村。各部门各行业要主动服务“三农”，在制定规划、安排项目、增加资金时切实向农村倾斜。大中城市要发挥对农村的辐射带动作用。鼓励各种社会力量开展与乡村结对帮扶，参与农村产业发展和公共设施建设。企业通过公益性社会团体、县级以上人民政府及其部门或者设立专项的农村公益基金会，用于建设农村公益事业项目的捐赠支出，不超过年度利润总额 12% 的部分准予在计算企业所得税前扣除。有关部门要抓紧健全科技、教育、文化、卫生等下乡支农制度，通过完善精神物质奖励、职务职称晋升、定向免费培养等措施，引导更多城市教师下乡支教、城市文化和科研机构到农村拓展服务、城市医师支援农村。健全农业气象服务体系和农村气象灾害防御体系，充分发挥气象服务“三农”的重要作用。

（五）大力开拓农村市场。针对经济发展和农民生产生活需要，适时出台刺激农村消费需求的新办法新措施。加大家电、汽车、摩托车等下乡实施力度，大幅度提高家电下乡产品最高限价，对现行限价内的产品继续实行 13% 的补贴标准，超出限价的实行定额补贴，允许各省（自治区、直辖市）根据本地实际增选一个品种纳入补贴范围，补贴对象扩大到国有农林场（区）职工。改善售后服务，加强市场监管，严禁假冒伪劣产品流入农村。大力发展物流配送、连锁超市、电子商务等现代流通方式，支持商贸、邮政等企业向农村延伸服务，建设日用消费品、农产品、生产资料等经营网点，继续支持供销合作社新农村现代流通网络工程建设，提升“万村千乡”超市和农家店服务功能质量。鼓励农村金融机构对农民建房、购买汽车和家电等提供消费信贷，加大对兴办农家店的信贷投放。

二、提高现代农业装备水平，促进农业发展方式转变

（六）稳定发展粮食等大宗农产品生产。在稳定粮食播种面积基础上，大力优化品种结构，着力提高粮食单产和品质。全面实施全国新增千亿斤粮食生产能力规划，尽快形成生产能力。加快建立健全粮食主产区利益补偿制度，增加产粮大县奖励补助资金，提高产粮大县人均财力水平。有关扶持政策要向商品粮调出量大、对国家粮食安全贡献突出的产粮大县（农场）倾斜。继续减少直至取消主产区粮食风险基金地方资金配套。大力发展油料生产，加快优质油菜、花生生产基地县建设，积极发展油茶、核桃等木本油料。支持优势产区发展棉花、糖料生产。继续实施粮食丰产科技工程。扩大粮棉油糖高产创建实施规模，年内覆盖全国所有农业县（农场）。大力推进农作物病虫害专业化统防统治。支持垦区率先发展现代化大农业，建设大型农产品基地，带动周边农村经济社会发展。

（七）推进菜篮子产品标准化生产。实施新一轮菜篮子工程建设，加快园艺作物生产设施化、畜禽水产养殖规模化。支持建设生猪、奶牛规模养殖场（小区），发展园艺作物标准生产基地和水产健康养殖示范场，开展标准化创建活动，推进畜禽养殖加工一体化。支持畜禽良种繁育体系建设。加强重大动物疫病防控，完善扑杀补贴政策，推进基层防疫体系建设，健全工作经费保障机制。增加渔政、渔港、渔船安全设施等建设投入，搞好水生生物增殖放流，支持发展远洋渔业。加快农产品质量安全监管体系和检验检测体系建设，积极发展无公害农产品、绿色食品、有机农产品。

（八）突出抓好水利基础设施建设。国家固定资产投资要把水利建设放在重要位置。继续加强大江大河大湖治理，逐步推进重点中小河流治理。加快大中型水利枢纽工程建设，搞好蓄滞洪区建设和山洪灾害防治。大力推进大中型灌区续建配套和节水改造，加快末级渠系建设。按期完成规划内病险水库除险加固任务，统筹安排其余病险水库除险加固。在科学规划论证基础上，启动大中型病险水闸除险加固。加快大型灌排泵站更新改造。拓宽水利建设基金筹资渠道。大幅度增加中央和省级财政小型农田水利设施建设补助专项资金规模，新增一批小型农田水利建设重点县。大力发展高效节水灌溉，支持山丘区建设雨水集蓄等小微型水利设施。通过一事一议、财政补助等办法，鼓励农民自愿投工投劳开展直接受益的小型水利设施建设。深化水利工程管理体制改革。推广农民用水户参与管理模式，加大财政对农民用水合作组织的扶持力度。加强基层抗旱排涝和农村水利技术服务体系建设。

（九）大力建设高标准农田。按照统筹规划、分工协作、集中投入、连片推进的要求，加快建设高产稳产基本农田。重视耕地质量建设，加大投入力度，安排中长期政策性贷款，支持农田排灌、土地整治、土壤改良、机耕道路和农田林网建设，把800个产粮大县的基本农田加快建成高标准农田，建立稳固的商品粮基地。继续增加农业综合开发、农村土地整治投入，有计划分片推进中低产田改造。扩大测土配方施肥、土壤有机质提升补贴规模和范围。推广保护性耕作技术，实施旱作农业示范工程，对应用旱作农业技术给予补助。

（十）提高农业科技创新和推广能力。切实把农业科技的重点放在良种培育上，加快农业生物育种创新和推广应用体系建设。继续实施转基因生物新品种培育科技重大专项，抓紧开发具有重要应用价值和自主知识产权的功能基因和生物新品种，在科学评估、依法管理基础上，推进转基因新品种产业化。推动国内种业加快企业并购和产业整合，引导种子企业与科研单位联合，抓紧培育有核心竞争力的大型种子企业。培养农业科技领军人才，发展农业产学研联盟，加强农业重点实验室、工程技术中心、科技基础条件平台建设。实施农村科技创业行动、科技富民强县专项行动计划、科普惠农兴村计划，推进现代农业产业技术体系建设。抓紧建设乡镇或区域性农技推广等公共服务机构，扩大基层农技推广体系改革与建设示范县范围。积极发展多元化、社会化农技推广服务组织。启动基层农技推广机构特设岗位计划，鼓励高校涉农专业毕业生到基层农技推广机构工作。推进农用工业技术改造。加快发展农业机械化，大力推广机械深松整地，支持秸秆还田、水稻育插秧等农机作业。创建国家现代农业示范区。

（十一）健全农产品市场体系。统筹制定全国农产品批发市场布局规划，支持重点农产品批发市场建设和升级改造，落实农产品批发市场用地等扶持政策，发展农产品大市场大流通。加大力度建设粮棉油糖等大宗农产品仓储设施，完善鲜活农产品冷链物流体系，支持大型涉农企业投资建设农产品物流设施。加快发展农产品期货市场，逐步拓展交易品种，鼓励生产经营者运用期货交易机制规避市场风险。发展农业会展经济，支持农产品营销。全面推进双百市场工程和农超对接，重点扶持农产品生产基地与大型连锁超市、学校及大企业等产销对接，减少流通环节，降低流通成本。大力培育农村经纪人，充分运用地理标志和农产品商标促进特色农业发展。加强市场动态监测和信息服务。完善全国鲜活农产品绿色通道政策。

（十二）构筑牢固的生态安全屏障。巩固退耕还林成果，在重点生态脆弱区和重要生态区位，结合扶贫开发和库区移民，适当增加安排退耕还林。延长天然林保护工程实施期限，抓紧制定实施办法。继续推进三北、沿海、长江等防护林体系和京津风沙源治理、湿地保护与恢复等重点林业生态工程建设。统筹推进青海三江源生态保护和建设。加大力度筹集森林、草原、水土保持等生态效益补偿资金。从2010年起提高中央财政对属集体林的国家级公益林森林生态效益补偿标准。建立造林、抚育、保护、管理投入补贴制度，开展造林苗木、森林抚育补贴试点，中央财政对林木良种生产使用、中幼林和低产林抚育给予补贴。编制林地保护利用规划，启动森林经营工程，增强森林生态服务功能，提高林地综合产出能力。大力增加森林碳汇。切实加强草原生态保护建设，加大退牧还草工程实施力度，延长实施年限，适当提高补贴标准。落实草畜平衡制度，继续推行禁牧休牧轮牧，发展舍饲圈养，搞好人工饲草地和牧区水利建设。推进西藏草原生态保护奖励机制试点工作。加大草原鼠虫害防治力度。加强草原监理体系建设，强化草原执法监督。实施国家水土保持重点建设工程，加快岩溶地区石漠化和南方崩岗治理，启动坡耕地水土流失综合治理工程，搞好清洁小流域建设。加强农业面源污染治理，发展循环农业和生态农业。

三、加快改善农村民生，缩小城乡公共事业发展差距

（十三）努力促进农民就业创业。建立覆盖城乡的公共就业服务体系，积极开展农业生产技术和农民务工技能培训，整合培训资源，规范培训工作，增强农民科学种田和就业创业能力。因地制宜发展特色高效农业、林下种养业，挖掘农业内部就业潜力。推进乡镇企业结构调整和产业升级，扶持发展农产品加工业，积极发展休闲农业、乡村旅游、森林旅游和农村服务业，拓展农村非农就业空间。完善促进创业带动就业的政策措施，将农民工返乡创业和农民就地就近创业纳入政策扶持范围。加大农民外出务工就业指导和服务力度，切实维护农民工合法权益，促进农村劳动力平稳有序转移。健全农民工社会保障制度，深入开展工伤保险全覆盖行动，加强职业病防治和农民工健康服务，将与企业建立稳定劳动关系的农民工纳入城镇职工基本医疗保险，抓紧落实包括农民工在内的城镇企业职工基本养老保险关系转移接续办法。落实以公办学校为主、以输入地为主解决好农民工子女入学问题的政策，关心农村留守儿童。

（十四）提高农村教育卫生文化事业发展水平。巩固和完善农村义务教育经费保障机制，落实好教师培训制度和绩效工资制度。农村学校布局要符合实际，方便学生上学，保证学生安全。继续实施中小学校舍安全工程。逐步改善贫困地区农村学生营养状况。大力发展中等职业教育，继续推进农村中等职业教育免费进程。逐步实施农村新成长劳动力免费劳动预备制培训。完善农村三级医疗卫生服务网络，落实乡镇卫生院人员绩效工资和乡村医生公共卫生服务补助政策，逐步实施免费为农村定向培养全科医生和招聘执业医师计划。搞好农村地区妇幼卫生工作和疾病防治，加强农村食品和药品监管。积极发展农村远程教育、远程医疗。稳定农村低生育水平，继续推进新农村新家庭计划和少生快富工程，完善农村部分计划生育家庭奖励扶助制度和计划生育家庭特别扶持制度，加强和创新农村流动人口计划生育服务管理。建立稳定的农村文化投入保障机制，推进广播电视村村通、文化信息资源共享、乡镇综合文化站和村文化室、农村电影放映、农家书屋等重点文化惠民工程建设和综合利用，广泛开展群众性精神文明创建活动和农民健身活动。

（十五）提高农村社会保障水平。逐步提高新型农村合作医疗筹资水平、政府补助标准和保障水平。做好新型农村合作医疗、农村医疗救助、城镇居民基本医疗保险、城镇职工基本医疗保险制度的政策衔接。继续抓好新型农村社会养老保险试点，有条件的地方可加快试点步伐。积极引导试点地区适龄农村居民参保，确保符合规定条件的老年居民按时足额领取养老金。合理确定农村最低生活保障标准和补助水平，实现动态管理下的应保尽保。落实和完善被征地农民社会保障政策。健全临时救助制度。逐步提高农村五保户集中供养水平。搞好农村养老院建设，发展农村养老服务，探索应对农村人口老龄化的有效办法。加大对农村残疾人生产扶助和生活救助力度，农村各项社会保障政策优先覆盖残疾人。做好农村防灾减灾工作。

（十六）加强农村水电路气房建设。搞好新农村建设规划引导，合理布局，完善功能，加快改变农村面貌。加大农村饮水安全工程投入，加强水源保护、水质监测和工程运行管理，确保如期完成规划任务。鼓励有条件的地方推行城乡区域供水。适应农村用电需求快速增长的趋势，结合推进农村电力体制改革，抓紧实施新一轮农村电网改造升级工程，提升农网供电可靠性和供电能力。继续实施小水电代燃料工程，推进水电新农村电气化县建设。全面完成“十一五”农村公路建设任务，落实农村公路管理养护责任，推进城乡客运交通一体化。加快推进农村户用沼气、大中型沼气和集中供气工程建设，加强沼气技术创新、维护管理和配套服务。支持农村开发利用新能源，推进农林废弃物资源化、清洁化利用。加快推进农村危房改造和国有林区（场）、垦区棚户区改造，继续实施游牧民定居工程。抓住当前农村建房快速增长和建筑材料供给充裕的时机，把支持农民建房作为扩大内需的重大举措，采取有效措施推动建材下乡，鼓励有条件的地方通过多种形式支持农民依法依规建设自用住房。加强村镇规划，引导农民建设富有地方特点、民族特色、传统风貌的安全节能环保型住房。实行以奖促治政策，稳步推进农村环境综合整治，开展农村排水、河道疏浚等试点，搞好垃圾、污水处理，改善农村人居环境。采取有效措施防止城市、工业污染向农村扩散。推进农村信息化，积极支持农村电信和互联网基础设施建设，健全农村综合信息服务体系。

（十七）继续抓好扶贫开发工作。坚持农村开发式扶贫方针，加大投入力度，逐步扩大扶贫开发和农村低保制度有效衔接试点，对农村低收入人口全面实施扶贫政策，着力提高贫困地区群众自我发展能力，确保扶贫开发工作重点县农民人均纯收入增长幅度高于全国平均水平。因地制宜加大整村推进、劳动力转移培训、产业化扶贫、以工代赈等各项扶贫工作力度，加快贫困地区基础设施建设和社会事业发展。积极稳妥实行扶贫易地搬迁，妥善解决移民后续发展问题。对特殊类型贫困地区进行综合治理。扩大贫困村互助资金、连片开发以及彩票公益金支持革命老区建设等试点。动员社会各界参与扶贫事业，充分发挥行业扶贫作用，积极开展反贫困领域国际交流合作。研究制定未来 10 年扶贫开发纲要和相关规划。

四、协调推进城乡改革，增强农业农村发展活力

（十八）稳定和完善农村基本经营制度。完善农村土地承包法律法规和政策，加快制定具体办法，确保农村现有土地承包关系保持稳定并长久不变。继续做好土地承包管理工作，全面落实承包地块、面积、合同、证书“四到户”，扩大农村土地承包经营权登记试点范围，保障必要的工作经费。加强土地承包经营权流转管理和服务，健全流转市场，在依法自愿有偿流转的基础上发展多种形式的适度规模经营。严格执行农村土地承包经营纠纷调解仲裁法，加快构建农村土地承包经营纠纷调解仲裁体系。按照权属明确、管理规范、承包到户的要求，继续推进草原基本经营制度改革。稳定渔民水域滩涂养殖使用权。鼓励有条件的地方开展农村集体产权制度改革试点。

（十九）有序推进农村土地管理制度改革。坚决守住耕地保护红线，建立保护补偿机制，加快划定基本农田，实行永久保护。落实政府耕地保护目标责任制，上级审计、监察、组织等部门参与考核。加快农村集体土地所有权、宅基地使用权、集体建设用地使用权等确权登记颁证工作，工作经费纳入财政预算。力争用 3 年时间把农村集体土地所有权证确认到每个具有所有权的农民集体经济组织。有序开展农村土地整治，城乡建设用地增减挂钩要严格限定在试点范围内，周转指标纳入年度土地利用计划统一管理，农村宅基地和村庄整理后节约的土地仍属农民集体所有，确保城乡建设用地总规模不突破，确保复垦耕地质量，确保维护农民利益。按照严格审批、局部试点、封闭运行、风险可控的原则，规范农村土地管理制度改革试点。加快修改土地管理法。

（二十）着力提高农业生产经营组织化程度。推动家庭经营向采用先进科技和生产手段的方向转变，推动统一经营向发展农户联合与合作，形成多元化、多层次、多形式经营服务体系的方向转变。壮大农村集体经济组织实力，为农民提供多种有效服务。大力发展农民专业合作社，深入推进示范社建设行动，对服务能力强、民主管理好的合作社给予补助。各级政府扶持的贷款担保公司要把农民专业合作社纳入服务范围，支持有条件的合作社兴办农村资金互助社。扶持农民专业合作社自办农产品加工企业。积极发展农业农村各种社会化服务组织，为农民提供便捷高效、质优价廉的各种专业服务。支持龙头企业提高辐射带动能力，增加农业产业化专项资金，扶持建设标准化生产基地，建立农业产业化示范区。推进“一村一品”强村富民工程和专业示范村镇建设。

（二十一）积极推进林业改革。健全林业支持保护体系，建立现代林业管理制度。深化以明晰产权、承包到户为重点的集体林权制度改革，加快推进配套改革。规范集体林权流转，支持发展林农专业合作社。深化集体林采伐管理改革，建立森林采伐管理新机制和森林可持续经营新体系。完善林权抵押贷款办法，建立森林资源资产评估制度和评估师制度。逐步扩大政策性森林保险试点范围。扶持林业产业发展，促进林农增收致富。启动国有林场改革，支持国有林场基础设施建设。开展国有林区管理体制和国有森林资源统一管理改革试点。

（二十二）继续深化农村综合改革。深入推进乡镇机构改革。继续推进省直管县财政管理体制改革，提高县乡基本财力保障水平，落实村级组织运转经费保障政策。按相关规划和要求，中央和省级财政继续支持农村义务教育历史债务的清理化解，推进其他公益性乡村债务清理化解试点，防止发生新的乡村债务。坚持政府引导、分级负责、农民自愿、上限控制、财政补助的原则，探索建立新形势下村级公益事业建设的有效机制，认真总结一事一议财政奖补试点经验，加大财政奖补力度，扩大试点范围。继续开展农民负担重点治理，坚决防止农民负担反弹。加快落实推进供销合作社改革发展的相关政策，加强基层社建设，强化县联合社服务功能。深化农垦体制改革，分离企业办社会职能，健全社会保障制度。加强对新形势下农村改革试验区工作的指导。

（二十三）推进城镇化发展的制度创新。积极稳妥推进城镇化，提高城镇规划水平和发展质量，当前要把加强中小城市和小城镇发展作为重点。深化户籍制度改革，加快落实放宽中小城市、小城镇特别是县城和中心镇落户条件的政策，促进符合条件的农业转移人口在城镇落户并享有与当地城镇居民同等的权益。多渠道多形式改善农民工居住条件，鼓励有条件的城市将有稳定职业并在城市居住一定年限的农民工逐步纳入城镇住房保障体系。采取有针对性的措施，着力解决新生代农民工问题。统筹研究农业转移人口进城落户后城乡出现的新情况新问题。大力发展县域经济，抓住产业转移有利时机，促进特色产业、优势项目向县城和重点镇集聚，提高城镇综合承载能力，吸纳农村人口加快向小城镇集中。完善加快小城镇发展的财税、投融资等配套政策，安排年度土地利用计划要支持中小城市和小城镇发展。农村宅基地和村庄整理所节约的土地首先要补充耕地，调剂为建设用地的，在县域内按照土地利用总体规划使用，纳入年度土地利用计划，主要用于产业集聚发展，方便农民就近转移就业。继续推进扩权强县改革试点，推动经济发展快、人口吸纳能力强的镇行政管理体制改革，根据经济社会发展需要，下放管理权限，合理设置机构和配备人员编制。

（二十四）提高农业对外开放水平。支持优势农产品扩大出口，提供出口通关、检验检疫便利和优惠。推进农产品质量可追溯体系建设，支持建设出口基地。推动农产品出口信贷创新，探索建立出口信用保险与农业保险相结合的风险防范机制。积极应对国际贸易壁垒，支持行业协会和龙头企业维护自身权益。充分利用海关特殊监管区域及保税加工物流等措施，发展农产品加工贸易。加强国际农业科技和农业资源开发合作，制定鼓励政策，支持有条件的企业“走出去”。引导外资投向鼓励类产业，提高农业利用外资水平。加强农产品进出口调控，实行灵活高效的农产品进出口政策，建立健全农产品和农用物资进出口监测预警机制，严厉打击农产品走私违法犯罪行为，切实加强进出口农产品质量监督。

五、加强农村基层组织建设，巩固党在农村的执政基础

（二十五）加强和改进农村基层党的建设。推动农村基层党组织工作创新，扩大基层党组织对农村新型组织的覆盖面，推广在农民专业合作社、专业协会、外出务工经商人员相对集中点建立党组织的做法。加强乡镇党委书记队伍建设，选好配强乡镇党委班子。提高村党组织带头人队伍素质，注重从转业退伍军人、务工回乡青年、致富能手等党员中选拔村党组织书记。以明确责任、考核监督、保障服务为重点，加强乡、村党组织领导班子管理，及时调整软弱涣散农村基层党组织班子。抓紧落实对长期在基层和艰苦边远地区工作的干部、长期担任县乡党政领导职务的干部实行工资福利倾斜的政策，进一步完善村干部“一定三有”政策，推进从优秀村干部中考录乡镇公务员、选任乡镇领导干部工作。建立稳定规范的农村基层组织工作经费保障制度，加快村级组织活动场所、农村党员干部现代远程教育网络建设。继续选聘高校毕业生到村任职，完善下得去、待得住、干得好、流得动的长效机制。不断深化农村党的建设三级联创活动，统筹城乡基层党建工作，创新完善农村流动党员教育管理服务制度，切实加强农民工中党的工作。深入开展党性党风党纪教育，加强农村基层党风廉政建设。

（二十六）进一步完善符合国情的农村基层治理机制。发展和完善党领导的村级民主自治机制，规范村级民主选举、民主决策、民主管理、民主监督程序。总结各地实践经验，因地制宜推广本村重大事项由村党支部提议、支委会和村委会联席会议商议、全村党员大会审议、村民代表会议或村民会议决议，以及决议公开、实施结果公开等做法。加强对村党支部、村委会换届选举的领导和指导，严肃查处拉票、贿选等行为，确保选举平稳有序，防范和制止利用宗教、宗族等势力干预农村公共事务。加强农村集体资金、资产、资源管理，推进村务公开和民主管理“难点村”治理。开展农村社区建设创建活动，加强服务设施建设，培育发展社区服务性、公益性、互助性社会组织。强化乡镇政府社会管理和公共服务职能，建立综合服务平台，有条件的乡镇要设立便民服务中心、村设立代办点，为农民提供一站式服务。

（二十七）切实维护农村社会稳定。完善党和政府主导的维护群众权益机制，切实解决好农村征地、环境污染、移民安置、集体资产管理等方面损害农民利益的突出问题。加强农村法制教育，畅通农村信访渠道，引导农民群众依法理性表达合理诉求、维护自身权益。推进农业综合执法。深入开展农村平安创建活动，坚持群防群治、依靠群众，加强和改进农村社会治安综合治理，进一步推进农村警务建设，严厉打击黑恶势力和各类违法犯罪活动。加强农村消防工作，健全农村应急反应机制。

全面贯彻落实党的民族政策和宗教工作基本方针，加快民族地区经济社会发展，依法管理农村宗教事务。

各级党委和政府要站在经济社会发展全局和巩固党的执政基础的战略高度，切实加强和改善党对农村工作的领导。巩固农村基层深入学习实践科学发展观活动成果，建立党员干部受教育、科学发展上水平、农民群众得实惠的长效机制。按照促进科学发展的党政领导班子和领导干部考核评价办法的要求，指导地方细化考核指标，把粮食生产、农民增收、耕地保护、环境治理、和谐稳定等纳入地方党政领导班子绩效考核。完善农村工作领导体制和工作机制，把重中之重的要求落实到领导分工、机构设置、干部配备上，不断提高农村工作领导水平。切实加大农村政策落实力度，及时组织专项督查。各级领导干部要弘扬党的优良作风，密切联系群众，创造性开展工作。充分发挥民主党派、人民团体、社会组织和工商企业的作用，形成发展现代农业和建设社会主义新农村的强大合力。

做好2010年农业农村工作意义十分重大。我们要紧密团结在以胡锦涛同志为总书记的党中央周围，振奋精神，开拓进取，扎实工作，奋力开创农业农村工作新局面！

二〇〇九年十二月十七日

附录（三）
年度领导重要讲话

在“减贫与发展高层论坛”上的主旨发言

范小建

2009年10月17日

尊敬的各位来宾，女士们、先生们：

在中华人民共和国成立60周年之际，我们在第十七个国际消除贫困日，召开本届“减贫与发展高层论坛”，具有重要意义。在此，请允许我代表主办方，对出席会议的各位嘉宾、各位朋友表示热烈的欢迎和诚挚的感谢！借此机会，我十分高兴向大家介绍中国政府在应对国际金融危机，推动扶贫开发方面的主要做法、初步成效以及今后扶贫开发的初步设想。

一、中国扶贫开发进入了新的阶段

新中国成立60年的历程，是中国从积贫积弱的国家发展成为总体实现小康、综合国力实现历史性跨越的历程，也是勤劳智慧的各族人民同心同德、艰苦奋斗、摆脱贫困、走向富裕的历程。特别是改革开放以来，经过体制改革推动扶贫、专项计划推动扶贫、开发与救助两轮驱动推动扶贫等不同时期的共同努力，中国的减贫事业取得了举世瞩目的成就，贫困人口大幅减少，农民收入稳步提高，基础设施显著改善，社会事业深刻变化，区域经济加快发展。

按照中国政府的扶贫标准，到2007年底，中国绝对贫困人口下降到了1479万，贫困发生率为1.6%。2008年，中国政府决定实行新的扶贫标准。2009年3月，温家宝总理在政府工作报告中进一步明确，“今年将实行新的扶贫标准，对农村低收入人口全面实施扶贫政策。新标准提高到1196元，扶贫对象覆盖4007万人，这标志着中国扶贫开发进入一个新阶段。”

中国扶贫开发进入新阶段是以中国经济社会发展为背景的。经过三十年改革开放和高速发展，中国经济社会结构已经发生了深刻变化。2003年以来，中国逐步进入了统筹城乡发展，以工促农、以城带乡、城乡经济社会发展一体化的新阶段。

中国扶贫开发新阶段具有三个明显特征：一是在制度安排上，开发式扶贫和救助式扶贫“两轮驱动”。低保维持生存，开发促进发展；二是在扶贫对象瞄准上，过去主要瞄准绝对贫困人口，现在同时关注低收入人口，要对低收入人口全面实施扶贫政策；三是在奋斗目标上，过去重点解决温饱，现在重点是提高贫困人口综合素质和发展能力。

二、应对金融危机对贫困地区和贫困人口的不利影响

2008年下半年以来的全球金融危机，给中国贫困地区和贫困人口的发展带来许

多不利冲击和影响，扶贫开发工作也因此面临许多新的挑战。

农民外出务工机会减少，贫困人口工资性收入增幅显著回落。受国际金融危机影响，一些沿海发达地区出现了部分企业停产、半停产甚至破产的现象，导致贫困地区农民外出务工机会减少，劳务收入增幅大幅下降。2008年全国农民人均纯收入增长8%，扶贫重点县增长7.6%，重点县农民人均纯收入增长速度六年来首次低于全国平均水平，主要原因是打工收入减少，反映出贫困人口收入的脆弱性。

农产品价格下滑，农民家庭经营收入增幅明显下降。由于国内国际初级农产品及其加工品市场需求萎缩，导致农产品价格大幅下滑，贫困地区农民家庭经营收入增幅明显回落。2009年上半年，中国畜产品价格同比下降12.7%。一些农产品出口受到影响，如畜产品出口金额同比下降10.9%，苹果汁出口金额同比下降55.9%。陕西的苹果、新疆的棉花、广西的食糖等西部特色农产品价格大幅下跌。受此影响，全国扶贫重点县人均家庭经营现金收入增幅比上年同期回落14.2个百分点，落差大于全国农村平均水平。

扶贫龙头企业生产经营出现困难，贫困地区经济结构调整步伐放缓。受市场需求下降影响，贫困地区部分龙头企业产品出现滞销，生产运营困难，降低了对劳动力和原材料需求，产业结构与就业结构调整进程有所减缓。加上部分农业生产资料价格上涨，贫困地区优势产业生产经营效益下降，种养加、产供销一体化链条出现波动，优势产业发展受到一定影响。

为应对金融危机带来的不利影响，中国政府提出了“保增长、扩内需、调结构、惠民生”的应对方针，实施了积极的财政政策和适度宽松的货币政策，并配合运用产业政策、贸易政策、就业政策和社会政策以全面应对危机的冲击。中国政府实施的一系列应对政策，对贫困地区和贫困人口产生了广泛的积极影响。

通过扩大政府投资，促进了贫困人口就业。中国政府4万亿元经济刺激计划包括了相当部分涉及贫困地区的基础设施建设，不仅进一步改善了那里的基础设施条件，为贫困地区的发展打下了基础，而且有效地带动了一部分低技能劳动人口就业，增加了他们的收入。据调查，2009年二季度，农村外出务工劳动力数量比一季度增长了2.6%。2009年上半年，国家扶贫重点县人均工资性收入增幅虽然同比有较大幅度下降，但仍维持了12.8%的较高增长水平，当地务工收入增幅更高，达到18.4%。中国各级政府采取积极措施创造就业机会，产生了明显效果。

通过实施适度宽松货币政策，为部分扶贫龙头企业和农户度过难关提供了帮助。如配合国家产业政策，通过贷款贴息等手段，引导信贷资金为广大中小企业和农户提供支持，有利于贫困地区的长远发展和缓解目前严峻的就业压力。

通过产业规划和专项扶贫，增加贫困人口就业机会，提高人力资本素质。国家应对金融危机“十大”产业振兴规划，明确要振兴劳动密集产业和轻工业，相关产业发展将吸纳大量劳动力；有关产业由东部向中西部转移，促进贫困地区长远发展。在稳定就业的各项政策作用下，大部分返乡农民工实现了再就业。很多就业政策措施着眼于提高农民工的综合素质，为未来的减贫工作创造了条件。全国各级扶贫开发机构加大贫困地区劳动力职业技能培训、返乡农民工创业培训力度，促进了贫困地区劳动力就业机会和发展能力的提升。

实践证明，中国政府应对金融危机一揽子政策对遏制贫困地区农民收入下滑发挥了积极作用。2003—2007 年，全国农民人均纯收入平均增长 7.47%，同期，592 个扶贫开发重点县农民人均纯收入平均增长 9.04%，高于全国 1.57 个百分点。由于金融危机的影响，2008 年重点县农民人均收入增幅低于全国平均水平。通过国家应对金融危机政策的实施，2009 年第二季度全国农民现金收入增长 8.1%，重点县增长 9.5%，扣除汶川地震灾后重建一次性补贴因素，重点县仍增长 8.7%。重点县农民人均纯收入增幅出现了再度超过全国平均水平的可能。当然，由于经济复苏还需要一个过程，对当前出现的有利迹象，尚需谨慎对待，不可盲目乐观。

总的来看，到目前，中国农村及贫困地区就业形势趋于好转，农产品价格稳中有升，企业生产经营日渐恢复，城乡低收入困难群众的基本生活得到切实保障，减贫事业发展态势较为平稳。

三、中国扶贫开发的挑战与展望

未来一段时期，中国扶贫开发仍将面临诸多挑战。首先是贫困规模大。2008 年中国政府新的扶贫标准提高到 1196 元，扶贫对象覆盖 4007 万人，贫困发生率为 4.2%。其次是贫困程度深。一些特殊类型贫困地区，生存环境恶劣，基础设施落后，社会形态特殊，公共服务欠缺，贫困人口比例高达 30% ~40%，其中有的地方要通过易地搬迁才能解决问题。人畜混居、茅草屋、溜索等现象依然存在，地方病严重困扰，扶贫工作难度大，成本高。第三是返贫问题突出。贫困村自然灾害发生率是其他地区的 5 倍，异常地质和气候灾害主要影响也在贫困地区。社会性、市场性、政策性致贫因素也在增加，工程移民、生态保护和资源开发等项目，都可能产生新的贫困问题。第四是发展差距仍在扩大。2002 年，全国城乡居民收入之比是 3.1∶1，2008 年扩大到 3.31∶1，城乡居民收入差距首次超过 1 万元。第五是全球金融危机和经济衰退的不利影响还很大。国际金融危机对贫困地区、贫困人口的影响不同程度存在。部分重点县资源优势受到影响，农民工工资水平下降，贫困人口抗击冲击的能力很差。总之，传统因素和新增致贫因素交织在一起，增加了扶贫工作的不确定性。

在看到挑战的同时，我们也要看到中国扶贫开发面临难得的历史机遇。中国经济社会总体上已进入城乡统筹发展的新时期，中国政府正在科学发展观指导下，着力促进以人为本、关注民生执政理念的进一步落实，促进城乡经济社会发展一体化的新格局。这为加快农村经济社会发展、搞好扶贫开发提供了良好环境。国家为应对国际金融危机做出的一系列战略部署，重点是加快民生工程、基础设施、生态环境建设和灾后重建，着力提高居民特别是中低收入群体的收入，这是扶贫开发工作的有利条件。

总体上，中国农村的扶贫开发进入了开发扶贫和救助扶贫两轮驱动的新阶段，呈现出专项计划扶贫、惠农政策扶贫和社会各界扶贫等多方力量、多种举措有机结合、互为支撑的“大扶贫”的新局面。

目前及今后一段时期，我们将进一步

推进以下重点工作：

着力完善国家扶贫开发战略和政策体系，制定新十年《中国扶贫开发纲要(2011—2020年)》。进一步明确扶贫开发的目标、任务、重点和政策措施。

努力落实对低收入人口全面实施扶贫政策。实现农村最低生活保障制度与扶贫开发政策有效衔接，并形成制度。

继续推进农村专项扶贫与行业扶贫、区域开发、新农村建设有机结合，为统筹城乡发展，缩小城乡、区域和不同群体发展差距，构建社会主义和谐社会创造条件。

继续坚持开发式扶贫方针，扎实推进整村推进、产业化扶贫、劳动力转移培训、移民搬迁扶贫和对特殊类型贫困地区进行综合治理，努力从经济发展、人力资源开发、社会事业进步、生态环境保护等多方面促进贫困地区发展。

继续开展反贫困领域的国际交流与合作。与国际社会合作，引进、借鉴国际成功减贫经验，推动国内扶贫机制创新。围绕南南合作，充分发挥中国国际扶贫中心的平台作用，推动中国扶贫开发经验的交流与分享。

我们将同世界各国政府和人民携手共进，为联合国千年发展目标的如期实现、构建一个和谐世界而共同努力！

最后，预祝本次论坛圆满成功！

谢谢大家！

60年，消除贫困、实现总体小康的攻坚战

范小建

（原载《求是》杂志2009年第20期）

1949年中华人民共和国成立，我国实现了国家独立、民族解放。从此，在中国共产党的领导下，全国人民坚韧不拔、团结奋斗，用60年的时间，成功地打了一场消除贫困、实现总体小康的攻坚战，为世界扶贫事业作出了巨大贡献。

一

1949年的中国，是当时世界上最贫穷的国家之一。根据联合国亚洲及太平洋经济社会委员会的统计，1949年中国人均国民收入27美元，不到亚洲人均44美元的2/3，不足印度57美元的一半。

新中国建立后，我们逐步构筑了比较完整的工业体系和国民经济体系，为加快发展提供了必要的物质基础；我们进行了土地改革，实现耕者有其田，为从根本上消除贫困奠定了制度基础；我们初步建立了农村社会保障和教育、卫生体系，极大地改善了人民生活。但也不容讳言，由于人民公社时期存在的“一大二公”、平均主义的弊端，抑制了农民的生产积极性，直到1978年，全国仍有2.5亿农村人口处于未得温饱的贫困状态。

党的十一届三中全会以来，我国建立了以家庭承包经营为基础的双层经营体制，解放了农村生产力，使农村贫困问题得以缓解。到1985年，农民人均纯收入增长了2.6倍，绝对贫困人口从2.5亿减少到1.25亿。1986年以后，针对相当数量贫困人口尚未解决温饱问题的基本国情，我国成立了国务院扶贫开发领导小组及办公室，开始实施有组织、有计划、大规模的开发式扶贫。

1994年，国务院颁布实施《国家八七扶贫攻坚计划》，明确提出用7年左右的时间基本解决8000万农村贫困人口的温饱问题。国家扶贫开发投入大幅度增加，明确了资金、任务、权利、责任“四个到省”的扶贫工作责任制，建立了东部沿海地区支持西部欠发达地区的扶贫协作机制，并规范了机关定点扶贫制度。经过不懈努力，到2000年底，农村绝对贫困人口减少到3209万，扶贫攻坚目标基本实现。

2001年，国务院颁布实施《中国农村扶贫开发纲要（2001—2010)》，明确提出了低收入标准。我国扶贫开发工作重点发生了转移，把整村推进、劳动力转移培训和产业化扶贫作为工作重点。此后，党的十六大提出了统筹城乡发展的方略，制定了“多予少取放活”和“以工促农，以城带乡”的方针，逐步形成了集行业、区域和社会政策于一体的大扶贫格局。到2007年底，我国绝对贫困人口减少到1479万，

低收入人口减少到2841万。

2007年，党中央、国务院决定在全国农村建立最低生活保障制度。这一政策实际上是对农村贫困人口的基本生活进行了兜底性制度安排。2008年，党的十七届三中全会明确提出，实行新的扶贫标准，对低收入人口全面实施扶贫政策。2009年，我国开始实施人均1196元的扶贫新标准，按照新标准测算的扶贫对象达4007万人。这标志着我国扶贫开发进入了一个新阶段。

经过60年的不懈努力，我国扶贫开发取得巨大成就。按照国家扶贫标准，中国农村尚未解决温饱问题的绝对贫困人口从1978年的2.5亿下降到2007年的1479万，占农村居民总人口的比重从30.7%下降到1.6%；初步解决温饱问题但不稳定的低收入贫困人口从2000年的6213万减少到2007年的2841万，占农村居民总人口的比重从6.7%下降到3%。从1989年到2008年，国家扶贫开发工作重点县农民人均纯收入从303元增加到2611元。尤其是2002年到2007年，扶贫重点县农民人均纯收入从1305元增加到2278元，年均增长9.04%，增幅连续5年高于全国平均水平，是历史上少有的。

中国的扶贫开发还加速了全球的减贫进程，为世界减贫事业作出了贡献。根据外交部与联合国驻华机构合著的《中国实施千年发展目标情况报告》，无论按照我国政府的扶贫标准，还是参考国际贫困标准，我国都是最早提前实现千年发展目标中贫困人口减半目标的发展中国家。从1990年到2005年，全球生活在每人每天消费1美元以下水平的贫困人口减少到14亿，共减少了4.18亿，降低了23%。按上述标准，如果不包括中国在内，则全球贫困人口实际增加了5800万。

二

我国扶贫开发不仅表现在贫困人口减少和贫困地区加快发展上，更重要的是成功地探索了一条符合中国国情的扶贫开发道路，成为中国特色社会主义理论体系的组成部分。中国农村的扶贫开发伴随着思想解放的进程。

在思想解放的推动下，我们党根据国民经济发展水平和农村贫困主要特征的变化，分阶段提出扶贫开发的奋斗目标和主要任务，不断创新体制、完善政策、强化手段，建立了消除农村贫困的制度框架。特别是改革开放以来，我国以提高人民生活水平为目标，紧紧抓住农村贫困问题的主要矛盾，坚持把发展作为第一要务，不断强化农业基础地位，千方百计促进经济平稳增长，为缓解和消除贫困提供了强大的物质基础。新世纪以来，我国坚持统筹城乡发展，不断提高对农业、农村和农民的支持力度，努力促进农村基础设施和社会事业发展，大力实施西部开发、东北振兴、中部崛起等发展战略，形成了促进贫困地区发展和贫困人口脱贫致富的推动力量。总结经验，我们可以清楚地看到：新中国扶贫事业之所以能取得巨大成就，最根本的就是在中国特色社会主义伟大旗帜指引下走出了一条开发式扶贫的新路。

坚持政府主导。一是加强领导。建立健全从中央到地方的扶贫工作领导机构和工作机构，实行各级政府扶贫工作首长负责制的工作责任制。二是制定规划。把农村扶贫开发作为国民经济和社会发展中长期规划的重要内容，如1994年颁布实施的《国家八七扶贫攻坚计划》和2001年颁布实施的《中国农村扶贫开发纲要》，都是指导扶贫开发工作的纲领性文件。三是强化标准。根据国民经济发展水平和国家财力状况确定国家扶贫标准，根据贫困人口分布状况适时确定并调整国家扶持的重点区域，使扶贫工作重心从贫困区域下沉到重点县和贫困村，扶贫工作进村入户，瞄准贫困人口。四是加大投入。各级政府不断增加扶贫投入。仅1978—2008年，中央政府就投入专项财政扶贫资金1700多亿元，并通过贴息调动了2000多亿元扶贫贷款。五是组织推动。积极调动部门、区域和行业力量扶贫，组织272个中央国家机关、民主党派、国有大型企业等单位定点帮扶481个国家扶贫开发工作重点县，动员东部沿海15个发达省市和计划单列市对口帮扶西部11个相对贫困的省区市。

坚持社会参与。一是深入宣传。通过各种形式帮助社会各方面了解贫困地区和贫困人口情况，在全社会营造扶贫济困的舆论氛围，引导群众关心和参与扶贫事业。二是广泛动员。在政府部门的大力宣传带动下，民间组织积极参与扶贫事业。如共青团中央发起的“希望工程”，全国妇联发起的“春蕾计划”、“母亲水窖”，中国人口基金会发起的“幸福工程”，中国扶贫基金会发起的“母婴平安120项目”，在带动群众参与扶贫方面发挥了积极作用。另外，从1994年开始的光彩事业，以项目投资为中心，以开发资源、兴办企业、培训人才、发展贸易以及捐赠等多种方式，促进了贫困地区的经济发展和教育、卫生、文化等社会事业的进步。三是扩大国际合作。主要是与有关国际组织、双边机构和国外民间组织进行合作，联合实施多种形式的扶贫项目或活动。

坚持自力更生。扶贫事业的主体是贫困地区的干部群众，最终目的是提高他们的自我生存和发展能力。上世纪90年代以来，我们积极推行参与式扶贫的理念和方式，动员群众积极依靠自身力量改变贫穷落后面貌。一方面通过“参与式”整村推进，让贫困人口直接参与扶贫开发项目与资金使用的决策，促进贫困地区和贫困人口的能力建设；另一方面通过社区主导型发展试点，推进村民自治和基层民主制度建设，进一步焕发贫困群众的自强自立精神，实现自我管理和自主发展。

坚持开发式扶贫。主要内容包括：开展基础设施建设，帮助贫困乡村实现通路、通电、通邮、通广播电视；加强农田水利建设，提高贫困农户的土地生产力；开辟增收渠道，支持贫困农户发展种植业、养殖业和小型加工业；提高科技水平，在农业生产中引入新技术和新方法等。近年来，我国有重点地在15万个贫困村实施整村推进扶贫开发规划，全面改善了当地农民的基本生产生活条件；推行“雨露计划”，加大贫困地区劳动力培训力度，增加了贫困农民的外出就业机会；促进产业扶贫，发展特色经济，调整优化了贫困地区的产业结构；组织移民搬迁，初步缓解了自然条件极度恶劣地区群众的生存问题；开展集中连片贫困地区治理试点，开始探索深度贫困问题的解决途径。

三

党和国家提高扶贫标准以后，我国农村扶贫对象规模为4007万人，相当于欧洲一个中等规模国家的总人口数。在自然条件特别恶劣的青藏高原地区、西北干旱地区、沙漠化地区、岩溶地区、秦巴山区和陆路边境地区，生存环境恶劣，基础设施落后，社会发展滞后，公共服务欠缺，地方病严重困扰，贫困人口比例高，扶贫工作难度大。加之目前城乡、区域、不同社会群体之间发展差距扩大趋势尚未得到有效控制，扶贫开发工作面临着严峻的困难与挑战。

当前，在各种致贫因素的交织作用下，新增贫困和返贫问题变得日益突出，增加了扶贫工作的不确定性。一是自然灾害风险。据统计，贫困村遭受自然灾害打击的概率是一般村的5倍，许多贫困地区通常面临着突发性气候和地质灾害的更大威胁。二是市场因素影响。特别是近期以来，受国际金融危机间接影响，我国贫困地区的主导产业遭受较大打击，贫困人口的非农收入减少，这将会导致较为严重的返贫问题。三是政策性因素。在加快城市化、工业化过程中，一些地区的土地、资源和生态补偿政策落实不到位，可能会造成新的贫困人口。四是因病致贫等因素。因病致贫是长期以来致贫返贫的重要因素，而且这类贫困持续时间长，需要在扶贫工作实践中加以高度重视。

扶贫开发是贯穿于整个社会主义初级阶段的长期而艰巨的历史任务，是全面建设小康社会、构建社会主义和谐社会的重要内容。随着国家扶贫标准的提高，我国扶贫开发工作已进入一个新阶段，现阶段的首要任务是尽快稳定解决扶贫对象的温饱并帮助其彻底脱贫致富，重点是提高农村贫困人口的自我发展能力。我们要按照中央的统一部署，抓紧完善国家扶贫战略和政策体系，继续坚持开发式扶贫方针，努力实现农村最低生活保障制度和扶贫开发政策有效衔接；继续加大对革命老区、民族地区、边疆地区、贫困地区的扶持力度，不断创新工作机制，提高管理水平；积极开展党政机关定点扶贫和东西扶贫协作，充分发挥企业、学校、科研院所、军队和社会各界在扶贫开发中的积极作用；加强反贫困领域的国际交流与合作，促进贫困地区科学发展，努力缩小城乡和地区间的发展差距，确保全体人民共享改革发展成果，为实现党的十七大提出的到2020年基本消除绝对贫困现象的战略目标贡献力量。

在全国扶贫工作会议上的讲话

范小建

2009 年 12 月 27 日

同志们：

今年全国扶贫工作会议的主要任务是，深入贯彻落实党的十七大、十七届三中、四中全会和今年中央经济工作会议、中央农村工作会议、国务院扶贫开发领导小组全体会议精神，以科学发展观为指导，总结2009年扶贫开发工作，分析新阶段扶贫工作的形势和任务，安排部署2010年以及今后一个时期的工作。首先，我代表国务院扶贫办对参加今天会议的各省区市扶贫办、中央国家机关有关部门和新闻界的同志们表示热烈的欢迎。下面，我讲几点意见。

一、关于今年的扶贫工作

今年是实施《中国农村扶贫开发纲要(2001—2010年)》(以下简称《纲要》)的关键一年，国家实行新的扶贫标准，扶贫工作进入一个新阶段。面对国际金融危机冲击，扶贫开发难度加大。全国扶贫系统按照中央1号文件要求和领导小组第一次全体会议精神，在有关方面的大力支持下，深入调研，强化措施，突出重点，完善机制，扶贫开发工作取得了新的进展。

（一）采取有效措施，积极应对国际金融危机

根据中央精神，扶贫系统认真研究国际金融危机对贫困地区、贫困人口产生的影响，在国家实施应对危机一揽子计划的基础上，重点从增加扶贫投入、加大整村推进和劳动力转移培训支持力度、帮助返乡农民工重新就业和自主创业、扶持扶贫龙头企业等方面提出了应对措施和建议，并建立了中央、省（区、市）和部分国家扶贫开发工作重点县（以下简称重点县）应对金融危机工作动态报告制度。今年中央财政扶贫资金投入197.3亿元，比上年增加30亿元，增幅和增量均为1998年以来的最高水平。我办与财政部联合印发了《关于当前形势下加强扶贫开发工作的意见》、与中国农业银行联合印发了《关于积极应对金融危机加大对扶贫龙头企业扶持力度的意见》，强化了应对金融危机的措施，加大了信贷扶贫投入。据不完全统计，今年共安排扶贫贴息贷款200多亿元。地方各级政府财政扶贫投入也有较大幅度增长，达到90亿元。云南省级配套资金7.36亿元，达到中央投入的40.9%，比上年增加11%。湖北地方各级财政扶贫投入3.2亿元，为历史最高水平。河南集中4亿多元财政扶贫资金，支持828个革命老区村实施整村推进，县市级扶贫投入达到3.7亿元，比上年增加60%。西藏安排2亿多元支持贫困户安居工程建设。浙江财政继续

给29个欠发达县区提供小额贷款贴息资金1210万元，预计年末扶贫小额贷款余额将突破4亿元。

在重点措施方面，今年全国预计将完成18800个村整村推进，其中“三个确保”贫困村9000个。资源整合，连片开发，产业化扶贫水平有所提升，山东、江西、湖南、湖北、云南等省产业基地向规模化发展，扶贫龙头企业带动作用增强。贫困地区劳动力转移培训质量进一步提高，广西、重庆、甘肃、宁夏等省区市重点从短期培训逐步转向职业技能培训。移民扶贫扎实开展，预计完成69万贫困人口搬迁。特殊类型贫困地区综合治理、汶川地震贫困村灾后恢复重建等试点稳步推进。在460多个县的8000多个村开展贫困村互助资金试点，黑龙江、江苏、福建、安徽、陕西、四川、宁夏等省区主动扩大省级财政扶贫资金试点。彩票公益金支持革命老区整村推进试点取得积极进展，试点村在短期内面貌发生了根本变化。

（二）组织开展大型调研活动，完善国家扶贫战略和政策体系

调研活动从四个方面展开：一是领导小组联合调研。28个成员单位及住房和城乡建设部共组成5个调研组，由领导小组副组长带队，80多位同志参加，实地考察了20个省区市的72个县（其中国家重点县51个）、151个贫困村，相关地区的党委政府和扶贫部门做了认真细致的准备，为调研工作顺利开展、取得成果奠定了基础。二是各省区市扶贫办进行自我总结。三是相关部门提供扶贫工作情况和政策建议。四是委托专家学者进行课题研究。

为了更充分、广泛地听取有关专家、各省区市和基层同志的意见，9—10月，我办分别召开了东中西部三个片区座谈会和专家组座谈会。在此基础上，经反复修改，形成了《完善国家扶贫战略和政策体系联合调研总报告》，提出了未来扶贫开发工作的总体思路和奋斗目标、方针与原则、对象与重点、内容与途径、工作任务与部门职责、政策保障、组织领导等意见和建议，并向国务院扶贫开发领导小组全体会议进行了汇报。

（三）组织开展“两项制度”有效衔接试点，对低收入人口全面实施扶贫政策

我办和民政部、财政部、统计局、残疾人联合会在11个省（区、市）的20个县，开展了农村最低生活保障制度和扶贫开发政策（以下简称“两项制度”）有效衔接试点，并联合下发了《关于做好农村最低生活保障制度和扶贫开发政策有效衔接试点工作的指导意见》。试点以中西部为主，兼顾东部；既有国家重点县，也有省重点县和非重点县；既有革命老区县，也有民族自治地方的县。试点工作的一项重要成果，就是弄清了农村贫困人口的构成，为采取更有针对性的措施提供了实证支持。20个县共有335个乡（镇）、5860个行政村开展了试点。按新的扶贫标准（1196元），识别出贫困人口141.9万人，占试点县农村人口的14.7%（试点县多为贫困程度较深的县）。其中扶贫开发对象122.4万人，占农村人口的12.7%；低保对象46.1万人，占农村人口的4.8%（未含1196元以上的低保对象）；扶贫和低保交叉对象26.6万人，分别占扶贫开发对象的21.7%、低保对象的57.7%。识别出来的低保对象均落实了低保金，扶贫开发对象有58.9万人享受了到户扶持政策，占48.1%，有部分扶贫开发对象未得到直接扶持。

参与试点的省区市和试点县对这项工作高度重视，积极探索有效方式。湖南省委书记、省长亲自听取汇报，要求把试点作为农村改革的一件大事来抓，成立了专门工作机构，分管省长亲自挂帅，省级财政还专门安排1000万元资金支持两个试点县工作。目前，湖南已在20个重点县全面推广试点工作，走在全国前列。重庆市采用多因素的贫困人口识别办法，探索两项制度衔接管理的长效机制，制定支持扶贫对象发展生产的政策，正在逐步落实。低收入户信息数据库建设达到较高水平。

在深入调研和广泛征求意见的基础上，我办起草了《关于对农村低收入人口全面实施扶贫政策，进一步做好扶贫工作的意见》，明确要求瞄准扶贫对象，全面实施扶贫政策，优化资金使用结构，强化工作重点，完善到户措施，创新工作机制，着力提高扶贫对象自我发展能力，提高扶贫开发水平。

（四）创新工作机制，完善工作方法

促进扶贫工作法制化。湖北根据新形势修订了《湖北省扶贫工作条例》。重庆市农村扶贫开发工作条例已经市政府常务会议通过。河南扶贫立法工作也在稳步推进。

探索扶贫标准调整机制。目前，全国已有11个省区市自定扶贫标准。今年，青海确定的扶贫标准农区1300元、牧区1500元；内蒙古农区1560元、牧区1800元。重庆市还结合统筹城乡实验区改革，在两项制度衔接试点县采用了相对贫困标准。

对重点县实施动态管理。陕西下发了《关于调整扶贫开发工作重点县的通知》，将进入“双超县”和“十强县”的靖边、府谷、安塞、黄陵等4县调整出扶贫重点县范围。

强化扶贫到户措施。广东省委、省政府通过半年的深入调研，组织实施“规划到户责任到人”工作，中央政治局委员、省委书记汪洋同志亲自主持电视电话会议进行部署，动员省内发达市县、有关部门对口帮扶贫困村。目前全省3409个贫困村已经有2139个落实了帮扶单位，占62.7%。河北省实施“细胞工程”，使产业扶贫措施真正落实到户。

改进“雨露计划”实施方式。江西把实施“雨露计划”与本省工业园区发展的需求相对接，深入推进农民工转移就业和自主创业技能培训，扶助贫困户子女接受职业技能培训，并与“两后生”助学补助制度对接，每人每年再补助1500元。海南调整优化劳动力转移培训结构，减少两、三个月的短期培训班，扩大职业教育学历班的规模。

探索移民扶贫有效途径。内蒙古鄂尔多斯市统筹城乡发展，对沙漠化区域贫困农牧民实施整体搬迁，并妥善解决进城农牧民的住房、就业、生活、医疗、养老等问题。浙江、福建等省把移民扶贫与小城镇建设、开发区建设、中心村建设、地质灾害搬迁等有机结合，提高规模化水平。两省当年均完成了7万人的搬迁任务。

整合资源加快脱贫进程。江苏把省级机关、高等院校（科研院所）、大型国有企业、苏南县（市、区）与苏北县的“五方挂钩”帮扶模式，上升为多形式、多层次的互利合作、共同发展的关系，为“五方挂钩”增添新内容、注入新活力。

强化对领导干部的目标考核。重庆市增加了扶贫工作在重点县党政领导目标考核的权重，并将扶贫工作纳入非重点县和“一圈”帮扶“两翼”区县党政领导目标考核内容。

完善扶贫资金项目管理措施。我办与财政部联合制定了《关于进一步做好贫困村互助资金试点工作的指导意见》、《贫困村互助资金试点操作指南》和《中央专项彩票公益金支持扶贫事业项目管理办法》。我办还印发了《国务院扶贫办科技扶贫综合试点项目申报指南》。

（五）探索有效途径，解决特殊贫困问题

积极组织推动汶川地震灾区贫困村恢复重建。5月下旬，我办在四川广元市召开现场会，就贫困村灾后恢复重建提出了具体要求。四川、甘肃、陕西三省工作全面展开，100个试点村重建任务完成过半，70%的贫困村（3383个）重建规划启动实施。四川阿坝州扶贫开发和综合防治大骨节病试点进展顺利。完成搬迁安置1877户，2.64万名适龄儿童寄宿制学习生活得到巩固，基本控制了新发病例。新疆阿合奇边境扶贫试点成效初显，积累了经验，创新了机制。

对集中连片贫困地区进行综合治理。广西继续推进桂西五县基础设施建设大会战，延伸实施边境3～20公里兴边富民基础设施建设大会战。甘肃出台了《关于实施特殊政策加大民族地区特困片带扶贫攻坚力度的意见》和《关于进一步加大河西特困移民扶持工作力度的意见》。宁夏充分发挥中部干旱带地区发展资金的杠杆作用，共吸引近亿元行业资金参与产业开发和农业基础设施建设。

（六）发挥行业、社会扶贫作用，构建“大扶贫”新格局

根据新阶段扶贫开发工作需要，经国务院批准，国务院扶贫开发领导小组增加民政部为副组长单位，外交部、住房和城乡建设部、国家旅游局、全国工商联为成员单位。领导小组与解放军总政治部联合下发了《关于进一步加强全军和武警部队参与扶贫开发工作的意见》，已有10个省区的同级军事机构成为省级扶贫开发领导小组成员单位。我办进一步加强与外交、教育、科技、民委、民政、国土资源、交通、水利、农业、卫生、广电、住房和城乡建设、商务、林业、旅游等部门及中央精神文明办公室、妇联、残联、农业银行、工商联、电监会、中科院、农科院等部门的合作，各部门都给予了积极的支持。目前，我们正在会同有关方面制定《中央国家机关和军队等单位定点扶贫工作制度》。积极推动企业参与扶贫工作。国际合作第一次走出国门。世界银行第五期扶贫项目准备工作迈出实质性步伐。

各地充分发挥党政机关、社会各界在扶贫工作中的作用。湖南共派出3777个驻村扶贫工作组，全年投入的资金和物资约合6亿元，超过中央财政扶贫投入总额。青海省扶贫开发局协调12个省直部门联合下发了《关于整合资金共同促进扶贫整村推进工作的通知》，并与各民主党派达成进一步加强合作的意向书。山西、湖北、河南、福建、宁夏等省区在“三支一扶”中安排专职扶贫人员和大学生村官。辽宁坚持省级领导扶贫联系点制度，组织200多个省直机关、企事业单位定点帮扶215个贫困乡镇。东部省市扶贫协作部门创新扶贫形式，丰富帮扶内容，加大帮扶力度。人民解放军和武警部队按照群众所需、部队所能的原则积极参与扶贫开发。

（七）加强自身建设，提高管理水平

经过努力，中编办同意国务院扶贫办

内设机构由组改司，并增加一个司的设置。在省级机构改革中，有11个省（区、市）扶贫部门调整为省（区、市）政府直属机构，占总数的41%；河南和江西两省扶贫机构升格；重庆、新疆等扶贫办充实了内设机构和人员。今年，我办共举办贫困地区地县级党政领导和扶贫系统干部培训班9期，培训695人，其中地、县级党政领导干部90人，中青年扶贫骨干60人。吉林、江西、云南、重庆等省市也根据本地情况，开展了多层次、多形式的培训。

经过各方面的共同努力，全国扶贫开发工作取得积极进展。今年前三季度全国重点县农民人均现金收入实际增长9.6%，高于全国农村平均水平0.4个百分点。受国际金融危机影响，今年全球贫困人口预计增加1亿。在这种情况下，我国减贫形势比较平稳。

扶贫开发取得的成就，从根本上说是党中央、国务院在危机面前果断决策，积极应对，实施积极的财政政策和适度宽松的货币政策，不断丰富和完善以扩大内需为主要内容的一揽子计划的结果。同时，也离不开方方面面的支持和贫困地区广大干部群众的努力。在这里，我代表国务院扶贫办向扶贫领导小组成员单位、参与定点扶贫的中央国家机关及军队、参与东西扶贫协作的省市、扶贫战线的广大干部一年来的辛勤工作表示诚挚的感谢。

二、关于新阶段扶贫开发形势及总体思路

今年开展的联合调研，在总结《纲要》实施经验的基础上，根据新形势、新要求，提出了完善国家扶贫战略和政策体系的建议，以及2010年以后扶贫开发工作的总体思路和基本框架。

（一）新阶段的特征和挑战

我国经济社会发展正处在新的历史起点上，新阶段扶贫开发工作背景发生巨大变化，面临着新的形势和任务。

党的十七大提出确保到2020年实现全面建成小康社会的奋斗目标，绝对贫困现象基本消除是一项重要指标。让贫困人口共享改革发展成果，赋予扶贫开发新的定位。确立统筹城乡发展的方略，贯彻“以工促农、以城带乡”的方针，使我国的扶贫事业呈现出专项计划扶贫与惠农政策扶贫、社会各界扶贫等多方力量、多种举措有机结合、互为支撑的“大扶贫”新局面。国家工业化、信息化、城镇化、市场化、国际化加快推进，既为贫困地区和贫困人口发展提供了新的机遇，也带来新的风险和挑战。

由于环境和背景的变化，新阶段扶贫工作呈现出三个明显特征：一是在扶贫对象瞄准上，过去主要瞄准绝对贫困人口，同时关注低收入人口，现在要对低收入人口全面实施扶贫政策。二是在制度安排上，过去主要是开发式扶贫，现在全面建立农村最低生活保障制度，不断完善以扶老、助残、救孤、济困为重点的社会救助体系，进入了开发扶贫和生活救助“两轮驱动”的新阶段。三是在主要任务上，过去扶贫开发的任务比较宽泛，现在行业扶贫力度不断加大，专项扶贫的重点是提高贫困人口综合素质和发展能力，更要强调进村入户。

在新形势和任务面前，必须清醒看到，我国仍处在社会主义初级阶段，经济社会发展的总体水平还不高，人均收入水平较低，制约贫困地区和贫困人口发展的深层

次矛盾依然存在。

一是贫困人口在持续减少，但致贫因素较多且复杂、返贫压力增大。按照新的扶贫标准，我国农村扶贫对象4007万人，占农村总人口的4.2%，绝对量依然庞大。按国际标准，贫困人口数量更多。同时返贫问题更加突出，短期贫困人口约占贫困人口比例的三分之二。

二是贫困地区农民收入增长较快，但收入差距扩大。城乡居民收入绝对差距已经超过万元。东中西部农民收入差距在扩大，各区域内部收入差距也在扩大。在贫困地区，一些县县级财政收入的高增长掩盖了农民收入低增长，城镇繁荣掩盖了农村落后，少数大户富裕掩盖了多数人收入不高。相对贫困现象日益凸显。

三是贫困地区落后面貌总体改善，但发展不平衡问题十分突出。少数重点县超常规发展，但边远地区的交通、饮水、上学、就医、住房等问题依然困扰群众生活。公共服务均等化的薄弱环节基本在贫困地区。

四是部分地区已经实现整体脱贫，但是特殊类型地区和特殊群体的贫困问题仍积重难返。西部地区主要问题集中在民族地区和边境地区，中部集中在革命老区和山区。2008年五个民族自治区和云南、贵州、青海三省的贫困人口，占全国农村贫困人口的比重为39.6%，且呈上升趋势；贫困发生率11.0%，比全国平均水平高6.8个百分点。农村残疾人贫困面比较大，实现脱贫致富受到多重制约。

五是贫困地区生态环境恶化趋势总体得到初步遏制，但生态环境保护区的农民生计问题还没有稳定解决。面对新形势、新任务，扶贫开发工作需要改善和加强。扶贫对象瞄准和标准调整机制需要完善，重点工作区域需要适当调整，资金投入和管理需要强化。开发扶贫和救助扶贫有效衔接，行业扶贫和专项扶贫有机结合，经济社会政策与人口政策相互协调，生态、资源、社会等方面补偿政策全面落实，需要各方面积极配合。总之，对于全面建设小康社会过程中的扶贫开发，对于大扶贫格局中的专项扶贫工作，还需要更深入的研究和探索。

（二）新十年扶贫开发的总体思路

改善和加强新阶段扶贫开发工作，要深入贯彻落实科学发展观，全面贯彻落实党的十七大和十七届三中、四中全会精神，将扶贫开发作为长期历史任务，纳入国民经济社会发展中长期规划。编制新十年扶贫开发纲要和“十二五”相关规划，要把握好以下总体思路和重大原则：

一是把基本消除绝对贫困现象和缓解发展差距作为奋斗目标。着力转变发展方式，促进贫困地区经济加快增长，有效提高公共服务均等化水平，明显改善集中连片和特殊类型贫困地区的发展环境和条件。努力缓解发展差距扩大趋势，确保重点县农民人均纯收入年均增长幅度高于全国平均水平，逐步提高贫困人口健康生活水平和稳定发展能力。

二是把坚持开发式扶贫方针作为根本保证。坚持国家扶持和自力更生相结合；发挥中央和地方两个积极性；实现开发扶贫与救助扶贫有效衔接；专项扶贫和行业扶贫有机结合；资源利用和生态环境保护相互协调；扶贫开发与计划生育相互促进；坚持政府主导，扩大社会参与；继续增加财政投入，促进财政与金融资源有机结合。

三是把尽快解决扶贫对象温饱并实现

脱贫致富作为首要任务。将扶贫标准以下有劳动能力的人口作为扶贫开发对象，对低收入人口全面实施扶贫政策，进一步完善国家扶贫标准调整机制，适当扩大扶贫覆盖面，巩固扶贫效果，有效遏制返贫。鼓励有条件的省区市自定扶贫标准。对少数民族、妇女、残疾人等特殊贫困群体加大扶持力度。

四是把革命老区、民族地区、边疆地区作为优先地带。在中西部地区继续确定国家扶贫开发工作重点县，并实现动态管理。实施有差别的区域扶贫政策。“十二五”期间，国家选择部分贫困程度深、有代表性的集中连片地区，制定专项规划，加强资源整合，开展扶贫攻坚；各省亦可结合本地实际，确定集中连片贫困地区开展攻坚。继续对边境地区和少数民族聚居区的贫困乡、村给予重点扶持。

五是把提高农村贫困人口自我发展能力作为工作重点。把特殊类型和集中连片贫困地区综合治理放在突出重要位置。依托扶贫规划，大力整合资源，实施整村推进、连片开发，因地制宜开展移民扶贫。支持贫困地区减灾避灾特色优势产业发展，开展劳动力技能培训，提高贫困农民收入水平和就业能力。发挥科技扶贫作用，完善信息化、社会化农村科技服务体系，加快推广农业先进实用技术。

六是把政策支持和部门协作作为重要保障。中央财政继续提升扶贫开发投入水平，增加对中西部地区公益性项目投入。地方政府也要根据财力状况逐步加大投入力度。逐步建立财政扶贫资金稳定增长机制。加大金融扶贫工作力度，深化扶贫贴息贷款管理体制改革，大力扶持和发展贫困地区微型金融机构。逐步加大中央财政对贫困地区一般性转移支付力度，探索建立有利于贫困地区发展的资源开发补偿政策。进一步明确行业部门的扶贫责任。根据扶贫开发的总体目标，分解和明确部门任务。有关部门在安排农业基本生产条件、基础设施、社会事业、产业发展、土地整治、人口发展、生态和社区环境等投资和项目时，应优先照顾贫困地区，并采取切实措施，进一步加大支持力度，促进当地经济社会加快发展。

三、关于2010年的扶贫工作

2010年是我国扶贫开发承上启下的关键一年。既要确保《纲要》目标任务的实现，又要制定新十年扶贫纲要和“十二五”扶贫相关规划。中央农村工作会议已对2010年农村工作做出具体安排，对扶贫开发提出明确要求。国务院扶贫开发领导小组全体会议对确保完成《纲要》目标任务、谋划新十年扶贫纲要也做出了全面部署。我们要认真学习，深刻领会这两次会议的精神，特别要认真学习回良玉副总理的两次重要讲话，在具体工作中贯彻落实。

（一）组织编制2011—2020年国家扶贫开发纲要和“十二五”扶贫相关规划

在深入调研和总结的基础上，加强理论和政策研究，制定2011—2020年扶贫开发纲要，把扶贫开发纳入国民经济和社会发展规划。各省区市也要编制本地新十年扶贫纲要。新十年纲要的编制需要进一步明确扶贫工作的重点区域，除国家明确的集中连片贫困地区之外，2010年要对重点县进行适当调整。我们提出“总量不变、动态调整，统筹兼顾、进出平衡，分省进行、统一核定”的调整原则，国务院扶贫开发领导小组全体会议已原则同意。

同时，要组织编制“十二五”专项扶贫规划。我办已与发改委、财政部商定，共同编制整村推进、扶贫易地搬迁两个规划，研究跨省的典型集中连片贫困地区试点规划。各省区市扶贫办要认真组织并切实抓好本省“十二五”相关规划的编制工作，同时力争与发改委、财政部门联合制定其他扶贫专项规划。“十二五”期间，每个省区市都应对1~2片贫困程度最深的集中连片地区制定综合治理规划。

（二）全力抓好专项扶贫重点措施

一是加大整村推进力度。明年全国要完成2万个村整村推进任务，其中“三个确保”村8650个。山西、湖北、陕西、河南、贵州、河北、江西、安徽等“三个确保”任务比较重的省，要继续加大力度，采取有效措施，坚决完成“三个确保”任务。

二是继续开展贫困地区劳动力培训。2010年“雨露计划”应适当调整，重点支持“两后生”农业适用技术培训和职业技能培训。要研究提出农村贫困家庭子女接受职业、技能教育再补贴的具体办法。各省区市扶贫办也要继续推进这方面的工作，要根据贫困地区劳动力培训需求和企业用工结构，实事求是地制定培训计划，明年3月底之前，报国务院扶贫办备案。

三是大力培育和发展特色优势产业。在整村推进基础上以县为单位，资源整合，连片开发，加快县域经济发展，辐射、带动贫困农户增收。在产业选择上，要充分考虑防灾避灾因素，因地制宜发展设施农业。采取有效措施扶持贫困地区的龙头企业，发挥龙头企业带动作用。继续开展贫困村互助资金试点，解决产业化过程中贫困农户贷款难问题。发展多种形式的农民专业合作组织，促进贫困农户在产业化过程中受益。

四是积极稳妥推进移民扶贫。据我办统计，目前全国还有1000万左右贫困人口需要移民。各省区市要研究制定移民扶贫规划，千方百计整合资源，提高补助标准，使需要搬迁的扶贫对象搬得出、稳得住、逐步能致富。同时，配合住房和城乡建设部，做好农村贫困户危房改造工作。

五是加大对集中连片和特殊类型贫困地区的扶持力度。继续推进四川阿坝州扶贫开发与综合防治大骨节病、新疆阿合奇边境扶贫、贵州威宁晴隆石漠化综合治理、西藏溜索改造、云南富宁县山瑶扶贫、甘肃庆阳绒山羊产业发展等试点工作。加快汶川地震灾区贫困村恢复重建步伐。

六是继续加大东部地区扶贫工作力度。尽管东部发展较快，但也还有少量连片贫困区域，部分地区和人口的相对贫困问题还相当突出，发展差距在继续扩大。要在现有基础上，加大扶贫投入力度，提高工作水平，并继续为全国扶贫开发探索新路。

（三）进一步完善扶贫工作机制

一是扩大“两项制度”有效衔接试点。明年力争将试点范围扩大到所有国家重点县，东部省根据实际情况自行确定。拟于明年2月上旬召开试点工作总结会，对扩大试点做出具体部署。各省区市要提前做好准备，尽快成立试点工作领导小组，明确负责这项工作的领导和处室。扶贫办要主动与有关部门协调，抓紧制定扩大试点的工作计划和具体方案。要认真研究本地情况，分析扩大试点中可能出现的困难和问题，提出应对措施。对试点工作总结会大家有什么想法和意见，可随时与我办政策法规司联系。

二是对低收入人口全面实施扶贫政策。我办正在起草《关于对农村低收入人口全面实施扶贫政策，进一步做好扶贫工作的意见》，待报经同意后，各地要全面贯彻落实。逐步提高财政扶贫资金用于支持优势特色产业发展和提高农民素质的比例，重点支持连片开发和整村推进、贫困家庭劳动力转移培训、产业化扶贫、扶贫易地搬迁、贫困村互助资金试点等项目，要安排更多资金直接扶持到贫困户。紧紧瞄准贫困人口，加大支持力度。

三是加强对贫困人口的监测。国务院扶贫开发领导小组全体会议原则同意，为更合理地确定新阶段的扶贫标准，在按现行标准开展工作的基础上进行探索，对农民人均纯收入四分之一以下农村人口进行监测，为完善扶贫标准调整机制提供基础和依据，并适时进行系统测算与评估。各省区市要配合做好相关工作。

（四）进一步推进社会扶贫和国际交流合作

一是制定并落实《中央国家机关和军队等单位定点扶贫工作制度》，确保定点扶贫工作的持续性。二是推动东西扶贫协作向规范化、制度化方向发展，协作双方要加大帮扶协作力度。三是大力推动企业参与扶贫工作，特别要引导民营企业发挥作用，促进贫困地区产业开发，实现互利共赢。四是建立完善军地协调机制和相关政策制度，充分发挥军队和武警部队在扶贫工作中的优势和积极作用。五是积极搭建对接平台，鼓励和支持社会团体、民间组织参与扶贫开发。六是配合我国总体外交工作，继续采取培训、交流等形式，促进与国际社会减贫和社会发展经验的分享。做好世行五期项目前期工作，争取明年完成各项程序并正式启动。

四、需要特别重视的两个问题

（一）要进一步加大扶贫宣传工作力度

扶贫宣传工作是全国宣传工作的重要组成部分。现代媒体和信息技术的高度发展，使宣传工作的重要性日益突出。新闻传播的方式突破了传统的平面形式和每天发布一次的频率，以电视为代表的立体传媒和以互联网为代表的电子传媒使公众能够更迅速、更全面、更直观地获得大量信息。及时正面发布扶贫信息，帮助社会各方获得权威、准确的信息，是我们的责任。

我办对宣传工作高度重视。今年与中宣部联合下发了《关于做好2009年扶贫宣传报道的通知》，提出宣传工作重点和要求。就扶贫标准和西部大开发十周年扶贫成就举行了两次新闻发布会。精心组织建国60年宣传活动，包括筹划建国60年成就展扶贫部分、联合摄制《当代中国扶贫开发》纪录片和编辑扶贫画册等。委托《农民日报》每单周安排一个专版对扶贫工作进行宣传。我办主管的几家公开出版物《中国扶贫》、《中国老区建设》、《中国财富》在扶贫宣传方面也发挥了积极的作用。

各地在加强宣传工作方面也有许多好的做法。一是抓好队伍建设。山西、青海等省扶贫办安排专门机构和人员负责宣传工作，建立省广播电视台驻扶贫办记者站。二是拓宽宣传渠道。辽宁、安徽、河南、湖北、江西等省充分利用公开刊物、扶贫网站和工作简报等平台，注重加强与各新闻媒体的沟通联系，做到“电视有影、广播有声、报刊有文”。三是开展专题宣传。西藏和新疆充分发挥扶贫宣传在维稳工作中的重要作用，展示扶贫工作成就，鼓舞教育各族群众，促进民族团结，效果很好。

今后，我们要在以下几个方面进一步加大扶贫宣传工作力度。

一是牢牢把握新闻宣传的正确导向。大力宣传中央关于扶贫开发的方针政策，充分展示扶贫开发的成就和经验，及时报道社会各界积极参与扶贫开发工作的情况，全面反映贫困地区群众坚持自力更生、艰苦奋斗的精神风貌，加强对扶贫工作先进典型的宣传。

二是充分利用不同渠道开展宣传工作。要同中央、省级、县级的主流媒体保持良好的工作关系，学会和新闻界的工作者交朋友。既要充分利用传统媒体，也要注意发挥互联网的作用。在办好各种出版刊物的同时，加强扶贫网站建设。

三是加强队伍建设。各省区市扶贫办要有一位领导专门负责宣传工作，明确承担具体工作的处室，指定具体工作人员。要为宣传工作提供必要的设备和工作经费。

四是加强沟通与联系。各省区市扶贫办要主动向我办报送信息，以便及时总结、宣传各地好的经验和做法，了解新情况，新动向。对我办主管的几个公开出版杂志，大家要给予积极支持。

（二）切实做好少数民族地区的扶贫工作

我国是一个多民族的国家，国家的富强统一是各族人民的最高利益，民族团结是国家繁荣发展的重要保证。努力实现各民族“共同团结奋斗，共同繁荣发展”，是构建社会主义民族关系的主题，是中国特色社会主义道路的组成部分，也是贯彻落实科学发展观的重要内容。

加大对民族地区支持力度，始终是扶贫开发的一个重大方针，党中央、国务院历次重要会议，关于“三农”和扶贫工作的文件，都反复强调要加大对革命老区、民族地区、边疆地区扶贫工作的支持力度。《纲要》实施以来，革命老区、民族地区、边疆地区也一直是扶贫开发的重点区域。这些年，我们在以下几个方面对民族地区给予了倾斜支持：一是在政策上给予倾斜，在投入上加大力度。2002—2009 年，对内蒙古、广西、西藏、宁夏、新疆五个自治区和贵州、云南、青海少数民族人口较多省份投入中央财政扶贫资金 417.4 亿元，占全国总投入的 39.87%，同时安排专项少数民族发展资金 52 亿元。二是帮助少数民族地区制定扶贫开发规划，加大重点工作力度，在“三个确保”村中，三分之一以上为民族村，相当数量人口为少数民族贫困人口。三是加大社会扶贫力度，在东西扶贫协作、中央国家机关定点帮扶、社会各界扶贫和扶贫领域国际合作等方面，都向少数民族地区倾斜。四是开展了不同类型的试点工作，寻找解决少数民族地区贫困问题的有效途径。

民族地区的扶贫工作虽然取得了很大成绩，但仍然面临很多困难和挑战。民族地区的贫困是自然、地理、气候、民族、宗教、边境等诸多问题的集合体，既敏感又复杂。这些地区在国家安全、生态屏障、能源建设等方面具有重要战略地位，有些还处于反分裂斗争的前沿阵地。做好民族地区扶贫开发工作，对于国家长治久安、人民安居乐业意义重大。扶贫系统要以对国家民族的高度责任感，把少数民族地区的扶贫工作放在特别重要的位置，创新思路、完善机制、加大投入、抓出成效。

少数民族地区的贫困问题具有特殊成因、特殊困难和特殊表现，要不断加大投入和工作力度，特别要提高各项措施的针对性。在实施整村推进过程中，要将危房改造、人畜饮水等基本生存需求作为重要内容。对缺少基本生存条件的地区、生态环境保护区，要稳步推进移民扶贫。要更加注重提高劳动力基本素质，实施教育扶贫，加强双语教学。提倡在地方政府、工会等帮助下，组织当地少数民族劳动力外出打工。产业化扶贫要重点扶持民族特色产业发展。引导东部企业到民族地区创业，充分发挥国家扶贫龙头企业的作用，带动人口较少民族地区发展种养业、特色农产品加工业、特色旅游业。加强产业指导，培育农民合作组织，确保贫困群众在产业发展过程中受益。将扶贫开发与生态建设结合，配合坡改梯、冷水渍害田改造、地头水柜（水窖）等微型水利项目的建设，治理水土流失。积极利用沼气、太阳能等可再生能源，减少对自然资源的破坏。积极发展草地畜牧业，实现扶贫开发与生态建设的良性循环。

随着经济活动和社会交往的扩大，劳动力流动进程的加快，目前民族问题的一个特点是不再局限于民族地区。因此，西部地区扶贫系统组织少数民族劳动力到东部地区打工，要加强与输入地政府特别是扶贫办、协作办的联系，尊重少数民族的风俗习惯、宗教信仰，体谅他们在语言交流等方面的困难，妥善安置好他们的生活，及时发现并解决矛盾隐患，避免一些具体问题被别有用心的势力所利用，酿成严重后果。

五、关于切实加强扶贫队伍建设

完成明年扶贫工作各项任务，必须加强扶贫队伍建设。全国扶贫系统干部职工要认真贯彻党的十七届四中全会精神，结合深入学习实践科学发展观活动，把党和政府、社会各界对贫困地区、贫困群众的支持和关心转化为具体行动，坚定信心、锐意进取，扎扎实实做好各项工作。

（一）统一思想认识，务求工作实效

首先要统一认识。扶贫系统的干部要把思想认识统一到中央对明年经济工作的总体要求上来，统一到国务院扶贫开发领导小组全体会议精神上来，深刻认识做好扶贫开发工作的重大意义和现实紧迫性，准确把握工作重点，不断强化政策措施，团结一心，共同努力，务必取得新的成效。二是要执政为民。要把千方百计对低收入人口全面实施扶贫政策作为扶贫系统执政为民的出发点和落脚点。大力弘扬理论联系实际、密切联系群众、求真务实、艰苦奋斗的作风。树立正确的政绩观、利益观，努力克服形式主义、官僚主义。要通过开展广泛的调查研究，切实提高思想认识水平、政策水平和工作水平。要进一步增强群众观念，尽可能设身处地，多从贫困群众的角度考虑问题，坚持真诚倾听他们的呼声，真实反映他们的意见，真情关心他们的疾苦，真心实意地为他们解难题，办实事。要努力防止国家扶贫政策的流失，让贫困群众多得实惠。三是要增强责任意识。要以高度的责任心、扎实的作风、无私奉献的精神，恪尽职守，努力工作。要以对党和人民事业高度负责的态度，积极主动，勇挑工作重担，在问题面前不回避，压力面前不躲闪，困难面前不推拖，挑战面前不畏惧，扎扎实实地做好每一项具体工作。要在全国扶贫系统大力倡导踏实、扎实、求实、务实的良好作风。

（二）加强廉政建设，增强自律意识

要加强扶贫系统反腐倡廉建设，督促广大党员、干部特别是领导干部严格遵守廉洁自律各项规定，积极追求健康向上的生活情趣，自觉抵制拜金主义、享乐主义、极端个人主义思想的侵蚀，堂堂正正做人、清清白白做官、干干净净做事。从全国扶贫系统的情况看，廉政建设工作总体是好的，但也存在一些问题。个别干部因贪污受贿、虚报冒领违法违纪，个别地方因违规使用扶贫资金被媒体暴光，造成不良影响。搞形象工程、挤占挪用、逆向整合、侵蚀贫困群众的合法权益等问题都要引起高度关注和警觉。在某些方面，群众的反映比较集中，我们必须高度重视，认真对待，严肃查处。要切实汲取教训，引以为戒，自觉加强个人修养，提高自我约束能力。我们的权利是人民给的，是用来为人民服务的，不是给个人牟取私利的。要带着对贫困群众的感情，正确使用手中的权力，真正做到“权为民所用，情为民所系，利为民所谋”。

（三）强化业务基础，提高工作效率

扶贫开发是一项专业性、综合性很强的工作。因此，需要有一支吃苦耐劳，业务精湛，爱岗敬业的干部队伍。要加强学习，对于中央新的精神、国务院各部门的相关政策、上级机关的指示，要认真领会，吃准吃透。要努力加强各项业务基础建设，积极开展多种形式培训，不断提高干部业务素质。

长期以来，扶贫系统信息统计等基础工作比较薄弱，已成为目前一个十分突出的问题。2010 年，我们要编制新十年扶贫开发纲要，要有大量的数据统计和搜集整理工作。但是目前数据不全，情况不明，成为提高扶贫开发水平的一大难点。特别是个别地方的扶贫部门，对统计信息工作重视不够，工作拖沓，效率不高，不能及时提供扶贫工作相关数据、典型资料等，这种现象必须尽快改变。我在这里特别强调几点：第一，主要领导要高度重视，直接抓。各省区市扶贫办要明确专人负责扶贫开发统计工作，根据需要及时向上级报告情况。第二，要健全对扶贫政策措施执行情况定期检查和专项督查制度以及纪律保障机制，确保政令畅通。第三，要严格奖惩。凡是对上级部门交办的任务，能保质保量完成的，要给予奖励；对拖延不办的，要采取必要的处罚措施。可以考虑与年度的考核奖惩措施挂钩。

同志们，在《纲要》实施的最后一年，我们既要打好《纲要》的收官之战，又要布好未来十年的开篇之局。责任重大，使命光荣。让我们在以胡锦涛同志为总书记的党中央领导下，全面贯彻落实科学发展观，开拓创新，锐意进取，扎实工作，努力开创扶贫开发工作的新局面。

在全国扶贫工作会议上的总结讲话

范小建

2009 年 12 月 29 日

同志们：

在大家的共同努力下，我们开了一个紧张热烈、高效务实的会议。部分代表列席中央农村工作会议的开幕式和闭幕式，直接聆听了回良玉副总理的重要讲话，深受教育、鼓舞和启发，对于我们把握全局、做好本职工作意义重大。大家一致赞同我代表扶贫办所做的报告。普遍反映，这个报告思路清晰，任务明确，措施具体，鼓舞人心。大家感到，今年的形势来之不易，而要做好明年的工作，又充满挑战，深感责任重大，任务繁重，有坐不住的感觉。大家认为，15 个典型材料各有侧重，各具特色，经验难能可贵。下面，我结合大家讨论中提出的问题，再讲几点意见。

一、振奋精神，强化措施，确保《纲要》目标实现

2010 年是《中国农村扶贫开发纲要(2001—2010 年)》的收官之年。从明年情况看，完成《纲要》目标任务，既有难得的机遇，也面临严峻的挑战。我们要充分利用当前宏观经济走势和政策环境更加有利于贫困地区、贫困人口的条件，密切关注自然灾害、市场波动等经常性威胁和返贫因素，切实增强责任感、使命感和紧迫感，采取有力措施，努力完成好会议提出的四个方面的工作任务，确保《纲要》目标任务如期实现，向党和人民交一份满意的答卷。

明年中央财政扶贫资金投入会有较大幅度的增加。各地要向云南、湖北等省学习，千方百计增加地方财政扶贫投入。同时要积极引导信贷资金向贫困地区、贫困农户倾斜。动员更多的社会资源参与扶贫事业。要按照“统一规划、集中使用、渠道不乱、任务不变、各尽其力、各记其功”的原则，多渠道增加扶贫投入。

关于明年专项扶贫的重点措施，我再强调三件事。一是要确保完成三类贫困村整村推进任务。到今年年底，还有 8650 个“三个确保”贫困村没有实施整村推进，相关省区市必须在明年全部安排。二是要根据形势变化完善“雨露计划”实施方式。国务院办公厅即将发出《关于进一步做好农民工培训工作的指导意见》，提出“以省级统筹为重点，集中使用培训资金”的要求。但财政扶贫培训资金只能用于补贴贫困家庭劳动力参与各类培训。各地在协调培训资金计划时，一定要坚持这个原则。同时，要积极推进“雨露计划”改革，将培训资金重点逐渐转向对贫困家庭“两后生”参与职业技能培训的补助。三是移民扶贫要解决后续产业发展问题。移民扶贫能够改善贫困农牧民居住环境，满足基本公共服务需求。但是有些地方对后续产业发展和农牧民长远生计考虑不够，造成新的贫困。各地在实施移民扶贫项目时，要科学论证，把后续产业建设、劳动力转移就业放在重要位置，同步安排资金和项目，保证农牧民群众搬得出、稳得住、能致富。

二、深入研究，精心谋划，编制好新十年扶贫开发纲要以及“十二五”相关规划

中央农村工作会议和国务院扶贫开发领导小组会议都明确明年要研究编制未来十年扶贫开发纲要。我们将制定工作方案，全力推进这项工作。随着纲要编制工作的进行，将组织开展相关专题调研，研究一些具体政策问题。根据工作需要，有可能要抽调省里的力量，希望各省大力支持与配合。

各省区市也要抓紧编制本地的纲要，以及“十二五”扶贫相关规划。谋划未来的扶贫开发工作，必须从国家经济发展宏观背景出发，站在统筹城乡发展的高度，充分考虑城镇化、工业化、新农村建设和发展现代农业带来的机遇，立足当前、着眼长远，在基本思路上有所完善、有所创新。对行之有效的政策措施要继续坚持并不断强化，对不适应的政策措施要予以及时调整和完善。要适应国家快速发展的需要，努力提高我们工作的前瞻性。

三、周密部署，积极稳妥，实现重点县平稳调整

2003 年，国务院扶贫开发领导小组制定了国家重点县管理办法，规定对重点县实行动态管理，逐步完善进出机制。但由于多方面的原因，这项工作一直没有开展。经过今年的联合调研，各部门意见趋于一致，我们提出了“总量不变、动态调整、统筹兼顾、进出平衡、分省进行、统一核定”的调整原则，领导小组会议已原则同意。具体如何操作，我们将专门开会进行部署。但是，从现在起各省区市就要在小范围内自主考虑调整方案。

重点县调整政策性强，涉及面广，社会关注度高。同时，要科学合理测算各项基础数据，工作量很大。要实现平稳调整，必须注意两个问题。一是科学合理制定调整原则、程序，严格掌握政策。二是注意保密，避免炒作。这里我要特别强调一条纪律，就是未经组织批准，任何人不能对媒体包括网站公布相关信息，也不能发表个人意见。

四、加强领导，密切协作，稳步推进“两项制度”衔接试点工作

“两项制度”衔接是新阶段扶贫方式的重大转变，要作为根本性的制度设计，积极探索基本生活靠最低保障、脱贫致富靠扶贫开发的新机制。一是要统一认识。这是党中央、国务院非常明确交给扶贫部门的重大任务，也是新阶段扶贫工作的希望所在，务必坚定信心，克服畏难情绪。二是行动要快。大家回去后要立即进行部署，不能等 2 月份的试点工作总结会召开后再动手。三是力度要大。要采取扎实有效措施，尽可能地往前推，明年力争将试点扩大到所有的国家重点县。但也决不能草率从事，搞滥竽充数。四是工作要细。各省区市扶贫办要主动加强与民政、财政、统计和残联等有关部门的沟通与协调，把工作做的细一点，把方案考虑的周全一些。我办正在组织力量对 20 个试点县的情况进行总结，并与有关部门一起研究完善试点工作的指导意见和低收入农户数据库。在试点总结会上，将对工作提出具体要求，并对相关人员进行培训。

五、讨论中大家比较关注的几个问题

（一）关于对低收入人口全面实施扶贫政策。这是十七届三中全会决定的明确要求。在行业扶贫力度不断加大的情况下，这是未来增加扶贫投入、加大工作力度、扩展政策空间的依据。我办正在协调有关部门起草《关于对农村低收入人口全面实施扶贫政策，进一步做好扶贫工作的意见》，对相关问题做出具体规定，各地要深刻理解，切实贯彻执行。

（二）关于信贷扶贫。财政和信贷是扶贫投入的基本方式。多年来，我们对财政扶贫资金的研究比较充分，措施也比较有力。但对于信贷资金的研究很不够。尤其是在温饱问题基本解决，重点是提高发展能力的情况下，信贷扶贫的潜力非常大。贫困地区、贫困人口需要什么样的金融产品？如何更好地发挥扶贫贴息贷款的作用？支持企业和扶持农户的贷款应该有哪些区别？如何发展微型金融和民间金融服务组织？各地都要深入研究，主动探索。

（三）关于社会扶贫。20多年的扶贫开发中，我们最主要的经验是政府主导，从资金投入到工作动员，政府可以动用的手段基本都使用了。随着社会进步，社会扶贫将发挥越来越重要的作用。社会扶贫的潜力有多大？需要哪些政策支持和组织方式？如何搭建供需双方的信息平台？这些问题，同样需要深入研究和探索。

（四）关于贫困监测。这是我们掌握基本情况、制定和调整政策的基础性工作，非常重要。从扶贫办的角度说，监测体系的建设要更科学、更合理、更顺畅。各省区市也要高度重视，积极配合。我们的数据有没有权威性，是不是被上级领导、有关部门和社会各界认可，很大程度上取决于我们的数据是不是真实可靠。

（五）关于绩效考评。绩效考评是评价、考核扶贫工作的主要手段，是我们要长期坚持的制度。讨论中大家提出一些技术层面的问题，主要是各项考核指标的设计和权重要更真实、更全面地反映工作情况，确实起到奖优罚劣的作用。对于这些具体建议，我们将认真研究，逐步完善考评方法。

（六）关于加快扶贫立法。大家在这方面的呼声很高，我们也在积极推进。立法的前提是相关政策措施的完善。明年要集中精力编制好新十年纲要，明确扶贫开发在法律结构中的功能定位，明确奋斗目标、方针与原则、对象与重点、内容与途径、工作任务与部门职责、政策保障、管理机制等。在此基础上，扶贫工作条例就会水到渠成。目前，我们正在委托相关法律专家从技术角度研究法律文本的格式、表述和程序等问题。

（七）关于东部扶贫工作。在今年9月东部片区座谈会上，我们对东部扶贫工作的重要意义已经做了充分论述。在制定新十年纲要时，我们将高度重视东部地区的扶贫开发。一是将其纳入全国扶贫工作的总体规划，统一部署，同步推进。二是实施分区域的扶贫战略，对东部提出明确要求，也要根据政策给予必要的支持。三是加强对东西扶贫协作的指导，及时总结好的经验和做法，向其他省区市推广。

最后，布置一项具体工作。为加强扶贫工作的宣传，我办决定从今年开始编写《中国扶贫开发年鉴》。这项工作具体由中国国际扶贫中心承担，请大家予以支持。一是安排相对稳定的机构和工作人员负责此项工作，因为《年鉴》每年都要编写。二是及时、准确提供相关材料。

同志们，这次会议就要结束了，大家回去后，要及时向省政府分管领导汇报，也要向省政府主要领导汇报，迅速传达会议精神。要按照中央农村工作会议、国务院扶贫开发领导小组全体会议和本次会议的要求，抓好各项政策措施的落实。另外，两节将至，扶贫系统的同志要深入贫困地区，帮助贫困群众解决困难，确保各族群众过一个欢乐祥和的元旦和春节。

一元复始，万象更新。在新年即将到来之际，我谨代表国务院扶贫办祝大家新年快乐，身体健康，工作顺利。

在全国贫困村互助资金试点工作暨培训会议上的讲话

范小建

2009年8月6日

同志们：

自2006年以来，国务院扶贫办和财政部连续四年在全国开展了贫困村互助资金试点工作，总体进展顺利，特色鲜明，效果明显，得到贫困地区广大干部群众的欢迎，受到地方各级政府和有关部门（包括金融部门）的关注及肯定。同时，各地在自行安排资金扩大试点方面也表现出很高的积极性。有些省份发展很快，进展迅猛。这充分表明，互助资金这种扶贫手段具有广泛的群众基础，具有存在的客观需要，具有很大的发展空间，也表明了在扶贫方法和模式上进行创新探索的必要性和重要性。

这次会议的主要目的是，深入贯彻党的十七届三中全会和今年中央1号文件精神，以科学发展观为指导，认真总结和交流互助资金试点经验，探讨改进的途径与方法，进一步规范和完善互助资金运行模式和管理办法，稳步推进试点工作，确保其健康有序发展，为进一步加快贫困群众脱贫致富步伐提供更加有效的服务。下面，我讲三点意见。

一、深刻认识开展互助资金试点的必要性和重要性

互助资金试点，是我办和财政部针对贫困地区金融发展滞后，金融产品不足，农户生产资金缺乏，制约农业、农村发展特别是贫困农户脱贫致富的突出矛盾，而采用的一种特殊扶贫方式，也是创新财政扶贫资金管理使用机制的新探索。实践证明，在贫困村建立互助资金组织，适应目前贫困地区生产力发展水平，显示出很强的生命力，是建立和完善农村金融服务体系的创新。进一步推进其健康有序发展，对于加快新时期扶贫开发进程、推进贫困地区社会主义新农村建设，如期实现基本消除绝对贫困现象和建设全面小康社会的目标，具有十分重要的意义。

（一）开展贫困村互助资金试点，是加快贫困地区发展的需要

党的十六大以来，中央支农惠农力度不断加大，各行各业更加关注贫困地区、贫困人口，一个“大扶贫”的格局已经形成，有力地推进了扶贫工作和贫困地区的发展。农村金融服务也不断深化改革，努力向“三农”倾斜，向贫困地区延伸。但是，目前农村金融服务还远远不能满足贫困地区尤其是贫困户发展生产的需求，供给与需求之间还有很大距离。

目前，我国的扶贫开发已进入新的阶

段，扶贫工作的重点已由解决温饱转向提高发展能力，增加收入和实现脱贫致富。党的十七大明确提出了到2020年农民人均纯收入增长一倍和基本消除绝对贫困现象的目标。贫困地区、贫困农户加快发展，脱贫致富的要求更加迫切，对生产发展的资金需求大幅增加。国际金融危机对贫困地区的影响不断加深，相当数量的外出农民工返乡，他们当中一部分人想在农村创业和发展，但普遍缺乏启动资金。农村金融服务滞后，制约贫困地区发展的矛盾更加突出。

近年来，我们在积极改革完善信贷扶贫资金管理体制的同时，根据贫困地区发展的需要，开展的互助资金试点，已经充分显示了其在一定程度上弥补商业金融缺位和不足、缓解贫困户生产资金缺乏和贷款难矛盾的作用。通过互助资金借款，门槛较低、手续简便、投向明确，许多贫困户能够通过这种形式，周转使用扶贫资金，实现扶贫到户。通过互助资金组织，贫困农户不仅借到了钱、办成了事，而且增加了收入、提高了素质，有些还实现了脱贫致富。实践表明，互助资金是一种符合广大贫困户需要，受到地方政府和贫困群众欢迎，能够切实解决群众发展的实际困难的好形式、好组织，被农民亲切地称为“自己的银行”。湖北省竹溪县中峰镇邓家坝村农民自编的“互助金，在本村；借与还，讲诚信；帮穷人，解急难；扶创业，脱贫困……”的三字经，形象生动地描述和称赞了互助资金对促进贫困地区发展的积极的作用。

（二）开展贫困村互助资金试点，是完善贫困地区金融服务体系的需要

完善的农村金融服务是发展现代农村经济的重要内容。贫困地区金融资本供给不足、金融服务严重滞后，是制约其发展的一个主要原因。据统计，国家扶贫开发工作重点县（以下简称重点县）基本没有工、中、建等银行，金融机构网点平均每个乡镇不足1个；全国“零金融机构乡镇”还有2825个，80%以上集中在中西部贫困地区；农户贷款覆盖率不足10%，贫困村不足5%。四川旺苍县35个乡镇，有11个乡镇没有金融机构网点，形成大面积金融服务盲区。目前，贫困地区金融机构网点少、从业人员少、储蓄资金大量外流、贷款资源严重不足的矛盾非常突出。同时，贫困地区现有金融产品适用性不强，部分农村金融机构服务僵化，业务操作手续繁杂，贷款门槛高，担保条件严，一般农户尤其是贫困户很难获得所需的贷款。贫困村特别是贫困户贷款难的问题，已成为制约贫困地区发展和群众脱贫致富的一个突出问题。

合理完善的农村金融服务体系，应该由政策性金融、商业性金融、合作性金融和民间借贷融资所构成，这也是国际通行的经验和做法。我国农村商业性金融比较完善，政策性金融逐步发展，合作金融基本上还是空白。农村金融机构功能不全，合作金融缺位，矛盾十分突出。为了推动农村金融体制的改革，建立和完善农村金融服务体系，2005年以来中央出台多个文件，倡导各地积极发展多种所有制、多种形式的小额信贷组织，切实改进农村金融服务。十七届三中全会《决定》和2009年1号文件又明确提出大力发展小额信贷和微型金融服务。农村特别是贫困地区金融服务的缺位和不足，既为互助资金组织的诞生提供了基础，也为其发展留下了充足的

空间。从这几年各地试点情况看，互助资金已有效地弥补了正规金融机构缺位和不足，缓解了贫困村、贫困户生产资金缺乏和贷款难的矛盾，成为正规金融服务的重要补充；也成为新形势下完善扶贫开发战略和政策体系、推进扶贫开发工作的一个重要组成部分。

（三）开展贫困村互助资金试点，是提高农户组织化程度和抵御市场风险能力的需要

当前，我国农业和农村经济发展已进入加快改造传统农业、走中国特色农业现代化道路的阶段。现代农业，需要农民有较高的组织化程度。经过十多年的探索和发展，在我国经济发达和较发达的农村地区，已建立和发展起近20万个农民专业技术协会或合作经济组织。而在贫困地区，专业合作组织发展缓慢，数量少、规模小，广大农户尤其是贫困户的组织化程度还很低，成为制约贫困地区和贫困户发展的一个重要因素。

互助资金这种形式探索出贫困地区提高农户组织化程度的一个有效途径。互助资金促进了村民间的沟通和互动，培养了互助合作意识；有利于生产资料、市场信息、生产技术等资源的整合与共享；不仅为提升农民组织化程度提供了条件，也为进一步开展产供销合作创造了契机。同时，在已有专业技术协会或合作经济组织的贫困地区，通过互助资金组织的建立，形成了专业技术合作与互助资金之间相互融合、相互促进的局面，提高了农户抵御市场风险的能力。安徽省霍山县有190个互助社，其中三分之一以上与养牛、茶叶等专业合作社结合了起来；四川仪陇县45个互助社，有的与专业合作社建立了密切联系，有的推动组建了专业合作社。互助资金社在满足农户资金需求的同时，与专业合作社联合，推动村民联合生产、联合经营、联合购销，提高了自身的吸引力，增强了带动力，实现了专业合作组织与资金互助社的双赢。

二、充分肯定互助资金试点取得的作用与成效

据统计，截至2008年底，全国28个省（区、市）、4165个村开展了互助资金试点工作，有60多万农户加入了互助组织，其中贫困户28万；互助资金总额达到8.18亿元，其中中央和地方共投入财政扶贫资金6.3亿元、吸纳村民资金1.15亿元、撬动其他资金0.73亿元；累计向9.2万户（次）发放借款4.9亿元，累计还款2.2亿元，到期还款率98%以上。可以说，试点工作总体进展顺利，不仅缓解了贫困村生产资金缺乏问题，加快了扶贫开发进程，而且有力地推动了社会主义新农村建设。其作用和成效主要表现在以下六个方面：

（一）有效缓解了农户发展资金短缺的困难，促进了贫困户收入的提高

截止2008年底，全国互助资金试点村累计发放借款4.9亿元，有9.2万农户（次）获得借款，借款户平均增加纯收入1000元左右。四川旺苍县试点村借款农户户均增收1290元，其中贫困户户均增收1080元。安徽霍山县参加互助资金小组的贫困农民，通过互助资金人均增收700多元。广东清远市如锡场镇禾石坑村，地处山区、库区，镇上没有金融机构，虽然有发展灵芝产业的潜力，但群众因缺少资金，一直发展不起来，2008年该村建立互助资金，有37户入社农户通过互助资金支持种植灵芝，产量超过2000公斤，产值达20万

元，户均单项收入达 1000 元以上。海南省五指山市牙南村 93 个贫困户、共同借款 13 万元，连片种植毛节瓜子 103 亩，户均增收 2000 元以上。

（二）激发了农民发展生产的积极性和主动性，促进了自我发展能力的提高

互助资金的支持，给农户提供了自主创业、自我发展的机会和空间，发展生产的积极性、主动性明显增强。在此过程中，互助资金实际上搭建了一个社员自我教育和相互学习的平台。互助小组的相互联保，共同讨论当事人的生产项目、借还款的安排，加强了农户之间的沟通和交流，形成了“生产相互帮助、矛盾相互化解、困难相互克服”的互助合作关系。通过共同参与讨论和制定互助社章程、实施方案，“海选”管理人员、自主选择发展项目、监督借款和收益分配，一次借款、分期偿还，以及实用技术的培训和互帮传递等等，使社员真正当家作主，变被动参与为主动参与，既激发了社区内部活力，又有助于增强农民的市场意识，提高其理财能力和自我发展能力。

（三）培育了贫困户农民的诚信意识和信用意识，促进了贫困地区农村金融市场的发展

互助组织成员都是本村农户，乡里乡亲，非常珍惜彼此间的信誉，因而试点各地还款率普遍很高，平均都在 98% 以上。即使在发生“5·12”大地震之后，四川旺苍县的还款率仍为 100%。宁夏 9 个扶贫开发重点县当中，不少贫困村曾因农户信用不足或有贷款不良记录，被金融机构列为高风险地区和不良信贷户，即使安排了财政贴息资金，金融机构也不愿放款。互助资金建立后，478 个互助社按期还款率普遍接近 100%，大大改善了信用环境。农户信用意识的增加，发展能力的提高，也为当地金融部门培育了潜在的客户和市场。

（四）促进了基层民主建设，提高了贫困社区持续发展的能力

互助资金管理机制，内部实行民主管理，外部强化监督指导。互助资金试点，在村两委领导下开展，建立社员大会决策、理事会或执行小组执行、监事会或监督小组及村民监督的良好运行监管制度，形成了用制度管权、管事、管人，建立了决策权、执行权、监督权既互相制约又互相协调的权力结构和运行机制。同时，互助资金的运作，实行过程公开、结果公示，群众享有充分的知情权和监督权，激发了农户的参与意识和民主意识、监督意识，保证了资金的良性运转和持续发展。许多地方不断创新公示、公告形式，采取多种办法向群众全面公开、全程公开；有的还公布了县、乡（镇）、村的监督电话，接受群众投诉，从而保证了互助资金运转始终处于有效监督之下。在许多地方，通过互助资金组织的组建、运转，干群关系得到明显好转，村两委的威信和决策、管理能力得到明显提高，基层民主建设不断得到加强，党组织的凝聚力和战斗力得到有效增强。

（五）创新了财政扶贫资金的使用机制，增强了扶贫对象瞄准性

互助资金将财政扶贫资金由一次性无偿投入，变为有偿和滚动使用，放大了资金总量，提高了使用效应；同时通过吸收农户互助金和其他资金，资金总量和带动效应进一步扩大，缓解了资金供求矛盾。截止 2008 年底，新疆 7 个县、47 个村建立了互助社，互助资金总额 845.7 万元（其中财政扶贫资金 740 万元，农户入社费

105.7万元），累计发放借款2262万元，资金总量放大了2.67倍。在多数试点地方，互助资金短期小额、等额偿还、资金占用费率与当地农村金融利率相近等制度设计，在满足贫困社区农民基本生产需求的前提下，确保了服务对象指向贫困户，增强了扶贫投入的针对性，提高了资金使用效果。无论在贫困户入社、组建互助小组、借款发放和后续服务等方面，都坚持贫困户优先原则，确保了项目对贫困农户的瞄准。四川224个村计算机管理信息系统的统计数据表明，借款户中绝对贫困户占26%、低收入户占49%、相对富裕户仅占25%。财政扶贫资金直接用到贫困村、落实到贫困户，使绝大多数贫困户直接受益，得到了有效扶持，体现了扶贫开发的宗旨。

（六）促进了邻里关系的改善，增进了社区和谐

互助资金社通过贫困户少缴或者缓缴互助金（赠股、配股）、优先借款、党员干部“1+1”帮扶、提供技术支持和服务等方式，使愿意加入互助组织的贫困户顺利入社，并得到贷款资金的支持，扶贫济困、互帮互助的传统美德得到发扬光大。宁夏彭阳县14个互助资金试点村的村两委干部和党员，带头与经济基础薄弱的贫困户结成联保关系，带头将借款机会优先让给贫困户，保证了入社贫困户优先得到借款，优先得到支持和发展。以互助资金为基础的合作网络的存在，也对农村突发性灾害的冲击起到了缓冲作用。从而营造了良好的社会风气，促进了社区和谐。

三、积极稳步推进互助资金试点的健康发展

虽然，互助资金试点取得了较大成绩，创造和积累了一些可贵的经验，但在思想认识、操作运行、监督管理和风险防范等方面也存在一些问题和不足，有些地区还出现操之过急、发展过快、“一哄而起”的苗头，必须引起高度重视。各级扶贫部门，要进一步加强领导，将其作为扶贫开发重点工作来抓，高度重视、科学规划，精心组织、明确责任，认真总结、把握规律，理清思路、明确任务，规范运作、稳步推进，防范风险、健康发展。

（一）进一步理清思路，明确目标任务

互助资金试点要体现扶贫的宗旨。在对象上，要坚持瞄准目标人群，贫困户优先；在范围上，要坚持以贫困村为单位，更多关注偏远、借款需求较大的贫困村；在投入上，要坚持财政扶贫资金为主体，多方吸纳其他资金投入；在制度上，要坚持有利于贫困户的设计；在操作上，要坚持民主管理，加强监管，规范运作。

互助资金试点的总体目标：一是创新扶贫开发模式与机制，探索建立财政扶贫资金周转使用与农民自主经营相结合的有效方式；二是提高财政扶贫资金的针对性和瞄准度，有效缓解贫困村、贫困户生产发展资金短缺问题；三是提高贫困村、贫困户自我组织、自我管理和自我发展的能力，实现可持续发展。

互助资金试点的主要任务：一是以“出自政府、归于百姓”的财政扶贫资金为引导，以村民自愿交纳会员费和社会捐赠资金等为补充，在贫困村建立健全“民有、民用、民管、民享”、非营利性的互助资金组织；二是开展互助资金发放和回收，促进贫困农户发展生产，增加收入；三是以参与式理念和方式，培育新型农村互助合作组织；四是推进基层民主，促进和谐社

区建设。

（二）落实指导意见，规范运行管理

针对试点工作存在的问题，在总结试点经验的基础上，为稳步推进试点工作，规范运行程序，强化监督管理，促进互助资金健康有序发展，我办和财政部反复研究草拟了《关于进一步做好贫困村互助资金试点工作的指导意见》（以下简称《指导意见》），在广泛征求意见的基础上进行了多次修改，本次会议上还要再次听取大家的意见，修改后印发执行。各地要按照《指导意见》的要求，切实加强领导，抓好贯彻落实。

第一，要制定实施细则，确保规范运行。各地要结合自身实际，制定具体的实施细则。通过实施细则，进一步细化工作步骤，明确操作规程，强化监督管理和风险防范，做到科学性、严谨性和可操作性的有机统一，确保试点工作健康有序发展。

第二，要突出工作重点，确保措施落实。要紧紧把握宣传发动、互助社组建、资金运作、财务管理、监督检查和风险监控等工作重点，研究制定切实可行的政策措施，明确分工，落实责任。通过广泛深入的宣传发动，使全体村民了解试点的目的、意义，调动贫困农户参与的积极性和主动性，发挥其主体作用。通过民主选举，选出有德、有才、有奉献精神的同志，担任互助社管理人员，建立健全组织保障体系。通过引导村民充分讨论，民主制定运作方案和规章制度，确保农户的知情权、决策权、参与权和互助资金的规范运行。通过建立内外监督机制，强化管理，防范风险。

第三，要坚持基本原则，确保健康发展。一是要坚持在贫困村尤其是偏远、借款需求旺盛的贫困村建立互助资金，并尽可能采取竞争方式来确定项目村，充分调动群众积极性，变上级安排项目为自愿争取项目，变“要我干”为“我要干”。几年的实践表明，互助资金，是针对特定贫困区域、特定贫困群体，在特定时期，采用的一种特殊扶贫方式，并不适用于所有的村。四川省旺苍县是一个试点早、操作规范，运行正常，效果明显的试点县，有许多成功经验。但在2008年开展全面推广试点中，仍有13个贫困村不愿参与试点，其原因是经过多年扶持，社会经济得到较快发展，主导产业基本形成，加之地处交通沿线，金融服务网点较多、较近，农户生产发展需要资金量大、且普遍信用等级较高，易获得银行或信用社较大额度的贷款，对互助资金小额借款不感兴趣。河南叶县是另一个开展全面推广试点的县，也有10个村主动退出试点。因此，要尽量避免长官意志，把握好贫困村的选择，这直接关系到互助资金试点的成败。二是要坚持贫困户入社免交会员费，优先获得资金和技术支持。扶贫开发的目标是帮助贫困人口发展生产，提高自我发展能力，最终脱贫致富。互助资金主要是针对贫困人口设立的专项扶持经费，有贫困人口才有扶贫资金，有贫困户才能建立扶贫互助社。优先使入社贫困户得到扶持发展，天经地义。同时，贫困户基础差、能力弱，需要给予特殊关照和支持。因此，在互助资金运作中必须坚持贫困户优先原则。在借款限额、资金占用费等制度设计上，要充分考虑保护贫困户的利益。三是要坚持不吸储、不出村。互助资金是非赢利的互助合作组织，按规定不得开展金融和经营活动、而吸储是一种金融行为。同时，互助资金尚处于幼苗时期，还不成熟，需要精心指导，严格管理。如跨村建立，可能产生互助社内信息不对称、管理能力和水平不足，监控难度增高，风险扩大等问题，最终会影响互助资金整体的发展。东部某省某县搞了一个“互助资金协会”由5个行政村、14个村民小组联合组建，由于面广、户多，熟人社会的约束机制被淡化，普通会员对互助资金运行情况无从了解、无法监督，除参加选举小组长（兼任会员代表）外，中心组组长、理事会和监事会的选举、讨论确定章程等重大事项均不能参与。这显然不利于民主管理和民主监督，也不利于互助资金的正常运作和健康发展，有悖于试点的初衷。

目前，许多省在试点中都不同程度地存在分红情况，并取得了较好效果，调动了农户入社的积极性，扩大了互助资金来源，受到群众欢迎；但目前，相关方面认识尚不统一，还需进一步讨论，现阶段在制度上还是不提“分红”为宜。

（三）加强能力建设，夯实工作基础

加强能力建设，关键是要不断提高扶贫、财政部门（尤其是县级扶贫和财政部门）、乡镇分管干部和互助社管理人员的能力及水平。扶贫和财政部门是互助资金的指导、监督部门，乡镇分管干部是直接联系和指导贫困村开展互助资金试点的桥梁和纽带，互助社管理人员是互助资金的管理主体，他们的工作能力和业务水平，直接关系到互助资金的发展和成败。因此，要从互助资金的理念、工作重点和关键环节入手，强化培训，包括有关法律法规、宣传发动技巧、参与式理念、互助社组建、章程制定要点、资金运作、项目和财务管理、监督检查方法和风险监控等。有条件的地方，还应开展计算机信息管理系统的知识培训，使其真正理解和掌握互助资金试点的要求和工作流程，指导监督互助资金运行，确保预期目标的实现。能力提高是一个循序渐进、不断升华的过程，需要反复多次培训，方能真正掌握有关规章制度和操作规范，确保互助社的正常运转和可持续发展。四川旺苍县2008年前开展试点的10个村，由于面小、时间长，又有世界银行技援五期项目的支持，有专家直接培训到村，培训次数多、强度大、讲解透，试点运转相对也好。当全县大面积推广时，时间短、面又大，由县扶贫办负责培训，经验、水平不足，培训次数和效果“缩水”，直接影响互助社的管理质量。这个例子进一步说明了加强并反复培训的重要性。今后，省、市（地）两级的培训工作，由国务院扶贫办负责；县级培训工作主要由各省负责，乡村培训由县承担。

（四）加强内外监督，规避项目风险

一是要有风险意识。目前，许多试点地区普遍存在风险意识淡漠问题，无论是干部还是群众普遍认为互助资金不存在风险。虽然，互助资金不是金融组织，但其借款、还款本身就是一种融资活动。只要有融资活动，就一定有风险。因此，在建立互助社时一定要与群众讲清楚，在制定章程、财务管理办法和实施方案中，一定要设计风险控制机制和互助社退出机制。

二是健全完善内部监管体系。互助社要按照《指导意见》的要求，结合当地实际和试点经验，进一步规范、完善规章制度和内部监管机制，制定防范风险的有效措施和办法。建立健全互助联保、借款审批、公告公示、群众监督等制度。三是建立健全外部监管体系。各级扶贫、财政部门要在《指导意见》的基础上，制定相应的外部监管办法。进一步建立健全监督检查机制，风险控制机制，确保试点工作健康发展。四是探索建立外部风险资金。各地尤其是试点面较大的省（区、市），要积极探索建立以省统筹的外部风险资金，以抵御自然灾害等人为不可抗拒因素给互助社带来的大面积损失，将风险降到最低。在这方面，四川已经迈出了可喜的一步。今年四川省扶贫办和财政厅联合印发了《四川省贫困村村级互助资金管理办法（暂行）》，明确了风险资金筹集、使用、拨付等内容。其他地方可以借鉴，并丰富发展。

（五）加强经验总结，稳步推进试点

一是要巩固规范原有试点村。从 2006 年开展试点以来，各地探索和创造了不少模式和经验，要认真总结。各地要根据《指导意见》，在“新人新办法，老人老办法”的原则下，不断总结、推广成功的做法，加强对已经开展互助资金试点村的指导和监管，对发现的问题要限期整改，巩固发展原有成果。对整改后仍然不符合规范运行条件的互助社，要坚决启动退出机制。一定要避免重建轻管的现象，同时也不能干预互助社的内部运行。二是要慎重、稳妥发展新的试点村。互助资金的发展，是一个循序渐进的过程，需逐步开展，稳步推进，决不能操之过急，拔苗助长。未到瓜熟蒂落的时候，靠行政命令，确定阶段性发展目标，一窝蜂上多少个村，就会由于县级扶贫、财政部门管理半径过大，超出其管理能力，出现宣传发动不到位、监督检查不及时、管理工作跟不上等问题，甚至导致试点失败。截至 2008 年，全国共有 4165 个贫困村开展了互助资金试点，其中中央安排的只有 1119 个，各省安排的有 3046 个；今年中央安排的试点为 1500 个村，各省安排的总数将远远高于此数。四川省确定今年自行安排 500 个村，陕西省确定自行开展 1000 个村，还有不少省都有类似的安排。各省开展互助资金试点的积极性很高，省领导高度重视，这是好事，但也明显存在发展步子较快的问题，要引起我们高度警觉。在扩大试点工作中，步子一定要稳，要坚持自愿申请、相对集中、分类指导、资源整合，发挥有限资源的积聚效应，降低运作成本，做到试点一批、巩固一批、成功一批。总之，要坚决杜绝一哄而上、遍地开花的现象。

（六）加强理论研究，探索内在规律

互助资金是项新生的事物，虽然有以往国际机构小规模的试点经验，但像我国这么大规模的推广还没有成熟的经验。同时，互助资金是否取得成功，不是 2 年、3 年甚至 4 年就可以看出成效的。其是否成功的标志在于脱离外部支持（但外部监管不可缺少）的情况下，本身是否能健康持续地发展。如何做到这点，我们并无把握，还需要大家在实践中细心地观察、研究和总结。互助资金是在“摸着石头过河”过程中不断发展的，还有许多理论或实践问题没有得到很好解决，也要求我们扶贫、财政部门同志在专家的配合下不断进行研究。总之，互助资金是在特殊情况下解决特殊问题的特殊扶贫手段，其发展方向一定要随着内外部情况的变化不断做出相应的调整。这需要我们认真探索和研究。

（七）加强组织领导，确保健康发展

一是切实加强领导。各级扶贫部门要把互助资金试点列入重要日程，主要领导要亲自过问，明确一名分管领导直接抓，指定专门处室具体负责；要研究和制定推进试点工作的政策措施和制度办法，明确责任，落实到人；要及时向当地党委、政府汇报，取得他们的领导和支持。二是明确部门职责。扶贫办主要负责试点村选择和组织发动，协助组建互助社和制定规章制度，开展对互助社成员和管理人员的培训，指导项目管理和资金运作，监督检查运行情况和外部监测工作。财政部门主要负责互助资金的安排、拨付与监管，开展财务培训。三是建立沟通协调平台。扶贫部门要主动加强与财政、民政、人行、银监、审计等部门的沟通，通报互助资金试点情况和发展中出现的困难、问题，争取他们的理解和支持，共同研讨解决的办法和措施，有条件的地方可建立联席会议制度，加强对互助资金的指导、服务和帮助，为试点工作创造一个宽松和谐的良好环境。

同志们：互助资金的宗旨在扶贫，关键在互助，方向在发展，做好这项工作意义重大。让我们按照科学发展观的要求，以党的十七届三中全会精神为指导，充分利用好这次会议成果，完善、创新试点工作机制，为提高扶贫开发水平、加快贫困地区发展作出贡献！

附录（四）
全球减贫与发展概况

一、引　　言

发展和贫困是一枚硬币的两面。前者关注人们在追求价值目标上所取得的进展，而后者则反映了这些价值目标获得上的不足。因此，消除贫困虽然不是发展的全部内容，但也是发展的应有之义。充斥着贫困的发展，必然是残缺的和值得质疑的。

虽然扶危济贫几乎在所有主流的宗教和社会伦理中都被强调，但是人们对贫困本质的认识却可能很不一样。按所追求的价值目标分，贫困可以分为收入（消费）贫困、权利贫困、能力贫困等等。在过去很长一段时间里，贫困只被认为是收入不足（收入贫困），或者对一系列基本商品和服务的需要得不到满足（消费贫困）。但是，自从20世纪70年代以来，这种基于收入（消费）的单一维度的贫困概念受到了挑战。基本需求、权利、能力作为价值目标在发展政策中得到了越来越多的强调，这些价值目标之间往往是相互包容和影响，而不是相互排斥的。

在过去三十年来，世界反贫困所取得的成就在总体上是巨大的，但是这种成就在不同的国家和地区之间并不平衡，一些地区（如撒哈拉以南非洲）在一些年份甚至有所倒退。2008年国际金融与经济危机的爆发更是延缓了世界的反贫困进程。

为了消除贫困，各国政府以及国际发展组织推出了纷繁浩杂的各种扶贫措施。对这些行动的影响进行评价，分析其成功的经验和失败的教训，是下一步减贫行动取得成功的基础。限于篇幅，本文只对部分主流或具有创新性的政策措施和项目进行介绍和总结，评价其影响，总结其经验教训。

本文余下部分的内容安排如下：第二部分从不同的角度介绍国际反贫困的进展，分别从收入贫困和能力贫困的角度对不同国家和地区的反贫困进展进行了介绍，并介绍了金融危机下全球贫困的变化；第三部分讨论了经济增长、收入分配与贫困之间的联系，并介绍了有关气候变化和贸易全球化对贫困影响的研究；第四部分对若干国际扶贫政策及其效果进行了介绍。第五部分总结全文。

二、国际反贫困的进展

（一）国际反贫困的总体进展

在典型的贫困度量中，一般包含两个步骤（Sen，1976）：（1）贫困的识别，即确认哪些人处于贫困状态；（2）贫困的加总，即把一个社会中个体的贫困状态汇总成为一个描述总体贫困状态的指数。贫困的识别一般借助于某一水平的贫困线来完成，如果一个人的所得（收入、消费或者其他有价值事物）低于贫困线，则这个人就被判定处于贫困状态。贫困的加总则涉及到许多不同类型的方法，基于这些不同的方法可以构建不同类型的贫困指数，如贫困发生率（headcount ratio）、贫困缺口指数（poverty gap index）、贫困强度指数（poverty severity index）、Sen 指数等等。

世界上绝大部分国家和地区都有自己的贫困线，以监测贫困并制定相应的反贫困政策。但是，当需要对多个国家甚至全球的贫困情况进行测量和比较的时候，贫困线的制定就变得更加复杂。困难主要来自几个方面：首先，在不同的社会中，由于经济、社会和自然环境的差异，人们对“哪些东西是生活所必需的”的理解并不相同。即使人们所需要的东西是相同的，对于这些东西在“必需品”篮子中的具体构成也有可能存在认识和观念上的差异。其次，不同经济体之间还涉及复杂的汇率换算问题，贫困人口的消费结构与一般性的贸易品的构成存在差别，这需要在汇率换算的时候予以考虑。第三，贫困的度量不仅涉及穷人的“需要”得到满足，还涉及政治的和社会的考量，不同社会和政治体制对于贫困的容忍程度存在差异，所以有时候即使有一条世界通用的贫困线，也很难在实际政策中被应用。第四，在主流的贫困测量中，一般都把贫困线换算成一定金额的货币，但是并不是所有“必需”的物品都有对应的市场，有时这样的市场并不存在，有时是因为市场不完善，所以相关的换算很可能产生许多误差。

从国际发展政策的制定来看，提出一条世界性的贫困线仍然是一项必要而且意义重大的工作。世界银行的经济学家从 20 世纪 90 年代初开始探索提出这样一条贫困线，Ravallion、Datt 和 van de Walle（1991）在为世界银行《1990 世界发展报告》所作的一项研究中，对 33 个低收入国家的贫困线进行了分析，并根据 1985 年的购买力平价提出了每人每天 1 美元的绝对贫困标准，为国际贫困监测提供了一个参照基准。此后，世界银行的经济学家们利用更多和更好的国际数据，对这条贫困线进行了更新。2001 年，世界银行在《2000/01 世界发展报告》中根据 1993 年的购买力平价把这条贫困线更新为每人每天 1.08 美元。此后，世界银行又根据 2005 国际比较项目（International Comparison Program，ICP）的更新数据，把这一绝对贫困标准更新为每人每天 1.25 美元。习惯上这些贫困线仍称为“1 美元线”。由于“1 美元线”最初是根据世界上最贫困的 30 多个国家提出的，对于更高收入的国家来说，这样的贫困标准难以反映贫困的全貌，因此世界银行后来又提出了“2 美元线”。关于世界银行国际贫困线的更多技术和数据上的讨论可以参见 Chen 和 Ravallion（2009a）。表 1 反映了 1981 年至 2005 年不同贫困标准下的发展中国家的贫困动态变化。

由表 1 可以看到，自 20 世纪 80 年代以来的二十多年里，全世界在消除贫困上所取得的成就是巨大的。如果根据 1993 年的每人每天 1.08 美元的标准，1981 年在发展中国家有 40% 左右的人处于贫困状态，到 2005 年这一比例则降低到 17.2%，下降幅度超过了 50%，这还是在发展中国家人口快速增长的情况下实现的。如果用 2005 年

表 1　　　　发展中国家贫困发生率的动态变化（%）

	1981	1984	1987	1990	1993	1996	1999	2002	2005
根据 1993 年国际比较项目									
$1.08（1993）	40.6	33.0	28.7	28.7	25.6	22.8	22.3	20.4	17.2
根据 2005 年国际比较项目									
$1.00	41.4	34.4	29.8	29.5	27.0	23.1	22.8	20.3	16.1
$1.25	51.8	46.6	41.8	41.6	39.1	34.4	33.7	30.6	25.2
$2.00	69.2	67.4	64.2	63.2	61.5	58.2	57.1	53.3	47.0
$2.50	74.6	73.7	71.6	70.4	69.2	67.2	65.9	62.4	56.6

数据来源：Chen 和 Ravallion（2009a）。

注：本表中的贫困线在不同年份进行比较的时候已经剔除了价格因素的影响。

国际比较项目中每人每天 1.25 美元的标准，1981 年发展中国家绝对贫困人口的比例要超过 50%，这一比例到 2005 年也缩小了一半。从上表中还可以看到，发展中国家的反贫困进程并不是一帆风顺的。以每人每天 1.25 美元的贫困标准为例，在 1981—1984 年和 2002—2005 年两个阶段中，发展中国家贫困人口比例的下降幅度都超过 5 个百分点，但是在 1987—1990 年这个阶段中，只下降了 0.2 个百分点。

中国在国际反贫困进程中占据了独特的位置。表 2 反映了不同的贫困标准下，不包括中国时世界其他发展中国家的贫困发生率。对比表 1 和表 2 不难发现，在 1981 年，中国的贫困发生率要高于世界其他发展中国家的平均水平。以每人每天 1.25 美元的标准看，当中国被包括在内的时候，发展中国家平均的贫困发生率在该年被“拉高”了 12 个百分点。但是到 1999 年，中国的贫困发生率已经和其他发展中国家基本持平。2002 年以后，中国的贫困发生率已经低于其他发展中国家的平均水平。到 2005 年，由于中国在反贫困上的巨大成就，世界平均的贫困发生率被“拉低”了 3 个百分点。如果以每人每天 2.5 美元的标准来看，如果没有中国的反贫困成就，其他发展中国家在 1981—1987 以及 1990—1996 这两个阶段的贫困发生率不仅没有降低，反而有不同程度的上升。

表 2　　　　发展中国家贫困发生率的动态变化（不包括中国）（%）

	1981	1984	1987	1990	1993	1996	1999	2002	2005
根据 1993 年国际比较项目									
$1.08（1993）	32.0	30.1	28.7	27.1	24.7	24.6	23.8	22.6	21.5
根据 2005 年国际比较项目									
$1.25	39.8	38.3	37.5	35.0	34.1	33.8	33.1	31.3	28.2
$2.50	65.9	66.7	67.3	65.4	66.0	67.9	67.4	66.0	62.9

资料来源：Chen 和 Ravallion（2009a）。

从地区来看，虽然发展中国家的反贫困在总体上取得了很大的进展，但是不同地区之间的反贫困进展并不平衡（见表3）。在1981年，东亚和太平洋地区是世界上贫困发生率最高的地区，南亚和撒哈拉以南非洲紧随其后。东欧与中亚、中东与北非的贫困发生率则分别只有1.7%和7.9%。到了2005年，东亚与太平洋地区的贫困发生率大幅度下降到16.8%，撒哈拉以南非洲的贫困发生率仍在50%以上，成为世界上最贫困的地区。南亚的贫困发生率在1981—2005年间下降了近20个百分点，但是2005年仍在40%以上。

从时间趋势上看，印度在1981—2005年的贫困发生率保持持续下降的势头，尽管其下降幅度没有东亚与太平洋地区（特别是中国）那么显著。其他地区在此期间的贫困率均有所反复。东欧与中亚地区在1990年代的贫困发生率上升较快，到1999年达到5.1%，是1987年水平的近5倍。撒哈拉以南非洲的贫困率在1980年和1990年代始终在50%以上徘徊，进入本世纪后方有明显下降的趋势。

表3　　　　不同地区的反贫困进展（1.25美元/每人每天，%）

地　　区	1981	1984	1987	1990	1993	1996	1999	2002	2005
东亚与太平洋	77.7	65.5	54.2	54.7	50.8	36.0	35.5	27.6	16.8
其中：中国	84.0	69.4	54.0	60.2	53.7	36.4	35.6	28.4	15.9
东欧与中亚	1.7	1.3	1.1	2.0	4.3	4.6	5.1	4.6	3.7
拉丁美洲与加勒比	11.5	13.4	12.6	9.8	9.1	10.8	10.8	11.0	8.2
中东与北非	7.9	6.1	5.7	4.3	4.1	4.1	4.2	3.6	3.6
南亚	59.4	55.6	54.2	51.7	46.9	47.1	44.1	43.8	40.3
其中：印度	59.8	55.5	53.6	51.3	49.4	46.6	44.8	43.9	41.6
撒哈拉以南非洲	53.7	56.2	54.8	57.9	57.1	58.7	58.2	55.1	50.9
发展中国家	51.8	46.6	41.8	41.6	39.1	34.4	33.7	30.6	25.2

资料来源：Chen和Ravallion（2009a）。

（二）人类发展与人类贫困

自从20世纪60年代以来，越来越多的发展经济学家对基于收入（或消费）的贫困概念提出了质疑，并开始从基本需求、可行能力、生活质量、幸福度等更多元的视角来审视贫困的本质。

在Sen、ul Haq等一批经济学家的倡导和推动下，1990年联合国开发计划署（UNDP）推出了人类发展指数（Human Development Index，HDI），该指数涵盖了健康、教育、体面的生活水平这三个基本的维度，其值的区间为0～1，指数越高表明人类发展的成就越高。在指标选取上，人类发展指数以出生预期寿命作为反映国民健康能力的指标，以各教育阶段的综合入学率来反映知识和教育水平，以人均GDP来反映体面而有尊严的生活水平。这三个维度的权重各占三分之一，在指标计算时作了无量纲的标准化处理。自从1990年发布以来，人类发展指数已经成为最有影响的衡量国家（地区）发展水平的指数之一。

表4反映了世界上发达国家和新兴经

济体 1980 年以来 HDI 变化趋势。从中我们可以看到，对于瑞典、日本、美国等发达国家，尽管 HDI 的相对位次可能有变化，但是在过去近三十年时间里一直保持稳定提高的态势。发展中国家、新兴市场国家（包括部分转型经济体）的人类发展成就存在不同的轨迹。中国、韩国和印度在 1980 年以后的 HDI 提高最为引人注目，分别提高了 0.239、0.215 和 1.85。在欧洲的转型国家中，匈牙利的 HDI 保持了小幅但稳定的增长，而俄罗斯在 1990 年代一度遭遇了明显的挫折，但是近年来又有明显的回升，目前仍居于高人类发展国家行列。南非的 HDI 在 1990 年代也一度有所下降。南美洲的阿根廷和巴西也保持了小幅稳定的增长态势，目前均已进入高人类发展国家的行列。

表 4　　部分代表性国家的人类发展指数变化趋势（1980—2007 年）

	1980	1985	1990	1995	2000	2005	2007
瑞　典	0.885	0.895	0.906	0.937	0.954	0.960	0.963
日　本	0.887	0.902	0.918	0.931	0.943	0.956	0.960
美　国	0.894	0.909	0.923	0.939	0.949	0.955	0.956
韩　国	0.722	0.760	0.802	0.837	0.869	0.927	0.937
匈牙利	0.802	0.813	0.812	0.816	0.844	0.874	0.879
阿根廷	0.793	0.797	0.804	0.824	—	0.855	0.866
俄罗斯	—	—	0.821	0.777	—	0.804	0.817
巴　西	0.685	0.694	0.710	0.734	0.790	0.805	0.813
中　国	0.533	0.556	0.608	0.657	0.719	0.756	0.772
南　非	0.658	0.680	0.698	—	0.688	0.678	0.683
印　度	0.427	0.453	0.489	0.511	0.556	0.596	0.612

资料来源：UNDP，《人类发展报告 2009》。

1997 年，联合国开发计划署在当年的《人类发展报告》中提出了人类贫困的概念，并设计了针对发展中国家的人类贫困指数（HPI－1）。翌年，又推出了针对工业化国家的人类贫困指数（HPI－2）。人类贫困指数的提出是对人类发展指数的一个重要的补充，它深刻地反映了在发展进程中社会中的贫困人群在基本能力和机会上所面临的剥夺状态。

HPI－1 和 HPI－2 也包含了健康长寿、知识和体面生活这三个基本维度，但是两者在衡量贫困的具体标准上有所差异。HPI－1 所考察的指标包括：出生时无法活到 40 岁的概率；成人文盲率；无法持续获得改良水源的人口百分比和相对年龄体重不足的儿童百分比。HPI－2 所考察的指标包括：出生时无法活到 60 岁的概率；缺乏有效读写能力的成人百分比；低于贫困线的人口百分比；长期失业率。这两个指数的具体计算标准可以参见（UNDP，1997，1998）。需要指出的是，人类贫困指数的构建是基于宏观总体数据而非家庭的微观数据，这与传统的贫困指数构建有所区别。HPI－1 和 HPI－2 的区间为 0%～100%，其值越高，表明贫困程度越深。

表 5 反映了部分发达国家和发展中国

家的贫困指数及其相对排名。从 2001 年至 2007 年，在工业七国加瑞典和澳大利亚这 9 个国家中，意大利、日本、法国的 HPI－2 有所上升，其中尤以意大利为甚，人类贫困程度在此期间增加 1 倍多。美国的 HPI－2 在此期间有所降低，但是其绝对水平仍比较高，在 25 个 OECD 国家中仅排在第 22 位。在发展中国家中，巴西、中国、南非和印度的 HPI－1 都有较大幅度的下降，但是南非和印度的 HPI－1 仍然达到巴西和中国的三倍。从表 5 还可以发现一些非常耐人思考的现象，那些 HDI 很高的国家，其 HPI 未必很低，典型的例子是美国。2007 年，美国的人类发展指数在全世界排在第 13 位，但是其 HPI－2 排名在 25 个 OECD 国家中仅在第 22 位。与美国不同，虽然德国 HDI 的全球排名只在第 22 位，但是其 HPI－2 的排名在 OECD 国家中却排到第 6 位。这样一种明显的差异在一定程度上反映了不同国家的经济、社会和政治体系对于贫困和弱势人群的关注程度和优先次序。

表 5　　人类贫困指数及排名

	2001 年	2007 年	2007HPI 排名	2007HDI 全球排名
OECD 国家（HPI－2，在 25 个国家排名）				
瑞　典	6.5	6.0	1	7
日　本	11.1	11.6	13	10
美　国	15.8	15.2	22	13
加拿大	12.2	11.2	12	4
澳大利亚	12.9	12.0	14	2
英　国	14.8	14.6	21	21
德　国	10.2	10.1	6	22
法　国	10.8	11.0	8	8
意大利	12.2	29.8	25	18
非 OECD 国家（HPI－1，在 135 个国家排名）				
阿根廷	－	3.7	13	49
俄罗斯	－	7.4	32	71
巴　西	11.4	8.6	43	75
中　国	14.2	7.7	36	92
南　非	31.7	25.4	85	129
印　度	33.1	28.0	88	134

资料来源：UNDP《人类发展报告》(2003，2009)。

（三）金融危机下的全球贫困状况

2008 年，由美国次贷危机引发的全球金融危机迅速由金融部门波及实体经济，并由美国迅速波及全世界，成为自 20 世纪 30 年代以来全球范围最严重的金融与经济危机。这场经济危机不仅对于全球经济体系产生了重要的影响，也对全球贫困状况产生了深刻的影响。2010 年初欧洲主权债务问题的爆发，表明这场危机至今仍未画上句号，危机对于全球贫困的影响还有待进一步的评估。

金融危机有可能会通过多种渠道影响贫困。金融危机会导致国际贸易和投资的萎缩、信贷紧缩、政府预算赤字增加、国际援助减少、资产价格下跌以及消费品价格上升（IMF，2009）。这些影响会进一步传导到个人和家庭，主要表现在几个方面（ODI，2009）：（1）失业或就业质量下降；（2）公共或私人的转移支付减少；（3）资产价值缩水；（4）因为物价上涨造成的购买力下降；（5）公共服务数量减少；（6）人力资本投资下降（Ferreira，2008）。图 1 对这些传导机制进行了概括。

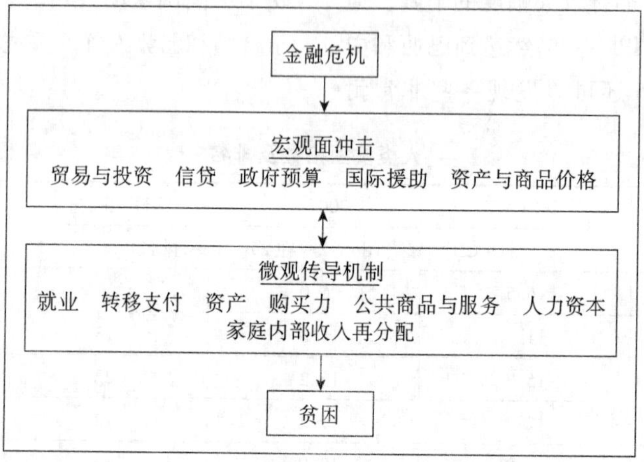

图 1　从金融危机到贫困的传导机制

Chen 和 Ravallion（2009b）根据对 100 多个发展中国家的经济增长前景预测，在假定危机前后收入分配状况基本不变的情况下，预测了金融危机对世界贫困的影响。根据他们的测算，2009 年因为危机导致的 1.25 美元贫困线以下的人口将额外增加 5300 万，2 美元贫困线以下的人口额外增加 6400 万。预计到 2010 年，金融危机将使 1.25 美元和 2 美元贫困线下的额外贫困人口累计分别增加 7300 万和 9100 万。不过他们认为，虽然有经济危机的影响，2009 年和 2010 年世界贫困总人口仍将会小幅减少，世界 1.25 美元贫困线下人口比例将从 2008 年危机前的 21% 下降到 2010 年的 18%（10.4 亿人）。此外，据英国国际发展部的估计，按照 1.25 美元的贫困标准，由于金融危机的影响，到 2010 年底全世界将有额外的 9000 万人坠入贫困。

三、贫困的若干影响因素

影响贫困的因素有很多。资源禀赋不足、市场失灵、政府公共服务不足、扶贫政策本身的逆向激励等都会导致贫困的发生。此外，在宏观层面上，经济增长和收入分配、贸易自由化、气候变化、产业结构、城市化水平等也会影响一个社会的贫困水平和变化趋势。在这一部分，我们主要讨论经济增长、贸易、气候变化对贫困的影响。

（一）经济增长、收入分配与贫困

经济增长、收入分配与贫困之间的关系长期以来是学术研究和政策讨论的焦点。人均收入的增长意味着物质财富总量的增加，这将为一国（地区）居民普遍获得更高的经济福利提供机会，处于贫困线以下的人数有可能下降，贫困缺口有可能减少，但经济增长和减贫之间的这一关系并不是必然的，还要取决于收入在人群中的分配情况（Bourguignon，2003；Adams 和 Page，2003）。Bourguignon（2003）认为，经济增长、收入分配与贫困之间的关系可以用图 2 进行总结。

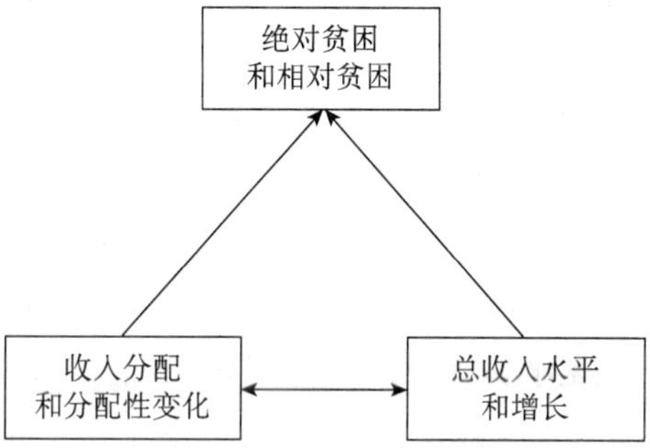

图 2　贫困—增长—不平等三角关系

注：引自 Bourguignon（2003），入选本文时略有调整。

根据图 2，我们可以把经济增长与收入分配影响贫困的可能机制概括为如下四个方面：即经济增长直接影响贫困；经济增长通过影响收入分配间接影响贫困；收入分配直接影响贫困；收入分配通过影响经济增长来间接影响贫困。在本文，我们重点关注经济增长和收入分配对贫困的直接影响。

（1）经济增长直接影响贫困。Ravallion 和 Chen（1997）考察了人均收入与贫困率变化之间的关系，发现人均收入的增加（减少）与贫困率的增加（减少）之间存在显著的负关联。Dollar 和 Kraay（2002）利用世界银行的跨国数据分析了相对贫困（以收入最低的 20% 人口的平均收入表示）与总平均收入之间的关系，发现总平均收入的增加对贫困人口平均收入的增加有显著的促进作用。

但是，贫困减少对经济增长的反应程度在不同的地区之间存在差异。Besley 和 Burgess（2003）利用世界银行跨国数据，估计了不同地区的国家中贫困对人均国民收入的弹性（没有控制收入分配因素的影响）。从历史数据看，东欧和中亚国家经济增长对减贫的促进作用最显著，弹性系数达到了 -1.14，而撒哈拉以南非洲国家的弹性系数只有 -0.49。虽然这一估计模型是高度简化的，其结果也是展示性的，但是它仍然可以说明经济增长的确有助于贫困的减少，但是在同样的增长—贫困弹性下，仅仅依靠收入增长无法实现到 2015 年把全球贫困人口减少一半的目标。

增长对减贫的影响在城乡之间也存在差异。Ali 和 Thorbecke（1998）对 16 个撒哈拉以南非洲国家的实证研究表明，与城市贫困相比，农村贫困对增长的变化有着更高的敏感性。在设计扶贫政策时，这种差异值得我们关注。

（2）收入分配直接影响贫困。收入分配对贫困的影响是直接的，即使在同等平均收入情况下，更不平等的收入分配往往意味着低收入群体占有更少的财富，从而使贫困状况恶化。Besley 和 Burgess（2003）估计了以收入方差衡量的收入不平等对贫困发生率的影响（在控制了人均收入变量的影响之后），结果表明，收入分配不平等对减贫有显著的负作用，但是这种负作用存在很大的地区差异，以拉丁美洲地区最高，以东欧和中亚地区最低。Ali 和 Thorbecke（1999）对 16 个撒哈拉以南国家的研究则发现城市和农村的贫困对收入不平等的变化有不同的反应，城市的贫困对收入分配有着更高的敏感度。这两个研究表明，收入分配对贫困的影响在不同的地区和部门存在差异。

对总体经济增长如何在具有不同初始收入（支出）的个人（家庭）之间进行分配的考虑引起了人们对“利贫增长（pro - poor growth）”的讨论，并成为当前政策讨论的热点（UNDP，2005）。Ravallion 和 Chen（2003）比较了中国 20 世纪 90 年代不同阶段的经济增长的利贫程度，发现中国在 1993—1996 年这一阶段的增长比其他阶段具有更显著的利贫性质。Kraay（2006）通过分解贫困指数，提出了经济增长减少贫困的三种可能来源：（a）具有较高的平均收入增长率；（b）贫困对平均收入增长的敏感性更高；（c）减贫型的相对收入增长（poverty - reducing pattern growth in relative income）。通过对贫困变化进行分解分析，发现（a）类型的增长解释了大部分的贫困变动，（c）类型的增长解释了其余的变动，而（b）类型增长的影响不显著。

（二）贸易自由化与贫困

全球化是当前世界经济的基本特征，然而有关贸易自由化对穷人和贫困的影响的争论在最近二十年来不仅没有停息，反而日趋激烈。大多数经济学家倾向于认为，自由贸易在长期将有助于经济增长并减少贫困；然而也有不少人担心发展中国家的贸易自由化在短期会使这些国家穷人的利益受到进一步损害，并且即使在长期，成功的自由贸易制度也有可能使一部分人陷于贫困状态。

发展中国家的自由贸易有可能通过如下几个渠道影响贫困（Winters 等，2004）：（a）经济增长和宏观经济稳定性渠道，即自由贸易是否促进经济增长（进而减少贫困）、是否增加生产率以及是否影响宏观经济的稳定性等三个方面；（b）市场和家庭渠道，即贸易开放引起的价格变化如何传递到贫困家庭；贸易开放是破坏了市场还是创造了市场；穷人如何作出反应；贸易自由化是否增加了脆弱性等；（c）就业与工资渠道，即自由贸易是否增加工人的工资以及是否增加就业机会、由自由贸易引起的转型性失业是否主要集中在穷人身上；（d）政府收支渠道，即自由贸易是否减少了政府的财政收入，以及政府财政收入的减少是否损害了穷人的利益。在这一部分，我们只关注贸易开放是否能够通过经济增长和促进就业来减少贫困，这并不意味着贸易对贫困的其他影响渠道是无足轻重的。

（1）经济增长渠道。在理论上，自由贸易可能通过提高生产率、促进竞争、加速技术扩散等渠道促进经济增长，而经济增长又能促进贫困的减少。然而，即使贸易对增长的作用是正向的，这种增长能否自动地改善穷人的处境很大程度上取决于收入是如何分配的（见前文的讨论）。Dollar 和 Kraay（2002）、Dollar（2004）的跨国样本研究虽然在总体上支持“平均收入增长会带来穷人收入提高”的结论，但是就个别国家的案例而言，收入增长对减贫的正面影响很可能被收入不平等的负面影响所抵消。基于产业和部门的研究表明，不同的部门和行业的从业者在贸易自由化过程中并没有得到相同程度的好处；即使是在短期的，贸易自由化引起的不平等也值得我们重视（Winters 等，2004）。

（2）就业渠道。在经典的贸易理论中，基于比较优势的贸易自由化有助于促进发展中国家在劳动密集型产品的出口，专业化分工将扩大低劳动技能者的就业机会，提高工资水平，从而起到减少贫困的作用。但是，如果发展中国家的劳动力是“无限供给”的话，那么贸易开放对工资水平可能没有实质性的影响①，其影响有可能只反映在就业的调整上（Winters 等，2004）。现实中的劳动力供给曲线有可能介于垂直和水平两种状态之间，但是分析贸易自由化如何通过就业渠道影响贫困还需要考虑更多的因素，如长期冲击和短期冲击的差异、非贸易商品及其价格、劳动力在正规部门和非正规部门的分配、要素市场的完善程度、工资水平与贫困线的相对关系等等（Winters，2002）。Krueger（1983）较早对贸易与就业的关系进行了分析，她的案例研究发现发展中国家的制造业的确具有劳动密集型特征，但是自由贸易政策对就业的影响是非常微小的。Currie 和 Harrison（1997）、Revenga（1997）等分别对摩洛哥和墨西哥的分析也没有发现自由贸易（政策）对扩大就业有显著的促进作用。而 Milner 和 Wright（1998）对毛里求斯的分析则发现贸易自由化在长期对出口部门扩大就业和提高工资水平具有促进作用。

在研究贸易自由化对贫困的影响时，有几点值得注意：首先，贸易自由化本身是一个多维度的概念，因此在研究时只选择单一指标（如外贸依存度、关税率等），可能无法充分反映贸易自由化的内涵，对使用单一指标得出的结论要有所保留（Winters 等，2004；Roderiguez 和 Rodrik，2001）；其次，在考虑对贫困的影响时，需要区别对特定人群的贫困和一个地区的总体贫困的影响。如果我们的目标是考察贸易自由化对一个地区总体贫困的影响，那么仅仅着眼于某个部门无助于得出正确的判断，此时，包含多个部门和市场的一般均衡模型是必要的（McCulloch 等，2001；Reimer，2002）；第三，必须要考虑不同的影响机制之间的相互作用，譬如，贸易自由化可能会提高劳动生产率，但有可能因此带来劳动力需求的下降和就业的减少，因此，贸易自由化的贫困影响应该是各种机制产生的效应的加总；第四，区分长期和短期的影响，尽管在长期贸易的减贫作用可能是正的，我们也有必要对那些在短期遭受不利冲击的人群予以特别关注；第五，跨国的计量分析固然能够得出一些有价值的结论，但是在探索贸易自由化对贫困的影响机制时，基于国别的案例分析可能更能提供启示，国别制度背景和初始条件需要被充分考虑（Reimer，2002；Winters

① 在劳动供给具有较高弹性的情况下，一些发展中国家（地区）为了吸引外资，展开劳动力价格的“向底线竞争”，反而限制了出口导向型部门就业者的收入提高。这一问题在我国沿海的一些制造业密集的地区一度突出存在，在 2004 年以前的 10 年间，珠三角地区的民工工资 10 年只涨了 60 元（蔡昉，2007）。

等，2004）。

（三）气候变化与贫困

气候变化指的是“在自然气候变化之外由人类活动直接或间接地改变全球大气组成所导致的气候改变”（《联合国气候变化框架公约》，1992）。气候变化主要表现为三个方面：气候暖化（global warming）、酸雨、臭氧层破坏，其中气候暖化已经成为一个威胁全人类发展进程的迫切问题，本文对气候变化与贫困关系的讨论主要也围绕着气候暖化展开。

气候变化常常是导致干旱、洪水、风暴以及其他许多极端气候灾害的直接原因，这些灾害可能会从多方面对贫困造成影响（UNDP，2008）：

（1）“事前”生产力损失。气候变化造成的不确定的极端气候，是贫困人口生产生活风险的主要来源之一，而由于穷人普遍缺乏抵御风险所需要的资源，并且往往不能被正规的保险体系所覆盖，这将迫使穷人放弃那些正常意义上的“高风险、高回报”的投资，从而造成生产力的损失。20世纪90年代针对印度村庄的研究发现，即使是降雨时间的轻微变化也可能使四分之一最贫穷的农民的农田收益减少三分之一，而它对四分之一最富裕的农民的影响则可忽略不计。面对高风险，贫穷农民容易过于谨慎：其生产决定导致平均收益比有保险的风险环境下的收益低三分之一。

（2）早期应对成本。在气候灾害的影响开始显现但尚未完全显现的时候，穷人就不得不采取一些极端的应对措施来维持生存，这些极端的应对措施往往包含非常高的机会成本。穷人采取这些极端措施不是因为缺乏远见和理性，往往是因为保障体系的缺乏或者社会中危机响应系统反应迟缓所致。

（3）实物资产损失。极端的气候灾难会直接造成资产损失，如洪水和风暴造成房屋和生产工具的破损、畜力的损失。此外，当气候灾难变得严重时，穷人往往不得不采取低价处理资产的方式来保障基本生活，这也导致资产的损失。需要指出的是，穷人的资产积累速度往往较富人缓慢得多，因此哪怕是看起来价值很小的资产损失，对穷人的打击可能都非常沉重。这些资产的损失还会造成穷人无法利用这些资产作抵押以获得信贷，其影响可能在很长时间都难以消弭。

（4）人力资本损失。极端气候灾害会对贫困人口的健康和劳动力带来直接的威胁。1998—2000年期间，墨西哥中部的一些地区由于气候灾害导致五岁以下儿童生病的机率明显增加，其中由干旱引起的疾病的概率增加了16%，洪水引起的疾病的概率增加了41%（UNDP，2008）。气候变化还会通过造成食物供应的短缺导致儿童和成人的营养不良。此外，在危机期间，家庭不得不在对儿童的人力资本进行投资和维持家庭生活水平之间进行痛苦的权衡，许多儿童不得不临时性或者长期地离开教室，过早地进入劳动力市场，而缺乏必要的教育和技能训练将会对这些儿童一生的发展都造成制约，导致贫困的代际传递。

四、国际扶贫政策实践

世界各国直接瞄准扶贫的政策措施纷繁浩杂，本文不一一对之进行回顾和评述，而主要关注部分较为主流或具有创新性的扶贫政策，包括公共基础设施建设、人力资本投资、小额信贷、社会安全网建设、参与式发展等方面的政策安排。

（一）公共基础设施建设

公共基础设施建设对农业生产、经济增长和减贫的重要性被广为强调。从发展中国家的经验来看，公共基础设施建设（特别是在贫困地区）对穷人的影响主要包括如下几个方面：（1）公路、水利、电力、通信等基础设施的建设将增加贫困人群进入市场和开展贸易的机会，节省交易成本（Binswanger 等，1993；Limao 和 Venables，1999）；（2）基础设施的改善将促进生产率的提高，降低生产风险，同时促进非农产业的发展，扩展就业机会（Kandker，1989；Fan 和 Rao，2002）；（3）公共基础设施建设将直接为穷人提供工作机会，增加经济收入（如以工代赈）（朱玲等，1994；张新伟，2000）；（4）基础设施的改善将扩展穷人获得教育和卫生保健的机会，从而增加其人力资本；（5）基础设施的改善有助于使穷人获得更多非经济性的福利，如促进性别平等、增加社会流动性、改变生活方式等（van de Walle，2002）。

不少研究直接估计了基础设施状况对减贫的影响。Kwon（2001）对印度尼西亚21个省1976—1996年减贫决定因素的分析表明，具有更充分的道路服务的省份更有可能获得更好的灌溉服务和有更高的作物产出，这些省份的居民也拥有更多的非农工作机会；计量结果表明，道路建设对减贫有着非常显著的影响。Dercon 和 Krishnan（1998）使用埃塞俄比亚的家庭调查数据，分析了该国1989年、1994年、1995年贫困变动的影响因素，结果表明，能够获得更好道路服务的人口组有更低的贫困水平，并且其贫困水平随季节变化的波动程度也更小。Fan 和 Chan - Kang（2005）对中国道路建设的减贫影响进行了评估，发现西北地区和东北地区的道路建设对减少城市贫困有着最显著的作用，西北地区和西南地区的道路建设对减少农村的贫困有着最显著的作用。他们对不同地区道路建设的减贫（包括城市和农村）边际回报的分析为确定未来交通基础设施建设的投资方向提供了有益的借鉴。

但是，基础设施建设并非对所有的穷人都有同样的影响：首先，一些大型的工程建设会使一些农民失去土地，或者进行迁徙，有可能会导致经济福利的损失（Songco，2002）；其次，即使在同一个社区中，不同的人对这些公共基础设施的利用能力和实际利用程度是不一样的，基础设施改善带来的农业现代化和非农产业发展可能会导致经济不平等的增加，这有可能会减低甚至抵消其通过收入增长渠道对减贫所起的正面作用（Fan 和 Chan - Kang，2005）；第三，基础设施能否对穷人产生预期的影响，还取决于一系列配套条件。譬如，交通基础设施建设作用的发挥，在很大程度上取决于教育、电力等其他方面的基础设施投资（Escobal，2001）。

（二）人力资本投资

人力资本对个人（家庭）的收入提高和国家经济增长具有显著的促进作用，这已经成为理论界和政策界的一个共识。扩大对教育和健康的投资，特别是针对贫困人群的投资，已经成为国际反贫困政策的一个重点。

1. 基础教育政策

在教育投资中，基础教育投资被认为具有优先权。不少经验研究证明，在发展中国家，对落后地区进行教育投资、对基础教育投资、对妇女的教育投资通常能够获得更高的收益回报率（World Bank，1995；Sen，1999）。[①] 因此，扩大基础教育投资成为主流的减贫政策安排之一。家庭的直接教育成本——学费——被认为是影响入学率的关键因素，因此对基础教育进行补贴、实行低收费甚至免费的基础教育成为这一领域的政策热点。

Avenstrup 等（2004）回顾了肯尼亚、马拉维、莱索托和乌干达的免费基础教育实施情况，这些政策实施促使入学率和入学人数剧增。[②] 入学人数和入学率的增加对穷人有积极的影响，比如，在乌干达，最穷阶层的入学率和最富有阶层的入学率几乎持平。此外，普及基础教育还被认为有助于扩大公众参与和分权。这些将有助于使穷人摆脱贫困。[③] 这四个国家的实践表明，即使在比较贫穷的国家，实行免费基础教育也是可能的，但是如何使这样的政策具有可持续性、如何解决高辍学率、如何保证教育质量等一系列后续问题，还需要更多的研究和政策创新。

2. 健康

健康是能力贫困的一个重要维度，也是导致收入贫困的重要原因之一。在发展中国家，通过有效的政策设计扩大基础医疗保健服务供给，被认为是提高居民健康结果、增加人力资本积累和减少贫困的基本手段。与城市居民相比，发展中国家的农村居民在经济上和社会福利上尤其处于更不利的地位。如何通过制度创新，动员有限的资源以增加对农民的基础医疗保健服务，更是一个被高度关注的课题。在这一部分，我们重点介绍伊朗和中国农村基础医疗保健两项政策实践，以便进行比较分析。

伊朗的基础医疗保健制度（primary health care system）旨在增加（偏远）农村地区居民的医疗保健服务获得，减少城乡之间在医疗保健上的差距。该制度由三个基本组成部分：（1）在偏远地区和人口稀少地区建立卫生室（health house）；（2）为卫生室配备医务工（health worker）；（3）建立一个简单但具有良好一体化特征的卫生信息系统。卫生室的主要任务包括：记录和搜集卫生数据，公共健康教育和促进社区参与，产前、产中和产后护理，家庭计划服务，免疫和疾病控制等。乡村医疗网络层级中的二级和三级机构为医务室提供后备支持。农村基础医疗保健制度的实施对伊朗农村居民健康状况的改善起到了很大的作用，婴儿死亡率、5 岁以下儿童死亡率等健康指标改善幅度明显大于同期城市的改善幅度，在其他免疫和药品使用上，许多指标均与城市地区持平甚至表现得更好（Mehryar，2004）。1970 年，伊朗的婴儿死亡率高达 122‰，到 2000 年下降为 36‰；同期 5 岁以下儿童的死亡率从 191‰下降到 44‰（UNDP，2002）。伊朗的经验表明，即使在相对贫穷的国家和非常有限的资源条件下，如果政府能够做出可信的政治承诺，并辅以有效的制度创新（包括资源配置上的分权和协调、目标导

---

① 然而，也有反对的声音。Bonal（2004）对世界银行的教育贷款政策进行了批评，他利用拉丁美洲的数据指出，基础教育具有最高的投资率并不是一个放之四海而皆准的规律，在拉丁美洲，教育投资的回报率随着受教育年限的增加而增加，而非递减。

② 在计划实施第一年，马拉维和乌干达的入学人数增加了 68%，莱索托的入学人数增加了 75%，而肯尼亚则增加了 22%，远远超过政府部门的预期。

③ 不过 Avenstrup 等（2004）也指出，仅仅依靠普及基础教育还不足以使贫困居民摆脱贫困循环，这一政策还需要有健康和营养上的投资、国际社会的援助、劳动力培训等相配套的政策安排。

向、人员的训练和监管等)，还是能够实现普遍的基础医疗保健服务供给的。

中国的农村合作医疗制度初次形成于20世纪60年代，后至80年代全面解体，期间曾经在普及农村基础医疗保健服务上发挥了重要作用，在国际上引起高度关注。在该制度下，村卫生员（赤脚医生）的报酬通过记工分的形式从生产队领取，村民看病用药的药费按成本收取现金，使农村居民能够普遍获得廉价的医疗服务。在该制度实行期间，中国农村的的婴儿死亡率和人均预期寿命等健康指标都大大得到了改善（朱玲，2000)，中国因此被国际社会认为是在低收入水平下通过公共支持实现健康发展的典范（Dreze and Sen，1989）。

2003年以来，中国政府重新在农村地区推行“新型合作医疗制度”，截止2009年底，全国有2716个县（区、市）开展了新型农村合作医疗，参合人口数达8.33亿人，参合率为94.0%。2009年度筹资总额达944.4亿元，人均筹资113.4元；全国新农合基金支出922.9亿元，受益7.6亿人次，其中：住院补偿0.6亿人次，门诊补偿6.7亿人次。“新农合”的普及对于减轻农民的医疗支出负担、提高农村居民的健康起到了积极作用（卫生部，2010）。但“新型合作医疗制度”在实施过程中也暴露了不少问题，如政策执行的支持力度不足；财政分权引起的资金保障弱化；组织管理成本过高；模式选择单一，缺乏弹性；医疗服务机构过渡市场化等。这些问题对这一制度的可持续性以及对农民能够得到的实际好处造成了影响（顾昕和方黎明，2004；贾康和张立诚，2005）。

（三）小额信贷

在发展中国家，由于受信息、交易成本、垄断以及不合理的政府干预等因素的影响，正规金融市场的发展受到严重的抑制；而中小企业和居民家庭（特别是在农村地区）也因为缺乏有效的抵押品和担保，加上经济活动中的不确定性，无法获得充分的正规金融服务，[①] 资本积累缓慢（包括物质资本和人力资本）（McKinnon，1973；Morduch，1999)。为了缓解正规金融供给不足的局面，从20世纪50—60年代开始，政府试图通过金融机构扩张、强制性的贷款安排、限制存贷款利率等手段来进行干预。

经过20—30年的实践，这些干预在一定程度上收到了效果，如正规金融机构的网络得到了扩展、对中小企业和农户的贷款迅速增加，农村金融市场的利率在总体上有所降低，但是也产生了许多问题，如严重的不良贷款、政府和金融机构之间的多重道德风险问题、贷款对象不能有效瞄准等（Aleem，1990)。到20世纪80年代，正当理论界普遍对通过上述干预手段实现发展和减贫的前景感到悲观时，小额信贷(microfinance）的兴起和被“发现”似乎为金融干预政策的未来投下了一缕曙光。

以孟加拉国的Grameen Bank（GB)、印度尼西亚的Bank Rakyat Idonesia *Unit Desa* (BRI）和Badan Kredit Desa（BKD)、玻利维亚的BancoSol和拉丁美洲的FINCA Village Bank（FVB）为代表的小额信贷机构，从一开始就显示了与传统正规金融机构不同的特征：（1）就功能定位而言，不少小额信贷机构（如GB和BKD）除提供金融

① 而非正规金融在一定程度上对正规金融部门形成了补充。有关非正规金融的优劣势和经济作用的讨论可以参见刘民权等（2003）的综述文章。

服务外，还提供多种类型的社会服务（如扩大参与、促进女性赋权、扶贫、法律援助等）；（2）就服务群体而言，大多数小额信贷机构以那些被正规银行排除在外的人群为贷款对象；（3）就贷款规模和还款期限而言，大多数小额信贷机构的规模都比较小，期限较短；（4）就贷款风险控制技术而言，同伴选择（peer selection）、同伴监督（peer monitoring）、[①] 动态激励机制、以社会资本为基础的抵押替代等创新性机制被广泛地应用。除此之外，小额信贷还存在其他方面的与众不同之处，如创新性存款机制安排，主张商业化可持续运作等，这些对传统的金融理念和扶贫理念也都是重要的突破。

在最近 20 多年来，GB、BRI、BancoSol、FVB 等主流小额信贷机构得到了迅猛的发展。如今，GB 已经拥有了超过 320 万的贷款客户（其中 95% 是妇女），有 1178 家分支机构为 4 万 1 千多个村庄提供服务，并拥有超过 30 亿美元的资产（Mainsah 等，2004）。统计数据表明，BRI 目前为将近 3 千万的客户提供了存款服务，为 310 万客户提供贷款服务（Maurer，2004）。这些操作模式不迅速地在发展中国家，甚至在发达国家得到了传播和复制（Colin，1999），甚至连传统的金融机构也开始借鉴小额信贷的操作模式，国际捐赠机构也开始对小额信贷纷纷慷慨解囊（Morduch，1999）。

Khandker（1998）、Pitt 和 Khandker（1998）利用 BIDS（Bangladesh Institute Development Studies）和世界银行的联合调查数据，对小额信贷的影响进行了较为严格的检验，结果表明，小额信贷项目有助于促进穷人的消费平滑和资产积累，此外还有助于促进穷人的人力资本积累，并有助于提高妇女的福利。此外，Khandker（1998）的研究还证实了小额信贷对减贫的长期影响，尽管这种影响在总量上不是很明显。Iqabl（2004）对埃及经验的分析表明，在不同的调研样本中，小额信贷接受者的经济状况是否得到改善存在着很大的差异，有研究表明，小额信贷在向脆弱性群体提供服务时缺乏效率，而在为具有创业精神的穷人提供服务时具有较高的效率。

这些研究表明，与传统的金融机构相比，小额信贷在向相对贫困的人群提供服务上是比较成功的，但对那些贫困程度较深的人群的覆盖和产生的影响可能是有限的，对于这部分人群，仅仅通过提供小额信贷可能无法在根本上解决其贫困问题。此外，考虑到生产投资一般具有一定的规模经济要求，而在小额信贷中，较穷的人的贷款只有平均贷款规模的 1/4 左右，这也有可能限制了小额信贷的减贫影响。

（四）社会安全网

所谓社会安全网，指的是专门针对那些对贫困和受脆弱冲击的人群实施的、属非缴费（non - contributory）性质的转移支付计划和政策安排，有时也被称为社会救济和社会福利计划。一般的社会安全网包括现金转移支付（有条件和无条件的）、相关食品计划、价格和其他补贴、公共劳务等，有时还包括保证获得基础公共服务（如医疗保健、教育和电力设施）等。社会安全网的基本功能有两方面：一是通过收入再分配，帮助个人和家庭克服短期贫困；

① 以小组为基础的同伴选择和监督制度是孟加拉模式的关键性制度安排，有关该制度的理论和经验分析表明，有效的内部监督机制有助于降低借款人的道德风险问题（Stiglitz，1990；Varian，1990）。

二是帮助个人、家庭和社会克服风险，减轻短期冲击对生活、生产和社会政策安排的影响，使之保持平稳。因此，社会安全网是直接以贫困（或者有可能陷入贫困）的人群为瞄准对象的。社会安全网包含的内容繁多，我们很难在这里进行全面的回顾，但是，"有条件的现金转移支付（conditional cash transfer，CCT）作为一项创新性的制度安排，被国际学术界和政策制定者高度关注，值得我们重视和借鉴。

CCT是一种旨在通过货币和实物补助来减少贫困，并要求贫困家庭的成人参与劳动以及对下一代进行人力资本投资来降低家庭在未来堕入贫困的可能性的政策安排。一般的，一旦选定了目标家庭，其补助金额不随家庭成员劳动投入和收入水平而变化，而在传统的补助政策中，家庭收到的补助金额往往随其收入水平的提高而减少，使家庭中的成人产生逆向的激励（降低劳动投入以获得高水平的补助）（Soufias和di Maro，2006）。在现有的政策实践中，墨西哥的PROGRESA、巴西的Bolsa Escola和厄瓜多尔的Bono de Desarrollo Humano（BDH）是比较具有代表性的CCT项目。

墨西哥的PROGRESA是一项针对贫困农村地区的有关教育、健康和营养的大型CCT项目，是同类项目中运行得比较成功的，并且拥有完备的记录，因此被广为研究。成年人的劳动参与是CCT项目能否取得成功的关键。Skoufias和di Maro（2006）研究了PROGRESA计划对家庭成年人劳动力供给的影响，基于面板数据的分析表明，PROGRESA计划对成年人的劳动力参与在长期没有负面影响，并且没有出现因为有外部援助而减少劳动力供给的现象，这与一般的经济行为模型预期相反。此外，Skoufias和di Maro（2006）还发现，PROGRESA计划的实施显著地减少了家庭贫困，这种显著性对不同标准的贫困线都是稳健的。

Gertler（2004）研究了PROGRESA计划对农村地区儿童健康的影响，逻辑对数回归结果表明，PROGRESA的实施显著降低了儿童的发病率，新生儿的发病概率比对照组要低25.3%，经历两年政策干预的0—35个月的儿童的发病率比对照组的家庭低39.5%，此外，儿童患贫血和低身高的概率也大大降低。不过作者指出，儿童健康和营养状况的改善可能仅仅是大规模现金补贴的结果，而不一定是健康行为改变的结果，因此在解释结果时还需要保持审慎。此外Behrman和Sengupta（2005）和Schultz（2004）的研究均表明，参与PROGRESA对促进儿童入学率有非常显著的作用。

Bourguignon等（2003）分析了巴西的Bolsa Escola计划对劳动力供给、儿童入学率和贫困的影响，发现Bolsa Escola对巴西10～15的儿童的入学有显著的促进作用。但是Bolsa Escola的实施对现期贫困和不平等的影响非常微弱。Schady和Araujo（2006）分析了厄瓜多尔*Bono de Desarrollo Humano*（BDH）项目对儿童教育的影响，也发现该项目对提高儿童入学率有非常显著的促进作用。

就我们介绍的案例来看，这些CCT项目的影响在总体上是积极的。这些CCT项目有几个方面的经验值得我们关注：首先，有比较合理的劳动投入激励机制；其次，兼顾短期和长期的减贫目标；第三，有比较科学规范的瞄准和定位；第四，有相对完备的信息系统，为后续的研究和计划的改进奠定了基础。

（五）参与式发展政策

现行国际扶贫政策对扩大参与的强调反映在各个层次上：从一个国家（地区）减贫战略报告（PRSP）的制定，到社区公共发展规划的设计，到个人层面的参与式贫困评估（participatory poverty assessment，PPA）。

参与式发展的合理性表现在多个方面：首先，通过参与式发展，可以使穷人更有机会表达自身的利益诉求，从而有利于定位目标人群，并制定针对性的政策安排，使穷人能够更多地分享发展成果（Karl，2000；UNESC，2005）；其次，参与式发展不仅是挖掘穷人需求信息的过程，更是一个穷人表现自身创造力，从而有利于政策创新，提高减贫项目的有效性、效率、可持续性以及政府的责任性（Pretty 等，1995）；第三，穷人通过参与式发展可以培养自身能力和独立性，从而有助于实现可持续的脱贫（Beresford 和 Hoban，2005）；第四，出于主体性的要求，穷人不仅仅作为发展的被动受益者，而且应该参与到发展的过程中来（Sen，1999）。

Turk（2001）对越南参与式贫困评估实践经验的回顾表明，参与式贫困评估对改变中央和地方政府的政策形成过程和方向、完善扶贫项目的设计、监督和评估产生了积极的影响。这些政策的实施也使贫困居民的经济福利得到了改善。在一项由亚洲开发银行资助的位于中国贵州纳雍县的参与式贫困评估项目中，发现社区居民对贫困状况的估计、贫困的成因以及缓解贫苦所需要的政策安排与地方政府通常所认为的存在很多差距，参与式贫困评估因此有助于弥补地方政府的政策认识和贫困居民实际需要之间的差距，从而使扶贫政策变得更有需求导向性。[①]

社区公共资源对穷人福利的影响比对富人的要大，改善社区公共资源（如森林、水资源等）的管理有助于减少贫困。一项来自印度 Madhya Pradesh 联合森林管理（Joint Forestry Management）实践表明，通过在林业部门和森林使用者之间分享有关林地的产出、责任、控制和决策权，使林地的相关利益者有激励去对林地进行有节制的开发，收到了明显的效果。另一项有关尼泊尔的森林资源管理也表明，参与式管理模式对森林资源保护所起的效果优于自上而下的管理体制。Kumar（2002）对印度 Jharkhand 的联合森林管理的研究表明，虽然穷人也参与到这类发展计划中，但是这些计划更多地反映了非穷人的偏好，而穷人则长期出于不利的地位。他认为，要使这类计划能够对穷人脱贫有更大的帮助，需要再建立一些针对穷人的补偿机制。

但是，就参与式方法（participation approach）的实际操作来看，也存在一些迫切需要解决的问题。首先，对发展援助机构而言，如何深化对“赋权”和“参于”的理解，认识它们的复杂性、力量和不足，是当前面临的一个重要挑战（Oakley 和 Clayton，2000）。Botchway（2001）对一项加拿大—加纳联合资助的农村发展计划的分析表明，该计划由于不能使穷人对自身需求的有限性进行有效界定，导致穷人无法从经济社会环境的重组中得到收益；其

① 中国国务院扶贫开发办外资项目管理中心，中国云南社区发展研究中心（2001）：“Reflecting voice of the poor：participatory poverty assessment of Nayong Couty，Guizhou Province，P. R. China”。

次，在参与式方法的应用中，政治、社会和经济制度背景需要被郑重考虑。在一项关于喀麦隆的参与式小额信贷计划中，Mayoux（2001）发现，尽管通过扩大参与改善了女性赋权，但是当地家庭和亲缘团体中的等级制度严重制约了她们合理使用储蓄和贷款的能力。因此，高水平或实质性的参与需要一定的政治、经济和社会基础；第三，参与本身是一个多维度和多层次的概念，在某些时候，过高的参与要求反而有可能带来更高的操作成本，而在另一些时候，简单的参与无助于对穷人脱贫产生实质性的影响。因此，如何根据地方文化制度背景、穷人自身的特征及其所面临的问题制定成本有效的参与战略，是值得未来探讨的重要课题（Sunderlin，2006）；第四，尽管扩大参与在有关扶贫和社区发展的项目中被高度强调，大多数的研究都只限于案例描述，有关参与对穷人生存状况实际影响的基于严格计量基础上的评估却很少，这是一个很大的不足。

五、结语

发展和贫困是一枚硬币的两面。减少贫困尽管不是发展的全部内容，但也是发展的应有之义。在过去三十年里，国际社会在消除贫困上取得了积极的进展。按1.25美元的贫困标准测算，发展中国家的贫困人口从1981年的18.96亿降低到2005年的13.76亿。2008年爆发的国际金融与经济危机虽然在一定程度上延滞了国际反贫困的进程，但是预计2010年世界1.25美元贫困线以下的人口较之危机前还是有小幅的下降。

虽然国际反贫困的成就是巨大的，但是反贫困的进程在不同的国家和地区却表现得很不平衡。以中国为代表的东亚与太平洋地区过去30年在减少贫困人口的绝对数量和比例上都表现得非常出色，但是撒哈拉以南非洲的贫困人口比例下降得却很缓慢，在某些年份甚至有所退步。这种巨大的反差值得深入分析和总结。中国反贫困的巨大成就在很大程度上得益于改革开放以来经济持续快速的增长，以及在公共基础设施、人力资本投资上的积极进展，这些经验值得在国际上进一步推广。同时，中国自身的反贫困政策也需要继续从世界其他国家和地区借鉴经验与教训，包括如何提高贫困人口在发展中的参与程度，如何为偏远落后的农村地区提供成本适宜而且高效率的金融服务，如何进一步创新制度设计促进教育和健康方面的人力资本投资，等等。

对部分工业化国家和发展中国家消除贫困的成就的比较表明，人类发展与人类贫困之间并不是机械地对应。美国的人类发展水平排名要远远超出德国，但是后者在消除人类贫困上却要出色得多。这种“高发展，高贫困”的发展模式值得我们警示，在追求总体的发展过程中，必须对社会中弱势的群体加以特别的关注和支持。

贫困是一系列经济、社会、政治和自然因素综合影响的结果。对国际经验的回顾表明，在经济增长向减少贫困的转化过程中，增长的成果如何在社会群体中进行分配是非常重要的。贸易的全球化从长远来看为减少贫困提供了契机，但是在短期和对部分产业和群体来说，不是所有人都能从经济的全球化过程中平等地获得好处。气候变化日益成为全球可持续发展的巨大挑战。虽然发展中国家和穷人不是当前温室气体排放的最主要贡献者，但是由于缺乏必要的资源和无法被社会保障体系所有效覆盖，发展中国家和穷人在气候变化中尤其脆弱，并且不对称地为气候变化造成的恶果埋单。国家和人群之间如何公平地分担减少温室气体排放的责任和义务，如何从承担了本不该由自己承担的负担中得到适当的补偿，是未来需要进一步深入研究的课题。

作者：刘民权　俞建拖

参考文献：

1. Adams, Jr., R. H. and Page, J. (2003): "Poverty, inequality and growth in selected middle east and North Africa Countries, 1980 ~ 2000", *World Development*, 31 (12): 2027 ~ 2048.

2. Aleem, I. (1990): "Imperfect information, screening and the costs of informal lending: A study of rural credit markets in Pakistan", *The World Bank Economic Review*, 4 (3), 329 ~ 349.

3. Ali, A. A. G. and Thorbecke, E. (1998): "Poverty in sub Saharan African: Magnitude and Characteristics", AERC. Nairobi.

4. Avenstrup, R.; Liang, X.; Nellemann, S. (2004): "Kenya, Lesotho, Malawi and Uganda: Universal Primary Education and Poverty Reduction" Scaling Up Poverty Reduction: A Global Learning Process and Conference Shanghai, May 25 ~ 27, 2004.

5. Behrman, J., Sengupta, P. and Todd, P. (2005): "Progressing through PROGRESA: Am impact assessment of a school subsidy experiment in rural Mexico", Economic Development and Culture Change. 54: 237 ~ 275.

6. Beresford, P. and Hoban, M. (2005): "Participation in antipoverty and regeneration work and research", Report of Joseph Rowntree Foundation.

7. Besley, T. and Burgess, R. (2000): "Land reform, poverty reduction, and growth: Evidence from India", *Quarterly Journal of Economics*, 115 (2): 389 ~ 430.

8. Binswanger, H., Khandker, S., and Rosenzweig, M. (1993). How infrastructure and. nancial institutions affect agricultural output and investment in India. *Journal of Development Economics*, 41 (2): 337 ~ 366.

9. Botchway, K. (2001): "Paradox of Empowerment: Reflections on a case study from Northern Ghana", *World Development.* 29 (1): 135 ~ 153.

10. Bourguignon, F.; Ferreira, F. H. and Leite, P. H. (2003): Conditional Cash Transfers, Schooling and Child Labor: Micro Simulating Bolsa Escola", Working Paper.

11. Bourguignon, F. J. (2003): "The poverty – growth – inequality triangle", Paper prepared for a conference on poverty, inequality and growth. Agence Francaise de Developpement /EU development Network, Paris, November 13, 2003. Chen, S. & Ravallion, M. (2009a): "The Developing World Is Poorer Than We Thought, But No Less Successful in the Fight against Poverty", World Bank Policy Research Working Paper 4703.

12. Chen, S. and Ravallion, M. (2009b) 'The impact of the global financial crisis on the world's poorest' (http: //tinyurl. com/ccagl8).

13. Conlin, M. (1999). "Peer Group Micro Lending Programs in Canada and the United States", *Journal of Development Economics*, 60: 249 ~ 269.

14. Currie, J. and Harrison, A. E. (1997): "Sharing the coss: The impact of trade reform on capital and labor in Morocco", *Journal of Labor*

Ecoomics, 15 (3): s44 ~ 71.

15. Dercon, S. and Krishnan, P. (1998): "Changes in poverty in rural Ethiopia 1989 ~ 1995: Measurement, robustness tests and decomposition. WPS/98 – 7. Oxford: Center for the Study of African Economics.

16. Dollar, D.; and Kraay, A. (2002): "Growth is good for the poor", *Journal of Economic Growth (US)*, 7 (3): 195 ~ 225. International Monetary Fund (2009): "The implications of the Global Financial Crisis for Low-income Countries", March, 2009.

17. Dollar, D. and Kraay, A. (2004): "Trade, growth, and poverty", *The Economic Journal*, 114, F22 ~ F49.

18. Drèze, J. and Sen, A. K. (1989): *Hunger and Public Action.* Oxford: Clarendon Press.

19. Escobal, J. (2001): "The determinants of nonfarm income difersification in rural Peru", *World Development*, 29 (3): 497 ~ 508.

20. Fan, S. and Rao, N. (2002): "Public investment and poverty reduction: A synthesis of issues, methods and major findings", Mimeo. Washington, D. C.: International Food Policy Research Institute.

21. Gertler, P. (2004): "Do Conditional Cash Transfers Improve Child Health? Evidence from PROGRESA's Control Randomized Experiment", American Economic Review, 94 (2): 336 ~ 341.

22. Iqbal, F. and Riad, N. (2004): "Commercial Microfinance in Egypt. The Case of the National Bank for Development", Scaling Up Poverty Reduction: A Global Learning Process and Conference Shanghai, May 25. 27, 2004.

23. Karl, M. (2000): "Monitoring and evaluating stakeholder participation in agriculture and rural development projects: A literature review. (http: www. fao. org/sd/Ppdirect/Ppre0074. htm.)

24. Khandker, S. R. (1989): "Improving rural wages in India". *Policy, Planning, and Research Working Paper* 276.

25. Khandker, S. R. (1998). "Fighting poverty with microcredit: Experience in Bangladesh". Washington, D. C.: World Bank.

26. Krueger, A. O. (1983): *Trade and Employment in Developing Countries: Volume 3: Synthesis and Conclusions.* NBER, NY.

27. Kumar, S. (2002): "Does 'Participation' in Common Pool Resource Management Help the Poor? A Social Cost – Benefit Analysis of Joint Forest Management in Jharkhand, India", *World Development* 30 (5): 763 ~ 782.

28. Kwon, E. (2001): "Infrastructure, growth, and poverty reduction in Indonesia: A crosssectional analysis". Mimeo. Manila: Asian Development Bank.

29. McCulloch, N.; Winters, L. A. and Cirera, X. (2001): *Trade Liberalization and Poverty: A Handbook.* London: Centre Economic Policy Research.

30. Limao, N. and Venables, A. J. (1999): "Infrastructure, geographical disadvantage and transport costs", *World Bank Policy Research Working Paper* 2257.

31. Maurer, K. (2004): "Bank Rakyat Indonesia: Twenty Years of Large Scale Microfinance", Scaling Up Poverty Reduction: A Global Learning Process and Conference Shanghai, May 25 ~ 27, 2004.

32. Mayoux, L. (2001): "Tackling the down side: Social capital, women's empowerment and microfinance in Cameroon", *Development and Change*, 32: 435 ~ 464.

33. McKinnon, R. I. (1973): *Money and Capital in Economic Development*, Washington

DC: The Brookings Institution.

34. Mehryar, A. (2004): "Primary Health Care and the Rural Poor in the Islamic Republic of Iran", Scaling Up Poverty Reduction: A Global Learning Process and Conference Shanghai, May 25.27, 2004.

35. Milner, C. and Wright, P. (1998): "Modeling labour market adjustment to trade liberalization in an industrializing economy", *Economic Journal*, 108: 509 ~ 28.

36. Morduch, J. (1999): "The microfinance promise", *Journal of Economic Literature*, 37 (4): 1569 ~ 1614.

37. Oakley, P. and Clayton, A. (2000): *The monitoring and evaluation of empowerment: A resource document.* Oxford: INTRAC.

38. Overseas Development Institute (2009): The global financial crisis, poverty and social protection: evidence_from_10_country_case_studies. Brief Paper, August, 2009.

39. Pitt, M. M., and Khandker, S. R. (1998): "The Impact of Groupbased Credit Programs on Poor Households in Bangladesh: Does the Gender of the Participants Matter?", *Journal of Political Economy*, 106 (5): 958 ~ 96.

40. Ravallion, M.; Datt, G. and van de Walle, D. (1991): "Quantifying Absolute Poverty in the Developing World," *Review of Income and Wealth* 37: 345 ~ 361.

41. Ravallion, M. and Chen, S. (1997): "What can new survey data tell us about recent changes in distribution and poverty", *World Bank Research Observer*, 11: 357 ~ 382.

42. Ravallion, M. and Chen, S. (2003): "Measuring propoor growth", *Economic Letters* 78: 93 ~ 99.

43. Reimer, J. J. (2002): "Estimating the poverty impacts of trade liberalization", World Bank Policy Research Working Paper 2790.

44. Revenga, A. (1997): "Employment and wage effects of trade liberalization: The case of Mexican manufacturing", *Journal of Labor Economics*, 15 (3): pt. 2. S20 ~ 43.

45. Rodriguez, F. and Rodrik, D. (2001): "Trade policy and economic growth: A skeptic's guide to the crossnational evidence", *NBER Macroeconomic Annual 2000.* Cambridge, MA: MIT Press: 261 ~ 324.

46. Schady, N. and Araujo, M. C. (2006): "Cash transfers, conditions, school enrollment, and child work: Evidence from a randomized experiment in Ecuador", World Bank Policy Research Working Paper 3930, June 2006.

47. Sen, A. K. (1976): Poverty: an ordinal approach to measurement, *Econometrica* 44: 219 ~ 231.

48. Sen A. K (1981): *Poverty and Famines; An Essay on Entitlement and Deprivation*, Oxford, Clarendon Press.

49. Sen, A. K. (1999): *Development as Freedom*, New York: Alfred A. Knopf, Inc.

50. Skoufias, E. and di Maro, V. (2006): "Conditional Cash Transfers, Adult Work Incentives, and Poverty", World Bank Policy Research Working Paper 3973, August 2006.

51. Songco, J. A. (2002): "Do Rural Infrastructure Investments Benefit the Poor? Evaluating Linkages: A Global View, A Focus on Vietnam" World Bank Working Paper.

52. Sunderlin, W. D. (2006): "Poverty alleviation through community forestry in Cambodia, Laos, and Vietnam: An assessment of the potential", *Forest Policy and Economics* 8: 386 ~ 396.

53. Turk, C. (2001): "Linking participatory poverty assessment to policy and policy making: Experience from Vietnam", World Bank working

paper.

54. UNDP (1990): *Human Development Report 1990*. By the United Nation Development Programme: New York.

55. UNDP (1997): *Human Development Report 1997*. By the United Nation Development Programme: New York.

56. UNDP (1998): *Human Development Report 1998*. By the United Nation Development Programme: New York.

57. UNDP (2008): *Human Development Report 2007/8*. By the United Nation Development Programme: New York.

58. UNDP (2009): *Human Development Report 2009*. By the United Nation Development Programme: New York.

59. UNESC (2005): "Decentralization for poverty reduction", Policy dialogue of UNESC for Asia and the Pacific Committee on poverty reduction, second session. November 2005, Bangkok.

60. Van De Walle, D. (2002): "Choosing Rural Road Investments to Help Reduce Poverty", World Development. 20 (4): 575 ~ 589.

61. Winters, L. A. (2002a): "Trade liberalization and poverty: What are the links", *World Economy*. 25 (9): 1339 ~ 1367.

62. Winters, L. A.; McCulloch, N. and McKay, A. (2004): "Trade liberalization and poverty: The evidence so far", *Journal of Economic Literature*, 42 (1): 72 ~ 115.

63. World Bank (1995): *Policies and Strategies for Education: a World Bank Review*. World Bank, Washington, DC.

64. 顾昕、方黎明（2004）："自愿性与强制性之间——中国农村合作医疗的制度嵌入性与可持续性发展分析"，《社会学研究》，2004 年第 5 期。

65. 贾康、张立承（2005）："改进新型农村合作医疗制度筹资模式的政策建议"，《财政研究》，2005 年第 3 期。

66. 康晓光（1995）：《中国贫困与反贫困理论》，广西人民出版社，1995 年 12 月第 1 版。

67. 张新伟（2001）：《市场化与反贫困路径选择》，中国社会科学出版社，北京。

68. 朱玲、蒋中一著（1994）：《以工代赈与缓解贫困》，上海三联书店、上海人民出版社。

附录（五）
扶贫工作专用名词解释

【贫困】 贫困是一种伴随人类社会发生、发展的社会经济现象；是人由于不能合法地获得基本的物质生活条件和参与基本的社会活动的机会，以至于不能维持一种个人生理和社会文化可以接受的生活水准的状态。贫困不仅仅表现为收入低下。而且体现为人们缺少发展的机会，缺少应对变化的能力；甚至是指对人类基本能力和权利的剥夺，从而使之无法获取社会公认的、一般社会成员都能享受到的饮食、生活条件、舒适和参加某些活动的机会。概括起来，贫困是指没有权利、没有发言权、脆弱性和恐惧感而导致的较低的福祉或者生活质量（康晓光，1995；阿玛蒂亚·森，1999；世界银行，2001）。

【收入贫困】 是指“用货币收入或消费额来确定和测算的贫困程度，（世界银行，2001），因此收入贫困的发生率也随着地区的不同而有差异（联合国开发计划署，2001）。

收入贫困是贫困概念较原始的形态，因此也具有较悠久的历史。1901 年朗特里首次计算出 1899 年英国约克郡 10% 的人口生活于贫困之中（低于所需的最低支出），并据此定义了贫困概念。1999 年 10 月，世界银行计算出人均日生活费用低于 1 美元的人口即为贫困人口，用此标准计算，发展中国家总人口的 1/4，即约 12 亿人生活于贫困之中。尽管这两次对收入贫困计算的范围差异极大，但它们所采用的基本概念和方法基本上是朗特里的方法。朗特里首先对约克郡的几乎每一个工人阶级家庭进行一次家庭调查，从而收集其收入和支出方面的资料。随后计算了一个 5 口之家，即父母亲和 3 个孩子为了维持身体正常功能所需的每周最低支出为 21 先令 8 便士；对于家庭规模和构成不同的家庭他也计算出了相应的支出标准。最后将这些贫困线与家庭收入进行比较，就得出了关于贫困人口的估计数。这种以家庭收入和支出统计为基础的方法，目前已成秒对贫困进行定量分析和政策论述的手段之一。

【人类贫困】 “人类贫困指多方面的贫困——健康长寿的生活被剥夺、知识的匮乏、体面生活的丧失以及缺少参与等等”（联合国开发计划署，2001），也就是说，人类贫困是指失去或者被剥夺享受人类发展最基本福利的机会和选择权。这里所谓的人类发展最基本的福利包括：过上长寿、健康且具创造性的生活，享受体面的生活标准，具有自由、自尊、受到他人的尊重和拥有尊严的权利等（联合国开发计划署，

1997）。人类贫困常用人类贫困指数来衡量，指标包括人的能力、文盲率、营养水平、预期寿命、母婴健康水平、可预防性疾病等方面。

【绝对贫困】 又称生存贫困，通常是从人的基本需求角度出发来界定的，是指在特定的社会生产方式和生活方式下，个人或家庭依靠劳动所得或其他合法收入，不能满足最基本的生存需要，生命的延续因此受到威胁。它表现为个人或家庭所支配的收入，不能维持本人或者该家庭的基本生存所需要的福利和消费的状况。从生产方面看，劳动者缺乏再生产的物质条件，难以维持自身的简单再生产，生产者只能进行萎缩再生产；从消费方面看，人们无法满足衣、食、住等人类生活基本需要的最低条件，即人们常说的“食不果腹，衣不遮体，房不避风寒”的状况。这种从人的基本需求出发定义贫困的方法，一直到现在仍有不少学者采用。一些国际组织如世界银行、国际劳工组织等在其对发展中国家进行社会经济评估时使用的也基本上是基本需求方法。世界上有许多发达国家和发展中国家曾经或仍在使用这种方法来制定本国的贫困线。

【相对贫困】 相对贫困可以从两个角度解释。一是指由于社会经济发展，贫困线不断提高而产生的贫困；一是指同一时期，由于不同地区之间、各个社会阶层内部不同成员之间的收入差别而产生的贫困。因此，相对贫困主要表现的是不平等现象。根据相对贫困定义确定的贫困，通常用一个国家在一定时期内全部居民平均收入的一定百分比来表示。

【贫困线】 贫困线是指衡量和判定应该或者不应该是贫困人口的重要临界线或者度量标准。在此线以下的个人或家庭被确定为穷人或贫困家庭。

在我国，国家统计局依据上述原理和方法对贫困线下了如下定义：在一定的时间、空间和社会发展条件下，维持人们的基本生存所必需消费的物品和服务的最低费用。根据贫困线的定义以及全国农村住户调查资料，选择农民人均纯收入作为标识贫困线的指标。根据以上原理和程序计算的我国农村贫困线，不是国际标准，也不是相对贫困标准，而是从中国实际出发确定的最低生活标准。

从以上分析可以看出：我国现行的贫困线是用于维持贫困人口或家庭的最基本的消费水平或者能够实现这些消费的收入水平。根据国家统计局信息，2009 年我国所执行的贫困标准（即贫困线）为 1196 元。

【贫困发生率】 所谓贫困发生率是指一个国家或地区低于贫困线的人口占总人口的百分比（刘文璞，2001）。贫困发生率主要用于衡量一个国家或者一个地区的贫困程度，并对国家之间（如贫困线相同）以及一个国家的不同地区之间的贫困程度进行比较。

【千年发展目标】（Millennium Development Goals）：是 2000 年 9 月在联合国千年首脑会议上，世界各国领导人就消除贫穷、饥饿、疾病、文盲、环境恶化和对妇女的歧视等，所商定的一套有时限但也能够测量的目标和指标。与会的世界各国领导人在分析了世界范围内存在的各种不平等现象的基础上，确认了“他们在全球层面上维护人类尊严、平等和公平等原则上所肩负的集体责任”，为发展和脱贫确立了到 2015 年要实现的 8 大目标及其所包含的 18 个具体目标。这些目标和指标被作为全球和平与发展的核心，具体目标如下：

消除极端贫困和饥饿

• 靠每日不到 1 美元维生的人口减半

• 实现充分和有效的就业，使所有人包括妇女和年轻人有体面的工作

• 挨饿的人口比例减半

普及小学教育

• 确保所有男童和女童都能完成全部小学教育课程

促进两性平等并赋予妇女权力

• 2015 年在各级教育中消除两性差别差距

降低儿童死亡率

• 五岁以下儿童的死亡率降低三分之二

改善产妇保健

• 产妇死亡率降低四分之三

• 实现普及生殖健康

与艾滋病病毒/艾滋病、疟疾和其他疾病作斗争

• 遏止并开始扭转艾滋病病毒/艾滋病的蔓延

• 实现艾滋病治疗的全面普及

• 遏止并开始扭转疟疾和其他主要疾病的发病率增长

确保环境的可持续能力

• 将可持续发展原则纳入国家政策和方案；扭转环境资源的流失

• 降低生物多样性的丧失，到 2010 年显著减少丧失速度

• 无法持续获得安全饮用水的人口比例减半

• 到 2020 年使至少 1 亿贫民窟居民的生活有明显改善

全球合作促进发展

• 进一步发展开放的、遵循规则的、可预测性的、非歧视性的贸易和金融体制。包括在国家和国际两级致力于善政、发展和减轻贫穷

• 满足最不发达国家的特殊需要。这包括：对其出口免征关税、不实行配额；加强重债穷国的减债方案，注销官方双边债务；向致力于减贫的国家提供更为慷慨的官方发展援助

• 满足内陆国和小岛屿发展中国家的特殊需要

• 通过国家和国际措施全面处理发展中国家的债务问题，使债务可以长期持续承受

• 与发展中国家合作，为青年创造体面的生产性就业机会

• 与制药公司合作，在发展中国家提供负担得起的基本药物

• 与私营部门合作，提供新技术、特别是信息和通信技术产生的好处

（来源：联合国开发计划署网站）

【官方发展援助】 是指发达国家或高收入的发展中国家的官方机构为促进发展中国家的经济和社会发展，向发展中国家和多边机构提供的赠款或赠与成分不低于 25% 的优惠贷款。衡量援助是否属于官方发展援助有三个标准：一是由援助国的政府机构实施的；二是以促进发展中国家，即受援国的经济发展和改善其福利为宗旨，不得含有任何形式的军事援助；三是援助的条件必须是宽松的，即每笔贷款的赠与成分必须在 25% 以上。

【国家扶贫开发工作重点县】 根据《中国农村扶贫开发纲要（2001—2010 年）》，国家将中西部地区扶贫开发任务重、

贫困人口相对集中的592个县（旗、自治县、市辖区）确定为扶贫开发工作重点县（以下简称重点县）。重点县在中西部少数民族地区、革命老区、边疆地区和特困地区范围内确定。确定重点县的主要依据是：贫困人口数量、农民收入水平、基本生产生活条件以及扶贫开发工作情况，适当兼顾人均国内生产总值、人均财政收入等综合指标。

【定点扶贫】 定点扶贫工作是党中央、国务院为了加快扶贫开发进程、全面建设小康社会、构建社会主义和谐社会做出的重大战略决策，是中国特色扶贫开发工作的重要组成部分。中央、国家机关定点扶贫不仅有效地推动了贫困地区改善基本生产生活条件、发展地方经济、增加农民收入、减少贫困人口，定点单位还与贫困地区通过干部挂职，培训交流，锻炼了干部，提高了素质，增进了党和政府同人民群众的联系，带动影响了地方各级党政机关和社会力量参与扶贫，弘扬了中华民族“扶危济困”的传统美德。具有重大的经济、政治和社会意义。

这项工作从1986年开始，已历时24年，有272个中央、国家机关、民主党派中央、全国工商联和企事业单位定点帮扶481个国家扶贫开发工作重点县。据初步统计，自2002年至2009年，272个中央、国家机关、民主党派中央、全国工商联和企事业单位共向定点帮扶的国家扶贫开发工作重点县派出挂职扶贫干部3077人，其中局级303人，处级1954人，科及科以下820人；赴定点县考察37662人次，其中部级领导1641人次，局级7232人次，处级15405人次，科及科以下13384人次；直接向贫困地区投入帮扶款物84.87亿元，其中资金76.93亿元，物资折款7.94亿元。帮助贫困地区引进各类资金292.5亿元、项目9432个、人才3904人次、技术1712项，资助贫困学生287946人，举办各类培训班12367期，培训151.6万人次。

【东西扶贫协作】 1996年7月，国务院办公厅转发了《关于组织经济比较发达地区与经济欠发达地区开展扶贫协作的报告》（国办发［1996］26号），明确了扶贫协作的意义、形式、任务和要求，全面部署了对口帮扶工作。具体安排是：北京帮内蒙、天津帮甘肃、上海帮云南、广东帮广西、江苏帮陕西、浙江帮四川、山东帮新疆、辽宁帮青海、福建帮宁夏，深圳、青岛、大连、宁波四个计划单列市帮贵州。1996年10月中央扶贫开发工作会议做出的《中共中央、国务院关于尽快解决农村贫困人口温饱问题的决定》中，进一步强调和部署了此项工作。明确提出“组织沿海发达省、直辖市对口支援西部贫困省、自治区。东西互助是促进东西部优势互补、缩小差距，逐步实现共同富裕的重要途径。”2002年，国务院又作出了珠海市、厦门市对口帮扶重庆市的决定。至此，东部共有15个发达省市对口帮扶西部11个省（市、区）（西藏为一个贫困区，整体享受重点扶持政策），东西扶贫协作已涉及26个省（市、区）。

据初步统计，2003—2009年，东西扶贫协作中东部省市共向西部省（区、市）提供政府援助资金37.51亿元、筹集社会捐款折11.58亿元、东部到西部服务的志愿者达3779人次、东西部领导互访53240人次、干部交流5805人次、专业技术人才交流8185人次、劳务输出441万人。

【雨露计划】 国务院扶贫办组织实施

的“雨露计划”，是在财政扶贫资金的支持下，以职业技能培训为主要内容，以促进贫困地区劳动力转移就业为主要目的专项扶贫计划。目前，已在全国贫困地区建立了以劳动力转移培训示范基地为龙头的培训网络，对贫困地区劳动力实施了技能和就业培训，有效地提高了贫困地区劳动力素质，增加了受培训农户收入。

【整村推进扶贫开发】 整村推进扶贫开发，是贫困地区建设社会主义新农村的重要措施、平台、抓手和形式。基本概念是按照因地制宜、分类指导、资源整合、群众参与的原则，以贫困村为基本单元，进行综合治理。主要目标是改变生产、生活条件，提高贫困户和贫困村的可持续发展能力，稳定解决贫困人口温饱问题，促进贫困村经济社会全面发展，为贫困地区构建和谐社会和全面建设小康社会奠定坚实基础。主要内容是“六个建设”：

一、改善生产生活条件的基础设施建设。

二、提高人口素质的社会事业建设。

三、增加农民收入的产业建设。

四、改变村容村貌的文明新风建设。

五、规范有序的民主法制建设。

六、以班子建设为核心的村级组织建设。

【大扶贫】 “大扶贫”是相对专项扶贫计划而言的。上个世纪 80 年代中期中国政府开始有组织、有计划、大规模扶贫开发，在很长时间里专项扶贫计划是缓解和消除农村贫困的主要推动力量。十六大以后，党中央提出贯彻落实科学发展观，实施统筹城乡、区域的发展战略和以工促农，以城带乡的方针，在继续加大扶贫开发工作力度的同时，投资于农村地区基础设施和社会服务事业，采取一系列农业补贴政策，建立农村最低生活保障制度，制定促进落后地区发展的战略，逐步形成了集行业政策、区域政策和社会政策于一体的“大扶贫”格局。

【产业化扶贫】 所谓产业化扶贫，就是在贫困地区建立农产品基地，或者是通过定单农业等多种手段带动贫困农民调整结构、增加收入的一种农业产业化形式。目前产业化扶贫的主要手段有：帮助贫困地区、贫困农户因地制宜选择主导产业，提供金融、技术服务，建设生产基地；扶持扶贫龙头企业，发展加工业；通过农民合作组织等方式组织营销，开拓市场。目前，国务院扶贫办已经在全国分两批认定了 625 家国家扶贫龙头企业。

【社会扶贫】 社会扶贫指动员和组织社会各方面的力量，参与贫困地区的开发建设，是中国特色社会主义扶贫开发道路的重要内容，也是社会主义制度优越性的体现，有利于统筹城乡和区域发展，确保贫困地区和贫困群众共享改革发展成果，是构建社会主义和谐社会、落实科学发展观的必然要求。

我国的社会扶贫工作经过 20 多年的探索和实践，已经初步形成了具有中国特色的社会扶贫工作框架。这个框架体系大体包括六个方面：一是各级党政机关和企事业单位开展的定点扶贫；二是东部沿海发达省市对西部地区开展的东西扶贫协作；三是民营经济参与扶贫；四是社会组织参与扶贫；五是社会公众包括志愿者参与扶贫；六是军队参与扶贫。

2009 年，扶贫工作已经进入了开发扶贫和救助扶贫两轮驱动的新阶段，呈现出专项计划扶贫、惠农政策扶贫、社会各界扶贫等多方力量、多种举措有机结合、互为支撑的“大扶贫”的新局面。社会扶贫在扶贫开发工作中必将发挥着越来越重要的作用。

【三个确保】 在2010年以前，在按规划全面推进的基础上，确保完成以下三类贫困村的整村推进任务：一是22个人口较少民族贫困村共有209个，涉及37个县；二是边境重点县中距边境25公里以内未完成整村推进的贫困村有432个，涉及48个县；三是国家扶贫开发工作重点县中的革命老区县内未完成整村推进的贫困村有24008个，涉及307个县。

【以工代赈】 是一项特殊的扶持困难群众的政策措施，是指政府投资建设基础设施工程，受赈济者参加工程建设获得劳务报酬，以此取代直接救济的一种扶持政策。国家安排以工代赈投入建设农村小型基础设施工程，贫困农民参加以工代赈工程建设，获得劳务报酬，直接增加收入。

【小流域治理】 是指根据自然条件和生产发展方向，采取配套的生物措施和工程措施，对小流域内的水、土资源进行的综合治理。就是以集水面积小于100平方公里的流域为单元进行综合规划，山、水、田、林、路综合治理。根据流域特点使用不同的水土保持措施，坡面上修水平梯田，造林、种草、沟道内建大小淤地坝，使工程措施、生物措施和耕作措施各尽其能，相互补充相互促进。根据水利部的规定，小流域治理的标准是：（1）治理程度达到70%以上，林草面积达到宜林宜草面积的80%以上。（2）建设好基本农田，改广种薄收为少种高产多收，做到粮食自给有余。（3）农民人均纯收入比治理前增加30%～50%。（4）缓洪拦沙效益达70%以上。（5）工程设施拦蓄雨量标准，各地自行规定，做到汛期安全。目前，中国各级开展重点治理的小流域达7000多条，总面积20多万平方公里，经过治理的小流域，生态效益、经济效益和社会效益都十分显著。

附录（六）
国务院扶贫开发领导小组及办事机构

国务院扶贫开发领导小组组成人员

组　长： 回良玉　国务院副总理

副组长： 张　勇　国务院副秘书长

范小建　扶贫办主任

贾廷安　总政治部副主任

杜　鹰　发展改革委副主任

丁学东　财政部副部长

危朝安　农业部副部长

刘士余　人民银行副行长

罗平飞　民政部副部长

成　员： 宋　涛　外交部纪委书记

袁贵仁　教育部部长

张来武　科技部副部长

杨健强　国家民委副主任

杨志明　人力资源和社会保障部副部长

王世元　国土资源部副部长

周　建　环境保护部副部长

仇保兴　住房和城乡建设部副部长

翁孟勇　交通运输部副部长

矫　勇　水利部副部长

傅自应　商务部副部长

周和平　文化部副部长

陈啸宏　卫生部副部长

王培安　人口计生委副主任

张海涛　广电总局副局长
张为民　统计局副局长
李育才　林业局副局长
王志发　旅游局副局长
张　云　农业银行行长
赵显人　供销总社理事会副主任
王瑞生　全国总工会书记处书记
汪鸿雁　共青团中央书记处书记
甄　砚　全国妇联副主席、书记处书记
程　凯　中国残联副理事长
孙安民　全国工商联副主席

国务院扶贫办

主要职责：

（一）承办国务院扶贫开发领导小组的日常工作

（二）研究拟定扶贫开发工作的政策，规划并组织实施

（三）协调社会各界的扶贫工作，协调组织中央国家机关定点扶贫工作和东部发达地区支持西部贫困地区的扶贫协作工作

（四）拟定农村贫困人口和国家扶贫开发工作重点县的扶持标准，研究提出确定和撤销贫困县的意见

（五）组织对扶贫开发情况进行统计和动态监测，指导扶贫系统统计信息工作

（六）协调拟定中央扶贫资金分配方案、指导、检查、监督扶贫资金的使用，指导跨省区重点扶贫项目

（七）组织开展扶贫开发宣传工作

（八）负责有关扶贫的国际交流与合作

（九）承担全国贫困地区干部扶贫开发培训工作

（十）组织、协调和指导全国革命老区建设工作

（十一）承办国务院扶贫开发领导小组交办的其他事项

内设机构：

机关党委（办事机构设在行政人事司）
行政人事司
政策法规司
规划财务司
国际合作和社会扶贫司

开发指导司

通讯方式

通讯地址：北京市朝阳区太阳宫北街 1 号

邮　　编：100028

联系电话：010－84419704

传　　真：010－84419694

电子邮箱：cpad@cpad.gov.cn

国务院扶贫办直属事业单位

国务院扶贫办外资项目管理中心

主要职责：管理外资扶贫项目，促进贫困地区发展。国际扶贫合作项目组织，外资扶贫项目论证与立项组织，外资扶贫项目组织实施，相关专业培训与咨询服务。

通 讯 地 址：北京市朝阳区曙光西里甲 1 号第三置业 A 座 25 号

邮　　　编：100028

综合处电话：010－58221221

传　　　真：010－58222250

中国国际扶贫中心

主要职能：实施扶贫项目，促进国际扶贫合作；扶贫理论政策研究与国际交流；国际、国内扶贫培训；扶贫信息收集分析。

通 讯 地 址：北京市朝阳区太阳宫北街 1 号

邮　　　编：100028

综合处电话：010－84419661

传　　　真：010－84419658

全国贫困地区干部培训中心

主要职能：组织、指导全国贫困地区的乡以上领导干部的研讨、培训；组织、指导全国贫困地区的经济技术管理人员的培训；组织、指导全国贫困地区农民实用技术的培训；组织、指导有关师资的进修、培训

通 讯 地 址：北京市朝阳区太阳宫北街 1 号

邮　　　编：100028

综合处电话：010－84419805

传　　　真：010－84419553

中国扶贫发展中心

主要职能：为贫困地区经济发展提供综合开发服务。贫困地区技术和管理人员国（境）外培训组织；贫困地区劳务技术和人才引进协调；贫困地区外资及项目引进；相关技术与信息咨询服务。

通 讯 地 址：北京市朝阳区曙光里甲6号院8号楼南区11层

邮　　　编：100028

综合处电话：010－59763256

传　　　真：01059763257

内蒙古银行董事长杨成林在2009年度“10.17减贫与发展高层论坛”上就内蒙古银行减贫实践与经验做主题发言。

内蒙古银行成立大会。

内蒙古银行村镇银行工作会议隆重召开，着力解决农村银行业服务覆盖率低和农村金融服务不足的问题。

内蒙古银行号召全体员工献出爱心，开展向云南等旱灾地区的捐款活动。

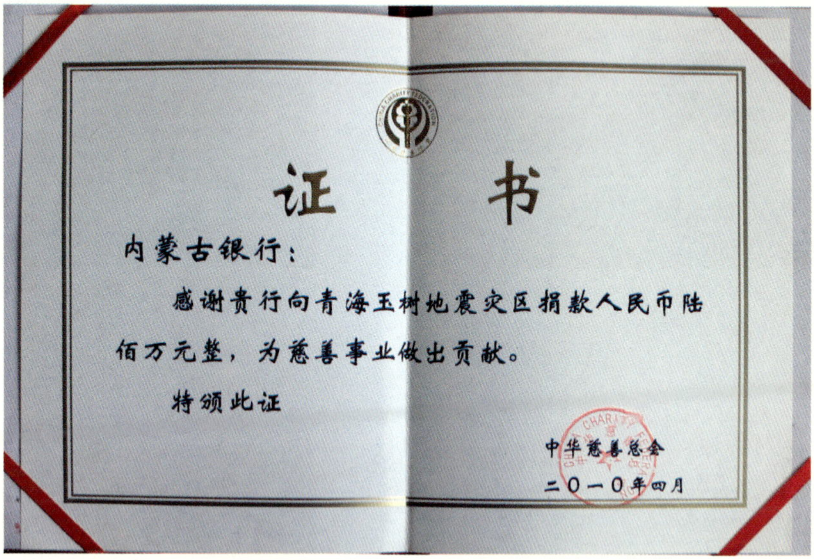

证书

内蒙古银行：

感谢贵行向青海玉树地震灾区捐款人民币陆佰万元整，为慈善事业做出贡献。

特颁此证

中华慈善总会

二〇一〇年四月

“情系玉树，大爱无疆”，危难之中方显真情可贵。内蒙古银行向青海玉树灾区捐款600万元。

内蒙古银行送温暖活动（左图、右图）。

企业扶贫·万丰药业

全国扶贫协作优势产业推介暨招商引资洽谈会现场。

万丰药业与桂林市扶贫办签约。

广西油茶产业发展项目签约。

万丰药业被授予国家扶贫龙头企业称号。

万丰药业在桂林市贫困村建设油茶产业开发基地。

万丰药业为贫困村农民进行中药材种植专业技术培训。

企业扶贫·万丰药业

国家扶贫龙头企业。

广西壮族自治区扶贫龙头企业。

中国中药协会常务理事单位。

广西壮族自治区民族团结进步先进集体。

万丰药业厂区新貌。

万丰药业厂区一瞥。

万丰药业车间一角（左图、右图）。

企业扶贫 · 南虹纺织

安徽南虹纺织大厦。

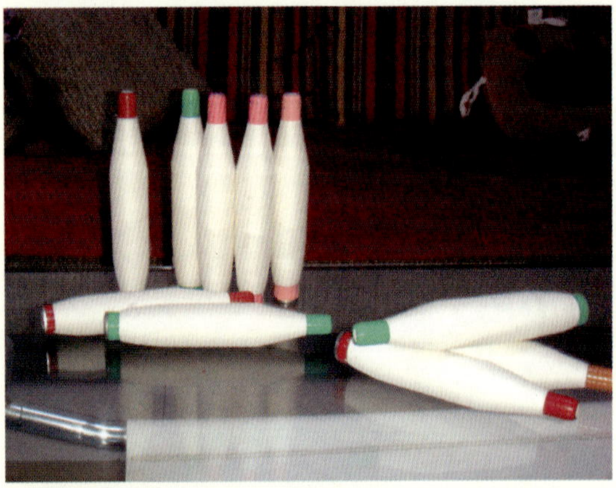

南虹纺织产品（左图、右图）。

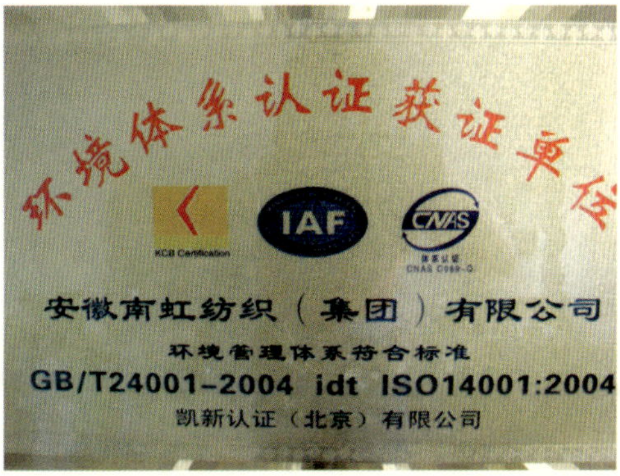

安徽南虹纺织（集团）有限公司环境体系认证获证单位。

南虹纺织车间一角。

南虹纺织女工在车间工作。

藏泉酒业红十字博爱基金启动仪式，闵汝江董事长致词。

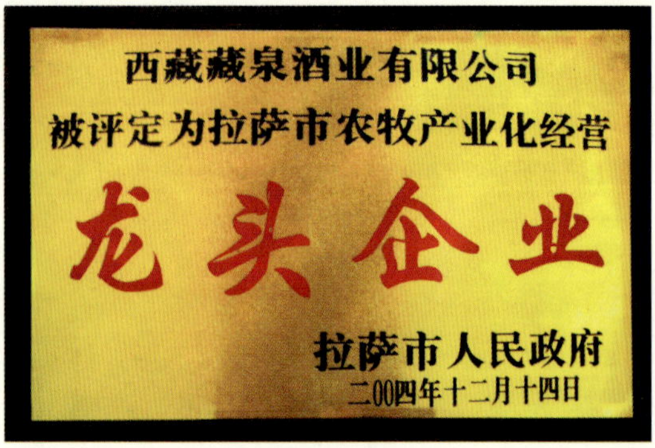

藏泉酒业所获荣誉证书（左图、右图）。

西藏藏泉酒业公司董事长闵汝江参加在北京人民大会堂举办的藏泉杯“我爱西藏”双拥摄影全国巡回展览新闻发布会。

西藏藏泉酒业青稞酒文化陈列馆。

西藏藏泉酒业有限公司。